MARILYN MONROE

ENZYKLOPÄDIE

ADAM VICTOR

MARILYN MONROE

ENZYKLOPÄDIE

KÖNEMANN

Originalausgabe 1999
The Overlook Press, Peter Mayer Publishers, Inc.
Lewis Hollow Road
Woodstock, New York 12498, USA

Copyright © 1999 Adam Victor

Originaltitel: The Marilyn Encyclopedia

Copyright © 2000 für die deutsche Ausgabe:
Könemann Verlagsgesellschaft mbH, Bonner Straße 126, D-50968 Köln

Übersetzungen aus dem Englischen: Almuth Dittmar-Kolb, Susanne Klockmann, Cristoforo Schweeger, Inga-Brita Thiele, Michael Topolov

Für Delius Producing Berlin:
Redaktion und Satz: Alexandra Schaffer, Andrea Schindelmeier, Petra Schlie, Kathleen Wünscher
Register: Kerstin Grundhöffer

Projektkoordination: Dorit Esser
Herstellung: Ursula Schümer
Druck und Bindung: Brepols Graphic Industries N.V.
Printed in Belgium

ISBN 3-8290-4821-1

10 9 8 7 6 5 4 3 2 1

Alle Rechte vorbehalten.

Fotonachweis

Von links nach rechts und oben nach unten

Frontispiz: © 1999 Archives of Milton H. Greene L. L. C., //www.archivesmhg.com

Seite viii: Foto von André de Dienes, 1949. (Copyright Mrs. André de Dienes.).1: Twentieth Century-Fox/Kobal. 2: Twentieth Century-Fox/Kobal; mit freundlicher Genehmigung von Archive Photos. 3: The George Zeno Collection. 4: Kobal. 5: Kobal; Kobal; Kobal. 6: The George Zeno Collection. 7: The George Zeno Collection. 8: The George Zeno Collection. 9: Kobal. 10: Twentieth Century-Fox/Kobal. 11: © Eve Arnold/Magnum Photos. 12: Archive Photos; Archive Photos. 13: Kobal; RKO Radio/Kobal. 14: Kobal. 15: Photomosaic™ by Robert Silvers/www.photomosaic.com. 16: Corbis/Bettman. 17: © Eve Arnold/Magnum Photos. 18: Kobal; Kobal. 19: MGM/Kobal. 20: MGM/Kobal; MGM/Kobal. 21: Kobal. 22: 23: Kobal. 24: Corbis/Bettman; Kobal. 25: The George Zeno Collection. 26: The George Zeno Collection. 28: George Barris World copyright ©. 29: George Barris World copyright ©; mit freundlicher Genehmigung von Photofest; mit freundlicher Genehmigung von Photofest. 30: mit freundlicher Genehmigung von Photofest. 32: Twentieth Century-Fox/Kobal. 33: mit freundlicher Genehmigung von Archive Photos; Kobal; The George Zeno Collection. 34: mit freundlicher Genehmigung von Archive Photos. 35: The George Zeno Collection. 38: mit freundlicher Genehmigung von Photofest; mit freundlicher Genehmigung von Archive Photos. 39: © Eve Arnold/Magnum Photos. 40: mit freundlicher Genehmigung von Archive Photos. 41: The George Zeno Collection. 43: Twentieth Century-Fox/Kobal; Twentieth Century-Fox/Kobal. 44: mit freundlicher Genehmigung von Archive Photos. 45: Twentieth Century-Fox/Kobal. 46: mit freundlicher Genehmigung von The Cal-Neva Resort. 47: The George Zeno Collection. 48: mit freundlicher Genehmigung von Photofest. 49: Kobal. 50: © Henri Cartier-Bresson/Magnum Photos. 53: mit freundlicher Genehmigung von The Chateau Marmont Hotel. 54: Kobal; The George Zeno Collection; mit freundlicher Genehmigung von Archive Photos. 56: RKO Radio/Kobal; RKO Radio/Kobal. 58: United Artists/Kobal; The George Zeno Collection. 59: Twentieth Century-Fox/Kobal. 61: Corbis/Bettman. 62: mit freundlicher Genehmigung von The Hotel del Coronado. 63: mit freundlicher Genehmigung von Photofest. 64: mit freundlicher Genehmigung von Photofest. 65: The George Zeno Collection. 66: United Artists/Kobal. 67: Twentieth Century-Fox/Kobal. 68: mit freundlicher Genehmigung von Archive Photos; Twentieth Century-Fox/Kobal; Twentieth Century-Fox/Kobal. 69: Twentieth Century-Fox/Kobal. 70: © Bruce Davidson/Magnum Photos. 72: Copyright Mrs. André de Dienes. 73: The George Zeno Collection. 74: Kobal. 76: The George Zeno Collection. 77: Kobal. 78: Corbis/Bettman; mit freundlicher Genehmigung von Archive Photos. 79: Kobal. 82: mit freundlicher Genehmigung von Photofest; The George Zeno Collection. 83: The George Zeno Collection. 85: Twentieth Century-Fox/Kobal. 86: Twentieth Century-Fox/Kobal. 88: Kobal. 89: Kobal. 91: Kobal. 92: Corbis/Bettman; The George Zeno Collection. 93: Kobal. 94: © Elliott Erwitt/Magnum Photos. 95: Twentieth Century-Fox/Kobal. 97: Twentieth Century-Fox/The George Zeno Collection. 98: Corbis/Bettman; RKO Radio/Kobal; © Bob Henriques/Magnum Photos. 99: mit freundlicher Genehmigung von Archive Photos. 100: George Barris World copyright ©. 102: Kobal. 103: Kobal. 108: mit freundlicher Genehmigung von Photofest. 109: Columbia Pictures/Kobal. 112: © *The New York Times*. 113: Twentieth Century-Fox/Kobal. 114: United Artists/Kobal. 115: Corbis/Bettman. 116: © Eve Arnold/Magnum Photos. 117: mit freundlicher Genehmigung von Photofest. 118: Twentieth Century-Fox/The George Zeno Collection. 119: Twentieth Century-Fox/Kobal. 120: mit freundlicher Genehmigung von Archive Photos. 121: Kobal. 123: Kobal. 124: Twentieth Century-Fox/Kobal; mit freundlicher Genehmigung von Archive Photos. 125: Twentieth Century-Fox/Kobal. 126: Corbis/Bettman; mit freundlicher Genehmigung von Archive Photos. 127: © 1999 Archives of Milton H. Greene L. L. C., //www. archivesmhg.com. 128: © 1999 Archives of Milton H. Greene L. L. C., //www.archivesmhg.com. 129: mit freundlicher Genehmigung von Archive Photos. 130: © 1999 Archives of Milton H. Greene L. L. C., //www .archivesmhg.com. 133: Twentieth Century-Fox/Kobal. 134: mit freundlicher Genehmigung von Archive Photos. 135: The George Zeno Collection; RKO Radio/Kobal; Twentieth Century-Fox/Kobal; The George Zeno Collection. 137: The George Zeno Collection; Twentieth Century-Fox/Kobal. 138: The George Zeno Collection. 140: The George Zeno Collection; The George Zeno Collection; The George Zeno Collection. 141: MGM/Kobal. 142: The George Zeno Collection; The George Zeno Collection. 143: Corbis/Bettman. 144: Corbis/Bettman; Twentieth Century-Fox/Kobal. 145: Twentieth Century-Fox/Kobal. 146: mit freundlicher Genehmigung von Photofest. 147: mit freundlicher Genehmigung von Archive Photos; Kobal. 149: George Barris World copyright ©. 151: Twentieth Century-Fox/Kobal; mit freundlicher Genehmigung von Archive Photos. 153: Twentieth Century-Fox/Kobal. 154: mit freundlicher Genehmigung von Photofest. 155: mit freundlicher Genehmigung von Photofest; The George Zeno Collection. 157: The George Zeno Collection. 159: Twentieth Century-Fox/Kobal; mit freundlicher Genehmigung von Archive Photos. 160: mit freundlicher Genehmigung von Archive Photos. 161: Kobal. 162: Columbia Pictures/Kobal; Columbia Pictures/Kobal. 163: mit freundlicher Genehmigung von Photofest; mit freundlicher Genehmigung von Photofest. 164: mit freundlicher Genehmigung von Photofest. 166: mit freundlicher Genehmigung von Photofest; United Artists/Kobal. 167: Twentieth Century-Fox/Kobal. 168: Twentieth Century-Fox/Kobal; mit freundlicher Genehmigung von Archive Photos. 169: Twentieth Century-Fox/Kobal. 170: mit freundlicher Genehmigung von Archive Photos; mit freundlicher Genehmigung von Archive Photos. 171: mit freundlicher Genehmigung von Archive Photos; mit freundlicher Genehmigung von Photofest. 172: mit freundlicher Genehmigung von Photofest. 173: mit freundlicher Genehmigung von Photofest. 174: Twentieth Century-Fox/Kobal; The George Zeno Collection. 175: mit freundlicher Genehmigung von Photofest. 177: Twentieth Century-Fox/Kobal. 178: mit freundlicher Genehmigung von Photofest; mit freundlicher Genehmigung von Photofest. 179: The George Zeno Collection; The George Zeno Collection; The George Zeno Collection; The George Zeno Collection; mit freundlicher Genehmigung von Photofest. 181: mit freundlicher Genehmigung von Photofest; The George Zeno Collection. 182: The George Zeno Collection. 183: © 1999 Archives of Milton H. Greene L. L. C., //www.archivesmhg.com. 184: The George Zeno Collection. 185: Kobal; mit freundlicher Genehmigung von Photofest. 186: The George Zeno Collection. 188: © 1999 Christie's Images, Ltd. 189: mit freundlicher Genehmigung von Photofest. 191: George Barris World copyright ©. 192: Kobal; mit freundlicher Genehmigung von Archive Photos. 193: Kobal. 194: mit freundlicher Genehmigung von Photofest; Kobal. 195: © 1987 Sam Shaw. 197: United Artists/Kobal; The George Zeno Collection. 198: © Eve Arnold/Magnum Photos. 199: United Artists/Kobal; mit freundlicher Genehmigung von Archive Photos. 200: Kobal. 201: Kobal; mit freundlicher Genehmigung von Archive Photos. 203: Twentieth Century-Fox/Kobal; mit freundlicher Genehmigung von Photofest. 204: Kobal. 205: The George Zeno Collection. 206: mit freundlicher Genehmigung von Photofest. 207: © Inge Morath/Magnum Photos. 208: Twentieth Century-Fox/Kobal. 209: mit freundlicher Genehmigung von Archive Photos; The George Zeno Collection. 211: The George Zeno Collection. 212: mit freundlicher Genehmigung von Photofest. 213: mit freundlicher Genehmigung von Photofest. 214: Twentieth Century-Fox/Kobal; mit freundlicher Genehmigung von Photofest. 215: Twentieth Century-Fox/Kobal. 216: mit freundlicher Genehmigung von Photofest; mit freundlicher Genehmigung von Photofest. 218: Kobal. 219: © 1999 Bert Stern. 220: © 1999 Bert Stern. 223: © Eve Arnold/Magnum Photos. 224: Twentieth Century-Fox/Kobal; mit freundlicher Genehmigung von Photofest. 225: © 1987 Sam Shaw. 226: mit freundlicher Genehmigung von Photofest. 229: Kobal. 230: Twentieth Century-Fox/Kobal; The George Zeno Collection; mit freundlicher Genehmigung von Photofest. 231: Kobal. 233: © 1999 Archives of Milton H. Greene L. L. C., //www.archivesmhg.com. 234: mit freundlicher Genehmigung von Archive Photos; mit freundlicher Genehmigung von Photofest; mit freundlicher Genehmigung von Archive Photos. 235: Kobal. 237: The George Zeno Collection; The George Zeno Collection. 239: mit freundlicher Genehmigung von Photofest. 240: mit freundlicher Genehmigung von Archive Photos. 241: The George Zeno Collection. 242: Copyright Mrs. André de Dienes. 243: Warner Bros./Kobal. 244: The George Zeno Collection; The George Zeno Collection. 245: mit freundlicher Genehmigung von Photofest. 246: The George Zeno Collection. 248: The George Zeno Collection. 249: The George Zeno Collection. 250: The George Zeno Collection. 251: mit freundlicher Genehmigung von Photofest; Kobal. 252: Twentieth Century-Fox/Kobal; Twentieth Century-Fox/Kobal. 253: Kobal; mit freundlicher Genehmigung von Archive Photos. 255: United Artists/Kobal. 256: The George Zeno Collection. 257: The George Zeno Collection; mit freundlicher Genehmigung von Archive Photos. 259: Kobal. 261: The George Zeno Collection; mit freundlicher Genehmigung von Archive Photos. 262: The George Zeno Collection. 263: The George Zeno Collection. 264: Twentieth Century-Fox/Kobal. 265: Twentieth Century-Fox/Kobal; Twentieth Century-Fox/Kobal; mit freundlicher Genehmigung von Archive Photos. 266: mit freundlicher Genehmigung von Archive Photos; The George Zeno Collection. 267: Warner Bros./Kobal; Kobal. 268: © Eve Arnold/ Magnum Photos. 271: Twentieth Century-Fox/Kobal; Twentieth Century-Fox/Kobal; Twentieth Century-Fox/Kobal. 272: © 1987 Sam Shaw. 273: mit freundlicher Genehmigung von Archive Photos. 274: The George Zeno Collection. 275: mit freundlicher Genehmigung von Archive Photos; mit freundlicher Genehmigung von Photofest. 277: Kobal. 278: © Eve Arnold/Magnum Photos. 280: Ted Baron. 281: The George Zeno Collection. 282: United Artists/Kobal. 283: United Artists/Kobal; United Artists/Kobal; mit freundlicher Genehmigung von the Hotel del Coronado. 284: mit freundlicher Genehmigung von Photofest; mit freundlicher Genehmigung von Photofest. 286: mit freundlicher Genehmigung von Archive Photos. 287: mit freundlicher Genehmigung von Archive Photos; Corbis/Bettman. 289: © 1999 Bert Stern. 290: © 1999 Bert Stern. 292: The George Zeno Collection. 293: mit freundlicher Genehmigung von Photofest. 295: Twentieth Century-Fox/Kobal. 296: mit freundlicher Genehmigung von Archive Photos. 297: Twentieth Century-Fox/Kobal; Twentieth Century-Fox/Kobal. 300: The George Zeno Collection. 301: Kobal. 302: Twentieth Century-Fox/Kobal. 303: mit freundlicher Genehmigung von Photofest. 304: Twentieth Century-Fox/Kobal. 305: Twentieth Century-Fox/Kobal; Twentieth Century-Fox/Kobal; Twentieth Century-Fox/Kobal. 306: mit freundlicher Genehmigung von Photofest. 307: Copyright Mrs. André de Dienes. 308: The George Zeno Collection; The George Zeno Collection. 310: Twentieth Century-Fox/The George Zeno Collection. 311: Twentieth Century-Fox/Kobal. 313: Twentieth Century-Fox/Kobal. 314: Twentieth Century-Fox/Kobal; United Artists/Kobal. 315: Kobal. 316: The George Zeno Collection. 317: mit freundlicher Genehmigung von Archive Photos. 318: The George Zeno Collection. 319: Twentieth Century-Fox/Kobal; Twentieth Century-Fox/Kobal; mit freundlicher Genehmigung von Photofest. 320: © Madame Tussaud's, London; The George Zeno Collection. 321: The George Zeno Collection; Twentieth Century-Fox/Kobal. 323: mit freundlicher Genehmigung von Archive Photos; The George Zeno Collection. 324: mit freundlicher Genehmigung von Photofest. 325: © Sam Shaw. 326: The George Zeno Collection. 328: The George Zeno Collection. 329: The George Zeno Collection. 331: Twentieth Century-Fox/Kobal. 332: Columbia Pictures/Kobal. 333: George Barris World copyright ©. 335: © 1999 Archives of Milton H. Greene L. L. C., //www.archivesmhg.com. 342: Photo by André de Dienes, 1949. (Copyright Mrs. André de Dienes.)

Zur Erinnerung an Marilyn Monroe
und für alle, die ihrer freundlich gedenken

DANKSAGUNG

Auf dem Cover steht nur der Name des Autors, aber dahinter steckt ein ganzes Team …

Mein Dank gebührt all den Menschen, die an der Entstehung, den Recherchen und der Veröffentlichung dieser Enzyklopädie mitgewirkt haben: Zuallererst meiner Frau Patrizia, die eine Rivalin wie Marilyn so lange ertragen hat, Overlook-Verleger Peter Mayer, der eine gute Idee als solche erkannte, der Produktionsleiterin Tracy Carns, die ihre Zuversicht bewahrte, als ein Termin nach dem anderen platzte, Ed Victor und Michelene Wandor, die mein Leben und dieses Buch erst möglich gemacht haben, meinem Agenten David Miller für seine professionelle Unterstützung, Eve Arnold für ihre Erinnerungen und ihre Beratung, zahllosen Bibliothekaren und Bibliothekarinnen der British Library und der British Film Institute Library, die mir halfen, lang vergriffenes Marilyn-Material aufzutreiben, sowie den vielen Antiquaren auf zwei Kontinenten, Sara Todd für die stilistische Überarbeitung meiner Texte, und allen Mitarbeitern von The Overlook Press: Sara Carder für ihre unermüdlichen Fotorecherchen, Albert DePetrillo für seine großartige Leistung, all meine Worte unter einen Hut zu bringen, Abigail Luthin für ihr scharfes Auge bei der Fehlersuche, Bernard Schleifer für sein perfektes Design, Chris Morran, der diese komplizierte Produktion zusammen mit Tracy betreute, und Nancy Freeman und ihren Kollegen bei Mondadori. Dank auch den vielen Angehörigen, Freunden und Kollegen, die mich bei meinen Recherchen und bei der Organisation dieses Buches unterstützt haben, und, zu guter Letzt, Dank den Millionen Marilyn-Fans, die immer noch bestrebt sind, so viel wie möglich über diese außergewöhnliche Frau zu erfahren.

INHALT

EINLEITUNG

Fast vier Jahrzehnte nach dem rätselhaften Tod hat die Legende Marilyn Monroe nichts von ihrer Faszination verloren. Die Popularität anderer Leinwandstars mag zu- und abnehmen, doch Marilyns Stern strahlt unverändert weiter. Die *Marilyn Monroe Enzyklopädie* wurde verfasst, um ein wenig Ordnung in das unüberschaubare Gewirr der Literatur über Hollywoods berühmteste weibliche Kultfigur zu bringen, die Frau, über die mehr geschrieben wurde als über jede andere des 20. Jahrhunderts. Im Gegensatz zu den vielen Marilyn-Biografien – einige gewissenhaft recherchiert, andere weniger – beansprucht dieses Buch kein Monopol auf die Wahrheit über Marilyns Leben. Für eine Frau, die ihren glanzvollen Erfolg und unsterblichen Ruhm vor allem ihren Fans verdankt, scheint es nur passend, diese Fans ihre eigene Wahrheit über Marilyn finden zu lassen. Die *Marilyn Monroe Enzyklopädie* ist ein Sammelbecken der „Wahrheiten" über Marilyns Leben und Zeit, Freunde und Familienangehörige, Filme und schauspielerische Leistungen unter Einbeziehung von Anekdoten, „Halbwahrheiten", Klatsch, berühmten Marilyn-Zitaten, Mutmaßungen, Hirngespinsten, Trivialitäten und einer Auswahl von Fotos, die die 36 Jahre ihres außergewöhnlichen Lebens dokumentieren.

WEGWEISER FÜR DEN LESER

Dieses Buch will Nachschlagewerk und unterhaltsamer Lesestoff in einem sein. Deshalb haben wir uns für weit gespannte Kategorien entschieden; zahlreiche Querverweise bieten raschen Zugriff auf Personen, Orte und Details aus Marilyns Leben: Verweise auf andere Stichworte des Buchs sind in VERSALIEN gesetzt. Eine umfangreiche Bibliografie rundet das Werk ab.

ANMERKUNG FÜR DIE DEUTSCHE AUSGABE

Die amerikanische alphabetische Reihenfolge wurde beibehalten. Der Leser findet am Ende des Werkes mit Hilfe zweier Register mühelos die behandelten Themen sowie die Titel der Marilynfilme wieder.

Foto von André de Dienes, 1949.

ACADEMY AWARDS — Oscars

Obwohl sie als berühmteste Hollywood-Schauspielerin aller Zeiten gilt, wurde Marilyn nie mit einem Oscar ausgezeichnet – weder zu Lebzeiten noch posthum. In zahlreichen anderen Ländern wie Frankreich oder Italien erhielt sie mehr Anerkennung als in ihrer Heimat (siehe AWARDS – Auszeichnungen).

1951, ein Jahr vor ihrem Aufstieg zum Topstar, durfte sie Thomas Moulton für ALL ABOUT EVE (1950) den Oscar für den besten Ton überreichen. Zu diesem Anlass erschien sie in einem tief ausgeschnittenen, lavendelfarbenen Kleid aus dem Kostümfundus der Fox-Filmgesellschaft. Noch vor ihrem Auftritt gab es ein kleines Drama, als sie einen winzigen Riss in ihrem Kleid entdeckte. Ein ganzer Schwarm von Fox-Betreuern war notwendig, um das Kleid zu flicken, aber auch um ihre Nerven zu beruhigen

Dem Gewinn eines eigenen Oscars kam Marilyn am nächsten, als Gerüchte über eine Nominierung für ihren Auftritt in BUS STOP (1956) und später noch einmal für SOME LIKE IT HOT (1959) kursierten. In beiden Fällen kam es dann doch nicht zur Nominierung; der Oscar ging 1956 an Ingrid Bergman (*Anastasia*) und 1959 an SIMONE SIGNORET (*Room at the Top – Der Weg nach oben*). Filmkolumnisten haben mehrfach vorgeschlagen, Marilyn posthum einen Sonderpreis für ihr Lebenswerk zu verleihen – das erste Mal 1963, dann noch einmal zehn Jahre später.

Anfang der 1990er wollte der Cartoonist Ross Gathercole die Film-Akademie dafür gewinnen, einen der Oscars durch eine von ihm geschaffene Marilyn-Zeichentrickfigur überreichen zu lassen. Die Idee wurde nie verwirklicht.

ACTING — Schauspielerei

„Ich wollte vor allem besser werden. Männer, Geld und Liebe waren nicht so wichtig. Mein schauspielerisches Können stand im Vordergrund."

Das letzte Marilyn-Werbeporträt der Twentieth Century-Fox, 1960 für *Let's Make Love* aufgenommen.

Eines der ersten Marilyn-Werbeporträts von Twentieth Century-Fox, 1950 aufgenommen.

Die Schauspielerei war Marilyns Kunst, der sie ihr Leben weihte, auch wenn viele Kritiker ihr den Ernst und das Engagement nicht abnehmen wollten. Um ihre Kunst zu leben, musste Marilyn viele Kämpfe ausfechten: Mit den Filmgesellschaften, die sie nur als „blond und naiv" besetzen wollten, mit den Kritikern, die ihr, egal wie gut sie spielte, keine Chance gaben, vor allem jedoch mit den eigenen Ängsten, ihren Text zu vergessen, Menschen zu enttäuschen, die sie achtete, und den eigenen hohen Maßstäben nicht gerecht zu werden.

Nach dem schwierigen Einstieg ins Filmgeschäft begann sie mit intensivem Schauspielunterricht. Während ihrer gesamten Karriere studierte sie bei verschiedenen Lehrern, wodurch sich ihre Darstellung erheblich verbesserte. Sie bewies ihren bissigsten Kritikern, dass die Kamera und die Fans sie liebten und dass sie ein ausgeprägtes Talent für Komik (HOW TO MARRY A MILLIONAIRE (1953), GENTLEMEN PREFER BLONDES (1953) und SOME LIKE IT HOT (1959)), aber auch für das dramatische Fach besaß (BUS STOP (1956)). Und doch war Marilyn selbst nie zufrieden. Aller Beifall reichte nicht aus, um ihr genug Selbstvertrauen zu geben. Die Unsicherheit in Bezug auf ihre schauspielerische Leistung quälte Marilyn bis zu ihrem Tod: Es gab zu viele Menschen, denen sie es recht machen wollte. Hinzu kam die ständige Sorge, nicht gut auszusehen, die durch ihre Neigung zu nervösen roten Flecken noch verschlimmert wurde.

Dabei war Marilyns Fähigkeit, vor der Kamera „aufzudrehen", legendär. Dennoch waren oft viele Einstellungen nötig, bevor sie und ihre Regisseure zufrieden waren. Trotz des Lampenfiebers und der ständigen Angst, ihren Text zu vergessen, besaß Marilyn jedoch die seltene Gabe, vor der Kamera genau das Richtige zu tun. JEAN NEGULESCO, ihr Regisseur in *How to marry a millionaire*, nannte es „eine Liebesbeziehung, von der ihre Umgebung nichts merkte ... eine Sprache der Blicke, der verbotenen Intimität ... Die Linsen waren das Publikum."

In späteren Filmen, als sie bei der Auswahl ihrer Rollen mehr Mitsprache hatte, perfektionierte Marilyn ihre unwiderstehliche Technik des „micro-acting", mit der sie in wenigen Sekunden ein ganzes Spektrum von Emotionen – von Verletzlichkeit, Hoffnung, Angst, Liebe, Verwirrung bis zu erotischem Schmollen – über ihr Gesicht huschen ließ.

Marilyn hätte ihr darstellerisches Talent gern auch auf der Bühne bewiesen – LEE STRASBERG und seine Frau PAULA bestärkten sie darin („Ich möchte einfach nur mal etwas anderes spielen. Die Strasbergs sagen, dass ich es kann."). Marilyn sah das THEATER in gewisser Weise als Rettung, als Chance, der Welt zu beweisen, dass sie sich allein aufgrund ihrer schauspielerischen Verdienste durchsetzen könnte – außerdem sagte sie einmal: „Am Theater kann man ewig weiterarbeiten."

Marilyn erhielt nie die Gelegenheit, sich im Rampenlicht zu bewähren, obwohl viele ihrer Filme Bearbeitungen erfolgreicher Broadway-Stücke waren.

Nachdem Fox sie 1962 bei den Dreharbeiten zu SOMETHING'S GOT TO GIVE gefeuert hatte, deutete Marilyn in mehreren Interviews an, dass ein Leben außerhalb des Filmgeschäfts vielleicht einfacher wäre. Dennoch freute sie sich, als sie einige Tage vor ihrem Tod erfuhr, Fox wolle sie vielleicht zu den Dreharbeiten zurückholen.

MARILYN:

„Wenn andere Mädchen wüssten, wie schlecht ich am Anfang war, würden sie Mut schöpfen. Aber ich war entschlossen, Schauspielerin zu werden und meine Chancen nicht durch meinen Mangel an Selbstvertrauen zu ruinieren."

1953 in einem Interview mit der *New York Times*: „Meine Schauspiellehrerin Natasha Lytess erzählt jedem, dass ich eine große Seele habe – aber bislang interessiert sich niemand dafür. Aber eines Tages, eines Tages ..." Da hatte Marilyn schon in fast 20 Filmen immer wieder die schöne, blonde Verführerin gespielt, die ihr Aussehen auf berechnende Weise für ihre Zwecke einsetzt – meist um einen älteren Mann zu umgarnen, der seinen Fehler letztlich erkennt.

1955: „Am meisten wünsche ich mir, eine richtige Schauspielerin zu werden. Ich weiß noch, wie ich als Kind samstagnachmittags im Kino in der ersten Reihe saß und dachte, wie wundervoll es wäre, Schauspielerin zu sein ... Aber ich wusste eigentlich nichts über die Schauspielerei. Mir gefiel, was ich sah. Schlecht, gut, egal, mir gefiel alles, ... was sich auf der Leinwand bewegte. Aber jetzt, wissen Sie, wird mir die Verantwortung immer klarer, und wie ich schon sagte: ‚Ich wäre gern eine gute Schauspielerin.'"

1958 zu der Kolumnistin Hedda Hopper: „Ich bin nicht so schnell im Rollenlernen, aber ich nehme meine Arbeit sehr ernst und bin als Schauspielerin nicht erfahren genug, um bei den Dreharbeiten ... zu plaudern und mich dann in eine dramatische Szene zu stürzen. Ich gehe am liebsten direkt von der Szene in meine Garderobe und konzentriere mich auf die nächste ... Ich beneide die Leute, die ... von einem witzigen Wortwechsel in eine Szene vor der Kamera gehen können. Ich denke nur an meine Darbietung und versuche, sie so gut zu machen, wie ich kann."

1961: „Filmschauspielerin zu sein, hat nie so viel Spaß gemacht, wie davon zu träumen. Ich hatte schon fast aufgegeben, da bekam ich eine Chance. Als ich die studiotypischen Starrollen nicht mehr wollte, wurde ich damit überhäuft."

Zum Unterschied zwischen Theater und Film: „Es

Marilyn bei der Oscar-Verleihung 1951.

ist kein Publikum da, das dir zuschaut. Du spielst für niemanden als dich selbst. Es ist wie die Kinderspiele, bei denen man so tut, als ob man jemand anders wäre. Es sind auch meist ähnliche Geschichten wie die, die man sich als Kind ausgedacht hat."

1962: „Ich versuche, mich selbst zu finden, und das kann ich am ehesten, indem ich mir selbst beweise, dass ich eine Schauspielerin bin ... Meine Arbeit ist das Einzige, worauf ich mich je stützen konnte ... Ich bin immer darum bemüht, besser zu werden."

SCHAUSPIELUNTERRICHT

1947–49: The Actors Lab (Phoebe Brand und Morris Carnovsky)
1948–55: Natasha Lytess
1951–53: Michael Chekhov
1953: Lotte Goslar
1955: Constance Collier
1955–61: The Actors Studio (Lee Strasberg und Paula Strasberg)
und darüber hinaus bei Dutzenden von Stimmbildnern, Gesangslehrern und Choreografen.

Die Techniken, die Marilyn bei ihren Schauspiellehrern studierte, konzentrierten sich auf die Entwicklung der inneren Stärke und Emotionsbreite, um eine Rolle spielen zu können. Wie ihr Biograf DONALD SPOTO anmerkt, barg dies besondere Gefahren: „Diese Bemühungen machten Marilyn immer befangener und unfreier in ihrem Spiel und führten zu einer Art Lähmung. Statt die Rolle in sich selbst zu suchen, wurde Marilyn von ihren Lehrern aufgefordert, sich selbst in der Rolle zu suchen, und damit auf ihre eigenen Unsicherheiten und Unzulänglichkeiten zurückgeworfen."

Das ACTORS LAB weckte bei Marilyn die Begeisterung fürs Theater. NATASHA LYTESS, die Marilyns schauspielerische Entwicklung während der ersten Hälfte ihrer Karriere lenkte, beschäftigte sich sehr mit der Motivation der Charaktere, der Suche nach den Gründen für jede Handlung und Bewegung und die entsprechende Veränderung der Stimmlage. Die Übungen mit MICHAEL CHEKHOV sollten Marilyn freier und ihren Körper geschmeidiger und formbarer machen – unter anderem durch Dehn- und Atemübungen und gezielte Entwicklung der Selbstwahrnehmung.

1955 zog Marilyn nach New York um und brach mit ihrer Vergangenheit in Los Angeles. Sie wurde zur berühmtesten Schülerin der THE METHOD genannten Technik, die im ACTORS STUDIO unterrichtet wurde. Marilyns Sprechweise wurde klarer, nachdem ihre Schauspiellehrerin Lytess ihr beigebracht hatte, mehr Gewicht auf ihre Aussprache zu legen. *Bus Stop* war Marilyns erster Film, nachdem sie beim Actors Studio angefangen hatte.

Doch Marilyns Entscheidung für The Method fand nicht nur Beifall. BILLY WILDER sagte damals: „Wenn sie ihre Absicht, künstlerisch und hingebungsvoll zu sein, so weit treibt, dass sie bereit ist, in Schlabberpullis, ungeschminkt und mit strähnigem Haar herumzulaufen, ist das nicht das, was sie bisher unverwechselbar gemacht hat. Ich sage nicht, dass es außerhalb ihrer Möglichkeiten liegt, sich als Charakterdarstellerin zu etablieren – aber es wäre eine andere Laufbahn für sie, ein Neubeginn."

GEORGE AXELROD, der THE SEVEN YEAR ITCH und die Leinwandbearbeitung zu *Bus Stop* schrieb, sah sie bei Dreharbeiten vor und nach der Wende von 1955. Eins blieb sich gleich: „Obwohl sie voller Ambitionen war und verzweifelt um Erfolg rang, verfügte sie über keinerlei technisches Vokabular für die Filmemacherei, womit ihre ‚Beschützer' ihr gegenüber stets im Vorteil waren. Sie unterrichteten sie und spornten sie an, aber nicht zu sehr, sonst wären sie ja arbeitslos geworden."

ACTORS LAB
CRESCENT HEIGHTS BOULEVARD, LOS ANGELES

Marilyn wurde von Fox zusammen mit anderen Starlets zum Actors Laboratory geschickt, wo sie ihr Handwerk von Morris Carnovsky und seiner Frau Phoebe Brand erlernen sollten. Das Actors Lab war als Außenposten des New Yorker Group-Theaters ins Leben gerufen worden, zu dessen Gründern LEE STRASBERG zählte. Bei den hier einstudierten Stücken ging es meist um die schlechte Lage der Arbeiterklasse und die Gefahren des Kapitalismus.

1947 besuchte Marilyn die ganze Zeit hindurch Kurse, las Stücke und studierte Szenen ein, was zuerst von TWENTIETH CENTURY-FOX bezahlt wurde und nach Auslaufen ihres Vertrags von ihren neuen Gönnern JOHN CARROLL und LUCILLE RYMAN. Sie lernte die großen Persönlichkeiten des New Yorker Theaters kennen und kam erstmals mit den sozialen und politischen Themen in Berührung, die sie ihr Leben lang bewegen sollten. Sie erinnerte sich später: „Es war so weit entfernt von SCUDDA-HOO [Marilyns erstem Filmauftritt] ... meine erste Kostprobe davon, was richtige Schauspielerei in einem richtigen Stück sein konnte, und ich war sofort fasziniert."

Phoebe Brand behielt Marilyn als besonders gewissenhafte Schülerin in Erinnerung: „Ich erinnere mich an sie, weil sie so schönes langes, blondes Haar hatte. Ich versuchte, an sie heranzukommen und mehr über sie zu erfahren, aber ... sie war extrem zurückhaltend. Was ich bei ihrer Darstellung nicht bemerkte, war ihr Witz, ihr Sinn für Humor. Diese bezaubernde Komik war die ganze Zeit da, aber ich war blind dafür." Eines der Stücke, die Marilyn las, war CLASH BY NIGHT,

Marilyn Monroe im Actors Studio, ca. 1956.

in dessen Kinofassung sie später eine Rolle erhielt.

ACTORS STUDIO

Das Studio befindet sich in einer ehemaligen griechisch-orthodoxen Kirche in New York, 432 West 44th Street, zwischen 9th und 10th Avenue.

Im Actors Studio kamen Schauspieler zusammen, um THE METHOD zu studieren, eine aus den Lehren der russischen Theaterkoryphäe KONSTANTIN STANISLAWSKI entwickelte Technik, die auf der Freisetzung von Emotionen basiert. Marilyn besuchte das Studio ab Mai 1955, vier Jahre nachdem LEE STRASBERG seine Leitung übernommen hatte. Bis in die 1970er strömten die Schauspieler in diesen gefeierten Tempel der Schauspielkunst, um Erfahrungen zu sammeln und sich der scharfen Analyse ihrer Kollegen und Strasbergs Kritik auszusetzen. Die Atmosphäre war oft spannungsgeladen und Tränen keine Seltenheit.

Die Sitzungen fanden zweimal wöchentlich statt. Die Schauspieler spielten der Gruppe eine Szene vor und erklärten dann, was sie mit ihr zu erreichen versuchten. Jeder Teilnehmer konnte seine Meinung, Zustimmung oder Kritik äußern. Wenn alle Kommentare abgehandelt waren, kam Strasberg selbst zu Wort.

Um teilnehmen zu können, mussten die Schauspieler bei Lee Strasberg vorsprechen. Einmal aufgenommen, stand es ihnen frei, wie oft sie mitarbeiten wollten – es gab keinen festen Studienplan. Obwohl Marilyn zu den engagiertesten Absolventinnen gehörte, war sie nie offizielles Mitglied, ein Titel, den nur rund ein Dutzend der jährlich über tausend Bewerber erhielt.

Wenn sie an den Sitzungen teilnahm, saß Marilyn unauffällig im Hintergrund und machte sich Notizen. Sie war ganz auf „Norma Jeane" gestylt – ungeschminkt, in schlichter Bluse und Hose, mit einem Tuch auf dem Kopf. Ihr Mitstudent Frank Corsaro erinnerte sich: „Sie kam immer zu spät, aber sie hörte zu und beobachtete die Kritisierenden sehr genau."

Grundlegender Bestandteil der „Methode" war die „Befreiung" der Schauspieler durch Psychoanalyse (siehe PSYCHOANALYSIS). Von 1955 bis 1960 drehte sich Marilyns Alltagsleben in New York um die Schauspielunterricht bei Strasberg und die Sitzungen bei ihrer Psychoanalytikerin. Im Rahmen der Übungen spielte Marilyn u. a. die Hauptrolle in einer Szene aus ANNA CHRISTIE und erntete damit spontanen Applaus, obwohl Klatschen in dieser Runde nicht üblich war. In einer anderen Übung musste sie „ein Kätzchen sein". Marilyn, die keine halben Sachen machte, lieh sich ein Kätzchen und verbrachte eine Woche damit, sein Verhalten zu studieren und nachzuahmen.

Bei Veranstaltungen, die der Finanzierung des Actors Studio dienten, konnte man immer auf Marilyn zählen. Im Dezember 1956 agierte sie bei der Premiere von *Baby Doll* im Victoria Theater am Broadway als prominente „Platzanweiserin". 1961 – sie war erst seit einer Woche aus dem Krankenhaus entlassen – erschien Marilyn zu einer Spendensammelaktion für das Studio in Roseland, New York.

Nach Marilyns Tod startete das Actors Studio die Marilyn-Monroe-Fonds-Kampagne, bei der mindestens 2500 Dollar von

Theresa Russell in *Insignificance* (1985).

Ashley Judd als Norma Jeane (oben) und Mira Sorvino als Marilyn (unten) in *Norma Jean and Marilyn* (1996).

100 Mitgliedern zusammenkommen sollten. Die Einnahmen flossen in den Bau eines neuen Studios mit Proberäumen in Los Angeles und die Gründung eines Stipendienfonds für viel versprechende junge Talente. Das Marilyn Monroe Theater ist im Strasberg Institute in West Hollywood, Kalifornien, untergebracht. Außerdem finanzierte das Actors Studio zur Erinnerung an seine berühmteste Schülerin eine Broadway-Spielzeit.

BERÜHMTE ABSOLVENTEN DES ACTORS STUDIO

Anne Bancroft, Marlon Brando, Ellen Burstyn, Montgomery Clift, James Dean, Robert de Niro, Robert Duvall, Sally Field, Jane Fonda, Julie Harris, Dustin Hoffman, Anne Jackson, Karl Malden, Steve McQueen, Paul Newman, Al Pacino, Geraldine Page, Sidney Poitier, Eva Marie Saint, Maureen Stapleton, Rod Steiger, Eli Wallach, Shelley Winters und Joanne Woodward. Nicht jeder, der an diese geheiligten Pforten klopfte, fand Einlass; zu den Abgewiesenen gehörten Jack Nicholson, George C. Scott und Barbra Streisand.

ACTRESSES WHO HAVE PORTRAYED MARILYN — **Darstellerinnen, die Marilyn oder Marilyn-Rollen gespielt haben**

Melody Anderson, *Marilyn and Bobby* (1993, Fernsehfilm)

Stephanie Anderson, *Death Becomes Her – Der Tod steht ihr gut* (1992) und *Calendar Girl* (1993)

Patricia Arquette, *Holy Matrimony* (1994)

Jennifer Austin, *My Fellow Americans* (1996)

Holly Butler, *Netherworld – Im Bann des Voodoos* (1992)

Judy Davis, *Insignificance* (1982, Bühnenstück)

Sondra Dickenson, *Legend* (1974)

FAYE DUNAWAY, AFTER THE FALL (1974, Fernsehfilm)

Patty Duke, *The Goddess* (1958)

Sherilyn Fenn, *Ruby – Jack Ruby: Im Netz der Mafia* (1992)

Bridget Fonda, *Graceland* (1998)

Constance Forslund, *Moviola: This Year's Blonde* (1980)

Eve Gordon, *A Woman Named Jackie – Das Schicksal der Jackie O.* (1991, Fernsehfilm)

Susan Griffiths, *Legends in Concert* (1992), *Marilyn and Me* (1991, Fernsehfilm), *Pulp Fiction* (1994)

Marcia Gay Harden, *Used People – Die Herbstzeitlosen* (1992)

Sunshine H. Hernandez, *With Honors – Ein genialer Freak* (1994)

Catherine Hicks, *Marilyn: The Untold Story* (1980, Fernsehfilm)

Jane Horrocks, *Self Catering* (1993) und *Little Voice* (1998)

Joyce Jameson, *Venus at Large* (1962)

Ashley Judd, *Norma Jean and Marilyn – Marilyn - Ihr Leben* (1996, Fernsehfilm)

Linda Kerridge, *Fade to Black – Fade to Black - Die schönen Morde des Eric Binford* (1980)

Sally Kirkland, *The Island* (1999)

Shirley Knight, *Kennedy's Children* (1975, Bühnenstück)

Paula Lane, *Goodnight, Sweet Marilyn* (1989)

Linda Lavin, *Cop-Out* (1969, Bühnenstück)

Stephanie Lawrence, *Marilyn!* (1983, Bühnenstück)

Phoebe Legere, *Mondo New York* (1987)
Barbara Loden, *After the Fall – Nach dem Sündenfall* (1964, Bühnenstück)
Julie London, *The Eleventh Hour: Like A Diamond in the Sky* (1963)
Arlene Lorre, *Another Chance – Ein hundsgemeiner Herzensbrecher* (1989)
Kate Mailer, *Strawhead* (1986, Bühnenstück)
JAYNE MANSFIELD, *Will Success Spoil Rock Hunter? – Sirene in Blond* (1955, Bühnenstück, 1957, Film)
Barbara Niven, *The Rat Pack* (1998, Fernsehfilm)
Kerri Randles, *Introducing Dorothy Dandridge* (1999, Fernsehfilm)
Alyson Reed, *Marilyn: An American Fable* (1983, Bühnenstück)
Misty Rowe, *Goodbye Norma Jean* (1976)
Theresa Russell, *Insignificance – Die verflixte Nacht* (1985)
Mira Sorvino, *Norma Jean and Marilyn – Marilyn - Ihr Leben* (1996, Fernsehfilm)
Ginger Spice, *Spiceworld* (1998)
KIM STANLEY, *The Goddess* (1958)
Connie Stevens, *The Sex Symbol* (1974)
Heather Thomas, *Hoover vs. the Kennedys: The Second Civil War* (1987, Fernsehfilm)

ADAMS, CASEY
(GEB. 1917 ALS MAX SHOWALTER)

Der Charakterdarsteller Adams arbeitete zweimal mit Marilyn – in NIAGARA (1953) und in BUS STOP (1956). Bei den Außenaufnahmen zu *Niagara* soll sich Marilyn angeblich nackt am Hotelfenster gezeigt und damit rasch eine Schar von Bewunderern angezogen haben. Casey behauptete, dass Marilyn nachts einmal zu ihm ins Bett gekommen sei mit den Worten: „Tu nichts; halt mich nur fest!"

ADLER, BUDDY
(1906–1960, GEB. ALS MAURICE ADLER)

Adler war ab 1948 Produzent bei COLUMBIA STUDIOS, danach bei TWENTIETH CENTURY-FOX. 1956 trat er die Nachfolge von DARRYL ZANUCK als Studioleiter an. Er war der zuständige Produzent für BUS STOP. Weitere Filme: *The Dark Past* (1948), *From Here to Eternity – Verdammt in alle Ewigkeit* (1953), *Love Is a Many Splendored Thing – Alle Herrlichkeit auf Erden* (1955), *Anastasia* (1956), *The Inn of Sixth Happiness – Die Herberge zur sechsten Glückseligkeit* (1958).

ADVERTISEMENTS – Werbung

Noch bevor sie großen Leinwandruhm errang, ernannte der westamerikanische Werbeverband Marilyn zum „meistbeworbenen Mädchen der Welt".

Filmsternchen Norma Jeane besserte ihr Einkommen durch allerlei Zeitschriftenreklame auf. Ihr einzig bekannter Fernsehwerbespot wurde 1950 für Royal Triton-Motoröl gedreht. Darin hauchte Marilyn: „Das ist mein erstes Auto. Ich habe es Cynthia getauft. Sie soll die beste Pflege erhalten, die je ein Auto bekommen hat. Füllen Sie Cynthias Bäuchlein mit Royal Triton … Royal Triton wird Cynthia so gut tun."

Einige weitere Produkte, für die Marilyn geworben hat:

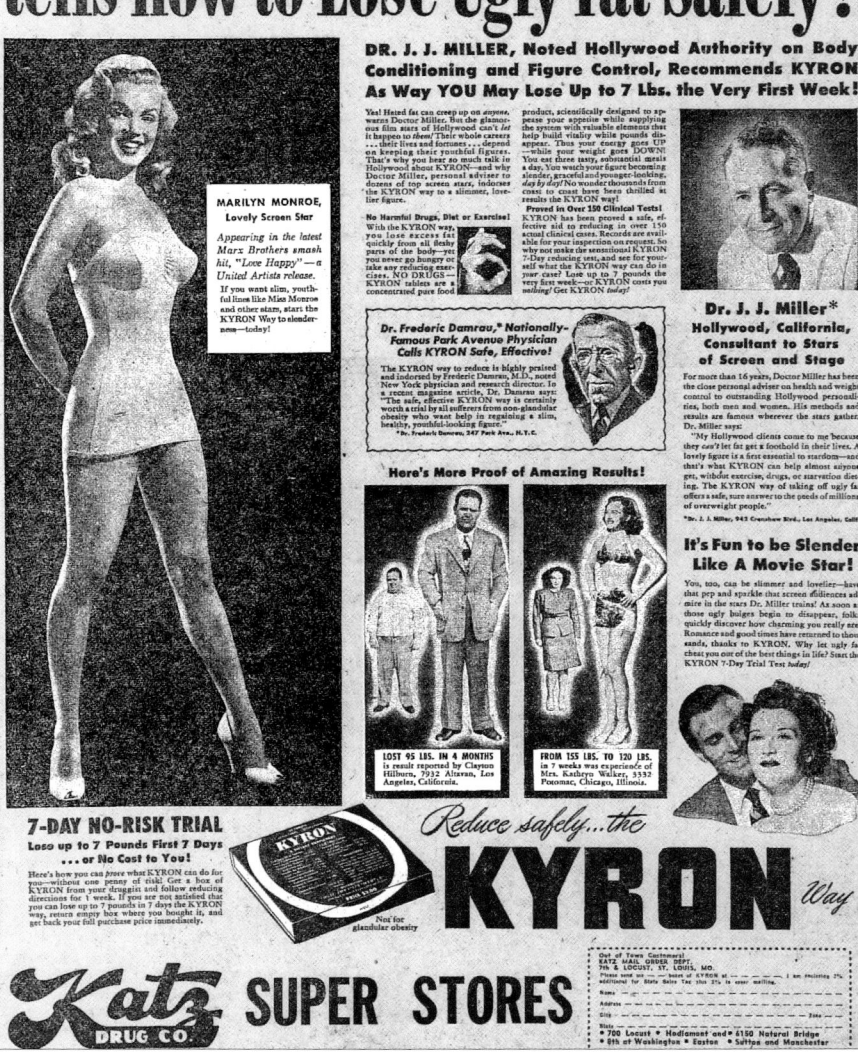

Eine Anzeige für Kyron-Diätpillen, 1950.

American Airlines
City-Club-Schuhe
Close-Up Perfect Kiss-Tested Lipstick
Hiltone-Haarfärbemittel
Jantzen-Bademode
Kyron-Way-Diätpillen
Louis-Creative-Friseursalon
Glanz-Cremeshampoo
Pabst-Bier
Rayve-Shampoo
Roi-Tan-Zigarren
Tar-Tan-Sonnenlotion
Westmore's Tru-Glo-Flüssig-Make-up

Seit ihrem Tod wurde Marilyns Bild mit Lizenz der Marilyn-Monroe-Nachlassverwaltung (siehe ESTATE) für die verschiedensten Produkte verwendet, u. a.:

Absolut-Wodka
American Airlines
Chanel No. 5
Hershey's Süßwaren
Max Factor

Maxell-Kassetten
Levi's
Mercedes Benz

Außerdem werden unter dem Namen Marilyn Monroe eine Vielzahl lizenzierter Produkte und Souvenirs (siehe MEMORABILIA) vertrieben. Zu den paradoxesten gehören wohl Dessous, wenn man bedenkt, dass Marilyn gern auf Unterwäsche verzichtete.

ADVISERS – Berater

Kaum war sie ein Star, schien Marilyn für alle möglichen Dinge einen speziellen Berater zu benötigen. Neben ihrem jeweiligen Schauspiellehrer beschäftigte sie eine Reihe von Agenten (siehe AGENTS), Anwälten (siehe LAWYERS), Psychoanalytikern, Ärzten (siehe DOCTORS) und Geschäftspartnern. Auch ihre Ehemänner (siehe HUSBANDS) hatten alle eigene Vorstellungen davon, wie sie ihr Leben gestalten und ihre beruflichen Verpflich-

Marilyn Monroe

discovers the world's most glamorous make-up...from the

WESTMORES of HOLLYWOOD

You can share the wizardry of the world's foremost beauty experts, the men who make the stars more beautiful: Perc Westmore, the dean of Hollywood make-up artists; Wally Westmore, Make-up Director, Paramount Studios; Frank Westmore, famous Hollywood make-up stylist; Bud Westmore, Make-up Director, Universal Studios.

The world's most glamorous stars asked for it...an *easier-to-apply, longer-lasting* make-up that would give them the same complexion glamor on the street that they have in close-ups on the screen!

And the Westmores gave it to them...fabulous *liquid* TRU-GLO! A make-up that literally flows on your cheek.

You just dot it on, blend evenly with your fingertips, and pat off excess with a tissue. Presto! Your complexion takes on a luminous freshness—a petal-softness—that lasts all day!

Tru-Glo hides tattle-tale lines and imperfections...draws a sheer veil of color over blemishes...gives you a truly *poreless* look! Even more important, it imparts a radiant natural glow that brings out your true beauty!

And...satiny Tru-Glo never streaks. Never leaves a "masky" look. Not greasy or drying. The world's most glamorous make-up, magical Tru-Glo gives you breath-taking loveliness!

Perfect for all types of skin. Comes in shades to suit every skin tone. Tru-Glo is available wherever good cosmetics are sold.

Acclaimed by Hollywood

Tru-Glo

LIQUID MAKE-UP

ONLY 59¢ plus tax
(slightly higher in Canada)

Tru-Glo
LIQUID MAKE-UP
Westmore

Now...a new creamy, smearproof lipstick...by the Westmores!

The perfect accent to a Tru-Glo complexion—Hollywood Lipstick by the Westmores! And Hollywood loves it because of its intoxicating color richness and exciting sheen...and because it won't smear. Feels wonderfully creamy on the lips. Non-drying.

ONLY 59¢ and 29¢ plus tax

(slightly higher in Canada)

WESTMORE *Hollywood* **COSMETICS**

Reklame für Tru-Glo-Flüssig-Make-up, 1953.

Eine Anzeige für Glanz-Shampoo, 1953.

ihre ständige Angst, von anderen unterdrückt zu werden, und den wachsenden Hass auf den Mann, der ihr jetzt als Verräter erscheint. Als sie die Heirat zu bereuen beginnt, sucht sie Trost in Alkohol und Tabletten, droht mit Selbstmord, damit Quentin sie rettet. Trotz all seiner Bemühungen macht Maggie ihre Drohung schließlich wahr.

QUENTIN:
„Die erste Ehre, die ich ihr erwies, war, dass ich nicht mit ihr schlafen wollte! Dabei hatte ich nur Angst, und sie dachte, ich täte es aus ‚Wertschätzung', Oh, diese Heuchelei!"

„Du willst unbedingt sterben, Maggie, und ich weiß wirklich nicht mehr, wie ich es verhindern kann."

MAGGIE:
„Du wolltest mich umbringen, Verehrtester. Viele haben mich schon umgebracht, manche konnten nicht mal richtig buchstabieren, aber es kommt aufs Gleiche raus, Verehrtester."

Miller rechtfertigte sich in seiner Autobiografie *Zeitkurven*, ihm sei erst, als sich das Stück nach Marilyns Tod der Vollendung näherte, klar geworden, dass jeder Maggie für Marilyn halten würde. Der Titel *After the Fall* bezieht sich auf Albert Camus' Novelle *Der Fall*, in der ein Mann erkennt, dass er die Frau, die er liebt, nicht retten kann. Miller behauptete, die Schauspielerin Barbara Loden hätte selbst angeregt, in der Rolle eine blonde Perücke zu tragen, was er zu seinem späteren Bedauern nicht ablehnte.

Kritiken:
The Herald Tribune
„*Nach dem Sündenfall* ähnelt einer Beichte, in die Arthur Miller als reuiger Sünder hineingeht und aus der er als Priester wieder herauskommt. Es ist eine raffinierte Verwandlung … doch weder eine besonders ansprechende noch eine besonders überzeugende Darbietung."

The New Republic
„Eine autobiografische Beichte von peinlicher Deutlichkeit … ein dreieinhalbstündiger Verstoß gegen den guten Geschmack."

tungen handhaben sollte. PETER LEVATHES, Studioleiter bei Fox, meinte dazu: „Ihre so genannten Berater beschworen die Probleme herauf und stürzten sie in eine furchtbare Identitätskrise."

AFTER THE FALL – Nach dem Sündenfall

ARTHUR MILLERS erstes Stück nach Marilyns Tod handelt von der zerstörerischen Ehe zwischen dem Rechtsanwalt Quentin und der Sängerin Maggie. Viele Kritiker sahen das Stück als Millers Versuch, der Welt zu zeigen, dass er alles Menschenmögliche getan habe, um seine Frau zu retten. Millers zweites vollendetes Werk nach seiner Heirat mit Marilyn enthüllte ihre dunkelste Seite – nach der schon übermäßig positiven Roslyn, die er Marilyn in THE MISFITS (1961) auf den Leib geschrieben hatte. Marilyns Biograf FRED LAWRENCE GUILES erklärte dazu: „Beide Werke schöpfen aus seinem Leben, der legitimsten Quelle, derer sich ein Autor bedienen kann, und vermitteln zusammen genommen wohl das vollständigste Bild von Marilyn, das wir je bekommen werden."

Die Schreibblockade, unter der Miller während seiner Ehe litt, hatte sich gelöst, und sein Stück schildert die Entwicklung dieser hoffnungslosen Beziehung.

After the Fall hatte am 23. Januar 1964 im Repertory Theater des Lincoln Center Premiere. Jason Robards spielte den Quentin, Barbara Loden die Maggie, ELIA KAZAN führte Regie, Robert Whitehead war der Produzent. Trotz gegenteiliger Beteuerungen des Autors und des Regisseurs sind die Parallelen zwischen Marilyns und Maggies Leben unverkennbar. Maggie arbeitet in einer Telefonzentrale, bevor sie entdeckt wird und zur berühmten Popsängerin aufsteigt. Der Miller-Charakter ist hier kein Schriftsteller, sondern Anwalt, aber auch er ist für seine junge Frau ebenso Vaterfigur wie Ehemann. Bald nach der Hochzeit offenbart Maggie ihre verborgene Seite: ihren Mangel an Selbstachtung,

Der amerikanische Fernsehsender NBC brachte am 10. Dezember 1974 eine Filmfassung von *After the Fall*. Das Drehbuch stammte von Miller, Regie führte Gilbert Cates. Die Hauptrollen spielten FAYE DUNAWAY (die im Bühnenstück eine kleine Nebenrolle hatte) und Christopher Plummer. In den zehn Jahren zwischen Broadway-Premiere und Fernsehausstrahlung hatten MGM wie auch Paramount den Film drehen wollen, wobei u. a. Sophia Loren und BRIGITTE BARDOT als Maggie vorgesehen waren.

AGENCIES – Agenten

In ihren 15 Hollywood-Jahren beschäftigte Marilyn fast ebenso viele Agenten, die dafür zu sorgen hatten, dass sie im Licht der Öffentlichkeit stand:
Als Fotomodell (siehe MODELING): BLUE BOOK MODELING AGENCY, Leiterin: EMMELINE SNIVELY.

Dieses frühe Bild von Marilyn als Fotomodell wurde 1946
von einem unbekannten Fotografen aufgenommen.

Als Filmschauspielerin: Das West Coast Office der National Concert Artists Corporation wurde 1946 Norma Jeanes erste Filmagentur, nachdem Emmeline Snively ihrer Freundin HELEN AINSWORTH empfohlen hatte, sich dieses eifrige junge Mädchen einmal anzusehen. Ainsworths Assistent war HARRY LIPTON.

1949 übernahm die William Morris Agency Marilyns Vertretung, nachdem Geschäftsführer JOHNNY HYDE sich Hals über Kopf in sie verliebt hatte. Nach Hydes Tod Ende 1950 sah sich Marilyn nach einer anderen Agentur um.

Die Famous Artists Agency nahm Marilyn ab 1953 unter ihre Fittiche, zwei Jahre nachdem CHARLES FELDMAN ihr geholfen hatte, ihren zweiten Vertrag mit TWENTIETH CENTURY-FOX auszuhandeln. Neben Feldman betreuten Hugh French und Jack Gordeen Marilyns Angelegenheiten. Als Marilyn Hollywood 1955 verließ, um ihre eigene Produktionsfirma zu gründen, trennte sie sich auf Anraten ihres Geschäftspartners MILTON GREENE von Famous Artists.

Daraufhin übernahm MCA, die Music Corporation of America, die erneuten Verhandlungen mit Fox über Marilyns Knebelvertrag von 1951. Marilyn und Milton waren sich einig, dass es für MARILYN MONROE PRODUCTIONS am aussichtsreichsten sei, für das Verleihgeschäft auf die Kontakte von Agenturchef LEW WASSERMAN zurückzugreifen. Nach der Auflösung von Marilyn Monroe Productions 1958 übernahm MCA mit George Chasin als Betreuer eine führende Rolle in Marilyns Filmkarriere. Nach einigen Streitigkeiten legte MCA Marilyns Vertretung in ihrem letzten Lebensjahr nieder, woraufhin sie den Anwalt Milton Rudin damit beauftragte.

AGING – Alter

MARILYN:

„Ich sitze stundenlang vor dem Spiegel und suche nach Zeichen des Alters. Dabei mag ich alte Leute; sie haben Qualitäten, die den Jüngeren fehlen. Ich möchte ohne Faceliftings alt werden. Sie nehmen dem Gesicht sein Leben, seinen Charakter. Manchmal denke ich, es wäre besser, jung zu sterben, aber dann könnte man sein Leben nie vollenden … sich nie ganz kennen lernen."

„Wahre Schönheit und Weiblichkeit sind alterslos und nicht künstlich herstellbar."

„Sechsunddreißig ist toll, solange die zwölf- bis siebzehnjährigen Jungs einem noch hinterherpfeifen."

Marilyn bekam nie die Chance, alt zu werden. Doch schon mit 36 begann die Zeit ihren Tribut von ihrem Körper zu fordern. In ihren letzten Lebensjahren probierte sie diverse Hormoncremes und fragwürdige „Jungspritzen" aus, um Alterserscheinungen hinauszuzögern. Sie begann auch Handschuhe zu tragen, um die Altersspuren an ihren Händen zu verbergen.

1992 veröffentlichte die Zeitschrift McCall's ein per Computer erstelltes Bild von Marilyn, wie sie mit 66 ausgesehen hätte.

AINSWORTH, HELEN

Auf Empfehlung von EMMELINE SNIVELY wurde Norma Jeane von der Leiterin der Westküsten-Filiale der National Artists Corporation unter Vertrag genommen. Norma Jeane unterzeichnete den Agenturvertrag am 11. März 1946. Ainsworth, die Marilyn gemeinsam mit ihrem Kollegen HARRY LIPTON betreute, arrangierte die entscheidende Einführung bei BEN LYON, einem leitenden Angestellten der TWENTIETH CENTURY-FOX.

ALEXANDER, WILLIAM

1962 war Bill Alexander Eigentümer von The Mart, einem Einrichtungsgeschäft in West Hollywood. Wenige Tage vor ihrem Tod kam Marilyn mit EUNICE MURRAY in den Laden, um einen Wandbehang und ein Tischchen zu kaufen. Erst als sie einen Scheck ausstellte, wurde Bill klar, wen er vor sich hatte. Er war so überwältigt, dass er sie auf der Stelle bat, ihn zu heiraten. Marilyn antwortete, sie werde darüber nachdenken. Die Unterschrift auf dem Scheck, den sie Bill gab, gilt als die letzte ihres Lebens. Eine andere Version des Geschehens lautet, Marilyn hätte ihm anvertraut, sie sei sehr glücklich, weil sie in Kürze wieder heiraten werde. William Alexander starb 1997.

ALL ABOUT EVE (1950) – Alles über Eva

Einer der ganz großen Hollywoodfilme, der die New Yorker Theaterwelt scharf aufs Korn nimmt. Er basiert auf der Kurzgeschichte *The Wisdom of Eve* von Mary Orr. 1950 gewann dieser Film sechs Oscars (darunter den für den besten Film) bei 14 Nominierungen. Dank JOHNNY HYDE war Marilyn an diesem Triumph beteiligt.

Marilyn hatte nur zwei kurze Auftritte, die jedoch wichtig waren. Der Studioleiter DARRYL ZANUCK gab ihr daraufhin einen langfristigen Vertrag, in dem 500 Dollar Gage für eine Woche Arbeit festgelegt wurden.

In einer Szene tritt GEORGE SANDERS, der den bissigen Kritiker Addison De Witt spielt, mit Marilyn Monroe am Arm auf und stellt sie als „Absolventin der Copacabana-Schauspielschule" vor. Nur wenige Monate nach THE ASPHALT JUNGLE erscheint Marilyn hier in einer kleinen Rolle inmitten einer hochkarätigen Besetzung.

Eine der beiden Szenen mit Marilyn wurde im Curran Theater in San Francisco gedreht, die andere, eine komplizierte Party-Szene, im Studio aufgenommen. In der ersten Szene trug Marilyn eines ihrer eigenen Strickkleider, die ihr bereits in THE FIREBALL (1950) und HOMETOWN STORY (1950) gute Dienste geleistet hatten. In der anderen ist sie im schulterfreien weißen Abendkleid zu sehen.

Produktionsdaten:
Twentieth Century-Fox
schwarz-weiß
Länge: 138 Minuten
Kinostart: 14. Oktober 1950

Crew:
Regie: Joseph L. Mankiewicz
Regieassistenz: Gaston Glass
Produktion: Darryl F. Zanuck
Drehbuch: Joseph L. Mankiewicz
Story: Mary Orr (*The Wisdom of Eve*)
Kamera: Milton R. Krasner
Schnitt: Barbara McLean
Musik: Alfred Newman

Arrangement: Edward B. Powell
Art Direction: George W. Davis, Lyle R. Wheeler
Ausstattung: Thomas Little, Walter M. Scott
Kostüme: Edith Head, Charles Le Maire
Maskenbild: Ben Nye
Spezialeffekte: Fred Sersen
Ton: W. D. Flick, Roger Heman
Dialoge der deutschen Fassung: Erich Kästner

Besetzung:
Bette Davis … Margo Channing
Anne Baxter … Eve Harrington
George Sanders … Addison De Witt
Celeste Holm … Karen Richards
Gary Merrill … Bill Sampson
Hugh Marlowe … Lloyd Richards
Gregory Ratoff … Max Fabian
Barbara Bates … Phoebe
Marilyn Monroe … Claudia Caswell
Thelma Ritter … Birdie
Walter Hampden … alter Schauspieler
Randy Stuart … Mädchen
Craig Hill … Hauptdarsteller
Leland Harris … Portier
Barbara White … Autogrammjägerin
Eddie Fisher … Bühnenmeister
William Pullen … Hotelangestellter
Claude Stroud … Klavierspieler
Eugene Borden … Franzose
Helen Mowery … Reporterin
Steven Geray … Oberkellner
Bess Flowers … Gratulantin

Auszeichnungen:
Oscars:
Bester Film
Regie
Männliche Nebenrolle: George Sanders
Drehbuch
Kostüme
Tonaufnahme

Golden Globes:
Drehbuch
British Academy Awards:
Bester Film
Cannes:
Sonderpreis der Jury: Joseph L. Mankiewicz
Weibliche Hauptrolle: Bette Davis

Auf diesem 1961 bei den Dreharbeiten zu *The Misfits* von Eve Arnold geschossenen Foto erkennt man erste Anzeichen des Älterwerdens in Marilyns Gesicht.

Gregory Ratoff, Anne Baxter, Gary Merrill, Celeste Holm, George Sanders und Marilyn (von links nach rechts) in *All About Eve* (1950).

Ein Marilyn-Werbefoto für *All About Eve* (1950).

Nominierungen:
Oscars:
Weibliche Hauptrolle: Anne Baxter, Bette Davis
Weibliche Nebenrolle: Celeste Holm, Thelma Ritter
Kamera
Soundtrack
Schnitt
Art Direction/Ausstattung

Werbeslogans:
„The most provocative picture of the year!"
(„Der provozierendste Film des Jahres.")
„It's all about women … and their men."
(„Alles über Frauen … und ihre Männer.")

Handlung:
Eine Geschichte über skrupellosen Ehrgeiz und knallharte Berechnung im Theateralltag. Theaterdiva Margo Channing (Bette Davis), die den Zenit ihrer Karriere schon etwas überschritten hat, wird mit ihrer Bewunderin Eve Harrington (Anne Baxter) bekannt gemacht. Sie will dem Mädchen eine Chance geben und stellt sie als Sekretärin ein. Eve studiert aufmerksam alles, was die Schauspielerin sagt und tut, und schmeichelt sich bei ihren Theaterfreunden ein, u. a. bei dem Kritiker Addison De Witt. Protegé dieses äußerst wichtigen Mannes ist die junge Schauspielerin Miss Caswell – von Marilyn Monroe gespielt.

Eve benutzt Margos reiche Freundin Karen (Celeste Holm), die mit dem Bühnenautor Lloyd (Hugh Marlowe) verheiratet ist, um sich die zweite Besetzung von Margos Rolle zu sichern. Dann verschafft Karen Eve eine Chance, die Rolle zu spielen, indem sie dafür sorgt, dass Margo zu spät zur Vorstellung kommt. Das Stück und Eve sind ein rauschender Erfolg, doch Eves Versuch, den Regisseur des Stücks (und Margos Freund), Bill Sampson, zu verführen, schlägt fehl. Nun versucht Eve, Karen mit der gewährten Hilfe zu erpressen, damit sie ihren Mann überredet, ihr die Hauptrolle in seinem neuen Stück zu geben. Karen wird aus ihrem Dilemma befreit, als Margo aus dem Stück aussteigt, um Bill zu heiraten. Doch Eve ist noch nicht fertig. Sie erzählt dem Kritiker De Witt, sie sei im Begriff, Lloyd zu heiraten. De Witt hält sie davon ab, indem er durchblicken lässt, dass er über ihre Vergangenheit Bescheid weiß. Eve erhält schließlich den Sarah-Siddons-Preis für ihre Darbietung in Lloyds neuem Stück. Die Handlung endet mit der Übergabe des Preises durch die junge, hoffnungsvolle Schauspielerin Phoebe, die an Eve zu Beginn des Films erinnert.

Kritiken:
The New York Herald Tribune
„Joseph L. Mankiewicz hat das Herbstkino-

programm durch eine glänzende Drehbuch- und Regieleistung bereichert … Als Regisseur hat er jeden Filmmeter mit pointierten oder amüsanten Details gewürzt und Bette Davis, Anne Baxter, George Sanders, Celeste Holm und allen übrigen darstellerische Spitzenleistungen abgenötigt. Das Ergebnis ist einer der besten und ausgereiftesten Filme, die Hollywood … seit Jahren hervorgebracht hat."

Leo Mishkin
„Der geistreichste, der vernichtendste, der erwachsenste und kultivierteste Spielfilm, der je über die New Yorker Theaterwelt gedreht wurde."

New York Times
„Eine beißende Satire – geistreich, reif und weltklug … die Filmwelt zeigt dem Broadway schonungslos die Krallen. Wenn das Theater da mithalten will, müsste es schon nach George Kaufman und Moss Hart rufen."

ALLAN, RUPERT

Marilyns Presseagent (siehe PRESS), ehemals Journalist bei der Zeitschrift *Look*, war Freund und gewitzter PR-Manager zugleich. Der in den USA geborene und in England aufgewachsene Allan kannte jeden, den man in Hollywood kennen musste, war in gesellschaftlichen Kreisen sehr beliebt und als Manager u. a. von MARLENE DIETRICH, BETTE DAVIS, GREGORY PECK und GRACE KELLY hoch geschätzt.

Marilyns Vertrauter wurde Allan ab 1949, als ihr Freund und Agent JOHNNY HYDE die beiden bekannt machte. Als Redakteur der Zeitschrift *Look* war er für Marilyns erstes *Look*-Titelbild 1952 verantwortlich. Kurz darauf wurde er Marilyns offizieller Pressemanager und übte diese Tätigkeit aus, bis er 1960 Grace Kellys unwiderstehliches Angebot annahm, als ihr persönlicher PR-Agent nach Monaco zu kommen.

(siehe ARTHUR JACOBS)

ALLEN, ANGELA

Angela Allen, Skriptgirl bei den Dreharbeiten zu THE MISFITS (1961), brachte viel Zeit damit zu, die unzähligen Drehbuchänderungen abzutippen, die ARTHUR MILLER am Ende eines jeden Drehtags verfasste. Marilyn und Angela konnten sich nicht ausstehen: Marilyn beschuldigte das Skriptgirl, etwas mit ihrem Ehemann zu haben.

Trotz dieser persönlichen Differenzen bewunderte Allen Marilyns Talent. Jahre später erzählte sie dem Biografen FRED LAWRENCE GUILES: „Als ich sie da oben sah, das war nahezu unfassbar. Ihr Mythos, den ich für eine Art geschmacklosen Scherz gehalten hatte, wurde plötzlich verständlich. Ich begriff, warum man all diesen Wirbel machte … Ich habe sie nie wirklich gemocht, aber ich erkannte ihren Wert als Schauspielerin, ihren Wert für jede Produktion … Es war erstaunlich, was sie auf der Leinwand rüberbrachte. Sie wirkte so natürlich, wenn sie eine Szene spielte."

AMAGANSETT, LONG ISLAND

1957, während der Umbauarbeiten an ihrem neuen Haus in ROXBURY, mieteten Marilyn und ARTHUR MILLER ein Haus in Amagansett, Long Island, einige Autostunden von New York. Hier schrieb Miller die Kurzgeschichte, nach der später THE MISFITS (1961) gedreht wurde.

(siehe HOMES – Wohnungen)

AMBASSADOR HOTEL
3400 WILSHIRE BOULEVARD, LOS ANGELES

In diesem Gebäude befand sich das Büro von Marilyns erster Agentur, der von EMMELINE SNIVELY betriebenen BLUE BOOK MODELING AGENCY. Die 19-jährige Norma Jeane war hier zwischen 1945 und 1947 regelmäßige Besucherin, bis ihre Filmkarriere in Schwung kam.

Das Hotel war ihr bereits aus ihrer Kindheit vertraut, da ihre Mutter Gladys und ihr Vormund GRACE MCKEE GODDARD sie manchmal am Wochenende hierher zum Mittagessen ausführten. Gladys kehrte Jahre später zurück, um Emmeline Snively für ihre Unterstützung zu danken.

1968, sechs Jahre nach Marilyns Tod, wurde ROBERT KENNEDY beim Verlassen einer Feier anlässlich seines Sieges bei den kalifornischen Vorwahlen vor dem Ambassador erschossen.

(siehe HOTELS)

AMBULANCE – Krankenwagen

Zu den vielen Rätseln um Marilyns Tod (siehe DEATH) gehört die Behauptung, in der Nacht zum 5. August 1962 sei ein Krankenwagen zu ihrem Haus gerufen worden.

Einige Biografen berichten, der Wagen des privaten Krankendienstes Schaefer Ambulance Service sei auf einen anonymen Anruf hin am frühen Morgen des 5. August zu Marilyns Haus FIFTH HELENA DRIVE eingetroffen. Eine Version lautet, die Sanitäter Ken Hunter und Murray Leibowitz hätten eine komatöse Marilyn eingeladen, die aber auf dem Weg zum SANTA MONICA HOSPITAL wieder belebt wurde. Dann habe DR. RALPH GREENSON eingegriffen, ihr eine Spritze verabreicht und die Sanitäter angewiesen, sie nach Hause zurückzufahren und Stillschweigen zu bewahren.

Im Mai 1986 schrieb ein gewisser James E. Hall in einem Artikel für die Zeitschrift Hustler, er habe in jener Nacht den Schaefer-Krankenwagen gefahren, doch Dr. Greenson habe die Sanitäter daran gehindert, Marilyn aus ihrem Haus abzutransportieren.

Einer der vielen Theorien zufolge soll Dr. Greenson die leblose Marilyn entdeckt und vergeblich versucht haben, ihren Hausarzt Hyman Engelberg (siehe DOCTORS) zu erreichen. Daraufhin habe er den Krankenwagen gerufen, der zu spät eintraf, um ihren Magen auszupumpen oder sie wieder zu beleben. Deshalb habe man die Sanitäter wieder weggeschickt.

AND GOD CREATED WOMAN (1956) – ... und immer lockt das Weib

Der von Roger Vadim inszenierte Film mit BRIGITTE BARDOT handelt von einer schönen Waise, die in einer Pflegefamilie aufwächst und Liebe sucht, wo immer sie sie findet. Bereitwillige Komplizen sind ihr dabei eine Reihe von Männern, obwohl zuletzt die Moral der 1950er den Sieg davonträgt und sie einen anständigen jungen Mann heiratet. Die Handlung ähnelt Marilyns Lebensgeschichte. Brigitte Bardots offenherzig präsentierter Körper machte den Film zum Skandalerfolg und sie selbst zu Marilyns französischem Gegenstück.

30 Jahre später versuchte Vadim, mit einem Film des gleichen Titels (aber anderer Handlung) eine ähnliche Sensation zu erzielen.

ANDES, KEITH (GEB. 1920)

Der 1920 geborene Andes spielte in CLASH BY NIGHT (1952) Marilyns Geliebten Joe Doyle. Er trat in rund 20 Kinofilmen auf, erschien in den 1960ern häufig im Fernsehen und war Hauptfigur der Krimiserie This Man Dawson.

ANIMALS – Tiere

„Ich mag Tiere. Wenn man mit einem Hund oder einer Katze redet, sagen sie nie, man solle den Mund halten."

Marilyn brachte Tieren viel Liebe und Mitgefühl entgegen. Im Laufe ihres Lebens hatte sie eine Reihe von Haustieren (siehe PETS). Grausamkeit Tieren gegenüber konnte sie nicht ertragen.

Diese Sensibilität zeigte sich schon während ihrer Ehe mit JAMES DOUGHERTY: Als er ein Kaninchen zum Abziehen und Zubereiten nach Hause brachte, weigerte sich Norma Jeane, das Tier anzurühren. Ein weiteres Mal kam er von einem Jagdausflug mit einem noch lebenden Reh zurück. Die entsetzte Norma Jeane flehte ihn an, dem tödlich verwundeten Tier nichts zu tun, aber es war zu spät. Als Norma Jeane 1946 bei Fotoaufnahmen in der kalifornischen Wüste mit dem Armeefotografen DAVID CONOVER auf einen verletzten Terrier stieß, bestand sie darauf, mit ihm zum Tierarzt zu fahren.

Der Starruhm tat ihrem Mitleid mit wehrlosen Geschöpfen keinen Abbruch. ARTHUR MILLER erzählte, dass der Anblick einer verletzten Möwe Marilyn zu Tränen rührte. An

Keith Andes mit Marilyn in Clash by Night (1952).

Marilyn mit Lassie auf einer Party bei Musiker Ray Anthony 1952.

einem Tag lief sie bis zur Erschöpfung am Strand von Amagansett entlang, um Fische zurück ins Meer zu werfen.

In den späten 1950ern ging Marilyn oft in den New Yorker Central Park, um die Vögel und Eichhörnchen zu füttern. Eines Tages ertappte sie einige Jungen beim Taubenfangen. Sie versuchte erfolglos, sie davon abzubringen, und erkaufte den Vögeln schließlich ihre Freiheit.

Marilyns Tierliebe und ihre Abscheu gegen das Töten von Lebewesen beeinflussten auch ihren Literaturgeschmack. So konnte sie Hemingway, der den Stierkampf und die Jagd verherrlichte, nicht ausstehen. Arthur Millers Drehbuch zu THE MISFITS (die von Marilyn gespielte Roslyn ist entsetzt, als sie erfährt, dass die Cowboys wilde Mustangs an eine Hundefutterfabrik verkaufen wollen) und seine Kurzgeschichte Lasst sie bitte leben spiegeln Marilyns Mitgefühl mit diesen Lebewesen.

ANN-MARGRET
(GEB. 1941 ALS ANN-MARGRET OLSSON)

„Sie war intelligent und sah gut aus ... aber die Leute hackten ständig auf ihr herum ... sie wurde krank – erst posthum erhielt sie die ihr gebührende Anerkennung."

Die Karriere der von George Burns entdeckten Schwedin Ann-Margret begann, als Marilyns endete. Die TWENTIETH CENTURY-FOX setzte auf sie als Marilyns Nachfolgerin in der Rolle des blonden Sexidols der Nation.

Obwohl sich Ann-Margret und Marilyn wohl nie persönlich begegneten, soll Marilyns scharfer Blick auf die hübsche junge

Blondine gefallen sein, als diese mit einer Musikgruppe auf Tour in Reno war und dabei die Dreharbeiten zu THE MISFITS (1961) besuchte. Ann-Margret spielte später eine der Rollen, die Marilyn gern gehabt hätte: die Blanche DuBois in der 1984er Fernsehverfilmung von A STREETCAR NAMED DESIRE. Sie arbeitete auch mit Marilyns früherem Double EVELYN MORIARTY zusammen. Die „Marilyn"-Rolle in der Verfilmung von Arthur Millers Stück AFTER THE FALL – *Nach dem Sündenfall* lehnte sie jedoch ab.

ANNA CHRISTIE

Nach fast einem Jahr ACTORS STUDIO fasste sich Marilyn am 17. Februar 1956 endlich ein Herz und trat vor ihren Mitschülern auf die Bühne. Ihre Rolle: Anna Christie, die Titelfigur des Stücks von Eugene O'Neill, nach den Regieanweisungen ein „blondes, voll entwickeltes Mädchen von 20 Jahren, attraktiv, aber gesundheitlich heruntergekommen und mit allen äußeren Anzeichen des ältesten Gewerbes der Welt", das sich in einen Matrosen verliebt. Die Rolle war mehr als anspruchsvoll. GRETA GARBO hatte sie in der Hollywood-Verfilmung von 1930 unsterblich gemacht, in der sie ihre ersten Worte in einem Tonfilm sprach: „Gib mir 'n Whisky mit Ginger Ale und sei nicht so knauserig, Baby." Marilyn gab die Szene zusammen mit der Broadway-Darstellerin MAUREEN STAPLETON, die die Hauptrolle in *The Rose Tatoo – Die tätowierte Rose* von TENNESSEE WILLIAMS gespielt hatte.

Marilyn hatte panische Angst, auf die Bühne zu gehen. „Ich konnte nichts fühlen. Ich konnte mich an keine einzige Zeile erinnern. Ich wollte mich nur hinlegen und sterben. Ich dachte plötzlich bei mir: ‚Großer Gott, was tue ich hier?' Und dann musste ich rausgehen und es tun." Ihre Darbietung trug ihr herzlichen Beifall ein – eine Seltenheit im Actors Studio, dessen Schüler angewiesen waren, nicht zu klatschen. Doch als unverbesserliche Perfektionistin brach Marilyn in Tränen aus, weil sie so miserabel gewesen sei. Später am Abend versicherten Lee und Paula ihr, sie habe großes Talent.

ANNIVERSARIES – **Hochzeitstage**

Marilyns Hochzeitstage:
JAMES DOUGHERTY: 19. Juni
JOE DiMAGGIO: 14. Januar
ARTHUR MILLER: 29. Juni (standesamtlich)
1. Juli (jüdische Zeremonie)

ANTHONY, RAY (GEB. 1922)

Der Big-Band-Leader Ray Anthony nahm 1952 ein von Ervin Drake und Jimmy Shirl geschriebenes Lied (siehe SONGS) mit dem Titel „Marilyn" auf. Ende 1952 spielte Marilyn auf einer Party in Ray Anthonys Haus unter Anleitung von MICKEY ROONEY das Schlagzeug.

APPLES, KNOCKERS AND COKES

Auch als *Apples, Knockers and the Coke Bottle* bekannter Sexstreifen, der fälschlich der jungen Marilyn zugeschrieben wurde. In diesem Film entledigt sich die Schauspielerin ARLINE HUNTER, dralles *Playboy*-Playmate von 1954, ihrer Kleider, rollt einen Apfel um eine Brüste und schlürft dann genüsslich an einer Colaflasche.

ARBOL STREET

Norma Jeane lebte nur einmal über einen längeren Zeitraum mit ihrer Mutter GLADYS BAKER zusammen: Im Haus Nr. 6812 Arbol Street. Um sich das Haus leisten zu können, vermietete Gladys es an den Schauspieler GEORGE ATKINSON und dessen Familie und behielt nur ein oder zwei Zimmer für sich und ihre Tochter. Guiles zufolge arbeiteten die Atkinsons als Komparsen in Hollywood, der Ehemann auch als Double für den englischen Schauspieler George Arliss. Als Gladys Anfang 1934 in eine Anstalt gebracht wurde, kümmerten sich die Mieter um die kleine Norma Jeane – auch noch nach Beschlagnahmung des Hauses. Als sie sich entschlossen, nach England zurückzukehren, sprang GRACE McKEE GODDARD als Ersatzmutter für Marilyn ein.

Das Haus wurde wegen der Erweiterung der Grünanlagen der Hollywood-Bowl abgerissen; die Straße heißt heute Arbol Drive.

(siehe HOMES – Wohnungen)

ARCHWOOD STREET

Norma Jeane wohnte in zwei Häusern dieser Straße in Van Nuys (Los Angeles). Zunächst lebte sie von 1940 bis 1941 bei GRACE GODDARD und ihrem Mann Doc in Nr. 14 743. Hier schmiedete ihr Vormund Grace den Plan, Norma Jeane mit dem Nachbarjungen JAMES DOUGHERTY zu verheiraten. Die frisch Vermählten zogen in eine Einzimmerwohnung an der nahe gelegenen Vista Del Monte Street, hüteten jedoch im Sommer 1942 (nach anderen Berichten 1943) eine Weile das Haus Nr. 14 747 Archwood Street der Familie Dougherty, während Jims Eltern verreist waren. Das Haus wurde vor kurzem für 900 Dollar im Monat zur Miete angeboten.

(siehe HOMES – Wohnungen)

ARMY – **Armee**

Ihren ersten Auftritt verdankte Norma Jeane dem Luftwaffen-Fotografen DAVID CONOVER, der 1945 in der RADIO PLANE MUNITIONS FACTORY Frauen bei der Arbeit für den Kriegserfolg fotografierte, um die Moral an der Front zu heben. Die Fotos erschienen im *Yank*-Magazin.

Marilyn hatte einen riesigen Fankreis beim Militär und erhielt viele Auszeichnungen von Soldatenmagazinen („Pin-up-Girl des Jahres") und einzelnen Korps („Das Mädchen, das Alaska auftauen könnte", „Das Mädchen, das sie am liebsten abfangen würden" und viele andere, weniger druckreife Lobeshymnen). Im September 1952 wurde Marilyn von einem anderen Armeefotografen um eine Wiederholungsvorstellung gebeten, diesmal mit uniformierten Armeehelferinnen für eine Kampagne, um mehr Frauen für die Streitkräfte der USA anzuwerben. Marilyn wurde in einem weißen Sommerkleid mit roten Tupfen fotografiert. Leicht nach vorne gebeugt lässt sie tief in ihr Dekolletee blicken. Die Kampagne wurde nach Erscheinen des Bildes von einem Armeefunktionär abgeblasen, der das Foto einzog. Peinlich berührt erklärte er: „Das Bild könnte den Eltern potentieller Rekrutinnen eine falsche Vorstellung vermitteln." Marilyn konterte: „Das Kleid war für Augenhöhe konzipiert – nicht für Fotografen, die von einem Balkon nach unten knipsen."

Zu Beginn des Jahres war Marilyn vor den Marineinfanteristen in CAMP PENDLETON, südlich von Los Angeles, aufgetreten. Anfang 1954, kurz nach ihrer Heirat mit JOE DiMAGGIO, ging sie auf eine triumphale Tournee zu den in Korea stationierten US-Truppen.

ARNOLD, EVE (GEB. 1913)

Arnold arbeitete erstmals 1952 mit Marilyn und hatte ihren letzten Fototermin mit Marilyn kurz vor deren Tod. Die Freundschaft zwischen den beiden umfasste die Jahre von Marilyns Starruhm, und Marilyn nahm Eve Arnold zu einigen Engagements mit, u. a. zu ihrer Tour nach BEMENT, ILLINOIS, 1955. Arnold gehörte zu den von MAGNUM entsandten Fotografen, die die Dreharbeiten von THE MISFITS (1961) dokumentieren sollten. Sie hatte Marilyn auch zum MADISON SQUARE GARDEN begleiten sollen, wo diese Präsident KENNEDY ein Geburtstagsständchen brachte. Da Arnold jedoch verhindert war, rief Marilyn stattdessen Isidore Miller an.

In ihrem Buch *Marilyn Monroe: An Appreciation* schilderte Arnold ihre persönliche und berufliche Beziehung und erklärte: „Ich bin niemandem begegnet, der Marilyns Begabung, sich des Fotografen und der Fotokamera zu bedienen, auch nur nahe kam … sie blieb der Maßstab, an dem ich – unbewusst – alle anderen Modelle gemessen habe."

ART – **Kunst**

Auf viele Künstler wirkte Marilyns Ausstrahlung inspirierend. De Kooning, ANDY

Marilyn singt für Soldaten in Korea, 1954.

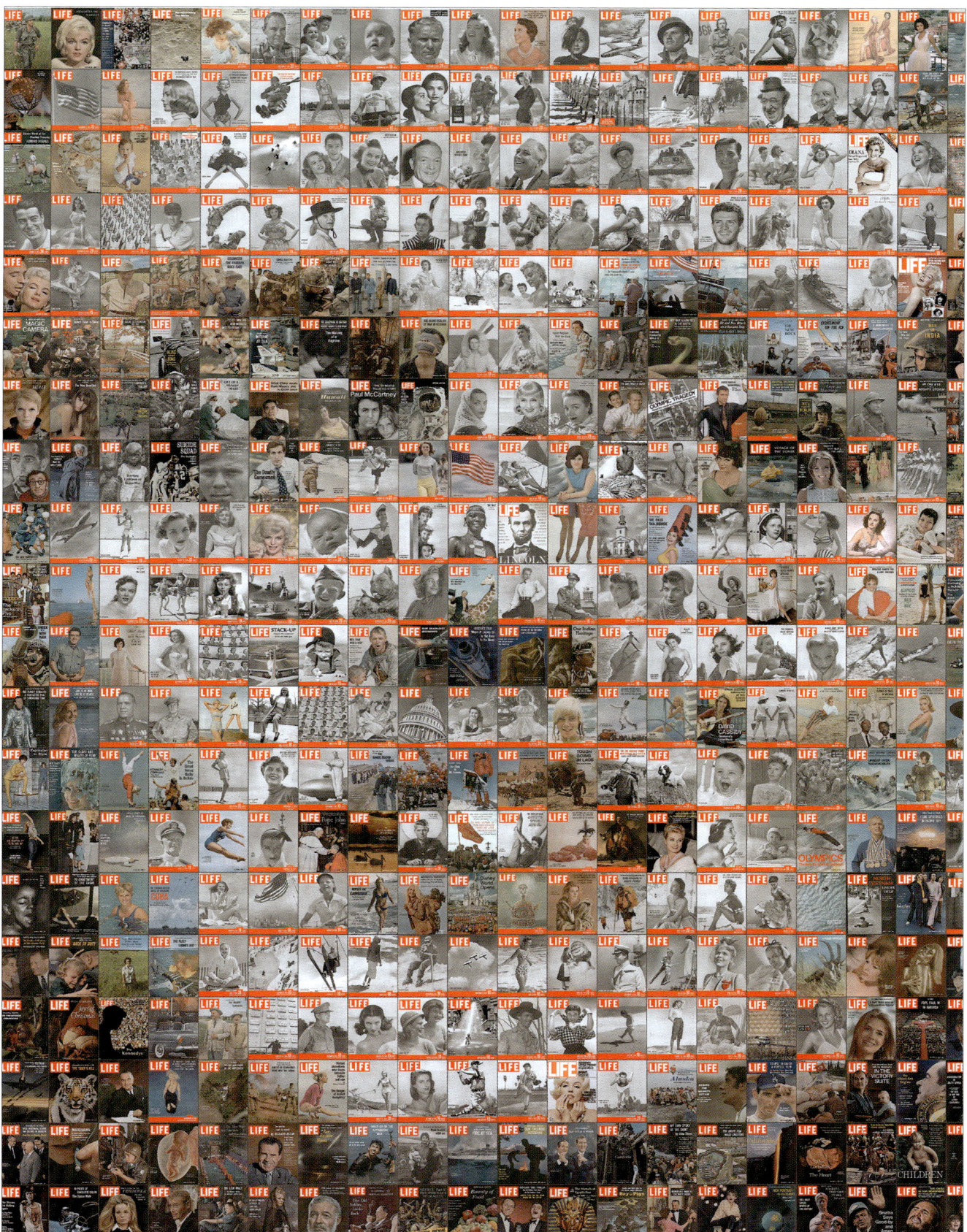

Robert Silvers Fotomosaik von Marilyn Monroe für das
Titelblatt der Zeitschrift *Life*, Ausgabe Juni 1996.

WARHOL, Claes Oldenburg und Salvador Dalí sind die berühmtesten unter ihnen, die sie dargestellt haben. Marilyn selbst war auch sehr kunstinteressiert. 1951 besuchte sie einen Kunstkurs an der Universität. Damals hingen an ihren Wänden Drucke von Fra Angelico, Dürer und Botticelli; vorher hatte sie sich mit Illustrationen der Tizian-Schule umgeben.

1955 sagte sie Reportern, ihre Lieblingskünstler seien Goya, Picasso und El Greco. Im gleichen Jahr besuchte sie mit NORMAN ROSTEN eine Rodin-Ausstellung in New York, wo sie von seinen Plastiken *Die Hand Gottes* und *Pygmalion und Galatea* besonders beeindruckt war. In ihrem letzten Lebensjahr kaufte Marilyn eine Rodin-Statue für ihr Haus in Brentwood.

Marilyn schenkte SUSAN STRASBERG eine Originalskizze von Chagall zum Geburtstag. Strasberg schildert, wie sie Marilyn einmal einen Skizzenblock reichte, auf dem sie mit sparsamen Strichen ein Selbstporträt von „katzenhaft sinnlicher Anmut und Bewegung" zeichnete.

Im Mai 1998 zahlte ein anonymer Bieter bei einer Auktion für den Warhol-Siebdruck *Orange Marilyn* 17,3 Mio. Dollar, das Dreifache des erwarteten Preises und das Vierfache des bis dahin höchsten Kaufpreises für einen Warhol – ein ebenfalls von Marilyn inspiriertes Werk.

Marilyn ist ein beliebtes Motiv für viele Künstler, die mit neuen Techniken und Materialien arbeiten. So erschien unlängst ein Marilyn-Fotomosaik von Robert Silvers als *Life*-Titelbild (siehe MAGAZINES – Zeitschriften).

ART AND MRS. BOTTLE

Nicht höhere Berufung, sondern eine Schülerliebe war der Grund dafür, dass sich Norma Jeane Baker an der High School von Van Nuys um eine Rolle in diesem Bühnenstück bewarb, die sie jedoch nicht erhielt. Jahre später erzählte sie ihrem Biografen MAURICE ZOLOTOW: „Ich wollte mitspielen, weil Warren Peek, ein Junge, in den ich verliebt war, die Hauptrolle spielte."

ARTHRITIS AND RHEUMATISM FOUNDATION

Bei einer Wohltätigkeitsveranstaltung, die der Mike Todd Circus 1955 im MADISON SQUARE GARDEN für diese gemeinnützige Stiftung ausrichtete, ritt Marilyn auf einem rosa Elefanten in die Manege ein.

ARTICHOKES – **Artischocken**

Vielleicht nicht das erste, was einem zu Marilyn einfallen würde, doch die essbare Distel war ein kleiner Schritt auf Marilyns Weg vom Starlet zum Starruhm. Am 20. Februar 1948 wurde Marilyn zur Artischocken-Königin von Salinas, Kalifornien, gekrönt, einer Gegend, die für ihren Artischockenanbau berühmt ist. 1998, zum 50. Jahrestag dieses Anlasses, erklärte die Stadt Hollywood den 20. Februar zum offiziellen „kalifornischen Artischocken-Tag", und Chasen's, eines von Marilyns liebsten Restaurants in Los Angeles, kreierte ein spezielles Artischocken-Gericht namens *The Monroe*. Küchenchef Andreas Kisler: „*The Monroe* ist eine

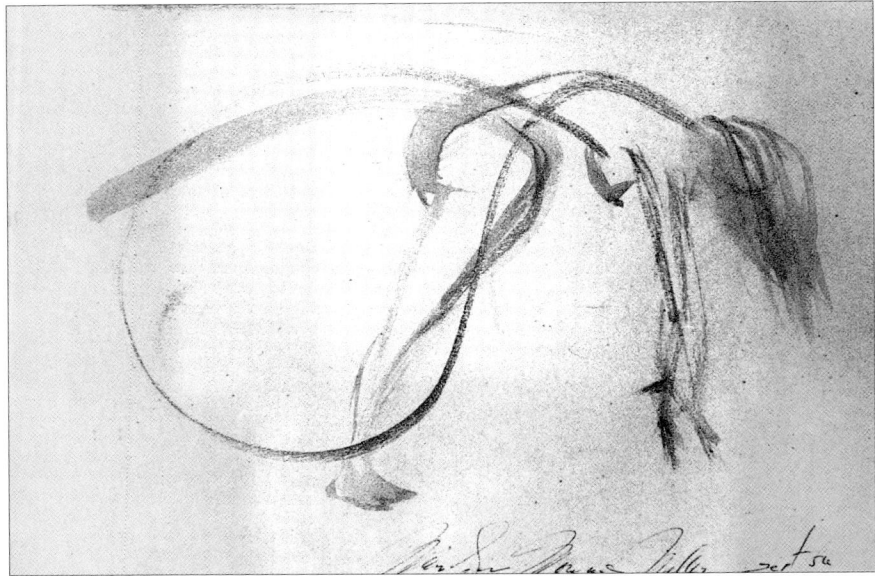

Ein Selbstporträt von Marilyn Monroe, ca. 1957.

Huldigung an Marilyn…Sternförmige Artischockenscheiben, in der Mitte Soba-Nudeln, die ihr blondes Haar verkörpern, und garniert mit Garnelen, die – mit etwas Fantasie – an Marilyns schöne Beine erinnern."

AS YOUNG AS YOU FEEL (1951)
(Originaltitel: *Will You Love Me in December?*)

Obwohl sie hier nur eine kleine Nebenrolle als Sekretärin spielte, erschien Marilyns Name ihrem wachsenden Ruhm entsprechend in der Werbung jetzt schon vor dem Titel. Doch war sie zu der Zeit sehr niedergeschlagen, weil ihr Mentor JOHNNY HYDE kurz zuvor gestorben war. Der junge Regisseur Harmon Jones klagte: „Immer wenn ich sie brauche, sind ihre Augen vom Weinen verquollen!"

Während der Produktion hatte Marilyn eine Romanze mit dem Regisseur ELIA KAZAN, der eigens zu den Dreharbeiten kam, um sie kennen zu lernen. Er machte sie auch mit seinem Freund, dem Schriftsteller ARTHUR MILLER, bekannt.

Produktionsdaten:
Twentieth Century-Fox
schwarz-weiß
Länge: 77 Minuten
Kinostart: 2. August 1951

Crew:
Regie: Harmon Jones
Produktion: Lamar Trotti
Drehbuch: Lamar Trotti
Story: Paddy Chayefsky
Kamera: Joseph MacDonald
Schnitt: Robert E. Simpson
Musik: Cyril J. Mockridge
Musikalische Leitung: Lionel Newman
Arrangement: Maurice De Packh
Art Direction: Maurice Ransford, Lyle R. Wheeler
Ausstattung: Thomas Little, Bruce MacDonald
Kostüme: Renié
Garderobe: Charles Le Maire
Maskenbild: Ben Nye
Spezialeffekte: Fred Sersen
Ton: W. D. Flick, Roger Heman sr.

Besetzung:
Monty Woolley … John Hodges
Thelma Ritter … Della Hughes
David Wayne … Joe Elliott
Jean Peters … Alice Hodges
Constance Bennett … Lucille McKinley
Marilyn Monroe … Harriet
Allyn Joslyn … George Hodges
Albert Dekker … Louis McKinley
Clinton Sundberg … Frank Erickson
Minor Watson … Cleveland
Ludwig Stössel … Dirigent
Renie Riano … Harfespieler
Wally Brown … Gallagher
Russ Tamblyn … Willie
Don Beddoe … Vertriebsleiter
Helen Brown … Clancy
Paul E. Burns … Drucker
Charles Cane … Rogell
Harry Cheshire … Präsident der Handelskammer
David Clarke … Chauffeur
Dick Cogan … Benson
Charles J. Conrad … Angestellter
Robert Dudley … alter Mann
Raymond Greenleaf … Vizepräsident
James Griffith … Kassierer
Billy Lechner … Postbote
Harry McKim … Page
Carol Savage … Bibliothekarin
Harry Shannon … Kleinbaum
Gerald Oliver Smith … Butler
Houseley Stevenson … alter Mann
Emerson … Public-Relations-Direktor
Ann Tyrrell … Sekretärin
Frank Wilcox … Anwalt

Handlung:
Ein Lehrstück, aus dem hervorgeht, dass Alter kein Hindernis für beruflichen Erfolg ist. Mit 65 wird der bei der Acme-Druckerei tätige John Hodges (Monty Woolley) zwangspensioniert. Auf Anraten des Verlobten seiner Tochter, Joe Elliott (David Wayne), der ebenfalls bei der Firma arbeitet, schreibt er an den Generaldirektor der Gesellschaft, einen Mann namens Cleveland, der ein sehr zurückgezogenes Dasein führt. Dann gibt er sich als Generaldirektor aus und stattet der Firma Acme einen Überraschungsbesuch ab, der den Acme-Geschäftsführer Louis McKinley (Albert Dekker)

Dieses Foto machte Eve Arnold bei den Dreharbeiten zu *The Misfits* (1961).

Marilyn und Albert Dekker in *As Young as You Feel* (1951).

Marilyn und Wallace Brown in *As Young as You Feel* (1951).

in Panik versetzt. Dessen schöne Sekretärin Harriet wird von Marilyn gespielt (ihre erste Rolle nach ihrer Rückkehr zu Fox).

Hodges' Plan funktioniert fast zu gut: Er führt neue Vorschriften ein, nach denen die Pensionäre so lange weiterarbeiten können, wie sie möchten; obendrein verliebt sich Lucille (Constance Bennett), die Frau seines einstigen Chefs, in ihn. Dann geht es drunter und drüber: Er hält eine Rede, die die Aktien der Gesellschaft steigen lässt, wird als Hochstapler entlarvt, Cleveland (Minor Watson) sucht ihn auf, ebenso Lucille. McKinley kommt zu Hodges, um seine Frau zurückzuholen, und kanzelt dabei den echten Cleveland ab (dem er noch nie begegnet ist). Als seine Frau ihn über seinen peinlichen Irrtum aufklärt, fällt McKinley in Ohnmacht. Cleveland bietet Hodges eine hochrangige Stelle bei der Muttergesellschaft an, doch der will nur seinen alten Job zurück. Und so gibt es doch noch ein Happy End.

Kritiken:
New York Post
„Ein ungewöhnlich vergnüglicher Film, sofern man keine allzu kritischen Maßstäbe anlegt. Was ihm an Glaubhaftigkeit mangelt, machen seine Handlung und Figuren durch eine Fülle populärer Lachnummern wieder wett, so dass man ihn fast uneingeschränkt empfehlen kann."

The New York Times
„Dieser bescheidene kleine Film, geschrieben und produziert von Lamar Trotti, herrlich gewandt und komödiantisch inszeniert von Harmon Jones, bietet köstliche Unterhaltung und wird das Publikum sicher ansprechen … Albert Dekker ist äußerst amüsant als beschränkter Chef eines Kleinbetriebs, Marilyn Monroe vorzüglich als seine Sekretärin."

ASPHALT JUNGLE, THE (1950) — Asphalt-Dschungel

JOHNNY HYDE setzte sich intensiv dafür ein, Marilyn in diesem Gangsterfilm unterzubringen, dem ersten, in dem die Geschichte aus der Sicht des Verbrechers erzählt wird. JOHN HUSTON war Drehbuchautor und Regisseur des Films, der großes Kritikerlob und vier Oscar-Nominierungen erntete.

Hyde hatte das richtige Gespür: Die Rolle war wie geschaffen für Marilyn. In dem Roman, auf dem der Film basiert, beschreibt Autor W. R. Burnett die Angela Phinlay als „üppig geformt; und da war etwas in ihrem Gang, etwas Träges, Lässiges, unverschämt Selbstsicheres, das man unmöglich übersehen konnte." Marilyn spielte ihre drei kurzen Szenen glänzend und gab der Figur der sinnlichen, doch mädchenhaft verletzlichen Geliebten Haltung und Selbstvertrauen. In ihrer letzten Szene durchläuft sie ein ganzes Spektrum von Emotionen, während ihre Loyalität unter der polizeilichen Befragung ins Wanken gerät.

Marilyn hielt dies stets für eine ihrer besten Leistungen und die erste, auf die sie stolz sein konnte. Als ihre letzte Szene im Kasten war, sagte sie zu ihrer Schauspiellehrerin NATASHA LYTESS: „Ich weiß nicht, was ich getan habe, aber ich weiß, dass es ein wunderbares Gefühl war."

Es waren nicht nur die Bemühungen ihres liebeskranken Agenten Hyde, die Marilyn die Rolle der Angela Phinlay verschafften. Es gibt verschiedene Geschichten über die beiden Vorsprechtermine, die sie zu absolvieren hatte. Eine Version berichtet, Marilyn sei zum ersten Termin mit ausgepolstertem Büstenhalter erschienen. John Huston soll ihr in den Pulli gegriffen, die Polster herausgezogen und gesagt haben: „Sie haben die Rolle, Marilyn." Huston schreibt in seiner Autobiografie: „Marilyn bekam die Rolle nicht wegen Johnny Hyde. Sie bekam sie, weil sie verdammt gut war."

Marilyn ihrerseits erinnerte sich einige Jahre später so an ihren zweiten Termin bei dem berühmten Regisseur:

„Ich hatte die ganze Nacht meinen Text gelernt, aber als ich zum Lesen hereinkam, konnte ich mich einfach nicht entspannen. Er sagte, ich solle mich setzen, aber es gab im ganzen Raum nur geradlehnige Stühle, also fragte ich ihn, ob ich auf dem Boden sitzen dürfte, um lockerer zu werden. Aber ich war immer noch nervös, deshalb fragte ich, ob ich meine Schuhe ausziehen dürfte. ,Was auch immer', sagte er. Dann habe ich ihm vorgelesen, und ich war sicher, dass ich miserabel war, aber … er lächelte und sagte, ich hätte die Rolle. Dann sagte er, ich würde vermutlich eine sehr gute Schauspielerin werden."

Mindestens ein Biograf behauptete jedoch, dass Marilyn die Rolle weder ihrem Vorsprechen noch Hydes Drängen zu verdanken hatte, sondern einer Art „freundlicher" Erpressung. Der begeisterte Reiter Huston hatte seine Pferde auf der Ranch von JOHN CARROLL und LUCILLE RYMAN untergestellt, die im Vorjahr dem in Schwierigkeiten steckenden Filmsternchen Marilyn finanziell und durch ihre Kontakte geholfen hatten. Da Huston mit seinen Zahlungen weit im Rückstand war, drohte Ryman, seine Hengste zur Begleichung seiner Schulden zu verkaufen, wenn er Marilyn nicht die Rolle gäbe.

Marilyns Ex-Mann JAMES DOUGHERTY erhielt einen Eindruck davon, wie weit es seit der Trennung gebracht hatte, als er mit Polizeikollegen bei der Premiere von *The Asphalt Jungle* die Fans vor dem Kino in Schach halten musste.

Produktionsdaten:
MGM
schwarz-weiß
Länge: 112 Minuten
Kinostart: 23. Mai 1950

Crew:
Regie: John Huston
Produktion: Arthur Hornblow jr.
Drehbuch: John Huston und Ben Maddow
Vorlage (Roman): W. R. Burnett
Kamera: Harold Rosson
Schnitt: George Boemler
Musik: HaroFilm
Art Direction: Randall Duell, Cedric Gibbons
Ausstattung: Jack D. Moore, Edwin B. Willis
Maskenbild: Jack Dawn
Frisuren: Sydney Guilaroff
Ton: Douglas Shearer

Besetzung:
Sterling Hayden … Dix Handley
Louis Calhern … Alonzo D. Emmerich
Jean Hagen … Doll Conovan

James Whitmore … Gus Minissi
Sam Jaffe … Doc Esterhazy
John McIntire … Polizeichef Hardy
Marc Lawrence … „Cobby" Cobb
Barry Kelley … Oberkommissar Ditrich
Anthony Caruso … Louis Ciavelli
Teresa Celli … Maria Ciavelli
Marilyn Monroe … Angela Phinlay
William B. Davis … Timmons
Dorothy Tree … May Emmerich
Brad Dexter … Bob Brannom
John Maxwell … Dr. Swanson
Benny Burt … Fahrer
Frank Cady … Nachtportier
Jean Carter … Frau
John Cliff … Polizist
Henry Corden … William Doldy
Charles Courtney … Red
Ralph Dunn … Polizist
Pat Flaherty … Polizist
Alex Gerry … Maxwell
Sol Gorss … Polizist
Fred Graham … Lastwagenfahrer
Don Haggerty … Detektiv Andrews
Eloise Hardt … Vivian
Thomas Browne Henry … James X. Connery
David Hydes … Evans
Fred Marlow … Reporter
Strother Martin … Karl Anton Smith
Patricia Miller … Mädchen
Howard Mitchell … Sekretär
Alberto Morin … Eddie Donato
Kerry O'Day … Mädchen
Raymond Roe … Tallboy
Henry Rowland … Frank Schurz
Tim Ryan … Polizeiangestellter Jack
James Seay … Polizeibeamter Janocek
Jack Shea … Polizist
Joseph Darr Smith … Reporter
Helene Stanley … Jeannie
Ray Teal … Polizist
Leah Wakefield … Mädchen
William Washington … Verdächtiger
Constance Weiler … Frau
Judith Wood … Frau
Wilson Wood … Mann

Auszeichnungen:
Venedig:
Bester Darsteller: Sam Jaffe

Nominierungen:
Oscars:
Regie
Kamera
Männliche Nebenrolle: Sam Jaffe
Drehbuch

British Academy Awards:
Bester Film

Neuverfilmung: *Cool Breeze* (1972)

Handlung:
Ein bis ins kleinste Detail geplanter Juwelen-raub scheitert an Verrat und Doppelspiel unter Diebeskumpanen.
Der gerade aus dem Gefängnis entlassene Ganove Doc Esterhazy (Sam Jaffe – im amerikanischen Original Doc Riedenschneider) will mit einer Bande ausgewählter Komplizen ein Juweliergeschäft ausrauben. Der Coup wird von Buchmacher Cobby (Marc Lawrence) finanziert; als Hehler soll der über jeden Verdacht erhabene Gesellschaftsanwalt Alonzo D. Emmerich (Louis Calhern) fungieren. Doch dieser plant mit seiner Geliebten Angela Phinlay (Marilyn Monroe), die er den damaligen

Konventionen gemäß nur als seine Nichte bezeichnet, ein doppeltes Spiel.
Der Raub läuft wie am Schnürchen, bis der Zentralalarm ausgelöst wird. Die einem Wachmann aus der Hand geschlagene Schusswaffe geht los und trifft einen der Räuber. Als Emmerich dann vorgibt, das Geld für die Juwelen nicht dabeizuhaben, wird Doc klar, dass der Anwalt ein falsches Spiel treibt; beim nachfolgenden Gerangel wird Emmerichs Handlanger getötet. Die Leiche des Räubers führt die Polizei zu den übrigen Gangstern. In diesem vollendet ausgeführten Moralstück kommt keiner der Komplizen gut weg … bis auf Angela, die auspackt und damit ihren Liebhaber ans Messer liefert.

Kritiken:
The New York Times
„Louis Calhern ist besonders überzeugend als Anwalt, der ein doppeltes Spiel versucht und es verpatzt, Sterling Hayden treffsicher als dreister Gangster, der nur zurück in seine Heimat will … überhaupt liefern alle Mitwirkenden des von MGM produzierten Films eine untadelige Darbietung ab. Wenn das Ganze nur nicht so verdorben wäre."

Photoplay
„… schonungslos offene Kriminalgeschichte aus einer Stadt des Mittleren Westens … voller herausragender schauspielerischer Leistungen … Die schöne Blondine namens Marilyn Monroe, die Calherns Freundin spielt, macht das Beste aus ihrer Rolle."

New York Herald Tribune
„Eine gewalttätige Darstellung mit Schlägereien und einem groß angelegten Juwelenraub, doch Huston hat daraus ein straffes und fesselndes Melodrama gemacht … Sterling Hayden überzeugt in der Rolle des Dix, der schnell mit der Pistole zur Hand ist … Auch Jean Hagen ist sehr gut als das Püppchen, das in den großen Raubüberfall hineingerät. James Whitmore steht seinen Mann als Kumpan von Dix; John McIntire, Marilyn Monroe und Anthony Caruso geben der reißerischen Darstellung einen dokumentarischen Effekt."

New York Post
„Dieser Film hat die Schlagkraft eines Boxhiebs in den Magen. Er ist so spannend, mitreißend und glaubwürdig, dass man am Ende fast erschöpft ist. Der Kriminalfilm des Jahrzehnts … vielleicht der beste, der je gedreht wurde."

Französisches Plakat für *The Asphalt Jungle* (1950).

Marilyn und Sterling Hayden in *The Asphalt Jungle* (1950).

ASTROLOGY — **Astrologie**

„Ich bin im Sternzeichen Zwillinge geboren. Das steht für Intellekt."

Marylin charakterisierte ihr Sternzeichen als: „Dr. Jekyll und Mr. Hyde. Zwei in einem." Als die Astrologin Carroll Righter Marilyn fragte, ob sie wisse, dass sie ihr Sternzeichen mit Rosalind Russell, JUDY GARLAND und Rosemary Clooney teile, erwiderte Marilyn: „Von denen weiß ich nichts. Ich bin unter dem gleichen Zeichen geboren wie Ralph Waldo Emerson, Königin Viktoria und Walt Whitman." Marilyn kam am 1. Juni 1926 um 9:30 Uhr in Los Angeles zur Welt – mit der Sonne im Zeichen Zwillinge und dem Mond im Wassermann. Ihr Aszendent war der Löwe.

ATKINSON, GEORGE (1877–1968)

Englischer Schauspieler, der dem Biografen FRED LAWRENCE GUILES zufolge ab 1933 im gleichen Haus an der Arbol Street wohnte wie Norma Jeane und ihre Mutter. Er hatte ein paar kleine Rollen in Produktionen mit George Arliss (den er auch doubelte), seine Frau spielte als Statistin in Massenszenen, und seine Tochter arbeitete mitunter als zweite Besetzung für Madeleine Carroll. Nachdem GLADYS BAKER in eine Anstalt gebracht worden war, kümmerten sich die Atkinsons eine Zeit lang um die kleine Norma Jeane, bis sie nach Großbritannien zurückkehrten.

AUSTRALIA — **Australien**

1955 bot der Unternehmer Lee Gordon Marilyn 200 000 Dollar für eine 25-tägige Australientour. Marilyn lehnte jedoch ab, da sie zu sehr mit der Gründung ihrer eigenen Produktionsfirma beschäftigt war.

AVEDON, RICHARD (GEB. 1923)

Nach der Anspannung bei den Dreharbeiten zu SOME LIKE IT HOT (1959) war Marilyn erleichtert, wieder vor der Fotokamera zu ste-

hen. Avedon schoss für einen Artikel, der am 22. Dezember 1958 in *Life* erschien, eine Fotoserie, in der Marilyn als MARLENE DIET-RICH, Lillian Russell, JEAN HARLOW, Theda Bara und Clara Bow posierte. Er fand die Arbeit mit ihr unkompliziert: „Sie hatte der Fotokamera mehr zu geben als jede Schauspielerin – jede Frau –, die ich je fotografiert habe; unendlich viel geduldiger, anspruchsvoller sich selbst gegenüber und entspannter

vor der Kamera als im sonstigen Leben." ARTHUR MILLER schrieb in seinem Begleittext über „ihre spontane Freude an allem, was ein Kind tut, ihre rasche Anteilnahme und Achtung für alte Menschen … Das Kind in ihr begreift den Spaß und die Verheißung und der alte Mensch in ihr die Sterblichkeit."

Zwei Jahre danach erzählte Marilyn Simone Signoret, diese Foto-Session sei einer der größten Augenblicke ihrer Karriere gewesen. Es war eine typische Monroe-Darbietung: für die Kamera nicht ihre eigene Gestalt anzunehmen, sondern die früherer Leinwandgöttinnen. In ihrer Autobiografie schreibt die Signoret: „Sie sprach von diesem Posieren, wie Schauspieler von ihren Drehtagen sprechen. Andere gute Erinnerungen an ihren Beruf hatte sie nicht."

AWARDS — **Auszeichnungen**

Auch wenn Marilyn nie einen Oscar bekam, fand ihr Talent im Laufe ihres Lebens so manche offizielle Anerkennung.

In ihrer Schulzeit (siehe SCHOOL) gewann Norma Jeane einen Füllfederhalter für ihren Aufsatz *Der Hund, bester Freund des Menschen*. Von der Sawtelle Boulevard School erhielt sie außerdem eine Urkunde „zur Würdigung ihrer persönlichen Dienste als Mitglied des Sicherheitskomitees der Schule".

Während ihrer Arbeit in der RADIO PLANE MUNITIONS FACTORY wurde Norma Jeane 1945 eine Urkunde für „exzellente Leistungen" verliehen.

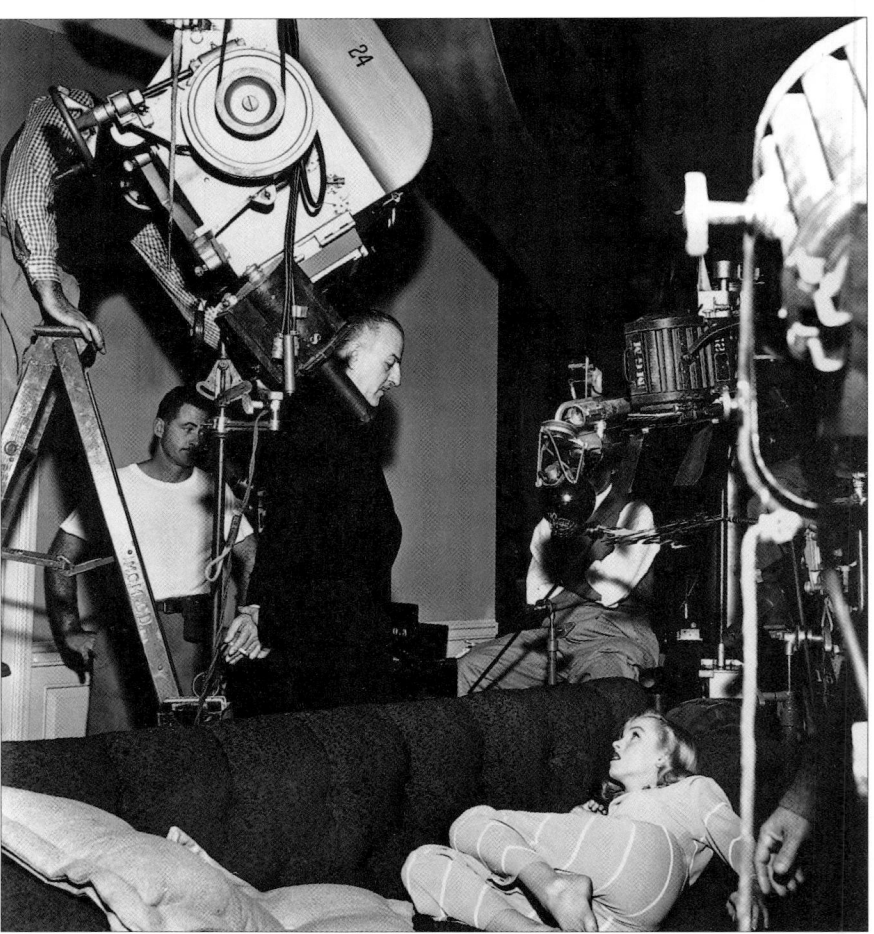

Marilyn und Louis Calhern bei den Dreharbeiten zu *The Asphalt Jungle* (1950).

Marilyn in Nahaufnahme bei den Dreharbeiten zu *How to Marry a Millionaire* (1953).

„Miss Press Club" 1948, vom Presseclub Los
Angeles

„Pin-up-Girl des Jahres", 1951, *Stars and
Stripes*

„Das Geschenk, das jeder Soldat gern in seinem Weihnachtsstrumpf fände", 1951

„Größter   Nachwuchs-Kassenschlager",
1951, Henrietta Awards

„Das Mädchen, das Alaska auftauen könnte", von auf den Aleuten stationierten
Soldaten

„Das Mädchen, das wir am liebsten untersuchen würden", vom Medizinerkorps der
7. Division

„Das Mädchen, das sie am liebsten abfangen
würden",   vom Allwetter-Jagdflieger-
Schwadron 3, San Diego

„Pin-up-Königin des Jahres 1952", *Stars and
Stripes*

„Vielversprechendste   Nachwuchsschauspielerin", 1952, Look (siehe MAGAZINES)

„Das meistbeworbene Mädchen der Welt",
Februar 1953, Werbeverband der Westküste

„Aufsteigerin des Jahres 1952", Auszeichnung der Zeitschrift PHOTOPLAY, 9. März
1953

„Größter   Nachwuchs-Kassenschlager",
Frühjahr 1953, *Redbook*-Magazin

„Die beste Freundin, die ein Diamant haben
kann", Juli 1953, Juwelierakademie

„Beliebteste Filmschauspielerin der Welt
1953", März 1954, Golden Globe Awards

„Beste Darstellerin", März 1954, Auszeich-
nung der Zeitschrift *Photoplay* für GENTLE-
MEN PREFER BLONDES und HOW TO MARRY
A MILLIONAIRE

„Der Gottseidank-Preis: An Marilyn Monroe, die der Öffentlichkeit einen überwäl-
tigenden Dienst erwiesen und dieses Jahr
keinen Film gedreht hat", 1958, *Harvard
Lampoon*

Nominierung für den British Academy
Award als „Beste ausländische Darstellerin", 1956 für THE SEVEN YEAR ITCH

Nominierung für den British Academy
Award als „Beste ausländische Darstel-
lerin", 1958 für THE PRINCE AND THE
SHOWGIRL

„Beste ausländische Darstellerin 1958",
1959, DAVID-DI-DONATELLO-PREIS (italienische Entsprechung des Oscars) für *The
Prince and the Showgirl*

„Beste ausländische Darstellerin", März
1959, CRYSTAL STAR AWARD (französische
Entsprechung des Oscars) für *The Prince
and the Showgirl*

„Beste Darstellerin einer Komödie 1959",
8. März 1960, GOLDEN GLOBE AWARDS, für
SOME LIKE IT HOT

„Beliebteste Filmschauspielerin der Welt
1961", März 1962, Golden Globe Awards

Some Like It Hot und *All About Eve* erreichten auf der vom American Film Institute
1998 herausgegebenen Liste der 100 besten
amerikanischen Filme die Plätze 14 bzw. 16.
Im Juni 1999 bekleidete Marilyn Platz sechs
der Liste der 25 größten weiblichen Stars
aller Zeiten.

Auch nach ihrem Tod führt Marilyn
weiterhin die Listen und Beliebtheitsum-
fragen berühmter Sexsymbole an. Gelegentliche Vorschläge, ihr posthum einen
Oscar zu verleihen, fanden jedoch bislang
kein Gehör.

AXELROD, GEORGE (GEB. 1922)

Nach einem Debüt als Schauspieler und
Bühnenmeister avancierte George Axelrod
zum erfolgreichen Broadway-Komödien-
autor.

Auch Hollywood rief, und nach seinem
ersten Film *Phffft! – Eine glückliche Scheidung*
adaptierte er 1954 seinen Broadway-Erfolg
THE SEVEN YEAR ITCH für Marilyn. Zwei Jahre
später schrieb er das Drehbuch zu William
Inges Broadway-Stück BUS STOP, einem
Film, den viele für Marilyns schauspielerisch
beste Leistung halten.

JOSHUA LOGAN, Regisseur von *Bus Stop*,
sagte, Axelrod habe die Bearbeitung „eigens
für sie geschrieben und sich bei der ganzen
Geschichte von seinen Gefühlen für sie lei-
ten lassen".

Wäre Marilyn nachtragend gewesen,
hätte sie vielleicht gar nicht mehr mit
Axelrod zusammengearbeitet. Nach *The
Seven Year Itch* schrieb er 1955 seine Posse
*Will Success spoil Rock Hunter? – Sirene in
Blond* über einen Filmstar namens Rita
Marlowe, die eine Kopie von Marilyn war –
von einem berühmten Sportler geschieden,
dabei, ihre eigene Produktionsfirma zu gründen, und unentwegt betonend, wie wichtig
ihr die Schauspielerei sei. Das Stück war am
Broadway mit 444 Vorstellungen ein Riesenerfolg. Die Hauptrolle spielte JAYNE MANS-
FIELD, ebenso wie in der Verfilmung von
1957.

Axelrod, u. a. Drehbuchautor von *Break-
fast at Tiffany's – Frühstück bei Tiffany* und
*The Manchurian Candidate – Botschafter der
Angst*, betätigte sich ab Mitte der 1960er-
Jahre auch als Regisseur und verfasste bissige
Erinnerungen an seine Hollywood- und
Broadway-Zeit.

Marilyn mit ihrer Henrietta-Auszeichnung als „Bester
Nachwuchs-Kassenschlager", 1951.

Marilyn als „Das Geschenk, das jeder Soldat gern in seinem Weihnachtsstrumpf finden würde", 1951.

BABYSITTING

Als dämonischer Babysitter in DON'T BOTHER TO KNOCK (1952) – ihrer ersten Hauptrolle – attackiert Marilyn in einem Anfall von Wahnsinn das ihr anvertraute kleine Mädchen. Seltsamer Zufall: Als Marilyn bei der TWENTIETH CENTURY-FOX anfing, verbreitete die PR-Abteilung, sie sei entdeckt worden, als sie für einen Hollywood-Talentsucher als Babysitter arbeitete.

BACALL, LAUREN
(GEB. 1924 ALS BETTY JEAN PERSKE)

„Schlank, sinnlich, sensationell!", sagte das Studio. Die von Warner Brothers schlicht „The Look" getaufte Bacall lieferte neben Humphrey Bogart in *To Have and Have Not – Haben und Nichthaben* (1944) eine Darbietung ab, die ihr nicht nur Beifall, sondern auch die Ehe mit ihrem Filmpartner eintrug.

Wie Marilyn flüchtete Lauren Bacall schon als Kind aus der Alltagsrealität ins Kino, um ihre Heldin BETTE DAVIS auf der Leinwand zu sehen. Auch sie hatte es ungeheuer schwer, die Rollen zu bekommen, die sie spielen wollte; ihr Studio suspendierte sie nicht weniger als zwölfmal. Sie spielte u. a. in *The Big Sleep – Tote schlafen fest* (1946), *Key Largo – Hafen des Lasters* (1948), *Young Man with a Horn – Der Mann ihrer Träume* (1950), *Written on the Wind – In den Wind geschrieben* (1956), *Sex and Single Girl – … und ledige Mädchen* (1964), *Harper – Ein Fall für Harper* (1966), *Murder on the Orient Express – Mord im Orientexpress* (1974) und *Ready to Wear – Prêt-à-Porter* (1994).

1953 spielte die Bacall neben Marilyn und BETTY GRABLE in HOW TO MARRY A MILLIONAIRE eine der drei Schönen auf der Suche nach einem reichen Ehemann. Wie viele andere auch fand sie die Zusammenarbeit mit Marilyn zuweilen frustrierend. In ihrer Autobiografie *Mein Leben* schrieb sie: „Am Ende jeder Aufnahme blickte sie fragend zu ihrer Schauspiellehrerin, die hinter JEAN NEGULESCO stand, ob es richtig gemacht hätte. Wenn diese den Kopf schüttelte, bestand sie auf einer neuen Aufnahme. Wir spielten

Dieses Werbefoto sollte die Geschichte der Twentieth Century-Fox unterstützen, dass Marilyn als Babysitter eines Besetzungschefs „entdeckt" worden sei.

viele Szenen 15-mal oder noch öfter, was hieß, dass ich in jeder gut sein musste, weil niemand wusste, welche davon letztlich verwendet würde." Trotz dieser unangenehmen Erfahrungen empfand sie Sympathie für Marilyn: „Es war unmöglich, Marilyn nicht zu mögen. Sie hatte keine Gemeinheit in sich – keine Gehässigkeit. Sie musste sich einfach auf sich und die Menschen, die nur für sie da waren, konzentrieren."

Sie berichtete auch, Marilyn hätte bei den Dreharbeiten einmal zu ihr gesagt, eigentlich wäre sie viel lieber „mit Joe DiMaggio in San Francisco in irgendeiner Pizzeria".

BACHRACH, ERNEST

Gloria Swansons bevorzugter Studiofotograf Bachrach (siehe PHOTOGRAPHERS) war leitender Porträtfotograf bei RKO, als Marilyn CLASH BY NIGHT (1952) drehte.

BACON, JAMES

Hollywood-Journalist, der 1977 in seinem Artikel „The Night I Made It with Marilyn Monroe" schilderte, wie er Marilyn 1948 auf einer Hollywood-Party kennen gelernt und sie ihn in ihre damalige Wohnung, JOSEPH SCHENCKs Pool-Haus, eingeladen haben. Ihre Affäre soll zwei Jahre gedauert haben: „Ich wusste, dass sie damals viele Männer hatte. Sie gab zu, dass es sie weiterbrächte, und ich machte mir keine Illusionen, dass sie um meiner selbst willen an mir interessiert sei. Sie mochte mich, aber es ging ihr auch um all die Zeitungen, in denen meine Kolumne erschien."

Von Bacon stammen einige prägnante Zitate über Marilyns Wirkung, wenn sie sich in Schale warf (siehe CLOTHES).

BAKER, CARROLL (GEB. 1931)

ELIA KAZAN wählte Carroll Baker, Marilyns Mitschülerin im ACTORS STUDIO, für die Rolle der jungen, schlecht behandelten Ehefrau in *Baby Doll – Begehre nicht des anderen Weib* (1956).

Kritiker David Thompson beschrieb die ehemalige Tänzerin als „ein herrlich vulgäres Geschöpf, das einen besonders dämlichen Sexappeal ausstrahlen konnte". Die Baker spielte auch die Hauptrolle in *Harlow*, einem Projekt, das Marilyn sehr am Herzen gelegen hatte und 1965 endlich verwirklicht wurde.

BAKER, GLADYS PEARL
(1902–1984, MÄDCHENNAME GLADYS MONROE, AUCH GLADYS MORTENSEN, GLADYS ELEY)

MARILYN:
„Ich möchte es einfach vergessen, all das Leid und Unglück in ihrem und in meinem Leben. Ich kann es nicht vergessen, aber ich möchte es versuchen. Wenn ich Marilyn Monroe bin und nicht über Norma Jeane nachdenke, dann funktioniert es manchmal."

Lauren Bacall, Humphrey Bogart und Marilyn bei der Premiere von *How to Marry a Millionaire* (1953).

„Lange Zeit hatte ich Angst, wie meine Mutter im Irrenhaus zu landen. Wenn ich zusammenklappe, frage ich mich, ob ich nicht robust genug bin – so wie sie. Aber ich hoffe, noch stärker zu werden."

LEILA FIELDS, einstige Kollegin bei RKO:
„Sie war eine wunderbare Frau, eine der wunderbarsten Frauen, die ich je gekannt habe. Sie hatte ein gutes Herz und war eine gute Freundin und immer heiter, bis sie diese Krankheit bekam."

INEZ MELSON:
„Marilyns Mutter beschäftigte sich übermäßig mit ihrer Religion, der Christian Science („christlichen Wissenschaft"), und dem Bösen. In diesem Bereich lag ihre Störung. Sie glaubte, sie hätte in ihrem Leben etwas falsch gemacht und würde nun dafür bestraft."

Norma Jeanes Mutter wurde am 27. Mai 1902 als Gladys Pearl Monroe in Piedras Negras, Mexiko (siehe MEXICO), geboren. Ihre frühe Kindheit, über die nur wenig bekannt ist, verbrachte sie an verschiedenen Orten in Südkalifornien, wo ihre Eltern DELLA MAE HOGAN und OTIS ELMER MONROE als Gelegenheitsarbeiter von Stadt zu Stadt zogen. 1908, als Gladys sechs war, wurde ihr Vater in eine Nervenklinik eingeliefert; ob dies aufgrund von Geisteskrankheit, Alkoholismus oder seiner fortgeschrittenen Syphilis geschah, ist ungeklärt. Er starb wenige Monate später. Zwei Jahre danach heiratete Gladys' Mutter erneut, ließ sich jedoch schon kurz darauf mit einem anderen Mann ein.

Mit 14 erblickte Gladys in JOHN (JACK) NEWTON BAKER, einem 26-jährigen Geschäftsmann (je nach Biograf auch Tankwart oder Gasableser) aus Kentucky, die Chance, ihrem zerrütteten Heim zu entfliehen. Die beiden heirateten am 17. Mai 1917. Sieben Monate später brachte Gladys ihren Sohn Jack zur Welt, dem im Juli 1919 eine Tochter, Berniece Inez Gladys, folgte (siehe MIRACLE, BERNIECE).

Gladys' eigene Kindheit war eine unstete und unsichere Zeit gewesen, eine Abfolge wechselnder Wohnungen und Vaterfiguren. Dies wirkte sich auch auf ihr Verhalten als Mutter aus. Mit ihren knapp 17 war sie mehr darauf aus, das Leben zu genießen, zum Tanzen zu gehen und Spaß zu haben, als sich um zwei kleine Kinder zu kümmern. 1921 ging ihre Ehe in die Brüche – Gladys reichte die Scheidung ein und gab als Grund „äußerste Grausamkeit, Beleidigungen und Beschimpfungen, lästerliche Reden ihr gegenüber und in ihrer Gegenwart, Schläge und Tritte" an. John seinerseits beschuldigte sie des unanständigen und lüsternen Verhaltens. Gladys zog mit ihrer Mutter in einen Mietbungalow in der 46 Rose Avenue, Venice, doch konnte dies nur eine kurzfristige Lösung sein, da die beiden Frauen nicht miteinander auskamen. Gladys' Scheidung wurde im Mai 1923 rechtskräftig, woraufhin John mit den Kindern nach Kentucky zurückging. Eine Weile stattete Gladys ihnen dort vereinzelte Besuche ab, doch dann gab sie den Kontakt völlig auf.

Beruflich fand Gladys nun zumindest zu einer gewissen Stabilität. Als eine von Tausenden, denen die aufblühende Filmindustrie Arbeit bot, bekam sie eine Stelle als Cutterin bei CONSOLIDATED FILM INDUSTRIES, COLUMBIA, später bei RKO.

Bei Consolidated freundete sich Gladys rasch mit der Vorgesetzten GRACE MCKEE (siehe GODDARD) an. Schon nach wenigen Monaten teilten sie eine Wohnung in der 1211 Hyperion Avenue im heutigen Silver-Lake-Bezirk von Los Angeles, einige Kilometer östlich von Hollywood. Abends zogen die beiden Frauen häufig gemeinsam durch die Kneipen der Stadt.

Im Sommer 1924 erregte Gladys die Aufmerksamkeit eines Mannes namens MARTIN EDWARD MORTENSEN, den sie am 11. Oktober 1924 heiratete. Mortensen war ein attraktiver, großzügiger Mann mit fester Arbeit, doch Gladys war nicht willens oder in der Lage, wirklich sesshaft zu werden. Vier Monate später wohnte sie wieder bei Grace; kurz darauf wurde die Scheidung vollzogen. Wieder stürzte sich Gladys ins sorglose Leben einer jungen Frau in den Zwanzigern, traf sich mit Männern, ließ sich umwerben und amüsierte sich. Dann, Ende 1925, wurde sie erneut schwanger. Norma Jeane Mortensen wurde am 1. Juni 1926 geboren. In dem Krankenhaus, in dem Gladys entbunden hat, gab sie an, ihre ersten beiden Kinder seien tot. Den Klinikaufenthalt bezahlte sie mit dem Geld, das ihre Kollegen für sie gesammelt hatten. Zu der Zeit wohnte Gladys am 5454 Wilshire Boulevard. Obwohl sie auf der Geburtsurkunde Martin als Vater angegeben hatte, kamen mehrere Männer in Frage: außer Mortensen selbst Gladys' Kollegen CHARLES STANLEY GIFFORD, Harold Rooney und Clayton MacNamara sowie Raymond Guthrie, ein Filmentwickler, der Gladys in jenem Jahr monatelang nachstellte.

Keine zwei Wochen nach der Geburt ihrer Tochter gab Gladys die kleine Norma Jeane zu einer Pflegefamilie, den BOLENDERS, die rund 25 Kilometer entfernt in Hawthorn wohnten. Gladys hatte eine Vollzeitstelle und ihr lustbetonter Lebensstil hätte unter einem Kleinkind sicher stark gelitten. Sie kam jedoch ihren finanziellen Verpflichtungen für ihre Tochter nach und zahlte den frommen Bolenders regelmäßig 5 Dollar pro Woche für Norma Jeanes Unterbringung und Verpflegung. Marilyn erinnerte sich, dass ihre Mutter, wenn sie sie während dieser Jahre bei den Bolenders besuchte, nie lächelte, sie nie küsste, nie in den Arm nahm und kaum mit ihr sprach.

1933 zog Gladys vorübergehend bei den Bolenders ein, um ihre Tochter zu pflegen, nachdem diese an Keuchhusten erkrankt war. In jenem Jahr nahm sie Norma Jeane endgültig von den Bolenders fort: Ihre kleine Tochter war in tiefsten Kummer verfallen, nachdem ein Nachbar ihren Hund Tippy erschossen hatte, weil er auf seinem Grundstück herumstöberte.

Norma Jeane wohnte nun bei ihrer Mutter in deren Wohnung 6021 Afton Place, in der Nähe der Studios von Hollywood, wo Gladys und ihre beste Freundin Grace als freiberufliche Cutterinnen arbeiteten. Die beiden zeigten der Kleinen häufig die Sehenswürdigkeiten von Hollywood – Kinopaläste, deren Fassaden den architektonischen Wundern der Welt glichen – und natürlich gingen sie mit ihr auch ins Kino.

Als Gladys von der kalifornischen Hypothekenbank ein Darlehen über 5000 Dollar erhielt, kaufte sie sich ein möbliertes Haus mit sechs Zimmern an der 6812 ARBOL STREET. Gladys verliebte sich auf den ersten Blick in das Haus und besonders in den kleinen weißen Franklin-Flügel (siehe WHITE PIANO), der darin stand. Um die Kreditraten zu finanzieren, vermietete Gladys das Haus an den

Gladys Monroe Baker mit der zweijährigen Norma Jeane am Santa Monica Beach, 1928.

englischen Schauspieler GEORGE ATKINSON mit Familie und behielt nur ein Zimmer für sich und ihre Tochter.

Marilyn beschrieb diese umwälzende Veränderung so: „Mein Leben wurde ziemlich zwanglos und turbulent, eine völlige Umstellung nach der ersten Familie. Sie arbeiteten hart, solange sie arbeiteten, und den Rest der Zeit genossen sie das Leben. Sie tanzten und sangen gern, sie tranken und spielten Karten, und sie hatten eine Menge Freunde. Wegen meiner religiösen Erziehung war ich einigermaßen schockiert – ich dachte, sie würden alle in die Hölle kommen. Ich betete stundenlang für sie." Damals bekam Norma Jeane erstmals die Anziehungskraft des Films und der Filmindustrie zu spüren. In den Schulferien wurde sie oft längere Zeit in einem von Hollywoods spektakulären Kinopalästen abgesetzt, wo sie den lieben langen Tag auf die große Leinwand starrte: „Da saß ich, den ganzen Tag lang und manchmal bis in die Nacht hinein – ganz vorne vor der riesigen Leinwand, ein kleines Kind ganz allein, und ich fand es toll. Mir entging nichts – dabei gab es nicht mal Popcorn."

Das Idyll dauerte allerdings nur ein paar Monate. Im Mai 1933 erfuhr Gladys, dass sich ihr Großvater Tilford Hogan – dem sie nie begegnet war – erhängt hatte. Das allein mag keine ausreichende Erklärung dafür sein, warum sie in eine tiefe Depression glitt, doch für Gladys war dies ein weiteres Zeichen, dass es kein Entkommen gab: Ihre Mutter und ihr Vater waren beide in Nervenheilanstalten gestorben, und sie war überzeugt, dass ihre eigene geistige Gesundheit bestenfalls labil sei.

Die Medikamente, die sie erhielt, konnten ihr nicht helfen. Im Januar 1934 (nach einigen Biografen im Januar 1935) riefen die englischen Mieter des Hauses einen Krankenwagen, mit dem die hysterische Gladys, die wie erstarrt unter der Treppe kauerte, gegen ihren Willen ins Krankenhaus gebracht wurde. Dies war der Auftakt zu einem 40-jährigen Hin und Her zwischen Kliniken und Außenwelt. Marilyn erinnerte sich später, sie habe noch lange Zeit danach „immerzu den furchtbaren Lärm auf der Treppe gehört und

Gladys Baker und Norma Jeane, 1933.

wie meine Mutter schrie und lachte, als man sie aus dem Zuhause führte, das sie mir hatte schaffen wollen".

Die meisten Marilyn-Biografen sind der Ansicht, dass Gladys geisteskrank und ihre Einlieferung in eine Heilanstalt unvermeidlich war. DONALD SPOTO hingegen meint, dass sie wohl weniger an einer akuten, klinischen Psychose litt, sondern durch die Umstände in die Depression getrieben wurde und dann in die Mühlen eines Systems geriet, das nur rudimentäre, wenn nicht geradezu unmenschliche psychiatrische Versorgung bot; Fehldiagnosen und -medikationen hätten eine vorübergehende Krise zur lebenslangen Krankheit gemacht.

Gladys wurde Anfang 1934 in ein Sanatorium in Santa Monica gebracht und später ins Los Angeles General Hospital verlegt. Je nach Quelle kümmerten sich entweder die Atkinsons oder Gladys' Freundin Grace McKee Goddard um Norma Jeane. Wieder sah das Mädchen seine Mutter nur an den seltenen Wochenenden, wenn man sie vorübergehend nach Hause ließ, um zu prüfen, ob sie dauerhaft entlassen werden könnte. An manchen Wochenenden gingen Gladys und Grace mit Norma Jeane zum Mittagessen ins AMBASSADOR HOTEL, wo sie ein Jahrzehnt später ihren Vertrag mit der BLUE BOOK MODELING AGENCY unterschreiben sollte.

Ende 1934 wurde Gladys von den Ärzten des Los Angeles General Hospital offiziell zur paranoiden Schizophrenen erklärt und anschließend ins NORWALK STATE HOSPITAL verlegt, wo ihre Mutter einige Jahre zuvor gestorben war. Im Befund des Chefarztes stand: „Ihre Krankheiten sind (1) zeitweilig durch

übermäßige Beschäftigung mit religiösen Dingen und (2) zu anderen Zeiten durch tiefe Depression und Erregung geprägt. Dies scheint ein chronischer Zustand zu sein."

Der Besitz von Gladys Baker, deren gesetzliche Vertreterin jetzt Grace McKee Goddard war, wurde im April 1935 liquidiert: 60 Dollar Kontoguthaben, 90 Dollar in nicht eingelösten Versicherungsschecks, ein Tischradio (Wert 25 Dollar, wovon 15 noch nicht abbezahlt waren), 250 Dollar Schulden auf eine 1933er Plymouth-Limousine und 200 Dollar Schulden für den weißen Flügel. Grace verkaufte das Auto an den Vorbesitzer zurück, verscherbelte den Flügel für 235 Dollar und veranlasste, dass das Haus an den Hypothekengläubiger zurückfiel.

Nach einem Fluchtversuch aus Norwalk wurde Gladys 1938 ins Agnew State Asylum, eine geschlossene Anstalt in der Nähe von San Francisco, verlegt.

Nach 1938 sah Norma Jeane ihre Mutter nur noch einige wenige Male. Einmal nahm Grace McKee Goddard sie kurz nach ihrem 13. Geburtstag mit zu dem klinischen Wohnheim, in dem Gladys damals untergebracht war. Ihre Mutter sagte während des ganzen Besuchs kein Wort. Erst als ihre Besucher sich zum Gehen anschickten, murmelte sie klagend: „Du hattest doch immer so winzig kleine Füße."

Ebenso schweigsam blieb Gladys 1945, als Norma Jeane sie in Begleitung des Fotografen ANDRÉ DE DIENES in Portland, Oregon, besuchte. Sie bewohnte dort ein schmuddeliges Hotelzimmer, nachdem die Klinik entschieden hatte, dass sie keine Gefahr mehr für sich oder andere darstelle. De Dienes beschreibt die unbehagliche Situation in seinem Buch *Marilyn Mon Amour* so:

„Dem Wiedersehen zwischen Mutter und Tochter fehlte jede Wärme. Sie hatten sich nichts zu sagen. Mrs. Baker war eine Frau von unbestimmtem Alter, abgezehrt und apathisch, und machte keine Anstalten, uns unsere Befangenheit zu nehmen. Norma Jeane gab sich nach außen hin heiter. Sie hatte die mitgebrachten Geschenke ausgepackt: ein Halstuch, Parfüm, Pralinen. Sie blieben unberührt auf dem Tisch liegen. Stille trat ein. Dann vergrub Mrs. Baker ihr Gesicht in den Händen und schien uns völlig zu vergessen. Es war bedrückend."

Dieses Verhalten stand im Widerspruch zu Gladys' erklärtem Wunsch, ihr zielloses Wanderleben zu beenden und zu ihrer Tochter zu ziehen. Der Gedanke versetzte Norma Jeane in Panik. Endlich hatte sie nach den Jahren im Hause ihres Vormunds Grace McKee und dem Ende ihrer Ehe mit JAMES DOUGHERTY eine gewisse Kontrolle über ihr eigenes Leben erlangt. 1945 hatte sie das Gefühl, an der Schwelle einer aufregenden Karriere als Fotomodell (siehe MODELING) zu stehen, von der sie inbrünstig hoffte, dass sie ihr Zugang zur Filmwelt verschaffen würde. Die Vorstellung, sich um eine Frau zu kümmern, die einen Großteil des vergangenen Jahrzehnts in Nervenheilanstalten verbracht hatte und ihr im Grunde fremd war, musste sie mit Schrecken erfüllen. Doch im April 1946 gab sie Gladys' Flehen nach und schickte ihr Geld für die Reise. Daraufhin zog Gladys zu ihr in ihre beiden kleinen Zimmer an der Nebraska Avenue, unterhalb der Wohnung von „Tante" ANA LOWER.

Gladys war in schlechter Verfassung. ELEANOR (BEEBE) GODDARD berichtet: „Sie war geistesabwesend und unberechenbar, fügsam, aber nicht richtig ‚da'."

Schon nach wenigen Wochen (nach anderen Quellen einigen Monaten) war Gladys wieder im Norwalk State Asylum. Norma Jeane zweigte von ihrem bescheidenen Einkommen Geld ab, um die mehr als knappe Grundversorgung des Heims aufzustocken.

Am 20. April 1949 erhielt Marilyn eine kurze Mitteilung von Grace, ihre Mutter habe einen gewissen John Stewart Eley geheiratet. Eley, ein Elektriker, starb am 23. April 1952 mit 62 Jahren an einem Herzleiden. Marilyn schickte ihrer Mutter weiterhin ihrem Einkommen entsprechend steigende Geldbeträge.

Ab 1951 besuchte Marilyns neue Managerin INEZ MELSON Gladys regelmäßig in Marilyns Auftrag, um sich zu vergewissern, dass sie genug Geld für ihren Lebensunterhalt hatte. Im Jahr darauf überredete Melson Marilyn, sie zu Gladys' gesetzlicher Vertreterin zu ernennen. Da war Gladys bereits zur Überraschung aller Betroffenen in die landesweiten Schlagzeilen geraten. Die TWENTIETH CENTURY-FOX hatte ihren neuesten Star als arme Waise hingestellt, die es trotz aller Widrigkeiten zu etwas gebracht hatte. Doch dann fand ein neugieriger Journalist heraus, dass Marilyns Mutter nicht nur am Leben, sondern auch vor kurzem aus einer Anstalt entlassen worden war und jetzt in dem privaten Pflegeheim Homestead Lodge unweit von Pasadena arbeitete. Für sich allein genommen wäre diese Neuigkeit vielleicht nicht so heikel gewesen, doch folgte sie nur einen Monat nach dem großen Skandal um frühere Nacktfotos von Marilyn. Das um Schadensbegrenzung bemühte Studio gewährte dem Kolumnisten Erskine Johnson ein „Exklusivinterview". Tatsächlich wurde Marilyns „Beichte" jedoch von ihrem Freund SIDNEY SKOLSKY verfasst, der ihr oft aus schwierigen Situationen heraushalf.

MARILYN MONROE BEKENNT:
MEINE MUTTER LEBT

von Erskine Johnson

Marilyn Monroe – Hollywoods beichtendes Glamourgirl, das unlängst Schlagzeilen machte mit dem Eingeständnis, sie habe als nackte Kalenderschönheit posiert – hat auch heute etwas zu erzählen.

Von Hollywoods Pressemanagern als verlassene Waise hingestellt, die ihre Eltern nie gekannt hat, gab Marilyn nun zu, dass sie die Tochter der früheren RKO-Cutterin Gladys Baker ist, und sagte: „Ich unterstütze sie und will ihr auch weiterhin helfen, wenn sie mich braucht."

Marilyn, die sich in einem Krankenhaus in Los Angeles von einer Blinddarmoperation erholt, gab mir durch die Twentieth Century-Fox ein Exklusiv-Statement, nachdem nunmehr schon fünf Frauen beim Studio vorsprachen und vorgaben, Marilyn sei ihre „lang vermisste Tochter".

Hollywoods neue Glamourkönigin erklärte: „Enge Freunde wissen, dass meine Mutter lebt. Während meiner Kindheit war meine Mutter ohne mein Wissen viele Jahre in einer staatlichen Klinik. Ich wurde durch meinen Vormund und die Bezirksverwaltung von Los Angeles in eine Reihe von Pflegefamilien vermittelt und habe über ein Jahr im Waisenhaus von Los Angeles verbracht. Ich habe meine Mutter nie näher gekannt, aber seit ich erwachsen bin und ihr helfen kann, habe ich Kontakt zu ihr aufgenommen. Ich unterstütze sie und möchte ihr auch weiterhin helfen, wenn sie mich braucht."

In Hollywood wohnende Freunde ihrer Mutter steuerten den Rest der Geschichte bei:

„Als Marilyn noch klein war, starb ihr Vater bei einem Autounfall und ihre Mutter erlitt einen Nervenzusammenbruch. Eine Freundin ihrer Mutter wurde zum gesetzlichen Vormund ernannt."

Marilyns Mutter erholte sich 1945 und wohnte 1946 kurze Zeit bei ihrer Tochter. Im selben Jahr heiratete ihre Mutter wieder. Letzte Woche wurde sie zum zweiten Mal Witwe, als ihr Mann nach kurzer Krankheit verstarb.

Die Nachricht, dass Marilyns Mutter lebt und hier in Hollywood ist, kam mehr als überraschend, nachdem das Studio stets verbreitet hatte, Marilyn habe ihre Eltern nie gekannt.

Das Eingeständnis des Stars, dass ihre … Mutter in Hollywood ist und von ihr unterstützt wird, erleichterte die Rechtsabteilung der Twentieth Century-Fox, die sich mit irrwitzigen Forderungen von Frauen konfrontiert sah, die darauf beharrten, Marilyn sei ihre „Tochter".

Kurz nach Erscheinen des Artikels erhielt Marilyn einen flehenden Brief von ihrer Mutter: „Bitte, liebes Kind, ich hätte gern einen Brief von Dir. Die Dinge sind sehr ärgerlich hier, und ich möchte so bald wie möglich von hier wegziehen. Ich hätte gern die Liebe meines Kindes statt seinen Hass." Der Brief war mit „in Liebe, Mutter" unterzeichnet. Doch Marilyns Energie war ganz auf ihre Karriere konzentriert; sie hatte das Gefühl, sie könne nicht mehr tun, als finanziell für ihre Mutter zu sorgen. Auf Anraten von Grace Goddard wurde Gladys im Februar 1953 wieder in eine Klinik gebracht, diesmal in das komfortablere ROCKHAVEN SANITARIUM in Verdugo City.

1959 sicherte Marilyn ihre Mutter durch ein Treuhandvermögen finanziell endgültig ab.

Es heißt, Gladys sei nach Marilyns Tod zutiefst verstört gewesen und hätte mehrere Selbstmordversuche unternommen. 1963 floh sie aus Rockhaven, wurde aber am nächsten Tag in einer Kirche in San Fernando Valley gefunden, eine Bibel und ein Gebetbuch umklammernd.

Nach ihrer endgültigen Entlassung 1967 wohnte Gladys bei ihrer Tochter Berniece in Florida. 1970 zog sie in ein Seniorenheim. Damals soll sie auf Fragen nach ihrer berühmten Tochter erwidert haben: „Erwähnen Sie diese Frau nicht!" 1972 sagte sie zu Marilyn-Fan JAMES HASPIEL: „Ich wollte nie, dass sie in diese Branche geht!"

Gladys Baker verbrachte die letzten Jahre ihres Lebens unter dem Namen Gladys Eley im Collins-Court-Altersheim (4201 S.W. 21st Place, Gainesville, Florida). Sie starb im März 1984 mit 81 Jahren und hatte ihre Tochter damit um mehr als zwei Jahrzehnte überlebt.

BAKER, HERMITT JACK

Marilyns 1918 geborener Halbbruder. Den meisten Biografen zufolge ist er als Kleinkind an Tuberkulose verstorben; sonst weiß man kaum etwas über ihn. Andere Biografen behaupten, er sei erst mit 13 Jahren gestorben.

BAKER, JACK (1891–?)

GLADYS BAKER heiratete ihren ersten Mann Jack (nach anderen Quellen John Newton oder Jasper) am 17. Mai 1917. Die vierjährige Ehe brachte zwei Kinder hervor. Bei der Scheidung bezichtigten sich die Ehepartner gegenseitig der Untreue. Einem Bericht zufolge soll Jack die Kinder am Tag nach dem Scheidungsurteil entführt haben. Marilyn schrieb: „Meine Mutter wandte all ihre Ersparnisse auf, um die Kinder zurückzubekommen. Schließlich spürte sie sie in Kentucky auf, wo sie … in einem schönen Haus wohnten. Ihr Vater war wieder verheiratet und wohl situiert. Sie traf sich mit ihm, bat jedoch um nichts, nicht einmal darum, die Kinder zu küssen, die sie so lange gesucht hatte." Biograf DONALD WOLFE zeichnete in seinem Buch The Last Days of Marilyn Monroe das Bild eines gewalttätigen Mannes.

BAKER, ROY WARD (GEB. 1916)

Englischer Regisseur, der Marilyn in ihrer ersten Hauptrolle, DON'T BOTHER TO KNOCK (1952), anleitete. Zu seinen weiteren Filmen gehören: The October Man (1947), Morning Departure (1950), The One That Got Away – Einer kam durch (1957), Quatermass and the Pit – Das grüne Blut der Dämonen (1967).

BANCROFT, ANNE
(GEB. 1931 ALS ANNA MARIA LUISA ITALIANO)

Anne Bancroft arbeitete fürs Fernsehen, bevor Hollywood sie 1952 rief und ihr eine Rolle neben Marilyn in DON'T BOTHER TO KNOCK gab:

„Es war eine außerordentliche Erfahrung. Denn es war eines der wenigen Male in meiner Hollywood-Zeit, dass ich dieses Geben und Nehmen spürte – zu dem es nur kommt, wenn man mit guten Darstellern arbeitet. Da war diese Szene, in der eine Frau eine andere Frau hilflos und voller Schmerz erlebt, und sie war hilflos und voller Schmerz. Es war so echt, dass ich sie darauf ansprach. Ich reagierte wirklich auf sie. Sie rührte mich so, dass mir die Tränen in die Augen traten."

Anne Bancroft drehte elf Filme in vier Jahren, bevor sie nach New York zurückkehrte und am Broadway in Two for the Seesaw – Spiel zu zweit und The Miracle Worker – Licht im Dunkel triumphierte, das ihr in der Filmfassung von 1962 einen Oscar eintrug. Weitere Filme: The Pumpkin Eater (1964), The Graduate – Die Reifeprüfung (1968), The Turning Point – Am Wendepunkt (1977), The Elephant Man – Der Elefantenmensch (1980), 84 Charing Cross Road – Zwischen den Zeilen (1987).

BANFF SPRINGS HOTEL
SPRAY AVENUE, BANFF

Während der anstrengenden Außenaufnahmen zu RIVER OF NO RETURN (1954), die am Athabasca River stattfanden, wohnte Marilyn mehrere Wochen in Zimmer 816 des Hotels, bevor sie am 1. September 1953 nach Los Angeles zurückkehrte. Sie wurde hier einmal aus dem Speisesaal verwiesen – nicht

etwa wegen zu spärlicher Bekleidung, sondern weil sie in Hosen erschienen war.

(siehe HOTELS)

BAPTISM – Taufe

Am 6. Dezember 1926 ließen Marilyns Großmutter DELLA MAE MONROE und ihre Pflegemutter IDA BOLENDER sie im Angelus-Tempel der Foursquare Gospel Church von Schwester AIMEE SEMPLE MCPHERSON, 4503 West Broadway, Hawthorne, Kalifornien, auf den Namen Norma Jeane Baker taufen.

BARBITURATES – Barbiturate

Marilyn nahm Barbiturate, weil sie glaubte, sie würden ihr beim Einschlafen helfen (siehe SLEEP). Nach ihrer zweiten Fehlgeburt verzehrte sie sich vor Sorge, sie habe diese durch ihre Amytal-Einnahme (Amobarbital) ausgelöst. Amytal und Nembutal, die beiden Barbiturate, die sie am häufigsten nahm, wirken nicht nur beruhigend, sondern auch dämpfend. Gegen Ende der 1950er-Jahre war Marilyn in einem Teufelskreis gefangen: Abends nahm sie Medikamente, um zu schlafen, morgens, um die Benommenheit abzuschütteln, und tagsüber, um die Angstgefühle in Schach zu halten. Da der Nembutal-Kater erst gegen Mittag nachließ, vereinbarte sie kaum Vormittagstermine. Bei vielen ihrer Filme war sie morgens einfach zu benommen, um zu den Dreharbeiten zu gehen – ein Grund für ihre berüchtigte Unpünktlichkeit (siehe LATENESS). Als ihre Abhängigkeit zunahm, sorgte ihre Umgebung dafür, dass sie sich für die Morgenstunden nichts vornahm.

Nach ihrem Tod (siehe DEATH) fand man in ihrem Blut 8 mg Chloralhydrat und 4,5 mg Nembutal, während eine toxikologische Untersuchung der Leber eine wesentlich höhere Nembutalkonzentration ergab.

BARDOT, BRIGITTE
(GEB. 1934 ALS CAMILLE JAVAL)

Die als französisches Pendant zu Marilyn gefeierte Bardot wurde als junges Fotomodell von Regisseur Roger Vadim entdeckt. Wie Marilyn war Brigitte Bardot eigentlich brünett und kam vor allem durch ihren schönen Körper und ihre Bereitschaft, ihn zu entblößen, in die Schlagzeilen. Mit dem Film AND GOD CREATED WOMAN – … und immer lockt das Weib (1956), der Parallelen zu Marilyns Lebensgeschichte aufweist, wurde sie zum internationalen Star. Zu ihren vielen Filmen gehört u. a. der Jean-Luc-Godard-Klassiker Le Mépris – Die Verachtung (1963).

Die Bardot stand am 29. Oktober 1956 zusammen mit Marilyn und anderen Filmstars im Empire Theatre am Londoner Leicester Square Schlange, um Königin ELIZABETH II. vorgestellt zu werden.

BARNHART, SYLVIA

Friseurangestellte in FRANK AND JOSEPH'S BEAUTY SALON am Hollywood Boulevard, die 1946 Norma Jeanes brünette Locken erstmals glättete und blondierte; ein Vorgang, der sich über mehrere Wochen erstreckte, um das

Marilyn mit George Barris auf der Party zu ihrem 36. Geburtstag während der Dreharbeiten zu *Something's Got to Give*, 1962.

Haar mit den aggressiven Chemikalien der damaligen Zeit nicht zu ruinieren.

BARRIS, GEORGE

Der Fotograf George Barris (siehe PHOTOGRAPHERS) begegnete Marilyn erstmals bei den Aufnahmen zu der berühmten Lüftungsschachtszene in THE SEVEN YEAR ITCH (1955).

Barris machte als einer der Letzten Aufnahmen von Marilyn: Vom 29. Juni bis 1. Juli 1962 am Santa Monica Beach, nach einigen Berichten auch am Pool von PETER LAWFORDS Haus und einem anderen Haus in Marilyns Nachbarschaft. Sie waren für eine Fotoreportage in *Cosmopolitan* bestimmt. Es gibt auch einen Amateurfilm von Barris und Marilyn am Strand, in dem Marilyn im grünen Badetuch herumtollt.

Einige dieser Fotos erschienen in NORMAN MAILERs Biografie *Marilyn Monroe* von 1973, viele weitere in Barris' Koproduktion mit GLORIA STEINEM (*Marilyn*). 1995 veröffentlichte er *Marilyn: Her Life in Her Own Words*, dessen Text aus Notizen besteht, die er nach ihren Fototerminen hinkritzelte, angeblich im Hinblick auf ein gemeinsames autobiografisches Projekt, das, wie Marilyn sagte, „einiges klarstellen" würde.

BATES, JOHN

An dem Wochenende, an dem Marilyn starb, war Robert Kennedy mit Familie bei der Familie Bates auf deren Ranch nahe Gilroy, Kalifornien, mehrere hundert Kilometer nördlich von Los Angeles, zu Gast. Bates, damals angesehener Anwalt einer in San Francisco ansässigen Kanzlei, hatte eine prestigeträchtige Position in der Kennedy-Regierung abgelehnt. Verschwörungstheorien (siehe CONSPIRACY) über Marilyns Tod unterstellen, Kennedy wäre in der Nacht des 4. August 1962 per Hubschrauber nach Los Angeles geflogen. Bates versicherte, die Kennedys seien das ganze Wochenende in Gilroy gewesen. Dies stellte jedoch die Anhänger der Verschwörungstheorie nicht zufrieden. Sie

George Barris' Aufnahmen von Marilyn am Santa Monica Beach 1962 gehören zu ihren berühmtesten Fotos.

verwiesen darauf, dass Bates Robert zwischen dem 4. August, 23:00 Uhr, und dem 5. August, 8:00 Uhr, nicht gesehen habe.

BATTELLE, KENNETH

Der Starfriseur Kenneth Battelle, zuweilen auch „Mrs. Kennedy's Kenneth" genannt, arbeitete 1958 bei den Dreharbeiten zu SOME LIKE IT HOT erstmals mit Marilyn. Er war danach bis zu Marilyns Tod gelegentlich als ihr Friseur tätig, vor allem, wenn sie sich in New York aufhielt.

BAXTER, ANNE (1923–1985)

Die Enkelin des Architekten FRANK LLOYD WRIGHT (siehe auch ROXBURY) errang ihren ersten Leinwanderfolg in Walter Langs *The Great Profile* (1940), auf den *The Magnificent Ambersons – Der Glanz des Hauses Amberson* (1942) und eine Oscar-gekrönte Darbietung in *The Razor's Edge – Auf Messers Schneide* (1946) folgten. Sie spielte die Hauptrollen in drei von Marilyns frühen Filmen: ALL ABOUT EVE (1950), TICKET TO TOMAHAWK (1950) und O. HENRY'S FULL HOUSE (1952). Baxter war ursprünglich für eine Rolle in NIAGARA (1953) vorgesehen, trat aber vor Beginn der Dreharbeiten von dem Projekt zurück.

BEACHES — Strände

Als kalifornischer Teenager verbrachte Norma Jeane viel Zeit am Strand, am häufigsten am Santa Monica Beach. Auch ihre ersten Fotografen knipsten sie immer wieder am Strand, und zwar entweder am Santa Monica, Malibu oder Zuma Beach. BEN LYONs Strandhaus war der Ort, an dem Norma Jeane in Marilyn Monroe umgetauft wurde; in PETER LAWFORDS Strandhaus speiste sie mit den Kennedy-Brüdern zu Abend.

BEACH STREET
2150 BEACH STREET, MARINA DISTRICT, SAN FRANCISCO

Nach ihrer Heirat Anfang 1954 zog Marilyn mit JOE DIMAGGIO in dessen zweigeschossiges Familienhaus in San Francisco. Doch bald

vermisste sie das Leben in Los Angeles, weshalb das Paar im Mai 1954 dorthin zurückkehrte.

(siehe HOMES – Wohnungen)

BEATON, SIR CECIL WALTER HARDY
(1904–1980)

„Miss Marilyn Monroe erinnert an das Bukett eines Feuerwerks", sagte er. Er beschrieb sie auch als „ungekünstelt, ausgelassen, von ansteckender Fröhlichkeit".

Englischer Fotograf (siehe PHOTOGRAPHERS) und Bühnenbildner, der mit seinen frühen Modefotos für die *Vogue* künstlerisches Neuland betrat und u. a. Bühnenbilder und Kostüme für Filme wie *Gigi* und *My Fair Lady* gestaltete. Eines von Marilyns Lieblingsfotos stammte von Beaton: Es zeigt Marilyn im weißen Kleid auf einem weiß bezogenen Bett, eine langstielige Nelke an ihre Brust haltend.

Auf ihrer Werbetour für *Love Happy* 1949 machte Marilyn einen Abstecher zum Jones Beach.

Werbefoto der Twentieth Century-Fox von 1947.

Badeszene aus *The Seven Year Itch* (1955). Marilyn hatte eine besondere Schwäche für mit Chanel No. 5 parfümierte Eisbäder.

Das Foto hing im Wohnzimmer ihrer New Yorker Wohnung an der East FIFTY-SEVENTH STREET.

BEAUTY — Schönheit

MILTON GREENE:
„Man wacht nicht einfach morgens auf, wäscht sich das Gesicht, kämmt sich die Haare, geht auf die Straße und sieht aus wie Marilyn Monroe. Sie kennt jeden Trick des Schönheitsgeschäfts."

Norma Jeane wurde schon in jungen Jahren von der besten Freundin ihrer Mutter, GRACE MCKEE GODDARD, in die Kunst der Schönheitspflege eingewiesen. Bereits als kleines Mädchen wurde sie fein gemacht, zum Friseur gebracht und in vollem Make-up zur Schau gestellt. Zu ihren wenigen erfreulichen Erinnerungen an ihre Zeit im Waisenhaus (siehe LOS ANGELES ORPHANS HOME) gehörte, dass man ihr einmal erlaubte, etwas Make-up auszuprobieren.

ALLAN „WHITEY" SNYDER, der Norma Jeane für ihre ersten Probeaufnahmen schminkte und ihre ganze Laufbahn hindurch ihr Maskenbildner blieb, sagte: „Sie kannte alle Schminktricks – sie wusste alles über Lidstrich, Öle, Grundierungen, die richtige Farbe für die Lippen. Sie sah fantastisch aus, klar, aber es war alles Blendwerk: Ohne Schminke war sie sehr hübsch, aber eher unscheinbar, und das wusste sie." Zu ihrem Biografen MAURICE ZOLOTOW sagte er: „Sie hat eine Art, Lidstrich und Lidschatten aufzutragen, die ihr keine andere Schauspielerin nachmacht. Sie benutzt einen besonderen Lippenstift, eine geheime Mischung aus drei Farbtönen. Um ihren Lippen für erotische Szenen diesen feuchten Look zu geben, trage ich erst den Lippenstift und dann ein Glanzmittel [aus Vaseline und Wachs] auf."

WILLIAM TRAVILLA berichtete, dass Marilyn bis zu fünf Lippenstift-Töne verwendete, um die gewünschte Kontur und Farbe zu erzielen. Wenn er Marilyn für Filmaufnahmen schminkte, trug Snyder zuerst eine leichte Grundierung auf und verteilte Highlighter unter den Augen und auf den Wangenknochen. Dann legte er farbigen Lidschatten auf, den er nach außen zum Haaransatz auslaufen ließ, und umrahmte die Augen mit einem Stift. Die Augenbrauen wurden leicht zugespitzt, um die Stirn breiter erscheinen zu lassen. Danach wurde zusätzliche Farbe unter den Wangenknochen verteilt; die weitere Schattierung richtete sich nach Kostüm und Lichtverhältnissen. Auch die Lippenstiftfarbe variierte nach den Anforderungen der jeweiligen Szene.

Marilyn und Snyder brauchten zwischen eineinhalb und drei Stunden, um Norma Jeane in jene Person zu verwandeln, die die Fans erwarteten und verlangten.

Wenn sie sich selbst schminkte, tönte Marilyn Gesicht und Dekolleté mit einem Grundierungsstift dunkler und nahm dann das meiste mit Papiertüchern und Hamameliswasser wieder ab.

Während ihrer ersten Ehe schrubbte Norma Jeane ihr Gesicht mehrmals täglich mit Wasser und Seife, um Unreinheiten vorzubeugen und die Durchblutung zu verbessern. Ihr Ex-Mann JAMES DOUGHERTY erzählte später einem Reporter: „Was ihr Aussehen betraf, war sie eine Perfektionistin. Sie war eher zu kritisch mit sich."

Auch als sie in den frühen 1950er-Jahren mit NATASHA LYTESS zusammen wohnte, wusch Marilyn ihr Gesicht mehrmals täglich, um verstopfte Poren zu vermeiden, nahm lange Bäder und ging häufig zum Zahnarzt, um ihre Zähne strahlend gesund zu erhalten.

Marilyn badete liebend gern. Zuweilen nahm sie mit Chanel No. 5 parfümierte Eisbäder. Häufiger jedoch aalte sie sich stundenlang in heißen Duftbädern: „Manchmal weiß ich, was ich da tue. Das ist nicht Marilyn Monroe in der Wanne, sondern Norma Jeane … Und es scheint, dass Norma nicht genug bekommen kann von frischem Badewasser

mit echtem Parfüm." In ihrer Zeit als mittelloses Filmsternchen pflegte Marilyn etwas Speichel auf ihre Wangenknochen zu tupfen, um ihnen Glanz zu geben.

Sie mied die Sonne, um ihre Haut so weiß wie möglich zu halten – 30 Jahre, bevor man wusste, dass zu viel Sonnenbräune nicht gesund ist. Marilyn ging es jedoch weniger um die Gesundheit ihrer Haut als um die zu ihrem Typ und ihrem Haar passende Hautfarbe.

Im Laufe ihres Lebens schützte sie ihr Gesicht u. a. mit Vaseline, Cold Cream und Hormoncremes. Letztere haben wohl auch dazu beigetragen, dass ihr mit Mitte dreißig feiner Flaum auf den Wangen sprießte.

Anfang 1953 entdeckte Marilyn „einen Trick, rasch Gewicht loszuwerden": Darmeinläufe, eine unangenehme Technik, die sie bei Bedarf anwandte. Einige Biografen berichteten, dass sie mitunter täglich Einläufe vornahm, wenn sie abnehmen wollte, um in ein bestimmtes Kleid zu passen.

Schon 1943, als sie mit Dougherty auf Catalina Island war, betrieb Marilyn FITNESS-Training mit Gewichten und Geräten. Eine *Life*-Fotoreportage von 1952 zeigte sie bei Dehnübungen und mit Hanteln.

In späteren Jahren schlief Marilyn mit BH, um die Brustmuskulatur straff zu halten. Freunden vertraute sie an, dass sie gleich nach der Liebe wieder in den BH schlüpfe.

In ihren letzten Jahren versuchte Marilyn, Alterserscheinungen (siehe AGING) durch Hormonspritzen hinauszuzögern, und ging dazu über, ihre Hände durch Handschuhe zu schützen.

BEL AIR HOTEL
701 STONE CANYON ROAD, BEL AIR

1948 quartierte COLUMBIA PICTURES Marilyn während ihres sechsmonatigen Vertrags in diesem abgeschiedenen Luxushotel (siehe HOTELS) ein. 1952 kehrte sie zurück, zahlte ihre Suite am Pool mit Gartenterrasse (750 Dollar im Monat, damals ein stolzer Preis) diesmal allerdings selbst – aus der Gage für ihre erste Hauptrolle in DON'T BOTHER TO KNOCK. Ihren 26. Geburtstag verbrachte sie allein in ihrer Suite, wo sie ein Steak zu Abend aß und Champagner trank – zur Feier der Tatsache, dass sie die Rolle der Lorelei Lee in GENTLEMEN PREFER BLONDES (1953) ergattert hatte, die ursprünglich für Topstar BETTY GRABLE bestimmt war.

Als sie 1958 für die Studioaufnahmen zu SOME LIKE IT HOT (1959) aus New York nach Los Angeles zurückkehrte, wohnte Marilyn in den Suiten 133–135.

Das letzte Mal war sie in diesem Hotel im Juni 1962 anlässlich ihrer Foto-Session mit BERT STERN (der berühmten „Letzten Sitzung") zu Gast – in Suite 261 und anschließend in Bungalow 96.

BEMENT, ILLINOIS

Im August 1955 besuchte Marilyn diesen Ort, um ein Museum zu Ehren von ABRAHAM LINCOLN zu eröffnen. Als Reisebegleiterin nahm sie die Fotografin EVE ARNOLD mit, die das Ereignis dokumentieren sollte.

Marilyn sah ihrem Ausflug ins amerikanische Kleinstadtleben beschwingt entgegen: „Ich werde den Massen die Kunst nahe bringen."

Vorige Seite: Marilyn am Strand, 1949.

BENEFACTORS — **Wohltäter**

Menschen, die Marilyn finanziell und beruflich zum Durchbruch verhalfen:

JOHN CARROLL
HARRY COHN
JOHNNY HYDE
LUCILLE RYMAN
JOSEPH SCHENCK

BENNY, JACK
(1894–1974, GEB. ALS BENJAMIN KUBELSKY)

Marilyn gab ihr Fernsehdebüt am 13. September 1953, kurz nach dem Kinostart von GENTLEMEN PREFER BLONDES, in einer im Shrine Auditorium aufgezeichneten Show mit Benny als Moderator. Sie sang das Lied „Bye Bye Baby" aus dem Film und becircte Benny in einem Comedy-Sketch, an dessen Ende ein Kuss steht, der Marilyn kalt lässt und Benny in „ein Wrack" verwandelt.

Da Marilyns Vertrag mit der Fox Barhonorare für öffentliche Auftritte untersagte, erhielt sie als Gage ein schwarzes Cadillac-Kabrio mit roter Lederausstattung, auf das sie sehr stolz war. Der Moderator lobte ihre Darbietung in den höchsten Tönen: „Sie war einzigartig. Sie beherrschte das schwer erlernbare Geheimnis, einen Komödientext wie ein Drama zu bringen und den Humor für sich selbst sprechen zu lassen." CBS sendete den Sketch unter dem Titel „The Honolulu Trip".

JEANNE CARMEN zufolge sollen Benny und Marilyn einmal zusammen einen FKK-Strand besucht haben, Benny mit schwarzem Bart und Marilyn mit schwarzer Perücke verkleidet. Sie erzählte auch, sie wären zu dritt in einem Massagesalon am Sunset Boulevard zur Gesichtsbehandlung gewesen.

1962 standen Benny und Marilyn noch einmal zusammen im Rampenlicht, als Benny die Geburtstagsfeier für JOHN F. KENNEDY im MADISON SQUARE GARDEN moderierte.

BERGEN, EDGAR (1903–1978)
(UND CHARLIE McCARTHY)

Bauchredner Edgar Bergen und seine Puppe Charlie waren in den 1950er-Jahren sehr

Marilyn mit Jack Benny, 1953.

Marilyn und Irving Berlin bei den Dreharbeiten zu *There's No Business Like Show Business* (1954).

beliebt. 1952 trat Marilyn in einer dreißigminütigen Episode von Edgar Bergens Radiosendung auf, in der Charlie Pläne schmiedet, Marilyn zu heiraten, ohne sich darum zu scheren, dass er ja bloß eine Puppe ist. Marilyn zeigt sich erstaunlich angetan von der Idee, stößt jedoch bei ihren Fans auf schroffe Ablehnung; selbst Winston Churchill ist besorgt: „Nie zuvor hat jemand so kleines so vielen so viel genommen."

BERLE, MILTON
(GEB. 1908 ALS MILTON BERLINGER)

Berle, einer der bekanntesten TV-Entertainer Amerikas, lernte Marilyn bei den Drehar-

beiten zu dem Columbia-Film LADIES OF THE CHORUS (1949) kennen, in dem sie ihre erste größere Rolle spielte. In seiner Autobiografie von 1974 behauptet er, eine Affäre mit ihr gehabt zu haben, obwohl er damals mit Adele Jergens, dem Star des Films, liiert gewesen sein soll.

Marilyn und Berle trafen sich 1955 bei einem Wohltätigkeitsabend im MADISON SQUARE GARDEN wieder: Marilyn, auf einem rosa Elefanten reitend, wurde von Berle, der den „Zirkusdirektor" spielte, mit den unvergesslichen Worten angekündigt: „Hier kommt die einzige Frau der Welt, neben der Jane Russell wie ein Junge aussieht!" Die 18.000 Zuschauer brüllten vor Lachen.

Außerdem hatte Berle einen Kurzauftritt in LET'S MAKE LOVE (1960), einem von Marilyns letzten Filmen.

BERLIN, IRVING
(1888–1989, GEB. ALS ISRAEL BALINE)

Autodidaktischer Komponist, der über 1500 Stücke für Broadway-Musicals und Filme schrieb und sich mit pointierten Texten und eingängigen Melodien einen Namen machte.

Das Musical THERE'S NO BUSINESS LIKE SHOW BUSINESS (1954) bildete einen prächtigen Rahmen für Berlins Stücke. Laut Drehbuchautor Henry Ephron war es Berlins persönlicher Wunsch, Marilyn in dem Musical auftreten zu lassen, nachdem er ihr Kalender-Nacktfoto (siehe CALENDAR) auf JOSEPH SCHENCKs Klavier gesehen hatte.

Berlin kam auch zu der Party, die Marilyn zum Abschluss der Dreharbeiten zu THE SEVEN YEAR ITCH (1955) gab.

Marilyn mit Edgar Bergen und Charlie McCarthy, 1952.

BERNARD OF HOLLYWOOD
(1912–1987)

Einer der bekanntesten Porträt- und Starfotografen Hollywoods (siehe PHOTOGRAPHERS), der in Marilyns frühen Tagen als Fotomodell oft mit ihr arbeitete und auch ihre berühmten Aufnahmen in dem roten Kleid aus NIAGARA (1953) machte.

BERNSTEIN, WALTER (GEB. 1919)

Bernstein war der dritte oder vierte Drehbuchautor, der beauftragt wurde, das Skript zu SOMETHING'S GOT TO GIVE zu überarbeiten. Seine Bemühungen waren, wie die seiner Vorgänger, wenig erfolgreich. Er suchte Marilyn mehrfach zu Hause auf und erinnerte sich, dass sie sehr stolz war, ihm ihr neues Heim vorzuführen. Bei Diskussionen über das Drehbuch stellte Bernstein fest, dass sie „sehr genau wusste, was ziehen würde und was nicht… Ich erinnere mich, wie sie sagte: ‚Denken Sie dran, Sie haben Marilyn Monroe. Das müssen Sie nutzen.'"

1973 schrieb er in einem Artikel: „Sie war nicht glamourös, sie war nicht mal hübsch, aber ihre Anziehungskraft war echt, eine kindliche Ausstrahlung – süß und entwaffnend."

BESSEMER STREET
VAN NUYS, KALIFORNIEN

Norma Jeane und ihr Mann JAMES DOUGHERTY bezogen hier 1943 ein Haus, bevor er sich zur Marine meldete und nach CATALINA ISLAND versetzt wurde.

(siehe HOMES – Wohnungen)

BEVERLY CARLTON HOTEL
(HEUTE THE AVALON) 9400 WEST OLYMPIC BOULEVARD

1949 und 1950 diente Marylin dieses Hotel als offizieller Wohnsitz, während sie eigentlich mit ihrem Agenten JOHNNY HYDE in ihrem „Liebesnest" am North Palm Drive lebte.

Es heißt, Marilyn habe sich zu den berüchtigten Kalender-Nacktfotos (siehe CALENDAR) überreden lassen, um dieses Hotelzimmer und die Raten für ihr Auto bezahlen zu können.

1951 kehrte Marilyn hierher zurück, nachdem sie eine Weile mit Hyde, dann mit ihrer Schauspiellehrerin NATASHA LYTESS zusammen gewohnt hatte. Angeblich richtete das Hotel ihr Zimmer in Burgunderrot, Weiß und Grau ein. In diesem Zimmer dachte Marilyn ausgiebig über Enttäuschungen der Vergangenheit und Hoffnungen für die Zukunft nach und las in ihrer wachsenden Büchersammlung. Einmal soll sie das lateinische Wort *nunc*, „jetzt", auf den Spiegel geschrieben haben, und tatsächlich: 1952 wurde das Jahr, in dem sie zum Superstar aufstieg.

BEVERLY HILLS HOTEL
9641 WEST SUNSET BOULEVARD, BEVERLY HILLS

Nachdem Marylin für kurze Zeit ein Haus in den Hollywood Hills zusammen mit JOE DIMAGGIO gemietet hatte, bezog sie Ende 1952 ein Zimmer im dritten Stock dieses Hotels. Hier erlebte sie, wie sie Freunden später erzählte, das schönste Weihnachtsfest ihres Lebens. DiMaggio war nicht, wie angekündigt, bei seiner Familie in San Francisco geblieben, sondern als Überraschung nach Los Angeles geflogen. Er hatte einen Baum und Weihnachtsschmuck mitgebracht, Champagner kalt gestellt und das Kaminfeuer angezündet, um sie willkommen zu heißen.

Praktischerweise wohnte Marilyn immer noch im Beverly Hills Hotel, als sie am 9. März 1953 im Kristallsaal des Hotels die Auszeichnung der Zeitschrift PHOTOPLAY als Hollywood-Aufsteigerin des Jahres entgegennahm. An diesem Abend erregte ihre gewagte Aufmachung großes Aufsehen und beim prüderen Teil des Publikums heftigen Anstoß. Marilyn und Joe wohnten kurz nach ihrer Hochzeit Anfang 1954 in dem Hotel, während sie das Ende der Renovierungsarbeiten an ihrem Haus am Palm Drive abwarteten. Am 8. März 1954 nahm Marilyn hier einen weiteren *Photoplay*-Preis entgegen – diesmal sittsamer gekleidet und ohne Skandal. Gegen Ende des Jahres, nach ihrem Bruch mit DiMaggio, wohnte Marilyn hier möglicherweise nochmal einige Tage, während sie ihre nächsten Schritte überdachte. Marylin stieg meist im Beverly Hills Hotel ab, wenn sie zu Filmengagements aus New York nach Los Angeles kam: so 1958 bei den Dreharbeiten zu SOME LIKE IT HOT und 1960 für LET'S MAKE LOVE – vielleicht ihr längster Aufenthalt hier, als sie mit Ehemann ARTHUR MILLER vier Monate in einem Bungalow neben YVES MONTAND und seiner Frau, der Schauspielerin SIMONE SIGNORET, wohnte. Marilyn und Montand hatten während dieser Zeit eine Affäre.

Marylin im Beverly Carlton Hotel, ca. 1950.

Das Magazin *Movie Stars* brachte in dieser Ausgabe von 1955 einen Artikel über Marilyn in *The Seven Year Itch*.

ollywood Love Test—Special For Brides-To-Be

MOVIE STARS

OVIE STARS PARADE SEPTEMBER 25c

AMES DEAN—DYNAMITE!

ARILYN'S BIG SCENES

BIOGRAPHERS – **Biografen**

Über keinen anderen Star der Unterhaltungsbranche sind mehr Bücher geschrieben worden als über Marilyn Monroe. Die Schätzungen reichen von einigen hundert bis zu über sechshundert; allein auf Englisch erscheint jährlich ein halbes Dutzend neuer Marilyn-Bücher. Es gibt die unterschiedlichsten Marilyn-Biografen: die gelehrten, die detektivischen, die sensationslüsternen, die (angeblichen) Freunde und Liebhaber, nicht zu reden von den Romanautoren, Filmhistorikern und jenen, die mit Marilyn an autobiografischen Projekten gearbeitet haben.

Derzeit würden eingefleischte Marilyn-Fans wohl DONALD SPOTOs *Marilyn Monroe – Die Biographie* zur realistischsten – d.h. der mit dem besten Verhältnis von Fakten zu Fiktion – küren, noch vor dem früheren Favoriten *Legend. The Live and Death of Marilyn Monroe* von FRED LAWRENCE GUILES. Anhänger der Verschwörungstheorien um Marilyns Tod bevorzugen meist Werke wie *Marilyn Monroe. Die Wahrheit über ihr Leben und Sterben* von ANTHONY SUMMERS und *The last days of Marilyn Monroe* von DONALD WOLFE. Letztlich scheinen die Erkenntnisse der verschiedenen Biografien weniger von Qualität und Gründlichkeit der Recherchen und Interviews beeinflusst als davon, ob der Biograf der Selbstmord- oder der Mordtheorie zuneigt.

ERSTE BIOGRAFEN

Die frühesten Marilyn-Biografien entstanden unter dem wachsamen Auge des Fox-Werbechefs Harry Brand. Das erste Werk von Buchlänge, von Ghostwriter Ben Hecht verfasst, war als eine Marilyn-Autobiografie vorgesehen. Nach Vertragsstreitigkeiten mit Hechts Agenten geriet es zwei Jahrzehnte lang in Vergessenheit, bevor es 1974 unter dem Titel *My Story – Meine Story* erschien. Marilyns Freund, Verbündeter und häufiger Begleiter Sidney Skolsky machte das Scheitern des Hecht-Projekts wett, indem er rasch eine eigene Biografie zusammenstellte, die 1954 erschien. Dies war jedoch nicht das erste veröffentlichte Buch über Marilyn. Dieser Verdienst gebührt Joe Franklin und Laurie Palmer, die aus der Flut von Artikeln über Amerikas beliebtesten weiblichen Star jener Zeit eine schmale, nur 100 Seiten zählende Marilyn-Biografie zusammensetzten.

Die erste sorgfältigere Marilyn-Biografie, *Marilyn Monroe* von Maurice Zolotow, basierte auf ausführlichen Gesprächen mit dem Star und erschien 1960. Obwohl Marilyn an der Entstehung des Buchs aktiv beteiligt war, handelte es sich nicht um eine autorisierte Biografie; Marilyn äußerte nach seinem Erscheinen einige Vorbehalte.

BIOGRAPHIES – **Biografien**

Auswahl von Werken über Marilyn. Ihre Lebensgeschichte wird außerdem in den meisten allgemeinen Büchern über Hollywood-Stars oder Sexsymbole geschildert; zudem gibt es hunderte von Marilyn-Fotobüchern, die in aller Regel auch biografisches Material enthalten.

Außer den hier aufgeführten Büchern (in chronologischer Reihenfolge) gibt es eine Vielzahl von Büchern über einzelne Filme oder Beziehungen in Marilyns Leben, ganz zu schweigen von Äußerungen über Marilyn in den Autobiografien bekannter Hollywood-Journalisten, Filmstars, Regisseure und Studiochefs ihrer Zeit.

Franklin, Joe und Laurie Palmer: *The Marilyn Monroe Story*, New York 1953.
Diese erste Marilyn-Biografie hätte auch von ihrer Filmgesellschaft stammen können.

SKOLSKY, SIDNEY: *Marilyn*, New York 1954.
Abhandlung im journalistischen Stil von ihrem Freund und Vertrauten.

Martin, Peter: *Will Acting Spoil Marilyn Monroe?* New York 1956.
Nach Interviews der *Saturday Evening Post.*

ZOLOTOW, MAURICE: *Marilyn Monroe. Eine Biographie*, Stuttgart 1962.
Ergebnis einer Reihe von Gesprächen mit Marilyn aus dem Jahr 1955; gilt als erste umfassendere Marilyn-Biografie.

Carpozi jr., George: *Marilyn Monroe. Her Own Story*, New York 1961.
Basiert auf mehreren Gesprächen aus dem Jahr 1955.

Anonym: *Violations of the Child Marilyn Monroe*, New York 1962.
Unglaubwürdiges, anonymes Werk über Marilyn als missbrauchtes Kind, das kurz nach ihrem Tod erschien.

Capell, Frank A.: *The Strange Death of Marilyn Monroe*, Staten Island 1964.
Das erste Buch, das die Umstände von Marilyns Tod in Frage stellte – vom Herausgeber eines rechts gerichteten Magazins.

Hoyt, Edwin P.: *Marilyn. The Tragic Venus*, New York 1965.
Unfreundliche Biografie, die sich im Wesentlichen auf Aussagen von Nunnally Johnson stützt.

Hamblett, Charles: *Who Killed Marilyn Monroe?* London 1966.
Nur ein Kapitel handelt wirklich von Marilyn.

Hudson, James A.: *The Mysterious Death of Marilyn Monroe*, New York 1968.
Eines der ersten Bücher, das eine Verstrickung der KENNEDYS in Marilyns Tod untersuchte.

Wagenknecht, Edward: *Marilyn Monroe. A Composite View*, Philadelphia 1969.
Sammlung von Artikeln über Marilyn, einschließlich später Interviews.

GUILES, FRED LAWRENCE: *Norma Jeane. The Life of Marilyn Monroe*, New York 1969.
Gründlich recherchierte und geachtete Biografie; überarbeitete Auflage 1984 unter dem Titel *Legend. The Life and Death of Marilyn Monroe.* Aktualisierte Fassung mit zusätzlichen Interviews und ausdrücklicher Bezugnahme auf Marilyns Beziehung zu ROBERT KENNEDY.

Smith, Milburn: *Marilyn, Barven Screen Greets No. 4*, New York 1971.
Lebensschilderung im journalistischen Stil.

ROSTEN, NORMAN: *Marilyn. An Untold Story*, New York 1973.
Dichter Norman Rosten schildert seine Erfahrungen als langjähriger Freund.

SLATZER, ROBERT: *The Life and Curious Death of Marilyn Monroe*, New York 1974.
Eines der umstrittensten Marilynbücher: ein Favorit bei Anhängern der Verschwörungstheorie, für viele andere pure Erfindung.

MURRAY, EUNICE und Rose Shade: *Marilyn. The Last Months*, New York 1975.
Marilyns Haushälterin rechtfertigt sich.

WEATHERBY, W. J.: *Conversations with Marilyn*, London 1976.
Marilyn schüttet ihr Herz einem englischen Journalisten aus, der zur rechten Zeit am rechten Ort ist.

DOUGHERTY, JAMES E.: *The Secret Happiness of Marilyn Monroe*, Chicago 1976.
Marilyns erster Mann Dougherty versucht, einiges gerade zu rücken.

Sciacca, Anthony: *Who Killed Marilyn?* New York 1976.
Die üblichen Verdächtigen und noch ein paar dazu in diesem Klassiker der Verschwörungstheorie (siehe SCADUTO).

Moore, Robin und Gene Schoor: *Marilyn and Joe DiMaggio*, New York 1977.
Geschichte der Romanze aus Sicht eines Fans.

SHAW, SAM: *The Joy of Marilyn in the Camera Eye*, New York 1979.
Viele Fotos aus Marilyns Zeit in und um New York.

PEPITONE, LENA und William Stadiem: *Marilyn Monroe intim*, München 1979.
Marilyns New Yorker Hausangestellte tischt Schund und Schmutz auf.

Monroe, Marilyn: *Meine Story*, Frankfurt a. M. 1980.
Geschönte „Autobiografie" von Ghostwriter BEN HECHT, letztlich von MILTON GREENE veröffentlicht.

Lembourn, Hans Joergen: *Vierzig Tage mit Marilyn. Geschichte einer Liebe*, Wien 1980.
Von einem dänischen Journalisten und angeblichen Liebhaber.

CONOVER, DAVID: *Finding Marilyn*, New York 1981.
Geschichte des Fotografen, der die junge Norma Jeane „entdeckte".

Oppenheimer, Joel: *Marilyn Lives!* New York 1981.
Marilyn durch die Augen ihrer Fans gesehen.

SPERIGLIO, MILO: *Marilyn Monroe. Murder Cover-up*, New York 1982.
Krimi um prominente Verdächtige.

Hutchinson, Tom: *The Screen Greats. Marilyn Monroe*, New York 1982.
Marilyn-Band einer Biografien-Reihe.

Anderson, Janice: *Marilyn Monroe*, London 1983.
Illustrierte Biografie zum 21. Todestag von Marilyn.

Taylor, Roger: *Marilyn Monroe. In Her Own Words*, London 1983.
Sammlung der besten Zitate; ein im Laufe der Jahre mehrfach wiederholtes Rezept.

BERNARD OF HOLLYWOOD: *Requiem for Marilyn*, London 1986.
Eine Foto-Biografie.

Speriglio, Milo: *The Marilyn Conspiracy*, New York 1986.
Aktualisierte Fassung seines früheren Buchs.

STEINEM, GLORIA: *Marilyn*, Fotos von George Barris, New York 1986.
Feministische Analyse des Falls Marilyn – mit einigen ihrer letzten Fotos illustriert.

Kahn, Roger: *Joe and Marilyn. A Memory of Love*, New York 1986.
Der Baseball-Autor legt mehr Gewicht auf den Baseballstar als auf die Schauspielerin.

Rollyson jr., Carl E.: *Marilyn Monroe. A Life of the Actress*, Ann Arbor 1986.
Eine Beurteilung von Marilyns Leinwanddarbietungen.

Shevey, Sandra: *The Marilyn Scandal. Her True Life Revealed by Those Who Knew Her*, New York 1987.
Konzentriert sich auf die vielen Theorien um ihren Tod.

McCann, Graham: *Marilyn Monroe*, New Brunswick 1988.
Unterzieht Marilyns Leben und Image einer kritischen Analyse.

Mills, Bart: *Marilyn on Location*, London 1989.
Allgemeine Biografie, trotz des Titels.

JORDAN, TED: *Norma Jean. My Secret Life with Marilyn Monroe*, New York 1989.
Geschichte einer angeblichen frühen Affäre aus seiner Zeit als Rettungsschwimmer für das AMBASSADOR HOTEL.

Freeman, Lucy: *Why Norma Jeane Killed Marilyn Monroe*, Chicago 1992.
Die Hintergründe ihres Selbstmords.

Rosten, Norman und Sam Shaw: *Marilyn ganz privat*, München 1992.
Zwei von Marilyns Freunden schildern ihre Freundschaft in Worten und Bildern.

SUMMERS, ANTHONY: *Marilyn Monroe. Die Wahrheit über ihr Leben und Sterben*, Frankfurt a. M. 1992.
Umfangreiche Biografie, die die Kennedys unter Beschuss nimmt.

MAILER, NORMAN: *Marilyn Monroe. Eine Biographie*, München, Zürich 1993.
Fiktionale Biografie mit Fotos von 24 der besten Marilyn-Fotografen.

Brown, Peter und Patte B. Barham: *Marilyn. Das Ende, wie es wirklich war*, München 1994.
Konzentriert sich auf die letzten vier Monate ihres Lebens und Bobby Kennedys angebliche Verwicklung in ihren Tod.

Wayne, Jane Ellen: *Marilyns Männer*, München 1994.
Beleuchtet ihren Charakter anhand der Männer in ihrem Leben.

SPOTO, DONALD: *Marilyn Monroe. Die Biographie*, München 1994.
Bislang umfassendste Biografie, in der die meisten, aber nicht alle Verschwörungstheorien (siehe CONSPIRACY) verworfen werden.

MIRACLE, BERNIECE BAKER: *My Sister Marilyn*, Chapel Hill 1994.
Marilyns Halbschwester erzählt – mit bis dahin unveröffentlichten Fotos und Briefen.

Anderson, Janice: *Marilyn Monroe. Quote Unquote*, New York 1995.
Die besten Marilyn-Zitate mit Fotos.

Brambilla, Giovan Battista: *Marilyn Monroe. The Life, The Myth*, New York 1996.
Sammlung internationaler Memorabilien zu einer italienischen Wanderausstellung mit Erinnerungen an Marilyn.

Mellen, Joan: *Marilyn Monroe. Ihre Filme, ihr Leben*, München 1997.
Umfassende Biografie unter besonderer Bezugnahme auf ihre Filme.

WOLFE, DONALD H.: *The Last Days of Marilyn Monroe*, New York 1998.
Neubelebung der Kennedy-Verschwörungstheorie mit Namensnennungen.

Leaming, Barbara: *Marilyn Monroe. Die Biographie jenseits des Mythos*, München 1999.
Schildert anschaulich, wie es im Filmgeschäft zugeht und wie Marilyn durch die Mühlen der TWENTIETH CENTURY-FOX gedreht wurde.

MARILYN-BIOGRAFIEN IN COMIC-FORM

Spire, Steven, Bill O'Neill und Bob Dignan: *Marilyn Monroe*, Massapequa 1991.
Barker, Clive: *Son of Celluloid*, Forestville (CA) 1991.
Loren, Todd: *The Marilyn Monroe Conspiracy*, San Diego 1991.
Alfonso, Alfonso (Hg.): *Monroe & DiMaggio*, Miami 1992.
Sanford, Jay (Hg.): *Marilyn Monroe. Suicide or Murder?*, San Diego 1993.
Post, Adam: *Tragic Goddess. Marilyn Monroe*, Westport 1995.
Hyatt, Katherine: *Marilyn. The Story of a Woman*, New York 1996.

BIRTH — Geburt

Norma Jeane Mortensen wurde am 1. Juni 1926 um 9:30 Uhr im Los Angeles General HOSPITAL als Tochter von Gladys Pearl Mortensen (siehe GLADYS BAKER) geboren. Entbindender Arzt war Herman M. Beerman.

BLUE BOOK MODELING AGENCY
THE AMBASSADOR HOTEL, 3400 WILSHIRE BOULEVARD

EMMELINE SNIVELYs Agentur bereitete junge Frauen auf „eine Film-, Fotomodell- oder Mannequinkarriere, [mit] individueller Unterweisung in Anmut und Haltung, Erfolg, Schönheitspflege und persönlicher Entwicklung" vor.
Die Engländerin Emmeline Snively eröffnete ihre Agentur 1937 unter dem Namen „Village School" in Westwood, bevor sie im Januar 1944 in neue Geschäftsräume am Sunset Boulevard umzog. Die 19-jährige Norma Jeane trug zum Vorstellungstermin ihre besten Sachen – ein weißes Haifischhautkleid mit orangefarbener Passe, dazu weiße Wildlederschuhe – und unterzeichnete am 2. August 1945 einen Vertrag mit der Agentur. Auf Norma Jeanes Karteikarte waren folgende Daten aufgelistet: Größe 1,65 m, Gewicht 53,5 kg, Maße 91 - 61 - 86, Kleidergröße 40, Haarfarbe mittelblond („zu lockig, Bleichen und Dauerwelle empfohlen"), blaue Augen, „tadellose Zähne". Zusätzlich gab die Bewerberin an, sie könne „etwas tanzen und singen". Die 25 Dollar Aufnahmegebühr, die sie an diesem Tag bezahlte, waren vielleicht die beste Investition ihres Lebens.
Norma Jeane besuchte Mannequin-Kurse bei Mrs. Gavin Beardsly, wurde von Maria Smith in Schminken und Schönheitspflege unterwiesen und von Miss Snively im Posieren geschult. Die 100 Dollar Kursgebühren wurden gegen das Honorar für ihr erstes Engagement aufgerechnet – zehn Arbeitstage als Hostess für die Holga-Stahlgesellschaft bei einer Industriemesse im Pan-Pacific Auditorium. Es folgten Aufträge als Model für den Montgomery-Ward-Bekleidungskatalog und eine Modenschau in Hollywood. Doch dann eröffnete Miss Snively Norma Jeane, dass sie ein Problem habe: Bei den Modenschauen achtete niemand auf die Kleider, die sie vorführte, weil alle nur Augen für den Körper hatten, der darin steckte. Deshalb wurde sie fortan nur noch als Model für Titelbilder und Werbeagenturen vermittelt.
Ihre Karriere als Pin-up-Girl begann mit ihrem ersten Werbeauftrag, für den sie ein durchsichtiges schwarzes Negligé trug. Innerhalb von sechs Monaten war Norma Jeane auf 33 Titelseiten (nach einigen Biografen jedoch deutlich weniger) von Zeitschriften (siehe MAGAZINES) wie *Peek*, *See*, *U.S. Camera*, *Parade*, *Glamourous Models*, *Personal Romances*, *Pageant* und *Laff* erschienen. Vielleicht war sie etwas zu erfolgreich: In den nächsten sechs Monaten blieben die Aufträge aus – wohl aus Sorge, ihr Gesicht sei schon zu „abgenutzt".

(siehe AGENCIES – Agenten)

BODY — Körper

Marilyn nannte ihren Körper ihren „zauberhaften Freund". Ihr letzter Psychoanalytiker, RALPH GREENSON, äußerte, die Attraktivität ihres Körpers sei Marilyns wichtigster Mechanismus, um ihrem Leben ein gewisses Gefühl von Stabilität und Bedeutung zu geben. Doch in ihren letzten Lebensjahren wurde ihr Körper, wie GLORIA STEINEM schrieb, zu „ihrem Gefängnis".
Marilyn arbeitete hart daran, aus ihren naturgegebenen Vorzügen das Beste zu machen, aber es gab einige Dinge, mit denen sie nie zufrieden war. Zu SIMONE SIGNORET sagte sie einmal: „Alle meinen, ich hätte schöne lange Beine. Ich habe X-Beine, und die sind zudem noch kurz." Sie fand auch ihre Hände zu dick und trug keine Ringe, um die Aufmerksamkeit nicht auf sie zu lenken.
Auch das Artists Institute of America hatte an Marilyns Körperbau etwas auszusetzen. 1952 verlieh es seinen Top-Pin-up-Preis an die Schauspielerin Janice Rule, weil die Jury urteilte, Marilyn habe zu kurze Beine und einen Hängepo.
Doch viele fanden Schmeichelhaftes über sie zu sagen, und für eine Zeit, in der man in anständiger Gesellschaft und in der Presse

Marilyn mit zwei anderen Models der Blue Book Modeling Agency von Emmeline Snively, ca. 1945.

Kalifornien, rund 25 Kilometer von der Wohnung entfernt, die GLADYS BAKER mit ihrer Freundin GRACE McKEE GODDARD teilte. Norma Jeane verbrachte ihre ersten sieben Lebensjahre bei dieser frommen Familie; in diesem Zeitraum kamen und gingen dort noch über ein Dutzend weitere Pflegekinder. Die Familie war arm – Wayne war Briefträger –, aber mehr auf religiöse Moral als auf Reichtum bedacht. Gladys zahlte regelmäßig 5 Dollar pro Woche für die Unterbringung und Verpflegung ihrer Tochter, nahm an ihrem Alltagsleben jedoch keinen Anteil.

Als fromme Mitglieder der United Pentecostal Church (Pfingstkirche) waren die Bolenders der Ansicht, dass wahrer Glaube sich in der strikten Befolgung eines bestimmten Verhaltenskodex äußere. Die Welt ließ sich in gut und böse unterteilen: Alkohol, Zigaretten, Tanz und Kartenspiel waren Teufelswerk; Sauberkeit, Ordnung und Disziplin Zeichen der Tugend. Den Kindern wurde ruhig und eingehend erklärt, was sie tun sollten und was nicht – ohne irgendeine Toleranz gegenüber kindlichem Überschwang oder Schabernack. Marilyn erinnerte sich später, wie Ida einmal zu ihr sagte: „Wenn die Welt unterginge, während du im Kino sitzt, weißt du, was passieren würde? Du würdest mit all den bösen Menschen in der Hölle schmoren. Wir sind Kirchgänger, keine Kinogänger."

Wie Marilyns Großmutter Della Mae waren die Bolenders auch Anhänger der Evangelistin AIMEE SEMPLE McPHERSON gewesen, Gründerin der umstrittenen Foursquare Gospel Church, wo Norma Jeane getauft wurde.

Als Norma Jeane Ida Bolender mit „Mutter" ansprach, forderte diese sie höflich auf, sie stattdessen „Tante" zu nennen. Für die kleine Norma Jeane war das wohl sehr verwirrend. Ihre Mutter Gladys, die nur gelegentlich kam, um sie zu einem Wochenendausflug abzuholen, war für sie in ihrer frühen Kindheit nur „die Frau mit den roten Haaren".

Während ihrer Zeit bei den Bolenders hatte Norma Jeane ihren ersten Bühnen-

jede direkte Bezugnahme auf bestimmte Körperteile vermied, wurden Marilyns herausragende Merkmale in den Medien erstaunlich oft kommentiert.

Die Schauspielerin Constance Bennett, die in AS YOUNG AS YOU FEEL (1951) mit Marilyn zusammenarbeitete, sagte: „Das ist ein Weibsbild, das seine Zukunft hinter sich hat."

PHILIPPE HALSMAN bemerkte: „Ihr Po schien dem Betrachter bei jedem Schritt zuzuzwinkern."

JACK CARDIFF, der mit Marilyn bei THE PRINCE AND THE SHOWGIRL (1957) arbeitete, erinnerte sich: „Ihr ganzer Körper hatte einen Hauch von Überreife – Renoir hätte sie angebetet!"

BILLY WILDER, der zwei Filme mit ihr drehte, sagte: „Ihr Busen war ein Wunder an Form, Festigkeit und offensichtlichem Mangel an Schwerkraft."

Manchen erschien dieses Wunder fragwürdig. Journalist Pete Martin fragte Marilyn, ob man sie je beschuldigt hätte, gepolsterte BHs zu tragen. Marilyn erwiderte: „Meine Antwort darauf lautet: Zitat: Wer mich besser kennt, weiß es besser. Das ist alles. Ende des Zitats!"

BOLAÑOS, JOSÉ

Marilyn lernte Drehbuchautor Bolaños 1962 auf ihrer Mexiko-Reise kennen und nahm ihn mit nach Los Angeles, wo er sie zur Verleihung der GOLDEN GLOBE AWARDS begleitete. Kurz darauf, als JOE DiMAGGIO in die Stadt zurückkehrte, reiste er wieder ab. Laut LENA PEPITONE, Marilyns Hausangestellter in New York, bezeichnete Marilyn Bolaños als den „großartigsten Liebhaber auf der ganzen, weiten Welt".

Nach Marilyns Tod behauptete Bolaños, Marilyn und er hätten heiraten wollen. Nach einigen Biografien soll er zu den vielen Menschen gehört haben, die Marilyn in der letzten Nacht ihres Lebens anriefen.

BOLENDER
WAYNE, IDA UND LESTER

Am 13. Juni 1926, als Norma Jeane noch keine zwei Wochen alt war, gab ihre Mutter sie zu einer Pflegefamilie, den Bolenders. Diese wohnten in der gleichen Straße wie ihre Großmutter DELLA MAE MONROE – 459 East Rhode Island Street in Hawthorne,

Marilyn mit Drehbuchautor José Bolaños, 1962.

Eve Arnold schoss diese offenherzige Ganzkörperaufnahme von Marilyn während der Arbeiten an The Misfits (1961).

auftritt – als eines von 50 schwarz gekleideten Kindern bei einer religiösen Veranstaltung zu Ostern 1932 in der Hollywood-Bowl:

„Wir hatten alle weiße Kittel unter unseren schwarzen Gewändern. Auf ein bestimmtes Signal hin sollten wir die Gewänder abwerfen und so das schwarze Kreuz in ein weißes verwandeln. Aber ich war so fasziniert von den Menschen, dem Orchester, den Hügeln und den Sternen am Himmel, dass ich vergaß, auf das Signal… zu achten. Und so stand ich da – als einziger schwarzer Fleck in einem weißen Kreuz. Die Familie, bei der ich wohnte, hat mir das nie verziehen."

Die Bolenders brachten Norma Jeane bei, jeden Abend zu beten. Sie musste sagen: „Ich verspreche, so wahr mir Gott helfe, keinen Alkohol zu kaufen, trinken, verkaufen oder auszuschenken, solange ich lebe. Ich werde mich des Tabaks enthalten und Gottes Namen nicht unnütz führen." Ihre Mutter hingegen nahm sie bei ihren Wochenendbesuchen in die Frühvorstellungen der Kinopaläste von Hollywood mit.

Vor diesem strikt reglementierten Leben suchte die kleine Norma Jeane Zuflucht in einer inneren Welt, die sie Jahre später einem Biografen offenbarte: „Ich träumte, dass ich in der Kirche stand und gar nichts anhatte, und alle Menschen da lagen mir zu Füßen auf dem Boden, und ich stieg nackt, mit einem Gefühl von Freiheit, über die ausgestreckten Gestalten hinweg, wobei ich darauf achtete, auf niemanden zu treten."

Das letzte Mal sah Norma Jeane die Bolenders wohl 1942 bei ihrer Hochzeit mit JAMES DOUGHERTY.

Als Erwachsene sagte Marilyn über die Bolenders: „Sie waren furchtbar streng. Sie meinten es nicht böse – es war ihre Religion. Sie haben mich hart erzogen." Die Biografen sind sich einig, dass Norma Jeanes Zeit bei den Bolenders – ihre ersten sieben Lebensjahre – ihr das Gefühl vermittelten, dass sie nicht richtig zur Familie gehörte, niemals wirklich gut genug war und immer in irgend etwas versagte.

BOLENDER, LESTER (GEB. 1926)

Lester, zwei Monate älter als Norma Jeane, wurde von den Bolenders rechtskräftig adoptiert. In den ersten sieben Jahren ihres Lebens waren die beiden Kinder so unzertrennlich, dass man sie „die Zwillinge" nannte; sie gingen zusammen zur Schule und spielten miteinander, wenn sie nach Hause kamen.

BOOKS – Bücher

Marilyn war die belesenste „dämliche Blondine" der Filmgeschichte. Im Bewusstsein ihres Mangels an regulärer Bildung war sie im Erwachsenenalter darauf bedacht, so viel und so breit gefächert wie möglich zu lesen. Als Starlet schleppte sie gewichtige Klassiker mit zu den Dreharbeiten, und noch zu ihren letzten Filmen brachte sie sich Lesestoff mit – „schwere Lektüre, nichts Leichtes und Seichtes", wie ihr Lichtdouble EVELYN MORIARTY einmal sagte.

Als Marilyn 1951 ARTHUR MILLER kennenlernte, gingen sie zusammen in einen

Werbefoto der lesenden Marilyn in ihrer Wohnung, 1951.

Buchladen, wo sie Gedichtbände von Frost, Whitman und e.e. cummings kaufte. In seiner Autobiografie Zeitkurven bemerkt Miller: „Marilyn musste keine kulturellen Ansprüche vorgeben und fand es deshalb nicht nötig, sich mit etwas zu beschäftigen, was sie nicht fesselte. Sie konnte ihre Zweifel gegenüber Fiktion nie beiseite schieben; sie wolle nichts als die reine Wahrheit, als handle es sich bei einem Buch um ein Dokument." Und: „Mit der möglichen Ausnahme von Colettes Chéri und einigen Kurzgeschichten hatte ich jedoch bisher noch nie erlebt, dass sie etwas von Anfang bis zum Ende gelesen hätte. Das musste sie auch nicht: Sie glaubte, das Wesentliche eines Buches nach ein paar Seiten erfasst zu haben, was oft auch der Fall war."

1949, auf ihrer ersten Werbetour für LOVE HAPPY, zog sich Marilyn in ihr Hotelzimmer zurück, um Romane von Proust und Thomas Wolfe sowie Freuds Traumdeutung zu lesen. Zur Unterhaltung blätterte sie in DOSTOJEWSKIS Die Brüder Karamasow. Bei Dreharbeiten sah man sie oft aufmerksam eine Ausgabe von De Humanis Corporis Fabrica – eine anatomische Abhandlung aus dem 16. Jahrhundert – studieren.

Drehbuchautor und Regisseur JOSEPH L. MANKIEWICZ, der bei ALL ABOUT EVE mit Marilyn arbeitete, bemerkte, dass sie bei den Dreharbeiten eine Ausgabe von Rilkes Briefe an einen jungen Dichter mit sich herumtrug. Marilyn erzählte ihm: „Ab und zu gehe ich ins Pickwick [ein Buchladen in Beverly Hills] und stöbere bloß so herum. Ich blättere ein paar Bücher durch, und wenn ich etwas lese, das mich interessiert, kaufe ich das Buch. So habe ich gestern Abend das hier gekauft." Nachdem der Regisseur zugestimmt hatte, das sei die beste Art, Bücher zu kaufen, schickte sie ihm am nächsten Tag ein Exemplar des Buchs zu. Der schockierte Mankiewicz sagte, er wäre „weniger erstaunt gewesen, wenn ich Herrn Rilke bei der Betrachtung von Marilyns Nacktfoto-Kalender ertappt hätte". Ein anderes Buch, die Autobiografie von Lincoln Steffens (1866–1936), trug ihr die freundliche Warnung von Mankiewicz ein, sie könne Probleme bekommen, wenn man

sie so radikale Schriften lesen sähe. Als die PR-Abteilung des Studios sie kurz darauf um eine Liste der ihrer Ansicht nach zehn größten Männer der Welt bat, setzte sie Steffens ganz oben auf die Liste; prompt wurde er als politisch bedenklich durchgestrichen.

Besonders angetan war Marilyn von der russischen Literatur, ein Interesse, das sie schon in ihren frühen Jahren im Filmgeschäft entwickelte, teils durch ihren Kontakt mit dem ACTORS LAB, teils durch ihre Schauspiellehrerin NATASHA LYTESS. Sie las Kurzgeschichten von Tolstoi und Tschechow, Romane von Dostojewski und Turgenjew und Gedichte von Puschkin und Andrejew.

1952 besuchte der Fotograf PHILIPPE HALSMAN Marilyns bescheidene Wohnung in L.A. zu Aufnahmen für ihr erstes Life-Titelbild. Er war beeindruckt von ihrem „offensichtlichen Streben nach Weiterbildung" und einem Stapel Bücher, zu denen u. a. eine Geschichte der sozialistischen Fabian Society, Werke von Dostojewski, Freud, Shaw, Steinbeck, Ibsen, Wilde, Zola und ihre Sammlung russischer Romane gehörten. Ihm fiel auch eine Reihe von Kunstbüchern über Goya, Botticelli und Leonardo da Vinci auf.

Während der Dreharbeiten zu NIAGARA erzählte Marilyn dem Fotografen JOCK CARROLL, was sie in letzter Zeit gelesen habe: The Thinking Body von Mabel Ellsworth Todd (auf Empfehlung ihres Schauspiellehrers MICHAEL CHEKHOV), Briefe an einen jungen Dichter von Rainer Maria Rilke und Der Prophet von Kahlil Gibran. Zwischen den Filmaufnahmen notierte sie sich oft Textstellen, die sie besonders ansprachen.

Ganz besonders schätzte Marilyn Der kleine Prinz von Antoine de Saint-Exupéry. Ihrem Mann JOE DIMAGGIO schenkte sie einmal eine goldene Medaille mit folgender, an ein Zitat aus dem Buch angelehnter Gravur: „Wahre Liebe ist für die Augen unsichtbar; man sieht nur mit dem Herzen gut." DiMaggios überlieferte Reaktion: „Was zum Teufel soll das bedeuten?"

Im Rahmen ihrer Ausbildung bei LEE STRASBERG im ACTORS STUDIO las Marilyn vielerlei – von Shakespeare-Sonetten bis zu Colette. Von einer Einkaufstour im März

1955 kam sie mit einer halben Bibliothek nach Hause, darunter *Ulysses* von James Joyce, *Gefallene Engel* von Noël Coward, Shaws *Letters to Ellen Terry* und *Briefwechsel mit seiner Freundin Stella Patrick Campbell* und Richard Aldrichs Biografie seiner Frau Gertrude Lawrence.

Mit der englischen Dichterin EDITH SIT-WELL diskutierte Marilyn über das Buch, das sie zur Zeit ihres Kennenlernens gerade las: Rudolf Steiners *Mein Lebensgang*. Als Marilyn Edith Sitwell später in England besuchte, sprachen sie über Dylan Thomas und Gerard Manley Hopkins, dessen Werk Marilyn gut genug kannte, um einige Zeilen daraus zu rezitieren.

Eine ihrer wohl originellsten Entschuldigungen fürs Zuspätkommen (siehe LATENESS) brachte Marilyn bei den Dreharbeiten zu SOME LIKE IT HOT, als sie so in Paines *Die Rechte des Menschen* vertieft war, dass sie dem Regieassistenten, der sie abholen kam, angeblich sagte, er solle sich „verpissen".

1961 las Marilyn immer noch eifrig Werke über Psychiatrie und Psychoanalyse. Während ihres dreiwöchigen Krankenhausaufenthalts (siehe HOSPITALS) in jenem Februar brachte sie schlaflose Nächte damit zu, Freuds Briefe zu lesen. Sie las auch Sean O'Caseys Autobiografie.

Um Marilyn über ihre extreme Nervosität vor ihrem Geburtstagsständchen für Präsident KENNEDY im MADISON SQUARE GARDEN hinwegzuhelfen, gab Joan Greenson, die Tochter ihres Psychiaters, ihr das Kinderbuch *Die kleine blaue Lokomotive* mit.

Marilyn und Marlon Brando bei der Premiere von *Die tätowierte Rose*, 1955.

EINE AUSWAHL DER VON MARILYN GELESENEN BÜCHER

SCHAUSPIELEREI

Die Arbeit des Schauspielers an sich selbst, Konstantin Stanislawski
Biography of Eleanor Duse, William Weaver
How Stanislavsky Directs, Michael Gorakov
The Thinking Body, Mabel Ellsworth Todd
Werksgeheimnisse der Schauspielkunst, Michael Chekhov

ROMANE/GEDICHTE

Die Brüder Karamasow, Fjodor Dostojewski
Grashalme, Walt Whitman
Nicht von schlechten Eltern, Shirley Jackson
Der kleine Prinz, Antoine de Saint-Exupéry
Schau heimwärts, Engel!, Thomas Wolfe
Die wunderbare Macht, Lloyd Douglas
Der alte Mann und das Meer, Ernest Hemingway
Der Prophet, Kahlil Gibran
Der Mensch in der Revolte, Albert Camus
In Swanns Welt, Marcel Proust
Der Prozess, Franz Kafka
Ulysses, James Joyce
Krieg und Frieden, Leo Tolstoi

SACHBÜCHER/GESCHICHTE

Abraham Lincoln (6 Bde.), Carl Sandburg
Die Geschichte meines Lebens, Lincoln Steffens
Mein Lebensgang, Rudolf Steiner
Essays, Ralph Waldo Emerson
Letters to Ellen Terry, George Bernard Shaw
Briefe an einen jungen Dichter, Rainer Maria Rilke
Die Rechte des Menschen, Thomas Paine

PSYCHOLOGIE/SELBSTHILFE

Weisheit des lächelnden Lebens, Lin Yutang
Zur Psychopathologie des Alltagslebens, Sigmund

Freud
Your Key to Happiness, Harold Sherman

RELIGION

Die Bibel
Wissenschaft und Gesundheit mit Schlüssel zur Heiligen Schrift, Mary Baker Eddy

---

BOX OFFICE — **Kassenerfolg**

Die Biografen sind sich nicht einig, wie erfolgreich Marilyns Filme in finanzieller Hinsicht waren, doch war sie fraglos der stärkste weibliche Publikumsmagnet der 1950er-Jahre. Schätzungen der Gesamteinspielergebnisse ihrer Filme zu ihren Lebzeiten reichen von 45 Mio. bis zu 250 Mio. Dollar – eindrucksvolle Zahlen, wenn man bedenkt, dass ein Kinobesuch in den 1950er-Jahren nur 50 Cent kostete.

1982 listete das *Film Magazine* die folgenden Bruttoeinnahmen für die ursprünglichen Laufzeiten von Marilyns Filmen auf:

HOW TO MARRY A MILLIONAIRE –
7,3 Mio. Dollar
NIAGARA – 2,5 Mio. Dollar
GENTLEMEN PREFER BLONDES – 5,1 Mio. Dollar
RIVER OF NO RETURN – 3,8 Mio. Dollar
THERE'S NO BUSINESS LIKE SHOW BUSINESS –
5 Mio. Dollar
THE SEVEN YEAR ITCH – 6 Mio. Dollar
BUS STOP – 4,5 Mio. Dollar
THE PRINCE AND THE SHOWGIRL –
1,6 Mio. Dollar
SOME LIKE IT HOT – 7,9 Mio. Dollar
LET'S MAKE LOVE – 3 Mio. Dollar
THE MISFITS – 4,1 Mio. Dollar

Nach anderen Schätzungen lagen die Bruttoeinnahmen etwa doppelt so hoch, das entspräche dem Vier- bis Fünffachen der Budgetkosten. Für die meisten dieser Filme erhielt Marilyn von der TWENTIETH CENTURY-FOX nur eine niedrige Pauschalgage. Bei *The Prince and the Showgirl*, *Some Like It Hot* und *The Misfits* war sie jedoch mit zehn Prozent

---

am Erlös beteiligt. Diese Filme spielen bis heute Geld für die Nutznießer von Marilyns Nachlass (siehe ESTATE) ein. *Some Like It Hot* war einer der finanziell erfolgreichsten Filme seines Jahrzehnts.

BRAND, HARRY

Er war der PR-Chef der TWENTIETH CENTURY-FOX und der Mann, der zusammen mit ROY CRAFT die Werbekampagne lenkte, die ein viel versprechendes Starlet zur Filmlegende machte. Der erste überregionale Artikel über den neuen Star der Fox, der im September 1951 in der Zeitschrift *Collier's* erschien, zitierte Brand mit dem Ausspruch: „Sie ist das größte Ereignis im Studio seit Shirley Temple und Betty Grable", obwohl Marilyn zu der Zeit noch keine einzige Hauptrolle gespielt hatte. Als all die Bemühungen, Marilyn als fromme Waise hinzustellen, durch den Skandal um ihre Nacktaufnahmen für den berüchtigten „Golden Dreams"-Kalender gefährdet schienen, reagierte Brand gelassener als seine Vorgesetzten. In einer Krisensitzung äußerte er die Meinung: „Das wird sie nicht umbringen; es wird sie vorwärts bringen."

Zu Fox' Glanzzeiten übte der Werbe-Chef des Studios erhebliche Macht aus: Wenn er auch nicht alle Geschehnisse nach seinem Wunsch lenken konnte, so konnte er sicherlich die Verbreitung von Nachrichten an die Öffentlichkeit verzögern bzw. diese schönfärben. So informierte Marilyn ihn als Ersten über ihre unangekündigte Hochzeit mit JOE DIMAGGIO; neun Monate später rief sie ihn an, damit er die Nachricht von ihrer Scheidungsklage möglichst geschickt unters Volk brächte.

BRANDO, MARLON (GEB. 1924)

MARILYN:
„Mich persönlich spricht Marlon Brando an. Er ist einer meiner Lieblingsmänner."
BRANDO:

„Erinnern Sie sich, als Marilyn Monroe starb? Al es hörte auf zu arbeiten und den ganzen Tag sah man den gleichen Ausdruck auf ihren Gesichtern, den gleichen Gedanken: ‚Wie kann eine Frau mit so viel Erfolg, Ruhm, Jugend, Geld, Schönheit … sich umbringen?' Niemand konnte es verstehen, weil das die Dinge sind, die sich jeder wünscht, und sie können nicht glauben, dass Marilyn Monroe das Leben nichts bedeutete oder dass ihr Leben anderswo lag."

Es ist nicht ganz geklärt, wann genau die beiden berühmtesten Schüler des ACTORS STUDIO sich erstmals begegneten. Einige Biografen behaupten, es sei 1951 gewesen, als Marilyn eine Affäre mit Regisseur ELIA KAZAN hatte, während dieser mit Brando an A STREETCAR NAMED DESIRE – ENDSTATION SEHNSUCHT arbeitete. Anderen Berichten zufolge lernten sie sich erst 1954 bei Fox kennen, als Marilyn an THERE'S NO BUSINESS LIKE SHOW BUSINESS (1954) arbeitete und Brando Désirée drehte. 1955, nachdem Marilyn nach New York gezogen war, trafen sie sich oft; möglicherweise war er es, der sie von den Vorzügen einer Ausbildung bei LEE STRASBERG überzeugte. Natürlich gab es Gerüchte über eine Affäre der beiden Stars, zumal sie häufig zusammen im Theater oder Restaurant gesehen wurden. Im Dezember 1955 kam Marilyn als Brandos Gast zur Premiere von *The Rose Tattoo – Die tätowierte Rose*; anschließend gingen sie zum Galadiner im Sheraton Astor Hotel an der 44th Street. ANTHONY SUMMERS schreibt in seiner Marilyn-Biografie, Marilyn habe ihrer Freundin AMY GREENE anvertraut, sie nenne Brando unter vier Augen „Carlo" und er sei „lieb und zärtlich". Beinahe hätte man Marilyn und Brando als Leinwandpaar erleben können. Brando fragte sie, ob sie mit ihm in dem Jazzfilm *Paris Blue* spielen wolle, bevor er selbst jedoch von dem Projekt zurücktrat. Sie blieben lebenslange Freunde.

BRENNAN, WALTER (1894–1974)

Dreifacher Oscar-Gewinner, der sich darauf spezialisierte, zahllose alte Männer zu spielen, nachdem er sich 1932 bei einem Unfall die Vorderzähne ausgeschlagen hatte. Marilyn hatte kleinere Rollen in zwei Filmen mit Brennan: SCUDDA HOO! SCUDDA HAY! (1948) und A TICKET TO TOMAHAWK (1950). In seiner von den 1920er- bis in die 70er-Jahre andauernden Laufbahn drehte Brennan weit über 100 Filme.

BROOKLYN, NEW YORK

Anfang 1955, kurz nach ihrem Bruch mit JOE DIMAGGIO, tat Marilyn in einem Rundfunkinterview mit Dave Garroway den erstaunlichen Ausspruch: „Ich möchte mich in Brooklyn zur Ruhe setzen." Damit meinte sie wohl, dass sie ihre heimlichen Rendezvous mit ARTHUR MILLER genoss, der damals mit seiner ersten Frau Mary Slattery Miller in Brooklyn Heights wohnte.

Fotograf SAM SHAW sagte, in der Zeit von 1955 bis Anfang 1956, während Marilyn dort ihren neuen Geliebten Arthur besuchte, „wurde Brooklyn für sie ein Nirwana, ein Zauberland, ihr wahres Zuhause" (siehe NEW YORK).

BRYSON, JOHN

Fotograf (siehe PHOTOGRAPHERS), der lange Jahre für *Life* arbeitete und häufig als Standfotograf bei Dreharbeiten zugegen war. 1960 fotografierte Bryson Marilyn bei den Dreharbeiten zu LET'S MAKE LOVE für eine Titelgeschichte in *Life* und einen Artikel in *Paris-Match*.

BUGGING — Wanzen

In den letzten Monaten ihres Lebens soll Marilyn Freunden erzählt haben, ihr Haus sei voller Abhöreinrichtungen. Die Existenz solcher „Wanzen" wurde von dem Abhörspezialisten BERNARD SPINDEL bestätigt. Sie könnten im Auftrag der Mafia, Jimmy Hoffas, der CIA oder sogar eines eifersüchtigen und besorgten JOE DIMAGGIO installiert worden sein.

BURNSIDE, BILL

„Sie war sich ihrer Wirkung auf Männer sehr bewusst. Selbst in den elegantesten Restaurants, in die ich sie ausführte, überschlugen sich die Kellner, es ihr recht zu machen. Sie hatte einfach diese Star-Aura."

Schottischer Fotograf (siehe PHOTOGRAPHERS), der zwischen 1946 und 1948 mehrfach mit Norma Jeane arbeitete. Was ihn an ihr anzog, war, wie er sagte: „der verlorene Blick inmitten eines Lächelns … Es dauerte zwei Wochen, einen Kuss zu erlangen. Sie mochte es nicht, wenn man sie zu rasch anfasste."

BUS STOP (1956)
(AUCH: *The Wrong Kind of Girl*)

Nachdem Marilyn ihren Streit mit der TWENTIETH CENTURY-FOX beigelegt und ihre eigene Produktionsfirma gegründet hatte, ließ sie sich nach Hollywood zurücklocken, um die Hauptrolle in der Filmfassung von WILLIAM INGES Broadway-Erfolg von 1955 zu spielen. Viele hielten dies für ihre schauspielerisch beste Leistung.

Marilyns neuer Vertrag mit der Fox gab ihr Mitspracherecht nicht nur am Skript, sondern auch bei der Auswahl des Regisseurs und des Kameramanns. Ihr Wunschregisseur JOHN HUSTON, der ihr von THE ASPHALT JUNGLE in guter Erinnerung war, stand nicht zur Verfügung. LEW WASSERMAN schlug JOSHUA LOGAN vor, der sich von den Lobgesängen seines Freundes LEE STRASBERG auf Marilyns Talent überzeugen ließ, das Projekt zu übernehmen. Anfänglich wurde PAULA STRASBERG zu den Dreharbeiten nicht zugelassen. Doch auf Marilyns Fürbitten und Lees Drängen hin wurde sie für das stolze Honorar von 1500 Dollar pro Woche engagiert, um die Nerven des Stars zu stabilisieren und ihr bei der Perfektionierung ihres Akzents zu helfen.

Im März 1956 wurden die Außenaufnahmen gedreht, die Rodeoszenen in Phoenix, Arizona, und die Szenen mit Berglandschaft in SUN VALLEY, IDAHO. Durch die extremen Temperaturunterschiede zwischen Wüste und Gebirge fing sich Marilyn eine schwere Bronchitis ein und kam Anfang April ins Krankenhaus, so dass die Dreharbeiten unterbrochen werden mussten.

Marilyn war während der Dreharbeiten wie immer „schwierig". Das lag nicht nur an ihrer Angst vorm Versagen und ihrem mangelnden Selbstbewusstsein, sondern auch an ihrer zunehmenden Abhängigkeit von Beruhigungsmitteln (siehe BARBITURATES).

Marilyn, die sich hier erstmals in einer Machtposition befand, nutzte ihre neu gewonnenen kreativen Entfaltungsmöglichkeiten zu einigen glänzenden Entscheidungen. Anstelle der prächtigen Kostüme, die die Kostümbildner vorschlugen, suchte sie sich ein schäbiges Kleid aus und machte Laufmaschen in ihre Netzstrümpfe. Außerdem ließ sie die „Chantööse" Cherie in Momenten großer Nervosität stottern (ein Detail aus ihrem eigenen Leben) und ihren Text vergessen.

Aus der Endfassung wurde ein Großteil von Marilyns schauspielerisch gelungenem Monolog vor HOPE LANGE im Bus herausgeschnitten, weil Logan unter Druck stand, den Film zu verkürzen. Marilyn war der Meinung, dass diese Schnitte sie um die Oscar-Nominierung gebracht hätten.

Drehbuchautor GEORGE AXELROD hatte das ursprüngliche Bühnenstück ganz speziell für Marilyn adaptiert. In ihrem aufschlussreichen Gespräch mit der jungen Lange im Bus sagt sie:

„Ich gehe mit Jungs, seit ich zwölf bin – die Männer in den Ozarks verschwenden ihre Zeit nicht –, und seit damals habe ich mein Herz schon einige Male verloren. Natürlich wäre ich gern verheiratet, hätte eine Familie und was man sonst so alles braucht… Vielleicht weiß ich nicht, was Liebe ist. Ich brauche einen Mann, zu dem ich aufschauen kann und den ich bewundere. Aber ich will keinen Mann, der mich einschüchtert, ich brauch' einen Kerl, der lieb zu mir ist. Ich will aber auch nicht, dass er mich wie ein Kind behandelt. Ich will einfach das Gefühl haben, dass der, den ich dann auch heirate, mich wirklich schätzt und respektiert – mal abgesehen von all dem Liebesquatsch."

Mehrere Kopien des Kleids, in dem Marilyn ihre Nummer „Old Black Magic" sang, befinden sich in Sammlerhänden: Eines ist im Besitz des Models JERRY HALL, eines ist im Planet-Hollywood-Restaurant in Costa Mesa (Kalifornien) ausgestellt, ein weiteres befindet sich im Debbie-Reynolds-Museum, Las Vegas.

Von den Filmen, in denen Marilyn eine Hauptrolle spielt, ist dies vielleicht der Einzige, der in den USA nicht als Video erschienen ist – eine Folge von Rechtsstreitigkeiten um den Nachlass von Bühnenautor William Inge.

Produktionsdaten:
Twentieth Century-Fox
CinemaScope und Color DeLuxe
Länge: 96 Minuten
Kinostart: 31. August 1956

Crew:
Regie: Joshua Logan
Produktion: Buddy Adler
Drehbuch: George Axelrod
Vorlage (Bühnenstück): William Inge
Kamera: Milton R. Krasner
Schnitt: William Reynolds

Musik: Cyril J. Mockridge, Alfred Newman, Ken Darby
Art Direction: Mark-Lee Kirk, Lyle R. Wheeler
Ausstattung: Paul S. Fox, Walter M. Scott
Kostüme: Travilla, Charles Le Maire
Maskenbild: Ben Nye
Frisuren: Helen Turpin
Regieassistenz: Ben Kadish
Spezialeffekte: Ray Kellogg
Ton: Alfred Bruzlin, Harry M. Leonard

Besetzung:
Marilyn Monroe … Cherie
Don Murray … Beauregard „Bo" Decker
Arthur O'Connell … Virgil „Virge" Blessing
Betty Field … Grace
Eileen Heckart … Vera
Robert Bray … Carl
Hope Lange … Elma Duckworth
Hans Conried … Fotograf
Max Showalter (Casey Adams) … Reporter
Henry Slate … Nachtclub-Manager
Terry Kelman … Gerald
Linda Brace … Evelyn
Greta Thyssen … Covergirl
Helen Mayon … Wirtin
Lucille Knox … Blonde auf der Straße
Kate MacKenna … älterer Fahrgast
Budd Buster … älterer Fahrgast
Mary Carroll … Kassiererin
J. M. Dunlap … Orville
Fay L. Ivor … Platzanweiserin
Phil J. Munch … Prediger
Jim Katugi Noda … japanischer Koch

Nominierungen:
Oscars:
Männliche Nebenrolle: Don Murray
British Academy Awards:
Vielversprechendster Nachwuchs-schauspieler: Don Murray

Marilyns herausragendes Kostüm:
Paillettenbesetztes „Old Black Magic"-Kleid in Mitternachtsblau und Grün, dazu Netzstrümpfe mit Laufmaschen und abnehmbare schwarze Paillettenschleppe

Werbeslogan:
„The coming of age of Bo Decker … and the girl who made him a man!"
(„Bo Deckers Wandlung zum Mann … und das Mädchen, das ihn dazu macht!")

Marilyn und Don Murray in *Bus Stop* (1956).

Handlung:

Bo Decker (Don Murray) ist mit seinem Vormund Virgil (Arthur O'Connell), unter dessen Obhut er auf einer einsamen Ranch in Montana aufgewachsen ist, auf dem Weg zum Rodeo in Phoenix. Bo versteht vielleicht etwas vom Reiten und Viehhüten, ist aber sonst die personifizierte Unschuld vom Lande.

In der Stadt folgt Bo Virgil ins Blue Dragon Café, wo Sängerin Cherie (Marilyn Monroe), ein Mädchen aus den Ozark Mountains, stockend „That Old Black Magic" zum Besten gibt und vom alkoholisierten Publikum gehänselt wird. Bo springt auf und bringt die Spötter zum Schweigen.

Als Cherie sich mit einem Kuss bei Bo bedankt, steht für ihn fest: Dies ist die Frau, die er heiraten wird. Trotz aller Einwände Virgils ist er überzeugt, einen Engel gefunden zu haben.

Am folgenden Morgen spürt Bo Cherie auf und weckt sie mit der Mitteilung, dass sie später am Tag, nachdem er am Rodeo teilgenommen hat, heiraten werden. Cherie und ihre Freundin Vera (Eileen Heckart) sehen beim Rodeo zu. Angespornt durch seine Liebe zu Cherie gewinnt Bo. Cherie wird klar, dass es Bo mit seinen verrückten Heiratsplänen ernst ist und sie etwas unternehmen muss. Sie leiht sich etwas Geld von Virgil und macht sich zur Busstation auf, um nach Los Angeles zu fahren, doch Bo findet sie und drängt sie in seinen Bus zurück nach Montana. In einem ergreifenden Monolog offenbart hier Cherie einem Mädchen namens Elma (gespielt von Hope Lange, die hier ihr Debüt gab) ihre zerschlagenen Hoffnungen und ihre bewegte Vergangenheit. Dann muss der Bus wegen Schneefall einen Übernachtungsstopp bei Grace's Diner einlegen. Während Bo und Virgil schlafen, geht Cherie in das Lokal, und Elma erklärt,

Marilyn und Don Murray in *Bus Stop* (1956).

dass man Cherie gegen ihren Willen in den Bus gesetzt hat.

Bo kommt herein. Er ist entrüstet, dass Cherie schon wieder zu entwischen versucht, und packt sie, um sie zum nächstbesten Pfarrer zu schleppen. Busfahrer Carl (Robert Bray), der das Geschehen verfolgt hat, fordert Bo zum Faustkampf heraus, schlägt ihn k.o. und lässt ihn bewusstlos im Schnee liegen.

Bo schämt sich seiner Niederlage so, dass er Cherie nicht mehr unter die Augen treten will, doch Virgil überzeugt ihn, dass er sich bei ihr entschuldigen müsse. Cherie versichert ihm, dass er ohne sie besser dran sei – dass er nichts über ihre Vergangenheit wisse. Die Straße ist geräumt; für Bo wird es Zeit zu gehen. Er bittet Cherie sanft um einen Abschiedskuss. Sie stellt fest, dass der Kuss sie tief bewegt. Bo will sie immer noch heiraten, und diesmal willigt sie ein. Das Paar steigt in

den Bus und wartet auf Virgil, doch als dieser sieht, dass seine Schuldigkeit getan ist und Bo jetzt eine Frau hat, beschließt er, zurückzubleiben.

Kritiken:

The Saturday Review
„Wo wir schon von Künstlerinnen sprechen; es sieht so aus, als ob wir eine wahre Künstlerin direkt in unserer Mitte haben … in *Bus Stop* zerstreut Marilyn Monroe ein für alle Mal jeden Verdacht, dass sie bloß ein Glamourgirl sei, ein wohl geformter Körper mit bebenden Lippen und blauen Schmachtaugen."

The Los Angeles Examiner
„Dies ist Marilyns Darbietung und… sie bietet jede Menge Figur, Schönheit und Talent. Sie ist eine Spitzenkomödiantin in der Rolle

der verwirrten kleinen ‚Chantööse' auf Spelunkentour. Der Besuch des Actors Studio in New York hat unserer Marilyn keinesfalls geschadet."

New York Herald Tribune
„Vor 18 Monaten verließ Marilyn Hollywood und kam an die Ostküste, um ‚ernsthafte' Schauspielerei zu studieren. Jetzt ist sie zurück auf der Leinwand… und jeder kann die ‚neue' Marilyn sehen.

In *Bus Stop* spielt sie eine wunderbare Rolle mit einer sehr anrührenden Mischung aus Humor und Schmerz. Dies ist zugleich der besondere Geist des Films – in einem Moment zum Brüllen komisch und im nächsten zart und zerbrechlich –, und irgendwie gelingt es Regisseur Joshua Logan, dieses delikate Gleichgewicht zu wahren."

The New York Times
„Haltet euch an euren Sitzen fest und macht euch auf eine Riesenüberraschung gefasst. Marilyn Monroe hat sich in *Bus Stop* endlich als Schauspielerin erwiesen. Sie und der Film sind wunderbar!

Logan hat sie in diesem Film dazu gebracht, viel mehr zu tun, als nur mit dem Hintern zu wackeln, einen Schmollmund zu ziehen, große Augen zu machen und den künstlichen Vamp zu spielen. Er hat es geschafft, dass sie sich in das ramponierte Animiermädchen aus William Inges Stück verwandelt – bis hin zu ihrem Akzent und der Farbe ihrer Haut.

Er hat sie dazu gebracht, das talmiglitzernde Flittchen zu geben, das etwas dümmliche Püppchen, das in einem Nepplokal in Phoenix von einem Cowboy mit ähnlich beschränkten Geistesgaben aufgegabelt und bis zu einer eingeschneiten Bus-Station in der Wildnis von Arizona verfolgt wird. Und, was am Wichtigsten ist, er hat sie dazu gebracht, die kleine Flamme der Würde zu entzünden, die in diesem Mädchen recht mitleiderregend flackert, und sie zu etwas eigentlich sehr Anrührendem zu machen.

Der alten Weisheit getreu, dass Fleiß zum Erfolg führt, erweist sie sich mit ihrer Darbietung in diesem Film als echte Spitzenschauspielerin, nicht nur als Plüschpuppe und Sexsymbol, wie es bisher der Fall war."

Die Cal-Neva Lodge, ca. 1960.

CAL-NEVA LODGE
2 STATE LINE, CRYSTAL BAY, NEVADA

Dieses Kasinohotel am Lake Tahoe, benannt nach seiner Lage an der Grenze von Kalifornien und Nevada, gehörte angeblich FRANK SINATRA und dem MAFIA-Boss SAM GIANCANA und taucht in allen Berichten über Marilyns letzte Lebenswoche auf. Doch damit enden die Gemeinsamkeiten. Je nach Biograf verbrachte Marilyn dort das Wochenende im Medikamenten- und Alkoholrausch, unternahm dort einen Selbstmordversuch oder wohnte dort als Gast der LAWFORDs oder schlief dort mit Giancana oder söhnte sich dort mit JOE DiMAGGIO aus, oder Sinatra wollte sie heiraten, um sie aus ihrer Depression herauszureißen, oder war überhaupt nicht dort, sondern ließ die Geschichte nur zur Vertuschung einer heimlichen Abtreibung verbreiten. Marilyn soll in Chalet Nr. 52 gewohnt haben. Das Hotel wirbt damit, dass an der Einrichtung der Suite mit einem runden, rosafarbenen Bett und Korbmöbeln seit ihrer Abreise nichts verändert worden sei.

CALENDAR – Kalender

Bevor sie für die berühmten Kalenderfotos posierte, hatte Marilyn viele Angebote für Nacktaufnahmen abgelehnt. Sie ließ sich wohl erst in einer akuten Notlage darauf ein: Ihre Verträge mit TWENTIETH CENTURY-FOX und COLUMBIA waren nicht verlängert worden, sie war arbeitslos und hatte sich an einen gewissen Lebensstandard gewöhnt. Sie wohnte in einem recht teuren Zimmer im BEVERLY CARLTON HOTEL, und das Honorar war genau die Summe, die sie benötigte, um ihr beschlagnahmtes Auto auszulösen.

Die Fotos für die Kalender der Baumgarth Company wurden am 27. Mai 1949 in einer zweistündigen Session von TOM KELLEY in seinem Atelier aufgenommen, seine Frau Natalie assistierte ihm. Zur Entspannung legte er Artie Shaws „Begin the Beguine" auf und fotografierte von einer drei Meter hohen Leiter herab. Letztlich wurden nur zwei der 24 Fotos, die Kelley mit seiner Deardorff-View-Kamera aufnahm, gedruckt. Das Bild „A New Wrinkle" zierte einen der Baumgarth-Kalen-

der, doch das Bild, an dem sich die Fantasie des ganzen Landes entzündete, war „Golden Dreams".

Nachdem Marilyn mit Tom und vielleicht auch Natalie zum Essen ausgegangen war, nahm sie für die Fotos 50 Dollar mit nach Hause. Kelley wiederum erhielt 500 Dollar für alle Abdruckrechte, und John Baumgarth machte mit diesem einen Foto nach einer Schätzung der Zeitschrift Time von 1956 rund 750 000 Dollar Gewinn.

Die unveröffentlichten Nacktfotos verschwanden auf mysteriöse Weise aus Kelleys Büro und tauchten nie wieder auf – obwohl vor kurzem einige aus der Kelley-Session stammende Aufnahmen unter Titeln wie „Auf den Knien, nah #6" zum Kauf angeboten wurden. Kelley schoss noch einen zusätzlichen Film für Marilyn, den sie ihrem zweiten Mann JOE DiMAGGIO zur Hochzeit geschenkt haben soll.

Die Meldung, dass Hollywoods begehrtester neuer Star tatsächlich das Mädchen auf dem „Golden Dreams"-Kalender sei, wurde im März 1952 von Radiojournalistin Aline Mosby verbreitet. Es gibt mindestens zwei Versionen darüber, wie sie zu dieser Sensationsgeschichte kam.

Eine lautet, sie habe den Tipp von JERRY WALD und NORMAN KRASNA bekommen, die sich für ihre RKO-Produktion CLASH BY NIGHT (1952) etwas zusätzliche Gratis-Reklame erhofften. Mosby bat die Fox um Stellungnahme. Die Chefetage des Studios – Marilyn war nur für einen Film an RKO ausgeliehen worden und eigentlich bei Fox unter Vertrag – geriet in Panik und zitierte Marilyn herbei, die zugab, dass sie in der Tat für Kalender-Nacktfotos posiert habe. Also wurde ein Interview vereinbart, mit dem das Studio die verheerende Situation unter Kontrolle zu bringen hoffte. Nach der zweiten Version hätte Marilyn selbst, mit Tränen in den Augen, Mosby nach einem harmlosen Routineinterview beiseite genommen und ihr eingestanden, dass sie für die fraglichen Nacktfotos Modell gestanden habe und dringend eine mitfühlende Zuhörerin brauche.

Der erste Impuls der Fox war, alles abzuleugnen. Keinem Hollywood-Star war jemals so etwas nachgewiesen worden. In den frühen 1950er-Jahren hatte man eine äußerst prüde

öffentliche Moral. Vermutlich überzeugte Marilyn das Studio, dass leugnen hier die falsche Vorgehensweise sei. Fox-PR-Chef HARRY BRAND stimmte ihr zu, dass sich dieser Skandal bei geschickter Handhabung auch günstig auswirken könne. So wurde ein Exklusivinterview vereinbart, das am 13. März 1952 in folgender Form in Amerikas Zeitungen erschien:

MARILYN MONROE BEKENNT, DIE NACKTE KALENDERBLONDINE ZU SEIN

von Aline Mosby

Überall in Tankstellen und Friseursalons hängt das Foto einer schönen nackten Blondine auf einem 1952er Kalender. Marilyn Monroe gab heute zu, diese Schöne zu sein. Sie posierte vor drei Jahren, auf zerknittertem rotem Samt ausgestreckt, für das Künstlerfoto, weil sie „pleite war und das Geld brauchte".

„Oh, der Kalender hängt in Tankstellen der ganzen Stadt", sagte Marilyn. „Warum sollte ich es leugnen? Man kann ihn überall kaufen. Außerdem schäme ich mich nicht dafür. Ich habe nichts Unrechtes getan."

Inzwischen bekommt die schöne Blonde jede Woche einen dicken Gehaltsscheck von der begeisterten Twentieth Century-Fox. Sie gilt als aufregendstes ‚sweater girl' seit Lana Turner ... wohnt in einem teuren Hotelzimmer ... speist bei Romanoff's.

ALS KIND IM WAISENHAUS

Doch 1949 war sie nur eine ängstliche junge Blondine, die ganz allein in der magischen Stadt um Ruhm und Anerkennung kämpfte. Als Kind lebte sie in einem Waisenheim in Hollywood und wurde bis zum 16. Lebensjahr zwischen zwölf Pflegefamilien hin und her geschoben. Nach einer gescheiterten Ehe zog sie in den Studio Club, Hollywoods berühmtes Wohnheim für aufstrebende Schauspielerinnen.

„Ich war eine Woche mit der Miete im Rückstand", erklärte sie. „Ich brauchte das Geld. Tom Kelley hatte mich schon früher gebeten, für ihn zu posieren, aber ich wollte nie. Jetzt rief ich ihn an und sagte, ich wollte es so bald wie möglich hinter mich bringen. Seine Frau war dabei. Sie waren beide sehr nett. Wir haben zwei Posen aufgenommen, eine im Stehen mit meinem Kopf im Profil und eine auf einem roten Samttuch liegend."

Marilyn spricht leise und atemlos und nimmt jedes Wort, das sie sagt, sehr ernst. „Tom dachte nicht, dass mich jemand erkennen würde", sagte sie. „Ich hatte damals lange Haare. Aber als das Bild erschien, hat mich jeder erkannt. Ich hätte das nie getan, wenn ich gewusst hätte, dass ich es in Hollywood so rasch zu etwas bringen würde."

Marilyns Chefs beim feudalen Fox-Studio standen kurz vor einem Magengeschwür, als der Kalender im Januar zum Verkaufsschlager wurde. „Ich sollte alles abstreiten ... aber ich bin lieber ehrlich. Ich habe eine Menge Fanpost bekommen. Den Männern gefällt das Bild, und sie wollen Kopien. Die Frauen, na ja ... Ein Klatschkolumnist behauptet, ich würde die Bilder signieren und mit dem Ausspruch ‚Kunst um der Kunst willen' verteilen. Das habe ich nie getan."

„Echt, ich hab nur zwei verschenkt", sagte Marilyn und klimperte mit ihren großen, blauen Augen.

Nach dieser Beichte setzten die Journalisten Marilyn mit endlosen Fragen zu. In ihrer typischen Art erwiderte sie auf die Frage, ob es wahr sei, dass sie bei den Aufnahmen nichts angehabt hätte: „Oh nein, ich hatte das Radio an."

In den darauf folgenden Wochen gab sich Marilyn in einem Interview nach dem anderen als rechtschaffenes Mädchen, das in der Not eine redliche Möglichkeit gefunden habe, sich über Wasser zu halten, und münzte diese Verzweiflungstat in eine populistische Maßnahme um: „Ich bin auf einem Kalender erschienen. Ich will nicht nur für einige wenige da sein, sondern für die breite Masse, das Umfeld, aus dem ich stamme. Ich will, dass ein Mann, der nach einem harten Arbeitstag nach Hause kommt, dieses Bild ansieht und sagt: ,Wow!' "

1953 wurden in den Läden Hunderttausende von Kalendern abgesetzt, während die Polizei erfolglos versuchte, die Flut dieses offiziell als obszön und gefährlich gebrandmarkten Druckwerks einzudämmen. Phil Max, Inhaber eines Fotogeschäfts in Los Angeles, wurde verhaftet und mit einer Geldstrafe belegt, weil er den „New Wrinkle"-Kalender im Schaufenster ausgestellt hatte. Im Dezember 1953 erwarb der gewiefte HUGH HEFNER die Rechte, das „Golden Dreams"-Bild als doppelseitiges Pin-up in der ersten Ausgabe des *Playboy* abzudrucken. Der Kalender wurde in den frühen 1950er-Jahren vielfach nachgedruckt – man schätzt, dass bis 1955 rund vier Millionen Exemplare verkauft wurden. Originalkalender, d. h. solche ohne Marilyns Namen, kosten über 500 Dollar, spätere Ausgaben wesentlich weniger.

Dabei war das gar nicht Marilyns Kalender-Debüt. Ein oder zwei Jahre zuvor hatte sie für EARL MORANS „Fotoillustrationen" Modell gestanden, die in den USA und Mexiko in einem Kalender der Brown and Bigelow Calendar Company erschienen.

CALHERN, LOUIS
(1895–1956, GEB. ALS CARL VOGT)

Angesehener Bühnendarsteller, der noch zu Stummfilmzeiten ins Filmgeschäft wechselte. 1950 spielte Calhern den wohlhabenden und spendablen Alonzo D. Emmerich in THE ASPHALT JUNGLE. 1952 war er noch einmal in einem Film mit Marilyn zu sehen, allerdings nicht im selben Abschnitt des Episodenfilms WE'RE NOT MARRIED. Calherns Erfolgsjahr war 1950, als er nicht nur mit Marilyn auftrat, sondern auch eine Hauptrolle in *Annie Get Your Gun* (1950) spielte und eine Oscar-Nominierung für *The Magnificent Yankee* (1950) erhielt. Seinen letzten Leinwandauftritt, kurz vor seinem Tod, hatte er in *High Society – Die oberen Zehntausend* (1956).

CALHOUN, RORY
(1922–1999, GEB. ALS FRANCIS TIMOTHY DURGIN)

Calhoun wurde reitend auf den Pfaden oberhalb von Hollywood entdeckt und als Prototyp des Cowboys für die Filmwelt verpflichtet. Er arbeitete dreimal mit Marilyn: in A TICKET TO TOMAHAWK (1950), HOW TO MARRY A MILLIONAIRE (1953) und RIVER OF NO RETURN (1954).

CAMEOS – Gastauftritte

Marilyns Tod hinderte sie nicht daran, auch nach 1962 noch in gut 100 Filmen zu erscheinen – als Zeitungsbild, als Gesicht auf der Leinwand oder als Name auf einer Reklame-tafel. Hier einige ihrer posthumen „Gastauftritte":

Filme:
Valley of the Dolls – Das Tal der Puppen (1967):
Ihr Lachen aus SOMETHING'S GOT TO GIVE.

Myra Breckinridge – Myra Breckinridge. Mann oder Frau? (1970):
Szene aus *Something's Got to Give*.

Tommy (1975):
Messe vor einer Marilyn-Statue.

Pretty in Pink (1986):
Mit einem MISFITS-Poster.

Guilty by Suspicion – Schuldig bei Verdacht (1990):
Dreharbeiten zu GENTLEMEN PREFER BLONDES als Teil der Handlung.

White Palace – Frühstück bei ihr (1990):
Mit einer Wohnung voll Marilyn-Souvenirs.

Cool World (1992):
Mit Szenen aus LET'S MAKE LOVE.

Milk Money – Taschengeld (1994):
Marilyns Fotos schmücken einen Tanzsaal.

Destiny Turns on the Radio – Destiny. Hoher Einsatz in Las Vegas (1995):
Als Neonfigur des Marilyn Monroe Motels.

Hercules (1997):
Marilyn ist eines der am Ende des Liedes „Zero to Hero" sichtbaren Sternbilder.

L.A. Confidential (1997):
Mit Marilyn vor Grauman's Theater.

US-Fernsehen:
I Love Lucy: „Ricky's Movie Offer"
Roseanne: „Halloween-Special"
MASH: „Bombshells"
Benson: „Boys Night Out"
Matt Houston: „Marilyn"

CAMP PENDLETON

Anfang 1952 sang Marilyn auf diesem Militärstützpunkt südlich von Los Angeles vor zehntausend begeisterten Marineinfanteris-

Truman Capote und Marilyn im El Morocco, 1955.

ten. Sie heizte zwischendurch die Stimmung mit provokanten Bemerkungen an: „Ich weiß gar nicht, warum ihr Jungs so scharf auf ‚sweater girls' seid. Nimmt man ihre Sweater weg – was haben sie denn dann noch?"

Zu der Zeit bemühte sie sich um die Rolle der Lorelei Lee in GENTLEMEN PREFER BLONDES (1953), und man mutmaßte, sie wolle mit ihrem Auftritt Fox-Chef DARRYL F. ZANUCK beweisen, dass sie singen könne. Sie trat mit „Somebody Loves You" und „Do It Again" auf.

Im Januar 1953 nahm Marilyn das von Gershwin komponierte und von DeSylva getextete „Do It Again" auf Schallplatte auf.

CAPELL, FRANK A.

Capell, früherer Ermittler für subversive Aktivitäten im Bezirk Westchester und Herausgeber der antikommunistischen Zeitung *Herald of Freedom*, war mit JACK CLEMMONS, der nach Marilyns Tod als erster Polizeibeamter am Ort des Geschehens war, und mit WALTER WINCHELL befreundet.

Mit *The Strange Death of Marilyn Monroe* (1964) gehörte er zu den ersten, die ROBERT KENNEDY öffentlich einer Verstrickung in Marilyns Tod beschuldigten. Er meinte, Kennedy habe Marilyn die Ehe versprochen, es sich dann anders überlegt und seine „persönliche Gestapo" geschickt, um sich ihrer zu entledigen.

CAPOTE, TRUMAN
(1924–1984, GEB. ALS TRUMAN PERSONS)

„Marilyn Monroe hatte etwas Außergewöhnliches an sich. Sie konnte mal ätherisch und mal wie die Kellnerin einer Imbiss-Bude wirken."

„Sie arbeitet wie ein Knecht, um es allen recht zu machen."

Schriftsteller des amerikanischen Südens, der Erfolge mit Romanen, Essays, Kurzgeschichten und Bühnenstücken errang, in denen es unter anderem auch um Homosexualität geht. Capote schrieb auch Drehbücher zu seinen Romanen: *Breakfast at Tiffany's – Frühstück bei Tiffany* (1961), für den er sich Marilyn als Besetzung wünschte [siehe FILMS MARILYN CONSIDERED OR WANTED], und *In Cold Blood – Kaltblütig* (1967).

Capote und Marilyn begegneten sich 1950 bei den Dreharbeiten zu THE ASPHALT JUNGLE und wurden nach seiner Schilderung sofort Freunde. Er erinnerte sich, wie Marilyn einmal nackt in CECIL BEATONs New Yorker Hotelsuite getanzt habe. Wenige Monate vor ihrem Tod fand Capote, dass Marilyn „nie besser ausgesehen hatte … und da war eine neue Reife in ihren Augen. Sie kicherte nicht mehr so viel."

Capote ist wie Marilyn auf dem WESTWOOD MEMORIAL PARK CEMETERY begraben.

CARDIFF, JACK (GEB. 1914)

„Sie war keine große Schauspielerin; sie war ein Genie. Sie hatte ein Talent, das man meist erst auf der Leinwand erkannte. Sie besaß diesen außerordentlichen Zauber, der durch die Kamera entstand

… Aber sie hatte auch eine andere Seite. Larry [Olivier] nannte sie schizoid, und das war sie."

Marilyn forderte den englischen Kameramann Cardiff ausdrücklich für THE PRINCE AND THE SHOWGIRL an, weil sie gehört hatte, er sei der Beste der Branche, unerreicht in seinem Umgang mit der Farbe. An Referenzen hatte er u. a. einen Oscar für *Black Narcissus – Schwarze Narzisse* (1946) und seine Mitwirkung an *A Matter of Life and Death – Irrtum im Jenseits* (1946), *The African Queen – African Queen* (1951) und *War and Peace – Krieg und Frieden* (1956) vorzuweisen. Ende der 1950er-Jahre führte Cardiff zudem Regie. Bei den Dreharbeiten zu *The Prince and the Showgirl* fotografierte Cardiff Marilyn auch, u. a. als Renoir-Mädchen.

CARLYLE HOTEL
35 EAST SEVENTY-SIXTH STREET, NEW YORK

In diesem HOTEL wohnte Präsident JOHN F. KENNEDY, wenn er in New York war. Angeblich spielte sich hier auch seine Affäre mit Marilyn ab, wie es u. a. Biograf ANTHONY SUMMERS berichtet.

CARMEN, JEANNE (GEB. 1930)

Jeanne Carmen bekommt als Schauspielerin und Freundin von Marilyn meist keine gute Presse. Sie hat sich in vielen Fernseh-Talkshows über die Geheimnisse ausgelassen, die Marilyn ihr anvertraut haben soll, nachdem sie sich 1961 in dem Mietshaus am DOHENY DRIVE miteinander angefreundet hätten.

Laut SPOTO war Carmen zwar 1961 Marilyns Nachbarin, sie hätten jedoch über den normalen nachbarlichen Umgang hinaus nie miteinander zu tun gehabt, und sie sei keinesfalls ihre Mitbewohnerin gewesen, wie sie später behauptete. Ihr Name taucht in keinem von Marilyns Adressbüchern auf, und Marilyns engere Freunde hatten nie von ihr gehört, bevor sie in den 1980er-Jahren von Nacktbadepartys und einer Romanze zwischen Marilyn und dem Präsidenten zu erzählen begann. Für GLORIA STEINEM war Carmen eine der beiden einzigen Frauen, die Marilyn am Ende ihres Lebens nahe standen; die andere sei PR-Managerin PATRICIA NEWCOMB gewesen. ANTHONY SUMMERS zitiert sie als wichtige Zeugin für BOBBY KENNEDYs angebliche heimliche Besuche bei Marilyn. Carmen bestätigte auch ROBERT SLATZERs Geschichten über seine lebenslange Freundschaft mit Marilyn, bestritt jedoch, dass die beiden je verheiratet waren. 1991 erzählte Carmen in einem Interview mit dem *Ladies' Home Journal*, sie sei an Marilyns Todestag mit dieser zum Golfen verabredet gewesen und Marilyn habe sich sehr darauf gefreut. Carmen wirkte u. a. in *Striporama* (1954) und *The Devil's Hand – Im Bann der Puppe* (1962) mit.

CAROLWOOD DRIVE
141 SOUTH CAROLWOOD DRIVE, BEVERLY HILLS

Anfang 1949, bevor Marilyn JOHNNY HYDE kennen lernte, wohnte sie hier in einem Pool-Haus auf dem Anwesen von Fox-Mogul JOSEPH SCHENK.

(siehe HOMES – Wohnungen)

John Carroll

CARROLL, JOCK

Kanadischer Fotograf (siehe PHOTOGRAPHERS), der während der Dreharbeiten zu NIAGARA (1952) eine Fotoserie von Marilyn für das *Weekend*-MAGAZINE aufnahm. Die Fotos erschienen posthum auch als Buch.

CARROLL, JOHN
(1906–1979, GEB. ALS JULIAN LA FAYE)

Schauspieler, der flüchtig CLARK GABLE ähnelte und dessen Filmkarriere von seinem Debüt in *Marianne* (1929) an rund dreißig Jahre umfasste. Er und seine Frau LUCILLE RYMAN nahmen die arbeitslose Marilyn 1947 in ihr „El Palacio"-Apartment in West Hollywood auf und kümmerten sich die folgenden fünf Monate um sie – finanziell wie menschlich.

John Carroll lernte Marilyn kennen, als sie ihm bei einem Prominenten-Golfturnier des gegenüber den TWENTIETH CENTURY-FOX-Studios gelegenen Cheviot Hills Country Club als Caddie zugeteilt wurde. Nach dem Turnier fuhr er sie nach Hause zu ihrer schäbigen Wohnung; angeblich bat Marilyn ihn herein, doch er lehnte ab. Bald darauf nahmen er und Ryman, die für ihre Unterstützung Not leidender Schauspielerinnen bekannt waren, Marilyn in ihre Wohnung auf. Sie gaben ihr wöchentlich 100 Dollar und stellten sie in Los Angeles und auf ihrer Ranch in den Granada Hills ihrem eindrucksvollen Freundeskreis vor. Die Carrolls hatten beste Verbindungen – so gut, dass sogar das Klatschmagazin *Confidential* über sie berichtete und u. a. behauptete, das Paar veranstalte Nacktpartys.

Carroll soll damals eine Affäre mit Marilyn gehabt haben, obwohl er dies später bestritt. In FRED LAURENCE GUILES' Biografie *Norma Jeane: The Life and Death of Marilyn Monroe* beschreibt Lucille Ryman, wie Marilyn sie einmal beiseite genommen habe: „Lucille, ich möchte mit dir reden. Du liebst John nicht. Wenn du es tätest, wärst du nicht ständig unterwegs, um zu arbeiten. Ich glaube, ich bin in ihn verliebt … Würdest du dich scheiden lassen, damit wir heiraten können?" Carroll seinerseits wird von ROBERT SLATZER

Werbefoto der Twentieth Century-Fox, 1953.

mit der Bemerkung zitiert: „Das Einzige, was ich je mit Marilyn getan habe, war, dass ich versucht habe, ihr das Singen beizubringen", obwohl er sie Ende 1947 einen persönlichen Managementvertrag unterschreiben ließ, der später annulliert wurde. Die Rolle der Carrolls als Marilyns Wohltäter endete 1949, als Marilyn eine Beziehung mit dem einflussreichen Hollywood-Agenten JOHNNY HYDE begann. Die letzten Unterhaltszahlungen flossen in die Raten für Marilyns Kabrio.

Marilyn revanchierte sich für die Freundlichkeit der Carrolls mit einem Geschenk von ihrer Gage für LOVE HAPPY (1950).

CARS – Autos

Marilyn lernte das Autofahren entweder von ihrem ersten Mann JAMES DOUGHERTY oder, während er im Krieg war, von seiner Mutter Ethel. Marilyn fuhr sehr gern Auto, geriet aber mehrfach mit den Verkehrsvorschriften in Konflikt. Den Fotografen TOM KELLEY soll sie 1948 bei einem kleineren Unfall auf dem Sunset Boulevard kennen gelernt haben.

Am 21. Mai 1954 wurde Marilyn wegen Verkehrsgefährdung angeklagt, nachdem sie mit ihrem 1952er Cadillac-Kabrio an der Ecke Sunset Boulevard und Beverly Drive auf den Wagen eines gewissen Bart Antinora aufgefahren war. Antinora, der 3 000 Dollar von Marilyn und Beifahrer JOE DIMAGGIO gefordert hatte, wurden 500 Dollar zugesprochen.

Zwei Jahre nachdem Marilyn auf dem Wilshire Boulevard ohne Fahrerlaubnis angehalten worden war, wurde sie deswegen am 28. Februar 1956 angeklagt. Ihr Rechtsbeistand war W. C. Fields jr., der Sohn des berühmten Schauspielers. Richter Charles J. Griffin mußte zwei Haftbefehle gegen Marilyn erlassen, bevor sie endlich vor Gericht erschien. Er verhängte ein Bußgeld von 55 Dollar und mahnte sie: „Die Gesetze gelten für uns alle, reich oder arm, ohne Ansehen der Rasse, des Glaubens oder der Frage, ob Ihr Name zufällig Miss Monroe ist, und mit solchen Darbietungen gewinnen Sie keinen Oscar."

MARILYNS AUTOS

Jim Dougherty umwarb Norma Jeane in einem blauen 1940er Coupé; bei der Scheidung erhielt sie als Abfindung das gemeinsame 1935er Ford-Coupé.

Sobald sie genug Geld hatte, leistete Marilyn sich ein 1948er Ford-Kabrio, das alsbald beschlagnahmt wurde, weil sie mit den Raten in Rückstand geriet.

Ihr nächstes Auto war ein 1950er Pontiac-Kabrio.

1953 erhielt Marilyn als Gage für ihren Auftritt in der „Jack Benny Show" ein schwarzes Cadillac-Kabrio mit roter Lederausstattung.

1954 fuhr das Brautpaar in Joe DiMaggios schwarzem Cadillac mit Nummernschild: „Joe D" davon.

1955: Den schwarzen Thunderbird-Sportwagen, den sie in New York fuhr, hatte möglicherweise Milton H. Greene erworben. Später schenkte sie ihn John Strasberg.

Diese Aufnahme machte Henri Cartier-Bresson bei den Dreharbeiten zu The Misfits (1961).

Während der Zeit mit Arthur Miller fuhr sie dessen Jaguar.

1960: Während der Außenaufnahmen zu *The Misfits* hatte sie einen weißen Cadillac.

1961: Nachdem sie wieder nach Los Angeles gezogen war, kaufte sich Marilyn kein neues Auto, sondern mietete bei Bedarf eine schwarze Limousine mit Chauffeur. Für gelegentliche Besorgungen reichten der grüne Dodge von Haushälterin Eunice Murray oder das Auto von Murrays Neffen.

CARTIER-BRESSON, HENRI (GEB. 1908)

Einer der einflussreichsten Fotografen (siehe PHOTOGRAPHERS) des 20. Jahrhunderts. Er gehörte zu den MAGNUM-Fotografen bei den Arbeiten zu THE MISFITS (1961).

CASTILIAN DRIVE
2393, OUTPOST ESTATES, HOLLYWOOD HILLS

Hier mieteten Marilyn und JOE DIMAGGIO im Herbst 1952 vorübergehend ein Haus als Zuflucht vor den Reportern, die in Marilyns damaligem Wohnsitz, dem BEL AIR HOTEL, jeden ihrer Schritte beobachteten.

(siehe HOMES – Wohnungen)

CATALINA ISLAND

Norma Jeane und JAMES DOUGHERTY zogen Ende 1943 auf diese Insel vor der kalifornischen Küste, als James zur dortigen Marine-Ausbildungsbasis versetzt wurde.

Bevor die Insel im Zweiten Weltkrieg in ein militärisches Übungsgelände umgewandelt wurde, war sie Tummelplatz der Hollywood-Mogule, die die 43 km vom Festland auf ihren Jachten zurücklegten, um hier im ersten Tonfilmkino der Welt Voraufführungen ihrer neuesten Produktionen zu genießen.

James war nicht besonders glücklich darüber, dass seine junge, attraktive Frau auf dieser fast ausschließlich von Marine-Rekruten besiedelten Insel in aufreizend enger Kleidung Aufmerksamkeit erregte. Sie verließ Catalina im Frühjahr 1944, als James nach Südostasien abkommandiert wurde.

(siehe HOMES – Wohnungen)

CENSORSHIP – Zensur

MARILYN:
„Das Johnston Office macht sich viel Sorgen darum, ob ein Mädchen einen Brustansatz hat oder nicht. Sie sollten sich Sorgen machen, wenn sie keinen hat."

Es wurden wesentlich mehr Zensurvorwürfe in Bezug auf Marilyns Tod als im Zusammenhang mit ihrer Arbeit erhoben. Wenn man bedenkt, wie sehr Marilyns freimütige Sinnlichkeit den prüden Moralvorstellungen ihrer Zeit zuwiderlief, muss man sich wundern, dass keiner ihrer Filme bei den Zensoren Anstoß erregte – mit Ausnahme der Verführungssze-

---

ne auf der Jacht in SOME LIKE IT HOT (1959) im Staate Kansas.

So provokativ Marilyn sein konnte, lavierten ihre Regisseure und Filmstudios doch immer erfolgreich an der Grenze des Erlaubten. So war das fleischfarbene Kleid für ihre „Heat Wave"-Nummer in THERE'S NO BUSINESS LIKE SHOW BUSINESS (1954) formaljuristisch eine Bekleidung, auch wenn es in Wirklichkeit nichts der Fantasie überließ (1959).

Während ihres Aufenthalts in ENGLAND setzte sich Marilyn gegen die Zensur ein, indem sie Gründungsmitglied des Watergate Theatre Club wurde, der von der britischen Zensurbehörde verbotene Stücke herausbringen sollte. Die erste Inszenierung des Clubs war *A View from the Bridge – Blick von der Brücke* von ihrem Ehemann ARTHUR MILLER.

Bei THE MISFITS (1961) ließ Marilyn in der Szene, in der sie von CLARK GABLE geweckt wird, das Bettlaken so weit herunterrutschen, dass eine Brust sichtbar wurde. Huston brach die Aufnahme ab, Marilyn hätte sie aber gerne beibehalten, um der Zensur die Stirn zu bieten. Sie soll geäußert haben: „Nach und nach werden sie die Zensur lockern – auch wenn ich das wohl nicht mehr erleben werde."

CENTRAL PARK WEST
135 CENTRAL PARK WEST, MANHATTAN

1957 und 1958 verbrachte Marilyn viel Zeit in diesem Gebäude. Sie erschien hier jeden Morgen zu einer Sitzung mit ihrer Analytikerin DR. MARIANNE KRIS und fuhr dann mit dem Fahrstuhl zum Schauspielunterricht in LEE STRASBERGs Wohnung.

CHAPLIN, CHARLES JR. (1925–1968)

Biograf ANTHONY SUMMERS schreibt, 1947 hätte Marilyn Affären mit zwei von Charlie Chaplins Söhnen, Charlie Junior und Sydney, gehabt. Außerdem hätte sie zu der Zeit eine Abtreibung vornehmen lassen.

CHAPLIN, CHARLIE (1889–1977)

Während seiner Zusammenarbeit mit Marilyn bei MARILYN MONROE PRODUCTIONS hatte MILTON GREENE die Idee, einen Film mit Marilyn und Chaplin zu drehen. Beide hatten es zu Erfolg gebracht, obwohl sie ohne Vater aufgewachsen waren, und beide hatten eine Mutter, deren geistige Gesundheit ständig auf der Kippe stand. Leider wurde das Projekt nach dem Zerwürfnis zwischen Marilyn und Greene fallen gelassen.

CHARACTER TRAITS – **Charakterzüge**

MARILYN:
„Jemand sagte zu mir: ‚Wenn 50 Prozent der Experten in Hollywood sagen würden, du hättest kein Talent und solltest aufgeben, was würdest du dann tun?' Meine Antwort war und ist: ‚Und wenn mir das 100 Prozent sagen würden, hätten alle 100 Prozent Unrecht.'"

RUPERT ALLAN:
„Bei Marilyn war Bewunderung immer mit Liebe verknüpft."

„Unter all der Schwäche lag ein stählerner Wille."

PAT NEWCOMB:
„Im Innersten war sie wirklich stark... und das war etwas, das wir leicht vergaßen, weil sie so verletzlich schien und man immer das Gefühl hatte, auf sie aufpassen zu müssen."

ARTHUR MILLER:
„Ihr größter Wunsch war es, nicht zu urteilen, sondern in einem sentimental grausamen Beruf Anerkennung zu finden, und das von Männern, die, von ihrer vollkommenen Schönheit geblendet, ihre Menschlichkeit nicht sahen. Marilyn war halb Königin, halb ausgestoßenes Kind. Manchmal lag sie vor ihrem eigenen Körper auf den Knien, und dann wieder verzweifelte sie an ihm."

„Man konnte unmöglich ahnen, was sie empfand und in welcher Stimmung sie war, bis sie etwas sagte."

„Marilyn hörte nie auf, die Welt und die Menschen in ihrer Umgebung auf kleinste Zeichen von Feindseligkeit abzutasten. Jeder spürte ihren verzweifelten Drang nach Bestätigung, obwohl sie so schlagfertig und bezaubernd war und so leicht lachte. Deshalb bestätigte sie jeder, und die Wahrheit entschwand in immer weitere Ferne."

SAM SHAW:
„Jeder weiß von ihren Unsicherheiten, aber es weiß nicht jeder, wie lustig sie war, dass sie sich nie über die gewöhnlichen Dinge des Lebens beklagte, dass sie nie etwas Böses über irgend jemanden sagte und dass sie einen wunderbaren, spontanen Sinn für Humor hatte."

PHILIPPE HALSMAN:
„Der Wesenszug, der mir am stärksten auffiel, war ihr völliger Mangel an Neid und Eifersucht, was bei einer Schauspielerin erstaunlich war."

Marilyns zielbewusstes Streben nach Ruhm erstreckte sich auf all ihr Tun – ihre Bekanntschaften, die Bücher (siehe BOOKS), die sie las, ihr körperliches Training, die Menschen, mit denen sie schlief – alles ein ständiges Ringen um Anerkennung und Aufmerksamkeit. Sie war nie zufrieden, nicht einmal nach Erreichen des Ziels, das sie sich seit ihrer Kindheit gesetzt hatte: eine berühmte Schauspielerin zu werden.

Es erstaunt kaum, dass Marilyn ihr ganzes Leben lang an einem furchtbaren Minderwertigkeitskomplex litt. Mehr als ein Biograf hielt fest, dass Marilyns Selbstwertgefühl von klein auf durch ihre Mutter untergraben wurde, für die ein vaterloses Kind ein großes Ärgernis, wenn nicht geradezu eine Schande war.

Ihres Mangels an regulärer Bildung (siehe EDUCATION) war sich Marilyn immer bewusst. Sie fühlte sich stets zu den Gebildeten und Intellektuellen hingezogen, als ob der Kontakt mit ihnen ihr zumindest einen Teil des so schmerzlich vermissten Wissens vermitteln könnte. Ihr Gefühl der intellektuellen Unzulänglichkeit wurde genährt, als sie als Starlet mit wesentlich älteren und welterfahreneren Männern umging, die gedankenlos alles herabsetzten, was sie sagte. Dabei mussten viele Menschen, die Marilyn kennen lernten, ihre vorgefasste Meinung korrigieren. Der Fotograf ELLIOTT ERWITT etwa war überrascht, weil er „immer geglaubt hatte, dass all diese witzigen Bemerkungen, die sie der Presse gegenüber gemacht haben sollte, wohl eher von ihrem Presseagenten ersonnen und verbreitet worden wären, aber so war es nicht. Sie war ein sehr gescheiter Mensch, ein instinktiver Typ."

Marilyn fühlte sich in Live-Gesprächen mit Journalisten meist unbehaglich, obwohl sie bestimmte Kolumnisten sehr geschickt zu benutzen verstand, um ihre Meinungen kundzutun. Der Kontrapunkt zu dieser persönlichen Schüchternheit war ein exhibitionistischer Zug, der sie befähigte, vor Fotografen und Fans in Kleidern aufzutreten, die für die damalige Zeit skandalös waren. Exhibitionismus in der Öffentlichkeit war eine Sache, mit Einzelpersonen umzugehen oder gar unvorbereitete Interviews geben zu müssen eine ganz andere, da sie stets fürchtete, dumm oder tölpelhaft zu erscheinen.

Marilyns Zweifel an ihrem schauspielerischen Können, die selbst nach ihren späteren erfolgreichen Darbietungen nicht schwanden, waren das Resultat der jahrelangen Herabsetzung ihres Talents durch einflussreiche Hollywood-Leute und vielleicht auch der Einflussnahme aus ihrem Umfeld, dem daran lag, Marilyns Hilfsbedürftigkeit so lange wie möglich zu erhalten.

Marilyns Anteilnahme, ihr Mitgefühl mit Menschen, die schüchtern und wehrlos wirkten, Hilfe und Liebe zu benötigen schienen, erstreckte sich in gewisser Weise auch auf ihre Ehemänner. Nach der Scheidung von JOE DIMAGGIO soll Marilyn gesagt haben, sie habe ihn geheiratet, „weil er mir Leid tat", weil „er so einsam und schüchtern wirkte". Ihre Tierliebe (siehe ANIMALS) ist allgemein bekannt.

Doch obwohl viele Freunde ihre Großzügigkeit (siehe GENEROSITY) und Gefälligkeit bestätigt haben und Biografen darauf hinweisen, dass sie niemals Groll gegen Menschen erkennen ließ, von denen sie sich in der Presse verleumdet fühlte, konnte sie durchaus manipulativ sein. Bei verschiedenen Gelegenheiten erzählte sie erfundene Geschichten, um Mitleid zu erwecken (FRED KARGER zum Beispiel erzählte sie von ihrer heruntergekommenen Wohnung, obwohl sie in Wirklichkeit im schicken STUDIO CLUB wohnte), und bewegte so Menschen und Familien, sich ihrer anzunehmen – zumindest für kurze Zeit, bis die Täuschung zu durchsichtig wurde. Es erstaunt nicht, dass manche ihr nach Aufdeckung ihres Geflunkers nur noch schwer etwas glaubten.

Und wenn sie sich ärgerte, wurde Marilyn zuweilen von einer Wut gepackt, die ARTHUR MILLER als „schneidend, auf Vernichtung aus" beschrieb.

Die von der Welt verehrte Marilyn Monroe war eine Figur, die Norma Jeane nach Belieben ein- und ausschalten konnte. Oft kündigte sie Freunden an, sie werde jetzt „die Marilyn machen", so wie sie SUSAN STRASBERG einmal, als sie sich zusammen ihrem New Yorker Hotel näherten, fragte: „Willst du mich mal als sie sehen?" und auf ihre Rolle umschaltete. ELI WALLACH hatte ein ähnliches Erlebnis, als er mit ihr durch New York schlenderte.

Marilyn sprach gelegentlich von sich in der dritten Person, manchmal voller Bitterkeit. Sie tat dies in einem ihrer späteren Interviews (mit Vernon Scott), aber auch schon Mitte der 1950er-Jahre, als sie sich mitunter über die Dinge äußerte, die Marilyn tun oder nicht tun würde, wie sie aussehen und sich bewegen würde.

Viele Menschen – Freunde und Journalisten ebenso wie faszinierte Fans – stellten fest, dass in Marilyns Gegenwart etwas von ihrer Lebendigkeit, ihrem Witz und ihrer Fähigkeit, sich zu amüsieren, auf sie abfärbte.

GLORIA STEINEM schreibt über die Stärke und Echtheit ihrer Gefühle: „Selbst wenn sie versuchte, eine Emotion vorzutäuschen – etwa zuversichtlich oder fröhlich zu sein, wenn sie sich nicht so fühlte –, verriet sie sich durch eine gewisse zugrunde liegende Ehrlichkeit." Diese Ehrlichkeit bewegte sie auch, zahllose Heiratsanträge abzulehnen, die sie zu ihrer Zeit als mittelloses Starlet von allen finanziellen Sorgen befreit hätten, doch sie wollte nur aus Liebe heiraten. DONALD SPOTO schreibt: „Die Heftigkeit ihrer Wünsche kollidierte mit ihren tiefsten emotionalen und geistigen Bedürfnissen. Sie war ein Mensch mit intensivem Innenleben, der sich vom Verlangen nach Anerkennung zu einem außenbestimmten Leben treiben ließ: In dieser Hinsicht mag Marilyn Monroe tatsächlich die absolute Schauspielerin sein."

Ihr Leben lang war Marilyn voller Neugierde, wissens- und lernbegierig. 1955 wandte sie diese Eigenschaften nach innen, als sie Hollywood verließ, nach New York ging und im ACTORS STUDIO mit neuen schauspielerischen Techniken experimentierte. Sie begann sieben Jahre intensiver Psychotherapie, lernte neue Menschen kennen und versuchte zu erkunden, was hinter der Rolle dieser Marilyn steckte, die sie all die Jahre verkörpert hatte.

CHARITABLE WORKS — **Wohltätigkeit**

WOHLTÄTIGE ZWECKE, FÜR DIE SICH MARILYN ENGAGIERTE:

1953 sang Marilyn zusammen mit Jane Russell im Hollywood Bowl bei einer Wohltätigkeitsveranstaltung für benachteiligte Kinder des Jude's Hospital, Memphis, Tennessee.

1955 gewann Jane Russell Marilyns Unterstützung für WAIF, eine Organisation, die ausgesetzte Kinder in Heimen unterbrachte. Bei einer Veranstaltung des Mike Todd Circus im Madison Square Garden in New York zugunsten der Arthritis and Rheumatism Foundation ritt sie auf einem rosa Elefanten.

1957 unterstützte Marilyn den „Milk Fund for Babies" mit Einnahmen aus der Weltpremiere von *The Prince and the Showgirl*.

1958 trat Marilyn als Model bei der „March of Dimes"-Modenschau im Waldorf-Astoria in New York zugunsten von poliokranken Kindern auf.

1962 besuchte Marilyn bei ihrer Mexiko-Reise ein Waisenhaus. Sie zerriss den mitgebrachten Scheck über 1 000 Dollar und spendete stattdessen 10 000. Marilyns letzter öffentlicher Auftritt war auf einer Benefizveranstaltung im Chavez-Ravin-Dodger-Stadion in L. A. zur Unterstützung des Kampfs gegen Muskeldystrophie an ihrem 36. Geburtstag.

Einer Kinderhilfsorganisation, die kostenloses Frühstück an benachteiligte Jugendliche ausgab, spendete sie 1 000 Dollar. Außerdem unterstützte sie S.A.N.E., eine Organisation, die sich für die Abschaffung von Atomwaffen einsetzte. 1982 richtete der Deutsche Bruno Bernard den Marilyn Monroe Memorial Fund zugunsten junger Schauspieler ein.

Marilyns letzte Spende war auch die größte: In ihrem Testament (siehe WILL) vermachte sie einen Teil des Nachlasses (siehe ESTATE) ihrer früheren Psychoanalytikerin DR. MARI-ANNE KRIS zur Förderung psychotherapeutischer Einrichtungen ihrer Wahl. Im Wissen um Marilyns Kinderliebe wählte Kris die Anna-Freud-Kinderklinik, die das Erbe im Monroe Young Family Centre, Daleham Gardens in London verwendete.

Unter Freunden und Kollegen war Marilyn für ihre Großzügigkeit (siehe GENEROSITY) bekannt. Ihr Double EVELYN MORIARTY erinnerte sich, wie Marilyn einmal einem Mitarbeiter von LET'S MAKE LOVE (1960), dem es an Geld für die Beerdigung seiner Frau mangelte, anonym 1 000 Dollar zukommen ließ.

GLORIA STEINEM und GEORGE BARRIS würdigten Marilyns besondere Liebe zu Kindern, indem sie von den Erlösen ihres Buchs *Marilyn* ein Treuhandvermögen für Kinder in Not einrichteten.

CHATEAU MARMONT HOTEL
8221 SUNSET BOULEVARD, WEST HOLLYWOOD

Bei Film- und Rockstars sehr beliebtes HOTEL. Marilyn wohnte 1956 während der Dreharbeiten zu BUS STOP mehrere Wochen im Chateau Marmont. Gelegentlich leistete ihr ARTHUR MILLER Gesellschaft, der sich damals

Das Chateau Marmont Hotel in Hollywood.

in der Nähe von RENO aufhielt, um sich von seiner ersten Frau scheiden zu lassen.
In diesem Hotel interviewte BRAD DARRACH Marilyn für die Zeitschrift *Time*, und das FBI, das Miller beobachten ließ, eröffnete zu dieser Zeit eine Akte über Marilyn.

CHAUFFEURS − **Fahrer**

Bis sie 1955 nach New York zog, fuhr Marilyn meist selbst. In New York fungierte ihr Friseur PETER LEONARDI auch als ihr Chauffeur, bis sie sich überwarfen. Danach war ein gewisser Johnnie, den Marilyn „The Sheikh", nannte, ihr Fahrer. In Los Angeles chauffierte sie bei Bedarf Rudy Kautzky.

(siehe CARS − Autos)

CHAYEFSKY, PADDY
(1923–1981, GEB. ALS SIDNEY AARON STUCHEVSKY)

Dieser renommierte Bühnen- und Drehbuchautor gab sein Filmdebüt 1951 mit AS YOUNG AS YOU FEEL und wurde mit zwei Oscars ausgezeichnet: für *Marty* (1955) und für *The Hospital – Hospital* (1971).

1956 sprach Marilyn mit Chayefsky über die Möglichkeit, mit ihrer Firma MARILYN MONROE PRODUCTIONS die Filmfassung seines Stücks *Middle of the Night* zu produzieren, das sie in New York mit Edward G. Robinson und Gena Rowlands gesehen hatte. Offenbar war Chayefsky über die Verhandlungen verärgert, trat von dem Projekt zurück und zeichnete in seinem Oscar-nominierten Film *The Goddess – Die Göttin* ein recht düsteres Marilyn-Porträt. ARTHUR MILLER versuchte erfolglos, ihn von diesem Film abzubringen, der 1958 mit KIM STANLEY in der Hauptrolle herauskam.

CHEKHOV, MICHAEL (1891–1955)

Ab Ende 1951 nahm Marilyn auf Anraten ihrer Schauspiellehrerin NATASHA LYTESS zweimal die Woche auch Unterricht bei Michael Chekhov, dessen Bekanntschaft sie durch Jack Palance gemacht hatte. Chekhov soll von ihrem Talent sehr beeindruckt gewesen sein; er war einer der Ersten, der ihr dies auch mitteilte und ihr so half, ein wenig Vertrauen in ihre Fähigkeiten zu gewinnen.

Chekhov, der für seine Rolle in Hitchcocks *Spellbound – Ich kämpfe um dich* (1945) eine Oscar-Nominierung erhalten hatte, stammte aus einer Theaterdynastie und war Neffe von Anton Tschechow. Am Moskauer Künstlertheater hatte er mit KONSTANTIN STANISLAWSKI zusammengearbeitet. Als Marilyn zu ihm kam, war er bereits 60 und hatte mit vielen Theatergrößen gearbeitet. Zu seinen Schülern gehörten GREGORY PECK und Yul Brynner.

Chekhov erklärte ihr gleich zu Anfang: „Unser Körper kann unser bester Freund oder unser schlimmster Feind sein. Sie müssen versuchen, Ihren Körper als Instrument zum Ausdruck kreativer Ideen zu betrachten. Sie müssen nach vollständiger Harmonie zwischen Körper und Psyche streben." Er erkannte rasch, dass Marilyn einen größeren Erfahrungsschatz benötigte, um seinen Rat in die Praxis umzusetzen. Deshalb hielt er sie an, ihren Interessenhorizont zu erweitern, die Psychologie ihrer Rollengestalten zu erforschen, sich die geistigen Grundsätze des Moskauer Künstlertheaters zu eigen zu machen. Er meinte, dass man in eine Rolle nur richtig hineinschlüpfen könne, indem man sich von ihr in Besitz nehmen ließ, seine kreative Fantasie benutzte, „Willen und Gefühl" dazu brachte, „eine andere Person sein zu wollen".

Sein wegweisendes Buch *To the Actor: On the Technique of Acting* wurde für einige Jahre ihre Bibel. Chekhov riet ihr auch, Mabel Elsworths *The Thinking Body* zu lesen, ein eher banales Werk voller Theorien über die Beziehung zwischen Körper, Psyche und Emotionen, das durch seine komplizierte Ausdrucksweise allerdings Marilyns intellektuelle Minderwertigkeitsgefühle nährte.

Als er ihr 1952 erklärte, dass ihm ihre Unpünktlichkeit (siehe LATENESS) Schwierigkeiten bereite, schrieb sie ihm in einem Brief, wie dankbar sie für seine Geduld und Freundschaft sei.

Jahre nachdem Marilyn im Unterricht einmal die Cordelia und Chekhov den König Lear gespielt hatte, sagte sie einem Reporter: „Er gab die großartigste Vorstellung, die ich je gesehen habe. Es war so wunderbar." 1952 schenkte sie ihm einen Stich von ABRAHAM LINCOLN mit der Widmung: „Lincoln war der Mann, den ich zu Schulzeiten am meisten bewundert habe. Heute sind Sie es." 1954 nannte sie ihn den „genialsten Mann, der mir je begegnet ist". Als sie von Chekhovs Tod hörte, bat sie Arthur, mit ihr *Die Brüder Karamasow* zu lesen.

CHEKHOV, XENIA

Marilyn freundete sich auch mit MICHAEL CHEKHOVs Familie an. Sie blieb mit der Witwe ihres Lehrers in Verbindung und unterstützte sie mehrfach finanziell. Kurz nach Michael Chekhovs Tod setzte Marilyn ein Testament (siehe WILL) auf, in dem sie Xenia 10 000 Dollar hinterließ. Später wandelte sie dies in ein Treuhandvermögen um, aus dem Xenia jährlich mindestens 2 500 Dollar erhalten sollte, doch wurde infolge rechtlicher Komplikationen bis zu Xenias Tod 1970 kein Geld ausgezahlt.

CHILDHOOD − **Kindheit**

Obwohl Marilyn ihre Kindheit mitunter düsterer schilderte, als sie war, lässt sie sich beim besten Willen nicht als glücklich beschreiben. Bevor sie zwei Wochen alt war, gab ihre Mutter GLADYS BAKER sie zu einer Pflegefamilie, den BOLENDERs, die 25 Kilometer entfernt wohnten. Erst sieben Jahre später wohnte Norma Jeane kurze Zeit mit ihrer Mutter zusammen, wurde aber dann, nachdem diese in eine Nervenheilanstalt gekommen war, zwischen verschiedenen Pflegefamilien (siehe FOSTER PARENTS) und „Tanten" hin und her geschoben und war eine Weile im Waisenhaus (siehe ORPHANAGE).

All diese Ungewissheit, der Mangel an Liebe, das ständige Gefühl des Unerwünschtseins schlugen sich in extremer Schüchternheit, Stottern und einem regen Fantasieleben

Norma Jeane mit sechs Monaten, 1926.

Norma Jeane mit zwei Jahren am Strand von Santa Monica, 1928.

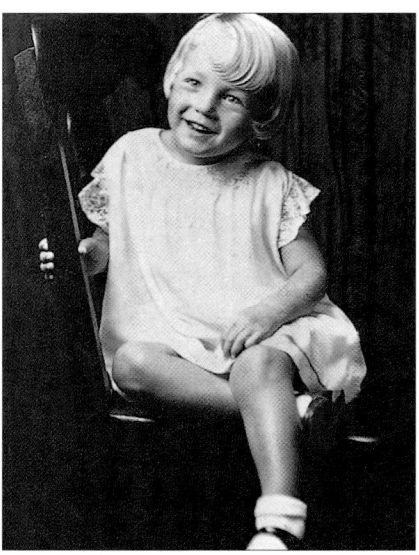

Die dreijährige Norma Jeane Baker, 1929.

nieder. Mit zunehmender körperlicher Reife merkte sie, dass ihr Äußeres ihr die Beachtung verschaffen konnte, die ihr so lange gefehlt hatte. Viele Biografen stellen fest, dass Marilyns spätere Beziehungen oft etwas von Eltern-Kind-Beziehungen hatten, als ob sie bei Elternfiguren – Ehemännern, Schauspiellehrern, Psychoanalytikern – Anerkennung und Bestätigung suchen würde.

CHILDREN – **Kinder**

ARTHUR MILLER:
„Man versteht Marilyn am besten, wenn man sie mit Kindern sieht. Kinder lieben sie; ihre Herangehensweise ans Leben hat die gleiche Einfachheit und Direktheit!"

Marilyn liebte Kinder und scheute keine Mühe, sich mit den Kindern ihrer Bekannten anzufreunden und mit ihnen zu spielen. Schon die frisch verheiratete Norma Jeane, selbst kaum den Kinderschuhen entwachsen,

fütterte und badete die Neffen und Nichten ihres ersten Manns JAMES DOUGHERTY und spielte gerne mit ihnen. Kurz nach Unterzeichnung ihres ersten Filmvertrags vertraute Marilyn ihrer Kollegin Clarice Evans an, dass sie vier Kinder haben wolle, zwei eigene und zwei adoptierte. Später bemühte sie sich sehr um die Kinder vieler wichtiger Menschen in ihrem Leben: FRED KARGERs Kind, JOE DIMAGGIOs Sohn, die Kinder von ARTHUR MILLER, den STRASBERGs und DR. GREENSON.

Lange nach dem Ende ihrer Ehen stand Marilyn noch in Verbindung mit ihren angeheirateten Stiefkindern. 1962 erklärte sie einem Reporter der Zeitschrift *Redbook*, wie außerordentlich wichtig ihr JOE DIMAGGIO JR. und Jane und Robert Miller seien: „Ich bin sehr stolz auf sie. Weil auch sie aus zerrütteten Familien stammen, und ich denke, dass ich sie verstehen kann. Ich habe ihnen immer gesagt, dass ich nicht ihre Mutter oder Stiefmutter oder so was sein wollte … Ich wollte nur ihre Freundin sein … Ich kann es nicht erklären, aber ich glaube, ich liebe sie mehr als irgend jemanden sonst."

Dass ihr eigene Kinder aufgrund medizinischer Probleme (siehe MEDICAL HISTORY) versagt blieben, machte sie sehr traurig. In ihrem letzten Lebensjahr wurde sie gefragt, was sie sich mehr als alles andere wünsche. Marilyn antwortete: „Ich wünsche mir Kinder. Ich hatte immer geplant, für jedes Kind, das ich bekäme, noch eins dazu zu adoptieren." Ihr Maskenbildner und Vertrauter ALLAN SNYDER erinnerte sich: „Sie liebte Kinder so sehr – meine Tochter, anderer Leute Kinder –, sie kümmerte sich um sie alle. Wenn sie ein eigenes gehabt hätte, das sie hätte umsorgen können … hätte ihr das sicher enorm geholfen."

1957 ging Marilyn nach einer Fehlgeburt im Frühstadium der Schwangerschaft oft in einen kleinen Park in der Nähe ihrer New Yorker Wohnung, setzte sich auf eine Bank und sah den Kindern beim Spielen zu. Mit einer der Mütter, einer jungen Israeli namens Dalia Leeds, freundete sie sich näher an und fragte sie über alles aus, was mit Schwangerschaft und Mutterschaft zu tun hatte. Dalia Leeds fand sie „nicht glamourös, sondern einfach eine ganz normale Frau, die schüchtern, neugierig und einsam war". Sie spielte auch mit den Kindern; die schwärmten für sie, und

die Mütter freuten sich an ihrer Gesellschaft und ihrem Interesse – auch nachdem sie wussten, wer die Frau mit Kopftuch und der dunklen Brille war.

Marilyn hinterließ zwar keinen eigenen Nachwuchs, aber doch ein Vermächtnis für Kinder: Von dem Geld, das sie ihrer Psychoanalytikerin DR. KRIS vererbte, wurde in London das Monroe Young Family Centre gegründet.

Marilyn soll mindestens drei Personen (ROBERT SLATZER, JEANNE CARMEN und AMY GREENE) erzählt haben, dass sie als Teenager, kurz vor oder nach ihrer Heirat mit Jim Dougherty, ein Kind bekommen habe, aber gezwungen worden sei, es zur Adoption freizugeben. Amy Greene zufolge sah Marilyn ihre spätere Kinderlosigkeit als Bestrafung für diesen früheren Fehler. Marilyns New Yorker Hausangestellte LENA PEPITONE behauptet in ihrem Buch, Norma Jeane sei als Teenager Mutter geworden, nachdem sie von einem nicht genannten Pflegevater vergewaltigt worden sei.

Im Laufe der Jahre haben einige behauptet, Marilyns lange verlorenes Kind zu sein. 1986 teilte eine Frau namens Nancy Green dem Anwalt LAWRENCE CUSACK mit, sie sei Marilyns Tochter, und ließ ihren Nachnamen später in Miracle ändern. Cusack sagte, er habe Green damals als Schwindlerin abgetan. Eine Frau namens Janet Raymond gab an, Marilyn habe sie 1952 während ihres Krankenhausaufenthalts unter dem Vorwand einer angeblichen Blinddarmoperation geboren. Es ist sehr unwahrscheinlich, dass Marilyn in ihren Jahren als Starlet eine Schwangerschaft riskiert hätte – ihr Vertrag mit TWENTIETH CENTURY-FOX wäre sofort storniert worden. Behauptungen, sie hätte ein Kind bekommen, nachdem sie zu Ruhm gelangt war, haben sich nie bestätigt.

Unterstellungen, Marilyn habe noch zwei Wochen vor ihrem Tod eine Abtreibung vornehmen lassen, sind ebenso unbewiesen und scheinen angesichts ihres sehnsüchtigen Kinderwunschs äußerst unglaubwürdig.

CHRISTIAN SCIENCE

„Tante" ANA LOWER führte Norma Jeane in die Christian Science Church von Sherman Oaks ein. Bis zu ihrem Einstieg ins Filmgeschäft in den späten 1940er-Jahren wurde sie – wie schon ihr Idol JEAN HARLOW – im Glauben der Christian Science erzogen. Die Christian Science Church hatte 1938 in Amerika rund 270 000 Mitglieder.

Die Lehre der Christian Science wurde 1879 von Mary Baker Eddy begründet, deren Glaube, dass Gott der liebende und allmächtige Vater aller Menschen sei, sie bewegte, das Böse und das Leiden als grundlegende Gegebenheiten des menschlichen Lebens in Frage zu stellen. Ihr Ziel ist es, den unwirklichen materiellen Körper durch Gebet und Kontemplation in vollkommene Harmonie mit der wahren geistigen Beschaffenheit des Menschen zu bringen. Die Gläubigen können sich in ihren Gebeten von Heilern ihrer Kirche helfen lassen. Lower, bei der die Norma Jeane von 1938 bis 1946 ab und an lebte, war eine solche Heilerin.

Die Christian Science leugnet die Realität der Sinneswahrnehmungen. Menschen sündigen, leiden und sterben nicht, sondern erliegen nur krankhaften Täuschungen wie dem „bösartigen animalischen Magnetismus"

– ein Begriff für böses Denken, das nur real erscheint, weil man ihm irrigerweise Glauben schenkt. Dazu kommt die Überzeugung, dass Krankheiten und Sünde nicht durch Medizin, sondern durch frommes Denken, geistiges Heilen und Befolgen von Mrs. Eddys Bibelkommentaren besiegbar sind.

Norma Jeane blieb auch während ihrer Ehe mit JAMES DOUGHERTY eine Anhängerin der Christian Science. Noch bei ihren ersten Engagements als Model las Marilyn in den Essenspausen in ihrem Gebetbuch.

CHRONOLOGY – **Zeittafel**

Hier sind einige wichtige Ereignisse in Marilyns Leben aufgelistet (die angegebenen Daten wurden von den meisten Biografen genannt).

1926
1. Juni	Geburt (siehe BIRTH) im Los Angeles General HOSPITAL
13. Juni	Unterbringung bei der Pflegefamilie BOLENDER

1933
Herbst	Mutter GLADYS BAKER nimmt Norma Jeane zu sich

1934
Feb.	Gladys Baker wird in eine Anstalt eingewiesen

1935
1. Juni	GRACE McKEE GODDARD wird ihr Vormund
13. Sept.	Norma Jeane kommt ins Waisenhaus

1937
26. Juni	Goddard holt sie aus dem Waisenhaus

1938
Nov.	Umzug zu „Tante" ANA LOWER

1942
19. Juni	Heirat mit JAMES DOUGHERTY

1944
April	Norma Jeane findet Arbeit in der RADIO PLANE MUNITIONS FACTORY

1946
26. April	Erster Titel einer überregionalen Zeitschrift (siehe MAGAZINE), bei Family Circle
26. Juni	Fotografiert von DAVID CONOVER für das Magazin Yank
19. Juli	Erste Probeaufnahme (siehe SCREEN TEST) für TWENTIETH CENTURY-FOX
23. Juli	Erster sechsmonatiger Filmvertrag, verlängert im Januar
29. Juli	Zum ersten Mal in einer Klatschkolumne erwähnt (von H. HOPPER)
2. Aug.	Bewerbung bei der BLUE BOOK MODELING AGENCY
13. Sept.	Scheidung (siehe DIVORCE) von James Dougherty

1947
25. Aug.	Fox-Vertrag nicht verlängert

1948
Feb.	Bekanntschaft mit Filmboss JOSEPH M. SCHENCK
9. März	Vertrag mit COLUMBIA PICTURES

8. Sept.	Von Columbia fallen gelassen
31. Dez.	Lernt den Agenten JOHNNY HYDE kennen, der sie fördert

1949
27. Mai	Kalender-Aktfotos (siehe CALENDAR), fotografiert von TOM KELLEY
24. Juli	Erstes Interview mit EARL WILSON
15. Aug.	Drehbeginn A TICKET TO TOMAHAWK
Okt.	MGM-Vertrag: THE ASPHALT JUNGLE

1950
5. Jan.	Drehbeginn THE FIREBALL
April	Rolle in ALL ABOUT EVE
18. Dez.	Tod von Johnny Hyde

1951
29. März	Überreicht einen Oscar bei der ACADEMY AWARDS-Verleihung
18. April	Drehbeginn LOVE NEST
11. Mai	Fox-Vertrag über sieben Jahre
8. Sept.	Langer Artikel in Collier's

1952
März	Erstes Rendezvous mit JOE DiMAGGIO
13. März	Nacktfotogeschichte wird bekannt
7. April	Life-Titel, Foto von PHILIPPE HALSMAN
1. Juni	Erfährt an ihrem Geburtstag, dass sie in GENTLEMEN PREFER BLONDES spielen soll
31. Aug.	Radio-Live-Debüt
2. Sept.	Grand Marshal bei MISS AMERICA

1953
21. Jan.	NIAGARA-Drehbeginn
9. März	PHOTOPLAY-Preis
26. Juni	Abdrücke mit JANE RUSSELL vor GRAUMAN'S CHINESE THEATER
13. Sept.	Erster Fernsehauftritt, in der JACK BENNY-Show
4. Nov.	Premiere HOW TO MARRY A MILLIONAIRE
15. Dez.	Kommt nicht zum ersten Drehtag von Girl in Pink Tights

1954
4. Jan.	Von Fox suspendiert
14. Jan.	Heirat mit Joe DiMaggio
2. Feb.	Fans erwarten das Paar auf Flitterwochen (siehe HONEYMOON) in Tokio
16. Feb.	Beginn der Tournee bei den Truppen in KOREA
15. Sept.	Szene mit dem hochwirbelnden Kleid für THE SEVEN YEAR ITCH
5. Okt.	Trennung von Joe DiMaggio
27. Okt.	Erste Scheidungsverhandlung
5. Nov.	Joe and FRANK SINATRA brechen die falsche Tür auf, „WRONG DOOR RAID"
6. Nov.	Agent CHARLES FELDMAN gibt für Marilyn eine Party bei Romanoff's

1955
7. Jan.	Bekanntgabe der Gründung der MARILYN MONROE PRODUCTIONS
15. Jan.	Fox suspendiert Marilyn erneut
Feb.	Aufnahme des Unterrichts bei LEE STRASBERG
31. März	Ritt auf einem rosa Elefanten für einen guten Zweck im MADISON SQUARE GARDEN
8. April	Live-Interview mit EDWARD R. MURROW
1. Juni	Premiere The Seven Year Itch
31. Okt.	Scheidung von Joe DiMaggio

1956
4. Jan.	Bekanntgabe der Aussöhnung von Fox und Marilyn
9. Feb.	Pressekonferenz mit LAURENCE OLIVIER zu ihrem gemeinsamen Projekt THE PRINCE AND THE SHOWGIRL

17. Feb.	Spielt im ACTORS STUDIO eine Szene aus ANNA CHRISTIE
25. Feb.	Rückkehr nach Hollywood nach einjähriger Abwesenheit
3. Mai	Drehbeginn BUS STOP
29. Juni	Standesamtliche Heirat mit ARTHUR MILLER
1. Juli	Jüdische Trauungszeremonie
14. Juli	Ankunft in London zum Drehbeginn von The Prince and the Showgirl
Aug.	Fehlgeburt
29. Okt.	Vorstellung bei der Königin VON ENGLAND, ELIZABETH II.
20. Nov.	Rückkehr in die USA
18. Dez.	Radiosendung aus dem WALDORF-ASTORIA HOTEL

1957
13. Juni	Premiere The Prince and the Showgirl
1. Aug.	Abbruch einer Bauchhöhlenschwangerschaft

1958
4. Aug.	Drehbeginn SOME LIKE IT HOT
6. Nov.	Ende der Dreharbeiten von Some Like It Hot
17. Dez.	Neuerliche Fehlgeburt

1959
29. März	Premiere Some Like It Hot
13. Mai	Erhält den höchsten italienischen Filmpreis, den DAVID DI DONATELLO

1960
8. März	Erhält den GOLDEN GLOBE AWARD als Beste Schauspielerin in einer Komödie für Some Like It Hot
Juni	Beginn der täglichen Sitzungen bei dem Psychoanalytiker DR. GREENSON
18. Juli	Drehbeginn THE MISFITS
26. Aug.	Fliegt nach einem Nervenzusammenbruch während der Dreharbeiten nach Los Angeles
11. Nov.	Ankündigung der bevorstehenden Scheidung von Arthur Miller
16. Nov.	CLARK GABLE stirbt an einem Herzinfarkt

1961
20. Jan.	Scheidung von Arthur Miller in Mexiko
31. Jan.	Premiere The Misfits
7. Feb.	Aufnahme in die Psychiatrische Klinik des New York Hospital
11. Feb.	Joe DiMaggio veranlasst Verlegung ins Columbia Presbyterian Hospital
5. März	Entlassung aus dem Columbia Presbyterian Hospital
Okt.	Treffen mit ROBERT KENNEDY in PETER LAWFORDS Strandhaus
19. Nov.	Zu Gast in Peter Lawfords Strandhaus mit Präsident JOHN F. KENNEDY

1962
Feb.	Umzug in ihr neu erworbenes Haus (siehe HOME) in Brentwood in Los Angeles
1. Feb.	Ehrendinner für Robert Kennedy
5. März	Golden Globe als Beliebteste Filmschauspielerin der Welt
24. März	Marilyn und JFK verbringen ein gemeinsames Wochenende in PALM SPRINGS
23. April	Drehbeginn SOMETHING'S GOT TO GIVE
19. Mai	Auftritt mit „Happy Birthday" für Präsident Kennedy im Madison Square Garden
28. Mai	Nacktszene am Pool für Something's Got to Give

1. Juni	Letzter Arbeitstag bei Fox und letzter öffentlicher Auftrit
7. Juni	Fox entlässt Marilyn wegen Vertragsbruchs
23. Juni	BERT STERN beginnt mit der ersten von drei Foto-Sessions für *Vogue*, „The Last Sitting"
28. Juni	Wiederaufnahme der Verhandlungen mit Fox über Weiterarbeit an *Something's Got to Give*
29. Juni	GEORGE BARRIS fotografiert Marilyn drei Tage lang für *Cosmopolitan*
4. Juli	Beginn ihres letzten Interviews, mit RICHARD MERYMAN
12. Juli	Treffen mit den Fox-Chefs
20. Juli	Aufnahme ins Cedars of Lebanon Hospital wegen Endometriose – oder, wie Verschwörungstheorien besagen, zur Abtreibung
28. Juli	Wochenende im CAL-NEVA LODGE
1. Aug.	Neuer Fox-Vertrag mit verdoppelter Gage und Vereinbarung zur Weiterarbeit an *Something's Got to Give*
3. Aug.	Letzter *Life*-Titel
4. Aug.	Marilyns letzter Lebenstag (siehe LAST DAY ALIVE). Sechsstündige Sitzung mit Dr. Ralph Greenson
5. Aug.	Die Polizei (SIEHE POLICE) wird zu Marilyns Haus gerufen, eine Obduktion wird vorgenommen
8. Aug.	Beerdigung auf dem WESTWOOD MEMORIAL PARK CEMETERY

CHRUSCHTSCHOW, NIKITA
(1894–1971)

Marilyn begegnete dem sowjetischen Regierungschef am 19. September 1959, als er im Rahmen seiner Amerikarundreise auch die TWENTIETH CENTURY-FOX besuchte. Sie flog dafür eigens von New York ein und erschien trotz des üblichen Schmink- und Frisieraufwands ausnahmsweise überpünktlich im Studio, wo für die sowjetische Delegation und zahlreiche Hollywood-Größen ein Mittagessen in den Kulissen von *Can-Can* veranstaltet wurde.

Bei der Vorstellung drückte Chruschtschow ihr die Hand und teilte ihr per Dolmetscher mit, sie sei eine sehr hübsche junge Dame. Marilyn begrüßte ihn auf Russisch, brachte ihre Hoffnung auf weltweiten Frieden und verbesserte Beziehungen zwischen den Großmächten zum Ausdruck und übermittelte Grüße ihres Mannes ARTHUR MILLER.

Später soll sie ihrer New Yorker Hausangestellten LENA PEPITONE berichtet haben, dass Chruschtschow „fett und hässlich war, Warzen im Gesicht hatte und knurrte".

Beim Essen erzählte SPYROS SKOURAS Chruschtschow, wie er in Amerika vom mittellosen Einwanderer zum Präsidenten eines mächtigen Filmstudios aufgestiegen sei. Chruschtschow gab zurück, er habe es vom Sohn eines armen Grubenarbeiters zum Oberhaupt der gesamten Sowjetunion gebracht. Arthur Miller schrieb in seiner Autobiografie: „Marilyn hielt das für eine fantastische Antwort; Chruschtschow war wie sie ein Außenseiter."

Chruschtschow soll einmal gesagt haben, Amerika ließe sich charakterisieren als: Baseball, Coca Cola und Marilyn Monroe.

Robert Ryan (links) und Keith Andes (rechts) mit Marilyn in *Clash by Night* (1952).

CINEMATOGRAPHY — **Kamera**

In Marilyns Leben spielte die Kamera eine bedeutende Rolle. Ein Teil der komplizierten Verhandlungen über einen neuen Vertrag mit Fox im Jahre 1955 drehte sich um ihr Beharren auf einem Vetorecht in Bezug auf die Wahl von Kameramann und Regisseur. Vier Kameramänner standen auf ihrer Wunschliste: Harry Stradling, Harold Rosson, James Wong Howe und MILTON KRASNER.

KAMERAMÄNNER VON MARILYNS FILMEN

Lloyd Ahern: *Love Nest* (1951), *O'Henry's Full House* (1952)

Lucien Andriot: *Hometown Story* (1951)

Lucien Ballard: *Let's Make It Legal* (1951), *Don't Bother to Knock* (1952)

Norbert Brodine: *Right Cross* (1950)

Jack Cardiff: *The Prince and the Showgirl* (1957)

William Daniels: *Something's Got to Give* (1962)

Daniel L. Fapp: *Let's Make Love* (1960)

Harry Jackson: *A Ticket to Tomahawk* (1950)

Benjamin Kline: *Dangerous Years* (1947)

Milton Krasner: *All About Eve* (1950), *Monkey Business* (1952), *The Seven Year Itch* (1955), *Bus Stop* (1956)

Charles Lang Jr.: *Some Like It Hot* (1959), *Something's Got to Give* (1962)

Joseph La Shelle: *River of No Return* (1954)

Joe MacDonald: *As Young As You Feel* (1951), *Niagara* (1953), *How to Marry a Millionaire* (1953)

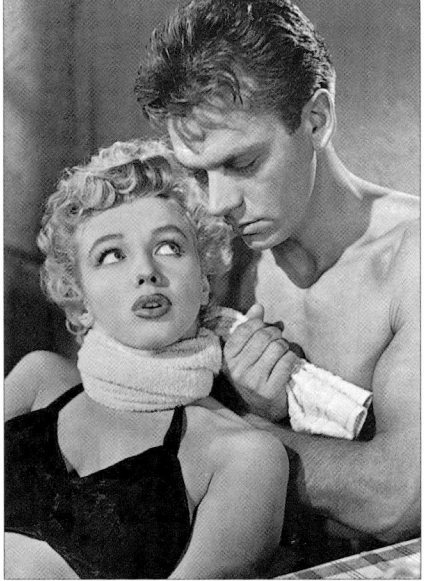
Keith Andes mit Marilyn in *Clash by Night* (1952).

William C. Mellor: *Love Happy* (1950)

Russell Metty: *The Misfits* (1961)

Nicholas Musuraca: *Clash by Night* (1952)

Ernest Palmer: *Scudda Hoo! Scudda Hay!* (1948)

Franz Planer: *Something's Got to Give* (1962)

Frank Redman: *Ladies of the Chorus* (1948)

Harold Rosson: *The Asphalt Jungle* (1950)

Leon Shamroy: *There's No Business Like Show Business* (1954)

Leo Tover: *We're Not Married* (1952), *Something's Got to Give* (1962)

Lester White: *The Fireball* (1950)

Harry J. Wild: *Gentlemen Prefer Blondes* (1953)

CLASH BY NIGHT (1952) — **Vor dem neuen Tag**

Für ihren 13. Film wurde Marilyn von der Fox an RKO ausgeliehen. SIDNEY SKOLSKY soll den Produzenten JERRY WALD überredet haben, Marilyn eine Rolle in diesem Drama nach einem Bühnenstück von CLIFFORD ODETS zu geben, das Marilyn Jahre zuvor im Schauspielunterricht beim ACTORS LAB gelesen hatte. Hier bekam sie erstmals die Chance, schauspielerisches Können zu zeigen, über ihre bisherigen Rollen als Sekretärin oder dekorative Blondine hinauszuwachsen. Um alles aus der Rolle herauszuholen, bestand sie darauf, ihre Schauspiellehrerin NATASHA LYTESS ans Set mitzubringen.

Die Außenaufnahmen wurden in Monterey in Kalifornien gedreht. Insgesamt wurden die Dreharbeiten für Marilyn ebenso wie für Regisseur FRITZ LANG zur Qual. Marilyn war so nervös, dass sie sich vor ihren Szenen übergab und rote Flecken auf Händen und Gesicht bekam. Selbst wenn Regisseur Lang mit einer Szene zufrieden war, fand Marilyn oft, sie könne sie noch besser spielen. Ihr Perfektionsdrang, ihr Verlangen, alles zu geben, erstreckten sich sogar auf Kostüme und Requisiten. Garderobenbetreuerin MARJORIE PLECHER erinnerte sich: „Sie fand den Verlobungsring, den man ihr gegeben hatte, nicht richtig für die Rolle, aber meiner gefiel ihr, also trug sie den im Film."

Lang ärgerte sich über den Wirbel um diese kleine Nebendarstellerin und die Anwesenheit ihrer Schauspiellehrerin, die seine Regieanweisungen kritisierte. Er soll gesagt haben: „Ich möchte nicht, dass jemand hinter meinem Rücken Regie führt. Ich will diese Lytess bei meinen Dreharbeiten nicht haben." Marilyn setzte sich jedoch durch, man fand einen Kompromiss, und die Dreharbeiten gingen weiter.

An einem Drehtag im RKO-Studio versuchte Marilyn, das benachbarte Waisenhaus (siehe ORPHANAGE) zu finden, in dem sie als Kind eineinhalb Jahre verbracht hatte. In seiner Werbung für den Film machte das Studio viel Aufhebens darum, wie die kleine Waise einst sehnsüchtig auf den Turm des Studios geblickt und von einer aufregenden Zukunft geträumt habe. Der zu der Zeit aufgedeckte Skandal um Marilyns Kalender-Nackfotos (siehe CALENDAR) machte dann jedoch weit größere Schlagzeilen.

Clash by Night wurde von Harriet Parsons produziert, deren Schwester Louella eine tonangebende Hollywood-Kolumnistin und eine von Marilyns wichtigsten Verbündeten bei der Presse (siehe PRESS) war.

Produktionsdaten:

Wald-Krasna Productions, RKO Radio Pictures
schwarz-weiß
Länge: 105 Minuten
Kinostart: 18. Juni 1952

Crew:

Regie: Fritz Lang
Produktion: Harriet Parsons
Drehbuch: Alfred Hayes
Vorlage (Bühnenstück): Clifford Odets
Kamera: Nicholas Musuraca
Schnitt: George J. Amy
Musik: Roy Webb
Musikalische Leitung: C. Bakaleinikoff
Art Direction: Carroll Clark, Albert S. D'Agostino

Ausstattung: Jack Mills, Darrell Silvera
Kostüme: Michael Woulfe
Maskenbild: Mel Berns
Frisuren: Larry Germain
Spezialeffekte: Harold E. Wellman
Ton: Clem Portman, Jean L. Speak
Songwriter von „I Hear a Rhapsody":
Jack Baker, Joe Gasparre

Besetzung:

Barbara Stanwyck … Mae Doyle D'Amato
Paul Douglas … Jerry D'Amato
Robert Ryan … Earl Pfeiffer
Marilyn Monroe … Peggy
J. Carrol Naish … Onkel Vince
Keith Andes … Joe Doyle
Silvio Minciotti … Papa D'Amato
Diane Stewart … Baby
Deborah Stewart … Baby
Roy D'Armour … Mann
Gilbert Frye … Mann
Nancy Duke … Gast
Sally Yarnell … Gast
Irene Crosby … Gast
Helen Hansen … Gast
Dan Bernaducci … Gast
Dick Coe … Gast
Al Cavens … Gast
Julius Tannen … Kellner
William Bailey … Kellner
Bert Stevens … Barkeeper
Mario Siletti … Barkeeper
Bill Slack … Kunde
Art Dupuis … Kunde
Frank Kreig … Künstler
Tony Dante … Fischer

Werbeslogan:

„Livin' in my house! Lovin' another man! Is that what you call bein' honest? That's just givin' it a nice name!"
(„In meinem Haus wohnen und einen anderen Mann lieben! Nennst du das ehrlich? Das ist doch bloß Schönrederei!")

Handlung:

Mae Doyle (Barbara Stanwyck) kehrt nach vielen Jahren in ihren Heimatort zurück. Ihr Bruder Joe (Keith Andes), der die Fischfabrikarbeiterin Peggy (Marilyn) liebt, ist darüber nicht allzu glücklich.

Mae heiratet den bodenständigen, redlichen Fischer Jerry (Paul Douglas) und bekommt ein Kind von ihm. Doch dann lässt sie sich mit seinem Freund, dem Filmvorführer Earl (Robert Ryan), ein und beschließt, ihren Mann zu verlassen. Jerry kann nicht glauben, dass seine Frau ihn hintergangen hat, doch als sie ihm alles beichtet, spürt er Earl auf und ist nahe daran, ihn umzubringen.

Dann nimmt er das Baby mit auf sein Boot und steuert aufs offene Meer hinaus. Earl will Mae überreden, mit ihm die Stadt zu verlassen und das Baby zu vergessen; Mae erkennt, dass Earl nur an sich denkt und dass ihr Platz bei Jerry ist, dem Mann, den sie liebt. Sie fleht ihn an, sie zurückzunehmen, er lässt sich erweichen, und die Familie ist wieder vereint.

Kritiken:

Variety
„Obwohl in der Werbung groß herausgestellt, spielt Marilyn Monroe hier nur eine kleinere Rolle, doch gelingt es ihr in ein oder zwei Szenen, mehr als nur blond und sexy zu sein, der Film hätte mehr von ihr vertragen können."

New York Post
„Marilyn Monroe, diese hinreißende blonde Badenixe (in Jeans), ist eine echte schauspielerische Bedrohung für die Leinwandblondinen der Saison. Miss Stanwyck sieht bemerkenswert jugendlich aus – allerdings nicht neben der bezaubernden Miss Monroe."

New York Daily News
„*Clash by Night*, von Harriet Parsons für die Wald-Krasna-Sektion der RKO produziert, ist ein eindringlicher, dramatischer Film, der sich um ein Familienproblem dreht … Marilyn Monroe, Hollywoods neue blonde Sexbombe, schafft es, auch in Blue Jeans verlockend auszusehen. Sie spielt die Nebenrolle der Fischfabrikarbeiterin Peggy mit völliger Sicherheit, und sie und der junge Andes drücken dem Film auch gegen die starke Konkurrenz der drei Hauptdarsteller ihren Stempel auf."

Time
„In einer Nebenrolle wäre da auch noch die wohlgeformte Marilyn Monroe als Arbeiterin einer Fischfabrik, die in einer Abfolge von Hosen, Badeanzügen und Pullis herumhüpft."

New York World Telegram and Sun
„Bevor wir hier näher auf *Clash by Night* eingehen, sollten wir vielleicht erwähnen, dass uns dieser Film den ersten abendfüllenden Eindruck von Marilyn Monroe als Schauspielerin verschafft. Das Resultat ist erfreulich positiv. Sie ist von erfrischendem Überschwang und jungmädchenhaftem Temperament, zugleich aber auch eine eindringliche Schauspielerin, als es zur Krise kommt. Sie erweist sich hier endgültig als begabter neuer Star und all des überspitzten Presserummels würdig. Ihre Rolle ist nicht sehr groß, aber sie spielt sich damit in den Vordergrund."

The New Yorker
„*Clash by Night* erlaubt uns auch einen kurzen Blick auf Marilyn Monroe und Keith Andes, die ein Liebespaar darstellen. Beide sehen sehr gut aus, doch keiner der beiden kann spielen."

CLEMMONS, SERGEANT JACK

Als diensthabender Leiter der Polizeiwache von West Los Angeles erschien Sergeant Clemmons nach Marilyns Tod (siehe DEATH) als erster Polizeibeamter am Ort des Geschehens. Zehn Minuten nach dem Anruf von Dr. Engelberg am 5. August um 4:25 Uhr, Marilyn Monroe habe Selbstmord begangen, war er zur Stelle.

Er fand Marilyn in ihrem Haus leblos auf dem Bauch liegend unter einem Bettlaken. EUNICE MURRAY berichtete zunächst, die Leiche sei um Mitternacht entdeckt worden. Als er fragte, warum man die Polizei erst so spät benachrichtigt habe, sagte DR. GREENSON, sie hätten die Genehmigung der Filmgesellschaft einholen müssen, bevor sie Dritte informierten. Clemmons wurde nach einer halben Stunde von einem ranghöheren Beamten abgelöst und rief dann, FRED LAWRENCE GUILES zufolge, seinen Kollegen JIM DOUGHERTY, Marilyns ersten Mann, an, um ihn zu informieren.

Clemmons hat erklärt, dass Marilyn seiner Ansicht nach mindestens acht Stunden vor dem Anruf bei der Polizei starb. Er behauptete schon vor langer Zeit, dass Marilyn ermordet wurde, und verlangte eine offizielle Er-

Montgomery Clift und Marilyn in *The Misfits* (1960).

mittlung. Als Mitglied einer rechts gerichteten Polizeiorganisation unterstützte er FRANK A. CAPELL bei den Recherchen zu dessen Buch, das ROBERT KENNEDY und eine kommunistische Verschwörung hinter Marilyns Tod vermutet.

CLIFT, MONTGOMERY (1920–1966)

CLIFT ÜBER MARILYN:

„Marilyn war unglaublich als Schauspielkollegin … die fabelhafteste, mit der ich je gearbeitet habe, und ich arbeite seit 29 Jahren in diesem Geschäft."

„Ich habe das gleiche Problem wie Marilyn. Wir ziehen Menschen an wie der Honig die Bienen, aber meist die falsche Sorte … Menschen, die etwas von uns wollen – und sei es nur unsere Energie. Wir brauchen eine Zeit des Alleinseins, um wir selbst zu werden."

MARILYN ÜBER CLIFT:

„Er ist der einzige Mensch, den ich kenne, der in noch schlechterer Verfassung ist als ich."

FRANK TAYLOR ÜBER BEIDE:

„Monty und Marilyn waren geistige Zwillinge. Sie hatten dieselbe Wellenlänge. Sie erkannten das Verhängnis im Gesicht des anderen und kicherten darüber."

Neben MARLON BRANDO und James Dean war Montgomery Clift in den 1950er-Jahren der eindrucksvollste männliche Newcomer Hollywoods. Clift, der aus einer reichen Familie kam, gab sein Broadway-Debüt mit fünfzehn, doch seine erste Filmrolle bekam er erst 13 Jahre später – in HOWARD HAWKS' *Red River* (1948) an der Seite von John Wayne. Danach spielte er eine Reihe von Hauptrollen als gequälter Außenseiter in Filmen wie *A Place in the Sun – Ein Platz an der Sonne* (1951), *From Here to Eternity – Verdammt in alle Ewigkeit* (1953) und THE MISFITS (1961). Clift wurde viermal für einen Oscar nominiert.

Ein schwerer Autounfall 1956 hinterließ Narben im Gesicht des sehr gut aussehenden

Schauspielers und machte kosmetische Operationen erforderlich. Von da an „begrub er sein Leben und seine Karriere unter einer Lawine von Alkohol, Pillen und unerklärlichen Seelenqualen", schrieb seine Biografin Patricia Bosworth. Seine Homosexualität, deren öffentliches Bekenntnis zu dieser Zeit eine Ausnahme war, bereitete ihm in seinem beruflichen Umfeld Schwierigkeiten. Clark Gable soll ihm am Set von *The Misfits* mit offener Homophobie begegnet sein, eine der homosexuell gefärbten Hauptrollen in Hitchcocks *The Rope – Cocktail für eine Leiche* (1948) soll er aus Angst um sein Image abgelehnt haben.

ARTHUR MILLER und JOHN HUSTON waren sich einig, dass Clift ideal für die Rolle des rastlosen Rodeoreiters Perce Howland in *The Misfits* sei, hätten ihn aber fast nicht bekommen, weil ihn aufgrund seiner Vorgeschichte als unberechenbarer Alkoholiker niemand versichern wollte. Doch auf Millers und Hustons Beharren hin bekam er die Rolle und lieferte nicht nur eine gute Leistung, sondern erwies sich mit seiner Zuverlässigkeit als eine der wenigen stabilen Stützen einer Produktion, die von einem Problem zum nächsten schlingerte.

Das Clifton Motel.

Als Marilyn und Monty gemeinsam *The Misfits* drehten, waren sie schon viele Jahre gut befreundet. Während Marilyn in New York lebte, trafen sie sich regelmäßig und tranken in ihrer Wohnung zusammen Wodka. Ihre Freundschaft überlebte auch eine Meinungsverschiedenheit über LEE STRASBERG, den Clift für einen Scharlatan hielt. Marilyns Hausangestellte LENA PEPITONE behauptet, Marilyn habe einmal erfolglos versucht, Clift zu verführen.

CLIFTON MOTEL
PASO ROBLES, KALIFORNIEN

Im Januar 1954 verbrachten Marilyn und JOE DIMAGGIO den Anfang ihrer Flitterwochen (siehe HONEYMOON) in diesem äußerst bescheidenen Motel. Ihr Plan, inkognito zu bleiben, funktionierte bestens: Nicht einmal der Motelbesitzer Ernest Sharp erkannte sie. Dennoch wussten die Zeitungen nachher zu berichten, sie hätten ihr Zimmer 15 Stunden nicht verlassen und das Zimmer habe auf DiMaggios Wunsch einen Fernseher gehabt. Seither ziert dieses Zimmer eine Tafel mit der Aufschrift: „Joe and Marilyn slept here" (Joe und Marilyn schliefen hier).

CLOTHES – Kleidung

Marilyn ließ sich von führenden Modedesignern (siehe FASHION DESIGNERS) einkleiden, doch selbst in Pulli und Hose konnte sie sehr sinnlich wirken. Im Hinblick auf ihre Arbeitskleidung in der RADIO PLANE MUNITIONS FACTORY sagte sie: „Ein Mädchen in einen Overall stecken ist so, als ließe man sie in Strumpfhosen arbeiten, … wenn sie ihn zu tragen versteht."

In ihren frühen Jahren trug Marilyn, was sie finden konnte – meist aus dem Kostümfundus des Studios. HENRY HATHAWAY, der Regisseur von NIAGARA (1953), wollte, dass sie ihre Rolle in ihren eigenen Sachen spielte. Marilyn ließ ihn sich in ihrem Zimmer davon überzeugen, dass sie keine hatte.

Wenn sie zu Hause war, kleidete sich Marilyn schlicht und bequem. Sie konnte ohne weiteres den ganzen Tag in ihrem weißen Frotteebademantel verbringen. Einige Journalisten, die Marilyn zu Hause interviewten, fanden sich am Fußende ihres Bettes sitzend, während Marilyn sich im Bademantel lümmelte. Ansonsten entspannte sie sich oft in Bluse oder Pulli, Hosen und bequemen Halbschuhen oder Mokassins.

Für Besorgungen verließ sie die Wohnung in New York in Pulli, schwarzem Teddy-Mantel oder Cape und Kopftuch. Im Winter trug sie meist Pelzmäntel: Man sah sie u. a. in einem langen schwarzen und einem saphirblauen Nerz; nach ihrem Tod fand sich unter ihren Habseligkeiten ein 25 000 Dollar teurer weißer Hermelinmantel.

Bei den Farben schöpfte Marilyn aus dem Vollen. Das erste Abendkleid, das sie von ihrem eigenen Geld kaufte, war knallrot und tief ausgeschnitten. Auch später und in vielen Filmen trug sie Rot, das ihr blendend stand.

Auch Lila und Grün trug sie gern. Schwarz war ihre erste Wahl für ernstere Anlässe. Manchmal kleidete sich Marilyn auch betont sittsam, so etwa in grauem Rock und schwarzer Bluse zu ihrer ersten Begegnung mit ARTHUR MILLERs Eltern.

WAS MARILYN GETRAGEN HAT

1941
Zu ihrer ersten Verabredung mit Jim Dougherty borgte Norma Jeane ein rotes seidenes Partykleid von ihrer Freundin Beebe Goddard.

1943
Während ihrer Zeit auf Catalina Island, wo Jim Dougherty seine Marine-Ausbildung absolvierte, erregte Norma Jeane eine Menge Aufmerksamkeit in knappen Pullis, engen Röcken, weißen Shorts, weißen Blusen und mit Bändern im Haar. Jim war nicht sonderlich begeistert.

1945
Zu ihrem Vorstellungstermin bei der Blue Book Modeling Agency trug Norma Jeane ein weißes Haifischhautkleid mit orangefarbener Passe und weiße Wildlederschuhe.

1947
Als John Carrolls Caddie bei einem Prominenten-Golfturnier trug sie einen Badeanzug und Schuhe mit Plateausohlen.

1949
PR-Tour für *Love Happy*: Marilyn traf im marineblauen Kostüm mit blauer Bluse und Barett in New York ein. Die drei mitgebrachten Wollkostüme waren für die Hitze so ungeeignet, dass sie umgehend losging, um sich ein tief dekolletiertes blaues Tupfenkleid mit rotem Samtgürtel zu kaufen.

1950
Eines von Marilyns Lieblings-Strickkleidern ist in drei von ihren Filmen zu bewundern *(All About Eve, The Fireball* und *Hometown Story)*.

1951
Marilyn erschien im schulterfreien lavendelfarbenen Kleid, um einen Oscar zu überreichen.
Als PR-Gag wollte die Twentieth Century-Fox der Welt beweisen, dass Marilyn in jedem Outfit sexy sei, und ließ sie in einem Idaho-Kartoffelsack fotografieren.

1952
Zur ersten Verabredung mit Joe DiMaggio trug Marilyn ein blaues Kostüm und eine tief ausgeschnittene weiße Bluse aus Shantungseide.
Als Grand Marshall der Miss-America-Wahl begeisterte Marilyn die jubelnde Menge in einem bis zum Nabel ausgeschnittenen schwarzen Kleid.

1953
Zur Entgegennahme der Photoplay-Auszeichnung als „Fastest Rising Star" ließ sich Marilyn in ein Goldlamékleid einnähen – ein Travilla-Modell, das so gewagt war, dass es nur ganz kurz in *Gentlemen Prefer Blondes* zu sehen ist. Angeblich platzten die Nähte während der Veranstaltung und mussten behelfsmäßig geflickt werden. Ein Journalist sagte, das Kleid hätte „wie aufgemalt" gewirkt.

1954
Zur Entgegennahme des Golden Globe kam Marilyn im rotsamtenen Abendkleid.
Zur Trauung mit Joe DiMaggio erschien sie im dunkelbraunen Kostüm mit Hermelinkragen.
Auf dem Flitterwochenflug mit Joe nach Tokio trug Marilyn ein schwarzes Kostüm mit Leoparden-Stehkragen und einen Nerzmantel.
In Korea wurde Marilyn mit Militär-Kostüm und Lederjacke ausstaffiert. Bei ihren Auftritten vor den amerikanischen Soldaten trug sie ein tief ausge-

1951 demonstrierte die Twentieth Century-Fox, dass Marilyn selbst im Kartoffelsack noch gut aussah.

schnittenes, pflaumenfarbenes Paillettenkleid, das sie bis an ihr Lebensende als Erinnerungsstück aufbewahrte.
Scheidung von DiMaggio: Ins Gericht kam Marilyn im schwarzen Seidenkleid und mit Strohhut, weißen Handschuhen und Perlenkette.
Ihre *Photoplay*-Auszeichnung für *Gentlemen Prefer Blondes* nahm sie im weißen Etuikleid aus Satin und neuer Kurzhaarfrisur entgegen.
Bei einer ihr zu Ehren veranstalteten Party bei Romanoff's erschien sie in einem spektakulären roten Chiffonkleid aus dem Kostümfundus der Fox.

1955
Marilyn trat ganz in Weiß vor die Presse, um die Gründung von Marilyn Monroe Productions anzukündigen: im Hermelinmantel über einem Satinkleid.
Zum Unterricht im Actors Studio erschien Marilyn in Jeans und Pulli.

1956
Bei ihrer Rückkehr nach Los Angeles trug Marilyn ein braunes Kostüm mit hochgeschlossener schwarzer Bluse. Als ein Reporter fragte, ob dies jetzt „die neue Marilyn" sei, antwortete sie: „Nun, ich bin dieselbe Person – es ist bloß ein anderes Kostüm."
Zu der Pressekonferenz, mit der sie *The Prince and the Showgirl* ankündigte, kam sie in einem tief ausgeschnittenen schwarzen Samtkleid von John Moore mit hauchdünnen Spaghettiträgern, von de-

nen einer wie auf Bestellung riss.
Zur Party für den indonesischen Präsidenten Sukarno trug sie ein recht figurbetontes schwarzes Wollkleid.
Im Juli traf Marilyn auf dem Londoner Flughafen in engem Kleid mit rehbraunem Regenmantel und passender Lederhandtasche ein.
Zur Pressekonferenz mit Laurence Olivier im Savoy trug sie ein enges zweiteiliges Kleid mit durchsichtigem Chiffoneinsatz.
Der englischen Königin präsentierte sie sich eingenäht in ein rotes Samtkleid.
Zur Londoner Premiere von *A View from the Bridge – Blick von der Brücke* trug Marilyn ein enges, trägerloses Kleid aus rotem Satin. AP meldete: „Marilyn Monroes knapp sitzendes Kleid verwandelte die Premiere des jüngsten Stücks ihres Ehemanns um ein Haar in einen öffentlichen Aufruhr."

1958
Marilyn wurde kritisiert, weil sie sich in einem der weniger figurbetonten „Sackkleider" fotografieren ließ, die in dem Jahr modern waren – und die ihr gelegen kamen, um die fast 10 Kilo zu kaschieren, die sie zugenommen hatte.
Bei ihrer Ankunft in Los Angeles zu den Dreharbeiten für *Some Like It Hot* war Marilyn ein Traum in Weiß: weiße Schuhe, Handschuhe, Rock, Seidenbluse und weißblondes Haar.

1959
Zur Entgegennahme des David di Donatello im italienischen Kulturinstitut trug Marilyn ein schwarzes Cocktailkleid mit passendem Jäckchen und hochhackigen schwarzen Lackschuhen.
Zum Mittagessen mit Nikita Chruschtschow kam sie im schwarzen Tüllkleid mit durchscheinendem Einsatz.
Zur Party der Twentieth Century-Fox für Frankie Vaughan und Yves Montand erschien sie im Cocktailkleid aus champagnerfarbenem Chiffon.

1960
In ihrem Bungalow im Beverly Hills Hotel entspannte sich Marilyn in Gesellschaft von Miller, Montand und Signoret im blau getupften Rayon-Bademantel von Woolworth oder einem langen, purpurroten Samtbademantel, den Miller ihr zu Neujahr 1960 geschenkt hatte.

1961
Zu einem Abendessen bei Peter Lawford trug Marilyn eines ihrer Lieblingskostüme – ein schwarzes Norman-Norell-Kleid mit Wolljacke.

1962
Zur Verleihung der Golden Globe Awards ließ sie sich in ein bodenlanges, rückenfreies grünes Kleid einnähen.
Bei ihrem Geburtstagsständchen für John F. Kennedy trug Marilyn ein hautenges, fleischfarbenes Kleid von Jean-Louis, das über und über mit Strass bestickt war. Marilyn hatte den Designer angewiesen, er solle ein Kleid entwerfen, „das nur Marilyn Monroe zu tragen wagt". Das 12 000 Dollar teure Modell genügte diesem Anspruch vollauf. Als Marilyn ins Scheinwerferlicht trat, wurde die Seide praktisch durchsichtig, und Marilyn erhielt den gewünschten Effekt.

Beerdigt wurde Marilyn in einem ihrer Lieblingskleider, einem blassgrünen Pucci-Modell.

COHN, HARRY (1891–1958)

Der Sohn eines deutschen Schneiders begann seine Laufbahn als Straßenbahnschaffner und Varietésänger. Anfang der 1920er-

Jahre gründete er mit Joe Brandt und seinem Bruder Jack eine Filmgesellschaft, die sich ab 1924 COLUMBIA nannte. Nach heftigen Kämpfen riss Harry die Kontrolle über die Gesellschaft an sich und wurde zum mächtigsten Filmboss Hollywoods. Er machte sich mit seiner rücksichtslosen und pöbelnden Art allgemein unbeliebt: „Ich habe keine Magengeschwüre, ich mache sie anderen!" HEDDA HOPPER sagte bei seiner Beerdigung: „Man musste Schlange stehen, um ihn zu hassen." Er war aber auch sehr geschickt darin, Talente aufzuspüren und zu nutzen, was die Columbia jahrzehntelang zu einer der wichtigsten Filmgesellschaften Hollywoods machte.

Das Studio, das zunächst zweitklassige Filme herausbrachte, gewann einen besseren Ruf, als Cohn in den 1930er-Jahren Frank Capra einsetzte und in den 1940er-Jahren Rita Hayworth verpflichtete. In den 1950er-Jahren arbeitete Cohn mit den berühmtesten Regisseuren und lancierte Stars wie KIM NOVAK, Judy Holliday, JACK LEMMON und andere.

Auf die Empfehlung von JOSEPH SCHENK, Produktionschef der TWENTIETH CENTURY-FOX, gab Cohn Marilyn zum 9. März 1948 einen Sechsmonatsvertrag mit 125 Dollar Gage pro Woche. Unter Umständen hat Cohn das junge Starlet aber auch engagiert, weil sie wie seine Frau Anhängerin von CHRISTIAN SCIENCE war.

Bevor er Marilyn in ihrem einzigen Film bei Columbia, LADIES OF THE CHORUS (1948), auftreten ließ, musste sie ihm im Büro vorsingen – von FRED KARGER auf dem Klavier begleitet. Allerdings ließ er ihren Sechsmonatsvertrag nach dem Film nicht verlängern. Die meisten Biografen glauben, dass diese Abfuhr weniger mit Marilyns Talent zu tun hatte als damit, dass sie die Einladung zu einem Wochenendausflug zu zweit auf seiner Jacht ausschlug. Marilyn hätte die Einladung nur angenommen, wenn seine Frau mitgekommen wäre.

Viele Jahre später erinnerte sich Marilyn gut genug an diesen Vorfall und sandte ihm ein signiertes Foto aus GENTLEMEN PREFER BLONDES (1953) zu – mit der sarkastischen Widmung: „Meinem großen Wohltäter Harry Cohn."

Cohn diente in einer Reihe von Filmen als Vorbild für den Filmboss schlechthin, u. a. in The Godfather – Der Pate (1972).

COLE, JACK (1914–1974)

Der Tänzer Jack Cole war Marilyns Choreograf für all ihre Gesangs- und Tanzdarbietungen von GENTLEMEN PREFER BLONDES (1953) bis zu LET'S MAKE LOVE (1960).

Marilyn verließ sich blind auf seine Anleitung, und schon bei ihrer ersten Zusammenarbeit wurden sie enge Freunde. Cole hatte eine ähnliche Funktion wie ihre Schauspiellehrerinnen, die ihr durch die Dreharbeiten halfen. Cole stand neben der Kamera und führte die Schritte vor, und Marilyn wiederholte sie vor der Kamera.

Marilyn probte vor allem ihre Auftritte in Let's Make Love immer wieder mit Cole. Sie fürchtete die Tanzeinlagen mehr als alles andere. Ihre Dankbarkeit bewies sie mit einer Karte, in die sie einen Scheck über 1 500 Dollar und ein Briefchen gesteckt hatte: „Ich war wirklich schrecklich; es muss eine schlimme Erfahrung gewesen sein, bitte fahr

ein paar Wochen irgendwohin, wo es nett ist, und tu so, als wäre es nie passiert." Ein paar Tage später erhielt Cole einen weiteren Scheck über 500 Dollar in einer Karte, auf der stand: „Bleib noch drei Tage."

Cole sagte: „Sie war einfach ein schrecklich hübsches Mädchen, dem all diese Dinge passiert sind, und auf einmal war sie ein Star, sie musste da rausgehen und spielen, und alle würden sie ansehen. Und sie hatte einfach nur Angst! Sie wusste, dass sie dem nicht gewachsen war."

Neben seiner Arbeit als Choreograf trat Cole auch als Tänzer in Filmen auf. Als Choreograf wurde er in mehr als zehn Filmen genannt, darunter Gilda (1946) und Gentlemen Marry Brunettes – So liebt man in Paris (1955).

COLLIER, CONSTANCE (1878–1955)
(GEB. ALS LAURA CONSTANCE HARDIE)

Collier war eine bekannte britische Bühnenschauspielerin, die in ihren späteren Jahren nach Hollywood ging, wo sie eine Reihe exzentrischer Damen spielte, u. a. in An Ideal Husband – Ein idealer Gatte (1948). Ab 1950 gab sie Schauspielunterricht und arbeitete in den fünf Jahren bis zu ihrem Tod mit Katharine Hepburn, AUDREY HEPBURN und VIVIEN LEIGH.

Collier war die erste Schauspiellehrerin, bei der Marilyn nach ihrem Umzug nach New York Unterricht nahm, noch bevor sie sich unter die Fittiche von LEE STRASBERG begab. Wäre Collier nicht wenige Monate später gestorben, hätte sich Marilyn vielleicht nie dem ACTORS STUDIO angeschlossen. Marilyns Begleiter bei Colliers Beerdigung war TRUMAN CAPOTE.

Colliers äußerst treffsicheres Urteil über Marilyn: „Sie ist ein wunderschönes Kind… Ich glaube nicht, dass sie überhaupt eine Schauspielerin ist, nicht nach traditioneller Auffassung. Was sie hat – diese Präsenz, dieses Leuchten, diese aufblitzende Intelligenz –, könnte auf der Bühne niemals herauskommen. Es ist so zerbrechlich und subtil, dass nur die Kamera es einfangen kann … Aber jeder, der glaubt, dieses Mädchen sei nichts weiter als eine neue Harlow oder Hure oder was immer, ist wahnsinnig … Ich hoffe, ich bete aufrichtig darum, dass sie lange genug lebt, um dieses seltsame, faszinierende Talent freizusetzen, das in ihr umgeht wie ein gefangener Geist."

COLLINS, JOAN (GEB. 1933)

Joan Collins hatte zwar in Hollywood Fuß gefasst, aber noch keine Hauptrolle ergattert, bis Marilyn ihr unwissentlich einen Gefallen tat, indem sie sich weigerte, im Anschluss an THE SEVEN YEAR ITCH (1955) im nächsten geplanten Starfilm der Fox zu spielen: The Girl in the Red Velvet Swing – Das Mädchen auf der roten Samtschaukel. Fox gab ihr dann in diesem Film ihre erste Hauptrolle.

In ihrer Autobiografie Second Act schildert Collins, wie sie Marilyn auf einer Party bei GENE KELLY kennen lernte; als Marilyn sie allein dasitzen sah, kam sie herüber, um sich mit ihr zu unterhalten.

Joan Collins war für die Marilyn-Rolle in dem britischen Bühnenstück Legend (1974) vorgesehen gewesen, bevor sie an Sondra Dickinson ging.

COLUMBIA PICTURES
1438 GOWER STREET, HOLLYWOOD (JETZT BURBANK STUDIOS, 4000 WARNER BOULEVARD, BURBANK)

Am 9. März 1948, zwei Jahrzehnte nachdem ihre Mutter dort als Cutterin gearbeitet hatte, gab Studioboss HARRY COHN Marilyn auf Empfehlung von Fox-Chef JOSEPH M. SCHENCK einen Sechsmonatsvertrag bei der Columbia. Obwohl sie hier nur in einem Film, in LADIES OF THE CHORUS, auftrat, war ihre Zeit bei Columbia einschneidend.

Das Studio ließ als Erstes ihren Haaransatz mit Elektrolyse behandeln, damit die Stirn höher wirkte, und ihre aschblonden Haare mit Wasserstoffperoxyd zu Harlow-Platinblond bleichen.

Max Arnow, Leiter der Talentabteilung der Columbia, machte Marilyn mit zwei für sie sehr bedeutsamen Personen bekannt: der Schauspiellehrerin NATASHA LYTESS, mit der sie daraufhin sieben Jahre lang zusammenarbeitete und befreundet war, und dem Stimmtrainer FRED KARGER, den einige Biografen als Marilyns erste große Liebe bezeichnen.

CONNERS, HAL

Hubschrauberpilot, der ROBERT KENNEDY am frühen Morgen des Tages, an dem Marilyn tot aufgefunden wurde, von PETER LAWFORDS Strandhaus zum TWA-Flugsteig des Flughafens von Los Angeles gebracht haben soll. Nach Aussagen von Conners' früherem Partner Jim Zonlick hätte Conners Kennedy zwischen Mitternacht und 2 Uhr abgeholt, als dieser sich auf den Rückweg nach Gilroy, Kalifornien, machte, wo er bei Freunden zu Gast war.

CONOVER, DAVID (1919–1983)

Ende 1944 oder Anfang 1945 wurde Conover von den Hal Roach Studios zur 1. Filmeinheit der Armee abgeordnet, die unter Leitung des Schauspielers RONALD REAGAN stand. Er wurde beauftragt, in der RADIO PLANE MUNITIONS FACTORY Aufnahmen für einen Armee-Ausbildungsfilm zu machen und ein paar Fotos von hübschen Arbeiterinnen zu schießen, um die Moral der Soldaten zu heben und ihnen zu zeigen, dass sie in ihrem Einsatz von den Mädchen an der Heimatfront unterstützt wurden. Ob sich Norma Jeane, die bei Radio Plane arbeitete, nun auf diesen Fotos in den Vordergrund drängte oder gedrängt wurde: Conover äußerte jedenfalls Interesse, ein paar Farbfotos von ihr zu machen. Norma Jeane packte die Gelegenheit beim Schopf, und Conover pendelte die nächsten Wochen zwischen Culver City und Radio Plane. Conover schreibt, besonders gefesselt habe ihn „eine Leuchtkraft in ihrem Gesicht, eine Zerbrechlichkeit, die sich mit erstaunlicher Lebendigkeit paarte".

Norma Jeane schilderte diese unverhoffte Chance am 4. Juni 1945 in einem Brief an Vormund GRACE MCKEE GODDARD:

„Bevor ich mich versah, hatten [die Fotografen] mich nach draußen geholt und machten Aufnahmen von mir … Sie wollten alle wissen, wo zum Teufel ich mich die ganze Zeit versteckt hätte … Sie drehten eine Menge Filmaufnahmen von mir, und einige wollten sich mit mir verabreden usw. (Natürlich hab ich Nein gesagt) … Als sie mit ihren Aufnahmen soweit waren, sagte ein Unteroffizier namens David Conover, er würde gern ein paar Farbfotos von mir machen … Er sagte, wenn ich einverstanden wäre, würde er das mit dem Fabrikaufseher regeln, also hab ich Ja gesagt. Er hat mir gesagt, was ich anziehen sollte, welche Lippenstiftfarbe ich tragen sollte usw., und so hab ich ihm die nächsten Wochen mehrmals Modell gestanden … Er sagte, die Bilder wären großartig geworden. Er meinte auch, ich sollte unbedingt Fotomodell werden … dass ich sehr fotogen wäre und er noch viel mehr Fotos machen möchte. Außerdem sagte er, er hätte eine Menge Beziehungen, die ich nutzen könnte.

Ich sagte ihm, ich würde lieber nicht arbeiten, wenn Jimmie hier ist, also sagte er, er würde warten, und ich rechne damit, bald wieder von ihm zu hören.

Er ist furchtbar nett und verheiratet und völlig geschäftsmäßig, wie es mir am liebsten ist. Jimmie scheint die Vorstellung, dass ich als Fotomodell arbeite, zu gefallen, worüber ich froh bin."

Conovers Fotos waren Norma Jeanes erste kleine Schritte auf dem Weg zum Starruhm. Er zeigte die Fotos einem Berufsfotografen, dessen Namen Marilyn später mit Potter Hueth angab und für den sie gelegentlich Modell stand. Es war Hueth, der die Bilder schließlich EMMELINE SNIVELY zeigte, die die BLUE BOOK MODELING AGENCY betrieb. Norma Jeanes erstes Titelbild auf einer Zeitschrift (siehe MAGAZINE), je nach Quelle 1945 im *Yank*-Magazin oder im Januar 1946 in der *Douglas Air Review*, wurde von Conover im Frühsommer 1945 aufgenommen, als sie durch Kalifornien fuhren, um Fotos vor dramatischen Hintergründen zu schießen. Er behauptete, Norma Jeane habe ihn während dieser Ausflüge verführt und sie seien ein Liebespaar geworden. Er schrieb auch, dass er ihr 100 Dollar für die Kurskosten bei Blue Book geliehen habe.

Conover und Marilyn trafen sich sechs Jahre später bei den Dreharbeiten zu GENTLEMEN PREFER BLONDES wieder.

CONSOLIDATED FILM INDUSTRIES
MELROSE AVENUE, HOLLYWOOD

In diesem Hollywood-Filmentwicklungslabor arbeitete GLADYS BAKER ab 1923 sechs Tage die Woche als Cutterin und schnitt den Film, den Markierungen der Studiocutter entsprechend, zu, bevor er in der Montage zum endgültigen Negativ zusammengefügt wurde.

Während ihrer Zeit bei Consolidated wurde sie mit Norma Jeane schwanger. Ihr Arbeitskollege C. STANLEY GIFFORD gilt als einer der beiden Männer, die am ehesten als Marilyns Vater (siehe FATHER) in Frage kommen, doch wurden in diesem Zusammenhang auch andere Kollegen von Gladys genannt.

CONSPIRACY – **Verschwörung**

Verschwörungstheorien zu Marilyns Tod (siehe DEATH) gibt es in Hülle und Fülle.

In manchen Geschichten heißt es, Marilyn sei gar nicht tot. Sie lebe im Rahmen eines FBI-Zeugenschutzprogramms irgendwo

Milo Speriglio, Privatdetektiv und Autor von *The Marilyn Conspiracy*, mit Marilyn-Doppelgängerin auf einer Pressekonferenz 1982, bei der er die Wiederaufnahme der Ermittlungen im Fall Marilyn Monroe verlangte.

im Mittleren Westen. Eine andere lautet, JOHN F. KENNEDY, der befürchtete, dass Marilyn an die Öffentlichkeit gehen würde, habe sie unter Drogen setzen und nach Australien verschiffen lassen, wo sie heute noch ohne Erinnerungsvermögen als Schaf-Farmerin lebe. Es gab sogar Gerüchte, Marilyns Tod stehe mit der Vertuschung der angeblichen Landung von Außerirdischen in Roswell, New Mexico, in Verbindung.

Mehr Glauben fanden Theorien, die die KENNEDYS des Mordes beschuldigen. Diese Verdächtigungen wurden mehrfach in Fernsehdokumentationen (siehe DOCUMENTARIES) und Sensationsbüchern verbreitet: Marilyn sei im Auftrag der Kennedys von der MAFIA ermordet worden, ROBERT KENNEDY habe sie mit einem Kissen erstickt, weil sie drohte, der Presse von ihrer Affäre mit seinem Bruder zu erzählen.

DONALD SPOTO verfolgt die Entstehung der Theorien um eine Verwicklung der Kennedys in Marilyns Tod bis zu einer Klatschkolumne zurück, die DOROTHY KILGALLEN am Tag vor Marilyns Tod schrieb. Diese Anspielung auf ein Verhältnis mit einem Kennedy wurde von einem anderen Kolumnisten, WALTER WINCHELL, aufgegriffen und auch von dem rechts gerichteten Publizisten FRANK A. CAPELL lanciert. Capell war wiederum mit JACK CLEMMONS befreundet, der nach Marilyns Tod als erster Polizeibeamter bei ihrem Haus eintraf und Mitglied einer äußerst rechten Polizeiorganisation war, die es sich zur Aufgabe gemacht hatte, subversive antiamerikanische Bestrebungen aufzudecken. Spoto meint, Capells Buch mit seinen Verdächtigungen gegen Robert Kennedy sei einfach zu verlockend gewesen, als dass spätere Autoren es hätten ignorieren können. Ohne Namen zu nennen, deutet auch FRED LAWRENCE GUILES in seiner Marilyn-Biografie von 1969 eine Beteiligung von Bobby Kennedy an, doch erst NORMAN MAILERs 1973 erschienenes Buch brachte diese Verdächtigungen einer breiteren Öffentlichkeit nahe. Ab 1974 wurde auch ROBERT SLATZER mit seinem ersten Marilyn-Buch zum lautstarken Verfechter der Kennedy-Theorie. Seine Theorien wurden in den Büchern des Privatdetektivs MILO SPERIGLIO weiter ausgebaut. ANTHONY SUMMERS' Biografie von 1986 erhob neuerliche Anschuldigungen gegen Kennedy und zog meh-

rere Fernsehdokumentationen nach sich. Seymour Herschs Kennedy-Biografie und DONALD WOLFEs Marilyn-Biografie von 1998 lenkten noch mehr Aufmerksamkeit auf die Kennedy-Brüder und ihre Eskapaden.

Es gibt allerdings auch andere Verschwörungstheorien, nach denen alle möglichen Personen von RALPH GREENSON bis zu PETER LAWFORD ihr aus ganz unterschiedlichen Gründen eine tödliche Medikamentendosis verabreicht hätten. Fantasiebegabtere haben es sich nicht nehmen lassen, ihre Verdächtigungen bis auf Gewerkschaftsführer JIMMY HOFFA, der auch Marilyns Haus verwanzt haben soll (siehe BUGGING), FBI-Chef J. EDGAR HOOVER und Fidel Castro auszudehnen. Selbst Ungläubige müssen einräumen, dass irgendwer, vermutlich mehrere Personen, im Zusammenhang mit Marilyns Tod eine bis heute nicht aufgedeckte Vertuschung (siehe COVER-UP) inszeniert hat. Eines ist sicher: Die Gerüchteküche wird noch lange bemüht sein, Marilyns Tod mit anderen Ereignissen der 1960er-Jahre zu verquicken.

CONTINENTAL HILTON HOTEL
PASEO DE LA REFORMA, MEXICO CITY

Hier wohnte Marilyn im Februar 1962, als sie zum Möbel-Einkauf in Mexiko war. Hier empfing sie den mexikanischen Drehbuchautor JOSÉ BOLAÑOS und gab am 26. Februar 1962 eine Pressekonferenz. Das Hotel wurde bei dem großen Erdbeben von 1985 zerstört.

COOKING – **Kochen**

Das Kochen gehörte nicht zu Marilyns Talenten. Als Karrierefrau aß sie weit häufiger von anderen zubereitete Mahlzeiten und hatte zudem eher merkwürdige Vorlieben, was das Essen (siehe FOOD) anbelangte.

Ihr erster Mann JAMES DOUGHERTY bezeichnete Norma Jeanes Kochkunst als ihr größtes Manko. Er dürfte von ihrem Lieblingsgericht Erbsen und Möhren, das sie vor allem aufgrund der hübschen Farbkombination schätzte, mehr als genug bekommen haben. In späteren Jahren offenbarte Dougherty Reportern eine Reihe kulinarischer Katastrophen, darunter eine Forelle, die praktisch roh auf den

Tisch kam, Salz im Kaffee und die ewig gleichen Eier-Sandwiches, die sie ihm tagein, tag-
aus als Lunchpaket zur Arbeit mitgab. SHELLEY
WINTERS, die 1951 mit Marilyn zusammen
gewohnt haben soll, erzählte: „Ihre Vorstellung von der Salatzubereitung bestand
darin, jedes Salatblatt einzeln mit dem
Küchenschwamm zu scheuern." Marilyn war
während der Depression bei einer Reihe von
Pflegefamilien aufgewachsen, ohne eine Mutter, die ihr die Grundzüge des Kochens hätte
beibringen können.

Marilyns zweitem und drittem Mann erging es etwas besser, da sie mit der Zeit auf
kulinarischem Gebiet einiges dazulernte. So
brachte ihr, als sie nach ihrer Hochzeit mit
JOE DIMAGGIO bei seiner Familie in San Francisco wohnte, Mama DiMaggio die Zuberei-
tung herzhafter italienischer Nudelgerichte
bei. Für ARTHUR MILLER machte sie allerlei
traditionelle jüdische Leckerbissen – obwohl
sie selbst gerade erst zu seinem Glauben kon-
vertiert war. Während der Dreharbeiten zu
LET'S MAKE LOVE, als Marilyn und Arthur im
BEVERLY HILLS HOTEL einen Bungalow neben
YVES MONTAND und SIMONE SIGNORET bewohnten, kochte Marilyn gelegentlich Spaghetti für alle.

NORMAN ROSTEN wiederum behauptete,
dass Marilyn ihre Freunde gern und gut mit
schmackhaften Eintöpfen, Roastbeef und
Bouillabaisse bekochte. In einem *Cosmopolitan*-Interview mit Jon Whitcomb im Dezember 1960 klagte Marilyn: „Manche Leute
scheinen das Kochen ziemlich langweilig zu
finden." Sie erzählte aber auch, wie gern sie
Brot backe und wie sie während ihres Auf-
enthaltes mit Arthur Miller auf Long Island
in der Küche zu Werke ging:

„Ich rolle also den Teig für selbst gemach-
te Nudeln ganz dünn aus, schneide ihn in
Streifen … und dann sagt das Buch: ‚Die
Nudeln trocknen lassen.' Wir erwarteten
Gäste zum Abendessen. Ich wartete und
wartete. Die Nudeln wurden nicht trocken. Die Gäste kamen; ich gab ihnen was
zu trinken und sagte: ‚Ihr müsst auf das
Abendessen warten, bis die Nudeln trocken sind' … Ich musste ihnen noch mehr
Drinks besorgen. In meiner Verzweiflung
ging ich und holte meinen Haarföhn … Er
pustete die Nudeln von der Theke, und ich
musste sie alle einsammeln und es noch
einmal versuchen. Diesmal hielt ich die
Nudeln mit der einen Hand fest, bevor ich
den Föhn auf sie gerichtet habe. Na ja …
die Nudeln sind dann trocken geworden.
Sie haben also ein paar Anweisungen vergessen. Ich wollte ihnen schreiben: ‚Bitte,
sagt doch dazu, wie lange es dauert, bis die
Nudeln trocknen.' Aber ich hab es nie getan."

CORONADO BEACH, KALIFORNIEN

Hier wurden vor der Kulisse des HOTEL DEL
CORONADO, einige Autostunden südlich von
Los Angeles, im September 1958 eine Woche
lang Außenaufnahmen zu SOME LIKE IT HOT
(1959) gedreht. Marilyn wohnte im „Vista
Mar Cottage".

CORONERS – Gerichtsmedizin

Amtlicher Leichenbeschauer von L. A.:
Theodore J. Curphey

Marilyn und Jack Lemmon bei den Dreharbeiten zu *Some Like it Hot* (1959) vor dem Hotel del Coronado in
Coronado Beach, Kalifornien.

Zuständiger Gerichtsmediziner:
Thomas Noguchi
Assistent des Gerichtsmediziners:
Eddy Day
Selbstmordkommission:
Dr. Robert Litman, Dr. Norman Farberow
Gehilfe des Leichenbeschauers:
LIONEL GRANDISON
Gerichtsmedizinisches Aktenzeichen:
81128, Kryptennr.: 33

Bericht des amtlichen Leichenbeschauers
Curphey vom 18. August 1962: „Ich komme
zu dem Schluss, dass Marilyn Monroes Tod
durch selbst verabreichte Sedativa verursacht
wurde, Todesart ‚wahrscheinlich Selbstmord'." Cheftoxikologe R. J. Abernethy gab
zu Marilyns Tod (siehe DEATH) am 27. August
1962 folgenden Befund ab: „akute Barbiturat-
vergiftung – Einnahme einer Überdosis".

Bei der Obduktion fanden sich keine äußeren Spuren von Gewaltanwendung an
Marilyns Körper. Blutuntersuchungen ergaben
8 mg Chloralhydrat und 4,5 mg Nembutal. Die Untersuchung der Leber ergab eine
wesentlich höhere Nembutalkonzentration
von 13 mg.

Dr. Litman, der mit den Gerichtsmedi-
zinern zusammenarbeitete, erzählte DONALD
SPOTO: „Wir wollten es hinter uns bringen, zu
einer Entscheidung kommen, den Fall abschließen, den Totenschein ausstellen und uns
anderen Dingen zuwenden."

OBDUKTION:

Durchgeführt am 5. August 1962, 10:30 Uhr, von
Gerichtsmediziner Thomas Noguchi und seinem
Assistenten Eddy Day.

BERICHT:

Äußere Untersuchung: Die nicht einbalsamierte
Leiche ist die einer 36-Jährigen, wohlentwickelten,
wohlgenährten Weißen, Körpergewicht 53 kg,
Körpergröße 166 cm. Die Kopfhaut ist mit blond
gebleichtem Haar bedeckt. Augen blau. Totenflecke sind im Gesicht, an Hals, Brust, Oberarmen
und auf der rechten Seite des Abdomens festzustellen. Schwache Totenflecke, die auf Druck verblassen, sind am Rücken und an den Rückseiten
von Armen und Beinen festzustellen. Leichte

Suffusionen an der linken Hüfte und in der linken Kreuzregion. Die Brust weist keine nennenswerten Läsionen auf. Horizontale 7,5 cm lange Operationsnarbe im rechten oberen Quadranten des Abdomens. Knapp 13 cm lange Operationsnarbe über dem Schambein. Deutliche Blutstauung in den Konjunktiven; es sind jedoch weder Hämatome noch Petechien zu erkennen. Keine Anzeichen eines Nasenbruchs. Die äußeren Gehörgänge sind unauffällig. Keine Verletzungsspuren an Kopfhaut, Stirn, Wangen, Lippen oder Kinn. Keine Verletzungsspuren am Hals. Die Untersuchung der Hände und Nägel ergibt keine Defekte. Keine Verletzungsspuren an den unteren Gliedmaßen.

Körperhöhlen: Thorax und Abdomen werden mit der üblichen Y-förmigen Schnittführung eröffnet. Pleura- und Bauchhöhle weisen keine übermäßigen Flüssigkeitsansammlungen oder Blut auf. Keine Verschiebung oder Erweiterung des Mittelfells. Zwerchfell im normalen Bereich. Unterer Rand der Leber innerhalb des Rippenbogenrands. Lage und Verhältnis aller Organe normal.

Herzkreislaufsystem: Das Herz wiegt 300 g. Die Herzbeutelhöhle weist keine übermäßige Flüssigkeitsansammlung auf. Perikard und Epikard glatt und glänzend. Die linke Ventrikelwand misst 1,1 cm, die rechte 0,2 cm. Keine Hypertrophie der Papillarmuskeln. Keine Verdickung oder Verkürzung der Chordae tendineae. Herzklappen mit regelrechter Anzahl von Klappensegeln, die dünn und geschmeidig sind. Die Trikuspidalklappe hat 10 cm, die Pulmonalklappe 6,5 cm, die Mitralklappe 9,5 cm und die Aortenklappe 7 cm Umfang. Kein Septumdefekt. Das Foramen ovale ist geschlossen.

Die Koronararterien gehen regelrecht ab und sind normal angeordnet. Mehrfachschnitte des Ramus interventricularis anterius der linken Koronararterie in 5-mm-Abständen ergeben ein durchgängig offenes Lumen. Auch der Ramus circumflexus und die rechte Koronararterie weisen ein offenes Lumen auf. Keine Thromben in der Pulmonalarterie.

Aorteninnenwand leuchtend gelb und glatt.

Atmungsapparat: Der rechte Lungenflügel wiegt 465 g, der linke 420 g. Beide Lungenflügel weisen mäßige Stauung und einige Ödeme auf. Die Oberfläche ist dunkel und rot gesprenkelt. Der hintere Abschnitt der Lungen weist erhebliche Stauungen auf. Der Tracheobronchialbaum enthält kein eingeatmetes Material oder Blut. Mehrfachschnitte der Lunge ergeben Stauungen und aus der Schnittfläche austretende Ödemflüssigkeit. Keine Verdickung oder Eiterbildung. Kehlkopfschleimhaut gräulich-weiß.

Leber und Gallensystem: Die Leber wiegt 1890 g. Die Oberfläche ist dunkelbraun und glatt. Im unteren Abschnitt der Leber deutliche Verwachsungen durch Omentum und Bauchdecke infolge operativer Entfernung der Gallenblase. Es sind keine Steine oder Obstruktionen festzustellen. Mehrfachschnitte der Leber zeigen eine leichte Vergröberung der Läppchenstruktur; es sind jedoch weder Blutungen noch Tumoren feststellbar.

Lymphsystem: Die Milz wiegt 190 g. Die Oberfläche ist dunkelrot und glatt. Die Schnittfläche ist dunkelrot, homogen und fest. Die Milzfollikel sind nicht klar erkennbar. Kein Anhalt für Lymphadenopathie. Das Knochenmark ist dunkelrot.

Endokrines Drüsensystem: Nebennieren mit regelrechter Rinde und Mark. Schilddrüse von normaler Größe, Farbe und Konsistenz.

Harntrakt: Die Nieren wiegen zusammen 350 g. Die Nierenkapseln lassen sich leicht abziehen. Schnitte ergeben ein mäßig gestautes Parenchym. Die Rindenoberfläche ist glatt. Nierenbecken und Harnleiter ohne Erweiterungen oder Verengungen. Die Harnblase enthält ca. 150 ml klare, strohgelbe Flüssigkeit. Keine Schleimhautveränderungen.

Genitalsystem: Äußere Genitalien unauffällig. Normaler weiblicher Schamhaarwuchs. Gebärmutter normal groß. Mehrfachschnitte der Gebärmutter ergeben eine normale Gebärmutterwanddicke ohne Tumorknoten. Das Endometrium ist gräulich-gelb und bis zu 0,2 cm dick. Keine Polypen oder Tumoren. Gebärmutterhals frei, ohne Naboth-Eier. Eileiter intakt. Der rechte Eierstock weist Anzeichen einer vor kurzem erfolgten Gelbkörperblutung auf. Linker Eierstock mit Gelbkörpern und Corpora albicantia. Es wird ein vaginaler Abstrich genommen.

Verdauungssystem: Speiseröhre mit längs gefalteter Schleimhaut. Magen fast völlig leer. Mageninhalt bräunlich-schleimige Flüssigkeit; max. 20 ml. Es sind keine Tablettenrückstände feststellbar. Ein Ausstrich des Mageninhalts weist unter dem Polarisationsmikroskop keine lichtbrechenden Kristalle auf. Die Schleimhaut weist deutliche Stauungen und diffuse submuköse Petechialblutungen auf. Zwölffingerdarm ohne Geschwüre. Der Inhalt des Zwölffingerdarms wird ebenfalls unter dem Polarisationsmikroskop untersucht und enthält keine lichtbrechenden Kristalle. Der restliche Dünndarm ist unauffällig. Der Blinddarm fehlt. Der Dickdarm weist erhebliche Stauungen und violette Verfärbung auf.

Pankreas mit gelbbrauner Lappenstruktur. Mehrfachschnitte zeigen einen frei durchgängigen Ductus.

Skelettsystem: Schlüsselbein, Rippen, Wirbel und Hüftknochen ohne Bruchlinien. Sämtliche Knochen der Extremitäten nach Tastbefund ohne Brüche.

Kopf und zentrales Nervensystem: Das Gehirn wiegt 1440 g. Nach Abschälen der Kopfhaut keine Anzeichen von Quetschung oder Blutung. Schläfenmuskeln intakt. Die nach Entfernung der Dura mater sichtbar werdende Gehirn-Rückenmark-Flüssigkeit ist klar. Die oberflächlichen Gefäße sind leicht gestaut. Gehirnwindungen nicht abgeplattet. Das Gehirn ist nicht verformt. Es wird kein Blut im Epidural-, Subdural- oder Subarachnoidalraum gefunden. Mehrfachschnitte des Gehirns zeigen normale symmetrische Ventrikel und Stammganglien. Kleinhirn und Hirnstamm unauffällig. Nach Ablösung der Dura mater von Schädelbasis und Schädeldach werden keine Anzeichen eines Schädelbruchs sichtbar.

Um 10:30 Uhr gemessene Lebertemperatur: 31,5 °C.

Probenentnahmen: Es werden Blutproben zur Untersuchung auf Alkohol und Barbiturate gezogen. Leber, Nieren, Magen mit Inhalt, Urin und Gedärme werden zu weiteren toxikologischen Untersuchen zurückgehalten. Es wird ein vaginaler Abstrich genommen.

Marilyn in einem von William Travilla für *Gentlemen Prefer Blondes* (1953) entworfenen Kostüm .

COSMETIC SURGERY – **Schönheitsoperationen**

Wie bei vielen anderen Stars, so musste auch bei Marilyn dem perfekten Aussehen durch kleine Korrekturen nachgeholfen werden. Die Biografen sind sich nicht ganz einig, wer genau diese Eingriffe veranlasste und bezahlte, doch die relevanten Fakten sind folgende:

Im März 1948 liess Marilyn auf Veranlassung der COLUMBIA ihren Haaransatz mit Elektrolyse behandeln, damit die Stirn höher wirkte, und ihr Haar (siehe HAIR) von Aschblond zu Platinblond aufhellen.

FRED KARGER schickte Marilyn 1948 vor den Dreharbeiten zu LADIES OF THE CHORUS zu dem Kieferorthopäden Dr. Walter Taylor, der Marilyns leichten Überbiss korrigierte – wahrscheinlich mit einer nachts zu tragenden Zahnspange. Der Fotograf LASZLO WILLINGER behauptet, die Behandlung ihres „einen schlechten Schneidezahns" veranlasst zu haben.

1950 (nach einigen Berichten 1949) ging Marilyn auf JOHNNY HYDEs Veranlassung zu einem Schönheitschirurgen namens Michael Gurdin in Beverly Hills, der einen kleinen Knorpelhöcker an ihrer Nasenspitze entfernte und ein halbmondförmiges Silikonpolster einsetzte, um ihre Kinnlinie abzurunden.

Der Hauptunterschied zwischen der jungen Norma Jeane und dem Star Marilyn Monroe bestand jedoch in bestimmten Gesten und Bewegungen, die sie nach und nach einstudierte. Marilyn besaß die Fähigkeit, alles, was sie hatte, mit maximaler Wirkung einzusetzen. Bei einer ihrer typischsten Gesten neigte sie den Kopf in einem bestimmten Winkel, spitzte die Lippen zu ihrem berühmten Schmollmund und wackelte beim Gehen verführerisch mit den Hüften.

Es gibt einige zweifelhafte Behauptungen über weitere Schönheitsoperationen, denen sich Marilyn unterzogen haben soll. So wird z. B. behauptet, sie habe eine Brustvergrößerung vornehmen lassen. Dies ist nie bestätigt worden und erscheint eher unglaubhaft, da Marilyn schon als junges Mädchen recht große Brüste hatte und Brustvergrößerungen damals noch nicht routinemäßig durchgeführt wurden. Silikonimplantate wurden erst ab Anfang der 1960er eingesetzt; bis dahin hatte man mit wesentlich primitiveren Methoden experimentiert: Polyurethaninjektionen in den frühen 1950ern, Verpflanzung von an anderen Körperstellen entnommenem Fettgewebe (die Schauspielerin Tallulah Bankhead soll in den 1930ern zu diesem Mittel gegriffen haben) oder sogar Paraffininjektionen. In ihrem Buch *Lift* behauptet Joan Kron, Dr. John Pangman habe Marilyn einige Jahre nach ihrer Kinnoperation Silikonimplantate eingesetzt, die ihr gegen Ende ihres Lebens Beschwerden bereitet hätten. Dies lässt sich jedoch durch einen Vergleich der barbusigen Marilyn-Fotos von EARL MORAN aus den späten 1940ern und von Bert Stern aus dem Jahr 1962 nicht bestätigen.

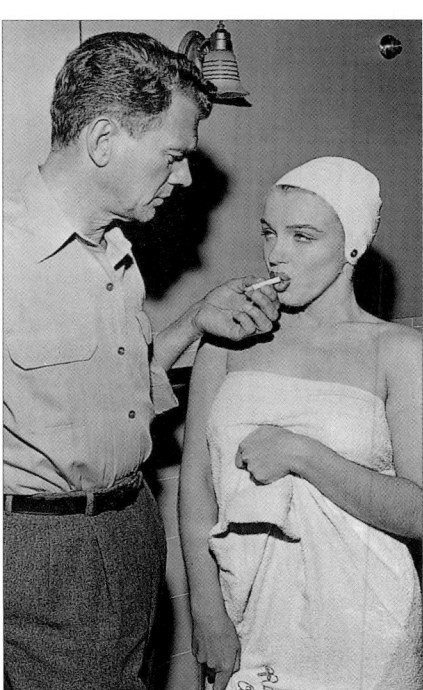

Joseph Cotten mit Marilyn in der „anstößigen" Duschszene in *Niagara* (1953).

COSTUME DESIGNERS – **Kostümbildner**

Bonnie Cashin – *Scudda Hoo! Scudda Hay!* (1948)
Carey Cline – *O'Henry's Full House* (1952)
Beatrice Dawson – *The Prince and the Showgirl* (1957)
Edith Head – *All About Eve* (1950)
Grace Houston – *Love Happy* (1950)
Rene Hubert – *A Ticket to Tomahawk* (1950)
Dorothy Jeakins – *Niagara* (1953), *Let's Make Love* (1960)
Elois Jenssen – *We're Not Married* (1952)
ORRY-KELLY – *Some Like It Hot* (1959)
CHARLES LEMAIRE – *Dangerous Years* (1947), *The Fireball* (1950)
JEAN-LOUIS – *Ladies of the Chorus* (1948), *The Misfits* (1961), *Something's Got to Give* (1962–unvollendet)
Renie – *As Young As You Feel* (1951), *Love Nest* (1951), *Let's Make It Legal* (1951)
HELEN ROSE – *The Asphalt Jungle* (1950), *Right Cross* (1950), *Hometown Story* (1950)
WILLIAM TRAVILLA – *Don't Bother to Knock* (1952), *Monkey Business* (1952), *Gentlemen Prefer Blondes* (1953), *How to Marry a Millionaire* (1953), *River of No Return* (1954), *There's No Business Like Show Business* (1954), *The Seven Year Itch* (1955), *Bus Stop* (1956)
Michael Woulfe – *Clash By Night* (1952)

(siehe FASHION – Mode)

COTTEN, JOSEPH (1905–1994)

„Alles, was dieses Mädchen tut, ist sexy. Viele Leute – die Marilyn nie begegnet sind – meinen, das wäre alles nur Publicity. Blödsinn. Sie haben für hundert andere den gleichen Reklamerummel betrieben, aber es hat nichts genützt. Dieses Mädchen hat es einfach drauf!"

Bekannter Schauspieler, der vor seiner Filmkarriere erst Theaterkritiker, dann Broadway-Darsteller war. Cotten spielte in NIAGARA (1953) eine Hauptrolle neben Marilyn und kam gut mit ihr zurecht: „Wenn man über sich selbst sprechen wollte, hörte sie zu. Wenn man über sie sprechen wollte, wurde sie rot. Sie kam mir wie ein verlorenes, kleines Mädchen vor."

Orson Welles, für viele Amerikas bester Regisseur, setzte Cotten in *Citizen Kane* (1941), *The Magnificent Ambersons – Der Glanz des Hauses Amberson* (1942) und *The Third Man – Der dritte Mann* (1949) ein und machte ihm das zweideutige Kompliment: „Ich fürchte, als Schauspieler werden Sie es nie schaffen. Aber als Star, denke ich, könnten Sie groß rauskommen."

COURT APPEARANCES – **Gerichtstermine**

Am häufigsten erschien Marilyn vor Gericht wegen ihrer Scheidungen (siehe DIVORCE). Ihr Kampf gegen die TWENTIETH CENTURY-FOX beschäftigte eine Schar von Anwälten (siehe LAWYERS) zwei Jahre lang, gelangte aber nie vor Gericht. Auch eine Klage wegen unbezahlter Telefonrechnungen auf ihren Namen unter NATASHA LYTESS' Adresse am NORTH CRESCENT DRIVE wurde 1951 oder 1952 außergerichtlich beigelegt.

Am 26. Juni 1952 wurde Marilyn aufgerufen, vor Richter Kenneth Holaday als Zeugin im Prozess gegen Jerry Karpman und Morrie Kaplen auszusagen, die beschuldigt wurden, einen Nacktfoto-Versand zu betreiben, und mit dem Namen „Marilyn Monroe" geworben hatten.

Die überzogene Schadenersatzforderung des Besitzers eines Autos, das Marilyn im Jahr 1954 gerammt haben sollte, wurde ebenfalls außergerichtlich geregelt (siehe CARS).

Am 28. Februar 1956 erschien Marilyn nach zahlreichen Aufschüben in Beverly Hills vor Gericht, wo sie wegen Fahrens ohne Fahrerlaubnis auf dem Sunset Boulevard am 21. November 1954 vorgeladen war. Richter Charles J. Griffin verurteilte sie zu einer Geldstrafe von 55 Dollar.

COVER-UP – **Vertuschung**

Die Biografen sind sich darüber einig, dass die Umstände von Marilyns Tod (siehe DEATH) vertuscht wurden.

GLORIA STEINEM nennt es die „Vertuschung der persönlichen Beziehung zwischen Marilyn, John und Robert Kennedy". Ihrer These zufolge hätte PETER LAWFORD das Haus nach belastendem Material, wie etwa einem Abschiedsbrief, durchkämmt, während EUNICE MURRAY selbst nach Eintreffen der Polizei noch mit Aufräumarbeiten beschäftigt war.

ROBERT KENNEDY und Peter Lawford sollen sich an einem Wiederbelebungsversuch beteiligt haben, nachdem Marilyn eine Überdosis genommen hatte; Sanitäter eines örtlichen Krankenwagendienstes erzählten dem Biografen ANTHONY SUMMERS von einem Versuch, sie ins Krankenhaus zu schaffen, der damit endete, dass ihre Leiche zurück zum Haus gebracht wurde. Die Polizei traf erst fünf oder sechs Stunden nach dem vermuteten Todeszeitpunkt ein.

Für DONALD SPOTO gehören zu den Personen, die an der Säuberungsaktion vor Ankunft der Polizei beteiligt waren, DR. RALPH GREENSON, Dr. Hyman Engelberg und Eunice Murray. Seiner Meinung nach versuchten sie, die Verabreichung einer tödlichen Klistierspritze zu verschleiern, die die verstörte Marilyn eigentlich nur hatte ruhig stellen sollen. Dazu erfanden sie u. a. die Geschichte, dass Greenson durch das Fenster in Marilyns verschlossenes Schlafzimmer eingedrungen sei, wozu der schwere schwarze Stoff entfernt werden musste, den Marilyn zu Verdunkelungszwecken vors Fenster geheftet hatte, und vernichteten alle Spuren der Klistierinjektion, die Marilyn versehentlich getötet hatte.

Weitere Verdächtige im Zusammenhang mit einer Vertuschung: Hubschrauberpilot HAL CONNERS, der Robert Kennedy aus Los Angeles ausgeflogen haben soll, und für fanatische Anhänger der Verschwörungstheorie (siehe CONSPIRACY) eine ganze Armee von Spionen, MAFIA-Gangstern und Unterweltgestalten.

COWAN, LESTER (1907–1990)

Cowan Lester war der Produzent der Marx-Brothers-Krimiparodie LOVE HAPPY (1950). Er nahm Marilyn in den Film auf, um seinem Freund, dem Agenten JONNY HYDE, einen Gefallen zu tun. Marilyn ging dafür ihrerseits auf eine landesweite Promotiontour für den Film, in dem sie eigentlich nur eine kleine Rolle hatte. Cowan behauptet, er sei derjenige, der Marilyn „das Mmmmm-Mädchen" (siehe MMMMMM GIRL) taufte. In LOUELLA PARSONs Kolumne im *Los Angeles Examiner* kündigte er an, dass er Marilyn zum Star machen werde. Marilyn brach die PR-Tour auf halbem Wege ab, weil sie keine Lust mehr hatte, und kehrte nach Los Angeles zurück.

COX, WALLY (1924–1973)

Marilyn verlangte für ihren Freund Wally Cox ausdrücklich eine Rolle in SOMETHING'S GOT TO GIVE. Bis dahin hatte Cox fürs Fernsehen gearbeitet, wo seine bekannteste Rolle die des „Mr. Peepers" von 1952 bis 1955 war. Marilyn setzte sich gegen die Produzenten durch, die ursprünglich Don Knotts für die Rolle vorgesehen hatten.
Cox war ein enger Freund von MARLON BRANDO und seit Marilyns Rückkehr nach Los Angeles (1960) auch mit ihr gut befreundet.

CRAFT, ROY

„Sie besaß eine starke Anziehungskraft. Wenn sich 15 Männer mit ihr in einem Raum aufhielten, war jeder einzelne davon überzeugt, dass er derjenige sei, auf den sie warten würde, wenn die anderen gingen."

Als Assistent von HARRY BRAND in der PR-abteilung der Fox wirkte Craft von Norma Jeanes erstem Filmvertrag bis zum großen Kalenderskandal (siehe CALENDAR) an der Werbung für dieses neueste Sexidol des Studios und der Schaffung ihrer Legende mit. Crafts Aufgabe war es, die Aufmerksamkeit der Öffentlichkeit auf Marilyn zu lenken, indem er die Presse mit Informationen und Details aus der Biografie fütterte. Außerdem war er dafür zuständig, bei Skandalen Schadensbegrenzung zu betreiben – etwa bei dem um Marilyns Mutter (das Studio hatte sie als Waise verkauft) und um den Akt-Kalender. Einer von Crafts folgenreichsten Werbegags war ihr Foto mit Baseballspielern der Chicago White Sox, das JOE DIMAGGIO erstmals auf sie aufmerksam machte. Man munkelte auch, er sei für einige von Marilyns kesseren Äußerungen der Presse gegenüber verantwortlich gewesen.

CRAWFORD, JOAN
(1904–1977, GEB. ALS LUCILLE FAY LE SUEUR, AUCH BEKANNT ALS BILLIE CASSIN)

Wie Marilyn war auch Joan ein Mädchen aus armen Verhältnissen, das in einer Filmkarriere eine Aufstiegsmöglichkeit sah. Mit diesem Ziel vor Augen soll sie in ihrer Jugend sogar als Nackttänzerin aufgetreten sein und in Pornofilmen mitgespielt haben. Jahre später verwandte sie viel Zeit und Mühe darauf, diese Pornofilme aufzukaufen – von denen einer den treffenden Titel *The Casting Couch* trug. MGM soll eine halbe Million Dollar aufgebracht haben, um jede erhaltene Kopie zu erwerben.

Nachdem MGM sie 1925 unter Vertrag genommen hatte, veranstaltete die Zeitschrift *Movie Weekly* ein Preisausschreiben zwecks Neutaufe des frisch gebackenen Starlets – der Name „Joan Crawford" machte das Rennen (auch Marilyn wurde sofort nach Unterzeichnung ihres ersten Studiovertrags umgetauft). Das war der Beginn einer 45-jährigen Karriere, in deren Verlauf Joan im Topstar und Kassenschlager blieb, ob als romantische junge Heldin oder lebenskluge Femme fatale. Das von ihrer Adoptivtochter verfasste Buch *Mommie Dearest – Meine liebe Rabenmutter* bereicherte ihre Legende um die Facette der tyrannischen Mutter. Die Crawford erhielt 1945 einen Oscar für *Mildred Pierce – Solange ein Herz schlägt* und spielte in vielen unvergesslichen Filmen wie *Grand Hotel – Menschen im Hotel* und *Rain – Regen* (beide 1932), *Possessed – Hemmungslose Liebe* (1947), *Sudden Fear – Maskierte Herzen* (1952) und *Whatever Happened to Baby Jane? – Was geschah wirklich mit Baby Jane?* (1962).

Marilyn lernte Joan Crawford in ihrer Starlet-Zeit bei JOSEPH SCHENCK kennen.

Joan Crawford, die damals schon 20 Jahre Starerfahrung besaß, wollte Marilyn offenbar unterstützen. Marilyn nahm die Einladung in ihr Haus an, war aber nicht allzu begeistert, als die Crawford anfing, sie darüber zu belehren, was sie anziehen solle und was nicht. FRED LAWRENCE GUILES berichtet, Crawford habe bei der Gelegenheit auch versucht, das hoffnungsvolle junge Starlet zu verführen.

Bis zu ihrer nächsten Begegnung vergingen mehrere Jahre, in denen Marilyn zur heißesten Neuerrungenschaft Hollywoods aufstieg. Für die Verleihung ihrer *Photoplay*-Auszeichnung als „Aufsteigerin des Jahres 1952" (am 9. März 1953) ließ Marilyn ein verführerisches, tief ausgeschnittenes Goldlamékleid anfertigen. Sie stand den ganzen Abend im Mittelpunkt.

Die Schlagzeilen des nächsten Tages strotzten vor Hollywood-typischer Gehässigkeit, allen voran die scharfe Attacke von Joan Crawford (die angesichts ihrer eigenen Vergangenheit erstaunt): „Sie macht den

George Cukor mit Marilyn bei den Dreharbeiten zu *Something's Got to Give*, 1962.

Fehler, ihre eigene Werbung zu glauben. Jemand sollte ihr erklären, dass die Öffentlichkeit zwar etwas für provokante weibliche Persönlichkeiten übrig hat, aber auch gerne wissen möchte, dass die Schauspielerinnen hinter all dem doch Damen sind." Deutlicher wurde sie einem AP-Journalisten gegenüber: „An meinen Brüsten ist nichts auszusetzen, aber ich fuchtele den Leuten damit nicht im Gesicht herum."

In der Kolumne von LOUELLA PARSONS erschien folgende Erwiderung Marilyns: „Ich kenne Miss Crawford nicht sehr gut, doch für mich war sie immer ein Inbegriff der Freundlichkeit und des Verständnisses. Zuerst dachte ich nur, *warum* hat sie es ausgerechnet auf mich abgesehen? Sie ist ein großer Star. Ich bin nur eine Anfängerin. Später dachte ich, dass sie impulsiv reagiert hat, ohne nachzudenken."

Es gelang ihr, die Presse zu besänftigen, doch der Streit zwischen Joan Crawford und Hollywoods neuem Sexidol war damit nicht beigelegt. So blieb Crawford im November 1954 der für Marilyn veranstalteten Party bei Romanoff's, bei der ganz Hollywood sie als neuen Star feierte, demonstrativ fern.

CROSBY, BING
(1905–1977, GEB. ALS HARRY LILLIS CROSBY)

Der berühmte Sänger und Schauspieler, dessen Hollywood-Karriere 40 Jahre umfasste, hatte einen Gastauftritt in Marilyns Film LET'S MAKE LOVE (1960).

Marilyn soll sich angeblich am Wochenende des 24. März 1962 mit JOHN F. KENNEDY in Crosbys Domizil in PALM SPRINGS getroffen haben.

CRYSTAL STAR AWARD

1959 erhielt Marilyn diesen höchsten französischen Filmpreis als „beste ausländische Schauspielerin" für ihren Auftritt in THE PRINCE AND THE SHOWGIRL (1957). Die Verleihung erfolgte im französischen Filminstitut. ARTHUR MILLER bemerkte einmal, dass nur die Franzosen seine Frau richtig zu würdigen wüssten – die Amerikaner seien zu puritanisch, um einer schönen Frau, einem bloßen Sexidol, Talent und Intelligenz zuzugestehen.

CUKOR, GEORGE (1899–1983)

„Sie hatte dieses feine Gespür fürs Komödiantische… sie tat so, als ob sie nicht ganz verstünde, warum etwas komisch sei."

„Vielleicht gibt es einen speziellen Begriff für das, was ihr fehlte. Ich weiß es nicht, aber um die Wahrheit zu sagen: Ich glaube, sie war ziemlich verrückt. Die Mutter war verrückt und die arme Marilyn auch."

Cukor erlernte sein Handwerk am Broadway, bevor Hollywood ihn rief. Im Laufe von fünf Jahrzehnten erwarb er sich einen Ruf als Regisseur für sensible und literarische Stoffe. Er zeichnete sich aber auch durch seinen geschickten Umgang mit „schwierigen" Filmdiven aus: Er hatte bereits mit Katharine Hepburn, Constance Bennett, VIVIEN LEIGH, Ingrid Bergman, Ava Gardner, Sophia Loren und JUDY GARLAND gedreht, bevor er mit Marilyn an dem eher enttäuschenden LET'S MAKE LOVE (1960) und dem abgebrochenen Katastrophenprojekt SOMETHING'S GOT TO GIVE arbeitete.

Cukor stand auf der Auserwähltenliste „genehmer" Regisseure (siehe DIRECTORS), die Marilyn der Fox Ende 1955 übergab. Sie hatte zwar noch nie mit ihm gearbeitet, war aber von seinem Ruf beeindruckt. Viele Jahre zuvor hatte Marilyn während ihres kurzen Zwischenspiels bei COLUMBIA Probeaufnahmen zu *Born Yesterday – Die ist nicht von gestern* absolviert – ohne Erfolg.

Cukor war als Regisseur für THE PRINCE AND THE SHOWGIRL (1957) vorgesehen, bevor LAURENCE OLIVIER den Job übernahm. So kam

Marilyn und Tony Curtis in *Some Like It Hot* (1959).

es erst vier Jahre später, bei *Let's Make Love*, zur ersten Zusammenarbeit mit Marilyn. Wie immer herrschten Spannungen während der Dreharbeiten. Nachträglich gab Cukor zu, er habe „überhaupt keinen richtigen Kontakt zu ihr herstellen können. Alles, was ich tun konnte, war, ein ihr zuträgliches Klima zu schaffen." Dennoch fand er sie „überwältigend auf der Leinwand und am Schluss des Films sehr wohlwollend zu allen, mit denen sie gearbeitet hatte".

Bei *Something's Got to Give* wurde es eher noch schlimmer. Marilyns Vertrauen in Cukor – den sie vorgeschlagen hatte – verflog nur zu bald, derweil sie über Drehbuchänderungen stritten und er versuchte, mit ihrem häufigen Fehlen bei den Dreharbeiten fertig zu werden. NUNNALLY JOHNSON, dem ursprünglichen Drehbuchautor, zufolge „fürchtete Marilyn Cukor, und er verabscheute sie". Das Studio gab Cukor den Laufpass und zog stattdessen JEAN NEGULESCO hinzu,

noch bevor es Marilyn feuerte und die Produktion einstellte.

Cukor erhielt einen Oscar für *My Fair Lady* (1963) und Oscar-Nominierungen für *Little Women – Vier Schwestern* (1933), *The Philadelphia Story – Die Nacht vor der Hochzeit* (1940), *A Double Life – Ein Doppelleben* (1947) und *Born Yesterday – Die ist nicht von gestern* (1950). Weitere Regiearbeiten: *Dinner at Eight – Dinner um acht* (1933), *David Copperfield* (1935), *Holiday* (1937), *Adam's Rib – Ehekrieg* (1949) und *A Star is Born* (1954).

CURTIS, TONY
(GEB. 1925 ALS BERNARD SCHWARZ)

Curtis wuchs in der Bronx auf, diente bei der Marine und finanzierte sich selbst sein Schauspielstudium, bevor er nach Hollywood kam. Seine Filmkarriere begann mit *Criss Cross – Gewagtes Alibi* (1949), zwei Jahre nach Marilyns Debüt. In den 1950ern war er ein beliebter Actionstar, bevor BILLY WILDER sein komisches Talent ans Licht brachte, indem er ihn und JACK LEMMON in Frauenkleider steckte und ihnen Marilyn zur Seite stellte.

Curtis errang 1958 mit *The Defiant Ones – Flucht in Ketten* eine Oscar-Nominierung und erntete großes Lob für *Spartacus* (1960) und *The Boston Strangler – Der Frauenmörder von Boston* (1968).

Curtis' Bemerkung: „Marilyn zu küssen war, als küsse man Hitler" – nach ihrer Zusammenarbeit bei SOME LIKE IT HOT (1959) – brachte ihm mindestens so viel Beachtung ein wie seine unvergessliche Darbietung in diesem Film. Aus dieser Äußerung sprach vermutlich völlige Entnervung, nachdem er stundenlang auf Marilyn hatte warten oder bis zu fünfzig Aufnahmen einer Szene hatte durchstehen müssen, bis Marilyn ihren Text richtig hinbekam. In seiner Autobiografie *Ich mag's heiß* schreibt Curtis, Marilyn habe sich damals in einem Zustand nervöser Erschöpfung befunden und offenbar unter der Wirkung von Tabletten und Alkohol gelitten. Er schreibt auch, sein Hitler-Zitat sei „bloß eine beiläufige Bemerkung" gewesen, der man viel zu viel Aufmerksamkeit geschenkt habe. Zudem behauptete er, Marilyn und er hätten einmal eine gemeinsame Nacht im Haus eines ungenannten Freundes in Malibu ver-

bracht. Natürlich war Marilyn über diese krasse Verunglimpfung verärgert, doch trug sie ihre Kämpfe selten in der Öffentlichkeit aus. Ihre kühle Erwiderung lautete: „Das mit dem ‚Hitler küssen' hat er nur gesagt, weil ich hübschere Kleider tragen durfte als er." Etwas ernsthafter soll sie später Reporter RICHARD MERYMAN erklärt haben: „Sie haben gelesen, dass ein Schauspieler mal gesagt hat, mich zu küssen wäre, als ob man Hitler küsse. Nun, ich denke, das ist sein Problem. Wenn ich intime Liebesszenen mit jemandem spielen muss, der mir gegenüber solche Gefühle hegt, dann setze ich meine Fantasie ein. Mit anderen Worten: In meiner Fantasie war er überhaupt nicht anwesend."

Tony Curtis spielte später in einem weiteren Marilyn-Film: 1985 in Nicholas Roegs Filmfassung von *Insignificance – Die verflixte Nacht*. Theresa Russell übernahm die Rolle der Marilyn.

CUSACK, LAWRENCE

Cusack war ein Anwalt, der behauptet, sein Vater, Lawrence Cusack Sr., habe in den 1960ern als vertraulicher Rechtsberater von Präsident JOHN F. KENNEDY fungiert, bevor er 1980 Amtsvormund von Marilyns Mutter GLADYS BAKER wurde.

Cusack jr. will zufällig auf eine Akte mit handschriftlichen Aufzeichnungen über die Beziehungen zwischen Kennedy, seinem Bruder ROBERT KENNEDY und Marilyn Monroe gestoßen sein. Diese Dokumente gaben angeblich Aufschluss über Verbindungen zwischen dem Präsidenten und MAFIA-Boss SAM GIANCANA sowie einen Versuch Kennedys, die aufgeregte Marilyn durch ein Schweigegeldangebot mundtot zu machen.

Cusack erzielte zwischen 1993 und 1997 durch den Verkauf dieser Dokumente an Sammler einen geschätzten Nettogewinn von sieben Millionen Dollar.

Die Fälschung wurde erst bei Echtheitsprüfungen für ein Buch über die Kennedys von Pulitzer-Preisträger Seymour Hersch aufgedeckt. Als verräterisch erwiesen sich ein maschinegeschriebenes Dokument, das Spuren einer Lift-off-Korrekturbandtechnik aufwies, die es in den frühen 1960ern noch nicht gab, und die Verwendung von Postleitzahlen, die erst 1963 eingeführt wurden.

D

DANCING – Tanzen

Marilyns erster Mann JAMES DOUGHERTY erzählte, wie sich seine schüchterne junge Frau, wenn sie mit Freunden zusammen waren und ein paar Platten auflegten, vor seinen Augen in eine Tänzerin verwandelte, die mit unermüdlicher Begeisterung im Kreis herumwirbelte.

Auf ihrem Bewerbungsformular für die BLUE BOOK MODELING AGENCY gab Norma Jeane als besonderes Talent an, sie könne „ein bisschen tanzen".

Dennoch gehörten die Tanzeinlagen ihrer Filme zu den Dingen, vor denen Marilyn bei den Dreharbeiten am meisten Angst hatte. Ab GENTLEMEN PREFER BLONDES (1953) arbeitete Marilyn ausschließlich mit ihrem Choreografen und guten Freund JACK COLE, der sie die Szenen in einem Tempo proben ließ, mit dem sie gut zurechtkam. Arthur Murray ließ sich durch ihre spektakuläre „Heat

Marilyn in einer Tanzszene in *Let's Make Love* (1960).

Choreograf Jack Cole arbeitete mit Marilyn intensiv an den Tanznummern für *Let's Make Love* (1960).

Wave"-Nummer in THERE'S NO BUSINESS LIKE SHOW BUSINESS (1954) zur Erfindung eines „Marilyn Monroe Mamba" anregen.

TANZTRAINER
Jack Cole
Charles Henderson
Mara Lynn
Mildred Ann Mauldin

DANGEROUS YEARS (1947)

Während ihrer Anfangszeit bei der TWENTIETH CENTURY-FOX bekam Marilyn in diesem im Mai 1947 gedrehten Film ihre erste Sprechrolle. Sie spielte eine durchsetzungsfähige Kellnerin in einem Halbstarken-Lokal namens Gopher Hole.

Dies war nicht Marilyns erster Film, aber ihr erster, der landesweit in die Kinos kam (im Dezember 1947, als ihr Vertrag mit Fox schon ausgelaufen war). Marilyn stand auf Platz 14 der Besetzungsliste.

Produktionsdaten:
Twentieth Century-Fox
schwarz-weiß
Länge: 62 Minuten
Kinostart: 7. Dezember 1947

Crew:
Regie: Arthur Pierson
Produktion: Sol M. Wurtzel
Koproduktion: Howard Sheehan
Drehbuch: Arnold Belgard
Kamera: Benjamin H. Kline
Schnitt: Frank Baldridge
Schnittassistenz: William F. Claxton
Musik: Rudy Schrager
Art Direction: Walter Koessler

Besetzung:
William Halop … Danny Jones
Ann E. Todd … Doris Martin
Jerome Cowan … Weston
Anabel Shaw … Connie Burns
Richard Gaines … Edgar Burns
Scotty Beckett … Willy Miller
Darryl Hickman … Leo Emerson
Harry Shannon … Richter Raymond

William Halop mit Marilyn in *Dangerous Years* (1947).

Dickie Moore … Gene Spooner
Donald Curtis … Jeff Carter
Harry Harvey Jr. … Phil Kenny
Gil Stratton Jr. … Tammy McDonald
Joseph Vitale … August Miller
Marilyn Monroe … Evie
Nana Bryant … Miss Templeton
Mimi Doyle … Reporterin
Tom Kennedy … Adamson
Lee Shumway … Alec
Claire Whitney … Frau

Handlung:
Danny Jones (William Halop) ist ein junger Rowdy, der die Bemühungen eines Jugendclubs unterminiert, die Halbstarken einer Kleinstadt „in ihren gefährlichen Jahren" von der Straße zu holen. Jones heuert eine Reihe von Jugendlichen an, die ihm bei einem Raubüberfall helfen sollen. Marilyn hat hier eine kleine Rolle als patzige Kellnerin Evie in einer Bar, in der sich die „schweren" Jungs treffen. Es geschieht ein Mord; Danny wird verhaftet und muss infolge komplizierter familiärer Verwicklungen um Waisen und unbekannte Elternschaften den Kopf hinhalten.

Kritik:
Motion Picture Herald
„Dieses von Arthur Pierson überzeugend inszenierte Melodram ergründet auf interessante Weise Ursachen der Jugendkriminalität und Maßnahmen zu ihrer Bekämpfung."

DARBY, DEN (1909–1992)

Darby arbeitete mit Marilyn als Stimmbildner und Texter bei GENTLEMEN PREFER BLONDES (1953), RIVER OF NO RETURN (1954), THERE'S NO BUSINESS LIKE SHOW BUSINESS (1954) und BUS STOP (1956). Als Komponist und Arrangeur der TWENTIETH CENTURY-FOX erhielt Darby Oscar-Nominierungen u. a. für *Bus Stop* und gewann Oscars für *The King and I – Der König und ich* (1956), *Porgy and Bess – Porgy und Bess* (1959) und *Camelot* (1967).

D'ARCY, ALEX
(1908–1996, GEB. ALS ALEXANDER SARRUF)

Aus Ägypten stammender Schauspieler, der in HOW TO MARRY A MILLIONAIRE (1953) mit Marilyn spielte. Kennen gelernt hatte er sie als Norma Jeane, die mit seinem Freund, dem Fotografen ANDRE DEDIENES, arbeitete.
Bei den Dreharbeiten lobte D'Arcy Marilyns komödiantisches Timing, um ihr labiles Selbstvertrauen zu stärken. Von einem gemeinsamen Abendessen erzählte er: „Ich blickte in diese wundervollen Augen und sah nur ein verängstigtes kleines Mädchen. Ich musste den Blick abwenden, um mein plötzliches Mitleid zu verbergen."

DARRACH, BRAD

1956 ließ sich Marilyn zu Publicityzwecken für BUS STOP von diesem *Time*-Journalisten im Bett ihrer Suite im CHATEAU MARMONT HOTEL interviewen.
Darrach erzählte dem Biografen ANTHONY SUMMERS:

„Sie war Marilyn und einigermaßen hübsch. Und da waren natürlich dieser

Alex D'Arcy und Marilyn in *How to Marry a Millionaire* (1953).

außerordentliche, ausladende Busen und ausladende Hintern. Ich habe nie einen Hintern wie ihren gesehen, er war wirklich bemerkenswert. Trotzdem habe ich keinerlei sexuelle Verlockung verspürt.
Ihre Haut weckte in mir nicht den Wunsch, sie zu berühren. Sie sah angespannt und etwas ungesund aus, als ob irgendeine nervöse innere Hitze ihre Haut austrockne. Aber es ging keine sexuelle Ausstrahlung von ihr aus. Ich bin sicher, das war etwas, das sie nur für die Kamera aufsetzte."

DAVID DI DONATELLO AWARD

Marilyn empfing diesen renommiertesten italienischen Filmpreis als „Beste Darstellerin eines ausländischen Films" am 13. Mai 1959 im italienischen Kulturinstitut in New York für THE PRINCE AND THE SHOWGIRL (1957). Vierhundert Zuschauer waren dabei, als Institutsleiter Filippo Donini ihr den Preis überreichte.

DAVIDSON, BRUCE (GEB. 1933)

MAGNUM-Fotograf, der bei LET'S MAKE LOVE (1960) und THE MISFITS (1961) Standfotos schoss. Seine bekanntesten Marilyn-Fotos zeigen die Millers und die Montands in zwangloser Runde.

DAVIS, BETTE
(1908–1989, GEB. ALS RUTH ELIZABETH DAVIS)

Bette Davis gehörte bis Ende der 1940er-Jahre zu Hollywoods verlässlichsten Kassenschlagern. Auch 1950, als sie in ALL ABOUT EVE spielte, war die für ihre dramatische Intensität berühmte Davis noch ein starker Publikumsmagnet. Marilyn trat in ihrer kleinen, aber markanten Rolle in diesem Film in einigen Szenen mit dem großen Star auf.
Bette Davis' Karriere bescherte ihr ein halbes Dutzend Oscar-Nominierungen u. a. für: *The Little Foxes – Die kleinen Füchse* (1941), *All About Eve* (1950) und *Whatever Happened to Baby Jane? – Was geschah wirklich mit Baby Jane?* (1962) – und zwei Oscars für *Dangerous* (1935) und *Jezebel – Jezebel - die boshafte Lady* (1938).

DAVIS, SAMMY JR. (1925–1990)

Dieser beliebte Allround-Entertainer, der sich selbst einmal als „einäugigen jüdischen Neger" bezeichnete, soll Mitte der 1950er-Jahre eine Affäre mit Marilyn gehabt haben. Auch heißt es, Marilyn habe vor ihrem Tod mit Davis und anderen Mitgliedern des RAT PACK in Verhandlungen über eine Hauptrolle in einem Gangsterfilm gestanden.
Nach ihrem Tod bemerkte er in seiner eigenwilligen Art: „Sie hängt wie eine Fledermaus in den Köpfen der Männer, die ihr begegnet sind, und keiner von uns wird sie je vergessen."

DAY, DORIS
(GEB. 1924 ALS DORIS VON KAPPELHOFF)

Doris Day war gewissermaßen eine Anti-Marilyn. Nach ihrem turbulenten Debüt in *Romance on the High Seas – Zaubernächte in Rio* (1948) perfektionierte sie in einer Reihe harmloser Beziehungskomödien der 1960er-Jahre ihr Image der ewigen Jungfrau. GROUCHO MARX witzelte einmal: „Ich bin schon so lange dabei, dass ich mich an Doris Day erinnern kann, als sie noch keine Jungfrau war."
Obwohl sie meist sehr unterschiedliche Rollen spielten, kreuzten sich Doris Days und Marilyns Berufswege mindestens zweimal.

Anne Baxter, Bette Davis, Marilyn und George Sanders (von links nach rechts) in *All About Eve* (1950).

Magnum-Fotograf Bruce Davidson machte diese berühmten Fotos von Marilyn, Arthur Miller, Simone Signoret und Yves Montand beim gemeinsamen Essen in einem Bungalow des Beverly Hills Hotels während der Dreharbeiten zu *Let's Make Love* (1960).

Mehr als ein Jahr vor Marilyns Ankündigung, MARILYN MONROE PRODUCTIONS werde mit LAURENCE OLIVIER die Verfilmung von Terence Rattigans Stück *The Sleeping Prince – Der schlafende Prinz* herausbringen, hatten Doris Day sowie ihr Mann und Produzent Marty Melcher diesen als ihren nächsten Film auserkoren. Die Day revanchierte sich, indem sie ihre einzige Oscar-Nominierung mit *Pillow Talk – Bettgeflüster* (1959) gewann, in einer Rolle, für die sich auch Marilyn interessiert haben soll.

Nach Marilyns Tod schrieb die TWENTIETH CENTURY-FOX Marilyns abgebrochenes letztes Projekt SOMETHING'S GOT TO GIVE unter dem Titel *Move Over Darling – Eine zuviel im Bett* (1963) für Doris Day um. Anerkennung errang Doris Day mit *Calamity Jane – Schwere Colts in zarter Hand* (1953) und *That Touch of Mink – Ein Hauch von Nerz* (1962). Von 1968 bis 1972 hatte sie ihre eigene Fernsehshow.

DEATH – Tod

ARTHUR MILLER:
„Bei aller Unbekümmertheit und allem Humor war der Tod immer und überall ihr Begleiter; vielleicht verlieh ihr seine uneingestandene Anwesenheit etwas Ergreifendes: ein Mensch, der sich am Rande des Abgrunds bewegte."

GLORIA STEINEM:
„Das Tragischste ist, dass all die Zeit, Mühe und Besessenheit, die aufgewendet wurden, um Marilyns Tod zu erklären, kaum dazu beigetragen haben, ihr Leben zu erklären."

Hätte sich Marilyns Legende weiterentwickelt und überdauert, wenn sie keinen so vorzeitigen und rätselhaften Tod gefunden hätte? Das lässt sich wohl ebenso wenig beantworten wie die Frage nach den genauen Umständen ihres Todes. Immer noch erscheinen mehrere Marilyn-Biografien pro Jahr; viele davon widmen ihrem Tod Hunderte von Seiten, ihrem Leben nur wenige Dutzend. Man glaubt es kaum, doch selbst nach 40 Jahren wird immer wieder mit „neuem Beweismaterial" geworben.

Selbst Marilyns Todesdatum ist umstritten. Nach dem Bericht des Leichenbeschauers (siehe CORONERS) wurde Marilyn am 5. August 1962 um 3:50 Uhr von ihrem Hausarzt Dr. Hyman Engelberg für tot erklärt. Die fortgeschrittene Totenstarre ließ jedoch darauf schließen, dass Marilyn irgendwann am Abend des 4. August, vielleicht bis zu acht Stunden vor dem offiziellen Zeitpunkt, starb. Nach ANTHONY SUMMERS Biografie *Goddess – Marilyn Monroe. Die Wahrheit über ihr Leben und Sterben* (1986) wurde ihr PR-Manager ARTHUR JACOBS am 4. August zwischen 22 und 23 Uhr aus einem Konzert im Hollywood Bowl geholt, um den absehbaren Rummel um Marilyns Tod in die Hand zu nehmen.

Der erste Polizeibeamte am Ort des Geschehens war Sergeant JACK CLEMMONS. Kurz darauf traf der Kriminalbeamte Robert E. Byron ein, der DR. RALPH GREENSON, Dr. Engelberg und EUNICE MURRAY vernahm. Der Kriminalbeamte Don Marshall suchte erfolglos nach einem Abschiedsbrief und befragte Marilyns nächste Nachbarn, Mr. und Mrs. Abe Landau, die angaben, in der Nacht nichts Ungewöhnliches gehört zu haben. Anschuldigungen, am Morgen nach Marilyns Tod ha-

be sich jemand an ihren persönlichen Papieren zu schaffen gemacht und sie vernichtet, wurden von den Polizeibeamten, die den ganzen Tag vor Ort waren, zurückgewiesen. Doch erwähnt DONALD SPOTO in seiner Biografie Papiere, die er aus dem Nachlass von Marilyns Managerin INEZ MELSON erworben habe, die diese am Tag nach dem Tod aus dem Haus mitgenommen haben will.

Bei den gerichtsmedizinischen Untersuchungen fand man in Marilyns Blut 8 mg Chloralhydrat und 4,5 mg Nembutal, während die Untersuchung der Leber die deutlich höhere Nembutal-Konzentration von 13 mg ergab. Die von dem Leichenbeschauer Theodore J. Curphey und dem Toxikologen R. J. Abernethy vertretene offizielle Erklärung, Marilyns Todesursache sei „wahrscheinlich Selbstmord", stützte sich vor allem auf die Aussagen von Greenson und Murray. Kritiker verweisen darauf, der Darmtrakt sei nicht gründlich genug untersucht worden, um zu belegen, auf welchem Wege die tödliche Überdosis verabreicht wurde, und vermissen die Bestätigung eines schweren Blutergusses im unteren Lendenbereich.

Ungereimtheiten in den Aussagen der in jener Nacht Anwesenden und Verdächtigungen, weitere Personen hätten eine nebulöse Rolle bei den Vorgängen gespielt, haben eine Unzahl von Verschwörungstheorien (siehe CONSPIRACY) hervorgebracht. Praktisch alle sind sich einig, dass, ob es sich nun um ein Verbrechen handelte oder nicht, irgendetwas vertuscht wurde (siehe COVER-UP).

Verfechter der Mordtheorie stützen sich auf die abweichenden Medikamentenkonzentrationen in Blut und Leber und die Tatsache, dass keine Tablettenrückstände im Magen gefunden wurden. Allerdings erläuterte der Gerichtsmediziner Thomas Noguchi, der die Obduktion durchführte, 1976 der Zeitschrift *Oui*, Marilyns Stoffwechsel habe die 30 oder 40 eingenommenen Tabletten besonders schnell absorbiert, weil er so gut auf ihren Medikamentenmissbrauch, vor allem auf das Nembutal, eingestellt gewesen sei. Falls versucht wurde, Marilyn wieder zu beleben, wie es ehemalige Angestellte des Schaefer AMBULANCE Service behaupteten, und dabei eine Magenpumpe benutzt wurde, könnte auch dies das Fehlen von Tablettenrückständen erklären.

Dennoch gibt es Mutmaßungen, die tödliche Barbituratdosis sei gegen Marilyns Willen zugeführt worden, etwa mittels Spritze oder Klistier, was ein Grund für die auffallende Verfärbung des Dickdarms sein könnte. Als wären diese noch nicht genug widerstreitende Theorien, kursieren auch Behauptungen, Marilyns Leiche habe Symptome einer Blausäurevergiftung aufgewiesen.

WIE MARILYN STARB: DIE THEORIEN

„Selbstmord" lautet das amtliche Urteil. Marilyn war für ihre Medikamentenabhängigkeit bekannt, kam leicht an große Tablettenmengen heran und hatte mehrfach versucht sich umzubringen. Verfechter der Selbstmordtheorie nennen als Gründe ihre Bedrücktheit über berufliche Probleme, Einsamkeit oder Verzweiflung, weil einer oder beide Kennedy-Brüder sie fallen gelassen hätten. Für Leichenbeschauer Thomas Noguchi war Marilyn eine typische Selbstmordgefährdete. Ob sie sich wirklich umbringen wollte, ist eine andere Frage; alle früheren Versuche, bei denen sie gerettet wurde, waren eher Hilfeschreie. Für Barbara Leaming war es eine

Verzweiflungstat, weil Marilyn am Abend von ihrem Psychiater allein gelassen wurde. Auch Fred Lawrence Guiles glaubt an Selbstmord.

Daneben gibt es zahlreiche Mordtheorien. Viele sind überzeugt, dass Marilyn ihre Zukunft positiv sah und keinen Grund hatte, sich das Leben zu nehmen. Nur einen Monat vor ihrem Tod sagte sie dem Fotografen George Barris: „Was mich betrifft, ist jetzt die glücklichste Zeit. Es gibt eine Zukunft, und ich kann sie kaum erwarten."

Die meisten verdächtigen, direkt oder indirekt, die Kennedys. Diese beliebte Theorie wurde zuerst von dem rechts gerichteten Autor Frank A. Capell aufgebracht, der schon 1964 Robert Kennedy, den „kommunistische Verschwörer" unterstützt hätten, beschuldigte. Robert Slatzer und andere behaupten, Kennedy habe Marilyn zum Schweigen bringen wollen, bevor sie von ihren Affären mit dem Justizminister und dem Präsidenten erzählte. Anthony Summers malt widerstreitende Szenarien aus und kommt zu dem Schluss: „Wahrscheinlich wurde in jener Nacht kein Schwerverbrechen verübt, obwohl es höchst ungesetzlich war, Marilyns Leiche zu ihrem Haus zurückzubringen, und die Vernichtung des Abschiedsbriefs durch Lawford einen eindeutigen Gesetzesverstoß darstellt." James Haspiel führt Abhörbänder aus Marilyns Haus als Beweis an, dass Kennedy sie mit einem Kissen erstickt habe.

Bobby ist nicht der einzige der Kennedys, der angeklagt wird. Auch sein Bruder John F. Kennedy wurde verdächtigt, Killer geschickt haben, um Marilyn mundtot zu machen. Milo Speriglio verdächtigte außerdem den Patriarchen Joseph Kennedy und vermutete, dass die Mafia ihre Hand im Spiel hatte. Die Mafia-Mordtheorien erhielten Auftrieb, als Chuck Giancana 1992 seinen Bruder, den Mafia-Boss Sam Giancana, in seinem Buch beschuldigte, er habe Marilyn ermorden lassen, um den Kennedys eins auszuwischen. Auch Gewerkschaftschef Jimmy Hoffa, Fidel Castro, CIA-Alleingänger, linke Splittergruppen und J. Edgar Hoover wurden mit Marilyns Tod in Verbindung gebracht, in völlig grotesken Täter-Allianzen.

Andere verdächtigen Marilyns Analytiker Greenson, der auch in den Kennedy-Theorien oft beschuldigt wird, die tödliche Dosis verabreicht zu haben. Donald Spoto hält Greenson zumindest moralisch für verantwortlich, da er Marilyn in Unkenntnis der Barbituratmenge, die sie an dem Tag schon zu sich genommen hatte, ein Medikamentenklistier gegeben habe (oder durch Haushälterin Eunice Murray habe geben lassen), das sie umbrachte: „Zum Entsetzen aller Beteiligten wurde das, was vielleicht als langer, tiefer Schlaf beabsichtigt war, Marilyns Tod." 1986 behauptete ein Krankenwagen-Fahrer, er und ein Kollege hätten die komatöse Marilyn wieder belebt, woraufhin jedoch Dr. Greenson ihr mit einer riesigen Spritze eine tödliche Injektion gegeben habe.

DE DIENES, ANDRE (1913–1985)

Der in Siebenbürgen geborene de Dienes war 32 Jahre alt, als er Marilyn kennen lernte. Bevor ihn David O. Selznick nach Hollywood holte, hatte der muskulöse Fotograf mit den blauen Augen in Rom, Paris und London gelebt und gearbeitet.

Er schildert ihr erstes Treffen in seinem Buch *Marilyn Mon Amour*, sie trug demnach „einen knappen rosa Pulli, ein passendes Band in den Locken und eine Hutschachtel in der Hand. Mit ihrem kindlichen Lächeln und klaren Blick war sie absolut bezaubernd."

Seine ersten Fotos von ihr machte de Dienes 1945: als Anhalterin an der Route

Auf diesem 1945 von André de Dienes aufgenommenen Foto ist Norma Jeane 19 Jahre alt.

101 in North Hollywood, mit einem Lämmchen auf einer Wiese, in Jeans und roter Bluse, in Shorts und Pulli am Strand von Malibu.

Später gingen sie auf längere Fototouren. Norma Jeane verweigerte sich ebenso seinem Wunsch, sie nackt zu fotografieren, wie seinen Komplimenten, Avancen und unter der Tür durchgeschobenen Briefchen, auf denen Dinge standen wie: „Komm zu mir, wir werden uns lieben. Du wirst nicht enttäuscht sein."

Doch auf ihrer Reise durch den Westen, mit Abstechern nach Las Vegas, ins Mojave Desert, den Yosemite und nach Oregon, wo de Dienes sie zu einem Besuch bei ihrer Mutter begleitete, geschah das Unvermeidliche dann doch, als sie eines Nachts kein Motel mit zwei getrennten Zimmern finden konnten. Marilyn erinnerte sich später: „Tatsächlich ging es mir zu Beginn der Reise nur ums Geschäftliche [sie erhielt 200 Dollar Pauschalhonorar]. Doch André hatte anderes im Sinn."

Schauspieler ALEX D'ARCY, der damals mit de Dienes bekannt war, zweifelte nicht daran, dass der Fotograf das junge Mädchen ausnutzte. De Dienes beschreibt jene Nacht in seinem Buch recht schwülstig:

„Ich hatte ihren Körper in meinen Träumen erkundet. Die Realität übertraf all meine Fantasien … Sie schlüpfte in das breite Bett, und ich legte mich dazu. Es schien wie die natürlichste Sache der Welt. Die Nacht gehörte uns. Alles, was sie für mich empfand, Vertrauen, Dankbarkeit, sogar Bewunderung, verschmolz in ihrer Hingabe. Alles war so einfach, so wunderbar. Warum hatten wir gezögert, gewartet, uns dies so lange versagt? Unsere Körper passten so gut zusammen, wie füreinander geschaffen. Ich konnte nicht genug bekommen von dieser seidigen Haut, von ihrem geschmeidigen Körper, gefügig und fordernd zugleich, von unserer gemeinsamen, wiederholten Lust, und dann, als meine Wange ihre streifte, merkte ich, dass sie weinte."

Nach seiner Darstellung war er sehr verliebt in die junge Norma Jeane und wollte sie heiraten. Es sei die Rede davon gewesen, dass sie zu ihm nach New York ziehen solle und vielleicht an der Columbia University Jura studieren würde.

Doch dürfte ihm klar gewesen sein, dass sie sich wohl kaum so fest binden würde, da sie gerade erste Schritte in Richtung ihres Traums machte; außerdem war sie gerade erst von ihrem ersten Mann JAMES DOUGHERTY geschieden.

Wie sie Ende 1946 an eine Freundin schrieb, war sie „jetzt etwas misstrauisch in diesen Heiratsdingen, und außerdem haben sie mich im Studio lieber ledig, zumindest bis ich bekannt geworden bin (wenn es dazu kommt!)".

De Dienes fotografierte Marilyn noch einmal 1949, als sie auf Promotiontour für den Marx-Brothers-Film LOVE HAPPY in New York war. Seine beliebten Aufnahmen vom Tobey Beach zeigen eine strahlende Marilyn, die im einteiligen weißen Badeanzug am Strand herumtollt. Sie entzog sich jedoch seinen Versuchen, ihre Affäre wieder aufleben zu lassen, und blieb ihrem damaligen Gönner JOHNNY HYDE treu. Das letzte Mal begegneten die beiden sich an Marilyns 35. Geburtstag im BEVERLY HILLS HOTEL.

DECORATING – **Einrichtung**

So wie die Männerwelt Blondinen bevorzugt, bevorzugte Marilyn in ihren Wohnungen Weiß, Weiß und nochmals Weiß. Zu Beginn ihrer Karriere, als sie mehr in Hotelzimmern als in eigenen Wohnungen lebte, schuf sie eine persönliche Atmosphäre, indem sie die Bilder ihrer Helden (siehe HEROES) aufhängte. 1951 soll sie das BEVERLY CARLTON HOTEL überredet haben, ihr Zimmer in Burgunderrot, Weiß und Grau einzurichten. Als sie genug Platz hatte, schleppte sie einen weißen Flügel (siehe WHITE PIANO) von Wohnung zu Wohnung, den sie in weiß gestrichenen Räumen auf dicke weiße Teppiche stellte.

Marilyn machte sich mit Begeisterung an die Umgestaltung des Landhauses bei ROXBURY, das sie mit ARTHUR MILLER gekauft hatte. Sie ließ Mansardenfenster einbauen, das Dach anheben und kümmerte sich um die Inneneinrichtung. Ende der 1950er-Jahre bat sie den berühmten Architekten FRANK LLOYD WRIGHT um einen Entwurf für ein neues Haus auf einem gegenüberliegenden Hügel. Außerdem richtete sie mit dem Designer JOHN MOORE ihre und Arthurs New Yorker Wohnung an der East FIFTY-SEVENTH STREET ein, in der sie mehrere Wände mit raumhohen Spiegeln (siehe MIRRORS) verkleidete.

Marilyns letzte Wohnung, am FIFTH HELENA DRIVE, war ein Bungalow im Hacienda-Stil mit mexikanischer Einrichtung, darunter viele Stücke, die Marilyn bei ihrer Mexiko-Reise (siehe MEXICO) 1962 gekauft hatte.

DELONGPRE AVENUE, HOLLYWOOD

Am 1. November 1954 zog Marilyn aus dem Haus am Palm Drive, in dem sie mit JOE DIMAGGIO gewohnt hatte, in eine Luxuswohnung im Haus 8336 DeLongpre Avenue um, wo sie aber nur etwas mehr als einen Monat blieb, während sie Pläne schmiedete, nach NEW YORK zu gehen.

DENEUVE, CATHERINE
(GEB. 1943 ALS CATHERINE DORLEAC)

Frankreichs berühmteste blonde, kühle Frau begann ihre Filmkarriere 1960 und machte

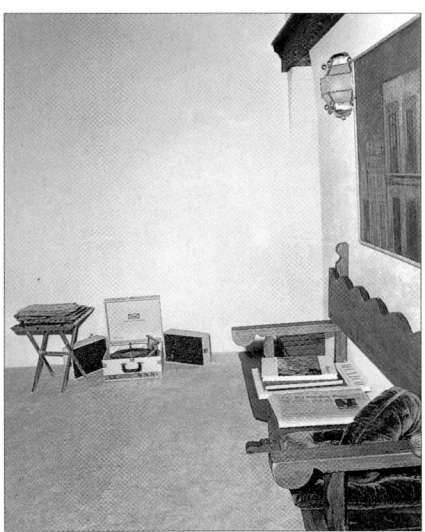

Zimmer in Marilyns mexikanisch eingerichtetem Haus am Fifth Helena Drive in Brentwood, Kalifornien.

sich einen Namen durch Filme wie *Les Parapluies de Cherbourg – Die Regenschirme von Cherbourg* (1964) und *Belle de Jour – Schöne des Tages* (1967).

In den 1980er-Jahren war sie Sprecherin in der Dokumentation (siehe DOCUMENTARIES) *Norma Jeane alias Marilyn Monroe*, die auf einem Interview mit Georges Belmont von 1960 basierte.

DENNY, REGINALD
(1891–1967, GEB. ALS REGINALD LEIGH DAYMORE)

Denny war ein erfolgreicher Bühnen- und Filmdarsteller aus England, der außerdem den ersten funktionstüchtigen unbemannten und ferngelenkten Flugkörper entwickelte und die RADIO PLANE MUNITIONS FACTORY gründete, um seine Erfindung zum Einsatz in der Flugabwehr-Ausbildung zu produzieren. In dieser Fabrik arbeitete Marilyn, als sie von dem Armeefotografen DAVID CONOVER entdeckt wurde, der hier Aufnahmen von Frauen in der Kriegsproduktion machte. Dies war der Beginn ihrer Fotomodellkarriere (siehe MODELING).

Denny hat unter anderem folgende Filme gedreht: *Rebecca* (1940), *Around the World in Eighty Days – In 80 Tagen um die Welt* (1956) und *Cat Ballou – Hängen sollst du in Wyoming* (1965).

DIAMOND, I. A. L.
(1915–1988, GEB. ALS ITEK DOMMNICI)

„Manchmal lief ich ihr über den Weg und wurde herzlich begrüßt, ein andermal blickte sie mich ausdruckslos an, als hätte sie mich noch nie im Leben gesehen. Es war, als versuche man, mit jemanden durch ein Spiegelglasfenster zu kommunizieren."

Dieser in Rumänien geborene Drehbuchautor ist bekannt für seine Komödien, von denen viele mit Regisseur BILLY WILDER verfilmt wurden.

Diamond war Autor bzw. Mitautor von vier Marilyn-Filmen: LOVE NEST (1951), LET'S MAKE IT LEGAL (1951), MONKEY BUSINESS (1952) und SOME LIKE IT HOT (1959). 1960 gewann er einen Oscar mit *The Apartment – Das Appartement*.

DIANA, PRINZESSIN (1961–1997)

Nach ihrem tragischen Tod im August 1997 hat man unzählige Parallelen zwischen Diana und Marilyn hergestellt. Beide waren die meistfotografierten Prominenten ihrer jeweiligen Zeit, und ihr Tod rief in der Öffentlichkeit ungeheure Anteilnahme hervor.

Beide Frauen wurden auf Schritt und Tritt von der Presse (siehe PRESS) verfolgt, beide waren überaus kinderlieb und beide starben unter tragischen Umständen im Alter von 36 Jahren (der Altersunterschied betrug zum Zeitpunkt ihres Todes nur drei Tage). Diana selbst hatte sich in Interviews mehr als einmal mit Marilyn verglichen.

ELTON JOHN schrieb zu Dianas Beerdigung eine abgewandelte Fassung von dem Song „Candle in the Wind", das ursprünglich Marilyn gewidmet war.

DIARY – **Tagebuch**

Seit Marilyns Tod sind ihre Biografen auf der Suche nach dem roten Tagebuch, das sie angeblich im Sommer 1962 kaufte und in dem sie Informationen über ihre Treffen mit ROBERT KENNEDY und wichtige politische Angelegenheiten, die er ihr anvertraute, notiert haben soll. ROBERT SLATZER behauptete, sie habe ihm das Tagebuch gezeigt. LIONEL GRANDISON, der Gehilfe des Leichenbeschauers, gab an, er habe es in den Räumen des Leichenbeschauers gesehen, doch danach verläuft die Spur im Sande. Obwohl das Tagebuch nie wieder auftauchte, haben verschiedene Leute behauptet, es befinde sich in ihrem Besitz. 1982 bot der Antiquitätenhändler Doug Villiers im Namen eines Kunden 150.000 Dollar für die Herbeischaffung des Tagebuchs.

Die Menschen, die Marilyn am nächsten standen – PR-Managerin PAT NEWCOMB, Psychiater DR. RALPH GREENSON und Haushälterin EUNICE MURRAY – bestritten jedoch einhellig, dass Marilyn ein solches Tagebuch geführt habe, und meinten, dies hätte auch nicht zu ihrer desorganisierten Art gepasst. Biograf DONALD SPOTO konnte die Gerüchte über ein Tagebuch bis zu einem 1975 von ANTHONY SCADUTO geschriebenen Artikel zurückverfolgen.

Marilyn 1955 mit Marlene Dietrich und Milton Greene nach der Pressekonferenz zur Ankündigung der bevorstehenden Gründung von Marilyn Monroe Productions.

DIETRICH, MARLENE
(1901–1992, GEB. ALS MARIA MAGDALENA VON LOSCH)

Unvergessliche deutsche Filmdiva, die von Regisseur Josef von Sternberg nach Hollywood mitgenommen wurde, das sie mit ihrer schwülen Sinnlichkeit im Sturm eroberte.

Ihre bekanntesten Filme: *Der blaue Engel* (1930), *Shanghai Express* (1932), *The Scarlet Empress – Die scharlachrote Kaiserin* (1934), *Desire – Perlen zum Glück* (1936), *Destry Rides Again – Der große Bluff* (1939) und *A Foreign Affair – Eine auswärtige Affäre* (1948). Den Abschluss ihrer Karriere bildete der David-Bowie-Film *Just a Gigolo – Schöner Gigolo, armer Gigolo* (1978).

Nach manchen Berichten soll die Dietrich im Januar 1955 bei der Pressekonferenz in der Wohnung von Anwalt Frank Delaney gewesen sein, auf der Marilyn die Gründung von MARILYN MONROE PRODUCTIONS ankündigte. Später am Abend hätten Marilyn und die Greenes in Dietrichs Wohnung an der Park Avenue weitergefeiert.

Es waren EVE ARNOLDs Fotos von Marlene Dietrich, die Marilyn so beeindruckten, dass sie selbst von ihr fotografiert werden wollte und die Fotografin auf einer Party ansprach. 1958 ließ sich Marilyn von RICHARD AVEDON für die Weihnachtsausgabe von *Life* als Dietrich-Imitation ablichten.

DiMAGGIO, JOE (1914–1999)

ALLAN „WHITEY" SNYDER:
„Joe DiMaggio war Marilyn vielleicht kein guter Ehemann, aber niemand hat sich je mehr aus ihr gemacht. Er war, vor der Scheidung und nach der Scheidung, stets ihr bester Freund."

EDWARD BENNETT WILLIAMS, ein enger Freund:
„Die Flamme seiner Leidenschaft loderte höher als die Fackel der Freiheitsstatue. Seine Liebe zu ihr hat in all den Jahren nie nachgelassen."

Vorige Seite: Dieses Bild wurde 1954 während eines Interviews mit Sidney Skolsky für die Zeitschrift *Modern Screen* in Marilyns Wohnung aufgenommen.

Joe DiMaggio kam am 25. November 1914 im nordkalifornischen Ort Martinez als Joseph Paul DiMaggio, achtes von neun Kindern einer sizilianischen Einwandererfamilie, zur Welt. Sein Vater Giuseppe, auch Zio Pepe genannt, war ein Krabbenfischer, der sein Boot nach Joes Mutter *Rosalie* getauft hatte. Joe wuchs in einem streng katholischen Haus auf, in dem Frömmigkeit, Ehrlichkeit und harte Arbeit als höchste Werte galten. Im Alter von sechs bis acht Jahren war er ein eher in sich gekehrter Junge, ein Außenseiter, der Beinschienen zur Stützung seiner schwachen Fußgelenke tragen musste. Diese Erfahrung hatte nachhaltige Wirkung auf DiMaggio: Er wusste, wie es war, zu leiden und von anderen gemieden zu werden, Erfahrungen, die auch Norma Jeane während ihrer Jahre als Pflegekind machte. Sobald Joe wieder frei herumlaufen konnte, machte er die verlorene Zeit wett und spielte mit seinen Brüdern Vincent und Dominic so oft wie möglich Baseball. Alle drei träumten von einer Profikarriere im Baseball – ein Traum, der für sie alle in Erfüllung ging.

Wie Marilyn schloss Joe die High School nicht ab, sondern verließ die Schule in der zehnten Klasse, um in einer Orangensaft-Abfüllanlage zu arbeiten und so zum Unterhalt der Familie beizutragen. Schon vor seinem 18. Geburtstag wurde er als Shortstop für die San Francisco Seals verpflichtet. Sein Aufstieg zu landesweitem Ruhm war kometenhaft. Innerhalb von drei Jahren wurde der Baseballspieler praktisch zum Volkshelden, zum bekanntesten Newcomer der Nation, der bei den New York Yankees ein fantastisches Gehalt bezog und ein aufregendes Glamourleben genoss. Sobald er genug Geld hatte, kaufte er seinen Eltern ein Haus in San Francisco und eröffnete ein Fischrestaurant am Fisherman's Wharf, *Joe DiMaggio's Grotto*, das seine Eltern für ihn betrieben. Er errang insgesamt drei Auszeichnungen als bester Spieler der Liga. In seiner Freizeit führte er ein Prominentenleben, wurde überall als Star ho-

fiert und ließ sich mit diversen Schönen in den angesagtesten Nachtclubs sehen.

1939 heiratete Joe die blonde Schauspielerin Dorothy Arnoldine Olsen (1917–1984), die er 1937 bei dem Film *Manhattan Merry-Go-Round* kennen gelernt hatte, in dem er eine kleine Gastrolle spielte. Doch seine Frau hatte sich ihre Zukunft anders vorgestellt als er. Wie später auch bei Marilyn musste er feststellen, dass eine ehrgeizige Schauspielerin sich nur schwer überreden lässt, ihre Karriere gegen die Rolle des Heimchens am Herd einzutauschen.

Als JOE DiMAGGIO JR. am 23. Oktober 1941 zur Welt kam, war Joes erste Ehe schon so gut wie am Ende. 1942 begannen Joes bislang überragende sportliche Leistungen deutlich nachzulassen. Anfang 1943 gab er den Baseballsport auf und ging zur Armee – als Sportaufseher bei der Luftwaffe. Nach dem Krieg kehrte er zum Baseball zurück. Dorothy heiratete nach der Scheidung einen New Yorker Börsenmakler; doch auch diese Ehe hielt nicht lange. Joe blieb mit Dorothy in Verbindung und wohnte außerhalb der Baseballsaison in seinem Elternhaus in San Francisco. Während der Saison wohnte er in den besten Hotels von New York und verbrachte die Abende mit Freunden in seinen Lieblingslokalen, vor allem im Toots Shor's (siehe RESTAURANTS AND BARS). Er ging mit vielen Frauen aus, doch keine dieser Beziehungen war von Dauer.

Ende der 1940er-Jahre litt Joe an verschiedenen Sportverletzungen und nervösen Ängsten, schaffte aber dennoch ein Comeback mit rekordverdächtiger Leistung: vier Homeruns in drei Spielen und erstaunliche 114 Punkte in 139 Spielen der Saison 1950. Ende 1951 warf er mit 37 Jahren endgültig das Handtuch – von einer ganzen Reihe sportbedingter Leiden wie Arthritis und Fersensporen geplagt, ganz zu schweigen von den chronischen Magengeschwüren, die diesem nach außen so gelassenen Menschen zu schaffen machten. Im Laufe seiner Karriere hatte er sich zum Spitzenstar des Baseballs emporgearbeitet. Der „Yankee Clipper" war der erste Baseballspieler, der es auf ein sechsstelliges Jahresgehalt brachte; er führte seine Mannschaft zu zehn American-League-Meisterschaften und acht World-Series-Titeln und erzielte Schlagrekorde, die erst Jahre später gebrochen wurden. Seine fehlerfreie Schlagserie in 56 aufeinander folgenden Spielen des Jahres 1941 blieb unübertroffen. Die New York Yankees würdigten seine Verdienste, indem sie die Trikotnummer 5 in der Saison nach seinem Rücktritt offiziell aus dem Verkehr zogen. 1955 wurde er in die Hall of Fame des Baseballs gewählt.

Joe wollte unbedingt Marilyn Monroe kennen lernen, nachdem er 1951 ein Zeitungsfoto gesehen hatte, auf dem sie mit Joe Dobson und Gus Zernial, zwei Baseballspielern der Chicago White Sox, posierte. Der Anblick von Marilyn in knappen weißen Hotpants, figurumschmeichelnder Jerseybluse und Baseballkappe veranlasste ihn, sich bei Zernial zu erkundigen: „Wer ist die Blonde?" Als er erfuhr, dass einer seiner Zechkumpane aus dem Toots Shor's, DAVID MARCH, Marilyn näher kannte, ließ er diesem keine Ruhe, bis er im März 1952 ein Doppelrendezvous mit Marilyn und Marchs damaliger Freundin, der Schauspielerin Peggy Rabe (nach anderen Berichten trafen sich Joe und Marilyn allein), arrangierte, im italienischen Restaurant Villa Nova am Sunset Boulevard. In Marilyns von einem Ghostwriter verfasster Autobiografie MY STORY heißt es allerdings, das erste Treffen habe im Chasen's stattgefunden. Marilyn erschien angeblich mit zwei Stunden Verspätung, doch Joe wartete geduldig.

Auch über den Verlauf des Abends besteht keine Einigkeit. Marilyn erzählte Freunden: „Ich erwartete einen protzigen New Yorker Sportstar und fand stattdessen diesen zurückhaltenden Typ, der nicht gleich versuchte, mich anzumachen. Ich aß zwei Wochen lang fast jeden Tag mit ihm zu Abend. Er behandelte mich wie etwas Besonderes. Joe ist ein sehr anständiger Mensch, der auch anderen das Gefühl gibt, anständig zu sein." Nach einer anderen Version soll Marilyn March am nächsten Tag erzählt haben, DiMaggio habe einen plumpen Annäherungsversuch unternommen, als sie ihn zu seinem Hotel in Hollywood, dem KNICKERBOCKER, zurückfuhr. Der gewagtesten Version zufolge haben sich die beiden an dem Abend auf dem Rücksitz ihres Autos geliebt, was ihn zu einem sofortigen Heiratsantrag veranlasste, den sie aber geschickt abwehrte.

Welche Version ihrer ersten Verabredung auch zutreffen mag, DiMaggio rief Marilyn danach jedenfalls täglich an, bis sie einwilligte, sich wieder mit ihm zu treffen. Bald waren sie das berühmteste Liebespaar der Nation, eine Romanze wie im Märchen, die von den Paparazzi begierig verfolgt und dokumentiert wurde. Joe begleitete Marilyn zum letzten Drehtag von MONKEY BUSINESS (1952), nahm sie zu ihrem ersten Baseballspiel mit, und Marilyn flog in diesen ersten Monaten ihrer Beziehung häufig übers Wochenende nach New York zu Joe, der dort nach dem Ende seiner Sportkarriere beim Rundfunk arbeitete.

Nach vier Monaten nahm Joe Marilyn mit zu seiner Familie nach San Francisco. Marilyn dürfte die Wärme dieser eng verbundenen Familie genossen, sich aber auch Sorgen gemacht haben, was man von ihr als Ehefrau erwarten würde. Von praktischen, hausfraulichen Belangen abgesehen, störte es Joe auch,

1951 brachte eine Zeitung Fotos von Marilyn beim „Ballspiel" mit Joe Dobson und Gus Zernial von den Chicago White Sox. DiMaggio war von den Bildern so hingerissen, dass er Marilyn unbedingt kennen lernen wollte.

dass Marilyn Objekt der lüsternen Blicke und erotischen Träume praktisch aller Männer im Lande war. Marilyn erzählte MILTON GREENE später: „Joe wollte, dass ich die schöne Ex-Schauspielerin wäre, so wie er der ehemalige Baseballstar war. Wir sollten irgendwie zusammen dem Sonnenuntergang entgegenreiten. Aber ich war noch nicht bereit … ich war ja noch nicht mal dreißig." Während Joe sich nach einer langen, glanzvollen Karriere aus der Öffentlichkeit zurückzog, sonnte sich Marilyn in ihrem lang ersehnten und eben erst beginnenden Starruhm.

DiMaggio dürfte bald erkannt haben, dass die Beziehung mit Marilyn nicht einfach sein würde. Keinen Monat nach ihrem Kennenlernen erschütterte der Skandal um Marilyns Nacktfotos aus ihrer Starletzeit die Nation. Als nächstes deckte die Presse auf, dass Marilyn entgegen der Behauptung des Studios

keine Waise war, sondern eine Mutter hatte, die in einer Nervenheilanstalt lebte.

Marilyn war von Joe hingerissen: „Er hat die Anmut und Schönheit eines Michelangelo", sagte sie kurz nach ihrem ersten Treffen. „Er bewegt sich wie eine lebende Statue." Joe seinerseits wurde damals schon von jener Eifersucht geplagt, die ihre Ehe später zum Scheitern bringen sollte. Marilyns tiefe Dekolletés, ihre erotischen Posen für die Paparazzi liefen seinen sittenstrengen Moralvorstellungen zuwider. Marilyn war stolz auf ihren Körper und stellte ihn gern vor aller Welt zur Schau; Joe hingegen hätte ihn lieber unter Verschluss gehalten.

Er begann sich vor öffentlichen Auftritten zu drücken. Er war nicht dabei, als Marilyn in einem skandalös knappen Kleid ihre PHOTO-PLAY-Auszeichnung als „Aufsteigerin des Jahres" entgegennahm. Auch zur Premiere von

Marilyn und Joe am Tag ihrer Hochzeit, dem 14. Januar 1954.

GENTLEMEN PREFER BLONDES (1953) wurde Marilyn nicht von ihrem berühmten Liebhaber, sondern von BETTY GRABLE begleitet. Unter der Bedingung, dass sie sich dezent anziehen würde, erklärte er sich manchmal bereit mitzukommen, blieb dann aber doch weg, wenn die Zeitungen des Landes mal wieder die neuesten freizügigen Fotos seiner Freundin gebracht hatten.

Seine Eifersucht trieb ihn auch zu unangekündigten Stippvisiten bei Dreharbeiten. So flog er im August 1953 mit seinem Freund George Solotaire nach Kanada, wo Marilyn die Außenaufnahmen zu RIVER OF NO RETURN (1954) drehte; allerdings ist unklar, ob ihn Eifersucht oder Besorgnis zu diesem Besuch trieb, nachdem sich Marilyn bei einer Floßfahrt den Knöchel verstaucht hatte. Joe blieb jedenfalls vor Ort und vertrieb sich die Zeit mit Angeln, während Marilyn arbeitete.

Marilyns Maskenbildner ALLAN „WHITEY" SNYDER schilderte die Atmosphäre, die Joe verbreitete, so: „Es war oft sehr schwierig, mit Joe auszukommen – er konnte mürrisch und verschlossen sein und war höllisch eifersüchtig. Marilyn lud nach Feierabend gern ein paar Leute zum Kaffee oder auf einen Drink ein, aber in Joes Anwesenheit war die Stimmung getrübt. Er hasste Filme und alles, was damit zu tun hatte."

Es war Joe, der Marilyn als Erster bedrängte, etwas wegen ihrer Gage zu unternehmen, die trotz ihrer Spitzenposition in der Kinowerbung immer noch auf dem Stand ihres Vertrags mit Fox von 1951 war. Marilyn begann, vom Studio für sie vorgesehene Projekte abzulehnen – als erstes den Film *The Girl in Pink Tights*, den sie nach *River of No Return* drehen sollte. Sie erschien einfach nicht zum ersten Drehtag und saß eine Woche später im Nachtflieger nach San Francisco, um den Rest der Weihnachtstage mit ihrem Verlobten und seiner Familie zu verbringen.

Joe schien das Zeug zum klassischen Ehemann zu haben, und die Boulevardpresse brachte detaillierte Fortsetzungsberichte über die Traumromanze: Das Pärchen besuchte Joes bescheidenes Elternhaus in San Francisco, sie gingen zusammen angeln, und Marilyn lernte von Mama DiMaggio und Joes Schwester Marie das Rezept für die liebste Spaghettisauce ihres Baseballhelden. Sie schätzte seine leidenschaftliche Seite – ihr Sexualleben war erfüllt und befriedigend – und seine starke Emotionalität – er war wochenlang untröstlich, nachdem einer seiner Brüder bei einem Unfall ertrunken war.

Obwohl schon vor ihrer Ehe die Fetzen flogen, fand Marilyn, dass Joes Liebe und Loyalität seine Eifersucht aufwögen (die sich nicht nur auf ihre offenherzige Kleidung, sondern auch auf Pläne für einen Film mit FRANK SINATRA bezog, der für Affären mit seinen Filmpartnerinnen bekannt war). Joe erschien ihr als Beschützer und Ratgeber, ein Verbündeter gegen den Narzissmus und die Rücksichtslosigkeit Hollywoods, von Millionen verehrt, von seiner großen Familie geliebt, und jetzt der Mann, der ihr entschlossen zur Seite stand. Marilyn erzählte Freunden, dass sie das schönste Weihnachtsfest ihres Lebens 1953 feierte, als DiMaggio ihr erst ankündigte, er werde die Feiertage bei seiner Familie in San Francisco verbringen, und ihr dann eine wunderbare Überraschung bereitete, indem er ihr Zimmer im BEVERLY HILLS HOTEL mit einem Weihnachtsbaum schmückte, Champagner kalt stellte und sie bei ihrer Rückkehr von der Studiofeier hier empfing.

Am 14. Januar 1954 ließen sich Joe und Marilyn ohne große Ankündigung im Rathaus von San Francisco trauen. Obwohl sie schon seit einiger Zeit Hochzeitspläne geschmiedet hatten, trafen sie die endgültige Entscheidung erst wenige Tage vorher. Trotz der Absicht des Brautpaars, die Sache möglichst unauffällig über die Bühne zu bringen,

kamen über hundert Journalisten und Fotografen rechtzeitig dahinter – nach einem Tipp des Studios, das Marilyn eine Stunde vor der Trauung informiert hatte –, und drängelten sich im Eingang und den Gängen des Rathauses. Die Braut hatte keine Gäste geladen; nur Joes Freunde und Familie waren anwesend, als Richter Charles S. Perry Joe und Marilyn zu Mann und Frau erklärte. Als sie versuchten, das Gebäude zu verlassen, wurden sie von Reportern abgefangen, die u. a. fragten, wie viele Kinder das Paar haben wolle. Marilyn antwortete: „Ich hätte gern sechs", während Joe im gleichen Moment „eins" sagte. Dann eilte das Paar durch den Hinterausgang nach draußen, sprang in Joes dunkelblauen Cadillac und brauste davon in die Flitterwochen: eine Nacht im bescheidenen CLIFTON HOTEL in Paso Robles und dann zwei Wochen in einem versteckten Refugium in den Bergen bei Idyllwild, in der Nähe von PALM SPRINGS. Marilyn ging mit ihrem Mann angeln, lernte Billard spielen, und beide genossen den seltenen Luxus des Alleinseins.

Marilyns Hochzeitsgeschenk an ihren besitzergreifenden italienischen Bräutigam war ein Nacktfoto aus der legendären Kalenderserie (siehe CALENDAR), das nie veröffentlicht worden war, weil man es für zu gewagt hielt – als Zeichen, dass ihr nackter Körper nur ihm allein gehöre. Das Studio versuchte, die ganze Sache positiv zu deuten – ein Fox-Manager scherzte: „Wir haben keinen Star verloren, wir haben einen Mittelfeldspieler dazugewonnen."

Ihr gemeinsames Leben verlief nicht reibungsloser als vor der Hochzeit, obwohl sie sich Mühe gaben, über persönliche Differen-

Marilyn und Joe 1954 in den Flitterwochen in Japan.

zen hinwegzusehen und das Beste aus ihrer Ehe zu machen. Joe hielt sein Heim penibel sauber und seine Finanzen in Ordnung; Marilyn war das genaue Gegenteil. Er zog das ruhige San Francisco vor; Marilyn musste in Los Angeles wohnen. Er war wortkarg und äußerlich unbewegt; Marilyn war impulsiv und neigte zu Gefühlsausbrüchen. Er verbrachte seine Zeit gern zu Hause mit seiner Familie und alten Freunden oder auch nur vor dem Fernseher, während Marilyn, die die Hollywood-Partys aufgegeben hatte, sich nach intellektueller Anregung sehnte. Zum ersten Mal in ihrem Leben versuchte Marilyn, ihr literarisches Wissen zu vermitteln. Sie bemühte sich, Joe für Bücher (siehe BOOKS) zu interessieren – von Saint-Exupéry über Mickey Spillane bis zu Jules Verne –, doch der fernsehsüchtige Joe DiMaggio war dafür nicht zu begeistern.

Selbst während ihrer ersten Ehewochen, als Marilyns Karriere noch kein Streitpunkt war, da das Studio sie ohnehin suspendiert hatte, brachte ihre JAPAN-Reise einige Probleme mit sich, da sie zuerst in Honolulu und dann in Tokio von Reportern und Fans belagert wurden. *Time* schrieb, dass Joe „von den Japanern praktisch unbeachtet blieb, während Tausende herbeischwärmten, um seine Braut zu sehen. Marilyns Fans bedrängten das Paar bei seiner Ankunft so, dass es sich gezwungen sah, zurück ins Flugzeug zu krabbeln und schließlich durch die Gepäckklappe zu flüchten." Dabei handelte es sich um eine für den Baseballstar Joe arrangierte Tour. Die Massenhysterie setzte sich im Hotel fort. So viele Menschen wollten einen Blick auf Marilyn erhaschen, dass sich das Paar nur noch zu offiziellen Terminen nach draußen wagte.

Die Beziehung der beiden trübte sich erheblich, als Marilyn eine Einladung annahm, als Truppenunterhalterin nach KOREA zu fliegen. Joe war dagegen, doch Marilyn fand, das sei sie den Jungs schuldig. Sie ging mit Jean O'Doul, der Frau von Joes Freund Lefty, auf eine viertägige Marathontournee mit zehn Auftritten, die ihr als die unbekümmertsten und erfolgreichsten ihres Lebens in Erinnerung blieben.

Die Ehe steckte in tiefen Schwierigkeiten. DiMaggio weigerte sich wie im Vorjahr, seine Frau zur Verleihung der Photoplay-Preise zu begleiten. Marilyn nahm stattdessen SIDNEY SKOLSKY mit, dem sie bereits wenige Wochen nach ihrer Hochzeit anvertraute, sie werde eines Tages ARTHUR MILLER heiraten.

Als Marilyn ihre Streitigkeiten mit dem Studio beigelegt hatte, begann sie wieder zu arbeiten – kurz nachdem das Paar für 700 Dollar Monatsmiete in eine Villa am NORTH PALM DRIVE gezogen war. Joe war lieber in San Francisco, weshalb Marilyn den größten Teil des Aprils und Mais bei der Familie DiMaggio in der BEACH STREET verbrachte. Offenbar genoss Marilyn die Familienatmosphäre und die Ausflüge mit Joe auf seiner Jacht *Yankee Clipper*, doch gab es auch Berichte, Joe habe sich zu Wutausbrüchen und Gewalttätigkeiten hinreißen lassen. Marilyns Schauspiellehrerin NATASHA LYTESS schrieb, dass sie sie öfters mitten in der Nacht voller Verzweiflung angerufen habe, weil er „so widerlich zu ihr war und sie schlug".

Joe setzte seinen Feldzug gegen Marilyns öffentliche Zurschaustellung fort. Im August 1954 regte er sich bei den Dreharbeiten zu THERE'S NO BUSINESS LIKE SHOW BUSINESS über das knappe Kostüm und die anzügliche Cho-

Marilyn und DiMaggio bei der Premiere von *The Seven Year Itch* (1955).

reografie der „Heat Wave"-Nummer so auf, dass er wütend aus dem Studio stürmte. Trotz seiner heftigen Proteste wurde die Nummer nicht aus dem Film gestrichen. Schlimmer noch: DARRYL ZANUCK erteilte Joe bei Fox Hausverbot, weil er so viel Ärger machte.

Dann wurde Joes Eifersucht weiter angefacht durch Gerüchte, seine Frau habe eine Affäre mit ihrem musikalischen Berater HAL SCHAEFER, der im Juli 1954 einen Selbstmordversuch nur knapp überlebte. Die Kolumnistin LOUELLA PARSONS schrieb damals, Joe sei sehr „verärgert, dass Marilyn Hal Schaefer häufig im Krankenhaus besuchte, als er schwer krank war ... Er war ebenso eifersüchtig auf Marilyns Beziehung zu Natasha Lytess, die er einmal aus seinem Haus wies." Joe hatte sogar etwas dagegen, dass Marilyns Freunde sie in ihrem gemeinsamen Haus besuchten. Marilyn sagte später: „Er sprach nicht mit mir. Er war kalt. Er interessierte sich nicht für mich als Mensch und als Künstlerin. Er wollte nicht, dass ich eigene Freunde hatte. Er wollte nicht, dass ich meine Arbeit machte. Er sah fern, statt mit mir zu sprechen."

Das Maß war voll, als Kolumnist WALTER WINCHELL DiMaggio überredete, zu Außenaufnahmen für THE SEVEN YEAR ITCH (1955) mitzukommen, um sich zusammen mit mehreren hundert Zuschauern anzusehen, wie Marilyns Rock an einer Straßenecke in New York wieder und wieder hochgewirbelt wurde. Falls Winchell Joe mitgenommen hatte, weil er sich Stoff für seine Kolumne erhoffte, wurde er nicht enttäuscht. In seinem nächsten Artikel berichtete er, dass Joe gebrüllt

habe: „Was zum Teufel geht hier vor sich?", bevor er sich auf dem Absatz umdrehte und zurück zum Hotel stampfte. Als Marilyn auf ihr Zimmer zurückkehrte, entbrannte ein erbitterter Streit. Die Haarstylistin des Films, Gladys Whitten, die Marilyn am nächsten Tag sah, sagte: „Joe war sehr, sehr wütend auf sie und hat sie ein bisschen verprügelt. Sie hatte Blutergüsse auf den Schultern, aber wir haben sie mit Make-up abgedeckt." Dies wurde auch von Marilyns Freundin AMY GREENE bestätigt: „Ihr Rücken war grün und blau."

Das Paar flog zurück nach Los Angeles. Bald darauf war Joe wieder allein in New York, um als Rundfunkkommentator von den World-Series-Spielen zu berichten. Als er am 2. Oktober zurückkehrte, teilte Marilyn ihm mit, dass es mit ihrer acht Monate und 13 Tage alten Ehe vorbei sei; sie hatte ihren Anwalt beauftragt, die Scheidung (siehe DIVORCE) einzureichen. Die Nachbarn wurden daraufhin Ohrenzeugen einer lautstarken nächtlichen Auseinandersetzung und sahen Marilyn später im Pelzmantel ziellos durch die dunklen Straßen wandern.

Zwei Tage später verkündete Fox-PR-Chef HARRY BRAND, dass sich das Traumpaar der Nation in gütlichem Einvernehmen trenne. Das Haus am North Palm Drive wurde sofort von Fotografen und Reportern belagert, die sensationslüstern abwarteten, wer herauskommen und was passieren würde. Marilyn und Joe waren beide zu Hause, Marilyn in Gesellschaft ihres Arztes und ihres Anwalts, während sich Joe im Keller verkrochen hatte und fernsah. Um 22 Uhr schaffte er mit Hilfe seines Freundes Reno Barsocchini seine Sachen aus dem Haus. Im Auto sitzend, erklärte er den Reportern, dass er L. A. verlasse. „Hierher komme ich nie mehr zurück." Doch wird behauptet, er habe die nächsten sechs Wochen heimlich bei Leon Krohn, einem von Marilyns Ärzten, in L. A. verbracht.

Die Presse spekulierte fieberhaft, was bei dem berühmtesten Pärchen des Landes schief gelaufen sei. Natasha Lytess beschuldigte Joe, er habe Marilyn hindern wollen, ihr Talent zu entfalten. Marilyns Freund Sidney Skolsky schrieb in seinen Memoiren: „Joe DiMaggio langweilte Marilyn. Sein Lebensstil war nichts mehr als Bier, Fernsehen und seine ‚Alte' – die Frau, die allabendlich hinter *Gunsmoke – Rauchende Colts* oder *The Late Show* und einer Dose Bier zurückstehen musste." DONALD SPOTO zitiert Marilyn: „Er mochte die Frauen, die ich spielte, nicht – er hielt sie für Schlampen. Ich weiß nicht, was für Filme ihm vorschwebten! Er mochte es nicht, wenn meine Filmpartner mich küssten, und er mochte meine Kostüme nicht. Ihm gefiel überhaupt nichts an meinen Filmen, und er hasste all meine Kleider. Wenn ich ihm sagte, ich müsse mich so anziehen, weil das Teil meines Jobs sei, sagte er, ich solle diesen Job aufgeben. Aber was hat er denn gedacht, wen er heiratet, als er mich heiratete? Eigentlich war unsere Ehe eine Art wackelige, schwierige Freundschaft mit sexuellen Privilegien. Später stellte ich fest, dass das für viele Ehen gilt."

Natürlich hat alles zwei Seiten. Die Kolumnistin SHEILAH GRAHAM schrieb: „Um Marilyn zu finden, musste man nur der Spur ihrer Strümpfe, ihres BHs, ihres Taschentuchs und ihrer Handtasche folgen, die sie unterwegs fallen ließ. Er versuchte dauernd, sie zu erziehen – ohne Erfolg. Sie kamen an einen Punkt, an dem sie nicht mehr miteinander sprachen, sondern sich nur noch anschrien." Nicht alles war schlecht an ihrer Ehe. Marilyn lobte DiMaggio als herausragenden Liebhaber: „Wenn unsere Ehe nur aus Sex bestünde, würde sie ewig halten."

Joe nahm das Scheidungsverfahren nicht ernst. Er war überzeugt, dass er Marilyn zurückgewinnen könne, dass sie nur „von falschen Freunden verleitet" sei. Am Tag vor dem Scheidungstermin versuchte Joe ein letztes Mal Marilyn zu überreden, es sich anders zu überlegen, wobei er Sidney Skolsky als Vermittler hinzuzog. Doch Marilyn war nicht von ihrem Vorhaben abzubringen.

Am 27. Oktober 1954 trat Marilyn von Kopf bis Fuß in Schwarz gekleidet vor Richter Orlando H. Rhodes. Joe blieb der vorläufigen Scheidungsverhandlung fern. Marilyn berichtete MAURICE ZOLOTOW später, was sie vor Gericht ausgesagt habe: „Mein Mann versank gelegentlich in Stimmungen, in denen er fünf bis sieben Tage am Stück nicht mit mir sprach – manchmal noch länger, zehn Tage. Ich fragte ihn, was los sei. Er antwortete mir nicht, oder er sagte: ‚Nörgel nicht an mir herum!' In den neun Monaten unserer Ehe durfte ich nur dreimal Besuch empfangen – einmal, als ich krank war … Ich hatte mir von meiner Ehe Liebe, Wärme, Zuneigung und Verständnis erhofft. Aber unsere Beziehung war hauptsächlich von Kälte und Gleichgültigkeit geprägt."

Keine zwei Wochen nach diesem Gerichtsauftritt erfuhr Joe von den von ihm beauftragten Privatdetektiven Philip Irwin und Barney Ruditsky, einer von ihnen sei Marilyn mehrfach zu derselben Adresse gefolgt, 8122 Waring Avenue, der Wohnung

von Sheila Stuart, die eine Schülerin und Freundin von Hal Schaefer war. Von wahnsinniger Eifersucht getrieben, drang DiMaggio mit Hilfe seiner Detektive, Frank Sinatras (der später bestritt, dabei gewesen zu sein) und einiger starker Jungs in die fragliche Wohnung ein. Sie wollten Marilyn in flagranti ertappen und ihrem Geliebten eine Lektion erteilen – aber sie hatten die falsche Tür erwischt. Marilyn und Schaefer, die sich, wie DiMaggio glaubte, in der Nebenwohnung aufhielten, hatten genug Zeit, sich davonzumachen – falls sie überhaupt da gewesen waren. Die Aktion wurde als WRONG DOOR RAID bekannt und führte zu mindestens einem Prozess.

Dennoch sahen sich Joe und Marilyn auch nach diesen angespannten Monaten und ihrer hochdramatischen und äußerst öffentlichen Scheidung noch häufig. Joe besuchte Marilyn Anfang November täglich und kampierte während ihres fünftägigen Klinikaufenthalts zwecks Operation ihrer chronischen Endometriose praktisch im Krankenhaus. Die Flasche Chanel No. 5, die er ihr als Geschenk mitbrachte, löste Gerüchte über eine Versöhnung aus, bis Marilyn der Presse erklärte: „Darauf besteht keine Aussicht, aber wir werden immer Freunde bleiben." Ihr Vertrauter RUPERT ALLAN bekräftigte dies und nannte auch Gründe: „Marilyn hat mir gesagt, Joe sei ihr nach der Scheidung ein sehr guter Freund gewesen, doch während ihrer Ehe habe er sie geschlagen und beschimpft und ihr Untreue unterstellt."

Joe soll an Weihnachten 1954 eine Nacht bei Marilyn in ihrem New Yorker Hotelzimmer verbracht haben, womit er einer der wenigen war, die wussten, dass sie Hollywood verlassen hatte. Auch in den nächsten Monaten hielt er sich in ihrer Nähe auf. Er erschien in Marilyns Hotel in Boston und nahm sie zu einem fünftägigen Besuch bei seinem Bruder in Wellesley, Massachusetts, mit. Marilyn ließ sich von ihm beraten, während sie ihren Vertrag mit Fox neu aushandelte, wie er es ihr von jeher empfohlen hatte. Im Juni 1955 begleitete Joe Marilyn erstmals zur Premiere eines ihrer Filme, *The Seven Year Itch*, doch erwies sich die Party, die er hinterher bei Toots Shor's gab, als völliger Reinfall – Marilyn verließ sie im Zorn. Angesichts von Marilyns wachsendem Interesse an ihrem zukünftigen Ehemann Arthur Miller ließen die Hoffnungen der Presse auf eine wundersame Versöhnung allmählich nach. Die Scheidung wurde am 31. Oktober 1955 rechtskräftig. Etwa um diese Zeit gestand Marilyn Amy Greene: „Ich hätte ihn nie heiraten sollen. Ich konnte nicht die italienische Hausfrau sein, als die er mich gern gesehen hätte. Ich habe ihn geheiratet, weil er mir Leid tat; er wirkte so einsam und schüchtern." Und dennoch sagte sie: „Ich habe keinen Mann mehr geliebt als ihn."

Nach der Scheidung arbeitete Joe weiter als Rundfunkkommentator, bevor er als Repräsentant der Firma für Militärausrüstung V. H. Monett anfing. Er heiratete nicht wieder, obwohl er einmal, 1957, nahe daran war – mit der damaligen Miss America MARIAN McKNIGHT.

Obwohl sie sich danach anscheinend einige Jahre nicht sahen, blieben Joe und Marilyn in Verbindung und dachten oft aneinander. Joe soll Marilyns Anregung gefolgt sein, sich in Psychotherapie zu begeben, was ihm, wie er ihr später gesagt haben soll, „das Leben rettete".

Als Marilyn ihn brauchte, war Joe zur Stelle. 1961 rief die verstörte Marilyn ihn aus der psychiatrischen Abteilung des New Yorker Payne Whitney HOSPITAL an, das sie aufgesucht hatte, weil ihre Analytikerin MARIANNE KRIS ihr eine Ruhepause empfohlen hatte. Joe flog sofort von Florida nach New York und verlangte Marilyns Entlassung aus der geschlossenen Abteilung. Marilyn ließ sich von ihrem Freund RALPH ROBERTS zurück in ihre Wohnung fahren, wo DiMaggio auf sie wartete. Joe organisierte Marilyns Erholungsaufenthalt in der wesentlich zuträglicheren Atmosphäre des Presbyterian Hospital Medical Center der Columbia University, wo sie vom 10. Februar bis zum 5. März 1961 blieb. Joe besuchte sie täglich. Kurz nach ihrer Entlassung nahm er sie mit zu einem Besuch des Yankees-Trainingslagers und dann nach Redington Beach, einem Urlaubsort in Florida, wo sich Marilyn in dem Wissen entspannte, dass sie jemanden an ihrer Seite hatte, auf den sie zählen konnte.

Joe war auch nach der Scheidung von Arthur Miller für sie da, stand ihr bei und leistete ihr Gesellschaft. Nachdem Marilyn nach Los Angeles zurückgezogen war, verbrachten sie Weihnachten und Silvester 1961 gemeinsam in ihrer Wohnung am North DOHENY DRIVE. Es war fast eine Wiederholungsvorstellung des Weihnachtsfests 1953, als Joe mit Champagner, Kaviar und einem Weihnachtsbaum aufkreuzte. Wenn er nicht beruflich unterwegs war, besuchte Joe Marilyn häufig in Los Angeles. Anfang 1962 half er ihr beim Umzug in ihr neues Haus am FIFTH HELENA DRIVE.

Sie trafen sich mindestens einmal im Juni und zweimal im Juli 1962 – zu einem ruhigen Abendessen in Marilyns neuem Heim, zu Einkaufs- und Fahrradtouren. Donald Spoto zufolge trafen sie sich Ende Juli in der CAL-NEVA LODGE in Lake Tahoe und schmiedeten Pläne für eine heimliche Hochzeit. Als Zeugen führt Spoto Joes damaligen Arbeitgeber Valmore Morette und SUSAN STRASBERG an, die sagte: „Sie war dabei, sich aus Beziehungen zu lösen, die nicht gut für sie waren, und die eine wieder aufzunehmen, die es war. Sie wusste, dass sie einen emotionalen und geistigen Rückhalt brauchte." Um diese Zeit gab Marilyn bei Designer JEAN-LOUIS ein Kleid in Auftrag, das laut Spoto für die Hochzeit vorgesehen war. Am Tag nach Marilyns Tod fand man in ihrem Adressbuch einen angefangenen Brief an Joe:

Lieber Joe,
wenn es mir nur gelingt, dich glücklich zu machen, wird mir das Größte und Schwierigste gelungen sein, was es überhaupt gibt – nämlich *einen Menschen vollkommen glücklich zu machen*. Dein Glück bedeutet auch mein Glück, und …

Nach ihrem Tod (siehe DEATH) leistete Joe Marilyn ein letztes Mal Beistand und organisierte Marilyns Beerdigung (siehe FUNERAL), verschickte Einladungen und kümmerte sich um die Zeremonie, wobei ihn Marilyns Halbschwester BERNIECE MIRACLE unterstützte. Die Nacht vor der Beerdigung hielt er in der Leichenhalle von Westwood Village bei Marilyn Totenwache.

Nach der Beerdigung gab Joe DiMaggio den PARISIAN FLORISTS in Los Angeles den Auftrag, Marilyns Grab 20 Jahre lang zweimal bzw. dreimal wöchentlich mit frischen roten Rosen zu schmücken. Damit löste er sein Marilyn am Hochzeitstag gegebenes Versprechen ein, ihr die gleiche Treue zu erweisen wie William Powell JEAN HARLOW gegenüber. Nach Ablauf dieses Dauerauftrags spendete Joe dann das Geld an eine Kinderhilfsorganisation, weil er glaubte, dass es Marilyn mehr gefreut hätte, wenn er ihrer auf diese Weise gedachte.

DiMaggio bewahrte immer respektvolles Schweigen über seine Zeit mit Marilyn. Als einzige wichtige Person aus Marilyns Erwachsenenleben veröffentlichte er kein ‚Marilyn-Buch‘, obwohl Gerüchte kursieren, dass er doch ein Buch geschrieben habe, aber verfügt habe, es dürfe erst fünfzig Jahre nach seinem Tod erscheinen.

Joe lebte im Ruhestand mit der gleichen Eleganz und Würde, die er auch in der Sportwelt an den Tag gelegt hatte. Von Werbeauftritten als Sprecher für „Mr. Coffee"-Kaffeemaschinen abgesehen, hielt er sich von der Öffentlichkeit fern. Er starb am 8. März 1999, fünf Monate nach einer Lungenkrebsoperation, in seinem Haus in Florida. Er ist auf dem Holy Cross Cemetery beerdigt.

DiMAGGIOS FREUNDE

BARSOCCHINI, RENO
Joes Trauzeuge bei der Hochzeit mit Marilyn. Neun Monate später half er DiMaggio, seine Sachen aus dem gemeinsamen Haus des Paares am North Palm Drive zu schaffen, nachdem die Ehe gescheitert war.

O'DOUL, FRANK „LEFTY"
Lefty O'Doul war Joe DiMaggios Freund, Baseballmanager und Saufkumpan. Lefty und seine Frau Jean begleiteten Joe und Marilyn auf die Japanreise, die Teil ihrer Flitterwochen war. Jean O'Doul ging mit Marilyn auf ihre triumphale Unterhaltungstournee zu den in Korea stationierten US-Soldaten.

SOLOTAIRE, GEORGE
Inhaber der Adelphi-Theaterkarten-Verkaufsstelle und DiMaggios bester Kumpel in New York. Solotaire war stets bestens informiert über alles, was in New York los war, und mit DiMaggio Stammgast im Toots Shor's. 1953 flog Solotaire mit DiMaggio nach Kanada, um Marilyn bei den Außenaufnahmen zu *River of No Return* zu besuchen. Er begleitete Joe auch bei anderen Gelegenheiten zu Dreharbeiten mit Marilyn; im August 1954 war er anwesend, als Joe bei Aufnahmen zu *There's No Business Like Show Business* voller Wut über Marilyns gewagtes „Heatwave"-Kostüm aus dem Studio stürmte. 1962 war Solotaire einer der wenigen geladenen Gäste bei Marilyns Beerdigung.

SHOR, TOOTS
Toots Shor war ein prominentes New Yorker Original und vor allem für seine Trinkfestigkeit und Jovialität bekannt. In seinem Lokal verkehrten zahlreiche Sportstars, Zeitungs- und Theaterleute; es war lange Jahre Stammlokal von Babe Ruth, Jack Dempsey und Ernest Hemingway.

WINCHELL, WALTER
Einflussreicher rechtslastiger Kolumnist und alter Freund von Joe (siehe gesonderter Eintrag).

DiMAGGIO, JOE JR. (1942–1999)

Marilyn hielt stets eine herzliche Beziehung zu Joes Sohn aus seiner ersten Ehe mit Doro-

thy Arnold aufrecht. Joe jr., der im nahen Orange County bei der Marine stationiert war, rief Marilyn an ihrem letzten Lebenstag mehrfach zu Hause an. Die ersten Male wurde ihm mitgeteilt, Marilyn sei entweder nicht daheim oder gerade verhindert. Um 19 Uhr erreichte er sie schließlich und erzählte ihr, dass er sich soeben von seiner damaligen Verlobten getrennt hatte, was Marilyn in gute Laune versetzte, weil sie das Mädchen nicht leiden konnte.

DIRECTORS – **Regisseure**

MARILYN:

„Ich habe schon mit Regisseuren gearbeitet, die noch nie Regie geführt hatten oder nicht das Geringste über Motivation wussten oder darüber, wie man einen Text spricht. Steht auf der Leinwand je: ‚Dieser Film wurde von einem ahnungslosen Regisseur ohne Geschmack inszeniert'? Nein, das Publikum gibt immer dem Star die Schuld. Mir. Ich habe Regisseure erlebt, die so blöd waren, dass sie nicht mehr konnten, als mir den Drehbuchtext aufzusagen, als ob sie aus einem Fahrplan vorläsen. Die waren mir keine Hilfe. Hilfe musste ich mir anderswo suchen."

Es war für Regisseure nicht einfach, mit Marilyn zu arbeiten. Weil sie eine Perfektionistin war und immer Angst hatte, den Erwartungen anderer nicht gerecht zu werden, musste der Regisseur in seinen Anweisungen sanft, aber bestimmt sein, um keine Tränenfluten und Beschädigungen ihres Selbstwertgefühls auszulösen. Auch Marilyns legendäre Unpünktlichkeit (siehe LATENESS) hing damit zusammen: Mal fühlte sie sich nicht bereit für die Kamera, fand etwas an ihrem Gesicht, ihrem Haar, ihren Kostümen auszusetzen, mal fühlte sie sich ihres Textes oder der einstudierten Bewegung nicht sicher genug. Dazu kam, dass sie ständig ihre Schauspiellehrerin – erst NATASHA LYTESS, dann PAULA STRASBERG – mitschleppte. All das verschaffte ihr einen ziemlich schlechten Ruf. Von den angesehenen Regisseuren, mit denen sie in ihren 29 Filmen arbeitete, gibt es dazu einige denkwürdige Kommentare.

MARILYNS REGISSEURE

Roy Baker	*Don't Bother to Knock (1952)*
George Cukor	*Let's Make Love (1960)*
	Something's Got to Give (1962)
Tay Garnett	*The Fireball (1950)*
Edmund Goulding	*We're Not Married (1952)*
Henry Hathaway	*Niagara (1953)*
Howard Hawks	*Monkey Business (1952)*
	Gentlemen Prefer Blondes (1953)
F. Hugh Herbert	*Scudda Hoo! Scudda Hay! (1948)*
John Huston	*The Asphalt Jungle (1950)*
	The Misfits (1961)
Harmon Jones	*As Young As You Feel (1951)*
Phil Karlson	*Ladies of the Chorus (1948)*
Henry Koster	*O. Henry's Full House (1952)*
Fritz Lang	*Clash By Night (1952)*
Walter Lang	*There's No Business Like Show Business (1954)*
Joshua Logan	*Bus Stop (1956)*
J L. Mankiewicz	*All About Eve (1950)*
David Miller	*Love Happy (1950)*
Jean Negulesco	*How to Marry a Millionaire (1953)*
Joseph Newman	*Love Nest (1951)*
Laurence Olivier	*The Prince and the Showgirl (1957)*
Arthur Pierson	*Dangerous Years (1947)*
	Hometown Story (1951)
Otto Preminger	*River of No Return (1954)*
Richard Sale	*A Ticket to Tomahawk (1950)*
	Let's Make It Legal (1951)
John Sturges	*Right Cross (1950)*
Billy Wilder	*The Seven Year Itch (1955)*
	Some Like It Hot (1959)

Eine große Hürde bei der Neuverhandlung ihres Vertrags mit der TWENTIETH CENTURY-FOX 1955 war Marilyns Beharren, nur mit von ihr genehmigten Regisseuren zu arbeiten. Heute ist dies üblich, doch damals geschah es sehr selten, dass ein Studio einem Star solche Machtbefugnisse übertrug. Marilyn und MILTON GREENE setzten Anfang 1956 schließlich den neuen Vertrag durch.

MARILYNS LISTE AKZEPTIERBARER REGISSEURE

George Cukor
Vittorio De Sica
John Ford
Alfred Hitchcock
John Huston
Elia Kazan
David Lean
Joshua Logan
Joseph L. Mankiewicz
Vincente Minnelli
Carol Reed
George Stevens
Lee Strasberg
Billy Wilder
William Wyler
Fred Zinnemann

Marilyn selbst arbeitete nie auf der anderen Seite der Kamera, obwohl sie wusste, wie ein funktionierender Film gemacht wird. So sah sie sich bei den Arbeiten zu THE PRINCE AND THE SHOWGIRL (1957) regelmäßig die Bildmuster des vorigen Drehtags mit an und kommentierte sie gegenüber Regisseur LAURENCE OLIVIER und Milton Greene. Im späteren Stadium ihrer Karriere war sie darauf bedacht, am Produktionsprozess teilzunehmen, bei Drehbuchbesprechungen dabei zu sein und eigene Vorschläge zu machen – nicht nur in Bezug auf ihre Rolle, sondern auch hinsichtlich der Gesamtgestaltung des Films.

DISCOVERERS – **Entdecker**

DARRYL ZANUCK:

„Niemand hat sie entdeckt; sie hat sich ihren Weg zum Star selbst verdient."

Viele haben für sich in Anspruch genommen, Marilyn entdeckt zu haben: DAVID CONOVER fotografierte sie als erster, BEN LYON war der erste Studio-Talentscout, der Norma Jeane eine Chance gab, der erste Modelvertrag kam von EMMELYNE SNIVELY, ihr erster Agent war HARRY LIPTON, so richtig in Fahrt brachte ihre Karriere aber erst JOHNNY HYDE. Schließlich war NATASHA LYTESS ihre erste mehrjährige Schauspiellehrerin und JOSEPH R. SCHENCK der erste Filmboss, der ihr weiterhalf.

DISGUISE – **Verkleidung**

Ab 1952, als sie zum Star aufgestiegen war, wurde die Figur Marilyn Monroe zum Full-Time-Job, nicht nur bei den Dreharbeiten, sondern auch wenn sie zum Essen ausging oder PR-Termine wahrnahm. Als Marilyn 1955 nach New York zog, konnte sie in Schlabberpulli, altem Mantel, Sonnenbrille, Kopftuch und sparsam geschminkt durchaus unerkannt durch die Stadt schlendern. Oft trug sie noch eine schwarze Perücke.

DIVORCE – **Scheidung**

JAMES DOUGHERTY
13. September 1946: Nach der gesetzlich vorgeschriebenen Aufenthaltsdauer in Nevada wurde Norma Jeane von ihrem ersten Mann in Clark County geschieden – nur einen Monat vor Unterzeichnung ihres ersten Studiovertrags. Sie erhielt das Auto (siehe CARS).

JOE DIMAGGIO
4. Oktober 1954: Fox-PR-Chef HARRY BRAND gibt die bevorstehende Scheidung von Joe und Marilyn bekannt.

27. Oktober 1954: Marilyn erlangt ein vorläufiges Scheidungsurteil von Richter Orlando Rhodes. Offizielle Begründung: „Seit der Eheschließung der beiden Parteien hat sich der Beklagte der Klägerin gegenüber schwerer seelischer Grausamkeit schuldig gemacht und ihr ernste seelische Leiden und Schmerzen zugefügt, wobei die Klägerin keine Schuld an diesen Handlungen und Verhaltensweisen seitens des Beklagten trifft …"

31. Oktober 1955: Endgültiges Scheidungsurteil durch Richter Elmer Doyle.

ARTHUR MILLER
11. November 1960: Marilyn gibt ihre Trennung von Arthur Miller bekannt.

20. Januar 1961: Marilyn wird in Juarez, MEXICO, durch Richter Miguel Gomez Guerra wegen „Unvereinbarkeit der Charaktere" geschieden. Die Aufmerksamkeit der Presse gilt an diesem Tag der Amtseinführung von Präsident Kennedy, nicht Marilyns Tagesausflug.

DOCTORS – **Ärzte**

Marilyn brachte es in ihrem Leben auf eine lange Liste von Ärzten und Psychoanalytikern für ihre körperlichen und seelischen Probleme. Sie litt an allerlei wiederkehrenden Beschwerden, u. a. an häufiger Bronchitis und Endometriose, die auch Klinikaufenthalte erforderlich machten.

Ihre Ärzte sprachen sich nur selten untereinander ab. Während ihr also ihr jeweiliger Psychoanalytiker eine Sorte Tabletten verschrieb, wurden ihr gleichzeitig von ihrem Hausarzt und manchmal auch vom Studioarzt noch andere Medikamente verordnet. Selbst wenn ein Arzt sich weigerte, ein Rezept auszustellen, gab es immer noch einen anderen, der dazu bereit war. Am Ende hatte außer Marilyn niemand mehr einen Überblick über die stärkeren Mittel und gefährlichen Tablettenkombinationen, mit denen sie ihre Schlaflosigkeit bekämpfte.

In ihrem letzten Lebensjahr, vor Beginn der Arbeiten zu SOMETHING'S GOT TO GIVE, drehte sich Marilyns Alltag vorwiegend um die Termine mit ihrem ärztlichen Hofstaat – meist ein oder zwei tägliche Sitzungen mit Psychoanalytiker DR. RALPH GREENSON, an die sich Besuche bei Dr. Engelberg oder Dr. Seigel anschlossen.

ALLGEMEINMEDIZINER

DR. ELLIOT CORDAY
Marilyns Arzt von 1948 bis Mitte der 1950er-Jahre. Anthony Summers erklärte er in einem Interview: „Ich habe den Fall schließlich abgegeben, weil sie nicht zu einem anständigen Psychiater gehen wollte. Die Leute würden ihren Tod besser verstehen, wenn sie sie damals in meiner Praxis gehört hät-

ten. Sie hatte viele Selbstmordversuche hinter sich, mehr als bekannt waren. Und 1954 nahm sie schon Betäubungsmittel – ich denke, auch härteren Stoff als bloß die Schlaftabletten. Schließlich habe ich ihr gesagt, ich wolle nicht weiter mit ansehen, was passieren würde."

DR. HYMAN ENGELBERG
Dr. Engelberg wurde Marilyn von Dr. Greenson empfohlen, kurz nachdem sie sich 1960 in dessen Behandlung begeben hatte. Engelberg organisierte in jenem Jahr Marilyns Krankenhauseinweisung während der Dreharbeiten zu The Misfits. 1961 flog er nach New York, um sie für ihre Gallenblasenoperation vorzubereiten, und 1962 behandelte er eine Virusinfektion, die sie an der Erfüllung ihrer vertraglichen Pflichten bei den Arbeiten an Something's Got to Give hinderte.
Als Marilyns Allgemeinarzt war Dr. Engelberg auch derjenige, der ihr Rezepte für Schlaftabletten ausstellte. In den sechs Wochen vor ihrem Tod hatte Marilyn insgesamt 29 Termine mit Dr. Engelberg. Viele Biografen schreiben, Engelberg habe Marilyn am 1. und 3. August Spritzen gegeben, doch wurden im Obduktionsbericht keine Einstichstellen erwähnt – die noch hätten sichtbar sein müssen.

Engelberg stand in engem Kontakt mit Marilyns Psychoanalytiker Dr. Greenson, auf dessen Anrufe hin er zu Marilyn ging (sie hatte ihm die Schlüssel gegeben), um ihr Beruhigungsmittel und andere Medikamente zu verabreichen.
Am 3. August 1962 stellte Engelberg ein Rezept für 25 Kapseln Nembutal aus, das Marilyn bei der San-Vicente-Apotheke in Brentwood einlöste. Am Samstag, dem 4. August, Marilyns Todestag, soll Engelberg zwei Anrufe von Dr. Greenson erhalten haben, er möge zu Marilyns Haus kommen, um ihr ein Beruhigungsmittel zu geben; er konnte aber wegen persönlicher Probleme – er steckte gerade in der Trennung von seiner Frau – keinen Hausbesuch bei seiner prominentesten Patientin machen. Nachdem Dr. Greenson ihn dann des Nachts noch einmal anrief, erklärte Engelberg Marilyn Monroe am 5. August 1962 um 3:40 Uhr offiziell für tot und benachrichtigte die Polizei.

DR. NATHAN HEADLEY
Behandelte Marilyn im April 1956 wegen Bronchitis und einer Virusinfektion, die sie sich bei dem frostigen Außendreh zu Bus Stop zugezogen hatte.

Am 6. Oktober 1954 trat Marilyn mit Anwalt Jerry Giesler vor ihrem Haus in Beverley Hills vor die Presse und gab bekannt, dass sie die Scheidung eingereicht habe.

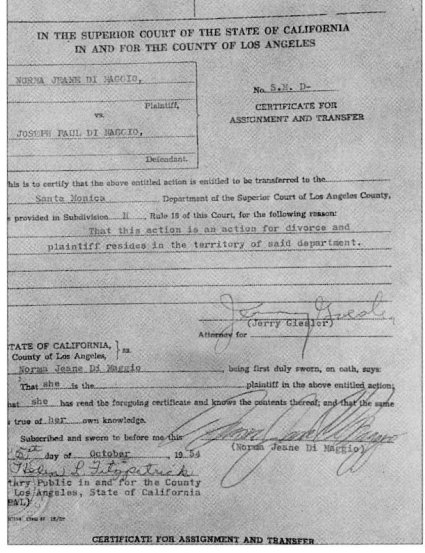

Die endgültigen Scheidungspapiere

ANC

MOVIE SECRETS

A STERLING PUBLICATION

February · 25¢

EXCLUSIVE:
What Made Joe Go?
SIX PAGES OF SENSATIONAL PIX

DORIS DAY'S
Picture
Life Story

BOB WAGNER
Why He
Won't Marry

GLENN FORD
What Has His
Wife Got?

AVA GARDNER
Little Girl Lost

**HOLLYWOOD'S
HE-MEN** — Real
or phony?

• Portraits

DR. ROBERT ROSENFELD
Behandelte Marilyn 1954 während der Dreharbeiten zu *There's No Business Like Show Business*.

DR. PHILLIP RUBIN
Wurde als zweiter Arzt wegen Marilyns Virusinfektion bei *Something's Got to Give* zu Rate gezogen. Er empfahl ihr, sich zu Hause auszukurieren.

DR. LEE SEIGEL (oder Siegel)
Der Studioarzt der Twentieth Century-Fox behandelte Marilyn ab Anfang der 1950er-Jahre. Bei den Dreharbeiten zu *The Seven Year Itch* (1954) spielte Marilyn trotz drohender Lungenentzündung und ihrem sich abzeichnenden Bruch mit DiMaggio weiter. Dr. Seigel gab ihr Schlaftabletten, damit sie Ruhe fand. Er behandelte sie auch auf Bronchitis, wie später noch einmal bei *Bus Stop* (1956).

DR. PHILLIP SHAPIRO
Betreute Marilyn 1955 in New York und stellte ihr Rezepte für Beruhigungs- und Schlafmittel aus.

WEITERE ALLGEMEINMEDIZINER:
Dr. Myron Prinzmetal 1952, Dr. Verne Mason 1954.

GYNÄKOLOGEN

DR. BERNARD BERGLASS
Gynäkologe im Jahr 1957, in dem sie wegen einer Bauchhöhlenschwangerschaft operiert wurde.

DR. HILLIARD DUBROW
Gynäkologe, der sie am 1. August 1957 wegen ihrer Bauchhöhlenschwangerschaft operierte.

DR. LEON „RED" KROHN
Marilyns langjähriger Gynäkologe wurde von dem Chirurgen Rabwin zu Marilyns Blinddarmoperation im Mai 1952 hinzugezogen. Von da an konsultierte sie ihn wegen ihrer chronischen Probleme (siehe MEDICAL HISTORY – Krankengeschichte).
Krohn wurde ihr darüber hinaus ein guter Freund, der Marilyn in medizinischen und persönlichen Angelegenheiten mit Rat und Tat zur Seite stand, so auch im Oktober 1954, als ihre Ehe mit DiMaggio auseinander brach. Damals suchte Krohn sie zu Hause auf, um ihr in dieser Situation beizustehen, die durch Hunderte von Journalisten vor der Tür noch verschlimmert wurde. Joe soll u. U. nach dem Verlassen des Hauses nicht nach San Francisco zurückgekehrt sein, wie er es den Journalisten angekündigt hatte, sondern längere Zeit bei Krohn gewohnt haben. Auch bei den Dreharbeiten zu *Some Like It Hot* soll Krohn häufig anwesend gewesen sein – als ihr Arzt und als Freund.
Dr. Krohn wies Gerüchte über Marilyns Abtreibungen, nach einigen Quellen bis zu 14, ausdrücklich zurück: „Sie hat nie auch nur eine gehabt. Später hatte sie zwei Fehlgeburten und musste als Notfall eine Bauchhöhlenschwangerschaft abbrechen lassen, aber es gab keine Abtreibungen."
Er warnte sie auch vor den Risiken ihrer Abhängigkeiten: „Sie sagte mir oft, wie sehr sie sich ein Kind wünsche, aber ich warnte sie, dass sie ein Baby mit dem Alkohol und den Tabletten umbrächte – ich erklärte ihr, dass sich die Wirkung dieser Barbiturate akkumuliere und es unmöglich absehbar sei, ab welchem Punkt dann schon ein einziger Drink einen spontanen Abgang auslösen könne."

CHIRURGEN

DR. MICHAEL GURDIN
Schönheitschirurg, der 1949 oder 1950 kleinere kosmetische Operationen bei Marilyn durchführte. Es hieß auch, Dr. Greenson sei mit Marilyn einige Monate vor ihrem Tod bei Gurdin gewesen, nachdem sie anscheinend in der Dusche gestürzt war.

Gurdin habe Marilyn untersucht und festgestellt, dass ihre Nase nicht gebrochen sei.

DR. MARK RABWIN
Dr. Rabwin entfernte Marilyn im April 1952 den Blinddarm. Marilyn fürchtete, nach der Operation keine Kinder mehr bekommen zu können, und klebte sich ein rührendes Briefchen auf den Bauch, in dem sie ihn anflehte, sehr vorsichtig vorzugehen (siehe MEDICAL HISTORY – Krankengeschichte).

DR. MORTIMER RODGERS
Arzt, der Marilyn im Juni 1959 wegen ihrer chronischen Endometriose operierte.

DOCUMENTARIES – **Dokumentationen**

Die erste Dokumentation über Marilyn wurde nur fünf Tage nach ihrem Tod ausgestrahlt, und heute noch wird etwa alle sechs Monate irgendwo eine neue produziert. Hier eine Liste der Dokumentarfilme über Marilyn, von denen viele später umgeschnitten, erweitert und unter anderem Titel erneut ausgestrahlt wurden. Darüber hinaus ist Marilyn eine beliebte Zutat zu jeder Dokumentation über die Geschichte Hollywoods, tragische Stars, Kinogrößen, die wichtigsten Menschen des 20. Jahrhunderts oder gescheiterte Ehen.

Marilyn Monroe, Why?
(Who Killed Marilyn Monroe?)
USA 1962, 30 Minuten, CBS
Kurz nach Marilyns Tod, am 10. August ausgestrahlte Folge von *Eyewitness*.

Marilyn
USA 1963, 83 Minuten, Fox
ROCK HUDSON führt durch diese Anthologie von Marilyns Jahren bei Fox mit Material aus SOMETHING'S GOT TO GIVE. Ursprünglich war FRANK SINATRA als Moderator geplant.

The Marilyn Monroe Story
(The Story of Marilyn Monroe)
USA 1963, 30 Minuten, ABC
Marilyns Leben von Mike Wallace.

The Legend of Marilyn Monroe
(Portrait: Marilyn Monroe und *The Marilyn Monroe Story)*
USA 1966, 60 Minuten ABC
Moderiert von JOHN HUSTON.

Marilyn Remembered
USA 1974, 60 Minuten, ABC
Erweiterung der Dokumentation von 1966.

Marvellous Marilyn
USA 1979, 30 Minuten
Aus der Reihe *That's Hollywood!*

In Search of: The Death of Marilyn Monroe
USA 1980, 30 Minuten
Von Alan Lansburg.

Marilyn, In Search of a Dream
USA 1983, 30 Minuten, ABC
Aus der Reihe *Hollywood Close-Up*.

The Last Days of Marilyn Monroe
(Marilyn, Say Goodbye to the President)
GB 1985, 60 Minuten, BBC
Nach ANTHONY SUMMERs Biografie.

Marilyn Monroe: Beyond the Legend
USA 1986, 60 Minuten, Cinemax

Entstanden unter Mitwirkung von JAMES HASPIEL, moderiert von RICHARD WIDMARK.

Norma Jeane Alias Marilyn Monroe
F 1987
Präsentiert von CATHERINE DENEUVE.

Remembering Marilyn
USA 1988, 60 Minuten, ABC
Moderiert von LEE REMICK.

Two Tragic Blondes: The True Stories of Harlow and Monroe
USA 1989, 53 Minuten, Hollywood Select
Vergleicht die Leben der beiden Diven.

Marilyn: Something's Got to Give
USA 1990, 60 Minuten, Fox
Material aus Marilyns letztem Filmprojekt.

Marilyn Monroe, The Early Years
(The Discovery of Marilyn Monroe)
USA 1991, 50 Minuten, Ashley Entertainment Productions
Über Marilyns Fotografen DAVID CONOVER.

Marilyn: The Last Interview
USA 1992, 30 Minuten, HBO
Marilyn interviewt von RICHARD MERYMAN.

The Marilyn Files
USA 1991, 120 Minuten
TV-Special moderiert von Bill Bixby und Jane Wallace.

Marilyn: The Last Word
USA 1993, 57 Minuten, Paramount
Rekonstruktion ihrer letzten Lebenstage.

Marilyn Monroe, Life after Death
USA 1994, 90 Minuten, Showtime
Mit Fotos von MILTON GREENE.

We Remember Marilyn
USA 1996, 100 Minuten, Passport Video
Zwei Kassetten umfassende Würdigung.

Marilyn, The Mortal Goddess
USA 1996, 120 Minuten, A&E
Gründliche Analyse von Marilyns Leben.

Marilyn Monroe Loss of Innocence
USA 1997, 60 Minuten, World Vision
Mit Ausschnitten aus einem Pornofilm, in dem Marilyn mitgespielt haben soll.

Intimate Portrait: Marilyn Monroe
USA 1998, 60 Minuten, Unapix
Aus einer Serie über US-Schauspielerinnen.

Informationen zu den meist amerikanischen Dokumentarfilmen über Marilyn sind zu finden in *The Ultimate Marilyn* von Ernest W. Cunningham und *The Unabridged Marilyn* von Randall Riese und Neal Hitchins. Darüber hinaus wurde ihr Leben auch in inszenierter Form mit Schauspielerinnen in der Rolle der Marilyn verfilmt (siehe ACTRESSES WHO HAVE PORTRAYED MARILYN – Darstellerinnen, die Marilyn oder Marilyn-Rollen gespielt haben).

DOHENY DRIVE
APARTMENT 3, 882 NORTH DOHENY DRIVE, BEVERLY HILLS

Marilyn wohnte von Anfang 1953 bis zu ihrer Heirat mit JOE DIMAGGIO im Januar 1954 im Erdgeschoss dieses Gebäudes zwischen Sunset und Santa Monica Boulevard in einer modernen Dreizimmerwohnung, die sie von Violet Mertz gemietet hatte. JANE RUSSEL half Marilyn bei der Einrichtung (siehe DECORATING) der Wohnung – ganz in Weiß gehalten mit dicken Teppichen und weißem Flügel (siehe WHITE PIANO).

1961, nach ihrer Trennung von ARTHUR MILLER und ihrer Rückkehr nach Los Angeles, zog Marilyn wieder in diese Wohnung. Um Neugierige fern zu halten, beschriftete sie den Briefkasten mit dem Namen ihrer früheren Sekretärin „Marjorie Stengel". Die Wohnung war inzwischen in Blau umdekoriert worden – mit deckenhohen Spiegeln im Ankleidezimmer und schwarz lackierter Wohnungstür. Diesmal nahm Marilyn kaum Änderungen vor, brachte bloß ein paar persönliche Sachen – Bücher (siehe BOOKS), Schminksachen und einen Koffer voll Kleider – mit und hängte nicht einmal ihre Bilder auf, mit denen sie sich schon so viele Wohnungen heimelig gemacht hatte.

Zu Weihnachten 1961 muss Marilyn hier ein Déjà-vu-Erlebnis gehabt haben, als Joe ähnlich wie bei seiner Weihnachtsüberraschung 1953 mit Christbaum und Champagner eintraf, um die Feiertage mit ihr zu verbringen.

(siehe HOMES – Wohnungen)

DON'T BOTHER TO KNOCK (1952) –
Versuchung auf 809
(Arbeitstitel: *Night Without Sleep*)

Nachdem sie Marilyn zwischendurch an andere Studios ausgeliehen hatte, wählte die TWENTIETH CENTURY-FOX diesen eher untypischen Film, um ihrem neuesten Sexidol seine erste Hauptrolle zu geben. Gleich nach der Fischfabrikarbeiterin, die sie in CLASH BY NIGHT (1952) gespielt hatte, spielt Marilyn hier eine geistesgestörte Babysitterin. Lichtjahre trennen diese Rollen von den quirligen und dekorativen Blondinen, die sie in fast all ihren vorherigen 14 Filmen gespielt hatte. *Don't Bother to Knock* basiert auf einer Fortsetzungsgeschichte von Charlotte Armstrong, die ursprünglich in der Zeitschrift *Good Housekeeping* erschienen war.

Sicher war es für Marilyn emotional belastend, die Nell Forbes zu spielen. Um sich in die Einsamkeit der Rollengestalt und die Folgen jahrelanger Aufenthalte in Heilanstalten einzufühlen, dürfte sie aus ihrer eigenen traurigen Kindheit (siehe CHILDHOOD) geschöpft und sich an die Heime erinnert haben, in denen sie ihre Mutter besucht hatte. Marilyn wusste um die Verlockung von Fantasiewelten und das Leid, das Menschen an den Rand des Selbstmords treibt.

Das Budget für den Film war so knapp, dass der englische Regisseur ROY BAKER nur eine Aufnahme pro Szene drehen ließ. Das Resultat war trotz Marilyns schrecklicher Nervosität beeindruckend. Schauspiellehrerin NATASHA LYTESS, die auf Marilyns Beharren stets dabei war: „Ich hatte kaum etwas zu tun. Sie hatte panische Angst ..., aber sie wusste genau, was die Rolle verlangte und wie sie es machen musste. Ich versuchte einfach nur, ihr etwas Selbstvertrauen einzuflößen."

Einige Kritiker erkannten an diesem Film, dass Marilyn das Zeug zum Star hatte. Variety nannte sie „einen todsicheren Kassenschlager". Jahre später hielt Marilyn ihre Darstellung in diesem Film immer noch für eine

Marilyn als geistesgestörte Babysitterin Nell Forbes in *Don't Bother to Knock* (1952).

ihrer schauspielerisch besten Leistungen. RICHARD WIDMARK als Jed Towers trifft im Film den Nagel auf den Kopf, als er Marilyns Rollengestalt als „ein sehr wechselhaftes Mädchen" und „Seide auf der einen Seite, Schmirgelpapier auf der anderen" beschreibt.

Der Stoff wurde 1991 fürs Fernsehen neu verfilmt, diesmal unter dem Titel *The Sitter*.

Produktionsdaten:
Twentieth Century-Fox
schwarz-weiß
Länge: 76 Minuten
Kinostart: 18. Juli 1952

Crew:
Regie: Roy Ward Baker
Produktion: Julian Blaustein
Drehbuch: Daniel Taradash
Vorlage: Charlotte Armstrong (*Mischief*)
Kamera: Lucien Ballard
Schnitt: George A. Gittens
Musik: Lionel Newman (und Jerry Goldsmith)
Arrangement: Earle H. Hagen
Titelmelodie aus *Panic in the Streets – Unter Geheimbefehl* (1950): Alfred Newman
Art Direction: Richard Irvine, Lyle R. Wheeler
Ausstattung: Paul S. Fox, Thomas Little
Kostüme: Travilla
Garderobe: Charles LeMaire
Maskenbild: Ben Nye
Spezialeffekte: Ray Kellogg
Ton: Bernard Freericks, Harry M. Leonard

Besetzung:
Richard Widmark ... Jed Towers
Marilyn Monroe ... Nell Forbes
Anne Bancroft ... Lyn Leslie
Donna Corcoran ... Bunny Jones
Jeanne Cagney ... Rochelle
Lurene Tuttle ... Mrs. Jones
Elisha Cook Jr. ... Eddie Forbes
Jim Backus ... Peter Jones
Verna Felton ... Mrs. Ballew
Willis Bouchey ... Barkeeper
Gloria Blondell ... Fotografin

Don Beddoe ... Mr. Ballew
Grace Hayle ... Mrs. McMurdock
Michael Ross ... Pat, der Hausdetektiv
Eda Reiss Merin ... Zimmermädchen
Vic Perrin ... Fahrstuhlführer
Dick Cogan ... Pagenmeister
Robert Foulk ... Portier
Olan Soule ... Empfangschef
Emmett Vogan ... Toastmaster

Werbeslogan:
„You never met her type before ..."
(„So eine ist Ihnen noch nie begegnet ...")

Handlung:
Der Pilot Jed Towers (Richard Widmark) wohnt in dem New Yorker Hotel, in dem seine Freundin Lyn Leslie (Anne Bancroft in ihrem Kinodebüt) als Sängerin arbeitet. Als Lyn mit ihm Schluss macht, glaubt er in der aufreizenden Blondine im Zimmer gegenüber eine passende Trösterin gefunden zu haben. Doch der Schein trügt. So harmlos, wie Nell (Marilyn) dem Pärchen erschienen sein mag, das sie für diesen Abend als Babysitter für Töchterchen Bunny (Donna Corcoran) engagiert hat, ist sie nicht. Nie ist sie über den Verlust ihres Verlobten, der auch ein Pilot war, hinweggekommen ... Nell lockt Jed in ihr Zimmer und versucht, jedwede Störung, vor allem durch Bunny, zu vermeiden. Dass Nell nicht ganz bei sich ist, wird zur Gewissheit, als sie wütend auf ihren Onkel Eddie, den Fahrstuhlführer, wird, weil er ihren Verlobten erwähnt. Jed, dem derweil die Flucht gelungen ist, versucht es lieber noch einmal bei Lyn. Als ihm klar wird, dass das kleine Mädchen bei der verrückten Babysitterin in ernster Gefahr ist, geht er wieder nach oben, wo das Kind inzwischen gefesselt ist und Nell mit Bunnys Mutter ringt. Nell flieht, doch Jed spürt sie auf – sie droht, sich mit einer Rasierklinge umzubringen, lässt sich aber überreden, ihm diese auszuhändigen. Dann lässt sie sich fügsam in eine Klinik abführen, während Jed durch sein Mitgefühl das Mädchen zurückgewonnen hat, das ihn anfänglich als zu gefühlskalt abgewiesen hatte.

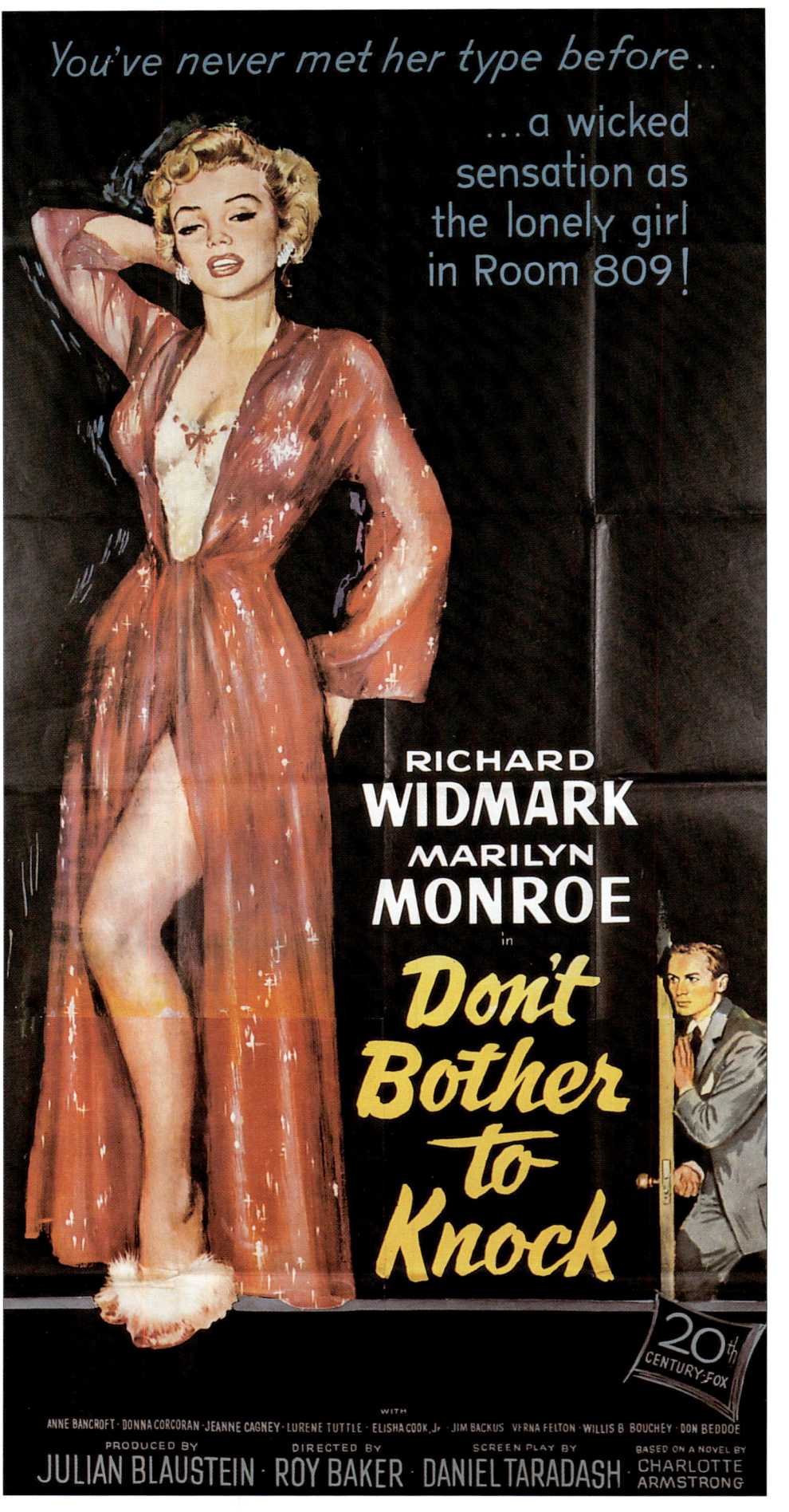

Kritiken:

New York Daily Mirror

„Marilyn Monroe, deren Rollen bisher kaum eine Funktion hatten als die, ihre körperlichen Vorzüge zur Schau zu stellen, ist in *Don't Bother to Knock* … mehr als nur sexy. Sie beweist viel versprechende schauspielerische Anlagen.

Richard Widmark, ihr Partner in diesem Melodram der Twentieth Century-Fox, verblasst im Licht der neuen Filmschönheit, die selbst im tristen Gewand der ärmlichen Handlangerin noch verführerisch wirkt. Sie ist genau das, was das Kino braucht; ein paar mehr von ihrer Sorte und die Branche würde florieren."

New York Post

„In *Don't Bother to Knock*… hat man Marilyn Monroe ins kalte Wasser geworfen – nach dem Motto: ‚Schwimm oder geh unter!' Sie tut eigentlich weder das eine noch das andere, sondern treibt eher an der Oberfläche. Was sollte sie mit der Figur auch anderes tun."

Motion Picture Herald Tribune

„Sie erweist sich endgültig als die Art von großem neuem Star, nach dem die Kinobetreiber dauernd rufen."

DORS, DIANA

(1931–1984, GEB. ALS DIANA FLUCK)

„Großbritanniens Marilyn Monroe" war dort die unangefochtene Topblondine, die sich wie Marilyn stets hart am Rande der offiziellen Schicklichkeitsgrenzen bewegte. Dors versuchte sich auch in Hollywood, jedoch mit wenig Erfolg. Da Marilyn zu der Zeit gerade in England THE PRINCE AND THE SHOWGIRL (1957) drehte, wurde die britische Boulevardpresse um das erhoffte „Duell der Blondinen" gebracht.

DOSTOJEWSKI, FJODOR (1821–1881)

Der große russische Schriftsteller des neunzehnten Jahrhunderts gehörte zu Marilyns Lieblingsautoren. Marilyn kam wohl 1947 beim ACTORS LAB erstmals mit seinem Werk in Berührung.

Am meisten schätzte sie den Roman *Die Brüder Karamasow*. Nachdem JOHNNY HYDE sie einmal mit der kraftvollen Gruschenka verglichen hatte, hegte sie den lebenslangen Ehrgeiz, diese Rolle zu spielen. Sie nannte die Geschichte von Gruschenkas Opfer und ihrer Liebe zu Dmitrij Karamasow „das Bewegendste, was ich je gelesen oder gehört habe. Ich fragte Natasha [Lytess], ob das ein guter Filmstoff wäre. Sie sagte Ja, aber nicht für mich – noch nicht." Ihr Schauspiellehrer MICHAEL CHEKHOV bestärkte sie in diesem Wunsch, ebenso wie ARTHUR MILLER, der einmal sagte, er würde den Roman für sie adaptieren. BILLY WILDER fand sie für die Rolle ideal: „Wer das Buch nicht gelesen hat, macht sich nicht klar, dass Gruschenka ein Sexbolzen ist … [Marilyn] wäre die unübertrefflichste aller Gruschenkas."

Leider kam es nie dazu. 1958 verfilmte MGM den Klassiker mit Maria Schell als Gruschenka. Kolumnistin SHEILAH GRAHAM gehörte zu den vielen, die enttäuscht waren, dass Marilyn die Rolle nicht bekam: „[Marilyn] wäre als Dostojewskis sinnliche, konfuse Heldin überragend gewesen. Sie war wie geschaffen für die Rolle, und Maria Schell mit ihrem selbstsicheren Lächeln war völlig verkehrt."

DOUGHERTY, JAMES (JIM) (GEB. 1921)

MARILYN:

„Meine Ehe brachte mir weder Glück noch Leid. Mein Mann und ich sprachen kaum miteinander. Nicht weil wir böse aufeinander waren; wir hatten uns nichts zu sagen."

JIM DOUGHERTY:

„Sie war eine sehr aufgeschlossene Braut – eine ideale Braut in jeder Hinsicht außer beim Kochen."

„Unsere Ehe war eine gute Ehe … Ich frage mich, ob sie vergessen hat, wie verliebt wir waren."

Jim Dougherty, am 12. April 1921 in Los Angeles geboren und damit fünf Jahre älter als Norma Jeane, war der typische Junge von nebenan, Sohn einer Arbeiterfamilie, die zufällig in derselben Straße wie die damals Fünfzehnjährige wohnte. In der Schule war Jim beliebt, in den meisten Fächern nicht gerade herausragend, dafür aber ein Star des Football-Teams und zeitweise auch Schülersprecher. Sein Football-Talent brachte ihm ein College-Stipendium ein, das er aber ablehnte. Stattdessen nahm er einen Job an, um Geld für seine Familie zu verdienen. 1941, als er erstmals mit Norma Jeane in Kontakt kam, arbeitete er als Schichtarbeiter beim Flugzeugbauer Lockheed und verdiente genug, um ein blaues Ford-Coupé zu fahren, das die Mädchen beeindruckte. Er wohnte so nah an der VAN NUYS HIGH SCHOOL, dass seine Mutter, die mit Norma Jeanes Vormund GRACE GODDARD befreundet war, ihn oft bat, Norma Jeane und BEEBE GODDARD von der Schule heimzufahren.

Was Norma Jeane an diesem jungen Mann außer seinem Auto wohl am meisten faszinierte, war sein Schnäuzer. Seit sie als kleines Mädchen das Foto eines schnauzbärtigen Mannes gesehen hatte, den ihre Mutter als ihren Vater bezeichnete, fühlte sie sich zu Männern mit Schnurrbart hingezogen.

Dougherty hegte wohl anfänglich keine romantischen Absichten. Er hatte eine feste Freundin – Doris Ingram, die Schönheitskönigin von Santa Barbara – und Norma Jeane war noch sehr jung: „Ich bemerkte, dass sie ein hübsches kleines Ding war, und sie fand, ich sähe in weißen Hemden göttlich aus, aber was mich anging, war sie bloß ein Kind." Doch seine Absichten zählten weniger als die Pläne von Grace Goddard, die ihn Anfang 1942 nicht ohne Hintergedanken bat, Norma Jeane zu einer Weihnachtsfeier bei Adel Precision Products zu begleiten, wo ,DOC' GODDARD damals arbeitete (nach anderen Berichten fand das Fest im Lockheed-Werk statt). Es war ein Doppelrendezvous mit einem von Jims Freunden und Norma Jeanes Stiefschwester Beebe. Von da an waren sie ein Liebespärchen, machten Ausflüge in die Umgebung und parkten abends auf dem Mulholland Drive, von dem man über die glitzernden Lichter von Los Angeles und das Tal von San Fernando blicken konnte.

Der junge Mann dachte dabei wohl nicht unbedingt ans Heiraten, bis seine Mutter ihm eines Tages eröffnete: „Die Goddards ziehen nach Virginia, und sie werden Norma Jeane nicht mitnehmen. Sie kann nicht bei Mrs. Lower bleiben, und das heißt, dass sie zurück ins Waisenhaus muss, bis sie 18 wird … Grace fragt, ob du interessiert wärst, sie zu heiraten." Jim überlegte noch etwas, aber es schien so bestimmt zu sein. Angeblich ging er mit Norma Jeane den Ring kaufen, bevor er sie überhaupt fragte, ob sie ihn heiraten wolle.

Gleich nach Norma Jeanes 16. Geburtstag schafften sie ihr spärliches Hab und Gut in einen winzigen Einzimmerbungalow im Stadtteil Sherman Oaks, 4525 VISTA DEL MONTE. Grace Goddard entschied, die Hochzeitsfeier im Haus von Freunden abzuhalten, angeblich weil ihr die geschwungene Treppe so gefiel, die der Zeremonie etwas Großartiges, „genau wie im Film", geben sollte. ANA LOWER, Graces Tante, bei der Marilyn die meiste Zeit war, lud zu der Feier ein.

Miss Ana Lower
bittet um die Ehre Ihrer Anwesenheit
zur Hochzeit ihrer Nichte
Norma Jean [sic] Baker
mit
Mr. James E. Dougherty
am Freitag, dem neunzehnten Juni
neunzehnhundertzweiundvierzig
um 20:30 Uhr
im Haus von
Mr. und Mrs. Chester Howell
432 South Bentley Avenue
Los Angeles, Kalifornien.
Empfang im Anschluss an die Zeremonie,
432 South Bentley Avenue,
Los Angeles, Kalifornien.

Die Trauungszeremonie wurde von dem konfessionslosen Geistlichen Benjamin Lingenfelder vollzogen. Auffallend war die Abwesenheit von Norma Jeanes leiblicher Mutter und der Goddards. Jims Bruder Marion war sein Trauzeuge; Norma Jeane hatte ein Mädchen, das sie erst kurz zuvor auf der University High School kennen gelernt hatte, als Trauzeugin eingeladen. Jim erinnerte sich, dass seine Braut „so zitterte, dass sie kaum stehen konnte … Sie ließ meinen Arm den ganzen Nachmittag nicht los, und … sah mich an, als hätte sie Angst, ich könne verschwinden, wenn sie den Raum verließe."

Marilyn sagte später, sechs ihrer Pflegemütter hätten weinend zugesehen, wie sie vor den Traualtar trat. Das war etwas übertrieben, aber mindestens zwei waren anwesend: Ana Lower führte sie dem Bräutigam zu, und auch die BOLENDERS, ihre erste Pflegefamilie, waren gekommen.

Die Heirat bewahrte Norma Jeane vor dem Waisenhaus, bedeutete aber auch, dass sie die Schule verlassen und plötzlich in der Erwachsenenwelt zurechtkommen musste. Jim Dougherty räumte 1953 in einem Artikel ein: „Sie war so empfindsam und unsicher, dass ich gar nicht in der Lage war, richtig mit ihr umzugehen. Ich wusste, dass sie zu jung war und ihre Gefühle sehr verletzlich waren. Wenn ich ihr beim Verlassen des Hauses mal keinen Abschiedskuss gab, dachte sie, ich wäre böse auf sie. Wenn wir uns stritten – was oft passierte, sagte ich häufig: ‚Halt einfach die Klappe!' und legte mich aufs Sofa schlafen. Wenn ich nach einer Stunde aufwachte, lag sie schlafend neben mir oder saß neben dem Sofa auf dem Boden. Sie war sehr versöhnlich … Ich dachte, ich wüsste, was sie wollte, aber was ich dachte, war nie das, was sie wollte. Sie schien irgendeine Rolle zu spielen, als probte sie für eine Zukunft, die mir unklar blieb."

Es gab keine Flitterwochen. Norma Jeane tat ihr Bestes, eine gute Hausfrau zu sein, obwohl sie Hausarbeit nicht besonders mochte und keine Ahnung vom Kochen hatte. Derweil setzte ihr Mann Jim die unbeschwerten Trinkgelage mit seinen Kumpanen fort.

Dougherty behauptete stets, ihr Sexualleben sei erfüllt und befriedigend gewesen. Ein Playboy-Artikel porträtierte Norma Jeane als sexbegeisterte junge Frau, die es gern an ungewöhnlichen, öffentlichen Orten trieb. Marilyns Version war eine andere: „Ich wusste nicht viel über Sex. Sagen wir einfach, dass mir manche Dinge natürlicher erschienen als andere. Ich wollte es ihm nur recht machen, und am Anfang kam mir das alles etwas sonderbar vor. Ich wusste nicht, ob ich es richtig machte."

Anfang 1943 hütete das junge Paar während der Abwesenheit von Jims Eltern einige Monate deren Haus 14747 ARCHWOOD STREET in Van Nuys, bis sie in ein nahe gelegenes Haus an der BESSEMER STREET zogen.

Ende 1943 ging Jim zur Handelsmarine und wurde nach CATALINA ISLAND vor der kalifornischen Küste versetzt. Hier wohnte das Paar in Avalon, dem Hauptort der Insel, wo Jim die Ausbildung der neu Eingestellten beaufsichtigte. „In jenem Jahr auf Catalina gab sie mir mehr Grund zur Eifersucht", erzählte er. „Norma Jeane wusste sehr wohl, dass sie einen wunderschönen Körper hatte, der den Männern gefiel. Sie ging mit Muggsy [ihrem Hund] spazieren – in enger weißer Bluse und knappen weißen Shorts und mit einem bunten Band im Haar. Sie war wie ein Traum, der die Straße entlangschlenderte." Ihre Beziehung litt unter seinen Vorwürfen, dass sie sich zu aufreizend anziehe. Norma Jeane, die nicht daran dachte, ihm untreu zu werden, beteuerte ihre Unschuld. Dass sie bei einer großen Tanzparty im Ballsaal des Catalina Casino, zu der Stan Kentons berühmte Band aufspielte, besonders viel Aufsehen erregte, stachelte seine Eifersucht nur noch weiter an.

Im Frühjahr 1944 wurde Jim in den Pazifik abkommandiert, wo er am Krieg teilnahm. Norma Jeane bat ihn, nicht zu gehen; sie fürchtete sich vor dem erneuten Verlassenwerden, nachdem sie schon in ihrer Kindheit so oft allein gelassen oder abgeschoben worden war, ohne irgendwelchen Einfluss auf die Geschehnisse nehmen zu können. Einige Biografen berichten, sie habe Jim damals vorgeschlagen, sie sollten ein Kind bekommen. Jim versicherte ihr, dass sie nach seiner Rückkehr aus dem Krieg eine Familie gründen würden. 1976 sagte Dougherty der Zeitschrift *People*: „Wäre ich im Zweiten Weltkrieg nicht zur Handelsmarine gegangen, dann wäre sie heute noch Mrs. Dougherty."

Norma Jeane zog in der Zeit zu ihrer Schwiegermutter, die ihr einen Job in der RADIO PLANE MUNITIONS FACTORY besorgte. Jim kam über Weihnachten und Neujahr auf Heimaturlaub. Nach der langen Trennung genossen sie das Zusammensein, doch sollte dies das letzte Mal sein, dass sie als Mann und Frau zusammenlebten. Einige Monate zuvor hatte Norma Jeane dem Fotografen DAVID CONOVER von der 1. Filmeinheit der Armee Modell gestanden und damit die ersten Schritte in Richtung einer Karriere im Show-

Jim Dougherty und Norma Jeane Baker bei ihrer Trauung am 19. Juni 1942.

business getan. Auf den warnenden Hinweis seiner Mutter hin, dass Norma Jeane mit einer für eine junge Ehefrau unpassenden Karriere liebäugele, schrieb Jim seiner Frau: „Diese ganze Modellsteherei ist ja gut und schön, aber wenn ich die Armee verlasse, gründen wir eine Familie und du wirst häuslich. Du kannst nur eine Laufbahn haben, und eine Frau kann nicht an zwei Orten gleichzeitig sein."

Marilyn sagte später: „Ich wollte einfach nur herausfinden, wer ich war. Jim glaubte, er wüsste es und dass ich damit zufrieden sein sollte. Aber das war ich nicht. Unsere Ehe war lange vor Kriegsende vorbei." Den Todesstoß erhielt sie, als sich Norma Jeane am 2. August 1945 bei der BLUE BOOK MODELING AGENCY bewarb. Als Jim Weihnachten 1945 von der Front zurückkam, erkannte er, wie die Dinge lagen: „Sie kam eine Stunde zu spät. Sie umarmte und küsste mich, aber es blieb alles etwas kühl. Ich hatte zwei Wochen frei, bevor ich wieder zum Dienst auf ein Schiff vor der kalifornischen Küste musste, aber ich glaube, wir haben in der Zeit keine zwei Nächte zusammen verbracht. Sie war mit Modellstehen beschäftigt und verdiente gutes Geld." Norma Jeane verbrachte einen guten Teil dieser Zeit auf Rundreise zu den schönsten Fleckchen Kaliforniens als Modell des Fotografen ANDRE DE DIENES, der diese Reise für sexuelle Annäherungen ausnutzte. Bevor er zu Nachkriegs-Aufräumarbeiten der Handelsmarine nach Asien zurückkehrte, stellte Jim seiner Frau ein Ultimatum, das sie ignorierte. Ihre Ehe war damit effektiv am Ende, und Norma Jeane zog bei ihrer Schwiegermutter aus.

Bei seinem Heimaturlaub im April musste Jim feststellen, dass seine Frau nicht mehr alleine lebte, sondern die Wohnung mit ihrer Mutter GLADYS BAKER teilte, die nach ihrer Entlassung aus der Heilanstalt nach Los Angeles gekommen war. Dougherty hielt dies offenbar für einen Trick seiner Frau, um ihn loszuwerden. „Sie sorgte dafür, dass Gladys zu ihr in die NEBRASKA AVENUE zog, dass ihre Mutter meinen Platz im einzigen Bett der Wohnung einnahm." In Wirklichkeit hatte Norma Jeane dem Drängen ihrer Mutter, bei ihr wohnen zu dürfen, nur ungern nachgegeben.

Norma Jeane war sich darüber im Klaren, dass der Titel „Mrs." für die Verwirklichung ihrer Hollywood-Träume ein Hindernis darstellte. So reiste sie am 14. Mai 1946 zu einer weiteren Tante ihres Vormunds Grace Goddard, einer Witwe namens Minnie Willette, die in Las Vegas wohnte. Hier konnte man eine schnelle Scheidung erlangen, wenn man den Nachweis erbrachte, seinen Wohnsitz im Staat Nevada zu haben. Die Nachricht von der Scheidungsklage erreichte Jim erst zwei Wochen später in Shanghai. Er traf daraufhin Vorbereitungen für seine Rückkehr und stellte die Unterhaltszahlungen an seine Frau ein.

Jim war beim Gerichtstermin am 13. September 1946 um 14 Uhr bei Bezirksrichter A. S. Henderson in Las Vegas nicht anwesend. Norma Jeane beantragte und erlangte die Scheidung (siehe DIVORCE) mit der formellen Begründung: „Äußerste seelische Grausamkeit, die der Gesundheit der Klägerin abträglich war". Aus den Gerichtsunterlagen geht hervor, dass Norma Jeane ihre Rolle zu spielen verstand: „Mein Mann unterstützte mich nicht, hatte etwas dagegen, dass ich arbeitete, und kritisierte mich dafür; außerdem war er übellaunig und jähzornig, verließ mich dreimal, kritisierte und blamierte mich vor meinen Freunden und versuchte nicht, mir ein Zuhause zu schaffen." Vier Jahre später resümierte Marilyn: „Ich heiratete und wurde geschieden. Es war ein Fehler, und er hat inzwischen wieder geheiratet."

Einige Jahre darauf konnte sich Dougherty aus nächster Nähe ansehen, wofür seine Frau ihn verlassen hatte. Er war nach dem Militär zur Polizei gegangen und gehörte 1950 zu den Polizisten, die den Auftrag hatten, die Fans vor dem Grauman's Egyptian Theater (siehe GRAUMAN'S CHINESE THEATER) in Schach zu halten, als die Stars zur Premiere von THE ASPHALT JUNGLE eintrafen. Eine direkte Konfrontation mit seiner Exfrau blieb ihm erspart, da Marilyn nicht erschien.

In einem Fernsehinterview zu Marilyns 35. Todestag bekräftigte Dougherty seine Einschätzung, dass Marilyn an einer im verzweifelten Bemühen um Schlaf versehentlich eingenommenen Überdosis Schlaftabletten gestorben sei. Als ehemaliger Angehöriger der Polizei von Los Angeles war er mit Sergeant JACK CLEMMONS bekannt, der nach Marilyns Tod als erster Polizeibeamter in ihrem Haus eintraf und Dougherty kurz darauf anrief, um ihn über ihren Tod zu informieren.

Marilyn und Jim Dougherty 1943

Jim Dougherty heiratete noch zwei weitere Male. Während seiner von 1947 bis 1972 dauernden Ehe mit Patricia Scoman, mit der er drei Töchter hatte, durfte der Name seiner ersten Frau im Haus nicht erwähnt werden. Seine dritte Frau hieß Rita.

JIM DOUGHERTYS FAMILIE

DOUGHERTY, BILLIE
Norma Jeanes Schwägerin, die unter dem Namen Elyda Nelson einen Artikel über Marilyn schrieb, der 1952 in *Modern Screen* erschien.

DOUGHERTY, EDWARD
Jims Vater.

DOUGHERTY, ETHEL MARY
Jims Mutter trug entscheidend dazu bei, dass der Plan ihrer Freundin Grace Goddard, Norma Jeane mit Jim zu verheiraten, in die Tat umgesetzt wurde. Als Jim im Zweiten Weltkrieg nach Asien versetzt wurde, zog Norma Jeane zu ihrer Schwiegermutter nach North Hollywood. Ethel Dougherty arbeitete damals als Krankenschwester für die Radio Plane Company im nahen Burbank, sie gab ihr die Fahrstunden und beschaffte ihr einen Job in ihrer Firma, ohne zu ahnen, dass sie dort wenig später von einem Armeefotografen entdeckt werden würde. Marilyn zog 1945 bei ihrer Schwiegermutter aus, als ihr Streben nach einer Fotomodellkarriere konkrete Früchte zu tragen begann und sie häufiger mit Conover zu Fotoaufnahmen durch Kalifornien reiste. Jims Mutter äußerte ihr Missfallen über dieses, wie sie fand, für eine Ehefrau unpassende Benehmen.

DOUGHERTY, MARION
Jims älterer Bruder war 1942 sein Trauzeuge bei der Hochzeit mit Norma Jeane.

DOUGHERTY, TOM
Jims jüngerer Bruder.

DRAKE HOTEL
440 PARK AVENUE, NEW YORK

1952 nahm sich Marilyn von den Arbeiten an NIAGARA eine Woche Urlaub, die sie mit JOE DiMAGGIO in diesem New Yorker HOTEL verbrachte. Obwohl sie der Form halber jeder ein eigenes Zimmer nahmen, wohnten sie nur in einem.

DREAMS — Träume

Als eifrige Anhängerin der Freudschen PSYCHOANALYSE beschäftigte sich Marilyn intensiv mit ihren Träumen und deren verborgenen Bedeutungen und las viele von Freuds Arbeiten zu diesem Thema.

Sie erzählte von zwei Träumen aus ihrer Kindheit, ersterer kehrte auch später wieder:

„Ich träumte, dass ich in der Kirche stand und gar nichts anhatte, und alle Menschen lagen mir zu Füßen auf dem Boden, und ich stieg nackt, mit einem Gefühl von Freiheit, über die ausgestreckten Gestalten hinweg, wobei ich darauf achtete, auf niemanden zu treten."

„Ich träumte, wie ich stolz in wunderschönen Kleidern daherschritt, von allen bewundert wurde und hörte, wie sie mich lobten."

DRESSLER, MARIE
(1869–1934, GEB. ALS LEILA MARIE KOERBER)

Marilyn sagte oft, sie bewundere diese Schauspielerin mehr als jede andere. Damit war sie nicht allein: Louis B. Mayer sagte einmal, er hätte nur mit drei großen Darstellern gearbeitet: GRETA GARBO, Spencer Tracy und Marie Dressler. Die in Kanada geborene Dressler hatte eine erfolgreiche Laufbahn in Stummfilmkomödien hinter sich, bevor sie in den 1930er-Jahren in Tonfilmen der MGM spielte, als die junge Norma Jeane regelmäßig die Kino-Frühvorstellungen besuchte. Zu ihren Filmen gehören *Min and Bill*, für den sie 1930 einen Oscar gewann, und *Dinner at Eight* (1933) mit JEAN HARLOW. Doch am meisten wird wohl ihr Spruch „Du bist immer nur so gut wie dein letzter Film" in Erinnerung bleiben.

DRINK — Getränke

MARILYNS LIEBLINGSGETRÄNKE

FRÜHSTÜCKSGETRÄNKE:
Kaffee
Milch
Möhrensaft
Tee mit Gin
Bloody Mary
Grapefruit-Saft

ALKOHOLFREIES
Ginger Ale

ALKOHOLISCHES:
Wodka-Martini
Schottischer Whisky
Bourbon
Wermut
Wein
Daiquiri
Sherry

Wenn sie die Wahl hatte, trank Marilyn stets Champagner. Sie sprach schon bei ihrer ersten Hochzeit (siehe WEDDING), mit 16, dem Sekt etwas zu tüchtig zu und trank große Mengen davon bis an ihr Lebensende. Ihr Lieblingschampagner war der Dom Pérignon Jahrgang 1953. Ansonsten trank Marilyn jede Menge Wasser und Kaffee.

In manchen Phasen trank Marilyn sehr viel Alkohol. So verletzte sie sich 1958 bei einem Treppensturz an einem zerbrochenen Whiskyglas die Hand und verstauchte sich den Knöchel. Oft trank sie nicht unbedingt, um zu vergessen, sondern um sich so weit zu betäuben, dass sie Schlaf (siehe SLEEP) finden konnte. Die Auswirkungen ihres Alkoholkonsums, vor allem in Kombination mit BARBITURATEN, waren nicht immer vorsehoder kontrollierbar. Wenn andere sie für betrunken hielten, war sie in Wirklichkeit oft benommen von den Medikamenten, die sie schluckte.

DRUGS — Medikamente

MARILYN:
„Beim Filmen muss man morgens gut aussehen, also braucht man schon ein bisschen Schlaf. Das ist der Grund, warum ich Tabletten nehme."

JOHN HUSTON:
„Das Mädchen war süchtig nach Schlaftabletten, und die verdammten Ärzte haben sie dazu gemacht."

ARTHUR MILLER:
„Ärzte hatten ihre Forderung nach neuen und stärkeren Schlaftabletten erfüllt, obwohl sie wussten, wie gefährlich das war … es gab immer neue Ärzte, die ihr bereitwillig halfen zu vergessen."

DONALD SPOTO zufolge begann Marilyns Sucht nach Schlafmitteln (siehe BARBITURATES) Anfang 1954, nachdem sie einige Pillen gegen durch Jetlag verursachte Schlafstörungen genommen hatte. Doch gibt es Hinweise, dass sie zu dem Zeitpunkt schon über Jahre Tabletten schluckte: Marilyn erzählte AMY GREENE, dass sie Pillen genommen habe, seit sie 17 oder 18 war. Auf jeden Fall griff sie schon an der Schwelle ihres großen Durchbruchs zu Medikamenten, um die furchtbare Angst zu bekämpfen, an der sie vor Probeaufnahmen litt. Seit 1950 besaß Marilyn in ihrem Freund, Vertrauten und gelegentlichen Sprachrohr SIDNEY SKOLSKY, der sein Büro im Gebäude der Apotheke Schwab hatte, eine zuverlässige Tablettenquelle. JOE DiMAGGIO soll Sidney und Marilyn als „pillpals", als Pillenkumpel bezeichnet haben.

Der ungenierte Konsum von Barbituraten, Amphetaminen und Betäubungsmitteln war in Hollywood sehr verbreitet und galt als aufregend und gewagt, die Spätschäden waren kaum bekannt. Medikamentenmissbrauch brachte viele Stars um Karriere und Leben, von Errol Flynn über JUDY GARLAND bis zu MONTGOMERY CLIFT.

Marilyn nahm Barbiturate, Hypnotika und Beruhigungsmittel. Von ihrer Begegnung mit TIMOTHY LEARY 1962 abgesehen, nahm sie Tabletten wohl nicht zum Spaß oder wegen des Nervenkitzels, sondern um Schlaf (siehe SLEEP) finden zu können, ihre strapazierten Nerven zu beruhigen oder mit ihren lähmenden Ängsten (siehe FEARS) fertig zu werden.

SUSAN STRASBERG schreibt: „Es war gang und gäbe, Tabletten in Sekt zu mischen, um die Wirkung zu erhöhen. Marilyn war zudem belastet durch ihre Ängste, ihre Schüchternheit, ihre Unsicherheit und ihre außerordentlich starken Menstruationsschmerzen, die sie buchstäblich bewegungsunfähig machten.“

1954 kam Marilyn regelmäßig zu spät und ziemlich benommen zu den Aufnahmen für THERE'S NO BUSINESS LIKE SHOW BUSINESS, sichtlich gezeichnet von den Nachwirkungen der Schlaftabletten. Es war eine Zeit starker emotionaler Spannungen, da ihre jüngst geschlossene Ehe mit Joe DiMaggio alles andere als harmonisch war.

Nachdem sie Ende 1954 aus Hollywood nach New York geflüchtet war, begann für Marilyn ein Jahr der Selbstfindung und des Experimentierens mit neuen schauspielerischen Techniken, doch zum Schlafen brauchte sie immer noch Tabletten, die sie weiterhin mit Champagner hinunterspülte. Bei den Dreharbeiten zu ihrem nicht mehr fertig gestellten Film SOMETHING'S GOT TO GIVE nahm Marilyn Valium mit Champagner.

Trotz aller Warnungen sah sich Marilyn offenbar nicht in der Lage, ihren Tablettenkonsum dauerhaft zu reduzieren – neue Krisen oder ihre chronischen Schlafstörungen trieben sie stets in die Sucht zurück. Ihr Gynäkologe Leon Krohn (siehe DOCTORS) ermahnte Marilyn, sie solle etwas gegen ihren Alkohol- und Tablettenmissbrauch tun, wenn sie Kinder haben wolle. Nach ihrer zweiten Fehlgeburt war Marilyn voller Angst, sie habe diese durch die Einnahme von Amytal (Amobarbital) ausgelöst. Gegen Ende der 1950er-Jahre befand sich Marilyn in einem Teufelskreis: Sie brauchte abends Medikamente, um zu schlafen, morgens andere Medikamente, um die Benommenheit zu vertreiben, und tagsüber weitere Tabletten, um ihre Ängste und Nervosität zu unterdrücken. Sie machte selten Vormittagstermine, da der Schlafmittel-Kater erst gegen Mittag abklang.

Marilyns Abhängigkeit von Schlaftabletten verschlimmerte sich 1960 während der wenig harmonischen Dreharbeiten zu THE MISFITS noch. Ihr Arzt in Los Angeles schick-te ihr stärkere Medikamente: 300-mg-Tabletten Nembutal (Natriumpentobarbital), das Dreifache der Normaldosis gegen Schlaflosigkeit. Sieben davon hätten ausgereicht, einen weniger stark an Barbiturate gewöhnten Menschen zu töten. Als ihr auch das nicht ausreichend schien, überredete sie Ärzte, ihr Amytal direkt zu injizieren – in Mengen, die kaum unter denen für eine Vollnarkose lagen. Morgens war Marilyn so betäubt, dass Maskenbildner ALLAN „WHITEY“ SNYDER mit dem Schminken anfangen musste, während sie noch im Bett lag. Es kursierten Gerüchte, dass man sie stundenlang im Schlafzimmer herumführen musste, bis sie einen einigermaßen klaren Kopf hatte, oder dass man sie nur richtig wach kriegen konnte, wenn man sie unter die Dusche stellte.

In ihren letzten Lebensjahren stieg Marilyn zunehmend auf Chloralhydrat um, auch bekannt als „Mickey Finn“-K.o.-Pillen. Diese wurden ihr von ihrem Psychoanalytiker GREENSON verschrieben, der auf diese Weise ihre Barbituratabhängigkeit zu mindern versuchte. Greenson verschrieb ihr wohl auch Dexamyl, eine hochwirksame Kombination aus Dexedrine (einem in den USA inzwischen verbotenen Aufputschmittel) und dem Barbiturat Amobarbital. Er vermerkte, dass sie in ihrer Abhängigkeit einer Süchtigen ähnele, doch schiene sie „nicht gerade die typische Süchtige zu sein“. Es gab jedoch Phasen, in denen ihr Verhalten deutlich dem einer Süchtigen glich, etwa wenn sie neue Möglichkeiten suchte, sich die Medikamente zuzuführen, u. a. durch Injektion. Ihr Hausarzt Dr. Engelberg soll sie in ihrem letzten Lebensmonat fast täglich aufgesucht haben, um ihr so genannte „youth shots“ zu geben, die ihre Stimmung hoben und ihr neue Energie verliehen.

Am 3. August 1962, zwei Tage vor ihrem Tod, löste Marilyn zwei Rezepte für Nembutal, ihre üblichen Schlaftabletten, von zwei verschiedenen Ärzten (Dr. Engelberg und Dr. Seigel) ausgestellt, bei der Apotheke am 12025 San Vincente Boulevard ein.

An ihrem letzten Lebenstag nahm Marilyn vermutlich Phenobarbital- und Chloralhydrat-Tabletten. Bei einem nachmittäglichen Strandspaziergang schien sie gewisse Geh-und Sprachstörungen zu haben. Die Obduktion ergab das Zehnfache der normalen Dosis für das erste Medikament, für das zweite sogar das Zwanzigfache: 4,5 mg Nembutal und 8 mg Chloralhydrat im Blut und eine noch wesentlich höhere Konzentration von 13 mg Nembutal in der Leber. Auf diese Abweichungen stützen sich einige der Mutmaßungen, Marilyn sei einem Verbrechen zum Opfer gefallen, und Spekulationen, dass die tödliche Medikamentendosis mittels Spritze oder Klistier verabreicht worden sei. Es gibt sogar Kontroversen darum, welche Medikamente Marilyn zu der Zeit in ihrem Schlafzimmer aufbewahrte; einige Kommentatoren behaupten, der Leichenbeschauer habe in seinem toxikologischen Bericht nur die Hälfte der auf dem Nachttisch gefundenen Pillenfläschchen aufgelistet (Librium, Nembutal, Chloralhydrat, Phenergan und weitere ohne Etikett).

DUNAWAY, FAYE (GEB. 1941)

Faye Dunaway spielte 1974 in der Fernsehfassung von ARTHUR MILLERs Bühnenstück AFTER THE FALL (1964) die Rolle der Maggie, die große Ähnlichkeit mit Marilyn hat. Wie Marilyn eilte auch Faye Dunaway der Ruf als „schwierige“ Schauspielerin voraus. 1981 spielte sie die Hollywoodlegende JOAN CRAWFORD in Mommie Dearest – Meine liebe Rabenmutter. Sie erhielt einen Oscar für Network (1976) und zwei weitere Nominierungen für Bonnie and Clyde – Bonnie und Clyde (1967) und Chinatown (1974).

DUSE, ELEONORA (1858–1924)

Die italienische Schauspielerin galt neben der Französin Sarah Bernhardt als eines der größten Bühnentalente. Marilyn bewunderte die Duse sehr; sie las ihre Biografien und soll sich mit ihr identifiziert haben. Viele Jahre lang hängte Marilyn ein Foto von „La Duse“ neben Bildern ihrer sonstigen Helden (siehe HEROES) in ihren Hotelzimmern und Wohnungen auf. LEE STRASBERG führte Eleonora Duse oft als ein Musterbeispiel an.

Marilyn als prominente Platzanweiserin bei der Premiere von *East of Eden* (1955).

EAST OF EDEN – Jenseits von Eden

Bei der Premiere des James-Dean-Films am 9. März 1955 im New Yorker Astor Theater trat Marilyn dort zu Werbezwecken als Platzanweiserin auf. Regisseur ELIA KAZAN spendete die Erlöse des Abends dem ACTORS STUDIO. Der Film bescherte Jo Van Fleet einen Oscar für die beste weibliche Nebenrolle und Kazan, Dean und Drehbuchautor Paul Osborn immerhin Nominierungen.

EDUCATION – Bildung

Marilyns Schulbildung blieb nur Stückwerk: Während ihrer wechselhaften Kindheit (siehe CHILDHOOD) besuchte sie neun verschiedene Schulen (siehe SCHOOLS), bevor sie in der zehnten Klasse abging, um JAMES DOUGHERTY zu heiraten.

Sie war im Unterricht nicht besonders ehrgeizig. Dem Fotografen JOCK CARROLL erzählte sie: „Ich weiß noch, wie ich in Mathematik immer nur Zahlen hinschrieb, irgendwelche Zahlen, anstatt zu versuchen, die Aufgaben zu lösen. Ich fand, es wäre Verschwendung, mein Hirn mit Mathematik zu erschöpfen, wo ich mir doch alle möglichen wunderbaren Dinge ausdenken konnte."

Ihr Mangel an Bildung war Marilyn später sehr peinlich. Sie schämte sich, wenn sie eklatante Rechtschreibfehler machte, zumal sie wusste, dass Scharen von Reportern und Kritikern danach lechzten, sie auf ihr Leinwandimage als blondes Dummchen festzunageln.

Ihr Manko versuchte Marilyn als Erwachsene wettzumachen, indem sie eifrig nach Wissen strebte. Sie folgte dem Weg, den ihre Förderer, Schauspiellehrer und die Intellektuellen in ihrem Umfeld, allen voran ARTHUR MILLER, vorgaben. NATASHA LYTESS nannte Marilyn „eine intellektuelle Strandgutsammlerin, die den Geist anderer Menschen nach Wissen und Ansichten durchstöberte".

GLORIA STEINEM zeichnete ein weniger positives Bild: „Ihre Wissenssuche war willkürlich und zusammenhanglos. Es war, als versuche sie, den dunklen Raum der Welt mit der kleinen Taschenlampe ihrer Neugier zu erhellen."

EGHAM, ENGLAND

Marilyn und ARTHUR MILLER wohnten während der Dreharbeiten zu THE PRINCE AND THE SHOWGIRL (1957) von Juli bis November 1956 im Parkside House auf dem Englefield-Green-Anwesen in Egham, in der Nähe der königlichen Sommerresidenz Windsor Castle, etwa eine Autostunde von London entfernt. Sie mieteten die georgianische Villa von Lord North, dem Herausgeber der *Financial Times*, und seiner Frau, der Schauspielerin Joan Carr. Zu dem Haus mit seinen ehrwürdigen Eichenbalken gehörte eine üppige, weitläufige Grünanlage mit Rosengarten. MILTON GREENE hatte noch vor ihrer Ankunft veranlasst, dass eines der Schlafzimmer für Marilyn weiß gestrichen und mit Rollos ausgestattet wurde, um ihren Schönheitsschlaf zu sichern. In bester britischer Manier wurden die Tore des Anwesens während Marilyns Aufenthalt fast ununterbrochen von Journalisten belagert.

All die Zeitungsfotos waren einer Gruppe von rund sechzig Studenten des nahen Shoreditch-Colleges noch nicht genug, die sich drei Tage nach Marilyns Ankunft unter ihrem Schlafzimmerfenster versammelten und ihr ein Ständchen brachten, um sie herauszulocken. Marilyn hielt sich jedoch an die strikte Anweisung ihrer Leibwächter, sich nicht zu zeigen.

EINSTEIN, ALBERT (1879–1955)

Marilyn bewunderte Einstein, und sein Foto hing in ihren vielen Wohnungen neben denen ihrer anderen Helden (siehe HEROES). Die persönliche Widmung auf dem Foto – „Für Marilyn mit Respekt, Liebe und Dankbarkeit, Albert Einstein" – war vermutlich ein Scherz ihres Kollegen und Freundes ELI WALLACH. JAMES HASPIEL zufolge soll Marilyn 1955 in ihrer Suite in den New Yorker Wal-

dorf Towers sogar zwei Fotos von ihm gehabt haben. Laut SHELLEY WINTERS stand Albert Einstein auf Marilyns Liste der Männer, mit denen sie am liebsten schlafen würde.

Zu einer Begegnung der beiden kam es nur in der Fiktion, in Terry Johnsons Stück INSIGNIFICANCE – *Die verflixte Nacht* (1982), das 1985 verfilmt wurde.

EISENSTAEDT, ALFRED (1898–1995)

Aus Westpreußen stammender Fotograf, der nach seiner Emigration in die USA vor allem für *Life* arbeitete. „Eisie", wie er in der Branche hieß, fotografierte Marilyn 1953 für das Magazin.

EL PALACIO APARTMENTS

8491-8499 FOUNTAIN AVENUE, APARTMENT F

LUCILLE RYMAN und JOHN CARROLL ließen Starlet Marilyn während ihrer Pechsträhne 1947 in dem Apartment in Hollywood an der Ecke zum La Cienega Boulevard wohnen.

ELISABETH II. KÖNIGIN VON ENGLAND
(GEB. 1926 ALS ELIZABETH ALEXANDRA MARY WINDSOR)

Während ihres Englandaufenthalts zu den Arbeiten an THE PRINCE AND THE SHOWGIRL (1957) wurde Marilyn der frisch gekrönten Königin Elisabeth II. vorgestellt – anlässlich der Sondervorstellung des Films *The Battle of the River Plate – Panzerschiff Graf Spee* am 29. Oktober 1956 im Empire Theatre am Leicester Square in London. Selbst zu diesem Anlass kam Marilyn fast zu spät. Zwanzig Leinwandstars standen aufgereiht, um der Königin präsentiert zu werden, darunter JOAN CRAWFORD, BRIGITTE BARDOT und Anita Ekberg. Die Königin beglückwünschte Marilyn zu ihrem vollendeten Hofknicks und fragte sie, wie es ihr gefalle, in Windsor zu wohnen. Die ziemlich nervöse Marilyn erwiderte: „Was?... Ich dachte, wir wohnen in Englefield Green." Die Königin erklärte ihr,

Marilyn mit Königin Elisabeth II. am 29. Oktober 1956. Neben ihr steht Victor Mature.

sie wären eigentlich Nachbarn – tatsächlich grenzte Marilyns und Arthurs Anwesen in EGHAM an den Großen Park von Windsor an.

EMERSON JUNIOR HIGH SCHOOL
1650 SELBY AVENUE, WEST LOS ANGELES

Auf dieser Schule (siehe SCHOOLS) absolvierte Norma Jeane Baker die Klassen 7 bis 9, wobei sie wiederholte, um die durch ihre häufigen Schulwechel verlorene Zeit wettzumachen. Die Biografen sind sich nicht einig, ob sie 1938 oder 1939 in diese Schule kam, schreiben aber einhellig, dass sie hier am 27. Juni 1941 die Abschlussprüfung machte. Der Einzugsbereich der Schule erstreckte sich auf einen großen Teil von West Los Angeles, vom Arbeiterviertel Sawtelle, wo Norma Jeane bei ANA LOWER wohnte, bis zum vornehmen Villenviertel Bel Air, sodass die Schüler aus ärmeren Verhältnissen einen schwierigen Stand hatten. Ihrer Biologielehrerin Mabel Ella Campbell blieb Norma Jeane in Erinnerung als „sehr durchschnittliche Schülerin, die ein wenig vernachlässigt wirkte. Ihre Kleidung sonderte sie etwas von den anderen ab. 1938 war sie noch nicht sehr weit entwickelt. Norma Jeane war ein nettes Kind, aber kein bisschen aufgeschlossen."

Zwanzig Jahre später erinnerte sich Marilyn: „Ich war sehr still, und einige Mitschüler nannten mich ,die Maus'. Im ersten Jahr in Emerson hatte ich nur die beiden hellblauen Kleider aus dem Waisenhaus. Tante Ana ließ die Säume raus, weil ich etwas gewachsen war, aber sie passten trotzdem nicht. Ich trug meist Tennisschuhe, die man für 98 Cent bekam – und mexikanische Sandalen. Die waren noch billiger. Ich gehörte ganz sicher nicht zu den bestgekleideten Schülerinnen. Man könnte sagen, dass ich nicht sehr beliebt war."

Das änderte sich mit der Pubertät. 1939 machte Norma Jeane einen Wachstumsschub durch und erreichte ihre endgültige Größe von 1,65 Meter. Als ihre Formen sich rundeten, begann man, von ihr Notiz zu nehmen. „Selbst die Mädchen nahmen mich zur Kenntnis und dachten: ,Hmmm, auf die muss man aufpassen!' Ich musste zu Fuß zur Schule gehen, und es war das reinste Vergnügen. All die Kerle auf dem Weg zur Arbeit hupten, winkten mir zu und ich winkte zurück. Die Welt wurde freundlich."

Norma Jeane unterstrich ihre körperliche Frühreife durch die schon als Kind von GRACE GODDARD erlernten Schminkkünste. Sie verbrachte Stunden damit, sich für die Schule zurechtzumachen, und das zahlte sich aus, denn plötzlich war sie bei den Jungen sehr beliebt, die sie auf eine Limo ausführten oder sie abends in die Hügel hinauflockten, um mit ihr die funkelnden Lichter der Stadt zu bewundern und vielleicht einen Kuss zu erhaschen.

Ihr erster Freund war wohl Chuck Moran, der sie in die Tanzvergnügungen am Pier einführte: „Wir tanzten bis zum Umfallen, und dann, als wir nach draußen gingen, um eine Coca-Cola zu trinken und einen Spaziergang in der kühlen Brise zu machen, gab Chuckie mir zu verstehen, dass er mehr wollte als nur eine Tanzpartnerin. Plötzlich waren seine Hände überall! Aber das machte mir Angst, und ich war froh, dass ich mich zu wehren wusste – so viel hatte ich im Waisenhaus gelernt. Armer Chuck, das Ganze brachte

Abschließende Pressekonferenz in England 1956, mit Arthur Miller, Marilyn, Vivien Leigh und Laurence Olivier, bevor Marilyn und Miller zurück nach New York flogen.

ihm nur müde Füße und ein Gerangel mit mir ein. Aber ich dachte, nun, er hat keinen Anspruch auf irgendwas. Außerdem hatte ich nicht so viel Ahnung von Sex, was wahrscheinlich ganz gut war."

Bei der Abschlussprüfung der 9. Klasse im Juni 1941 waren ihre Noten nicht gerade beeindruckend, kaum überraschend angesichts ihrer Schüchternheit und ihres Stotterns, mit dem sie in Rhetorik und Sprecherziehung fast durchgefallen wäre. Dagegen glänzte sie in Miss Cranes Journalismus-Kurs. Wie DONALD SPOTO meinte, hatte einer der vielen Artikel, die Norma Jeane in jenem Jahr für die Schulzeitung The Emersonian schrieb, etwas Prophetisches:

„Die Auswertung von rund 500 Fragebögen hat ergeben, dass bei 53 Prozent der Herren als Traumfrau Blondinen bevorzugt sind. 40 Prozent mögen Brünette mit blauen Augen, und nur klägliche sieben Prozent geben an, sie würden gern mit einer Rothaarigen auf einer einsamen Insel stranden … Nach mehrheitlichem Konsens wäre die Idealfrau eine Honigblonde mit dunkelblauen Augen, wohl geformter Figur, klassischen Zügen, vornehmer Persönlichkeit, Intelligenz, sportlicher Veranlagung (aber trotzdem feminin) und eine treue Freundin. Na ja, man kann ja zumindest davon träumen."

An dieser Schule wirkte Norma Jeane auch in zwei Theatervorstellungen mit: Sie spielte einen König in Petronella und einen Prinzen in einem Musical zum Valentinstag.

ENGLAND

Am 14. Juli 1956, keine zwei Wochen nach ihrer Hochzeit, flogen Marilyn und ARTHUR MILLER nach England. Arthur wollte sich um eine britische Produktion seines Stücks

A View from the Bridge – Blick von der Brücke kümmern, während Marilyn THE PRINCE AND THE SHOWGIRL (1957) in den PINEWOOD STUDIOS drehen würde.

Mehrere Hundert Journalisten erwarteten sie am Flughafen, kaum gebändigt von den über 70 Polizisten, die zugleich mit 3000 Fans fertig werden mussten, die sich versammelt hatten, um sie zu begrüßen. Das Empfangskomitee wurde von LAURENCE OLIVIER und seiner Frau VIVIEN LEIGH angeführt. Sie konnten den Flughafen nicht verlassen, bis Marilyn eine spontane Pressekonferenz gegeben hatte, die damals als „größte Konferenz der englischen Geschichte" beschrieben wurde.

Am Tag nach ihrer Ankunft kämpfte sich Marilyn durch 4000 begeisterte Fans zum Savoy Hotel durch, in dem sie mit Olivier eine Pressekonferenz zu The Prince and the Showgirl gab, während Polizisten eine Kette bildeten, um die ungestüme Menge zurückzuhalten.

Diese Begeisterung hielt während ihres gesamten Aufenthalts in England an: Marilyn machte Schlagzeilen, wo immer sie war und was immer sie tat. Zugleich lief BUS STOP (1956) hier an und erhielt überschwängliche Kritiken. Die Times nannte sie „eine talentierte Komödiantin, deren Gespür für Timing sie nie ihm Stich lässt … Sie hat etwas von einem verlassenen Kind, ein unterschwellig mitschwingendes Pathos, das seltsam ergreifend wirken kann." Regelmäßige Theaterbesuche wurden ebenso sorgfältig dokumentiert wie die Radtouren des Paars um den Großen Park von Windsor und ein Ausflug nach Brighton, wo sie die Strandpromenade entlangschlenderten.

Marilyn konnte nicht mal einkaufen, ohne von Massen bedrängt zu werden; nach einem Schwächeanfall am 25. August auf der Regent Street arrangierte sie ihre Einkaufstouren außerhalb der normalen Geschäftszeiten. Arthur und Marilyn wohnten für die Dauer ihres Aufenthalts im geräumigen, von üppigen Grünanlagen umgebenen Parkside House

Magnum-Fotograf Elliott Erwitt schoss dieses Foto von Marilyn in einer Drehpause von *The Seven Year Itch* (1955).

in EGHAM – in gut erreichbarer Nähe zu den Studios und unmittelbarer Nachbarschaft des königlichen Landsitzes Windsor Castle.

ERWITT, ELLIOTT (GEB. 1928)

Dieser Fotograf (siehe PHOTOGRAPHERS) hat das vielleicht bekannteste der vielen Standfotos geschossen, die verschiedene MAGNUM-Fotografen während der Arbeiten zu THE MISFITS (1961) aufnahmen: Marilyn zwischen CLARK GABLE und MONTGOMERY CLIFT sitzend, dahinter JOHN HUSTON, ELI WALLACH, FRANK TAYLOR und ARTHUR MILLER.

Wie fast alle Fotografen und Kameraleute, die mit Marilyn arbeiteten, staunte Erwitt über ihre Fähigkeit, die Kamera quasi zu verhexen: „Obwohl sie gar nicht so furchtbar attraktiv anzusehen war, kam sie auf den Fotos meist außerordentlich gut raus."

ESTATE – **Nachlass**

Marilyn hinterließ bei ihrem Tod ein Vermögen von 930.626 Dollar: davon 183.941 Dollar in tatsächlichen Geldmitteln, 65.400 Dollar in Form von Immobilien und persönlicher Habe in Los Angeles und 2 200 Dollar auf ihrem Girokonto bei der Filiale der City National Bank in Beverly Hills. Der größte Teil des Nachlasses bestand in Marilyns Anteil an MARILYN MONROE PRODUCTIONS und ihrer zehnprozentigen Gewinnbeteiligung an THE PRINCE AND THE SHOWGIRL (1957), SOME LIKE IT HOT (1959) und THE MISFITS (1961).

In den 1960er-Jahren wuchs der Nachlass durch Einkünfte aus nachträglichen Gagenzahlungen und Gewinnbeteiligungen weiter an, doch wurden diese Beträge später durch die gewaltigen Gewinne aus der weltweiten Vermarktung von Marilyns Namen und Bild weit in den Schatten gestellt.

Drei Jahre nach Marilyns Tod kursierten Gerüchte, es wäre nur ein Mythos, dass sie als Millionärin gestorben sei. Keiner der im Testament (siehe WILL) Bedachten hatte sein Geld zu sehen bekommen, es gab noch viele ausstehende Forderungen, und alles verfügbare Geld ging für Steuern drauf. FRED LAWRENCE GUILES schreibt: „Zum Zeitpunkt ihres Todes war Marilyns Nachlass konkursreif. Aber die Filme, die sie selbst produziert hatte bzw. an deren Gewinn sie beteiligt war, sollten ihren Nachlass schließlich aus den roten Zahlen herausbringen und nachhaltig sanieren." Allerdings erhielten die Erben ihr Geld nicht vor 1971.

Die Kolumnistin SHEILA GRAHAM fragte: „All diese Unsicherheit und Seelenqual, und wofür?" Einige Leute glaubten, dass Marilyn selbst über den Tod hinaus noch von ihren

Tom Ewell und Marilyn in *The Seven Year Itch* (1955).

Beratern und Vertretern ausgebeutet wurde. Nachlassverwalter Aaron R. Frosch konnte 1981 eine Klage wegen angeblicher Veruntreuung von 200.000 Dollar erfolgreich abwehren. 1982 brachte der Anwalt Roger Richman die Nachlassangelegenheiten in Ordnung, beantragte Warenzeichen und Urheberrechte auf Marilyns Namen und Bild und vergab Lizenzen für zahllose Artikel und Souvenirs, die heute unter Marilyns Namen vertrieben werden. Hauptnutznießerin der Millionen Dollar, die durch den Vertrieb der Artikel zusammengekommen sind, ist ANNA STRASBERG (LEE STRASBERGs zweite Frau, die Marilyn nie kennen lernte, Lees Anteil aber nach seinem Tod 1982 erbte).

Heute wird Marilyns Nachlass durch die Curtis Management Group Worldwide (CMG) vertreten, die alle Lizenzen für autorisierte Marilyn-Artikel vergibt. CMG präsentiert sich auf ihrer Website als Interessenvertretung von „Persönlichkeiten, die zu den namhaftesten der Lizenzartikelbranche gehören … CMG Worldwide ist seit den 1970er-Jahren als bedeutendste Vertretung der Familien und Nachlässe prominenter Verstorbener etabliert." Die Firma hat sich das Urheberrecht auf die Namen „Marilyn" und „Norma Jeane" gesichert, sodass es theoretisch schon eine Copyright-Verletzung darstellt, auch nur den Namen dieses Filmstars zu schreiben. CMG ist auch bemüht, die Veröffentlichung von Fotos zu Werbezwecken zu verbieten, auf denen Marilyn Pelze oder Federn trägt oder

raucht: Ein Internet-Fotoanbieter musste ein Foto retuschieren lassen, um Federn in ein Satinlaken zu verwandeln. Unbestätigten Berichten zufolge versucht die Nachlassverwaltung auch, alle Bezugnahmen auf Marilyns Ehen und Scheidungen, auf ihre gesundheitlichen Probleme und „angeblichen Drogenabhängigkeiten" und auf die Umstände ihres Todes zu unterbinden.

EWELL, TOM
(1909–1994, GEB. ALS S. YEWELL TOMPKINS)

Ewell spielte den Mann, der in THE SEVEN YEAR ITCH (1955) durch das leichtherzige Mädchen aus der Wohnung über ihm – Marilyn Monroe – in Versuchung geführt wird. Ewell fand Marilyn professionell und höflich – während einer Kuss-Szene entschuldigte sie sich für die Medizin, die sie wegen einer drohenden Lungenentzündung nahm, nachdem sie sich bei der berühmten Lüftungsschachtszene erkältet hatte.

Ewell begann seine Laufbahn beim Theater. Mitte der 1950er-Jahre verkörperte er einige seiner früheren Broadway-Rollen im Film, nicht nur mit Marilyn, sondern auch mit JAYNE MANSFIELD in *The Girl Can't Help It – Schlagerpiraten*. Neben einer eigenen Fernsehserie Anfang der 1960er-Jahre waren die Filme *Adam's Rib – Ehekrieg* (1949) und *The Great Gatsby – Der große Gatsby* (1974) Höhepunkte seiner Karriere.

Zwei klassische Gesichter von Marilyn: links eine Werbeaufnahme von 1950, rechts ein Werbefoto für *Clash by Night* von 1951.

FACE — **Gesicht**

BERT STERN:
„Mein Blick wanderte suchend über ihr Gesicht. Ich konnte das Geheimnis ihrer Schönheit in keinem einzelnen Zug entdecken. Sie hatte keine großartige Nase wie Liz Taylor oder perfekte Lippen wie Brigitte Bardot. Sie hatte keine umwerfenden Mandelaugen wie Sophia Loren. Und doch war sie für mich mehr als sie alle zusammen."

WILLIAM TRAVILLA:
„Sie liebte ihr eigenes Gesicht und wollte es ständig verbessern und verändern. Was sie damals in dieser Hinsicht unternahm, war übrigens alles richtig. Einmal sagte sie zu mir: ,Ich kann mein Gesicht alles machen lassen, so wie man eine weiße Fläche nehmen und darauf etwas aufbauen und ein Bild malen kann.'"

PAULINE KAEL:
„Ihr Gesicht sah aus, als würde es völlig in sich zusammenfallen, wenn niemand auf sie achtete – als ob sie zwischen den Rufen ihrer Verehrer sterben würde."

Marilyns Körper (siehe BODY) erregte schon besondere Aufmerksamkeit, aber ihr Gesicht strahlte vor Kameras ein Leuchten aus wie bei kaum einer anderen Schauspielerin. SUSAN STRASBERG meinte: „Ein Hauch von feinem Flaum auf ihrem Gesicht schuf eine Art Heiligenschein, einen Nimbus von Licht um sie herum; die Fotografen schienen sie heilig zu sprechen und ein fast ätherisches und zugleich körperliches Geschöpf zu zeigen." Ähnlich beeindruckt war der Journalist A. T. McIntyre: „Nicht eine besondere Beleuchtung hebt die Monroe heraus und lässt ihre Mitspieler neben ihr zu einem Nichts verblassen – sie ist einfach unglaublich weiß, so vollkommen hellhäutig, dass es in ihrer Gegenwart ungefähr genauso leicht ist, andere anzusehen, wie die Dunkelheit rund um den Mond zu untersuchen."
Der charakteristische Schmollmund ist einem guten Rat zu verdanken, den ihr EMMELINE SNIVELY gegeben hatte, die Betreiberin von Marilyns erster Modellagentur. Sie solle

ihr Lächeln durch Herabziehen der Oberlippe etwas tiefer ansetzen, weil sie „nicht genug Gesichtsfläche zwischen Nase und Mund" habe. Es funktionierte.
Ihr Friseur GEORGE MASTERS fand, „Marilyn Monroe hatte den schönsten Mund über

haupt. Niemand hat je mit einem einzigen Gesichtszug so viel Sexappeal zum Ausdruck gebracht." Gleicher Meinung war der Fotograf RICHARD AVEDON: „Marilyn schloss niemals den Mund. Viele Mädchen hatten ein großartiges Lachen, aber sie trieb es auf die Spitze. So wurde er zur Ikone – der schmachtende Mund, der lachende Mund, der offene Mund, der die Aussicht auf lustvolles Vergnügen verkörperte." ARTHUR MILLER meinte, Marilyns Oberlippe habe leicht gezuckt, wenn sie nervös war.
Maskenbildner ALLAN „WHITEY" SNYDER lüftete das Geheimnis ihres Schönheitsflecks: „Wir haben ihn nicht immer an dieselbe Stelle gesetzt. Manchmal machten wir ihn auf die andere Seite. Wenn wir ihn nicht nachgedunkelt hätten, hätte ihn niemand bemerkt. Sie allerdings glaubte, sie könne ihn sehen."
Marilyns kornblumenblaue Augen leuchteten besonders in Technicolor, wirkten aber auch in Schwarzweiß. Laut George Masters bestand sie stets auf handgekämmten künstlichen Wimpern. Ihre Ohren hielt sie für zu groß und trug sie meist bedeckt.

FAME — **Ruhm**

MARILYN:
„Ich glaube, wenn man berühmt ist, wird jede Schwäche übertrieben."

Marilyn winkt der Menge im Baseballstadion Ebbets Field 1959, Foto von Bob Henriques.

Marilyn wollte, dass Millionen sie anbeteten, und genau das geschah. Umfragen bestätigen immer wieder ihren Rang als beliebteste Schauspielerin (American Film Institute) und größtes Sexsymbol des Jahrhunderts (Playboy).

„Ich will ein großer Star sein, mehr als alles andere. Das ist etwas Unschätzbares", sagte Marilyn 1953 während der Dreharbeiten zu GENTLEMEN PREFER BLONDES. Und doch war dieser Ruhm auch Quelle ihrer Ängste (siehe FEARS) und stieß sie ab.

ALLAN „WHITEY" SNYDER äußerte mit Blick auf die gleiche Zeit: „Das Publikum, das sie für so verführerisch hielt, ängstigte sie zu Tode. Mein Gott, wenn sie nur wüssten, wie hart es für sie war."

Öffentlich badete Marilyn in ihrem Ruhm und warb für ihre Filme. Während der Kampagne für *Gentlemen Prefer Blondes* schilderte sie einem Journalisten der *New York Times*, wie sie ihren Ruhm erlebte: „Natürlich bin ich sehr angetan. Alles ist so wunderbar – die Menschen sind so freundlich –, aber ich fühle mich, als ob das alles jemandem dicht neben mir gelten würde. Ich bin ganz nahe dabei – ich kann es spüren – ich kann es hören – aber ich bin es nicht wirklich selbst."

Der Kolumnist SIDNEY SKOLSKY, der sie zu öffentlichen Auftritten begleitete, wenn JOE DIMAGGIO nicht mit wollte, schrieb 1953: „Der Erfolg hat die Monroe vorangebracht. Trotzdem gibt es immer noch diese seltene Verbindung, ein Teil der Menge und zugleich weit entfernt von ihr zu sein."

Um 1955 wurde die Last des Ruhms allmählich schwerer: „Ich glaube, niemand vertraut einem Filmstar. Oder zumindest diesem Filmstar. Vielleicht habe ich in den ersten paar Jahren nichts getan, womit ich das Vertrauen anderer Menschen verdient hätte. Ich weiß nicht viel über diese Dinge. Ich habe einfach versucht, niemanden zu verletzen und mir selbst zu helfen."

Nach einem Jahrzehnt in der Öffentlichkeit versuchte Marilyn verzweifelt, ihre Privatsphäre abzuschirmen. Als 1961 Fotografen ihre Wohnung in Los Angeles fanden, rang sie ihnen das Versprechen ab, nie ihre Adresse zu verraten.

Gegen Ende ihres Lebens sann sie zunehmend über den Ruhm nach, so auch in ihrem letzten Interview mit dem *Life*-Journalisten RICHARD MERYMAN: „Ruhm bewirkt sicher nur ein zeitweises und unvollständiges Glück – nicht wirklich eine tägliche Ration. Er erfüllt nicht. Er wärmt einen ein bisschen, aber das geht vorüber. Er ist wie Kaviar, aber nicht, wenn man ihn zu jeder Mahlzeit bekommt."

Eine andere Bemerkung im gleichen Interview wurde von vielen Beobachtern als Abschied von ihrer Filmkarriere gedeutet: „Der Ruhm wird vergehen und – ade, Ruhm, meine Zeit mit dir ist vorbei! Ich habe immer gewusst, dass er nicht von Dauer ist. Er war eine Erfahrung, aber er ist nicht mein Leben."

Marilyn war einer der wenigen Stars, die schon zu Lebzeiten zur Legende wurden. Zwei Wochen vor ihrem Tod sagte sie zu Studioleiter PETER LEVATHES: „In gewisser Weise bin ich eine sehr unglückliche Frau. Dieser ganze Unsinn, eine Legende zu sein, dieser ganze Glanz und die Publicity, irgendwie bin ich für andere immer eine Enttäuschung."

Aber nicht alle dachten, dass sie unter dem Ruhm litt. BEN HECHT, mit dem sie 1954 an einer Autobiografie arbeitete, meinte, Marilyn „wurde von Hollywood gerettet. Der

Marilyn umringt von Fans vor dem Wilshire Beauty Shop am Tag der Premiere von *How to Marry a Millionaire* (1953).

Ruhm rettete sie. Das Scheinwerferlicht, das vierundzwanzig Stunden am Tag auf sie einleuchtete, ließ ihr die Welt lebenswert erscheinen … Es war die einzige Welt, in der sie sich entfalten konnte. In der wirklichen Welt gab es für sie nur böse Gespenster, Schrecken, die sie nachts verfolgten."

FAMILY — Familie

Über die Vorgeschichte von Marilyns Familie sind sich die Biografen nicht einig.

Marilyn sagte, ihre Vorfahren stammten aus Irland, Schottland und Norwegen. Ihre Großmutter DELLA MAE HOGAN hatte ihre Wurzeln im irischen Dublin, ihr Großvater OTIS ELMER MONROE war schottischer Abstammung. Norwegische Vorfahren hätte sie, falls MARTIN EDWARD MORTENSEN ihr Vater gewesen wäre, wofür es jedoch keinen Beweis gibt. Zuweilen behauptete sie auch, sie stamme von US-Präsidenten James Monroe ab.

Wegen ihrer Kindheit (siehe CHILDHOOD) in mehreren Pflegefamilien und nachdem sie als Erwachsene nicht einmal ein Jahr mit ihrer Mutter GLADYS BAKER gelebt hatte, genoss Marilyn Einblicke in normale Familien. Viel bedeutete ihr die Freundschaft zu Mutter und Schwester ihrer frühen Liebe FRED KARGER, zu JOE DIMAGGIOs Sohn, der Familie STRASBERG, ARTHUR MILLERs Vater und zur Familie des Psychiaters RALPH GREENSON.

Marilyn sammelte eine bezahlte Entourage um sich. Bei den Dreharbeiten für ihren letzten Film THE MISFITS gehörten dazu ihre Schauspiellehrerin PAULA STRASBERG, ihre Sekretärin MAY REIS, ihr Masseur RALPH ROBERTS (den sie manchmal „den Bruder" nannte), ihr Maskenbildner ALLAN „WHITEY" SNYDER, ihre Friseurin AGNES FLANAGAN, der Chauffeur Rudy Kautzky, die Garderobiere Sherlee Strahm, der für ihr Körper-Make-up zuständige Bunny Gardel und Presseagent RUPERT ALLAN, dessen Stelle später PAT NEWCOMB übernahm.

FANS — Fans

MARILYN:
„Ich mag Menschen. Die ‚Öffentlichkeit' macht mir Angst, aber zu Menschen habe ich Vertrauen."

Fast immer war Marilyn gerne bereit, Autogramme zu geben, für Fotos zu posieren oder vor einer kleinen Kamera herumzuwirbeln. Wo immer sie auftrat, traf sie auf Fans. Kam sie in ein Hotel, erfuhr die Presse (siehe PRESS) innerhalb weniger Stunden davon; dann warteten bald Hunderte von Fans vor der Tür darauf, dass sie sich zeigen würde, in der Hoffnung, einen kurzen Blick auf sie werfen, ein Foto schießen oder ein Autogramm bekommen zu können. Manche verfolgten sie bis auf die Toilette und schoben ihre

99

Folgende Seiten: Marilyn in einer ihrer zahlreichen Pucci-Blusen auf einem Foto von George Barris, 1962.

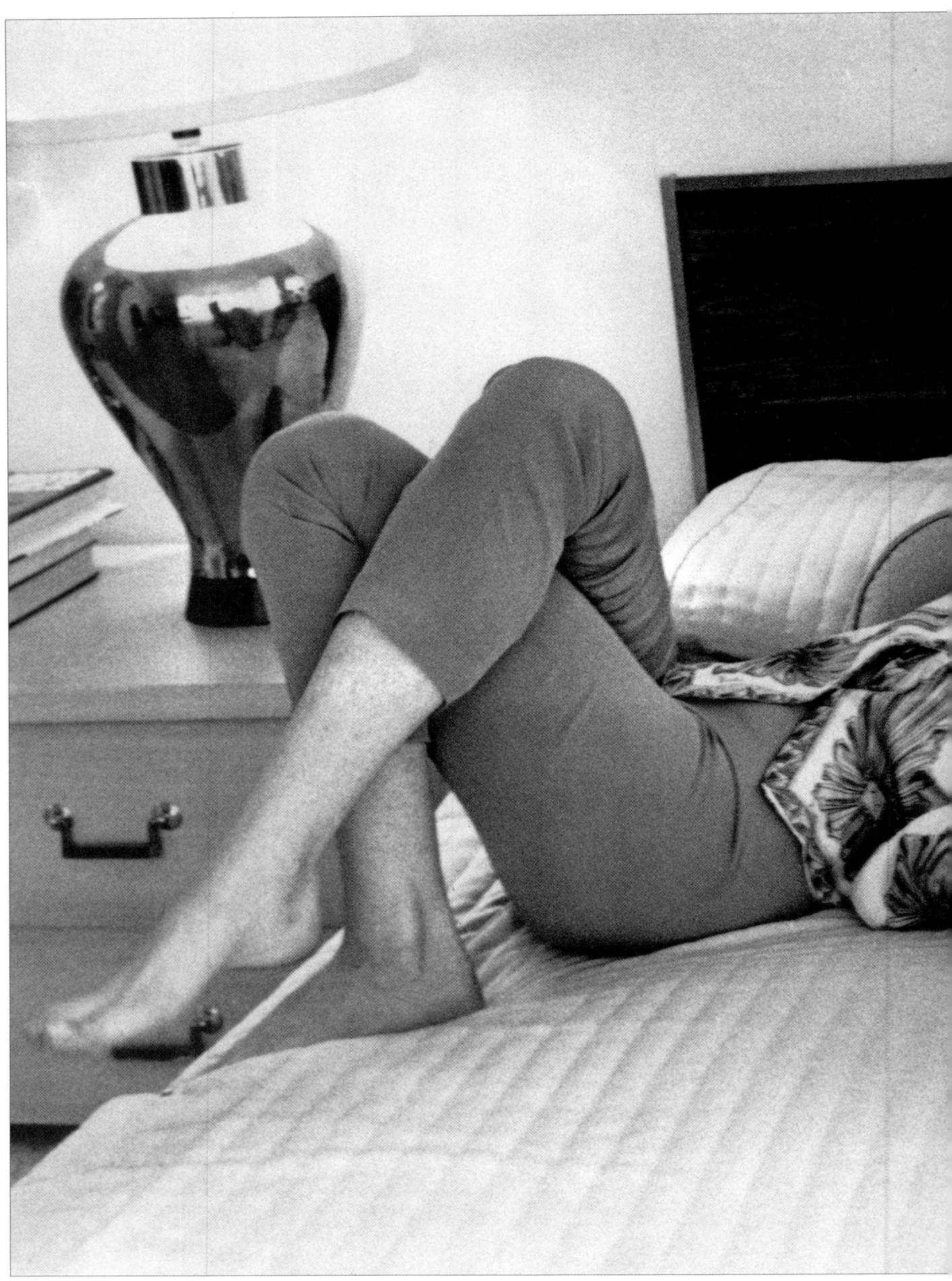

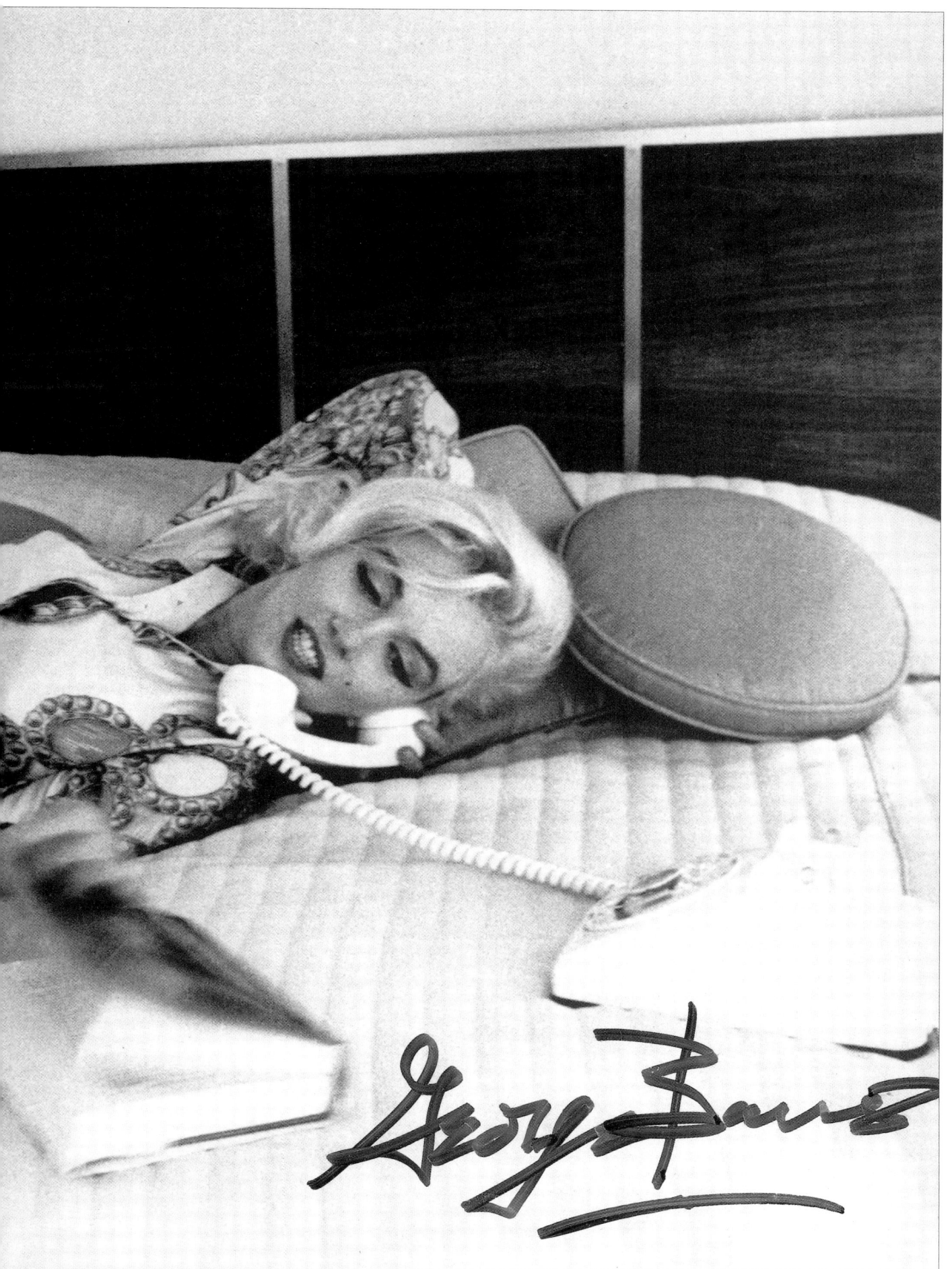

Autogrammbücher unter der Tür durch. Eine Gruppe besonders hartnäckiger Fans, die MARILYN SIX aus New York, stellte eine Wache auf, wenn sie in der Stadt war. Auch der Fan JAMES HASPIEL wartete oft viele Stunden auf Marilyn und wurde mit gemeinsamen Taxifahrten und Einblicken in ihr Privatleben belohnt.

Schon nach Marilyns Nebenrollen in THE ASPHALT JUNGLE (1950) und ALL ABOUT EVE kamen Lawinen von Fanpost in die Studios der TWENTIETH CENTURY-FOX. Mit bis zu dreitausend Briefen pro Woche erhielt sie fast so viel Zuspruch wie die etablierten Stars. Als Marilyn 1952 selbst zum Topstar aufstieg, erhielt sie jede Woche fünftausend Briefe. Im Sommer 1953, nach HOW TO MARRY A MILLIONAIRE, waren es 25.000.

In der Autobiografie *Zeitkurven* beschreibt ARTHUR MILLER, wie Marilyn ihre Fans bewegte: Sie konnte eine Menschenmenge „so leicht und fröhlich" lenken „wie ein Geistlicher, der sich in seiner Gemeinde bewegt. Manchmal schien es, als ob die Menge sie geboren hätte: Ich habe sie in einer Menschenmenge nie unglücklich erlebt, selbst wenn manche aus ihren Kleidern Stücke als Souvenirs herausrissen."

Marilyn war sich der Verehrung ihrer Fans sehr bewusst, war sie doch zuweilen ein wirksames Heilmittel gegen die geringe Selbstachtung, die sie ihr Leben lang empfand: „Ich liebe sie dafür. Irgendwie wissen sie, dass ich meine, was ich tue, sowohl wenn ich auf der Leinwand spiele als auch wenn ich ihnen persönlich begegne."

Miller schreibt: „Sie baute auf die ganz gewöhnliche Schicht des Publikums, die arbeitenden Menschen, die Burschen in den Bars, die von unbezahlten Rechnungen geplagten Hausfrauen im Caravan, die von unverständlichen Erklärungen verwirrten Mittelschüler, die unwissenden und – wie sie sah – getäuschten und manipulierten Massen. Sie wollte, dass diese das Gefühl hatten, etwas für ihr Geld zu bekommen, wenn sie einen Film von ihr sahen."

Doch es gab auch Zeiten, besonders nachdem der Reiz des Neuen verflogen war, in denen Marilyn nichts weniger mochte als ein Lächeln aufzusetzen und „die Marilyn zu spielen". Um sich ein gewisses Maß an Freiheit zu bewahren, nahm sie dann Zuflucht zu einer Art Verkleidung (siehe DISGUISE), die meist aus einem Kopftuch, einer dunklen Brille und später noch aus einer schwarzen Perücke bestand. Allerdings sicherte ihr auch das nicht immer die gewünschte Anonymität. In der Nähe ihrer New Yorker Wohnung erkannte man sie trotzdem. Wenn Passanten stehen blieben und sie fragten, ob sie Marilyn Monroe sei, antwortete sie: „Nein, ich bin Mamie Van Doren" oder „SHEREE NORTH", die zu dieser Zeit als „neue" Marilyn galt. Laut einigen Biografen wollte Marilyn auch verkleidet insgeheim erkannt werden: So beschimpfte sie angeblich einen Taxifahrer, der sie mit Perücke nicht erkannte.

Die wohlmeinenden Fans, die vor Hotels, Premieren und Pressekonferenzen zusammenströmten, um einen Blick auf Marilyn zu erhaschen, drängten sich auch um den Eingang des Krankenhauses, in dem sie sich von einer nervösen Erschöpfung erholte.

Bis heute genießt Marilyn Monroe die Verehrung von Millionen Fans. In fast jedem Land der Erde gibt es Fanclubs, und im Internet finden sich Hunderte Fan-Webseiten sowie Dutzende Marilyn-Newsgroups. Der Marilyn Remembered Fan Club feiert jedes Jahr einen Gedenkgottesdienst auf dem WESTWOOD MEMORIAL PARK Friedhof, auf dem Marilyn begraben liegt. Zu diesem Anlass kommen Besucher aus aller Welt und Menschen, die Marilyn persönlich kannten und ihr auch heute noch ihre Ehre erweisen möchten. Viele Fanclubs erstellen Rundschreiben mit Buchrezensionen, Interviews, Informationen über „Auftritte" ihres Stars im Fernsehen oder in Zeitschriften usw.

EINIGE FANCLUBS

Marilyn Monroe-Fanclub
c/o Tina Müller
Michaelisplatz 6
31134 Hildesheim
Deutschland

Marilyn Remembered
1237 Carmona Street
Los Angeles, CA 90019
USA

Marilyn Then and Now International
97-07 63rd Road, Suite 15H
Rego Park, NY 11374

Marilyn Monroe International Fan Club
842 Linden Avenue
Long Beach, CA 90813
USA

The Marilyn Lives Society
14 Clifton Square
Corby, Northants NN17 2DB
Großbritannien

FASHION — Mode

Marilyns Stil erschien vielen selbst ernannten Hütern der Moral als skandalös. Doch während manche Frauen schockiert über Marilyns freizügige Kleidung (siehe CLOTHES) zeigten, achteten weit mehr genau auf ihren Stil, um sich so schnell wie möglich selbst etwas Ähnliches zu kaufen. Marilyn trug nicht unwesentlich dazu bei, die Grenzen des gesellschaftlich Akzeptierten in der Kleidung zu erweitern. So entrüstete sich zwar niemand Geringeres als JOAN CRAWFORD über den spektakulären Auftritt Marilyns bei der Preisverleihung der Zeitschrift PHOTOPLAY 1953, auf der anderen Seite wurden die Kopien des berühmten weißen Plisseekleides, das in einer Szene von THE SEVEN YEAR ITCH (1955) um ihren Körper wirbelte, schnell in den Geschäften knapp. Marilyn war auch eines der ersten weiblichen Idole, das in Jeans fotografiert wurde. Sie trug Jeans, seit sie während des Krieges in der Radio Plane Munitionsfabrik (siehe RADIO PLANE-MUNITIONS FACTORY) gearbeitet hatte. Sie ging in Jeans zu den Abendkursen an die Universität (siehe UCLA) und hatte ihren bekanntesten Auftritt in Jeans in dem Film THE MISFITS (1961).

Ihre Modephilosophie formulierte Marilyn 1960 sehr prägnant in einem *Cosmopolitan*-Interview: „Ich bin gerne richtig gut angezogen oder ganz ausgezogen. Alles dazwischen interessiert mich nicht." Einige Kleider verbanden beides: Die Studiodesigner und Näherinnen brachten Stunden damit zu,

Marilyn in dem berühmten Travilla-Kleid aus hauchdünnem Goldlamé, das sie kurz in *Gentlemen Prefer Blondes* und dann bei der *Photoplay*-Preisverleihung trug, bei der sie als „am schnellsten aufgestiegener Star des Jahres 1952" ausgezeichnet wurde.

Marilyn in Kleider einzunähen, die eine Nummer zu klein waren, um den Eindruck zu erwecken, sie sei fast unbekleidet. Bekannt war Marilyn auch dafür, dass sie oft keine Unterwäsche (siehe UNDERWEAR) trug, damit sich nichts unter ihrer Kleidung abzeichnete. Sie setzte sich über die biederen Konventionen der Nachkriegszeit hinweg und trat in Kleidern mit sehr tiefen Ausschnitten, mit freien Schultern, in knappen Shorts oder in engen Röcken auf. Doch was sie auch immer trug – oder nicht trug –, es hatte stets einen genau berechneten, umwerfenden Effekt.

FASHION DESIGNERS — Modeschöpfer

Neben den Kleidern der Kostümbildner (siehe COSTUME DESIGNERS), in denen sie außer in ihren Filmen häufig auch bei Premieren und Veranstaltungen der Filmindustrie auftrat, trug Marilyn auch Kleidung (siehe CLOTHES) anderer Modeschöpfer:

Elgee Bove
Ceil Chapman
JEAN LOUIS
John Loper
JOHN MOORE
George Nardiello
Norman Norell
Emilo Pucci
WILLIAM TRAVILLA

Die von Christian Dior eingeführte H-Linie – auch als „Flat Look" bekannt – lehnte Marilyn entschieden ab, weil sie sie als persönliche Beleidigung von Frauen mit ihrer Figur empfand.

FATHER — Vater

Oft wird MARTIN EDWARD MORTENSEN als Norma Jeanes Vater genannt, weil er mit ihrer Mutter GLADYS BAKER verheiratet war, als sie schwanger wurde. Wahrscheinlicher ist aber Gladys Kollege CHARLES STANLEY GIFFORD, der mit ihr bei CONSOLIDATED FILM INDUSTRIES arbeitete. Nach GLORIA STEINEM eröffnete ihm Gladys an Heiligabend 1925, dass sie schwanger sei, worauf er sich sofort von ihr trennte, ihr Geld anbot und meinte, sie könne froh sein, dass sie bereits verheiratet sei.

Als Vater kommen allerdings noch weitere Männer in Frage, da Gladys bei der Arbeit viele Verehrer hatte: Raymond Guthrie, Clayton MacNamara und Harold Rooney.

Als Kind entwickelte Norma Jeane große Zuneigung zu einem stattlichen Mann mit Schnurrbart. Er war auf einem Foto abgebildet, das ihre Mutter ihr als das Bild ihres Vaters gezeigt hatte. In ihrer Phantasie wurde dieser Mann für sie gegenwärtig: Er erwartete sie zu Hause, wenn sie von der Schule heimkehrte, und besuchte sie im Krankenhaus, als ihr die Mandeln entfernt wurden. Später schrieb Marilyn über ihn: „Auch in meinen kühnsten und tiefsten Tagträumen brachte ich ihn nie dazu, seinen Hut abzunehmen und sich zu setzen."

Ob Marilyn wirklich wusste, wer ihr Vater war, bleibt unklar, in jedem Fall unternahm sie mehrere Versuche, sich mit ihm zu treffen. So schrieb sie im Februar 1943 an GRACE McKEE GODDARD:

„Oh Gracie, du kannst dir einfach nicht vorstellen, wie aufgeregt ich bin, wenn ich daran denke, dass ich ihn wirklich endlich sehen werde. Mensch, ich hoffe bloß, dass er mich tatsächlich sehen will. Aber ich denke, das wird er schon, wenn er sich an den Gedanken gewöhnt hat. Seit ich es erfahren habe, bin ich ein völlig neuer Mensch geworden. Es ist etwas, auf das ich mich mit ganz großer Freude einstellen muss, ihn zu sehen, meine ich Ich habe mir von jemand Befreundetem so zum Spaß wahrsagen lassen, und weißt du was? Es kam heraus, dass ich Kontakt zu ihm bekommen würde und er mich sehr gern haben würde usw. Ach, klingt das nicht wunderbar, wenn sich die Dinge nur so entwickeln würden, ich bete nur mit ganzem Herzen und ganzer Seele darum, dass es so kommt …"

Der Mann, den Marilyn für ihren Vater hielt, war Gifford. Es lässt sich nicht mit Gewissheit feststellen, ob sie ihn tatsächlich je getroffen und mit ihm gesprochen hat. Einige Biografen vermuten, dass Marilyn sich stets dann um Kontakt zu ihrem Vater bemühte, wenn sie sich besonders unsicher fühlte oder Angst hatte, verlassen zu werden.

Als ihr Ehemann JAMES DOUGHERTY 1944 auf Heimaturlaub war, rief Norma Jeane das erste Mal an, sagte ihren Namen und verkündete, sie sei Gladys Tochter. Kurz darauf hängte sie den Hörer ein und sagte zu James, der Mann habe aufgelegt. Nach dem Anruf, so James Dougherty, waren er und seine Frau sich „so nah wie nie zuvor. Ich war ihr Liebhaber, Ehemann und Vater, das ganze Zeug."

Den zweiten Versuch unternahm Marilyn Anfang 1951, kurz nachdem ihr Liebhaber und Wohltäter JOHNNY HYDE an einem Herzanfall gestorben war. Marilyn erzählte ihrer Schauspiellehrerin NATASHA LYTESS, sie habe erfahren, wer ihr Vater sei, und bat sie um seelische Unterstützung für die bevorstehende Begegnung mit ihm. Die beiden Frauen fuhren zusammen über PALM SPRINGS hinaus nach Osten, bis Marilyn an einer Tankstelle plötzlich anhielt, um ihren Vater anzurufen. Weinend kehrte sie zum Auto zurück, weil er sich geweigert habe, sich mit ihr zu treffen. Einige Wochen später brach Marilyn zu SIDNEY SKOLSKY zu einem ähnlichen Ausflug auf. Im Jahre 1961 fuhr Marilyn erneut zweimal zur Red Rock Dairy bei Palm Springs, einmal mit RALPH ROBERTS, das andere Mal mit ihrer Presseagentin PAT NEWCOMB.

FATHER FIGURES — Vaterfiguren

Die männlichen Bezugspersonen im Leben der jungen Norma Jeane waren ihre Stiefväter WAYNE BOLENDER, ERWIN „DOC" GODDARD, HARVEY GIFFEN und SAM KNEBELCAMP. Das phantasievolle Mädchen hatte aber eine romantischere Vorstellung von seinem Vater. Sie bildete sich ein, ihr wirklicher Vater sei CLARK GABLE, der attraktive Schauspieler, der dem Mann mit Schnurrbart auf dem Foto ähnlich sah, das ihre Mutter ihr als Bild ihres Vaters gezeigt hatte.

Marilyns Kosename für ihre wichtigsten Liebhaber war „Daddy". Schon ihren ersten Ehemann JAMES DOUGHERTY nannte sie so, besonders wenn sie sich unsicher fühlte. Der Hollywoodagent JOHNNY HYDE, der als 53-Jähriger das letzte Jahr seines Lebens der Förderung von Marilyns Karriere widmete, entsprach dem Bild der Vaterfigur in besonderer Weise. Auch Marilyns andere Ehemänner waren Vaterpersönlichkeiten: JOE DiMAGGIO, der zwölf Jahre älter war als sie, hatte konservative Ansichten über die Rollenverteilung zwischen Mann und Frau und war es gewohnt, das Sagen zu haben. ARTHUR MILLER, elf Jahre älter als Marilyn, war ein geistiger Mentor par excellence.

Als Marilyn nach New York zog, wurde die Schauspielkoryphäe LEE STRASBERG zu einer wichtigen Vaterfigur für sie. Der für seinen sparsamen Umgang mit Komplimenten bekannte Mann äußerte sich öffentlich wie privat von ihrem Talent überzeugt. Im Gegenzug vertraute Marilyn ihm blind, sowohl in Bezug auf die Schauspielkunst als auch im Leben. Als sie Arthur Miller heiratete, bat sie Strasberg, sie bei der jüdischen Hochzeitszeremonie ihrem Ehemann zu „übergeben".

Jemand berichtete einem Biografen von einer Phantasie, die Marilyn während eines Partyspiels offenbart habe: Sie habe sich eine schwarze Perücke aufsetzen und ihren Vater ausfindig machen wollen, um ihn zu verführen und dann zu fragen: „Wie fühlst du dich jetzt dabei, eine Tochter zu haben, mit der du geschlafen hast?"

GLORIA STEINEM ist überzeugt, Marilyn sei wiederholt von dem Gefühl gequält worden, einen ihrer Ersatzväter verlassen zu haben oder gar an seinem Tod schuld zu sein. Das geschah sowohl nach dem Tod Johnny Hydes wie 1961, als Clark Gable kaum zwei Wochen nach Abschluss der gemeinsamen Dreharbeiten zu THE MISFITS an einem Herzanfall starb. Verstärkt wurden die Schuldgefühle noch durch Hollywoodklatschgeschichten. In beiden Fällen unternahm Marilyn Selbstmordversuche (siehe SUICIDE ATTEMPTS).

FAVORITES — Das Liebste

Diese Liste führt auf, wen oder was Marilyn am liebsten mochte. Da sich ihr Geschmack wie bei jedem Menschen im Laufe der Jahre änderte, gelten nicht alle Punkte der Liste für ihr ganzes Leben.

Buch: *How Stanislavsky Directs* von Michael Gorchakov
Essen: Kaviar
Farben: Beige, Schwarz, Rot, Weiß
Filmauftritte: THE ASPHALT JUNGLE, DON'T BOTHER TO KNOCK
Foto: CECIL BEATONs Bild von Marilyn in weißem Kleid
Geschäft: Bloomingdale's
Getränk: Dom Pérignon Jahrgang 1953
Imbiss: Hot Dogs (wenn sie nicht auf Diät war)
Italienisches Essen: Fettuccini Leon mit Kalb
Künstler: Botticelli, El Greco, Goya, Michelangelo, Picasso
Musiker: Louis Armstrong, Earl Bostick, Beethoven, Mozart
Parfüm: Chanel No. 5
Restaurant: Romanoff's
Sänger: ELLA FITZGERALD, FRANK SINATRA
Schauspieler: MARLON BRANDO, CHARLIE CHAPLIN, JOAN CRAWFORD, Olivia de Havilland, MARIE DRESSLER, CLARK GABLE, GRETA GARBO, CARY GRANT, JEAN HARLOW, CHARLES LAUGHTON, Tyrone Power, GINGER ROGERS, Will Rogers und RICHARD WIDMARK
Schriftsteller: FJODOR DOSTOJEWSKI, John Keats, ARTHUR MILLER, J. D. Salinger, George Bernard Shaw, Walt Whitman, TENNESSEE WILLIAMS und Thomas Wolfe

FBI

Als Marilyn 1955 häufiger in Gesellschaft von ARTHUR MILLER gesehen wurde, begann zunächst das FBI, dann auch der Ausschuss des Repräsentantenhauses zur Untersuchung unamerikanischer Umtriebe (siehe HOUSE UN-AMERICAN ACTIVITIES COMMITTEE), intensive Nachforschungen über sie anzustellen. Ihre Aktivitäten wurden von nun an sehr genau dokumentiert, angefangen von den

Marilyns Lieblingsgetränk war Dom Pérignon Jahrgang 1953.

Personen, mit denen sie in New York verkehrte, bis zu ihrem nachhaltigen Interesse an allem Russischen. DONALD SPOTO berichtet, dass JOHN EDGAR HOOVER persönlich eine besondere Überwachung möglicher Versuche Marilyns, das Land zu verlassen, angeordnet habe. Auch Marilyns Geschäftspartner MILTON GREENE und seine Frau Amy wurden zeitweise subversiver Absichten verdächtigt.

Im Internet wurden rund achtzig Seiten FBI-Material über Marilyn öffentlich verfügbar gemacht. Sie enthalten im Wesentlichen Zusammenfassungen und Fotokopien von Presseartikeln über Marilyn. Viele dieser Kommentare stammen von WALTER WINCHELL. Das älteste der Dokumente ist auf den 27. April 1956 datiert, und sensible Passagen sind geschwärzt. Ein großer Teil des Materials ist Marilyns Beziehung zu Arthur Miller gewidmet. Dazu gehört auch die Vermutung, ihre Produktionsfirma MARILYN MONROE PRODUCTIONS beschaffe Geld für die Kommunistische Partei.

FEARS — Ängste

MARILYN:
„Ich habe immer Angst vor dem Publikum gehabt – vor jedem Publikum. Mir dreht sich der Magen, mir wird schwindlig im Kopf, und ich bin sicher, dass meine Stimme weg ist."

ALLAN „WHITEY" SNYDER:
„Sie hat Todesangst vor den Leuten, die sie für so sexy halten. Mein Gott, wenn sie nur wüssten."

ARTHUR MILLER:
„Sie schien nichts anderes erkennen zu können, als dass sie ungerecht behandelt und betrogen worden sei, als ob sie in ihrem eigenen Leben nur Passagierin wäre. Aber wie jedermann saß sie zugleich auch am Steuer, und wie hätte es auch anders sein können?"

Um Marilyns extremes Lampenfieber rankten sich in der Filmbranche wahre Legenden. Der bloße Gedanke, einen Text lernen zu müssen, führte bei ihr zu Panikattacken. Ihre berüchtigten Verspätungen (siehe LATENESS) am Set hatten ihren Grund zu einem guten Teil darin, dass sie unendlich viel Zeit brauchte, um ihre Ängste zu überwinden und das nötige Maß an Selbstvertrauen zu mobilisieren. Oft bekam sie rote Flecken auf Brust, Armen und Hals und begann zu stottern. Fast alle Regisseure (siehe DIRECTORS), mit denen sie arbeitete, hatten große Mühe, sie bei Laune zu halten. Als GEORGE CUKOR eines Tages ihre Anspannung mit beruhigenden Worten zu überwinden versuchte, antwortete sie: „Ich bin nervös geboren!" Bei Marilyns späteren Filmen verschlimmerte sich die Situation noch dadurch, dass sie immer mehr glaubte, der jeweilige Regisseur wolle sie schikanieren und geradezu geistig foltern; nichts und niemand konnte sie vom Gegenteil überzeugen. Umso erstaunlicher ist, dass ihre Auftritte keinerlei Zeichen von Nervosität verraten.

Marilyns Lampenfieber und ihr geringes Selbstwertgefühl spielten nicht nur vor der Kamera eine Rolle – ein Livepublikum oder die Journalisten bei einer Pressekonferenz schüchterten sie oft noch mehr ein. 1951 erlitt sie wenige Minuten, bevor sie einen Oscar überreichen sollte, eine Panikattacke

und brach in Tränen aus. Im gleichen Jahr war sie während der Dreharbeiten zu CLASH BY NIGHT (1952) regelmäßig nahezu gelähmt vor Angst. Fast jedes Mal, wenn sie in LOUELLA PARSONS Radiosendung zu Gast war, musste sie vorher erbrechen. Auch Erfahrung und Anerkennung halfen ihr über diese Nervosität nicht hinweg. HENRY WEINSTEIN, der Produzent von SOMETHING'S GOT TO GIVE, berichtete, sie sei so angespannt gewesen, dass sie manchmal während der Fahrt zum Studio ihr Auto anhielt, ausstieg und sich übergab.

Nur ein Mal gelang es ihr für eine gewisse Zeit, vor riesigen Mengen von Verehrern aufzutreten und sich dabei vollkommen wohl zu fühlen: weit entfernt von Hollywood während ihrer Tournee bei den in KOREA stationierten US-Truppen. Hier überwand sie auch die Agoraphobie, die es ihr oft schwer machte, das Haus zu verlassen.

Angesichts einer Kindheit, in der die Pflegeeltern in so verwirrender Häufigkeit und vielfach ohne jede Erklärung wechselten, war Marilyns lebenslange Angst vor dem Verlassensein nur zu verständlich. Sie war verzweifelt, als ihr erster Ehemann JAMES DOUGHERTY mit den Marines nach Asien versetzt wurde. „Jedes Mal, wenn er fortging, war das eine verheerende Geschichte, die sie äußerst hart traf. Sie wollte etwas, jemanden, an dem sie sich für immer festhalten konnte", berichtete dieser später.

Ein Vermächtnis ihrer Kindheit waren auch das unüberwindbare Gefühl der Unzulänglichkeit, die nie gestillte Perfektionssucht und die Angst, sie könne die Menschen um sie herum enttäuschen.

Über die Zeit ihres Umzugs nach New York schreibt Biograf DONALD SPOTO: „Die Angst, dass sie nicht wirklich sie selbst sei, dass wichtige Aspekte ihrer Persönlichkeit unbekannt und unerforscht sein könnten, wurde zu ihrer größten Sorge."

ALLAN „WHITEY" SNYDER führt Marilyns Ängste unter anderem auf die Befürchtung zurück, ihre Attraktivität und ihre Berühmtheit als Sexsymbol seien nichts als Schein. Erst wenn sie nach stundenlangem Schminken und Zurechtmachen die Marilyn-Maske trug, konnte sie die Rolle spielen, die die Welt von ihr erwartete.

Auch quälte Marilyn der Gedanke, trotz vieler Erfahrungen nichts gelernt zu haben; zeitweise glaubte sie, dass sie im Privaten und besonders in ihren Beziehungen immer größere Fehler machte. Sie fürchtete, dies könne ein Zeichen von „Schwachsinn" sein, der Geisteskrankheit (siehe MENTAL ILLNESS), die sie von ihrer Mutter geerbt haben könnte. Dies scheint zumindest teilweise auch ARTHUR MILLER zu vertreten, wenn er in seiner Autobiografie schreibt, Marilyn habe an den „panischen Ängsten, in die sie hinein geboren wurde", gelitten.

FEINGERSH, ED

Der Fotojournalist veröffentlichte 1955 in der Juliausgabe des Magazins *Redbook* die Fotoreportage *A Day in the Life of Marilyn Monroe*, zu der die berühmten Aufnahmen der auf die U-Bahn wartenden Marilyn gehören. Feingersh folgte Marilyn im März 1955 nicht nur einen Tag, sondern eine ganze Woche und dokumentierte dabei unter anderem ihren Ritt auf einem Zirkuselefanten im MADISON SQUARE GARDEN und einen Besuch

am Broadway, wo sie das Stück *Cat on a Hot Tin Roof – Die Katze auf dem heißen Blechdach* von TENNESSEE WILLIAMS sah.

FELDMAN, CHARLES K. (1904–1968)

Offiziell unterschrieb Marilyn erst bei Feldmans Famous Artists Agency (siehe AGENCIES), als ihr Vertrag mit der William Morris Agency Ende 1953 auslief, doch schon 1951 hatte Feldman sie bei den Verhandlungen für ihren zweiten Vertrag mit der TWENTIETH CENTURY-FOX beraten. Ursprünglich als Anwalt tätig, besaß er in Hollywood großen Einfluss, da er zugleich Agent und Produzent war. So produzierte er zusammen mit BILLY WILDER 1954 Marilyns Film THE SEVEN YEAR ITCH als auch andere Filme wie *The Big Sleep – Tote schlafen fest (1946)*, *A Streetcar Named Desire – Endstation Sehnsucht (1951)* und *What's New Pussy Cat? – Was gibt's Neues, Pussy? (1965)*.

Feldmans Mitarbeiter Hugh French fädelte 1953 Marilyns Trennung von ihrer langjährigen Schauspiellehrerin NATASHA LYTESS ein. Im November 1954 hatte Feldman großen Anteil an der Organisation der Party, die im eleganten Romanoff's (siehe RESTAURANTS AND BARS) für Marilyn gegeben wurde. In dieser Phase großer Veränderungen in ihrem Leben – die Scheidung von JOE DiMAGGIO, zunehmende Konflikte mit Twentieth Century-Fox – bedeutete es für Marilyn sicher eine besondere Genugtuung, dass sich Hollywoods Elite ihr zu Ehren versammelte.

Feldmans Neigung, auf verschiedenen Hochzeiten zu tanzen, beschleunigte wohl Marilyns Suche nach einem anderen Interessenvertreter. Denn während er als ihr Agent und Produzent tätig war, arbeitete er fast ausschließlich mit Twentieth Century-Fox zusammen, was Marilyns Kampf um eine Verbesserung ihres sehr ungünstigen Vertrages mit dem Studio sicher nicht zugute kam.

Auf den Rat ihres neuen Geschäftspartners MILTON GREENE hin, mit dem sie zu dieser Zeit die Gründung der MARILYN MONROE PRODUCTIONS vorbereitete, verließ Marilyn Feldmans Famous Artists Agency, um sich künftig von der Agentur MCA vertreten zu lassen. Wegen dieses Vertragsbruchs musste sie Feldman einen Vorschuss von 23.000 Dollar zurückzahlen, den er ihr unter anderem für Ausgaben bei der Suche nach einem neuen Filmprojekt und die Abfindung für Natasha Lytess gewährt hatte. Es dauerte jedoch fünf Jahre, bis Feldman sein Geld zurück hatte.

Dem Vernehmen nach hatte Feldman auch privaten Kontakt zu Marilyn. Er stellte sein Haus für ihre von vielen vermutete Affäre mit dem Regisseur ELIA KAZAN zur Verfügung. Es wird auch berichtet, dass Marilyn nach ihrer Scheidung von ARTHUR MILLER eine Affäre mit Feldman selbst hatte.

FICTION — Fiktion

Marilyn diente nicht nur als Modell für viele Bühnen- und Filmfiguren, sondern auch für zahlreiche literarische Gestalten. Deutlich an Marilyn angelehnte Figuren finden sich in den meisten im Hollywood der 1950er-Jahre angesiedelten Romanen, in Geschichten über selbstmordgefährdete Filmstars sowie in fiktiven Darstellungen der Geschichte der KENNEDYS. Oft gibt der Name einer Figur den

Hinweis, dass diese an Marilyn angelehnt ist: Wenn Vor- und Nachname mit dem gleichen Buchstaben beginnen, spricht viel dafür, dass Marilyn gemeint ist.

EINIGE FIKTIVE MARILYNS

Ben Hecht: *The Sensualists*, New York 1959 – *Die Leidenschaftlichen*, Karlsruhe 1960.
Jock Carroll: *The Shy Photographer*, New York 1964.
Alvah Bessie: *The Symbol*, New York 1966 – *Das Symbol*. München 1970.
Brett Halliday: *Kill All the Young Girls*, New York 1973 – *Machen Sie mit, Mike Shayne*, München 1973.
William Goldman: *Tinsel*, New York 1979 – *Tinsel*, Bergisch Gladbach 1986.
Phyllis Burke: *Atomic Candy*, New York 1989 – *Ich bin ein Marilyn*, München 1993.
Michael Korda: *The Immortals*, New York 1992 – *Die Maßlosen*, München 1998.
Sam Toperoff: *Queen of Desire*, New York 1992 – *Marilyn – die Frau, die zur Legende wurde*, Bergisch Gladbach 1993.
Robert S. Levinson: *The Elvis and Marilyn Affair*, New York 1999.
Joyce Carol Oates: *Blonde*, New York 2000.

FIELD, FRED VANDERBILT

Der Angehörige einer angesehenen New Yorker Familie und seine mexikanische Frau Nieves begleiteten Marilyn im Februar 1962 beim Möbelkauf in MEXICO. Dabei wurden sie vom FBI überwacht, das über Marilyns Verbindung zu dem in Mexico City im freiwilligen Exil lebenden „führenden Edelkommunisten Amerikas" offensichtlich beunruhigt war. Die Fields erlebten Marilyn als „warmherzig, attraktiv, intelligent und geistreich, voll Neugierde für Dinge, Menschen und Ideen – und unglaublich kompliziert".

In seiner Biographie *Goddess – Marilyn Monroe* berichtet ANTHONY SUMMERS, Field habe mit Marilyn über Politik diskutiert und dabei erfahren, dass „sie mit Robert Kennedy über den Wunsch der Kennedys, J. Edgar Hoover zu entlassen, gesprochen hatte".

FIFTH HELENA DRIVE

Am Wochenende des 8. und 9. März 1962 (nach einigen Quellen bereits im Februar) bezog Marilyn mit JOE DiMAGGIOs Hilfe ihre letzte Wohnung am 12305 Fifth Helena Drive, einer Seitenstraße der Carmelina Avenue in Brentwood, einem Stadtteil von Los Angeles. Sie hatte das rund 215 qm große eingeschossige Haus mit drei Schlafzimmern und Blick über Los Angeles für knapp 90.000 Dollar (bzw. für 77.500 Dollar) von den früheren Eigentümern William und Doris Pagan erworben und dafür bei der City National Bank in Beverly Hills eine Hypothek in Höhe von 37.500 Dollar mit einer Laufzeit von fünfzehn Jahren aufgenommen, für die sie monatlich 320 Dollar abzahlen musste.

Der Anstoß zum Kauf des Hauses ging von Marilyns Psychoanalytiker DR. RALPH GREENSON aus, der so vielleicht eine gewisse Beständigkeit in ihr gefährlich instabiles Dasein zu bringen versuchte. EUNICE MURRAY, die das Haus entdeckt hatte, begrüßte den Kauf: ‚Der

Doktor dachte, dass das Haus den Platz eines Babys oder Ehemanns einnehmen und sie beschützen würde." Marilyns Filmdouble EVELYN MORIARTY dagegen erschien die Entwicklung eher unheilvoll: „Dieses Haus wurde ihr eingeredet – von Frau Murray und Dr. Greenson, wie sie uns mehrfach erzählt hat, als wir SOMETHING'S GOT TO GIVE drehten." Doch was immer sie letztlich zum Kauf des für einen Hollywoodstar eher bescheidenen Anwesens veranlasste, Marilyn war sehr stolz auf das Haus und führte ihre Gäste begeistert durch die Räume. Ihr gefiel die abgeschiedene Lage, sie kaufte voll Enthusiasmus Möbel und Pflanzen für die Einrichtung und genoss es, in dem großen Garten zu arbeiten. Mehrere Fotografen, vor allem GEORGE BARRIS, konnten sie außerhalb des Hauses aufnehmen; Innenaufnahmen aber stimmte sie nicht zu: „Ich will nicht, dass jeder genau sieht, wo ich lebe."

„Diese Festung, wo ich mich sicher vor der Welt fühlen kann", wie Marilyn ihr Heim einmal nannte, war ein L-förmiges Gebäude im spanischen Kolonialstil. Es lag in einer ruhigen Sackgasse und war mit ovalem Swimmingpool, kleinem Gästehaus und Garage ausgestattet. Vor der Eingangstür bildeten Bodenfliesen im mexikanischen Stil das lateinische „cursum perficio", das einige Biografen als Ausdruck von Marilyns Wunsch, hier ihre letzte Ruhestätte zu finden, gedeutet wurde. Tatsächlich wurde es jedoch bereits dreißig Jahre vor Marilyns Einzug von den ursprünglichen Besitzern angebracht.

Auch die Inneneinrichtung in ihrem mexikanischen Stil erinnerte an Dr. Greensons Haus. Einen Großteil der Möbel hatte Marilyn während ihrer Reise nach Mexiko im Februar 1962 gekauft; als sie starb, waren viele der original mexikanischen Möbel noch gar nicht geliefert. Markant waren die verputzten Lehmziegelwände, Deckenträger im Stil einer Kathedrale, Flügelfenster sowie Kamine im Wohnraum und im größten Schlafzimmer. Wie in vielen Wohnungen, in denen Marilyn lebte, war die dominierende Farbe Weiß: Die Wände waren weiß gestrichen, Schlafzimmer und Wohnbereich mit weißen Wollteppichen ausgelegt. Die von Marilyn eingerichtete Küche war mit Ziegelfußboden, hölzernen Schränken, mexikanischen Keramikkacheln und einem blauen Kühlschrank ausgestattet. Leider lebte die neue Eigentümerin nicht lange genug, um die Gestaltung ihres neuen Heimes zu vollenden; davon zeugten die in den Ecken aufgetürmten Papiere und persönlichen Gegenstände.

Seit Marilyns Tod hat das Haus mehrmals den Besitzer gewechselt. Schon am Tag der Bekanntgabe ihres Todes meldeten Betty Nunez und ihr Ehemann Gilbert ihr Interesse am Erwerb des Anwesens an. Doch erst nach sieben Monaten und einem Gerichtsstreit konnte das Ehepaar den Kauf abschließen – zu einem Preis, der das Fünffache des für ein vergleichbares Haus in diesem Viertel üblichen betrug. Zusammen mit Grundstück und Gebäude erwarben die Nunez' auch einen Großteil der von Marilyn angeschafften und eingebauten Einrichtung. Ihre Kinder ließen im Mai 1997 zahlreiche dieser Gegenstände versteigern. Dabei erbrachte z. B. der Hut, den Marilyn bei der Gartenarbeit trug, zwischen 4 000 und 6 000 Dollar, der Spiegel aus ihrem Ankleidezimmer zwischen 15.000 und 20.000 Dollar. Beim letzten Eigentümerwechsel wurde für das Haus ein Preis von 1,3 Millionen Dollar verlangt. Im Jahre 1998

wurde es komplett umgestaltet und renoviert. Mehrere Eigentümer kündigten ihre Absicht an, das Haus in ein Marilyn-Museum umzuwandeln. Diese Pläne wurden nie in die Tat umgesetzt, doch für treue Fans ist der Ort nach wie vor ein Wallfahrtsort.

(siehe HOMES – Wohnungen)

FIFTY-SEVENTH STREET APARTMENT
444 E. 57TH STREET, NEW YORK

Im Januar 1957 bezogen Marilyn und ARTHUR MILLER die im dreizehnten Stock eines Hochhauses gelegene Wohnung mit großartigem Ausblick über den East River. Marilyn ließ sie mit Hilfe des Designers JOHN MOORE umgestalten: Alle Wände wurden weiß gestrichen und der durch die Zusammenlegung von zwei Räumen entstandene Wohn- und Essbereich mit raumhohen Spiegeln ausgestattet. Weiß waren auch das Sofa, die Sessel und die Wohnzimmermöbel, die damit den perfekten Rahmen für Marilyns weißes Klavier (siehe WHITE PIANO), das sie an viele Orte begleitete, abgaben.

Arthur Miller hängte in seinem Arbeitszimmer sein Lieblingsbild von Marilyn auf, das JACK CARDIFF während ihres Englandaufenthaltes anlässlich der Dreharbeiten zu THE PRINCE AND THE SHOWGIRL (1957) aufgenommen hatte. Bei seinem Auszug im Jahre 1960 ließ er es zurück. Marilyn behielt die Wohnung, empfand sie aber angeblich nie als vollendet und ließ sie mehrfach neu gestalten. Von Ende 1957 bis zu Marilyns Tod lebte auch das Dienstmädchen LENA PEPITONE im Haus.

Ihrem Presseagenten RUPERT ALLAN vertraute Marilyn an, sie sei vom Scheitern ihrer Ehe und vermutlich auch durch die Lektüre von Presseberichten über die Äußerungen der Witwe CLARK GABLES, die sie für den Tod ihres Mannes verantwortlich machte, sehr bedrückt gewesen. Sie habe sich deshalb beinahe vom Fenstersims dieser Wohnung in den Tod gestürzt. Daran gehindert habe sie letztlich nur der Anblick einer Frau in braunem Tweedkostüm auf dem Gehweg, die sie nicht mit umbringen wollte. Bei einer anderen Gelegenheit erzählte Marilyn, sie sei nicht gesprungen, weil sie die Frau gekannt habe.

(siehe HOMES – Wohnungen)

FILMS – **Filme**

Marilyn spielte in 29 Filmen und starb während der Dreharbeiten zu ihrem dreißigsten Film. 24 Filme entstanden bevor sie 1954 gegen das Studiosystem rebellierte, um mehr Einfluss auf ihre Rollen zu gewinnen. Die Frage, welches Marilyns erster Film war, lässt sich nicht eindeutig beantworten. SCUDDA HOO! SCUDDA HAY! (1948) wurde vor DANGEROUS YEARS (1947) gedreht, kam aber erst später in die Kinos. Zudem versichern einige Quellen, tatsächlich sei Marilyn zum ersten Mal in dem Film THE SHOCKING MISS PILGRIM (1947) aufgetreten. Wenn dies stimmt, fiel ihre Darstellung einer Telefonistin jedoch beim Schnitt heraus. Vielleicht war Marilyn als Vertragsschauspielerin auch in den zu dieser Zeit entstandenen Filmen YOU WERE MEANT FOR ME, *The Challenge*, *Mother Wore Tights – Es begann in Schneiders Opernhaus* und *Green Grass of Wyoming* eingesetzt.

FILMS MARILYN CONSIDERED OR WANTED – Nicht realisierte Filmprojekte

Baby Doll – Baby Doll – Begehre nicht des anderen Weib

In dieser 1956 entstandenen Produktion der Warner Brothers mit Karl Malden und ELI WALLACH unter der Regie von ELIA KAZAN hätte Marilyn gerne die Rolle der kindlichen Braut des Besitzers einer Baumwollspinnerei in den Südstaaten gespielt. Vermutlich hatte TENNESSEE WILLIAMS, der sein dem Film zugrunde liegendes Stück für die Leinwand bearbeitete, sie auch dafür vorgesehen, aber Kazan bestand auf CARROLL BAKER, die in der Rolle zum Star wurde. Bei der Premiere des Films am 4. Dezember 1956, einer Benefizveranstaltung für das ACTORS STUDIO, trat Marilyn als „Star-Platzanweiserin" auf.

The Blue Angel – Der blaue Engel

Das Projekt wurde entweder Marilyn nach THE PRINCE AND THE SHOWGIRL (1957) von TWENTIETH CENTURY-FOX angeboten oder aber ARTHUR MILLER erwog kurzzeitig eine Mitarbeit – die Quellen geben hier keine einheitliche Auskunft. In der 1959 in die Kinos gebrachten Neufassung des 1930 mit MARLE-NE DIETRICH gedrehten Films stand dann May Britt vor der Kamera.

Born Yesterday – Die ist nicht von gestern

Judy Holliday erhielt für ihren Auftritt in der 1950 von GEORGE CUKOR gedrehten Filmversion eines populären Stücks von GARSON KANIN einen Oscar. Sie hatte ihre Rolle in dem Film bereits am Broadway gespielt, stand aber auf der Liste der für die Verfilmung vorgesehenen Darstellerinnen hinter Rita Hayworth und Jean Parker erst an dritter Stelle. Marilyn machte vermutlich im Rahmen ihrer sechsmonatigen Beschäftigung bei COLUMBIA PICTURES Probeaufnahmen für die Rolle der Billie Dawn, doch Studiochef HARRY COHN hatte bereits entschieden, ihren Vertrag nicht zu verlängern. Ein Jahrzehnt später bekam Marilyn eine zweite Chance, als FRANK SINATRA versuchte, sie für eine Musicalfassung des Films zu gewinnen.

Breakfast at Tiffany's – Frühstück bei Tiffany

Statt AUDREY HEPBURN wäre Marilyn 1961 beinahe die Hauptdarstellerin in Blake Edwards Film geworden. TRUMAN CAPOTE, der Autor der Romanvorlage, wollte Marilyn die Rolle geben, doch die PARAMOUNT STUDIOS zogen Audrey Hepburn vor. Produzent Martin Jurow berichtete über Vorgespräche mit Marilyn, die sich sehr interessiert gezeigt habe, bis PAULA STRASBERG ihr davon abriet, eine Frau von zweifelhaftem Ruf zu spielen. Audrey Hepburn wurde für die Rolle der Holly Golightly für den Oscar nominiert.

The Brothers Karamazov – Die Brüder Karamasow

Der Wunsch, die Rolle der Gruschenka zu spielen, begleitete Marilyn durch ihre gesamte Karriere, und sowohl JOHNNY HYDE als auch NATASHA LYTESS und MICHAEL CHEKHOV bestärkten sie darin. Dem Vernehmen nach sprach Hyde bereits 1950 mit DORE SCHARY, dem Produktionsleiter bei MGM, über die Möglichkeit, Marilyn in dieser Rolle einzusetzen. Sie selbst führte deswegen mit Arthur Miller schon Jahre vor ihrer Beziehung einen Briefwechsel. Als sie 1956 bei einer Pressekonferenz bekannt gab, dass ihre Produktionsgesellschaft LAURENCE OLIVIER für den Film *The Prince and the Showgirl* engagiert habe, erwähnte sie auch ihren Wunsch, eines Tages die Gruschenka zu spielen, und musste sich von einem vorlauten Journalisten verspotten lassen, der sie aufforderte, das Wort „Gruschenka" zu buchstabieren. Kurz nach ihrer Heirat mit Arthur Miller fanden Vorgespräche für eine Drehbuchfassung des Romans statt, die Miller für sie schreiben sollte. Doch die MGM brachte den Film 1958 unter der Regie von Richard Brooks, der auch das Drehbuch geschrieben hatte, in die Kinos. Maria Schell spielte die Gruschenka, und Marilyn war nur Zuschauerin. Liebenswürdig wie immer lobte sie: „Maria war wundervoll in der Rolle."

Can-Can – Can-Can

1958 fragte Twentieth Century-Fox an, ob Marilyn als Partnerin von Maurice Chevalier die weibliche Hauptrolle in dieser Musicalversion einer Broadway-Show übernehmen würde. In dem 1960 fertig gestellten Film waren dann Frank Sinatra, SHIRLEY MACLAINE, Maurice Chevalier und Juliet Prowse zu sehen.

Clara Bow

Angeblich versuchte Marilyn, sich die Rechte an der Lebensgeschichte der berühmten Schauspielerin der 1920er-Jahre zu sichern, des vielleicht ersten Sexsymbols für ein Massenpublikum und damals Inbegriff des Mädchens „mit dem gewissen Etwas". Doch Clara Bow (1905–1965), die ihre Karriere wegen einer Geisteskrankheit aufgeben musste, wollte ihre Geschichte nicht verfilmen lassen und verweigerte die Zustimmung. In RICHARD AVEDONs Fotoserie für die Zeitschrift *Life* schlüpfte Marilyn in die Rolle verschiedener Verführerinnen vergangener Tage, unter anderem in die Rolle der Clara Bow.

Cold Shoulder

Kurz nach den Dreharbeiten zu ALL ABOUT EVE (1950) sprach Marilyn für dieses Filmprojekt der Fox vor. Sie bekam die Rolle als Partnerin von Richard Conte nicht, weil das Projekt aufgegeben wurde. Die Probeaufnahmen mit ihr hatten Studiochef DARRYL ZANUCK allerdings so beeindruckt, dass er sie für den Film AS YOUNG AS YOU FEEL (1951) verpflichtete und den lang ersehnten Studiovertrag für sie aufsetzte.

The Egyptian – Sinuhe, der Ägypter

Fast zehn Jahre bevor SOMETHING'S GOT TO GIVE nicht zuletzt wegen der hohen Kosten für den Ägypten-Film *Cleopatra* – *Cleopatra* (1962) vom Studio auf Eis gelegt wurde, bewarb sich Marilyn nach ihrem Erfolg in HOW TO MARRY A MILLIONAIRE (1953) vergeblich um eine Rolle in dem Kostümfilm *The Egyptian* – *Sinuhe, der Ägypter*. Doch Fox-Studiochef Zanuck ließ sie nicht einmal zu Probeaufnahmen zu und zog Bella Darvi vor. Hauptdarsteller in dem 1954 von Michael Curtiz gedrehten Film waren Jean Simmons, Victor Mature, Gene Tierney, Edward Purdom und Peter Ustinov. Kameramann LEON SHAMROY wurde für einen Oscar nominiert.

Freud – Freud

JOHN HUSTON hätte Marilyn sehr gern in seinem Film über den Gründer der Psychoanalyse eingesetzt, doch ihr Therapeut RALPH GREENSON riet ihr ab. Er fand das Projekt in der Phase emotionaler Labilität, wie Marilyn sie damals durchmachte, nicht geeignet. Andere berichten, Marilyn habe das Projekt abgelehnt, weil sie glaubte, ANNA FREUD wäre mit einer Verfilmung des Lebens ihres Vaters nicht einverstanden. In dem 1962 entstandenen Universal-Film spielten dann MONTGOMERY CLIFT und Susannah York.

The Girl in Pink Tights
(auch bekannt unter **Pink Tights**)

Der Film über eine Lehrerin, die zur Saloontänzerin wird, wurde Marilyn Ende 1953 von Twentieth Century-Fox angeboten, nachdem Darryl Zanuck ihr eine Rolle in *The Egyptian – Sinuhe, der Ägypter* verweigert hatte. Auch Frank Sinatra war an dem Projekt beteiligt. Marilyn wollte zunächst das Drehbuch lesen, bevor sie ihre Mitwirkung zusagte, doch Zanuck lehnte ab; Marilyn war seiner Auffassung nach durch ihren Vertrag mit dem Studio verpflichtet, in jedem Film mitzuwirken, den die Studioleitung ihr anbot. Doch Marilyn missfielen sowohl das Projekt als auch die Tatsache, dass sie erneut in einem Remake eingesetzt werden sollte, und ihr Verlobter JOE DIMAGGIO unterstützte sie in dem Entschluss, hart zu bleiben. Das Studio reagierte mit Drohungen und der öffentlichen Ankündigung, den Film mit der unbekannten SHEREE NORTH zu drehen. Nach Marilyns Hochzeit sandte ihr das Studio dann doch das Drehbuch und sicherte ihr das Recht auf die Hauptrolle zu. Aber die Lektüre des Skripts bestätigte Marilyns schlimmste Befürchtungen. Ihr Urteil setzte sich durch, und der Film wurde nie gedreht.

The Girl in the Red Velvet Swing – Das Mädchen auf der roten Samtschaukel

Anfang 1954 stand in Hollywoods Fachpresse, Marilyn solle in der Verfilmung des berüchtigten Falls der Ermordung des Architekten Stanford White, in den Harry Kendall Thaw verwickelt war, eine Hauptrolle spielen. Auch Twentieth Century-Fox kündigte an, The Girl in the Red Velvet Swing werde nach Abschluss von THE SEVEN YEAR ITCH (1955) Marilyns nächster Film sein. Doch das Studio hatte die Rechnung ohne den Star gemacht, denn Marilyn stand im Begriff, Los Angeles zu verlassen und in New York zusammen mit MILTON GREENE ihre eigene Produktionsgesellschaft MARILYN MONROE PRODUCTIONS aufzubauen. So engagierte Fox für das 1955 unter der Regie von Richard Fleischer verwirklichte Projekt die viel versprechende junge Britin JOAN COLLINS. Die Geschichte wurde später in dem Film Ragtime – Ragtime (1981) und dem gleichnamigen Broadway-Musical erneut aufgegriffen.

The Goddess – Die Göttin

Der Drehbuchautor PADDY CHAYEFSKY gewann einen Oscar mit einer Geschichte, die Marilyn ziemlich vertraut war. Sie handelt von einem unglücklichen Mädchen, das nach großen Anstrengungen in Hollywood den Durchbruch schafft und einen berühmten Sportstar heiratet. Zwar stritt COLUMBIA PICTURES ab, dass die Handlung dem Schicksal einer lebenden Persönlichkeit nachempfunden sei, doch nach einer Biografie Chayefskys wollte der sich damit an Marilyn rächen, weil sie nicht ihr Wort gehalten habe, dass sie sein Skript für Middle of the Night – Mitten in der Nacht kaufen würde. Es wird berichtet, dass Marilyn kurzzeitig die Hauptrolle in dem Film spielen wollte, bis Arthur Miller ihr davon abriet. Der Film wurde 1958 von John Cromwell mit Millers Schwester Joan Copeland als Schauspiellehrerin, für die angeblich Natasha Lytess das Vorbild war, KIM STANLEY und Lloyd Bridges gedreht.

Goodbye Charlie – Goodbye Charlie

Twentieth Century-Fox versuchte vergeblich, Marilyn für die Verfilmung von GEORGE AXELRODs Broadway-Komödie zu gewinnen. Darin wird ein Gangster und Frauenheld getötet und lebt im Körper einer attraktiven Frau weiter. Auf der Bühne hatte LAUREN BACALL diese Rolle gespielt. In dem 1964 von Vincente Minnelli gedrehten Film standen DEBBIE REYNOLDS, Pat Boone, TONY CURTIS und Walter Matthau vor der Kamera.

Guys and Dolls – Schwere Jungen, leichte Mädchen

MGM brachte die Verfilmung eines Broadway-Erfolgs nach Damon Runyons Kurzgeschichten 1955 in die Kinos. Kurz zuvor hatte Marilyn dem Hollywood-Kolumnisten EARL WILSON gegenüber geäußert, sie interessiere sich für die Rolle, die Vivian Blaine am Broadway gespielt hatte. In der aufwändigen Produktion waren neben Vivian Blaine und Jean Simmons MARLON BRANDO und Frank Sinatra zu sehen, die beide zu Marilyns Lieblingsschauspielern gehörten; Regie führte JOSEPH L. MANKIEWICZ, der auch das Drehbuch geschrieben hatte, Kameramann war Harry Stradling.

How to be Very, Very Popular

Der ursprünglich auf Marilyn zugeschnittene Film, in dem sie eine Bauchtänzerin auf der Flucht spielen sollte, war eines der Projekte, das sie nach The Seven Year Itch ablehnte, um nach New York zu ziehen und ihre eigene Produktionsgesellschaft zu gründen. Die Twentieth Century-Fox war darüber verständlicherweise nicht glücklich und musste sich mit dem unglaubwürdigen Paar BETTY GRABLE (in ihrem letzten Filmauftritt) und dem hoffnungsvollen Starlet Sheree North behelfen, denen als männliche Hauptdarsteller Charles Coburn und TOMMY NOONAN gegenüberstanden. Als der Film 1955 in die Kinos kam, erhielt er nur mäßige Kritiken.

I Love Louisa

Nach ihrem Ausschluss von den Dreharbeiten zu Something's Got to Give machte Marilyn Pläne für eine schwarze Komödie mit DEAN MARTIN über eine junge Frau, die durch das rasche Ableben mehrerer wohlhabender Ehemänner zu großem Reichtum kommt. Der Film wurde von ihrem Presseagenten ARTHUR JACOBS produziert, von J. Lee Thompson mit Shirley MacLaine, Dean Martin, ROBERT MITCHUM, Dick Van Dyke, GENE KELLY und Paul Newman gedreht und von Fox 1964 unter dem Titel What a Way to Go – Immer mit einem anderen in die Kinos gebracht.

Irma La Douce – Das Mädchen Irma La Douce

Obwohl er nach SOME LIKE IT HOT (1959) geschworen hatte, nie wieder mit Marilyn zu arbeiten, soll BILLY WILDER ihr die Titelrolle für diesen Film angeboten haben. Doch Marilyn lehnte seit langem alle Prostituiertenrollen grundsätzlich ab. So spielte Shirley MacLaine 1963 in der UNITED ARTISTS-Verfilmung eines Broadway-Musicals das Pariser Straßenmädchen, das das Herz eines Gendarmen gewinnt, und erhielt dafür eine Oscar-Nominierung.

The Jean Harlow Story

Schon 1952 äußerte Marilyn in einem Interview des Magazins Life ihr Interesse an einem Film über JEAN HARLOWs Leben. Drei Jahre später ließen sowohl Marilyn als auch BUDDY ADLER von Fox durchblicken, dass an einem solchen Projekt gearbeitet werde. Marilyn erörterte die Chancen des Films mit SYDNEY SKOLSKY, der bereits zwei verfilmte Biografien produziert hatte, und widmete vor allem in ihrem letzten Lebensjahr dem Vorhaben große Aufmerksamkeit. Der Hollywood Reporter berichtete allerdings 1964, Marilyn habe das Projekt nicht weiter verfolgt, weil Arthur Miller das Drehbuch von Adela Rogers Saint John für nicht vereinbar mit ihrem „neuen Image" gehalten hatte. 1965 drehte Gordon Douglas für die PARAMOUNT STUDIOS unter dem Titel Harlow – Die Welt der Jean Harlow eine süßliche Version des Projekts mit Carroll Baker.

The Last Man on the Wagon Mound

Zu den Filmen, für die Marilyn durch ihren zweiten Vertrag mit Fox 1951 verpflichtet wurde, gehörte auch dieser, in dem sie die Witwe eines Siedlers spielen sollte. Das Projekt, in dem MITZI GAYNOR, Debra Paget und JEAN PETERS die Hauptrollen übernehmen sollten, wurde jedoch nie verwirklicht.

The Lieutenant Wore Skirts – Meine Frau, der Leutnant

In der ursprünglich für Marilyn konzipierten Fox-Komödie stand 1956 neben TOM EWELL, Marilyns Partner aus The Seven Year Itch, Sheree North vor der Kamera. Sie spielt eine Frau, die in die Air Force eintritt, um bei ihrem Mann zu sein, ohne zu wissen, dass er dort zurückgewiesen worden ist.

Middle of the Night – Mitten in der Nacht

Marilyn verhandelte mit dem Autor Paddy Chayefsky über die Hauptrolle in der Kinoversion seines Fernsehspiels. Er war begeistert, doch Marilyn verlor bald das Interesse. In dem 1959 von Columbia Pictures produzierten, von der Kritik gut aufgenommenen Film über die seelische Not eines älteren New Yorker Bekleidungsfabrikanten, der sich in eine jüngere Frau verliebt, spielte schließlich KIM NOVAK an der Seite von FREDERIC MARCH.

The Naked Truth

Das Filmprojekt der Mirisch Brothers, den Produzenten von Marilyns erfolgreichstem Film Some Like It Hot (1959), hatte Marilyn im Jahre 1961 ins Auge gefasst.

Of Human Bondage – Der Menschen Hörigkeit

W. Somerset Maughams Erzählung über einen prüden Engländer, der sich in eine Kellnerin verliebt, war 1934 bereits mit BETTE DAVIS verfilmt worden. HENRY HATHAWAY schlug Marilyn angeblich 1954, nicht lange nach ihrem Auftritt in seinem Film NIAGARA (1953), Studiochef Darryl Zanuck für die Neuverfilmung vor. Doch Zanuck war nicht an einem möglichen gemeinsamen Auftritt von Marilyn und James Dean interessiert. Der Film wurde dann erst 1964 mit Kim Novak und Laurence Harvey gedreht.

Pillow Talk – Bettgeflüster

Statt Marilyn machte DORIS DAY das Rennen um die Hauptrolle als Partnerin von ROCK HUDSON in dem 1959 gedrehten Oscar-Gewinner der Universal. Day und Hudson spielen in dieser Komödie zwei sich hassende Menschen, die sich dank einer gemeinsamen Telefonleitung dennoch ineinander verlieben. Das Paar war so erfolgreich, dass sie in den 1960er-Jahren noch in weiteren Filmen zusammen auftraten.

The Revolt of Mamie Stover – Bungalow der Frauen

Nach The Seven Year Itch (1955) wollte Fox Marilyn 1956 auch in diesem Film einsetzen. Er erzählt von einer Tänzerin, die in Honolulu als Prostituierte arbeitet und von einem Literaten gerettet wird. Als Marilyn ablehnte, engagierte das Studio JANE RUSSELL.

Rain

In dem 1961 geplanten Fernsehfilm sollte Marilyn unter der Regie von LEE STRASBERG die weibliche Hauptrolle übernehmen. Als Partner war erst JOHN GIELGUD, dann Frederic March vorgesehen. Somerset Maugham, der Autor der Vorlage, fand sie für die Figur der Sadie Thompson, die bereits Gloria Swanson, JOAN CRAWFORD, Rita Hayworth und Tallulah Bankhead gespielt hatten, „glänzend" geeignet. Marilyn selbst beschrieb die Rolle, die sie sich lange gewünscht hatte, als die eines Mädchens, „das verstand, fröhlich zu sein, auch wenn es traurig war, und das zählt". Das Projekt verlief im Sande, als die

Drehbuch: Tay Garnett, Horace McCoy
Kamera: Lester White
Schnitt: Frank Sullivan
Musik: Victor Young

Besetzung:
Mickey Rooney … Johnny Casar
Pat O'Brien … Pater O'Hara
Beverly Tyler … Mary Reeves
Glenn Corbett … Mack Miller
James Brown … Allen
Marilyn Monroe … Polly
Ralph Dumke … Bruno Crystal
Bert Begley … Shilling
Milburn Stone … Jeff Davis
Tom Flint … Dr. Barton
John Hedloe … Ullman
Larry Holden … Alan

Marilyn mit Mickey Rooney und James Brown in *The Fireball* (1950).

NBC Strasberg nicht mit der Regie betrauen wollte und Marilyn nicht bereit war, einen anderen Regisseur zu akzeptieren.

Some Came Running –
Verdammt sind sie alle
Marilyn war die Rolle der Partnerin von Frank Sinatra, der in der Romanverfilmung einen Schriftsteller spielte, der sich nach dem Krieg schwer wieder an ein bürgerliches Leben gewöhnt, angeboten worden. Der MGM-Film kam 1958 mit Shirley MacLaine ins Kino.

The Sound and the Fury –
Fluch des Südens
Diese Verfilmung eines Romans von William Faulkner wurde Marilyn nach dem Scheitern ihrer Produktionsgesellschaft von Fox angeboten. Martin Ritt drehte den Film über den Kampf einer Familie gegen den Ruin 1959 mit Yul Brynner, Joanne Woodward und Margaret Leighton, während Marilyn sich für *Some Like It Hot* (1959) entschied.

The Story on Page One –
Sensation auf Seite 1
JERRY WALD, mit dem Marilyn in CLASH BY NIGHT (1952) zusammengearbeitet hatte, bot ihr 1959 eine Rolle in diesem Film an. Im Zentrum der Handlung steht Jo Morris, die als Kind bei Pflegeeltern aufwächst und einen Mann heiratet, der später gewalttätig wird. Marilyn teilte Wald und Autor CLIFFORD ODETS mit, sie könne erst zusagen, wenn sie das fertige Drehbuch gelesen habe. Sie lehnte ab. In dem Fox-Film von 1960 spielte daraufhin Rita Hayworth neben Tony Franciosa.

The Stripper – Die verlorene Rose
Ein weiterer Film, den Jerry Wald Marilyn anbot, war diese Verfilmung des Broadway-Stücks *A Loss of Roses* von WILLIAM INGE über ein Kleinstadtmädchen, das bei Pflegeeltern aufwächst und von einer Hollywoodkarriere träumt, stattdessen aber als Striptänzerin endet. In dem 1963 von Twentieth Century-Fox produzierten Film spielten schließlich Joanne Woodward, Richard Beymer und Claire Trevor.

They Shoot Horses, Don't They? –
Nur Pferden gibt man den Gnadenschuss
Jane Fonda wurde für den 1969 produzierten Film über einen Tanzmarathon in der Weltwirtschaftskrise für den Oscar nominiert. SIMONE SIGNORET, die an einer Hörspielfassung des Dramas mitgewirkt hatte, hatte Marilyn 1960 geraten, sich die Filmrechte zu sichern.

Á Tree Grows in Brooklyn
Kurz vor ihrem Tod verhandelte Marilyn mit dem Komponisten JULE STYNE über eine Musicalversion des Romans *A Tree Grows in Brooklyn – Ein Baum wächst in Brooklyn*, der 1945 bereits von Elia Kazan mit Peggy Ann Garner und James Dunn verfilmt worden war. Für den 9. August 1962 war eigentlich ein Treffen mit Styne vorgesehen, um die Übereinkunft über das Vorhaben zu beschließen.

We Were Strangers
Regisseur JOHN HUSTON soll 1949 Probeaufnahmen mit Marilyn für seinen Film über kubanische Rebellen und ihre Verschwörung zur Ermordung eines Politikers geplant haben. Sie stand jedoch bei Columbia Pictures unter Vertrag und Produzent Sam Spiegel hatte Zweifel an der Eignung des Nachwuchstalents und bewilligte kein Geld für die geplanten Aufnahmen.

FIREBALL, THE (1950) – **Rollschuhfieber**
(auch bekannt als: *The Challenge*)

In dem MICKEY ROONEY auf den Leib geschriebenen Film ist Marilyn einige Sekunden bei einem Rollschuhwettkampf als Fan zu sehen.

Produktionsdaten:
Thor Production
Verleih: Twentieth Century-Fox
schwarz-weiß
Länge: 84 Minuten
Kinostart: 9. November 1950

Crew:
Regie: Tay Garnett
Produktion: Bert E. Friedlob

Handlung:
Der aus dem Waisenhaus weggelaufene Johnny Casar (Mickey Rooney) begeistert sich zunehmend für den Rollschuhsport. Es gelingt ihm, einen Rivalen aus dem Feld zu schlagen und sich einen Platz bei den Meistern der Rollschuhrennbahn, den Bears, zu sichern. Pater O'Hara (Pat O'Brien) spürt seinen einstigen Zögling und sieht voll Stolz, dass dieser seinen Weg geht. Doch der Erfolg steigt Johnny zu Kopf. Er kämpft mehr für sich als für das Team und stürzt sich in ein wildes Leben mit hübschen Mädchen wie Polly (Marilyn), die sich jedoch nur wegen seines sportlichen Ruhms für ihn interessieren. Bei einem Polio-Anfall pflegt ihn seine frühere Flamme Mary (Beverly Tyler), die ihn das erste Mal auf den Rollschuhplatz mitgenommen hatte, sodass er an der Meisterschaft teilnehmen kann. Jetzt erkennt er, was im Leben wirklich zählt, und hilft einem anderen Jungen, das Rennen für die Mannschaft zu gewinnen.

Kritiken:
The New York Times
„Als knapp kalkulierte, leidlich lebendige Vorführung einer neuen Facette des Sports hat *The Fireball* einige gute Momente in den Rollschuhlaufsequenzen, in Pat O'Briens drolliger Darstellung des Priesters sowie paradoxerweise in den Anfangsszenen aus Rooneys Landstreicherdasein."

FITNESS – **Fitness**

Vierzig Jahre vor der großen Fitnesswelle, als viele Frauen noch keinen Sport trieben, erkannte Marilyn, dass ein bisschen Training sie ihren Leinwandträumen näher bringen konnte. Schon 1943, als sie noch mit ihrem ersten Ehemann JAMES DOUGHERTY verheiratet war und mit ihm auf der Marineausbildungsbasis CATALINA ISLAND lebte, brachte ihr der frühere Olympiasieger im Gewichtheben Howard Carrington bei, wie man Gewichte im Training benutzt.

Nach ihrer Trennung von Dougherty, so Biograf ANTHONY SUMMERS, verbrachte sie viel Zeit mit dem Rettungsschwimmer TOMMY ZAHN am Strand. ARTHUR MILLER meinte allerdings, sie habe nie richtig schwimmen gelernt: „Es war das Einzige, bei dem sie je ungeschickt war."

Zu Beginn ihrer Modeltätigkeit (siehe MODELING) untersuchte Norma Jeane genau, wie man sich bewegt. Sie lernte viel über Anatomie und kaufte Muskulatur-Zeichnungen des Renaissance-Anatomen Vesalius.

Auf dieser Basis entwickelte sie ein eigenes Trainingsprogramm, das gezielt bestimmte Muskelgruppen aufbaute: ein regelmäßiges Übungspensum von vierzig Minuten pro Tag, zu dem auch das Training mit einem Paar 2,5 Kilo schwerer Hanteln gehörte.

Als sie im Jahre 1952 zum Topstar aufstieg, verriet sie unter dem Titel *How I Stay In Shape* dem Magazin *Pageant* einige ihrer Übungen, illustriert mit Fotos von ANDRE DE DIENES, die jedoch eher Marilyns trainierten Körper als ihre Trainingsmethode zeigten. Auch *Life* brachte 1952 ähnliche Fotos, die zum Teil in der Sommerausgabe 98 des Magazins *Women's Sport and Fitness* erneut veröffentlicht wurden. PHILIPPE HALSMAN fotografierte Marilyn in ihrer Wohnung in Jeans und Bikinioberteil, wie sie Hanteln stemmte und einen Kopfstand machte. Ihre Motivation zum Training erklärte sie dem Fotografen so: „Ich kämpfe gegen die Schwerkraft. Wenn man nicht gegen die Schwerkraft kämpft, schlafft man ab." Ein Foto in Anthony Summers Biografie zeigt angeblich Marilyn beim Jogging in Beverly Hills.

Ihr Eifer zahlte sich aus. Zwar ist nicht bekannt, ob Marilyn die regelmäßigen Übungen das ganze Leben beibehielt – in den späten fünfziger Jahren schwankte ihr Gewicht um fast zwanzig Pfund –, doch es steht fest, dass sie sich an verschiedenen Sportarten (siehe SPORTS) versuchte. In jedem Fall trugen ihre bemerkenswerte Ausdauer und Widerstandsfähigkeit dazu bei, dass sie sich von den immer größeren Mengen an Medikamenten (siehe DRUGS), die sie gegen Schlaflosigkeit und Ängste einnahm, viel schneller erholte, als die Ärzte es von anderen Patienten gewohnt waren. In ihrem letzten Lebensjahr begann Marilyn mit Yogaübungen als Mittel zur Entspannung und für besseren Schlaf (siehe SLEEP).

FITZGERALD, ELLA (1917–1996)

Marilyns Lieblingssängerin, eine der größten Interpretinnen in der Geschichte des Jazz, galt auf dem Höhepunkt ihrer Karriere als „First Lady des Gesangs". Im Alter von sech-

zehn Jahren entdeckt, genoss sie über fünfzig Jahre lang Weltruhm. Marilyn war von ihrem Gesang fasziniert und bewunderte besonders Ellas außerordentliche stimmliche Klarheit und Phrasierungskunst. Marilyn selbst sang nach Ansicht ihres Gesangslehrers HAL SCHAEFER „gerne, sie sang gut, und sie betete ihr Idol Ella schlicht an. Den größten Einfluss auf ihre Gesangskunst hatte sicher eine Aufnahme mit dem Titel *Ella Sings Gershwin*, die ich ihr gegeben habe." Marilyn zeigte Ella Fitzgerald ihre Wertschätzung auf einzigartige Weise. Die Sängerin erzählte die Geschichte im August 1972 für das Magazin MS:

„Ich verdanke Marilyn Monroe sehr viel. Sie war es, die mich ins Mocambo [ein Club in L. A.] brachte. Sie rief persönlich den Besitzer des Mocambo an und sagte ihm, dass sie mich sofort engagiert haben wollte, und wenn er das täte, würde sie für jeden Abend einen Tisch in der ersten Reihe buchen. Sie sagte ihm – und bei Marilyns Status als Superstar stimmte das auch –, dass die Presse wie wild darauf reagieren würde. Der Besitzer sagte ja und Marilyn war da, jeden Abend, am Tisch in der ersten Reihe. Die Presse überschlug sich. Danach musste ich nie mehr in einem kleinen Jazzclub auftreten. Sie war eine ungewöhnliche Frau, ein bisschen ihrer Zeit voraus. Und sie wusste es nicht."

FLANAGAN, AGNES

Nach ihrer ersten Begegnung bei THE FIREBALL 1950 war Flanagan mehr als zehn Jahre Marilyns Friseurin. So war sie bei SOME LIKE IT HOT (1959) und THE MISFITS (1961) für Marilyns Frisur verantwortlich und kam häufig zu ihr nach Hause, um sie für gesellschaftliche Anlässe, Fototermine und Geschäftsbesprechungen vorzubereiten. Sie wurde Marilyns Freundin, die zu dem kleinen Kreis von Vertrauten gehörte, den die Schauspielerin um sich scharte. Marilyn war oft zu Gast im Hause Flanagan; den beiden Kindern erschien sie wie eine Tante. Agnes frisierte Marilyn auch für ihre Beerdigung (siehe FUNERAL).

FLOWERS – **Blumen**

Nach Marilyns Beerdigung (siehe FUNERAL) beauftragte JOE DIMAGGIO die PARISIAN FLORISTS, ihr Grab zwanzig Jahre lang regelmäßig (zwei- oder dreimal die Woche) mit roten Rosen zu schmücken; über die Details kursieren verschiedene Darstellungen. DiMaggio erfüllte damit ein Versprechen, das er seiner Frau im Januar 1954 unmittelbar nach der Hochzeit im Rathaus von SAN FRANCISCO gegeben hatte: Als er sah, dass Marilyn drei Orchideen in der Hand hielt, schwor er, wenn sie vor ihm sterben sollte, würde er ihr ebenso treu regelmäßig einen Blumengruß als Zeichen seiner Zuneigung senden, wie es William Powell für JEAN HARLOW getan hatte.

Nach Ablauf dieses Auftrags kündigte ROBERT SLATZER öffentlich an, die Lieferung auf seine Kosten weiterführen zu lassen, doch da Slatzer die Rechnungen der Blumenhandlung nicht bezahlte, stellten die Parisian Florists die Lieferung nach drei Monaten ein.

Dennoch ist Marilyns Grabnische auf dem WESTWOOD MEMORIAL PARK CEMETERY stets mit frischen Blumen von treuen Fans geschmückt. Oft sind es so viele Blumen, dass sie vor dem Grab auf den Weg gelegt werden.

FONTAINEBLEAU HOTEL
4441 COLLINS AVENUE, MIAMI, FLORIDA

In dem bekannten Hotel wohnte Marilyn im Februar 1962, als sie ARTHUR MILLERs Vater Isidore besuchte.

FOOD – **Essen**

Als Kind aß Norma Jeane aus Tierliebe keinen Fisch, und es fiel ihr sehr schwer, Huhn zu essen. Bei den Aufnahmen zu NIAGARA (1953) erklärte sie einem Fotografen, dass sie ein Hühnerbein an das lebendige Tier erinnere, sodass sie keinerlei Appetit mehr habe.

In den schweren Jahren als Starlet hatte Marilyn nicht genug Geld, um sich richtig zu ernähren. Ihrem Freund FRED KARGER erzählte sie 1948: „Zum Frühstück gibt es bei mir eine Grapefruit und Kaffee und mittags Hüttenkäse. An manchen Tagen komme ich mit etwas mehr als einem Dollar pro Tag für das Essen aus." Als die Arbeit dann zunahm, gab ihr morgens Orangensaft mit Gelatine einen Energiestoß. An schlechten Tagen konnte sie sich angeblich nur Erdnussbutter und einfache Hamburger leisten. Während sie bei NATASHA LYTESS wohnte, aß sie zum Frühstück kalte Hafergrütze mit Milch und danach zwei Eier; dazu trank sie den gewohnten Orangensaft mit Gelatine.

Marilyn liebte Steaks, die sie vor allem zu besonderen Anlässen genoss. JOE DIMAGGIO und seine Familie machten sie mit italienischer Küche bekannt, Mutter DiMaggio brachte ihr eine Spaghettisauce, wie Joe sie gerne mochte, bei. Ansonsten wurde kaum Gutes über Marilyns Kochkünste berichtet. Ihr erster Ehemann JAMES DOUGHERTY beklagte sich über die bunten, aber geschmacksneutralen Erbsen und Mohrrüben, die sie ihm vorsetzte, und wenn sie in Interviews über das Kochen (siehe COOKING) sprach, zeigte sich, wie wenig sie davon verstand. Bei den Dreharbeiten zu LET'S MAKE LOVE (1960) trafen sich Marilyn und Arthur Miller zum Abendessen meist mit YVES MONTAND und SIMONE SIGNORET. Sie wechselten sich beim Kochen

Während der Dreharbeiten zu *Ladies of the Chorus* (1948) fotografierte Columbia Pictures das Starlet beim Sport für den Werbebeitrag „Wie trainiere ich meinen Körper?".

ab und aßen Spaghetti oder Lammfleisch-Stew.

Als Marilyn Mitte der 1950er-Jahre in New York lebte, so erinnerte sich AMY GREENE, machte sie ständig Diäten, die sie immer wieder absetzte, und kaufte dann beispielsweise zusammen mit ARTHUR MILLER Hotdogs auf der Straße. Gerne spülte sie auch große Mengen Kaviar mit Champagner hinunter. 1957 und 1958 hatte sie oft Besuch von MONTGOMERY CLIFT, mit dem sie Kaviar aß und Wodka trank.

Die Auswirkungen des Ruhms auf ihre Ernährung schilderte sie 1953: „Ich bin ganz anämisch geworden, seit das alles passiert ist – ich muss einen Saft aus roher Leber trinken und ungekochte Eier in meine Milch rühren. Und ich esse jeden Morgen Steak zum Frühstück." Sie versuchte, viel Fleisch und Eier, etwas Gemüse und möglichst wenig Kohlenhydrate zu sich zu nehmen. Sie aß als Erwachsene nur selten regelmäßig und machte zum Abnehmen angeblich immer wieder Darmspülungen. Wenn sie Medikamente (siehe DRUGS) nahm, bekam sie zudem Appetit- und Essstörungen. Bis zu ihrer Gallenblasenoperation im Jahre 1961 litt sie wiederholt an akuten Verdauungsproblemen.

WAS MARILYN GEGESSEN HAT

Als sie noch arm war: einfache Hamburger, Erdnussbutter, Hotdogs, Chili, Gebäck

Ein typisches Frühstück 1951: warme Milch, zwei rohe Eier, ein Schluck Sherry

Ein typisches Abendessen 1951: Steak, Lammkotelett oder Leber, rohe Mohrrüben

Beim ersten Rendezvous mit Joe DiMaggio: Sardellen mit Piment, Spaghetti, Kalbsschnitzel

Zum Geburtstag im Bel Air Hotel 1952: Steak

Lieblingsvorspeise um 1952: kleine Tomaten, gefüllt mit Quarkkäse und Kaviar

Beim Dreh zu *River of No Return* (1954): Hummer

Bei der Hochzeit mit Joe: gebratenes Steak

In Korea: Käsesandwiches

Zum Fest im Romanoff's: Steak Chateaubriand

Beim Dreh zu *Bus Stop* (1956): rohe Steaks

Ein typisches Frühstück 1957: drei pochierte Eier, Toast, eine Bloody Mary

Ein typisches Mittagessen in Roxbury 1957: Salami- und Käsesandwiches

Lena Pepitones Gerichte für Marilyn: Spaghetti, Lasagne, Würstchen, Paprika

Am Abend nach der Trennung von Yves Montand: Lasagne, Hamburger, Schokopudding

An Silvester 1960: Spaghetti mit italienischer Wurst

Beim Dreh zu *The Misfits* (1961): Buttermilch, Borschtsch

Ein typisches Frühstück 1961: in Safloröl pochiertes Eiweiß

Ein typisches Frühstück 1962: hart gekochte Eier, Toast

Ein typisches Mittagessen 1962: gebratenes Steak

Italienisches Lieblingsgericht 1962: Fettuccini Leon und Kalbsschnitzel mit Petersilie und Zitrone

Lieblingsimbiss, wenn sie nicht Diät hielt: Hotdogs

Bei einem Picknick auf dem Rücksitz ihres Cadillac 1962: Sandwiches mit kaltem Steak

Das Frühstück am Todestag: eine Grapefruit

Was Marilyn überhaupt nicht mochte: Oliven

FOSTER PARENTS – **Pflegeeltern**

Anfang der fünfziger Jahre war in Marilyns offiziellen Studiolebensläufen (siehe STUDIO BIOGRAPHIES) von vierzehn Pflegefamilien zu lesen. Wahr ist, dass Norma Jeane ihre Kindheit bei verwirrend vielen Bezugspersonen verbrachte, mit denen sie teils Jahre, teils nur einige Wochen zusammenlebte.

Die ruhigste Zeit waren ihre ersten sieben Lebensjahre, in denen sie ohne Ortswechsel bei der Familie BOLENDER wohnte, bis sie für kurze Zeit zu ihrer Mutter GLADYS BAKER zog. Als diese in die Psychiatrie eingeliefert wurde, wurde ihre Freundin GRACE GODDARD zum Vormund des Mädchens bestellt und war nun für Unterbringung und Versorgung verantwortlich.

Nach Gladys Einweisung kümmerten sich aber wohl zunächst ihre Mieter, der englische Schauspieler GEORGE ATKINSON und seine Familie, um Norma Jeane. Grace brachte sie danach vorübergehend erst bei Familie GIFFEN unter, danach bei ihrer Mutter Emma Willette Atchinson. Es folgte der fast zweijährige traumatische Aufenthalt im Waisenhaus (siehe ORHPANAGE) von Los Angeles. 1937 nahmen die Goddards Norma Jeane vorübergehend in ihr Haus auf, und bis zu ihrer Heirat mit JAMES DOUGHERTY lebte sie entweder dort oder bei „Tante" ANA LOWER.

Norma Jeane wurde außerdem noch von ihrer Großtante IDA MARTIN, bei der sie kurze Zeit nach ihrem Waisenhausaufenthalt wohnte, sowie von ENID und SAM KNEBELCAMP betreut.

FRANK AND JOSEPH'S SALON
6513 HOLLYWOOD BOULEVARD

Diesen Friseursalon betrat Norma Jeane Ende 1945 oder 1946 als Brünette und kam als Blondine wieder heraus.

Die Friseurin SYLVIA BARNHART, die ihr zu der neuen Farbe verhalf und auch in den folgenden Jahren ihr Haar pflegte, bis die Stylisten bei TWENTIETH CENTURY-FOX diese Aufgabe übernahmen, schilderte ihre Kundin so: „Sie kam meistens ungefähr zwei oder drei Stunden zu spät und erwartete dann, dass man sich noch um sie kümmerte. Um die Wahrheit zu sagen, sie war jemand, der andere ausnutzte. Ich glaube nicht, dass es sie interessierte, wem sie dabei auf die Füße trat. [Aber] sie war einfach wundervoll und unbeschreiblich anzuschauen."

Der Salon ließ von seiner attraktiven Kundin Werbefotos machen.

FRANKLIN AVENUE, HOLLYWOOD

Nachdem Marilyn bei JOHN CARROLL und LUCILLE RYMAN ausgezogen war, lebte sie 1948 für kurze Zeit in der Franklin Avenue, bevor sie in den STUDIO CLUB zurückkehrte.

FREUD, ANNA (1895–1982)

Auf Empfehlung ihrer Psychoanalytikerin MARGARET HOHENBERG besuchte Marilyn Mitte der 1950er-Jahre für einige Therapiesitzungen SIGMUND FREUDS Tochter Anna, die die Praxis ihres Vaters fortführte und sich dabei besonders der Behandlung von Kindern widmete. Sie empfahl ihr später eine neue Analytikerin in New York, MARIANNE KRIS. Zu deren Gunsten traf Marilyn später in ihrem Testament eine Verfügung, die sie zu therapeutischen Zwecken einsetzen sollte. Kris wählte die Anna-Freud-Stiftung in London, die mit dem Geld ein nach Marilyn benanntes Zentrum zur Behandlung von Kindern einrichtete.

FREUD, SIGMUND (1856–1939)

Marilyn hat einen Großteil der Werke des Begründers der Psychoanalyse (siehe PSYCHOANALYSIS) gelesen, nachdem sie Mitte der 1950er-Jahre mit intensiver Analyse und Selbsterforschung begonnen hatte, was sie bis an ihr Lebensende fortsetzte.

Als sie in einer Sammlung seiner Briefe ein Foto Freuds entdeckte, rief sie aus, er sehe aus, „als ob er als enttäuschter Mann gestorben wäre".

Die ihr angebotene Rolle in einem Film über Freuds Leben, den JOHN HUSTON Anfang der 1960er-Jahre vorbereitete, lehnte Marilyn ab (siehe FILMS MARILYN CONSIDERED OR WANTED – Nicht realisierte Filmprojekte).

FRIENDS – **Freunde**

MARILYN
„Manchmal denke ich, die Einzigen, die bei mir bleiben und wirklich zuhören, sind Leute, die ich beschäftige, die ich bezahle. Und das macht mich traurig. Warum kann ich nicht immer Freunde um mich haben, Freunde, die nichts von mir wollen?"

EZRA GOODMAN, Journalist:
„Die Monroe hat eine geschickte Art, sich an Menschen zu klammern, sich von ihnen bemuttern zu lassen und sie dann ungerührt am Wegesrand stehen zu lassen, wenn sie mit ihnen fertig ist … Sie hat es gern, Menschen zu wechseln wie andere Frauen den Hut."

JOE DiMAGGIO:
„Wenn ihre Freunde nicht gewesen wären, könnte sie noch am Leben sein."

LAUREN BACALL:
„Sie war in gewisser Hinsicht ein Nehmer, denn jedes Mal, wenn sie gab, wurde sie dafür attackiert. Es gab eine Menge Blutsauger in ihrem Leben … Und sie machte eine Menge schwere Fehler, indem sie sich mit den falschen Leuten einließ."

Dass Marilyn ihr Vertrauen oft den Falschen schenkte, ist vielleicht die größte Tragödie ihres Lebens. Nach einer Kindheit mit so vielen verschiedenen Bezugspersonen, die heute für sie sorgten und morgen aus ihrem Leben verschwunden waren, musste es ihr riskant erscheinen, überhaupt irgendeinem Menschen zu vertrauen.

Besonders mit gleichaltrigen Frauen konnte Marilyn nur schwer Freundschaft schließen. Elyda Dougherty, die Schwester ihres ersten Ehemannes JAMES DOUGHERTY, begründete das so: „Sie war einfach zu hübsch. Sie konnte nichts dafür, aber die Ehefrauen sahen sie an und wurden so eifersüchtig, dass sie Felsbrocken werfen wollten!" Mit älteren Frauen freundete sich Marilyn leichter an. Zu XENIA CHEKHOV und zu Mary Karger Short hielt sie ihr Leben lang Kontakt, obwohl diese Verbindungen in ARTHUR MILLERs Augen nicht unproblematisch waren und „zwischen sentimentaler Idealisierung und dem finsteren Verdacht, die anderen würden sie ablehnen, schwankten". Generell war Marilyn nur mit Frauen befreundet, die sie nicht als sexuelle Konkurrentinnen betrachtete.

Zu Beginn ihrer Karriere beherrschte sie der Traum, ein Star zu werden, so sehr, dass sie nur mit Menschen Umgang pflegte, die ihr behilflich sein konnten. Dazu gehörten wohl vorzugsweise Studiobosse wie JOSEPH SCHENK und Agenten wie JOHNNY HYDE. Doch auch als sie schon ein Star war, suchte Marilyn weiterhin vor allem Kontakt zu Menschen, die ihr intellektuell bereichernd oder beruflich schienen oder die sie bewunderte, wie etwa MICHAEL CHEKHOV. Zweifellos beruhte auch ihre Begeisterung für Arthur Miller anfangs im Wesentlichen auf seinem Status als prominenter linker Intellektueller; zum Teil galt dies auch für LEE und PAULA STRASBERG. Am längsten bestanden jedoch die freundschaftlichen Beziehungen zu einigen Journalisten und Fotografen wie SIDNEY SKOLSKY und EVE ARNOLD, auf deren Treue, Unterstützung und bisweilen auch Beratung sie vertraute.

Menschen gegenüber, die Marilyn als Freunde betrachtete, war sie loyal, liebenswürdig und hilfsbereit. Weithin bekannt war ihre Großzügigkeit (siehe GENEROSITY). Zeigte ein Freund oder eine Freundin beim gemeinsamen Einkauf an irgendetwas besonderen Gefallen, merkte sie sich das und suchte oft später noch einmal das Geschäft auf, um den Artikel zu kaufen und als Geschenk ausliefern zu lassen. Mit Hingabe kümmerte sie sich auch um kranke Freunde, die sie oft besuchte, um sicherzustellen, dass sie alles hatten, was sie brauchten. Loyalität zeigte sie auch, wenn sie jemanden respektierte. So ließ sie sich nicht auf die von TWENTIETH CENTURY-FOX zu Werbezwecken erfundene Rivalität zu BETTY GRABLE und JANE RUSSELL ein, mit denen sie an GENTLEMEN PREFER BLONDES (1953) arbeitete.

Einen wichtigen Rückhalt bot Marilyn die Schar der persönlichen Begleiter, die sie um sich versammelt hatte, eine Familie von Menschen, die ihr teilweise echte Zuneigung entgegenbrachten, aber auch von ihr bezahlt wurden. Friseure, Dienstmädchen, Masseur, Presseagenten und Sekretärinnen gehörten zu diesem Kreis. Bei ihnen gewann sie Einblicke in soziales Zusammenleben und ließ sich berichten, wie „normale" Familien funktionieren. So fragte sie ihre New Yorker Hausangestellte LENA PEPITONE immer wieder nach ihrer täglichen Arbeit, ihrer Familie in Italien, ihrem Mann und ihren Söhnen, fast als ob sie verzweifelt versuchte, den Text für

eine Rolle zu lernen, der sie unbedingt gerecht werden wollte. Den Kindern ihrer Ehemänner blieb sie, auch nachdem die Beziehung zu deren Vätern längst gescheitert war, eng verbunden.

Marilyns erster Ehemann JOE DiMAGGIO war wohl zeitlebens ihr treuester Freund. Sowohl vor wie nach den neun schmerzlichen Monaten ehelichen Zusammenlebens war er stets für sie da, wenn sie ihn brauchte, nützte sie nie für eigene Zwecke aus und hielt auch nach ihrem Tod die Erinnerung an sie in Ehren, indem er über die Beziehung respektvoll schwieg.

Auch wenn sich Marilyn vielfach die Gelegenheit dazu bot, äußerte sie persönlichen Verdruss möglichst nicht in der Öffentlichkeit. Das heißt aber nicht, dass sie kontroversen Diskussionen aus dem Weg gegangen wäre. Wenn sie sich ärgerte oder mit Freunden in Streit geriet, sagte sie deutlich ihre Meinung.

Viele Freunde Marilyns waren naturgemäß Schauspielerkollegen. Zu ihnen gehörten ROBERT MITCHUM, DEAN MARTIN, MONTGOMERY CLIFT, TOM EWELL, ALEX D'ARCY, DAVID WAYNE, Frankie Vaughan, CASEY ADAMS, Zero Mostel, WALLY COX, MARLON BRANDO, ELI WALLACH, Jane Russell, PETER LAWFORD und FRANK SINATRA. Eine besonders enge Freundschaft verband sie mit Montgomery Clift, der sein Verhältnis zu ihr so beschrieb: „Vielleicht wären Marilyn und ich eines Tages zusammengekommen, wenn wir uns nicht so ähnlich gewesen wären." Sie rief ihre Freunde zu den ungewöhnlichsten Zeiten an, um sich trösten zu lassen oder auch nur um zu plaudern.

Allerdings war Marilyn sehr unbeständig im Knüpfen und Abbrechen von Freundschaften. Mehrmals in ihrem Leben ließ Marilyn eine ganze Gruppe von Freunden fallen, teils weil sie fühlte, dass sie sich anders entwickelt hatte, teils weil sie den Eindruck gewann, dass die Freunde ihr schadeten. Als der Journalist W. J. WEATHERBY sie mit dem Vorwurf konfrontierte, sie schiebe Menschen beiseite, antwortete sie: „Ich habe nie jemanden fallen gelassen, an den ich glaube. Mein Problem ist, ich vertraue den Menschen zu sehr. Ich glaube zu sehr an sie und tue das auch dann noch, wenn es schon Warnzeichen gibt. Man erlebt eine Menge Enttäuschungen." In der Tat gab es viele, die nicht an Marilyn als Person interessiert waren, sondern sie als Trophäe, Statussymbol oder Quelle für Anekdoten betrachteten. Bis heute sichert ein Reigen von Marilyn-Talkshows einigen ein annehmbares Auskommen, die sich als Marilyns „intime Freunde" bezeichnen, auch wenn es dafür kaum Belege gibt.

Arthur Miller erlebte das ganze Spektrum von Marilyns Gefühlen – von Bewunderung über Freundschaft, Liebe und Enttäuschung bis zu Abscheu. Mit Blick auf das Jahr 1955, das erste Jahr ihrer Partnerschaft, schrieb er: „Sie war zu dieser Zeit unfähig, Menschen zu verurteilen, die ihr Schaden zugefügt hatten, oder überhaupt ein Urteil über sie zu fällen, und mit ihr zusammen zu sein hieß akzeptiert zu werden, wie wenn man aus einem Dasein, in dem der Argwohn zum gesunden Menschenverstand gehörte, in eine Art heilig machendes Licht rückte." Am Ende war dann auch er in ihren Augen zum Verräter geworden: „Nichts konnte verhindern, dass sich ihr Glaube an eine Person vollständig auflöste, sobald nur ein einziger Faden des Bildes geris-

sen war, und auch wenn ihre Kindheit dafür eine Erklärung bot, war es dadurch weder für sie noch für irgendjemanden in ihrer Umgebung leichter zu ertragen."

In gewisser Weise erfüllten Marilyns Psychoanalytiker die Funktion des offenen Ohres eines guten Freundes. In ihren letzten Lebensjahren hatte sie bei DR. RALPH GREENSON fast täglich eine und zeitweise sogar zwei Sitzungen pro Tag. Bei Marilyns geringer Selbstachtung und dem gelegentlichen Gefühl, wahre Freundschaft nicht zu verdienen und unfähig zu sein, sie zu erwidern, ist anzunehmen, dass Freundschaft an sich für sie mit Unglück verbunden war.

FUNERAL – **Beerdigung**

Als JOE DiMAGGIO von Marilyns Tod erfuhr, flog er nach Los Angeles, um die Beerdigung zu organisieren. Er zog ihre Halbschwester BERNIECE MIRACLE hinzu und erhielt darüber hinaus Unterstützung von Marilyns Managerin INEZ MELSON. Da er Marilyns Freunde aus der Filmbranche zumindest moralisch für ihren Tod verantwortlich machte, ordnete er ausdrücklich an, niemanden von ihnen einzuladen. Journalisten und Fernsehkameras wurden auf Distanz gehalten.

Die Trauerfeier fand im allerengsten Kreis am 8. August 1962 um 13 Uhr in der Westwood Village Mortuary Chapel statt, der Friedhofskapelle auf dem Gelände des WESTWOOD MEMORIAL PARK CEMETERY. Reverend A. J. Soldan, ein lutherischer Geistlicher der Village Church of Westwood, leitete den Gottesdienst, bei dem Lesungen aus dem 23. Psalm und dem 14. Kapitel des Johannesevangeliums, Auszüge aus den Psalmen 46 und 139 sowie das Vaterunser vorgetragen wurden. Zu Beginn erklang ein Ausschnitt aus Tschaikowskis Sechster Symphonie, später entsprechend Marilyns Wunsch JUDY GARLANDs *Over the Rainbow*. Die Trauerrede hielt LEE STRASBERG, nachdem CARL SANDBURG, den DiMaggio zuerst gefragt hatte, wegen Krankheit hatte absagen müssen.

Marilyns Leichnam lag während des Gottesdienstes teilweise sichtbar in einem offenen, mit champagnerfarbenem Satin ausgekleideten Bronzesarg. Die Tote trug ein grünes Kleid von Pucci und einen grünen Chiffonschal, den sie besonders geliebt hatte und einige Monate zuvor bei einer Pressekonferenz in Mexico City getragen hatte. ALLAN „WHITEY" SNYDER hatte sie ein letztes Mal geschminkt. Ein Fläschchen Gin hatte ihn für die Aufgabe gestärkt, mit der er ein Versprechen erfüllte, das er Marilyn Jahre zuvor im Scherz gegeben und an das sie ihn mit der Inschrift auf einer goldenen Geldklammer erinnert hatte, die sie ihm eines Tages schenkte: „Whitey, mein Lieber, solange ich noch warm bin, Marilyn".

AGNES FLANAGAN, die Friseurin von Marilyn, hatte ihr wegen der entstellenden Spuren der Autopsie eine Perücke aufgesetzt, die Marilyns Frisur in ihrem letzten, nicht zu Ende geführten Film SOMETHING'S GOT TO GIVE nachempfunden war. In den Händen hielt Marilyn ein Sträußchen rosa Rosen von Joe DiMaggio, der die Nacht zuvor die Totenwache gehalten hatte.

Insgesamt waren bei der Feier nur 31 Trauergäste versammelt: Joe DiMaggio, JOE DiMAGGIO JR., Agnes Flanagan, Aaron Frosch, LOTTE GOSLAR, DR. RALPH GREENSON mit seiner Frau Hildi und den Kindern Dan und

Joan, Sydney Guilaroff, Anne Karger, Mary Karger, Rudy Kautzsky, ENID und SAM KNEBEL-CAMP, Inez und Pat Melson, Berniece Miracle, EUNICE MURRAY, PAT NEWCOMB, PEARL PORTERFIELD, MAY REIS, RALPH ROBERTS, Milton Rudin, Allan „Whitey" Snyder mit seiner Frau Berly und Tochter Sherry, George Solotaire, Lee und PAULA STRASBERG sowie Florence Thomas.

Den Sarg trugen Allan „Whitey" Snyder, Allen Abbott, SYDNEY GUILAROFF, Ronald Hast, Leonard Krisminsky und Clarence Pierce.

Marilyn wurde in einer marmornen Grabnische zur Ruhe gebettet, nicht weit von den Grabstätten ihres einstigen Vormunds GRACE

GODDDARD und ihrer geliebten „Tante" ANA LOWER. Die Bronzeplatte, die die Grabnische verschließt, trägt die schlichte Inschrift:

MARILYN MONROE
1926–1962

FURNACE CREEK INN
THE FURNACE CREEK RESORT, DEATH VALLEY, KALIFORNIEN

In dem Motel im Tal des Todes haben Norma Jeane und der Fotograf DAVID CONOVER Mitte der 1940er-Jahre übernachtet.

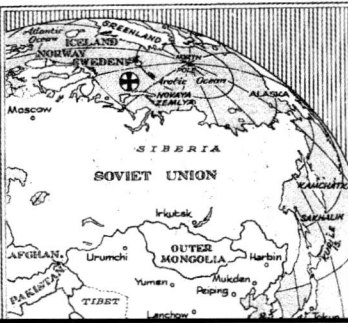

G

Marilyn und Clark Gable bei den Dreharbeiten zu *The Misfits* (1961).

GABLE, CLARK
(1901–1960, GEB. ALS WILLIAM CLARK GABLE)

CLARK GABLE:
„Ich denke, jeder Mann sieht etwas anderes in ihr; irgendwie verbindet sie die Dinge, die er am meisten zu brauchen scheint."

„Sie ist auf ihre Art so etwas wie ein Nonplusultra, mit einer Million Facetten, von denen jede einzelne faszinierend ist … ganz und gar weiblich, von einer Weiblichkeit ohne Arglist. … Alles, was Marilyn tut, ist anders als bei anderen Frauen, ungewohnt und aufregend, von der Art, wie sie spricht, bis zu der Art, wie sie mit diesem wunderbaren Oberkörper umgeht."

Fast drei Jahrzehnte lang war Clark Gable Hollywoods beliebtester männlicher Leinwandstar, der in Filmen wie *Red Dust – Dschungel im Sturm* (1932), *It Happened One Night – Es geschah in einer Nacht* (1934), *Mutiny on the Bounty – Meuterei auf der Bounty* (1935), *San Francisco* (1936), *Gone with the Wind – Vom Winde verweht* (1939) und *The Tall Men – Drei Rivalen* (1955) die Hauptrolle spielte. Als junges Mädchen hatte ihn Norma Jeane oft samstags in den Nachmittagsvorstellungen der Kinos bewundert.

Was sie faszinierte, war nicht nur sein attraktives Aussehen und das gewinnende Lächeln, sondern auch seine große Ähnlichkeit mit dem schnurrbärtigen Mann, dessen Foto ihr ihre Mutter einmal als das Bild ihres Vaters (siehe FATHER) gezeigt hatte. Sie sah in Gable die Verkörperung aller väterlichen Tugenden. Sie schnitt sein Bild aus einer Zeitschrift aus, bewahrte es auf und betrachtete den Schauspieler als ihren „heimlichen" Vater.

Als Marilyn 1954 selbst zum Star aufgestiegen war, kursierte das Gerücht, sie habe mit Gable ein Verhältnis. Fest steht, dass beide bei der großen Feier, die die Filmindustrie Hollywoods zu Ehren Marilyns im RESTAURANT Romanoff's gab, zweimal miteinander tanzten und er ihr einige Tage später einen riesigen Strauß roter Rosen schickte.

1961 erhielt Marilyn die Chance, neben Gable die Hauptrolle in dem Film THE MISFITS zu übernehmen. Zumindest auf der Leinwand konnte sie sich nun in einer Liebesszene, bei der sie nackt unter einem Bettlaken lag, ihrem Idol auch körperlich nähern. Einer Freundin erzählte sie später: „Ich war so aufgeregt, als er mich küsste, wir mussten die Szene mehrmals wiederholen. Dann fiel das Laken herunter, und er legte seine Hand auf meine Brust. Ich hatte am ganzen Körper eine Gänsehaut." Plausibel, aber zweifelhaft ist die Vermutung, Marilyn habe versucht, den Schauspieler bei den Dreharbeiten zu verführen. Zwar wird sie in einem Buch über das Sexleben weiblicher Hollywoodstars mit der Aussage zitiert: „Immer wenn er in meiner Nähe war, wollte ich, dass er mich küsst und küsst und küsst. Wir haben uns ganz oft geküsst, berührt und gestreichelt. Ich habe noch nie so viel unternommen, um einen Mann zu verführen." Doch Gables Liebe galt zu dieser Zeit allein seiner Frau, mit der er noch nicht lang verheiratet war und die ein Kind erwartete.

Die Arbeit an *The Misfits* war für alle Beteiligten nicht einfach. Gables Geduld wurde auf eine harte Probe gestellt, denn Marilyn war aufgrund der emotionalen Belastung in

Marilyn und Clark Gable bei den Dreharbeiten zu *The Misfits* (1961).

dieser letzten Phase der Trennung von ARTHUR MILLER noch launenhafter und unpünktlicher als sonst und machte bei der Arbeit viele Fehler. Aber Gables Verständnis war vorbildlich. Miller schrieb: „Er verhielt sich, als ob Marilyn eine Frau sei, die körperliche Schmerzen litt, und obwohl er jeden Tag vermutlich demütigende Stunden damit zubringen musste, darauf zu warten, dass sie mit der Arbeit begann, zeigte sein Gesicht zu keiner Zeit auch nur eine Spur von Kränkung." Dieses ritterliche Verhalten behielt er einigen Biografen zufolge während der gesamten Dreharbeiten bei. Auch Marilyn selbst schilderte es so: „Es gab dort jede Menge so genannter Männer, aber Clark war derjenige, der mir zwischen den Aufnahmen einen Stuhl brachte." Eines Tages soll er dann aber doch die Geduld verloren und sich geweigert haben, mit den Aufnahmen fortzufahren, bevor sie sich nicht für ihre Unpünktlichkeit entschuldigt habe; dies habe sie dann auch umgehend unter vier Augen getan. Öffentlich bekundete Marilyn allerdings: „Er ist nicht ein einziges Mal wütend auf mich geworden, wenn ich eine Zeile verpatzt habe oder zu spät gekommen bin oder was auch immer – er war ein Gentleman."

Für Gable wie für Marilyn war *The Misfits* der letzte fertig gestellte Film. Marilyns nächstes Projekt SOMETHING'S GOT TO GIVE wurde vor Abschluss der Dreharbeiten abgebrochen, und Gable erlitt am 5. November 1960, einen Tag nach den letzten Aufnahmen für *The Misfits*, einen schweren Herzanfall. Ein zweiter, diesmal tödlicher Infarkt folgte elf Tage später.

Schon bald verbreitete sich das Gerücht, Gables Herzanfall sei durch die anstrengende Zusammenarbeit mit der verwirrten und unzuverlässigen Marilyn verursacht worden. In Wirklichkeit wirkten sich wohl eher die gewagten Stunts, die Gable unbedingt selbst durchführen wollte, belastend auf seine Gesundheit aus. Seiner Frau erklärte er, Regisseur JOHN HUSTON verlange von seinen Stuntmen Unmögliches und scheine sich nicht darum zu kümmern, ob diese dabei am Leben blieben. Das Weitermachen erleich-

terte ihm sein Glaube an den Film; als die letzten Aufnahmen abgedreht waren, sagte er zu Miller, nach dem, was er an Musterkopien gesehen habe, sei dies der beste Film, an dem er je mitgewirkt habe.

Clark Gable wurde auf dem Friedhof Forest Lawn neben Carole Lombard, der großen Liebe seines Lebens, beerdigt. Sein Tod ebenso wie die Gerüchte über ihre angebliche Mitschuld erschütterten Marilyn zutiefst. SIDNEY SKOLSKY gegenüber gestand sie ihre Gewissensbisse: „Ich habe ihn warten lassen – Stunden und Stunden warten lassen bei diesem Film. Wollte ich meinen Vater bestrafen? Mich für all die Jahre revanchieren, die er mich hat warten lassen?"

GABLE, KAY

Kay Gable war CLARK GABLEs fünfte und letzte Frau. Als Gable starb, beschuldigte sie Marilyn öffentlich, ihre Kapriolen bei den Aufnahmen hätten zu seinem Tod beigetragen. Marilyn war über den Vorwurf sehr bestürzt. Ihre Antwort formulierte sie dann in George Carpozis 1961 erschienener Biografie *Marilyn Monroe. Her Own Story*:

„Clark Gable war einer der großartigsten Männer, denen ich je begegnet bin. Er war einer der angenehmsten Menschen … Als Kollege war er ein ausgezeichneter Kerl. Ihn zu kennen und mit ihm zusammenzuarbeiten war eine große persönliche Freude. Ich grüße seine Frau Kay von ganzem Herzen und voll tiefen Mitgefühls."

Als Marilyn im Mai 1961 zur Taufe des kleinen John Clark Gable eingeladen wurde, war sie sehr erleichtert, dass Kay keinen Groll mehr gegen sie hegte.

GABOR, ZSA ZSA
(GEB. 1919 ALS SARI GABOR)

Die aus Ungarn stammende Schauspielerin gehörte sicherlich nicht zu Marilyns Anhän-

115

gerinnen, sondern eher zu ihren Rivalinnen. Als Marilyn 1950 mit Gabors Ehemann GEORGE SANDERS in dem Film ALL ABOUT EVE vor der Kamera stand, versuchte seine Gattin angeblich jede private Beziehung zwischen den beiden durch ständige Überwachung zu verhindern. Dennoch kursierten Gerüchte, dass Marilyn und Sanders eine Affäre miteinander gehabt hätten. Gabors Eifersucht war mithin nicht unbegründet. Schon ein oder zwei Jahre zuvor, so Marilyns Biograf FRED LAWRENCE GUILES, war Sanders Marilyn auf einer Party begegnet und hatte ihr nach wenigen Minuten einen Heiratsantrag gemacht.

Noch Jahre später äußerte sich Zsa Zsa Gabor nicht gerade schmeichelhaft über Marilyn: „Sie dachte, wenn ein Mann sie zum Essen ausführte und nicht in der gleichen Nacht mit ihr schlief – dass dann irgendetwas nicht mit ihr in Ordnung sei."

In dem Film WE'RE NOT MARRIED (1952) standen die Rivalinnen sogar beide vor der Kamera, wenn auch in unterschiedlichen Episoden, sodass sie bei den Dreharbeiten nicht aufeinander trafen. Als „America's Dream Girls" waren jedoch beide an der Werbekampagne für den Film beteiligt.

GAMBLING — Glücksspiel

Ein Laster, dem Marilyn offensichtlich nicht frönte, vielleicht weil sie nie sehr viel Geld hatte, vielleicht weil sie in Armut aufgewachsen war und daher ihr Geld nicht verschwenden wollte. Nach ihrer Scheidung von ARTHUR MILLER hielt sie sich allerdings gelegentlich zusammen mit FRANK SINATRA und einigen angeblichen Mafiagangstern (siehe MAFIA) in der CAL-NEVA LODGE auf, einem Kasino an der Staatsgrenze zwischen Kalifornien und Nevada.

JOHN HUSTONs legendäre Glücksspielleidenschaft war, verschiedenen Berichten zufolge, einer der Gründe für die Verzögerungen bei den Dreharbeiten zu seinem Film THE MISFITS (1961). Dabei nutzte der Regisseur angeblich Marilyns psychische Probleme als Vorwand, während er sich verzweifelt darum bemühte, das Geld für die Begleichung seiner gewaltigen Spielschulden aufzutreiben. EVE ARNOLD fotografierte Marilyn, Huston und Arthur Miller am Spieltisch in Reno.

GARBO, GRETA
(1905–1990, GEB. ALS GRETA LOVISA GUSTAFSON)

Von ihrem Entdecker, dem Regisseur Mauritz Stiller, nach Amerika geholt, war die Garbo in Hollywood für rund ein Jahrzehnt die berühmteste Filmschauspielerin der Welt. Wie keine andere Darstellerin verkörperte sie den unnahbaren Star, der intensiver zu fühlen und zu leiden schien als gewöhnliche Sterbliche. Auch Norma Jeane verfolgte als Kind in den Nachmittagsvorstellungen der Kinos gebannt die Auftritte der Garbo in Filmen wie *Flesh and the Devil – Es war* (1927), ANNA CHRISTIE (1930), *Grand Hotel – Menschen im Hotel* (1932), *Queen Christina – Königin Christine* (1933), *Anna Karenina* (1935), *Camille – Die Kameliendame* (1936), *Ninotchka – Ninotschka* (1939) und *Two Faced Woman – Die Frau mit den zwei Gesichtern* (1941). Auf dem Höhepunkt ihrer Karriere zog sich die Schwedin zurück und trug so zum Fortbestand der Legende bei, die MGM mit

großer Sorgfalt um sie gesponnen hatte. 1954 wurde sie für ihre „unvergesslichen Leinwandauftritte" mit einem Ehren-Oscar ausgezeichnet.

Marilyn identifizierte sich als Kind wie als Erwachsene sehr stark mit Greta Garbo; wie diese vermochte sie durch ihre Sexualität die Kamera zu betören, wie diese war sie im täglichen Leben oft unendlich einsam.

Für ihren Debütauftritt im New Yorker ACTORS STUDIO wählte Marilyn einen Ausschnitt aus dem Stück *Anna Christie*, dessen Verfilmung Greta Garbos erster Tonfilm gewesen war.

GARDENING — Gartenarbeit

MARILYN:
„Eines Tages möchte ich mein eigenes Haus mit

Bäumen und Gras und Hecken rund herum haben, die ich dann aber nie beschneide – ich lasse sie einfach in alle Richtungen wachsen, wie sie wollen."

Marilyn liebte Pflanzen. Als sie mit ARTHUR MILLER in ROXBURY lebte, machte sie die Gartenarbeit zu ihrem Hobby. Doch erst mit dem Kauf des Hauses in Brentwood erwarb sie einen eigenen Garten, den sie selbst gestalten konnte. Mit Hilfe ihres Gärtners Tataishi legte sie dort einen Kräutergarten an und werkelte oft stundenlang in dem blühenden Grün.

In einem Interview mit der Zeitschrift *Cosmopolitan* hatte Marilyn 1960 gesagt: „Ich habe einen grünen Daumen. Ich kann sogar Sachen ohne Wurzeln anpflanzen. Ich pflanze sie einfach um, und sie wachsen. Ich habe einige Samen ausgesät, ich glaube Kapuziner-

John Huston und Marilyn an einem Spieltisch in Reno, Nevada, während der Dreharbeiten zu *The Misfits* (1961).

kresse; wenn sie herauskommen, soll man sie auslichten. Wie schade, dachte ich, diese kleinen sprießenden Geschöpfe wegzuwerfen, also habe ich sie herausgezogen und ganz vorsichtig umgepflanzt; sie hatten so dicht beieinander gestanden, dass einige von ihnen nicht einmal Wurzeln hatten. Arthur sagte: ‚Das ist unmöglich, die können nicht überleben.' Aber sie haben alle überlebt. Und auf dem Umschlag der Samenpackungen steht, dass man sie nicht umpflanzen kann!"

GARLAND, JUDY
(1922–1969, GEB. ALS FRANCES GUMM)

Die berühmte Filmschauspielerin war mit Marilyn befreundet. Garland erzählte: „Ich kannte Marilyn und mochte sie von ganzem Herzen. Sie bat mich um Hilfe – MICH! Ich wusste nicht, was ich ihr sagen sollte. Eines Abends, bei einer Party in Clifton Webbs Haus, folgte Marilyn mir von Zimmer zu Zimmer. ‚Ich möchte nicht zu weit von dir entfernt sein', sagte sie. Ich sagte zu ihr: ‚Wir haben alle Angst. Auch ich habe Angst.' Zum letzten Mal begegneten sie sich vermutlich am Abend des 19. Mai 1962 im New Yorker MADISON SQUARE GARDEN, als Marilyn Präsident JOHN F. KENNEDY zum Geburtstag gratulierte.

Marilyn verehrte Judy Garland; sie bewunderte nicht nur deren schöne Stimme, sondern war auch von der Tragik und den Verletzungen fasziniert, die das Leben der Kollegin kennzeichneten. Die aus einer Familie von Varietékünstlern stammende Schauspielerin war erstmals im Alter von fünf Jahren aufgetreten.

Mit vierzehn debütierte sie auf der Leinwand und als Siebzehnjährige hatte sie bereits einen Ehren-Oscar (siehe ACADEMY AWARDS) für „ihre herausragende Leistung als jugendliche Leinwanddarstellerin" in den Filmen *The Wizard of Oz – Das zauberhafte Land* (1939) und *Babes in Arms – Musik ist unsere Welt* (1939) erhalten.

Garlands Lieder (siehe SONGS) hörte Marilyn sehr gerne. „Who Cares?" gehörte zu ihren Lieblingsstücken, und der Klassiker „Over the Rainbow" wurde bei ihrer Beerdigung (siehe FUNERAL) gespielt. Für den frühen Tod Marilyns hatte die Kollegin eine eigene Erklärung: „Ich glaube nicht, dass Marilyn wirklich vorhatte, sich etwas anzutun. Es lag zum Teil daran, dass sie zu viele Pillen zur Verfügung hatte und dann von ihren Freunden im Stich gelassen wurde. Man sollte nicht gesagt bekommen, dass man vollkommen unzurechnungsfähig ist, und dann mit allzu viel Medizin sich selbst überlassen bleiben." Sie selbst starb 1969 an einer Überdosis Drogen.

GARNETT, TAY (1894–1977)

Garnett, Regisseur und zugleich einer der Drehbuchautoren des Films *The Fireball – Rollschuh-Fieber* (1950), in dem Marilyn eine kleine Rolle hatte, begann seine Karriere in Hollywood als Autor und führte bei *Celebrity* 1928 zum ersten Mal Regie.

Seine bekanntesten Filme waren *One Way Passage – Reise ohne Wiederkehr* (1932), *Slave Ship* (1937) und *The Postman Always Rings Twice – Im Netz der Leidenschaften* (1946). Später arbeitete Garnett dann als Fernsehregisseur.

GAYNOR, MITZI
(GEB. 1930 ALS FRANCESCA MITZI VON GERBER)

Mitzi Gaynor stand in zwei Filmen, in denen Marilyn eine Hauptrolle spielte, ebenfalls vor der Kamera: WE'RE NOT MARRIED (1952) und in THERE'S NO BUSINESS LIKE SHOW BUSINESS (1954). Ihre gesangliche und tänzerische Begabung machte sie in den 1950er-Jahren zu einer beliebten Darstellerin, die in Filmen wie *Golden Girl* (1951), *The Joker Is Wild – Schicksalsmelodie* (1957) und *South Pacific* (1958) auf der Leinwand zu sehen war.

GENERAL BROCK HOTEL
5865 FALLS, NIAGARA FALLS

In diesem Hotel wohnte Marilyn 1952 während der Außenaufnahmen zu NIAGARA. Das Haus wurde später in Sheraton Brock umbenannt und heißt heute Skyline Brock.

Im nahe gelegenen Niagara Casino befindet sich „Marilyn's Penthouse Lounge and Bistro", dessen Wände mit Aufnahmen von den Dreharbeiten zu *Niagara* geschmückt sind.

(siehe HOTELS)

GENEROSITY – **Großzügigkeit**

In der zynischen und hinterhältigen Filmindustrie war Marilyns spontane und natürliche Großzügigkeit eine seltene Ausnahme. Schon von ihren ersten bescheidenen Gagen, die sie für Statistenrollen erhielt, kaufte sie Geschenke für die Menschen, die ihr am meisten bedeuteten. Als ihr Einkommen dann stieg, gewährte sie auch Menschen in Not großzügige Unterstützung, sei es durch Spenden an wohltätige Organisationen, sei es durch Geldgeschenke an Mitarbeiter, von denen sie bei Dreharbeiten erfuhr, dass sie in finanziellen Schwierigkeiten steckten.

Von den 800 Dollar, die sie Anfang 1949 für ihren Kurzauftritt in LOVE HAPPY erhielt, erwarb sie unter anderem eine goldene Uhr für ihren früheren Liebhaber FRED KARGER.

Ihre langjährige Friseurin und Freundin AGNES FLANAGAN vermied es bald, Marilyn von Dingen zu erzählen, die sie in einem Laden gesehen hatte; sie wusste, dass Marilyn umgehend zum Telefon greifen würde, um den gewünschten Gegenstand am nächsten Tag im Hause Flanagan ausliefern zu lassen.

Bei einer Einkaufsfahrt ins mexikanische Tijuana im Dezember 1950 gab Marilyn den größten Teil ihres Bargeldes für eine in Gold gefasste Kameenbrosche aus Elfenbein aus, die sie ihrer Reisegefährtin NATASHA LYTESS schenkte. Zwei Monate später half sie der Schauspiellehrerin aus, als sie hörte, dass diese 1000 Dollar für den Kauf eines kleinen Hauses in Hollywood benötigte.

Als ihre Karriere 1952 endgültig ins Rollen kam, setzte sich Marilyn mit LUCILLE RYMAN in Verbindung und bot ihr an, den Betrag zurückzuzahlen, mit dem diese und ihr Ehemann sie Jahre zuvor unterstützt hatten, als sie völlig mittellos war. Die erstaunte Wohltäterin antwortete, das sei nicht nötig, und empfahl Marilyn, das Geld einer jungen Nachwuchsschauspielerin zukommen zu lassen, die ähnlich bedürftig sei wie einst sie selbst. Auch in den folgenden Jahren hatte Marilyn immer wieder das Bedürfnis, sich anderen Menschen für empfangene Wohl-

taten erkenntlich zu zeigen. Zu ihnen gehörte unter anderem XENIA CHEKHOV, die Witwe ihres Schauspiellehrers MICHAEL CHEKHOV. JOE DiMAGGIO erhielt wenige Wochen, nachdem Marilyn die Scheidung von ihm eingereicht hatte, eine goldene Armbanduhr. PAULA STRASBERG erfreute sie mit einer Perlenkette. Für JOHN STRASBERG, ihren Sohn, war das schönste Geschenk zum 18. Geburtstag der Schlüssel zu Marilyns schwarzem Thunderbird-Cabriolet aus dem Jahre 1955. Und ihrem Ehemann ARTHUR MILLER kaufte sie die komplette *Encyclopaedia Britannica*.

Als Marilyn 1962 zum Möbelkauf nach Mexiko (siehe MEXICO) reiste, besuchte sie ein Waisenhaus und bedachte es mit einer Schenkung von 10.000 Dollar. Auch bei anderen Gelegenheiten scheute sie vor finanziellem und zeitlichem Aufwand für wohltätige Zwecke nicht zurück. Viele ihrer Freunde wussten zu berichten, dass sie an keinem Obdachlosen vorübergehen konnte, ohne ihm einen Dollar in die Hand zu drücken. Wenn sie auf einem der häufigen Streifzüge, die sie inkognito auf den Straßen New Yorks unternahm, von Bettlern angesprochen wurde, blieb sie stehen und unterhielt sich mit ihnen.

Nach ihrem letzten Interview mit dem *Life*-Journalisten RICHARD MERYMAN bat sie diesen, eine ihrer Antworten nicht in seinem Artikel zu verwenden. Darin ging es um eine von Marilyns Schenkungen. Wohltätigkeit (siehe CHARITABLE WORKS) war für sie eine sehr private Geste und sie hielt es weder für notwendig noch für wünschenswert, dass ihre guten Werke bekannt wurden.

GENTLEMEN PREFER BLONDES (1953) – **Blondinen bevorzugt**

Während der Feier zu ihrem 26. Geburtstag erfuhr Marilyn, dass sie die Traumrolle der Lorelei Lee spielen sollte. Studiochef DARRYL ZANUCK hatte sie der ursprünglich vorgesehenen BETTY GRABLE vorgezogen, nach-

Ein Werbefoto für *Gentlemen Prefer Blondes* (1953), auf dem Marilyn den Bademantel aus dem Film *Niagara* (1953) trägt.

dem er eine Aufnahme von Marilyns sinnlicher Darbietung des Songs „Do It Again" gehört hatte, den sie vor den Marineinfanteristen in der Militärbasis CAMP PENDLETON bei einem Auftritt vorgetragen hatte. Dass sie die weitaus erfahrenere Betty Grable aus dem Feld schlug, lag aber auch daran, dass sie aufgrund ihrer vertraglichen Bindung an das Studio nur ein Zehntel der Gage erwarten konnte, die die Konkurrentin verlangt hätte.

Bevor sich der Titel *Gentlemen Prefer Blondes* unauslöschlich mit der Person Marilyns verband, war er dem Publikum bereits mehrfach in unterschiedlichen Medien begegnet. Das Buch von ANITA LOOS war zuerst unter dem leicht veränderten Titel *Gentlemen Always Prefer Blondes* als Fortsetzungsroman in der Zeitschrift *Harper's Bazaar* erschienen und lieferte die Vorlage für einen 1928 gedrehten Film sowie ein 1950 uraufgeführtes, überaus erfolgreiches Broadway-Musical. Im harten Konkurrenzkampf mit anderen Studios sicherte sich TWENTIETH CENTURY-FOX für eine halbe Million Dollar die Filmrechte und produzierte eines der beliebtesten Filmmusicals der 1950er-Jahre, in dem der sinnlichen Marilyn die welterfahrene JANE RUSSELL gegenüberstand.

Für Marilyn war es der erste Film mit eigenen Gesangs- und Tanznummern. Der Höhepunkt war ihr Soloauftritt mit „Diamonds Are A Girl's Best Friend". Dieses Lied von JULE STYNE und Leo Robin trug Marilyn in einer bezaubernden schulterfreien rosafarbenen Robe vor. Das Stück wurde zu Marilyns berühmtestem Song, den viele Menschen bis heute unverkennbar mit ihr verbinden.

Die Dreharbeiten waren wie immer ein Martyrium. Marilyns Partnerin Jane Russell erinnerte sich vor allem an die panische Angst der Kollegin. Bei aller Rivalität auf der Leinwand begegneten sich die beiden Darstellerinnen während der gesamten Produktion sehr freundschaftlich.

Der musikalische Leiter LIONEL NEWMAN berichtete später von Marilyns Perfektionismus während der Aufzeichnung der Musiknummern: „Sie wusste verdammt genau, was sie wollte. Die Männer im Orchester beteten sie an. Sie war immer liebenswürdig, höflich, nicht launisch und vergaß nie, sich bei allen zu bedanken, die für sie arbeiteten." Regisseur HOWARD HAWKS dagegen äußerte sich weniger schmeichelhaft über ihr hartnäckiges Beharren auf immer neuen Wiederholungen einer Szene, selbst wenn er bereits vollkommen zufrieden war.

Einen kurzen treffenden Wortwechsel fügte Marilyn selbst ins Drehbuch ein. Als der Vater ihres reichen Freundes zu Lorelei Lee sagt: „Ich dachte, sie wären dumm!", antwortete diese: „Ich kann gescheit sein, wenn's drauf ankommt, aber die meisten Männer mögen das nicht."

Der Film brachte Marilyn die ersten Preise für ihre schauspielerische Leistung ein. Das Magazin PHOTOPLAY verlieh ihr für die Darstellung der Lorelei Lee den Preis für die „Beste Schauspielerin des Jahres 1953", die Juweliersakademie den weniger bekannten, aber sehr originellen Titel „The Best Friend a Diamond Ever Had".

Produktionsdaten:
Twentieth Century-Fox
Technicolor
Länge: 91 Minuten
Kinostart: 15. Juli 1953

Crew:
Regie: Howard Hawks
Regieassistenz: Paul Helmick
Produktion: Sol C. Siegel
Drehbuch: Charles Lederer
Vorlage (Bühnenmusical): Joseph Fields, Anita Loos
Vorlage (Fortsetzungsroman): Anita Loos
Kamera: Harry J. Wild
Schnitt: Hugh S. Fowler
Musik: Lionel Newman, Leo Robin, Jule Styne
Arrangement: Earle H. Hagen, Bernard Mayers, Herbert W. Spencer
Gesangsregie: Eliot Daniel
Choreografie: Jack Cole
Art Direction: Lyle R. Wheeler, Joseph C. Wright
Farbberatung: Leonard Doss
Ausstattung: Claude E. Carpenter
Kostüme: William Travilla
Garderobe: Charles Le Maire
Maskenbild: Ben Nye
Spezialeffekte: Ray Kellogg
Ton: Roger Heman, E. Clayton Ward

Besetzung:
Jane Russell … Dorothy Shaw
Marilyn Monroe … Lorelei Lee
Charles Coburn … Sir Francis Beekman
Elliott Reid … Detektiv Malone
Tommy Noonan … Gus Esmond
George Winslow … Henry Spofford III.
Marcel Dalio … Amtsrichter
Taylor Holmes … Esmond Sr.
Norma Varden … Lady Beekman
Howard Wendell … Watson
Steven Geray … Hoteldirektor
Henri Letondal … Grotier
Leo Mostovoy … Phillipe
Alex Frazer … Pritchard
Harry Carey jr … Winslow
William Cabanne … Sims
George Chakiris … Tänzer
Jack Chete … Geschäftsinhaber
John Close … Repetitor
George Davis … Taxifahrer
Charles De Ravenne … Zahlmeister
Jean Del Val … Schiffskapitän
Alphonse Martell … Oberkellner
Ray Montgomery … Peters
Alvy Moore … Anderson
Robert Nichols … Evans
Philip Sylvestre … Steward
Charles Tannen … Ed
Jimmy Young … Stevens
Matt Mattox … erster Tänzer
Lee Theodore
Dick Wessel

Jane Russell, Charles Coburn und Marilyn auf einem Werbefoto für den Film *Gentlemen Prefer Blondes* (1953).

Rechts: Werbefoto für *Gentlemen Prefer Blondes* (1953).

Lorelei Lee (Marilyn) verführt Gus Esmond (Tommy Noonan) in *Gentlemen Prefer Blondes* (1953).

Marilyns herausragende Kostüme:
Enges rotes, bis zu den Oberschenkeln geschlitztes „Little Rock"-Paillettenkleid

Schulterfreies rosafarbenes Kleid für die Gesangsnummer „Diamonds Are a Girl's Best Friend" mit großer Schleife am Rücken

Kleid aus Goldlamé mit tiefem Ausschnitt

Handlung:
Die Unterhaltungskünstlerinnen Lorelei Lee (Marilyn Monroe) und Dorothy Shaw (Jane Russell) schiffen sich nach Paris ein, wo Lorelei den reichen Gus Esmond (Tommy Noonan) heiraten soll. Im Auftrag von Gus' Vater, der überzeugt ist, dass Lorelei sich nur wegen seines Geldes für seinen Sohn interessiert, werden die beiden jungen Frauen während der Überfahrt aufmerksam von Privatdetektiv Malone (Elliott Reid) beobachtet. Die Verwirrung beginnt, als Dorothy sich in den Detektiv verliebt und dieser wiederum Lorelei in den Armen des Diamantenhändlers Sir Francis Beekman (Charles Coburn) fotografiert – der ihr in Wirklichkeit nur arglos demonstriert, wie sich eine Pythonschlange um eine Ziege windet. Dorothy und Lorelei versuchen nun, dem Detektiv das belastende Foto wegzunehmen, was ihnen schließlich auch gelingt. Das ist ganz im Interesse des Diamantenhändlers, da das Bild somit auch gegen ihn nicht mehr verwandt werden kann. Als Zeichen seiner Wertschätzung schenkt er Lorelei das diamantene Diadem seiner Frau.
Gus' Vater ist auch nach der Ankunft der beiden Frauen in Paris noch misstrauisch. Außerdem hat Lady Beekman (Norma Varden) inzwischen ihr Diadem als gestohlen gemeldet; Lorelei wird des Diebstahls verdächtigt. Um ihre Freundin vor einem Skandal zu bewahren, setzt sich Dorothy eine blonde Perücke auf und erscheint an Loreleis Stelle vor Gericht. Mittlerweile hat Detektiv Malone herausgefunden, dass Beekman selbst das Diadem seiner Frau gestohlen hat, und löst das Problem, indem er das verschwundene Stück bei Gericht vorlegt. Die als Lorelei verkleidete Dorothy bedankt sich bei Malone mit liebevollen Zärtlichkeiten. Da Lorelei in der Zwischenzeit nicht nur Gus, sondern auch dessen argwöhnischen Vater für sich gewonnen hat, endet die Geschichte glücklich mit einer spektakulären Doppelhochzeit.

Kritiken:
Los Angeles Examiner
„Und da ist Marilyn Monroe! Donnerwetter, Jungs, was für eine Persönlichkeit… Endlich ist sie hübsch gekleidet, hübsch frisiert, und aus ihren schläfrigen Augen blitzt ein wundervoller verrückter Humor."

New York Herald Tribune
„Diese zwei strammen Pin-up-Girls zusammen in einem Film zu zeigen ist schlicht wie mit doppelter Chance auf eine todsichere Sache zu setzen; ein mitreißendes Musical ist der Lohn. … Ob sie singen, tanzen oder einfach nur Diamanten anstarren, diese Mädchen sind unwiderstehlich, und ihr Musical ist so lebendig wie ein Feuerwerk … Miss Monroe sieht wieder einmal so aus, als würde sie im Dunkeln leuchten, und ihre Darstellung der Blondine mit dem Kindergesicht, deren Augen sich beim Anblick von Diamanten weit öffnen und beim Küssen schließen, ist so vergnüglich wie verführerisch."

Los Angeles Citizen News
„Als Lorelei Lee sieht Marilyn so köstlich aus wie ein reifer Pfirsich. Außerdem überrascht sie mit einer bemerkenswert flotten Stimme, wenn sie in einer verschwenderisch inszenierten Nummer ‚Diamonds Are A Girl's Best Friend' singt."

GIANCANA, SAM (1908–1975)

Der Chef einer Verbrecherorganisation aus Chicago und Angehöriger der MAFIA spielt in den Verschwörungstheorien (siehe CONSPIRACY) um Marilyns Tod eine zentrale Rolle. In der von seinem Gefolgsmann und jünge-

ren Bruder Chuck verfassten Biografie *Giancana, der Pate der Macht* wird berichtet, dass Marilyn das letzte Wochenende ihres Lebens mit diesem in der CAL-NEVA LODGE verbrachte. Dabei erzählte sie ihm angeblich alles über ihre Probleme mit ROBERT KENNEDY. Eine Woche später verfolgten die beiden Mafiakiller „Needles" und „Mugsy" Kennedy bis vor Marilyns Haus, belauschten einen heftigen Streit der beiden und drangen, als Kennedy fort war, bei Marilyn ein, um ihr ein Zäpfchen mit der tödlichen Überdosis an Schlafmitteln zu verabreichen. Für den Mord sollte so der Justizminister verantwortlich erscheinen, der damit endgültig keine Bedrohung mehr für den Gangsterboss gewesen wäre.
ANTHONY SUMMERS zitiert dazu in seiner Marilyn-Biografie einen FBI-Vermerk vom Juli 1961, wonach Giancana angedroht habe, er werde über die Kennedy-Brüder und ihr Liebesleben „auspacken", war er doch durch seine Freundin Phyllis McGuire sowie durch PETER LAWFORD bestens informiert.
Eine Variante dieser Darstellung wurde im März 1998 im *National Enquirer* veröffentlicht. Danach ließ Giancana Marilyn im Auftrag der CIA töten, um zu verhindern, dass sie enthüllte, was sie über seine Organisation wusste. Auch mit anderen Regierungsorganisationen wie dem FBI wurde Giancana im Laufe der Jahre immer wieder in Verbindung gebracht.

GIELGUD, SIR JOHN (1904–2000)

Marilyn bewunderte den großen englischen Schauspieler, der vor allem als Bühnenkünstler und weniger als Leinwanddarsteller berühmt wurde, obwohl er bereits 1924 in einem Film zu sehen war. 1961 plante sie einen gemeinsamen Auftritt mit ihm in der Verfilmung der Erzählung *Regen* von William Somerset Maugham, in der sie die Rolle eines Strichmädchens spielen sollte und Gielgud einen Missionar, der dessen Reizen verfällt.

(siehe FILMS MARILYN CONSIDERED OR WANTED – Nicht realisierte Filmprojekte)

GIFFEN, HARVEY UND FAMILIE

Harvey Giffen und seine Frau nahmen Norma Jeane als Pflegetochter 1935 in ihr Haus in einer Nebenstraße der Highland Avenue in Los Angeles auf (siehe FOSTER PARENTS – Pflegeeltern), etwa ein Jahr nachdem deren Mutter GLADYS BAKER in das NORWALK STATE HOSPITAL, eine psychiatrische Klinik, eingeliefert worden war. Als die Giffens nach Mississippi übersiedeln wollten, boten sie an, das Mädchen zu adoptieren, doch Gladys verweigerte ihre Zustimmung. So kam Norma Jeane für kurze Zeit zu einer anderen Pflegefamilie, bevor sie für zwei Jahre im Waisenhaus von Los Angeles (siehe ORPHANAGE) untergebracht wurde.

GIFFORD, C. (CHARLES) STANLEY

Charles Stanley Gifford war Marilyns Vater (siehe FATHER) – zumindest glaubte Marilyn das. In den Jahren 1925 und 1926 arbeitete er bei CONSOLIDATED FILM INDUSTRIES in Hollywood als Vorarbeiter der Tagschicht. Seine Frau Lillian hatte den als Schürzenjäger be-

Ein Werbefoto von Marilyn, 1953.

kannten Mann Ende 1923 verlassen. In den im Mai 1925 ausgestellten Scheidungspapieren wurde ihm bescheinigt, er habe „sich schamlos mit seinen Erfolgen bei anderen Frauen gebrüstet" – eine Darstellung, der er nicht widersprochen hatte.

Eine seiner Eroberungen war Norma Jeanes Mutter, die Filmcutterin GLADYS BAKER, die ebenfalls bei Consolidated arbeitete. Die Affäre fand ein rasches Ende, als Gladys Gifford mitteilte, sie sei schwanger. Biograf FRED LAWRENCE GUILES zufolge bot er ihr Geld an und verabschiedete sich mit dem Hinweis, sie möge dem Himmel danken, dass sie noch verheiratet sei.

Für einen Kontakt zwischen Vater und Tochter während Norma Jeanes Kindheit gibt es keinerlei Anhaltspunkte. Erst als sie achtzehn Jahre alt und mit JAMES DOUGHERTY verheiratet war, erhielt sie von einem Freund Giffords Telefonnummer. Sie rief ihn an, doch als sie sich als Gladys' Tochter vorstellte, hängte er sofort ein.

In späteren Jahren kam es möglicherweise dennoch zu einigen Zusammenkünften. Nachdem sie Gifford auf der Rinderfarm Red Rock Dairy in Hemet unweit von PALM SPRINGS ausfindig gemacht hatte, versuchte Marilyn ihn von Hollywood aus dort aufzusuchen.

1951 fuhr sie zweimal nach Hemet, das erste Mal in Begleitung ihrer Schauspiellehrerin NATASHA LYTESS, das zweite Mal zusammen mit dem Reporter SIDNEY SKOLSKY. Über zehn Jahre später brach sie erneut zu der Farm auf, einmal mit ihrem Masseur RALPH ROBERTS und einmal mit ihrer Presseagentin PAT NEWCOMB.

Biograf DONALD SPOTO hält es allerdings für fraglich, ob Marilyn bei diesen Ausflügen tatsächlich ihren vermeintlichen Vater treffen wollte oder ob diese eher ein Versuch waren, das Mitgefühl ihrer Bekannten zu wecken. Zuweilen parkte Marilyn ihr Auto abseits des Farmgeländes, ging allein zu einem hinter Bäumen versteckten Haus, kehrte kurz darauf zurück und sagte, ihr Vater habe sie nicht sehen wollen.

Möglicherweise änderte Gifford später seine Haltung. Nach ihrem Aufenthalt in einer psychiatrischen Klinik in New York 1961 (siehe HOSPITALS) sandte er ihr angeblich eine Karte mit Genesungswünschen. 1962 ließ er dann nach einem Herzanfall eine Krankenschwester in seinem Namen bei Marilyn anrufen, um ihr mitzuteilen, dass er mit ihr sprechen wolle, bevor er sterbe. Doch nachdem er sie jahrelang zurückgewiesen hatte, sah nun sie keinen Grund, auf seine Wünsche einzugehen. Gifford überlebte Marilyn schließlich um einige Jahre.

GLADSTONE HOTEL, THE
E. 52ND ST., NAHE DER LEXINGTON AVENUE, NEW YORK

Das Hotel war Marilyns erster Wohnsitz in New York, nachdem sie sich von der TWENTIETH CENTURY-FOX getrennt und Hollywood verlassen hatte. Ex-Ehemann JOE DIMAGGIO, von dem sie erst kurz zuvor geschieden worden war, half ihr am 19. Januar 1955 beim Einzug in die Suite, die ihr Geschäftspartner MILTON GREENE für sie gemietet hatte und in der sie etwa drei Monate blieb, bis sie im April desselben Jahres ins WALDORF-ASTORIA HOTEL umzog.

(siehe HOTELS)

GLAMOUR PREFERRED

In diesem Stück von Florence Ryerson und Colin Clements stand Marilyn 1947 im Bliss-Hayden Miniature Theater in Beverly Hills das erste Mal vor zahlendem Publikum auf der Bühne. Auf Empfehlung ihrer Wohltäterin LUCILLE RYMAN sprach Marilyn, die kurz zuvor enttäuscht ihre Entlassung bei TWENTIETH CENTURY-FOX hatte hinnehmen müssen, für die zweite Hauptrolle in *Glamour Preferred* vor. In der Folge spielte sie abwechselnd mit ihrer Kollegin Jane Weeks ein Starlet in Hollywood, das erfolglos versucht, einen attraktiven Filmschauspieler für sich zu gewinnen. Das Geschehen auf der Bühne entsprach in gewisser Weise der Realität, versuchte Marilyn doch damals angeblich, Rymans Ehemann, den Schauspieler JOHN CARROLL zu verführen. Bill McLean, der auch in dem Stück mitspielte, meinte über seine Kollegin: „Sie war sehr, sehr süß und nett. Auf der Bühne ganz unerfahren. Aber wenn sie die Szene betrat, stach sie so hervor, dass niemand mehr irgendjemand anderen beachtete."

GODDARD, ELEANOR „BEEBE" (BEBE)

Erwin „Doc" Goddards Tochter Beebe teilte von 1938 bzw. 1940 an ihr Zimmer mit Norma Jeane, als diese aus dem Waisenhaus kam, um bei ihrem Vormund GRACE MCKEE GODDARD zu leben. Die beiden Mädchen wurden die besten Freundinnen, teilten Kleidung und Schminkartikel und entwickelten eine gemeinsame Leidenschaft für das Kino. Als die Goddards 1942 in den Osten der USA übersiedelten, nahm die enge Verbindung ein Ende.

War Norma Jeanes Kindheit unglücklich, so war sie für Beebe geradezu traumatisch. Einige Biografen Marilyns meinen, dass viele Geschichten, die diese über die Schrecken ihrer Kinderjahre erzählte, tatsächlich den Erfahrungen ihrer Freundin entsprangen. Beebes Eltern ließen sich scheiden, als sie anderthalb Jahre alt war, die Mutter wurde geisteskrank – laut Beebe „eine Soziopathin – ohne Gewissen, ohne Bewusstsein von Gut und Böse" –, und das Mädchen musste bei mehreren Pflegefamilien in verschiedenen Orten in Texas für ihren jüngeren Bruder und die kleine Schwester sorgen. In späteren Jahren hielten Marilyn und ihre einstige Pflegeschwester noch sporadisch Kontakt, bis Marilyn 1955 Kalifornien verließ und nach New York zog.

GODDARD, ERWIN „DOC"

Erwin Goddard war als Techniker in der Forschungsabteilung der Firma Adel Precision Products Company beschäftigt, als er Grace McKee kennen lernte. 1,93 Meter groß, war er eine eindrucksvolle Erscheinung und besaß angeblich eine gewisse Ähnlichkeit mit dem Schauspieler Randolph Scott. Seine eigenen Träume von einer Filmkarriere erfüllten sich jedoch nur sehr begrenzt; er wurde lediglich als Double oder Komparse eingesetzt, so beispielsweise als rotwangiger Spielzeugsoldat in dem Film *Babes in Toyland* – *Dick und Doof* – *Rache ist süß* mit Stan Laurel und Oliver Hardy.

Norma Jeane lernte „Doc" Goddard 1935 kennen, als er Grace McKee, die seit der Ein-

weisung ihrer Mutter GLADYS BAKER in eine psychiatrische Anstalt ihr Vormund war, den Hof machte und sie schließlich heiratete. Zehn Jahre jünger als seine neue Frau, hatte er bereits drei Kinder aus einer früheren Ehe: Eleanor, Josephine und John. Das jüngste von ihnen, Josephine, wurde in den 1950er-Jahren unter dem Künstlernamen JODY LAWRANCE Filmschauspielerin.

Die Zeiten waren hart für das jung verheiratete Paar. Norma Jeanes Unterhalt schien seine finanziellen Möglichkeiten zu übersteigen: Kurz nach der Hochzeit kam das Mädchen ins Waisenhaus von Los Angeles (siehe ORPHANAGE). Nach zwei Jahren kehrte sie zu Doc und Grace zurück. Damals soll Goddard eines Tages schwer betrunken über Norma Jeane hergefallen sein und sie mit „intimen" Küssen bedrängt haben.

In den folgenden Jahren hielt sich Norma Jeane nur noch selten im Hause von Doc und Grace auf. Die meiste Zeit zwischen ihrer Rückkehr aus dem Waisenhaus und ihrer Heirat mit JAMES DOUGHERTY im Jahre 1942 verbrachte sie bei Graces Tante ANA LOWER, die nicht weit von deren Haus entfernt an der NEBRASKA AVENUE wohnte.

Jahre später, als aus Norma Jeane Marilyn Monroe geworden war, die am Beginn einer eigenständigen Karriere stand, bot sich Goddard als ihr Manager an, doch Marilyn verzichtete auf seine Dienste. Nichts deutet darauf hin, dass sie ihrem einstigen Pflegevater nach 1945 noch einmal begegnete. Nachdem Grace 1953 Selbstmord begangen hatte, heiratete Goddard zunächst Anna Alice Long und später Annie Rundle, mit der er bei einem Autounfall im kalifornischen Ventura am 4. Dezember 1972 ums Leben kam.

GODDARD, GRACE MCKEE (1895–1953)

Grace McKee – so ihr Name zu dem Zeitpunkt, als Norma Jeane geboren wurde – kam am 1. Januar 1895 in Montana zur Welt und wurde auf den Namen Clara Grace Atchinson getauft. Bei CONSOLIDATED FILM INDUSTRIES als Aufseherin beschäftigt, lernte sie 1923 GLADYS BAKER kennen, die damals in dem Betrieb eine Stellung als Negativcutterin antrat. Schon bald verband die beiden Frauen eine enge Freundschaft. Ihr Kollege Olin G. Stanley schilderte Grace als „unbekümmert, fleißig und leichtlebig. Begierig nach Erfolg. Wen und was immer sie haben wollte, sie holte es sich. Feiern und Trinken waren wohl die wichtigsten Dinge in ihrem Leben, und die Arbeit war nur ein Mittel zum Zweck." Die beiden Freundinnen zogen oft gemeinsam durch die Stadt.

Als Norma Jeane 1926 geboren wurde, kam sie sehr bald in die Obhut von Pflegeeltern, den BOLENDERS, während Gladys und Grace weiter ein unbeschwertes Leben führten. Als die siebenjährige Norma Jeane von 1933 bis 1934 in der ARBOL STREET bei ihrer Mutter lebte, war Grace ein häufiger Gast in deren Haus.

Auch bei Gladys Bakers Einweisung in eine psychiatrische Anstalt spielte Grace eine entscheidende Rolle. Uneinig sind sich die Biografen sowohl über den Zeitpunkt dieses Ereignisses – im Jahre 1934 oder 1935 – als auch über dessen Ablauf. Während es in den meisten Berichten heißt, dass Gladys nach einer schweren Panikattacke in die Klinik gebracht wurde, kam es einer anderen

Version zufolge zu einem Kampf zwischen Gladys und Grace, wobei Erstere ihre Freundin mit einem Messer angriff, bis schließlich die Polizei gerufen wurde. Was unmittelbar danach mit der kleinen Norma Jeane geschah, steht ebenfalls nicht mit Sicherheit fest. Sie blieb vorerst im Haus ihrer Mutter und wurde dort entweder von Anfang an von Grace versorgt oder zunächst von Gladys' Mietern, dem englischen Schauspieler GEORGE ATKINSON und seiner Familie, bis Grace die Verantwortung übernahm. Als feststand, dass Gladys für längere Zeit in der psychiatrischen Klinik bleiben würde, leitete Grace ein Verfahren ein, um die Vormundschaft für die Tochter ihrer Freundin zu erhalten. Mitte 1935 wurde Norma Jeane offiziell zu ihrem Mündel erklärt. Einig sind sich die Biografen darüber, dass Grace ihre eigenen gescheiterten Träume von einer Karriere als Filmschauspielerin auf das kleine Mädchen übertrug. Arbeitskollegin Leila Fields meinte: „Grace schwärmte von Norma Jeane, als wäre sie ihre eigene Tochter. Sie sagte, Norma Jeane würde ein Filmstar werden. Sie hatte so ein Gefühl. Eine Überzeugung. ,Hab keine Angst, Norma Jeane. Du wirst ein wunderschönes Mädchen werden, wenn du groß bist – eine bedeutende Frau – ein Filmstar.'" Olin Stanley erinnerte sich, dass Grace samstags das Mädchen an ihren Arbeitsplatz mitbrachte und es vor ihren Kollegen auf und ab defilieren ließ. Auch Norma Jeane selbst erzählte jedem, der es hören wollte, dass sie als Erwachsene ein Filmstar werden würde.

Als Gladys' Haus verkauft wurde, brachte Grace Norma Jeane zuerst bei Familie GIFFEN unter, dann bei ihrer Mutter Emma Willette Atchinson. Sie selbst traf sich damals regelmäßig mit Erwin „Doc" Goddard, den sie im Sommer 1935 heiratete. Wiederum lässt sich nicht genau feststellen, ob Norma Jeane nun zusammen mit dem Ehepaar den kleinen Bungalow in der ODESSA AVENUE 6707 in Van Nuys bezog, den die Goddards nach der Hochzeit mieteten, oder ob sie von Emma Willette Atchinson direkt ins Waisenhaus von Los Angeles (siehe ORPHANAGE) kam. Doch unter welchen Umständen auch immer sie dort hingelangte, es war der größte Schock ihrer Kindheit. Als Grace sie ins Waisenhaus brachte, flehte sie, das sei ein Irrtum, sie habe doch eine Mutter. Auch Grace war in diesem Augenblick wohl tief erschüttert, doch aufgrund ihrer finanziellen Lage oder auch wegen ihrer neuen Liebe sah sie keine Möglichkeit, die Tochter ihrer besten Freundin bei sich aufzunehmen. Samstags holte sie das Mädchen zu einem kleinen Ausflug ab; die beiden aßen gemeinsam zu Mittag und gingen ins Kino. Zu besonderen Anlässen durchbrach Grace gelegentlich die Routine, brachte Norma Jeane in einen Schönheitssalon und ließ sie rundum zurechtmachen.

Eine Woche nach Norma Jeanes elftem Geburtstag holte Grace sie am 7. Juni 1937 endlich aus dem Waisenhaus und nahm sie in ihr Haus in Van Nuys auf. Darüber, wie lange sie dort blieb, bevor sie zu Graces Tante ANA LOWER kam, finden sich in ihren Biografien verschiedene Angaben. Ihre Gefühle während dieser Monate schilderte Marilyn später so: „Zuerst wachte ich morgens bei den Goddards auf und dachte, ich wäre immer noch im Waisenhaus. Dann, bevor ich mich an sie gewöhnen konnte, war ich bei einer anderen Tante und einem anderen Onkel, lief dort herum und dachte, ich wäre noch bei

den Goddards. Es war alles sehr verwirrend." Der Grund, weshalb sie nicht im Hause Goddard blieb, war vermutlich, dass „Doc" Goddard sie eines Tages in betrunkenem Zustand sexuell belästigte.

In den folgenden fünf Jahren lebte Norma Jeane meist bei Ana Lower. Als diese 1940 wegen eines Herzleidens nicht für sie sorgen konnte, zog sie für einige Zeit zu den Goddards, die mittlerweile in der ARCHWOOD STREET 14743 in Van Nuys eine Wohnung bezogen hatten.

Das wiederholte Hin und Her zwischen verschiedenen Wohnsitzen unter Graces Vormundschaft fand ein Ende, als Goddard Anfang 1942 eine Beförderung angeboten wurde, die einen Umzug nach West Virginia, also ans andere Ende des Landes, bedeutete. Für Norma Jeane war in diesen Plänen kein Platz. Um sie nicht erneut ins Waisenhaus geben zu müssen, arrangierte Grace die Hochzeit mit JAMES DOUGHERTY, dem Sohn ihrer Nachbarin und Freundin Ethel. Marilyn schilderte Jahre später unverblümt die Hintergründe dieser Eheschließung: „Grace McKee Goddard hat für mich eine Heirat arrangiert. Ich hatte überhaupt keine Wahl. ... Sie konnten nicht für mich sorgen und mussten sich etwas einfallen lassen. Und so wurde ich verheiratet." Und James Dougherty berichtete in einem Interview, die Feststellung, dass die Goddards sie nicht an ihren neuen Wohnort mitnehmen würden, habe Norma Jeanes „Wertschätzung für Grace verändert. ... Grace hatte Norma Jeane gesagt, sie werde sich nie wieder schutzlos fühlen müssen, und jetzt hatte das arme Mädchen das Gefühl, dass Grace nicht Wort gehalten hatte."

Während ihrer Ehe mit James hielt Norma Jeane jedoch die Verbindung zu Grace aufrecht. Sie besuchte sie in Chicago und schickte ihr regelmäßig einen Teil des Geldes, das sie bei der Munitionsfabrik der Radio Plane Company (siehe RADIO PLANE MUNITIONS FACTORY) verdiente. Grace hatte sich zu dieser Zeit von Doc getrennt, lebte allein und arbeitete wie früher in einem Filmlabor. Ihrer Stieftochter Beebe zufolge hatte sie die Familie verlassen, weil „sie ein Alkoholproblem bekommen sollte".

Als James im Frühjahr 1944 zum Kriegsdienst nach Asien berufen wurde, schien die junge Ehefrau mit ihrem Schicksal als Soldatenbraut nicht allzu unglücklich. In einem Brief an Grace schrieb sie am 15. Juni 1944, sieben Wochen nach James' Abreise: „Natürlich weiß ich, dass wir ohne Dich vielleicht nie geheiratet hätten, und ich weiß, dass ich Dir allein schon dafür großen Dank schuldig bin… Keiner liebt Jimmie so wie ich, glaube ich, und ich weiß, dass ich niemals mit jemand anderem glücklich sein werde, solange ich lebe; ich weiß, dass er das Gleiche für mich empfindet. Du siehst also, wir sind wirklich glücklich miteinander, das heißt natürlich, wenn wir beieinander sein können. Wir beide vermissen einander schrecklich."

Grace kehrte schließlich zusammen mit ihrer Familie nach Kalifornien zurück und lud Norma Jeane regelmäßig zu sich ein. Diese begann zu dieser Zeit ihre Laufbahn als Fotomodell (siehe MODELING) und folgte daher den Einladungen eher selten; wahrscheinlich auch, weil Grace weiterhin sehr viel trank und nicht immer eine angenehme Gesprächspartnerin war. Dennoch waren Vormund und Mündel gemeinsam voller Stolz und Hoffnung, als Grace im August 1946 Norma Jeane zu den Studios von TWEN-

TIETH CENTURY-FOX begleitete, um ihre Unterschrift unter deren ersten Filmvertrag zu setzen. Dies war notwendig, weil Norma Jeane noch nicht 21 Jahre alt war. Von nun an gab es nur noch wenige Begegnungen zwischen Grace und Norma Jeane. Marilyn besuchte ihre einstige Pflegemutter in den Jahren 1949 und 1951, war danach aber anscheinend jedes Mal tief erschüttert über die verheerenden Auswirkungen des übermäßigen Alkoholkonsums.

Am 28. September 1953 erfuhr Marilyn, dass Grace sich mit einer Überdosis an Schlafmitteln getötet hatte. An der drei Tage später stattfindenden Beerdigung im WESTWOOD MEMORIAL PARK nahm sie nicht teil.

In späteren Jahren schien Marilyn nicht allzu viel Dankbarkeit für Grace zu empfinden. Sie verübelte ihr, dass sie sie im Waisenhaus untergebracht hatte, dass sie sie entgegen ihrem Versprechen, sie nie wieder fortzuschicken, bei ihrem Umzug nach West Virginia „verlassen" hatte, und schließlich ihre – wie sie nun erkannte – arrangierte Heirat mit James Dougherty. Graces Arbeitskollegin Leila Fields sah es anders. In einem Interview mit Marilyn-Biograf MAURICE ZOLOTOW meinte sie 1960: „Sie war Gladys' beste Freundin und sie liebte und verehrte Norma Jeane. Ohne Grace gäbe es heute keine Marilyn Monroe."

GOLDEN GLOBE AWARDS

Zwar erhielt Marilyn nie einen Oscar (siehe ACADEMY AWARDS), doch dafür wurde sie zweimal, 1954 und 1961, von Hollywoods Auslandspresse als „beste Filmschaffende der Welt" ausgezeichnet. Im März 1960 erhielt sie außerdem den Golden Globe als beste Komödien- oder Musicaldarstellerin des Jahres 1959 für ihren Auftritt in SOME LIKE IT HOT.

Bei der Verleihung der Golden Globes für das Jahr 1961 erschien Marilyn in Begleitung des jungen mexikanischen Autors JOSÉ BOLAÑOS, den sie eine Woche zuvor bei einer kurzen Reise kennen gelernt hatte.

Marilyn erhielt den Golden Globe als beste Komödien- oder Musicaldarstellerin für ihren Auftritt in *Some Like It Hot* (1959).

GOODMAN, BENNY
(1909–1986, GEB. ALS BENJAMIN DAVID GOODMAN)

Der als „König des Swing" bekannte Bandleader und Klarinettist war einer der beliebtesten Jazzmusiker seiner Zeit.

Als COLUMBIA PICTURES 1948 als zweites Studio innerhalb kurzer Zeit ihren Studiovertrag nicht verlängerte, bewarb sich Marilyn als Sängerin bei der Benny Goodman Band, wurde aber nicht aufgenommen.

GOSLAR, LOTTE

Um Marilyns Mimik zu verbessern, damit sie das komische Potential ihrer Rolle als Pola in dem Film HOW TO MARRY A MILLIONAIRE (1953) so gut wie möglich zur Geltung bringen konnte, schickte ihr Schauspiellehrer MICHAEL CHEKHOV sie 1953 zu der Pantomimin Lotte Goslar, der Leiterin des Hollywood Turnabout Theater. Marilyn nahm bei ihr Unterricht in Tanz, Pantomime und Bewegung. Goslar unterstützte sie auch bei der Tanznummer am Ende des Films RIVER OF NO RETURN (1954) und bei den Dreharbeiten zu weiteren Filmen.

Dem Biografen FRED LAWRENCE GUILES sagte Lotte Goslar über ihre Schülerin: „Sie wollte Einzelunterricht in Pantomime nehmen, aber sie brauchte die Gemeinschaft mit anderen. Ich brachte sie in einer Klasse mit zehn Schülern unter … Ich erkannte sofort, dass sie es mit ihrer Kunst sehr ernst nahm … Sie war außergewöhnlich talentiert und gehörte zu den besten Schülern der Gruppe."

Bei Marilyns Beerdigung (siehe FUNERAL) gehörte Lotte Goslar zu den wenigen geladenen Gästen.

GOULD, DEBORAH

Gould war die dritte Frau PETER LAWFORDS, mit der er nach dem Scheitern seiner Verbindung mit JOHN F. KENNEDYs Schwester Patricia (siehe LAWFORD, PATRICIA) für kurze Zeit verheiratet war. Wie sie später berichtete, erzählte ihr Lawford, dass Kennedy neugierig auf eine sexuelle Beziehung zu Marilyn gewesen sei und sie unbedingt habe kennen lernen wollen. So habe Lawford die beiden kurz vor Kennedys Wahl zum Präsidenten miteinander bekannt gemacht; ihre Affäre sei auch nach Kennedys Einzug ins Weiße Haus nicht beendet gewesen.

An Marilyns letztem Abend im August 1962 spielte Lawford nach Aussagen von Gould eine zwielichtige Rolle. Zunächst habe er einen Anruf erhalten, bei dem Marilyn ihren Selbstmord ankündigte; später sei er dann zu ihrem Haus in Brentwood aufgebrochen, um es von Spuren zu „säubern", bevor Reporter eintreffen würden. Dabei habe er auch eine Abschiedsnotiz zerstört, die Marilyn geschrieben hatte.

GRABLE, BETTY
(1916–1973, GEB. ALS ELIZABETH RUTH GRABLE)

„Es mag merkwürdig klingen, wenn man es so sagt, weil sie ja nicht mehr bei uns ist, aber wir standen uns sehr nahe. Einmal, als wir zusammen diesen Film machten, bekam ich bei den Dreharbeiten einen Anruf: Meine jüngere Tochter war [vom Pferd] gestürzt. Ich raste nach Hause, und

Lauren Bacall, Betty Grable und Marilyn während einer Pause bei den Dreharbeiten zu *How to Marry a Millionaire*.

der einzige Mensch, der anrief, war Marilyn. Sie hat äußerst viel getan, um dem Film auf die Beine zu helfen, als alles ziemlich am Boden lag; es wird nie wieder jemanden wie sie geben, was das Aussehen und die innere Haltung angeht."

In der Zeit, als Marilyn am Anfang ihrer Filmkarriere stand, war Betty Grable Hollywoods bedeutendster und bestbezahlter weiblicher Star. Zehn Jahre lang hatte sie sich bis an die Spitze vorgearbeitet. Während der gesamten 40er-Jahre war sie für TWENTIETH CENTURY-FOX das wichtigste weibliche Zugpferd.

Wenn Marilyn ihre erste kleine Rolle tatsächlich in dem Film *The Shocking Miss Pilgrim* (1947) gespielt hatte, waren die beiden Schauspielerinnen sich möglicherweise bereits 1946 begegnet. Zu dieser Zeit beherrschte Betty Grable mit ihrer energischen, aber eher züchtigen Ausstrahlung und ihren für eine Million Dollar versicherten Beinen mit Filmen wie *Tin Pan Alley* (1940), *Moon over Miami – Allotria in Florida* (1941), *Pin-Up Girl* (1944) und *Mother Wore Tights – Es begann in Schneiders Opernhaus* (1947) den Markt. Die Umstände ihres Erfolges waren ihr durchaus bewusst: „Es gibt zwei Gründe, warum ich im Showgeschäft bin; auf beiden stehe ich."

Als sich Grables Karriere dem Ende näherte, nahm die rasch aufgestiegene Marilyn in den Phantasien des männlichen Durchschnittsamerikaners sehr bald ihren Platz ein. Dazu trugen vor allem zwei Filme bei: GENTLEMEN PREFER BLONDES (1953) und HOW TO MARRY A MILLIONAIRE (1953).

1952 erhielt Marilyn statt Betty Grable die Rolle der Lorelei Lee in *Gentlemen Prefer Blondes*. Im nächsten Film standen die scheidende und die neue Leinwandkönigin dann gemeinsam vor der Kamera. Dabei zeigte sich Betty Grable keineswegs verbittert, sondern begegnete der jüngeren Kollegin überaus freundlich. So verteidigte sie Marilyn gegen Anfeindungen, als sie bei der Verleihung der Preise des Magazins PHOTOPLAY im März 1953 in einem als skandalös empfundenen Kleid erschien, und meinte: „Marilyn ist doch das Größte, was es seit Jahren in Hollywood gegeben hat. Das Filmgeschäft lief doch nur noch so vor sich hin, und plötzlich, hoppla,

Betty Grable und Marilyn bei der Ankunft im Restaurant Ciro's anlässlich der Geburtstagsfeier von Walter Winchell, 1953.

da kam Marilyn. Sie ist eine belebende Spritze für Hollywood."

Die mit Spannung erwartete „Schlacht der Blondinen", die die Werbeabteilung des Studios so eifrig angekündigt hatte und die die Pressemeute so gerne ausführlich geschildert hätte, blieb also aus.

Dreizehn Jahre lang hatte Betty Grable an den Kinokassen stets unter den zehn erfolgreichsten Stars rangiert – nun ging ihre Ära zu Ende, und sie war sich dessen wohl bewusst. Eines Tages sagte sie zu Marilyn: „Schätzchen, meine Zeit ist um. Geh und hol dir, was dir zusteht. Du bist jetzt dran."

Während sich Betty Grable bei den Dreharbeiten mit Marilyn gut verstand, war sie über die Zusammenarbeit mit Twentieth Century-Fox zunehmend verärgert. Noch vor Abschluss des Films stürmte sie ins Büro des Studioleiters DARRYL ZANUCK und zerriss ihren Vertrag. Doch die Studioleitung schien das nicht allzu sehr zu beunruhigen. Marilyn bezog schon bald den Garderobenraum M, der bis dahin Betty Grable zur Verfügung gestanden hatte – rechtzeitig zu den Dreharbeiten für THERE'S NO BUSINESS LIKE SHOW BUSINESS (1954).

Zwei Jahre später kreuzten sich die Wege der beiden Schauspielerinnen erneut. Nachdem Marilyn Twentieth Century-Fox den Rücken gekehrt hatte, bot das Studio Betty Grable an, in dem Film *How to Be Very, Very Popular*, den Nunnally Johnson speziell für Marilyn konzipiert hatte, für sie einzuspringen. Womöglich wider besseres Wissen kehrte Betty Grable tatsächlich zurück und beteiligte sich an einem Film, in dem sie in Wirklichkeit nur als Nebendarstellerin eingesetzt wurde, während als Ersatz für Marilyn SHEREE NORTH kam, die die Fox vergeblich zu einer neuen Marilyn aufzubauen hoffte.

GRAHAM, SHEILAH

Die berühmte Hollywoodkolumnistin gehörte nicht gerade zu Marilyns treuesten Verbündeten. Sie war überzeugt, dass Marilyn „mit halb Hollywood ins Bett" ging, „Brando, Sinatra und Angehörige der Familie Kennedy – JFK und Bobby – eingeschlossen. Aber seltsamerweise war sie ein Sexsymbol, das sich nicht allzu viel aus Sex machte."

Sheilah Graham hatte oft Zugang zu erstklassigen Informationsquellen. So konnte sie 1962 die Nachricht, dass Marilyn von den Dreharbeiten zu SOMETHING'S GOT TO GIVE ausgeschlossen worden war, am gleichen Tag veröffentlichen, an dem Marilyns Anwalt davon erfuhr.

Nach Marilyns Tod versuchte Graham 1963 vergeblich die Academy of Motion Picture Arts and Sciences dazu zu bewegen, der Schauspielerin posthum einen Ehren-Oscar (siehe ACADEMY AWARDS) zu verleihen.

GRANDISON, LIONEL

Der Assistent des stellvertretenden Gerichtsmediziners von Los Angeles (siehe CORONERS) berichtete Marilyn-Biograf MILO SPERIGLIO von einigen sensationellen Details im Zusammenhang mit Marilyns Tod. Er behauptete, ein rotes Tagebuch (siehe DIARY) und ein Abschiedsbrief seien auf mysteriöse Weise aus dem Haus der Toten in Brentwood verschwunden, bei der Autopsie gefundene Prellungen seien im endgültigen Obduktionsbericht nicht erwähnt und Marilyns Leichnam sei von Nekrophilen missbraucht worden.

Er fügte hinzu, zwar habe er „persönlich das Gefühl gehabt, dass es im Zusammenhang mit ihrem Tod Umstände gab, die man hätte untersuchen müssen", doch habe er letztlich trotzdem den Totenschein mit dem Eintrag „wahrscheinlich Selbstmord" unterschrieben.

GRANDPARENTS AND GREAT-GRANDPARENTS – Großeltern und Urgroßeltern

Norma Jeanes Großeltern mütterlicherseits waren DELLA MAE HOGAN, die ein Jahr nach der Geburt ihrer Enkelin starb, und der bereits 1909 verstorbene OTIS ELMER MONROE. Wer ihre Großeltern väterlicherseits waren, ließe sich nur klären, wenn ihr Vater zweifelsfrei bekannt wäre. Mit den Vorfahren der dafür in Frage kommenden Männer hat sich bisher noch kein Biograf näher beschäftigt.

Marilyns Urgroßvater Tilford Marion Hogan wurde 1851 als Sohn des Farmerehepaars George Hogan und Sara Owens in Illinois geboren. Während seiner rund 20-jährigen Ehe mit Jennie Nance, die er im Bezirk Barry in Missouri geheiratet hatte, arbeitete er als Tagelöhner und wurde Vater von drei Kindern. Im Alter von 77 Jahren heiratete er ein zweites Mal und gründete mit der Witwe Emma Wyatt einen neuen Hausstand. Wie viele tausend anderer Farmer verlor er während der Weltwirtschaftskrise sein Land. Als ihm der Räumungsbefehl zugestellt wurde, erhängte er sich am 29. Mai 1933 in seiner Scheune. Nur wenige Monate später wurde seine Enkelin GLADYS BAKER mit einer geistigen Erkrankung in eine psychiatrische Klinik eingeliefert und ließ ihre Tochter Norma Jeane sozusagen als Waise zurück.

GRANT, ALLAN

Als vermutlich letzter Fotograf (siehe PHOTOGRAPHERS) hatte Allan Grant am 9. Juli 1962 einen Fototermin mit Marilyn. Seine Aufnahmen erschienen am 3. August 1962 zusammen mit RICHARD MERYMANs Interview in der Zeitschrift *Life*.

GRANT, CARY
(1904–1986, GEB. ALS ARCHIBALD LEACH)

Der in Großbritannien geborene Schauspieler stellte sein großartiges Talent in 72 Filmen unter Beweis. Für viele Kritiker war er der perfekte geistreiche Komiker, für manche war er der beste Schauspieler Hollywoods. Zweimal für einen Oscar nominiert, erhielt er im Jahre 1969 einen Ehren-Oscar für sein Lebenswerk, zu dem u. a. die Klassiker *She Done Him Wrong – Sie tat ihm unrecht* (1933),

Ein Werbefoto von Marilyn und Cary Grant für den Film *Monkey Business* (1952).

His Girl Friday – Sein Mädchen für besondere Fälle (1940), *The Philadelphia Story – Die Nacht vor der Hochzeit* (1940), *Arsenic and Old Lace – Arsen und Spitzenhäubchen* (1944), *Mr Blandings Builds His Dream House – Nur meiner Frau zuliebe* (1948) und ALFRED HITCHCOCKs Meisterwerk *North by Northwest – Der unsichtbare Dritte* (1959) gehören.

1952 spielten Grant und Marilyn gemeinsam in HOWARD HAWKS' Komödie MONKEY BUSINESS. Obwohl er für seine zahlreichen Eroberungen bekannt war, sind erstaunlicherweise keine Gerüchte über eine Romanze zwischen Marilyn und ihm bekannt.

GRANT, STEFFI

Die Tochter des Kolumnisten SIDNEY SKOLSKY hörte zuweilen an einem Nebenanschluss mit, wenn ihr Vater einen Anruf von Marilyn erhielt, da sie manche Dinge, die Marilyn ihm „im Vertrauen" erzählte, nicht alleine anhören wollte. Als Steffi Skolsky 1960 Leonard J. Grant heiratete, schenkten Marilyn und ARTHUR MILLER dem Brautpaar eine Zigarettenkiste aus Sterlingsilber mit einer Gravur in Marilyns Handschrift: „Für diesen wundervollen Tag – in Liebe, Marilyn und Arthur".

GRAUMAN'S CHINESE THEATER
6925 HOLLYWOOD BLVD., HOLLYWOOD
(HEUTE MANN'S CHINESE THEATER)

„Als ich jünger war, ging ich oft in Grauman's Chinese Theater und versuchte dort meinen Fuß in die Abdrücke im Zement zu stellen. Und ich sagte mir: ,Oh, oh, mein Fuß ist zu groß, ich fürchte, das war's.' Ich hatte dann später in der Tat ein komisches Gefühl, als ich endlich meinen Fuß in diesen nassen Zement drückte. Ich wusste genau, was das wirklich für mich bedeutete – fast alles ist möglich."

Norma Jeane freute sich stets auf die Samstagnachmittagsvorstellungen im Kino, zu denen ihre Mutter GLADYS BAKER sie regelmäßig mitnahm. Später wurde GRACE MCKEE GODDARD ihre Begleiterin, und als sie etwas älter geworden war, machte sie sich allein auf den Weg. Nahezu jedes Wochenende besuchte sie eines der beiden Grauman-Kinos am Hollywood Boulevard. Hier spann sie ihre Zukunftsträume.

Seit Douglas Fairbanks und Mary Pickford Mitte der 1920er-Jahre im Vorhof von Grauman's Chinese Theater zufällig in eine frisch gegossene Zementfläche stolperten, durften sich dort die Spitzenstars des Hollywoodkinos mit ihren Hand- und Fußabdrücken verewigen. Der Traum, eines Tages zu diesen Auserwählten zu gehören, erfüllte sich für Marilyn und ihre Partnerin JANE RUSSELL am 26. Juni 1953 im Rahmen der Werbekampagne für GENTLEMEN PREFER BLONDES. Als der Zement bereits ausgegossen war, schlug Marilyn vor, Jane Russell und sie sollten der Nachwelt eine besonders individuelle Spur hinterlassen – die Kollegin einen Abdruck ihrer Brüste, sie den ihres Hinterteils.

Der Vorschlag wurde jedoch verworfen; stattdessen regte Marilyn an, einen Diamanten an die Stelle des I-Punkts in ihrem Namen zu setzen. Der dafür verwandte Bergkristall fiel allerdings schon bald einem Souvenirjäger zum Opfer.

The Seven Year Itch (1955) in Grauman's Chinese Theater.

Am 26. Juni 1953 verewigten sich Marilyn und Jane Russell im Hof von Grauman's Chinese Theater.

GRAUMAN'S EGYPTIAN THEATER

So regelmäßig wie Grauman's Chinese Theater besuchte Norma Jeane als Kind auch dessen Pendant am Hollywood Boulevard 6708. Hier wurde im Juni 1950 auch einer ihrer frühen Filme, *The Asphalt Jungle*, der Öffentlichkeit vorgestellt. Marilyn selbst war bei diesem Ereignis nicht dabei, aber ihr früherer Ehemann James Dougherty, der damals Polizist war, gehörte zu den Beamten, die eingesetzt wurden, um die Zuschauer unter Kontrolle zu halten.

GREENE, AMY

Als Marilyn und MILTON GREENE gemeinsam die Gründung der MARILYN MONROE PRODUC-TIONS vorbereiteten, wurde das mit Greene verheiratete New Yorker Mannequin für einige Zeit zu ihrer besten Freundin.

Als Marilyn Ende 1954 den Vertrag mit TWENTIETH CENTURY-FOX kündigte und vor der Presse (siehe PRESS) die Flucht ergriff, fand sie Unterschlupf im Haus der Greenes in WESTON, Connecticut, wo sie einige Monate lang wie ein Mitglied der Familie lebte.

Während Milton Greene in den folgenden Monaten die Details für den Aufbau der gemeinsamen Firma regelte, verbrachten Marilyn und Amy viel Zeit miteinander: Sie gingen gemeinsam einkaufen oder pflegten gesellschaftliche Kontakte in New York. Amy berichtete später: „Sie wollte eine kultivierte Dame werden, doch sie wollte auch ein Star sein. Das war ein Widerspruch. Aber anfangs war sie sehr glücklich, konnte gut arbeiten und kämpfte gegen Zanuck."

Am 8. April 1955 trat Amy in der Live-sendung *Person to Person* gemeinsam mit Marilyn vor die Fernsehkamera. 1956 begleitete Amy Marilyn zu den Dreharbeiten zu BUS STOP (1956), stand ihr bei der feierlichen jüdischen Hochzeit mit Arthur Miller (siehe WEDDINGS) als Brautführerin zur Seite und hielt sich gemeinsam mit Milton und Marilyn im Spätsommer und Herbst desselben Jahres in England auf, während der einzige Film gedreht wurde, den MARILYN MONROE PRODUCTIONS je produzierte, THE PRINCE AND THE SHOWGIRL (1957).

Über die intensive Beziehung zwischen ihrem Ehemann und ihrer Freundin äußerte sich Amy gelassen: „Wenn sie liebten und hassten, geschah es mit ihrem ganzen Wesen. Wenn sie tranken und Drogen nahmen, taten sie es mit großer Leidenschaft." Sie dementierte jedoch stets, dass diese Leidenschaft ihren Ausdruck auch in einer sexuellen Beziehung gefunden habe.

Marilyns verletzendes Verhalten bei der Trennung von ihrem Geschäftspartner machte auch der Freundschaft mit Amy ein Ende. Dem Biografen ANTHONY SUMMERS gegenüber meinte die einstige Freundin später: „Vergessen Sie nie, dass Marilyn vor allem ein großer Filmstar werden wollte. Sie war bereit, alles zu tun…, um nach oben zu kommen."

In dem Dokumentarfilm *Marilyn: Life after Death* wurde Amy als eine der wichtigsten Zeitzeuginnen vorgestellt.

GREENE, MILTON HAWTHORNE
(1922–1985, GEB. ALS MILTON H. GREENHOLTZ)

Der Fotograf Milton Greene (siehe PHOTO-GRAPHERS) war der Mann, der Marilyn in den Jahren zwischen 1953 und 1957 das Selbstvertrauen gab, die Machtprobe mit Hollywoods allmächtigen Studios zu wagen und einen eigenen Weg einzuschlagen. Bevor er die Kamera ein Jahr lang ruhen ließ, um sich ausschließlich dem Aufbau der gemeinsamen Firma MARILYN MONROE PRODUCTIONS zu widmen, war Greene als herausragender Modefotograf, der gut mit Stars wie MARLENE DIETRICH, JUDY GARLAND und AUDREY HEPBURN umzugehen verstand, rasch zu großer Berühmtheit aufgestiegen. Zu seinen Bewunderern gehörten auch Berufskollegen wie RICHARD AVEDON, der Greene als den „größten Frauenfotografen" bezeichnete. Viele Marilyn-Fans halten seine Fotos, die ihr Idol in der Öffentlichkeit wie im Privatleben zeigen, für einzigartig. Dazu trug natürlich bei, dass er wie kein anderer Fotograf nahezu ständigen Kontakt mit Marilyn hatte.

Übereinstimmend berichten fast alle Biografen, dass Marilyn und Milton Greene sich bei ihrer ersten Begegnung im Jahre 1953 auf Anhieb gut verstanden. Der Fotograf war nach Hollywood gekommen, um für eine Titelgeschichte über Marilyn im Magazin *Look* Aufnahmen zu machen.

Motiviert durch Marilyns Unzufriedenheit mit TWENTIETH CENTURY-FOX, entwarf Milton Greene eine Strategie für den Ausstieg aus ihrem Studiovertrag, gepaart mit der verlockenden Perspektive, die eigene Zukunft im Filmgeschäft künftig selbst gestalten zu können. Als Greene Ende 1953 mit seiner Frau, die er kurz zuvor geheiratet hatte, wieder nach Los Angeles kam, ermutigte er Marilyn, gegen die beschämend niedrige Entlohnung, die ihr vertraglich vorgegeben war,

Ein reizvolles Foto von Marilyn auf dem Studiogelände der Twentieth Century-Fox, aufgenommen von Milton Greene, 1953.

Marilyn in Richard Rodgers' Swimmingpool in Connecticut,
aufgenommen von Milton Greene, 1953.

Marilyn bei einem Pressegespräch auf dem Flughafen von Los Angeles nach der Ankunft aus New York mit ihrem Geschäftspartner Milton Greene am 25. Februar 1956.

und gegen Rollen, die sie für entwürdigend hielt, wirksam vorzugehen. Marilyn war begierig, seinen Vorschlag zum Aufbau einer eigenen Produktionsgesellschaft in die Tat umzusetzen. So verbrachte der Fotograf das folgende Jahr mit den Vorbereitungen für die Firmengründung, während Marilyn JOE DI-MAGGIO heiratete und sich wieder von ihm scheiden ließ. Zehn Tage nach der großen Feier im RESTAURANT Romanoff's, bei der Marilyn von den Großen des Filmgeschäfts gleichsam offiziell in den Kreis der Spitzenstars aufgenommen wurde, war Milton schließlich wieder in Los Angeles, um das Vorgehen für ihren Ausbruch aus dem Studiosystem festzulegen. Im Dezember 1954 flüchtete sie sich in ein New Yorker Hotel und zog dann zu Milton und AMY GREENE in deren Haus in WESTON, Connecticut.

In Hollywood, so hatte Marilyn ihrem neuen Partner erzählt, „hat man mich von einem Film zum nächsten getrieben. Es ist keine Herausforderung, immer wieder das Gleiche zu machen. Ich möchte als Mensch wie als Schauspielerin weiter wachsen, und in Hollywood fragt man mich nie nach meiner Meinung. Man sagt mir nur, wann ich zur Arbeit erscheinen soll. Wenn ich Hollywood verlasse und nach New York komme, habe ich das Gefühl, dass ich mehr ich selbst sein kann. Denn wenn ich nicht ich selbst sein kann, was ist es dann wert, überhaupt etwas zu sein?"

Die hektischen Aktivitäten der Presse auf der „Suche" nach Marilyn fanden ein Ende, als sie gemeinsam mit Milton eine Pressekonferenz abhielt, um die frisch aus der Taufe gehobene Firma MARILYN MONROE PRODUCTIONS der Öffentlichkeit vorzustellen. Es stellte sich allerdings bald heraus, dass Twentieth Century-Fox nicht bereit war, seine Vertragsschauspielerin kampflos ziehen zu lassen, und dass andererseits die kapitalschwache neue Gesellschaft von Anfang an in arge Turbulenzen geriet, da sie keinerlei Einkommen erwirtschaftete und nur potentielle Projekte in Aussicht hatte.

Als Milton Greene erkennen musste, dass es ihm nicht gelingen würde, einen zahlungskräftigen Sponsor für die Firma zu gewinnen, änderte er den Kurs und gab seinen Anwälten grünes Licht für eine Neuverhandlung des hoffnungslos überholten Vertrages zwischen Marilyn und Fox. Gemeinsam mit Greene kehrte Marilyn 1956 triumphierend nach Hollywood zurück, um in dem Film BUS STOP die weibliche Hauptrolle zu übernehmen. Mit seiner Hilfe schien es ihr endlich gelungen zu sein, eine gewisse Kontrolle über ihr berufliches Schicksal zu gewinnen.

Greene hielt nun Ausschau nach guten Angeboten, verhandelte in Marilyns Namen, beseitigte unerwünschte Komplikationen und betätigte sich in jeder Hinsicht als Vermittler zwischen Marilyn und der Außenwelt. Missgelaunt notierte dazu ein erfahrener Reporter: „Niemand gelangt zu Marilyn, ohne zuvor von ihm abgefertigt worden zu sein."

Auch künstlerisch wurde er aktiv – nicht nur durch die Fotos, die er während der gesamten Zeit seiner Bekanntschaft mit Marilyn immer wieder machte. Er wirkte an der künstlerischen Gestaltung des Films *Bus Stop* mit, überwachte bei den Dreharbeiten die Beleuchtung und entwarf das sensationell bleiche Makeup der von Marilyn gespielten Cherie. Seine künstlerischen Beiträge bei der Produktion des Films sorgten bei der Studioleitung für erhebliche Unruhe. Aber nachdem Produzent BUDDY ADLER die Musterkopien gesehen hatte, war er so beeindruckt, dass er dem Fotografen umgehend eine Stellung als Produzent in Los Angeles anbot.

Milton sollte diese Rolle des „guten Geistes", an den sich Marilyn mit all ihren beruflichen Sorgen wandte, nur für sehr begrenzte Zeit spielen können. Die neuen Bezugspersonen, die 1955 und 1956 in Marilyns Leben traten, trugen tatkräftig dazu bei, dass er bei ihr in Ungnade fiel. Besonders in LEE STRASBERG hatte sie einen Mann gefunden, zu dem sie aufsehen konnte, einen Mentor in allen Fragen der Schauspielkunst, der ihr auch den Rat gab, mit einer Psychoanalyse zu beginnen, worauf Milton ihr seine frühere Analytikerin MARGARET HOHENBERG empfahl. Viel Zeit verbrachte Marilyn nun auch mit ARTHUR MILLER, der zu Greene erheblich weniger Vertrauen hatte als sie.

Von Kritikern und Publikum gleichermaßen bejubelt, hatte Marilyn in *Bus Stop* endlich eine Rolle gefunden, die ihr den Spielraum für eine glanzvolle Entfaltung ihrer dramatischen Fähigkeiten bot. Marilyn Monroe Productions konnte nach diesem Erfolg ihre erste und einzige Produktion verwirklichen, den in Großbritannien gedrehten Film THE PRINCE AND THE SHOWGIRL (1957), für den die größten Talente des Landes gewonnen werden konnten: der Schauspieler LAURENCE OLIVIER als Hauptdarsteller und Regisseur, der Kameramann JACK CARDIFF und der Dramatiker TERENCE RATTIGAN als Drehbuchautor. Das Ehepaar Greene lebte während des Aufenthalts in ENGLAND auf der Tibbs Farm in Ascot, wo ursprünglich Arthur und Marilyn ihr Quartier hatten aufschlagen wollen, bis die Presse davon erfuhr und sie sich in das abgeschiedenere Parkside House in EGHAM zurückzogen.

Bei den kurz nach Marilyns Heirat mit Arthur Miller in Angriff genommenen Dreharbeiten begann sich das Ende der Zusammenarbeit zwischen Marilyn und Greene abzuzeichnen. Miller erzählte später dem Biografen FRED LAWRENCE GUILES: „Greene glaubte, er sei der Riesenproduzent schlechthin und Marilyn würde für ihn arbeiten. Aber sie erkannte, dass er damit anderweitige Ziele verfolgte." Greene konnte sich seinerseits nicht mit dem Gedanken anfreunden, dass Miller an künftigen Projekten der Marilyn Monroe Productions beteiligt sein sollte.

Als die Dreharbeiten zu Ende gingen, sprach Marilyn kaum noch mit ihrem Geschäftspartner; daran änderte sich auch nach der Rückkehr nach New York nicht viel. Greene war über Millers Einfluss auf Marilyn zunehmend verärgert, während dieser ihm gegenüber mittlerweile eine offen feindselige Haltung entwickelt hatte und seiner Frau dringend empfahl, die alleinige Kontrolle über die Produktionsgesellschaft zu übernehmen. Im April 1957 hatte Marilyn endgültig mit Greene gebrochen und strengte ein Gerichtsverfahren an, um ihn aus dem Unternehmen hinauszudrängen.

Marilyn und Joshua Greene während der Dreharbeiten zu *Bus Stop*
(1956), aufgenommen von Milton Greene.

In der Öffentlichkeit ließ sich Greene seine Verbitterung nicht anmerken und erklärte: „Ich habe sie lange Zeit nicht gesehen. Es sieht so aus, als wollte Marilyn mit dem Programm, das wir geplant haben, nicht fortfahren … Ich möchte nichts tun, was ihrer Karriere schaden könnte. Sie scheint ein Kind zu bekommen und eine Zeit lang nicht arbeiten zu wollen." 1982 schilderte er sie in einem Interview als „hypersensibel und sehr engagiert in ihrer Arbeit, ob die Leute sich das nun vorstellen können oder nicht. Sie war phantastisch erfolgreich in *Prince* [*The Prince and the Showgirl*] und großartig in *Bus Stop*. Alles, was ich getan habe, war, an sie zu glauben. Sie war ein phantastischer, liebevoller, wunderbarer Mensch, den viele Leute, glaube ich, nicht verstanden haben." Bei einer anderen Gelegenheit sagte er angeblich: „Ich dachte, ich würde sie alle kennen; bei meiner Arbeit in der Branche hatte ich so viele Models und Schauspielerinnen kennen gelernt. Aber ich hatte noch nie jemanden mit einem solchen Klang der Stimme, einer solchen Güte, einer solchen echten Sanftheit gesehen. Wenn sie einen toten Hund auf der Straße sah, fing sie an zu weinen. Sie war so wahnsinnig sensibel, dass man ständig auf seinen Tonfall achten musste. Später sollte ich dann feststellen, dass sie schizoid war – dass sie absolut brillant oder absolut freundlich sein konnte und gleich darauf das völlige Gegenteil."

Im Lauf der Jahre kursierten immer wieder Gerüchte, dass die beiden Geschäftspartner eine Affäre miteinander hatten. Amy Greene dagegen dementierte stets, dass es zwischen ihrem Mann und Marilyn eine mehr als freundschaftliche Beziehung gegeben habe. Dem Biografen DONALD SPOTO sagte sie 1992: „Jeder, der seine Arbeit kannte, erkannte, dass er einen genialen Zug hatte. Aber er war auch ein Mann von erschreckenden Exzessen…" Marilyn war dies bewusst. Eines Tages gestand sie Amy, Arthur Miller habe ihr, indem er einen Keil zwischen sie und Milton getrieben habe, „den einzigen Menschen weggenommen, dem ich je vertraut habe".

GREENSON, DR. RALPH
(1910–1979, GEB. ALS ROMEO SAMUEL GREENSCHPOON)

Die Biografen sind sich uneinig, wie Marilyn Dr. Greenson kennen lernte. Er wurde ihr im August 1960 entweder von ihrem Anwalt und Greensons Schwager Milton Rudin (siehe LAWYERS) oder von ARTHUR MILLERs Freund FRANK TAYLOR oder aber von ihrer New Yorker Psychoanalytikerin DR. MARIANNE KRIS empfohlen, als sie während der Dreharbeiten zu THE MISFITS (1961) zu einer Krankenhausbehandlung nach Los Angeles geflogen werden musste. Als dann die Arbeit an dem Film kurz vor dem Abschluss stand, suchte sie Dr. Greenson bereits täglich in seiner Praxis in Beverly Hills (436 North Roxbury Drive) auf.

Greenson war im New Yorker Stadtteil Brooklyn geboren und aufgewachsen. Er studierte zunächst an der Columbia University in New York und dann in der Schweiz an der Universität Bern. Dort lernte er auch seine spätere Frau, Hildegarde (Hildi) Troesch, kennen. 1938 unterzog er sich bei dem Freud-Schüler Otto Fenichel einer klassischen Psychoanalyse. Kurze Zeit später kehrte er gemeinsam mit Hildi nach Amerika zurück; die beiden bekamen zwei Kinder. Im Zweiten Weltkrieg diente er in der Armee und wurde bis zum Hauptmann (Captain) und Leiter des Army Air Convalescent Hospital im US-Bundesstaat Colorado befördert. Nach seiner Entlassung aus dem Militär eröffnete er in Los Angeles eine eigene psychiatrische Praxis. Er war Gründungsmitglied der Los Angeles Psychoanalytic Society, unterhielt Kontakte zu ANNA FREUD in London und lehrte als Professor für klinische Psychiatrie an der UCLA Medical School, der medizinischen Fakultät der Universität von Los Angeles. In seiner Praxis spezialisierte er sich auf die Behandlung von Hollywoodstars. In *Captain Newman M.D. – Captain Newman* (1964) wurde er sogar selbst zur – von GREGORY PECK gespielten – Filmfigur, basierte doch das Drehbuch auf einem Roman, an dem er mit seinen Kriegserinnerungen mitgewirkt hatte.

Obwohl keiner von Marilyns Biografen sein Engagement für sie in Frage stellt, betrachten einige seine Motive doch als sehr unlauter. Stets auf der Suche nach prominenten Patienten beschreiben sie ihn als Vertreter einer „Pop-Psychologie", der vor allem gemocht und geschätzt werden wollte; zum Teil wird er auch mit der Verschleierung der Umstände von Marilyns Tod in Verbindung gebracht oder gar der Verwicklung in ihre Ermordung verdächtigt.

Marilyn konsultierte Dr. Greenson nach ihrer Rückkehr von New York nach Los Angeles jeden Tag. Ihr Freund, Masseur und Fahrer RALPH ROBERTS, der sie in der zweiten Jahreshälfte 1961 täglich zu ihrem Therapietermin fuhr, berichtete dem Biografen DONALD SPOTO: „Am Anfang verehrte sie Greenson, aber keiner von uns hatte den Eindruck, dass er gut für sie war. Er fing an, mehr und mehr Kontrolle über ihr Leben auszüben; er schrieb ihr vor, mit wem sie befreundet sein sollte, wen sie besuchen durfte und so fort. Aber sie glaubte, sie müsse gehorchen."

Unter Fachkollegen hatte Greenson sowohl Anhänger als auch Kritiker. Er veröffentlichte zahllose Abhandlungen, hielt viele Vorträge und genoss das Vertrauen von Anna Freud, deren Bruder Ernst er eine Zeit lang behandelte. Wie damals üblich, trat er für eine Kombination von Psychotherapie und medikamentöser Behandlung u. a. mit Barbituraten (siehe BARBITURATES) und Beruhigungsmitteln ein. Äußerst unkonventionell war vor allem die Einbeziehung seiner Patienten in sein Alltags- und Familienleben. So wurde Marilyn gewissermaßen zu einem adoptierten Mitglied seiner Familie. In einem öffentlichen Vortrag rief Greenson seine Kollegen auf, „bereit zu sein, sich emotional auf ihre Patienten einzulassen, wenn sie eine vertrauensvolle therapeutische Beziehung zu diesen aufbauen möchten".

Dabei ging er im Falle Marilyns davon aus, dass die traditionelle Freudsche Psychotherapie der Patientin nicht geholfen habe; was sie brauche, sei die unmittelbare Erfahrung eines normalen, stabilen Familienlebens, um schließlich selbst eine intakte Familie aufbauen zu können. Damit ignorierte er eine der wichtigsten Regeln seines Standes, die Wahrung einer kritischen Distanz. Gegen Ende 1961 aß Marilyn drei- oder viermal pro Woche mit Familie Greenson zu Abend, rief zu jeder Uhrzeit an, um sich auch in alltäglichen Detailfragen beraten zu lassen, und blieb gelegentlich über Nacht im Hause ihres Therapeuten. Und obwohl JOE DIMAGGIO eigens angereist war, um an den Feiertagen bei ihr zu sein, verbrachte sie auch ihr letztes Weihnachtsfest bei „Romey", wie sie ihn in Anlehnung an seinen Geburtsnamen Romeo nannte.

Da sie zunehmend von seinem Rat abhängig wurde, hatte Greenson bald Einfluss auf alle Bereiche ihres Lebens. Er regte an, dass Marilyn sich nach Möglichkeit wieder der Arbeit widmen sollte, und überredete sie, die Hauptrolle in dem glücklosen Filmprojekt SOMETHING'S GOT TO GIVE anzunehmen, bei dem er selbst dann als persönlicher Berater Marilyns mitwirkte. Auf seine Veranlassung hin stellte sie auch seine Freundin EUNICE MURRAY als Haushälterin ein, zunächst für ihre Wohnung am DOHENY DRIVE in Beverly Hills, dann für ihr Haus am FIFTH HELENA DRIVE in Brentwood, das Eunice Murray gefunden und Marilyn gekauft hatte, weil es Dr. Greensons im mexikanischen Stil erbautem Haus so ähnlich war. Um es stilecht einzurichten, fuhr sie sogar in Begleitung von Murray zum Möbelkauf nach Mexiko (siehe MEXICO). Als sie von dort zurückkehrte, lud Greenson sie ein, eine Woche lang bei ihm zu wohnen, bis ihr Haus fertig eingerichtet sei. Es war nicht das erste und auch nicht das letzte Mal, dass sie im Hause ihres Therapeuten in Brentwood (902 Franklin Street) übernachtete.

Angesichts der Belastungen durch die Arbeit an *Something's Got to Give* konsultierte sie Dr. Greenson bald sogar zweimal täglich. Als sie wegen einer akuten Nasennebenhöhlenentzündung zwei Wochen lang die Arbeit unterbrach, waren dies die einzigen Termine, die sie überhaupt wahrnahm. Um so härter traf es sie, dass Greenson und seine Frau am 10. Mai 1962 zu einer fünfwöchigen Reise nach Israel und in die Schweiz aufbrachen. Mittlerweile fast vollständig von seinem Rat abhängig, sah sich Marilyn plötzlich ganz auf sich allein gestellt; nur ein größerer Vorrat an Dexamyl verschaffte ihr eine gewisse Erleichterung. Gleichzeitig spitzten sich die Spannungen mit TWENTIETH CENTURY-FOX zu, und die Studioleitung schloss Marilyn von den Dreharbeiten aus. Greenson wurde vorzeitig aus seinen Ferien zurückgerufen und nahm die Situation in die Hand, wies aber Eunice Murray an, Marilyns Manager und ihre Presseagentin nicht zu informieren. Einem Krisentreffen mit der Leitung des Studios blieb Marilyn ebenfalls fern; stattdessen gab Greenson gegenüber Twentieth Century-Fox eine Erklärung ab, wonach sie bereit und in der Lage sei, zu den Dreharbeiten zurückzukehren. Als Grund für dieses eigenmächtige Verhalten wird vermutet, dass Marilyn sich während seiner Behandlung eine Gesichtsverletzung zugezogen hatte und der Therapeut dies zu verbergen suchte, indem er seine Patientin von allen ihren Bekannten und vor allem dem Treffen mit der Studioleitung fernhielt, bei dem über ihren weiteren Einsatz in *Something's Got to Give* entschieden wurde.

Zu dieser Zeit äußerte sich Marilyn offenbar ihren engsten Freunden gegenüber ernstlich besorgt über den Grad ihrer Abhängigkeit von Dr. Greenson und brachte ihre Angst zum Ausdruck, dass ihr die Beziehung eher schaden als nützen könnte. Zunehmenden Kummer bereitete es ihr auch, dass Greenson sie allmählich von allen Kontakten abschnitt, die ihr wichtig waren. Ralph Roberts, einer der Freunde, von denen ihr der Therapeut abgeraten hatte, sagte dem Biografen Donald Spoto: „Sie ärgerte sich gewaltig darüber, dass er sie offensichtlich ausnutzte … Er hatte versucht, sie von nahezu jedem Menschen in ihrem Leben zu trennen, und dabei hatte sie schon vorher nicht so viele Leute um sich. Aber als er es auch mit Joe [DiMaggio] versuchte – ich glaube, da fing sie an, die ganze Geschichte zu überdenken."

Über Greensons Rolle im Zusammenhang mit Marilyns Tod (siehe DEATH) gibt es in den unterschiedlichen Darstellungen große Abweichungen. Auf ihren Wunsch suchte er sie am 4. August 1962 entweder mittags oder am späten Nachmittag zu Hause auf und blieb bei ihr, bis sich ihre Unruhe gelegt hatte. In seiner Aussage gegenüber der Polizei erklärte er, dass er danach nach Hause gefahren sei; radikalere Vertreter der Verschwörungstheorie (siehe CONSPIRACY) halten es dagegen für fraglich, dass er das Haus überhaupt verließ. In den Abendstunden rief er bei Marilyn an, um festzustellen, ob alles in Ordnung sei. Von Eunice Murray erfuhr er, dass sie gesund und wohlbehalten in ihrem Zimmer sei. Nach seiner Aussage, die zur Grundlage der ersten offiziellen Darstellung von Marilyns Ableben wurde, rief ihn die Haushälterin dann zwischen 3 Uhr und 3.30 Uhr morgens an, als sie feststellte, dass in Marilyns Zimmer noch Licht brannte und die Tür verschlossen war. Greenson fuhr zu ihr, warf das Schlafzimmerfenster ein und stellte fest, dass sie tot war. Der herbeigerufene Dr. Hyman Engelberg bestätigte Marilyns Tod; um 4.25 Uhr wurde die Polizei gerufen. Viele Biografen glauben allerdings, dass Marilyn bereits etwa um 22 oder 23 Uhr starb und dass Greenson in der Zeit bis zum Eintreffen der Polizei Spuren verwischte (siehe COVER-UP) oder zumindest daran beteiligt war, um die wahren Umstände von Marilyns Tod zu vertuschen. In einigen Darstellungen heißt es auch, der Psychiater sei unwillentlich für ihr Ableben verantwortlich gewesen, weil er ihr Beruhigungsmittel verschrieben habe, die in Verbindung mit anderen von Marilyn eingenommenen Medikamenten tödlich wirkten. Donald Spoto meinte: „Ungeduldig, voll Angst, seinen Liebling zu verlieren, wütend auf sich selbst und die seiner Meinung nach unüberlegte Trennung Marilyns von Eunice und ihm selbst (die unmittelbar bevorstand, wenn sie nicht schon vollzogen war), ordnete er an, Marilyn Monroe ruhig zu stellen … um den Bruch ihrer Verbindung zu verhin-

dern." Zu seinen Lebzeiten bewahrte Dr. Greenson gewissenhaft und korrekt absolutes Stillschweigen über alles, was seine berühmte Patientin ihm während der Analyse anvertraut hatte. Die einzige öffentliche Stellungnahme gab er 1973 ab, um der Darstellung der Ereignisse entgegenzutreten, die NORMAN MAILER in seiner Marilyn-Biografie verbreitet hatte. Er erklärte damals: „Es ist falsch, ihren Tod mit irgendeiner Art politischer Intrige in Verbindung zu bringen. Ich möchte Mailer scharf widersprechen. Er verzerrt, macht Andeutungen über ihr Sexualleben und behauptet, dass die Ärzte ihr unsittliche Dinge angetan hätten. Das sind Lügen."

Nach Greensons Tod förderten Marilyn-Biografen jedoch mehrere Briefe und Dokumente zutage, darunter einen zwei Wochen nach Marilyns Tod geschriebenen Brief an Dr. Marianne Kris, in dem es heißt: „Ich war ihr Therapeut, der gute Vater, der sie nicht enttäuschen und ihr Einsichten vermitteln wollte, und wenn nicht Einsichten, so doch ein wenig Güte. Ich war der wichtigste Mensch in ihrem Leben geworden. Ich habe mich auch schuldig gefühlt, dass ich meiner eigenen Familie eine Last aufgebürdet hatte. Aber dieses Mädchen hatte etwas sehr Liebenswertes an sich, sie konnte zauberhaft sein; wir alle sorgten uns um sie." Bei anderer Gelegenheit sagte er angeblich: „Sie war ein armes Geschöpf; ich habe versucht, ihr zu helfen, aber am Ende habe ich ihr Schaden zugefügt."

DIE FAMILIE GREENSON

GREENSON, DAN
Der Sohn von Marilyns Psychiater in Hollywood. Er schlug die gleiche Laufbahn ein wie sein Vater.

GREENSON, JOAN
Ralph Greensons Tochter war etwa neunzehn Jahre alt, als Marilyn mit den regelmäßigen Analysesitzungen im Haus ihres Vaters begann. Die Schauspielerin verhielt sich ihr gegenüber wie eine große Schwester, gab ihr Ratschläge zum Umgang mit Verehrern, Make-up-Tipps und zeigte ihr ihren verführerischen Gang. Einen Monat vor ihrem Tod gab sie in ihrem Haus in Brentwood eine Party zu Joans 20. Geburtstag und brachte ihr bei, Twist zu tanzen. Wenn Marilyns Chauffeur Rudy Kautzky dienstfrei hatte, fuhr Joan ihre ältere Freundin gelegentlich in die Stadt.

GUILAROFF, SYDNEY (SIDNEY)
(1906–1997)

Fast fünfzig Jahre lang arbeitete Guilaroff als Chef-Haarstylist bei MGM und war so an der Produktion von über tausend Filmen beteiligt. Er war der erste Vertreter seines Berufs, der als Mitglied des Produktionsteams in einem Film erwähnt wurde.

Seine Laufbahn als Friseur hatte in New York begonnen, wo er mit Claudette Colbert seine erste prominente Kundin gewann und für Louise Brooks den knabenhaften Bubikopf kreierte. 1935 holte ihn Louis B. Mayer nach Hollywood, nachdem er herausgefunden hatte, dass Guilaroffs Kunst der Grund war, weshalb JOAN CRAWFORD stets darauf bestand, vor Beginn der Dreharbeiten zu einem neuen Film nach New York zu fahren. Von nun an wusch und kämmte er Generationen der bekanntesten Hollywoodstars das Haar und gestaltete ihre Frisuren, darunter GRETA GARBO in Camille – Die Kameliendame und VIVIEN LEIGH in Gone With the Wind – Vom Winde verweht.

Für Marilyn arbeitete er bei THE MISFITS (1961), häufig aber auch bei anderen gesellschaftlichen Anlässen wie dem Zusammentreffen mit Nikita Chruschtschow (siehe KHRUSCHEV). Marilyn betrachtete ihn als Freund und Vertrauten; und für ihn war sie „der netteste, freundlichste Mensch, der am meisten unterschätzte Mensch überhaupt. Der traurigste Mensch außer der Garbo."

Einigen Biografen zufolge war Guilaroff eine der Personen, die die verzweifelte Marilyn am Abend ihres Todes (siehe DEATH) anrief. Bei ihrer Beerdigung gehörte er zu den Sargträgern. In seiner 1996 erschienenen Autobiografie Crowning Glory schrieb er, Marilyn habe erwogen, die Öffentlichkeit über ihre Affäre mit ROBERT KENNEDY zu unterrichten. Im gleichen Buch berichtete er auch von seinen eigenen Affären mit mehreren seiner treuen und berühmten Kundinnen, darunter Greta Garbo und Ava Gardner.

GUILES, FRED LAWRENCE

Der Autor zweier angesehener Marilyn-Biografien (siehe BIOGRAPHIES) veröffentlichte in seinem zweiten Buch bis dahin unbekannte Erkenntnisse über Marilyns Beziehung zu den KENNEDYS.

Auf allen Kinderbildern hat Norma Jeane kastanienbraunes oder rötlich-braunes, glattes Haar; erst in der Pubertätszeit wurde es lockig.

„Ich möchte keinesfalls eine Wasserstoff-Blondine werden", erklärte Norma Jeane Dougherty zu Beginn des Jahres 1946 EMMELINE SNIVELY, Leiterin der BLUE BOOK MODELING AGENCY. Als man ihr aber sagte, mit blondem Haar sei sie fotogener und könne leichter als Fotomodell arbeiten, ließ sie sich in FRANK AND JOSEPH'S SALON die Naturwelle glatt ziehen, das Haar kürzen und bleichen. Man war dort von dem Ergebnis der Bemühungen so angetan, dass mit Norma Jeanes Konterfei Werbung für den Friseursalon gemacht wurde.

Doch das war erst der Anfang. Marilyns Haar hatte so ziemlich jede denkbare Blondschattierung angenommen, bevor sie 1953 zum Star wurde: aschblond in THE ASPHALT JUNGLE (1950), goldblond in ALL ABOUT EVE (1950), silberblond in AS YOUNG AS YOU FEEL (1951), bernsteinblond in LET'S MAKE IT LEGAL (1951), mattblond in LOVE NEST (1951), honigblond in O. HENRY'S FULL HOUSE (1952), topasblond in WE'RE NOT MARRIED (1952), dunkelblond in DON'T BOTHER TO KNOCK (1952) und schließlich platinblond in MONKEY BUSINESS (1952).

Abgesehen von einem guten Dutzend Haar-Stylisten der Studios nahm Marilyn vor allem die Dienste von KENNETH BATTELLE, AGNES FLANAGAN, SYDNEY GUILAROFF, PETER LEONARDI, GEORGE MASTERS und Gladys Rasmussen in Anspruch. Diese Personen waren natürlich in Marilyns Geheimnisse eingeweiht.

Besonders Masters ist eine oft zitierte Quelle. Er fasste Marilyns Einstellung zu ihrem Haar folgendermaßen zusammen: „Hätte meine Behandlung ihres Haars den Kommentar: ‚Ihre Frisur sieht fantastisch aus' herausgefordert, dann hätte ich sie wohl zum letzten Mal gesehen. Sie wollte nicht hören: ‚Ihre Frisur sieht großartig aus' oder ‚Ihre Ohrringe sind schön'. Sie wollte, dass man sagt: ‚Sie sehen fantastisch aus!'" Weiter teilte er mit: „Auf ihrem Dekolleté wuchs ein langes blondes Haar, das ich nicht abschneiden durfte. Sie spielte gern damit und zog daran. Das gab ihr Sicherheit."

Gladys Rasmussen beschrieb die Schwierigkeiten, Marilyns Haar genau die gewünschte Form zu geben: „Marilyns Haar stellt einen vor verschiedene Probleme. Es ist sehr fein und deshalb schwer zu behandeln. Wäscht man es nicht jeden Tag, wird es fettig. Ihr Haar ist von Natur so kraus, dass ich es erst einmal glätten muss, bevor ich die Frisur in Angriff nehme … Ihr besonderes Platinblond entstand aus meiner eigenen geheimen Mischung von Silberglanzbleichmittel plus 20-prozentigem Wasserstoffperoxyd und einer geheimen Silberplatin-Mixtur, um den Gelbstich herauszunehmen."

In späteren Jahren ließ Marilyn jeden Samstag das Platin von PEARL PORTERFIELD, die einst bei der MGM gearbeitet hatte und dort für JEAN HARLOWs Platinlocken zuständig gewesen war, auffrischen. Die alte Dame reiste zu diesem Zweck eigens aus San Diego

Die dunkelhaarige Norma Jeane als Fotomodell.

Marilyn mit kurzem Haar in *Clash by Night*, 1951.

an. Wenn Porterfield ankam, war ein Büfett für sie angerichtet, aus dem sie etwas herauspickte, bevor sie sich Marilyns Haar widmete und ihr dabei Anekdoten aus ihrer Zeit mit der Harlow erzählte.

Wie sehr Marilyns Haar von diesen jahrelangen Eingriffen in Mitleidenschaft gezogen wurde, ist auf vielen der letzten Fotos aus dem Jahr 1962 deutlich zu erkennen.

EINIGE FAKTEN ÜBER MARILYNS HAAR

- Wenn Marilyn unerkannt ausgehen wollte, griff sie zu einer schwarzen Perücke und einer großen Sonnenbrille.

- Es fiel Marilyn nicht leicht, ihrem Wunschbild, „mich vollkommen blond zu fühlen", zu entsprechen. Sie ging so weit, sich das Schamhaar zu bleichen.

- Simone Signoret meinte, Marilyn hasste die Spitze ihres Haaransatzes in der Stirn wie einen persönlichen Feind, weil er die Platinfärbung nicht so gut wie das übrige Haar annahm. Um dies zu kaschieren, kämmten ihr die Friseure kunstvoll eine Haarlocke über das Auge.

- Gegen Ende ihrer Karriere, als ihr Haar fast schon die Weißfärbung von Zuckerwatte angenommen hatte – Marilyn nannte es das „Kopfkissen-Weiß" –, mussten die Wurzeln jeden fünften Tag behandelt werden. Je weißer und künstlicher die Haarfarbe, desto verletzlicher und zerbrechlicher wirkte Marilyn.

- Zu Marilyns Kummer versuchten mehrere Kolleginnen ihr Blond zu übertreffen. So glaubte sie, Cyd Charisse habe sich ihr Haar in *Something's Got to Give* nur deshalb heller tönen lassen, um sie auf der Leinwand zu überstrahlen. Auch eine gegenteilige Versicherung der Schau-

Marilyns klassische Frisur in *How to Marry a Millionaire*, 1953.

Marilyns Frisur in ihrem letzten Film *Something's Got to Give*, 1962.

spielerin genügte Marilyn offensichtlich nicht, und sie murrte: „Unbewusst will sie blond sein.“

HALL, JERRY (GEB. 1956)

Jerry Hall, ein Model aus Texas und die geschiedene Frau Mick Jaggers, spielte einmal die Rolle der Cherie in einer *Bus Stop*-Produktion. Sie ist im Besitz von Marilyns *Old Black Magic*-Kleid.

HALSMAN, PHILIPPE (1906–1979)

Halsman fotografierte Marilyn dreimal im Laufe eines Jahrzehnts. 1949 begegnete er ihr zum ersten Mal, als die Illustrierte *Life* eine Fotoserie über viel versprechende Starlets unter dem Titel „Acht junge Frauen proben gemischte Gefühle“ brachte. Sie sollten vier Situationen szenisch darstellen: die Begegnung mit einem Monster, den Genuss eines köstlichen Getränks, das Lachen über einen Witz und die Liebe in den Armen eines Liebhabers. „Ich erinnere mich daran, dass eine der Frauen eine sehr gekünstelte Blondine war und Marilyn Monroe hieß. Sie gehörte nicht zu denen, die mich besonders beeindruckten.“ Dennoch war er es, der drei Jahre später Marilyns erstes Titelfoto für *Life* schoss, auf dem sie in einem schulterfreien weißen Kleid selbstgewiss ihre Sinnlichkeit verströmt.

Erst nach mehreren Jahren konnte Halsman Marilyn dazu bewegen, sich für sein Lieblingsprojekt, Menschen im Sprung zu fotografieren, zur Verfügung zu stellen. Die Fotos zeigen sie mitten in der Luft mit verschränkten Armen und geballten Fäusten.

HAMPSHIRE HOUSE HOTEL, THE
150 CENTRAL PARK SOUTH, NEW YORK

Hier stiegen Marilyn und JOE DIMAGGIO 1954 während der Dreharbeiten zu THE SEVEN YEAR ITCH ab.

(siehe HOTELS)

HARLOW, JEAN
(1911–1937, GEB. ALS HARLÉAN CARPENTER)

AMY GREENE:

„Sie wollte Jean Harlow sein. Das war ihr Ziel. Sie sagte auch immer, sie würde früh sterben, wie die Harlow. Ebenso glaubte sie, dass wie bei Jean Harlow die Männer in ihrem Leben eine Katastrophe seien. Und die Beziehung zur Mutter kam Marilyn ähnlich schwierig vor wie bei ihr. Es war, als habe sie ihr Leben nach Jean Harlows Leben ausgerichtet – ein kurzer Blitz und dann Schluss.“

Am 3. März 1911 in Kansas City geboren und aufgewachsen bei den Großeltern mütterlicherseits, wurde Jean Harlow von allen nur „The Baby“ genannt. Wie die meisten großen Sexsymbole Hollywoods spielte Harlow oft erotisch herausfordernde Frauengestalten, in deren Schwächen sie die ihres eigenen Wesens und Lebens widergespiegelt sah.

Harlow begann ihre Filmkarriere 1928 mit kleinen Statistenrollen. Dann setzte HOWARD HUGHES sie 1930 in *Hell's Angels – Die Engel der Hölle* ein; dort stahl sie mit ihrer gewitzten und selbstsicheren erotischen Ausstrahlung allen anderen die Schau. Nach ihrem Erfolg in Frank Capras *Platinum Blonde – Vor Blondinen wird gewarnt* (1931) zog sie im folgenden Jahr mit *Red-Headed Woman – Blondes Gift* den Zorn der Zensur auf sich.

In der kurzen Zeit, die die kleine Norma Jeane bei der Mutter lebte, begleitete sie GLADYS BAKER und deren Freundin GRACE MCKEE GODDARD oft ins Kino, wenn Filme ihres Leinwandidols Harlow wie z. B. *Dinner at Eight – Dinner um acht* (1933) oder *Bombshell – Die Sexbombe* (1933) liefen. Harlows Partner in ihrem letzten Film, *Saratoga* (1937), war CLARK GABLE. Am 7. Juni 1937 starb sie im frühen Alter von 26 Jahren an akutem Nierenversagen.

Grace erzählte Marilyn immer wieder, wenn sie einmal groß sei, würde sie auch eine große Verführerin der Leinwand werden. So verwundert es nicht, dass Harlow zum Idol des kleinen Mädchens wurde. Die grenzenlose Bewunderung für Harlow ging bei Grace so weit, ihrem Haar (siehe HAIR) denselben platinblonden Farbton zu geben und sich und Norma Jeane zeitweilig ausschließlich weiß zu kleiden. Grace soll ihrem Mündel gesagt haben: „Du bist eine vollkommene Schönheit, bis auf diesen kleinen Höcker“, womit sie die Nasenspitze meinte, „aber eines Tages wirst du so vollkommen aussehen wie Jean Harlow.“

Im Leben beider Schauspielerinnen gibt es erstaunliche Übereinstimmungen: Beide wurden von überzeugten Anhängern der CHRISTIAN SCIENCE-Kirche erzogen; beide verließen die Schule im Alter von 16 Jahren, um zu heiraten (Jean Harlow brannte mit einem Millionär durch); beide waren dreimal verheiratet; beide suchten ihr Leben lang den fehlenden Vater; beide starben unter tragischen Umständen. In ihren letzten Filmen war jeweils Clark Gable ihr Partner. Interessanterweise sagte Gable einmal über Jean Harlow: „Sie wollte gar nicht berühmt, sie wollte glücklich sein.“ Das hätte er auch über Marilyn sagen können.

Beide waren sehr tierlieb und nahmen streunende Tiere bei sich auf (siehe ANIMALS). Beide stellten ostentativ ihren Körper zur Schau, trugen keine Unterwäsche (siehe UNDERWEAR) und verstießen mit Aktaufnahmen gegen die Moralvorstellungen ihrer Zeit. Ebenso benutzten beide als Schauspielerinnen den Mädchennamen ihrer Mutter. Auch hat jede der beiden zu irgendeinem Zeitpunkt ihres Lebens einmal am NORTH PALM DRIVE gewohnt. Wie Jean Harlow trat Marilyn auf dem Höhepunkt ihrer Popularität in den Streik, um auf ihre nachteiligen Vertragsbedingungen aufmerksam zu machen und ihre Gage zu verbessern. Beiden Schauspielerinnen verschrieben die Ärzte regelmäßig Beruhigungsmittel. Jeweils kurz vor ihrem Tod waren sie Gäste einer Geburtstagsfeier eines amerikanischen Präsidenten: Jean Harlow ging zum Geburtstagsball Franklin Delano Roosevelts, Marilyn besuchte JOHN F. KENNEDYs Geburtstagsfeier; in beiden Fällen geschah dies gegen den Willen ihrer Studios.

Marilyn, der die auffallenden Ähnlichkeiten ihrer Lebensläufe nicht verborgen blieben, folgte den Spuren ihres Vorbilds ganz bewusst. Dem einflussreichen Hollywood-Journalisten SIDNEY SKOLSKY vertraute sie 1950 an, sie sähe in Jean Harlow ein Rollenmodell für ihr eigenes Leben. Skolsky, der Harlow noch gekannt hatte, erklärte sich bereit, Marilyn dabei zu unterstützen, ihr Ziel zu erreichen. In den folgenden Jahren lancierte er in seinen Kolumnen kleine Nachrichten und ließ seine Kontakte zu den Studios spielen. Auch einen Harlow-Film planten sie gemeinsam: *The Jean Harlow Story* (siehe FILMS MARILYN CONSIDERED OR WANTED – Nicht realisierte Filmprojekte).

Im ersten überregionalen Marilyn-Artikel in der Zeitschrift *Collier's* hieß es kühn: „Wie ihre berühmte Vorgängerin Jean Harlow ist auch Marilyn auf dem Weg, in Hollywood zum Inbegriff von Sexappeal zu werden.“ Diese Einschätzung griffen 1951 zahlreiche andere Zeitschriften auf. *Life* nannte Marilyn 1954 „Erbin einer mit Jean Harlow beginnenden Tradition“. *Time* stimmte darin überein, dass „sie der Star ist, der seit Jean Harlow am meisten von sich reden macht“.

1957 erzählte Marilyn MILTON GREENE: „Immer wieder musste ich an sie denken, und Einzelheiten ihres Lebens gingen mir durch den Kopf. Es war richtig unheimlich. Ich habe mich auch schon gefragt, ob ich mich absichtlich so verhalte. Das glaube ich aber nicht. Wir scheinen Seelenverwandte oder so etwas zu sein. Ich machte mir Gedanken darüber, ob ich auch so früh sterben würde wie sie.“

Zwar wurde nichts aus Marilyns lang gehegtem Traum, einmal die Harlow auf der Leinwand zu spielen. Aber im Jahr 1958 posierte sie als ihr Idol für RICHARD AVEDON in einer Fotoserie über Göttinnen der Leinwand. ARTHUR MILLER fühlte sich von dieser Wertschätzung für Jean Harlow angezogen. Seiner Meinung nach identifizierte sich Marilyn mit ihr „weniger über den Verstand als durch ein tiefes Mitgefühl für das tragische Leben dieser Schauspielerin … Das Naive, natürlich Reizvolle und erotisch Wahre der Harlow entdeckte sie auch bei sich.“

Clark Gable – Jean Harlows Partner in fünf Filmen – stellte nach der Zusammenarbeit mit Marilyn in THE MISFITS (1961) Vergleiche zwischen den Schauspielerinnen an: „Jean Harlow war immer ganz entspannt. Aber Marilyn ist äußerst empfindlich und zerbricht sich viel mehr den Kopf – über ihren Text, über ihr Aussehen, darüber, ob sie gut war. Sie ist ständig bemüht, eine bessere Schauspielerin zu werden.“

Etwa einen Monat bevor sie starb, begleitete Marilyn Sidney Skolsky zu Jean Harlows Mutter, „Mama Jean“ Bello, um deren Zustimmung für den geplanten Film über Harlows Leben zu erhalten. Als „Mama Jean“ Marilyn erblickte, soll sie ausgerufen haben, jetzt sei ihr Kind wieder auferstanden. Die nächste Besprechung dieses Projekts sollte am 5. August bei Marilyn zu Hause stattfinden.

Sogar über Marilyns Tod hinaus lassen sich weitere Parallelen feststellen. Frische Blumen trafen alle paar Tage an ihrem Grab in Los Angeles ein, weil JOE DIMAGGIO Marilyn geschworen hatte, ihr genauso ergeben zu sein, wie William Powell Jean Harlow ergeben gewesen war. Powell sandte seiner Liebe an ihre letzte Ruhestätte regelmäßig Blumen.

HARPER AVENUE

Marilyn lebte zweimal in dieser Straße in West Hollywood. Einmal im Jahr 1948 bei der Mutter ihres Liebhabers FRED KARGER und dann Jahren 1950/51, wenn sie bei NATASHA LYTESS im Haus Nr. 1309 zu Gast war.

HASPIEL, JAMES

Nach eigener Einschätzung Marilyns größter Fan (siehe FANS), der ihrem Zauber schon im Alter von 14 Jahren erlegen war, nachdem er sie in CLASH BY NIGHT (1952) gesehen hatte. Wie die MARILYN SIX strich Haspiel um die Hotels, wenn Marilyn sich in New York aufhielt. Bisweilen ließ sie ihn auf dem Weg von einem Termin zum nächsten zu sich ins Taxi oder in die Limousine steigen. Noch heute zeugt eine „Inschrift" von seiner Verehrung für Marilyn: Als er ihr 1954 einmal vor ihrem Hotel begegnet war, ritzte er die Worte „Marilyn Monroe war hier" in den gerade frisch gegossenen Zement (155 West 23rd Street, New York).

Über seine Erinnerungen an Marilyn hat Haspiel mehrere Artikel und zwei Bücher geschrieben. Auch bei einigen Dokumentarfilmen zog man ihn zu Rate.

Haspiel glaubt, Marilyn sei Opfer einer Verschwörung (siehe CONSPIRACY) geworden, in die auch höchste Regierungskreise verwickelt gewesen seien. Seine Meinung gründet er auf Tonbänder, die der Abhörspezialist BERNIE SPINDEL mitgeschnitten haben will.

HATHAWAY, HENRY
(1898–1985, GEB. ALS HENRI LEOPOLD DE FIENNES)

Hathaway begann seine Filmkarriere als Kinderstar im Alter von neun Jahren. Seit 1932 führte er Regie und galt als „solider" Regisseur. Seine bekanntesten Filme sind der für einen Oscar nominierte *Lives of a Bengal Lancer – Bengali* (1935), *The House on 92nd Street – Das Haus in der 92. Straße* (1945), *Rommel, Desert Fox – Rommel der Wüstenfuchs* (1951) und *North to Alaska – Land der tausend Abenteuer* (1960). Der Western *True Grit – Der Marshal* (1969) mit John Wayne, der dafür einen Oscar erhielt, gilt als sein bester Film.

Als er 1952 Regie bei NIAGARA führte, ging ihm nicht der beste Ruf voraus. „Ein guter Regisseur wird man nur, wenn man ein Schweinehund ist, und ich weiß, dass ich einer bin", hat er einmal geäußert. Mit Unterstützung ihrer Schauspiellehrerin NATASHA LYTESS war Marilyn gerade dabei, sich einen Namen zu machen. Da Hathaway Lytess vom Set verbannt hatte, arbeitete Marilyn mit ihr nach den Dreharbeiten im Hotel weiter. Die heftigen Auseinandersetzungen am Set, wie man sie aus anderen Marilyn-Filmen kannte, blieben auf ein Minimum beschränkt. Der Film wurde ein riesiger Erfolg und etablierte Marilyn als Hollywoods kommenden Star.

Nach Abschluss der Dreharbeiten erzählte Hathaway dem Journalisten SIDNEY SKOLSKY: „Sie ist die größte natürliche Schauspielbegabung, die mir bis heute als Regisseur begegnet ist, und das will etwas heißen, denn ich habe mit Barbara LaMar, JEAN HARLOW und Rene Adoree gearbeitet. Aber sie ist das größte Naturtalent. Sie werden es in diesem Film selbst sehen." Marilyn ließ sich von diesem Enthusiasmus jedoch nicht beeindrucken; sie arbeiteten nie wieder zusammen. Auf der Liste der von ihr bevorzugten Regisseure aus dem Jahr 1955 fehlt sein Name.

In Hathaways Erinnerung war die Arbeit mit Marilyn „ein Vergnügen; sie ließ sich leicht führen und hatte den unglaublichen Ehrgeiz, es immer noch besser zu machen. Und sie war intelligent, wirklich intelligent.

Henry Hathaway und Marilyn am Set von *Niagara* (1952).

Sie war zwar nicht sehr gebildet, jedoch von Natur aus intelligent. Immer trampelten irgendwelche Kerle auf ihr herum. Ich glaube, keiner von ihnen hat in ihr je eine gleichwertige Partnerin gesehen. Die meisten Männer schämten sich ein wenig für sie – sogar JOE DiMAGGIO."

HAVER, JUNE
(GEB. 1926 ALS JUNE STOVENOUR)

Im selben Jahr wie Marilyn geboren, hatte Haver mehrere Erfolge in den 1940er-Jahren, hauptsächlich in Musicals. Während Marilyn gerade erst bei der TWENTIETH CENTURY-FOX Fuß fasste, baute das Studio Haver als mögliche Nachfolgerin für die Star-Blondine BETTY GRABLE auf. Man nannte Haver scherzhaft „die Grable-Taschenausgabe"; aber schließlich war es Marilyn, die die Nachfolge antrat.

In den beiden Filmen, die sie gemeinsam drehten – SCUDDA HOO, SCUDDA HAY! (1948) und LOVE NEST (1951) –, spielte Haver die Hauptrollen, während Marilyn nur kleine Auftritte hatte.

In ihrem Erfolg von 1949, *Look for the Silver Lining – Stern vom Broadway*, verkörpert Haver die Schauspielerin MARILYN MILLER – jene Frau, deren Vornamen Marilyn übernahm. Der Werbeslogan des Films lautete: „The sunshine story of Broadway's glory girl!" („Das Märchen eines Broadway-Stars").

Love Nest blieb Havers letzter Film. 1953 zog sie sich aus dem Filmgeschäft zurück und ging ins Kloster. Eine schwere Erkrankung zwang sie, das Klosterleben wieder aufzugeben. Sie heiratete den Schauspieler Fred MacMurray, mit dem sie im Laufe ihrer Karriere zusammengearbeitet hatte.

In einem Interview aus dem Jahr 1966 in der Zeitschrift *Coronet* erinnerte sie sich an die Zusammenarbeit mit Marilyn in *Love Nest*:

„In diesem Film war sie so jung und hübsch, so schüchtern und aufgeregt. Besonders erinnere ich mich an die Szene, in der sie hinter dem Haus, in dem wir alle wohnten, sonnenbaden sollte. Als Marilyn im Badeanzug den Set betrat und zum Liegestuhl ging, stockte allen der Atem, keiner rührte sich, die Arbeit ruhte, und alle starrten sie offenen Mundes an. Von Marilyn ging dieses elektrisierende Etwas aus – und vergessen Sie nicht, dass Filmcrews daran gewöhnt sind, uns spärlich bekleidet zu sehen. Sie haben schon so viele Musical- und Strandszenen gedreht. Aber hier starrten sie Marilyn nur wie betäubt an und schnappten nach Luft. So etwas hatte ich in meiner ganzen Zeit beim Film noch nicht erlebt. Natürlich pfeift einem die Crew schon einmal mechanisch hinterher, aber dies hier war wie ein Schock."

HAWAII

Marilyn und JOE DiMAGGIO, frisch vermählt und auf dem Weg nach Tokio, machten 1954 in Hawaii einen Zwischenstopp, weil das

Marilyn als aufreizende Mieterin und June Haver als ihre Vermieterin in *Love Nest* (1951).

Flugzeug aufgetankt werden musste. Sechs Polizisten mussten die illustren Gäste vor der begeisterten Menge, die zu ihrem Empfang erschienen war, abschirmen.

HAWKS, HOWARD (1896–1977)

„Die Monroe hatte das Problem, dass viele Regisseure sie behandelten als sei sie eine reale Person. Das war sie nicht. Nur in unwirklichen Rollen fühlte sie sich wohl."

Hawks begann in der Stummfilmära für das Kino zu schreiben. Als Regisseur sprengte er schon 1926 die Genre-Grenzen. Er ließ Komödienelemente in Action-Filme einfließen und gab Komödien dramatische Handlungen. So gelangen ihm einige Filme, die viele zu den besten Hollywoods zählen: *Scarface* (1932), *Twentieth Century – Napoleon am Broadway* (1934), *Barbary Coast – San Francisco im Goldfieber* (1935), *Bringing Up Baby – Leoparden küsst man nicht* (1938), *His Girl Friday – Sein Mädchen für besondere Fälle* (1940), *The Big Sleep – Tote schlafen fest* (1946), *Red River* (1948) und *Rio Bravo* (1958). In seiner langen Karriere hat Hawks mit praktisch allen großen Schauspielern gearbeitet. Oftmals versuchte er sie dazu zu bringen, ihre bestehenden privaten Beziehungen auf die Leinwand zu übertragen, so bei LAUREN BACALL und Humphrey Bogart in *The Big Sleep*. 1974 erhielt er für sein Werk den Ehren-Oscar „Ein Meister des amerikanischen Films".

Hawks war zweimal Marilyns Regisseur: In der Farce MONKEY BUSINESS (1952) und in dem Musical GENTLEMEN PREFER BLONDES (1953). Beim zweiten Film verlor Hawks zunehmend die Geduld, da Marilyn ständig zu spät kam (siehe LATENESS) und überreizt war; außerdem mischte sich die Schauspiellehrerin NATASHA LYTESS auf – wie er meinte – unzulässige Weise in die Arbeit ein, sodass er sie kurzerhand vom Set verbannte. Da Marilyn daraufhin nur noch unpünktlicher erschien, musste er jedoch klein beigeben. Bald begann das Studio, sich wegen der ausufernden Kosten ernsthafte Sorgen zu machen. Hawks Vorschlag zur Beschleunigung der Arbeiten lautete: „Marilyn ersetzen, das Drehbuch umschreiben und kürzen, einen anderen Regisseur suchen." Das war natürlich nur ein Scherz. Er stellte den Film fertig, und überraschenderweise gelang es ihm sogar, seinen überempfindlichen Star auf der Leinwand ganz gelöst erscheinen zu lassen. Ein Grund dafür war wohl, dass er die Regie der musikalischen Nummern weitgehend dem Choreografen JACK COLE überließ, mit dem Marilyn sich sehr gut verstand.

HECHT, BEN (1894–1964)

Ein Drehbuchautor und Schriftsteller aus Hollywood, der an mehr als 100 Produktionen mitgearbeitet hatte. Für das Drehbuch von *Underworld – Unterwelt* (1929) erhielt er einen Oscar. Nominierungen gab es unter anderem für *Wuthering Heights – Stürmische Höhen* (1939) und *Notorious – Berüchtigt* (1946). Marilyns Agent CHARLES K. FELDMAN beauftragte ihn 1954 mit Marilyns erster „Autobiografie". Möglicherweise war Hecht Marilyn erstmals 1949 begegnet, als beide

Der legendäre Regisseur Howard Hawks und Marilyn, ca. 1952.

kurzfristig an dem Film der MARX Brothers LOVE HAPPY (1950) mitarbeiteten. Spätestens bei den Dreharbeiten zu MONKEY BUSINESS (1952) haben sich die beruflichen Wege der beiden gekreuzt. Vorher schon verfasste Hecht eine Episode für O'HENRY'S FULL HOUSE (1952).

Marilyn und ihr Ghostwriter trafen sich regelmäßig mehrere Monate lang. Im April legte Hecht Marilyn dann das Ergebnis seiner Bemühungen vor. Ohne Wissen der beiden verkaufte Hechts Agent Jacques Chambrun Auszüge aus dem Manuskript an die Londoner *Empire News*, die sie in jenem Sommer als Serie erscheinen ließ. Im Juni warf Hecht seinen Agenten hinaus, doch das Projekt hatte sich festgefahren. Erst 20 Jahre später wurde das Buch unter dem Titel MY STORY von dem Verlag „Stein and Day" als Marilyns unvollendete Autobiografie herausgebracht. In Wahrheit handelt es sich bei dem Buch um eine Sammlung von Anekdoten aus Marilyns Leben, wie Hecht sie von seinen beiden Quellen – Marilyn und SIDNEY SKOLSKY – gehört und mitgeschrieben hatte und die von MILTON GREENE noch einmal überarbeitet worden waren. Marilyn erzählte ARTHUR MILLER einmal: „Ich wollte nie so großen Wirbel darum machen, eine Waise zu sein. Aber man hatte Ben Hecht beauftragt, eine Geschichte über mich zu schreiben, und er sagte: ‚Also gut, setz dich hin und versuche, etwas Interessantes über dich auszudenken.' Na ja, ich

war langweilig. Ich dachte, vielleicht erzähl ich ihm, dass sie mich ins Waisenhaus gesteckt haben. Er sagte, das sei ja fantastisch, und hat darüber geschrieben. Plötzlich wurde es das Wichtigste überhaupt."

HEFNER, HUGH (GEB. 1926)

Der Gründer des *Playboy* (siehe MAGAZINES – Zeitschriften) legte den Grundstein für sein Imperium mit einem cleveren Geschäft: Er verschaffte sich alle Aktaufnahmen Marilyns, die damals gerade erst entdeckt worden waren, und brachte im Dezember 1953 seine erste Nummer mit Marilyn sowohl auf dem Titel als auch als Mädchen des Monats heraus. Das Magazin wurde ein großer Erfolg.

Auf dem WESTWOOD MEMORIAL PARK - Friedhof kaufte Hefner das Grab an der Seite Marilyns.

HEPBURN, AUDREY (1929–1993)
(GEB. ALS EDDA VAN HEEMSTRA HEPBURN-RUSTON)

In Belgien als Kind irisch-niederländischer Eltern geboren, durchlebte Hepburn ihre Lehrjahre beim Film in England, bevor sie 1953 mit *Roman Holiday – Ein Herz und eine Krone* Hollywood im Sturm eroberte und einen Oscar gewann. Im folgenden Jahrzehnt verkörperte sie die zarte schelmische junge

Dame aus guten Kreisen. Damit war sie ziemlich genau das Gegenteil der prall-sinnlichen Marilyn. Hepburn wurde mehrfach für einen Oscar nominiert, u. a. für ihre Rolle in *Breakfast at Tiffany's* – *Frühstück bei Tiffany* (1961), die Marilyn ursprünglich spielen sollte (siehe FILMS MARILYN CONSIDERED OR WANTED – Nicht realisierte Filmprojekte). Hepburn bleibt unvergessen für ihre Darstellungen in *Sabrina* (1954), *War and Peace* – *Krieg und Frieden* (1956), *Funny Face* – *Ein süßer Fratz* (1957), *My Fair Lady* (1964) und *Wait until Dark* – *Warte, bis es dunkel ist* (1967).

HERMITAGE STREET
NORTH HOLLYWOOD

Norma Jeane zog zu ihrer Schwiegermutter Ethel Mary Dougherty in die 5254 Hermitage Street, als ihr erster Ehemann JAMES DOUGHERTY den Militärdienst in Asien absolvierte. Hier lebte sie 1944 und 1945, bis ihre Karriere als Fotomodell begann.

(siehe HOMES – Wohnungen)

HEROES – Idole

Norma Jeanes Kindheitsidole waren die Stars, die sie in der Samstags-Matinee auf der Leinwand sah: JOAN CRAWFORD, BETTE DAVIS, JEAN HARLOW, Gloria Swanson, MARLENE DIETRICH, GRETA GARBO und CLARK GABLE. Ein Leben lang fühlte sie sich besonders zu Harlow und Garbo hingezogen, die wie sie in ihrem Privatleben einsam und unglücklich, auf der Leinwand jedoch gefeierte Stars waren. Und über Gable fantasierte schon die kleine Norma Jeane, dieser gutaussehende Schauspieler mit dem schneidigen Bärtchen müsse ihr wirklicher Vater sein.

Im Jahr 1954 erstellte Marilyn eine Liste der Männer, die sie für die bedeutendsten ihrer Zeit hielt: MARLON BRANDO, MICHAEL CHEKHOV, JOHN HUSTON, JERRY LEWIS, ARTHUR MILLER und Jawaharlal Nehru.

Mitte der 1950er-Jahre, als sie Schauspiel bei LEE STRASBERG studierte – einem Mann, den sie im letzten Jahrzehnt ihres Lebens sehr bewunderte –, waren ihre Vorbilder ELEONORA DUSE, die klassische Bühnenschauspielerin Italiens, und Charakter-Darsteller wie Will Rogers und MARIE DRESSLER. Von diesen Schauspielern sagte Marilyn: „Sobald man sie nur ansah, schenkte man ihnen seine ganze Aufmerksamkeit, weil man erkannte: Sie haben gelebt und dazugelernt."

Außerhalb der Welt des Showbusiness verehrte Marilyn geniale und integre Persönlichkeiten wie ALBERT EINSTEIN, ABRAHAM LINCOLN, CARL SANDBURG und LINCOLN STEFFENS. Auch Arthur Miller gehörte dieser Kategorie an, bevor er in Ungnade fiel.

HILLDALE AVENUE
WEST HOLLYWOOD

Im Jahr 1952 lebte Marilyn kurzzeitig in einem möblierten kleinen Haus mit der Nummer 1121, das ihr Freund DAVID MARCH für sie gefunden hatte. Wenig später zog sie in eine Luxussuite des abgeschiedenen BEL AIR HOTELS, weil ihr das Alleinleben nicht behagte.

(siehe HOMES – Wohnungen)

HITCHCOCK, SIR ALFRED (1899–1980)

Marilyn und Hitchcock bewunderten einander, haben aber nie zusammengearbeitet. Er stand auf der Liste der Regisseure (siehe DIRECTORS), auf der sie 1955 diejenigen verzeichnete, mit denen sie drehen wollte. Für Hitchcock gab es nur drei echte weibliche Stars in der Filmindustrie; Marilyn gehörte – neben ELIZABETH TAYLOR und Ingrid Bergman – zu ihnen.

HOFFA, JIMMY (1917–1975)

Der Gewerkschaftler Jimmy Hoffa leitete von 1957 bis 1967 die mächtige amerikanische Teamster-Gewerkschaft und kam dann wegen Verschwörung, Pensionskassenbetrugs und Geschworenenbeeinflussung ins Gefängnis.

Verschiedene Verschwörungstheorien (siehe CONSPIRACY) verdächtigen ihn, in Marilyns Tod (siehe DEATH) verwickelt gewesen zu sein. Ab 1957 ermittelte die Regierung gegen ihn wegen seiner Verbindungen zur organisierten Kriminalität. Hoffa soll den Abhörfachmann BERNIE SPINDEL auf der Suche nach belastendem Material gegen die KENNEDYS angeheuert haben, um Marilyn auszuspionieren. Angeblich soll er im Besitz geheimer Tonbandaufzeichnungen gewesen sein, auf denen Marilyn beim Liebesspiel mit einem der Kennedys zu hören gewesen sein soll. Mit ihnen habe er die Behörden erpressen wollen, die Ermittlungen gegen ihn und seine Aktivitäten einzustellen. Einen Tag bevor Marilyn „Happy Birthday" für Präsident Kennedy sang, stellte man ihn wegen Erpressung vor Gericht.

Hoffa wurde 1983 – acht Jahre nachdem er spurlos verschwunden war – offiziell für tot erklärt. Das letzte Mal hatte man ihn lebend in einem Restaurant in Michigan gesehen, wo er mit zwei Mafia-Mitgliedern verabredet gewesen sein soll, was diese jedoch bestritten.

HOGAN, DELLA MAE (1876–1927)

Marilyns Großmutter (auch bekannt als Della Mae Monroe, Della Mae Graves und Della Mae Grainger) kam am 1. Juli 1876 in Brunswick County in Missouri als zweites von drei Kindern zur Welt. Ihre Eltern – Tilford Marion Hogan und Jennie Nance (siehe GRANDPARENTS – Großeltern) – trennten sich, als sie 13 Jahre alt war.

Ihren Ehemann OTIS ELMER MONROE heiratete Della Mae Ende 1899. Im Jahr 1901 zogen sie nach Mexiko (siehe MEXICO), wo Otis für die mexikanische Eisenbahn arbeitete. Ein Jahr später wurde Marilyns Mutter Gladys (siehe GLADYS BAKER) geboren. In Los Angeles fand Otis Elmer eine besser bezahlte Stellung, und so kehrte die Familie in die Vereinigten Staaten zurück, wo Della Mae 1905 einen Sohn, MARION OTIS ELMER, zur Welt brachte.

Nach dem Tod ihres Mannes im Jahr 1909 nahm Della Mae das ungebundene Leben ihrer frühen Jahre wieder auf. Sehr bald schon fand sie in Lyle Arthur Graves einen neuen Gatten. Er stammte aus Green Bay in Wisconsin und war sechs Jahre jünger als sie. Von Anfang an stand die Ehe unter keinem guten Stern. Kaum acht Monate nach der Hochzeit am 7. März 1912 verließ Della Mae mit ihren beiden Kindern das Haus. Die

Scheidung folgte am 17. Januar 1914. Zwei Jahre darauf richtete sich Della in einem Zimmer häuslich ein, das sie in einer Pension des neu erschlossenen Strandgebiets von Venice, Kalifornien, etwas südlich von Santa Monica, mietete. Den 11-jährigen Sohn Marion Monroe gab sie zu Vettern nach San Diego. Die 14-jährige Tochter Gladys begann inzwischen erste Verehrer anzuziehen; auch JACK BAKER gehörte zu ihnen. Mit Della Maes Unterstützung, die bezeugte, dass ihre Tochter für die Ehe alt genug sei, heiratete er sie. Zu dieser Zeit lernte Della Mae Charles Grainger kennen, einen Mann, der für Ölgesellschaften arbeitete und die ganze Welt gesehen hatte. Sie nannte sich bald „Mrs. Grainger", ohne sich weiter um die Formalitäten einer Eheschließung zu bemühen.

Im Jahr 1921 nahm Della Mae ihre Tochter kurzfristig wieder bei sich auf, nachdem deren Ehe mit Baker gescheitert war. Gladys heiratete 1924 ein zweites Mal, doch auch diese Ehe ging bald in die Brüche. Im Jahr darauf kam Norma Jeane zur Welt. Um die kleine Enkelin kümmerte sich Della Mae mal mehr, mal weniger. Sie lebte jetzt in Hawthorne in Kalifornien, in der Nähe von IDA und WAYNE BOLENDER, dem Ehepaar, das Norma Jeane in den ersten sieben Jahren ihres Lebens bei sich aufnahm. Inzwischen war Della Mae eine überzeugte Anhängerin von AIMEE SEMPLE MCPHERSON und ihrer Kirche geworden und sorgte dafür, dass Norma Jeane in deren „Angelus Temple" getauft wurde.

Für den wohl traumatischsten Vorfall in Norma Jeanes Kindheit war ihre Großmutter verantwortlich. Im Juli 1927 soll Della Mae versucht haben, Norma Jeane unter einem Kopfkissen zu ersticken. Am 4. August 1927 lieferte man die Großmutter in NORWALK STATE HOSPITAL ein. 19 Tage später starb sie während eines manischen Schubs an Herzversagen. Marilyns Mutter Gladys und Marilyn selbst fürchteten Opfer einer Geisteskrankheit (siehe MENTAL ILLNESS) zu werden, die wie ein Fluch auf der Familie zu lasten schien.

Der Biograf DONALD SPOTO hingegen ist der Auffassung, dass die Ursache für Dellas unkontrolliertes Verhalten nicht in einer Geisteskrankheit, sondern in einer degenerativen Herzschwäche mit begleitenden Depressionen – verschärft durch einen Schlaganfall kurz vor Sommerbeginn im Jahr 1927 – zu suchen sei.

HOHENBERG, DR. MARGARET

Dr. Hohenberg, eine aus Ungarn stammende Psychoanalytikerin der Freudschen Schule, erhielt ihre Ausbildung in Wien, Budapest und Prag. 1955 begann Marilyn deren New Yorker Praxis (155 East 93rd Street) auf Anraten ihres Geschäftspartners MILTON GREENE – selbst ein Patient Hohenbergs – aufzusuchen. Marilyn war sehr daran gelegen, eine Psychoanalyse (siehe PSYCHOANALYSIS) zu machen.

Motiviert wurde sie von LEE STRASBERG, der darin eine unerlässliche Voraussetzung für einen Schauspieler sah, der sich „befreien" und auf seine THE METHOD genannte Schauspieltechnik einlassen wollte.

Dr. Hohenberg übte in den Jahren von 1955 bis 1957 großen Einfluss auf Marilyns Leben aus. Im Herbst 1956 wurde sie unter erheblichen Kosten nach England zu den Dreharbeiten für THE PRINCE AND THE SHOW-

GIRL (1957) eingeflogen, um Marilyn aus einer Depression herauszuhelfen.

Im Frühjahr 1957 stellte Marilyn ihre Besuche bei Dr. Hohenberg ein, kurz nachdem sie auch die Zusammenarbeit mit Greene aufgekündigt hatte.

Möglicherweise gelang es Dr. Hohenberg nicht, ihren beiden Patienten gegenüber eine objektive Einstellung zu bewahren. Laut Biograf DONALD SPOTO soll sie später einmal Greene gegenüber seine Geschäftsbeziehung mit Marilyn als einen schweren Fehler bezeichnet haben.

HOLGA STEEL COMPANY

Norma Jeanes erstes Engagement für die BLUE BOOK MODELING AGENCY war ein Job als Hostess der Holga Steel Company auf einer Industrieausstellung im Pan Pacific Auditorium (7600 Beverly Boulevard, Los Angeles), das 1989 abbrannte. Da sie zu der Zeit in der RADIO PLANE-Munitionsfabrik angestellt war,

musste sie sich für das Engagement krank melden.

HOLIDAY, BILLIE (1915–1959)

Marilyns Hochachtung vor Holidays Gesang verringerte sich merklich nach einem Vorfall, der sich zu Beginn der 1950er-Jahre im Nachtclub „Tiffany's" in Los Angeles ereignete.

Marilyn war dort mit dem Kostümbildner WILLIAM TRAVILLA zu Gast, der die Geschichte Jahre später dem Biografen ANTHONY SUMMERS mitteilte. William Travilla entdeckte im Büro, das Billie Holiday als Garderobe nutzte, ein Exemplar von Marilyns Akt-Kalender (siehe CALENDAR).

Das erzählte er Marilyn, die den Kalender daraufhin unbedingt sehen wollte. Als Holiday klar wurde, dass Marilyn nicht ihretwegen gekommen war, zerknüllte sie den Kalender, warf ihn Marilyn an den Kopf und beschimpfte sie unflätig.

HOLIDAY HOTEL
111 MILL STREET, RENO, NEVADA

ARTHUR MILLER und Marilyn bewohnten 1960 während der Außenaufnahmen zu THE MISFITS in diesem Hotel die Suiten 846, 848 und 850.

HOLLOWAY DRIVE, HOLLYWOOD

Mit ihrer Schauspielerkollegin SHELLEY WINTERS soll Marilyn sich 1951 am 8573 Holloway Drive ein Apartment geteilt haben. In dieser Zeit stellten die beiden die Liste der begehrenswertesten Männer (siehe MEN) auf. Auf Marilyns Liste fanden sich ihr zukünftiger Ehemann ARTHUR MILLER und der spätere Liebhaber YVES MONTAND.

(siehe HOMES – Wohnungen)

HOLLYWOOD ROOSEVELT HOTEL
7000 HOLLYWOOD BOULEVARD, HOLLYWOOD

Dieses gegenüber dem ehemaligen GRAUMAN'S CHINESE THEATER gelegene HOTEL war 1951 die Kulisse für eine Fotoserie Marilyns am Swimmingpool. Mitte der 1950er-Jahre bewohnte sie zeitweise das Zimmer 1200. Heute ist das Hotel wegen der Ausstattung seiner Zimmer im Stil bestimmter Hollywood-Filme beliebt.

HOLLYWOOD WALK OF FAME

Marilyns Stern befindet sich vor dem McDonald's Restaurant, 6774 Hollywood Boulevard.

HOLM, CELESTE (GEB. 1919)

„In meinen Augen war Marilyn nie eine Schauspielerin, nicht einmal in den Filmen, die sie später gemacht hat. Auch ein kleiner Hund kann sich drollig und niedlich aufführen, wenn man sich eine Weile mit ihm beschäftigt."

Holm, ursprünglich eine Bühnenschauspielerin, gewann einen Oscar für ihren Auftritt in Gentleman's Agreement – Tabu der Gerechten (1947). 1950 wurde sie zum Dreifachen ihrer üblichen Gage für die Rolle der Karen Richards in ALL ABOUT EVE verpflichtet, die ihr wieder eine Oscar-Nominierung einbrachte. Andere beachtenswerte Filme von ihr sind The Snake Pit – Die Schlangengrube (1948) und High Society – Die oberen Zehntausend (1956).

HOMES — Wohnungen

Die ersten sieben Jahre ihres Lebens lebte Marilyn bei einer Pflegefamilie und das letzte halbe Jahr vor ihrem Tod in dem einzigen Haus, das ihr jemals selbst gehörte. In den drei dazwischen liegenden Jahrzehnten nannte Marilyn 50 verschiedene Wohnungen, Häuser und Hotels ihr „Zuhause". Die Biografen sind sich nicht einig, wo Marilyn in der ersten Hälfte ihres Lebens jeweils wohnte, vor allem in der Zeit vor und nach ihrem Aufenthalt im Waisenhaus von Los Angeles

882 Doheny Drive, Marilyns Adresse 1953. (In der Einfahrt steht Marilyns schwarzes Cadillac-Kabriolett mit roter Innenausstattung, das sie anstelle der Gage für ihren Auftritt in der Jack Benny Show erhielt.)

Das Haus Marilyns und Arthur Millers in Amagansett, Long Island.

Rückansicht von Marilyns Haus im mexikanischen Stil, 12305 Fifth Helena Drive, Brentwood, Kalifornien.

(siehe ORPHANAGE). Zwischen 1946 und 1952 zog sie fast ständig um. Selten lebte sie länger als einige Wochen oder Monate in derselben Wohnung und kehrte alsbald wieder in eines ihrer Lieblingshotels zurück. Daher enthält die folgende Liste für manche Jahre auch Mehrfachnennungen.

1926	5454 Wilshire Boulevard, Los Angeles
1926–1933	459 East Rhode Island Street, Hawthorne
1933	6012 Afton Place, Hollywood
1933–1934 oder 1935	6812 Arbol Street, Hollywood
1935	Lodi Place, Hollywood
1935	6707 Odessa Avenue, Van Nuys
1935–1937	Waisenhaus Los Angeles, 815 North El Centro Avenue, Hollywood
1937	6707 Odessa Avenue, Van Nuys
1938–1940	11348 Nebraska Avenue, West Los Angeles
1940–1941	14743 Archwood Street, Van Nuys
1942	11348 Nebraska Avenue, West Los Angeles
1942	4524 Vista Del Monte Street, Sherman Oaks
1943	14747 Archwood Street, Van Nuys
1943	Bessemer Street, Van Nuys
1943–1944	Catalina Island
1944–1945	5254 Hermitage Street, North Hollywood
1945–1946	11348 Nebraska Avenue, West Los Angeles
1946	604 South Third Street, Las Vegas
1946–1947	Hollywood Studio Club, 1215 North Lodi Place, Hollywood
1947	131 South Avon Street, Burbank
1947–1948	El Palacio Apartments, 8491–8499 Fountain Avenue, West Hollywood
1948	Franklin Avenue, Hollywood
1948	Harper Avenue, West Hollywood
1948–1949	Hollywood Studio Club, 1215 North Lodi Place, Hollywood
1949	141 South Carolwood Drive, Holmby Hills
1949–1950	Beverly Carlton Hotel, 9400 West Olympic Boulevard, Beverly Hills
1949–1950	718 North Palm Drive, Beverly Hills
1950–1951	1309 North Harper Avenue, West Hollywood
1951	Beverly Carlton Hotel, 9400 West Olympic Boulevard, Beverly Hills
1951	8573 Holloway Drive, Hollywood
1951–1952	611 North Crescent Drive, West Hollywood
1952	1121 Hilldale Avenue, West Hollywood
1952	Beverly Carlton Hotel, 9400 West Olympic Boulevard, Beverly Hills
1952	Bel Air Hotel, 701 Stone Canyon Road, Bel Air
1952	2393 Castilian Drive, Outpost Estates, Hollywood Hills
1952–1954	Beverly Hills Hotel, 9641 West Sunset Boulevard, Beverly Hills
1953–1954	882 North Doheny Drive, Beverly Hills
1954	2150 Beach Street, San Francisco
1954	508 North Palm Drive, Beverly Hills
1954	8336 Delongpre Avenue, Hollywood
1954	Voltaire Apartments, 1424 North Crescent Heights Boulevard, West Hollywood
1954–1955	Fanton Hill Road, Weston, Connecticut
1955	Gladstone Hotel, East 52nd Street, New York
1955	Waldorf-Astoria Hotel, 301 Park Avenue, New York
1955–1956	2 Sutton Place, New York
1956	595 North Beverly Glen Boulevard, West Los Angeles
1956	Sunset Boulevard, Beverly Hills
1956–1960	Roxbury, Connecticut
1956	Parkside House, Egham, England
1957	Amagansett, Long Island
1957–1962	444 East 57th Street, New York
1958–1960	Beverly Hills Hotel, 9641 West Sunset Boulevard, Beverly Hills
1961–1962	882 North Doheny Drive, Beverly Hills
1962	12305 Fifth Helena Drive, Brentwood

Marilyn mit Alan Hale Jr. in *Hometown Story* (1951).

HOMETOWN STORY (1951) – **Eine Geschichte von Daheim**

In diesem von General Motors finanzierten Propagandafilm für die amerikanische Großindustrie bekam Marilyn auf Vermittlung von JOHNNY HYDE einen kurzen Auftritt. Sie spielte eine Sekretärin namens Miss Iris Martin. Arthur Pierson schrieb das Drehbuch, führte Regie und produzierte den Film.

Produktionsdaten:
MGM
schwarz-weiß
Länge: 61 Minuten
Kinostart: Mai 1951

Credits:
Regie: Arthur Pierson
Produzent: Arthur Pierson
Drehbuch: Arthur Pierson
Kamera: Lucien N. Andriot
Musik: Louis Forbes
Schnitt: William F. Claxton
Artdirector: Hilyard M. Brown

Besetzung:
Jeffrey Lynn ... Blake Washburn
Donald Crisp ... John MacFarland
Marjorie Reynolds ... Janice Hunt
Alan Hale Jr. ... Slim Haskins
Marilyn Monroe ... Iris Martin
Barbara Brown ... Mrs. Washburn
Melinda Plowman ... Katie Washburn
Griff Barnett ... Onkel Cliff
Kenny McEvoy ... Taxifahrer
Glenn Tryon ... Kenlock
Byron Foulger ... Berny Miles
Virginia Campbell ... Phoebe Hartman
Harry Harvey ... Andy Butterworth
Nelson Leigh ... Dr. Johnson
Speck Noblitt ... Motorradpolizist
Joseph Crehan

Handlung:
Blake Washburn (Jeff Lynn) kehrt in seine Heimatstadt zurück, nachdem er im Wahlkampf um einen Parlamentssitz dem Sohn eines einflussreichen Geschäftsmanns unterlag. Er übernimmt das Lokalblatt seines Onkels – einschließlich dessen sehr hübscher Sekretärin Miss Martin (Marilyn Monroe). Washburn führt eine erbitterte Kampagne gegen das Übel der Großindustrie. Dafür muss er jedoch schon bald Abbitte leisten: Schließlich sind es die dort hergestellten Maschinen, die seine kleine Schwester aus einer lebensbedrohlichen Situation im Schacht eines Bergwerks befreien.

Kritiken:
Variety
„Arthur Pierson schrieb für eine kompetente professionelle Besetzung das Drehbuch und führte Regie ... Marilyn Monroe, Barbara Brown und Griff Barnett erfüllen die Aufgaben, die das Drehbuch ihnen stellt."

HONEYMOONS – **Flitterwochen**

Mit JAMES DOUGHERTY
Die 16-jährige Norma Jeane und James fuhren nicht in die Flitterwochen, sondern verbrachten ein Wochenende in Sherwood Lake beim Angeln.

Mit JOE DIMAGGIO
Nach einer Übernachtung im preisgünstigen CLIFTON MOTEL und einem Essen im Restaurant des Hot Springs Hotel fuhren Joe und Marilyn in seinem dunkelblauen Cadillac auf eine Berghütte in der Nähe von PALM SPRINGS. Hier genossen sie zwei Wochen lang den Luxus ungestörter Einsamkeit. 14 Tage später brachen sie nach JAPAN auf. Eigentlich war diese Reise schon einige Zeit vor der Hochzeit geplant worden. Joe hatte seinem Freund

Joe DiMaggio und Marilyn auf Hochzeitsreise in Japan, 1954.

Frank „Lefty" O'Doul versprochen, ihn auf einer Baseball-Werbetournee zu begleiten; nun nahm er seine Frau mit. Marilyn nutzte die Reise beruflich zu einem Abstecher nach KOREA, bei dem sie die dort stationierten Truppen der USA im Sturm eroberte.

Mit ARTHUR MILLER

Anstatt konventionelle Flitterwochen zu machen, unternahmen Arthur und Marilyn eine ausgedehnte Reise nach London, wo die Dreharbeiten für THE PRINCE AND THE SHOW-GIRL (1957) begannen. In die eigentlichen Flitterwochen starteten sie erst sechs Monate nach der Hochzeit, am 3. Januar 1957. Sie verbrachten 16 Tage auf Jamaika (siehe JAMAICA) in einer Villa am Meer.

HOOVER, J. EDGAR (1895–1972)

Hoover war 48 Jahre lang Direktor des FBI, das er in ein zentrales Instrument zur Verbrechensbekämpfung und – im Zweiten Weltkrieg – zur Gegenspionage umstrukturierte. Nach dem Krieg konzentrierte sich die Behörde auf den Kampf gegen subversive Aktivitäten und organisierte Kriminalität.

Hoover ließ über Marilyn eine Akte anlegen, nachdem sie die Beziehung zu ARTHUR MILLER, dem die besondere Aufmerksamkeit des Senatsausschusses zur Untersuchung unamerikanischer Umtriebe (siehe HOUSE UN-AMERICAN ACTIVITIES COMMITTEE) galt, aufgenommen hatte. Die Akte „Marilyn" (siehe FBI) enthielt keinerlei Hinweis auf eine sexuelle Verbindung zwischen Marilyn und Hoovers Intimfeind, Justizminister ROBERT KENNEDY.

Hoover war in die mysteriösen Umstände, die Marilyns Tod (siehe DEATH) begleiteten, verwickelt. Biografen wie ANTHONY SUMMERS erwähnen, dass Hoover sowohl JOHN F. KENNEDY und dessen Bruder Robert Kennedy bekämpfte als auch gegen Bedrohungen durch die MAFIA und andere Staatsfeinde vorging. Summers behauptet auch, Hoover habe befohlen, Marilyns Telefonmitschnitte vom

Vorabend ihres Todes zu beseitigen. Ebenso beschuldigte man Hoover, er habe Marilyns Haus im FIFTH HELENA DRIVE in der Absicht abhören lassen, Belastungsmaterial gegen die Kennedys zu sammeln, um sie zu erpressen. Manche warfen ihm sogar vor, mittelbar für Marilyns Tod verantwortlich zu sein.

HOPE, BOB
(GEB. 1903 ALS LESLIE TOWNES HOPE)

Der aus England stammende Komiker Hope ging beim Vaudeville in die Lehre und schlug dann eine Filmkarriere ein, die seit Beginn der 40er-Jahre, als er gemeinsam mit BING CROSBY die „Road"-Filme zu drehen begann, sehr erfolgreich verlief. Hope – rollentypisch festgelegt als der naive Trottel, dem es doch

Werbefoto für *There's No Business Like Show Business* (1954). Die Klatschkolumnistin Hedda Hopper überreicht Marilyn den Preis „Das Neue Gesicht" der *Detroit Free Press*.

immer gelingt, sich irgendwie durchzuschlagen – erhielt zwischen 1940 und 1952 nicht weniger als drei Ehren-Oscars. Damit wurden nicht nur seine Leistung auf der Leinwand, sondern auch seine Auftritte als Unterhalter vor den U.S.-Truppen und seine Fähigkeit, Geld für karitative Zwecke zu sammeln, honoriert.

1955, einige Monate nachdem Marilyn mit der Gründung der MARILYN MONROE PRODUCTIONS ihre Unabhängigkeit demonstriert und außerdem den Wunsch geäußert hatte, die Gruschenka aus Dostojewskis Klassiker *Die Brüder Karamasow* zu spielen, führte Bob Hope bei der alljährlichen Oscarverleihung mit THELMA RITTER einen kleinen Sketch auf. Darin fragt er Ritter: „Ist Marilyn hier?" – „Ja", antwortet sie ihm, „sie kam gerade mit den Brüdern Karamasow herein."

Dies ereignete sich offenbar kurz nachdem Hope vergeblich versucht hatte Marilyn ausfindig zu machen (die zu jener Zeit inkognito in Connecticut lebte), um sie für einen Auftritt vor U.S. Soldaten in Alaska zu gewinnen.

HOPPER, HEDDA
(1890–1966, GEB. ELDA FURRY)

Die einflussreiche Klatschkolumnistin Hopper veröffentlichte regelmäßig eine Zusammenfassung von Nachrichten aus der Filmbranche. Schon bevor Norma Jeane ihren ersten Vertrag mit dem Studio der TWENTIETH CENTURY-FOX abschloss, hatte Hopper den zukünftigen Star ins Visier genommen. Mit einem Artikel vom 29. Juli 1946 beschleunigte sie eine Studio-Entscheidung, weil sie darin das Studio vor einem Konkurrenten warnt: „Howard Hughes lernt dazu. Als sein Blick zufällig auf die Titel-Schönheit einer Zeitschrift fiel, war er so von ihr angetan, dass er sofort den Auftrag erteilte, ihr einen Filmvertrag zu geben. Sie ist das Fotomodell Norma Jean [sic] Dougherty." Der Biograf FRED LAWRENCE GUILES schreibt, dass EMMELINE SNIVELY, die Leiterin der BLUE BOOK MODELING AGENCY, Urheberin der Geschichte war und Hopper wie auch Hughes in Wahrheit nicht informiert waren.

Hopper trat auch noch 1952 für Marilyn ein: „Superblondinen sind Hollywoods Spezialität, und Marilyn Monroe, die nach drei Jahren als Pin-up-Girl zum Star aufstieg, ist sicherlich der Leckerbissen unter ihnen."

1960 erschien ein Artikel, in dem sie über eine Affäre zwischen Marilyn und ihrem Filmpartner YVES MONTAND berichtete – eine äußerst vertrauliche Information, die der Schauspieler ihr beim gemeinsamen Tee gegeben hatte. Daraufhin fiel Hopper bei Marilyn in Ungnade.

HOSPITALS – Krankenhäuser

Im Laufe ihres Lebens erlebte Marilyn mindestens 20 chirurgische Eingriffe. Als Kind wurden ihr die Mandeln herausgenommen; im Alter von 25 Jahren wurde der Blinddarm entfernt; nicht lange bevor sie starb, wurde die Gallenblase herausgenommen. Hinzu kamen mindestens zwei kleine kosmetische Eingriffe sowie mehrere Operationen, um die chronische Endometriose, an der sie zeit ihres Lebens litt, aufzuhalten; außerdem Fehlgeburten, Krankenhausaufenthalte wegen periodisch auftretender Bronchitis und 1960 sowie 1961 drei Aufenthalte, um nervöse Erschöpfungszustände auszukurieren.

Im Folgenden eine Liste der aktenkundigen Krankenhausaufenthalte.

(siehe MEDICAL HISTORY – Krankengeschichte und DOCTORS – Ärzte)

Cedars of Lebanon Hospital
8700 Beverly Boulevard, Los Angeles
(heute „Cedars-Sinai Medical Center")
Dieses Krankenhaus suchte Marilyn am häufigsten auf.

1952: Tests, die Anfang März gemacht wurden, ergaben, dass Marilyns starke Magenschmerzen von einer Blinddarmentzündung herrührten. Erst am 28. April ließ sie sich operieren, weil sie vorher noch ihre Verpflichtungen in MONKEY BUSINESS erfüllen wollte. Für Dr. Marcus Rabwin, der sie operieren sollte, klebte Marilyn sich einen Zettel auf den Bauch, auf dem sie ihn dringend darum bat, nichts zu tun, was die Möglichkeit, Kinder zu bekommen, gefährden könnte.
1954: Bronchitis
1954: Vom 6. bis zum 12. November wurde Marilyn hier stationär wegen ihrer Endometriose behandelt. Obwohl sie das Krankenhaus durch eine Hintertür verließ, überfiel sie bei der Entlassung ein Blitzlichtgewitter der Presse.
1961: Im Mai kehrte Marilyn ins Krankenhaus zurück, entweder zur weiteren Behandlung der Endometriose oder um Teile der Bauchspeicheldrüse entfernen zu lassen.
1962: Am 20. Juli kehrte Marilyn wegen der Endometriose noch einmal hierher zurück. Anschließend brachte JOE DIMAGGIO sie nach Hause. Einige Biografen behaupten, bei diesem Krankenhausbesuch sei ein Kind von einem der Kennedy-Brüder abgetrieben worden. Dies wird durch die Aufzeichnungen Dr. Leon Krohns, Marilyns Gynäkologen, nicht bestätigt.

Columbia University Presbyterian Medical Center
622 West 168th Street, New York
1961: Joe DiMaggio veranlasste, dass Marilyn aus der geschlossenen psychiatrischen Abteilung der „Payne Whitney" Klinik in dieses New Yorker Krankenhaus verlegt wurde. Vom 11. Februar bis zum 5. März lag sie hier in Raum 719. Die Journalisten schrieben, sie litte „an physischer und emotionaler Erschöpfung". Joe DiMaggio war jeden Tag bei ihr. Wenige Tage bevor sie das Krankenhaus auf eigenen Wunsch verließ, schrieb Marilyn ihrem Psychoanalytiker DR. RALPH GREENSON folgenden Brief nach Los Angeles:

„Lieber Dr. Greenson,
ich blicke gerade aus dem Krankenhausfenster und alles ist plötzlich schneebedeckt und mattgrün. Ich sehe Gras und unansehnliche Immergrünbüsche, aber die Bäume machen mir ein wenig Hoffnung – vielleicht sagen uns die trostlosen nackten Zweige: Es wird einen Frühling und neue Hoffnung geben … Seit ich diesen Brief schreibe, habe ich still vier Tränen vergossen. Ich weiß eigentlich nicht, warum. Vergangene Nacht konnte ich wieder nicht schlafen. Ich frage mich manchmal, weshalb es überhaupt eine Nacht gibt. Für mich existierte sie fast gar nicht."

Marilyn sah sich einer Reporterschar gegenüber, als sie 1961 nach fast einmonatiger psychiatrischer Behandlung das „Columbia University Presbyterian Medical Center" verließ.

Bei ihrer Entlassung empfing sie eine Reporterschar. Damit hatte das, was für sie das normale Leben war, wieder begonnen.

Doctor's Hospital, New York
170 East End Avenue, New York
1957: Am 1. August wurde Marilyn mit starken Unterleibsschmerzen in dieses Krankenhaus eingeliefert. ARTHUR MILLER war bei ihr. Marilyns Eileiterschwangerschaft musste abgebrochen werden.

Las Vegas General Hospital
201 North 8th Street, Las Vegas
1946: Marilyn ließ hier eine akute Entzündung im Mund behandeln, die sich nach der Entfernung ihrer Weisheitszähne eingestellt hatte. Kaum war sie einen Tag entlassen, musste sie ins Krankenhaus zurückkehren, diesmal um die Masern auszukurieren.

Lenox Hill Hospital
100 East 77th Street, New York
1959: Am 22. Juni suchte Marilyn dieses Krankenhaus auf, um ihre chronische Endometriose durch eine Operation von Dr. Mortimer Rodgers erneut stoppen zu lassen. Vier Tage später brachte Arthur Miller sie nach Hause.

Los Angeles General Hospital
1200 North State Street, Los Angeles
(heute „Los Angeles County USC Medical Center")
1926: Am 1. Juni um 9.30 Uhr kam Norma Jeane Mortensen hier in der Abteilung für Sozialfälle zur Welt.

Payne Whitney Psychiatric Hospital
525 East 68th Street, New York (heute „Cornel Medical-Payne Whitney Clinic")
1961: Auf Anraten der Psychoanalytikerin MARIANNE KRIS ließ sich Marilyn am 7. Februar, nach der Scheidung von Arthur Miller

und der Ablehnung von *The Misfits* durch die Kritik, in die psychiatrische Abteilung dieses Krankenhauses einweisen. Um Aufsehen zu vermeiden, unterzeichnete sie die Krankenhauspapiere mit Faye Miller. Statt Ruhe und Erholung zu finden, sah sich Marilyn plötzlich in einer geschlossenen Abteilung untergebracht. Ihr größter Alptraum war Wirklichkeit geworden: Wie schon die Mutter und die Großmutter hatte man sie in eine Einrichtung für Geisteskranke gebracht. Drei Tage später flog Joe DiMaggio ein. Jahrelang hatten sie sich nicht gesehen; er ließ jedoch bei ihrem Anruf alles stehen und liegen und sorgte dafür, dass man sie in dem atmosphärisch angenehmeren „Columbia University Presbyterian Medical Center" aufnahm.

Polyclinic Hospital
West 50th Street, New York (heutige Adresse: 330 West 30th Street)
1958: Im Dezember wurde Marilyn nach einer Fehlgeburt im dritten Monat in dieses Krankenhaus eingeliefert.
1961: Am 28. Juni kehrte sie in die Poliklinik zurück, um sich die Gallenblase entfernen zu lassen. Es war ihr fünfter Krankenhausaufenthalt innerhalb von zehn Monaten. Joe DiMaggio blieb die ganze Zeit an ihrer Seite. Als sie am 11. Juli entlassen wurde, überfiel sie ein Mob von Fotografen und Verehrern. Später sagte sie darüber: „Es war Furcht einflößend. Minutenlang fürchtete ich, sie würden mich in Stücke reißen. Mir wurde richtig übel. Ich freue mich ja über die Anteilnahme und die Zuneigung und all das, aber – ich weiß nicht – es war wie ein Alptraum. Ich fürchtete, nicht mit heiler Haut das Auto erreichen zu können, um wegzufahren!"

St. Vincent Hospital
2131 West 3rd Street, Los Angeles (heute „St. Vincent Medical Center")
1956: Im April musste Marilyn während der Dreharbeiten zu BUS STOP eine Pause einlegen und in diesem Krankenhaus eine Bronchitis behandeln lassen.

Westside Hospital
La Cienega Boulevard, Los Angeles
1960: Als im August die Anstrengungen der Dreharbeiten zu *The Misfits* Marilyns Kräfte überstiegen, suchte sie diese Privatklinik in Los Angeles auf. Der Internist Dr. Hyman Engelberg teilte der Presse mit, sie leide an Erschöpfung. Trotzdem wurde spekuliert, man habe sie nach einem Selbstmordversuch ins Krankenhaus eingeliefert. Während des Aufenthalts besuchten sie MARLON BRANDO, FRANK SINATRA und Joe DiMaggio. Zehn Tage später kehrte sie nach RENO zurück und setzte die Dreharbeiten fort.

HOTEL DEL CORONADO
1500 ORANGE AVENUE, CORONADO, KALIFORNIEN

Hier fanden 1958 die Außenaufnahmen für SOME LIKE IT HOT (1959) statt. Marilyn bewohnte den Vista-Mar-Bungalow.

HOTELS WHERE MARILYN STAYED – Hotels

Kalifornien
CLIFTON MOTEL, Paso Robles
FURNACE CREEK INN, Death Valley
HOTEL DEL CORONADO, Coronado

Los Angeles
BEL AIR HOTEL, Beverly Hills
BEVERLY CARLTON HOTEL, Beverly Hills
BEVERLY HILLS HOTEL, Beverly Hills
CHATEAU MARMONT, West Hollywood
HOLLYWOOD ROOSEVELT HOTEL, Hollywood
KNICKERBOCKER HOTEL, Hollywood
LAFONDA MOTOR LODGE, Van Nuys

New York City
CARLYLE HOTEL
DRAKE HOTEL
GLADSTONE HOTEL
HAMPSHIRE HOUSE
ST. REGIS HOTEL
SHERRY NETHERLAND HOTEL
WALDORF-ASTORIA HOTEL

Sonstige Hotels
BANFF SPRINGS HOTEL, Banff, Kanada
CAL-NEVA LODGE, Lake Tahoe
CONTINENTAL HILTON HOTEL, Mexico City
Country Inn, Virginia City, Nevada
FONTAINEBLEAU HOTEL, Miami
GENERAL BROCK HOTEL, Niagara Falls
Government Lodge, Mount Hood, Oregon
HOLIDAY HOTEL, Reno
IMPERIAL HOTEL, Tokio
MAPES HOTEL, Reno
SAHARA MOTOR HOTEL, Phoenix

HOUSE UN-AMERICAN ACTIVITIES COMMITTEE (HUAC)

Der Ausschuss des Repräsentantenhauses zur Untersuchung unamerikanischer Umtriebe begann sich für Marilyn zu interessieren, nachdem er ihren damaligen Verlobten ARTHUR MILLER 1956 in Washington vorgeladen hatte.

Eigentlich hatte der Ausschuss die Aufgabe, Aktivitäten ausländischer Agenten während der Kriegsjahre zu überwachen; bekannt wurde er aber vor allem durch seine verbissene Jagd auf vermeintliche Kommunisten. In der Zeit seines größten Einflusses konnte der Ausschuss prominente Schauspieler und Autoren aus Hollywood wegen „gefährlicher politischer Überzeugungen" auf Schwarze Listen setzen oder zu Gefängnisstrafen verurteilen lassen.

Im Juni 1956 musste Miller vor dem Ausschuss aussagen. Er war fest davon überzeugt, dass sich der Ausschuss mit seiner Person nur befasste, um mehr Publizität zu erlangen. Sehr schnell wurde das Fehlen jeglichen Beweises für seine Mitgliedschaft in der Kommunistischen Partei deutlich. Miller gab gegenüber dem Ausschuss zwar zu, Treffen von Schriftstellern der Kommunistischen Partei besucht zu haben, bestritt jedoch, jemals „kommunistischer Disziplin" unterworfen gewesen zu sein.

In seiner Autobiografie *Zeitkurven* präzisiert Miller: „Die einfache Wahrheit war, ich konnte mich selbst kaum noch an die vielen Organisationen und Anlässe erinnern, die ich unterstützt hatte … Damals hatte ich manchmal tatsächlich mit leidenschaftlicher Gewissheit geglaubt, dass im Marxismus die Hoffnung der Menschheit lag und er das Überleben der Vernunft sichern könne. Es dauerte aber nie lange, und ich stieß auf beunruhigende Beweise menschlicher Schwäche – nicht zuletzt meiner eigenen."

Miller weigerte sich, Namen preiszugeben: „Ich werde Ihnen alles sagen, was Sie über mich wissen wollen, aber mein Gewissen ver-

Den ganzen Tag lang belagerten Reporter Marilyns Apartment am Sutton Place, um von ihr einen Kommentar zur Aussage ihres Verlobten Arthur Miller vor dem Ausschuss zur Untersuchung unamerikanischer Umtriebe zu erlangen.

bietet es mir, gegen andere Menschen auszusagen." Dies brachte ihm ein Verfahren wegen Missachtung des Ausschusses ein. Marilyn jedoch bewunderte seine prinzipienfeste Haltung sehr, die es ihm verbot, die eigene Haut auf Kosten anderer zu retten, und ihm gebot, für die schriftstellerische Freiheit einzutreten.

Größtes Aufsehen erregte Miller in der Vernehmung jedoch mit einer Aussage, die nichts mit dem Kommunismus zu tun hatte. Er hatte die Forderung nach Rückerstattung seines Reisepasses mit dem Wunsch begründet, eine Reise nach ENGLAND anzutreten. Dort wollte er die Aufführung eines seiner Stücke besuchen und „bei der Frau… sein, die ich demnächst heiraten werde". Auf weitere Nachfragen antwortete er: „Ich werde Marilyn Monroe noch vor dem 13. Juli heiraten … Sie wird als Mrs. Miller nach London fahren." Einige Leute, unter ihnen auch Marilyns Presseagent RUPERT ALLAN, sind der Meinung, Marilyn sei dadurch von Millers fester Heiratsabsicht in Kenntnis gesetzt worden.

David Wayne und Marilyn in *How to Marry a Millionaire* (1953).

Auch auf Marilyn übte man Druck aus, um Arthur willfährig zu machen. SPYROS SKOURAS, einer der gewichtigen Leute bei der TWENTIETH CENTURY-FOX, suchte Marilyn in New York auf und verlangte, sie solle ihren Einfluss auf Miller geltend machen. Er befürchtete, Millers Aussagen könnten Marilyn und damit auch der Fox schaden. Doch Marilyn wankte nicht: „Ich antwortete ihm, ich sei stolz auf die Haltung meines Mannes und würde ihn in jeder Hinsicht unterstützen."

Im Mai 1957 musste sich Miller wegen seiner Weigerung, Fragen des Ausschusses zu beantworten, einem Gerichtsverfahren stellen. Er wurde für schuldig befunden und zu 500 Dollar Geldstrafe sowie einem Monat Gefängnis verurteilt. Miller legte sofort Berufung ein. Pflichtbewusst begleitete ihn Marilyn nach Washington, um ihm zur Seite zu stehen. Sie wohnte bei JOSEPH RAUH und dessen Frau OLIE. Um ihrem Mann zu helfen, hielt sie sogar eine Pressekonferenz ab. Im Sommer 1958 wurde der Schuldspruch mit der Begründung, Miller sei über die Gründe der Befragung nicht hinreichend aufgeklärt worden, aufgehoben.

Werbefoto für *How to Marry a Millionaire* (1953).

HOW TO MARRY A MILLIONAIRE (1953) —
Wie angelt man sich einen Millionär?

Für diesen Film über drei Frauen auf der Suche nach einer guten Partie trumpfte die TWENTIETH CENTURY-FOX mit BETTY GRABLE, Marilyn Monroe und LAUREN BACALL auf. Das Studio brannte darauf, seine drei größten Stars im neuen Cinemascope-Breitwandverfahren zu präsentieren. Der Drehbuchautor NUNNALLY JOHNSON behauptete, er habe die Charaktere seiner Figuren den Persönlichkeiten der drei Stars angepasst.

Zwar versuchte das Studio die Presse mit Berichten über erbitterte Rivalitätskämpfe zwischen den beiden Star-Blondinen Grable und Monroe zu ködern, doch hinter den Kulissen vertrugen sich die Schauspielerinnen ausgezeichnet. Alle Berichte stimmen darin überein, dass Grable – nachdem sie zehn Jahre lang Publikumsliebling gewesen war – nun das Zepter mit Anstand weiterreichte.

Marilyn hätte eigentlich lieber Grables Rolle der Loco gespielt, weil ihr missfiel, dass sie für ihre Rolle der Pola eine Brille tragen musste. Doch dem Regisseur JEAN NEGULESCO gelang es, sie von den großen Möglichkeiten der Rolle zu überzeugen. Und er hatte Recht. Die Komik, die aus der starken Kurzsichtigkeit resultiert, brachte Marilyn anerkennende Kritiken für ihr Talent als Komikerin. Marilyn selbst zählte diesen Film allerdings nicht zu ihren Glanzleistungen.

Bei der Premiere des Films am 4. November 1953 wusste Marilyn, dass sie jetzt zu den ganz Großen ihrer Branche gehörte. Mehr als sechs Stunden vereinter Anstrengung, von WILLIAM TRAVILLA, ALAN „WHITEY" SNYDER und Gladys Rasmussen waren nötig, um sie für ihren Auftritt vorzubereiten. Sie wurde in ein hautfarbenes und mit glitzernden Perlen besticktes Seidenkleid eingenäht und mit langen weißen Abendhandschuhen und einer weißen Fuchs-Stola ausgestattet.

Vor der Premierenfeier hatte Autor und Produzent Johnson bei sich zu einem Umtrunk eingeladen, auf dem eine offensichtlich nervöse Marilyn mehrere Bourbon mit Soda hinunterkippte, sodass sie unübersehbar beschwipst war, als sie an der begeisterten Menge vorbei ins Fox-Wilshire-Filmtheater schritt. Für Marilyn wurde der Abend ein Triumph. Im *Hollywod Reporter* war zu lesen: „Seit Gloria Swanson in ihrer besten Zeit hat es nichts Vergleichbares mehr gegeben." Negulesco war derselben Ansicht und meinte, an diesem Abend sei er sich bewusst geworden, „dass sie es mit jeder Konkurrentin aufnehmen konnte". Schon wenige Monate nach dem Kinostart hatte der Film das Fünffache seiner enormen Produktionskosten von 2,5 Millionen Dollar eingespielt.

Das cremefarbene bodenlange Wollkleid, das Marilyn auf den Werbeplakaten für den Film trug, erzielte im Juni 1997 auf einer Auktion 57 000 Dollar. Das ist der höchste Preis, der je für ein Filmkostüm gezahlt wurde.

Produktionsdaten:
Twentieth Century-Fox
Cinemascope und Technicolor
Länge: 95 Minuten
Kinostart: 10. November 1953

Crew:
Regie: Jean Negulesco
Regieassistenz: F.E. „Johnny" Johnston
Produktion: Nunnally Johnson

Drehbuch: Nunnally Johnson
Vorlagen (Bühnenstücke): Zoe Akins (*The Greeks Had a Word for It*), Katherine Albert (*Loco*), Dale Eunson
Story: Doris Lilly
Kamera: Joseph MacDonald
Musik: Cyril J. Mockridge
Musikalische Leitung: Alfred Newman
Arrangement: Edward B. Powell
Schnitt: Louis R. Loeffler
Art Direction: Leland Fuller, Lyle R. Wheeler
Farbberatung: Leonard Doss
Ausstattung: Stuart A. Reiss, Walter M. Scott
Kostüme: Charles Le Maire, Travilla
Maskenbild: Ben Nye
Spezialeffekte: Ray Kellogg
Ton: Alfred Bruzlin, Roger Heman

Besetzung:
Marilyn Monroe … Pola Debevoise
Betty Grable … Loco Dempsey
Lauren Bacall … Schatze Page
David Wayne … Freddie Denmark
Rory Calhoun … Eben
Cameron Mitchell … Tom Brookman
Alexander D'Arcy … J. Stewart Merrill
Fred Clark … Waldo Brewster
William Powell … J.D. Hanley
George Dunn … Mike, Fahrstuhlführer
Percy Helton … Benton
Robert Adler … Taxifahrer
Harry Carter … Fahrstuhlführer
Tudor Owen … Otis
Maurice Marsac … Antoine
Emmett Vogan … Mann bei der Brücke
Hermine Sterler … Madame
Abney Mott … Sekretärin
Rankin Mansfield … Bennett
Jan Arvan … Tony
Ivan Triesault … Oberkellner
Van Des Autels

Nominierungen:
Oscar:
Kostüme

British Academy Awards:
Bester Film

Handlung:
Die drei hübschen Fotomodelle Pola Debevoise (Marilyn Monroe), Loco Dempsey (Betty Grable) und Schatze Page (Lauren Bacall) gehen gemeinsam auf die Suche nach reichen Ehemännern. Zu diesem Zweck mieten sie ein schickes Penthouse in New York.

Jede von ihnen erlebt ihr eigenes Abenteuer, bis sich am Ende die Geschichten zu einem großen Finale vereinen.

Tom Brookman (Cameron Mitchell), einer der ersten Bewerber, trägt Locos Einkäufe nach Hause und verliebt sich in Schatze; doch weil er viel zu arm ist, wird er gleich ausgemustert, denn Schatze interessiert sich mehr für den Ölmagnaten J. D. Hanley (William Powell). Loco wurde inzwischen unter Vorspiegelung falscher Tatsachen von dem verheirateten Waldo Brewster in eine Jagdhütte eingeladen. Als sie den Schwindel bemerkt, will sie sofort in die Stadt zurückkehren, was plötzlich auftretende Masern jedoch unmöglich machen. Stattdessen lernt sie den gut aussehenden Förster Eben (Rory Calhoun) kennen. Sie verliebt sich in ihn, und er gesteht ihr, Besitzer eines riesigen Waldgebietes zu sein.

Die stark kurzsichtige Pola ist in der Zwischenzeit zu der Überzeugung gekommen, dass Männer sich für Brillenträgerinnen nicht interessieren. Leider kann sie ohne Brille kaum etwas erkennen, sodass sie auf dem Weg zu ihrem Beau J. Stewart Merrill (Alex D'Arcy) das falsche Flugzeug besteigt. Dies erweist sich jedoch als ein Glücksfall, denn so stößt sie mit ihrem Vermieter Freddie Denmark (David Wayne) zusammen.

Nachdem Loco und Eben sowie Pola und Freddie geheiratet haben, erklärt sich auch Schatze bereit, ihren reichen Bewerber zu ehelichen. Zur Hochzeit erscheint auch Tom Brookman, der Mann, den Schatze eigentlich liebt. Dem Bräutigam ist das nicht verborgen geblieben; edelmütig sagt er nun die Hochzeit ab. Bei einem gemeinsamen Essen der drei Paare gibt sich Brookman als ein Mann von enormem Reichtum zu erkennen. Jede der drei jungen Frauen hat sich einen reichen Mann geangelt – und außerdem noch die Liebe gefunden.

145

Rock Hudson überreicht Marilyn 1962 den „Golden Globe Award" für den beliebtesten weiblichen Star.

Kritiken:

New York Daily News
„Betty Grable, Lauren Bacall und Marilyn Monroe geben Nunnally Johnsons… Wortwitz mit einer Selbstverständlichkeit zum Besten, die den humoristischen Effekt dieser schönsten Komödie des Jahres noch steigert."

New York Herald Tribune
„Die Frage ‚Wie macht sich Marilyn Monroe auf der Großbild-Leinwand?' ist leicht beantwortet. Wer unbedingt in der ersten Reihe sitzen muss, wird sich wahrscheinlich erdrückt fühlen. Von jedem anderen Sitzplatz aus betrachtet, sind ihre Proportionen jedoch attraktiv wie immer; ihr Spiel als Komikerin ist von der gleichen Klasse wie ihr Aussehen. Als bezaubernde Kurzsichtige, die in Gegenwart von Männern ihre Brille aus Eitelkeit nicht aufsetzt, läuft sie gegen Möbel und hält Bücher verkehrt herum, aber all das mit solcher Arglosigkeit, dass die Leinwand schier dahinschmilzt."

HUDSON, ROCK
(1925–1985, GEB. ALS ROY HAROLD SCHERER)

Hudson begann seine Hollywood-Karriere 1946 im Anschluss an den Militärdienst, den er in der Marine ableistete. Seine ersten Gehversuche beim Film machte er in Abenteuer- und B-Movies. 1952 und 1953 stellte er mit schöner Regelmäßigkeit sechs Filme pro Jahr fertig.

Für seine Darstellung in *Giant – Giganten* (1956) erhielt er eine Oscar-Nominierung. Darauf folgten mehrere leichte Komödien, vorzugsweise als Partner von DORIS DAY. Zusammen drehten sie 1959 *Pillow Talk – Bettgeflüster*, einen Film, an dem auch Marilyn zeitweilig interessiert war. Bis zu seiner Aids-Erkrankung arbeitete Hudson auch viel für das Fernsehen. Rock Hudson war in Hollywood der erste große Star, der an Aids verstarb. Mehrmals standen Hudson und Marilyn kurz vor einer Zusammenarbeit. Im

Jahr 1955 war er als Marilyns Partner in BUS STOP (1956) im Gespräch; er entschied sich jedoch schließlich dagegen – manche Biografen meinen, weil sich Marilyns Geschäftspartner MILTON GREENE seinen Avancen verschloss. Der Produzent JERRY WALD versuchte, Hudson die Hauptrolle in LET'S MAKE LOVE (1960) zu verschaffen, jedoch ohne Erfolg.

In dem posthum von der TWENTIETH CENTURY-FOX Marilyn zu Ehren gedrehten Dokumentarfilm *Marilyn* (1963) führt Hudson als Erzähler durch den Film.

HUETH, POTTER
(AUCH HEWETH GESCHRIEBEN)

Der Fotograf Hueth spielte eine wichtige Rolle auf Norma Jeanes Weg von der Fabrikarbeiterin zum Fotomodell. Er war mit dem Fotografen DAVID CONOVER befreundet, dessen Fotoserie von Norma Jeane – in knappen Pullovern, wahlweise neben einem Dalmatiner oder einem Heuballen – ihn so sehr beeindruckte, dass er sie EMMELINE SNIVELY, Leiterin der BLUE BOOK MODELING AGENCY zeigte.

HUGHES, HOWARD ROBARD
(1905–1976)

Der berühmte Millionär Howard Hughes hatte drei große Leidenschaften: das Fliegen, das Kino und schöne Frauen. Die Klatschkolumnistin HEDDA HOPPER berichtete, wie Hughes nach einer Bruchlandung mit seinem Flugzeug im Krankenhaus lag und Zeitschriften las, auf deren Titelseiten das Foto einer besonders anziehenden jungen Frau abgebildet war. Er soll damals angeordnet haben, ihr einen Vertrag zu geben … Aber er kam zu spät, denn der Talentsucher BEN LYON hatte Marilyn schon zu einem Vertrag bei der TWENTIETH CENTURY-FOX verholfen.

Mehrere Quellen deuten eine Affäre zwischen Hughes und dem Starlet Marilyn an. Einmal soll er sie zu einem Landeplatz in der Wüste bestellt haben, um mit ihr zu amourösen Abenteuern nach Palm Springs zu starten. NATASHA LYTESS bestätigt, dass es zwischen Hughes und Marilyn zu einem Techtelmechtel gekommen ist; und der Klatschkolumnist EARL WILSON berichtete, wie er einer rotwangigen Marilyn begegnete, die gerade von einem Rendezvous mit dem unrasierten Hughes kam. Sie sollen sich einige Jahre später mehrfach auf dem Gelände der RKO begegnet sein, als Marilyn CLASH BY NIGHT (1952) drehte.

Eine Brosche, die Marilyn von Hughes erhielt, wird gern als Beweis für die Affäre zitiert. Es hat sie sicher verwundert, dass dieses Geschenk eines der reichsten Männer der Welt nur 500 Dollar wert war.

HUNTER, ARLINE

Hunter ist der tatsächliche Star eines pornografischen Streifens aus den frühen 1950er-Jahren mit dem Titel APPLES, KNOCKERS AND COKE, den man fälschlich der mittellosen jungen Marilyn Monroe zugeschrieben hat. Andere Hunter-Filme tragen Titel wie *A Virgin In Hollywood* (1948), *Sex Kittens Go to College* (1960) oder *The Art of Burlesque* (1968).

JAMES DOUGHERTY
Verheiratet von Juni 1942 bis September 1946

JOE DiMAGGIO
Verheiratet von Januar 1954 bis Oktober 1954

ARTHUR MILLER
Verheiratet von Juni 1956 bis Januar 1961

HUSTON, JOHN (1906–1987)

MARILYN (während des Drehs zu *The Misfits*):
„Ohne John Huston hätte kein Mensch jemals etwas von mir gehört. [Er sagte mir], wenn Sie nicht nervös werden, können Sie den Beruf gleich an den Nagel hängen. John hat mir in meinem Leben viel bedeutet. Nach zehn Jahren wieder mit ihm zu arbeiten, ist schon ein Ereignis."

HUSTON:
„Als wir das erste Mal zusammenarbeiteten, beeindruckte mich ihre körperliche Gegenwart viel mehr als Gestalt auf der Leinwand. Ich hätte nicht gedacht, dass sie es so schnell so weit bringen würde."

„Sie suchte für alles eine Entsprechung in ihrer persönlichen Erfahrung, versenkte sich tief in sich hinein und brachte dann ein Stück von sich an die Oberfläche, das einzigartig und aufregend war. Technik besaß sie keine. Es war immer die Wahrheit und immer Marilyn. Aber es war Marilyn und noch etwas anderes. Sie fand in sich, was es bedeutet, eine Frau zu sein."

John, der Sohn des Schauspielers Walter Huston, schrieb Drehbücher und führte Regie. Er erhielt einige Oskar-Nominierungen. Seinen Einstand als Regisseur gab er mit *The Maltese Falcon – Die Spur des Falken* (1941), der ihm sofort große Anerkennung verschaffte. Der Film war auch der Beginn einer sehr erfolgreichen Zusammenarbeit mit Humphrey Bogart, die fortgesetzt wurde in *The Treasure of the Sierra Madre – Der Schatz der Sierra Madre* (1947), *Key Largo – Hafen des Lasters* (1948) und *The African Queen* (1952). Gleichermaßen erfolgreich waren *The Night of the Iguana – Die Nacht des Leguan* (1964), *The Man Who Would Be King – Der Mann, der König sein wollte* (1975) und seinem vorletzten Film *Prizzi's Honor – Die Ehre der Prizzis* (1985). Huston war ein charismatischer Mann, der desto größeren Gefallen an seinen Filmprojekten zu finden schien, je schwieriger die Bedingungen bei den Dreharbeiten waren.

Auch als Gelegenheitsschauspieler machte er eine sehr erfolgreiche Karriere. Für *The Cardinal – Der Kardinal* (1963) erhielt er eine Oscar-Nominierung. Auch in *Chinatown* (1974) beeindruckte er durch seine darstellerische Leistung.

John Huston verhalf Marilyn in THE ASPHALT JUNGLE (1950), dem Klassiker über ein fehlgeschlagenes Verbrechen, zu ihrer ersten größeren Rolle. Augenscheinlich hatte er sie schon ein Jahr zuvor für *We Were Strangers* verpflichten wollen, war jedoch gescheitert, weil sein Studio – zu jener Zeit die COLUMBIA PICTURES – die Kosten für Probeaufnahmen scheute. In seiner Autobiografie

John Huston, Marilyn und Arthur Miller beim Dreh von *The Misfits* (1960).

MARILYN:

„Johnny war fast doppelt so alt wie ich – ein sanfter, freundlicher, brillanter Mann, wie ich noch keinen kennen gelernt hatte. Er hatte eine Menge Charme und viel Wärme. Johnny regte mich dazu an, gute Bücher zu lesen und gute Musik zu hören."

„Er kannte nicht nur mich, sondern auch Norma Jeane. Er wusste von all dem Schmerz und der Verzweiflung in mir. Wenn er mich in die Arme nahm und sagte, dass er mich liebe, wusste ich, dass es wahr war. So hatte mich noch nie jemand geliebt. Ich wünschte von ganzem Herzen, ihn ebenso lieben zu können … Er war für mich wie eine richtige Familie mit vielen Verwandten."

An *Open Book* hält Huston sich zugute, Marilyn vom Fleck weg für die Rolle der Angela Phinlay engagiert zu haben, für die sie sich auf Anraten von JOHNNY HYDE beworben hatte. In Wahrheit führten wohl etwas verschlungenere Wege zu ihrem Engagement.

Beim ersten Vorspielen für die Rolle sollen Marilyn so grobe Schnitzer unterlaufen sein, dass ihre blonde Rivalin Lola Albright den Part erhielt. Anscheinend hat sich dann jedoch LUCILLE RYMAN, wie vorher Johnny Hyde, für Marilyn eingesetzt. Als erstes gab Ryman zu bedenken, um wie vieles günstiger es im Hinblick auf das Budget wäre, Marilyn statt der ursprünglich vorgesehenen Albright zu engagieren. Dann erhöhte sie den Druck auf Huston und erinnerte ihn an das Geld, das er ihr dafür schuldete, dass seine Pferde auf der Ryman/Carroll-Ranch untergebracht waren. Schließlich drohte sie, seine Zuchthengste zu verkaufen, falls Marilyn die Rolle nicht erhielte, worauf Huston schnell einlenkte.

Marilyns Erinnerungen an die Arbeit mit Huston in *The Asphalt Jungle* waren überaus angenehm, ganz im Gegensatz zu den Erinnerungen an alle folgenden Filme. Sie betrachtete Huston als ein Genie und war voller Lob über die Art, wie er bei ihr Regie führte: „Alles, was ich tat, nahm der Regisseur ernst, genauso ernst wie das, was die Hauptdarsteller des Films taten."

John Hustons Name findet sich auf der Liste der von ihr bevorzugten Regisseure, die Marilyn 1955 aufstellte; sie sollten jedoch erst 1960 wieder zusammenarbeiten. Huston, dem Marilyns Weiterentwicklung im letzten Jahrzehnt nicht verborgen geblieben war, meinte, sie habe sich von „einer schlichten kleinen Blondine, die sich gut führen ließ" in eine Schauspielerin verwandelt, „die aus ihrem eigenen Innern heraus spielt, die etwas erst in sich fühlen muss, bevor sie es spielen kann".

Huston war nicht nur ein notorischer Spieler, sondern auch ein passionierter Reiter und wollte deshalb in THE MISFITS (1961) Regie führen. Über die Dreharbeiten von *The Misfits* ist mehr geschrieben worden als über den Film selbst.

Hartnäckige Probleme verfolgten die Dreharbeiten, von denen jedes für sich genügt hätte, um ein Filmprojekt zum Scheitern zu bringen: die Trennung Marilyns und ARTHUR MILLERs, Spannungen zwischen Miller und Huston, ein zehntägiger Krankenhausaufenthalt der erschöpften Marilyn, starke Budgetüberschreitungen, endlose Neuaufnahmen, weil weder Huston noch Marilyn je zufrieden waren, drückende Hitze bei den Außenaufnahmen in der Wüste, riskante Szenen, bei denen Stuntmen und Doubles sich verletzten.

Und außerdem hinterfragte die Schauspiellehrerin PAULA STRASBERG jede Regieanweisung Hustons, der ihr – wie Arthur Miller schreibt – immer mit großer Aufmerksamkeit zuhörte, um anschließend so weiterzumachen wie zuvor.

Mehr als ein Biograf ist der Meinung, dass Hustons süchtiges Rauchen, Trinken und Spielen (siehe GAMBLING) der Produktion mehr geschadet haben als Marilyns Abhängigkeit von ihren Schlaftabletten. John Huston würfelte regelmäßig bis fünf Uhr morgens und verlor in mancher Nacht bis zu 20.000 Dollar.

Huston soll auch mit Marilyns Ärzten unter einer Decke gesteckt haben, damit diese sie eine Woche auf Erholung schickten und er in Marilyns Abwesenheit das Gerücht streuen konnte, sie habe einen Nervenzusammenbruch erlitten. So wollte er von der Tatsache ablenken, dass die Dreharbeiten seiner unbezahlten Spielschulden wegen nicht fortgesetzt wurden.

Selbst nach den nervenzehrenden Erfahrungen bei der Arbeit an *The Misfits* trug sich Huston mit dem Gedanken, Marilyn und MONTGOMERY CLIFT noch einmal in seinem Filmporträt des Vaters der Psychoanalyse *Freud* (1962) gemeinsam vor die Kamera treten zu lassen. Marilyn lehnte ab und folgte damit dem Rat ihres Psychoanalytikers.

Von Huston stammt der verbindende Text in dem Dokumentarfilm *The Legend of Marilyn Monroe* von 1966.

Bei seiner ersten Begegnung mit Norma Jeane war Hyde 53 Jahre alt und Vizepräsident von William Morris, einer der erfolgreichsten Agenturen Hollywoods. Er war verheiratet, hatte vier Söhne und eine schwere Herzkrankheit. Wo die beiden sich begegneten, ist unklar. Einer Version zufolge stellte JOHN CARROLL ihm Marilyn bei einer Party im PALM SPRINGS Racquet Club Hotel vor, die JOSEPH SCHENCK im Januar 1949 gab; nach einer anderen Version trafen sie sich auf einer Sylvesterfeier des Produzenten Sam Spiegel. Anschließend lud Hyde sie nach Palm Springs ein, um in privaterem Rahmen mit ihr über ihre Karriere zu sprechen.

Wie so viele wichtige Gestalten Hollywoods wurde Hyde in Europa geboren. Die ersten zehn Jahre seines Lebens verbrachte der Sohn einer Akrobatenfamilie in RUSSLAND. 1906 wanderte die Familie nach Amerika aus. Seit 1935 managte er einige der großen Namen wie Betty Hutton, BOB HOPE, Rita Hayworth und Lana Turner, deren Aufstieg zum Star man als sein Verdienst betrachtet. Hyde verliebte sich Hals über Kopf in Marilyn, seine letzte Entdeckung. Im Laufe des Jahres 1949 trafen sie sich oft und verbrachten viele Abende miteinander. Für Marilyn verkörperte Johnny den typischen

Johnny Hyde und Marilyn, 1950

„Sugar Daddy", einen Mann mit besten Kontakten, der willens war, die gerade erst beginnende Karriere mit der entsprechenden Kompetenz voranzutreiben. Sie gaben ein eher komisches Paar ab, denn Hyde war mehr als doppelt so alt und erheblich kleiner als sie.

Schon nach wenigen Monaten verließ Hyde seine Frau, Mozelle Cravens Hyde, die dem Biografen FRED LAWRENCE GUILES später erzählte: „Ich habe lange versucht, darüber hinwegzusehen, aber schließlich konnte ich nicht mehr. Ich bin eine tolerante Frau, aber alles hat seine Grenzen."

Hyde mietete ein Haus in Beverly Hills, 718 NORTH PALM DRIVE, und zog dort mit Marilyn zusammen. Um sich gegen allzu neugierige Nachforschungen zu schützen, behielt Marilyn ihr Zimmer im BEVERLY CARLTON HOTEL am West Olympic Boulevard.

Auf Hydes Veranlassung ließ Marilyn kleine kosmetische Korrekturen an Nase und Kinn durchführen (siehe COSMETIC SURGERY). Hyde ließ ihr Haar platinblond färben, den Haaransatz nach oben korrigieren und eine kleine Unregelmäßigkeit der Zähne beheben. Er stattete sie mit schicker neuer Garderobe aus und besuchte mit ihr alle Lokalitäten, die gerade en vogue waren.

Auch in geschäftlicher Hinsicht verschrieb sich Hyde mit Leib und Seele dem Ziel, Marilyn zum Star zu machen, und kaufte sie aus dem Vertrag mit ihrem ersten Agenten, HARRY LIPTON, frei. Überaus wichtig für Marilyns Publizität wurden die Freundschaftsdienste, die seine langjährigen Freunde ihm jetzt erweisen mussten. Den Produzenten LESTER COWAN überredete er, sie in den Film der Marx Brothers LOVE HAPPY hi-

nein zu nehmen. Hyde arrangierte auch ein neuerliches Vorspielen bei der Fox, aufgrund dessen sie die Rolle als Chorus-Girl in dem Western-Musical A TICKET TO TOMAHAWK (1950) erhielt. Schließlich erreichte er, was er wollte: Marilyn bekam eine kleine, ihr auf den Leib geschriebene, Rolle in JOHN HUSTONs herausragendem Film THE ASPHALT JUNGLE (1950).

All das tat Hyde aus Liebe. Doch so oft er Marilyn auch die Ehe antrug, sie sagte nein. Sie liebte ihn nicht, und eine Heirat ohne Liebe kam für sie nicht in Frage, obwohl diese Ehe sie außerordentlich reich gemacht hätte. Marilyn trauerte immer noch ihrer ersten großen Liebe FRED KARGER nach, der die Beziehung zu ihr abgebrochen hatte. RUPERT ALLAN sagte sie einmal: „Es wäre albern von mir, Mrs. Johnny Hyde sein zu wollen. Niemand würde mich mehr ernst nehmen."

Hyde fuhr fort, die Dienste seiner Freunde in Anspruch zu nehmen. Mit der Fox arrangierte er Probeaufnahmen zu einem Film namens *Cold Shoulder*. Er ebnete Marilyn den Weg für kleinere Rollen in RIGHT CROSS (1950) und HOMETOWN STORY (1951). Auch die Rolle an der Seite von GEORGE SANDERS in dem mit einem Oscar ausgezeichneten Film ALL ABOUT EVE (1950) verdankte Marilyn ihm, wie auch die Zusage der TWENTIETH CENTURY-FOX, ihr einen Vertrag mit siebenjähriger Option zu geben.

Als Hyde den ersten von mehreren Herzinfarkten erlitt, war Marilyn nicht bei ihm. Entweder war sie bei einer Kostümprobe für AS YOUNG AS YOU FEEL (1951), bei der sie übrigens ARTHUR MILLER zum ersten Mal begegnete, oder sie war mit NATASHA LYTESS

nach Tijuana gereist. Hyde starb am 18. Dezember 1950. Marilyn erzählte ELIA KAZAN, als er starb, habe sie im Krankenhaus vor seiner Zimmertür gesessen und ihn nach ihr rufen hören, doch Hydes Familie habe sie nicht zu ihm gelassen.

Als Letztes soll Hyde seiner Sekretärin Dona Holloway gesagt haben: „Sorgen Sie dafür, dass Marilyn wie ein Mitglied der Familie bedacht wird." Es lag nicht in Holloways Macht, ihm seinen letzten Wunsch zu erfüllen. Nach Hydes Tod warf die Familie Marilyn aus dem Haus, in dem sie mit ihm gelebt hatte, und ließ sich Schmuck und Garderobe aushändigen, die er ihr geschenkt hatte. Zwar hatte Hyde seinen Anwälten die Absicht mitgeteilt, Marilyn ein Drittel seines Vermögens zu hinterlassen, da jedoch kein neues Testament aufgesetzt worden war, ging Marilyn leer aus.

Die Familie untersagte Marilyn auch die Teilnahme an der Beerdigung. Marilyn erschien dennoch zur festgesetzten Zeit auf dem „Forest Lawn"-Friedhof in Hollywood Hills. Im Folgenden widersprechen die Berichte einander: Entweder soll sie sich schluchzend über den Sarg geworfen oder gefasst eine weiße Rose aus dem Blumenschmuck des Sargs gepflückt und diese jahrelang zwischen den Seiten einer Bibel aufbewahrt haben.

Hydes Tod brachte Marilyn völlig aus dem Gleichgewicht. Oft brach sie unvermittelt in Tränen aus, lebte monatelang zurückgezogen und verhielt sich sehr reserviert. Sie soll in dieser Zeit einen Selbstmordversuch (siehe SUICIDE ATTEMPTS) unternommen haben, jedoch von Lytess, bei der sie wohnte, rechtzeitig aufgefunden worden sein.

IMPERIAL HOTEL
1-1 SHINKAWA 1-CHOME, CHUO-KU, TOKIO

In diesem Hotel stiegen Marilyn und JOE DI-MAGGIO im Verlauf ihrer JAPAN-Reise ab. Es wurde während ihres Aufenthalts im Februar 1954 ständig von FANS belagert, was am ersten Tag fast in Krawalle ausartete.

IMPERSONATORS — Imitatoren

Viele Menschen verdienen ihr Geld damit, Marilyns Aussehen, ihre Stimme oder ihren besonderen Mund nachzuahmen. In fast jedem Land der Welt gibt es Künstlerinnen (und Künstler), die ihre berühmtesten Show-Nummern nachspielen, sich für Kabarettauftritte und alle möglichen anderen Anlässe als „Marilyn" engagieren lassen. Eine Doppelgängerin trieb die Ähnlichkeit allerdings etwas zu weit: Sie beging mit 36 Jahren Selbstmord.

Als unsterbliches Symbol sinnlicher, üppiger Weiblichkeit ist Marilyn ein Idol der Schwulengemeinde und hat so auch zahlreiche männliche Imitatoren gefunden. Zu den berühmtesten gehörte Jimmy James, der Marilyns Aussehen und Stimme so täuschend echt imitierte, dass man ihm deshalb sogar mit rechtlichen Schritten drohte. In jüngerer Zeit tat sich besonders der Schauspieler Christopher Morley in Fernsehen und Kino als Marilyn-Imitator hervor – so in Don't Tell Mom the Babysitter's Dead – Fast Food Family (1991).

Norma Jeane selbst besuchte schon während ihrer Anfangszeit im Showbusiness gern Clubs am Sunset Strip, in denen Imitatoren wie Ray Bourbon auftraten. Während der Dreharbeiten zu THE MISFITS (1961) sah sie sich eine Marilyn-Imitation im Finnocchio's, San Francisco, an – sie soll den Club aber schon vor dem Ende der Darbietung verlassen haben.

(siehe ACTRESSES WHO HAVE PORTRAYED MARILYN – Darstellerinnen, die Marilyn oder Marilyn-Rollen gespielt haben)

INGE, WILLIAM MOTTER (1913–1973)

Dieser amerikanische Bühnenautor wurde durch seine Broadway-Stücke über das Leben in Kleinstädten des Mittleren Westens bekannt. Einige wurden auch verfilmt: Come Back Little Sheba – Kehr zurück, kleine Sheba (1952), Picnic – Picknick (1956), BUS STOP (1956) und The Dark at the Top of the Stairs – Das Dunkel am Ende der Treppe (1960). 1961 erhielt Inge einen Oscar für sein Drehbuch zu Splendor in the Grass – Fieber im Blut.

Marilyns schauspielerische Leistung in BUS STOP (1956), der auf das gleichnamige Stück von Inge basierte, wurde von vielen als ihre beste gelobt. Sie liebäugelte zeitweise mit einem weiteren Inge-Stück, A Loss of Roses, bevor sie die Rolle ablehnte.

INSIGNIFICANCE (1985) —
Die verflixte Nacht

In diesem Film, der auf ein Bühnenstück von Terry Johnson zurückgeht, das im Sommer 1982 im Londoner Royal Court Theatre lief, finden sich mehrere prominente Gestalten – Marilyn Monroe, ALBERT EINSTEIN, Senator Joseph McCarthy und JOE DIMAGGIO – zu einem imaginären Gedankenaustausch zusammen. Regisseur Nicholas Roeg besetzte die Marilyn-Rolle mit seiner Frau Theresa Russell neben TONY CURTIS als Senator, Michael Emil als Professor und Gary Busey als Baseballspieler.

INTERNET — Internet

Tausende von Sites im World Wide Web huldigen der populärsten Frau der Welt. Wer eine der größeren Suchmaschinen nach „Marilyn Monroe" abfragt, muss sich darauf einstellen, mit einer verwirrenden Flut von Fundstellen überschwemmt zu werden.

Auktionsveranstalter vertreiben Andenken (siehe MEMORABILIA), man kann im Marilyn-Angebot der Buch- und Videohändler stöbern, sich auf Kinoseiten ausführlich über Marilyns Filme informieren und erhält häufig Links zu Fernsehausstrahlungen in den verschiedensten Regionen der Welt. Immer mehr Fotografen bieten ihre Marilyn-Bilder über eigene Websites an, und auch Zeitschriften wie Life verfügen über ausgezeichnete Online-Archive, in denen man eine Fülle von Marilyn-Fotos findet.

Die zahlreichen Seiten von FANS reichen von den ganz schlichten mit einigen persönlichen Lieblingsfotos bis zu äußerst kunstvoll gestalteten und preisgekrönten Seiten inklusive Tonaufnahmen, seltenen Fotos, Filmausschnitten und gründlich recherchiertem biografischem Material.

CMG Worldwide, die Marilyns Nachlass (siehe ESTATE) verwaltet, betreibt unter www.marilynmonroe.com die offizielle Marilyn-Monroe-Website.

JACOBS, ARTHUR (1922–1973)

Leiter der New Yorker Arthur P. Jacobs Company, die von 1955 bis zu Marilyns Tod für ihre Öffentlichkeitsarbeit zuständig war. Die Firma, die Jacobs zusammen mit John Springer betrieb und zu deren Agenten u. a. Lois Weber, RUPERT ALLAN und PATRICIA NEWCOMB gehörten, hatte Niederlassungen an der Ost- und an der Westküste und war damit ideal platziert, um Marilyn, die soeben die MARILYN MONROE PRODUCTIONS gegründet hatte, in ihrer neuen Rolle als unabhängige Filmemacherin zu unterstützen.

Marilyn ermunterte Jacobs ausdrücklich, ins Produktionsgeschäft einzusteigen. Sie plante, ihm die Produktion eines Films mit dem Titel I Love Louisa anzuvertrauen. Vor der Umsetzung starb sie jedoch, und der Film wurde mit SHIRLEY MacLAINE als What a Way to Go – Immer mit einem anderen (1964) herausgebracht.

Jacobs produzierte insgesamt zehn Filme, u. a. die Serie Planet of the Apes – Planet der Affen.

ANTHONY SUMMERS zufolge erfuhr Jacobs am späten Abend des 4. August als einer der Ersten von Marilyns Tod (siehe DEATH), als er mit seiner Frau, der Schauspielerin Natalie Trundyam, aus einem Konzert im Hollywood Bowl gerufen wurde. Trundyam erzählte Summers: „Wir hörten davon, lange bevor es allgemein bekannt wurde; wir verließen das Konzert sofort, und Arthur setzte mich zu Hause ab. Er fuhr zu Marilyns Haus, und ich glaube, ich habe ihn danach zwei Tage nicht gesehen. Er musste der Presse Sand in die Augen streuen."

JAMAICA — Jamaika

Nach den Dreharbeiten zu THE PRINCE AND THE SHOWGIRL (1957) gönnte sich Marilyn mit ARTHUR MILLER verspätete Flitterwochen (siehe HONEYMOONS) auf Jamaika. Das Paar wohnte vom 3. bis zum 19. Januar 1957 in der Villa von Lady Pamela Bird an der Nordküste Jamaikas.

JAPAN

Kurz nach ihrer Hochzeit verbrachten Marilyn und JOE DIMAGGIO einen Teil ihrer Flitterwochen (siehe HONEYMOONS) gemeinsam mit Joes Freund und Manager „Lefty" O'Doul und dessen Frau in Japan. Die Reise war von der japanischen Zeitung Yomiuri Shimbun anlässlich des Beginns der japanischen Baseballsaison arrangiert worden. Joe war schon einmal 1951 zu einem Schauturnier in Japan gewesen.

Als das Paar am 2. Februar 1954 auf Tokios internationalem Haneda-Flughafen eintraf, wurden sie von zehntausend wild gewordenen FANS so begeistert begrüßt, dass sie zurück ins Flugzeug flüchten mussten. Später schlichen sie sich durch die Gepäckklappe nach draußen und versteckten sich im Zollbüro, bis der Aufruhr etwas abgeflaut war.

Rund um das IMPERIAL HOTEL war die Lage nicht weniger chaotisch. 200 Fans weigerten sich, das Hotel, in dem ihr Idol wohnen sollte, zu verlassen. Als die Polizei sie hinausdrängen wollte, warfen sich einige von ihnen in die Glastüren. Der Tumult beruhigte sich erst, als Marilyn sich überreden ließ, auf ihrem Balkon zu erscheinen, um den Fans zuzuwinken.

Auch bei Joes Pressekonferenz am nächsten Tag stand Marilyn im Mittelpunkt der Aufmerksamkeit. Joe war offenbar verärgert darüber, dass sie ihm auf dieser für ihn organisierten Tour die Schau stahl. Das Paar besuchte mit Lefty und Jean O'Doul Fuji, Osaka und Yokohama, und Marilyn unternahm mit Jean ihren Tournee-Abstecher zu den amerikanischen Truppen nach KOREA.

JASGUR, JOSEPH

Der prominente Fotograf Jasgur erklärte sich im März 1946 auf Empfehlung von EMMELINE SNIVELY, Inhaberin der BLUE BOOK MODELING AGENCY, bereit, einige Probeaufnahmen von Norma Jeane zu machen. Er erinnert sich, dass sie eine Stunde zu spät kam, „ein schüchternes Mädchen, ganz und gar kein typisches Model, sehr nervös und außer Atem".

Seine Fotos zeigen Marilyn in der Phase des Übergangs von der eifrigen Anfängerin zum routinierten Fotomodell.

In seinem Marilyn-Fotobuch stellt Jasgur die absurde Behauptung auf, Marilyn habe an einem Fuß sechs Zehen gehabt – was von allen Fotos des Buchs widerlegt wird, bis auf eines, auf dem man einen kleinen Sandwulst neben einem ihrer Füße sieht. Zudem behauptete Jasgur einmal, Norma Jeane habe ihm einen Heiratsantrag gemacht – den er abgelehnt haben will.

JEAKINS, DOROTHY (1914–1995)

Marilyn arbeitete zweimal mit dieser Oscar-gekrönten Kostümbildnerin zusammen, bei NIAGARA (1953) und bei LET'S MAKE LOVE (1960).

JEAN-LOUIS (1907–1997)

Jean-Louis leitete von 1944 bis 1958 die Kostümbild-Abteilung der COLUMBIA PICTURES. Er hatte schon ganz am Anfang von Marilyns Karriere anlässlich ihres Auftritts in LADIES OF THE CHORUS (1948) erstmals mit ihr zu tun. Später arbeitete er mit Marilyn an THE MISFITS (1961) und dem nie beendeten SOMETHING'S GOT TO GIVE (1962). Im Laufe seiner langen Karriere kleidete Jean-Louis fast alle Spitzenschauspielerinnen Hollywoods ein.

Wenn Marilyn einen wirklich atemberaubenden Auftritt plante, wandte sie sich an ihn. So entwarf er das Seidenkleid, in dem Marilyn ihr Geburtstagsständchen für Präsident KENNEDY sang. Im gleißenden Scheinwerferlicht wurde es so durchsichtig, dass es

Jean-Louis entwarf das Kleid, das Marilyn trug, als sie 1962 „Happy Birthday" für Präsident John F. Kennedy sang.

so wirkte, als stünde Marilyn in funkelnder Nacktheit da.

Noch kurz vor ihrem Tod hatte Marilyn bei Jean-Louis ein 1 600 Dollar teures Kleid in Auftrag gegeben. Je nach Quelle handelte es sich dabei um ein paillettenbesetztes weißes Abendkleid oder ihr Hochzeitskleid für die geplante Wiedervermählung mit DIMAGGIO.

JEFFRIES, NORMAN II

Norman Jeffries, Marilyns „Mädchen für alles" und Neffe ihrer Haushälterin EUNICE MURRAY, eröffnete ihrem Biografen DONALD WOLFE nach über 33 Jahren des Schweigens, BOBBY KENNEDY sei am 4. August 1962 zweimal in Marilyns Haus gewesen, einmal am Nachmittag und dann noch einmal gegen 22 Uhr. Jeffries behauptete, Kennedy habe ihn weggeschickt, und als er zurückkam, sei Marilyn „dem Tode nahe" gewesen.

In Wolfes Buch wird Jeffries' Geschichte von einem pensionierten Polizisten bestätigt, nach dessen Angaben Marilyns verschollene Ermittlungsakte den Hinweis enthalten hätte, dass Kennedy und Lawford in jener Nacht wegen Geschwindigkeitsüberschreitung angehalten wurden, als sie von Marilyns Haus wegfuhren.

Jeffries und sein Bruder Keith wurden von Marilyn mit Umbauarbeiten an ihrem Haus am FIFTH HELENA DRIVE beauftragt. Es heißt auch, Jeffries habe in Marilyns Todesnacht das zerbrochene Fenster ihres Schlafzimmers repariert, bevor die Polizei eintraf.

JEWELRY — Schmuck

„Diamonds Are A Girl's Best Friend" – Auch wenn Marilyn im Film ganz entzückt von wertvollem Schmuck war, abseits der Leinwand trug sie nur selten welchen. Ihr Friseur GEORGE MASTERS begründete das so: „Marilyn trug nie Schmuck, weil sie nicht wollte, dass irgendetwas von ihr ablenkte."

Das hinderte ihre Verehrer nicht, sie mit teurem Glitzerkram zu überhäufen. JOE DI-MAGGIO zum Beispiel schenkte ihr einen gewaltigen Diamantring. Auf ihrer JAPAN-Reise 1954 erhielt Marilyn vom japanischen Kaiser eine von Mikymota gefertigte Naturperlenkette. Diese Kette trug sie auch bei der Gerichtsverhandlung anlässlich ihrer Scheidung von DiMaggio und schenkte sie später PAULA STRASBERG. Nach Paulas Tod ging die Kette an deren Tochter SUSAN STRASBERG, die sie Anfang 1999 verkaufte.

Einigen Biografen zufolge machte Marilyn während der zweiten Hälfte ihrer Karriere baumelnde Diamant- oder Strassohrringe zu einem festen Teil ihrer Aufmachung. In den 1960er-Jahren ging sie dann dazu über, eine zarte Bernsteinkette um den Hals oder wie ein Diadem im Haar zu tragen.

JOHN, ELTON
(GEB. 1947 ALS REGINALD DWIGHT)

Elton John, einer der produktivsten und erfolgreichsten Sänger und Songschreiber der Welt, verfasste mit Texter Bernie Taupin die berühmte Huldigung an Marilyn „Candle in the Wind" (1973). 1997 schrieb er den Text dieses berühmten Lieds zur Beerdigung von Prinzessin DIANA um, die ihn als einen ihrer Lieblingsmusiker schätzte.

Werbefoto für *There's No Business Like Show Business* (1954).

JOHNSON, NUNNALLY (1897–1977)

„Sie lebte drei Meter unter Wasser … unter einer dicken Wattewand … wenn man mit einer Nadel hineinsticht, sagt es acht Tage später 'Autsch'."

Der Autor, Produzent und gelegentliche Regisseur Johnson hatte bereits eindrucksvolle Referenzen wie *Jesse James – Jesse James, Mann ohne Gesetz* (1939) und *The Grapes of Wrath – Die Früchte des Zorns* (1940) vorzuweisen, als die TWENTIETH CENTURY-FOX Marilyn 1952 in seinem Episodenfilm WE'RE NOT MARRIED spielen ließ. Ein Jahr später erarbeitete er aus zwei verschiedenen Bühnenstücken ein Drehbuch für HOW TO MARRY A MILLIONAIRE (1953). Den drei geldgierigen Schönen (Marilyn, BETTY GRABLE und LAUREN BACALL) verlieh er Züge aus ihrer jeweiligen Vergangenheit. Marilyn, die in der Rolle der Pola ohne Brille so blind wie ein Maulwurf ist, schöpfte das komische Potential ihrer Rolle voll aus.

Für Johnson war die Arbeit mit Marilyn kein Grund zur Freude: „Marilyn nahm mir jede Sympathie für Schauspielerinnen. In den meisten ihrer Aufnahmen verpatzte sie entweder ihren Text oder war stocksteif. Ich glaube nicht, dass sie sich aus einem Manuskriptpapier herausspielen könnte. Sie ist einfach nur eine arrogante kleine Powacklerin, die es gelernt hat, einem Sex ins Gesicht zu reiben." Johnson schrieb trotzdem noch zwei Fox-Projekte eigens für Marilyn. Marilyn wollte sich allerdings nicht mehr zum Sexobjekt abstempeln lassen, sodass *The Girl in Pink Tights* nie realisiert und *How to Be Very, Very Popular* (1955) letztlich mit SHEREE NORTH gedreht wurde.

Trotz ihrer früheren Antipathie fanden Johnson und Marilyn bei SOMETHING'S GOT TO GIVE wieder zueinander, als man ihn zur Überarbeitung des Drehbuchs hinzuzog. Nachdem Johnson abgesetzt worden war, weil er sich weigerte, den Text während der Dreharbeiten täglich umzuschreiben, trat er für Marilyn in ihrer Auseinandersetzung mit GEORGE CUKOR ein, bis Marilyn schließlich selbst gefeuert wurde. Johnson bemerkte, dass sich Marilyn angesichts der zunehmenden Spannungen um das Projekt „immer weiter aus der Realität zurückzog".

Johnsons anfängliches vernichtendes Urteil über Marilyn milderte sich mit der Zeit: „[Marilyn] hatte genau das richtige Gespür für die Figur, die sie spielte – die richtige Art, in eine Szene hineinzugehen, die Aufmerk-samkeit zu erregen, während sich die Szene entwickelte, und eine Szene zu beenden."

JORDAN, TED (GEB. 1924)

Der Schauspieler Ted Jordan stellte in seinem Buch über Marilyn eine Reihe von Behauptungen auf, die bei vielen auf Zweifel stießen; u. a. schrieb er, Marilyn habe in den späten 1940er-Jahren eine Tochter von ihm bekommen. Seiner Schilderung zufolge dauerte ihr Verhältnis bis zu Marilyns Todestag an. Weiter berichtete er, Marilyn habe eine lesbische Beziehung (siehe LESBIAN RUMOURS) zu seiner damaligen Frau, der Stripperin Lili St. Cyr, gehabt. Auch gab er vor, Marilyns berühmtes, aber niemals öffentlich gesichtetes rotes Tagebuch (siehe DIARY) zu besitzen.

Der 1996 gedrehte Fernsehfilm *Norma Jean and Marilyn – Marilyn – ihr Leben* mit Ashley Judd und Mira Sorvino entstand nach einer freien Bearbeitung seines Buchs *Norma Jean: My Secret Life with Marilyn Monroe*.

KAEL, PAULINE (GEB. 1919)

Diese einflussreiche, vom Marilyn-Mythos unbeeindruckte Filmkritikerin des *New Yorker* schrieb in ihrer Kritik zu NORMAN MAILERS *Marilyn Monroe*: „Sie klimperte mit ihren Bambi-Wimpern, leckte sich ihr suggestiv geöffnetes, liederliches Mäulchen, wackelte mit dem kecken, verführerischen Po und bediente sich ihrer Flüsterstimme, um uns mit Schwindel erregenden Anzüglichkeiten zu liebkosen. Ihr überreifer Körper quoll und schwappte aus ihren Kleidern, während sie sich uns mit der schlüpfrigen Unschuld einer Kindhure an den Hals warf."

KANIN, GARSON (1912–1999)

Vielseitiger Bühnen- und Drehbuchautor, Theater- und Kinoregisseur und Verfasser aufschlussreicher Bücher über seine Hollywood-Erfahrungen.

Marilyn absolvierte Probeaufnahmen für Kanins Film *Born Yesterday – Die ist nicht von gestern* (1950), wurde aber nicht genommen. Sein 1979 veröffentlichter Roman *Moviola* über Hollywood-Machenschaften, dessen Hauptakteurin Ähnlichkeiten mit Marilyn aufweist, bildete die Grundlage für mehrere Fernsehfilme (siehe FICTION). Zu seinen bekanntesten Filmen gehören *The True Glory* (1945), *Adam's Rib – Ehekrieg* (1949) und *The Girl Can't Help It – Schlagerpiraten* (1956).

KARGER, FRED (1916–1979)

MARILYN:

„Ich weiß, dass er mich mochte und gern mit mir zusammen war, aber seine Liebe schien keine Ähnlichkeit mit meiner zu haben. Seine Äußerungen mir gegenüber bestanden meist in Kritik. Er kritisierte meinen Geist. Er wies mich immer wieder darauf hin, wie … wenig Ahnung ich vom Leben hatte."

1948 wurde Marilyn während ihres Sechsmonatsvertrags mit COLUMBIA PICTURES zum Stimmtraining (siehe VOICE) zu Fred Karger, dem musikalischen Leiter des Studios, geschickt. Marilyn verliebte sich Hals über Kopf in den attraktiven 32-Jährigen, der sich soeben von seiner Frau getrennt hatte. Er ähnelte dem angeblichen Foto ihres Vaters, das sie bei ihrer Mutter GLADYS BAKER gesehen hatte. Obwohl ihre Romanze nur von kurzer Dauer war, bezeichnete Marilyn Karger als ihre erste große Liebe. Ihrer Schauspiellehrerin NATASHA LYTESS vertraute sie an, dass Freddy der Mann ihrer Träume sei, den sie heiraten wolle.

Karger beriet Marilyn nicht nur als Stimmbildner, sondern gab ihr auch Garderobentipps und Benimmunterricht, machte sie mit den Freuden guter Musik und guter Bücher bekannt, führte sie abends aus und schickte sie zu einem Kieferorthopäden, der ihren leichten Überbiss mit einer Zahnspange korrigierte und ihre Zähne bleichte.

Obwohl seine Mutter und Schwester, die mit dem verliebten Paar unter einem Dach wohnten, seine neue Freundin sehr mochten und Marilyn darauf brannte, ihn zu heiraten, fand Fred, sie sei keine passende Ehefrau: „Du weinst zu leicht. Das liegt daran, dass dein Geist unterentwickelt ist. Im Vergleich zu

Fred Karger und Jane Wyman, 1952.

deiner Figur ist er völlig unausgereift." Noch schlimmer war, dass ihm das 21-jährige Starlet als Mutter für seine Tochter Terry völlig ungeeignet erschien.

Später kursierten Gerüchte, Marilyn sei mehrfach von ihm schwanger gewesen und habe jedes Mal eine Abtreibung vornehmen lassen.

Am Abend von Fred Kargers Hochzeit mit der Schauspielerin JANE WYMAN im November 1952 ließ es sich Marilyn nicht nehmen, uneingeladen zu ihrem Empfang in Chasen's RESTAURANT aufzutauchen, um dem Brautpaar zu gratulieren. Laut SIDNEY SKOLSKY war dies das einzig „Gehässige", das Marilyn je tat.

Jahre später, als Gerüchte um eine Romanze zwischen Marilyn und dem Präsidentschaftskandidaten JOHN F. KENNEDY in Umlauf waren, weigerte sich Fred Karger, mit seiner Band bei einer Parteiveranstaltung für Kennedy aufzutreten.

Karger starb an Marilyns 17. Todestag, dem 5. August 1979.

DIE FAMILIE KARGER

KARGER, ANNE (1886–1975)

Marilyns Bekanntschaft mit der Mutter ihrer ersten großen Liebe Fred Karger dauerte wesentlich länger als die Affäre selbst. Anne Karger nahm Marilyn von Anfang an unter ihre Fittiche und blieb ihr stets eine wichtige Bezugsperson, eine Art Mutterfigur. Sie war Marilyn in jenem Jahr 1948, in dem ihre geliebte „Tante" Ana Lower starb, ein großer Trost. Mrs. Karger war jemand, von dem sie jederzeit Rat und Zuwendung bekommen konnte. Fred Lawrence Guiles zufolge war Anne Karger auch die erste Person, bei der sich Marilyn ausweinte, als sie erfuhr, dass die Columbia Studios ihren Vertrag nicht verlängern wollten. 1954, nach ihrer Scheidung von Joe DiMaggio und während der Vorbereitungen für ihren Umzug nach New York, wohnte Marilyn zeitweise in Annes Wohnung am Sunset Boulevard. Von dort aus verfolgte sie schadenfroh die entgeisterten Schlagzeilen, die fragten: „Wo ist Marilyn?"

Marilyn blieb bis an ihr Lebensende mit „Nana" in Verbindung. Kurz nach Marilyns Tod sagte Anne: „Sie hat sich die letzten Jahre nur so durchlaviert, sie war so krank."

KARGER, MARY (auch Mary Karger Short genannt)
Freds Schwester Mary und Marilyn waren im gleichen Alter und freundeten sich rasch miteinander an. Sechs Jahre später stand Mary Marilyn bei, als ihre Ehe mit Joe DiMaggio auseinander brach. Sie war auch bei der gerichtlichen Scheidungsverhandlung dabei.

Nach ihrem Umzug an die Ostküste 1955 war Marilyn häufig bei Mary zu Besuch, die wieder geheiratet hatte und jetzt in New Jersey lebte.

Anne und Mary gehörten zu den Trauergästen bei Marilyns Beerdigung.

KAZAN, ELIA
(GEB. 1909 ALS ELIA KAZANJOGLOU)

Dieser große Bühnen- und Filmregisseur inszenierte in den 1940er- und 50er-Jahren viele der erfolgreichsten Broadway-Stücke. Zu seinen Filmen gehören *A Tree Grows in Brooklyn – Ein Baum wächst in Brooklyn* (1945), *Gentleman's Agreement – Tabu der Gerechten* (1947), *A Streetcar Named Desire – Endstation Sehnsucht* (1951), *Viva Zapata* (1952), *On the Waterfront – Die Faust im Nacken* (1954), EAST OF EDEN – *Jenseits von Eden* (1955) und *A Face in the Crowd – Das Gesicht in der Menge* (1957). Der Oscar für sein Lebenswerk, den Kazan 1999 erhielt, lenkte die Aufmerksamkeit noch einmal auf seine Vergangenheit und seine umstrittene Aussage 1952 vor dem „Ausschuss zur Untersuchung unamerikanischer Umtriebe" (siehe HOUSE UN-AMERICAN ACTIVITIES COMMITTEE), durch die viele seiner Kollegen auf der Schwarzen Liste landeten.

„Gadge" (wie seine Freunde ihn nannten) begegnete Marilyn Anfang 1951 bei den Dreharbeiten zu AS YOUNG AS YOU FEEL (1951) und fing ein Verhältnis mit ihr an. Sie trafen sich in der Folge in Marilyns Apartment im BEVERLY CARLTON HOTEL oder im Haus von Marilyns Agenten CHARLES FELDMAN. Kazans Zuhause kam nicht infrage, da er es mit Molly Thatcher, mit der er seit 18 Jahren verheiratet war, und den gemeinsamen vier Kindern teilte. Im Sommer 1951, als Marilyn fürchtete, schwanger zu sein, und Kazan mitteilte, dass er der Vater wäre, machte er sich schnell aus dem Staub.

Dennoch profitierte Marilyn von dieser Beziehung, da sie über ihn wichtige Kontakte knüpfen konnte. So machte er sie bei den Dreharbeiten zu *As Young As You Feel* mit ARTHUR MILLER bekannt. Bei dieser Begegnung entzündete sich eine Leidenschaft, die fünf Jahre später, als Marilyn nach New York ging, wieder aufflammen sollte. Und 1955 arrangierte Kazan zusammen mit Cheryl Crawford Marilyns erste Begegnung mit dem berühmten Schauspiellehrer LEE STRASBERG, dem Leiter des ACTORS STUDIO, das Kazan Ende der 1940er-Jahre mitbegründet hatte.

Kazans nächster Auftritt in Marilyns Leben war weniger erfreulich. Aufgrund seiner Aussagen vor dem „Ausschuss zur Untersuchung unamerikanischer Umtriebe" wurde auch Marilyns Verlobter Miller vor den Ausschuss zitiert. Außerdem hatte Kazan dem Ausschuss noch weitere Namen genannt, u. a. die von PAULA STRASBERG, Morris Carnovsky und Phoebe Brand, CLIFFORD ODETS und anderen Kollegen vom New Yorker Group Theater.

Trotz der frostigen Beziehung zwischen Miller und Kazan trat Marilyn am 9. März 1955 bei der Premiere von *East of Eden –*

Elia Kazan

Jenseits von Eden als „Platzanweiserin" für eine Spendenaktion zugunsten des Actors Studio auf; auch bei der Broadway-Premiere des von Kazan inszenierten Tennessee-Williams-Stücks *Cat on a Hot Tin Roof – Die Katze auf dem heißen Blechdach* war sie dabei. Marilyn war bestürzt über den Zwist zwischen ihrem Mann und Kazan und bemühte sich angeblich um ihre Versöhnung.

Es dauerte einige Jahre, bis Miller und Kazan ihre frühere erfolgreiche Zusammenarbeit wieder aufnahmen. Nach Marilyns Tod inszenierte Kazan Millers Stück AFTER THE FALL – *Nach dem Sündenfall* und übernahm selbst eine kleine Rolle darin. Später heiratete er Barbara Loden, die in dem Stück eine stark an Marilyn angelehnte Rolle spielte.

1961 schrieb Marilyn an DR. RALPH GREENSON: „Ich weiß, dass ich nie glücklich sein werde, aber ich kann fröhlich sein! Erinnern Sie sich, wie ich Ihnen erzählt habe, dass Kazan sagte, ich sei das fröhlichste Mädchen, das er je gekannt habe, und … er hat viele gekannt. Aber mich hat er ein Jahr lang *geliebt* und mich eines Nachts, als ich große Qualen litt, in den Schlaf gewiegt."

Später nannte Kazan Marilyn „ein schlichtes, gutherziges Mädchen, das von Hollywood zur Strecke gebracht wurde – mit gespreizten Beinen."

KELLEY, TOM (1914–1984)
ATELIER: 736 NORTH SEWARD STREET, HOLLYWOOD

Dieser Fotograf machte die vielleicht berühmtesten Bilder von Marilyn: die berüchtigten Kalender-Nacktfotos (siehe CALENDAR). Kelley, der früher für Associated Press gearbeitet hatte, war ein in seiner Branche hoch angesehener Profi.

Angeblich lernte Kelley Marilyn 1948 auf dem Sunset Boulevard kennen, wo sie gerade in einen anderen Wagen gefahren war. Er soll sich durch die Schaulustigen nach vorn gedrängt und Marilyn fünf Dollar (sie hatte kein Geld für ein Taxi, um zu einem wichtigen Termin zu kommen) und seine Geschäftskarte zugesteckt haben. Andere Biografen schreiben, Kelley sei einer der ersten Fotografen gewesen, die Norma Jeane nach Unterzeichnung ihres Vertrags mit der BLUE BOOK MODELING AGENCY 1945 als Modell engagierten. 1949 bestellte der Kalenderverleger John Baumgarth aus Chicago bei Kelley Fotos für seine 1951er-Kalender. Kelley setzte sich mit Marilyn in Verbindung und bat sie, ihm nackt Modell zu stehen. Da sie arbeitslos war und die angebotenen 50 Dollar brauchte, um ihren finanziellen Verbindlichkeiten nachzukommen, willigte sie ein. Marilyn, die bereits barbusig für den Illustrator Earl Moran posiert und mehrfach als Pin-up-Girl Modell gestanden hatte, fühlte sich zudem durch die Anwesenheit von Kelleys Frau Natalie beruhigt.

In den 1990er-Jahren sind einige jener lang verschollenen Dias – Kelley schoss insgesamt 24 Aktfotos von Marilyn – wieder aufgetaucht und wurden zum Verkauf angeboten.

KELLY, GENE
(1912–1996, GEB. ALS EUGENE CURRAN KELLY)

Vielseitiger Filmstar, dessen Tanzkünste ihn in den 1940er- und 50er-Jahren zu einem der größten Publikumsmagneten Hollywoods machten. 1951 erhielt er einen Ehren-Oscar „zur Würdigung seiner Vielseitigkeit als Schauspieler, Sänger, Regisseur und Tänzer und für seine glänzenden Leistungen auf dem Gebiet der filmischen Choreografie". Am besten erinnert man sich wohl seiner Darbietungen in *For Me and My Gal* (1942), *The Three Musketeers – Die drei Musketiere* (1948), *On the Town – Heute gehen wir bummeln* (1949), *An American in Paris – Ein Amerikaner in Paris* (1951) und *Singin' in the Rain – Du sollst mein Glücksstern sein* (1952).

Kelly hatte einen kurzen Gastauftritt in Marilyns Film LET'S MAKE LOVE (1960). Kurz vor ihrem Tode stand er mit ihr in Verhandlungen über eine Zusammenarbeit an dem Projekt *I Love Louisa*, das die TWENTIETH CENTURY-FOX 1964 als *What a Way to Go – Immer mit einem anderen* herausbrachte.

KELLY, GRACE (1928–1982)

Im Gegensatz zu Marilyn kam die blonde Grace Kelly aus einer reichen Familie. In ihrer nur fünfjährigen Filmkarriere wurde sie mit *High Noon – Zwölf Uhr mittags* (1952) bekannt, erhielt einen Oscar für *The Country Girl – Ein Mädchen vom Lande* (1954), spielte

Fotograf Tom Kelley vor einem seiner berühmten Kalenderfotos von Marilyn.

Hauptrollen in drei Hitchcock-Filmen, darunter *Rear Window – Fenster zum Hof* (1954), und verabschiedete sich mit *High Society – Die oberen Zehntausend* (1956) von Hollywood. Bevor sich Fürst RAINIER von Monaco für Grace Kelly entschied, soll auch Marilyn auf der Liste möglicher Heiratskandidatinnen gestanden haben.

1960, gegen Ende der Dreharbeiten zu THE MISFITS, gab Marilyns langjähriger Presseagent RUPERT ALLAN seine Tätigkeit für sie auf, um in Monaco für Fürstin Grace zu arbeiten.

KENNEDYS

Kein Aspekt aus Marilyns Leben hat dauerhaftere Kontroversen ausgelöst als ihre Beziehung zu den Kennedys. Im Laufe der Jahre wurden alle erdenklichen Versionen in die Diskussion geworfen: Marilyn habe eine kurze Affäre mit einem Kennedy gehabt, eine lang andauernde Affäre mit einem Kennedy, ein kurzes Abenteuer mit beiden Kennedys oder eine leidenschaftliche Romanze erst mit dem einen und dann mit dem anderen – und die Hoffnung gehegt, dass ihr Liebster seine Frau für sie verlassen würde.

Fast alle Verschwörungstheorien (siehe CONSPIRACY) um Marilyns Tod drehen sich um ihre Beziehung zu den beiden mächtigsten Männern der Vereinigten Staaten: Präsident JOHN F. KENNEDY und Justizminister ROBERT KENNEDY. In einer Flut von Biografien und Dokumentarsendungen wurden Affären, heimliche Rendezvous, geheime Regierungsinformationen, Heiratsversprechen, eine angedrohte Pressekonferenz, Abhöraktionen (siehe BUGGING), Erpressungen, Vertuschungen (siehe COVER-UP), Mafiaintrigen und Mord aufgedeckt (oder erfunden, wie Zweifler meinen).

Die Spur führt zurück in die 1960er-Jahre zu dem Rechtsaktivisten FRANK A. CAPELL, dessen Theorien u. a. von ROBERT SLATZER und MILO SPERIGLIO in den 1970er-, ANTHONY SUMMERS in den 1980er- und DONALD WOLFE in den 1990er-Jahren weiter ausgebaut wurden. In vielen Versionen sind die Kennedy-Brüder praktisch austauschbar: Marilyn sei von JFK oder RFK schwanger gewesen, habe auf einen Heiratsantrag von Robert oder John gehofft, sei ein Sicherheitsrisiko für den Präsidenten oder den Justizminister gewesen, eine potentielle Waffe in den Händen ihrer Feinde. Und sie habe all dies nicht nur in ihrem roten Tagebuch (siehe DIARY) festgehalten, sondern auch gedroht, damit an die Öffentlichkeit zu gehen.

Das ist die eine Sichtweise. Andere Biografen, die glauben, dass Marilyn sich selbst das Leben nahm, meinen hingegen, die Kennedy-Brüder träfe nicht mehr Schuld an ihrem Tod als andere damals wichtige Menschen in ihrem Leben. Es gibt plausible Argumente, warum Marilyn keine Bedrohung für die Kennedys darstellte. JFK – vielleicht auch Bobby – hatte sich seit Jahren ungestraft mit anderen Frauen vergnügt. Auch hatte Marilyn sich noch nie öffentlich gegen Menschen gewandt, von denen sie sich schlecht behandelt fühlte, sodass die Androhung einer Pressekonferenz zwecks Enthüllung von Robert Kennedys angeblichem schändlichem Verhalten ihr gegenüber fragwürdig scheint.

Marilyns Psychoanalytiker DR. RALPH GREENSON bestritt eisern, dass Marilyn eine Affäre mit einem der beiden gehabt hätte.

Doch seine Tochter Joan soll gesagt haben: „Sie erzählte mir, dass sie sich mit jemandem traf, wollte mich aber nicht mit dem Wissen belasten, um wen es sich handele, da er sehr bekannt sei." Anthony Summers zitiert einen Kollegen von Greenson, der von engen Beziehungen zu Männern „auf höchster Ebene" gewusst haben will.

Biograf FRED LAWRENCE GUILES, der als einer der Ersten Andeutungen über Marilyns Kennedy-Romanzen machte, sah folgenden Unterschied zwischen den Brüdern: „Ihre Affäre mit dem Justizminister sollte sich als wesentlich ernster erweisen als Marilyns Abenteuer mit dem Präsidenten. Sie fühlte sich nicht körperlich zu Bobby hingezogen, so wie er zu ihr. Doch anders als der Präsident brachte er ihr persönliches Interesse entgegen. Das war für Marilyn viel gefährlicher als eine rein sexuelle Anziehung."

KENNEDY, JOHN F. (1917–1963)

Die Wahrheit über die Beziehung zwischen „Mr. President" und Marilyn liegt wohl für alle Zeiten unter Mutmaßungen und Behauptungen begraben. Es besteht weitgehende Einigkeit, dass sie im März 1962 ein Wochenende zusammen verbrachten, obwohl gute Bekannte, wie Marilyns Freundin und Double EVELYN MORIARTY, nie irgendein Anzeichen einer Beziehung zu einem der Kennedys bemerkt haben wollen.

Nach FRED LAWRENCE GUILES soll Marilyn während ihres ganzen letzten Lebensjahrs eine Affäre mit JFK unterhalten haben, vor allem während ihrer New York-Besuche. Andere sprechen nur von einer einzigen gemeinsamen Nacht. DONALD SPOTO schreibt: „Kein seriöser Biograf kann Monroe und Kennedy als Partner einer Liebesbeziehung sehen. *Sicher* bekannt ist nur, dass sich der Präsident und die Schauspielerin zwischen Oktober 1961 und August 1962 bei vier Anlässen begegneten und bei einem dieser Anlässe von einem Schlafzimmer aus mit einem von Marilyns Freunden telefonierten; kurz darauf berichtete Marilyn ihren engsten Vertrauten von dieser einen sexuellen Begegnung und machte dabei deutlich, dass dies alles war."

Die erste Begegnung fand im Oktober 1961 bei einem Abendessen im Strandhaus von PETER LAWFORD zu Ehren von Patricia Lawfords Bruder, Präsident Kennedy, statt, zu dem Marilyn mit anderen weiblichen Filmstars geladen war. Das zweite Mal trafen sie sich Anfang 1962 bei einer Dinnerparty für den Präsidenten in New York. Bei ihrer dritten Begegnung am 24. März 1962 in BING CROSBYs Haus in PALM SPRINGS hielten sie sich offenbar gemeinsam in einem Schlafzimmer auf, als Marilyn mit RALPH ROBERTS telefonierte, der später sagte: „Marilyn erzählte mir, diese Märznacht sei ihre ganze ‚Affäre' mit JFK gewesen. Natürlich fand sie es ungeheuer prickelnd, da er sich seit einem Jahr durch Lawford um einen Abend mit ihr bemühte. Nach diesem Wochenende dachten viele, es stecke mehr dahinter. Aber Marilyn vermittelte mir den Eindruck, dass es für keinen der beiden eine große Sache war: Es passierte einmal, an diesem Wochenende, und das war's."

Zwei weitere enge Freunde bestätigten dies. SUSAN STRASBERG äußerte: „Nicht in ihren schlimmsten Albträumen hätte Marilyn auf Dauer mit JFK zusammen sein wollen.

Eine Nacht mit einem charismatischen Präsidenten war o.k. – und ihr gefiel das Heimliche und Dramatische daran. Aber er war sicher nicht der Mann, den sie fürs Leben wünschte; das machte sie uns völlig klar." Und SIDNEY SKOLSKY sagte: „Für Marilyn zählte vor allem die Vorstellung, wie ‚das kleine Waisenmädchen' der freien Liebe mit dem Oberhaupt der freien Welt frönte."

In Palm Springs versprach Marilyn, im Mai 1962 zum Galaabend der Demokratischen Partei im MADISON SQUARE GARDEN zu kommen und den Geburtstagschor anzuführen. Dies war die letzte belegte Begegnung zwischen Marilyn und JFK. Marilyn gab ihre unvergessliche „Happy-Birthday"-Darbietung vor 17 000 Demokraten und einer großen Versammlung von Stars, die zusammengekommen waren, um JFKs Präsidentschaftswahlkampf zu finanzieren. Entertainer JACK BENNY führte durch den Abend, an dem u. a. ELLA FITZGERALD, Peggy Lee, Henry Fonda, Maria Callas und Harry Belafonte auftraten. Die wie stets verspätete und relativ betrunkene Marilyn wurde von Peter Lawford auf die Bühne geleitet. Ihr Kleid beschrieb der altgediente Diplomat Adlai Stevenson als „Haut und Perlen – nur dass ich die Perlen nicht sah". Marilyn sang die erste Strophe von „Happy Birthday" und gab dann Zeichen, dass das Publikum mitsingen solle, während zwei Köche die zwei Meter hohe Geburtstagstorte mit 45 riesigen Kerzen auf die Bühne trugen. Dann sang sie (zur Melodie von „Thanks for the Memory"):

Thanks, Mr. President,
For everything you've done,
The battles that you've won –
The way you deal with US Steel
And our problems by the ton,
We thank you – so much.

(Danke, Herr Präsident,
für all Ihr Tun und Trachten,
für die gewonn'nen Schlachten,
Ihren Umgang mit dem Stahlkonzern,
und unsren Problemen nah und fern,
dafür danken wir so sehr.)

Am Ende des Abends dankte Kennedy allen Künstlern: „Nun, da mir auf so liebe und erbauliche Art ‚Happy Birthday' gesungen wurde, kann ich mich wohl zurückziehen."

Biograf DONALD WOLFE zufolge soll Lawford Marilyn eine Woche nach der Geburtstagsfeier mitgeteilt haben, dass JFK nichts mehr mit ihr zu tun haben wolle. Wolfe ist einer von vielen, die dies für das Ende einer mindestens achtjährigen Affäre halten. Marilyn und JFK sollen sich nach manchen Quellen schon 1951 kennen gelernt haben; häufiger wird als Datum ihrer ersten Begegnung das Jahr 1954 genannt – anlässlich einer von Marilyns damaligem Agenten CHARLES FELDMAN veranstalteten Party. Als Kennedy im Oktober 1954 im Krankenhaus lag, soll er ein Plakat von Marilyn in blauen Shorts seinem Bett gegenüber aufgehängt haben. Nach diesem Szenario hätte sich Marilyn schon während der letzten Monate ihrer Ehe mit JOE DIMAGGIO heimlich mit Kennedy in Motels in Malibu getroffen. Auch während ihrer Ehe mit ARTHUR MILLER soll sie regelmäßige Rendezvous mit Kennedy in dessen New Yorker Hotel, dem CARLYLE, oder in Lawfords Strandhaus in Santa Monica gehabt haben.

Angeblich ließ Kennedy Marilyn 1960 nach dem für ihn triumphalen Parteitag der

Marilyn bringt Präsident Kennedy (Mitte der ersten Zuschauerreihe) bei
einer Veranstaltung zur Finanzierung der Demokratischen Partei im Mai
1962 ein Geburtstagsständchen.

Demokraten und seiner berühmten Antrittsrede als Präsidentschaftskandidat von New York nach Los Angeles einfliegen, wo sie in Begleitung von SAMMY DAVIS JR. zur Siegesfeier erschienen sei. Beim Abendessen habe JFK unterm Tisch seine Hand unter Marilyns Kleid wandern lassen ... und festgestellt, dass sie nichts darunter trug. Später am Abend hätten sie nackt im Ozean gebadet. Ferner kursierten Behauptungen, Kennedy habe Lawford gebeten, Marilyn in der Präsidentenmaschine an die Ostküste zu begleiten, und Jackie Kennedy sei vor Zorn außer sich gewesen, als sie blonde Haare im Bett des Präsidenten fand.

Durch die Presse geisterten Gerüchte über JFK und Marilyn erstmals 1960. Gegen Jahresende schrieb Kolumnist Art Buchwald unter dem Titel „Lasst uns an der Monroe-Doktrin festhalten": „Wer wird der nächste Monroe-Botschafter? Dies ist eines der vielen Probleme, um die sich der designierte Präsident Kennedy im Januar wird kümmern müssen. Offenbar kann man die Monroe nicht sich selbst überlassen. Es gibt zu viele, die begehrlich nach ihr schielen, und jetzt, da Botschafter Miller zurückgetreten ist, könnte sie ohne Anleitung ins Stolpern geraten."

Kennedy-Berater Pete Summers erzählte dem Biografen ANTHONY SUMMERS (kein Verwandter), Marilyn sei während des Präsidentschaftswahlkampfs oft in Lawfords Strandhaus gewesen: „Sie waren sehr eng befreundet. Ich würde sagen, sie war ein ganz besonderer Gast – der Präsident mochte Marilyn wirklich sehr, sehr gern ... Ich glaube, sie war so beeindruckt von Kennedys Charme und Ausstrahlung, dass sie ihn geradezu anhimmelte ... Aber sie konnte sich im Gespräch durchaus behaupten; sie war sehr aufgeweckt."

JFKs Name fiel auch häufig im Zusammenhang mit Marilyns letzten Lebenswochen. Obwohl bislang niemand behauptet, dass die beiden sich in dieser Zeit getroffen hätten, glauben einige Biografen, Marilyns Besuch des Cedars of Lebanon HOSPITAL am 20. Juli habe dem Zweck gedient, JFKs Kind abtreiben zu lassen.

JFKs schärfste Ankläger halten ihn für den Mann, der beschloss, dass Marilyn mundtot gemacht werden müsse. Es hieß, die sexuellen Eskapaden des Präsidenten mit Marilyn seien in Lawfords Haus vom FBI, von MAFIA-Boss SAM GIANCANA oder gar Gewerkschaftschef JIMMY HOFFA abgehört worden. Verschwörungstheorien dieser Gattung sehen meist Lawford als ausführendes Organ, der mit DR. RALPH GREENSON geplant habe, Marilyn eine große Menge Seconal zu verschreiben und sie zur Einnahme einer Überdosis zu zwingen.

KENNEDY, ROBERT FRANCIS
(1925–1968)

Die Geschichten um Robert Kennedys Beziehung zu Marilyn ähneln den Gerüchten über seinen großen Bruder, nur dass diese Affäre, falls sie je stattfand, nach JFKs Bruch mit Marilyn begonnen haben soll, d. h. kurz nach ihrem Geburtstagsständchen für den Präsidenten.

Manche Biografen meinen, dass Robert Kennedy und Marilyn nie mehr als Freunde waren. Anders als John stand Robert nicht im Ruf eines Schürzenjägers; 1960 wurde er zum „Vater des Jahres" gekürt. Doch sein Biograf Arthur Schlesinger zeichnet ein anderes

Bild: „Bobby war auch nur ein Mensch. Er trank gern und er hatte eine Schwäche für junge Frauen. Dieser Schwäche frönte er auf seinen Reisen – und er musste viel reisen."

DONALD SPOTO zufolge sind sich Marilyn und Robert nur viermal persönlich begegnet, obwohl sie häufiger miteinander telefonierten: „Ihre jeweiligen Aufenthaltsorte während dieser Zeit machten alles andere unmöglich – selbst wenn die beiden an einer Liebelei interessiert gewesen wären, was offenbar auf beiden Seiten nicht der Fall war." Laut Spoto fand ihre erste Begegnung Anfang Oktober 1961 in Lawfords Strandhaus statt. An jenem Abend habe Marilyn so viel Champagner konsumiert, dass Bobby und sein Assistent Edwin Guthman sie nach Hause fahren mussten. Die nächsten Male trafen sie sich am 1. Februar 1962 auf einer weiteren Party bei den Lawfords und am 19. Mai in New York, als Marilyn für Bobbys großen Bruder „Happy Birthday" sang. Adlai Stevenson fiel auf, dass Robert an jenem Abend „um sie herumflatterte wie eine Motte um die Flamme".

Biograf ANTHONY SUMMERS meint, dies habe ausgereicht, das Feuer der Leidenschaft zwischen ihnen zu entfachen. Zum Beweis führt er ein Briefchen von Kennedys Schwester JEAN KENNEDY SMITH an, in dem sie an Marilyn schrieb: „Dir ist doch klar, das Thema Nummer eins bist Du und Bobby! Wir sind alle der Meinung, Du solltest ihn begleiten, wenn er wieder an die Ostküste kommt!" Es wurde jedoch nie definitiv geklärt, ob dieser Brief tatsächlich von Smith stammt.

Mitte Juni 1962 wurde Marilyn zu Robert Kennedy und seiner Frau Ethel nach Virginia eingeladen, war jedoch verhindert. Am 26. oder 27. Juni lud sie ihrerseits die Lawfords und Robert Kennedy ein, sich auf dem Weg zu den Lawfords ihr neues Haus anzusehen. Anhänger der Mordtheorie behaupten, Bobby sei damals eigens nach Los Angeles gekommen, um seine Affäre mit Marilyn zu beenden.

Es gibt keine Hinweise darauf, dass sie sich im Juli begegnet wären; allerdings rief Marilyn insgesamt achtmal in Kennedys Büro an. Mitarbeiter Kennedys und Marilyns Pressesprecherin PAT NEWCOMB berichteten, es habe sich jedoch um kurze, freundliche Gespräche, nicht um ausgedehntes Liebesgeplauder gehandelt.

Gerüchte über eine Affäre zwischen RFK und Marilyn tauchten zuerst am rechten Rand der amerikanischen Politszene auf und gelangten 1964 in einem Buch von FRANK A. CAPELL erstmals an die Öffentlichkeit. Vier Jahre später ließ sich Biograf FRED LAWRENCE GUILES über eine romantische Verbindung zwischen Marilyn und einem ungenannten „Anwalt und Inhaber eines wichtigen öffentlichen Amts" aus, was allgemein als Anspielung auf Kennedy interpretiert wurde. NORMAN MAILER griff die Geschichte 1973 in seiner Marilyn-Biografie auf, kam aber zu dem Schluss, es sei nicht mehr als ein Flirt zwischen Marilyn und Bobby Kennedy gewesen, der mit seinem „irischen Riecher für die harte Realität so keusch blieb wie der glücklichste Landpfarrer, der mit fünf hübschen Witwen Händchen hält". Auch Marilyns langjähriger Freund SIDNEY SKOLSKY glaubte nicht an eine Affäre zwischen den beiden: Skolsky wusste von ihrer Beziehung zu John, aber „Robert Kennedy erwähnte sie nie". Natürlich behaupten viele das genaue Ge-

genteil. Schlesinger glaubt, es sei etwas ganz Besonderes zwischen RFK und Marilyn gewesen: „Robert Kennedy durchdrang mit seiner Neugier, seiner Anteilnahme und seiner überaus direkten Reaktion auf Not und Leid den glitzernden Dunst wie kaum ein anderer." JEANNE CARMEN, Marilyns Nachbarin am DOHENY DRIVE, will Ende 1961 Marilyns Wohnungstür für Bobby Kennedy geöffnet haben. Auch sei sie mit Marilyn und dem Justizminister am FKK-Strand gewesen, wobei sich RFK mit einem falschen Bart getarnt habe (eine Geschichte, die sie auch über JACK BENNY verbreitete). Marilyn soll ROBERT SLATZER anvertraut haben: „Bobby Kennedy hat versprochen, mich zu heiraten." Slatzer und andere versichern hartnäckig, Marilyn sei vor ihrem mysteriösen Tod drauf und dran gewesen, eine Pressekonferenz einzuberufen, um ihre Affären öffentlich zu machen. Marilyns New Yorker Hausangestellte LENA PEPITONE sagte: „Ich weiß, dass Bobby sie häufig anrief, aber sie taten sehr geheimnisvoll. Er sagte nur ‚Kann ich Marilyn sprechen?', dann machte sie die Schlafzimmertür zu und telefonierte oft eine Stunde mit ihm. Ich weiß, dass er es war, weil sie es mir einmal sagte und ich danach die Stimme erkannte." Friseur SYDNEY GUILAROFF behauptete in seiner Autobiografie, Marilyn habe ihn am Tag vor ihrem Tod angerufen und ihm mitgeteilt, sie beabsichtige, die Welt über ihre Beziehung zu Bobby zu informieren, „und er habe gedroht, sie zum Schweigen zu bringen".

Jene, die RFK beschuldigen, berufen sich darauf, er habe ein Motiv und die Mittel gehabt, am Schauplatz des „Verbrechens" zu sein. Nach den exotischeren Szenarios soll Marilyn entweder von Robert oder von seinem Bruder John schwanger gewesen sein. Peter Lawford habe Marilyn nach Lake Tahoe gebracht, wo sie – vielleicht unter Zwang – eine Abtreibung habe vornehmen lassen. Nach verschiedenen Behauptungen soll RFK den Mord an Marilyn ausgeführt oder veranlasst haben, weil sie sich nicht mit dem Ende ihrer Affäre abfinden wollte, oder er habe die Nachricht des Präsidenten überbracht, dass dieser seine Affäre mit Marilyn nicht fortsetzen wolle.

Robert Kennedy, seine Frau Ethel und vier ihrer Kinder trafen am Freitag vor Marilyns Tod (siehe DEATH), dem 3. August 1962, zu einem Wochenendbesuch auf der Ranch von JOHN BATES bei Gilroy, 130 Kilometer südlich von San Francisco, ein. Kennedys Ankunft wurde von der Presse gemeldet; er nutzte dieses Wochenende bei Freunden, um seine Eröffnungsansprache für einen Kongress der amerikanischen Anwaltskammer am folgenden Montag vorzubereiten. Zahlreiche Zeugen sahen ihn an diesem Wochenende auf der Ranch und dann am Sonntagnachmittag, Marilyns Todestag, in San Francisco.

Es gibt jedoch widerstreitende Aussagen darüber, ob Kennedy zum Zeitpunkt von Marilyns Tod in Los Angeles war. Sam Yorty, der frühere Bürgermeister der Stadt, bestätigte dies, während Bates stets beteuerte, RFK sei die ganzen Samstag bei ihm auf seiner Ranch in Gilroy gewesen.

Marilyns Nachbarin am FIFTH HELENA DRIVE gab an, sie habe Robert Kennedy an dem Tag, an dem Marilyn starb, vor ihrem Haus eintreffen sehen. 1985 wich Haushälterin EUNICE MURRAY erstmals von der Version ab, an der sie seit Marilyns Tod festgehalten hatte, und erklärte, Bobby sei am

Nachmittag des 4. August in Marilyns Haus gewesen. Neuerdings kursiert die Behauptung, Robert Kennedy und Peter Lawford seien am frühen Morgen des 5. August 1962 in der Nähe von Marilyns Haus wegen Geschwindigkeitsüberschreitung angehalten worden, die Polizisten hätten sie jedoch weitergewinkt, als sie die Insassen erkannten.

Manche Anhänger der Selbstmordtheorie glauben, dass Bobby in Marilyns Haus war und unvorbereitet in das Drama verwickelt wurde. Er habe sich lediglich der Vertuschung (siehe COVER-UP) schuldig gemacht, indem er belastendes Material entfernen ließ und sich Zeit verschaffte, um zu Peter Lawfords Strandhaus und von dort per Hubschrauber zu einem nahen Flughafen zu gelangen, von dem er zurück nach San Francisco geflogen sei.

Marilyns Telefonunterlagen sollen nach ihrem Tod auf Geheiß von Robert Kennedy durch die Polizei beschlagnahmt worden sein. Er selbst gab zwar der Polizei gegenüber eine schriftliche Aussage ab, doch wurde gegen ihn nie offiziell ermittelt. Angeblich soll WILLIAM H. PARKER, der Polizeichef von Los Angeles, geprahlt haben, Bobby Kennedy werde ihn zum Dank für seine taktvolle Handhabung der „Marilyn-Monroe-Sache" zum FBI-Direktor ernennen.

Robert Kennedy wurde im Juni 1968 nach einer Party zur Feier seines Triumphs bei den kalifornischen Vorwahlen vor dem AMBASSADOR HOTEL in Los Angeles ermordet.

KENNEDY, JACQUELINE

Es gab immer wieder Spekulationen über eine Dreiecksbeziehung zwischen Marilyn, Jackie und John F. Kennedy.
Zu Marilyns 36. Todestag erschien ein Artikel mit Fotos, die Marilyn mit schwarzer Perücke zeigen. Angeblich wurden diese Bilder in einem Schmuckkasten entdeckt, den ein Schnäppchenjäger auf einem Flohmarkt in Manhattan erworben hatte. Der Artikel behauptete, Marilyn habe sich als ihre Rivalin verkleidet. Eher handelt es sich aber wohl um Fotos, die Bert Stern im Juni 1962 bei Modeaufnahmen für die Zeitschrift Vogue machte. Die Perücke mag Marilyns eigene gewesen sein, da sie sich in ihrer New Yorker Zeit häufig mit schwarzer Perücke tarnte, um unerkannt auf die Straße gehen zu können.
C. David Heymann schrieb in seiner nicht autorisierten Jackie-Biografie, Marilyn habe Jackie im Weißen Haus angerufen, um mit ihr über ihre Zukunft mit JFK zu sprechen. Jackie habe daraufhin gesagt, sie würde sich von JFK scheiden lassen, falls Marilyn gewillt wäre, die Rolle der First Lady zu übernehmen und im Weißen Haus zu wohnen.

KILGALLEN, DOROTHY

Diese New Yorker Klatschkolumnistin schrieb zwei Artikel über Marilyn, die, ob sie nun von tiefem Einblick zeugen oder frei erfunden waren, seitdem ein reges Eigenleben entwickelt haben. 1952 brachte sie während Marilyns und JOE DIMAGGIOS vorehelicher Romanze ROBERT SLATZER als bislang unbekannten Mitbewerber um ihre Gunst ins Gespräch. Zehn Jahre später schrieb sie nur zwei Tage vor Marilyns Tod (siehe DEATH), Marilyn wirke offenbar „äußerst anziehend auf

einen attraktiven Herrn mit einem berühmteren Namen als Joe DiMaggio", was von anderen Journalisten aufgegriffen und als Beleg einer Beziehung zwischen Marilyn und JFK angeführt wurde.

1953 reagierte Studiochef DARRYL ZANUCK auf Kilgallens Behauptung, Marilyn habe in GENTLEMEN PREFER BLONDES (1953) nicht selbst gesungen, mit einer eidesstattlichen Versicherung, dass dies sehr wohl der Fall gewesen sei. Von da an war sie voll des Lobs über Marilyns Gesangstalent.

Marilyn und Kilgallen waren sich offenbar nicht sonderlich sympathisch. So berichtet TRUMAN CAPOTE in Musik für Chamäleons, Marilyn habe sich geweigert, in eine bestimmte Bar zu gehen: „Da drin wimmelt es von diesen Werbefritzen. Und dieses Biest, Dorothy Kilgallen, die ist auch immer da und lässt sich volllaufen. Was ist eigentlich los mit diesen Iren? So wie die trinken, sind die noch schlimmer als die Indianer … jedenfalls hat sie ziemlich gemeine Sachen über mich geschrieben."

KIRKLAND, DOUGLAS

Zu den wenigen positiven Resultaten der abgebrochenen Produktion von SOMETHING'S GOT TO GIVE gehörten Marilyns Fotosessions mit dem jungen Fotografen Douglas Kirkland für ein Look-Sonderheft zum 25-jährigen Bestehen der Zeitschrift.

Der damals 26-jährige Kirkland, der sich erst seit einem Jahr als freiberuflicher Fotograf für Hochglanzmagazine betätigte, beschrieb Marilyn als: „sehr weiß, fast schimmernd – diese weiße Vision, die wie in Zeitlupe ins Atelier schwebte. Ein Leuchten schien von ihr auszugehen."

Die sich unter einem Seidenlaken aalende Marilyn unterbrach die Aufnahmen mittendrin und sagte. „Ich glaube, ich sollte mit diesem jungen Mann allein sein. Ich finde, dass es sich so besser arbeitet." Mit dem Fotografen allein gelassen, nahm Marilyn die dauerhafteste Affäre ihres Lebens wieder auf – die mit der Fotokamera, die sie neckte und lockte. Kirkland gelang mit seiner Aufnahme der nackten, in Seide gehüllten Marilyn, die ein weißes Kissen umschlingt, eines der berühmtesten Marilyn-Fotos.

KISSING MARILYN – Küsse

Mindestens zwei Kollegen kommentierten ihre Leinwand-Kusserlebnisse mit Marilyn.

TOMMY NOONAN sagte: „Es war, als würde man in ein Vakuum gesogen".

Der von Marilyns Verspätungen bei SOME LIKE IT HOT (1959) entnervte TONY CURTIS tat den berühmten Ausspruch: „Marilyn zu küssen war, als küsse man Hitler."

KNEBELCAMP, ENID UND SAM

Norma Jeanes Pflegeeltern (siehe FOSTER PARENTS) während einer kurzen, kaum dokumentierten Phase Ende der 1930er-Jahre, als Vormund GRACE MCKEE GODDARD Probleme hatte, sie unterzubringen.

DONALD SPOTO bezeichnet Enid als die Schwester von Goddard. Die Knebelcamps waren als einzige Pflegeeltern bei Marilyns Beerdigung.

KNICKERBOCKER HOTEL
1714 NORTH IVAR, HOLLYWOOD

Bis zu seiner Schließung 1972 beliebtes Prominentenhotel in Los Angeles, in dem auch JOE DIMAGGIO häufig übernachtete. Hier setzte ihn Marilyn nach ihrem ersten Rendezvous ab.

(siehe HOTELS)

KOBAL, JOHN

„Sie vermittelte Leben pur… Ihr Lächeln strahlte immer Hoffnung aus.
Sie wurde im Leben verherrlicht; und auch ihr Tod konnte dieses endgültige Bild nicht entstellen. Sie war schon zu Lebzeiten zur Legende geworden und nahm im Tod ihren Platz unter den Mythen unseres Jahrhunderts ein."

Dieser bekannte Sammler von Film-Standfotos veröffentlichte viele seiner Marilyn-Aufnahmen in dem Fotoband mit dem Titel Marilyn Monroe.

Marilyn und Tom Ewell innig umschlungen in The Seven Year Itch (1955).

Tony Curtis (Joe) gibt sich in Some Like It Hot (1959) als Millionär aus, um Marilyn (Sugar Cane) zu küssen.

KOREA

Kurz nach ihrer Ankunft in Tokio mit JOE DI-MAGGIO im Februar 1954 wurde Marilyn von General John E. Hull eingeladen, als Unterhalterin für die immer noch über 100.000 US-Soldaten im kriegsverwüsteten Korea aufzutreten. Obwohl sich Marilyn eigentlich noch in ihren verlängerten Flitterwochen (siehe HONEYMOONS) mit DiMaggio befand, der nach Tokio gekommen war, um die Baseballsaison 1954 zu eröffnen, sagte sie zu. Später erzählte sie AMY GREENE, die Koreatournee sei ein Höhepunkt ihrer Karriere gewesen.

Marilyn ging mit Jean O'Doul (der Frau von DiMaggios Freund Frank „Lefty" O'Doul) und Truppenbetreuer Walter Bouillet auf eine viertägige Marathontour: zehn Auftritte bei Schneetreiben und Minustemperaturen, bei denen sie die Soldaten im hautengen, tief dekolletierten lila Kleid bezauberte – ihr Mann Joe war außer sich, als er sie in der Wochenschau sah. Marilyn sang u. a. „Diamonds Are a Girl's Best Friend", „Bye Bye, Baby", „Somebody Love Me" und „Do It Again", zu „Kiss Me Again" abgemildert, um ihr verzücktes Publikum nicht zu überreizen. Wo immer sie hinkam, wurde Marilyn sehr herzlich empfangen.

Marilyn erzählte später „Ich hatte 17.000 Soldaten vor mir, die mich alle aus vollem Halse anfeuerten. Ich stand da und lächelte sie an … Wie ich da im Schneetreiben vor diesen johlenden Soldaten stand, hatte ich zum ersten Mal im Leben vor nichts Angst. Ich fühlte mich nur glücklich."

Wie sehr sie den begeisterten Empfang genoss, erkennt man auch daran, dass sie sich einmal beim Abflug ihres Hubschraubers kopfüber aus der Frachtluke hängte, um zu winken und Küsschen zu werfen, während zwei Begleiter sie an den Beinen festhielten. Ein Offizier des Pionierkorps sagte: „Von allen Unterhaltern, die zu uns nach Korea kamen, war sie die Beste … Es war bitterkalt, aber sie hatte es nicht eilig wegzukommen. Marilyn war eine großartige Unterhalterin. Sie gab tausenden von Soldaten das Gefühl, dass sie ihr wirklich etwas bedeuteten."

Marilyn in Korea, 1954.

Ihr Begleitpianist auf dieser Tour, Albert Guastafeste, war erstaunt über ihre bescheidene Art: „Jemand sollte da raufgehen und ihr sagen, dass sie Marilyn Monroe ist. Das scheint ihr gar nicht klar zu sein. Wenn man einen Patzer macht, sagt sie, es täte *ihr* Leid. Wenn sie einen Fehler macht, entschuldigt sie sich bei mir!" Nicht alle waren so erfreut. Hanson Baldwin von der *New York Times* klagte: „Zweimal randalierten die Truppen während des Besuchs der Schauspielerin und benahmen sich wie Backfische auf dem Times Square, nicht wie Soldaten, die stolz auf ihre Uniform sind."

1961 wurden Filmaufnahmen der Tournee zu einer Fernsehsendung zusammengestellt, die Marilyn selbst präsentierte. „USO Wherever They Go!" wurde am 8. Oktober 1961 von NBC ausgestrahlt. Ausschnitte daraus erschienen in vielen Marilyn-Dokumentarsendungen. Heute noch tauchen immer neue Marilyn-Fotos von ihrer Koreatournee auf, die von ihren Fans geschossen wurden.

KRASNA, NORMAN (1909–1984)

Der Bühnen- und Drehbuchautor, Produzent und Regisseur Norman Krasna wurde bekannt mit *The Richest Girl in the World* (1934), *Fury* (1936), *The Devil and Miss Jones* (1941) und *Princess O'Rourke* (1943) – fast alles Bearbeitungen seiner Broadway-Erfolge. Marilyn spielte in seiner Produktion CLASH BY NIGHT (1952) und der von ihm geschriebenen, wenig erfolgreichen Komödie LET'S MAKE LOVE (1960).

KRASNER, MILTON R. (1901–1988)

Krasner war der Kameramann, der am häufigsten mit Marilyn zusammenarbeitete – in ALL ABOUT EVE (1950), MONKEY BUSINESS (1952), THE SEVEN YEAR ITCH (1955) und BUS STOP (1956). So ist es nicht erstaunlich, dass er auf der nur vier Namen umfassenden Liste „genehmer" Kameraleute stand, die Marilyn der TWENTIETH CENTURY-FOX 1955 vorlegte.

1954 erhielt Krasner einen Oscar für *Three Coins in the Fountain – Drei Münzen im Brunnen.*

KRIS, DR. MARIANNE

Marilyn soll sich 1957 bei der Psychoanalytikerin Dr. Marianne Kris in Behandlung begeben haben, nachdem sie die Analyse bei DR. MARGARET HOHENBERG abgebrochen hatte, die zugleich Marilyns Geschäftspartner MILTON GREENE analysierte. Diese Konstellation passte Marilyn nicht mehr, die dabei war, sich von Greene zu distanzieren.

Dr. Kris wurde ihr von einer illustren Quelle in Europa empfohlen: ANNA FREUD, Sigmunds Tochter, die Marilyn um Rat gebeten hatte. Die in Wien geborene Marianne Rie war in der Wiege der Psychoanalyse aufgewachsen. Sigmund Freud beaufsichtigte nicht nur ihre Ausbildung, sondern nannte sie auch seine „Adoptivtochter". Marianne, ihr Mann, der Künstler Ernst Kris, und die Freuds verließen Österreich 1938 gemeinsam auf der Flucht vor den Nazis. Marianne und Ernst eröffneten in New York eine Spezialpraxis für Kinderpsychoanalyse.

Marilyn suchte Dr. Kris bis Anfang 1961 regelmäßig – bis zu fünfmal pro Woche – in ihrer Praxis, 135 Central Park West, auf. Allerdings ging sie schon während der Dreharbeiten zu THE MISFITS (1961) an der Westküste auch zu DR. RALPH GREENSON, der ihr letzter Psychoanalytiker werden sollte.

Marilyns Vertrauen zu Dr. Kris wurde im Februar 1961 unwiderruflich erschüttert, als Kris, ob auf Marilyns Ersuchen nach der emotionalen Anspannung der vergangenen Monate oder weil sie ihre Patientin für selbstmordgefährdet hielt, Marilyns Aufnahme ins Payne-Whitney HOSPITAL veranlasste. Als Marilyn klar wurde, dass sie sich auf einer geschlossenen Station befand, drehte sie durch. Ihr schlimmster Albtraum – weggesperrt zu werden wie schon ihre Mutter und ihre Großmutter – war Wirklichkeit geworden. Nach einigen Tagen gelang es ihr, JOE DiMAGGIO zu verständigen, der von Florida herbeiflog und ihre Verlegung in ein anderes, zuträglicheres Krankenhaus bewirkte. Kurz darauf soll Dr. Kris zu Marilyns Freund und Masseur RALPH ROBERTS gesagt haben: „Ich habe etwas Furchtbares getan, etwas ganz, ganz Furchtbares."

Ob Marilyn nicht die Zeit fand, ihr Testament (siehe WILL) vom Januar 1961 zu ändern, oder ob sie doch noch Vertrauen zu ihr hatte, Kris gehörte jedenfalls zu den Hauptbegünstigten. Bei ihrem Tod hinterließ sie dieses Vermächtnis dem von Anna Freud gegründeten Kindertherapiezentrum der Londoner Tavistock Centre Clinic. Das Geld floss in die Gründung des Monroe Young Family Centre.

LADIES OF THE CHORUS (1948)

Dieser Film der COLUMBIA STUDIOS wurde in nur zehn Tagen gedreht, und Marilyn stieg damit von der Statistin zur Nebendarstellerin auf. Sie spielte eine Revue-Tänzerin, die nur eins im Sinn hat: vermögend zu heiraten.

Zum ersten Mal konnte Marilyn singen und ihre Stimme (siehe VOICE) entwickeln. FRED KARGER, in den sie sich gleich verliebte, half ihr, „Every Baby Needs a Da Da Daddy" und „Anyone Can Tell I Love You" von Allan Roberts und Lester Lee überzeugend zu interpretieren. Mit diesem Film begann auch Marilyns Arbeitsbeziehung mit der Schauspiellehrerin NATASHA LYTESS und dem Kostümbildner JEAN-LOUIS, der auch die Kostüme ihrer beiden letzten Filme entwarf.

Obwohl Marilyn von der Kritik zum ersten Mal überhaupt erwähnt und auch gelobt wurde, zeigte sich Studiochef HARRY COHN unbeeindruckt, und Columbia verlängerte ihren Vertrag nicht. Auch kein anderes Studio bot ihr einen Vertrag an. Es folgten zwei Jahre der Armut und Unsicherheit.

Der Hollywood Reporter fasste den Film mit den Worten zusammen, „er wolle zeigen, dass Varieté-Königinnen ganz ordentliche Ehefrauen für wohlhabende junge Männer aus angesehenen Familien abgäben. Und er stellt diese Ansicht so gut dar, dass sich das Publikum damit anfreunden kann."

„Immer wieder fuhr ich an dem Kino vorbei, an dem mein Name prangte, und war schrecklich aufgeregt. Ich wünschte mir, dass sie ‚Norma Jeane' geschrieben hätten. Dann hätten alle Kinder aus der Nachbarschaft und der Schule, die mich nie beachtet hatten, meinen Namen gelesen."

Produktionsdaten:
Columbia Pictures
schwarz-weiß
Länge: 61 Minuten
Kinostart: 22. Oktober 1948

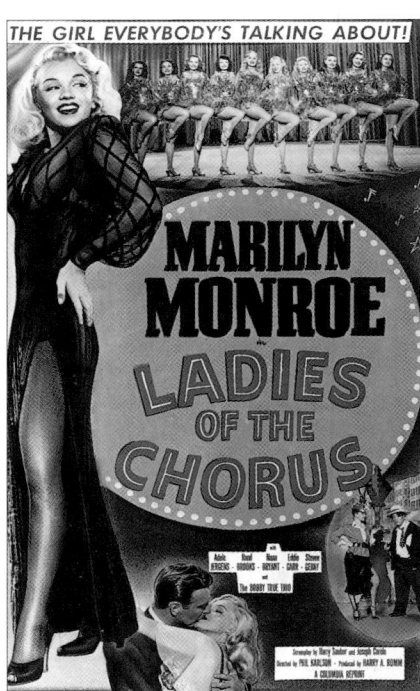

Werbefoto für *Ladies of the Chorus* (1948).

Crew:
Regie: Phil Karson
Produktion: Harry A. Romm
Drehbuch: Joseph Carole, Harry Sauber
Kamera: Frank Redman
Schnitt: Richard Frantl
Musik: Mischa Bakaleinikoff
Choreografie: Jack Boyle
Art Direction: Robert Peterson
Ausstattung: James A. Crowe

Besetzung:
Adele Jergens … May Martin
Marilyn Monroe … Peggy Martin
Rand Brooks … Randy Carroll
Nana Bryant … Mrs. Carroll
Eddie Garr … Billy Mackay
Steven Geray … Salisbury
Bill Edwards … Alan Wakefield
Marjorie Hoshelle … Bubbles LaRue
Frank Scanell … Joe
Dave Barry … Ripple
Myron Healey … Ripple Jr.
Robert Clarke … Peter Winthrop
Gladys Blake … Blumenverkäuferin
Emmett Vogan … Arzt
Dorothy Tuttle

Handlung:
Marilyn spielt die Varieté-Königin Peggy, deren Mutter May Martin, auch ein Varieté-Star, sich Sorgen macht, als sie sich in Randy Carroll verliebt, der aus einer reichen und angesehenen Familie stammt — auch sie war einmal bitter enttäuscht worden, als sie sich mit einem sozial besser gestellten Mann eingelassen hatte. Auf der Verlobungsparty wird die Herkunft Peggys unbarmherzig enthüllt. Aber die Liebe siegt schließlich über alle Klassenunterschiede.

Kritiken:
Motion Picture Herald
„Ein lichter Moment ist der Gesang von Miss Monroe. Sie ist hübsch und mit ihrer angenehmen Stimme und Ausstrahlung viel versprechend."

Variety
„Es gibt genügend Musik-Nummern, ihre Krönung ist der fesche Gesang von Marilyn Monroe … Miss Monroe zeigt sich bei ihrer Darstellung der tingelnden Sängerin als nette Person."

LAFONDA MOTOR LODGE
VENTURA BOULEVARD, SAN FERNANDO VALLEY

In diesem Motel verbrachte Norma Jeane mit ihrem Ehemann JAMES DOUGHERTY 1945 ein leidenschaftliches Wochenende, als er auf Fronturlaub war.

(siehe HOTELS)

LANG, FRITZ (1890–1976)

Der bedeutende österreichische Regisseur, der in Deutschland Klassiker wie *Dr. Mabuse* (1921), *Metropolis* (1926) und M – *eine Stadt sucht einen Mörder* (1931) gedreht hatte, emigrierte 1933 über Paris nach Hollywood.

1952 führte Lang Regie bei dem RKO-Film CLASH BY NIGHT, in dem Marilyn mitspielte. Er hatte große Probleme mit ihr. Sie war von der Hauptdarstellerin BARBARA STANWYCK eingeschüchtert und glaubte, der männliche Hauptdarsteller Paul Douglas könne sie nicht ausstehen. Lang musste nicht nur mit Marilyns Ängsten zurechtkommen, sondern auch damit, dass Marilyn in erster Linie auf ihre Schauspiellehrerin NATASHA LYTESS anstatt auf ihn hörte. Er hatte schnell genug davon und verwies Lytess vom Set, musste sie aber auf Marilyns Druck wieder zulassen.

Lang erinnerte sich an Marilyn als „zu Tode verängstigt", wenn sie im Studio erscheinen musste. Sie kam immer zu spät, hatte ihren Text vergessen, und dass die Arbeit so langsam voranging, war zum großen Teil ihre Schuld." Jahre später meinte er: „Sie zeigte eine seltsame Mischung aus Schüchternheit und ‚Star-Allüren', aber sie wusste immer sehr genau, welche Wirkung sie auf Männer hatte."

LANG, WALTER (1898–1972)

Walter Lang machte die ersten Filmaufnahmen von Norma Jeane. Auf Wunsch von BEN

Fritz Lang und Robert Ryan am Set von *Clash by Night* (1952).

LYON von TWENTIETH CENTURY-FOX drehte er mit ihr 30 Meter Film ohne Ton.

Acht Jahre später führte Lang Regie bei THERE'S NO BUSINESS LIKE SHOW BUSINESS (1954). Obwohl er nicht damit einverstanden war, spielte auch Marilyn mit: „Es waren schon so viele dabei, aber das schien nicht genug zu sein, bis auch Marilyns Name dabei war. Sie war die schärfste Nummer der ganzen Branche, deshalb nahm [das Studio] sie auch noch mit hinein. Sie passte in die Rolle und spielte viele Szenen gut, aber sie schien nicht mit uns anderen zusammenarbeiten zu können."

Lang arbeitete vor allem für Fox und spezialisierte sich auf freche Musicals mit BETTY GRABLE. Er drehte u.a. *Mother Wore Tights − Es begann in Schneiders Opernhaus* (1947) und *The King and I − Der König und ich* (1956), für den er eine Oscar-Nominierung erhielt.

LANGE, HOPE (GEB. 1931)

Hope Langes Durchbruch war BUS STOP (1956), in dem sie die junge Reisende spielt, der Marilyn ihr Herz ausschüttet.

Bei den Probeaufnahmen bestand Marilyn darauf, dass Langes Haar etwas dunkler gefärbt wurde, damit es nicht von ihrer strahlenden Aura ablenkte. Lange berichtete, dass sie ihre Nahaufnahmen mit einem männlichen Lichtdouble drehen musste, weil Marilyn nicht bereit war, länger als absolut notwendig am Set zu bleiben.

Lange wurde 1957 für *Peyton Place − Glut unter der Asche* für den Oscar nominiert und hat seitdem in vielen Kino- und Fernsehfilmen mitgespielt.

LAS VEGAS

Ab dem 14. Mai 1946 wohnte Norma Jeane offiziell in Las Vegas im Haus von Minnie Willette, der Tante von GRACE GODDARD (South Third Street Nummer 604). Diese Adresse gab sie an, um sich unkompliziert von JAMES DOUGHERTY scheiden lassen zu können. Den größten Teil dieser Zeit verbrachte sie allerdings in Kalifornien bei Fotoaufnahmen, außer als sie sich wegen Angina und Masern zweimal im Las Vegas General HOSPITAL behandeln ließ. Am 13. September fand dann der Scheidungsprozess in Las Vegas statt.

Obwohl sie viele Angebote aus Las Vegas erhielt − das ernsthafteste kam 1955, ein weiteres zwei Wochen vor ihrem Tod − trat Marilyn niemals dort auf.

LAST DAY ALIVE − Ihr letzter Tag
(4. AUGUST 1962)

Die Berichte über Marilyns letzten Nachmittag und Abend vor ihrem Tod stimmen weitgehend überein. Am unterschiedlichsten sind die Angaben, wie viel Zeit DR. RALPH GREENSON mit Marilyn verbrachte. Meist wird angenommen, dass er den größten Teil des Tages bei ihr war, vielleicht aber auch nur ein paar Stunden am späten Nachmittag.

Während des Tages rief Marilyn viele Leute an und erhielt auch einige Anrufe − allerdings stellte ihre Haushälterin EUNICE MURRAY nicht alle durch. Die Liste der Menschen, mit denen Marilyn angeblich sprach, ist jedoch beeindruckend lang. Die Telefonaufzeichnungen von ihrem letzten Abend sind niemals veröffentlicht worden. Auch was Marilyn für den nächsten Tag geplant haben soll, ist je nach Quelle recht unterschiedlich: Golf spielen, sich mit SIDNEY SKOLSKY in geschäftlicher Angelegenheit treffen, eine Pressekonferenz, um die Kennedy-Brüder und ihre Frauengeschichten bloßzustellen etc.

Zu denen, mit denen sie sicher während des Tages gesprochen hat, gehören Skolsky, MARLON BRANDO, RALPH ROBERTS, JOE DIMAGGIO JR. und PETER LAWFORD.

PAT NEWCOMB blieb in der Nacht vor Marilyns Tod, vom 3. auf den 4. August 1962, in ihrem Haus. Marilyn wachte früh auf, nachdem sie wie meist schlecht geschlafen hatte.

Marilyn mit Hope Lange in *Bus Stop* (1956).

8 Uhr: Eunice Murray kommt zur Arbeit.

9 Uhr: Marilyn trinkt zum Frühstück Grapefruitsaft und arbeitet dann ein wenig im Garten. Pflanzen und ein bestellter Tisch werden angeliefert.

10 Uhr: Der Fotograf Lawrence Schiller trifft ein, um mit ihr die Fotos durchzusehen, die er während der Aufnahmen von *Something's Got to Give* von ihr gemacht hat. Marilyn genehmigt einige davon. Danach ruft sie ihre Freunde an.

12 Uhr: Pat Newcomb steht auf. Eunice Murray richtet das Mittagessen.

13 Uhr: Ralph Greenson kommt. Er bleibt bis nach 19 Uhr bei Marilyn.

15 Uhr: Greenson bittet Pat Newcomb, das Haus zu verlassen, und Eunice Murray, mit Marilyn einen Spaziergang zum Strand zu machen. Ein Zeuge am Strand beschrieb Marilyn als „deutlich benebelt und nicht sehr sicher auf den Beinen".

16.30 Uhr: Marilyn kehrt nach Hause zurück, um ihre Therapie bei Dr. Greenson fortzusetzen.

Gegen 17 Uhr: Peter Lawford ruft an und lädt Marilyn zum Abendessen in sein Haus ein.

19 Uhr: Ralph Greenson verlässt das Haus und bittet Eunice Murray, bei Marilyn zu übernachten.

19.15 Uhr: Joe DiMaggio Jr. ruft an, und Marilyn scheint guter Laune zu sein.

19.45 Uhr: Peter Lawford ruft wieder wegen des Abendessens an. Durch ihr undeutliches und schleppendes Sprechen alarmiert, ruft er ihre Bekannten an, bis Marilyns Anwalt Milton Rudin um 20.30 Uhr Murray erreicht, die ihm versichert, dass alles in Ordnung sei.

Die ersten Anzeichen, dass etwas nicht stimmt:

22 Uhr: Der Publizist Arthur Jacobs wird aus einem Konzert in der Hollywood Bowl gerufen mit der Nachricht, dass Marilyn tot sei,

aber

23 Uhr: Milton Rudin versichert Peter Lawfords Agent Joe Naar, dass es Marilyn gut gehe und sie nur unter Beruhigungsmitteln stehe,

oder

3 Uhr: Eunice Murray wacht auf und ruft Dr. Greenson an, weil sie wegen des Lichts, das unter Marilyns Tür hervorscheint, beunruhigt ist.

LATENESS − Unpünktlichkeit

MARILYN:
„Ich war in einem Kalender abgebildet, aber ich habe mich nie an die Zeit gehalten."

BILLY WILDER:
„Ich glaube nicht, dass Marilyn absichtlich zu spät kommt. Sie hat einfach andere Zeitvorstellungen. Das ist alles. Ich glaube, es gibt einen kleinen Uhrmacher in Zürich in der Schweiz, der davon lebt, besondere Uhren für Marilyn herzustellen."

ERSKINE JOHNSON:
„Reporter haben darauf gewartet, dass Marilyn aus dem Flugzeug steigt. Flugzeuge haben auf Marilyn gewartet. Reporter haben darauf gewartet, dass Marilyn aus dem Zug steigt. Züge haben auf Marilyn gewartet."

Marilyns Unpünktlichkeit war legendär, und alle mussten sich darauf einstellen. Selbst zu Beginn ihrer Karriere kam sie zu spät zu einer Verabredung mit dem Fotografen JOSEPH JASGUR, obwohl er ihr mit den Aufnahmen einen Gefallen tat. Ihre ersten Rollen bekam sie nur mit viel Mühe, aber sie kam trotzdem zu spät. Bei den Dreharbeiten zu A TICKET TO TOMAHAWK (1950) erschien sie einmal eine halbe Stunde zu spät zu einer Außenaufnahme und wurde vom Regieassistenten mit den Worten „Sie wissen, dass sie ersetzt werden können" gerügt. Marilyn gab zurück: „Auch sie können ersetzt werden, aber wegen ihnen würde nicht nachgedreht werden."

Zu einem Interview mit Robert Cahn, das 1951 als erster landesweiter Artikel über Marilyn in der Zeitschrift *Collier's* erschien, kam sie über eine Stunde zu spät. Cahn schrieb sarkastisch: „Es ist ihr ein besonderes Anliegen, so gut wie irgend möglich auszusehen, und sie verbringt Stunden am Schminktisch."

Als sie an NIAGARA (1953) arbeitete und wiederholt für ihre Unpünktlichkeit zurechtgewiesen wurde, sagte sie zum Aufnahmeleiter: „Drehe ich einen Film oder stempel ich eine Stechuhr?" Der Fotograf RICHARD AVEDON behauptete, er würde mit Marilyn einen Termin um neun Uhr morgens abmachen, dann seiner üblichen Arbeit nachgehen und sie gegen Abend erwarten.

ALLAN „WHITEY" SNYDER erinnerte sich an die Dreharbeiten zu SOME LIKE IT HOT (1959): „Sie nahm alles und jedes zum Anlass, zu spät zu kommen. Sie sagte, ihre Augenbrauen wären nicht in Ordnung oder ihr Lippenstift – einfach alles, nur um nicht erscheinen zu müssen." Aus Angst, dass sie nicht ganz genau aussähe wie Marilyn oder sich nicht so benehmen könne, wie es die Leute von ihr im Film oder bei anderen Gelegenheiten erwarteten, verbrachte Marilyn Stunde um Stunde mit den Vorbereitungen, ließ sich schminken, wusch sich immer wieder das Haar, rief Freunde an, um sich zu vergewissern, dass sie das Richtige anzog, und machte sich sogar Notizen, das sagen oder welche Themen sie ansprechen könnte. LAUREN BACALL, die mit ihr in HOW TO MARRY A MILLIONAIRE (1953) spielte, brachte es auf den Punkt: „Sie kam immer zu spät, aber ich glaube, aus Panik. Sie konnte sich dem, was sie tun sollte, nicht stellen; sie kam damit nicht zurecht."

Als Marilyn 1962 vor Aufregung zitternd die Bühne des MADISON SQUARE GARDEN bestieg, um Präsident JOHN F. KENNEDY ein „Happy Birthday" mehr zu hauchen als zu singen, kündigte PETER LAWFORD sie als „the late Marilyn Monroe" an – und hatte damit in gewisser Weise recht.

Marilyns Freunde mussten ihre Unpünktlichkeit akzeptieren. Viele richteten sich darauf ein und verabredeten sich einfach eine Stunde zu früh mit ihr. Ihr Freund NORMAN ROSTEN prägte den Ausdruck „Marilyn Time".

In einem Interview äußerte sie einen Monat vor ihrem Tod ihre Sicht: „Mir gefällt der Blick von hier. Die Zukunft ist für mich da, und ich muss – wie jede Frau – das Beste daraus machen. Also wenn sie all das Gerede hören, wie unpünktlich ich bin und wie oft es so aussieht, als ob ich jemanden warten lasse, denken Sie daran – ich warte auch. Ich habe mein ganzes Leben lang gewartet."

LAUGHTON, CHARLES (1899–1962)

SHELLEY WINTERS versuchte vergeblich, Marilyn zur Teilnahme an einer Theatergruppe zu überreden, die der aus England stammende Charles Laughton in den späten 1940er-Jahren in seinem Haus in Hollywood abhielt. Obwohl Marilyn zweimal erschien, war sie zu nervös, um daran teilzunehmen, vielleicht

Peter Lawford und Shelley Winters in der ABC-Fernsehsendung „Marilyn Remembered" 1974.

weil Laughton auf ihrer Liste der begehrtesten Männer (siehe MEN) stand.

Marilyn und er arbeiteten nur bei O'HENRY'S FULL HOUSE (1952) zusammen. 1956 setzte sie ihn auch auf die Liste ihrer Lieblingsschauspieler. Laughton wurde für *The Private Life of Henry VIII – Das Privatleben Heinrichs VIII.* (1933), *Les Miserables – Die Elenden* (1935) und *Mutiny on the Bounty – Meuterei auf der Bounty* (1935) mit dem Oscar ausgezeichnet.

Später plagten ihn ähnliche Selbstzweifel wie Marilyn. Er führte selbst Regie bei *Night of the Hunter – Die Nacht des Jägers* (1955).

LAWFORD, PATRICIA
(GEB. ALS PATRICIA KENNEDY)

Marilyns Freundschaft zu den Kennedy-Brüdern entstand durch Patricia (geb. Kennedy) und ihren Mann PETER LAWFORD. 1962 sah Marilyn Patricia oft, sie war häufig Gast im Haus der Lawfords am Strand von Santa Monica, und sie sahen sich in New York, wenn Marilyn sich heimlich mit dem Präsidenten traf. Pat soll auch die Telefonnummern der Ranch in Nordkalifornien weitergegeben haben, in der BOBBY KENNEDY das letzte Wochenende, an dem Marilyn lebte, verbrachte.

Pat kam für Marilyns Beerdigung (siehe FUNERAL) von der Ostküste angereist, aber JOE DIMAGGIO verweigerte ihr wie allen Freunden aus Hollywood den Zutritt, weil er ihnen die Schuld an ihrem Tod gab.

Nicht lange nach der Ermordung von JFK ließ Patricia Lawford sich von ihrem Mann Peter scheiden. Ihr Sohn Christopher ist wie sein Vater Schauspieler.

LAWFORD, PETER (1923–1984)

> „Pat und ich liebten sie sehr. Sie war vermutlich einer der wunderbarsten und warmherzigsten Menschen, denen ich je begegnet bin."

Der ehemalige Kinderdarsteller aus England kam 1938 nach Hollywood. Obwohl er in fast fünfzig Filmen mitspielte, zumeist in Nebenrollen, ist er vor allem (als eher unbedeutendes) Mitglied des RAT PACK und nach seiner Heirat mit Patricia Kennedy (siehe PATRICIA LAWFORD) für seine Verbindungen zur ersten Familie Amerikas bekannt. In *It Happened in Brooklyn* (1947) spielte er neben FRANK SINATRA, in *Easter Parade – Osterspaziergang* (1948) mit JUDY GARLAND und FRED ASTAIRE. Lawford war außerdem häufig Stargast im Fernsehen.

Wenn sie in Los Angeles waren, wohnten JOHN und ROBERT KENNEDY oft bei Pat und Peter in ihrem Haus am Strand von Santa Monica, 625 Palisades Beach Road. Fast alle der bekannten Zusammenkünfte von Marilyn mit JFK und RFK fanden in diesem Strandhaus statt, das von DEAN MARTINs Frau Jeanne verwegen dargestellt wurde: „Was in diesem Haus vor sich ging, ließ einen beim bloßen Gedanken daran ganz schwindlig werden."

Bei den einzigen Anlässen, zu denen Marilyn mit den Kennedy-Brüder zusammen in der Öffentlichkeit gesehen wurde, war auch Lawford dabei: auf einer Party in Lawfords Haus, die 1960 wegen des Endes der Democratic Convention für JFK gegeben wurde, und im Mai 1962 im MADISON SQUARE GARDEN, als Lawford Marilyn als „the late Marilyn Monroe" ankündigte, bevor sie für den Präsidenten „Happy Birthday" sang.

Marilyn und Peter Lawford kannten sich einige Jahre. Ihm wird nachgesagt, seit 1950 in sie verliebt gewesen zu sein, als sie sich bei MGM begegneten, wo das Starlet Marilyn an HOMETOWN STORY (1951) arbeitete. Laut ANTHONY SUMMERS sagte Lawford, sie hätten einige Dates gehabt. 1952 stritt Marilyn einer Zeitschrift gegenüber jedoch alles ab: „Ich hatte niemals ein Date mit Peter. Wir saßen in einem Nachtclub am selben Tisch, … und ich habe vielleicht mit ihm getanzt, aber das kann man kaum ein Date nennen und ganz sicher keine Romanze."

Viele Verschwörungstheorien über Marilyns Tod (siehe CONSPIRACY) stellten Lawford ins Zentrum. Er ist beschuldigt worden, Kuppler für seinen Schwager, den Präsidenten, gewesen zu sein. Es gab Gerüchte, er besäße Fotos, die zeigten, wie Marilyn Kennedy oral befriedigte, und dass Leute, die Kennedy schaden wollten, die Beischlafgeräusche auf Tonband aufgenommen hätten.

In den Berichten über Marilyns letzten Tag (siehe LAST DAY ALIVE) taucht Lawfords Name häufig auf. Vermutlich hat Marilyn das Strandhaus der Lawfords am Tag vor ihrem Tod besucht, nachdem ihre Haushälterin EUNICE MURRAY sie am Nachmittag zum Spaziergang an den Strand gefahren hatte. Wenig später lud Lawford Marilyn zu einem Dinner mit Freunden zu sich nach Hause ein. Kurz vor 20 Uhr rief er ein weiteres Mal an, um Marilyn dazu zu überreden, herüberzukommen. Bei diesem Anruf hatte er den Eindruck, sie habe viele Tabletten genommen, und war beunruhigt.

Was dann geschah, ist unklar. Laut DONALD SPOTO teilte Lawford seinem Freund Milton Ebbins und dann Marilyns Anwalt Milton Rudin seine Sorge mit und wollte jemanden zu Marilyns Haus schicken, um herauszufinden, was passiert war. Bei Ungereimtheiten hätte die dortige Anwesenheit für ihn als Schwager des Präsidenten einen Skandal auslösen können. Die Verschwörungstheoretiker glauben dagegen, dass Lawford zusammen mit Robert Kennedy zu Marilyns Haus ging und sich an ihrer Ermordung beteiligte und/oder alle Spuren beseitigte, bevor die Polizei gerufen wurde.

LAWRANCE, JODY
(GEB. 1930 ALS JOSEPHINE LAWRANCE GODDARD)

Jody Lawrence wurde 1935 die Stiefschwester von Norma Jeane, weil ihr Vater „DOC" GODDARD Norma Jeanes Vormund GRACE McKEE GODDARD geheiratet hatte. Sie erinnerte sich an die kurze Zeit, die sie in diesem Jahr gemeinsam in einem Bungalow in San Fernando Valley verlebten, mit den Worten: „Norma Jeane war ein schüchternes, introvertiertes kleines Mädchen … [wir waren] beide neurotische, verschlossene Kinder, die sehr empfindlich auf ihre Umgebung reagierten."

Lawrences Filmlaufbahn dauerte, ähnlich wie die Marilyns, von 1951 bis 1962.

LAWYERS – Anwälte

Delaney, Frank
Ermutigte Marilyn, TWENTIETH CENTURY-FOX zu verlassen und eine eigene Produktionsgesellschaft zu gründen, die MARILYN MONROE PRODUCTIONS. Im Januar 1955 gab Marilyn von seiner Wohnung aus die Gründung bekannt. Delaney leitete intensive Verhandlungen mit Fox über die Neufassung von Marilyns Vertrag, verließ die MMP jedoch vor Ende des Jahres. MILTON GREENE sagte er, er denke, dass Marilyn kein Vertrauen mehr in ihn habe.

Frosch, Aaron
Als Marilyn sich Ende 1960 auf ihre Scheidung von ARTHUR MILLER vorbereitete, nahm sie sich diesen New Yorker Anwalt, der auch andere Klienten aus dem Show-Business hatte. Anwalt Elliot Lefkowitz unterstützte ihn. Frosch war zudem mit ihrem letzten Testament (siehe WILL) und den Verhandlungen zu SOMETHING'S GOT TO GIVE betraut und wurde

ihr Nachlassverwalter. 1981 wurde Frosch angeklagt, sich ungefähr 200 000 Dollar aus ihrem Nachlass unrechtmäßig angeeignet zu haben. Der Fall wurde von DR. MARIANNE KRIS, Marilyns New Yorker Analytikerin, angestrengt. Die Parteien fanden eine außergerichtliche Einigung, deren Inhalt nicht öffentlich wurde.

Giesler, Jerry
Anfang 1954 beauftragte Marilyn diesen prominenten Anwalt aus Hollywood mit ihrer Scheidung von JOE DiMAGGIO. In der Presseerklärung über die Scheidungsgründe nannte Giesler den „unterschiedlichen Verlauf der Laufbahnen" und sagte, die Scheidung würde wegen „schwerem seelischem Leid und Schmerz" eingereicht, „die der Beklagte ohne Schuld der Klägerin" begangen habe. Als Marilyn ihr gemeinsames Zuhause verließ, stützte sie sich auf Gieslers Arm.

Giesler hatte einen guten Ruf unter Filmstars. 1949 konnte er allerdings die Verurteilung von ROBERT MITCHUM wegen Marihuana-Besitzes erst rückgängig machen, als dieser bereits kurz im Gefängnis gewesen war.

Montgomery, Robert
1957 betrieb Marilyn ihren strategischen Rückzug aus ihrer Partnerschaft mit Milton Greene mithilfe des Büros von Arthur Millers Anwalt Montgomery. Er veröffentlichte eine Erklärung Marilyns, ihr Geschäftspartner Milton Greene habe die Firma zu seinem persönlichen Vorteil falsch gemanagt und Verhandlungen ohne ihr Wissen bzw. ohne ihre Zustimmung begonnen.

Rudin, Milton („Mickey")
Marilyns Anwalt am Ende ihres Lebens. Er war der Schwager ihres Analytikers DR. RALPH GREENSON. Ein weiterer seiner Klienten aus dem Showbusiness war FRANK SINATRA. Rudin stellte die Dokumente zusammen, die Marilyn für den Kauf ihres Hauses am FIFTH HELENA DRIVE benötigte. Rudin erledigte auch manche beruflichen Angelegenheiten für sie, vor allem als Twentieth Century-Fox sie aus *Something's Got to Give* ausschloss und sich die Verhandlungen über die Wiederaufnahme des Projekts in die Länge zogen. Zum Zeitpunkt ihres Todes soll er mit einem Filmprojekt für Marilyn und den RAT PACK-Schauspieler DEAN MARTIN, Sinatra, PETER LAWFORD und SAMMY DAVIS JR. beschäftigt gewesen sein.

Rudin spielte auch in der Nacht, in der Marilyn starb, eine Rolle. Die Schilderungen darüber gehen weit auseinander. Zumeist heißt es, dass Rudin gegen 20 Uhr einen Anruf von Peter Lawford erhielt, der sich darüber Sorgen machte, dass Marilyn so schleppend sprach. Rudin rief daraufhin Marilyns Haushälterin EUNICE MURRAY an, um herauszufinden, was passiert war. DONALD SPOTO erzählte Rudin, dass Murray den Hörer niederlegte, um nach Marilyn zu schauen, und dann zurückkam und ihm sagte, dass mit Marilyn alles in Ordnung sei, er aber den Eindruck gehabt habe, sie habe gar nicht nachgeschaut.

In einer Version der Ereignisse gingen Rudin und Dr. Greenson gegen Mitternacht zu Marilyns Haus und fanden sie dort tot. In einer anderen erhielt Rudin einen Anruf, in dem ihm mitgeteilt wurde, dass Marilyn tot sei. In einer weiteren Version erschien Rudin zum ersten Mal in Marilyns Haus, kurz nachdem die Polizei angekommen war.

Am Morgen begleitete er Marilyns Leiche zum Leichenschauhaus Westwood Village und rief Joe DiMaggio an und bat ihn, sich um das Begräbnis (siehe FUNERAL) zu kümmern.

Stein, Irving
Anwalt einer größeren Kanzlei, der 1955 von seinem Kollegen Frank Delaney eingeführt wurde, um mit Milton Greene und Marilyn an den Marilyn Monroe Productions zu arbeiten.

Stein konzentrierte sich auf die Neuverhandlungen von Marilyns Vertrag mit Twentieth Century-Fox. Er organisierte auch die Verlegung von Marilyns Wohnsitz nach Connecticut, damit sie vor einer eventuellen Klage von Fox geschützt war. Außerdem kümmerte er sich um ihr Testament von 1956. Als sich Marilyn 1957 von Greene trennte, war auch seine Zusammenarbeit mit ihr beendet.

Wright, Lloyd
Marilyns Anwalt im Jahr 1954 während ihrer Ehe mit Joe DiMaggio. Er überließ dem Paar sein Ferienhaus in den Bergen in der Nähe von Palm Springs für ihre Flitterwochen. Wright befasste sich auch mit den geheimen Verhandlungen mit Milton Greene und seinem Anwalt Frank Delaney, die Marilyn durch die Marilyn Monroe Productions die volle Kontrolle über ihr Filmmaterial und ihr Einkommen sichern sollten.

Weitere Anwälte

Raymond G. Stanbury: Autounfall (siehe CARS), 1955

W. Claude Fields jr.: Fahren ohne Führerschein, 1956

Arturo Sosa Aguilar, Aureliano González: Scheidung von Miller in Mexiko, 1961

Martin Gang: Vertrag mit MCA, 1962

Später wurde die verstorbene Marilyn rechtlich durch die Curtis Management Group vertreten. Seit 1982 befasste sich Roger Richman mit dem Nachlass (siehe ESTATE).

LEAF, EARL

Hollywood-Fotograf, der Marilyn zwischen 1950 und 1962 einige Male ablichtete.

LEAMING, BARBARA

Biografin, die viel über Marilyns Auseinandersetzung mit TWENTIETH CENTURY-FOX und über ihre Jahre mit ARTHUR MILLER zusammengetragen hat. Leaming glaubt an einen Selbstmord Marilyns, die für sie „das Symbol unserer geheimen Wünsche" ist.

LEARY, DR. TIMOTHY (1920–1996)

1962 traf Marilyn Leary auf einer Party. Neugierig geworden durch seine Berichte über Experimente mit bewusstseinsverändernden Drogen (siehe DRUGS), bat sie ihn, ihr LSD zu beschaffen. Er willigte ein, und sie fuhren zusammen nach Venice Beach. Leary beschrieb das Ereignis als „vergnüglich".

LEIGH, JANET
(GEB. 1927 ALS JEANETTE HELEN MORRISON)

Janet Leigh kam zur selben Zeit wie Marilyn zum Film. Im Studio begegneten sie sich nur ein einziges Mal, als Leigh ihren damaligen Ehemann TONY CURTIS während der Aufnahmen zu SOME LIKE IT HOT (1959) besuchte. Leigh bekam wohl viel darüber zu hören, wie frustrierend die Erfahrung für Curtis war: „Sie war zwar im Studio, aber es fiel ihr sehr schwer, den Mut zum Auftritt zu fassen. Was sie zwang, sich immer wieder zurückzuziehen, war kein böses Spiel und auch keine Studio-Taktik, sondern schlicht Angst."

Leighs berühmteste Rolle war die der Marion Crane in Alfred Hitchcocks *Psycho* (1960). Die Tochter von Curtis und Leigh ist die Schauspielerin Jamie Lee Curtis.

LEIGH, VIVIEN
(1913–1967, GEB. ALS VIVIEN HARTLEY)

Vivien Leigh, die für ihre Darstellung der Scarlett O'Hara in *Gone with the Wind – Vom Winde verweht* (1939) und der Blanche DuBois in *A Streetcar Named Desire – Endstation Sehnsucht* (1951) berühmt wurde und mit dem Oscar ausgezeichnet wurde, erhielt die Ehrungen, die Marilyn fehlten. Der Gegensatz zwischen ihnen muss immens gewesen sein, trotzdem übernahm Marilyn 1956 in THE PRINCE AND THE SHOWGIRL (1957) die Rolle der Elsie, die Leigh in der Bühnenfassung gespielt hatte.

Obwohl Marilyn und ARTHUR MILLER offiziell Gäste von Leigh und ihrem Ehemann LAURENCE OLIVIER waren, trafen sie sich fast ausschließlich bei formellen Gelegenheiten: am Flughafen und bei einer Party, die von TERENCE RATTIGAN gegeben wurde.

Marilyn und Leigh empfanden füreinander nur Rivalität. Marilyn war gar nicht begeistert, als Leigh in den PINEWOOD STUDIOS auftauchte, um bei den Dreharbeiten zuzusehen. Sie fühlte sich vom Regisseur Olivier schlecht behandelt und verspottet, SUSAN STRASBERG erinnerte sich: „Marilyn konnte diese Rolle mit geschlossenen Augen spielen, aber Olivier schien zu glauben, dass sie sie wie Miss Leigh spielen sollte. Und er machte sie rasend mit seinen genauen und ausdrücklichen Anweisungen."

Die beiden Schauspielerinnen hatten aber auch einiges gemeinsam. Leigh litt ihr ganzes Leben lang unter gesundheitlichen Problemen und kämpfte mit Depressionen, und wie Marilyn erlitt auch sie eine Fehlgeburt.

LeMAIRE, CHARLES (1897–1985)

Als Leiter der Kostümabteilung von TWENTIETH CENTURY-FOX zwischen 1943 und 1960 kleidete LeMaire Marilyn viele Dutzend Male ein, das erste Mal 1946, als sie zu ihren ersten Probeaufnahmen (siehe SCREENTESTS) ins Studio kam. Von ihm stammt auch das Kleid, das Marilyn in der Party-Szene in ALL ABOUT EVE (1950) trägt.

LEMMON, JACK
(GEB. 1925 ALS JOHN UHLER LEMMON III)

Dank seiner Erfahrung am Broadway spielte Lemmon seit den frühen 1950er-Jahren tragende Filmrollen. Für *Mister Roberts – Keine*

Vivien Leigh und Laurence Olivier heißen Marilyn und Miller kurz vor Beginn der Dreharbeiten zu *The Prince and the Showgirl* im Juli 1956 in England willkommen.

Zeit für Heldentum (1955) wurde er mit dem Oscar für die beste männliche Nebenrolle ausgezeichnet. Für SOME LIKE IT HOT (1959), *The Apartment – Das Appartement* (1960) und *Days of Wine and Roses – Die Tage des Weines und der Rosen* (1962) wurde er für den Oscar nominiert.

Spätere bekannte Filme sind *The Odd Couple – Ein seltsames Paar* (1968) mit seinem häufigen Filmpartner Walter Matthau, *The China Syndrome – Das China-Syndrom* (1979).

Im Laufe der Jahre erzählte Lemmon einige enthüllende Geschichten über die Arbeit mit Marilyn für *Some Like It Hot*:

„Sie hatte eine Art eingebauter Alarmanlage, die losging, wenn eine Szene ihrer Ansicht nach nicht stimmte. Das ist ungewöhnlich, denn normalerweise darf man nicht stoppen, bevor der Regisseur ‚cut' sagt, aber Marilyn hörte einfach auf, wenn sie das Gefühl hatte, dass irgendetwas nicht stimmte. Und das machte Tony regelrecht wahnsinnig!
Komischerweise wurde die ganze Bettszene in der Kajüte beim ersten Dreh aufgenommen. Ich war total geschockt. Es war der erste Dreh, der nicht unterbrochen wurde, Billy Wilder sagte ‚print', und sie sagte ‚Mir gefiel es auch', und ich dachte: ‚Was ist passiert?' Ich hatte mich darauf vorbereitet, sie den ganzen Tag zu wiederholen. Ich war froh, dass ich meinen Text richtig hinbekommen hatte, denn ich hatte mich bereits an Marilyn angepasst. Am Tag zuvor hatten wir eine Szene 37 Mal wiederholt, und Marilyn hatte genau zwei Zeilen Text zu sprechen, aber am nächsten Morgen drehten wir die ganze Szene oben in der Kajüte, bevor er runtergeht, um den Alkohol zu holen, in einem durch. Sie kriegte es beim ersten Dreh hin, man konnte es nie wissen!
Ich hatte noch nie so gute Regieanweisungen gehört, wie Billy sie ihr gab, aber solange sie nicht das Gefühl hatte, dass alles stimmte, half nichts. Sie sagte einfach immer wieder: ‚Sorry, ich muss es noch einmal machen.' Und wenn Billy sagte:

‚Marilyn, ich sag' dir, könntest du vielleicht …', antwortete sie: ‚Einen Augenblick, Billy, sprich nicht mit mir, ich vergesse sonst, wie ich es spielen will.' Das hat mich mehr als einmal an den Rand meiner Nerven gebracht. Niemand gelang es, sie daran zu erinnern, dass sie eine berufliche Verpflichtung hatte. Sie konnte es einfach nicht, bevor sie dazu bereit war."

LEONARDI, PETER

Marilyns „Mädchen für alles" während ihrer Zeit in New York 1954/55, er war ihr Chauffeur, ihr Friseur und ihr Assistent, während mit MILTON GREENE die Zukunft der neugegründeten MARILYN MONROE PRODUCTIONS plante. Leonardi erzählte JAMES HASPIEL, dass er Marilyn im Sommer 1955 in die Bowery von New York gefahren habe, wo sie Geld an

Jack Lemmon mit Tony Curtis und Marilyn in *Some Like It Hot* (1959).

Obdachlose verteilte. Die Arbeitsbeziehung der beiden endete abrupt, als Leonardi behauptete, Marilyn habe ihm versprochen, ihm einen eigenen Salon einzurichten, dann das Versprechen aber nicht gehalten. Er drohte ihr deshalb mit rechtlichen Konsequenzen.

LESBIAN RUMORS – Lesbische Gerüchte

MARILYN:
„Als ich anfing, zu lesen, stieß ich auf die Wörter ‚frigide', ‚kühl' und ‚lesbisch' und fragte mich, ob ich das nicht alles drei sei. Da war auch noch die unheimliche Tatsache, dass es mich immer erregt hatte, gut gebaute Frauen anzuschauen."

Marilyns Verhältnis zu SEX hatte auch einen weiblichen Aspekt. Gerüchte über lesbische Beziehungen gab es während ihres ganzen Lebens und noch lange nach ihrem Tod. Die ersten tauchten wahrscheinlich in ihren Jahren als Starlet auf, als JOAN CRAWFORD sie laut FRED LAWRENCE GUILES nach Hause einlud und einen Annäherungsversuch unternahm.

Die Intensität von Marilyns Beziehung zu ihrer Schauspiellehrerin NATASHA LYTESS enthielt, darin stimmen die meisten Biografen überein, auch eine sexuelle Komponente.

Das New Yorker Dienstmädchen LENA PEPITONE zitierte, was Marilyn über ihre Beziehung zu Natasha Lytess gesagt hatte: „Ich ließ Natasha gewähren, aber das war falsch. Sie war nicht wie ein Mann, wissen Sie, man verbringt einfach eine nette Zeit miteinander, und das war's dann. Sie wurde richtig eifersüchtig auf die Männer, mit denen ich mich traf, auf alles. Sie dachte, sie wäre mein Ehemann. Sie war eine großartige Lehrerin, aber diese Seite an ihr zerstörte unsere Beziehung. Ich fing an, mich vor ihr zu fürchten, und musste weg."

Laut ROBERT SLATZER wollte der eifersüchtige JOE DIMAGGIO, als er eine Woche, nachdem Marilyn die Scheidung eingereicht hatte, in eine Wohnung einbrach (siehe WRONG DOOR RAID), sie nicht mit dem Stimmbildner HAL SCHAEFER, sondern in flagranti mit einer Frau erwischen. Der Journalist WALTER WINCHELL glaubte, dass diese lesbische Beziehung der wichtigste Grund für ihre Scheidung gewesen sei.

Es gab auch Gerüchte über eine leidenschaftliche Nacht Marilyns mit der Striptänzerin Lily St. Cyr.

LET'S MAKE IT LEGAL (1951)

Dieser Film, der ursprünglich *Don't Call Me Mother* heißen sollte, war einer der zwölf Filme, die Marilyn in schneller Folge in den frühen 1950er-Jahren drehte, als TWENTIETH CENTURY-FOX ihre begehrte neue Schauspielerin in jeden Film steckte, den die Studios produzierten. Marilyns Nebenrolle in diesem Film erforderte von Drehbuchautor I.A.L. DIAMOND nicht allzu viel Phantasie: Joyce Mannering ist „das Mädchen, das als Miss Cucamonga einen Schönheitswettbewerb gewonnen und einen Vertrag als Model hat. Sie ist hier, um für Käsekuchen zu posieren, und versucht, ihr Leben zu verbessern."

Einige Episoden des Drehbuchs weisen Parallelen zu Marilyns eigenen frühen Erfahrungen in Hollywood auf: die Verfolgung eines

einflussreichen Mannes auf einem Golfplatz (Marilyn hatte sich JOHN CARROLL unter vergleichbaren Umständen genähert) und die Schluss-Szene, in der sie einer Pokerrunde einflussreicher Herren Glanz verleiht, wie sie es viele Male in JOE SCHENKs Haus getan hat.

Marilyns Unpünktlichkeit (siehe LATENESS) war für einen Zusammenstoß mit dem Regisseur Richard Sale verantwortlich. Als er vor der gesamten Mannschaft eine Entschuldigung von ihr forderte, stürmte Marilyn aus dem Studio – kehrte allerdings kurz darauf voller Reue zurück.

Produktionsdaten:
Twentieth Century-Fox
schwarz-weiß
Länge: 77 Minuten
Kinostart: 6. November 1951

Crew:
Regie: Richard Sale
Produktion: Robert Bassler
Drehbuch: I. A. L. Diamond, F. Hugh Herbert
Story: Mortimer Braus
Kamera: Lucien Ballard
Schnitt: Robert Fritch
Musik: Cyril J. Mockridge
Musikalische Leitung: Lionel Newman
Arrangement: Bernard Mayers, Edward B. Powell
Art Direction: Albert Hogsett, Lyle R. Wheeler
Ausstattung: Paul S. Fox, Thomas Little
Kostüme: Charles Le Maire, Renie
Maskenbild: Ben Nye
Spezialeffekte: Fred Sersen
Ton: Harry M. Leonhard, E. Clayton Ward

Besetzung:
Claudette Colbert … Miriam Halsworth
Macdonald Carey … Hugh Halsworth
Zachary Scott … Victor Macfarland
Barbara Bates … Barbara Denham
Marilyn Monroe … Joyce Mannering
Frank Cady … Ferguson
Jim Hayward … Pete, der Gärtner
Carol Savage … Miss Jessup
Paul Gerrits … Milchmann
Betty Jane Bowen … Sekretärin
Vicki Raaf … Peggy, Hughs Sekretärin
Ralph Sanford … Polizeileutnant
Harry Denny … Hoteldirektor
Harry Harvey Sr. … Postbote
Michael Ross … Polizist
Frank Sully … Arbeiter
Beverly Thompson … Reporter
Wilson Wood … Reporter
Abe Dinovitch … Arbeiter
Joan Fisher … Baby Anabella
Kathleen Freeman … Reporterin
Harry Harvey … Postbote
James Magill … Reporter
Jack Mather … Polizist
Rennie McEvoy … Reporter
Roger Moore … Reporter

Handlung:
Nach zwanzig Jahren lässt sich Miriam Halsworth (Claudette Colbert) von Hugh (Macdonald Carey), dem Werbeleiter in einem eleganten Hotel, wegen seiner Spielleidenschaft scheiden. Hugh dagegen liebt Miriam noch immer. Um sie eifersüchtig zu machen, trifft er sich mit Joyce (Marilyn).

Der wohlhabende Industrielle und frühere Schönling Victor Macfarland (Zachary Scott) hält sich als Gast in dem Hotel auf, und als er von der Scheidung hört, erwacht sein Interesse an Miriam wieder. Kurz bevor Miriam Hugh heiratete, hatte er damals ohne Erklärung die Stadt verlassen. Zwar hat auch Joyce ein Auge auf ihn und seinen Reichtum geworfen, aber Victor und Miriam wollen heiraten. Bevor er auf Geschäftsreise nach Washington fährt, gesteht er jedoch, dass er und Hugh vor zwanzig Jahren darum gewürfelt haben, wer Miriam heiraten dürfe.

Miriams Wut richtet sich gegen Hugh, sie droht, sich dafür an seinen preisgekrönten Rosenbüschen zu rächen. Um sie vor ihr zu retten, versucht Hugh, sie nachts heimlich fortzuschaffen, wird aber verhaftet. Die Presse bekommt Wind von der Geschichte und schreibt, dass Miriam mit Victor verlobt sei.

MacDonald Carey, Marilyn, Zachary Scott und Claudette Colbert in *Let's Make It Legal* (1951).

– *Das Appartement*. Deshalb wurde GEORGE CUKOR an seiner Stelle Regisseur; auch er hatte Probleme mit Marilyn und soll einen großen Teil der Kommunikation über den Choreografen JACK COLE abgewickelt haben.

Marilyns Ruf machte es fast unmöglich, einen männlichen Hauptdarsteller für diesen Film zu finden, dessen Figur angeblich eng an HOWARD HUGHES angelehnt war. Bevor man YVES MONTAND die Rolle anbot, wurde sie praktisch von allen Hollywood-Stars abgelehnt: Yul Brynner, CARY GRANT, ROCK HUDSON, Charlton Heston, William Holden, GREGORY PECK und James Stewart. Montand wurde von Marilyn vorgeschlagen. Das Studio war damit zwar nicht glücklich, aber sie bestand darauf und bekam schließlich ihren Mann – in mehr als einer Hinsicht. Ihre öffentliche Liebesaffäre war der Anfang vom Ende der Ehe mit ARTHUR MILLER und hätte beinah Montands Verbindung mit SIMONE SIGNORET zerstört.

Auch mit dem Drehbuch gab es Probleme. Miller kehrte aus Irland zurück, wo er mit JOHN HUSTON an dem Drehbuch für THE MISFITS (1961) gearbeitet hatte, um auszuhelfen: „Vor der Produktion schrieb ich eine der Szenen um. Ich versuchte, diesen beiden blassen Figuren etwas mehr Tiefe zu geben. Wenn sie sprachen, hatten sie keinen Charakter, keine Motivation. Ich sprang ein und verbesserte das Drehbuch, so gut ich konnte. Aber viel war nicht mehr zu machen." Grund für die größten Verzögerungen der Dreharbeiten war

Der ist nicht gerade glücklich darüber, mit dem ganzen Theater in Verbindung gebracht zu werden, und Miriam sagt, er solle zusehen, dass er wegkomme.

Hugh zeigt ihr nun die Würfel, mit denen er sie gewonnen hat: Sie sind so präpariert, dass er auf jeden Fall gewinnen musste – und jetzt gewinnt er Miriam zum zweiten Mal.

Kritiken:
Hollywood Reporter
„Marilyn ist als Mädchen auf der Jagd nach einem Ehemann aufreizend charmant."

New York Daily News
„Eine widersprüchliche Posse, die zum Glück durch einige gelungene Seiten gerettet wird. Lob gebührt vor allem der Darstellung der komödienerfahrenen Stars Claudette Colbert und Macdonald Carey. Ihr Spiel und ausreichend glänzende Dialoge bilden das Gegengewicht zu den gezwungenen Schwanksituationen und der mittelmäßigen Story. ... Marilyn Monroe erheitert in einer Nebenrolle als hübsche, wohlgeformte Blondine, die auf Zachary Scott und seine Millionen ein Auge geworfen hat."

New York Daily Mirror
„Der Film leidet an einem schwachen Skript und der unglaubwürdigen Darstellung von Macdonald Carey und Zachary Scott. ... Marilyn Monroe stellt als kleine Ablenkung in den Nebenszenen ihr wohlgeformtes Chassis zur Schau."

LET'S MAKE LOVE (1960) – Machen wir's in Liebe

Diese von NORMAN KRASNA unter dem Titel *The Billionaire* geschriebene musikalische Komödie wurde Marilyn von JERRY WALD angeboten, als TWENTIETH CENTURY-FOX Druck ausübte. 1955 hatte sie eingewilligt, vier Filme für Fox zu drehen, aber vor der Produktion von *Let's Make Love* hatte sie nur an BUS STOP (1956) mitgearbeitet. Anfänglich war BILLY WILDER der aussichtsreichste

Kandidat für die Position des Regisseurs. Offenbar war er bereit, es auch nach der schlechten Erfahrung bei SOME LIKE IT HOT noch einmal mit Marilyn zu versuchen, aber er hatte bereits einen Vertrag für *The Apartment*

Der Choreograf Jack Cole probt mit Marilyn eine Tanznummer für *Let's Make Love* (1960).

Marilyn in *Let's Make Love* (1960).

Yves Montand, Marilyn und Gene Kelly am Set von *Let's Make Love* (1960).

Marilyn und andere Schauspieler in *Let's Make Love* (1960).

diesmal nicht Marilyns Unpünktlichkeit (siehe LATENESS), sondern ein Streik der Schauspieler, mit dem sie die Abschaffung der Honorare bei Wiederaufführungen verhindern wollten.

Marilyn sang in dem Film vier Lieder: „My Heart Belongs to Daddy" von Cole Porter und „Let's Make Love", „Incurably Romantic" und „Specialization" von Sammy Cahn und James Van Heusen. Die Leichtigkeit in Marilyns Interpretation von „My Heart Belongs to Daddy" ist bemerkenswert. Sie war das Ergebnis von mindestens zwei Wochen Proben.

Die geplante Premiere in RENO musste abgesagt werden, weil der Strom ausfiel. Der Film hatte keinen Erfolg: Die Rezensionen waren vernichtend, das Publikum blieb aus. In Hollywood kursierten Gerüchte, dass Marilyns Stern im Sinken sei.

Produktionsdaten:
Twentieth Century-Fox
CinemaScope, Color DeLuxe
Länge: 105 Minuten
Kinostart: 8. September 1960

Crew:
Regie: George Cukor
Regieassistenz: David Hall
Produktion: Jerry Wald
Drehbuch: Norman Krasna, Hal Kanter (und Arthur Miller)
Kamera: Daniel L. Fapp
Schnitt: David Bretherton
Musik: Earle H. Hagen, Lionel Newman
Choreografie: Jack Cole
Art Direction: Gene Allen, Lyle R. Wheeler
Kostüme: Dorothy Jeakins

Besetzung:
Marilyn Monroe … Amanda Dell
Yves Montand … Jean-Marc Clement
Tony Randall … PR-Manager Coffman
Frankie Vaughan … Tony Danton
Wilfrid Hyde-White … John Wales
David Burns … Oliver Burton
Michael David … Dave Kerry
Mara Lynn … Lily Nyles
Joe Besser … Lamont
Harry Cheshire … Pfarrer
John Craven … Comstock
Ray Foster … Jimmy
Madge Kennedy … Miss Manners
Dennis King Jr … Abe Miller

Mike Mason … Yale
als sie selbst:
Milton Berle, Bing Crosby und Gene Kelly

Nominierungen:
Oscars:
Musik und Instrumentierung eines Musikfilms

British Academy Awards:
Bester Film
Ausländischer Darsteller: Yves Montand

Marilyns herausragendes Kostüm:
Hauchdünnes schwarzes Trikot

Handlung:
Yves Montand spielt den Milliardär Clement, der schockiert ist, weil er von seinem Anwalt Wales (Wilfrid Hyde-White) und seinem PR-Manager Coffman (Tony Randall) hört, dass er in einem Off-Broadway-Stück verulkt werden soll. Als er zum Theater kommt, um das zu überprüfen, ist er sehr angetan von Amanda Dell (Marilyn Monroe) – und wird sofort für die Rolle des Clement engagiert.

Er ist zu sehr an Amanda interessiert, um dem Regisseur zu beichten, dass er kein Schauspieler ist. Während der Proben findet er nicht nur heraus, dass er einen Rivalen hat, den Sänger Tony Danton (Frankie Vaughan), sondern auch, dass Amanda sich von wohlhabenden Männern nicht beeindrucken lässt.

Clement wendet die drohende Schließung des Theaters ab. Er engagiert drei bekannte Entertainer (Bing Crosby, Gene Kelly und Milton Berle in Gastauftritten), die ihn auf seine Rolle vorbereiten, und Wales sorgt für die Finanzierung der Show.

Als Clement erklärt, wer er in Wirklichkeit ist, weigert Amanda sich, ihm zu glauben. Die einzige Möglichkeit, es ihr zu beweisen, ist ein gerichtliches Verbot der Aufführung. Er nimmt sie mit zu einem Treffen mit dem Theaterbesitzer – ihm selbst. Er küsst sie, und sie erkennt, dass sie ihn liebt.

Kritiken:
The New York Times
„Der alte Schwung der Monroe fehlt bei diesen Szenen, die ihr von dem klischeehaften Drehbuch von Norman Krasna und dem Regisseur George Cukor vorgeschrieben wurden. Es scheint nicht sehr wichtig zu sein, dass sie schließlich mit Mr. Montand zusammengeführt wird."

Hollywood Citizen News
„Als Schauspielerin überzeugt Miss Monroe weniger denn als Komödiantin. Sie spielt ihre Rolle sehr direkt und tut wenig Effektives. Das Visuelle? Marilyn zeigt ihre berühmten Kurven, aber nichts was darüber hinaus anstößig sein könnte."

New York World-Telegram and Sun
„Marilyn Monroe erzielt in *Let's Make Love* einige der größten Lacher ihres Lebens. … Es ist ein fröhlicher, absurder und ganz und gar erfrischender Spaß. … Marilyn stellt sich tatsächlich dem Vergleich mit Mary Martin, wenn sie in ihrer ersten Szene ‚My Heart Belongs to Daddy' singt. In der Vorstellung, die ich sah, brach das Publikum in spontanen Szenenbeifall aus."

New York Daily Mirror
„Miss Monroe, die vor allem eine erstklassige Komödiantin ist, hat keine einzige gescheite Zeile. Dafür sind ihre berühmten Reize augenfällig."

LEVATHES, PETER

Der aus der Werbebranche kommende Anwalt Levathes wurde 1960 an die Spitze von TWENTIETH CENTURY-FOX berufen, um den Niedergang des Studios aufzuhalten. Der Regisseur JEAN NEGULESCO beschrieb ihn als „großen, dunklen Menschen mit dem Benehmen und abwesenden Blick eines Mannes, der eine Verantwortung trägt, die er nicht versteht und die über seine Fähigkeiten hinausgeht". Levathes war persönlich an dem schwierigen Prozess beteiligt, Marilyns letzte Produktion SOMETHING'S GOT TO GIVE wieder vom Boden hochzubekommen, als Regisseure und Drehbuchautoren für das Projekt eingesetzt und dann schnell wieder abgezogen wurden. Er versuchte, Marilyn davon abzuhalten, nach New York zu fahren und für JOHN F. KENNEDY „Happy Birthday" zu singen, aber sie hörte nicht auf ihn.

Anfang Juni 1960 beschloss er, Marilyn zu entlassen. In seiner Presseerklärung erwähnte er „Miss Monroes wiederholten, vorsätzlichen Vertragsbruch. Für das häufige Nichterscheinen zu Drehterminen ist keine Rechtfertigung gegeben worden. Das Studio hat durch diese Abwesenheiten Verluste erlitten. Wir haben die Insassen die Anstalt verwalten lassen."

Nachdem DEAN MARTIN jedoch eine Klausel in seinem Vertrag erwähnte, die es ihm ermöglichte, die Zusammenarbeit mit jeder anderen weiblichen Hauptdarstellerin zu verweigern, und nachdem im Studio-Management einiges verändert worden war, wurde die Entscheidung Mitte Juli revidiert. Am 25. Juli fuhr Peter Levathes persönlich zu Marilyn nach Hause. Er drückte es so aus: „Ich trug die Verantwortung für ihre Entlassung, deshalb wollte ich auch derjenige sein, der sie persönlich wieder einstellte."

Marilyn war einverstanden, sie sahen sich das stark überarbeitete Drehbuch an und Marilyn machte eine Reihe von Vorschlägen: „Sie war sehr glücklich und kreativ und froh, dass sie bei der Überarbeitung des Drehbuchs mitreden durfte. Sie war in besonders guter Laune und freute sich darauf, wieder an *Something's got to give* zu arbeiten."

Dean Martin und Jerry Lewis mit Marilyn bei einer Party der Zeitschrift *Redbook*. Sie feiern den Preis „Best Young Star of the Year", den Marilyn 1953 gewann.

LEWIS, JERRY
(GEB. 1926 ALS JOSEPH LEVITCH)

Als Lewis Marilyn 1952 in ihrem Goldlamé-Kleid aus GENTLEMEN PREFER BLONDES (1953) den PHOTOPLAY-Preis für den „Fastest Rising Star" entgegennehmen sah, stand er auf und pfiff. Lewis begann seine Laufbahn mit Filmen an der Seite von DEAN MARTIN, bis er begann, ohne Partner zu arbeiten und in den 1960er-Jahren auch selbst Regie führte.

LINCOLN, ABRAHAM (1809–1865)

MARILYN:
„Abraham Lincoln ist mein Vater — ich meine damit, dass ich an ihn wie an einen Vater denke. Er war weise und freundlich und gut."

Der sechzehnte Präsident der USA, der die Union zum Sieg im Bürgerkrieg führte und die Sklaverei abschaffte, war für Marilyn ein Held (siehe HERO), seit sie in der Junior High School einen Aufsatz über ihn geschrieben hatte.

Kurz nach ihrer Begegnung mit ARTHUR MILLER 1950 schrieb Marilyn einen Brief, in dem sie bekannte: „Die meisten Menschen können ihre Väter bewundern, aber ich hatte niemals einen Vater. Ich brauche jemanden, den ich bewundern kann." Miller schrieb zurück: „Wenn Du jemanden bewundern willst, warum dann nicht Abraham Lincoln?" Daraufhin kaufte Marilyn ein großes, gerahmtes Porträt und seine Biografie von CARL SANDBURG, mit dem sie sich später anfreundete. Sie soll zur Inspiration auch eine Ausgabe von Lincolns Gettysburg-Rede besessen haben. In BUS STOP (1956) zitiert der Cowboy Bo Decker (DON MURRAY) aus dieser Rede, um Cherie (Marilyn) zu beeindrucken.

Marilyn gab dem gerahmten Bild von Lincoln jahrelang einen Ehrenplatz in ihrem Haus am DOHENY DRIVE in Beverly Hills und in ihrer Suite im WALDORF-ASTORIA in New York. Auf dem Nachttisch ihrer Wohnung in der East FIFTY-SEVENTH STREET, die sie mit Arthur Miller teilte, stand eine kleinere Ausgabe des Bildes. Mehr als ein Biograf war der

Ansicht, dass Marilyn Arthur mit Lincoln identifizierte. Sie verstand beide als ehrenhafte, gelehrte und kultivierte Männer, die an ihren Prinzipien festhielten.

1955 wurde Marilyn eingeladen, in Begleitung der Fotografin EVE ARNOLD das Lincoln-Museum in BEMENT, ILLINOIS, zu eröffnen.

LIPTON, HARRY

Harry Lipton von der National Artists Corporation war Marilyns erster AGENT. FRED LAWRENCE GUILES behauptet zwar, EMMELINE SNYVELY, die Leiterin der BLUE BOOK MODELING AGENCY, habe ihre Klientin an Lipton weitergegeben. Auf jeden Fall unterschrieb Marilyn am 23. Juli 1946 ihren ersten Filmvertrag, der von Lipton beglaubigt wurde.

Lipton schilderte den Kampf bei Marilyns ersten Probeaufnahmen (siehe SCREEN TEST) zwischen HOWARD HUGHES und Besetzungschef BEN LYON, der fast gestolpert wäre, „weil seine Augen so sehr an Marilyn klebten".

Lipton will Norma Jeanes Künstlernamen gefunden haben. Während er sie vertrat, verbrachte Marilyn ein Jahr bei TWENTIETH CENTURY-FOX, ein halbes Jahr bei den COLUMBIA STUDIOS und dann ein oder zwei schlechte Jahre, bevor ihr Liebhaber JOHNNY HYDE 1949 ihre Karriere wirkungsvoller förderte.

ROBERT SLATZER soll von Marilyn gehört haben, wie wichtig ihr Lipton war: „Ich habe ihm niemals wirklich gesagt, was er für mich zu Beginn bedeutete. ... Ich verdanke ihm wirklich so viel und ich fühle mich schuldig, dass ich es ihm nicht besser gedankt habe. Er war wundervoll. Ich kann mir nicht vorstellen, wie er sich das damals von mir hat gefallen lassen."

LLOYD, HAROLD (1893–1971)

Einer der berühmtesten Slapstick-Komiker der Stummfilmzeit. Lloyd (siehe PHOTOGRAPHER) fotografierte Marilyn für ihr erstes *Life*-Titelbild 1952 und organisierte im folgenden Jahr viele weitere Fototermine. Seine Spezialität war die 3-D-Farbfotografie. Sieben Bilder von ihr sind in einem Buch mit seinen 3-D-Aufnahmen veröffentlicht, das 1992 erschien.

LOGAN, JOSHUA (1908–1988)

„Die Monroe ist genialer als jede andere Schauspielerin, die ich kenne ... Sie ist die ausdrucksstärkste Schauspielerin seit der Garbo. Sehen Sie ihr bei ihrer Arbeit zu. Wie selten sie Worte einsetzen muss. Wie viel sie mit ihren Augen macht, mit ihren Lippen, mit kleinen, fast zufälligen Bewegungen ... Die Monroe ist pures Kino."

Der große Broadway-Regisseur hatte gerade mit SUSAN STRASBERG die Arbeit an *Picnic–Picknick* (1955) beendet, als er von Marilyns Agent LEW WASSERMAN gefragt wurde, ob er bei BUS STOP (1956) Regie führen wolle. Logan beschwerte sich anfangs, Marilyn habe kein Talent. Sein Freund LEE STRASBERG versicherte ihm aber: „Ich habe mit aberhunderten von Schauspielern und Schauspielerinnen gearbeitet, in den Klassen und im Studio. Und es gibt nur zwei, die aus allen herausragen. Der Erste ist Marlon Brando und die zweite Marilyn Monroe."

Für Logan, der als begabter Regisseur für sensible Schauspieler galt, war die Arbeit mit Marilyn sicherlich eine Herausforderung. Er kannte sich gut mit STANISLAWSKI und dem METHOD-Acting aus. Aus theoretischer Sicht lagen er und sein Star daher auf einer Linie. Da er von ihrer Unpünktlichkeit (siehe LATENESS) wusste, stellte er für praktisch jeden Drehtag einen zweiten Plan auf, um auf die unvermeidlichen Verspätungen vorbereitet zu sein. Nur einmal, als er ein besonderes Licht wollte, verlor er die Geduld und kam persönlich in Marilyns Hotel, wo sie seit Stunden am Schminktisch saß.

Dieses ungewöhnliche Fehlen von Streit zwischen Regisseur und Marilyn hielt während der gesamten Dreharbeiten an. Als sie den Endschnitt des Films sah, wurde sie jedoch sehr wütend, weil sie glaubte, dass Logan ihre besten Szenen herausgeschnitten hatte. Dazu gehörte auch ein Monolog neben HOPE LANGE. Später erklärte sie, das habe ihre Chancen auf eine Oscar-Nominierung zunichte gemacht.

Logan lobte Marilyn mehr als andere Regisseure, sie sei „einer der am meisten unterschätzten Menschen in der Welt" gewesen, „eines der größten Talente aller Zeiten

Regisseur Joshua Logan und Marilyn am Set von *Bus Stop* (1956).

und die begabteste Filmschauspielerin ihrer Tage – warmherzig, geistreich, sehr klug und vollkommen hingegeben an ihre Arbeit. Ich würde sagen, sie war die größte Künstlerin, mit der ich während meiner ganzen Laufbahn zusammengearbeitet habe." Als LAURENCE OLIVIER über Marilyns Angebot nachdachte, bei THE PRINCE AND THE SHOWGIRL (1957) Regie zu führen, fragte er Logan, wie die Zusammenarbeit mit ihr sei. Seine Antwort: „Sie ist den ganzen Ärger wert."

LOLLOBRIGIDA, GINA (GEB. 1927)

„Die Marilyn Monroe Italiens" war 1954 in New York, als Marilyn für die Außenaufnahmen von THE SEVEN YEAR ITCH (1955) ebenfalls in der Stadt war. Die beiden trafen sich einige Stunden bevor die berühmte Szene mit dem hochwirbelnden Kleid aufgenommen wurde. Sie begegneten sich auch auf einer Party, die Presseagent RUPERT ALLEN für „La Lollo" gab.

Zu Lollobrigidas bekanntesten Arbeiten gehören *Fanfan-La-Tulipe – Fanfan, der Husar* (1951) und *Notre-Dame de Paris – Der Glöckner von Notre-Dame* (1956). In den 1980er-Jahren spielte sie im Fernsehen in der Soap *Falcon Crest*.

LONELINESS – Einsamkeit

MARILYN:
„Es ist besser, allein unglücklich zu sein, als mit jemand zusammen unglücklich zu sein."

„Eine Frau kann nicht allein sein. Sie braucht einen Mann. Ein Mann und eine Frau unterstützen und stärken sich. Das kann sie einfach nicht selbst."

JOSEPH L. MANKIEWICZ:
„Sie war keine Einzelgängerin, sie war einfach ganz allein."

Marilyn hatte Angst, verlassen zu werden, aber sie wurde damit im Laufe der Jahre oft konfrontiert und musste damit zurechtkommen. Nachdem sie sich 1962 schließlich ein Haus gekauft hatte (siehe HOMES), erklärte sie: „Ich konnte mir niemals vorstellen, mir allein ein Haus zu kaufen. Aber ich war immer allein. Warum konnte ich es mir also nicht vorstellen?" Einige Wochen vor ihrem Tod fragte der Radio-DJ Tom Clay sie nachdrücklich nach ihrer Einsamkeit. Marilyn antwortete: „Waren Sie jemals in einem Haus mit vierzig Zimmern? Nun ja, multiplizieren Sie meine Einsamkeit mit vierzig."

LOOS, ANITA (1891–1981)

Schauspielerin und Schriftstellerin, die die Romanvorlage von GENTLEMEN PREFER BLONDES (1953) geschrieben hat. Inspiriert wurde sie von dem Verhältnis des Autors H. L. Mencken zu einer Blondine. Loos, die einige Drehbücher für JEAN HARLOW geschrieben hatte, fühlte sich von Marilyn in vieler Hinsicht an diese erste platinblonde Schauspielerin erinnert.

Nach Marilyns Tod wurde bei ihr ein Brief von Loos gefunden, in dem diese sie fragte, ob sie Interesse an der Hauptrolle einer Bearbeitung des französischen Stückes *Gogo* hätte.

LOREN, SOPHIA
(GEB. 1934 ALS SOFIA SCICOLONE)

Die ärmlichen Anfänge der später berühmt gewordenen Schauspielerin entsprachen denen von Marilyn: „Wir kommen beide aus demselben Milieu, und sie ist wie eine Schwester für mich. Natürlich habe ich das Gefühl, ich hätte [sie retten] können, wenn ich es versucht hätte. Aber jemanden wie sie zu retten, ist eine Aufgabe, die einen ganz und gar in Anspruch nimmt. Wenn ich ihr begegnet wäre, hätte ich vielleicht …".

Loren erhielt einen Oscar für *La Ciociara – Und dennoch leben sie* (1960), einer ihrer bekanntesten Filme ist *Marriage à l'italienne – Hochzeit auf Italienisch* (1964).

Ihr Mann, der Produzent Carlo Ponti, versuchte 1964 die Filmrechte an ARTHUR MILLERs Stück AFTER THE FALL zu bekommen, in dem Loren und Paul Newman die Hauptrollen spielen sollten. Der Film wurde später allerdings mit FAYE DUNAWAY in der an Marilyn angelehnten Rolle der Maggie gedreht.

LOS ANGELES

Marilyn wurde in Los Angeles geboren und wuchs dort auf. Mit Ausnahme der Zeit von 1955 bis 1960, als sie mit ihrem Ehemann ARTHUR MILLER in New York lebte, hatte sie immer eine Wohnung (siehe HOMES) in L.A.

LOS ANGELES DISTRICT ATTORNEY – Staatsanwalt von Los Angeles

Unter anderem die Vorwürfe in den Büchern von ROBERT SLATZER und MILO SPERIGLIO veranlassten den Staatsanwalt John Van de Kamp, 1982 eine Untersuchung einzuleiten, um festzustellen, ob im Fall Marilyn Anhaltspunkte für eine Ermittlung in Sachen Mord vorhanden seien. Das Ergebnis seiner Untersuchung lautete: Die Fakten „ergeben nichts, was auf ein faules Spiel hinweisen könnte". Er fügte hinzu: „Erlauben Sie mir, der schwachen Hoffnung Ausdruck zu geben, dass Marilyn Monroe in Frieden ruhen darf."

LOVE – Liebe

Marilyn glaubte an die Liebe, und sie fühlte den Schmerz, wenn sie fehlte. Sie war eine Romantikerin, die immer aus Liebe geheiratet hatte. In ihrer unvollendeten Autobiografie schrieb sie: „Ich träume niemals davon, so geliebt zu werden, wie andere Kinder geliebt werden. Das konnte ich mir nicht vorstellen. Ich schloss einen Kompromiss und träumte davon, die Aufmerksamkeit von jemandem (außer Gott) auf mich zu ziehen. Die Leute sollten mich anschauen und meinen Namen sagen."

Der erste Mensch, von dem sie die Liebe erhielt, die sie als Kind so sehr vermisste, war „Tante" ANA LOWER, von der sie später sagte, sie habe den „größten Einfluss auf mein Leben" gehabt, „sie war der einzige Mensch, den ich so sehr geliebt habe, wie man nur jemanden lieben kann, der so gut, so freundlich und so voller Liebe für einen ist".

In einem ihrer letzten Interviews sagte Marilyn: „Mein Vater hat meine Mutter niemals geheiratet. Ich glaube, das hat ihr das Herz gebrochen. … Wenn man einen Mann liebt und ihm sagt, dass man ein Kind von ihm

erwartet, und er einen im Stich lässt, dann kommt man als Frau niemals darüber hinweg. Ich glaube auch, dass es meiner Mutter so erging."

1962, im Jahr ihres Todes, litt sie immer noch unter dem Mangel an Liebe: „Alles, was ich vom Leben wollte, war, nett zu den Leuten zu sein, und sie sollten nett zu mir sein. Das ist ein fairer Tausch. Und ich bin eine Frau. Ich möchte von einem Mann geliebt werden, mit seinem Herzen, so wie ich ihn mit meinem lieben würde. Ich habe es versucht, aber bisher hat es nicht geklappt."

LOVE HAPPY (1950) – Love Happy

Der Anfang 1949 gedrehte Film kam wegen finanzieller Schwierigkeiten, später als vorgesehen, 1950 in die Kinos. Es lässt sich nicht mehr genau herausfinden, wie Marilyn auf die Marx Brothers traf. Marilyn kam zum Vorsprechen bei LESTER COWAN entweder durch ihren Agenten und Freund JOHNNY HYDE, ihren ersten Agenten HARRY LIPTON, den Agenten Louis Shurr, den Wohltäter JOHN CARROLL oder ganz ohne Vermittler. Auf jeden Fall ließ Lester Cowan GROUCHO MARX entscheiden.

Marilyn erinnerte sich: „Es waren drei Mädchen da, und Groucho ließ uns alle von ihm weggehen. Ich war die Einzige, die er bat, es ein zweites Mal zu tun. Dann flüsterte er mir ins Ohr: ‚Du hast den schönsten Arsch in der ganzen Branche.' Ich bin sicher, dass es nur nett gemeint war." An anderer Stelle schilderte sie das Ereignis etwas abgewandelt: „Ich musste durch den ganzen Raum wackeln. Ich übte eine ganze Woche lang, mit dem Hintern zu wackeln. Groucho gefiel es sehr." Dieser Gang (siehe WALK) verschaffte ihr die Rolle und damit die erste Chance, durch einen Film zu stolzieren.

In ihrem vierten und im letzten Film der Marx Brothers wurde sie im Vorspann genannt („Introducing Marilyn Monroe"), obwohl sie nur in einer einzigen Szene zu sehen war. In einem trägerlosen Kleid bittet sie einen Privatdetektiv mit vier Zeilen Text um Hilfe, weil ihr Männer folgen. Der verspottet sie allerdings nur. Für ihren Auftritt erhielt Marilyn 500 Dollar und weitere 300 für die

Marilyn und Groucho Marx in *Love Happy* (1950).

Werbefotos. Als sie auf die Werbetour geschickt wurde, bekam sie weitere 100 Dollar pro Woche plus einen Zuschuss zum Kauf neuer Garderobe. Auf den Rat ihrer beiden Mentoren Hyde und NATASHA LYTESS hin kaufte sie recht zurückhaltende Kleider: Wollkostüme und Pullover, hochgeschlossene Blusen und einen Blazer. Sie fand es in New York und Chicago aber so warm und feucht, dass sie noch einmal eine Sommergarderobe einkaufen musste. Sie hielt die Tour bis Detroit und Cleveland durch, bevor sie nach einem Monat Abwesenheit nach LOS ANGELES zurückkehrte.

Der Film wird von vielen Fans der Marx Brothers als ihr schlechtester bezeichnet: Der Grund für die Produktion des Films war in erster Linie, dass Chico Marx Geld benötigte, um seine Schulden zu bezahlen. Die Brüder treten in kaum einer Szene gemeinsam auf.

Produktionsdaten:
United Artists, Mary Pickford Presentation
Länge: 85 Minuten
Kinostart: 7. April 1950

Crew:
Regie: David Miller
Produktion: Lester Cowan, Mary Pickford
Produktionsleitung: Ray Heinze
Drehbuch: Mac Benoff, Frank Tashlin (und Ben Hecht)
Story: Harpo Marx
Kamera: William C. Mellor
Schnitt: Albrecht Joseph, Basil Wrangell
Musik: Ann Bonnell
Musikalische Leitung: Paul J. Smith
Arrangement: Harry Geller
Choreografie: Billy Daniel
Produktionsdesign: Gabriel Scognamillo
Kostüme: Grace Houston, Norma
Herrenkostüme: Richard Bachler
Ausstattung: Casey Roberts
Maskenbild: Fred B. Phillips
Frisuren: Scotty Rackin
Bildeffekte: Howard A. Anderson

Besetzung:
Harpo Marx … Harpo
Chico Marx … Faustino
Groucho Marx … Sam Grunion
Ilona Massey … Madame Egelichi
Vera-Ellen … Maggie Phillips
Marion Hutton … Bunny Dolan
Raymond Burr … Alphonse Zoto
Melville Cooper … Lefty Throckmorton
Paul Valentine … Mike Johnson
Leon Belasco … Mr. Lyons
Eric Blore … Mackinaw
Bruce Gordon … Hannibal Zoto
Marilyn Monroe … Grunions Klientin
Lois Hall

Handlung:
Groucho Marx spielt den Privatdetektiv Sam Grunion, der den Fall der geraubten Romanoff-Diamanten löst.

Die Beute soll in einer Sardinenbüchse in die Vereinigten Staaten geschmuggelt werden, wird aber vom kleptomanen Harpo gestohlen, der seinen Theaterkollegen etwas zum Essen bringen will. So wird eine verarmte Gruppe von Schauspielern, die in einem verlassenen Theater probt, in die Geschichte hineingezogen. Die böse Madame Egelichi, Kopf des Diebstahls, verfolgt die Spur der Konservenbüchse bis zum Theater, wo sie am Premierenabend gefunden wird. Harpo rafft

die Diamanten schnell zusammen und wird bis auf das Dach verfolgt, wo er fliehen kann, indem er durch große Neonzeichen verschwindet. Als Grunion zum Theater geht, wird er von Marilyn in ihrer kurzen Rolle als verfolgte Schöne belästigt. Grunion klärt den Fall auf, indem er die Diebin fängt, die seine Frau wird.

Kritiken:
New York Herald Tribune
„Glücklicherweise gibt es ein wenig Normalität in dieser konfusen Welt. Die Marx Brothers sind, in leicht veränderter Form, in die Welt des Kinos zurückgekehrt, und das Ereignis ist ein Anlass zum Feiern. … Die Marx-Fans kommen auf ihre Kosten. Die Liebhaber erwarten nur bestimmte, bewährte Manöver von den Komikern. Im Criterion werden sie auf ihre Kosten kommen."

New York Post
„Der Film ist genial und lebendig – innerhalb des Rahmens, der von den Marx Brothers gesetzt wurde. Ob er einer Generation, die sie noch nicht kennt, neue Freuden bringen oder bei den Alten, die über diese Possen einmal geteilter Ansicht waren, wieder hysterische Fröhlichkeit erwecken wird, das sind Fragen, die allein durch einen Kinobesuch beantwortet werden können."

The New York Times
„Die Marx Brothers sind wieder da und haben die Leinwand des Criterion in ein komisches Trümmerfeld verwandelt. *Love Happy* ist ein wilder Unterhaltungsfilm … in dem es ständig hin und her geht; manchmal sind die Possen unglaublich lustig, und – pianissimo, bitte – manchmal gehen die Gags ganz ins Leere."

LOVE NEST (1951)

Nachdem Marilyn ihren neuen Vertrag unterzeichnet hatte, wollte TWENTIETH CENTURY-FOX sie in jeden Film stecken, in dem man eine Blondine unterbringen konnte, und zwängte sie in diese leichte Komödie. Es war der elfte Film ihrer kurzen und bisher nicht sehr erfolgreichen Laufbahn.

Obwohl Marilyn in diesem Film nicht viel mehr als schmückendes Beiwerk war, rief sie ziemlichen Trubel hervor. SIDNEY SKOLSKY schrieb, das überfüllte Studio sei, als sie sich für ihre Duschszene auszog, so still gewesen, dass „man den Strom hören konnte".

Produktionsdaten:
Twentieth Century-Fox
schwarz-weiß
Länge: 84 Minuten
Kinostart: 10. Oktober 1951

Crew:
Regie: Joseph M. Newman
Produktion: Jules Buck
Drehbuch: I. A. L. Diamond
Romanvorlage: Scott Corbert
Kamera: Lloyd Ahern
Schnitt: J. Watson Webb Jr.
Musik: Cyril J. Mockridge
Art Direction: George Patrick, Lyle R. Wheeler

Besetzung:
June Haver … Connie Scott
William Lundigan … Jim Scott

Frank Fay … Charley Patterson
Marilyn Monroe … Roberta Stevens
Jack Paar … Ed Forbes
Leatrice Joy … Eadie Gaynor
Henry Kulky … George Thompson
Marie Blake … Mrs. Quigg
Patricia Miller … Florence
Maude Wallace … Mrs. Arnold
Joe Ploski … Mr. Hansen
Martha Wentworth … Mrs. Thompson
Faire Binney … Mrs. Frazier
Caryl Lincoln … Mrs. McNab
Michael Ross … Mr. McNab
Bob Jellison … Mr. Fain
John Costello … Postbote
Charles Calvert … Mr. Knowland
Leo Clary … Detectiv Donovan
Jack Daly … Mr. Clark
Ray Montgomery … Mr. Gray
Florence Auer … Mrs. Braddock
Edna Holland … Mrs. Engstrand
Liz Slifer … Mrs. Healy
Alvin Hammer … Glaser

Handlung:
Nach dem Krieg kehrt Jim Scott (William Lundigan) zu seiner Frau Connie (June Haver) nach New York zurück, und sie ziehen in ein altes Mietshaus, das sie gekauft hat. Sie leben von den Wohnungsmieten, aber das Haus produziert reichlich Probleme, die ihn von seiner Arbeit als Schriftsteller abhalten.

Marilyn spielt Roberta Stevens, ehemaliges Mitglied des Women's Army Corps, die sich während des Krieges mit Jim angefreundet hat. Als sie in das Haus einzieht, erweckt sie den Argwohn von Connie. Der größte Teil der Handlung dreht sich um zwei andere Mieter, Charley Patterson (Frank Fay) und Eadie Gaynor (Leatrice Joy), die bald heiraten. Nachdem er dem bedürftigen Jim Geld geliehen hat, wird Charley als Betrüger enttarnt, der Geld von reichen Witwen gestohlen hat. Eadie hält zu ihrem Ehemann, und auch Jim Scott wandert ins Gefängnis, weil er zuvor Geld entwendet hat. Dort hat er schließlich Zeit, seine Memoiren zu schreiben. Nach seiner Entlassung werden sie veröffentlicht und bringen genügend Geld ein, um das Gebäude renovieren zu lassen. Als Charley schließlich herauskommt, hat er sich durch die Liebe einer guten Frau (Eadie)

June Haver, William Lundigan und Marilyn auf einem Werbefoto für *Love Nest* (1951).

schriebenen Regeln, dass hübsche junge Mädchen mächtigen alten Männern dienen müssen, beugen musste. Dutzende Männer und einige Frauen (siehe LESBIAN RUMORS) haben behauptet, dass sie mit dem größten Sexsymbol ihrer Zeit ein oder zwei Nächte verbracht haben.

Hier eine unvollständige Liste all derer, die mit Marilyn im Bett waren, oder über die dahingehende Gerüchte kursieren.

(siehe SEX APPEAL)

James Bacon
Milton Berle
José Bolaños
Marlon Brando
Yul Brynner
Oleg Cassini
Paddy Chayefsky
John Carroll
Charlie Chaplin Jr.
Harry P. Cohn
David Conover
Joan Crawford
Tony Curtis
Sammy Davis Jr.
André de Dienes
Joe DiMaggio
Jim Dougherty
Blake Edwards
Charles Feldman
Milton Greene
Howard Hughes
Johnny Hyde
Ted Jordan
Elia Kazan
Fred Karger
John F. Kennedy
Robert Kennedy
Anton LaVey
Hans Joergen Lembourn
Ben Lyon
Natasha Lytess
Dean Martin
Arthur Miller
Robert Mitchum
Yves Montand
Edward G. Robinson Jr.
Mickey Rooney
Henry Rosenfeld
Porfirio Rubirosa

George Sanders
Hal Schaefer
Joseph M. Schenck
Bugsy Seigel
Frank Sinatra
Spyros Skouras
Robert Slatzer
Lily St. Cyr
Mel Tormé
William Travilla
Orson Welles
Tommy Zahn
Darryl F. Zanuck

gewandelt und wird zur gegebenen Zeit Vater von Zwillingen.

Kritiken:

Film Daily
„Ein wenig inkonsequent in der Darstellung der Nachkriegsinvestition eines GIs, die von seiner Frau eingefädelt wurde, während er in Übersee war, ist *Love Nest* eine milde Art von Komödie, die zu einem großen Teil von der – diesbezüglichen – Begabung Frank Fays lebt. Der bisher kaum gesehene Fay spielt einen aalglatten, schlagfertigen und sehr blasierten Burschen, dem zu jeder Gelegenheit das passende Wort einfällt. Leatrice Joy ist dabei auch sehr präsent. Sie gibt den Geschehnissen eine reife Wärme. Marilyns Qualitäten sind von jener anderen Art, während William Lundigan (ein Schriftsteller) und June Haver ein verheiratetes Paar spielen, das Ärger mit seinem alten Haus hat."

Variety
„Im Drehbuch gibt es nur wenige frische Zeilen und Situationen, und sie reichen nicht aus, um einem eher ,überholten' Thema frischen Schwung zu verleihen, unabhängig davon, wie sehr sich die Darsteller auch bemühen, das Publikum zum Lachen zu bringen."

LOVERS — Geliebte

LOVERS — Geliebte

MARILYN:
„Manchmal bin ich mit einem meiner Ehemänner auf einer Party einem dieser miesen Hollywood-Typen begegnet. Sie grapschten mich vor allen Leuten an, als ob sie sagen wollten: ,Oh, wir hatten sie.' Ich glaube, das ist die klassische Situation einer Ex-Hure, obwohl ich niemals eine Hure in diesem Sinne war. Ich wurde nie von jemandem ausgehalten. Ich habe immer für mich selbst gesorgt."

Marilyn ist als eine Vorläuferin der freien Liebe gefeiert worden. Sie ist andererseits auch beschuldigt worden, mit Sex ihrer Karriere nachgeholfen zu haben. Dafür wurde sie auch bemitleidet, dass sie sich Hollywoods unge-

LOWER, ANA (1880–1948)

MARILYN:
„Sie veränderte mein ganzes Leben. Sie war der erste Mensch auf der Welt, den ich wirklich geliebt habe. Und sie liebte mich. Sie war ein wunderbarer Mensch. Ich habe einmal ein Gedicht über sie geschrieben und es anderen gezeigt. Sie weinten. … Es hieß ,I Love Her'. Sie war die Einzige, die mich liebte und verstand. … Sie hat mich niemals verletzt, nicht ein einziges Mal. Sie konnte es nicht. Sie war voller Freundlichkeit und Liebe."

Von allen Pflegemüttern bewahrte Marilyn die größte Zuneigung zu Edith Ana Atchinson Lower. Für zehn Jahre war „Tante" Ana – eigentlich die Tante von Norma Jeanes Vormund GRACE MCKEE GODDARD – für sie das, was einer soliden, zuverlässigen, mütterlichen Figur am nächsten kam.

1933 war Lower von ihrem Ehemann Will geschieden worden, er starb 1935. Durch die Vermietung einiger Bungalows und kleinerer Häuser hatte sie ein Einkommen und verdiente darüber hinaus noch ein wenig Geld als Beraterin für die Sekte CHRISTIAN SCIENCE. ELEANOR GODDARD meinte, dass sie keine Fanatikerin gewesen sei: „Sie war tatsächlich sehr vernünftig, einfühlsam und ließ andere gelten. Sie wirkte streng und hart und hatte eine imposante Körperhaltung, aber in ihrem Innern war sie weich wie Wachs. Ganz und gar nicht die dominierende Matrone, als die sie oft hingestellt wurde." Ihr Äußeres war das einer Bilderbuch-Oma mit weißem Haar.

Marilyn mit Ana Lower, ca. 1939.

Ana Lower war schon Ende fünfzig, als Norma Jeane 1937 aus dem Waisenhaus (siehe ORPHANAGE) zu ihr in die NEBRASKA AVENUE 11 348 in West Los Angeles zog. Die Zeit bis zu ihrer Heirat mit JAMES DOUGHERTY am 19. Juni 1942 blieb sie bei Lower – sie lebte länger mit ihr als mit irgendjemand anderem zusammen.

Es heißt, dass Norma Jeane zu Ana Lower kam, weil der Mann ihres Vormunds, „DOC" GODDARD, sie belästigt hatte. Wenn es Lower gesundheitlich nicht gut ging, musste das Mädchen allerdings wieder zu den Goddards oder zu anderen Pflegefamilien.

Tante Ana gab Norma Jeane Selbstvertrauen und Liebe (siehe LOVE). Sie lehrte sie, dass das, „was wirklich zählte", nur sie selbst war. „Bleib einfach du selbst, Liebes, nur das zählt." Sie gab ihr die Orientierung, die sie in der Pubertät brauchte, vermittelte ihr die Gebote der Christian Sience und hat sie vielleicht auch aufgeklärt. Eine von Tante Anas Überzeugungen war, dass der Geist alles erreichen kann, was er erreichen will.

Ana entwarf und nähte Norma Jeanes Hochzeitskleid und übergab die Braut. Als die Ehe mit Jim Dougherty dann in die Brüche ging, fand Norma Jeane bei Lower einen Ort, an dem sie bleiben konnte, und zog in die leer stehende Wohnung unter ihr. Nach einigen Berichten lebte ihre Mutter GLADYS BAKER während einer kurzen Unterbrechung ihres Anstaltsaufenthalts mehrere Wochen lang bei ihr.

Lower hatte ein schwaches Herz und starb am 14. März 1948 – zu früh, um Marilyns Erfolge sehen zu können. Marilyn erzählte ARTHUR MILLER: „Ich ging und legte mich am Tag nach ihrem Tod in ihr Bett. … ich lag einfach ein paar Stunden auf ihren Kissen. Dann ging ich zum Friedhof, und diese Männer gruben ein Grab. Sie hatten eine Leiter hineingestellt. Ich fragte, ob ich hinuntergehen dürfte, und sie sagten, ja, sicher, und ich kletterte hinunter und legte mich auf den Boden und schaute von dort aus nach oben in den Himmel. Das ist eine recht ungewöhnliche Aussicht, und der Boden unter dem Rücken fühlt sich kalt an." Marilyn wurde später auf demselben Friedhof wie ihre geliebte Tante Ana begraben.

LYON, BEN (1901–1971)

In den 1920er- und 30er-Jahren war Lyon Schauspieler, unter anderem neben JEAN HARLOW in *Hell's Angels – Höllenflieger* (1930). Danach zog er mit seiner Frau nach England, wo sie durch ihre BBC-Radiosendung *Life with the Lyons* berühmt wurden. Während des Krieges flog Lyon für die Royal Air Force und kehrte dann nach Los Angeles zurück, um bei TWENTIETH CENTURY-FOX als „Head of Talent" das Casting zu übernehmen.

Am 17. Juli 1946 kam die zwanzigjährige Norma Jeane Dougherty in Lyons Büro im Studio. Es wird allgemein angenommen, dass HELEN AINSWORTH Lyon überredet hatte, sich Norma Jeane einmal anzuschauen, Lyon stellte es aber so dar, dass sie einfach so, ohne irgendeinen Termin, bei ihm erschien.

Lyon bat Norma Jeane, einige Zeilen einer Figur eines Kriegsmelodrams, die Judy Holliday gespielt hatte, zu lesen. Angeblich soll er nach diesem Treffen zu einem Kollegen gesagt haben: „Sie ist eine neue Jean Harlow." Seine Begeisterung war so groß, dass er zwei Tage später einen Teil der Crew zu aufwändi-

gen Probeaufnahmen in Farbe (siehe SCREEN TESTS) zusammenrief, die in dem Atelier stattfanden, in dem gerade der letzte BETTY GRABLE-Film gedreht worden war. Es gab Gerüchte, dass Lyons unbedingte Unterstützung zumindest teilweise auf sexuelle Gefälligkeiten zurückzuführen war, die ihm die junge Schauspielerin erwiesen hatte.

Lyons Chef bei Fox, DARRYL F. ZANUCK, war zwar von den Probeaufnahmen nicht so überzeugt wie Lyon, aber 75 Dollar pro Woche waren keine große Ausgabe für das Studio. Als Lyon Norma Jeane sagte, dass sie einen Sieben-Jahres-Vertrag unterzeichnen könne, soll sie in Tränen ausgebrochen sein. Vor der Unterzeichnung besprach Norma Jeane mit Lyon ein wichtiges Detail: Sie wählten als ihren Künstlernamen (siehe NAMES) Marilyn Monroe.

Lyons Zuversicht zahlte sich aus. „Von all unseren jungen Leuten, die einen Vertrag bei der Firma unterschrieben hatten, war sie die gewissenhafteste. Sie verbrachte ihre ganze Zeit mit Lernen und Üben, sodass sie vorbereitet war, wenn sich eine Gelegenheit bot." Um Lyon zu danken, schickte Marilyn ihm Jahre später ein Foto von sich mit der Widmung: „Sie haben mich entdeckt, mir einen Namen gegeben und an mich geglaubt, als niemand anderes es tat. Für immer in Liebe und Dankbarkeit."

LYTESS, NATASHA (1915–1964)

„Marilyn brauchte mich, wie ein Toter einen Sarg braucht."

Lytess hatte ihre Erfahrungen in Theater und Kino in Europa gesammelt, war seit sieben Jahren in Hollywood und arbeitete als Schauspiellehrerin bei COLUMBIA, als Marilyn im April 1948 zu ihr geschickt wurde. Sie sollte sie auf ihre erste Nebenrolle in LADIES OF THE CHORUS (1948) vorbereiten. Sie betreute Marilyn auch die folgenden sechs Jahre und bei zwanzig Filmen, bis zu THE SEVEN YEAR ITCH (1955).

Lytess war eine wichtige Mutterfigur, eine gelegentliche Liebhaberin, eine Insel der Stabilität im Leben der jungen Schauspielerin. Sie glaubte an Marilyn und investierte in sie zu einer Zeit, in der niemand anders es getan hätte, und half ihr, ihr Talent zu entwickeln und auszudrücken.

Manche Biografen schilderten Lytess auch als verbitterte und reizbare Frau; die gespannte Beziehung zwischen Lehrerin und Schülerin endete abrupt und für die Ältere der beiden schmerzlich. Über den körperlichen Aspekt der Beziehung ist viel geschrieben worden. Man kann nur darüber mutmaßen,

Natasha Lytess und Marilyn während der Aufnahmen zu *Love Happy* (1950).

ob Lytess' Liebe erwidert wurde. Marilyn wollte sich später nicht festlegen. „Sie liebte mich, und sie wollte, dass ich sie liebe." Ihr New Yorker Dienstmädchen LENA PEPITONE, der Kolumnist Florabel Muir und der Reporter SIDNEY SKOLSKY glauben, dass es eine sexuelle Beziehung gegeben hat. In ihren Memoiren schreibt Lytess freimütig über ihr Begehren: „Eines Tages nahm ich sie in die Arme und ich sagte zu ihr: ‚Ich möchte dich lieben.' Ich erinnere mich daran, wie sie mich anschaute und sagte: ‚Du musst mich nicht lieben, Natasha – nur solange du mit mir arbeitest.' "

Im Herbst 1950 zog Marilyn in Natashas Haus an der HARPER AVENUE im Westen Hollywoods. Sie schlief auf dem Sofa im Wohnzimmer, lernte und las und passte auf Natashas Tochter und den Chihuahua auf, den sie von JOSEPH SCHENK zum vierundzwanzigsten Geburtstag bekommen hatte. Die mangelnde Erziehung des Hundes soll bald zu Streit zwischen ihnen geführt haben. Im Dezember 1950 fuhren die beiden nach Tijuana. JOHNNY HYDE hatte in dieser Zeit seinen tödlichen Herzanfall. Kurz darauf will Natasha Marilyn bewusstlos gefunden haben. Ihr sei weißer Speichel aus dem Mund geflossen, und neben ihrem Bett habe ein Fläschchen mit Tabletten gestanden. Marilyn erzählte später ihrem Geschäftspartner MILTON GREENE, dass Lytess sie mit einer aufgelösten Schlaftablette im Mund gefunden und das Ereignis zu einem Selbstmordversuch (siehe SUICIDE ATTEMPTS) aufgeblasen habe, um sich selbst als heldenhafte Retterin präsentieren zu können.

Als Lytess Anfang 1951 umzog, fehlten ihr 1 000 Dollar für die Hypothek. Marilyn, die wieder in ihr Zimmer im BEVERLY CARLTON HOTEL gezogen war, verkaufte die Nerzstola, die Hyde ihr geschenkt hatte, vermutlich das Kostbarste, was sie besaß. Lytess war sich dessen wohl bewusst: „Sie schätzte nichts mehr als diese Stola. Und doch ging sie los, verkaufte sie, kam zurück und gab mir 1 000 Dollar – um mir in meinen Schwierigkeiten zu helfen." Kurz darauf begleitete Lytess Marilyn nach PALM SPRINGS zu der vergeblichen Suche nach ihrem vermutlichen Vater (siehe FATHER), C. STANLEY GIFFORD.

Ende 1951 zog Marilyn vorübergehend wieder zu Lytess in deren Haus Nummer 611 NORTH CRESCENT DRIVE in Beverly Hills. Als sich Marilyn 1952 mit dem Baseball-Spieler JOE DIMAGGIO zu treffen begann, sah ihn Natasha, die laut Marilyn auf alle Männer eifersüchtig gewesen war, mit denen sie sich traf, als Feind an: „Ich mochte ihn vom ersten Augenblick an nicht. Sein Blick ist verschlossen und ausdruckslos. Marilyn machte uns miteinander bekannt und sagte, ich sei ihre Lehrerin. Das beeindruckte ihn nicht. Eine Woche später rief ich sie an, und Joe ging ans Telefon: ‚Ich nehme an, dass sie mit Miss Monroe sprechen möchten.' – Miss Monroe! – ‚Ich glaube, sie rufen lieber ihren Agenten an.'" Joe mochte Lytess ebenso wenig. Marilyn versuchte vergeblich, zwischen den beiden Menschen zu vermitteln, die ihr am nächsten standen. Lytess warnte Marilyn offenbar: „Dieser Mann ist die Strafe Gottes in deinem Leben."

Als Schauspiellehrerin schrieb Lytess, Marilyns Spiel sei am Anfang „gehemmt und verkrampft" gewesen und sie habe kein einziges Wort frei sprechen können. „Ihre An-

gewohnheit, beim Sprechen kaum die Lippen zu bewegen, war unnatürlich. … Ich versuchte, Marilyn all das zu lehren. Aber sie wusste, dass ihr SEX APPEAL unfehlbar war, dass er das Einzige war, worauf sie sich verlassen konnte." Lytess formte Marilyns Stil zu mehr Zurückhaltung in der Bewegung, in der Ausdrucksweise und beim Rezitieren. Die manierierte Stimme (siehe VOICE) wurde ihr zum großen Teil von Lytess antrainiert, für die „die Tastatur der menschlichen Stimme der Skala der Gefühle entspricht und jedes Gefühl einen korrespondierenden Tonfall hat."

Auf Vorsprechtermine bereitete sie Marilyn immer sehr intensiv vor, so arbeiteten sie zum Beispiel drei Tage und Nächte an zwei Vorsprechen für THE ASPHALT JUNGLE (1950). Als Marilyn die Rolle bekam, gab Lytess ihren Job bei Columbia auf, um Marilyn die ganze Zeit über unterrichten zu können. JOHN HUSTON war der erste Regisseur, der mit Marilyns fast blindem Vertrauen zu ihrer Lehrerin zurechtkommen musste: Nach jeder Szene schaute sie zu ihr hinüber, um zu sehen, wie sie sie fand. Dieser Blick ist in Marilyns erster Filmszene sichtbar.

Als Marilyn schließlich einen langfristigen Vertrag bei TWENTIETH CENTURY-FOX bekam, war ihre Bedingung, dass Lytess der Gehaltsliste des Studios als ihre private Lehrerin beigefügt wurde. Sie erhielt ein Honorar von 500 Dollar pro Woche. Marilyn zahlte ihr zusätzlich 250 Dollar pro Woche für private Beratung, was bedeutete, dass ihre Lehrerin in ihrem ersten Jahr unter Vertrag mehr verdiente als sie.

Lytess' Anweisungen machten sie bei den Regisseuren extrem unbeliebt. Schülerin und Lehrerin dachten sich Handzeichen aus, so dass Marilyn durch Lytess wissen konnte, ob sie etwas anders machte, als sie es eingeübt hatten: „Ich gab ihr ein Zeichen, wenn sie sich zu früh drehte oder wenn eine Wendung ‚leer' war, weil sie nicht genügend über sich und den Charakter nachgedacht hatte."

Während der Dreharbeiten zu DON'T BOTHER TO KNOCK arbeiteten Lytess und Marilyn sehr intensiv zusammen, um Marilyn auf ihre erste Hauptrolle als psychotische Babysitterin vorzubereiten. Der Regisseur ROY BAKER war dafür dankbar, weil das Budget so knapp war, dass er bei vielen Szenen mit den ersten Aufnahmen auskommen musste.

In ihrer Arbeitsbeziehung entwickelte sich ein wiederkehrendes Muster. Die Regisseure begehrten gegen Lytess' Anwesenheit während der Dreharbeiten auf. Von FRITZ LANG, dem Regisseur von CLASH BY NIGHT (1952), und HOWARD HAWKS, dem Regisseur von GENTLEMEN PREFER BLONDES (1953), wurde sie aus dem Studio verbannt, nur um kurz darauf wieder zurückzukehren und ihrem angesichts der Kameras verängstigten Schützling gut zuzureden. Lytess schrieb: „Ihre Angewohnheit, mich sofort anzusehen, wenn sie eine Szene beendet hatte, wurde zu einem Witz im Vorführraum. … Die täglichen Schnellkopien waren voll mit Szenen von Marilyn, die ihren Dialog beendete und sofort ihre Hand über die Augen hob, um mich zu finden, damit sie sehen konnte, ob sie es gut gemacht hatte."

Der einzige Regisseur, der Lytess als Verbündete betrachtete, war BILLY WILDER: „Ohne Natasha gäbe es gar nichts."

Nach HOW TO MARRY A MILLIONAIRE (1953) schien die Beziehung für die Lehrerin wichtiger geworden zu sein als für die Schülerin. Marilyns Filmpartner ALEX D'ARCY sagte: „Natasha beriet sie wirklich schlecht, sie rechtfertigte ihre Anwesenheit am Drehort damit, dass sie eine Aufnahme nach der nächsten forderte und schlicht Marilyns Unsicherheit förderte. ‚Okay, das war ganz gut, Liebes', sagte sie oft zu Marilyn, ‚aber vielleicht sollten wir es noch einmal wiederholen.' " Wie bereits bei früheren Filmen von Fox verlor der Regisseur irgendwann seine Geduld und verwies sie vom Set. Am nächsten Tag erschien Marilyn nicht und behauptete, sie habe eine Bronchitis. Marilyns Agent CHARLES FELDMAN sagte es dem Studio geradeheraus: „Monroe kann keinen Film ohne sie drehen." Lytess wurde wieder eingestellt und bekam eine Sondervergütung. Bei RIVER OF NO RETURN (1954) entstanden ähnliche Probleme mit OTTO PREMINGER. Er stellte äußerst irritiert fest, dass Marilyn nur auf ihre Lehrerin hörte, die sie zwang, ihren Text ganz schleppend zu sprechen.

Nachdem Marilyn DiMaggio geheiratet hatte, traf sie sich außerhalb der Arbeit nur noch selten mit Lytess. Bei THERE'S NO BUSINESS LIKE SHOW BUSINESS Mitte 1954 war Lytess jedoch an ihrer Seite, um sie zu trösten, als Joe wegen einer vermuteten Affäre mit ihrem Stimmlehrer HAL SCHAEFER gewalttätig wurde. Marilyn versuchte ihr diese Unterstützung zu entlohnen, indem sie sich für eine Erhöhung von Natashas Gehalt einsetzte.

Ende 1954 änderte Marilyn ihr Leben: Sie zog nach New York und ging zum Schauspielunterricht zu LEE STRASBERG ins ACTORS STUDIO. In ihrem Eifer versäumte es sie, Lytess etwas zu sagen. Im Februar 1956 erfuhr Natasha, dass Marilyn für BUS STOP nach Hollywood zurückgekommen war – und sie durch PAULA STRASBERG ersetzt worden war. Ohne Marilyn im Rücken konnte das Studio sie leicht entlassen, und sie versuchte verzweifelt, an ihre frühere Schülerin heranzukommen – allein in der ersten Woche mit mehr als einen Dutzend Anrufen und Briefen. Marilyn ließ ihr durch ihren Anwalt Irving Stein (siehe LAWYER) mitteilen, sie solle aufhören, sie zu belästigen. Natasha sagte zu Stein: „Mein einziger Schutz in der Welt ist Marilyn Monroe. Ich habe dieses Mädchen geschaffen – ich habe für sie gekämpft. … Ich bin ihr Privateigentum, sie weiß das. Ihr Vertrauen und ihre Selbstsicherheit hat sie mir zu verdanken." Marilyn blieb ungerührt, auch als Natasha zwei Tage später zu ihr nach Hause kam. Der Agent LEW WASSERMAN öffnete die Tür und hielt sie davon ab, hereinzukommen. Natasha sah Marilyn teilnahmslos aus einem Fenster im zweiten Stock schauen.

Kurz bevor sie 1964 an Krebs starb, hielt sie fest: „Ich wünschte, ich hätte ein Zehntel von Marilyns Intelligenz. Die Wahrheit ist, dass mein Leben und meine Gefühle zu einem großen Teil in ihrer Hand lagen. Ich war die Ältere, die Lehrerin, aber sie wusste, wie sehr ich mit ihr verbunden fühlte. Und sie beutete diese Gefühle so aus, wie es ein schöner, junger Mensch nur tun kann. Sie sagte, dass sie die Bedürftige war. Leider war es andersherum. Mein Leben mit ihr war eine ständige Verneinung meiner selbst."

M

MacLAINE, SHIRLEY
(GEB. 1934 ALS SHIRLEY MacLEAN BEATTY)

MacLaine war Tänzerin am Broadway, bevor sie 1955 mit ihrer ersten Rolle als schelmisches junges Mädchen die Schauspielerei begann.

Mehrere berühmte MacLaine-Rollen waren ursprünglich Marilyn angeboten worden, z. B. in den Filmen *Some Came Running* (1958), *Can-Can* (1959), *Irma La Douce* (1963) – die Rolle, die MacLaine eine Oscar-Nominierung einbrachte – sowie in *What a Way to Go* (1964), den Marilyn nach SOMETHING'S GOT TO GIVE eingeplant hatte. Nachdem Marilyn die Produktion verlassen musste, gehörte MacLaine zu den Schauspielerinnen der TWENTIETH CENTURY-FOX, die Marilyns Rollen übernehmen sollten.

MADISON SQUARE GARDEN
4 PENN PLAZA, NEW YORK

In dieser berühmten New Yorker Arena war Marilyn bei zwei Anlässen der Star, der allen die Schau stahl.

Ihr Debüt im Madison Square Garden gab Marilyn am 30. März 1955. Anlässlich einer Wohltätigkeitsveranstaltung zugunsten der ARTHRITIS AND RHEUMATISM FOUNDATION, die von Mike Todd und seiner Zirkustruppe gestaltet wurde, hatte Marilyn ihren Auftritt auf dem Rücken eines rosa Elefanten. Das Kostüm, das sie bei diesem Anlass trug, musste noch in letzter Minute geändert werden, weil es nicht richtig passte.

MILTON BERLE hatte die Rolle des Conferenciers übernommen. Als Marilyn in die Manege ritt, kündigte er sie mit den Worten an: „Hier kommt die einzige Frau der Welt, neben der JANE RUSSELL wie ein Junge aussieht!" Die 18.000 Zuschauer brachen in schallendes Gelächter aus. Eine Woche danach sagte Marilyn in einem Gespräch mit dem Fernseh-Moderator EDWARD R. MURROW: „Diese Veranstaltung hat mir viel bedeutet, weil ich als Kind nie im Zirkus war."

Ihren zweiten Auftritt im Madison Square Garden hatte Marilyn am 19. Mai 1962, als sie für JOHN F. KENNEDY „Happy Birthday"

Marilyn bei ihrem Auftritt im Madison Square Garden auf dem Rücken eines Elefanten (1955).

Marilyn mit Maf Honey, 1961.

sang. Dieser Gala-Abend stand im Zeichen einer Spendenaktion und wurde von 17.000 Anhängern der Demokraten besucht. Es wirkten zahlreiche Stars mit, und jeder der Anwesenden, Marilyn eingeschlossen, musste 1000 Dollar Eintrittsgeld zahlen.

Der Trip nach New York hatte ungeahnte Folgen für Marilyn. Bei der TWENTIETH CENTURY-FOX in Los Angeles war man empört darüber, dass sie in New York aufgetreten war, obwohl sie eine ganze Woche lang wegen angeblicher Krankheit nicht zu den Dreharbeiten von SOMETHING'S GOT TO GIVE gekommen war. Später teilte man ihr die Kündigung mit.

Es wurde jahrelang darüber spekuliert, ob JFK diese Gelegenheit benutzt habe, um seine angebliche Affäre mit Marilyn zu beenden und seinen Platz an seinen jüngeren Bruder Bobby abzutreten.

MAF HONEY

Den weißen Pudel bekam Marilyn entweder von FRANK SINATRA oder der Pressereferentin PAT NEWCOMB oder einem namentlich nicht bekannten Freund geschenkt. Er sollte ihr nach ihrer Entlassung aus der Nervenklinik (siehe HOSPITALS) 1961 Gesellschaft leisten.

Der Sinatra-Version zufolge taufte Marilyn den Hund auf den Namen Maf als Anspielung auf Sinatras MAFIA-Verbindungen. Vertreter der Newcomb-Version meinen, diese habe den Hund von ihrer Klientin NATALIE WOOD bekommen, deren Mutter Pudel züchtete.

Nach Marilyns Tod nahm Sinatras Sekretärin Gloria Lovell den Hund zu sich. Dies scheint die Sinatra-Version zu stützen, doch angeblich war Lovell im Jahr 1961 eine Nachbarin von Marilyn im DOHENY DRIVE, und so könnten sie diese Vereinbarung auch ohne ihn getroffen haben.

MAFIA — Mafia

Im Zusammenhang mit den Spekulationen über Marilyns Tod (siehe DEATH) tauchte unter anderem die Vermutung auf, Marilyn sei von der Mafia im Auftrag der Kennedys ermordet worden. Es gab auch Behaup-

tungen, Marilyn habe durch FRANK SINATRA eine Verbindung zu dem Gangster Bugsy Siegel gehabt.

(siehe CONSPIRACY – Verschwörung)

MAGAZINES — Zeitschriften

Marilyn begann ihre Karriere im Showbusiness als Fotomodell. Jobs als Messe-Hostess führten zu Aufträgen von Zeitschriften und diese wiederum zu Titelbildern. Norma Jeanes erstes Titelfoto, eine Aufnahme von DAVID CONOVER, erschien 1945 auf dem *Yank*-Magazin; anderen Berichten zufolge war es die *Douglas Air Review* vom Januar 1946. Das erste überregionale Titelfoto stammte von ANDRÉ DE DIENES; *Family Circle* brachte es auf dem Heft vom 26. April 1946. Das löste eine Art Boom aus: In jenem Jahr wurde sie bis zu 36-mal als Titelmädchen abgebildet, u. a. auf *Peek, See, U.S. Camera, Parade, Glamorous Models, Personal Romances, Pageant, Salute* und *Laff*.

Auch nach ihrem Tod war Marilyn noch häufig auf Titelbildern zu sehen.

The American Weekly
Zeitschrift, der Marilyn zweimal lange Enthüllungs-Interviews gab. Am 16. November 1952 platzierte sie unter ihrem eigenen Namen einen Artikel mit dem Titel „Die Wahrheit über mich". Ende September 1955 schrieb MAURICE ZOLOTOW eine Artikelserie, die er später zu seiner 1960 erschienenen Biografie *Marilyn Monroe* ausweitete.

Collier's
Veröffentlichte am 8. September 1951 als erstes überregionales Magazin einen Artikel über Marilyn. Unter dem Titel „Hollywoods Modell-Blondine 1951" schrieb der Journalist Robert Cahn: „Für die Filmwelt ist sie Marilyn Monroe, für die GIs ein Pin-up-Girl, für die Studios ein reizvoller Lockvogel – und eine Schauspielerin auf dem Weg nach oben. … Marilyn Monroe ist keine Frau, die man schnell vergisst."

Eros
Ein Sexmagazin von kurzer Lebensdauer, das Ende 1962 mit Fotos von Marilyn auf den Markt kam und vergeblich versuchte, den Erfolg von *Playboy* zu wiederholen. Auch der *Playboy* hatte in seiner ersten Nummer die heißesten Sexsymbole der Nation herausgebracht.

Esquire
Dort erschienen vor und nach Marilyns Tod viele Reportagen. Auch die Short Story von ARTHUR MILLER, auf der THE MISFITS (1961) basiert, wurde hier zuerst veröffentlicht.

Family Circle
Diese Zeitschrift zeigte als eine der ersten (manche Biografen meinen, als erste) das angehende Fotomodell Norma Jeane auf dem Titel. Auf dem Heft vom 26. April 1946 posiert sie als Farmerin in einem langen, traditionellen Kleid mit einem Lamm auf dem Arm.

Focus
Brachte einen Marilyn-Titel im Dezember 1951 sowie einen Artikel mit der Prophezeiung: „Sie hat gute Aussichten, BETTY GRABLE, JUNE HAVER und Rita Hayworth als aufreizendstes Glamourgirl der TWENTIETH CENTURY-FOX auszustechen."

Life

Am 10. Oktober 1949 war Marilyn zum ersten Mal in *Life* zu sehen, und zwar in einer Fotoserie von PHILIPPE HALSMAN über Hollywood-Stars von morgen.

Am 7. April 1952 brachte *Life* ein Titelbild von Marilyn in einem schulterfreien weißen Kleid. Die dazu gehörige Schlagzeile lautete: „Marilyn Monroe – Ganz Hollywood spricht von ihr", und im Text beschrieb man sie als „naiv und arglos, doch clever genug, um zu wissen, wie man sich in der erbarmungslosen Welt des Glamours durchsetzen kann." Die Fotos zeigten Marilyn bei der Arbeit und privat in ihrem Apartment.

Marilyns letztes großes Interview für *Life* führte RICHARD MERYMAN 1962. Zitate daraus finden sich in den meisten Marilyn-Biografien.

Einzig AUDREY HEPBURN kann mehr *Life*-Titelbilder aufweisen als Marilyn: Sie war neunmal auf dem Cover.

MARILYNS *LIFE*–TITELBILDER

7. April 1952, Foto: Philippe Halsman
25. Mai 1953 (mit Jane Russell), Foto: Edward Clark
20. April 1959, Foto: Richard Avedon
9. November 1959, Foto: Philippe Halsman

Marilyn 1946, nur mit ihren ersten vier überregionalen Titelbildern bekleidet. Dieser Werbe-Gag der Blue-Book Modeling Agency war der Auslöser für Unmengen von Fotos, die weltweit abgedruckt wurden.

Juli 1953

August 1953

Februar 1956

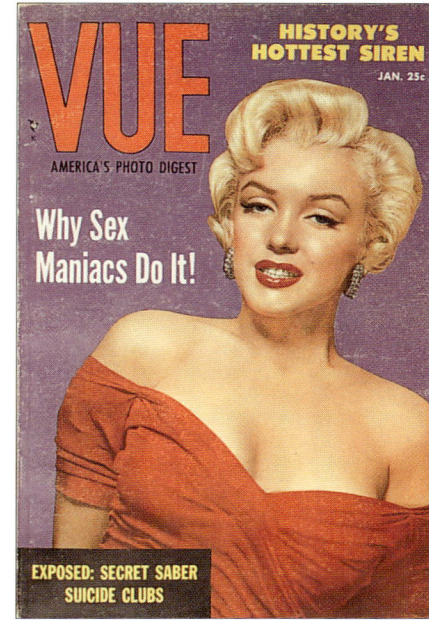

Januar 1957

Auf den Titeln von *Eye* und *Photo* aus dem Jahr 1953 trägt Marilyn jedes Mal denselben gelben Zweiteiler. Damals mussten Fotomodelle noch ihre eigene Kleidung tragen, und Marilyn fand ihren gelben Bikini besonders schön.

15. August 1960 (mit Yves Montand), Foto: John Bryson
22. Juni 1962, Foto: Lawrence Schiller und William Read Woodfield
7. August 1964, Foto: Milton H. Greene
8. September 1972, Foto: Eve Arnold

Look

Marilyn gehörte ab 1950 zu den Favoriten dieses weit verbreiteten Magazins. Die Veröffentlichungen brachten ihr mehr als nur Ruhm (siehe FAME). Aus Kontakten zu Autoren und Fotografen entwickelten sich später wichtige geschäftliche Beziehungen. Den ersten Artikel über Marilyn schrieb RUPERT ALLAN. Er übernahm später ihre Öffentlichkeitsarbeit.

1953 schickte das Magazin den jungen Fotografen MILTON H. GREENE wegen einer Fotoserie zu Marilyn. Zwei Jahre später hielt Greene einen 49%-igen Anteil an ihrer unabhängigen Filmproduktion MARILYN MONROE PRODUCTIONS.

MARILYNS *LOOK*-TITELBILDER

23.10.1951
3.6.1952
9.9.1952
30.6.1953
17.11.1953
5.7.1960

Paris-Match

MARIA SCHERBATOFF, die Leiterin des New Yorker Büros des Magazins, kam bei einem Autounfall ums Leben, als sie Marilyn und Arthur Miller an ihrem Hochzeitstag mit dem Wagen verfolgte. Nach Marilyns Tod veröffentlichte das Magazin einen 36 Seiten langen Sonderteil über sie.

Photoplay

Auf ihrer Werbetournee für LOVE HAPPY (1950) ließ Marilyn für den *Photoplay*-Artikel „Traumhaus" mehrere Fotos von sich aufnehmen. Sie zeigten sie, nicht sehr glaubwürdig, beim Staubsaugen.

Der erste Artikel, den das Magazin über Hollywoods populärsten Star der 1950er-Jahre brachte, hieß „Die Geburt eines Stars". Im März 1953 druckte *Photoplay* einen Artikel ihres ersten Ehemanns JAMES DOUGHERTY mit dem Titel „Marilyn Monroe war meine Frau".

Zu Beginn ihrer Karriere wurde Marilyn zweimal mit einem der renommierten Filmpreise der Zeitschrift ausgezeichnet.

Playboy

Marilyns berühmtes „Golden Dreams"-Kalenderfoto erschien in der Erstausgabe des Magazins vom Dezember 1953. HUGH HEFNER, der 500 Dollar dafür gezahlt hatte, muss mit einiger Verblüffung festgestellt haben, dass die Nacktfotos Marilyns Karriere keineswegs schadeten. Man pries Marilyns Ehrlichkeit und stellte sie als eine Frau dar, der es trotz widriger Umstände gelungen war, durch harte Arbeit ein großer Star zu werden.

1962 zahlte das Magazin fünfzigmal soviel für LAWRENCE SCHILLERs Aktfotos von Marilyn, die am Pool des Sets von SOMETHING'S GOT TO GIVE aufgenommen wurden. Die Fotos erschienen im Januar 1964 im *Playboy*.

Als posthumer Tribut an Marilyn erschien ab Oktober 1962 eine üppige blonde Cartoon-Figur, „Little Annie Fanny", entworfen von Harvey Kurtzman und Wil Elder. 1987 veröffentlichte das Magazin bis dahin unbekannte Aktzeichnungen des Illustrators EARL MORAN aus dem Jahr 1946.

Der *Playboy* bringt noch heute Marilyn-Artikel und -Fotos, denn ihre Beliebtheit hat immer noch nicht nachgelassen. Ende 1998 gewann Marilyn gegen scharfe Konkurrenz (Sophia Loren, Elizabeth Taylor, Madonna, Jean Harlow, Pamela Anderson) den Titel des aufreizendsten Filmstars des 20. Jahrhunderts.

Redbook

Im Juli 1952 wurde ein Leserbrief von Marilyn in dieser Frauenzeitschrift veröffentlicht. Ein knappes Jahr später erhielt sie deren Preis als „Bester Nachwuchs-Kassenschlager".

Stars and Stripes

In ihrer Zeit als Fotomodell und zu Beginn ihrer Filmkarriere war Marilyn regelmäßig in diesem amerikanischen Soldatenmagazin abgebildet, insbesondere Anfang der 1950er-Jahre. Sie war so beliebt, dass sie 1952 auf sämtlichen Titelbildern des Jahres zu sehen war. Kein Wunder, dass sie mehrmals die jährliche Wahl zum besten Pin-up-Girl gewann.

Time

Marilyn war nur einmal (am 14.5.1956) auf der Titelseite des Nachrichtenmagazins; ab Mitte 1952 erschienen aber Dutzende von Artikeln über sie.

Variety

Marilyn wurde am 5. September 1946 zum ersten Mal im Fachmagazin des Filmgeschäfts erwähnt, und zwar unter dem Namen Norma Jeane Dougherty in der Spalte „Neue Verträge".

Vogue

Hier fand sich nach ihrem Tod folgende Hommage an Marilyn: „Sie hat Millionen Menschen begeistert. … Viele haben ernsthaft an ihrem privaten Glück Anteil genommen."

MAGNUM GROUP

Die Fotografen-Vereinigung Magnum hatte einen Exklusivvertrag für die Standfotos von THE MISFITS (1960). EVE ARNOLD fotografierte während der gesamten 2-monatigen Dreharbeiten, abwechselnd stießen auch HENRI CARTIER-BRESSON, BRUCE DAVIDSON, ELLIOT ERWITT, Ernest Haas, PHILIPPE HALSMAN, Erich Hartmann, Bob Henriques, INGE MORATH und Dennis Stock dazu.

MAIDS/HOUSEKEEPERS — Personal

Während der ersten Hälfte ihrer Karriere wohnte Marilyn meistens in HOTELS.

Die erste Wohnung, in der sie über ein Jahr lebte, war das Apartment in der 57. Straße in New York, das sie mit Ehemann ARTHUR MILLER bewohnte. Als Hausmädchen und Putzfrau arbeiteten Fanny Harris und LENA PEPITONE — einigen Berichten zufolge auch eine Frau namens Hazel Washington. Weiterhin wurden Hattie Stevenson und Florence Thomas als Hausmädchen erwähnt.

In Marilyns letzter Wohnung, FIFTH HELENA DRIVE in Brentwood, Los Angeles, wurde EUNICE MURRAY auf Empfehlung von DR. RALPH GREENSON als Haushälterin eingestellt.

MAILER, NORMAN (GEB. 1923)

MARILYN:
„Er lässt sich zu sehr von Macht beeindrucken."

MAILER ÜBER MARILYN:
„(Sie) war blond und schön, hatte eine allerliebste Stimme und strahlte die ganze Sauberkeit sämtlicher amerikanischer Vorgärten aus. Sie war unser Engel, unser süßer Sex-Engel."

Mailers erster Roman *Die Nackten und die Toten* (1948) beruhte auf seinen Erlebnissen im Zweiten Weltkrieg und machte ihn zu einem der führenden Schriftsteller seiner Generation. Als Marilyn 1955 an die Ostküste zog, versuchte Mailer sie kennen zu lernen. Doch obwohl er in BROOKLYN im selben Haus wie ARTHUR MILLER gewohnt hatte und in der Nähe von Millers Landhaus in ROXBURY, Connecticut selbst ein Haus besaß und eifrig bemüht war, Marilyn zu treffen, war sie offensichtlich nicht daran interessiert. Miller berichtet, Marilyn sei nur ein einziges Mal bereit gewesen, Mailer eine Einladung zukommen zu lassen, wohl wissend, dass er zu dem Termin keine Zeit hatte.

1973 veröffentlichte Mailer eine Marilyn-Biografie — eine Mischung aus Fakten und Fiktion. Das Buch hatte einen ungeheuren Erfolg, wurde jedoch von Miller heftig kritisiert. Er fand, dass Mailer Marilyn als Prostituierte geschildert hatte, die lauter abgedroschene Sätze von sich gab. Miller schreibt, dies sei genau die Darstellung ihrer Person, die Marilyn gehasst hätte — „ein Witz, der sich selbst ernst nimmt".

Mailer schwärmte auch noch in den folgenden fünfzehn Jahren für Marilyn. So schreibt er über sich selbst: „In seiner [Mailers] Eitelkeit dachte er, niemand sei so geeignet wie er, das Beste aus ihr herauszuholen, eine Einbildung, die vielleicht auch fünfzig Millionen andere Männer hatten."

Im Jahr 1980 erschien *Of Women and Their Elegance*, ein „imaginäres Tagebuch" über die Zeit, als Marilyn bei MILTON und AMY GREENE wohnte. Im Jahr 1985 gab er seiner eigenen Tochter Kate die Hauptrolle in seinem an Marilyn erinnernden Stück *Strawhead*; es lief zwei Wochen im ACTORS STUDIO.

MANKIEWICZ, JOSEPH L. (1909–1993)

„Marilyn war ein schrecklich ängstliches, kleines Mädchen. Doch so furchtsam sie war, sobald sie fotografiert wurde, hatte das eine ganz eigenartige Wirkung auf sie. … Sie wurde von der Kamera geliebt."

Mankiewicz jobbte viele Jahre in der Filmbranche, bevor er mit 35 endlich Regie führen durfte. Seine Filme drehten sich oft um eine starke, ironische Hauptfigur, so auch in ALL ABOUT EVE (1950), der zwei Oscars bekam (für Drehbuch und Regie). Marilyn hatte darin eine kleine, aber wichtige Rolle als Miss Caswell, „eine Absolventin der Copacabana Schauspielschule".

JOHNNY HYDES pausenloses Werben für das Starlet Marilyn führte dazu, dass er bereits bei Mankiewicz anklopfte, als dieser noch nicht einmal mit dem Drehbuch von *All About Eve* fertig war. Marilyn sprach bei dem Autor und Regisseur vor und nahm ihn für sich ein. Nach Ansicht von Mankiewicz war Marilyn für die Rolle genau die Richtige. Am Set stellte Mankiewicz dann fest, dass Marilyn eine übermäßige Anzahl von Einstellungen brauchte — bis zu 25 bei einer Szene.

Weitere wichtige Filme von Mankiewicz sind: *A Letter for Three Wives* (1949), *Five Fingers* (1952), *The Barefoot Contessa* (1954) und *Cleopatra* (1963), der Film, dessen hohe Kosten die Fox in den Ruin zu treiben drohten.

Bevor Marilyn der Fox Ende 1954 den Rücken kehrte, bemühte sie sich vergeblich um die Rolle der Adelaide in dem Film *Guys and Dolls* (1955). Doch Mankiewicz wollte die Rolle mit Vivian Blaine besetzen, die diese Rolle bereits in dem gleichnamigen Bühnenstück gespielt und damit sehr viel Erfolg gehabt hatte.

MANSFIELD, JAYNE
(1932–1967, GEB. ALS VERA JAYNE PALMER)

Mansfield sollte an Marilyns Stelle treten, nachdem diese 1955 ihren Vertrag mit der TWENTIETH CENTURY-FOX gekündigt hatte. Die ehemalige Schönheitskönigin hatte mit ihrer Rolle in dem Stück *Will Success Spoil Rock Hunter?* am Broadway sehr viel Erfolg. Die Figur ähnelte Marilyn Monroe. Auch die Biografie von Mansfield hatte Ähnlichkeiten mit der von Marilyn — von der Armut ihrer Kindheit über die BLUE BOOK MODELING AGENCY, SCREEN TESTS und Nacktfotos bis zu ähnlichen Erfahrungen mit der Clique um Lawford und die Kennedys — und nun nahm die Fox sie unter Vertrag.

Joseph L. Mankiewicz und Marilyn zwischen zwei Takes für *All About Eve* (1950).

1957 war Mansfield ganz oben angelangt. Sie bekam eine Hauptrolle in *The Girl Can't Help It* und wirkte in der Verfilmung von *Will Success Spoil Rock Hunter?* mit.

Mansfield trat auch in dem Goldlamékleid auf, das Marilyn mit solch überwältigendem Erfolg in GENTLEMEN PREFER BLONDES (1953) getragen hatte, und genau wie Marilyn war sie in der Show von JACK BENNY. Zwischen den Hollywood-Blondinen kam es zu mindestens einer Begegnung. Beide besuchten am 2. Dezember 1955 im Astor Hotel in New York die Premierenfeier von *The Rose Tattoo – Die tätowierte Rose*, für den Anna Magnani einen Oscar gewann. Auf den Fotos sieht man, dass Marilyn Jane Mansfield mit einem eisigen Blick mustert.

Nach Marilyns Tod soll Mansfield gesagt haben: „Wahrscheinlich erwartet man von mir, dass ich es eines Tages auch so mache, aber die Leute sollten wissen, dass das nicht in Frage kommt." Sie starb am 29. Juni 1967 bei einem Autounfall. Zu diesem Zeitpunkt war ihr Stern bereits im Sinken begriffen.

MAPES HOTEL, THE

30 NORTH VIRGINIA STREET, RENO, NEVADA

Ein Hotel in RENO, in dem das Filmteam von THE MISFITS (1961) mehrere Monate untergebracht war. Marilyn zog am 20. Juli 1960 in das bereits von ARTHUR MILLER bewohnte Zimmer 614. Als sie von dort in das nahe gelegene Holiday Hotel umzogen, nahmen sie getrennte Zimmer, da ihre Ehe kurz vor der Auflösung stand.

MARCH, DAVID

Ein guter Freund Marilyns, der als derjenige gilt, der für JOE DIMAGGIO den Kuppler spielte. Manchen Berichten zufolge versuchte March, Marilyn als Klientin zu gewinnen (er war Geschäftsmann). Als er zufällig Joe traf, der Marilyn den Hof machen wollte, arrangierte er eine Verabredung im Villa Nova Restaurant (siehe RESTAURANT). Nach einer anderen Version lernte Marilyn Joe durch einen namentlich nicht bekannten Freund aus dem Studio kennen, der beide zu einer Abendgesellschaft ins Villa Nova mitnahm.

MARCH, FREDERIC

(1897–1975, GEB. ALS FREDERICK MCINTYRE BICKEL)

Angeblich war March der erste Besitzer eines weißen Klaviers (siehe WHITE PIANO), das GLADYS BAKER für Marilyn kaufte, als Mutter und Tochter für kurze Zeit (1933/34) zusammen in der ARBOL STREET in Hollywood lebten.

Marchs Schauspielkarriere dauerte von 1929 bis 1973; er erhielt zwei Oscars für *Dr. Jekyll and Mr. Hyde* (1952) und *The Best Years of our Lives* (1946). Er spielte auch die Hauptrolle in der Originalversion von *A Star is Born* (1937).

Auch bei *Middle of the Night* (1959), einem Film, den auch Marilyn in Betracht gezogen hatte, war March dabei.

MARILYNISMS — **Marilynismen**

Q: „Tragen Sie Unterwäsche?"
Marilyn: „Ich kaufe morgen einen Kimono."
Q: „Ist das Ihr natürlicher Gang?"
Marilyn: „Ich gehe so, seit ich ein halbes Jahr alt bin."
Q: „Was tragen Sie da für einen Pelz?"
Marilyn: „Fuchs (engl. Fox), aber nicht die Twentieth Century-Sorte."

„Lee [Strasberg] sagt, ich müsse bei mir selbst anfangen, und ich erwiderte: ‚Bei mir?' Als wenn ich so wichtig wäre! Wofür hält er mich denn? Etwa für Marilyn Monroe?"

Obwohl Marilyn sich vor Publikum ängstigte und bei Pressekonferenzen unsicher war, hatte sie ein flottes Mundwerk und ein echtes Talent, boshaften Fragen die Spitze zu nehmen. Zweifellos waren einige ihrer Reaktionen einstudiert oder beruhten auf Vorschlägen von PR-Leuten wie HARRY BRAND oder guten Freunden (SIDNEY SKOLSKY schrieb einige von Marilyns schriftlichen Antworten auf unfreundliche Anschuldigungen). Doch die vielen typischen Marilyn-Aussprüche in diesem Buch beweisen ihre „Unbekümmertheit und ihren Humor", wie Arthur Miller es ausdrückte.

(siehe QUOTES – Zitate)

MARILYN MONROE PRODUCTIONS

1954 war Marilyn es schließlich leid, auf mittelmäßige Sexrollen festgelegt zu sein und deutlich weniger als die meisten ihrer Kollegen zu verdienen (1500 Dollar pro Woche). Im November ließ sie sich von JOE DIMAGGIO

Jayne Mansfield und Marilyn Monroe bei der Premiere von *The Rose Tattoo*, 1955.

scheiden, und im Dezember ging sie nach New York, um die letzten Vorbereitungen für die Gründung einer eigenen Produktionsfirma zu treffen.

Die Öffentlichkeit erfuhr von der Gründung der Marilyn Monroe Productions am 7. Januar 1955 durch eine Erklärung, die vor 80 Journalisten und Bekannten im Haus des Anwalts Frank Delaney verlesen wurde. Von den prominenteren Vertretern der Presse (siehe PRESS) fehlten als einzige die Kolumnisten DOROTHY KILGALLEN und WALTER WINCHELL. Marilyn wurde zur Präsidentin, MILTON GREENE zum Vizepräsidenten ernannt. Ihr gehörten 51 Prozent, die restlichen 49 Prozent gehörten Greene.

Zur Feier der Gründung lud Marilyn die Greenes und ihre Freunde in FRANK SINATRAS Show im „Copacabana"- Nachtclub ein. Dass die Vorstellung seit Wochen ausverkauft war, spielte keine Rolle – man stellte für die Gesellschaft einen Extratisch direkt an die Bühne. Einigen Berichten zufolge wurde hinterher in der Wohnung von MARLENE DIETRICH weiter gefeiert.

Einige Monate später erklärte Marilyn in EDWARD R. MURROWs Fernsehshow „Person to Person", warum sie diesen Schritt vollzogen hatte. „Nicht, dass ich etwas gegen Musicals und Komödien hätte, aber ich möchte auch dramatische Rollen spielen." Durch ihren Schritt in die Selbstständigkeit stellte sich

Marilyn im Alleingang dem allmächtigen Studiosystem entgegen. Die TWENTIETH CENTURY-FOX war darüber sehr erbost. Marilyn wurde vom Studio verklagt, von Kollegen verspottet und von der Presse verunglimpft.

Mit der Gründung der eigenen Firma begann für Marilyn ein arbeitsfreies Jahr. Sie lebte bei den Greenes und wohnte bei New-York-Besuchen im WALDORF ASTORIA; sie fing ein Studium bei LEE STRASBERG an und begann eine Psychoanalyse (siehe PSYCHOANALYSIS). Greene widmete sich der Aufgabe, das Kapital der Firma zu beschaffen, entwickelte Filmprojekte und handelte mit einer Gruppe von Anwälten unter Leitung von Delaney Marilyns Vertrag mit der Fox neu aus.

Erst nach einem Jahr waren die Verhandlungen soweit gediehen, dass ein überarbeiteter Vertrag mit dem Studio geschlossen werden konnte. Der riesige Erfolg von THE SEVEN YEAR ITCH (1955) im vorhergehenden Sommer war ein Trumpf der Marilyn Monroe Productions; Marilyn zwang die Fox in die Knie. Der neue Vertrag brachte ihr einen Scheck für frühere Verdienste, eine Gage von 100.000 Dollar für vier Filme innerhalb eines Zeitraums von sieben Jahren und ein Vetorecht in allen wesentlichen Punkten ihrer Produktionen. Ihr Sieg stellt einen der ersten Risse im Studiosystem von Hollywood dar. Marilyn Monroe Productions machte mit zwei Projekten weiter, BUS STOP (1956) für

die Fox und als erste (und einzige) unabhängige Produktion der Firma THE PRINCE AND THE SHOWGIRL (1957).

Zweifellos hatte Marilyn damals dank der Tatsache, dass sie Präsidentin ihrer eigenen Produktionsfirma war, mehr Macht als die meisten Schauspielerinnen. So gab ihr der neue Vertrag mit der Fox ein Vetorecht bezüglich Drehbuch, Regisseur und Kameramann. Weniger positiv war ihre gelegentliche Überlegenheitsattitüde. Bei den Dreharbeiten zu *Bus Stop* verhielt sich Marilyn alles andere als freundlich gegenüber den anderen Schauspielern. Sie war überzeugt davon, dass der männliche Hauptdarsteller DON MURRAY sie dumm aussehen lasse, und sie glaubte, neben der jungen HOPE LANGE alt und unattraktiv zu wirken.

Im Laufe des Jahres 1956 verschlechterte sich das Verhältnis zwischen Marilyn und Greene. Marilyns frisch angetrauter Ehemann ARTHUR MILLER wollte bei ihren künftigen geschäftlichen Plänen mitreden, und Marilyn glaubte, Greene leiste nicht genug für seinen Anteil an ihren Einkünften.

Noch vor der Premiere von *The Prince and the Showgirl* im April 1957 erklärte Marilyn, Greene habe die Firma schlecht geleitet und hinter ihrem Rücken Verhandlungen geführt. Marilyn schlug vor, eine neue Geschäftsleitung zu berufen. Fünf Tage später ersetzte sie die Firmenjuristen durch Arthur Millers eigenen Rechtsberater Robert H. Montgomery, seinen Schwager George Kupchik und seinen Freund George Levine.

Milton Greenes Reaktion erschien in der *Los Angeles Times*: „Es scheint so, als wolle Marilyn sich nicht mehr an die Absprachen halten, die wir getroffen haben. Ich bemühe mich um Rechtsanwälte, die mich vertreten, möchte aber nichts unternehmen, was ihrer Karriere schaden könnte."

Marilyns Reaktion war weitaus heftiger; sie beschuldigte Greene, sich falsche Verdienste zuzuschreiben. „Meine Firma wurde nicht gegründet, um 49,6 Prozent meines Einkommens an Mr. Greene abzutreten, sondern um bessere Filme zu machen, meine Arbeit zu unterstützen und mein Einkommen sicherzustellen."

Marilyn Monroe Productions machte keine weiteren Filme, obwohl die Firma aus steuerlichen Gründen zur Verwaltung von Marilyns Einkommen weiter existierte.

MARILYN MONROE THEATER
7932 SANTA MONICA BOULEVARD, WEST HOLLYWOOD

Westküsten-Ableger des Theater-Instituts von LEE STRASBERG.

MARILYN SIX, THE
(AUCH ALS THE MONROE SIX BEKANNT)

Eine Gruppe von eifrigen New Yorker Monroe-FANS, die sich immer, wenn Marilyn dort war, vor ihrem Hotel versammelte. John Reilly, Gloria Milone, Eileen und Jimmy Collins, Edith Pitts und Frieda Hull informierten sich gegenseitig über Marilyns Ankunft und waren präsent, sobald sie einen öffentlichen Auftritt hatte. Untereinander nannten sie sie „Mazzie". Solange Marilyn in

Eine Ausgabe des Magazins *Screen Stories* von 1956 kündigt Marilyns „Comeback" an, in dem ersten Film der Marilyn Monroe Productions, *Bus Stop*.

Foto von Milton Greene, 1953.

New York lebte, waren sie wie Schutzengel stets an ihrer Seite. Einmal lud Marilyn sie zu einem Picknick in ihr Landhaus nach ROX-BURY ein.

MARRIAGE — Ehe

Schon als Heranwachsende musste Marilyn einige unglückliche Ehen und Scheidungen (siehe DIVORCES) miterleben. Ihre Groß-mutter DELLA MAE HOGAN, ihre Mutter GLA-DYS BAKER, ihr Vormund GRACE MCKEE GOD-DARD, ihre Pflegemutter ANA LOWER und ihre Großtante IDA MARTIN waren allesamt von ihren Ehemännern verlassen worden oder diese waren gestorben.

Marilyn äußerte einmal über ihre Ehe mit JOE DIMAGGIO, sie sei „eine Art verrückte, schwierige Freundschaft mit dem Recht auf Gewährung von Sex" gewesen. „Später machte ich die Erfahrung, dass dies auf viele Ehen zutrifft."

(siehe auch WEDDINGS — Hochzeiten sowie JAMES DOUGHERTY, JOE DIMAGGIO und ARTHUR MILLER)

MARTIN, DEAN
(1917–1995, GEB. ALS DINO PAUL CROCETTI)

Der Schnulzensänger Martin wurde in den 1950er-Jahren durch seine gemeinsamen Auftritte mit JERRY LEWIS bekannt. In den 1960ern schlug er eine Solokarriere ein, die ihn so erfolgreich wie FRANK SINATRA mach-te. Martin spielte unter anderem in folgenden Filmen mit: *The Stooge* (1952), *Pardners* (1956), *Rio Bravo* (1959), *Kiss Me Stupid* (1964). Marilyn und Martin hätten fast in *Some Came Running* (1958) zusammen gear-beitet. Nach Marilyns Rückkehr nach Los Angeles 1961 war sie viel mit Martin und sei-ner Frau Jeanne zusammen.

Zu dem Film SOMETHING'S GOT TO GIVE kam Martin, weil Marilyn ihn ausgesucht hatte; manchen Berichten zufolge hatte er auch persönlich in die Produktion investiert. Nach Marilyns Entlassung durch die TWEN-TIETH CENTURY-FOX setzte sich Martin sehr für sie ein. Als das Studio LEE REMICK als Ersatz für Marilyn holte, berief Martin sich auf sei-nen Vertrag, der ihm ein Vetorecht bezüglich seiner Partnerin einräumte. Er ließ das Studio wissen, dass er den Film nur mit Marilyn machen würde. Die Fox verklagte Martin, Martin verklagte die Fox, und schließlich wurde der Film wieder in der alten Besetzung aufgenommen, was zu einem Großteil Mar-tins konsequenter Haltung und seiner Partei-nahme für Marilyn zu verdanken war.

Nachdem Marilyn wieder dabei war, spra-chen sie und Martin über mindestens zwei weitere Projekte, eine Komödie mit dem Titel *I Love Louisa* und eine unbetitelte Räuber-pistole, bei dem die Rat-Pack-Clique mitspie-len sollte.

MARTIN, IDA

Wie DONALD SPOTO in seiner viel zitierten Publikation *Marilyn Monroe. Die Biografie* (1994) schreibt, wurde Norma Jeane nach ihrem Aufenthalt im Waisenhaus (siehe ORPHANAGE) von ihrem Vormund GRACE MCKEE GODDARD bei Ida Martin, einer ent-fernten Verwandten, in Compton unter-

Dean Martin und Marilyn am Set von *Something's Got to Give*, 1962.

gebracht. Dort wohnte sie von November 1937 bis August 1938.

Ida Martin war die Mutter von Olive Brunings, die Norma Jeanes Onkel Marion geheiratet hatte. Marion und Ida hatten drei Kinder, Jack (geb. 1925), Ida Mae (1927) und Olive (1929). Einige Monate nach Olives Geburt sagte Marion Monroe zu seiner Frau, er gehe eine Zeitung kaufen. Er kehrte nie wieder zurück und wurde nach zehn Jahren für tot erklärt. In der Zeit, als Norma Jeane bei ihrer angeheirateten Großtante Ida lebte, sorgte diese außerdem für ihre drei Enkel, die etwa in Marilyns Alter waren, während deren Mutter Olive sich bei Farmern als Wander-arbeiterin verdingte.

Während ihres Aufenthalts bei Ida Martin soll ein älterer Cousin Marilyn sexuell miss-braucht haben (das erzählte Marilyn BEBE GODDARD, NORMAN ROSTEN und anderen engen Freunden). Ida Mae berichtet, dass Norma Jeane sich noch tagelang nach der angeblichen Vergewaltigung zwanghaft gewa-schen haben soll. Grace Goddard nahm Norma Jeane wieder mit nach Los Angeles und brachte sie nun bei ihrer geliebten Tante ANA LOWER unter.

MARX, GROUCHO
(1890–1977, GEB. ALS JULIUS HENRY MARX)

Die Marx Brothers, ein Clan von Varieté-Künstlern, waren die Könige der überdrehten Komödie, angefangen mit *Animal Crackers* (1930), *Horse Feathers* (1932) und *Duck Soup – Die Marx Brothers im Krieg* (1932). Als der Produzent LESTER COWAN für den letzten Film der Marx Brothers LOVE HAPPY (1950) ein Casting veranstaltete, war Groucho anwe-send. Der Meister der schlagfertigen Sprüche (wie z. B. „Ein Mann ist so alt, wie die Frau, die er fühlt") sagte zu den drei Anwärte-rinnen, er suche nach „einer jungen Dame, die so an mir vorbeigehen kann, dass meine greisenhafte Libido erwacht." In Marilyn fand er, was er suchte. Sein abschließendes Urteil lautete: „Mae West, Theda Bara und Bo Peep in einer Person!"

Marx wird von seinem Biografen Richard Anobile folgendermaßen zitiert: „Junge, hatte ich Lust sie zu vögeln! … Sie war ver-dammt schön. Kann sein, dass ich mal ver-sucht habe, sie ins Bett zu kriegen, aber da war nichts zu machen… Sie war das schönste Mädchen, das ich je gesehen habe."

MASTERS, GEORGE (1936–1998)

„Meine erste Begegnung mit Marilyn Monroe hat sich mir tief eingeprägt. Sie sah grauenvoll aus. Das größte Sexsymbol der Welt erwartete mich in einer Suite im Beverly Hills Hotel in einem Frottee-bademantel mit aufgeplatzter Schulternaht, dazu zottelige blonde Strähnen, kein Make-up, dafür jede Menge Champagner und Kaviar."

„Ich brauchte jedes Mal Stunden, um sie auf Vordermann zu bringen. Aber wenn sie schließlich fertig war – Wahnsinn!"

George Masters, der in Marilyns letzten Lebensjahren einer ihrer bevorzugten Friseure (siehe HAIR – Das Haar) war, hatte schon viele Hollywoodstars frisiert und geschminkt. Seine offenherzigen Bemerkungen über Marilyns Aussehen, wenn sie nicht gerade „die Monroe spielte" und ungeschminkt war, zeigen Marilyn von einer Seite, die ihre Fans kaum kannten.

Masters begleitete Marilyn 1962 auf ihrer Mexiko-Reise, bei der sie Möbel für ihr neues Haus kaufte (siehe MEXICO).

McKNIGHT, MARIAN

JOE DiMAGGIO heiratete nach seiner Scheidung von Marilyn nicht wieder, doch anscheinend war er 1957 kurz davor, Marian McKnight zu ehelichen, die eine gewisse Ähnlichkeit mit Marilyn besaß. Sie nutzte dies aus, um bei dem Talentwettbewerb zur Wahl der MISS AMERICA 1957 die Jury mit einer Marilyn-Imitation zu beeindrucken. Sie wusste angeblich nicht, dass DiMaggio im Publikum saß.

McPHERSON, AIMEE SEMPLE

McPherson war die Begründerin der „International Church of the Foursquare Gospel", in der Marilyn am 6. Dezember 1926 getauft wurde.

Sie wurde Predigerin bei der Pfingstbewegung und ging dann als Missionarin

Marilyn und Groucho Marx bei den Dreharbeiten zu *Love Happy* (1950).

nach Asien. Nach ihrer Rückkehr in die USA heiratete sie Harold McPherson, ließ sich in Los Angeles nieder und hielt religiöse Versammlungen ab, zu denen die Massen strömten. Darunter waren auch Marilyns Mutter GLADYS BAKER, ihre Großmutter DELLA MAE HOGAN und die Familie BOLENDER, bei der Marilyn bis zum siebten Lebensjahr als Pflegekind lebte. 1923 eröffnete Aimee ihren Angelus Tempel, einen Saal mit 5 300 Plätzen, der von Anhängern gespendet wurde. Hier propagierte sie die Glaubenssätze ihrer Bewegung, gegründet auf ihr Verständnis der vier Rollen Christi als „Erlöser, Arzt, Täufer mit dem Heiligen Geist und König, dessen Wiederkunft nahe ist".

McPhersons Popularität erfasste zeitweilig das ganze Land, bis Skandale die Ausbreitung ihrer Glaubensgemeinschaft beendeten (ihr wurde eine Affäre mit Charlie Chaplin nachgesagt). Sie starb 1944 mit 53 Jahren an einer Überdosis Schlaftabletten.

MEASUREMENTS – **Maße**

Die Angaben zu Marilyns Maßen sind zum Teil sehr unterschiedlich.

Als sich Norma Jeane 1945 bei der BLUE BOOK MODELING AGENCY verpflichtete, gab sie Folgendes an:

Größe: 1,65 m
Gewicht: 53,5 kg
Maße: 91-61-86 cm, US-Kleidergröße 12
Haarfarbe: mittelblond, „zu kraus zum Frisieren, empfehle Bleichen und Dauerwelle"
Augen: blau; sowie „perfekte Zähne"

Laut ihrer ersten überregionalen Erwähnung in einer Ausgabe des *Collier's*-Magazin von 1951 hatte Marilyn die Maße 94-58-86.

In der frühesten der vom Filmstudio herausgegebenen Biografien (siehe STUDIO BIOGRAPHIES) ist Marilyn 1,66 m groß, und ihr Geburtsdatum ist unerklärlicherweise auf 1928 hochgerutscht. Die TWENTIETH CENTURY-FOX gab ihre Maße zuerst mit 93-58-86 an, doch 1955 verkündete man dann 96-58-91, was auf Angaben ihres Kostümbildners WILLIAM TRAVILLA beruhte.

Als sie LET'S MAKE LOVE drehte, wog Marilyn um die 63 Kilo und hatte Kleidergröße 16 (amerikanische Größe) und Schuhgröße 7AA (dt. 39).

Selbst von Marilyns berühmter Bemerkung, man könne ja ihre Maße als Grabinschrift nehmen, gibt es zwei Versionen: „Hier ruht Marilyn Monroe, 94-56-89" und „Hier ruht Marilyn Monroe, 96-58-91".

MEDICAL HISTORY – Krankengeschichte

Marilyn hatte lebenslang Probleme mit den Bronchien sowie gynäkologische Beschwerden, unter denen sie körperlich und seelisch litt. Gegen Ende ihres Lebens war sie bis zu fünfmal im Jahr im Krankenhaus (siehe HOSPITALS).

Über Norma Jeanes Kinderkrankheiten ist wenig bekannt, außer dass sie mit fünf oder sieben Jahren, als sie noch bei den BOLENDERS lebte, Keuchhusten hatte – immerhin so ernst, dass ihre Mutter zu ihr zog, um sie zu pflegen. Manche Biografen erwähnen auch eine Mandeloperation.

Marian McKnight, Miss Amerika 1957, war Joe DiMaggios Freundin nach seiner Scheidung von Marilyn.

Norma Jeanes erste Periode setzte im September 1938 ein, als sie zwölf war. Später litt sie oft unter starken Regelschmerzen. Nach Berichten von Freunden ging das so weit, dass sie sich weinend am Boden wand, unfähig zu irgendeiner Tätigkeit. So ließ Marilyn in ihre Verträge mit der TWENTIETH CENTURY-FOX aufnehmen, dass sie während ihrer Periode nicht zu arbeiten brauchte. Die gynäkologischen Probleme, insbesondere chronische Endometriose, verleideten ihr das Leben. Einigen Berichten zufolge litt Marilyn 1949 an der Menière-Krankheit, einer Erkrankung des Innenohrs, die Übelkeit, Schwindel und einen irreversiblen Hörschaden zur Folge hat.

Marilyn war besonders anfällig für schwere Erkältungen, gefolgt von Bronchitis, einmal sogar von einer Lungenentzündung, nachdem sie bei Temperaturen unter Null Grad vor den Soldaten in KOREA aufgetreten war. Häufig zwangen Bronchitis oder Grippe sie zum Pausieren, so bei den Dreharbeiten zu A TICKET TO TOMAHAWK (1950), GENTLEMEN PREFER BLONDES (1953) und BUS STOP (1956). Dass sie sich eine Erkältung zuzog, als sie für die Rock-Szene in THE SEVEN YEAR ITCH (1955) drei Stunden mit nackten Beinen über dem zugigen U-Bahnschacht stand, ist nicht verwunderlich. Doch meistens glaubte man im Studio, sie simuliere nur und schütze „plausible" Krankheiten wie Bronchitis vor, um ihr Fehlen am Arbeitsplatz zu erklären.

Der Argwohn war nicht ganz unbegründet. Marilyn scheute sich durchaus nicht, Krankheit oder Arbeitsunfähigkeit vorzutäuschen, um sich vor etwas zu drücken oder Mitgefühl zu erregen. Ein Beispiel dafür ist der „gebrochener" Knöchel während der Dreharbeiten zu RIVER OF NO RETURN (1954); die Dreharbeiten wurden unterbrochen, obwohl die Ärzte nichts Ernstes finden konnten.

Im Jahr 1952 sollte Marilyn von Dr. Marcus Rabwin am Blinddarm operiert werden. Bevor man sie in den Operationssaal brachte, klebte sie sich folgende Mitteilung auf den Bauch:

„An Dr. Rabwin – unbedingt vor der Operation lesen!
Lieber Dr. Rabwin,

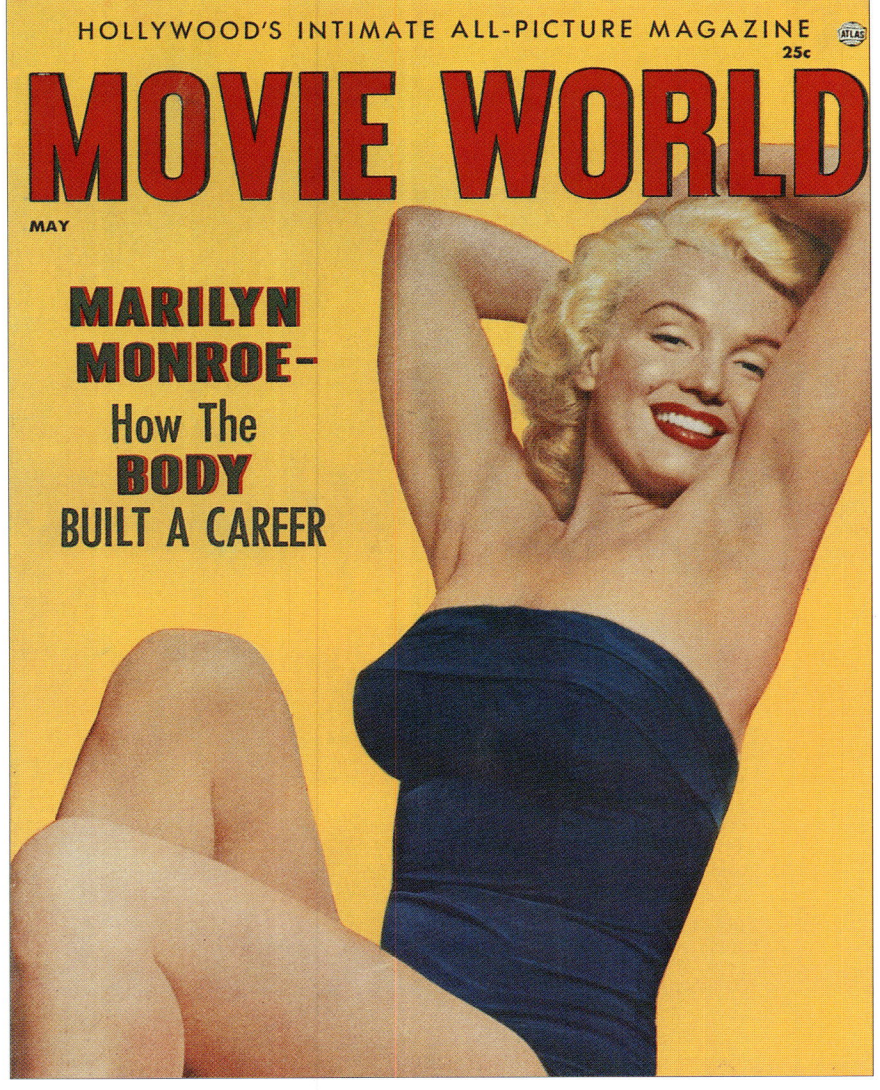

HOLLYWOOD'S INTIMATE ALL-PICTURE MAGAZINE 25c

MOVIE WORLD

MAY

MARILYN MONROE –
How The **BODY** BUILT A CAREER

Wie die Titelzeile der Zeitschrift *Movie World* (Ausgabe vom Mai 1953) zeigt, hatten viele Kinogänger das Gefühl, dass Marilyn Monroe ihren Aufstieg zum Filmstar vor allem ihren eindrucksvollen Maßen zu verdanken hatte.

machen Sie den Schnitt so klein wie möglich. Ich weiß, das klingt eitel, aber darum geht es nicht. Die Tatsache, dass ich eine Frau bin, ist wichtig und bedeutet mir viel. Retten Sie bitte (ich kann Sie nicht genug darum bitten) soviel Sie können – ich bin in Ihren Händen. Sie haben Kinder und wissen, was das bedeutet – bitte, Dr. Rabwin – ich bin sicher, Sie schaffen es irgendwie!

Danke – danke – danke. Um Gottes willen, lieber Doktor, nicht die Eierstöcke entfernen – und noch mal: Tun Sie bitte alles, um große Narben zu vermeiden.

Ich danke Ihnen von ganzem Herzen

Marilyn Monroe"

Marilyn wusste bereits, dass ihre starken Regelschmerzen möglicherweise auf Probleme bei der Fortpflanzungsfähigkeit deuteten. Im Jahr 1954 wurde ihr mitgeteilt, dass eine Entfernung der Gebärmutter die Schmerzen lindern könnte. Marilyn lehnte dies jedoch ab. Sie sagte: „Das kann ich nicht tun. Ich möchte doch ein Kind haben. Ich will einen Sohn bekommen."

Am 7. November 1954 ließ sich Marilyn im Cedars of Lebanon Hospital in Los Angeles von dem Chirurgen Leon Krohn das erste Mal wegen ihrer chronischen Endometriose operieren. Sieben Jahre später operierte Krohn sie noch einmal und nur zwei Wochen vor ihrem Tod fand ein dritter Eingriff statt.

Seit Anfang der 1950er-Jahre wirkte sich Marilyns zunehmender Gebrauch von Medikamenten (siehe DRUGS) gegen Depressionen und Schlaflosigkeit immer stärker auf ihren Gesundheitszustand und ihre Arbeitsfähigkeit aus. Sie war morgens wie betäubt, unfähig zur Konzentration, konnte keine Texte lernen oder sprechen, kam zu spät und hatte einen unstillbaren Drang nach Bestätigung. Im Laufe der Jahre wurden die Folgen des Medikamenten- und Alkoholmissbrauchs deutlich sichtbar: Wenn sie keine Termine hatte, kam es vor, dass sie sich tagelang weder wusch noch die Kleidung wechselte.

Marilyns Flucht aus Hollywood 1955 hätte den Druck, dem sie ausgesetzt war, lindern können; doch auch in New York litt sie an Schlafstörungen und konnte sich nicht entspannen. In dieser Zeit begann sie eine intensive Psychoanalyse (siehe PSYCHOANALYSIS), die sie bis zu ihrem Tod fortführte. Am 23. Juni 1959 kam Marilyn in das Lenox Hill

Hospital, wo ihr New Yorker Gynäkologe sie wieder wegen der chronischen Endometriose operierte. Zwei Jahre später wurde sie deswegen in Los Angeles erneut operiert und ein letztes Mal zwei Wochen vor ihrem Tod (Anhänger der Verschwörungstheorie – siehe CONSPIRACY – behaupten, es habe sich um eine Abtreibung gehandelt).

Es gibt keinen Beweis dafür, dass Marilyn jemals abgetrieben hat. Laut Dr. Leon Krohn, seit 1952 Marilyns Gynäkologe, ließ sie nie eine Schwangerschaft abbrechen. Trotzdem behaupten Biografen wie NORMAN MAILER und ANTHONY SUMMERS, sie habe zahlreiche Abtreibungen (nach manchen Berichten bis zu zwölf) gehabt und habe deshalb später keine Kinder bekommen können. Marilyn soll einigen ihrer Bekannten erzählt haben, sie habe mehrmals abgetrieben.

Während ihrer Ehe mit ARTHUR MILLER hatte Marilyn zwei oder drei Fehlgeburten, davon eine eingeleitete Eileiterschwangerschaft. In einigen Biografien wird behauptet, Marilyn habe im Sommer 1956, weniger als zwei Monate nach ihrer Hochzeit, eine Fehlgeburt erlitten, und zwar während der Dreharbeiten zu THE PRINCE AND THE SHOWGIRL (1957) in England. Zu den beiden dokumentierten Fehlgeburten gehört die am 1. August 1957, als Marilyn mit starken Schmerzen in höchster Eile ins Krankenhaus eingeliefert wurde.

Im Dezember 1958 erlitt Marilyn, trotz weitgehender Schonung bei den Dreharbeiten an SOME LIKE IT HOT (1959), eine Fehlgeburt im zweiten Monat. Diverse Schicksalsschläge nahmen sie sehr mit. Zwischen 1957 und 1959 soll sie wegen Scheinschwangerschaften bis zu sieben Kilo zugenommen haben.

Von Mai 1960 bis Mai 1961 war Marilyn fünfmal im Krankenhaus; der Höhepunkt war eine Operation der Bauchspeicheldrüse und die Entfernung der Gallenblase im Polyclinic Hospital in New York. Die Gallenblasenoperation erlöste sie von ihren Verdauungsproblemen.

Marilyn begann ihren letzten Film SOMETHING'S GOT TO GIVE wegen einer akuten Nebenhöhlenentzündung und Fieber mit einwöchiger Verspätung. Nach nur einem Drehtag empfahl ihr Arzt Dr. Hyman Engelberg mindestens noch eine Woche Bettruhe. Schließlich wurde sie von der Produktion ausgeschlossen, nachdem sie einmal zuviel wegen eines Virusinfekts gefehlt hatte – jedenfalls war das die Version der TWENTIETH CENTURY-FOX, die nur nach einem Vorwand suchte, um die Produktion abzubrechen. Marilyn gab ihrer Frustration darüber öffentlich Ausdruck: „Wenn Angestellte sich erkälten, können sie zu Hause bleiben – doch Schauspieler? Wie können sie es wagen, eine Erkältung oder ein Virus einzufangen! Ich wünschte, die würden mal mit Fieber und einer Virusinfektion in einer Komödie mitspielen müssen!"

Marilyns letzter Krankenhausaufenthalt war nur zwei Wochen vor ihrem Tod. Dr. Krohn operierte sie noch einmal wegen Endometriose. Die Spekulation, in Wirklichkeit habe sie eine Abtreibung vornehmen lassen (weil sie von JOHN oder BOBBY KENNEDY schwanger war), ist ziemlich unwahrscheinlich in Anbetracht ihres starken Kinderwunsches.

(siehe HOSPITALS – Krankenhäuser, und DOCTORS – Ärzte)

MELSON, INEZ

Anfang der 1950er-Jahre, als Marilyn immer berühmter wurde, engagierte sie Inez Melson als Managerin. Der Biograf FRED LAWRENCE GUILES bezeichnet sie als „Muster an Zurückhaltung". Sie wahrte Marilyns Interessen und schirmte ihr Privatleben ab. Im Jahr 1952 wurde Melson zum Vormund von GLADYS BAKER ernannt, die sich noch immer in einem Pflegeheim befand. Melson besuchte Marilyns Mutter im Auftrag ihrer Chefin regelmäßig und kümmerte sich um die finanziellen Aufwendungen für ihre Pflege. Dazu gehörte auch, Gladys zu schützen, als die Presse 1952 herausfand, dass Marilyns Mutter nicht schon lange tot war, wie es das Studio behauptet hatte, sondern in einer psychiatrischen Anstalt lebte.

Am Morgen des 5. August 1962 wurde Melson als eine der Ersten nach Marilyns Tod (siehe DEATH) in deren Haus gerufen. Nach einigen Berichten war es Melson, die die Formalitäten im Leichenschauhaus von Los Angeles erledigte, damit Marilyns Leiche für die Beisetzung (siehe FUNERAL) vorbereitet werden konnte. Melson gehörte zu den wenigen Erwählten, die der Zeremonie beiwohnten.

Auch nach Marilyns Tod besuchte Melson regelmäßig Marilyns Mutter Gladys Baker. Melson starb 1986 und hinterließ persönliche Papiere, darunter Dokumente, die sie einen Tag nach Marilyns Tod an sich genommen hatte und die der Biograf DONALD SPOTO erwarb.

MEMORABILIA — **Fan-Artikel**

Angesichts ihrer zahllosen FANS ist es kein Wunder, dass es einen blühenden Handel mit allem gibt, was jemals mit Hollywoods größtem Star zu tun hatte: Drehbücher mit ihren handschriftlichen Notizen, Schecks, die sie an ihrem letzten Lebenstag ausschrieb, Möbel, die sie in Mexiko (siehe MEXICO) für ihr Haus in Brentwood ausgesucht hatte, Verträge mit Filmstudios und Modellagenturen, offizielle juristische Dokumente und allerlei „klassische" Fan-Artikel.

Fans, die nicht viel Geld haben, sammeln Zeitschriften (siehe MAGAZINES), Standfotos, Pressemitteilungen zu ihren Filmen sowie Bücher über Marilyn, die zu ihren Lebzeiten erschienen sind.

Marilyn-Sammlerobjekte werden nicht selten bei INTERNET-Auktionen angeboten. Viele Warenhäuser für Filmartikel in Los Angeles treiben einen florierenden Handel mit Marilyn-Objekten, von Postkarten bis zu Tellern und Postern, ganz zu schweigen von Telefonkarten, Briefmarken, Puppen, Feuerzeugen, Schlüsselringen, Kühlschrankmagneten, Puzzles – kurz, alles, worauf genug Platz für ein Porträtfoto ist. Eine von Norma Jeanes echten Puppen wurde vor kurzem restauriert; und für Barbie-Puppen gibt es Kleider, die Marilyn in den Filmen THE SEVEN YEAR ITCH (1955) und GENTLEMEN PREFER BLONDES (1953) trug.

Titelbilder aus den Anfängen von Norma Jeanes Fotomodell-Karriere, zum Beispiel aus *Family Circle*, bringen bis zu 500 Dollar; für Magazine mit einem Artikel über sie werden um die 50 Dollar verlangt. Die Sammler sind bestrebt, auf Flohmärkten oder in Nachlässen ein echtes Marilyn-Magazin zu erwischen. Für die Erstausgabe des *Playboy* mit dem Marilyn-Titel und für seltene Originalfotos aus dem Golden Dream-Kalender (siehe CALENDAR) werden sogar mehrere tausend Dollar gezahlt.

Kostüme von Marilyn erzielen regelmäßig die höchsten Preise bei Auktionen von Film-Memorabilien. Zum Beispiel wurde das bodenlange cremefarbene Wollabendkleid, das Marilyn in HOW TO MARRY A MILLIONAIRE (1953) trug und das auch auf den Plakaten gezeigt wurde, bei einer Auktion im Juni 1997 für 57.000 Dollar, fast dreimal so teuer wie veranschlagt, verkauft.

Im untersten Preissegment bekommt man gedruckte „Kopien" von Marilyns Führerschein für drei Dollar. Fälschungen sind dabei keine Seltenheit.

Zu den fragwürdigeren Dingen, die verkauft wurden, gehört ein reich verzierter Behälter für Scheidenspülungen, der angeblich Marilyns Eigentum war. Eine Haarlocke (siehe HAIR) von Marilyn, die ursprünglich ihrer Mutter gehörte, wurde im September 1997 versteigert (durch *Early American History auctions*).

Der Name Marilyn Monroe als Markenzeichen war natürlich sehr gefragt. Der Marilyn-Monroe-Nachlass (siehe ESTATE) hat nicht nur die Produkte, für die Marilyn zu ihren Lebzeiten Reklame machte, lizenziert, sondern auch Dutzende von Marilyn-Kollektionen: Bloomingdale's, einer ihrer liebsten Einkaufsstempel (siehe SHOPPING), erwarb die Lizenzrechte vom Marilyn-Monroe-Nachlass für die Einrichtung von Marilyn-Monroe-Bekleidungsboutiquen; die Thom McAn-Schuhgeschäfte brachten eine Kollektion von Marilyn-Monroe-Lederwaren und Accessoires heraus; der Nachlass hat auch die Lizenz für den Verkauf von Marilyn-Jeans, -Badeanzügen, -Parfüms und vielen anderen Artikeln erteilt. Zu den neueren Produkten gehört Wäsche im britischen Freeman's Katalog und eine Kollektion von Marilyn-BHs der Firma Warner's. Weine (Marilyn Merlot, abgefüllt im Nappa Valley) und Computerspiele heißen nach ihr, und weiterhin erscheinen regelmäßig Bücher und Dokumentationen über ihr Leben.

Die vielleicht bedeutendste Erinnerung an Marilyn ist das Haus Nr. 12305 FIFTH HELENA DRIVE, in dem sie starb. Marilyn kaufte es für 90.000 Dollar, doch beim letzten Weiterverkauf lag der Preis angeblich bei 1,3 Millionen Dollar.

VERSTEIGERTE FAN-ARTIKEL

Ein Brief von 1943 von Norma Jeane an Vormund Grace McKee Goddard, verkauft für 43.125 Dollar bei einer Auktion Ende 1998.

Ein von Marilyn signiertes Porträt von 1957 brachte 1998 in London 8270 Dollar.

Ein Vertrag von Anfang 1947 zwischen Monroe und Twentieth Century-Fox – möglicherweise das erste Dokument, das sie mit ihrem Bühnennamen unterzeichnete – wurde für 4140 Dollar bei einer Auktion verkauft.

Ein von Marilyn an ihrem letzten Lebenstag unterschriebener Scheck für Norman Jeffries wurde 1998 für 9000 Dollar versteigert.

Signierte Fotos, darunter eines aus der Junior High School, brachten bis zu 10.000 Dollar.

Ein von Marilyn Monroe signiertes Programm der Geburtstagsgala für Präsident Kennedy im Madison Square Garden am 19. Mai 1962 wurde im Mai 1998 für 6500 Dollar verkauft.

Vom 27. bis 28. Oktober 1999 versteigerte Christie's in New York über 1 500 Marilyn-Memorabilien. ANNA STRASBERG hatte sie dem Auktionshaus vermacht; ein Teil des Erlöses sollte an zwei Wohltätigkeitsorganisationen gehen, den World Wildlife Fund und New York City's Literacy Partners. Es war eine der aufsehenerregendsten Auktionen der letzten Zeit.

MEN — **Männer**

MARILYN:
„Man hält nicht nach jemandem Ausschau, der einem ähnlich ist. Er soll anders sein, andere Eigenschaften haben. Die Männer, mit denen ich befreundet war, hatten sehr unterschiedliche Charaktere – Arthur, Joe, Frank und so weiter. So viele, und trotzdem bin ich allein. Ich bin nicht gern allein."

ARTHUR MILLER:
„In ihrer Nähe treten bei den meisten Männern die Charakterzüge noch stärker hervor, die sie sowieso schon haben: Ein Heuchler wird noch heuchlerischer, ein Wirrkopf noch verwirrter, ein Zurückhaltender hält sich noch mehr zurück. Sie ist wie ein Magnet, der die wesentlichen Eigenschaften aus der männlichen Bestie herauszieht."

WILLIAM TRAVILLA:
„Sie war die einzige Frau, die allein durch die Art, wie sie einem in die Augen sah, einen Mann dazu brachte, sich attraktiv und faszinierend zu fühlen. Wenn sie wollte, war man der König des Abends. Sie gab einem das Gefühl, der Einzige zu sein."

GLORIA STEINEM:
„Marilyn hoffte, die Beziehung zu einem Mann würde ihr eine Identität verleihen und ihr Aussehen würde ihr diesen Mann herbeischaffen. Dieses aussichtslose Bestreben wurde noch von einer Gesellschaft unterstützt, die Frauen darin bestärkt, ihre Identität von Männern abzuleiten, und Männer darin, Frauen nicht nach ihrem Intellekt, sondern auf Grund ihrer äußeren Erscheinung zu beurteilen."

Norma Jeane war als kleines Mädchen so still und bescheiden, dass sie „die Maus" genannt wurde. Als sie in die Pubertät kam, fingen die Männer an, sich für sie zu interessieren. Sie genoss die Aufmerksamkeit, die sie erregte, auch wenn sie „trotz Lippenstift und Wimperntusche und ihrer frühreifen Kurven innerlich kalt wie ein Stein blieb": „ Ich lag nachts wach und wunderte mich, warum die Jungen hinter mir her waren."

Ihre Wirkung auf Männer ebnete ihr zweifellos den Weg zum Ruhm (siehe FAME). Ob sie nun mit einem oder Dutzenden von einflussreichen Männern schlief, in jedem Fall machte sie das Beste aus dem, was sie hatte. Marilyn besaß eine besondere Art, Menschen und besonders Männer mit verführerischer Intensität anzublicken. ARTHUR MILLER schreibt: „Alte Männer führten ihr das Bewusstsein ihrer Macht manchmal so deutlich vor Augen, dass sie Mitleid für sie empfand, manchmal sogar Liebe. Solche Männer

Inhalt eines Koffers, den Marilyn packte, als sie aus dem Haus in Connecticut auszog, wo sie mit Arthur Miller gelebt hatte.

Zero Mostel
Clifford Odets
Nick Ray
Jean Renoir
Lee Strasberg
Eli Wallach

Marilyn war durchaus nicht unwiderstehlich. Eine Reihe von Studio-Chefs schienen immun gegen ihre Anziehungskraft zu sein, auch wenn manche in bestimmten Biografien zu ihren Liebhabern gezählt werden. DARRYL ZANUCK, dessen Zeit bei der TWENTIETH CENTURY-FOX auch Marilyns Aufstieg zum berühmten Kassenschlager umfasste, war anscheinend weder auf noch hinter der Leinwand von ihren Reizen beeindruckt. Marilyn soll gesagt haben: „Ich hätte alles getan, was er wollte. Ich versuchte es, aber er war nicht interessiert – als Einziger, und ich habe nie erfahren, warum."

Er war jedoch nicht der Einzige. Auch DORE SCHARY von MGM hielt sie weder für talentiert noch attraktiv genug, um einen Vertrag zu rechtfertigen, trotz ihrer soliden Leistung in THE ASPHALT JUNGLE (1950).

Marilyn soll sich an JOHN CARROLL herangemacht und sogar zu seiner Frau LUCILLE RYMAN gesagt haben, er wolle mit ihr durchbrennen, doch die meisten Biografen schreiben, er sei auf ihre Avancen nicht eingegangen.

FRED KARGER, Marilyns erste und vielleicht größte Liebe, erwiderte ihre Gefühle mit Sicherheit nicht, doch ob das bedeutet, dass er es deshalb bei einem platonischen Verhältnis beließ, ist eine andere Sache.

LENA PEPITONE zufolge versuchte Marilyn – einige Jahre bevor sie in THE MISFITS (1961) zusammenarbeiteten – MONTGOMERY CLIFT zu verführen, der aber andere sexuelle Vorlieben hatte. Marilyn soll auch CLARK GABLE zu verführen versucht haben, als ihre Ehe mit ARTHUR MILLER in Auflösung begriffen war. Doch Gable wollte nicht, er war frisch verheiratet, und seine Frau Kay erwartete ihr erstes Kind.

MENTAL ILLNESS – Geisteskrankheit

Marilyns Mutter und ihre Großeltern (siehe GRANDPARENTS) mütterlicherseits litten an psychischen Krankheiten. Deshalb befürchtete Marilyn, dass ihr das gleiche Schicksal bevorstand und sie auch in eine Anstalt eingesperrt würde. Norma Jeane war erst acht Jahre alt, als sie mit ansah, wie ihre Mutter GLADYS BAKER mit Gewalt in eine Nervenklinik gebracht wurde; sie verbrachte fast den gesamten Rest ihres langen Lebens in Anstalten. Der Biograf DONALD SPOTO behauptet jedoch, dass zumindest im Fall der Großeltern die vermeintlichen psychischen Krankheitssymptome in Wirklichkeit nur Nebenwirkungen anderer Krankheiten waren – Syphilis im Fall des Großvaters OTIS MONROE, eine Herzkrankheit im Fall der Großmutter DELLA MAE HOGAN.

Marilyn kämpfte mit ihren Dämonen. Sie nahm Zuflucht zu Medikamenten (siehe DRUGS), um den Tag zu überstehen und nachts zu schlafen, und während ihrer letzten sieben Jahre unterzog sie sich einer intensiven Psychotherapie.

Es ist viel darüber geschrieben worden, dass eine Art Schizophrenie Marilyn in zwei Personen spaltete – nach außen sichtbar war

fingen in ihrer Nähe häufig an zu zittern, und das gab ihr mehr Sicherheit als ein Safe voll Geld oder ein Theater, das vom Applaus widerhallte."

Marilyn wusste sehr gut, dass ihre Popularität „anscheinend fast ausnahmslos ein maskulines Phänomen" war. Und sie glaubte: „Männer mögen glückliche Mädchen" – eine Eigenschaft, die ihr allerdings keiner ihrer Biografen nachsagt. Marilyn wünschte sich einen Mann, den sie bewundern konnte, einen mit Bildung, gern auch einen Intellektuellen. Übereinstimmend wird berichtet, dass ihr das Aussehen nicht so wichtig war. Sie sagte einmal, sie verliebe sich oft in Männer mit Brille, doch sie fühlte sich auch stark von Männern angezogen, die als ausgesprochen sexy galten, wie MARLON BRANDO und YVES MONTAND.

Marilyn hat wohl immer nach einem edlen Ritter gesucht, der ihr alle Probleme aus dem Weg räumte. Sie idealisierte MILTON GREENE wegen seines Finanzgeschicks, LAURENCE OLIVIER wegen seiner Schauspielkunst und seines hohen Ansehens und Miller wegen seiner Belesenheit.

Nicht selten ist Menschen, die mutterlos oder von der Mutter vernachlässigt aufwuchsen, mehr an einer zärtlichen mütterlichen Liebe (siehe LOVE) als an Sexualität gelegen. Marilyn könnte zu dieser Kategorie gehört haben, denn sie verliebte sich zwar Hals über Kopf, war aber im weiteren Verlauf der Beziehung immer schnell enttäuscht. Je länger eine Beziehung dauerte, desto belastender wurde diese für ihren Partner. Nur Miller war vier Jahre mit ihr zusammen, länger als jeder

andere Mann. Die meisten Studien, die sich mit dem Phänomen Marilyn beschäftigen, sprechen von ihrer ganz speziellen Mischung aus Unschuld und Sinnlichkeit. Bis heute gewinnt sie ständig neue Fans, weil ihre Verletzlichkeit den Beschützerinstinkt in den Männern weckt; viele Männer sind überzeugt, sie hätten sie vor ihrem Schicksal bewahren können, wären sie nur in der Nähe gewesen.

FRED VANDERBILT FIELD zufolge äußerte Marilyn am Ende ihres Lebens, „sie wolle mit Hollywood Schluss machen und sich einen Kerl suchen – eine Mischung aus Miller und Joe DiMaggio … der sie anständig behandelte und dabei geistig überlegen und intellektuell anregend sein würde".

Als Filmsternchen, so berichtet SHELLEY WINTERS, stellten sie und Marilyn aus Spaß eine Liste der begehrenswertesten Männer auf. Hier Marilyns Liste:

MARILYNS MÄNNER-HITLISTE

Harry Belafonte
Charles Bickford
Charles Boyer
Albert Einstein
Ernest Hemingway
John Houston
Dean Jagger
Elia Kazan
Charles Laughton
Arthur Miller
Yves Montand

Am Set von *The Misfits* (1961) kursierte das Gerücht, Marilyn habe ein Auge auf Clark Gable geworfen.

die öffentliche Person Marilyn, innen wohnte das verlassene ängstliche kleine Mädchen. Ihr Friseur GEORGE MASTERS äußerte: „In ihrem Körper wohnen zwei verschiedene Persönlichkeiten." LAURENCE OLIVIER, der als Regisseur von THE PRINCE AND THE SHOWGIRL (1957) mit ihr Entsetzliches durchmachte, meinte, sie sei „schizoid; die zwei Personen, die in ihr steckten, hätten nicht unterschiedlicher sein können".

GLORIA STEINEM vertritt den Standpunkt, Marilyns Legende lebe weiter, weil sich viele Frauen mit ihr identifizieren können – als missbrauchtes Kind, Tablettensüchtige und Opfer der verbreiteten Einstellung, sie bilde sich ihre Probleme bloß ein. In ihrer Marilyn-Biografie von 1986 zitiert sie ausführlich aus dem 1963 erschienenen Buch *Your Inner Child of the Past*; der Autor, der Psychiater Dr. W. Hugh Missildine, beschreibt dort die Verhaltensmuster von Erwachsenen, die als Kind von den Eltern vernachlässigt wurden: eine ständige Sehnsucht nach Liebe; ein Hang zur Bühne oder zum Film, wo man ein Phantasieleben führen kann, und schließlich eine ständige Suche nach der Mutterliebe, die ihnen in den ersten Jahren fehlte.

Einige zeitgenössische Psychiater meinen, Marilyn habe am Borderline-Syndrom gelitten, einer Persönlichkeitsstörung, die bei Personen auftreten kann, die als Kind missbraucht wurden. Man nimmt an, dass Kinder, die während der ersten drei Lebensjahre verlassen oder längere Zeit in Pflege gegeben wurden, ihre Persönlichkeit nicht vollständig entwickeln, sondern zu ihrem Schutz die Entwicklung auf wichtigen Gebieten einstellen. Beim Erwachsenen manifestiert sich dies unterschiedlich: als Drang, sich an eine starke Elternfigur anzuklammern und sich in ein Abhängigkeitsverhältnis zu begeben, sowie als mangelndes Selbstwertgefühl, das zu Depressionen führen kann.

Die Symptome des Borderline-Syndroms umfassen: die Angst, verlassen zu werden; unstabile Beziehungen, Identitäts-Probleme; impulsives und potentiell selbstschädigendes Suchtverhalten (Geld ausgeben, Sex, Tablettenmissbrauch, Leichtsinn); periodisch auftretendes selbstmörderisches Verhalten; Selbstverstümmelung; starke Stimmungsschwankungen; regelmäßig auftretende paranoide Gedanken in Stress-Situationen.

MARILYNS AUFENTHALT IN DER GESCHLOSSENEN PSYCHIATRIE

Marilyn gelang es bis gegen Ende ihres Lebens, ihre größte Angstvorstellung – in der Psychiatrie eingesperrt zu sein – abzuwehren. Doch im Februar 1961 empfahl ihre damalige Psychoanalytikerin Dr. Marianne Kris ihr, in das Payne-Whitney-Hospital zu gehen. Dort könne sie sich am besten von ihrer Angst vor der Trennung von Arthur Miller und dem enormen Stress bei den Dreharbeiten von *The Misfits* erholen. Kris erklärte ihr offenbar nicht, dass sie in die geschlossene Abteilung der Psychiatrie käme.

Trotz Marilyns Schreien und Rufen half ihr niemand. Hinterher schrieb sie ihrem kalifornischen Psychoanalytiker Dr. Ralph Greenson, wie sie sich bemerkbar machte. „Die Idee stammte aus einem alten Film von mir, *Don't Bother to Knock*. Ich nahm einen leichten Stuhl und schlug damit absichtlich die Scheibe ein – das war schwierig, ich hatte noch nie etwas kaputtgehauen. Es dauerte ziemlich lange, bis ich eine kleine Glasscherbe hatte. Ich verbarg sie in meiner Hand, dann setzte ich mich ruhig auf das Bett und wartete, bis jemand hereinkam. Ich sagte: ‚Wenn Sie mich wie eine Verrückte behandeln, dann verhalte ich mich auch wie eine Verrückte.' Ich deutete an, dass ich mir etwas antun würde, wenn sie mich nicht rausließen. Dabei lag mir in diesem Augenblick nichts ferner als das, denn Sie wissen ja, Dr. Greenson, ich bin Schauspielerin und würde mich nie absichtlich verunstalten, eitel wie ich bin."

Man ließ sie nicht heraus. Nach zwei Tagen hinter verschlossenen Türen gelang es ihr, Lee und Paula Strasberg eine Nachricht zu schicken.

„Dr. Kris hat mich ins Krankenhaus gesteckt. Zwei idiotische Ärzte behandeln mich. Ich bin hier eingesperrt mit lauter armen, verrückten Leuten. Ich werde sicher auch verrückt, wenn ich noch länger in diesem Albtraum bleibe. Bitte, helft mir. Dies ist der letzte Ort, wo ich sein sollte. Ich liebe euch beide. Marilyn

P.S. Ich bin auf dem Stockwerk für die Gemeingefährlichen. Es ist wie eine Zelle. Sie hatten mein Badezimmer abgeschlossen, und ich bekam keinen Schlüssel dafür, deshalb habe ich die Scheibe eingeschlagen. Davon abgesehen habe ich mich nicht unkooperativ verhalten."

Die Strasbergs konnten die Ärzte nicht dazu bewegen, Marilyn herauszulassen. Daraufhin wandte sie sich an Joe DiMaggio. Treu wie immer kam er Marilyn zur Hilfe. Als man ihm im Krankenhaus sagte, ohne Dr. Kris' Zustimmung könne Marilyn nicht entlassen werden, soll Joe Dr. Kris angedroht haben, wenn Marilyn nicht am nächsten Tag draußen wäre, werde er „das Krankenhaus Stein für Stein auseinander nehmen".

Zwei Wochen später schilderte Marilyn – inzwischen in einem sehr viel komfortableren Zimmer im Krankenhaus der Columbia University, das Joe für sie organisiert hatte – Dr. Ralph Greenson, was sie erlebt hatte:

„Im Payne-Whitney-Hospital gab es kein Mitgefühl – das ist mir ganz schlecht bekommen. Sie steckten mich in eine Zelle (ich meine mit Betonwänden und so weiter) für *sehr gestörte*, depressive Patienten. Es war, als hätte man mich wegen eines Verbrechens, das ich nicht begangen hatte, ins Gefängnis gesperrt. Man fragte mich, warum ich dort unglücklich sei (alles war abgeschlossen, Sachen wie Lichtschalter, Schubladen, Badezimmer, Schränke, verborgene Gitter an den Fenstern – und die Türen haben Fenster, damit die Patienten ständig beobachtet werden können. Außerdem sind an den Wänden noch Spuren der Gewalt und Kritzeleien von früheren Patienten zu sehen). Ich gab zur Antwort: ‚Ich müsste doch verrückt sein, wenn es mir hier gefiele!'"

MERYMAN, RICHARD

MARILYN:
„Ich bin wirklich sauer darüber, dass die Presse behauptet, ich sei depressiv und wäre am Ende. Mich wird nichts zugrunde richten, wenn es vielleicht auch eine Wohltat wäre, mit dem Filmen aufzuhören."

Richard Meryman war der *Life*-Journalist, dem Marilyn das letzte Interview ihres Lebens gab, eine sorgfältig vorbereitete Widerlegung der Gerüchte, nach ihrem Rauswurf aus SOMETHING'S GOT TO GIVE sei sie am Ende. Marilyn hatte sich die Fragen vorher geben lassen. Der Artikel erschien am 3. August 1962, am Tag vor ihrem Tod. Die Überschrift lautete „Marilyn spricht sich aus: Wie es ist, berühmt zu sein".

Meryman sagte später: „Sie hat mich wirklich sehr beeindruckt. Sie war viel intelligenter, als ich erwartet hatte... Ich dachte, dass sie den Leuten nur einen Schrecken einjagen wollte mit den Tabletten. Ich habe keine Anzeichen dafür gesehen, dass sie sich umbringen wollte."

In seinem Buch *The Ultimate Marilyn* bezeichnet Ernest W. Cunningham dieses Interview als Marilyns Glaubensbekenntnis. Er zitiert folgende Äußerung aus dem Interview als das Beste, was Marilyn je sagte: „Das Kreative war es, was mich immer weitermachen ließ – dass ich Schauspielerin sein wollte... Ich denke, ich hatte immer zu viel Phantasie, um nur Hausfrau zu sein."

THE METHOD

LEE STRASBERG stand in der Tradition von KONSTANTIN STANISLAWSKI, als er seine Auffassung der Schauspielkunst, die berühmte „Methode", entwickelte, die er am ACTORS STUDIO lehrte. Nachdem Marilyn 1955 nach New York gezogen war, begann sie mit Strasberg zu arbeiten.

Laut Strasberg ist „die Methode": „...die Summe der Erfahrungen der großen Schauspieler aller Zeiten und Länder. Ihre besten Elemente stammen von Stanislawski. Der Rest stammt von mir. Sie stellt keine festen Regeln auf. Sie weist einen Weg, der zur Kontrolle führt statt zur Inspiration, denn die trifft mal ins Schwarze und mal nicht. Sie fördert die Verschmelzung von Schauspieler und Figur."

Bei der „Methode" werden die Schauspieler ermutigt, über das bloße Nachahmen der Realität hinauszugehen und diese stattdessen zu wiederholen, indem sie ihr persönliches emotionales Gedächtnis bzw. ihre „affektive Erinnerung" benutzen. Wer „die Methode" praktiziert, für den ist das Spielen ein Mittel, die Wahrheit aus der individuellen Persönlichkeit des Schauspielers zu entnehmen. Die Schauspieler benutzen ihr Selbst als Rohmaterial; daher legte Strasberg so viel Wert auf Selbsterkenntnis und -beobachtung durch die Freudsche Psychoanalyse (siehe PSYCHOANALYSIS). Strasberg war bereit, Marilyn Privatunterricht in der „Methode" zu geben, vorausgesetzt, sie unterzöge sich einer Analyse und setzte sich mit ihrer verdrängten Vergangenheit auseinander.

Marilyn wendete „die Methode" zuerst in BUS STOP (1956) an und heimste dafür die erste Anerkennung ihrer schauspielerischen Leistung durch die Kritik ein. Danach arbeitete Marilyn mit LAURENCE OLIVIER, der einer der schärfsten Kritiker der Methode war. „Die so genannte Methode ist im Allgemeinen für Schauspieler nicht gerade günstig. Statt eine problematische Szene noch einmal zu spielen, wollen sie immer nur diskutieren. Ich wiederhole eine Szene lieber achtmal, als die Zeit mit abstraktem Geschwätz zu vertun. Ein Schauspieler bekommt seine Sache nur durch ständige Wiederholungen in den Griff. Über Motivationen und Ähnliches zu diskutieren ist reiner Blödsinn."

Bei THE MISFITS (1960) hielt sich Marilyn eng an „die Methode", sie wandelte Zeilen ab und gab längere Texte frei wieder, weil sie meinte, was wirklich zähle, seien die Gefühle und nicht die Worte. ARTHUR MILLER kritisierte die oft geradezu sklavische Ergebenheit, mit der die Schauspieler der „Methode" anhingen, und schrieb: „Ermutigt von ihrem Mentor, ... nahm sie gegenüber der Rolle eine improvisierende Haltung ein, die vielleicht im Schauspielunterricht, aber nicht bei der Arbeit an einem Film angebracht war."

MEXICO – Mexiko

Die Verbundenheit mit Mexiko liegt in ihrer Familie begründet. Der Geburtsort ihrer Mutter GLADYS BAKER war Piedras Negras in Mexiko.

Ein keineswegs glücklicher Anlass führte Marilyn im Januar 1961 nach Mexiko: Sie fuhr nach Juárez, um sich von ARTHUR MILLER scheiden zu lassen. 1962 kam sie unter besseren Umständen wieder; gemeinsam mit

Haushälterin EUNICE MURRAY, Pressebetreuerin PAT NEWCOMB und Friseur GEORGE MASTERS unternahm sie einen Shoppingtrip, um ihr neu erworbenes Haus in Los Angeles einzurichten. Marilyn wohnte im CONTINENTAL HILTON und gab dort auch zwei Pressekonferenzen. Ihre damaligen Freunde FRED VANDERBILT FIELD und seine Frau NIEVES nahmen sie mit auf einen Abstecher nach Cuernavaca, Toluca, Taxco und Acapulco.

MGM (METRO-GOLDWYN-MAYER)
10202 WASHINGTON BOULEVARD, CULVER CITY

Der Film THE ASPHALT JUNGLE (1950) von JOHN HUSTON, in dem Marilyn eine Rolle hatte, die ihr den Durchbruch brachte, wurde in den MGM Studios gedreht. JOHNNY HYDE hatte Huston und die Studiobosse überredet, seiner Freundin, die damals noch ein Starlet war, die Rolle zu überlassen. Sie bekam zwei weitere Nebenrollen in RIGHT CROSS (1950) und HOMETOWN STORY (1951), doch der Produktionsleiter DORE SCHARY ließ sie laufen, weil er meinte, ihr fehle das Star-Potential.

MILLER, ARTHUR (GEB. 1915)

MARILYN:

„Zu Anfang unserer Ehe hielt er mich für die Schöne und Unschuldige unter den Wölfen von Hollywood, und deshalb versuchte ich, so zu sein. Was Leben und Literatur angeht, wurde ich fast so etwas wie seine Schülerin.... Aber als sich auch das Biest zeigte, wollte Arthur es nicht glauben. Es war eine Enttäuschung für ihn. Trotzdem hatte ich das Gefühl, er kannte und liebte alles an mir. Ich war eben nicht nur lieb und süß. Er sollte auch das Biest lieben. Aber vielleicht verlangte ich zu viel. Vielleicht kann es kein Mann mit sämtlichen Seiten von mir aushalten."

„Er ist ein geistvoller Mann und ein wunderbarer Schriftsteller, aber ich denke, er ist ein besserer Autor denn ein Ehemann."

ARTHUR MILLER:

„Die schreckliche Ironie lag darin, dass ich sie in ihrer Vorstellung bestärkt hatte, unschuldig geopfert worden zu sein, weil ich es nicht ertragen konnte, ihr Leben hinzunehmen, wie es war. Ich hatte sie aus diesem Leben befreien wollen, anstatt es als das ihre anzuerkennen.... Ihr blieb nichts anderes übrig, als weiterhin ihre Unschuld zu verteidigen, an die sie im Grunde ihres Herzens nicht glaubte. Unschuld tötet."

Marilyn und Arthur lernten sich Anfang 1951 am Set von AS YOUNG AS YOU FEEL (1951) kennen. Miller schreibt, sein Freund ELIA KAZAN habe sie miteinander bekannt gemacht. Dieser hatte nach eigener Aussage damals eine Affäre mit ihr. Nach anderen Berichten stießen Miller und Kazan zufällig auf Marilyn, als sie allein in einem leeren Studiogebäude saß und, untröstlich über den Tod ihres Wohltäters JOHNNY HYDE, schluchzte. Nach einer anderen Version soll der Schauspieler CAMERON MITCHELL Marilyn mit Kazan und Miller bekannt gemacht haben, als sie vor dem Speiseraum der TWENTIETH CENTURY-FOX zusammenstießen.

Miller schreibt in seiner Autobiografie Zeitkurven über den Moment des Kennen-

lernens: „Als wir uns die Hand gaben, durchzuckte mich der Schock der Bewegung ihres Körpers – dieses Gefühl stand im Widerspruch zu ihrer Trauer inmitten dieser glanzvollen Traumwelt und des geschäftigen Durcheinanders einer neuen Einstellung, die gerade vorbereitet wurde."

Am nächsten Tag besuchten Miller, Kazan und Marilyn gemeinsam HARRY COHN, den Chef der COLUMBIA STUDIOS, um über ein Drehbuch mit dem Titel The Hook zu sprechen, das Miller geschrieben hatte und Kazan verfilmen wollte. Es handelte von ausgebeuteten Dockarbeitern in Brooklyn. Das Studio ließ das Vorhaben fallen, nachdem sich Gewerkschafter beschwert hatten, es enthalte antiamerikanisches Gedankengut. Die drei trafen sich in dieser Woche noch einmal bei einer Party des Agenten CHARLES FELDMAN und bummelten gemeinsam durch die Stadt.

Bei dieser ersten Begegnung war Marilyn noch ein Starlet, dessen Karriere nach zwei Anläufen noch immer nicht richtig in Schwung gekommen war. Miller, 35 und somit zehn Jahre älter als sie, war der Sohn eines in der Wirtschaftskrise bankrott gegangenen Mantelfabrikanten und hatte sich schon am College einen Namen als Stückeschreiber gemacht.

Inzwischen war er mit seiner College-Freundin Mary Grace Slattery verheiratet, hatte zwei Kinder und war einer der bekanntesten Dramatiker seiner Zeit. Der realistische Stil seiner Broadway-Erfolge Alle meine Söhne (1947), von den New Yorker Theaterkritikern zum besten Stück des Jahres ernannt, und Tod eines Handlungsreisenden (1948), wofür er den Pulitzerpreis erhielt, hatte ihm einen Platz in der ersten Reihe der Theaterautoren eingetragen. Er war ein einflussreicher Gesellschaftskritiker, und Marilyn bewunderte an ihm, dass er sich auf die Seite der Geknechteten stellte.

Es dauerte fünf Jahre, bis sie Gelegenheit hatten, mehr aus dem ersten Funken zu machen, den sie beide gespürt hatten. Damals sagte Marilyn zu NATASHA LYTESS über das Erlebnis: „Es war wie ein kühler Drink, wenn man Fieber hat."

Miller erinnert sich, dass er spürte, wie sich in ihm eine so starke Leidenschaft regte, dass er beschloss, seinen Aufenthalt in Los Angeles vorzeitig abzubrechen und wieder nach New York zu reisen, um seiner Frau nicht untreu zu werden.

„Sie trug einen beigen Rock und eine weiße Satinbluse, die Haare fielen ihr auf die Schultern und waren rechts gescheitelt, und ihren Anblick empfand ich körperlich, fast schmerzhaft. Ich wusste, ich musste fliehen oder ich war verloren. Trotz all ihrer Ausstrahlung umgab sie eine Dunkelheit, die mich verblüffte. Ich konnte mir noch nicht vorstellen, dass sie in meiner Schüchternheit eine gewisse Sicherheit sah, eine Befreiung aus der Isolation, dem mittelpunktslosen und bedrängten Leben, das sie führte. Stattdessen hasste ich meine lebenslange Scheu, aber daran ließ sich jetzt nichts ändern. Beim Abschied küsste ich sie auf die Wange, und sie holte überrascht tief Luft. ... ich musste ihrer kindlichen Unersättlichkeit entfliehen, die meinem unbändigen Hunger glich, mich gehenzulassen, ein Hunger, der alles geschaffen hatte, was mir an Kunst gelungen war, aber mich mit seiner Verantwortungslosigkeit zugleich abstieß."

Berühmtes Foto von Marilyn in einer Wolljacke, die sie 1962 auf einer Mexikoreise gekauft hatte, aufgenommen von George Barris.

Nachdem er nach New York abgereist war, hängte Marilyn sich ein gerahmtes Foto von ihm an die Wand. Außerdem schrieb sie ihm, ihr fehle ein Mann, den sie bewundern könne, eine Vaterfigur (siehe FATHER FIGURES). Miller antwortete, sie solle lieber jemanden wie Abraham Lincoln bewundern, und schlug ihr vor, sich die neu erschienene Biografie von CARL SANDBURG zu kaufen. Sie befolgte diesen Rat und erwarb außerdem ein großes Porträt von Lincoln.

Über Kontakte zwischen 1951 und 1955, als Marilyn nach NEW YORK zog, wird kaum berichtet. Ganz sicher stand Miller auf Marilyns Liste begehrenswerter Männer (siehe MEN), und im Jahr 1954, erst zwei Monate nach der Hochzeit mit JOE DIMAGGIO, erklärte Marilyn ihrem Vertrauten SIDNEY SKOLSKY, sie werde Arthur Miller heiraten. Skolsky reagierte ungläubig, doch Marilyn blieb dabei: „Wart's ab. Du wirst schon sehen."

Als Marilyn Anfang 1955 von Hollywood nach New York gezogen war, flackerte der Funke zwischen ihr und Arthur wieder auf. Auch hier gibt es widersprüchliche Berichte hinsichtlich der Frage, wer die Vermittlerrolle spielte. Entweder waren es ihre gemeinsamen Freunde NORMAN und HEDDA ROSTEN oder PAULA STRASBERG. In der Zwischenzeit hatte Miller weitere bedeutende Stücke geschrieben, zum Beispiel Hexenjagd. Als er mit Marilyn auszugehen begann, beendete er gerade Blick von der Brücke. Marilyn war bei der Weltpremiere des Stücks im Coronet-Theater in New York am 29. September 1955 anwesend.

Die Biografen sind fast alle der Meinung, dass Millers Ehe mit Mary Grace Slattery bereits problematisch war, bevor er Marilyn begegnete. „Sie war unendlich faszinierend, nichts an ihr war konventionell... Marilyn war damals für mich ein wirbelndes Licht, ein Paradox und ein verlockendes Geheimnis. In einem Moment besaß sie die Härte der Straße und dann wieder erhob sie sich zu einer lyrischen und poetischen Sensibilität, die wenige Menschen über ihre frühe Jugend hinaus bewahren." Während Marilyns erstem Jahr in New York verbrachte das Paar immer mehr Zeit miteinander, privat wie in der Öffentlichkeit. Als die Presse von dieser scheinbar unmöglichen Verbindung Wind bekam, leugneten beide, dass es mehr als Freundschaft sei.

Ihre engen Freunde wussten es besser. Jim Proctor, ein Freund von Arthur, sagte: „Ich glaube, ich habe nie zuvor zwei Menschen gesehen, denen so schwindlig vor Liebe war. Ich kannte Arthur nur als introvertierten Typ und konnte nur staunen, wie weit er aus sich herausging." Und so äußerte sich Marilyn zu der Zeit, als sie beschlossen zu heiraten: „Wir passen so gut zueinander. Zum ersten Mal empfinde ich wirkliche Liebe. Arthur ist ein sehr ernsthafter Mensch, aber er hat einen wunderbaren Sinn für Humor. Wir lachen viel miteinander. Ich bin total vernarrt in ihn." Arthur hegte dieselben Gefühle, denn auch er verkündete: „Ich glaube, ich empfinde zum ersten Mal wirkliche Liebe."

Als Marilyn Anfang 1956 wieder zurück an die Westküste musste, weil die Arbeit an BUS STOP (1956) begann, rief Miller sie jeden Tag an. Um die Sache geheim zu halten, sprach Marilyn von ihm als „Mr. A.". Im Laufe ihrer Beziehung nannte Marilyn ihn vor allem Daddy, Papa oder Pa, weitere Kosenamen für ihn waren Art, Poppy und Arturo. Er nannte sie Penny Dreadful (Schauerroman), Sugar

Arthur Miller und Marilyn gaben ihre Heiratspläne auf einer Pressekonferenz am 29. Juni 1956 in Roxbury, Connecticut, bekannt. Noch am selben Tag wurden sie im Gerichtsgebäude von White Plains getraut.

Finney und Gramercy 5. Miller wollte sich in RENO scheiden lassen. Für den vorgeschriebenen zweimonatigen Aufenthalt bezog er im April 1956 ein kleines Haus am Pyramid Lake. Am selben Tag wurde Marilyn ins St. Vincent's HOSPITAL in Los Angeles eingeliefert, weil sie sich in den Bergen bei Außenaufnahmen für Bus Stop eine Virusinfektion zugezogen hatte. Miller schreibt in seiner Autobiografie: „... sie tanzte am Rand des Abgrundes, und wenn sie stürzte, würde sie endlos fallen. ... Bis jetzt hatte sie ihre Abhängigkeit getarnt, doch plötzlich begriff ich, dass sie niemanden außer mir

hatte." Trotz der Verpflichtung, sich in Reno aufzuhalten, ging Miller das Risiko ein, Marilyn regelmäßig an den Wochenenden in Los Angeles zu besuchen. Sie telefonierten ständig miteinander; einmal sagte Marilyn dabei zu ihm: „Ich will das nicht mehr, Papa. Ich kann nicht mehr allein kämpfen. Ich möchte mit dir auf dem Land leben und eine gute Ehefrau sein." Am 11. Juni 1956, einen Tag nach seiner Scheidung, war er wieder in New York, zusammen mit Marilyn, die inzwischen den Film beendet hatte.

Im Allgemeinen geht man davon aus, dass Arthurs und Marilyns Heiratspläne zum ersten Mal vor dem Parlamentsausschuss für unamerikanische Umtriebe (siehe HOUSE UNAMERICAN ACTIVITIES COMMITTEE) öffentlich angekündigt wurden. Auf die Frage, warum er einen Pass beantragt habe, gab Arthur nämlich zur Antwort, für eine Reise nach England, „um mit der Frau zusammen zu sein, die dann meine Ehefrau sein wird".

Von diesem Ereignis gibt es mehrere widersprüchliche Versionen. Anscheinend saß Marilyn nichtsahnend vor dem Fernseher, um Arthur bei seiner Aussage zuzusehen, und erfuhr auf diese Weise zur gleichen Zeit wie der Ausschuss von ihrer bevorstehenden Hochzeit. Ihr langjähriger guter Freund RUPERT ALLAN sagte: „Seit dem Tag bewunderte Marilyn ihn, obwohl die von ihm gewählte Taktik für die Bekanntgabe ihrer Heirat sie auch bedrückte... So Leid es mir tut, meiner Meinung nach hat er sie bei dieser Gelegenheit benutzt." Miller selbst stellt in seiner Autobiografie klar, dass es bereits einige Zeit vor seinem Auftritt vor dem Ausschuss Heiratspläne gab; diese Version wird durch einen Artikel in der New York Post bestätigt, der am Tag vor seiner Aussage erschien und in dem die Hochzeitspläne zum ersten Mal erwähnt wurden. Auf welche

Miller und Marilyn 1956 bei der Londoner Premiere von Blick von der Brücke.

Weise auch immer sie ans Licht kamen, jedenfalls war es ein gefundenes Fressen für die Presse.

Wenn man das Timing der Bekanntgabe einmal beiseite lässt, so meinen viele Kommentatoren, Marilyn habe Arthur durch ihre Unterstützung vor den schlimmsten Folgen der Untersuchungen seiner politischen Verbindungen durch den Parlamentsausschuss bewahrt – genauer gesagt, vor der Frage, ob er jemals zahlendes Mitglied der Kommunistischen Partei war. Miller wurde schon seit langem überwacht. Bereits zu seiner College-Zeit hatte das FBI eine inzwischen überquellende Akte über ihn angelegt und seine Aktivitäten genauestens beobachtet. Marilyns Liaison mit dem Stückeschreiber, dessen Werke vom FBI als „eine negative Darstellung des amerikanischen Lebens" verurteilt wurden, brachte ihr eine eigene Akte ein. Während der Sitzungen des Ausschusses flog Marilyn nach Washington, um Miller zur Seite zu stehen. Sie bekannte sich öffentlich zu ihrer Liebe zu ihm und verkündete ihren unerschütterlichen Glauben an seine Unschuld, und das, obwohl SPYROS SKOURAS, der Präsident der Fox, extra nach New York geflogen war, um sie dazu zu bringen, ihren Verlobten zu überreden, die vom Ausschuss gewünschten Namen preiszugeben. Marilyn stellte ihre Überzeugung über ihre Karriere und schenkte Skouras' Drohungen, er würde sie vernichten, wenn sie auf ihrem eigensinnigen öffentlichen Eintreten für Miller beharre, keine Beachtung. Miller trat für die Sache ein, an die er glaubte und die er später definierte als „meine Angst vor dem drohenden Sieg des Faschismus und meine Kritik an der Vergeudung menschlichen Potentials in Amerika, ohne etwas über das Leben unter einem sozialistischen Regime zu wissen".

Marilyns und Arthurs Hochzeit wurde in zwei verschiedenen privaten Zeremonien abgehalten. Die erste war eine kurze, geheime Ziviltrauung (siehe WEDDING) in White Plains, New York, am 29. Juni 1956. Sie fand statt, nachdem Marilyn und Arthur ihre Heiratspläne bei einer Pressekonferenz bekanntgegeben hatten. Zwei Tage später heirateten sie nach jüdischem Ritus. Der Rabbiner Robert Goldberg traute sie im Haus von Kay Brown (Arthurs Agentin) in der Nähe von Katonah, New York. An diesem Tag, der für Marilyn einer der glücklichsten ihres Lebens hätte werden sollen, passierte ein tragisches Unglück. Die Journalistin MARA SCHERBATOFF starb bei einem Autounfall, als sie hinter Marilyn und Arthur über die Landstraßen in der Nähe ihres Hauses in Connecticut herjagte. Marilyn empfand dies als denkbar schlimmstes Omen für ihre Ehe.

Wie Miller später sagte, hatte er keine Ahnung, worauf er sich einließ, als er den beliebtesten Filmstar der Nation heiratete. „Rückblickend kann ich zu meiner Entschuldigung nur sagen, dass ich damals nicht mehr als ein halbes Dutzend Fernsehsendungen in meinem Leben gesehen hatte. … Rede und Antwort stehen war unangenehm, und nicht nur deshalb, weil man sich offensichtlich in mein Leben eindrängte. Mir wurde sehr schnell klar, dass ich irgendwie auch stolz darauf war, dass man mich mit Marilyn in Verbindung brachte, und ich wusste auch, dass wir unter anderem deshalb Schlagzeilen machten, weil wir scheinbar so gar nicht zusammenpassten."

Miller erhielt Pass und Visum, um seine Frau nach ENGLAND zu begleiten. Zwei

Miller und Marilyn in Roxbury, Connecticut, 1956.

Wochen später trafen sie dort unter dem Blitzlicht-Gewitter der Presse ein. Arthur hatte mit der Premiere von *Blick von der Brücke* zu tun, während Marilyn mit LAURENCE OLIVIER an THE PRINCE AND THE SHOWGIRL (1957) arbeitete. Sie wohnten in einem sehr schönen Haus in EGHAM in der Nähe von London, und erst einmal ging alles gut. Miller schreibt: „Ich hatte mir vorgestellt, dass wir beide Seite an Seite unsere jeweilige Arbeit tun und dabei einander Kraft geben würden, und das schien wahr zu werden."

Bei den Biografen herrscht weitgehende Übereinstimmung darüber, dass ihre Flitterwochen schon wenige Wochen nach der Hochzeit vorbei waren. Am 29. August 1956 flog Miller zurück nach New York, nach unbestätigten Gerüchten deshalb, weil seine Tochter Jane, von einem oder mehreren Journalisten erschreckt, durch eine Glastür gefallen war und sich schwer verletzt hatte. Die verbreitetere Darstellung ist aber die, dass Marilyn während Millers Abwesenheit dessen Tagebuch fand – manche glauben auch, er habe es absichtlich offen liegen lassen – und darin las, dass er schwere Bedenken bezüglich ihrer Ehe hegte und sich fragte, welche Last er auf sich genommen hatte und welche Gefahr sie für seine Kreativität bedeutete. Über diese Zeit wurde Marilyn folgendermaßen zitiert: „Er hielt mich für eine Art Engel, aber nun ahnte er, dass er sich getäuscht hatte – seine erste Frau habe ihn im Stich gelassen, aber ich hätte etwas noch Schlimmeres getan." Miller äußerte gegenüber dem Biografen FRED LAWRENCE GUILES, man habe diese Version wohl aus seinem Stück AFTER THE FALL – *Nach dem Sündenfall* abgeleitet. Während des Englandaufenthalts wurde Miller immer mehr in Marilyns Welt

hineingezogen. Seine schriftstellerische Tätigkeit trat gegenüber ihren Verpflichtungen in den Hintergrund, was besonders an der quälenden Zusammenarbeit mit Laurence Olivier lag, von dem sie sich als Mensch wie als Schauspielerin verunglimpft fühlte, sowie an ihrer wachsenden Unzufriedenheit mit ihrem Geschäftspartner MILTON GREENE. Zur Londoner Premiere von *Blick von der Brücke* am 12. Oktober 1956 trug Marilyn eines ihrer berühmten tief ausgeschnittenen Abendkleider und stahl allen die Schau. Miller ergriff soweit wie möglich die Partei seiner Frau in ihrem immer erbitterteren Streit mit Olivier, doch, wie er schreibt, „unvermeidlich kam der Zeitpunkt, an dem ich Olivier verteidigen musste, um zu verhindern, dass die Wirklichkeit aus dem Blick geriet, denn sonst hätte ich Marilyn in ihren naiven Illusionen bestärkt; das aber führte dazu, dass sie an meiner absoluten Loyalität in dem sich verschärfenden Kampf zu zweifeln begann". Er empfand sie jetzt als „ein Bündel aus Bedürfnissen und Verletzungen".

Nach der schwierigen, unruhigen Zeit in London reisten Marilyn und Arthur im Januar 1957 nach Jamaika (siehe JAMAICA), um sich auszuruhen und ihre Flitterwochen (siehe HONEYMOONS) nachzuholen. Danach zogen sie in eine Mietwohnung in der 444 East FIFTY-SEVENTH STREET, unweit von Marilyns Adresse vor der Reise nach London. Trotz der Unheil verheißenden Umstände zu Beginn ihrer Ehe gab sich Marilyn alle Mühe. Auf der Rückseite eines Hochzeitsfotos schrieb sie „Hope, Hope, Hope". Diese Hoffnung gründete sich auf die tiefe Liebe, die sie und Arthur füreinander empfanden. Paula Strasberg sagte einmal: „Ich habe noch nie solche Liebe und Zärtlichkeit erlebt wie

Fototermin am Wochenende ihrer Hochzeit: Marilyn posiert mit ihrem frisch angetrauten Ehemann und ihren Schwiegereltern bei Arthurs Haus in Roxbury, Connecticut.

bei Arthur und Marilyn. Welche Hochachtung er für sie empfindet! Ich glaube, ich kenne keine andere Frau, die so von einem Mann geschätzt wurde." In den folgenden drei Jahren lebten Marilyn und Arthur abwechselnd in ihrem Apartment in New York und in einem neu erworbenen Landhaus in ROXBURY, Connecticut, nicht weit von Arthurs altem Haus. Während es im Sommer 1957 renoviert wurde, mieteten sie ein Haus in AMAGANSETT auf Long Island.

Marilyn bemühte sich nach Kräften, eine gute Hausfrau zu sein. Sie verstand sich gut mit Arthurs Eltern und wie schon mit den Kindern ihres vorigen Ehemanns Joe DiMaggio verband sie auch mit ihren neuen Stiefkindern Jane und Robert eine dauerhafte freundschaftliche Beziehung.

Sie wollte ihre Karriere nicht mit ihrer Ehe in Konflikt geraten lassen. Aber das ging auch auf ihre Kosten. „Wenn es ihr Spaß machte, im Blumengarten herumzupusseln, unablässig Möbel zu verrücken, eine Lampe oder eine Kaffeekanne zu kaufen, dann waren das nur angenehme Vorbereitungen auf ein Leben, das sie nicht lange ertragen konnte, wenn nicht mit einer neuen Rolle, einem neuen Film ein neuer Flug zum Mond begann."

Vielleicht hätten sich die Dinge anders entwickelt, wenn Marilyns Hoffnungen auf ein Kind nicht immer wieder vereitelt worden wären (siehe MEDICAL HISTORY – Krankengeschichte). Als sie im Sommer 1957 schwanger wurde, handelte es sich um eine Eileiterschwangerschaft, die abgebrochen werden musste. Im Laufe des Jahres 1958 wurde es für ihre Bekannten immer deutlicher, dass in der Beziehung der Millers etwas nicht stimmte. Manchmal ließ Marilyn vor anderen ihre Wut an ihrem Mann aus, der daraufhin einfach aus dem Zimmer ging. Norman Rosten erinnert sich, dass Miller in seinem Studio Zuflucht suchte, „aufgelöster denn je". Laut Haushaltshilfe LENA PEPITONE lebte das Paar gegen Ende ihrer Ehe praktisch in unterschiedlichen Zeitzonen. Sie aßen fast nie zusammen, und Arthur verbrachte so viel

Zeit wie möglich in seinem Arbeitszimmer. Marilyn hatte ihre festen Termine bei LEE STRASBERG und besuchte fast täglich ihre Psychoanalytikerin. Nachdem Marilyns Idealbild von ihm einen Riss bekommen hatte, so Millers Erklärung, war nun „überhaupt kein Bild mehr erkennbar".

Marilyn war abwechselnd unglücklich oder wütend auf Arthur, denn sie befürchtete, er habe eine schlechte Meinung von ihr und halte sie für unprofessionell und egozentrisch. Als Miller zu den Dreharbeiten von SOME LIKE IT HOT (1959) hinzustieß, waren die Spannungen zwischen ihnen unübersehbar. BILLY WILDER schrieb: „Ich weiß noch, wie ich bei Millers Auftauchen sagte, nun hätte ich endlich jemanden getroffen, der sich noch mehr über sie ärgerte als ich." Während der Arbeit an diesem Film wurde Marilyn erneut schwanger, erlitt aber zu Beginn des dritten Monats wieder eine Fehlgeburt. Sie war am Boden zerstört und unternahm angeblich einen, wenn nicht sogar zwei Selbstmordversuche (siehe SUICIDE ATTEMPTS). Miller rettete sie und kümmerte sich anschließend um sie.

In der Zwischenzeit quälte sich Arthur Miller mit dem Schreiben; ein Jahrzehnt war er gefeiert worden, nun folgten magere Jahre. Die meiste Zeit verwendete er auf das von dem Fotografen SAM SHAW angeregte Filmprojekt für Marilyn, THE MISFITS (1961). Es dauerte mindestens zwei Jahre, bis er das Drehbuch in den Griff bekam. Als Marilyn mit Yves Montand in Los Angeles an LET'S MAKE LOVE (1960) arbeitete, war es so weit gediehen, dass er nach Irland reiste, um es mit Regisseur JOHN HUSTON abschließend zu überarbeiten. Doch im März 1960 holte man ihn nach Los Angeles zurück, um das Drehbuch von Let's Make Love zu retten. Die Gewerkschaft der Drehbuchautoren streikte nämlich gerade. In seiner Autobiografie bezeichnet Sidney Skolsky Millers Verhalten als fragwürdig. „Arthur Miller, der große Liberale, der Mann, der immer für die Unterdrückten eintrat, ignorierte den Streik der Schriftstellergewerkschaften und schrieb das

Drehbuch um. ... seine Frau blickte nicht mehr zu ihm auf. ... Die Ähnlichkeit zwischen ihm und Präsident Lincoln, die Marilyn einst festgestellt hatte, war dahin."

Aus Sicht des Biografen DONALD SPOTO war dies der Augenblick, wo Marilyn wusste, dass ihre Ehe vorbei war. Miller hat jedoch eine völlig andere Erinnerung daran. In seiner Autobiografie behauptet er, er habe seine eigene Arbeit praktisch aufgegeben, um Marilyn zu beweisen, dass ihre Gemeinschaft noch existierte und dass er für sie da war, selbst indem er sich unter Wert verkaufte und das Drehbuch zu Let's Make Love umschrieb. Seine Schlussfolgerung: „Ihre innere Verzweiflung ließ nicht nach, und ebenso deutlich war, dass praktisch nichts, was ich tun konnte, die zerstörerische Entwicklung verlangsamen würde."

Vielleicht war Marilyn auf Miller wütend, weil er seine Ideale verriet, aber auch er hatte eine Menge Gründe, auf sie wütend zu sein – vor allem wegen ihrer Affäre mit ihrem Partner Yves Montand. Auf jeden Fall war ihr Verhältnis während der monatelangen Arbeit an Let's Make Love höchst gespannt.

Die Dreharbeiten zu The Misfits versetzten der Ehe den Todesstoß. Laut ANGELA ALLEN „blieben keinem Marilyns feindselige Gefühle für Arthur verborgen". Nach der ersten Hälfte der Dreharbeiten bezogen Arthur und Marilyn getrennte Hotelzimmer. Der Film kostete Miller viel Kraft. Damals sagte er zu dem Journalisten W. J. WEATHERBY: „Ich komme mir beim Schreiben wie ein totaler Versager vor. Bei der Niederschrift scheine ich nie die Wirkung so hinzukriegen, wie ich sie vor mir sehe. Deshalb war es bei diesem Film immer sehr schwer, wenn John [Huston] oder die Schauspieler ankamen und eine Zeile in Frage stellten, nicht gleich zu denken, sie hätten sicher Recht. Ich musste lernen, dass ich vielleicht doch Recht hatte und sie meinem Text nur ihre eigenen Fehler anlasteten." Miller verbrachte praktisch jeden Abend damit, den Dialog für den nächsten Tag zu überarbeiten. Fast bis zuletzt schwankte er zwischen zwei Schlüssen – welcher Cowboy sollte am Ende das Mädchen kriegen?

Während der Arbeit im Tonstudio fand HENRY HATHAWAY, der Marilyns Regisseur bei NIAGARA (1952) gewesen war, eines Tages

Arthur Miller und Marilyn bei der Vorpremiere von Some Like it Hot (1959).

Arthur Miller und Marilyn 1985 am Hampton Beach.
Foto: Sam Shaw

den Star in Tränen aufgelöst vor. Sie vertraute ihm an:

„Mein Leben lang habe ich Marilyn Monroe gespielt, immer nur Marilyn Monroe. Ich habe versucht, mich ein bisschen zu verbessern, und nun muss ich feststellen, dass ich mich hier selbst imitieren soll. Ich wünsche mir so sehr, mal etwas anderes zu machen. Das war einer der Gründe, die mich zu Arthur hinzogen – sein Geständnis, er fühle sich von mir angezogen. Als ich ihn heiratete, hatte ich die Vorstellung, ich könnte mit seiner Hilfe von Marilyn Monroe wegkommen – und jetzt mache ich wieder dasselbe wie früher. Aber ich kann es nicht mehr, ich muss da raus. Ich halte es einfach nicht aus, noch einmal eine Szene als Marilyn Monroe zu spielen."

Nach dem letzten Drehtag verließen Miller und Marilyn das Studio in verschiedenen Autos. Ende Oktober 1960 erzählte Marilyn Freunden, sie habe Miller aufgefordert, aus ihrem gemeinsamen Bungalow beim BEVERLY HILLS HOTEL auszuziehen. Ihre bevorstehende Scheidung (siehe DIVORCE) wurde am 11. November bekannt gegeben, als Marilyn wieder in New York war und allein in dem Apartment an der 57. Straße lebte. Arthur wohnte im Chelsea Hotel, wo Marilyn ihn angeblich einmal anrief, um zu fragen, ob er wieder nach Hause käme. Sie vereinbarten, dass Arthur das Haus in Roxbury behielt (das er mit dem Erlös seines nahe gelegenen ersten Hauses finanziert hatte); weitere finanzielle Arrangements gab es nicht. Am 20. Januar 1961 wurde die von Marilyn eingereichte Scheidung aufgrund der „Unvereinbarkeit der Charaktere" in Juárez in Mexiko (siehe MEXICO) ausgesprochen. Sie hatte diesen Tag gewählt, weil die Aufmerksamkeit der Presse sich auf die gleichzeitig stattfindende Amtseinführung von Präsident JOHN F. KENNEDY richtete.

Zu der Zeit, als die Ehe endgültig scheiterte, hatte Miller laut Marilyns Psychoanalytiker DR. RALPH GREENSON „die Einstellung eines Vaters, der mehr getan hat als die meisten Väter und nun mit seinem Latein am Ende ist". Miller war sehr betroffen, als er von Marilyns Zusammenbruch kurz nach ihrer Trennung erfuhr. Angeblich überlegte er sogar, ob er sie im Krankenhaus besuchen solle, doch konnten ihn Freunde in letzter Minute davon überzeugen, dass er jetzt nichts mehr für sie tun konnte.

Nach ihrem Tod quälten ihn eine Zeitlang Schuldgefühle, die Scheidung könne ihren Selbstmord beschleunigt haben. Um von diesen Gedanken loszukommen, schrieb er *Nach dem Sündenfall* (1964), ein Theaterstück über eine dem Untergang geweihte, Marilyn ähnliche Figur namens Maggie. Das Stück kam beim Publikum schlecht an. Viele halten es für moralisch fragwürdig, dass Miller die Psyche seiner früheren Frau in dieser Weise öffentlich sezierte. Dennoch ist das Stück sehr aufschlussreich. Viele Kommentare erwähnen, dass *The Misfits* und *Nach dem Sündenfall* zusammengenommen Marilyns Charakter in seiner ganzen Widersprüchlichkeit zeigen: einerseits ihre sprühende Vitalität, andererseits ihre grenzenlose Verzweiflung.

Marilyn war länger mit Miller zusammen als mit irgendjemand anderem. Kritiker Millers geben ihm die Schuld daran, dass Marilyn zunehmend die Kontrolle über ihre

Ängste verlor und tablettensüchtig wurde. Donald Spoto zum Beispiel behauptet, dass „seine Neigung, sie zu belehren und Weisheiten von sich zu geben, ihre Minderwertigkeitsgefühle verstärkte. Auch wenn er sich noch so sehr bemühte und obwohl er sie zu Anfang sicher liebte, bemerkten viele ihrer engen Freunde, dass Arthur Miller schon bald auf gefährliches Terrain geriet – es war eine unterschwellige Missachtung zu spüren, wenn er seine vermeintliche moralische und intellektuelle Überlegenheit ausspielte."

Es lässt sich jedoch nicht leugnen, dass er sich ihr in vielen Krisenjahren hingebungsvoll widmete. Aber am Ende war Hingabe nicht genug. Als *The Misfits* beendet war, schreibt er, „…ich war inzwischen nutzlos für sie; schlimmer noch, sie empfand meine Anwesenheit als Qual, so als werfe ihr jemand spitze Nägel ins Gesicht. Ich erinnerte sie daran, dass es ihr nicht gelungen war, sich aus ihrem alten Leben zu befreien, selbst dann nicht, als sie schließlich wirklich jemanden geliebt hatte."

Im Jahr 1961 heiratete Miller die Fotografin INGE MORATH, die er kennen gelernt hatte, als sie für die Agentur MAGNUM Fotos von den Dreharbeiten zu *The Misfits* machte. Im folgenden Jahr wurde seine Tochter geboren. Miller schrieb weiter Theaterstücke, Drehbücher und 1987 seine Autobiografie *Zeitkurven*.

FAMILIE MILLER

MILLER, AUGUSTA

Arthur Millers Mutter brachte Marilyn die Grundlagen der jüdischen Küche bei, z. B. Borschtsch, Hühnersuppe mit Matzeklößchen und gehackte Leber. Marilyn ging auch zu Augustas Beisetzung am 8. März 1961, obwohl sie inzwischen von Arthur geschieden und erst drei Tage vorher aus dem Krankenhaus gekommen war.

MILLER, ISIDORE

Arthur stellte Marilyn im Herbst 1955 seinen Eltern in ihrer bescheidenen Wohnung in Flatbush als „die Frau, die ich heiraten werde" vor. Zu diesem Anlass hatte Marilyn sich sittsam gekleidet – grauer Rock, hochgeschlossene schwarze Bluse – und war nicht geschminkt. Sie verstanden sich auf Anhieb.
Arthurs Schwester Joan sagt: „Sie vergötterte meinen Vater. Sie fühlte sich bei ihm wohl, und er vergötterte sie auch…. Sie hatte das Gefühl, sie könne ihm alles anvertrauen, und wenn sie zu ihm sagte: ‚Ich möchte, dass das unter uns bleibt', dann könne sie sich darauf verlassen."
Isidore und Augusta besuchten Marilyn und Arthur bei vielen Gelegenheiten in ihrem Apartment in der 57. Straße. Marilyn kochte für Isidore und umsorgte ihn, wenn es ihm nicht gut ging.
Isidore war stolz auf sein enges Verhältnis zu Marilyn. Sie meldete sich regelmäßig bei ihm und schrieb lange Briefe, die mit der Anrede „Dear Dad – Lieber Papi" begannen.
Zu seiner großen Begeisterung ließ sich Marilyn von ihm zum Madison Square Garden begleiten, wo sie die berühmte Version von „Happy Birthday" sang. Am selben Abend stellte sie Isidore dem Präsidenten als „meinen ehemaligen Schwiegervater" vor und nahm ihn zu der anschließenden Party mit.

MILLER, JANE

Arthur Millers Tochter, die elf Jahre alt war, als Marilyn ihre Stiefmutter wurde, besuchte Marilyn

und Arthur in ihrem Landhaus in Roxbury, zusammen mit ihrem Bruder Robert. Marilyn soll es nicht leicht gehabt haben, Janes Herz zu gewinnen, da sie sehr unter der Scheidung ihrer Eltern litt. Doch dank ihres Geschicks im Umgang mit Kindern gelang es ihr schließlich.

MILLER, KERMIT

Arthurs Bruder, nahm an der Hochzeit im engsten Familienkreis teil.

SLATTERY MILLER, MARY

Arthur Millers erste Frau. Er verließ sie, als er sich in Marilyn verliebte. Manche Leute meinen, dass Marilyn ihr sehr ähnlich sah.
Während ihrer fünfzehn Ehejahre vor der Scheidung im Jahr 1956 erlebte Miller seine produktivste Phase als Schriftsteller. Anfänglich unterstützte sie ihn, indem sie als Kellnerin arbeitete. Manche Leute glauben, dass Miller von den Erfahrungen ihres Vaters als Versicherungsvertreter zu seinem Stück *Tod eines Handlungsreisenden* inspiriert wurde. Arthur und Mary hatten zwei Kinder, Jane und Robert, 1945 bzw. 1947 geboren.

MILLER, MORTON

Ein Vetter von Arthur Miller, der in der Nähe von dessen Haus in Roxbury, Connecticut, wohnte. Morton war Trauzeuge bei der Hochzeit von Arthur und Marilyn am 29. Juni 1956.

MILLER, ROBERT

Arthur Millers Sohn, der neun Jahre alt war, als Marilyn seine Stiefmutter wurde. Marilyn blieb mit ihm auch nach der Scheidung in Kontakt. Nach ihrer Rückkehr nach Los Angeles lud Marilyn Bobby und seine Schwester ein, sie dort zu besuchen, und bot an, ihnen den Flug zu bezahlen. Sie schrieb: „Du und Jane seid mir stets willkommen. Ich glaube, wir sind alle ein bisschen nachlässig, was das Briefeschreiben angeht, aber ich denke, wir wissen, was wir einander bedeuten, nicht wahr? Ich weiß jedenfalls, dass ich Euch lieb habe und Eure Freundin sein und mit Euch in Verbindung bleiben möchte. Ich liebe Euch beide und Ihr fehlt mir."

MILLER, MARILYN
(1898–1936, GEB. ALS MARY ELLEN REYNOLDS)

Marilyn Miller war ein berühmter Broadway-Star der 1920er-Jahre. Sie wirkte in vielen Musicals mit, z. B. in *Ziegfeld Follies* und *As Thousands Cheer*.

BEN LYON, der Norma Jeane Dougherty vorschlug, den Vornamen Marilyn anzunehmen, war einst mit der blonden Marilyn Miller verlobt gewesen. Miller hatte eine kurze Karriere beim Film mit Rollen, die sie bereits auf der Bühne gespielt hatte, und war dreimal verheiratet, bevor sie mit 37 Jahren starb. In den Filmen *Till the Clouds Roll By – Bis die Wolken vorüberzieh'n* (1946) und *Look for the Silver Lining – Stern vom Broadway* (1949) wurde sie von JUDY GARLAND und JUNE HAVER dargestellt.

MIRACLE, BERNIECE (GEB. 1919)

Norma Jeanes Halbschwester, geboren am 30. Juli 1919 als Berniece (auch Bernice) Inez Gladys Baker in Venice, Kalifornien, Kind von Jack und GLADYS BAKER. Sie war sieben Jahre älter als ihre berühmte Schwester. Ihr Vater JACK BAKER nahm sie und ihren Bruder Jack 1923 nach der Scheidung von Marilyns

Mutter mit nach Kentucky. Es gibt widersprüchliche Angaben zu der Frage, wie viel Kontakt die Halbschwestern hatten. Während Norma Jeanes Kindheit lebte Berniece mit ihrem Vater in Kentucky. Marilyn gab gegenüber ihrem frühen Biografen MAURICE ZOLOTOW an: „Ich habe meine Halbschwester nie gesehen. Wir haben nichts gemeinsam. Sie ist mit einem Flugingenieur verheiratet. Ich weiß nicht genau, wo sie wohnt. Irgendwo in Florida, Clearwater oder St. Petersburg." Der Biograf DONALD SPOTO erwähnt einen Kurzbesuch Norma Jeanes bei ihrer Halbschwester in Tennessee im Sommer 1944. FRED LAWRENCE GUILES schreibt, dass sich die Halbschwestern in den 1950er-Jahren mehrmals trafen und Marilyn Mrs. Miracle mit JOE DIMAGGIO bekannt machte.

Im Jahr 1961 war Berniece dabei, als Marilyn ihre letzten Sachen aus ARTHUR MILLERs Haus in ROXBURY holte. Während Marilyns letzten Lebensjahren hatten sie ziemlich regelmäßig miteinander Kontakt. Marilyn besuchte ihre Schwester, die damals in Gainesville lebte, auf ihrer Floridareise 1961.

Berniece wurde umgehend von Marilyns Tod (siehe DEATH) benachrichtigt. Gemeinsam mit Joe DiMaggio half sie bei den Beerdigungsvorbereitungen (siehe FUNERAL). Marilyn hinterließ ihrer Halbschwester 10.000 Dollar in ihrem Testament (siehe WILL). Im Jahr 1967 nahm Berniece ihre pflegebedürftige Mutter Gladys Baker zu sich.

Bernieces 1994 erschienenes Buch enthält viele Informationen über Marilyns Kindheit und ihre letzten Jahre.

MIRRORS – Spiegel

NATASHA LYTESS:
„Wenn sie sich zufällig in einem großen Spiegel erblickte, setzte sie sich davor – oder blieb einfach davor stehen –, mit etwas geöffnetem Mund, die Augen halb geschlossen, wie eine Katze, die gestreichelt wird, und vertiefte sich in ihr Spiegelbild."

Marilyn war schon als Kind von Spiegeln fasziniert (siehe CHILDHOOD – Kindheit). Immer wieder fand man sie wie hypnotisiert vor

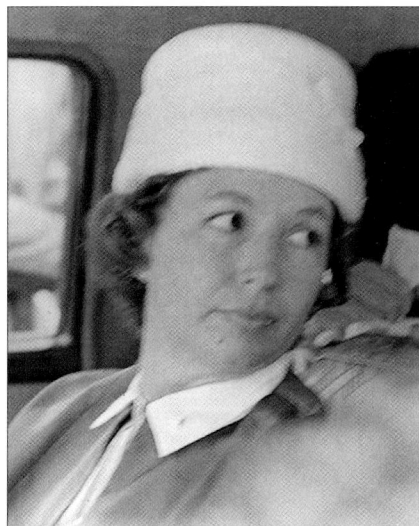

Berniece Miracle 1962 bei Marilyns Beerdigung.

ihrem Spiegelbild stehen. Später überraschten Freunde und Kollegen sie öfter, wenn sie sich kritisch in einem dreiteiligen Schminkspiegel oder einem großen Ankleidespiegel betrachtete und den Schwung einer Braue oder den Sitz ihres Kleides korrigierte.

Es war Marilyn praktisch nicht möglich, an einem Spiegel vorüberzugehen, ohne innezuhalten und ihr Abbild kritisch zu mustern. TRUMAN CAPOTE berichtet, er habe einmal beobachtet, wie Marilyn stundenlang vor einem Spiegel saß. Als er fragte, was sie da tue, antwortete Marilyn, ohne sich umzudrehen: „Ich sehe sie an."

Vor dem Einzug in das Apartment an der East FIFTY-SEVENTH STREET, in dem sie mit Arthur Miller lebte, ließ Marilyn mehrere Wände bis zur Decke mit Spiegeln verkleiden.

MISFITS, THE (1961) –
The Misfits – Nicht gesellschaftsfähig

Marilyns 29. und letzter Film, wenn man von SOMETHING'S GOT TO GIVE absieht. Die Vorlage dazu war eine Kurzgeschichte, die ARTHUR MILLER 1957 für *Esquire* geschrieben hatte. Während er in RENO auf seine Scheidung von seiner ersten Frau wartete, lernte Miller Männer kennen, die wie später CLARK GABLE und MONTGOMERY CLIFT im Film Wildpferde einfingen, um sie als Hundefutter zu verkaufen. Auf SAM SHAWs Hinweis, dies sei ein ausgezeichneter Filmstoff für Marilyn, begann Miller die Story zu bearbeiten; das bedeutete, der nur skizzenhaft angelegten Figur der Roslyn, die Marilyn spielen sollte, mehr Substanz zu geben. Bis zum Ende der Dreharbeiten schrieb Miller das Drehbuch immer wieder um, weil er sich nicht entscheiden konnte, welcher der Cowboys am Ende mit der Frau in die untergehende Sonne reiten sollte. Der endgültige Schluss, bei dem der alternde Gable gewinnt, entsprang nach Ansicht von Clift und anderen dem Wunschdenken des Autors.

Anfang 1958 holte Miller seinen engen Freund und Lektor FRANK TAYLOR als Produzenten hinzu; dieser soll vorgeschlagen haben, JOHN HUSTON das Drehbuch zuzuschicken. Huston beschreibt seine Reaktion folgendermaßen: „Beim Lesen ging ich in Deckung wie ein Boxer, doch unvermittelt kassierte ich einen Schlag in den Magen."

Eine viel versprechende Besetzung kam zusammen, darunter Marilyns Freunde Montgomery Clift und ELI WALLACH. Der größte Fang war jedoch Clark Gable. Miller schilderte ihm das Projekt als „eine Art Ostküsten-Western – es geht um die Sinnlosigkeit unseres Lebens und vielleicht auch darum, wie wir dahin gekommen sind, wo wir sind". Anfänglich sagte Marilyn von dem Vorhaben, es sei ein Geschenk von Miller zum Valentinstag. Doch bei Produktionsbeginn Anfang 1960 war die Beziehung zwischen ihnen zum Zerreißen gespannt. Arthur schreibt darüber in seiner Autobiografie: „Als die Dreharbeiten zu *The Misfits* begannen, konnte ich vor mir selbst nicht mehr leugnen, dass, wenn es einen Schlüssel zu Marilyns Verzweiflung gab, ich ihn nicht besaß."

Durch Streiks von Schauspielern und Drehbuchautoren zu Beginn des Jahres 1961 verschob sich das Ende von Marilyns vorherigem Film LET'S MAKE LOVE; dementsprechend begannen die Außenaufnahmen zu *The Misfits* in der Wüste von Nevada erst Mitte

Juli, bei Tagestemperaturen von 40 Grad. Zu diesem Film fallen einem, vielleicht zu Unrecht, eher die Spannungen am Set als das Endprodukt oder die bemerkenswerten schauspielerischen Leistungen ein. Die Atmosphäre war getrübt durch Marilyns feindselige Gefühle gegenüber Miller, durch die Streitigkeiten zwischen Regisseur Huston und Marilyns Schauspiellehrerin PAULA STRASBERG und zahllose weitere Zwistigkeiten. Marilyn und Arthur bekriegten sich privat und öffentlich und waren nach der Hälfte der Dreharbeiten völlig zerstritten. Marilyn warf Miller unter anderem vor, dass er nicht genug Geld verlangt hatte. Gable erhielt 750.000 Dollar, Mr. und Mrs. Miller zusammen nur 500.000. Marilyn vertraute schließlich auch Huston nicht mehr: „Arthur hat sich bei Huston über mich beschwert, und deshalb behandelt Huston mich wie eine Idiotin mit seinem ständigen ‚Meine Liebe'."

Dazu ein Journalist: „Produzent Frank Taylor wollte zwischen den Kampfhähnen am Set Frieden stiften und die Reibungen zwischen den Kreativen und den um ihr Geld bangenden Studioleuten verringern. Die machten sich wirklich ernstlich Sorgen angesichts der zahlreichen Gerüchte über die Zwietracht bei den Außenaufnahmen, ganz zu schweigen von Hustons Entscheidung, die Szenen streng in der Reihenfolge des Drehbuchs zu drehen, weil er seine Schauspieler bei ihrer intensiven Charakterzeichnung unterstützen wollte."

Miller war ständig dabei, die Dialoge umzuschreiben. Er arbeitete bis spät nachts und überprüfte die Änderungen am nächsten Tag mit Huston bei der gemeinsamen Fahrt vom Hotel zum Drehort. Für Marilyn, der es schon in ihren besten Zeiten schwer fiel, ihren Text zu lernen, waren diese Änderungen eine weitere Belastung. Von einem Valentinsgeschenk konnte keine Rede mehr sein: „Er hätte mir doch sonst was schreiben können, und dann kommt er mir damit! Wenn er mich so sieht, dann gehören wir nicht mehr zusammen."

Die Arbeit ging nur langsam voran. Schuld daran waren nicht nur die Auseinandersetzungen mit Miller, sondern auch Marilyns Unpünktlichkeit und ihre Benommenheit

Marilyn hatte Eve Arnold 1955 eingeladen, sie auf einer Reise nach Bement, Illinois zu begleiten, wo sie ein Museum zu Ehren von Abraham Lincoln eröffnen sollte. Hier hat die Fotografin sie erwischt, als sie kurz vor dem Abflug auf der Damentoilette des O'Hare-Flughafens in Chicago letzte Hand an ihre Frisur legt.

Arthur Miller und Marilyn am Set von *The Misfits* (1961).

aufgrund der zunehmenden Einnahme von Schlaftabletten (siehe BARBITURATES – Barbiturate). Marilyn erschien immer später, und wenn sie endlich da war, hörte sie weder auf Miller noch auf Huston, sondern nur auf Strasberg.

Ende August schickte Huston sie für zehn Tage nach Los Angeles, wahrscheinlich zur Erholung. Andere behaupten, dies sei ein Trick von Huston gewesen, um von seinen hohen Spielschulden (siehe GAMBLING – Glücksspiel) abzulenken, die die Produktion ebenso behinderten wie der Ehekrieg der Millers und die Hitze. MAGNUM-Fotograf

Ernest Haas, am Set anwesend, meinte dazu: „Alle in dem Film waren ‚Misfits', Unangepasste – Marilyn, Monty, John Huston, alle immer am Rand der Katastrophe. Nur Gable sagte nicht viel, der war einfach Gable."

Im Tonstudio der PARAMOUNT in Los Angeles herrschte weiterhin Ungewissheit über die endgültige Fassung des Films, denn UNITED ARTISTS ordnete Neuaufnahmen verschiedener Szenen an – die bei einer Voraufführung gezeigte Rohfassung war nicht auf große Zustimmung gestoßen. Man wollte schon Schauspieler und Crew wieder zusammenrufen, als Clark Gable, der ein vertragliches Mitspracherecht beim Drehbuch hatte, sein Veto einlegte.

Daraufhin wurde die Post-Production beschleunigt, um den Film rechtzeitig zu den Oscar-Nominierungen 1960 fertig zu stellen; er wurde dann doch nicht nominiert, nicht einmal Gable. Alles in allem kostete der Film 4 Millionen Dollar, womit er 1961 der teuerste Schwarzweißfilm aller Zeiten war.

Als die Dreharbeiten beendet waren, erklärte Marilyn vor der Presse, ihre vierjährige Ehe mit Arthur Miller sei vorbei. Viele Jahre später sagte Miller: „Der Film schien für sie eine einzige Qual zu sein. … Heute frage ich mich, wie ihr unter diesen Umständen eine so gute Leistung gelungen ist." Arthur Miller heiratete später die Magnum-Fotografin INGE MORATH, die er am Drehort kennen gelernt hatte. Die Gala-Premiere fand am 31. Januar 1961 statt, zu Ehren von Clark Gable, der knapp zwei Wochen nach Ende der Dreharbeiten gestorben war. Marilyns Scheidung (siehe DIVORCE) von Arthur Miller lag gerade elf Tage zurück. Wie bei vielen ihrer Filme hat die Handlung

Ähnlichkeit mit Marilyns Lebensgeschichte. Man vermutet, Miller habe durch die Besetzung der männlichen Hauptrolle mit Clark Gable erreichen wollen, dass Marilyn durch eine Art Katharsis ihre lebenslangen Ängste überwand und sich in Zukunft nicht ständig an ihre lieblose Kindheit erinnerte. In der Phantasie des Kindes Norma Jeane hatte sich der Leinwandheld Clark Gable in ihren echten Vater (siehe FATHER) verwandelt. RUPERT ALLAN, Marilyns langjähriger Pressebetreuer, der nach diesem Film kündigte, sagte einmal, Marilyn sei „schrecklich unglücklich gewesen, dass sie von Miller geschriebene Texte lesen musste, die offensichtlich die reale Marilyn zeigten … Sie fühlte sich einsam, isoliert, verlassen und wertlos, weil sie nichts außer ihrem nackten, verletzten Ich zu bieten hatte. Und alle, die wir ihre ‚Familie' bildeten, versuchten ihr die Familie zu ersetzen."

Zu Beginn des Films steht Marilyn auf einer Brücke in Reno, die über den Truckee führt; in diesen Fluss werfen die frisch geschiedenen Frauen ihren Ehering. Ihr eigener Vorschlag zum Ausgang des Films war übrigens, dass die Personen sich trennen sollten. Im Rückblick sagte Marilyn über ihre Leistung: „Vielleicht hatte ich nicht genug … Abstand von der Figur … Vielleicht spielte ich wirklich mich selber, und das, was Arthur schrieb, war seine Sicht von mir und keine Filmfigur – oder wie er mich gesehen hatte, bevor wir uns trennten. Heute wäre Roslyn wohl eher ein Miststück."

In dem letzten Interview, das Marilyn gab, erzählte sie dem *Life*-Reporter RICHARD MERYMAN von den Strapazen der Arbeit an *The Misfits*: „Ich musste meinen ganzen Verstand aufbieten, sonst wäre ich dabei draufgegangen – aber ich lass' mich nicht unterkriegen … Alle hackten auf mir herum. Dauernd hieß es: ‚Mach dies, mach das', und nach der Arbeit ging das privat weiter… Ich habe alles daran gesetzt, die Sache heil zu überstehen."

Produktionsdaten:
United Artists / Seven Arts Productions
schwarz-weiß
Länge: 124 Minuten
Kinostart: 1. Februar 1961

Crew:
Regie: John Huston
Regieassistenz: Carl Beringer
Produktion: Frank E. Taylor
Assistenz des Produzenten: Edward Parone
Produktionsleitung: C. O. Erickson
Drehbuch: Arthur Miller
Kamera: Russell Metty
Schnitt: George Tomasini
Musik: Alex North
Art Direction: Stephen B. Grimes, William Newberry
Ausstattung: Frank R. McKelvy
Maskenbild: Allan „Whitey" Snyder, Frank LaRue, Frank Predhoda
Frisuren: Agnes Flanagan, Sydney Guilaroff
Ton: Charles Grenzbach, Philip Mitchell
Leitung des zweiten Drehteams: Tom Shaw
Skript: Angela Allen
Fotografie: Rex Wimpy
Stunts: Chuck Robertson
Tierbetreuung: Billy Jones
Garderobe Ms. Monroe: Jean Louis
Betreuung Ms. Monroe: Paula Strasberg
Dialogtraining: Lew Smith

Vorbereitung zum Werbefoto für *The Misfits*.

Besetzung:
Clark Gable … Gay Langland
Marilyn Monroe … Roslyn Taber
Montgomery Clift … Perce Howland
Thelma Ritter … Isabelle Steers
Eli Wallach … Guido
James Barton … Alter Mann
Estelle Winwood … religiöse Dame
Kevin McCarthy … Raymond Taber
Dennis Shaw … Junge
Philip Mitchell … Charles Steers
Walter Ramage … alter Bräutigam
J.Lewis Smith … Cowboy
Marietta Tree … Susan
Bobby LaSalle … Barkeeper
Ryall Bowker … Mann in der Bar
Ralph Roberts … Krankenwagenfahrer
Peggy Barton … junge Braut

Werbeslogan:
„It shouts and sings with life … explodes with love!"
(„Voller Lebenslust … Liebe als Sprengstoff!")

Herausragende Textzeilen:
„Vielleicht soll man den Menschen gar nicht glauben, was sie sagen, vielleicht ist es ihnen gegenüber nicht einmal fair."

„Wie findest du zurück, wenn es dunkel wird?" (Marilyns letzte Worte in einem fertig estellten Film.)

Marilyns herausragendes Kostüm:
Tief ausgeschnittenes weißes Kleid mit rotem Kirschmuster.

Handlung:
Roslyn Taber (Marilyn Monroe) ist in Reno, um sich von ihrem Mann Raymond (Kevin McCarthy) scheiden zu lassen. Ihre Wirtin Isabelle Steers (Thelma Ritter) macht sie mit Guido (Eli Wallach) bekannt, der immer noch unter dem Tod seiner Frau leidet. Guido stellt Roslyn den Cowboy Gay Langland (Clark Gable) vor, sie verlieben sich.

Langland plant einen Ausflug in die Berge, um dort lebende Wildpferde zu fangen. Zur Mithilfe verpflichtet er Guido und Perce Howland (Montgomery Clift), einen angeschlagenen Rodeoreiter.

Roslyn begleitet die drei Männer und erfährt, dass Langland vorhat, die Wildtiere zur Hundefutterproduktion zu verkaufen. Er ist taub für ihre Proteste, doch es gelingt ihr, Perce zu überzeugen, die Tiere wieder frei zu lassen. Wütend bricht Langland auf, um das Leitpferd wieder einzufangen, was ihn viel Kraft kostet. Als es ihm gelungen ist, lässt er das Pferd jedoch wieder frei.

Die drei Reiter beschließen, sich nach dem Fiasko zu trennen. Langland und Roslyn fahren zusammen fort, was auf einen Aufbruch in ein neues gemeinsames Leben hindeutet.

Kritiken:
The Hollywood Reporter
„Miss Monroe hat selten so schlecht ausgesehen; die Kamera ist wenig schmeichelhaft. Doch sie spielt mit einer Zartheit und Sensibilität, die zu Herzen geht."

Life
„Marilyn spielt eine Rolle, die Bruchstücke ihres eigenen Lebens enthält. Der Cowboy bietet ein pralles Bild unkomplizierter Männlichkeit – maskulin, gewaltbereit und von der inneren Einstellung her eine ideale Rolle für Clark Gable … Insbesondere Gable war begeistert. Wenn er Recht behält – und er neigt nicht dazu, seine eigenen Filme übertrieben zu loben –, dann wird sein letzter Film einer seiner besten sein."

New York Daily News
„Gable war nie besser als hier, was auch für Miss Monroe gilt. Gable ist kraftvoll und lebensprühend, sie spielt ihre Rolle genau wie Miller sie geschrieben hat…. Im letzten Teil des Films vibriert die Leinwand vor Gefühlen. Es entspinnt sich ein bitterer Konflikt zwischen einem Mann und einer Frau, die sich lieben, denn beide versuchen ihre individuellen Eigenheiten zu bewahren und ihren Lebensstil aufrechtzuerhalten."

New York Herald Tribune
„Nachdem nun schon seit langem kein wirklich bedeutender amerikanischer Film zu sehen war, gibt es nun Anlass zum Jubeln, denn *The Misfits* ist so typisch amerikanisch, dass nur ein Amerikaner ihn drehen konnte.

In der heutigen Zeit, wo ständig aus Sex und Gewalt Kapital geschlagen wird, sodass wir schon in Gefahr sind abzustumpfen, ist hier ein Film, in dem beide Aspekte eine ebenso starke Rolle spielen, wie im realen Leben, ohne um ihrer selbst willen ausgeschlachtet zu werden. Miss Monroe ist zauberhaft, wird aber nicht als Pin-up-Girl in hautengem Satin vorgeführt … Und wer würde leugnen, dass die Schauspieler in diesem Film auf dem Höhepunkt ihres Könnens stehen? Man vergisst völlig, dass sie nur spielen, und könnte meinen, sie seien echt."

MISS AMERICA

Am 2. September 1952 nahm Marilyn zum ersten und letzten Mal am Miss-America-Schönheitswettbewerb teil, und zwar als erste Frau in der ehrenvollen Rolle der „Großmarschallin". Austragungsort war die Atlantic City Convention Hall in Atlantic City, New Jersey. Marilyns Anwesenheit gehörte zum Werbefeldzug der TWENTIETH CENTURY-FOX anlässlich des Starts ihres neuesten Filmes MONKEY BUSINESS (1952).

Marilyn fuhr in einem offenen Kabriolett durch die Stadt, dabei trug sie ein tief ausgeschnittenes Kleid, das sehr viel offenherziger war als die Kleidung der Bewerberinnen um die Krone der Miss Amerika; außerdem ließ sie sich mit jeder der 48 Kandidatinnen ablichten. Die Fotografen hatten ihren großen Tag, vor allem bei den von oben geschossenen Fotos. In ihrem unnachahmlichen pseudo-naiven Ton sagte Marilyn ein paar Tage später: „Die Leute haben dauernd an mir heruntergeguckt, aber ich dachte, sie bewunderten mein Großmarschall-Abzeichen."

Im Jahr 1952 spielte Marilyn in dem Film WE'RE NOT MARRIED (1952) Annabel Norris, die Gewinnerin des Schönheitswettbewerbs um den Titel der Miss Mississippi.

MITCHELL, CAMERON
(1918–1994, GEB. ALS CAMERON MIZELL)

Einigen Berichten zufolge war es Mitchell, der 1951 Schicksal spielte, als er das Starlet Marilyn Monroe und den mit dem Pulitzer-Preis ausgezeichneten Dramatiker ARTHUR MILLER miteinander bekannt machte. Mitchell, der Radiokommentator und Schauspieler war, spielte sowohl in der Bühnenfassung (1948) wie auch in der Verfilmung (1952) von Millers bedeutendem Stück *Tod eines Handlungsreisenden* mit.

Mitchells Film- und Fernsehkarriere währte fast fünfzig Jahre, in HOW TO MARRY A MILLIONAIRE (1953) trat er auch einmal zusammen mit Marilyn Monroe auf.

MITCHELL, JIMMY

Als Angestellter der TWENTIETH CENTURY-FOX drückte Fotograf Mitchell am Set von SOMETHING'S GOT TO GIVE fleißig auf den Auslöser, als Marilyn ihren hautfarbenen Badeanzug auszog und nackt posierte. Außer ihm waren nur noch die beiden Fotografen William Woodfield und LAWRENCE SCHILLER anwesend; letzterer war so clever, Mitchell die Rechte an seinen Fotos abzukaufen, angeblich zum Preis von 10000 Dollar.

MITCHUM, ROBERT (1917–1997)

Ein cooler, selbstironischer Hollywood-Star mit müdem Schlafzimmerblick, der Marilyns Partner in RIVER OF NO RETURN (1954) war.

Mitchum hatte Marilyn bereits als siebzehnjährige Norma Jeane, Ehefrau seines Arbeitskollegen JAMES DOUGHERTY bei Lockheed in Van Nuys, kennen gelernt. Dougherty soll ihm stolz ein Foto seiner Frau gezeigt haben, angeblich ein Nacktfoto.

Nach ihrer Zusammenarbeit in *River of No Return* blieben Mitchum und Marilyn gute Freunde. Bei der Rückkehr nach Hollywood beschützte er sie vor einer drängelnden Meute von über hundert Journalisten und Fotografen. „Sie dachte, sie jubelten jemand anderem zu", erzählte Mitchum später.

Anfang der 1990er-Jahre schrieb Mitchum die Einleitung zu dem Buch *The Men Who Murdered Marilyn* von Matthew Smith. Dort

Marilyn als amtierende „Großmarschallin" beim Wettbewerb um den Titel der Miss Amerika 1952.

berichtete er von dem Abend, als Marilyn Präsident JOHN F. KENNEDY ein Geburtstags-ständchen sang. Marilyn war so nervös, dass sie nicht am MADISON SQUARE GARDEN aus-stieg, sondern Mitchums in der Nähe gelege-nes Hotelzimmer ansteuerte.

Mitchum spielte in über hundert Filmen mit, darunter *Cape Fear – Köder für die Bestie* (1962), *Ryans Daughter – Ryans Tochter* (1971) und *Farewell My Lovely – Fahr zur Hölle Liebling* (1975).

MMMMM GIRL

Angeblich erhielt sie diesen Spitznamen zum ersten Mal in der Schule, wo man die schüch-terne Norma Jeane hänselte, weil sie stotter-te. Das Schicksal wollte es, dass BEN LYON aus-gerechnet Vor- und Zunamen mit dem An-fangsbuchstaben wählte, der ihr die meisten Probleme machte; als sie ihren neuen Namen zum ersten Mal aussprechen sollte, soll sie bei „Mmmmm" ins Stocken gekommen sein und wurde so zum Mmmmm Girl.

Während der Werbe-Tour für den Film LOVE HAPPY wurde Marilyn gefragt, warum sie „Mmmmm Girl" genannt wurde. Sie sagte: „ Anscheinend konnten manche Leute nicht pfeifen, und machten deshalb einfach Mmmmmmmmm."

In dem Fernseh-Interview mit EDWARD R. MURROW von 1955 gab Marilyn an, ihr aller-erster Text in einem Film habe „Mmmmm" gelautet. Diese Stelle wurde später herausge-schnitten. Es handelte sich um SCUDDA HOO! SCUDDA HAY! (1948), wo sie ganz kurz im Hintergrund auftritt.

MODELING — **Arbeit als Fotomodell**

Auf dem Weg ins Showgeschäft versuchte sich Marilyn zuerst als Fotomodell. Von EMMELINE SNIVELY, Leiterin der BLUE BOOK

Marilyn und Robert Mitchum auf einem Werbefoto für *River of No Return* (1954).

Marilyn 1947 in der Pose einer Skifahrerin auf einer Sanddüne. Das Foto stammt aus einer Serie von Werbefotos, die vom Studio an Zeitungen und Zeitschriften verschickt wurden, um Artikel über den Aufstieg des jungen Starlets zu illustrieren.

MODELING AGENCY, lernte sie, wie man sich vor einer Kamera bewegt. Ihr erster Auftrag als Hostess für die HOLGA STEEL COMPANY bei einer Industriemesse war keineswegs gla-mourös. Bei ihrem zweiten Auftrag – mehre-re Models wurden am Strand von Malibu für den Katalog des Montgomery Ward Store aufgenommen – schickte man sie am zweiten Tag nach Hause, weil sie „zu sexy" sei und von den Kleidern ablenke.

Während ihre Karriere beim Film allmäh-lich in Gang kam, machte Marilyn noch bis Anfang der 1950er-Jahre Aufnahmen für Bademoden und Pin-up-Fotos.

Hier ihre Gedanken zur Arbeit als Foto-modell:

„Es ist irgendwie komisch. Du lächelst in die Kamera, du musst die Pose ewig halten und tust so, als würdest du dich amüsieren – und dabei hast du an dem Tag vielleicht gerade starke Bauchschmerzen. Wahr-scheinlich sollte ich das nicht sagen, aber manchmal kam mir das Modellstehen so unecht und künstlich vor, dass ich einfach lachen musste. Die dachten, prima, das Lachen ist gut, knipsten drauflos und meinten, es bereite mir Vergnügen.
Klar, manchmal machte es Spaß. Aber irgendwo ist es auch ein bisschen ver-rückt. Ich hab mal gefragt, warum ich für eine Zahnpasta-Werbung einen Bade-anzug anziehen sollte. Der Typ guckte mich an, als sei ich nicht richtig im Kopf!"

MONEY — **Geld**

Die Anhäufung von Reichtümern war für Marilyn nie besonders wichtig. Sie wuchs während der Weltwirtschaftskrise bei flei-ßigen, aber armen Familien auf. Ihre Bio-grafen stimmen darin überein, dass Norma Jeane nicht im Elend lebte, doch der Lebens-standard bei einigen ihrer Pflegeeltern und im Waisenhaus (siehe ORPHANAGE) in Los Angeles war äußerst niedrig.

Ihr erstes Geld verdiente sie während des Krieges in einer Munitionsfabrik, der RADIO PLANE MUNITIONS FACTORY. Mit dem Geld, das sie bei ihrem ersten Job als Fotomodell verdiente (siehe MODELING), bezahlte sie die Aufnahmegebühr ihrer Modellagentur ab, jeweils zehn Dollar pro Tag. Bei manchen ihrer ersten Jobs erhielt sie das Honorar in Sachwerten ausbezahlt. Nach den Auf-nahmen für die Tar-Tan-Sonnenmilch zum Beispiel durfte sie den Badeanzug behalten, in dem sie fotografiert worden war.

Nach Abschluss ihres Anfangsvertrags mit der TWENTIETH CENTURY-FOX, der mit 75 Dollar pro Woche begann, war sie vier Jahre mal beschäftigt, mal ohne Arbeit. Sie war eines von vielen Starlets, die Hollywoodstars werden wollten. In finanzieller Hinsicht

201

waren das harte Zeiten, Geld war knapp, sie brauchte „Sponsoren" (siehe BENEFACTORS – Wohltäter) – das Gerücht, sie sei Prostituierte gewesen (siehe PROSTITUTION) stammt aus dieser Zeit. An manchen Tagen musste sie mit nur 30 Cent fürs Essen auskommen.

Über die Zeit, als sie zum ersten Mal auf Parties in Hollywood mitgenommen wurde, schrieb sie, dass sie damals daran dachte,

> „wie viel 25 Cents und selbst zehn Cents für meine alten Bekannten bedeuteten, und wie glücklich sie zehn Dollar gemacht hätten. Ich dachte daran, wie Tante Grace und ich vor Homes Bäckerei Schlange gestanden hatten, um eine Tüte altes Brot zu kaufen … Und ich erinnerte mich, wie sie drei Monate lang mit nur einem Brillenglas auskommen musste, weil sie keine fünfzig Cents hatte, um das zerbrochene zu ersetzen."

Als Marilyn ein Star geworden war, war sie eine der am niedrigsten bezahlten Prominenten von Hollywood. Sie hatte sich jahrelang um einen langfristigen Studio-Vertrag bemüht, und als sie 1951 einen Sieben-Jahres-Vertrag bei der Fox unterzeichnet hatte, war sie an eine Gehaltsstaffel gebunden, die der Entwicklung ihrer Popularität erbärmlich hinterherhinkte. Im Jahr 1952 wurde sie ein echter Star, verdiente aber nur 750 Dollar in der Woche, wovon noch Steuern und zehn Prozent für ihre Agenten abgingen. Das war bei weitem nicht genug, um ihre Ausgaben zu decken, unter anderem bis zu 200 Dollar die Woche für Schauspiel- und Gesangsstunden; dazu das Gehalt ihrer Managerin INEZ MELSON, die Pflegekosten ihrer Mutter und die Miete eines Zimmers im teuren BEL AIR HOTEL. Glücklicherweise hatte sie ein paar Extra-Einkünfte durch DON'T BOTHER TO KNOCK (1952), das sie für die RKO-Studios gedreht hatte. Für den Super-Hit GENTLEMEN PREFER BLONDES (1953) erhielt Marilyn 18.000 Dollar, ein Zehntel dessen, was ihre Partnerin JANE RUSSELL verdiente.

Marilyn hatte zwar kein allzu großes Interesse an Geld, doch sie war verärgert über die Ungerechtigkeit bei der Bezahlung. 1954 verweigerte sie die Mitarbeit an dem nächsten Fox-Projekt *The Girl in Pink Tights*, bei dem FRANK SINATRA mehr als das Dreifache ihres Gehalts von 1500 Dollar bekommen sollte.

Der erste Aufnahmetag ging ohne sie vorüber, und erst Tage später entdeckte das Studio Marilyn in SAN FRANCISCO, wo sie bald darauf JOE DIMAGGIO heiratete. Marilyn und DiMaggio boten den Einschüchterungsversuchen des Studios die Stirn und erreichten, dass ein neuer Vertrag ausgehandelt wurde und ihr ein Bonus von 100.000 Dollar sowie ein gewisses Mitspracherecht versprochen wurde.

Ein Jahr später verließ Marilyn wieder das Studio, diesmal, um sich selbstständig zu machen (siehe MARILYN MONROE PRODUCTIONS). Von nun an übte Marilyn eine stärkere Kontrolle über ihren Lebensunterhalt aus. Greene und sein Team von Rechtsanwälten (siehe LAWYERS) handelten einen sehr viel günstigeren Vertrag mit der Fox aus. Währenddessen arbeitete Marilyn bei dem einzigen Film ihrer Produktionsfirma THE PRINCE AND THE SHOWGIRL (1956) zum ersten Mal auf Erfolgsbasis, was ihr bei diesem Film sowie dem späteren SOME LIKE IT HOT (1959) stattliche zehn Prozent Gewinn einbrachte.

1960 verdiente Marilyn so viel, dass sie in die oberste Steuerklasse rutschte; sie hatte 300.000 Dollar mit THE MISFITS (1961) verdient und weitere 50.000 Dollar als Gewinnanteil von *Some Like It Hot*.

Marilyn war oft sehr großzügig (siehe GENEROSITY).

GEORGE MASTERS, Marilyns Lieblingsfriseur während ihrer letzten Lebensjahre, schreibt: „Auf ihre spezielle Weise war Marilyn sehr extrovertiert und großzügig. Sie feilschte nie um Rechnungen oder Trinkgeld … Einmal flog ich auf ihre Veranlassung und ihre Kosten nach New York, um sie für einen wichtigen Anlass zurechtzumachen … sie begrüßte mich an der Tür und sagte: ‚Ach, George, es passt mir jetzt nicht. Komm bitte nächste Woche wieder.' Dabei stopfte sie mir einen Scheck über 2000 Dollar in die Hemdtasche."

Marilyns anfänglich überschuldeter Nachlass (siehe ESTATE) schrieb dank ihrer prozentualen Filmbeteiligungen bald schwarze Zahlen. Durch cleveres Management entwickelte er sich in den letzten zehn Jahren zu einem ungeheuer einträglichen Geschäft, wobei der Gewinn zum größten Teil an eine Frau geht, die Marilyn nie gekannt hat – ANNA STRASBERG, die zweite Frau von LEE STRASBERG. Der Nachlass Marilyns, u. a. in Form von Fan-Artikeln (siehe MEMORABILIA), wächst noch immer und ist heute so umfangreich, dass der Gesamtwert schwer zu schätzen ist.

LÖHNE UND GEHÄLTER

Anfangslohn bei der Radio Plane Company, zirka 1943–1944: 20 Dollar wöchentlich

Letzter Lohn bei Radio Plane, 1945: 50 Dollar wöchentlich

Erste Fotomodell-Jobs, 1945: 5 Dollar pro Stunde

Als Messe-Hostess für die Holga Steel Company, 1945: 10 Dollar pro Tag

Modellstehen für Illustrator Earl Moran,1946–1950: 10 Dollar pro Stunde

Erster Vertrag mit der Twentieth Century-Fox, 1946: 75 Dollar pro Woche

Vertragserneuerung mit der Fox, 1947: 150 Dollar pro Woche

Columbia-Vertrag, 1948: 125 Dollar pro Woche

Promotion für *Love Happy* (1949): 100 Dollar pro Woche

The Asphalt Jungle (1950): 350 Dollar pro Woche (insgesamt 1050 Dollar)

Zweiter Vertrag mit der Fox, 1951: 500 Dollar pro Woche

Clash by Night (1952): 500 Dollar pro Woche

We're Not Married (1952): 750 Dollar pro Woche

Gentlemen Prefer Blondes (1953): 1250 Dollar pro Woche

1. Mai 1953: 1500 Dollar pro Woche (vertragliche Höchstgrenze)

River of No Return (1954), *There's No Business Like Show Business* (1954) und *The Seven Year Itch* (1955): 1500 Dollar pro Woche

Neuer Vertrag mit der Fox, 1956: 100.000 Dollar Pauschalvergütung pro Film plus 500 Dollar Spesen

Some Like It Hot (1959): 100.000 Dollar Pauschalvergütung plus 10 Prozent der Einnahmen

The Misfits (1961): 300.000 Dollar Pauschalvergütung, plus 10 Prozent der Einnahmen

Vorgesehene Vergütung für *Something's Got to Give* (1962): 100.000 Dollar pauschal, später neu verhandelt zu 500.000 Dollar

---

Nach ihrer ersten Hauptrolle in DON'T BOTHER TO KNOCK (1952) wurde Marilyn in dieser Komödie mit CARY GRANT auf eine dekorative Sekretärinnenrolle zurückgestuft. Auch ein Schimpanse und ein Jugend-Elixier spielen eine Rolle. Die TWENTIETH CENTURY-FOX versuchte so viel wie möglich aus dem Jungstar herauszuholen. Doch dies war die letzte Sekretärinnenrolle für Marilyn.

In dem Film wird die dusselige Sekretärin, die nicht mal Maschine schreiben kann, als „süß… aber noch ein halbes Kind" beschrieben. Grant, der mit sämtlichen weiblichen Hollywoodstars spielte, wirkt nicht besonders spritzig in seinem einzigen gemeinsamen Film mit Marilyn.

Als Teil der Werbe-Tour für diesen Film, dessen Premiere in Atlantic City, New Jersey, stattfand, arrangierte das Studio Marilyns Auftritt als erster weiblicher „Großmarschall" des MISS AMERICA-Schönheitswettbewerbs.

Als sich der Film zu einem relativ guten Kassenerfolg entwickelte, warben die Kinos auf ihren Reklametafeln mit Marilyns Namen statt mit denen ihrer berühmteren Kollegen Grant und GINGER ROGERS.

Produktionsdaten:
Twentieth Century-Fox
schwarz-weiß
Länge: 97 Minuten
Kinostart: 5. September 1952

Crew:
Regie: Howard Hawks
Regieassistenz: Paul Helmick
Produktion: Sol C. Siegel
Drehbuch: I. A. L. Diamond, Ben Hecht, Charles Lederer
Story: Harry Segall
Kamera: Milton R. Krasner
Schnitt: William B. Murphy
Musik: Leigh Harline
Musikalische Leitung: Lionel Newman
Arrangement: Earle H. Hagen
Art Direction: George Patrick, Lyle R. Wheeler
Ausstattung: Thomas Little, Walter M. Scott
Kostüme: Travilla
Garderobe: Charles Le Maire
Maskenbild: Ben Nye
Frisuren: Helen Turpin
Spezialeffekte: Ray Kellogg
Ton: W. D. Flick, Roger Heman

Besetzung:
Cary Grant … Barnaby Fulton
Ginger Rogers … Edwina Fulton
Charles Coburn … Mr. Oliver Oxley
Marilyn Monroe … Lois Laurel
Hugh Marlowe … Hank Entwhistle
Henri Letondal … Siegfried Kitzel
Robert Cornthwaite … Dr. Zoldeck
Larry Keating … G. J. Culverly
Douglas Spencer … Dr. Brunner
Esther Dale … Mrs. Rhinelander
George Winslow … kleiner Indianer
Emmett Lynn … Jimmy
Joseph Mell … Friseur
George Eldredge … Autoverkäufer
Heinie Conklin … Maler
Kathleen Freeman … Krankenschwester

Olan Soule … Hotelangestellter
Harry Carey jr. … Reporter
John R. McKee … Fotograf
Faire Binney … Matrone
Bill McLean … Page
Paul Maxey … Vorstandsmitglied
Mack Williams … Vorstandsmitglied
Gil Stratton … Yale-Mann
Forbes Murray … Mann
Marjorie Holiday … Empfangsdame
Harry Carter … Wissenschaftler
Harry Seymour … Textilverkäufer
Harry Bartell … Wissenschaftler
Jerry Paris … Wissenschaftler
Ruth Warren … Wäscherin
Isabel Withers … Wäscherin
Olive Carey … Wäscherin
Dabbs Greer … Taxifahrer
Russ Clark … Polizist
Ray Montgomery … Polizist
Melinda Plowman … Mädchen
Terry Goodman … Junge
Ronnie Clark … Junge
Rudy Lee … Junge
Mickey Little … Junge
Brad Mora … Junge
Jimmy Roebuck … Junge
Louis Lettieri … Junge
Robert Nichols … Garagenwächter
Mary Field … Angestellter
Jerry Sheldon … Wache

Handlung:
Der Wissenschaftler Dr. Barnaby Fulton (Cary Grant) will das Jugend-Elixier entdecken, doch seine Bemühungen werden durch einen seiner Test-Schimpansen durchkreuzt, der aus seinem Käfig entkommt und wie durch ein Wunder den Zaubertrank zusammenmixt. Etwas davon gerät in den Trinkwasserkühler, und Fulton nimmt einen tüchtigen Schluck davon. Er wird umgehend ins Collegealter zurückversetzt. Als Fultons Chef seine Sekretärin Lois Laurel (Marilyn) auf die Suche nach dem inzwischen vermissten Fulton schickt, schleppt der verjüngte Professor sie zum Schwimmen, Rollschuhlaufen und schließlich zu einer rasenden

Autofahrt mit. Glücklicherweise klingt die Wirkung des Zaubertranks wieder ab, doch dann trinkt Fultons Frau Edwina (Ginger Rogers) unwissentlich von dem Elixier, und ihr pubertäres Verhalten löst beinahe einen Skandal aus. Als das Paar dann Kaffee trinkt, der mit Wasser aus dem Kühlbehälter aufgebrüht wurde, wird es noch schlimmer, denn diesmal entwickeln sie sich zu ungezogenen Kindern. Das Wasser macht die Runde bei allen Hauptfiguren mit Ausnahme von Marilyn, die bei den verjüngten Männern heftige Begierden auslöst. Am Ende sind alle wieder im richtigen Alter, und da der Affe die Formel nur durch Zufall gefunden hat, besteht auch keine Chance, dass es das Elixier jemals wieder gibt.

Kritiken:
New York Post
„Marilyn Monroe, von Grant als ,halbes Kind' beschrieben, worauf Rogers ergänzte, ,aber nicht die sichtbare Hälfte', posiert und spaziert auf eine Weise herum, die man nur suggestiv nennen kann. Was sie suggeriert, ist etwas, um das es in diesem Film die meiste Zeit geht, mit oder ohne Verjüngung."

Photoplay
„Marilyn Monroe kassiert Lacher und Pfiffe, wenn sie ständig rein und raus hüpft als Sekretärin, die nicht tippen kann. Maschineschreiben scheint allerdings das Einzige zu sein, woran es bei der Dame hapert."

New York Daily News
„Marilyn Monroe kann dümmer aussehen und tun als jede andere Leinwand-Blondine."

MONROE, MARION (1905–1929?)

Norma Jeanes Onkel. Er soll nach einigen Berichten an Schizophrenie gelitten haben. Eines schönen Tages verschwand er, um eine Zeitung zu holen, und kehrte nie zurück.

(siehe DELLA MAE HOGAN und IDA MARTIN)

MONROE, OTIS ELMER (1866–1909)

Norma Jeanes Großvater mütterlicherseits. Über ihn ist wenig bekannt. Man nimmt an, dass er in Schottland geboren wurde. Der gelernte Anstreicher war zehn Jahre älter als seine Frau DELLA MAE HOGAN, die er Ende 1899 heiratete. Bald darauf fand Otis eine Arbeit bei der mexikanischen Staatsbahn, und zwar gleich hinter der Grenze zu Texas in Porfirio Díaz, einer Stadt, die nach dem damaligen Präsidenten Mexikos benannt war (heute heißt sie Piedras Negras).

Norma Jeanes Mutter, Gladys Pearl Monroe (siehe GLADYS BAKER), wurde am 27. Mai 1902 in Mexiko (siehe MEXICO) geboren. Die Familie ging zurück in die USA und lebte in verschiedenen Orten an der Pazifikküste, vor allem in der Nähe von Los Angeles.

Otis Monroe wurde krank, als seine Tochter noch klein war. Er trank zu viel, sein Gedächtnis ließ nach, er litt an Kopfschmerzen, Hände und Füße zitterten immer stärker, und er wurde immer labiler. 1908 kam er in das Landeskrankenhaus von Südkalifornien in Patton, wo er nach neun Monaten am 22. Juli 1909 verstarb.

Laut Biograf DONALD SPOTO wurde seine Krankheit als progressive Paralyse diagnostiziert, fortschreitende Gehirnerweichung als Spätfolge der Syphilis. Das würde bedeuten, dass seine geistigen Störungen in Folge einer Erkrankung auftraten und nicht genetisch bedingt waren, wie viele Biografen behaupteten. Wie schon ihre Mutter befürchtete Marilyn, für eine Geisteskrankheit erblich vorbelastet zu sein (siehe MENTAL ILLNESS).

MONTAND, YVES
(1921–1991, GEB. ALS IVO LIVI)

RUPERT ALLAN:
„Es stimmt zwar, dass Sex eine ziemlich große Rolle dabei spielte, aber auch ihre Her zu tun. Sie hatten beide eine unglückliche Kindheit. Marilyn glaubte, dass sie wirklich verliebt in ihn sei."

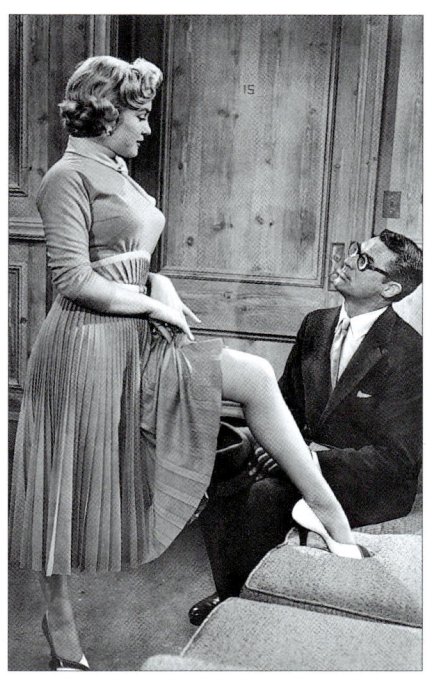

Marilyn und Cary Grant in *Monkey Business* (1952).

Marilyns „öffentlichste" Affäre war die mit Yves Montand, einem Franzosen, der von italienischen Bauern abstammte. Er ging früh nach Marseille und wurde als Achtzehnjähriger von Edith Piaf „entdeckt". Seine Gesangskarriere und die Affäre mit der größten Sängerin Frankreichs führten zu Filmrollen und internationalen Kino-Erfolgen. Im Jahr 1960 wollte er sein Glück in Hollywood versuchen.

Als Montand und seine Frau SIMONE SIGNORET dort ankamen, um mit Marilyn LET'S MAKE LOVE (1960) zu drehen, waren sie bereits privat mit Marilyn und ARTHUR MILLER befreundet; genau wie Miller trat Montand öffentlich für die Linken ein. 1956 hatte Miller das Paar in Paris getroffen, um abschließende Gespräche über die Produktion seines Stücks *Hexenjagd* zu führen, in dem beide auftraten. Im September 1959 waren die Montands in New York, weil Yves am Broadway ein Gastspiel als Sänger gab. Die Millers und die Montands verstanden sich auf Anhieb und sahen sich oft. Zu diesem Zeitpunkt befand sich die TWENTIETH CENTURY-FOX auf der verzweifelten Suche nach einem Partner für Marilyn, die gerade SOME LIKE IT HOT (1959) beendet hatte. Als Marilyn für *Let's Make Love* (1960) Montand vorschlug, war das Studio einverstanden, und Montand dachte, er stehe endlich vor seinem Durchbruch. Es heißt auch, dass Miller dem Studio Montand als ideale Besetzung der Rolle empfohlen habe.

Schon am ersten Drehtag erklärte Marilyn, wie gut ihr Filmpartner ihr gefiel: „Gleich nach meinem Mann und Marlon Brando", sagte sie und hob das Glas, „halte ich Yves Montand für den attraktivsten Mann, den ich je getroffen habe."

Marilyn, Arthur, Yves und Simone wohnten in benachbarten Bungalows beim BEVERLY HILLS HOTEL. Die Klatschpresse lag auf der Lauer, ob sich irgendetwas Verdächtiges abspielte, und sie brauchte nicht lange zu warten. Ende April 1960 wollte es das Schicksal, dass Arthur wie Simone aus beruflichen Gründen verreisen mussten. Über das, was dann geschah, gibt es unterschiedliche Berichte. Entweder stand Marilyn vor Montands Bungalow in einem Nerzmantel, unter dem sie nackt war, oder Montand schaute eines Abends bei Marilyn vorbei, die den ganzen Tag mit einer Erkältung im Bett gelegen hatte, um sie zu fragen, ob sie etwas zu essen oder zu trinken brauchte – so Montand in seinen Erinnerungen. „Ich beugte mich über sie, um ihr einen Gutenachtkuss zu geben, aber plötzlich wurde daraus ein wilder Kuss, ein Wirbelsturm, eine Feuersbrunst, die nicht mehr einzudämmen war."

An den Drehtagen schickte die Fox morgens eine Limousine vorbei, um Marilyn und Montand abzuholen. Signoret, die während der ganzen Zeit einen klaren Kopf behielt, erzählt in ihrer Autobiografie, was passierte, als Marilyn eines Morgens nicht zur Arbeit kam, weil sie sich wieder einmal nicht danach fühlte. Sie ignorierte alle Anrufe und Signorets Hämmern an ihrer Bungalowtür. Schließlich schrieb Montand einen Zettel und schob ihn unter Marilyns Tür hindurch.

„Du kannst mit Spyros Skouras und der Fox und allen Produzenten dieser Stadt tun, was du willst, wenn du ihnen böse bist. Aber wenn du herumtrödelst und den Geschichten zuhörst, die dir meine Frau erzählt, statt ins Bett zu gehen, weil du

Yves Montand bei Marilyns Geburtstagsfeier während der Dreharbeiten zu *Let´s Make Love*.

schon entschlossen bist, morgens nicht aufzustehen und ins Studio zu gehen, dann sag es mir vorher! Und lass mich nicht stundenlang an der Szene arbeiten, von der du schon weißt, dass du sie morgen nicht drehen willst. Ich bin kein Scheusal, ich bin dein guter Freund, und Kleinmädchenlaunen haben mich nie sehr amüsiert. Schönen Gruß, Yves."

Laut Signoret schämte sich Marilyn so sehr, dass sie nicht wagte, sich persönlich zu entschuldigen; sie brachte Miller dazu, aus Irland, wo er gerade mit JOHN HUSTON an dem Drehbuch für THE MISFITS (1961) arbeitete, bei den Montands anzurufen, um ihnen zu erklären, dass sie zu Marilyn hinübergehen sollten; sie klopften, traten ein und fanden eine schluchzende Marilyn, die immer wieder sagte: „Ich bin schlimm, ich bin schlimm, ich bin schlimm. Ich will es nie wieder tun, das verspreche ich."

Marilyn und Montand trafen sich später wieder, als sich Marilyn, während *The Misfits* in Nevada gedreht wurde, in Los Angeles aufhielt. Doch es ist unwahrscheinlich, dass sie nach dem 1. September 1960 noch viel mit ihm zu tun haben wollte. Damals erschien ein Exklusivinterview, das er HEDDA HOPPER gegeben hatte. Sie fand einiges, was er über sie sagte, verletzend, zum Beispiel: „Ich finde, sie ist ein zauberhaftes Kind, ein schlichtes Mädchen ohne Arglist." Dieser Artikel wurde als unritterlich eingeschätzt, wenn es auch den Anschein hat, dass die darin zitierten Sätze eine ziemlich freie Interpretation seines dürftigen Englisch waren. Marilyns Presseberater RUPERT ALLAN drückte es so aus: „Vielleicht verstand er nicht genug Englisch, um zu wissen, was sie ihm in den Mund legte, aber [laut Hopper] sagte er, Marilyn habe eine Schulmädchen-Schwärmerei für ihn gehabt. Im Zweifelsfall sollte man davon ausgehen, dass er vielleicht sagte, Marilyn sei wie ein junges Mädchen oder so etwas. Am nächsten Tag brachte Hedda die Story, und Marilyn war außer sich."

Montands Filmkarriere kam in den USA nicht sehr voran, aber in Europa drehte er noch viele gute Filme mit so herausragenden

Regisseuren wie Costa-Gavras, Alain Resnais und Vincent Minnelli. 1986 spielte er die Hauptrolle in Berris *Jean de Florette* und *Manons Rache*.

MOORE, JOHN

Als Marilyn in New York lebte, war John Moore einer ihrer bevorzugten Modeschöpfer. Zum Maßnehmen kam er zu ihr in ihr Apartment an der East FIFTY-SEVENTH STREET, besuchte sie aber auch als guter Freund.

Er war bei Marilyns Hochzeit mit ARTHUR MILLER dabei, half ihr bei der Neueinrichtung ihres New Yorker Apartments und war derjenige, der das Kleid mit den extradünnen Trägern anfertigte, von denen einer während der Pressekonferenz abriss, in der Marilyn die Gründung der MARILYN MONROE PRODUCTIONS ankündigte.

MORAN, EARL

Modellstehen für den Illustrator Earl Moran (siehe MODELING) gehörte zu den frühesten Jobs, mit denen Norma Jeane ihren Lebensunterhalt verdiente, während sie um ihren Einstieg ins Filmgeschäft kämpfte. Er war einer der angesehensten amerikanischen Pin-up-Zeichner. Von 1946 bis 1949 fotografierte er sie in unterschiedlichen Kostümen und Stadien der Entblätterung zu einem Stundenlohn von zehn Dollar und benutzte diese Fotos dann als Vorbilder für seine beliebten Kohle- und Pastellzeichnungen. Morans Darstellungen von Marilyn wurden unter anderem von dem großen Kalenderverlag Brown & Bigelow verwendet (siehe CALENDAR).

MORATH, INGE (GEB. 1923)

Inge Morath gehörte zu den Fotografen, die die Fotoagentur MAGNUM zu den Dreharbeiten von THE MISFITS (1961) schickte. Wenige Tage nach der Ankündigung von Marilyns Anwälten, dass sie sich von ARTHUR MILLER scheiden lassen wolle, stieß Miller in New York zufällig mit der gebürtigen Österreicherin Morath auf der Fifth Avenue zusammen. Sie verliebten sich, sie zog nach Amerika und wurde am 7. Februar 1962 Millers dritte Frau. Mit 29 Jahren bekam sie eine Tochter namens Rebecca, nur fünf Wochen nach Marilyns Tod.

Laut Aussage von Miller hatten Marilyn die Bilder, die sie am Set von *The Misfits* aufnahm, sehr gut gefallen, sie spürte eine echte Zuneigung darin.

MORIARTY, EVELYN

Moriarty, die die gleiche Größe und einen ähnlichen Teint wie Marilyn hatte, wurde von dem Regisseur GEORGE CUKOR aus einer langen Reihe von Revuegirls in Earl Carrols Nachtclub herausgepickt und als Double für Marilyn in LET'S MAKE LOVE (1960) verpflichtet. Sie behielt diesen Job auch bei THE MISFITS (1961) und dem abgebrochenen Film SOMETHING'S GOT TO GIVE. Ein Reporter, der sie 1987, 25 Jahre nach Marilyns Tod, interviewte, bemerkte, wie sie „in Marilyns typische Angewohnheiten verfiel, die sie schließ-

Bei der Pressekonferenz in New York, auf der die Produktion von *The Prince and the Showgirl* (1957) angekündigt wurde, riss der Spaghetti-Träger von Marilyns John-Moore-Kleid genau im passenden Moment.

Marilyn 1946 als Modell für eine Zeichnung von Earl Moran. Die fertige Zeichnung hatte den Titel „Bus Stop" und war von dem folgenden Gedicht begleitet: Hallo Jüngling in Blau, komm, drück auf die Tube, sie möchte mit, die verlorene Maid, aber nur vorn, sie hat´s nicht mehr weit. Spar dir die Tricks, sie weiß Bescheid.

lich aus erster Hand gelernt hatte – das Schürzen der Lippen, den Wimpernschlag, die einschmeichelnden Flüstertöne beim Sprechen".

In Moriartys Erinnerung war Marilyn eine warmherzige, freigiebige und loyale Frau, die Tiere liebte und anderen Menschen oft geholfen hat.

Ihre letzte Begegnung mit Marilyn hatte Moriarty am 36. Geburtstag des Stars, dem letzten Drehtag von *Something's Got to Give*.

Seit Marilyns Tod bezeugt Moriarty dem Star Jahr für Jahr ihren Respekt durch einen Besuch auf dem Friedhof (siehe WESTWOOD MEMORIAL PARK). Moriarty ist in vielen Dokumentarfilmen über Marilyn aufgetreten und hat stets lobend über sie gesprochen.

MORTENSEN, MARTIN EDWARD
(1897–1929?)

Edward Mortensen (manchmal auch Mortenson geschrieben) ist einer der Männer, die Norma Jeanes Vater (siehe FATHER) gewesen sein könnten.

Als er GLADYS BAKER 1924 kennen lernte, war er ein frommer Lutheraner. Er glaubte, sie würde eine gute Ehefrau, da sie als Anhängerin der Christian Scientists regelmäßig zur Kirche ging. Allerdings hat man auch behauptet, dass Gladys Glaubensstrenge nur daher rührte, dass ihre beste Freundin und Wohnungsnachbarin GRACE MCKEE GODDARD einen Freund hatte, der Mitglied dieser Gemeinde war.

Gladys heiratete Mortensen am 11. Oktober 1924 in zweiter Ehe. Vier Monate später wohnte sie schon wieder bei ihrer Freundin, anscheinend konnte sie sich nach ihrem lockeren vorehelichen Lebensstil nicht mehr an die Langeweile des Eheglücks gewöhnen – allerdings gibt es auch Berichte, nach denen er sie verließ.

In seinem Scheidungsantrag, den er am 26. Mai 1925 einreichte, behauptete Mortensen, Gladys habe ihn „bewusst und ohne Anlass verlassen und ihn seither allein gelassen".

Ein Jahr später, am 1. Juni 1926 um 9.30 Uhr, brachte Gladys Baker auf der Geburtsstation des General HOSPITAL von Los Angeles Norma Jeane zur Welt. In der Ge-

burtsurkunde ist als Vater Edward Mortensen, Wohnsitz unbekannt, eingetragen.

Anscheinend hat Mortensen erfolglos versucht, Gladys' Zuneigung wiederzugewinnen, bevor die Scheidung am 15. August 1928 endgültig ausgesprochen wurde.

Auf ihren Heiratsurkunden, sowohl bei JOE DIMAGGIO als auch bei ARTHUR MILLER, gab Marilyn Edward Mortensen als Vater an, doch es gibt Beweise, dass sie ihn nicht dafür hielt. Auf jeden Fall war er nicht der Mann, den sie mehrfach zu besuchen versuchte.

Den meisten Biografien zufolge kam Martin Edward Mortensen bei einem Motorradunfall in Ohio am 18. Juni 1929 ums Leben. Es gibt jedoch noch einen Mann gleichen Namens, der am 10. Februar 1981 mit 83 Jahren in Riverside, Kalifornien, an einem Herzanfall starb. Zu Lebzeiten hatte er behauptet, er sei der Vater von Marilyn Monroe; in seinem Nachlass fand sich eine Kopie von Norma Jeanes Geburtsurkunde.

MOTHER AND MOTHER FIGURES –
Mütter und Ersatzmütter

MAUREEN STAPLETON:
„Sie erweckte in jedem Menschen mütterliche Gefühle. Sie war eine sehr anziehende, starke und kluge Frau."

Marilyn lebte mit ihrer Mutter GLADYS BAKER nicht länger als ein Jahr zusammen, damals war sie sieben. Die übrige Zeit wuchs sie bei einer Reihe von Ersatz- und Pflegemüttern auf. Die wichtigsten waren IDA BOLENDER, GRACE MCKEE GODDARD und ANA LOWER. Es heißt auch, dass sie sich zu ihrem Phantasievater Clark Gable (siehe FATHER) eine Mutter hinzuträumte, die Schauspielerin und Sängerin Jeanette MacDonald.

Die stärkste Verkörperung mütterlicher Liebe (siehe LOVE) während ihrer Mädchenjahre war ihre geliebte „Tante" Ana Lower. Marilyn erinnert sich: „Sie wurde für mich zu einer echten Mutter – das einzige bisschen Mutterliebe, das ich je kannte … Bei Tante Anas Tod empfand ich zum ersten Mal im Leben tiefe Trauer."

Während der ersten Hälfte ihrer Filmkarriere spielte ihre langjährige Schauspiellehrerin NATASHA LYTESS eine wichtige Rolle in Marilyns Leben. Unter anderem verkörperte sie mütterliche Strenge. Lytess schreibt in ihrer Autobiografie: „Sie war undiszipliniert und faul, aber damit kam sie bei mir nicht durch. Wenn sie unvorbereitet zur Stunde kam, wurde ich wütend. Ich schimpfte mit ihr wie mit meiner eigenen Tochter. Marilyn sah mich dann jedes Mal an, als ob ich sie im Stich ließe."

GLORIA STEINEM schreibt über Marilyns lebenslanges Problem, Freundschaften mit Frauen einzugehen, dies sei auf die zwiespältige Beziehung zu ihrer eigenen Mutter zurückzuführen sowie auf die Tatsache, dass so viele Frauen in ihrer Kindheit und Jugend kamen und gingen, von denen ihr keine einzige die Liebe und Beachtung schenkte, die die meisten Kinder erhalten. An die wenigen Frauen, die dem Kind freundlich begegneten, dachte Marilyn gerne zurück, insbesondere an „Tante" Ana Lower. Selbst an die Frau, die das Waisenhaus (siehe ORPHANAGE) leitete, erinnerte sie sich gern, weil diese ihr erlaub-

Ein Foto von Inge Morath, aufgenommen während der
Dreharbeiten zu *The Misfits*.

te, sich zu schminken, und ihr Komplimente über ihre schöne, weiche Haut machte.

Marilyn hatte nur wenige gleichaltrige Freundinnen, aber sie pflegte die Beziehungen zu einer Reihe von älteren Frauen, wie zum Beispiel zu Anne Karger (die Mutter ihres frühen Liebhabers FRED KARGER), XENIA CHEKHOV, ihren Schwiegermüttern Rosalie DiMaggio und Augusta Miller.

Der vielleicht größte persönliche Schmerz Marilyns war, dass sie keine eigenen Kinder hatte (siehe CHILDREN). Sie hatte zwei Fehlgeburten und eine Eileiterschwangerschaft. 1958, nicht lange nach ihrer zweiten Fehlgeburt, vertraute sie ihrem Freund NORMAN ROSTEN ihr Dilemma an: „Soll ich den nächsten Film drehen oder lieber zu Hause bleiben und noch einmal versuchen, ein Kind zu bekommen? Am liebsten hätte ich ein Kind, glaube ich, aber vielleicht will Gott mir etwas damit sagen, ich meine mit all meinen Schwangerschaftsproblemen. Wahrscheinlich wäre ich eine völlig verrückte Mutter, ich würde mein Kind zu Tode lieben. Ich möchte schon, aber ich habe auch Angst davor."

Nur in zwei ihrer 31 Filme spielte Marilyn eine Mutterrolle: in WE'RE NOT MARRIED (1952) und in ihrem letzten, unbeendeten Film SOMETHING'S GOT TO GIVE.

MURRAY, DON (GEB. 1929)

Marilyns Partner in BUS STOP (1956) war vor dieser seiner ersten Filmrolle relativ unbekannt. Er hatte sich in sieben Bühnenjahren einen Namen am Theater gemacht. Regisseur JOSHUA LOGAN wählte ihn aus, nachdem er ihn in The Skin of Our Teeth – Wir sind noch einmal davongekommen gesehen hatte. Dass sein Vertrauen gerechtfertigt war, bewies die Oscar-Nominierung Murrays für seine Darstellung des Beauregard „Beau" Decker, eines ungehobelten Burschen vom Land.

Es war nicht leicht für Murray, mit Marilyn zu arbeiten. Sie war nicht nur viel berühmter und länger im Filmgeschäft als er, sondern drehte Bus Stop, nachdem sie sich von der TWENTIETH CENTURY-FOX demonstrativ getrennt und ihren Knebelvertrag neu ausgehandelt hatte, so dass sie nun weitreichende Vorrechte bei ihren Filmen besaß.

Murray berichtet folgenden Vorfall: „Einmal, als sie meinte, ich hätte eine Szene von ihr verpatzt, spielte sie weiter, wie bei der Probe, nahm ihr Kostüm und schlug mir damit ins Gesicht. Die aufgestickten Pailletten hinterließen Kratzspuren direkt am Auge – dann rannte sie weg. Aber absichtlich böse war sie nicht." Davon abgesehen war das Leben am Set für Murray nicht uninteressant. Er kam seiner Kollegin HOPE LANGE näher, die er später heiratete.

Murray hat sehr viel fürs Fernsehen gearbeitet, unter anderem spielte er ROBERT KENNEDY in dem Fernsehfilm The Sex Symbol von 1974. Seine bekanntesten Filme neben Bus Stop sind: The Bachelor Party (1957), The Hoodlum Priest – Der werfe den ersten Stein (1961) und Advise and Consent – Sturm über Washington (1962).

MURRAY, EUNICE

In den letzten neun Monaten von Marilyns Leben war Eunice Murray ständig in ihrer Nähe. Der Analytiker DR. RALPH GREENSON

Don Murray und Marilyn in *Bus Stop* (1956).

hatte sie empfohlen. Greenson engagierte sie, um bei wichtigen Klienten von ihm zu arbeiten. Wie Murray in ihrer Autobiografie schreibt, schickte er sie zu Patienten, die „an Depressionen oder Schizophrenie litten oder zu solchen wie Marilyn Monroe, die sich nur von anstrengenden Erlebnissen erholen musste und dabei Unterstützung und Hilfe brauchte." Am verbreitetsten ist die Auffassung, dass Murray als Auge und Ohr des Arztes fungieren und ihm berichten sollte, was seine Patienten sagten und taten. Murrays Schwiegersohn Philip Laclair sagte dazu: „Sie machte es, um Geld zu verdienen. Ihr Mann zahlte keinen Unterhalt. Sie hatte keine Ausbildung als Krankenschwester – sie hatte nicht einmal die High School beendet –, aber sie war eine freundliche Frau und eine wertvolle Kraft für Greenson. Sie hielt sich stets genauestens an seine Weisungen."

Im November 1961 stellte Marilyn Eunice als Gesellschafterin, Chauffeurin, Krankenschwester und Haushälterin ein, anfänglich zu einem Wochenlohn von 60 oder 100 Dollar. Murray begleitete Marilyn auf ihrer Möbeleinkaufstour nach Mexiko (siehe MEXICO). Der Friseur GEORGE MASTERS, der mit von der Partie war, fand sie ausgesprochen eigenartig: „Sie war eine sehr sonderbare Frau, so was wie eine Hexe. Zum Fürchten, dachte ich damals. Sie wachte eifersüchtig über Marilyn und isolierte sie von ihren Freunden – kurz, eine, die Zwietracht sät."

PAT NEWCOMB erinnert sich: „Zu Anfang holte Marilyn sich bei ihr Rat, weil sie doch angeblich diese tolle Haushälterin war, die Greenson für sie gefunden hatte. Aber ich hatte vom ersten Tag an kein Vertrauen zu Eunice Murray, sie schien überall rumzuschnüffeln." Auch andere aus Marilyns engster Umgebung, so zum Beispiel ALLAN „WHITEY" SNYDER, schilderten sie als „eine sehr seltsame Dame … Sie war andauernd am Flüstern und Lauschen. Ständig war sie in der Nähe und gab alles an Greenson weiter, und das wurde Marilyn auch schnell klar."

In Marilyns Umgebung freute man sich, als Marilyn im Mai 1962, kurz nachdem Dr. Greenson zu einem fünfwöchigen Urlaub aufgebrochen war, Murray einen Scheck überreichte mit den Worten, ihre Dienste würden

nicht mehr benötigt. Doch bei Marilyns Rückkehr aus New York, wo sie Präsident Kennedy mit dem zärtlichsten „Happy Birthday" des Jahres erfreut hatte, war Murray immer noch da und behauptete, sie habe die Entlassung als nur vorübergehend aufgefasst und sei nun zurückgekommen.

Es gibt Berichte, nach denen Murray schon lange vorhatte, am 6. August mit Schwester und Schwager auf eine Europareise zu gehen, dies aber Marilyn erst am 1. August mitteilte. Marilyn gab ihr wieder einen Scheck und sagte, sie brauche im September nicht wiederzukommen. Mehreren Biografen zufolge hatte Marilyn sich bereits um Ersatz bemüht und eine frühere Haushilfe (siehe MAIDS) daraufhin angesprochen – Hattie Stevenson oder Florence Thomas.

Am 4. August 1962, dem letzten Tag, an dem Marilyn lebendig gesehen wurde, meldete sich Eunice Murray um acht Uhr morgens zum Dienst. Es gehört zu den wenigen unumstrittenen Punkten der Geschehnisse dieses Tages, dass Mrs. Murray die ganze Zeit da war, seltsamerweise auch über Nacht; sie fuhr nicht in ihre Wohnung in Santa Monica zurück.

Tagsüber nahm Murray Marilyns Anrufe an, während Dr. Greenson einen Hausbesuch bei seiner Klientin machte. Am Nachmittag fuhr Murray Marilyn an den Strand und wieder zurück nach Hause, wo ihre ganztägige Therapie-Sitzung weiterging. Murray nahm weiter die Gespräche für Marilyn an, darunter angeblich auch Anrufe von Freunden, die sich Sorgen machten, weil Marilyn irgendwie in Schwierigkeiten steckte. In den meisten Fällen gebrauchte Murray irgendwelche Ausreden, warum Marilyn nicht ans Telefon kommen konnte.

In ihrer offiziellen Aussage bei der Polizei (siehe DEATH – Tod) gab Eunice an, sie sei um drei Uhr morgens aufgewacht, habe Licht unter Marilyns Schlafzimmertür gesehen, die Tür sei aber seltsamerweise abgeschlossen gewesen. Besorgt rief sie Dr. Greenson an, der sie nach draußen schickte, um herauszufinden, ob sie etwas durch die Vorhänge erkennen könne. Sie meldete sich wieder bei ihm und sagte, Marilyn liege nackt auf dem Bett in einer „unnatürlichen Lage". Daraufhin brach Greenson durch das Fenster in das

Schlafzimmer ein und fand Marilyn tot vor. In ihrer Zeugenaussage finden sich eine Reihe von Unstimmigkeiten. Erstens war der neue dichte Wollteppichboden zu hoch, um Licht durch den Türspalt zu lassen; bei späteren Aussagen gab Eunice an, dass sie von dem Anruf geweckt worden war. Zweifelhafter war die verschlossene Tür. In manchen Biografien wird behauptet, die Tür habe gar kein funktionstüchtiges Schloss gehabt und Marilyn habe stets bei offener Tür geschlafen.

Murray war auch in Bezug auf den zeitlichen Ablauf nicht widerspruchsfrei. Angeblich hat sie Sergeant JACK CLEMMONS, dem ersten Polizisten, der am Ort des Geschehens eintraf, gesagt, sie habe Dr. Greenson zum ersten Mal um Mitternacht benachrichtigt, also nicht um drei Uhr früh, wie sie später angab. Clemmons sagte aus, als er um 4.40 Uhr am Haus eintraf, lief die Waschmaschine und Mrs. Murray sei damit beschäftigt gewesen zu putzen. Detective Sergeant Robert E. Byron von der Kriminalpolizei, der die Angelegenheit von Clemmons übernahm, schrieb in seinem offiziellen Bericht (siehe POLICE REPORT): „Der Polizeibeamte ist der Meinung, dass Mrs. Murray vage und möglicherweise ausweichend auf die Fragen nach den Aktivitäten von Miss Monroe während dieser Zeit geantwortet hat."

In der Folgezeit, insbesondere seit Gerüchte aufkamen, die die Kennedy-Brüder betrafen, hat man sich sehr eindringlich mit Mrs. Murray beschäftigt. Im Jahr 1985 sagte sie Dokumentarfilmern der BBC, dass ROBERT KENNEDY tatsächlich am Nachmittag von Marilyns letztem Lebenstag im Haus gewesen sei. Allerdings hat sie dieses Eingeständnis später widerrufen, mit der Begründung: „Ich bin jetzt 82 Jahre alt. Ab und zu bringe ich alles durcheinander."

MURROW, EDWARD R. (1908–1965)

Im Jahr 1955 war Marilyn in Murrows Fernseh-Show „Person to Person" bei CBS zu Gast. Die Show wurde am 8. April aus dem Haus von MILTON und AMY GREENE in Connecticut live ausgestrahlt. Kurz vor der Sendung war Marilyn sichtlich aufgeregt.

Marilyns Haushälterin Eunice Murray.

Unter anderem glaubte sie, dass ihre ziemlich schlichte Kleidung und ihr einfaches Make-up sie gegenüber Amy Greene benachteiligen würde. Sie beruhigte sich, als ein Mitglied der Crew zu ihr sagte: „Schau einfach in die Kamera, Kleine. Hier zählst du und die Kamera – und sonst gar nichts." Marilyns Nervosität hielt aber während der Sendung an. Sie war mit ihrem Auftritt nicht zufrieden.

MUSIC – **Musik**

Marilyns musikalische Ausbildung begann mit fünf Jahren, als ihre Mutter GLADYS BAKER es sich leisten konnte, eine Klavierlehrerin zu engagieren. Norma Jeane spielte nie besonders gut und nur ein einziges Mal in einem ihrer Filme; es war das lustige „Duett" in THE SEVEN YEAR ITCH (1955). Für Marilyn war ein Klavier während ihres ganzen Lebens ein wichtiges Symbol. Während der kurzen Zeit, die sie als Kind mit ihrer Mutter zusammen lebte, war ein weißer Flügel (siehe WHITE PIANO) der ganze Stolz des Hauses an der ARBOL STREET. Dieser Flügel oder ein sehr ähnlicher begleitete Marilyn später trotz vieler Umzüge.

Marilyn fand Musik sehr bewegend. Als ihre erste große Liebe gilt ihr Gesangslehrer FRED KARGER. Eine Affäre mit ihrem späteren Lehrer, HAL SCHAEFER, führte zum „Unternehmen falsche Tür" (siehe „WRONG DOOR RAID"), einem Eifersuchtsanfall ihres damaligen Ehemanns JOE DIMAGGIO.

Für ihre Gesangsstimme (siehe VOICE) erntete Marilyn schon früh in ihrer Karriere Beifall. Bei ihren Liedern liefen den männlichen Bewunderern Schauer über den Rücken. Sie sang in nicht weniger als zehn Musicals, von LADIES OF THE CHORUS (1948) bis zu LET'S MAKE LOVE (1960). Dazu kamen noch eine Reihe von Live-Auftritten bei der Truppenbetreuung.

Marilyn war mit vielen Sängern befreundet, die sie bewunderte, wie DEAN MARTIN, ELLA FITZGERALD, JUDY GARLAND, FRANK SINATRA und MEL TORMÉ.

WAS MARILYN GERN HÖRTE

1939 spielte Marilyn Glenn-Miller-Platten auf einem tragbaren Victrola-Grammofon zum Aufziehen, einem Geschenk von Grace McKee Goddard.

1949 spielte im Hintergrund Artie Shaws „Begin the Beguine", während sich Marilyn auf einer roten Samtdecke rekelte und Tom Kelley Aktfotos für einen Kalender machte.

1952 stand in einer Titelgeschichte über Marilyn in *Life*, ihr Musikgeschmack sei „ausgesprochen anspruchsvoll".

1955 schrieb Earl Wilson, Marilyn schätze vor allem Louis Armstrong, Earl Bostick, Mozart und Beethoven.

1955 wollte Lee Strasberg Marilyns musikalischen Horizont erweitern und lieh ihr Aufnahmen einer Reihe großer russischer Komponisten – Tschaikowsky, Skrjabin und Prokofjew. Im Oktober des Jahres besuchte sie ein Konzert des russischen Pianisten Emil Gilels in der Carnegie Hall.

1956 antwortete Marilyn auf die Frage, welche

TV-Talkmaster Edward R. Murrow gibt Marilyn Feuer (1955).

Musik ihr gefiel: „Ich mag Jazz, z. B. von Louis Armstrong, und Beethoven."

1958 hörte sie, laut Haushaltshilfe Lena Pepitone, mit Vorliebe Frank Sinatras „All of Me" sowie „Every Day I Have the Blues" und „The Man I Love".

1962 befand sich in ihrem Haus eine Plattensammlung mit Werken von Bach, Beethoven, Vivaldi und Jelly Roll Morton. Am letzten Abend ihres Lebens hörte Marilyn Platten von Frank Sinatra.

MY STORY – **Meine Story**

Das Buch *My Story – Meine Story*, das bei seinem Erscheinen 1974 im Verlag Stein und Day als Marilyns Autobiografie bezeichnet wurde, hatte in Wirklichkeit der Drehbuchautor, Filmkritiker und Journalist BEN HECHT verfasst. Er war 1954 als Ghostwriter für die Autobiografie von Hollywoods neuestem Star engagiert worden und verbrachte fünf Tage mit Marilyn. Zwei Monate später hatte er ein 106 Seiten dickes Manuskript zusammengeschrieben, über das Marilyn sagte, es habe „jeden Abschnitt ihres Lebens eingefangen", von Norma Jeanes Aufwachsen als Waisenkind bis zu ihrer triumphalen Korea-Tour zur Hebung des Kampfgeistes der amerikanischen Truppen.

Das ziemlich sentimentale Buch konnte erst zwanzig Jahre später erscheinen. Erst trennte sich Hecht von seinem Agenten, der das Buch in dem britischen Magazin *Empire News* als Fortsetzungsserie vorabdrucken ließ, anscheinend ohne mit seinem Klienten darüber gesprochen zu haben. Dann sprach JOE DIMAGGIO ein Machtwort: Marilyn solle das Buch überhaupt nicht veröffentlichen, schließlich habe sie niemals einen entsprechenden Vertrag unterzeichnet.

Anfang der 1970er-Jahre zeigte Marilyns früherer Geschäftspartner MILTON GREENE das Buch den Verlegern Stein und Day, die es veröffentlichten. Greene wurde als Inhaber des Copyrights genannt. Der Biograf DONALD SPOTO verglich Hechts Originalmanuskript mit der 1974 veröffentlichten Version und stellte fest, dass die ersten 66 Seiten des Buchs nicht aus Hechts Feder stammten.

NAMES — **Namen**

Angeblich soll Norma Jeane von ihrer Mutter nach den beiden Schauspielerinnen NORMA TALMADGE und JEAN HARLOW benannt worden sein. Dies klingt zwar plausibel, doch Jean Harlow gab ihren ursprünglichen Namen Harlean Carpenter erst 1928 auf, als Norma Jeane schon zwei Jahre alt war.

Im Laufe der Zeit haben viele Leute behauptet, Hollywoods größtem Sexsymbol seinen Namen gegeben zu haben. Tatsächlich war es jedoch BEN LYON, Leiter der Nachwuchsabteilung bei der TWENTIETH CENTURY-FOX. Norma Jeane besuchte kurz nach Abschluss ihres ersten Studiovertrags Lyon und seine Frau Bebe Daniels in deren Haus am Strand von Malibu. Gemeinsam erwogen sie verschiedene Namen. Norma Jeane schlug vor, wenigstens Jean beizubehalten, als Hommage an ihr Kindheitsidol Jean Harlow. Da ihnen als Vorname nichts Besseres einfiel, gingen sie zum Nachnamen über. Norma Jeane schlug den Mädchennamen ihrer Mutter vor: Monroe. Jean Monroe. Dann brachte Lyon den Namen Marilyn ins Spiel, der für ihn eine besondere Bedeutung hatte, da er einst mit der Bühnenschauspielerin MARILYN MILLER verlobt gewesen war.

Norma Jeane brauchte lange, um sich an den Namen Marilyn Monroe zu gewöhnen. Im Jahr 1952 verriet sie: „Ich mochte den Namen Marilyn noch nie und habe mir oft gewünscht, ich hätte damals auf Jean Monroe bestanden. Aber jetzt ist es wohl zu spät, um noch etwas daran zu ändern."

Standesamtlich wurde ihr Name erst am 12. März 1956 von Norma Jeane Mortensen in Marilyn Monroe geändert.

OFFIZIELLE NAMEN

Geburtsname: Norma Jeane Mortensen
Taufname: Norma Jeane Baker
Name auf der Heiratsurkunde 1942: Norma Jeane Mortenson
Ehename 1942–1946: Norma Jeane Dougherty
Name als Fotomodell: Norma Dougherty, Norma Jeane Dougherty, Jean Norman
Erste Presse-Erwähnung (durch Hedda Hopper) 1946: Norma Jean Dougherty
Erster Studio-Name: Carole Lind
Name auf dem ersten Vertrag mit der Twentieth Century-Fox, September 1946: Norma Jeane Dougherty
Name auf dem erneuerten Vertrag mit der Twentieth Century-Fox, Februar 1947: Marilyn Monroe
Andere Vorschläge für Studio-Namen: Clare Norman, Marilyn Miller, Jean Monroe
Name auf dem Vertrag mit John Carroll 1947: Journey Evers
Name im Personenstandsregister bei der Heirat mit Joe DiMaggio: Norma Jeane Mortenson Dougherty
Ehename 1954: Marilyn DiMaggio
Ehename 1956: Marilyn Miller
Name auf der Sterbeurkunde: Marilyn Monroe

INOFFIZIELLE NAMEN

In der Schule: Norma Jeane, Die menschliche Bohne, Bohnenstange, Die Maus
In der Schule, nachdem ihre Figur sich gerundet hatte: The Oomph-Girl (Sexy Girl), The Mmmmm Girl (hässliche Anspielung auf ihr Stottern)
Grace McKee Goddard nannte sie: Die Maus

Kosename von Fred Karger und seiner Familie: Maril
Namen, unter denen sie angeblich in einem Striptease-Lokal arbeitete: Marilyn Monroe, Marilyn Marlowe, Mona Monroe
Name auf dem Freigabe-Formular für den Aktkalender: Mona Monroe
Name, den sich ein Presseagent für *Love Happy* ausdachte: The Woo Woo Girl
Soldaten kannten sie als: Miss Flammenwerfer, Miss Pin-Up 1951, Miss Morale, Das Mädchen, das sich ruhig zwischen uns und unsere Ehefrauen drängen darf, Die Atom-Blondine, Miss Bountiful, Nationale Sexsensation Nummer Eins
Sidney Skolsky taufte sie: Das Mädchen mit dem „horizontalen" Gang
Name, unter dem sie Sidney Skolsky öffentlich ausrufen ließ: Miss Caswell
Hedda Hopper nannte sie: Blondes Feuer
Bei Louella Parsons hieß sie: Movie Glamour Girl
Jane Russell nannte sie: Baby Doll, die Rundliche
Name, unter dem sie sich 1954 in einem Motel in Westwood eintrug: Norma Baker
Name, unter dem sie 1954 inkognito von Hollywood nach New York reiste: Zelda Zonk
Der New Yorker Fanclub „Marilyn Six" sprach von ihr als: Mazzie
Name, den sie benutzte, wenn sie den noch nicht geschiedenen Arthur Miller anrief: Mrs. Leslie
Arthur Miller nannte sie: Penny Dreadful, Sugar Finney, Gramercy 5
Simone Signoret: Das Milchmädchen
Name, unter dem sie sich in die Payne-Whitney-Klinik eintrug: Miss Faye Miller
Deckname, unter dem sie 1962 nach Palm Springs fuhr: Tony Roberts

DER NAME MARILYN

Marilyn stammt von Maria und bedeutet „erwünschtes Kind", was in Marilyns Fall reine Ironie ist.

Ein kürzlich von einem japanischen Astronomen entdeckter heller Stern wurde nach Hollywoods strahlendster Schauspielerin benannt.

Bei der amerikanischen Volkszählung von 1990 stand Marilyn an 80. Stelle der beliebtesten weiblichen Vornamen.

NEBRASKA AVENUE

Von 1938 bis 1946 lebte Norma Jeane vorwiegend bei ihrer geliebten „Tante" ANA LOWER in deren Haus, 11348 Nebraska Avenue in West Los Angeles. 1945 wohnte auch Marilyns Mutter GLADYS BAKER mehrere Monate dort, nachdem sie vorübergehend aus der Nervenklinik in Nordkalifornien entlassen worden war.

(siehe HOMES — Wohnungen)

NEGULESCO, JEAN (1900–1993)

In Rumänien geborener Regisseur, der 1927 in die USA auswanderte und sich vom Bühnenmaler zum Regisseur hocharbeitete. Nach einer Zeit bei WARNERS, in der er *The Mask of Dimitrios – Die Maske des Dimitrios* (1944) und *Humoresque – Humoreske* (1946) drehte, ging er zur TWENTIETH CENTURY-FOX. Seine bekanntesten Filme dort waren *Roadhouse – Nachtclub-Lilly* (1948), *Johnny Belinda – Schweigende Lippen* (1948), *Three*

Regisseur Jean Negulesco

Coins in the Fountain – Drei Münzen im Brunnen (1954), *Woman's World – Die Welt gehört der Frau* (1954) und *Daddy Longlegs – Daddy Langbein* (1955).

1952 wurde Negulesco von der Fox beauftragt, deren ersten Cinemascope-Film, HOW TO MARRY A MILLIONAIRE (1953), zu realisieren. Er sollte die brandneue Technik propagieren, mit deren Hilfe man hoffte, die Konkurrenz des Fernsehens abzuwehren. Das Studio warf drei seiner Stars in die Schlacht – Königin BETTY GRABLE, Kronprinzessin Marilyn Monroe sowie die attraktive LAUREN BACALL.

Negulesco gehört zu den wenigen Regisseuren, die davon abgesehen haben, ihre Probleme bei der Zusammenarbeit mit Marilyn öffentlich zu machen.

Trotz des großen Kassenerfolgs von *How to Marry a Millionaire* arbeiteten Negulesco und Marilyn nicht noch einmal zusammen. Hätte Marilyn länger gelebt, wären sie sich am Set von SOMETHING'S GOT TO GIVE wieder begegnet, da Negulesco statt GEORGE CUKOR bei der Wiederaufnahme des Films Regie führen sollte.

NEW YORK

In der Zeit, als das junge Starlet Marilyn noch das ACTORS LAB in Los Angeles besuchte, hielt sie New York für „einen unendlich weit entfernten Ort … an dem die Schauspieler und Regisseure sich mit ganz anderen Dingen beschäftigten, als nur den ganzen Tag herumzustehen und über eine Nahaufnahme oder einen Kamerawinkel zu diskutieren … Es erschien mir wahnsinnig aufregend, und ich wollte unbedingt dabei sein."

1954 setzte sie ihren Wunsch in die Tat um. Mit ihrem Geschäftspartner MILTON GREENE zog sie sich in den „Big Apple" zurück. Sie begann dort, ihre Zukunft als unabhängige Produzentin zu planen, nahm Unterricht bei dem renommierten Schauspiellehrer LEE STRASBERG, handelte einen neuen Vertrag mit der Fox aus und stürzte sich in die Welt der Psychoanalyse (siehe PSYCHOANALYSIS). Und sie verliebte sich in ARTHUR MILLER, der damals in BROOKLYN lebte. „Ich habe mich in Brooklyn verliebt", teilte sie daraufhin einem

Miller und Marilyn in New York, ca. 1956.

Beendigung der Dreharbeiten zu THE MISFITS (1961). Arthur Jacobs schlug Newcomb als Ersatz vor, während JOHN SPRINGER sich weiterhin um die Pressearbeit in New York kümmern sollte. Marilyn war einverstanden, und so kehrte Newcomb zurück. In den nächsten eineinhalb Jahren gehörte Newcomb zum inneren Kreis um Marilyn und war nicht nur ihre Angestellte, sondern auch ihre Freundin. Guiles zufolge verhielt sie sich aus Loyalität zu Marilyn manchmal zu fürsorglich.

Marilyn ließ 1962 sogar einen zweiten Telefonanschluss in Newcombs Wohnung einrichten, um sie jederzeit erreichen zu können. Newcomb erledigte nicht nur Marilyns Pressearbeit, sondern auch ihre Besorgungen, half ihr bei der Häusersuche und fuhr 1962 mit ihr zum Möbelkauf nach Mexiko, um das eben erworbene Haus am FIFTH HELENA DRIVE einzurichten. Sie arrangierte auch die vielen Interviews und Fototermine, die Marilyn, in dem Bemühen, ihre Karriere nach dem Abbruch von SOMETHING'S GOT TO GIVE wieder in Schwung zu bringen, in ihren letzten Lebensmonaten wahrnahm.

Am 4. August 1962, Marilyns letztem Lebenstag, wachte Newcomb in Marilyns Haus auf. Sie hatte dort übernachtet, nachdem sie abends mit PETER LAWFORD und – wie manche Quellen behaupten – mit ROBERT KENNEDY im RESTAURANT La Scala gewesen waren. Newcomb schlief bis mittags, was Marilyn, die unter Schlafstörungen litt, angeblich wütend machte. ANTHONY SUMMERS behauptet in seiner Biografie, Marilyn sei mit Newcomb nicht nur wegen ihrer Langschläferei unzufrieden gewesen, sondern auch wegen einer vermeintlichen Rivalität um Robert Kennedys Gunst.

Newcomb gab an, sie habe von Marilyns Tod erfahren, nachdem sie „um vier Uhr morgens von Anwalt Mickey Rudin (siehe LAWYERS) geweckt wurde. Er sagte mir, Marilyn sei tot – an einer Überdosis gestorben. Ich raste sofort zu ihrem Haus. Die Presseleute waren schon da, und mir gingen die Nerven durch; ich bezeichnete sie als Aasgeier. Man hat geschrieben, dass ich ihre Leiche gesehen hätte, aber das stimmt nicht. Ich fuhr wieder nach Hause, ohne mehr über die Umstände von Marilyns Tod zu wissen als alle anderen auch."

Wie sie später sagte, wirkte Marilyn „am letzten Tag, an dem ich sie sah, ganz normal". Sie äußerte jedoch heftige Kritik an der mangelnden Koordination zwischen Marilyns Ärzten, wodurch Marilyn an große Mengen von Sedativa und Barbituraten (siehe BARBITURATES) herankommen konnte. Ihrer Meinung nach starb Marilyn an einer versehentlichen Überdosierung. Newcomb gehörte zu den wenigen handverlesenen Trauergästen bei Marilyns Beerdigung (siehe FUNERAL).

Die Verschwörungstheoretiker (siehe CONSPIRACY) haben Newcombs Verhalten in den Jahren nach Marilyns Tod als Zeichen für ihre Beteiligung an einer Vertuschung interpretiert (siehe COVER-UP). So gibt es Berichte, wonach sie direkt nach der Trauerfeier zum Wohnsitz der Kennedys in Hyannisport geflogen worden sei. Und WALTER WINCHELL behauptete in einem 1963 erschienenen Artikel, sie habe ihren Job in Washington D.C. nur auf Betreiben Robert Kennedys bekommen. Gerüchte über Kennedys Dankbarkeit machten im Laufe der Jahre immer wieder die Runde, trotz vehementer Dementis von Newcomb. Sie war weiterhin im Bereich der Öffentlichkeitsarbeit tätig

Journalisten mehrdeutig mit. „Ich will dort ein kleines Haus kaufen und darin leben. An die [West-]Küste fahre ich nur noch, wenn ich einen Film drehen muss."

Marilyn wohnte zwischen 1955 und ihrem Tod unter verschiedenen Adressen in New York City, am längsten in dem Apartment an der East FIFTY-SEVENTH STREET. Zum letzten Mal besuchte sie die Stadt im Mai 1962, als sie für Präsident KENNEDY „Happy Birthday" im MADISON SQUARE GARDEN sang.

(siehe HOMES – Wohnungen, RESTAURANTS und HOTELS)

NEWCOMB, PAT
(GEB. 1930 ALS MARGOT PATRICIA)

Als Angestellte der ARTHUR JACOBS PR-Agentur in New York bekam Pat Newcomb 1956 den Auftrag, Marilyn nach Los Angeles zu begleiten und ihre Pressetermine während der Dreharbeiten zu BUS STOP (1956) zu organisieren. Anfänglich verstanden sich Marilyn und Newcomb sehr gut. Doch während der Außenaufnahmen in Phoenix kam es zum Bruch. FRED LAWRENCE GUILES schreibt in seiner Biografie:

„Ein attraktiver Mann um die dreißig interessierte sich für Marilyn und war so mutig, sie um ein Date zu bitten. Doch als er sie in ihrer Suite abholen wollte, stieß er im Wohnzimmer auf eine nur leicht bekleidete Pat Newcomb – die beiden Frauen gingen oft nur halb angezogen zwischen ihren beiden Suiten hin und her – und war offensichtlich schockiert, diese statt Marilyn vorzufinden. Marilyn war wütend auf Pat, weil sie ihr unterstellte, ihr den Mann ausspannen zu wollen. Damit war es mit dem freundschaftlichen Verhältnis aus. Pat Newcomb wurde kurz darauf durch eine andere PR-Frau ersetzt."

Im November 1960 kündigte Marilyns langjähriger Pressebetreuer RUPERT ALLAN nach und wechselte dann ins Filmgeschäft, wo sie einige Zeit Vizepräsidentin bei den MGM-Studios war.

NEWMAN, ALFRED (1901–1970) UND LIONEL (1916–1989)

Die Newman-Brüder arbeiteten als Komponisten bzw. musikalische Leiter an fast allen Filmen Marilyns mit.

Alfred Newman komponierte im Laufe seiner langen Hollywood-Karriere die Musik für über 250 Filme und gewann sieben Oscars. Er war für die Partituren bzw. die musikalische Leitung von sechs Marilyn-Filmen verantwortlich: ALL ABOUT EVE (1950), O'HENRY'S FULL HOUSE (1952), HOW TO MARRY A MILLIONAIRE (1953), THERE'S NO BUSINESS LIKE SHOW BUSINESS (1954), THE SEVEN YEAR ITCH (1955) und BUS STOP (1956).

Alfreds jüngerer Bruder Lionel war an folgenden Filmen beteiligt: SCUDDA HOO! SCUDDA HAY! (1948), AS YOUNG AS YOU FEEL (1951), WE'RE NOT MARRIED (1952), DON'T BOTHER TO KNOCK (1952), NIAGARA (1952), GENTLEMEN PREFER BLONDES (1953), RIVER OF NO RETURN (1954) THERE'S NO BUSINESS LIKE SHOW BUSINESS (1954) und LET'S MAKE LOVE (1960).

NIAGARA (1953) – **Niagara**

Bei der TWENTIETH CENTURY-FOX wusste man zwar, dass man mit Marilyn einen guten Fang gemacht hatte, doch war das Studio offensichtlich noch unsicher, wie sich Marilyns unglaubliche sexuelle Ausstrahlung am besten nutzen ließe. In *Niagara* spielte Marilyn eine leidenschaftliche, unberechenbare und selbstsüchtige Frau, die gemeinsam mit ihrem Liebhaber den Plan fasst, ihren Mann zu ermorden. Diesmal wetteiferte Marilyn nicht mit anderen Schauspielern, sondern mit einem anderen Naturphänomen um die Aufmerksamkeit des Publikums – den Niagarafällen.

Im Vorfeld der Produktion gab ANNE BAXTER die Rolle der Polly Cutler zurück; man hatte sie nämlich gekürzt, um den Hauptsensationen des Films – Marilyn und den Niagarafällen – nicht die Schau zu stehlen; es wird jedoch auch behauptet, dass die Rolle erst nach Baxters Rücktritt umgeschrieben wurde. JEAN PETERS übernahm daraufhin den Part.

Marilyns erotische Wirkung wird gleich zu Anfang betont, als sie sich in einem roten Kleid zurücklehnt und das Lied „Kiss" von LIONEL NEWMAN und Haven Gillespie mitsummt: „Kiss me / thrill me / Hold me in your arms / This is the moment …" Das Ende der „Kiss"-Szene – ihr Filmehemann George Loomis zerbricht die Schallplatte in tausend Stücke – wurde angeblich in letzter Minute hinzugefügt, um eine empörte Vertreterin des „Women's Club of America" zu besänftigen, die von der sexuell aufgeladenen Atmosphäre der Szene schockiert war.

In *Niagara* hatte Marilyn einen Auftritt, der damals als der längste Gang (siehe THE WALK) der Filmgeschichte bezeichnet wurde. Exakt 35,35 Meter lang entfernte sich das „Mädchen mit dem horizontalen Gang" in einem engen schwarzen Rock hüftschwenkend von der Kamera weg.

Viele Fans betrachten *Niagara* als den Film, in dem Marilyn am attraktivsten und

Marilyn und Richard Allan als heimliches Liebespaar in *Niagara* (1953).

verführerischsten auftritt. Der Film, der das Fünffache seiner Kosten einspielte, machte Marilyn zu einem der größten Publikumsmagneten des Landes. Zugleich gab es aber auch Gruppen, die gegen seine Anstößigkeit protestierten und mit Boykott drohten. Auch wurde *Niagara* für seine Unausgewogenheit kritisiert; Marilyn nahm viel mehr Raum ein als die anderen Figuren, insbesondere als ihr farbloser älterer Ehemann, den JOSEPH COTTEN spielte.

Produktionsdaten:
Twentieth Century-Fox
Technicolor
Länge: 89 Minuten
Kinostart: 21. Januar 1953

Crew:
Regie: Henry Hathaway
Regieassistenz: Gerd Oswald
Produktion: Charles Brackett

Drehbuch: Charles Brackett, Richard L. Breen, Walter Reisch
Kamera: Joseph MacDonald
Schnitt: Barbara McLean
Musik: Sol Kaplan
Musikalische Leitung: Lionel Newman
Arrangement: Edward B. Powell
Art Direction: Maurice Ransford, Lyle R. Wheeler
Ausstattung: Stuart A. Reiss
Kostüme: Dorothy Jeakins
Garderobe: Charles Le Maire
Maskenbild: Ben Nye
Farbberatung: Leonard Doss
Spezialeffekte: Ray Kellog
Ton: W.D. Flick, Roger Heman

Besetzung:
Marilyn Monroe … Rose Loomis
Joseph Cotten … George Loomis
Jean Peters … Polly Cutler
Casey Adams … Ray Cutler
Denis O'Dea … Inspektor Starkey
Richard Allan … Ted Patrick
Don Wilson … Mr. Kettering
Lurene Tuttle … Mrs. Kettering
Russell Collins … Mr. Qua
Will Wright … Bootsverleiher
Lester Matthews … Arzt
Carleton Young … Polizist
Sean McClory … Sam
Minerva Urecal … Vermieterin
Nina Varela … Ehefrau
Tom Reynolds … Ehemann
Winifield Hoeny … Vorarbeiter
Neil Fitzgerald … Zollbeamter
Norman McKay … Morris
Gene Wesson … Fremdenführer
George Ives … Führer im Carillon-Turm
Patrick O'Moore … Kriminalbeamter
Arch Johnson … Taxifahrer
Harry Carey Jr. …Taxifahrer
Henry Beckman … Motorrad-Polizist
Willard Sage … Motorrad-Polizist
Bill Foster … junger Mann
Robert Ellis … junger Mann
Gloria Gordon … Tänzerin
Marjorie Rambeau

Marilyn als Rose Loomis in *Niagara* (1953).

Marilyns herausragendes Kostüm:
Magentarotes Kleid mit tiefem Dekolleté

Werbeslogan:
„Marilyn Monroe and *Niagara* – a raging torrent of emotion that even nature can't control!"
(„Marilyn Monroe und *Niagara* – ein reißender Strom der Leidenschaft, den selbst die Natur nicht eindämmen kann!")

Handlung:
Das Ehepaar Rose (Marilyn Monroe) und George Loomis (Joseph Cotten) sowie die Hochzeitsreisenden Polly (Jean Peters) und Ray Cutler (Casey Adams) halten sich in einem Hotel auf, dessen spektakulären Hintergrund die Niagarafälle bilden.

Bei einer gemeinsamen Besichtigung der Niagarafälle beobachtet Polly Cutler, wie Rose einen jungen Mann küsst: Rose, die in der Ehe mit dem angegrauten Kriegsveteranen George frustriert ist, hat einen Geliebten, Ted Patrick (gespielt von Richard Allan). Polly schweigt, selbst als George Loomis den Verdacht äußert, Rose habe eine Affäre.

Kurz nachdem Rose und Ted den Plan schmieden, den störenden Ehemann umzubringen, verschwindet Loomis. Rose benachrichtigt die Polizei und spielt die Rolle der besorgten Ehefrau sehr gut.

Als sie eine von der Polizei gefundene Leiche identifizieren muss, bricht sie jedoch zusammen und muss in ein Krankenhaus gebracht werden. Bei dem Toten handelt es sich nämlich wider ihre Erwartung nicht um ihren Ehemann, sondern um ihren Liebhaber. Wie sich herausstellt, hat Loomis den Mann, der ihn umbringen wollte, in Notwehr getötet. Inzwischen flieht Rose aus dem Krankenhaus, wo man sie mit Beruhigungsmitteln ruhig gestellt hatte. Ihr Ehemann entdeckt sie und verfolgt sie bis in die Spitze des Carillon-

Joseph Cotten und Marilyn als unglückliches Ehepaar Rose und George Loomis, Publicity-Foto für *Niagara*.

Kinobesucher und Kritiker waren gleichermaßen von Marilyns starker Ausstrahlung in *Niagara* (1953) überwältigt.

Turms, wo er sie erwürgt. Nun muss er aus Niagara verschwinden.

Er beabsichtigt, mit einem Boot zu fliehen, doch stößt er dabei auf Polly, die gerade ein Picknick mit Freunden unternimmt und dort Proviant holen will. Loomis fordert sie auf, das Boot zu verlassen, was Polly verweigert. Er lässt den Motor an, und sie rasen auf die donnernden Wasserfälle zu. Kurz bevor das Boot, dem der Treibstoff ausgegangen ist, über den Rand des tosenden Stroms gezogen wird, setzt Loomis Polly an einem Felsvorsprung ab, stürzt aber selbst in den Tod. In der letzten Szene wird Polly von einem Hubschrauber aufgenommen und in Sicherheit gebracht.

Kritiken:
The New Yorker
„Marilyn Monroe, die von Hollywood als eine neue Lillian Russell angepriesen wurde, versucht sich in *Niagara* an einem Melodram der Sonderklasse. Dabei stellt sie nicht nur wohlproportionierte Rundungen zur Schau, sondern auch ihre Neigung, den Text so zu sprechen, als sei er in einer Sprache geschrieben, die ihr nicht ganz geläufig ist ... So bewundernswert Miss Monroe auch gebaut sein mag, so kann sie es doch kaum mit einem der Wunderwerke unseres Erdteils aufnehmen."

The New York Times
„Offensichtlich ist es der Twentieth Century-Fox völlig egal, dass es nur sieben Weltwunder gibt. In *Niagara* propagiert sie zwei weitere, die sie zudem noch in Technicolor hervorhebt ... Die Produzenten schöpfen sowohl die Pracht der Wasserfälle und ihrer Umgebung als auch die Pracht, die Marilyn Monroe heißt, bis zur Neige aus. In beiden Fällen handelt es sich um außerordentliche Naturschönheiten."

Los Angeles Examiner
„Wir haben einen geborenen Star vor uns,

den größten seit Jean Harlow. Sie ist intelligenter als Harlow. Sie ist verführerischer als Lana. Neben ihr wirken alle anderen Glamourgirls wie Hausfrauen."

New York Herald Tribune
„Regisseur Henry Hathaway inszeniert mit *Niagara* eine große Schau, in der sich Marilyn Monroe, Joseph Cotten und Jean Peters die Hauptrollen mit den Wundern der Natur teilen. Miss Monroe spielt die Art von Ehefrau, deren Kleid, wie es das Drehbuch formuliert, ‚so tief ausgeschnitten ist, dass man ihre Knie sieht'. Das Kleid ist rot, die Schauspielerin hat sehr hübsche Knie, und unter Hathaways Regie spielt sie eine schlangenhafte Frau, die das Publikum dazu bringt, sie zugleich zu hassen und zu bewundern."

Time
„Was den Film über den Durchschnitt hinaushebt, ist sein Star, Marilyn Monroe."

NOGUCHI, DR. THOMAS

Noguchi war am Morgen des 5. August 1962 diensthabender Stellvertretender Gerichtsmediziner am Leichenschauhaus von Los Angeles City. Er führte nicht nur bei Marilyn, sondern auch bei anderen Prominenten Autopsien durch, u. a. bei ROBERT KENNEDY, Sharon Tate und NATALIE WOOD.

In seinem Bericht (siehe CORONERS) ging er davon aus, dass Marilyns Tod aller Wahrscheinlichkeit nach auf einen Selbstmord zurückzuführen war. Allerdings zeigt sein Befund, dass die Medikamente (siehe DRUGS), die Marilyns Tod herbeiführten, nicht oral eingenommen wurden, da sich in ihrem Magen keinerlei Tablettenrückstände befanden.

Aus Sicht der Vertreter der Mordtheorien bot Noguchi keine überzeugende Erklärung dafür an, dass die Konzentration von Nembutal in Marilyns Leber höher war als in ihrem Blut. Dies deutet nämlich darauf hin, dass sie dieses Medikament bereits viele Stunden zuvor eingenommen hatte und es schon abgebaut wurde. Eine Injektion wiederum hätte einen Einstich und einen Bluterguss hinterlassen und zum sofortigen Tod und sehr viel höherer Barbituratkonzentration im Blut geführt. Es gab Spekulationen, dass die Verabreichung der tödlichen Dosis am wahrscheinlichsten durch eine Klistierspritze erfolgte. Die Autopsie zeigte, dass Marilyns Dickdarm eine „markante Blutstauung und eine violette Verfärbung" aufwies.

Man hat Noguchi vorgeworfen, dass er Marilyns Darm nicht auf Medikamentenrückstände untersucht hat. In der Biografie von ANTHONY SUMMERS sagt er jedoch, er habe den Cheftoxikologen R. J. Abernethy angewiesen, diese Untersuchung durchzuführen, habe aber zur Antwort bekommen, die Gewebeproben seien bereits vernichtet. Summers zitiert Noguchi folgendermaßen: „Aufgrund meiner Beobachtungen hatte ich den Eindruck, dass hier sehr wahrscheinlich die Polizei ihre Finger im Spiel hatte. Ich habe dies im Laufe der Jahre mehrfach erlebt, und zwar immer dann, wenn es um den Tod wichtiger Leute ging." Jahre später äußerte Noguchi Bedenken bezüglich eines Blutergusses, den Marilyn am unteren Rücken hatte und für den, wie er sagte, „nie eine eindeutige Erklärung gefunden wurde".

NOONAN, TOMMY
(1921–1968, GEB. ALS THOMAS NOON)

Noonan, von dem der Ausspruch stammt, Marilyn vor der Kamera zu küssen, sei, „als würde man in ein Vakuum eingesogen" (siehe KISSING MARILYN), war Marilyns Partner in GENTLEMEN PREFER BLONDES (1953).

Er spielte auch in dem Film *How to be Very, Very Popular* (1955) mit, für den Marilyn ursprünglich ebenfalls vorgesehen war, bevor sie sich von der TWENTIETH CENTURY-FOX trennte. Andere Filme Noonans sind: *A Star Is Born – Ein Stern geht auf* (1954), *The Ambassador's Daughter – Die große und die kleine Welt* (1956) und *Promises, Promises* (1963) zusammen mit JAYNE MANSFIELD.

NORELL, NORMAN

Auf Anraten von AMY GREENE bekam der Modeschöpfer Norman Norell 1955 den Auftrag, Marilyn mit einer neuen Garderobe auszustatten, mit der sie ihre neue Heimat NEW YORK erobern wollte.

NORTH BEVERLY GLEN BOULEVARD
WEST LOS ANGELES

Nach ihrem Aufenthalt in New York im Jahr 1955 kehrte Marilyn nach Los Angeles zurück und wohnte zuerst in einem Haus mit neun Zimmern am North Beverly Glen Nr. 595, das für monatlich 995 Dollar gemietet wurde.

Marilyn teilte das Haus mit ihrem Geschäftspartner MILTON GREENE, seiner Frau Amy und ihrem zweijährigen Sohn Joshua. Ursprünglich wollte Marilyn während der gesamten Dreharbeiten von BUS STOP (1956) dort wohnen, doch soll sie nach nur zwei Monaten in ein Apartment mit zwei Schlafzimmern am Sunset Boulevard umgezogen sein. Die Partys, die Milton und Amy abends veranstalteten, waren nämlich so laut, dass Marilyn nicht schlafen konnte.

(siehe HOMES – Wohnungen)

NORTH CRESCENT DRIVE
BEVERLY HILLS, KALIFORNIEN

Während der Dreharbeiten zu DON'T BOTHER TO KNOCK (1952), in dem Marilyn ihre erste Hauptrolle spielte, zog sie zu ihrer Schauspiellehrerin NATASHA LYTESS in den North Crescent Drive Nr. 611, um möglichst viel Zeit zur Vorbereitung ihrer Rolle zu haben.

(siehe HOMES – Wohnungen)

NORTH PALM DRIVE
BEVERLY HILLS, KALIFORNIEN

Marilyn wohnte zweimal in dieser eleganten Wohnstraße. Im Jahr 1949 brachte sie der Hollywood-Agent JOHNNY HYDE in Nr. 718 unter.

Hyde hatte seine Frau verlassen, um mit dem Starlet zusammenzuleben. Der verliebte Hyde zog die Fäden, damit Marilyn die für ihre Karriere so wichtigen größeren Rollen in THE ASPHALT JUNGLE und ALL ABOUT EVE (beide 1950) erhielt. Er ließ das Esszimmer

mit lederbezogenen Sitzgruppen und einer Tanzfläche einrichten, damit es wie in seinem Lieblingsrestaurant Romanoff's aussah (siehe RESTAURANTS).

Im Dezember 1950 erlag Johnny Hyde einem Herzleiden; kurz darauf forderten seine Angehörigen Marilyn auf, das Haus zu verlassen.

Anfang 1954 wurde die Nr. 508, ein im spätgotischen Tudorstil erbautes Haus, zu einem der beliebtesten Fotomotive der Nation, weil die DIMAGGIOs dort einzogen. Das jungverheiratete Paar mietete die luxuriöse Villa mit acht Schlafzimmern zu der für damalige Verhältnisse immensen Monatsmiete von 700 Dollar.

Marilyn und Joe blieben aber vorerst in SAN FRANCISCO, wo Joe sich wohler fühlte. Ihr endgültiger Einzug erfolgte erst, als Marilyn wegen der Dreharbeiten von THERE'S NO BUSINESS LIKE SHOW BUSINESS (1954) und dem darauf folgenden Film THE SEVEN YEAR ITCH (1955) wieder nach Los Angeles musste. Joe störte es, dass Marylin sich ganz ihrer Karriere widmete, und er war eifersüchtig, weil er sie mit der Öffentlichkeit teilen musste.

Am 4. Oktober 1954 verkündete Amerikas berühmtestes Ehepaar vor demselben Haus seine Absicht, sich scheiden zu lassen (siehe DIVORCE). Zwei Tage später zog Joe mithilfe eines Freundes aus. Als Marilyn an jenem Tag vor die Tür trat, fiel die Presse, die das Anwesen seit der Bekanntgabe belagert hatte, über sie her, so dass sie weinend fortgeführt werden musste.

(siehe HOMES – Wohnungen)

NORTH, SHEREE
(GEB. 1933 ALS DAWN BETHEL)

MARILYN:
„Manchmal führe ich die Fans an der Nase herum, wenn sie sagen: ‚Oh, Sie sind Marilyn Monroe!' Ich sage dann: ‚Ach nein, ich bin Mamie Van Doren' oder ‚Sheree North' – aber nur, wenn ich's wirklich eilig habe."

Als Marilyn anfing, schwierig zu werden und Projekte abzulehnen, gab sich die TWENTIETH CENTURY-FOX die größte Mühe, Sheree North als neue Marilyn Monroe zu verkaufen.

Als Marilyn *How to be Very, Very Popular* (1955) und *The Girl in Pink Tights* ablehnte, verkündete das Studio, jetzt sei sie hinter den Kulissen wartende North die künftige „Sexsirene".

North war eine ambitionierte Jungdarstellerin, die zu diesem Zeitpunkt erst wenige kleine Rollen gespielt hatte. Doch *How to Be Very, Very Popular*, in dem North die zweite weibliche Hauptrolle neben BETTY GRABLE spielte, bekam keine besonders guten Kritiken. *The Girl in Pink Tights* wurde nie gedreht. Norths nächster Film *The Lieutenant Wore Skirts – Meine Frau, der Leutnant* (1956) war angeblich ebenfalls ein Projekt, das Marilyn abgelehnt hatte.

Von den 1950er- bis zu den 90er-Jahren hat North in über fünfzig Fernseh- und Spielfilmen sowie in vielen beliebten TV-Serien mitgewirkt.

In dem Fernsehfilm *Marilyn: The Untold Story* (1980) spielte sie Marilyns Mutter GLADYS BAKER.

Sheree North

NORWALK STATE HOSPITAL
(SPÄTER „METROPOLITAN STATE HOSPITAL AT NORWALK"
GENANNT) 11400 S. NORWALK BOULEVARD, NORWALK

Kurz vor Norma Jeanes erstem Geburtstag wurde ihre Großmutter DELLA MAE HOGAN nach einem Zusammenbruch in diese Nervenklinik gebracht (siehe HOSPITALS). Sie starb knapp drei Wochen später, am 23. August 1927.

Anfang 1934 wurde auch Norma Jeanes Mutter GLADYS BAKER nach einem Zusammenbruch in diese Klinik eingeliefert. Sie lebte dort mit Ausnahme einiger Monate im Jahr 1945, als sie bei ihrer Tochter wohnte, bis zum Jahr 1953. Danach wurde sie in das ROCKHAVEN SANITARIUM verlegt.

NOVAK, KIM
(GEB. 1933 ALS MARILYN PAULINE NOVAK)

Kim Novak nahm den damals üblichen Weg nach Hollywood: nach schlecht bezahlten Jobs wurde sie Fotomodell, gewann einen Schönheitswettbewerb als „Miss Tiefkühlschrank" und zog dann die Aufmerksamkeit eines Studio-Angestellten auf sich. Der Zeitpunkt war genau richtig, denn gerade hatte HARRY COHN, Boss der COLUMBIA Studios, seinem Talentsucher Max Arnow befohlen, „eine zweite Monroe" zu finden, der ihm umgehend die Passende – inklusive Vornamen – präsentierte. Nach Schauspielunterricht und einem Namenswechsel – erst in Kit Marlowe, dann in Kim Novak, weil sie darauf bestand, wenigstens ihren Nachnamen zu behalten – war sie einsatzbereit.

Novak hatte ihr Leinwanddebüt als ungenannte Komparsin in *The French Line – Die lockende Venus* (1953), erhielt danach größere Rollen in *Pushover – Schachmatt* und *Phffft – Glückliche Scheidung* (1954) und machte sich schließlich mit *Picnic – Picknick* (1956) einen Namen. Sie war FRANK SINATRAS Partnerin in *Pal Joey* (1958) und folgte dann dem Vorbild von Marilyn, indem sie in Streik trat, um ihre Wochengage von 1250 Dollar zu erhöhen.

Novaks herausragende Rolle war vielleicht die der intriganten Selbstmörderin in Hitchcocks *Vertigo – Aus dem Reich der Toten* (1958), die sie allerdings erst erhielt, als die dafür vorgesehene Vera Miles schwanger wurde. Im folgenden Jahr gewann sie das Wettrennen mit Marilyn um die Hauptrolle in *Middle of the Night – Mitten in der Nacht*. Und 1962 versuchte die TWENTIETH CENTURY-FOX Novak als Ersatz für Marilyn in SOMETHING'S GOT TO GIVE zu gewinnen. Novak lehnte jedoch ab.

Mit dem Ende des Star-Systems in den 1960er-Jahren erhielt auch Novak weniger Rollen, doch war sie bis Anfang der 90er-Jahre in Filmen zu sehen.

NUDITY — Nacktheit

MARILYN:

„Mein Drang, mich nackt zu zeigen, und meine Träume wurden von keinem Gefühl der Scham oder Sünde begleitet. Wenn ich davon träumte, dass mich die Menschen ansahen, fühlte ich mich weniger einsam."

„Ich fühle mich nur wohl, wenn ich nackt bin."

Was ihren Körper betraf, kannte Marilyn keinerlei Schamgefühl (siehe BODY). Für sie war Nacktheit etwas Natürliches. Als kleines Mädchen hatte sie einen Traum (siehe DREAMS), der in der Kirche spielte: „Kaum saß ich in der Kirchenbank, die Orgel spielte und alle sangen einen Choral, überkam mich der Drang, mich auszuziehen. Ich wünschte mir verzweifelt, nackt vor Gott und allen anderen zu stehen. Ich musste die Zähne zusammenbeißen und auf den Händen sitzen, damit ich mich nicht auszog."

Als Marilyn 1947 bei dem Schauspieler JOHN CARROLL und seiner Frau LUCILLE RYMAN wohnte, schlief sie meist nackt bei geöffneter Tür; auch tagsüber lief sie im Haus oft nur leicht bekleidet herum. Daran war nichts Affektiertes oder Berechnendes; so fühlte sie sich einfach am wohlsten, wenn sie nicht „im Dienst" war. Zeit ihres Lebens pflegte Marilyn zu Hause und selbst in ihrem Bungalow am Set nackt herumzulaufen, ohne einen Gedanken an Mitbewohner, Ehemänner, Maskenbildnerinnen, Garderobieren oder Friseure zu verschwenden. Sie gab sogar Interviews, während sie nackt im Bett lag oder sehr offenherzige Kleidung trug.

Als der Fotograf TOM KELLEY ihr 1949 fünfzig Dollar für eine zweistündige Fotositzung als Aktmodell anbot, akzeptierte sie, weil sie das Geld brauchte und dies die leichteste Art war, es zu verdienen. Damit trat sie in die Fußstapfen ihres Kindheitsidols JEAN HARLOW, die einst in durchsichtigem Chiffon und in einem Fischernetz Modell gestanden hatte. Als die Presse von dem Aktkalender (siehe CALENDAR) Wind bekam, drohte der Skandal ihre Karriere zu beenden – gerade als sie es geschafft hatte, die ersten Hauptrollen zu bekommen. Doch Marilyn gelang es, die PR-Abteilung der TWENTIETH CENTURY-FOX zu überzeugen, hier sei Ehrlichkeit die beste Strategie. Dank ihrer Offenheit gewann Marilyn viele neue Fans und Millionen Käufer für ihren Kalender.

NATASHA LYTESS, mit der Marilyn mehrmals zusammen wohnte, erzählt: „Gegen elf oder zwölf Uhr vormittags kam sie nackt aus ihrem Schlafzimmer und ging langsam ins Badezimmer. Sie verbrachte mindestens eine

Stunde in der Wanne. Dann pflegte sie – immer noch splitternackt – in einer Art träumerischer, schlafwandlerischer Betäubung in die Küche zu spazieren, um ihr Frühstück zu bereiten."

CASEY ADAMS und ROBERT SLATZER haben beide berichtet, dass Marilyn während der Dreharbeiten von *Niagara* nackt am Fenster ihres Hotels auftauchte und sich kichernd über den Menschenauflauf freute, der sich unten bildete.

Laut JEANNE CARMEN soll Marilyn zweimal mit einer schwarzen Perücke zum FKK-Strand gegangen sein, das eine Mal mit JACK BENNY, das andere Mal mit niemand Geringerem als Justizminister ROBERT KENNEDY.

Marilyn war berühmt für ihre Abneigung gegen Unterwäsche (siehe UNDERWEAR). Beim Einkaufsbummel stockte den Verkäuferinnen regelmäßig der Atem, wenn sie bei der Anprobe aus ihren Kleidern schlüpfte. Laut Haushälterin EUNICE MURRAY schlief Marilyn auch am Ende ihres Lebens am liebsten nackt. XENIA CHEKHOV, die Frau von Marilyns Schauspiellehrer Michael, pflegte Marilyn Nachthemden zu schicken, weil sie das Nacktschlafen für gesundheitsgefährdend hielt.

Laut Fotografin EVE ARNOLD lag in Marilyns unbekleideten Auftritten in der Öffentlichkeit, zumal in ihren letzten Lebensjahren, etwas Verzweifeltes: „Sie hatte inzwischen nicht mehr die Figur einer jungen Frau, aber sie weigerte sich, zur Kenntnis zu nehmen, dass sie reifere Formen angenommen hatte. Sie bestand darauf, sie könne es noch immer mit den Akten oder Halbakten, wie sie im *Playboy* und ähnlichen Magazinen abgebildet wurden, aufnehmen. Ihre Blindheit gegenüber den physischen Veränderungen war fast schon tragisch."

AKTFOTOS VON MARILYN

Im Laufe der Jahre schockierten und gefielen Marilyns Aktfotos gleichermaßen. Viele sind auch verloren gegangen. Die Fotografen Tom Kelley und Eve Arnold, um nur zwei zu nennen, stellten fest, dass Negative mit Aktaufnahmen von Marilyn aus ihren Archiven verschwanden. Angeblich besaß Marilyns erster Ehemann Jim Dougherty ein Nacktfoto seiner Frau, das er seinen Arbeitskollegen zeigte; es ist aber nie aufgetaucht.

1946: Marilyn stand dem Illustrator Earl Moran sowohl „oben ohne" als auch ganz unbekleidet Modell. Diese Fotos wurden 1987 in einer Ausgabe des Playboy als Huldigung an Marilyn abgedruckt.
1949: Tom Kelley fotografierte Marilyns berühmten Akt vor einem Hintergrund aus rotem Samt. Erst 1998 tauchten einige der fehlenden Aufnahmen von diesem Fototermin wieder auf.
1960/61: Marilyn stand Eve Arnold Modell für Aktfotos.
1962: Marilyn gab ihre Einwilligung zur Veröffentlichung von 52 Aktfotos, die am Set von *Something's Got to Give* entstanden waren.
1962: Bert Stern nimmt verschiedene Akte und Halbakte von Marilyn auf. Sein Assistent Leif-Erik Nygards machte eine Aufnahme, auf der das Schamhaar der liegenden Marilyn sichtbar ist. Es wurde 1984 vom Playboy veröffentlicht.

In den 50er-Jahren bedeutete Nacktheit zwar unbekleidet, aber dennoch bedeckt zu sein, sei es mit einem Betttuch oder durch das

Foto von Bert Stern, 1962.

Milchglas einer Duschverkleidung. In ihren Filmen probierte Marilyn gern aus, wie weit sie gehen konnte.

Niagara (1953)

In dem Film, mit dem sich Marilyn einen Namen machte, liegt sie einmal nackt unter der Bettdecke und ist einmal nackt in der Dusche, hinter einer Tür aus mattiertem Glas, zu sehen.

Bus Stop (1956)

Während ihr Verehrer Beauregard sich bemüht, ihr Interesse zu wecken, liegt Marilyn als Cherie müde und verkatert nackt im Bett, nur in ein Bettlaken gehüllt.

The Misfits (1961)

Bekanntlich ließ Marilyn bei der siebten Aufnahme einer Szene mit CLARK GABLE, bei der sie im Bett lag, die Decke von ihrer Brust gleiten. Regisseur JOHN HUSTON blieb unbeeindruckt, obwohl Marilyn angeblich darauf bestand, dass diese Einstellung genommen würde.

Something's Got to Give (unvollendet)

Während der Dreharbeiten zu SOMETHING'S GOT TO GIVE zog Marilyn am 28. Mai 1962

ihren hautfarbenen Badeanzug aus und posierte im und am Pool. Angeblich soll Regisseur GEORGE CUKOR gesagt haben, Marilyns Idee, drei Fotografen einzuladen (William Woodfield, LAWRENCE SCHILLER und JIMMY MITCHELL von der Fox), um Aktfotos von ihr in dem Pool aufzunehmen, den sie am selben Tag zum Drehen genutzt hatten, sei eine ideale Promotion für den Film. Andererseits scheint das Zitat von Marilyn: „Wir nahmen einige Testszenen von mir im Pool auf, mehr oder weniger nackt. Ich hoffe, man gibt mir ein paar gute nackte Texte, die dazu passen", eher darauf hinzudeuten, dass das Studio und nicht der Star die Idee hatte. Auch ARTHUR MILLER teilte diese Ansicht. Wie er schrieb, bedeuteten diese Aktfotos für Marilyn eine Niederlage, denn nach all ihren Bemühungen, ernst genommen zu werden, sah man in ihr wieder nicht die Schauspielerin, sondern vor allem den Körper.

Im Laufe der Jahre sind eine Reihe von Sexfilmen aufgetaucht, in denen angeblich Marilyn „auftritt". In dem Film APPLES, KNOCKERS AND COKES spielte aber eine Schauspielerin namens ARLINE HUNTER die Hauptrolle; 1980 veröffentlichte das Magazin *Penthouse* Fotos, die Marilyn bei einem Film dieser Art zeigen sollen. Kürzlich wurde auch in einer spanischen Zeitschrift behauptet, man

habe ein ähnliches „Kunstwerk" entdeckt.

NUMBERS — **Zahlen**

Registriernummer im Waisenhaus (siehe ORPHANAGE) in Los Angeles: 3463
Sozialversicherungsnummer: 563-32-0764
USO, laufende Nummer als Unterhaltungskünstlerin: 129278
Telefonnummern in ihrem letzten Zuhause: 476-1890/472-4830

NYE, BEN (1907–1986)

Ben Nye war während Marilyns gesamter Karriere Chef-Maskenbildner bei der TWENTIETH CENTURY-FOX und wird in fast allen Filmen, die sie für das Studio drehte, im Vorspann genannt.

Wahrscheinlich kümmerte sich aber Marilyns persönlicher Maskenbildner ALLAN „WHITEY" SNYDER von den ersten Probeaufnahmen bis zu ihrem letzten Film um ihr Make-up. Es gibt allerdings Berichte, wonach sie für die entscheidenden Test-Aufnahmen im Jahr 1946 von Nye geschminkt worden sei. Laut Snyders Aussage hat Ben Nye jedoch „ihr Gesicht kein einziges Mal berührt".

Vorherige Doppelseite: Foto von Bert Stern, 1962.

O'CONNOR, DONALD
(GEB. 1925 ALS DAVID DIXON O'CONNOR)

Donald O'Connor wurde in die Welt des Showbusiness hineingeboren. Sein Debüt vor Publikum hatte er im Alter von drei Tagen auf dem Schoß seiner Klavier spielenden Mutter.

O'Connor profitierte von seinem Frühstart und spielte während der 1940er- und 50er-Jahre vor allem Teenager-Rollen. Als man ihn in THERE'S NO BUSINESS LIKE SHOW BUSINESS (1954) zum Partner von Marilyn bestimmte, war er zwar schon 30, sah aber noch so jung aus, dass man ihm die Rolle als Marilyns Liebhaber nicht so recht abnahm. Angeblich soll Marilyn die Drehbuchschreiber angefleht haben, sie nicht als Freundin von O'Connor zu besetzen.

Die bekanntesten Filme von O'Connor sind *Francis* (1949), *Singin' in the Rain – Du sollst mein Glücksstern sein* (1952), *Call Me Madam – Madame macht Geschichte(n)* (1953) und *The Buster Keaton Story – Der Mann, der niemals lachte* (1957).

In den 1950er-Jahren hatte O'Connor seine eigene Fernsehshow.

ODESSA AVENUE, VAN NUYS

In dieser Straße lebte Norma Jeane zwei Mal bei Familie GODDARD – vor und nach ihrem Aufenthalt im Waisenhaus (siehe ORPHANAGE) von Los Angeles.

(siehe HOMES – WOHNUNGEN)

ODETS, CLIFFORD (1903–1963)

Clifford galt als begabtester Dramatiker der 1930er-Jahre. In seinen Stücken machte er auf soziale Missstände aufmerksam und ebnete den bekannten Stückeschreibern ARTHUR MILLER und TENNESSEE WILLIAMS den Weg. Marilyn bezeichnete ihn einmal als „eine Art Arthur der 1930er-Jahre".

Die bekanntesten Stücke von Odets sind *Awake and Sing – Die das Leben ehren* (1935), *Waiting for Lefty – Man wartet auf Lefty* (1935) und *Golden Boy – Goldene Hände* (1937).

Clifford Odets

Spätere Dramen sind *The Country Girl – Ein Mädchen vom Lande* (1950) und CLASH BY NIGHT (1952), in dem Marilyn eine wichtige Nebenrolle spielte.

Odets arbeitete nur gelegentlich für Hollywood-Produktionen, aber – wie so viele andere Autoren – konnte auch er das Geld, das man beim Film verdienen konnte, gut gebrauchen.

Marilyn lernte Odets' Stücke erstmals 1947 kennen, als sie am ACTORS LAB in Los Angeles studierte. Das Actors Lab war 1931 von Odets, LEE STRASBERG und ELIA KAZAN gegründet worden.

Odets' Name fiel häufig in den Theaterkreisen, in denen Marilyn während der Zeit bei Lee Strasberg verkehrte. Während ihrer Ehe mit Arthur Miller lernte sie ihn auch persönlich kennen. Wie Miller war auch Odets mit dem Ausschuss für unamerikanische Umtriebe (siehe HOUSE UN-AMERICAN ACTIVITIES COMMITTEE) in Konflikt geraten. Er musste unter Eid aussagen und gab zu, Mitglied der Kommunistischen Partei gewesen zu sein. Allerdings sei er wieder ausgetreten, als von ihm verlangt wurde, in seinen Stücken der Parteilinie zu folgen.

Angeblich hatte man Odets ursprünglich angeboten, das Drehbuch für THE MISFITS (1961) zu schreiben.

O'HENRY'S FULL HOUSE (1952) –
Vier Perlen

In diesem Episoden-Film, der auf fünf Geschichten von O'Henry (dem Pseudonym von William Sidney Porter) beruht, wirkte Marilyn in der Episode mit dem Titel „The Cop and the Anthem" mit.

Die TWENTIETH CENTURY-FOX machte viel Werbung für Marilyn und nannte ihren Namen ganz oben, obwohl sie nur kurz auf der Leinwand zu sehen war. Marilyn spielte eine Prostituierte, worüber sich ihr Freund JOE DIMAGGIO sehr ärgerte. Ihr Partner war CHARLES LAUGHTON.

Plakat für *O'Henry's Full House* (1952) Marilyn und Charles Laughton in einer gemeinsamen Szene.

Produktionsdaten:
Twentieth Century-Fox
schwarz-weiß
Länge: 117 Minuten
Kinostart: 16. Oktober 1952
Crew:
Regie:
„The Clarion Call": Henry Hathaway
„The Cop and the Anthem": Henry Koster
„The Gift of the Magi": Henry King
„The Last Leaf": Jean Negulesco
„The Ransom of Red Chief": Howard Hawks
Produktion: André Hakim
Drehbuch:
„The Clarion Call": Richard L. Breen
„The Cop and the Anthem": Lamar Trotti
„The Gift of the Magi": Walter Bullock
„The Last Leaf": Ivan Goff, Ben Roberts
„The Ransom of Red Chief": Nunnally Johnson
Kamera: Lloyd Ahern, Lucien Ballard, Milton R. Krasner, Joseph MacDonald
Schnitt: Nick DeMaggio, Barbara McLean, William B. Murphy
Musik: Alfred Newman

Besetzung:
John Steinbeck … Erzähler

„The Clarion Call":
Dale Robertson … Barney Woods
Richard Widmark … Johnny Kernan
Richard Rober … Oberster Kriminalbeamter
Richard Garrick … Arzt

„The Cop and the Anthem":
Charles Laughton … Soapy
Marilyn Monroe … Straßenmädchen
David Wayne … Horace

„The Gift of the Magi":
Jeanne Crain … Della
Farley Granger … Jim
Fred Kelsey … Santa Claus

„The Last Leaf":
Anne Baxter … Joanna

Hinter den Kulissen: Marilyn in der Garderobe des Broadwaystars Carol Haney in New York, 1954.

Jean Peters … Susan
Gregory Ratoff … Behrman
Richard Garrick … Arzt

„The Ransom of the Red Chief":
Fred Allen … Sam
Oscar Levant … Bill

Lee Aaker … J.B.
Irving Bacon … Mr. Dorset
Carl Betz … Jimmy Valentine
Frank Cusack … Ober
Abe Dinovitch … Barkeeper
Fritz Feld … Maurice
Kathleen Freeman … Mrs. Dorset
Steven Geray … Randolf
Harry Hayden … Mr. Crump
Thomas Browne Henry … Manager
Bert Hicks … Sheldon Sidney
Frank Jaquet … Metzger
Richard Karlan … Oberkellner
Nico Lek … Besitzer
Joyce Mackenzie … Hazel
Tyler McVey … O'Henry
Alfred Mizner … Ladenbesitzer
House Peters … Bascom
Stuart Randall … Kriminalbeamter
Hal J. Smith … Dandy
Phil Tully … Wächter
William Vedder … Richter
Ernö Verebes … Ober
Herburt Vigran … Pokerspieler
Ruth Warren … Nachbarin
Billy Wayne … Zuschauer
Martha Wentworth … Mrs. O'Brien
Will Wright … Manager

Handlung:

In Marilyns Episode mit dem Titel *The Cop and the Anthem* erzählt ein Landstreicher namens Soapy (Charles Laughton) seinem Kameraden Horace (David Wayne), er wolle eine kleinere Straftat begehen, damit er die Wintermonate gemütlich in einem geheizten Gefängnis verbringen könne.

Leider wird daraus nichts, denn sogar als Krimineller ist er ein ausgesprochener Pechvogel. Unter anderem versucht er, eine Frau (Marilyn Monroe) zu belästigen, in der Hoffnung, dass auf ihr Schreien hin die Polizei herbeieilt; das Problem ist nur, dass es sich um eine Prostituierte handelt. Er schenkt ihr seinen einzigen Besitz, einen Regenschirm, mit den Worten: „Für eine charmante, reizende junge Dame." Den Tränen nahe ruft Marilyn: „Er hat mich eine Dame genannt!"

Soapy und sein Kumpel Horace treffen sich in einer Kirche wieder, wo es schön warm ist, und plötzlich erkennt Soapy, dass es noch ein Mittel gegen seine missliche Lage gibt – er könnte sich eine Arbeit suchen und es auf diese Weise warm haben. Doch dann werden die beiden Vagabunden von Polizisten entdeckt. Horace verschwindet schleunigst, doch der alte Soapy wird wegen Landstreicherei festgenommen und zu neunzig Tagen Gefängnis verurteilt.

Kritiken:
New York Post
„Beim Vergleich der Episoden schneidet Charles Laughton in „The Cop and the Anthem" am besten ab. Sein Auftritt zeigt ihn als Komödiant von hohem Rang, auch wenn die Lacher schon fest eingeplant sind … Marilyn Monroe ist wieder so flott wie in ‚The Asphalt Jungle'. Sie spielt eine Prostituierte mit atemberaubenden Kurven."

Laurence Olivier und Marilyn bei einer Pressekonferenz während der Dreharbeiten zu *The Prince and the Showgirl* (1957).

OLIVIER, LAURENCE
(1907–1989, GEB. ALS LAURENCE KERR OLIVIER, SPÄTER LORD OLIVIER)

MARILYN:

„Er warf mir bitterböse Blicke zu, selbst wenn er dabei lächelte."

OLIVIER:

„Wissen sie, als ich sie kennen lernte, war ich tatsächlich von ihr angetan. Sie ist eine Laune der Natur, aber absolut kein Genie. Eine wunderschöne Irre."

Laurence Olivier wird oft als größter Theater- und Filmschauspieler des 20. Jahrhunderts bezeichnet. Für seine Darstellung in den Shakespeare-Filmen *Heinrich V.* (1945) und *Hamlet* (1948) wurde er jeweils mit dem Oscar ausgezeichnet; für *Hamlet* erhielt er außerdem je einen Oscar als bester Regisseur und Produzent. Mit *Richard III.* (1956) und *Othello* (1965) setzte Olivier seine Shakespeare-Verfilmungen fort; beide wurden für den Oscar nominiert. Weitere Oscars und Nominierungen erhielt er für *Rebecca* (1940), *The Entertainer – Der Komödiant* (1960), *Sleuth – Mord mit kleinen Fehlern* (1972) und *Marathon Man – Der Marathon-Mann* (1976). Olivier war eine bedeutende Persönlichkeit des öffentlichen Lebens und kämpfte für die Zukunft des Theaters. Er war mit drei Schauspielerinnen verheiratet: Jill Esmond, VIVIEN LEIGH und Joan Plowright. Im Jahr 1947 wurde er zum Ritter geschlagen, 1970 zum ersten Baron Olivier of Brighton ernannt.

Der erste Film, den MILTON GREENE für Marilyns eigene Produktionsfirma an Land zog, war THE PRINCE AND THE SHOWGIRL (1957). Dieser Film war ein mutiger Schachzug im Rahmen von Marilyns Neustart als ernsthafte Schauspielerin, die es mit den größten Talenten des Films aufnehmen konnte. JOSHUA LOGAN, Marilyns Regisseur bei dem im Vorjahr gedrehten Film BUS STOP (1956), sagte: „Das ist die beste Kombination seit Erfindung des Schwarz-Weiß-Kontrasts." Olivier bestand darauf, auch die Regie bei der Verfilmung von TERENCE RATTIGANS Theaterstück *The Sleeping Prince* zu übernehmen.

Um die Verhandlungen abzuschließen, reiste Olivier mit seiner Frau Vivien Leigh nach New York. Als er am 7. Februar 1956 in Marilyns Apartment am SUTTON PLACE eintraf, ließ Olivier ihn sowie seinen Agenten Cecil Tennant und den Dramatiker Rattigan eineinhalb Stunden warten, doch Olivier war trotzdem hingerissen: „Es war mir klar, dass ich mich total in Marilyn verlieben würde. Sie war so süß, so witzig und von einer einmaligen physischen Anziehungskraft." Dieses Treffen gilt als das erste, wenn auch gelegentlich behauptet wird, dass sie sich bereits 1950 bei einer Abendgesellschaft begegnet seien, zu der JOHNNY HYDE Marilyn mitnahm.

Bei der Pressekonferenz, die zwei Tage später im PLAZA HOTEL stattfand, tauschten die beiden Komplimente aus. Als Olivier gefragt wurde, was er von Marilyn als Schauspielerin hält, antwortete er: „Sie ist eine brillante Komikerin und daher eine außerordentlich gute Schauspielerin. Sie hat die Gabe, im einen Augenblick zu suggerieren, sie sei ein verdorbenes kleines Ding, und im nächsten Moment wunderbar naiv und unschuldig zu wirken." Marilyn fasste ihre enorme Hoch-

achtung vor Olivier in dem einfachen Satz zusammen: „Er war schon immer mein Idol."

Bei der nächsten Pressekonferenz am 15. Juli im Savoy Hotel in London – kurz nach der Ankunft von Marilyn und ihrem Ehemann ARTHUR MILLER in England – wurde die Produktion von *The Prince and the Showgirl* angekündigt. Doch mit den schönen Worten und Komplimenten war es nach Produktionsbeginn bald vorbei. Marilyn und Olivier stimmten in ihren Ansichten über Schauspielkunst nicht überein. Bei der Interpretation einer Rolle richtete sich Marilyn nach der „Methode" (siehe METHOD), einer besonderen Art der Darstellung, bei der Selbsterkenntnis und Beobachtung von Bedeutung sind. Olivier war einer der schärfsten Kritiker der „Methode". Er war der Meinung, dass ein Schauspieler eine Rolle so lange wiederholen muss, bis sie perfekt ist. Marilyn war sehr verärgert, als er zu ihr sagte: „Alles, was Sie tun müssen, ist sexy zu sein."

Sie flüchtete sich in das Verhalten, das man von ihr kannte: ständiges Zuspätkommen (siehe LATENESS) und nur widerwillige Kooperation. Bald schon hatte Olivier allen Grund, sie als mürrisch, unzuverlässig und als eine „professionelle Amateurin" zu bezeichnen. Miller, der immer öfter als Vermittler in diesen Machtkampf hineingezogen wurde, bemerkt, dass „ein echter Konflikt zwischen zwei Stilen zu bestehen [schien] – nicht nur der Schauspielerei, sondern auch des Lebens".

Wenn Marilyn das Vertrauen zu einem Menschen verlor, dann war es äußerst schwer, dieses Vertrauen wiederzugewinnen. In seiner Autobiografie schreibt Miller dazu: „Aber wie so viele andere Menschen hatte Marilyn auch Olivier idealisiert. Als der große, ernsthafte Künstler musste er weit über die irdischen Überlegungen stehen, die unter den Fleischverkäufern in Hollywood so verbreitet waren. Sie hatte gehofft, durch diese erste Koproduktion ihrer Gesellschaft dem allen zu entkommen." Nachdem sie sich hintergangen fühlte, war sie nicht mehr davon abzubringen, dass Olivier ihr Feind sei. Trotz seiner Vermittlungsversuche wurde Miller von Marilyn beschuldigt, er unterstütze sie nicht genügend.

Währenddessen hatte Olivier mit der ständigen Anwesenheit von Marilyns Schauspiellehrerin PAULA STRASBERG zu kämpfen, deren Ratschläge und Hinweise Marilyn mehr beachtete als seine Regieanweisungen. Marilyn unterstellte Olivier, dass er den Film nur des Geldes wegen drehen würde.

Viele Jahre später erinnerte sich Olivier immer noch an Marilyn als „ein ungezogenes Mädchen mit denkbar schlechten Umgangsformen … Ich bin noch nie so froh gewesen, dass Dreharbeiten vorbei waren." Über ihre schauspielerische Leistung fand er jedoch sehr lobende Worte: „Sie spielte hervorragend. Vielleicht war ich mit Marilyn wie mit mir selbst nur deshalb so unzufrieden, weil ich beruflich auf der Stelle trat … Sie war ganz wunderbar, am besten von allen. Wer hätte das gedacht!" Obwohl Marilyn einen ihrer hervorragendsten komödiantischen Auftritte hatte, bedachte die Kritik *The Prince and the Showgirl* mit nur wenig Lob.

Olivier führte erst sechzehn Jahre später wieder Filmregie. In der Zwischenzeit konzentrierte er sich vor allem auf den Aufbau des National Theatre in London. Filmrollen nahm er größtenteils nur an, wenn ihn finanzielle Gründe dazu zwangen.

ORPHANAGE — **Waisenhaus**

LOS ANGELES COUNTY ORPHANAGE / LOS ANGELES ORPHANS HOME SOCIETY, 815 NORTH EL CENTRO, HOLLYWOOD

MARILYN:

„Ich war es damals nicht gewöhnt, glücklich zu sein."

„Ich war zwar erst neun, aber so etwas vergisst man nicht. Für mich brach eine Welt zusammen … Wenn sich ein kleines Mädchen so einsam, verlassen und unerwünscht fühlt, dann kann es das sein Leben lang nicht vergessen."

Norma Jeane wurde am 13. September 1935 in das Waisenhaus von Los Angeles gebracht. GRACE MCKEE GODDARD, ihr Vormund, hatte ihr nur gesagt, sie würden eine Spazierfahrt machen. Als sie vor dem roten Backsteingebäude anhielten, las Jeane das Wort „Waisenhaus" und merkte, was los war. Sie fing an zu weinen und schrie laut, sie sei keine Waise. Viele Jahre später erzählte Marilyn ihrem Mann ARTHUR MILLER, dass man sie mit Gewalt in das Haus bringen musste.

Die Biografien stimmen weitgehend darin überein, dass Norma Jeane die nächsten 21 Monate im Waisenhaus verbrachte, bis Goddard sie am 26. Juni 1937 wieder abholte. Einige Biografen schreiben jedoch, dass sie sich nur neun Monate dort aufhielt.

In den verschiedenen Quellen wird das Waisenhaus sehr unterschiedlich beschrieben; die Spanne reicht von einem Schreckenshaus à la Dickens bis zu einer für damalige Verhältnisse gut geführten Institution. Das Gebäude selbst, das als ein luftiges rotes Backsteinhaus im spanischen Kolonialstil beschrieben wird, bot Platz für bis zu 250 Kinder. Unter ihnen solche wie Norma Jeane, die nur zeitweilig dort waren, weil ihre Eltern sich nicht um sie kümmern konnten. Jungen und Mädchen waren getrennt untergebracht. Angeblich blickte man von Norma Jeanes Zimmer auf den Wasserturm bei den RKO Studios, wo sie später CLASH BY NIGHT (1952) drehte.

Jeden Morgen um sechs Uhr wurde geweckt. Die Kinder mussten ihre Zimmer aufräumen, bevor sie zum Frühstück gingen. Für andere Aufgaben bekamen die Jungen und Mädchen Taschengeld, das nach dem Alter gestaffelt war. Während ihres Aufenthalts im Waisenhaus besuchte Norma Jeane die nahe gelegene Schule an der Vine Street, wo sie schon gewesen war, als sie bei Familie BOLENDER gewohnt hatte. Die Mitschüler bezeichneten Norma Jeane und die anderen Kinder als „die aus dem Heim". Marilyn lernte in dieser Zeit schwimmen und war Mitglied der Softball-Mannschaft.

In einem der ersten Einträge in Norma Jeanes Akte im Waisenhaus ist zu lesen, sie sei „ein normales, gesundes Mädchen, das gut isst und schläft, zufrieden wirkt und sich nicht beschwert. Sie gibt an, dass sie gern zur Schule geht." Aber bei einem Kind, das bereits in verschiedenen Familien untergebracht war und zugesehen hatte, wie seine Mutter in eine Nervenklinik abtransportiert wurde, konnte der Aufenthalt in einem Waisenhaus die innere Unsicherheit nur noch verstärken. Anfang 1937 schrieb Mrs. Dewey, die Leiterin des Waisenhauses, folgende Aktennotiz: „Wenn man nicht mit sehr viel Geduld auf sie eingeht … macht sie einen verängstigten Eindruck. Ich empfehle, sie bei einer guten Familie unterzubringen."

Mrs. Dewey drückte oft ein Auge zu, wenn es um die Einhaltung der Regeln ging. Sie erlaubte Marilyn zum Beispiel, sich in ihrem Zimmer zu schminken – woran sich Marilyn später dankbar erinnerte – und schimpfte nicht mit ihr, als sie von einem Samstagsausflug mit Goddard zu spät zurückkehrte.

Marilyn sagte später, sie habe sich während ihrer Zeit im Waisenhaus in eine Phantasiewelt geflüchtet. „Manchmal erzählte ich den anderen Waisen, ich hätte ganz wunderbare Eltern, die eine weite Reise machten, doch jederzeit wieder kommen könnten, um mich abzuholen, und einmal schickte ich eine Postkarte an mich selbst, die ich mit ‚Mommy und Daddy' unterschrieb. Natürlich glaubte mir niemand. Aber das war mir egal."

Zehn Jahre nachdem Norma Jeane das Waisenhaus wieder verlassen hatte, machte Mrs. Dewey einen letzten Eintrag in ihre Akte. „Norma Jeane hat viel Erfolg beim Film und wird vermutlich ein großer Star werden. Sie ist eine sehr schöne Frau und trägt den Künstlernamen Marilyn Monroe."

Zu Beginn ihrer Karriere benutzte die PR-Abteilung der TWENTIETH CENTURY-FOX Marilyns Waisenhaus-Aufenthalt, um ihr viel versprechendes Sternchen in die Nachrichten zu bringen, und so war in den Studio-Biografien zu lesen, sie sei tatsächlich eine Waise. Infolgedessen kam es 1952 zu einem Skandal, als ein Journalist herausfand, dass Marilyns Mutter GLADYS BAKER am Leben war und sich in einer Nervenheilanstalt in Nordkalifornien aufhielt.

Das Gefühl der Verlassenheit, das Marilyn bei der Einweisung ins Waisenhaus empfand, hat sie nie überwunden. Von dem Zeitpunkt an konnte sie „einen Raum voller Menschen betreten und sofort sehen, wer unter den Anwesenden als Kind seine Eltern verloren hatte oder in einem Waisenhaus gewesen war. … In den Augen eines Frühverwaisten steht die Frage: Magst du mich? – eine flehentliche Bitte aus einer abgrundtiefen Einsamkeit heraus, die kein Mensch, der Eltern hat, je wirklich nachvollziehen kann."

ORRY-KELLY

(1897–1964, GEB. ALS JOHN ORRY KELLY)

In Australien geborener Modeschöpfer, der für seine Kostüme in SOME LIKE IT HOT (1959) einen der drei Oscars erhielt, mit denen er während seiner langen Karriere beim Film ausgezeichnet wurde. Seinen ersten Job bei Warner Brothers verdankte er seinem Freund CARY GRANT.

OSCARS

(siehe ACADEMY AWARDS)

OTASH, FRED

ANTHONY SUMMERS schreibt in seiner Marilyn-Biografie, dass Otash, ein Privatdetektiv aus Hollywood, 1954 bewiesen hat, dass FRANK SINATRA nicht beim „Unternehmen falsche Tür" (siehe WRONG DOOR RAID) dabei gewesen war und auch nichts mit dem Anbringen von „Wanzen" (siehe BUGGING) in Marilyns Wohnung zu tun hatte.

Jack Paar und Marilyn in *Love Nest* (1951).

PAAR, JACK (GEB. 1918)

Der Talkmaster, der Mitte der 1950er- bis Mitte der 60er-Jahre einen eigenen Fernsehsender besaß, stand in LOVE NEST (1951) gemeinsam mit Marilyn vor der Kamera.

PALANCE, JACK

(GEB.1919 ALS WALTER PALANUIK)

Der besonders für seine Western-Rollen bekannte Jack Palance lernte Marilyn 1950 auf dem Gelände der TWENTIETH CENTURY-FOX kennen, und zwar während der Dreharbeiten zu ALL ABOUT EVE (1950). Durch Palance lernte Marilyn den Schauspiellehrer MICHAEL CHEKHOV kennen, der zeitlebens mit ihr befreundet blieb.

Palance erhielt einen Oscar für *City Slickers – City Slickers: Die Großstadthelden* (1991) und Nominierungen für *Sudden Fear – Maskierte Herzen* (1952) sowie *Shane – Mein großer Freund Shane* (1953).

PALM SPRINGS

Der in der Wüste gelegene Urlaubsort Palm Springs ist seit Jahrzehnten ein beliebtes Ausflugsziel der Mächtigen und Einflussreichen von Hollywood.

Im Palm Springs Racquet Club Resort Hotel fiel Marilyn dem Agenten JOHNNY HYDE auf, als sie im Swimming Pool schwamm; so lautet jedenfalls eine Version der Geschichte. Hyde tat mehr als jeder andere dafür, dass das aufstrebende Filmsternchen zu jener Legende wurde, die sie heute ist. In diesem Hotel erlitt er am 17. Dezember 1950 einen tödlichen Herzinfarkt.

Im Januar 1954 verbrachte das frisch gebackene Ehepaar Marilyn und JOE DIMAG-GIO seine zweiwöchigen Flitterwochen (siehe HONEYMOONS) an einem geheim gehaltenen Ort nahe Palm Springs; sie wohnten in einem Ferienhaus, das ihnen Marilyns Rechtsanwalt überlassen hatte.

Marilyn reiste mehrmals nach Palm Springs. Auf einer dieser Fahrten soll sie ihren nie gekannten Vater (siehe FATHER) gesucht haben. In ihrem letzten Lebensjahr

verbrachte sie angeblich im Haus von BING CROSBY in Palm Springs ein Wochenende mit JOHN F. KENNEDY.

PARAMOUNT STUDIOS

5555 MELROSE AVENUE, HOLLYWOOD

Marilyn spielte zwar in keinem Film der Paramount, aber vom 24. Oktober bis zum 4. November 1960 fanden in den Studios Tonaufnahmen für THE MISFITS (1961) statt.

PARKER, WILLIAM H.

William H. Parker war 1962 Polizeichef von Los Angeles (siehe POLICE). Er leitete die Untersuchungen im Zusammenhang mit Marilyns Tod (siehe DEATH). Es gibt Vermutungen, wonach Parker, der über Kontakte zu den Kennedys verfügte, auf irgendeine Weise dafür gesorgt habe, dass die Begleitumstände des Todes vertuscht wurden (siehe COVER-UP). Er verstarb 1966.

PARISIAN FLORISTS

7528 SUNSET BOULEVARD, LOS ANGELES

Zwanzig Jahre lang, von August 1962 bis September 1982, führte dieser Blumenladen JOE DIMAGGIOs Bestellung aus, zwei- bis dreimal die Woche rote Rosen an Marilyns letzte Ruhestätte zu schicken. Als die Bestellung auslief, beauftragte ROBERT SLATZER das Geschäft, weiterhin einmal wöchentlich Blumen ans Grab zu bringen. Aufgrund unbezahlter Rechnungen wurden die Lieferungen jedoch bald eingestellt. Im August 1962 fertigte der Laden den Sargschmuck an. Einmal im Jahr schickt er Kränze und Sträuße zum Marilyn-Gedächtnis-Gottesdienst im WESTWOOD MEMORIAL PARK Friedhof.

PARSONS, LOUELLA

(1881–1972, GEB. ALS LOUELLA OETTINGER)

Parsons war eine der einflussreichsten Kolumnistinnen der Filmbranche. Sie war für Marilyn eine der wichtigsten Verbündeten in

Die Kolumnistin Louella Parsons und Marilyn auf einer Party bei dem Komponisten Jimmy McHugh, 1958.

Hollywood. Anfang 1953 erklärte sie Marilyn zum „Kino-Glamourgirl Nr. 1". Marilyn konnte sich darauf verlassen, dass Parsons keine Gerüchte in Umlauf brachte und auch wenig schmeichelhafte Ereignisse in einem positiven Licht erscheinen ließ. So reagierte Marilyn 1953 auf JOAN CRAWFORDs scharfe Kritik an dem aufreizenden Kleid, das sie zur Preisverleihung der Zeitschrift PHOTOPLAY trug, indirekt durch ein Zitat in Parsons Kolumne.

Einmal sagte Marilyn zu Parsons: „Du und Mr. Schenck – ihr wart meine ersten Freunde in Hollywood. Das werde ich euch nie vergessen."

Louella Parsons trat auch gelegentlich selbst in Filmen auf, beispielsweise in *Hollywood Hotel* (1937) und *Starlift* (1951).

PECK, GREGORY (GEB. 1916)

Gregory Peck war lange Zeit einer der großen männlichen Hollywoodstars. Fast hätte er in dem Film LET'S MAKE LOVE (1960) gemeinsam mit Marilyn vor der Kamera gestanden. Er

Marilyn und ihr Agent Johnny Hyde am Swimmingpool des Palm Springs Resort Hotel, ca. 1949.

zog sich jedoch aus dem Projekt zurück, nachdem seine Rolle durch die Änderungen, die ARTHUR MILLER am Drehbuch vorgenommen hatte, an Bedeutung verlor. Angeblich verabschiedete er sich mit den Worten, das Skript sei nun „ungefähr so witzig, wie wenn man die eigene Großmutter im Rollstuhl die Treppe runterstößt".

Peck spielte unter anderem in *The Keys of the Kingdom – Schlüssel zum Himmelreich* (1944), *The Yearling – Die Wildnis ruft* (1946), *Gentleman's Agreement – Tabu der Gerechten* (1947), *Roman Holiday – Ein Herz und eine Krone* (1953), *The Man in the Gray Flannel Suit – Der Mann im grauen Flanell* (1956). Für *To Kill a Mockingbird – Wer die Nachtigall stört* (1963) erhielt er einen Oscar.

PEPITONE, LENA (GEB. 1928)

Pepitone war Marilyns Hausangestellte (siehe MAIDS) in der Wohnung in der FIFTY-SEVENTH STREET in New York. Sie bewohnte das Apartment von Ende 1957 bis zu Marilyns Tod und trat 1979 mit einer Darstellung über ihre Zeit mit Marilyn an die Öffentlichkeit. Einige Kreise kritisierten das Buch, das im Wesentlichen aus der Wiedergabe von Erinnerungen an Marilyn besteht, wegen des indiskreten Inhalts, zu dem auch die Preisgabe von Einzelheiten über einige etwas unappetitliche Hygienegewohnheiten der Arbeitgeberin gehört.

Trotz aller kritischen Einwände haben etliche Marilyn-Biografien (siehe BIOGRAPHIES) seit 1979 immer wieder ausführlich aus Pepitones Buch zitiert. Vor allem gilt dies in Bezug auf Marilyns Reaktionen auf Lebenskrisen – Informationen, die nur jemand weitergeben konnte, der die betreffenden Geschehnisse aus nächster Nähe miterlebt hat.

PERFECTIONISM — Perfektionismus

MARILYN:
„Mein einziger Wunsch ist es, mein Bestes zu geben, und zwar vom Moment an, wo die Kamera läuft, bis zum Augenblick, wo sie gestoppt wird. Während dieser Zeit möchte ich perfekt sein, so vollkommen, wie ich nur irgend kann."

Marilyns Perfektionismus war die Kehrseite ihres ungeheuer großen Lampenfiebers und ihrer Nervosität, sowohl vor der Kamera (siehe ACTING – SCHAUSPIELEREI) als auch vor einem bewundernden Publikum. MARJORIE PLECHER, die bei CLASH BY NIGHT (1952) als Garderobiere mitwirkte, erinnert sich: „Jedes Detail musste bis ins Letzte stimmen. Nicht nur was die Darstellung, sondern auch was Kleidung und Requisiten betraf."

PERFUME — Parfüm

Marilyns Leidenschaft für Chanel No. 5 ist bekannt; zeitweilig soll sie 26 Flakons davon besessen haben. Außerdem aalte sie sich gern in einer Badewanne mit parfümiertem Wasser.

Auf die Frage, ob es stimme, dass sie im Bett nur Chanel No. 5 trage, antwortete sie: „Hin und wieder habe ich auch gern etwas anderes an. Dann trage ich Arpège."

(siehe BEAUTY – Schönheit)

PETERS, JEAN (GEB. 1926)

Peters war Anfang der 1950er-Jahre ein populärer Star. Sie spielte in NIAGARA (1953) neben Marilyn die Figur der Polly Cutler, der unschuldigen Frau, die im Finale von JOSEPH COTTEN gekidnappt wird. Nach einigen Darstellungen war sie zunächst für die Rolle der Femme fatale in *Niagara* vorgesehen gewesen; verbreiteter ist jedoch die Version, wonach sie ANNE BAXTER ersetzte, die sich aus dem Projekt zurückzog, nachdem die Polly-Cutler-Figur an Bedeutung verloren hatte. Peters und Marilyn hatten bereits in AS YOUNG AS YOU FEEL (1951) zusammengearbeitet und in O'HENRY'S FULL HOUSE mitgewirkt, allerdings in verschiedenen Episoden.

Während der Dreharbeiten zu LET'S MAKE LOVE (1960), als Marilyn, Ehemann ARTHUR MILLER, Co-Star YVES MONTAND sowie dessen Ehefrau SIMONE SIGNORET im BEVERLY HILLS HOTEL abgestiegen waren, bewohnten Peters und HOWARD HUGHES die ein Stockwerk tiefer gelegene Suite.

Zu Peters' anderen Filmen gehören *Viva Zapata* (1952), *Three Coins in the Fountain – Drei Münzen im Brunnen* (1954) sowie *A Man Called Peter – Ein Mann namens Peter* (1955). Nachdem sich Peters aus dem Filmgeschäft zurückgezogen hatte, heiratete sie 1957 Howard Hughes. Die Ehe hielt bis 1971. Danach übernahm sie noch einige Hauptrollen in Fernsehproduktionen.

PETS — Haustiere

MARILYN:
„Ich werde nie von Hunden gebissen – nur von Menschen."

Während der Jahre, in denen Norma Jeane bei ihren Pflegeeltern IDA und WAYNE BOLENDER lebte, besaß sie ein schwarz-weißes Hündchen. Wahrscheinlich war es ein Geschenk von Wayne Bolender. Norma Jeane nannte den Hund Tippy. Er begleitete sie treu zur Schule und wartete geduldig, bis sie wieder herauskam. Tippy wurde Anfang 1933 von einem Nachbarn erschossen. Norma Jeane war untröstlich. Ihre Mutter GLADYS BAKER half ihr, den Hund zu begraben. Dann beglich sie die letzte Rechnung für die Unterhaltskosten der Tochter und nahm sie mit zu sich. Marilyn erinnerte sich bis an ihr Lebensende an diesen Hund. Den Cockerspaniel, der in einigen Szenen von SOMETHING'S GOT TO GIVE eingesetzt wurde, nannte sie ebenfalls Tippy.

Bald nach der Heirat mit JAMES DOUGHERTY bekam Norma Jeane einen neuen Hund, einen Collie namens Muggsy. Man ist sich nicht einig, ob sie ihn auf der Straße auflas oder ob ihr frisch gebackener Ehemann ihr den Hund schenkte, damit sie Gesellschaft hatte, während er bei der Handelsmarine diente. Muggsy starb, kurz nachdem Norma Jeanes Karriere als Fotomodell (siehe MODELING) begann.

Zu ihrem 24. Geburtstag schenkte Studiochef JOSEPH SCHENCK Marilyn eine Chihuahua-Hündin namens Josefa, die von ihr verzogen und mit Kalbsleber gefüttert wurde. Allerdings wurde das Hündchen nie stubenrein, was zu zahlreichen Spannungen mit NATASHA LYTESS führte, bei der Marilyn zu dieser Zeit wohnte. Josefa starb binnen eines

Miller und Marilyn mit dem Basset Hugo in Roxbury, Connecticut, 1956.

Jahres. Angeblich soll Marilyn, als sie 1955 zum ersten Mal in New York lebte, auch eine Perserkatze namens Mitsou gehabt haben.

Ende der fünfziger Jahre lebte ein Basset namens Hugo bei Marilyn und Ehemann ARTHUR MILLER in der gemeinsamen New Yorker Wohnung sowie in ihrem Landhaus in ROXBURY, Connecticut. Nach der Scheidung hielt es Marilyn für das Beste, dass der Hund weiter auf dem Lande blieb. 1958 kauften Marilyn und Arthur von dessen engem Freund FRANK TAYLOR ein Pferd namens Ebony. Marilyn ritt es nur einige Male auf dem weitläufigen Anwesen. 1959 kam eine Siamkatze namens Serafina in den Haushalt der Millers.

Marilyns letztes Haustier war MAF, ein weißer Zwergpudel, den man ihr Anfang 1961 geschenkt hatte, damit er ihr nach einem kurzen Aufenthalt in einer psychiatrischen Klinik (siehe HOSPITALS) Gesellschaft leiste. So wie ihre anderen Hunde war auch Maf nicht richtig stubenrein. Im letzten Haus am FIFTH HELENA DRIVE schlief Maf in seinem eigenen Zimmer. Nach Marilyns Tod nahm Gloria Lovell, FRANK SINATRAS Sekretärin, den Hund zu sich.

PHOENIX, ARIZONA

Die Rodeo-Szenen in BUS STOP wurden im März 1956 in Phoenix, Arizona, gedreht. Marilyn wohnte während der Dreharbeiten hier.

PHOTOGRAPHERS AND PHOTOGRAPHY — Fotografen und Fotografie

BILLY WILDER:
„Gott hat ihr einfach alles geschenkt. Seit ein Fotograf eine Aufnahme von ihr geschossen hatte, war sie ein Genie."

RICHARD AVEDON:
„Sie wusste, worauf es bei der Fotografie ankommt und was ein großartiges Foto ausmacht – nicht, was die technische, wohl aber, was die inhaltliche Seite betraf."

PHILIPPE HALSMAN:

„Während sich die großen Hollywood-Studios noch weigerten, dieses ‚Mädchen' zum Star zu machen, hatten die Fotografen sie bereits zu ihrem Liebling erkoren. Durch sie wurde Marilyn bekannter als viele Schauspielerinnen, die bereits seit zehn oder mehr Jahren in Filmen mitwirkten. Zwar konnte sich niemand daran erinnern, die junge Frau jemals in einem Film gesehen zu haben, aber wenn man ihren Namen erwähnte, pfiffen die Männer im ganzen Land anerkennend durch die Zähne."

LASZLO WILLINGER:

„Wenn sie eine Kamera sah, blühte sie regelrecht auf und war wie verwandelt. Kaum war die Foto-Session zu Ende, fiel sie wieder in ihre normale, nicht sonderlich interessante Haltung zurück."

Marilyn ließ sich sehr gerne fotografieren. Sie war jedoch auch daran interessiert, auf die Art der Darstellung und die Auswahl der Fotos Einfluss zu nehmen. Sobald sie über die nötige Macht verfügte, verlangte sie, dass man ihr sämtliche Negative vor der Veröffentlichung zeigte. Mit prüfendem Blick wählte sie die Fotos aus, die jene Marilyn zeigten, die sie der Welt präsentieren wollte.

So bemerkte JOHN SPRINGER, einer der Pressebetreuer während des zweiten Abschnitts ihrer Filmkarriere, dass Marilyn „sich zwar freute, wenn einem ihr jüngster Film gefiel, aber wenn man mit ihr über das letzte Titelbild oder ein Foto-Layout sprach, dann kam richtig Leben in sie, und sie genoss die Unterhaltung."

Gleich zu Beginn ihrer Karriere erlernte Marilyn die Posen, die sie einzunehmen hatte, und wusste bald, welche Perspektive am besten zu ihr passte und welches Licht ihr schmeichelte. Fast alle aus der riesigen Schar der Fotografen, die eng mit ihr zusammenarbeiteten, stimmen darin überein, dass sie ein unglaubliches Talent hatte, sich vor der Kamera „in Szene zu setzen". Für den ersten Berufsfotografen, dem sie Modell stand, DAVID CONOVER, war Marilyns Naturbegabung – die sie während der Kurzausbildung bei der BLUE BOOK MODELING AGENCY sowie durch Aufnahmen, die sie als Pin-up-Girl zeigten, verfeinerte – offensichtlich. Viele Fotografen staunten, wie mühelos sie mit der Kamera kokettierte und wie selbstkritisch und interessiert sie herauszufinden versuchte, was sie noch verbessern konnte.

Nach Aussage von EVE ARNOLD war Marilyn einzigartig. Sie habe, so Arnold, einen sechsten Sinn, der ihr verriet, wann die Kamera auf sie gerichtet war. Und wenn sie sich dann drehte und wendete, den Busen nach vorn schob und den Bauch einzog, dann habe sie gestrahlt: „Wenn sie vor der Kamera stand, war sie in ihrem Element."

Mit männlichen Fotografen flirtete Marilyn während der Foto-Sitzungen oft hemmungslos. Viele von ihnen behaupten, sexuelle Beziehungen mit ihr gehabt zu haben, vor allem während ihrer Zeit als Filmsternchen. Aber nicht nur Männer waren von Marilyns Verführungskraft vor der Kamera wie verzaubert. Hierzu sagte INGE MORATH: „Selbst wenn man es wollte – man konnte sie gar nicht schlecht fotografieren. War sie bereit, dann übertraf sie alle Erwartungen. Sie hatte etwas Schimmerndes an sich, einer Wasseroberfläche vergleichbar, und ihre Bewegungen drückten viel Gefühl aus."

Marilyn ließ sich am liebsten von rechts fotografieren (nicht von der bekannten Seite

mit dem Muttermal). Viele Momentaufnahmen zeigen sie von hinten, beim gespielt schüchternen Blick über die Schulter. Der feine Flaum im Gesicht verlieh ihr eine Art Glorienschein und verstärkte die durchscheinende weiße Haut.

In Marilyns letztem Lebensjahr fiel mindestens einem Fotografen auf, dass ihr Körper „gereift" war. Dies schien sie selbst aber kaum zu stören, denn sie posierte für etliche Akt- und Halb-Aktaufnahmen, so als wolle sie aller Welt zeigen, dass sie keine Angst vor dem Alter hatte. Bis dahin war sie selbst ihre schärfste Kritikerin, was ihre Ausstrahlung auf Fotos betraf. Als Stanley Kauffman einen Bildband von SAM SHAW zusammenstellte, sagte sie zu ihm: „Wenn die Leute mich betrachten, dann wollen sie einen Star sehen."

BERT STERN, der Marilyn einen Monat vor ihrem Tod fotografierte, empfand sie „als sehr natürlich, ohne das Affektierte eines Stars. Sie besaß ein seltenes Talent, das ich weder vorher noch nachher erlebt habe – als gebe es keine andere Person in der Welt, solange ich anwesend war. Marilyn war bei den Aufnahmen immer hundertprozentig dabei … Auf mich wirkte sie weder deprimiert noch ängstlich: Sie nippte an ihrem Dom Perignon und freute sich riesig, genau das zu tun, was ihr am meisten Spaß machte."

Nach ihrem Tod durchstöberten viele Fotografen ihre Archive und druckten auch die Negative, die Marilyn zurückgewiesen hatte, in ihren Fotobänden ab. Die Veröffentlichung dieser Aufnahmen hätte sie strikt untersagt. Bei den Fotos von Bert Stern, die später unter dem Namen „Last Sitting" bekannt wurden, handelt es sich fast ausschließlich um Abzüge, die er ihr nach den dreitägigen Aufnahmen gar nicht erst zuschickte.

MARILYNS FOTOGRAFEN

Slim Aarons
Eve Arnold
Zinn Arthur
Richard Avedon
Ernest Bachrach
Ed Baird
Baron
George Barris
Cecil Beaton
Anthony Beauchamp
Hal Berg
Bernard of Hollywood
John Bryson
Bill Burnside
Tom Caffrey
Lee Caloia
Cornell Capa
Jack Cardiff
Jock Carroll
William Carroll
Edward Clark
Henri Cartier-Bresson
David Conover
Ed Coonenwerth
Henri Dauman
Bruce Davidson
André de Dienes
Nat Dillinger
Alfred Eisenstaedt
Glenn Embree
John Engstead
Elliott Erwitt
Ed Feingersh
John Florea

Len Globus
Allan Grant
Milton Greene
Ernst Haas
Philippe Halsman
Bob Henriques
Potter Hueth
George Hurrell
Joseph Jasgur
Tom Kelley
Douglas Kirkland
Gene Kornman
Hans Knopf
Earl Leaf
Lee Lockwood
Joshua Logan
Harold Lloyd
George Miller
Richard Miller
Jimmy Mitchell
Earl Moran
Inge Morath
Nikolas Muray
Arnold Newman
Leif-Erik Nygards
Paul Parry
Frank Powolny
Willy Rizzo
Lawrence Schiller
Sam Shaw
George Silk
Bert Stern
Phil Stern
Dennis Stock
Earl Theisen
John Vachon
Seymour Wally
Weegee
Leigh Winer
Laszlo Willinger
Bob Willoughby
Gary Winogrand
Raphael Wolff
William Read Woodfield

Im Laufe der Jahre wurde Marilyn auch von vielen anderen fotografiert. So sollen bei den bekannten Aufnahmen in New York für die Luftschachtszene in THE SEVEN YEAR ITCH (1955) 200 Fotografen anwesend gewesen sein. Da Marilyn immer bereit war, vor der Kamera eines Bewunderers zu posieren, kann man mit Sicherheit davon ausgehen, dass in den nächsten Jahrzehnten weitere unbekannte Fotos auftauchen werden.

EINIGE KLASSISCHE MARILYN FOTOS

Aktaufnahmen auf rotem Samt für einen Kalender: Tom Kelley 1949
Fotoserie am Jones Beach/Tobey Beach: André de Dienes 1949
Im Jute-Kartoffelsack: Earl Theisen, 1952 (siehe CLOTHES – KLEIDUNG)
Luftschachtszene mit wehendem Rock THE SEVEN YEAR ITCH: Sam Shaw, 1954 (siehe Film-Eintrag)
Mit Chinchilla-Stola und Strohhut: Milton H. Greene, 1953 (siehe GREENE)
Im Bett liegend, mit Blume: Cecil Beaton, 1956
Mit Jeans und Zöpfen während der Dreharbeiten zu THE MISFITS: Eve Arnold, 1961 (siehe Titel „O")
In mexikanischer Strickjacke: George Barris, 1962 (siehe MEXICO)
Das Schulterblickfoto (mit weißem Lidschatten): Bert Stern, 1962 (siehe STERN)

Marilyn auf einem Foto von Milton Greene, 1957.

PHOTOPLAY

In dieser Filmzeitschrift (siehe MAGAZINES) erschienen regelmäßig Fotos von Marilyn, beginnend 1949 mit Werbeaufnahmen im Rahmen einer PR-Kampagne für LOVE HAPPY (1950). Von diesem Zeitpunkt an stellte die Zeitschrift Marilyn in der Regel in positivem Licht dar. Marilyn wurde alljährlich mit den Filmpreisen der Zeitschrift ausgezeichnet. 1952 erhielt sie beispielsweise den Preis für den „Besten Nachwuchsstar des Jahres". Zur Preisverleihung erschien sie in dem Gold-lamékleid, das sie in GENTLEMEN PREFER BLONDES getragen hatte.

Der eifersüchtige JOE DiMAGGIO hatte sich geweigert, Marilyn zu dieser Veranstaltung zu begleiten, da sie das Kleid tragen wollte, das man als so gewagt betrachtet hatte, dass es in dem Film nur flüchtig zu sehen war. Wie immer erklärte sich ihr guter Freund SIDNEY SKOLSKY bereit einzuspringen und begleitete sie. Als Marilyn zur Entgegennahme des Preises auf die Bühne kam, johlten die Männer im Publikum und Jerry Lewis stieg auf einen Tisch und pfiff. Die Klatschkolumnistin SHEILAH GRAHAM schrieb damals: „Unglaublich, wie Marilyn ihr Hinterteil zur Schau stellte! Man konnte jede Einzelheit erkennen." Hollywoods weibliche Stars wie Lana Turner und JOAN CRAWFORD waren empört. Tagelang ergötzte sich die Presse an dem Skandal.

Ein Jahr später erhielt Marilyn für ihre schauspielerischen Leistungen in *Gentlemen Prefer Blondes* und HOW TO MARRY A MILLIONAIRE den *Photoplay*-Preis als beste Darstellerin des Jahres 1953. Wieder stahl sie allen Anwesenden die Schau, als sie, in Begleitung von Skolsky, zur Preisverleihung im BEVERLY HILLS HOTEL kam. Diesmal trug sie ein tief ausgeschnittenes, hautenges weißes Seidenkleid, das ihr platinblondes Haar besonders gut zur Geltung brachte.

PINEWOOD STUDIOS
PINEWOOD ROAD, IVER, ENGLAND

Die Studios wurden in den 1930er-Jahren in der Grafschaft Buckinghamshire, England, von Bauunternehmer Charles Boot und Millionär J. Arthur Rank gegründet und galten als eines der renommiertesten Filmstudios Englands. Hier drehten Marilyn Monroe und LAURENCE OLIVIER im Jahr 1956 THE PRINCE AND THE SHOWGIRL (1957).

PLAZA HOTEL
768 FIFTH AVENUE, NEW YORK

Hier fand die Pressekonferenz statt, auf der Marilyn mit LAURENCE OLIVIER zusammen THE PRINCE AND THE SHOWGIRL (1957) ankündigte. Abgesehen von der Tatsache, dass sie mehrere recht feindselige Fragen der über hundert Journalisten gekonnt parierte, war das bemerkenswerteste Ereignis, dass der Träger ihres Kleides riss.

PLECHER, MARJORIE (MARGE)

Marjorie Plecher war die langjährige Garderobiere und Kostümbildnerin, die bei einer Reihe von Filmen mit Marilyn zusammenarbeitete. Sie heiratete Marilyns Maskenbildner und Freund ALLAN „WHITEY" SNYDER.

Marilyn 1949 bei der Siegerehrung des „Dream Home Contest" der Zeitschrift *Photoplay*.

Marilyn 1953 auf der Titelseite von *Photoplay*.

POETRY — Dichtung

MARILYN:
„Manchmal habe ich auch Gedichte geschrieben. Meistens war ich in diesen Zeiten deprimiert. Die paar Leute, denen ich sie zeigte – eigentlich waren's nur zwei –, sagten, sie stimmten sie traurig. Einer hat sogar geweint, aber das war ein alter Freund, den ich schon lange kannte."

Marilyn las nicht nur, sondern schrieb auch gerne Gedichte. Da sie stets Angst vor Kritik hatte, zeigte sie sie nur einem ausgewählten Kreis, darunter MILTON GREENE, NORMAN ROSTEN und CARL SANDBURG. Rosten schreibt:

„Sie hat mir oft kleine beschriebene Zettel zugesteckt und gefragt: ‚Findest du, das ist Poesie? Behalte es und sag mir Bescheid.' Oder sie schickte mir per Post ein beschriebenes Blatt Papier und bat um mein Urteil. Ich habe sie stets ermutigt, weiter zu schreiben. Die Gedichte waren im besten Sinne amateurhaft, das heißt, sie gaben nicht vor, mehr als einen Ausbruch von Gefühlen festzuhalten."

Marilyn beim Dinner anlässlich der Verleihung der Gold Medal Awards der Zeitschrift *Photoplay*, 1953.

Ob sie es riskiert hätte, die Gedichte ihrem Ehemann ARTHUR MILLER zu zeigen, ist eine andere Frage. Verschiedene Personen haben Gedichte aus Marilyns Notizheften abgeschrieben, so dass heute unterschiedliche Versionen im Umlauf sind.

EINE AUSWAHL AUS IHREN GEDICHTEN

Nacht am Nil – so mild –
Dunkelheit – erfrischend – die Luft
Ist wie verwandelt – die Nacht hat
Keine Augen, niemand ist darin – so still -
Außer für sich selbst.

Ein bekanntes frühes Gedicht, geschrieben an den Fotografen Bill Burnside, 1946:

Ich hätte dich lieben können, habe es sogar gesagt
Aber du bist fortgegangen,
Sehr weit weg.
Als du zurückkamst, war es zu spät
Und Liebe war nur ein vergessenes Wort.
Weißt du noch?

Auf diesem Werbefoto für *Love Nest* (1951) liest Marilyn in dem Gedichtband *Grashalme* von Walt Whitman.

POLICE – Polizei

In seiner 1985 erschienenen Biografie kritisiert ANTHONY SUMMERS das Vorgehen der Polizei von Los Angeles während der Untersuchungen im Zusammenhang mit Marilyns Tod (siehe DEATH). So wird dem allseits geachteten Polizeichef WILLIAM H. PARKER vorgeworfen, er habe daran mitgewirkt, die Begleitumstände von Marilyns Tod systematisch zu vertuschen (siehe COVER-UP). Zu seinen angeblichen Verfehlungen gehört, dass er Marilyns Anruflisten beschlagnahmte (entweder um ROBERT KENNEDY zu schützen oder um diese Listen für mögliche spätere Erpressungen zu benutzen), außerdem wurde die Aussage des Bezirksstaatsanwalts gegenüber der Polizei nicht veröffentlicht, und es verschwand die Untersuchungsakte.

Die an den Untersuchungen beteiligten Beamten waren:
Polizeichef: William H. Parker
Diensthabender Leiter der Nachrichtenabteilung des Los Angeles Police Department: James Hamilton
Kriminalkommissar: Thad Brown
Erster Beamter am Tatort:
Sergeant JACK CLEMMONS
Beamter, der den Polizeibericht aufnahm: R. E. Byron

OFFIZIELLER BERICHT ZUM TOD VON MARILYN MONROE

Der Tod wurde am 5.8.62 um 03.45 Uhr festgestellt. Vermutlich trat er, ohne Fremdeinwirkung, in der Nacht vom 4. auf den 5.8.62 um 03.35 Uhr im Haus am Fifth Helena Drive, Brentwood, ein.

Marilyn Monroe zog sich am 4. August 1962 gegen acht Uhr abends in ihr Schlafzimmer zurück; Mrs. Eunice Murray bemerkte ein Licht in Miss Monroes Schlafzimmer. Mrs. Murray rüttelte an der Tür, war jedoch nicht imstande, Miss Monroe zu wecken. Als sie um 03.30 Uhr erneut die Tür zu öffnen versuchte, weil sie gesehen hatte, dass im Zimmer noch Licht brannte, stellte sie fest, dass die Tür verschlossen war. Daraufhin beobachtete sie Miss Monroe durch das Schlafzimmerfenster und fand sie, in einer unnatürlichen Haltung, auf dem Bauch liegend im Bett vor. Sodann rief Mrs. Murray Miss Monroes Psychiater, Dr. Ralph Greenson, an. Nachdem sich dieser durch Einschlagen des Schlafzimmerfensters Zugang zum Haus verschafft hatte, fand er Miss Monroe vor, vermutlich bereits tot.

Dr. Greenson rief Dr. Hyman Engelberg an, der sich auf den Weg machte und um 03.35 Uhr Miss Monroes Tod feststellte. Dr. Greenson hatte Miss Monroe am 4. August 1962 um 17.15 Uhr auf ihren Wunsch aufgesucht, weil sie nicht einschlafen konnte. Sie war seit etwa einem Jahr bei ihm in Behandlung. Als Dr. Greenson sie tot vorfand, war sie unbekleidet, hatte den Telefonhörer in der Hand und lag auf dem Bauch. Dr. Greenson benachrichtigte telefonisch das Police Department. Als die Beamten eintrafen, fanden sie Miss Monroe im o.g. Zustand vor, bis auf den Telefonhörer, den Dr. Greenson entfernt hatte. Es wurden 15 Arzneimittelfläschchen auf dem Nachttisch gefunden, einige davon rezeptpflichtig. Ein Fläschchen trug die Aufschrift Nembutal. Bezüglich dieses Fläschchens sagte Dr. Engelberg aus, er habe vor etwa zwei Tagen ein Rezept zum Nachfüllen ausgestellt; weiterhin sagte er aus, dass es zu der Zeit, als der Apotheker es nachfüllte, vermutlich 50 Kapseln enthielt.
Beschreibung der Verstorbenen: Weiß, weiblich, Alter 36, Größe 1,65 m, Gewicht 52 kg, blonde Haare, blaue Augen, schlank.
Beruf: Schauspielerin. Vermutete Todesursache: Überdosis Nembutal. Der Leichnam wurde am 5.8.62 um 03.25 Uhr entdeckt und zum Bezirks-Leichenschauhaus gebracht und von dort zur Leichenhalle Westwood.
Bericht: Sergant R. E. Byron,
Nächste Verwandte: Gladys Baker (Mutter).

Nachtrag
Bei einer erneuten Befragung von Dr. Ralph Greenson (Zeuge 1) und Dr. Hyman Engelberg (Zeuge 2) stimmen beide bezüglich der zeitlichen Abfolge ihrer Handlungen überein: Dr. Greenson erhielt am 5.8.62 um 03.30 Uhr morgens einen Telefonanruf von Mrs. Murray (benachrichtigende Person). Diese habe angegeben, dass sie nicht in Miss Monroes Zimmer gelangen könne und Licht darin brenne. Er forderte sie auf, anzuklopfen, durchs Fenster zu schauen und ihn dann wieder anzurufen. Um 03.35 Uhr rief Mrs. Murray zurück und sagte, Miss Monroe liege auf dem Bett, den Telefonhörer in der Hand, und wirke merkwürdig. Dr. Greenson war inzwischen angekleidet. Er verließ das Haus und fuhr zum etwa eine Meile entfernt gelegenen Haus der Verstorbenen. Er beauftragte außerdem Mrs. Murray, Dr. Engelberg anzurufen.

Gegen 03.40 Uhr traf Dr. Greenson im Haus der Verstorbenen ein. Er schlug die Fensterscheibe ein, gelangte ins Haus und nahm der Verstorbenen den Telefonhörer aus der Hand.
Die Leichenstarre hatte eingesetzt. Um 03.50 Uhr traf Dr. Engelberg ein und stellte Miss Monroes Tod fest. Die beiden Ärzte redeten kurz miteinander. Sie glaubten beide, dass Dr. Engelberg um etwa vier Uhr die Polizei anrief.

Eine daraufhin erfolgte Nachprüfung in den Nachrichtenzentralen der Polizei von West Los Angeles ergab, dass der Anruf um 04.25 Uhr einging. Miss Monroes Anschluss wurde überprüft. In den Stunden, in denen sich diese Geschehnisse vollzogen, wurden keine Ferngespräche geführt.

POLITICS – Politik

MARILYN:
„Ich verstehe nichts von Politik. Ich bin gerade aus dem Stadium heraus, Politiker in ‚gute' und ‚böse' einzuteilen. Aber es wird ihnen fast alles nachgesehen, denn die meisten Amerikaner haben genauso wenig Ahnung von Politik wie ich – manche sogar noch weniger."

ARTHUR MILLER:
„Wohin sie sich auch wandte, sah sie ‚kindisches Getue', wie sie es nannte, Opportunismus, das Fehlen einer Kraft, die wie durch ein Wunder alles befreien sollte."

Es mag sein, dass Marilyn nicht jeden Tag Zeitung las, und vielleicht brachte sie ihre politischen Ansichten auch nicht besonders gewandt zum Ausdruck. Trotzdem gab es wegen ihrer festen Überzeugungen beim FBI eine Akte über sie. Die Biografen sind sich darin einig, dass sie mit den Armen, Schwachen und Verlassenen sympathisierte und ihnen mitunter auch aktiv half.

Prägend für ihre politischen Auffassungen waren die Erfahrungen in ihrer Kindheit und Jugend zur Zeit der großen Wirtschaftskrise sowie als junge Erwachsene, als sie Ende der 1940er-Jahre Agitprop-Stücke von links gerichteten Autoren wie CLIFFORD ODETS im ACTORS LAB studierte. Ihr Mentor und Liebhaber JOHNNY HYDE vertrat die Überzeugung, dass die Zukunft der Demokratie in den Schriften von Karl Marx läge, und NATASHA LYTESS, die sieben Jahre lang ihre Schauspiellehrerin gewesen war, hatte vorher in Russland (siehe RUSSIA) gelebt, einem Land, dessen Theater- und Literaturtradition Marilyn bewunderte.

Marilyn zog es immer wieder zu Männern, die mit den Armen und Unterdrückten sympathisierten und politisch links gerichtete Ansichten vertraten. Als führender sozialkritischer Autor seiner Generation verkörperte ARTHUR MILLER alle diese Ideale. Ungeachtet aller Drohungen von Seiten des Filmstudios unterstützte sie Miller persönlich und finanziell in seinem Kampf gegen die Anschuldigungen des Ausschusses für unamerikanische Umtriebe (siehe HOUSE UN-AMERICAN ACTIVITIES COMMITTEE).

Marilyn glaubte an die Gleichheit aller Bürger vor dem Gesetz. Wurde der Gleichheitsgrundsatz verletzt, dann handelte sie. So rief sie Ende 1954 den Besitzer des Mocambo-Nightclubs an und verlangte, er solle ELLA FITZGERALD engagieren, anstatt weiterhin rassistische Einstellungen zu pflegen und nur weiße Künstler in seinem Club auftreten zu lassen.

Sie gehörte zu den wenigen weißen Hollywoodschauspielerinnen, die vom afroamerikanischen Bevölkerungsteil geschätzt und anerkannt wurden.

Einmal äußerte sie gegenüber einem Reporter, sie habe zwar eine Liebesaffäre mit einem Schwarzen, doch könne sie sich wegen der Einstellung der Gesellschaft nur heimlich mit ihm treffen.

Die Presseberaterin PAT NEWCOMB erinnert sich an Marilyns Äußerung gegenüber dem Journalisten RICHARD MERYMAN von Life: „Im Grunde möchte ich nur eines sagen – dass die Welt ein echtes Gemeinschaftsgefühl braucht. Alle Menschen – ob Stars, Arbeiter, Schwarze, Juden – sind Brüder. Bitte stellen Sie das nicht als Witz hin. Beenden Sie das Interview mit diesem Satz, an den ich fest glaube."

Als Marilyn 1959 dem Sowjetführer Nikita Chruschtschow begegnete, brachte sie ihm gegenüber den Wunsch zum Ausdruck, dass auf der ganzen Welt Frieden herrschen möge.

Im Laufe der Jahre engagierte sich Marilyn immer stärker im politischen Bereich. Sie trat der Demokratischen Partei und der S.A.N.E. bei, einer Organisation, die sich für die Abschaffung aller Atomwaffen einsetzte. 1960 arbeitete sie während der Präsidentschaftswahlen in ihrer Funktion als ehrenamtliche stellvertretende Delegierte des 5. Kongress-Wahlbezirks als Wahlhelferin.

Als sie mit Arthur Miller liiert war, sagte Marilyn: „Einige von den Mistkerlen in Hollywood verlangen, dass ich Arthur verlasse, weil er angeblich meine Filmkarriere ruiniert. Das sind Feiglinge, die bloß wollen, dass man genauso ist wie sie. Kennedy soll schon deshalb gewinnen, weil Nixon mit die-

ser ganzen Truppe verbunden ist." Arthur Miller erinnert sich, dass sich Marilyn nach der Scheidung einer Kampagne zur Befreiung des nigerianischen Schriftstellers Wole Soyinka aus dem Gefängnis anschloss. Sie bat Miller, sich für Soyinka einzusetzen. Nachdem er aktiv geworden war, ließ General Gowon, der Chef der nigerianischen Armee, Soyinka frei. 1986 erhielt Soyinka den Nobelpreis für Literatur.

1962 brachte Marilyn ihre anhaltende Unterstützung der Demokratischen Partei in Form ihres Geburtstagsständchens für Präsident KENNEDY zum Ausdruck. Der Anlass war eine Gala-Veranstaltung der Demokratischen Partei, durch die man die während der Präsidentschaftswahlen 1960 entstandenen Kosten wieder hereinholen wollte. Auch Marilyn zahlte den Eintrittspreis in Höhe von 1000 Dollar.

FRED VANDERBILT FIELD, der Marilyn 1962 während ihres Aufenthalts in Mexiko (siehe MEXICO) begegnete, erinnert sich an ihre „überzeugte Verteidigung der Bürgerrechte, ihr Eintreten für die Gleichstellung der Schwarzen und ihre Bewunderung für das, was man in China tat, ihren Zorn über die Verfolgung der Kommunisten und den McCarthyismus und ihren Hass auf J. Edgar Hoover".

Anhänger der Verschwörungstheorie (siehe CONSPIRACY) behaupten, Marilyns Interesse an den Kennedys sei alles andere als politisch motiviert gewesen.

Als Marilyn jedoch ROBERT KENNEDY während eines Abendessens im Hause von PETER LAWFORD kennen lernte, hatte sie nach Aussage von Pat Newcomb eine Liste mit Fragen vorbereitet. Darauf bezogen sich die Zeitungsartikel, in denen berichtet wurde, Bobby habe sich mit ihr intensiver als mit allen anderen Gästen unterhalten.

PORTERFIELD, PEARL

Porterfield war eine allseits geschätzte Friseurin, die alle Hollywoodgrößen frisiert hat, darunter das erste platinblonde Sexidol, JEAN HARLOW.

Für die Dreharbeiten zu Marilyns letztem, aber unvollendetem Film SOMETHING'S GOT TO GIVE tönte auch Marilyns Haar. Porterfield, Spitzname „Porter", gehörte zu den wenigen Menschen, die zu Marilyns Begräbnis (siehe FUNERAL) eingeladen wurden.

POSTERITY — Nachwelt

Als Marilyn ein Drehbuch über die einst berühmte Schauspielerin JEAN HARLOW las, weil sie in Betracht zog, die Rolle der Harlow zu übernehmen, soll sie gesagt haben: „Hoffentlich tut man mir nach meinem Tod nicht auch so etwas an."

(siehe FAME – Ruhm)

POWOLNY, FRANK

Frank Powolny stand mehr als 40 Jahre als Fotograf in den Diensten der TWENTIETH CENTURY-FOX. Er machte viele der bekanntesten Filmfotos von Marilyn und arbeitete von THE ASPHALT JUNGLE (1950) bis zu ihrem letzten, nicht vollendeten Film SOMETHING'S GOT TO GIVE mit ihr zusammen.

PREMINGER, OTTO (1906–1986)

„Zunächst hat das Studio sie verhätschelt – zum Beispiel als wir River drehten –, und zwar so sehr, dass ihr das Gefühl dafür verloren ging, was sie sich leisten konnte und was nicht. Doch als es den Anschein hatte, sie verfüge nicht mehr über ihre alte Zugkraft, wurde von ihr erwartet, dass sie sich auf einmal wie eine ganz normale Schauspielerin benahm."

„Mit ihr zu drehen war etwa so, wie wenn man mit Lassie dreht. Man brauchte 14 Einstellungen, um eine Szene richtig hinzubekommen." (Anmerkung: Preminger hat diese Äußerungen stets bestritten.)

Der gebürtige Österreicher studierte Jura und nahm Schauspielunterricht, ehe er anfing, als Filmregisseur zu arbeiten.

Unter anderem inszenierte er Laura (1944), The Moon is Blue – Wolken sind überall (1953), The Man with the Golden Arm – Der Mann mit dem goldenen Arm (1956), Anatomy of a Murder – Anatomie eines Mordes (1959) sowie Advise and Consent – Sturm über Washington (1961).

Preminger war dafür bekannt, dass er am Set auf diszipliniertes Arbeiten achtete. Er übernahm die Regie von RIVER OF NO RETURN (1952) als Teil seines Vertrages mit der TWENTIETH CENTURY-FOX. Es heißt, es sei dem Film anzusehen, dass sich Preminger kaum für den Streifen begeistern konnte.

Die Dreharbeiten stellten alle Beteiligten auf eine harte Probe. Angeblich hänselte Preminger Marilyn, weil sie immer wieder den Text vergaß, ließ sie die Stunts selber drehen und zweifelte an ihrer Sexualmoral. Daraufhin kam sie zu spät zum Dreh und war schwierig im Umgang.

Natürlich geriet Preminger auch mit NATASHA LYTESS in Konflikt, auf die Marilyn viel stärker hörte. Später sagte er: „Ich habe [Marilyn] angefleht, sie möge sich entspannen und natürlich sprechen, aber sie hat überhaupt keine Notiz von mir genommen. Sie hörte nur auf Natasha … und probte ihren Text mit einer solch tiefernsten Arrtie-kuh-latz-jon, dass man sie aufgrund der heftigen Lippenbewegungen überhaupt nicht fotografieren konnte."

Er schaffte es zwar, Natasha Lytess von den Dreharbeiten auszuschließen, musste jedoch einen Rückzieher machen, als sich Marilyn weigerte, ohne sie weiter zu arbeiten. Später räumte der Produzent STANLEY RUBIN ein: „Preminger war ein begabter Regisseur. Aber er war einfach der falsche Mann für diesen Film."

Hinterher bezeichnete Marilyn Preminger als „aufgeblasenen Wichtigtuer". 1960 fragte man ihn, ob er sich vorstellen könne, noch einmal mit ihr zu arbeiten, worauf er erwiderte: „Nicht für eine Million Dollar."

PRESS — Presse

MARILYN:
„Manchmal habe ich versucht, Filmkritiker um den Finger zu wickeln und ihnen den Eindruck zu vermitteln, ich würde mich wirklich von ihnen angezogen fühlen – und das hat auch geklappt. Mit Journalisten und Fotografen funktioniert das fast immer. Sie können noch so erfahren sein, sie lassen sich eben doch gern umgarnen."

Regisseur Otto Preminger stützt Marilyn am Set von *River of No Return* (1954). Marilyn zog sich eine Verstauchung zu, als sie beim Drehen von einem Floß in den Athabasca River in den Rocky Mountains stürzte.

ARTHUR MILLER:
„Entweder lag die Presse Marilyn Monroe zu Füßen oder sie ging ihr an die Gurgel."

Marilyn gehörte zu den Superstars, die auf Schritt und Tritt von Fotografen verfolgt und belästigt wurden. Veröffentlichungen in der Presse waren für Marilyn wichtig, damit sie zum Star werden konnte, aber sobald sie es war, wurden die Paparazzi zu einer wahren Plage. Bei vielen Anlässen nutzte Marilyn allerdings ihren Bekanntheitsgrad ganz bewusst zur Durchsetzung eigener Ziele.

1946 wurde sie erstmals von der Presse wahrgenommen, und zwar in Form eines klug platzierten Artikels, der in HEDDA HOPPERs in vielen Zeitungen veröffentlichten Kolumne erschien. Obwohl sich Marilyn bei der Lokalpresse Hollywoods beliebt machte und 1948 den Titel „Miss Press Club" des Los Angeles Press Club gewann, waren Erwähnungen außerhalb der Zeitschriften der Filmbranche und Pin-up-Illustrierten (siehe MAGAZINES) in den folgenden drei Jahren eher selten.

Am 27. Juni 1949 erschien im *New York Daily Mirror* eine Geschichte, die eine wahre Flut von Zeitungsberichten auslöste. Sidney Fields schrieb damals: „Marilyn ist eine bezaubernde, relativ unbekannte Schauspielerin. Aber gebt ihr etwas Zeit – man wird noch von ihr hören." Einen Monat darauf gab Marilyn EARL WILSON ihr erstes Interview.

Von Anfang an wurden Marilyns Pressekontakte von der Presseabteilung der TWENTIETH CENTURY-FOX unter Leitung von HARRY BRAND nach einem genauen Plan entwickelt und gesteuert. Nachdem Marilyn Mitte der 1950er-Jahre ein gewisses Maß an Unabhängigkeit von den Hollywood-Studios erlangt hatte, ließ sie Interviews von ihren eigenen Presseleuten arrangieren und prüfen. Rasch entwickelte sie auch die nötigen Fähigkeiten,

um die Presse für ihre Zwecke einzuspannen. Ihr Hauptverbündeter war hierbei der Kolumnist SIDNEY SKOLSKY, den sie Ende der 1940er-Jahre kennen lernte. Skolsky berichtete in seinen Kolumnen nicht nur besonders positiv über Marilyn, er half ihr auch bei der Abfassung von Zeitungsartikeln, die unter ihrem Namen erschienen. So zum Beispiel 1952 bei einer Artikelserie mit dem Titel „Wolves I Have Known" über Weiberhelden, die sie kannte. Eine weitere verlässliche Weggefährtin war die Reporterin LOUELLA PARSONS, die Marilyn 1953 half, als diese von JOAN CRAWFORD wegen ihres Auftritts während der Verleihung der PHOTOPLAY-Preise angegriffen wurde.

Zu diesem Zeitpunkt hatte die Presseabteilung der Fox die heikleren Seiten von Marilyns Vergangenheit bereits geschönt. Und so erschien sie in den offiziellen Studio-Biografien (siehe STUDIO BIOGRAPHIES) als Waise. Auch die Zahl der Pflegeeltern (siehe FOSTER PARENTS) wurde immer größer – zeitweilig waren es sogar vierzehn.

Um einen Eindruck davon zu bekommen, wie berühmt Marilyn auf dem Höhepunkt ihrer Karriere war, muss man sich vergegenwärtigen, dass 1952 einschließlich der Fotos die Berichterstattung über sie ebenso viel Platz einnahm wie die über die Krönungsfeierlichkeiten von Königin ELISABETH II.

oder über die Verlobung von JOHN F. KENNEDY und Jacqueline Bouvier.

Die Kehrseite des Medienrummels war, dass Marilyn fast gar keine Privatsphäre mehr besaß (siehe PRIVACY). So glich ihre Romanze mit JOE DIMAGGIO nicht selten einer Art Slalomfahrt zwischen sensationslüsternen Reportern. Im November 1954 etwa konnte sie das Krankenhaus Cedars of Lebanon (siehe HOSPITALS), wo sie sich hatte operieren lassen, nicht verlassen, weil eine Schar von Journalisten das Gebäude belagerte.

Marilyns heimliche Flucht Ende 1954 nach New York löste eine hektische Jagd der Presse aus, die ihr auf die Spur kommen wollte. Das Leben an der Ostküste der USA gewährte ihr zumindest teilweise eine Verschnaufpause von den Nachstellungen der Reporter. Es gelang ihr sogar, ihren zukünftigen Ehemann ARTHUR MILLER kennen zu lernen, ohne dass sie von spionierenden Kameras und Reportern belästigt wurde.

Als sie Anfang 1956 wegen der Dreharbeiten von BUS STOP nach Hollywood zurückkehrte, konnte ihr Geschäftspartner MILTON GREENE trotz aller Bemühungen nicht verhindern, dass sie von Fotografen umlagert wurde.

Wenn Marilyn gegenüber der Presse dann doch Zugeständnisse hinsichtlich ihrer Privatsphäre machte, so wirkte sich dies nicht

Marilyn auf einer Pressekonferenz in Tokio während ihrer Flitterwochen mit Joe DiMaggio, 1954.

immer zu ihren Gunsten aus. Bei der Pressekonferenz, auf der sie die Gründung ihrer Firma, der MARILYN MONROE PRODUCTIONS, ankündigte, sowie der Presseveranstaltung anlässlich der offiziellen Informationsveranstaltung bezüglich des ersten Films der Firma, THE PRINCE AND THE SHOWGIRL (1957), wurden ihr eine Menge unfreundlicher Fragen gestellt.

Während die Spekulationen über die bevorstehende Ehe zwischen Marilyn und Arthur Miller in den Zeitungen einen Höhepunkt erreichten, berief das Paar in seinem Haus in ROXBURY eine Pressekonferenz ein, an der fast 400 Journalisten teilnahmen. Am selben Tag war MARA SCHERBATOFF, eine Reporterin der Zeitschrift Paris Match, bei einem Autounfall ums Leben gekommen, als sie Millers Wagen auf den engen Landstraßen verfolgte. Marilyn stand deshalb an ihrem Hochzeitstag unter Schock.

Auch das Interesse der Presse während ihres Aufenthalts in ENGLAND in jenem Jahr überstieg jedes vernünftige Maß. Wenn das Ehepaar Miller ins Theater ging, versperrten ihm Scharen von Journalisten den Weg, bis ihm Polizisten schließlich eine Gasse bahnen konnten. Miller schreibt, dass das meiste, was in den britischen Zeitungen über ihren Aufenthalt stand, ausgedacht gewesen sei und Redakteure sogar Gespräche frei erfunden hätten.

Jeden Morgen ab acht Uhr lagen die Journalisten und Fotografen vor der New Yorker Wohnung am SUTTON PLACE auf der Lauer. An einem Vormittag verfolgten sie Marilyn, als sie die Wohnung unerkannt durch den Hintereingang verlassen wollte, und schossen Fotos, die sie zwischen Mülltonnen stehend zeigten.

Insbesondere im zweiten Abschnitt ihrer Filmkarriere, als sie nicht mehr durch die Presseabteilung ihres Studios geschützt war, tauchten in Teilen der Presse gehässige Artikel über Marilyn auf.

Für die Reporter war es nicht leicht, mit ihrer Berichterstattung über Marilyn auf dem Laufenden zu bleiben. Der Gesellschaftsreporter Erskine Johnson beschrieb seine Erfahrungen so:

„Das Stück ‚Warten auf Marilyn‘ wird mir unvergesslich bleiben, und für Hollywood dürfte wohl das Gleiche gelten. Man mag Marilyn Monroe bewundern, beneiden oder nicht mögen – aber vor allem tut man eines: Man wartet auf sie.
Einmal habe ich in Phoenix auf sie gewartet. Wir hatten einen Besuch und ein Gespräch am Drehort für den Film Bus Stop vereinbart. Ich habe den ganzen Tag gewartet, aber Marilyn kam kein einziges Mal aus ihrer Garderobe. Ein anderer Reporter, der mehr Zeit hatte, hat fünf Tage in Phoenix auf Marilyn gewartet, aber sie verließ ihr Hotelzimmer nicht ein einziges Mal. Und hereingebeten hat sie ihn auch nicht."

MARILYNS PRESSEBETREUER

Rupert Allan
Frank Goodman
Patricia Newcomb
John Springer
Lois Weber

PRINCE AND THE SHOWGIRL, THE (1957) – Der Prinz und die Tänzerin

The Prince and the Showgirl ist der erste und einzige Film, der von Marilyns eigener Firma MARILYN MONROE PRODUCTIONS produziert wurde.

1953 hatten LAURENCE OLIVIER und seine Ehefrau VIVIEN LEIGH die Hauptrollen in TERENCE RATTIGANs Bühnenstück The Sleeping Prince gespielt; Marilyns Geschäftspartner MILTON GREENE hatte die Filmrechte erworben. Während eines Zwischenstopps am New Yorker Idlewild-Flughafen soll Marilyn den Autor Rattigan für das Projekt gewonnen haben. Im Februar 1956 trafen Olivier, Leigh und Rattigan zu Vertragsverhandlungen mit Oliviers Agenten Cennant in New York ein. Marilyn hatte die Rolle bereits seit 1954 im Auge, nachdem ihr damaliger Agent Hugh French ihr den Stoff vorgeschlagen hatte. Olivier stimmt nur unter der Bedingung zu, die Bühnenrolle auch im Film zu spielen, dass er Regie führte und als Co-Produzent genannt wurde.

Um alle Welt von dieser Verbindung zweier bedeutender Stars – Englands führender Klassiker-Schauspieler und Hollywoods bekanntestes Sexidol – in Kenntnis zu setzen, fand im PLAZA HOTEL eine Pressekonferenz statt. Es wurde zwar bestritten, doch spricht einiges dafür, dass Marilyn die Veranstaltung bis ins Letzte plante. Als sie sich vorbeugte, riss einer ihrer superschmalen Schulterträger – ein Kunstgriff, den ihr anscheinend PR-Leute während ihrer Anfangszeit bei der Fox beigebracht hatten. Die Fotografen drehten durch. Auch wenn die Pressekonferenz selbst nicht sehr gut verlief, weil einige Journalisten Marilyn wegen ihres „Größenwahns" verspotteten, war sie doch durch sorgfältige Planung auf die Titelseiten der Tageszeitungen gekommen.

Als Marilyn und ARTHUR MILLER nur einige Wochen nach ihrer Hochzeit (siehe WEDDING) in ENGLAND eintrafen, war ihnen somit eine enorme Publicity sicher. Der Film wurde in den PINEWOOD STUDIOS gedreht. Die Dreharbeiten begannen im August 1956 nach einwöchigen Proben. Am 17. November 1956 war der Film fertig.

Ursprünglich waren Musical-Nummern für Marilyn eingeplant gewesen, die sie als Chormädchen Elsie Marina singen sollte. Miller soll dagegen Einspruch erhoben haben.

Die Dreharbeiten standen unter einem denkbar schlechten Stern. Marilyn, die sich endlich aus der Zwangsjacke der klischeehaften Sexrollen befreit hatte und eifrig die vom ACTORS STUDIO (siehe METHOD) geforderten Prinzipien der Introspektion und Motivationserforschung anwandte, bekam von Olivier stattdessen die Anweisung, „sexy zu sein". Dieser herablassenden Attitüde begegnete Marilyn, indem sie regelmäßig zu spät kam (siehe LATENESS) oder gar nicht am Set erschien. LENA PEPITONE berichtet, Marilyn habe ihr später erzählt: „Olivier hat mich angesehen, als hätte er soeben an einem Haufen toter Fische gerochen. Und dann sagte er etwas wie: ‚Das ist ja einfach hinreißend, meine Liebe.' Aber in Wahrheit hat er sich am liebsten übergeben. Ich habe mich die ganze Zeit wie eine kleine Idiotin gefühlt."

Nach Aussage des Kameramanns JACK CARDIFF entstanden die Schwierigkeiten zwischen Olivier und Marilyn auf Grund der unterschiedlichen Schauspielmethoden, denen sie folgten. Wenn Olivier Marilyn er-

klärte, wie sie eine Szene spielen sollte, dann empfahl Marilyns Schauspiellehrerin PAULA STRASBERG: „Denk an Frank Sinatra und Coca Cola." Und dann vergaß Marilyn den Text und brach zusammen. Nach der Hälfte der Dreharbeiten wurde ihre Psychoanalytikerin DR. MARGARET HOHENBERG nach London eingeflogen, um ihrer Klientin beizustehen.

Die Spannungen drohten den Film vollends zum Scheitern zu bringen. Marilyn soll allen misstraut haben; Olivier empfand sie als widerborstig, außerdem konnte er Paula Strasbergs Einmischungen nicht ertragen; Strasberg wiederum stand oft zwischen Marilyn und Olivier und überbrachte Nachrichten zwischen den beiden Hauptdarstellern, die kaum noch miteinander sprachen. Trotz aller Spannungen und Gerüchte wurde der Film dann aber doch abgedreht, ohne dass das Budget überschritten wurde.

Am Ende der Filmarbeiten sagte Marilyn zu den versammelten Mitwirkenden und der Crew: „Ich hoffe, dass ihr mir alle verzeiht. Ich konnte nichts dafür. Ich war während der ganzen Dreharbeiten krank. Bitte, bitte, nehmt es mir nicht übel."

Aber das Gerangel setzte sich bis nach Abschluss der Dreharbeiten fort. Unterdessen hatte sich Marilyn von ihrem Geschäftspartner Milton Greene getrennt, überzeugt, dass er entgegen ihrem Willen den Film neu geschnitten hatte. In einem langen Brief an Jack Warner berichtete sie davon, um zu erreichen, dass Greene nicht als leitender Produzent genannt wurde.

Die Premiere fand am 13. Juni 1957 in der RADIO CITY MUSIC HALL statt. Die Aufnahme bei der Kritik war gemischt. Trotzdem gilt Marilyns darstellerische Leistung als eine ihrer besten. Sie spielte Olivier mühelos an die Wand. Zudem war es der erste Film, bei dem Marilyn das Recht auf einen prozentualen Anteil am Gewinn hatte – zu Zeiten des Studiosystems eine äußerst ungewöhnliche Vertragsklausel. Sie erhielt 10 Prozent vom Gewinn; dies entsprach einer Summe von 160.000 Dollar.

Produktionsdaten:
Laurence Olivier und Marilyn Monroe Productions
Verleih: Warner Brothers
Technicolor
Länge: 117 Minuten
Kinostart: 13. Juni 1957

Crew:
Regie: Laurence Olivier
Produktion: Laurence Olivier
Herstellungsleitung: Milton Greene
Drehbuch: Terence Rattigan
Vorlage (Bühnenstück): Terence Rattigan (The Sleeping Prince)
Kamera: Jack Cardiff
Schnitt: Jack Harris
Musik: Richard Addinsell
Choreografie: William Chappell
Art Direction: Carmen Dillon
Kostüme: Beatrice „Bumble" Dawson
Tonmischung: Gordon K. McCallum

Besetzung:
Laurence Olivier … Großherzog Karl
Marilyn Monroe … Elsie Marina
Sybil Thorndike … Königinmutter
Jeremy Spenser … König Nicholas
Richard Wattis … Northbrooke
Jean Kent … Masie Springfield

Esmond Knight … Oberst Hoffman
Daphne Anderson … Fanny
Vera Day … Betty
Paul Hardwick … Major Domo
Andrea Malandrinos … Diener mit Geige
Margot Lister … Lottie
Rosamund Greenwood … Maud
Aubrey Dexter … Der Botschafter
Maxine Audley … Lady Sunningdale
Harold Goodwin … Page
Gillian Owen … Maggie
Charles Victor
David Horne
Dennis Edwards
Gladys Henson

Auszeichnungen:
Crystal Star Award – L'Etoile de cristal de
l'Académie du Cinéma, Frankreich:
Ausländische Darstellerin: Marilyn Monroe
David di Donatello, Italien:
Ausländische Darstellerin: Marilyn Monroe

Nominierungen:
British Academy Awards:
Bester Film in jeder Kategorie
Bester britischer Film
Bester britischer Darsteller: Laurence Olivier
Beste ausländische Darstellerin: Marilyn
Monroe
Bestes britisches Drehbuch

Handlung:
London 1911. Der Prinzregent von Karpa-
thien, Großherzog Karl (Laurence Olivier),
trifft mit seinem jungen Sohn König Nicholas (Jeremy Spenser) und seiner Schwiegermutter, der Königinwitwe (Sybil Thorndike),
zur Krönung von George V. in der Stadt ein.
Nachdem der Prinzregent das amerikanische Revuemädchen Elsie Marina (Marilyn
Monroe) in einer Show gesehen hat, lädt er
sie in die prächtige karpathische Botschaft
zum Dinner ein – in der Hoffnung auf eine
kleine Liebesaffäre. Der sachlich-nüchternen
Elsie gelingt es, ihre Tugend zu wahren, auch
wenn sie recht betrunken ist und schließlich
einschläft. Im Laufe des Abends entwickelt
sich eine politische Krise: Der Vater schließt
Nicholas in seinem Zimmer ein, als dieser ein
Komplott anzettelt, um sofort, anstatt erst in
anderthalb Jahren, wenn er volljährig ist, an
die Macht zu kommen.
Trotz ihres niedrigen Standes erringt Elsie
die Zustimmung der gestrengen Königinmutter, die sie vor den Krönungsfeierlichkeiten zur Hofdame ernennt – eine ideale
Rolle für Elsie, die so einen schwelenden
Vater-Sohn-Konflikt schlichten kann. Am
Ende überredet sie den jungen Nicholas,
solange zu warten, bis seine Zeit gekommen
ist. Mittlerweile ist der Prinzregent in Elsie
verliebt und plant, zurückzukehren und sie
zur Braut zu nehmen.

Kritiken:
The New York Times
„Wir müssen dem Leser leider mitteilen, dass
Miss Monroe nie ihr Kleid abstreift und dass
Mr. Rattigans Stück nie aus den engen
Gleisen gerät, in denen es aufgrund der mage-
ren Handlung stecken bleibt …. Mr. Rattigan
konnte dieser Geschichte keinen Schwung
verleihen – sie dreht sich im Kreise, bis sie
schließlich an ihr trauriges Ende kommt."

New York Herald Tribune
„Der Film *The Prince and the Showgirl* ist
durchaus unterhaltsam, solange man ihn

Ein Werbefoto für *The Prince and the Showgirl*, 1957.

nicht ernst nimmt. Der Autor Terence Rattigan scheint das jedenfalls nicht zu tun. Er hat
ein bloßes Spiel erdacht, mit dem er uns zwei
Stunden lang amüsiert, und auch den
Schauspielern macht die Sache sichtlich
Spaß. Sie versuchen ernst zu wirken, aber ihr
Augenzwinkern verrät sie. Bei Olivier muss
sich dieses Augenzwinkern durch ein dickes
Monokel kämpfen, damit es überhaupt nach
außen dringt. Ihm gelingt eine humorvolle
Darstellung. Die Rolle der Monroe bietet keine solch feinen Nuancen. Sie spielt ein nicht
allzu gescheites, umgängliches Revue-Girl –
mit Frohsinn, kindlicher Unschuld und mit
so manchem bezaubernden Hüftschwung."

New York World-Telegram and Sun
„Der Film ist eine glänzende Komödie, und
Marilyn Monroe liefert eine überzeugende
Darstellung. Als ihr Co-Star und Regisseur
lockt Laurence Olivier bei ihr Qualitäten
hervor, die sie in keinem ihrer anderen Filme
hat. Sie ist bezaubernd kokett und von einer
ansteckenden Fröhlichkeit. Die Liebesszenen
spielt sie, als sei die Liebe ein Spiel für kleine
Mädchen. Mühelos beherrscht sie die burles-
ken Passagen und gewinnt auch den ernsten
Augenblicken eine komische Seite ab."

The Los Angeles Times
„Es handelt sich ganz sicher um Miss Monroes beste darstellerische Leistung auf der
Leinwand. Unter Oliviers Regie offenbart sie
echtes komödiantisches Talent. Auch beweist sie, dass sie inzwischen die Aufmerksamkeit mit anderen Mitteln als ihrem
berühmten hüftschwingenden Gang auf sich
zu lenken versteht."

The New Yorker
„Abgesehen von der irrwitzigen Idee, Englands führenden Schauspieler mit einem jungen Mädchen zusammenzubringen, dessen
schauspielerische Erfahrungen sich größtenteils darauf beschränken, hüftschwingend in
seichten Hollywood-Filmen herumzutänzeln,
trägt der Film nur wenig zur Unterhaltung der
Zuschauer bei."

PRIVACY — **Privatsphäre**

Mangel an Privatsphäre ist der Preis, den
Stars für ihren Ruhm (siehe FAME) bezahlen.
Im Laufe der Zeit ersann Marilyn eine Reihe
von Maßnahmen, um sie sich zu bewahren.
Wenn sie inkognito in der Stadt spazieren
gehen wollte, war ihre bevorzugte Verkleidung (siehe DISGUISE) eine schwarze Perücke
und eine Sonnenbrille.
Um zu verhindern, dass irgendjemand ihre
Telefonnummer herausfand, schrieb sie in
ihrem letzten Haus eine falsche Nummer auf
das Zifferblatt des Apparats. Wählte man
diese Nummer, war man mit dem Leichenschauhaus verbunden.

PRODUZENTEN	
Buddy Adle	*Bus Stop* (1956)
Robert Bassler	*A Ticket to Tomahawk* (1950),
	Let's Make It Legal (1951)
Julian Blaustein	*Don't Bother to Knock* (1952)
Charles Brackett	*Niagara* (1953)
Jules Buck	*Love Nest* (1951)
Lester Cowan	*Love Happy* (1950)

Armand Deutsch	*Right Cross* (1950)
Charles K. Feldman	*The Seven Year Itch* (1955)
Bert Friedlob	*The Fireball* (1950)
Andre Hakim	*O. Henry's Full House* (1952)
Arthur Hornblow Jr.	*The Asphalt Jungle* (1950)
Nunnally Johnson	*We're Not Married* (1952), *How to Marry a Millionaire* (1953)
Walter Morosco	*Scudda Hoo! Scudda Hay!* (1948)
Laurence Olivier	*The Prince and the Showgirl* (1957)
Harriet Parsons	*Clash by Night* (1952)
Arthur Pierson	*Hometown Story* (1951)
Harry A. Romm	*Ladies of the Chorus* (1948)
Stanley Rubin	*River of No Return* (1954)
Sol C. Siegel	*Monkey Business* (1952), *Gentlemen Prefer Blondes* (1953), *There's No Business Like Show Business* (1954)
Frank E. Taylor	*The Misfits* (1961)
Lamar Trotti	*As Young as You Feel* (1951)
Jerry Wald	*Let's Make Love* (1960)
Henry Weinstein	*Something's Got to Give* (1962, unvollendet)
Billy Wilder	*The Seven Year Itch* (1955), *Some Like It Hot* (1959)
Sol W. Wurtzel	*Dangerous Years* (1947)
Darryl F. Zanuck	*All About Eve* (1950)

PROSTITUTION — **Prostitution**

MARILYN:

„Männer, die mich kaufen wollten, ekelten mich an. Ich habe ihr Geld nicht genommen, und sie kamen nicht weiter als bis zur Wohnungstür, und ich bin weiterhin in ihren Limousinen gefahren und habe neben ihnen in vornehmen Restaurants gesessen. Es hätte ja sein können, dass man auf diese Weise einen Job bekommt oder Kontakte knüpft."

Da Marilyn Ende der 1940er-Jahre knapp bei Kasse war und keinen Vertrag hatte, besorgte sie sich das Geld (siehe MONEY) zum Leben auf verschiedene Art. Es heißt, sie sei in einer Spelunke am Sunset Boulevard als Stripperin aufgetreten und habe sich sogar gelegentlich prostituiert. LUCILLE RYMAN sagte dazu: „Marilyn hat es nicht für Geld getan. Vielmehr erzählte sie uns, ohne Stolz oder Scham, dass sie ein Abkommen schloss – sie tat, was sie tat, und ihre Kunden gaben ihr ein Frühstück oder Mittagessen aus."

Außerdem soll Marilyn, kurz nachdem ihr Vertrag mit COLUMBIA PICTURES nicht verlängert worden war, als Stripteasetänzerin in dem zweifelhaften Etablissement Mayan Theater in Los Angeles aufgetreten sein.

Zu LENA PEPITONE, ihrer Hausangestellten in New York, soll Marilyn gesagt haben, sie habe kurz nach der Trennung von ihrem ersten Ehemann JAMES DOUGHERTY 15 Dollar durch Sex mit einem Mann, den sie in einer Bar kennen lernte, verdient.

Gegenüber einem Journalisten sagte LEE STRASBERG: „Marilyn hat als Callgirl gearbeitet … und das hat ihr zu schaffen gemacht."

Kurz vor ihrem Tod vertraute sie GEORGE BARRIS an: „Wenn ich überhaupt auf etwas stolz bin in meinem Leben, dann darauf, dass ich mich nie habe aushalten lassen." Trotz seiner inständigen Bitten weigerte sie sich, JOHNNY HYDE zu heiraten – einen Mann, der verrückt nach ihr war, an einer Herzkrankheit litt und Millionen auf der Bank hatte.

Laurence Olivier und Marilyn in *The Prince and the Showgirl* (1957).

Mitte der 1950er-Jahre lehnte Marilyn die Mitwirkung in einer Filmreihe ab, die die Fox mit ihr drehen wollte und in der sie eine Prostituierte spielen sollte. Zu den Rollen, die sie gern gespielt hätte, aber nicht erhielt, gehört jedoch auch die der Sadie Thompson in *Rain*.

PSYCHOANALYSIS — **Psychoanalyse**

MARILYN:

„Warum habe ich nicht das Recht, mich persönlich weiterzuentwickeln?"

„Mein Problem ist, dass ich mich selber antreibe … Ich versuche, eine Künstlerin zu werden und wahrhaftig zu sein, aber manchmal habe ich das Gefühl, am Rande des Wahnsinns zu stehen. Manchmal denke ich: ‚Ich muss doch nur wahrhaftig sein.' Mitunter fällt mir das sehr schwer. Ich habe immer das Gefühl, dass ich in Wirklichkeit eine Art Schwindlerin bin und den anderen etwas vorspiele."

BILLY WILDER:

„In dieser Welt gibt es bestimmte wunderbare Schlawiner, so wie die Monroe, und wenn sie sich eines Tages auf die Couch eines Psychoanalytikers legen, kommt dabei ein verkniffenes, trostloses Wesen heraus. Für die Monroe ist es besser, dass sie nicht auf den rechten Weg gebracht wird. Ihr Charme sind ihre zwei linken Füße.

Marilyn begann eine Freudsche Psychoanalyse (siehe FREUD, SIGMUND) auf Empfehlung von LEE STRASBERG, nach dessen Auffassung es dringend erforderlich war, dass sich seine Schüler mit ihrer Vergangenheit auseinander setzten, damit sie Zugang zu den für ihre Darstellung wichtigen Erlebnissen bekämen. „Was die Ausbildung eines Schauspielers betrifft, so würde ich sagen, dass das entscheidende Element darin besteht, die innere Kraft des Künstlers herauszubilden."

Die erste Psychoanalyse wurde Marilyn von MILTON GREENE empfohlen. Ab Februar

1955 konsultierte sie zwischen drei und fünf Stunden pro Woche DR. MARGARET HOHENBERG. Während dieser Sitzungen versuchte Marilyn, mit ihren Kindheitstraumata (siehe CHILDHOOD), ihrer mangelnden Selbstachtung, der zwanghaften Suche nach Anerkennung, der Unfähigkeit, Freundschaften aufrecht zu halten, und der Angst vor dem Verlassenwerden fertig zu werden.

1957 beendete Marilyn die Psychoanalyse bei Dr. Hohenberg und begann eine Therapie bei DR. MARIANNE KRIS, die sie in den folgenden vier Jahren bis zu fünfmal die Woche konsultierte. 1960 begann sie ihre letzte psychotherapeutische Behandlung, und zwar bei dem Psychoanalytiker DR. RALPH GREENSON.

Verständlicherweise widerstrebte es ihr, öffentlich Fragen zu ihrer Psychoanalyse zu beantworten. Einem Reporter, der sie danach befragte, erwiderte sie: „Ich sage nur, dass ich an die Freudsche Psychoanalyse glaube. Ich hoffe, irgendwann einen genauen Bericht über die wunderbaren Möglichkeiten der Analyse geben zu können."

Doch privat verschlang Marilyn Bücher (siehe BOOKS) zu diesem Thema und sprach mit Freunden auch häufig über ihre Erfahrungen. ARTHUR MILLER schreibt: „Für Marilyn gab es keine Versprecher, keine unschuldigen Ausrutscher: Für sie signalisierte jedes Wort, jede Geste eine innere Absicht, ob bewusst oder unbewusst, und hinter der unverfänglichsten Bemerkung konnte sich eine unheimliche Bedrohung verbergen."

Manche Biografen haben die Auswirkungen der Psychoanalyse auf Marilyn scharf kritisiert; einige gingen dabei sogar so weit, Marilyns Psychoanalytikern mangelnde Vertrauenswürdigkeit und geringen therapeutischen Sachverstand zu unterstellen. Allerdings schreibt Arthur Miller, der Gelegenheit hatte, Marilyns Therapeuten kennen zu lernen, dass Marianne Kris und Ralph Greenson „integre Ärzte" waren, die „zweifellos ihr Bestes wollten".

Einmal vertraute Marilyn ihrer Freundin SUSAN STRASBERG an: Wenn sie eine Frage, die ihr ein Psychoanalytiker stellte, nicht verstand, habe sie sich etwas ausgedacht, anstatt keine Antwort zu geben. Nachdem sie über Jahre in psychoanalytischer Behandlung gewesen war, soll Marilyn geklagt haben, dass „es schien, als hätte ich mich ständig im Kreis bewegt".

QUOTES — **Zitate**

Zahlreiche Äußerungen – sowohl von Marilyn selbst als auch über sie – sind immer wieder zitiert worden, wobei sich der Wortlaut jedes Mal leicht änderte. Sehr oft enthalten Biografien (siehe BIOGRAPHIES) umfangreiche Textpassagen, in denen Marilyn von ihrem Leben, ihren Ansichten und ihren Gefühlen spricht.

Diese Zitate wurden zum größten Teil Marilyns „unvollendeter Autobiografie" mit dem Titel MY STORY – Meine Story entnommen. Der Ghostwriter des Mitte der 1950er-Jahre geschriebenen Buchs war BEN HECHT. Später wurde es von MILTON GREENE überarbeitet, und schließlich erschien es 1974. Weitere Zitate sind den zahlreichen Interviews entnommen, die Marilyn im Laufe ihres Leben gab, oder wurden von Journalisten, die ihr begegnet waren, nachträglich niedergeschrieben, beispielsweise die *Conversations with Marilyn* des britischen Journalisten W. J. WEATHERBY.

Bei den ersten veröffentlichten Interviews handelt es sich in der Regel um vorbereitete Texte, die entweder von der PR-Abteilung der TWENTIETH CENTURY-FOX oder von Marilyns Presseberatern (siehe PRESS) verbreitet wurden. Zitate aus späteren, persönlicheren Interviews variieren oft, je nachdem, ob die Zitate den Gesprächsnotizen oder dem veröffentlichten Text entnommen sind.

Neben dieser Vielzahl „unmittelbarer" Zitate bediente man sich auch häufig an Zitaten, die manche Biografen für suspekt halten. Sobald ein Zitat oder ein Gerücht die Runde macht, aufgegriffen und wieder abgedruckt wird, erweckt es oftmals den Anschein von Wahrheit. Vor allem der Biograf DONALD SPOTO hat den Wahrheitsgehalt einiger Kommentare bezweifelt. Dies gilt vor allem für ROBERT SLATZER und das, was Spoto die „Kennedy-Verschwörungs-Theorie" nennt, die seines Erachtens auf Aussagen gründet, die erstmals in Slatzers eignen Büchern auf-

In dieser Ausgabe der Zeitschrift *Movie Fan* von 1954 wird Marilyn zu ihrer Beziehung mit Joe DiMaggio „zitiert".

tauchten. Darüber hinaus bezweifelt Spoto die Behauptung, die Polizeibehörden hätten die Ergebnisse von Marilyns Autopsie verfälscht. Die Aussage des Privatdetektivs MILO SPERIGLIO und die Äußerungen von JEANNE CARMEN, die behauptet, in Marilyns letzten beiden Lebensjahren eine ihrer besten Freundinnen gewesen zu sein, werden von Spoto ebenfalls in Frage gestellt.

Auch die Zitate vom Hörensagen in den vielen Erinnerungsbänden von Personen, die Marilyn kannten, verwischen das Bild. So werden beispielsweise die Schilderungen von Marilyns Charakter und Gedankenwelt, die ihre New Yorker Hausangestellte LENA PEPITONE gegeben hat, nicht als verlässlich angesehen.

Viele der Marilyn zugeschriebenen Zitate, darunter die meisten der witzigen Monroeismen (siehe MARILYNISMS), stammen allerdings wirklich von ihr. Zwar hatte sie nicht alles, was sie „sagte", auch tatsächlich geäußert, doch ergibt sich trotzdem ein faszinierendes, vielschichtiges Bild.

Marilyn am Tobey-Beach. Foto: André de Dienes, 1949.

R

Marilyn bei der Radioaufnahme der NBC-Sendung „Hollywood Star Playhouse".

RADIO – **Rundfunk**

Schon vor ihrem Filmdebüt war Marilyn kurz im Radio zu hören. Als eines von mehreren Starlets wurde sie 1946 im Rundfunksender KFI in Los Angeles interviewt.

Einen richtigen Auftritt im Radio hatte sie am 31. August 1952. In der NBC-Sendung „Hollywood Star Playhouse" sprach sie die Rolle einer Mörderin in der Folge „Volles Geständnis". Sie hätte behaupten können, man wolle sie auf bestimmte Rollen festlegen, da sie vorher gerade in DON'T BOTHER TO KNOCK (1952) eine sadistische Babysitterin gespielt hatte. Diese Sendung war zehn Tage zuvor in den NBC-Studios aufgezeichnet worden. Im selben Jahr, am 26. Oktober, trat sie auch als Gaststar in der EDGAR BERGEN-Charlie McCarthy-Show auf.

RADIO CITY MUSIC HALL
1260 AVENUE UND 50TH STREET, NEW YORK

Hier fand am 13. Juni 1957 die Premiere des Films THE PRINCE AND THE SHOWGIRL statt.

RADIO PLANE MUNITIONS FACTORY – **Radio Plane Munitionsfabrik**
METROPOLITAN AIRPORT (heute BURBANK-GLENDALE-PASADENA-AIRPORT), 2627 NORTH HOLLYWOOD WAY, BURBANK

Die Radio Plane Company des in England geborenen Schauspielers REGINALD DENNY stellte in erster Linie Flugzeuge für die Ausbildung von Flugabwehrschützen her. Norma Jeanes Schwiegermutter, Ethel Mary Dougherty, arbeitete in der Fabrik als Krankenschwester und besorgte Norma Jeane Anfang 1944 eine Stelle, nachdem ihr Mann JAMES DOUGHERTY mit der Marine nach Südostasien gegangen war. Norma Jeane blieb zwei Jahre dort. Für 60 Stunden wurden 20 Dollar gezahlt. Einem Reporter sagte Marilyn, sie habe erst als Schreibkraft begonnen, sei dann aber, da sie nicht schnell genug tippte, versetzt worden. Später schilderte sie ihre Erfahrungen so:

„Zunächst musste ich Fallschirme prüfen – aber nicht solche, von denen ein Leben abhängt, sondern die kleinen, die auf die Ziele herabsanken, nachdem die Schützen ihre Aufgabe erledigt hatten. Danach arbeitete ich im ‚Narkoseraum' – das war der härteste Job, den ich je hatte. Der Rumpf und andere Teile des Fluggeräts wurden damals aus Stoff hergestellt – heute benutzt man Metall. Den Stoff haben wir mit einem versteifenden Material bestrichen. Das wurde nicht gesprüht, sondern mit dem Pinsel aufgetragen, eine extrem ermüdende und harte Tätigkeit. Die Masse trocknete sehr schnell – es war wohl eine Art Lack, aber schwerer. Der Geruch war penetrant, und es war sehr unangenehm, ihn acht Stunden am Tag zu ertragen. Viele mussten zwölf Stunden am Tag arbeiten, ich dagegen nur acht, da ich noch nicht volljährig war. Wenn der Stoff getrocknet war, musste man ihn so lange schmirgeln, bis er glatt war und glänzte."

In einem Brief an ihren Vormund GRACE MCKEE GODDARD erläutert Norma Jeane, warum sie nicht kündigte, obwohl sie leichtere Arbeit hätte finden können:

„Ich arbeite zehn Stunden am Tag in der Radio Plane Munitionsfabrik am Metropolitan Airport und spare fast meinen ganzen Verdienst, (um nach dem Krieg unser zukünftiges Zuhause mitzufinanzieren). Die Arbeit ist überhaupt nicht leicht, denn ich bin den ganzen Tag auf den Beinen und laufe viel herum. Ich hatte fest beschlossen, mir eine Stelle im Zivildienst der Armee zu besorgen; meine Papiere waren schon alle ausgefüllt und alles war geregelt, als ich feststellte, dass ich ausschließlich mit Armeeangehörigen hätte zusammenarbeiten müssen. Ich blieb nur einen Tag dort; man muss da einfach mit zu vielen Weiberhelden zusammenarbeiten, davon gibt es zwar auch bei Radio Plane genug, aber wenigstens keine ganze Armee. Der Personaloffizier sagte mir, er würde mich zwar einstellen, mir aber um meinetwillen abraten. Also bin ich wieder bei der Radio Plane Co. und recht zufrieden."

Als Marilyn in der Radio Plane Munitionsfabrik arbeitete, erkannte ein Armeefotograf ihr Potential. Hier ist sie bei einem ihrer ersten Aufträge als Fotomodell zu sehen, einer Anzeige für Douglas DC-6 Luxury Airlines 1946.

Marilyn und Ronald Reagan als Tischnachbarn bei der Geburtstagsparty für Charlton Heston im Jahr 1953.

In der Tat erwies es sich als günstig, dass Norma Jeane bei Radio Plane blieb, denn dort wurde sie von dem Armeefotografen DAVID CONOVER entdeckt. Der kam in die Fabrik, um für die moralische Stärkung der kämpfenden Truppe Aufnahmen von Frauen am Fließband zu machen. Auf diesen Bildern, Norma Jeanes erstem Erscheinen auf einem Film, war sie an exponierter Stelle platziert. Conover war von der natürlichen Schönheit der jungen Frau so eingenommen, dass er mit ihr für Farbaufnahmen nach Burbank hinausfuhr. Er prophezeite ihr eine strahlende Zukunft als Fotomodell – genau das, was sie hören wollte. Als sie Ende 1945 bei der BLUE BOOK MODELING AGENCY unterschrieb, kündigte sie bei Radio Plane.

RAINIER, FÜRST VON MONACO
(GEB. 1923)

Als Aristoteles Onassis 1953 Anteile am Casino in Monaco erwarb, befand sich das Fürstentum im Niedergang. Onassis selbst oder Gardner Cowles, der Herausgeber der Zeitschrift *Look*, soll folgenden Plan entwickelt haben: Man wollte den Glanz des berühmten Ortes durch eine Heirat zwischen Fürst Rainier und einem Hollywood-Star wieder herstellen und die reichen Amerikaner durch diese Gratiswerbung erneut anlocken. Zunächst wandte sich Cowles an Marilyn, die ganz angetan war: „Lassen sie mich zwei Tage allein mit ihm – dann wird er mich auf der Stelle heiraten wollen."

Allerdings hatte Fürst Rainier bereits ein Auge auf GRACE KELLY geworfen. Trotzdem war Marilyn amüsiert und nannte ihn scherzhaft „Prince Reindeer" – „Fürst Rentier".

RAT PACK

Mit den Mitgliedern des so genannten Rat Pack, FRANK SINATRA, DEAN MARTIN, PETER LAWFORD und SAMMY DAVIS JR., war Marilyn in ihren letzten beiden Lebensjahren in Los Angeles befreundet. Am meisten Zeit verbrachte sie mit Sinatra. In ihrem letzten Film, SOMETHING'S GOT TO GIVE, spielte sie neben Dean Martin, dem Gründer des Rat Pack.

RATTIGAN, SIR TERENCE MERVYN
(1911–1977)

Der renommierte britische Bühnenautor Terence Rattigan schrieb seit Mitte der 1930er-Jahre verschiedene Erfolgsstücke, von denen viele verfilmt wurden. Außerdem verfasste er mehrere Drehbücher, darunter für den Oscar-nominierten Film *The Sound Barrier – Der unbekannte Feind* (1952).

1955 gelang es Marilyns Geschäftspartner MILTON GREENE, die Rechte zu Rattigans Stück aus dem Jahre 1953 *The Sleeping Prince* zu erwerben. Rattigan willigte ein, das Drehbuch zu schreiben, und reiste Anfang 1956 mit LAURENCE OLIVIER und VIVIEN LEIGH nach New York, um letzte Details zu klären.

Kurz nachdem Marilyn in England eingetroffen war, wo die Dreharbeiten stattfinden

sollten, besuchte sie ein Fest, das Rattigan in seinem Haus in Sunningdale ihr und Arthur Miller zu Ehren gab. Die Sicherheitsvorkehrungen waren so streng, dass ein Polizist Marilyns Limousine erst durchließ, nachdem sie ihre Einladung gezeigt hatte. Auf dem Fest lernte Marilyn die britische Theaterelite kennen.

Rattigan soll auf die Frage von Königin ELISABETH II., was für ein Mensch Marilyn sei, geantwortet haben: „Eine schüchterne Exhibitionistin."

RAUH, JOSEPH UND OLIE

Joseph Rauh war ARTHUR MILLERs Anwalt bei dessen Anhörung wegen Aussageverweigerung vor dem Senatsausschuss zur Untersuchung unamerikanischer Umtriebe (siehe HOUSE UN-AMERICAN ACTIVITIES COMMITTEE). Während des Prozesses im Mai 1957 wohnten Arthur und Marilyn bei Joseph und seiner Frau Olie in Washington. Rauhs erfolgreiche Verteidigung beruhte auf der Tatsache, dass man Miller wegen Aussageverweigerung nicht anklagen konnte, weil die Fragen, die Miller sich zu beantworten weigerte, nicht prozessrelevant waren.

REAGAN, RONALD (GEB. 1911)

Der 40. Präsident der USA spielte eine kleine Rolle bei Marilyns Entdeckung (siehe DISCOVERERS): Während des Zweiten Weltkrieges war Reagan Offizier der ersten Filmeinheit der Armee in Fort Roach (den ehemaligen Hal Roach Studios) und schickte den Fotografen DAVID CONOVER los, in einer Munitionsfabrik Bilder zu machen; es war die RADIO PLANE MUNITIONS FACTORY, in der Norma Jeane arbeitete.

Reagans Filmkarriere, hauptsächlich als Hauptdarsteller in B-Movies, umfasst 75 Spielfilme.

Marilyns erste Liebe FRED KARGER heiratete später Reagans erste Ehefrau, JANE WYMAN.

REDMOND, CHERIE

Marilyns letzte Sekretärin (siehe SECRETARIES), die sich ab Januar 1962 um Marilyns Termine, Post und Telefonate kümmerte, war ihr von ihrem Anwalt Milton Rudin (siehe LAWYERS) empfohlen worden.

REINHARDT, MAX (1873–1943)

Bedeutender Theaterregisseur und Schauspiellehrer, dessen Ensemble Marilyns Lehrerin NATASHA LYTESS angehört hatte und in dessen Workshop auch JANE RUSSELL ausgebildet worden war. Im Dezember 1952 ging Marilyn mit Natasha zu den Roy Goldenburg Auction Galleries in Beverly Hills, weil dort 178 von Reinhardts *Regiebüchern* versteigert wurden, in denen er seine Gedanken zu Regie und Bühnenbild festgehalten hatte. Marilyn steigerte von Anfang an mit, wobei sie mit dem Antiquar Jake Zeitlin konkurrierte, der von der University of Southern California mit dem Ankauf beauftragt war. Die Versteigerungssumme stieg schnell. Zeitlins letztes Gebot betrug 1320 Dollar. Marilyn erhielt den Zuschlag bei 1335 Dollar. In den folgenden Wochen erschienen in der Presse

May Reis und Marilyn in Brooklyn, New York, auf dem Weg zu Augusta Millers Beerdigung am 8. März 1961.

Kommentare, wonach Marilyn die Allgemeinheit um etwas gebracht habe, aus dem viele Schauspieler, nicht nur die Person, die die Regiebücher ersteigert hatte, Nutzen ziehen könnten. Reportern sagte Marilyn, sie überlege tatsächlich, die Bücher einer Universität zu spenden, allerdings eher Harvard oder Stanford als der Doheny Library der University of Southern California. Aber noch vor Weihnachten setzte sich Reinhardts Sohn Gottfried mit ihr in Verbindung und erklärte sich zum rechtmäßigen Eigentümer der Regiebücher. Er beglich die Rechnung des Auktionshauses und verkaufte die Sammlung selbst an eine Universität.

REIS, MAY

May Reis arbeitete seit 1955 – manchmal wird auch das Jahr 1957 genannt – als Marilyns Privatsekretärin (siehe SECRETARIES). Nachdem sie sich zunächst um die eingehenden Drehbücher, geschäftliche Anfragen sowie um persönliche Besorgungen gekümmert hatte, wurde sie nach und nach zum wichtigsten Mitglied in Marilyns Entourage, zur Freundin, Vertrauten und zu einer ihrer Mutterfiguren (siehe MOTHER FIGURES). Reis, die als zierlich und sanftmütig geschildert wird, brachte gute Referenzen mit, da sie bereits für ARTHUR MILLER und ELIA KAZAN gearbeitet hatte.

Mays Schwester Vanessa erzählte dem Biografen DONALD SPOTO: „Weil May alleinstehend war und keine Familie hatte, wurde Marilyn zu ihrem Beruf, ja zu ihrem Leben."

FRED LAWRENCE GUILES schreibt, dass May Reis „Marilyn selten fragen musste, was zu tun war: Sie wusste es einfach. Sie war immer da, von früh bis spät; sie drängte sich nicht auf, aber irgendwie war ihr immer bewusst, welche Leute bei ihrer Arbeitgeberin gerade in oder out waren."

Während der Dreharbeiten zu THE MISFITS (1961) geriet Reis mitten in die Auseinandersetzungen zwischen Marilyn und Arthur – in der wenig beneidenswerten Rolle, verhindern zu wollen, dass zwei Menschen zerstören. Anfang 1961 holte sie Marilyn nach deren Nervenzusammenbruch aus dem Columbia-Presbyterian-Krankenhaus (siehe HOSPITALS) ab. Unklar ist, ob Reis zu dieser Zeit noch für Marilyn arbeitete oder ob sie ihr eher aus Freundschaft oder Besorgnis half.

Zwar honorierte Marilyn Reis' Loyalität in ihrem Testament (siehe WILL), doch erhielt sie ihre Erbschaft von 10 000 Dollar erst fast zehn Jahre später. Inzwischen war sie schon Sekretärin von Barbra Streisand.

RELIGION — **Religion**

Norma Jeane wurde in der Foursquare Gospel Church getauft, dem Zentrum der von AIMEE SEMPLE McPHERSON gegründeten Erweckungsbewegung. Zwischen 1938 und 1946 erhielt Norma Jeane jedoch durch ihre Pflegemutter ANA LOWER Unterweisungen in die CHRISTIAN SCIENCE. Später wurde sie noch ab und an mit Büchern der Christian Science gesehen. Während sie mit FRED KARGER liiert war, besuchte sie Gottesdienste der Victor's Catholic Church. Dort begegnete sie wohl zum ersten Mal JOAN CRAWFORD.

Während der Dreharbeiten zu GENTLEMEN PREFER BLONDES (1953) lud JANE RUSSELL Marilyn in ihr Haus zu Sitzungen der Hollywood Christian Group ein. Vermutlich ging Marilyn nur einmal dorthin.

Kurz vor der Hochzeit mit ihrem dritten Mann ARTHUR MILLER, am 1. Juli 1956 (laut dem jüdischen Kalender der 22. Tammuz 5716), trat Marilyn zum jüdischen Glauben über. Ihre Konversionsbescheinigung wurde von MILTON GREENE, Arthur Miller und Rabbi E. Goldberg unterzeichnet. Dieser leitete auch die Trauung (siehe WEDDINGS).

Nach Millers eigenen Worten war es Marilyns Wunsch, nach religiösem Ritual zu heiraten und zum Judentum überzutreten. „Ich bin nicht gläubig, aber sie wollte eine von uns sein … Man kann wohl nicht sagen, dass sie Jüdin wurde, aber dennoch nahm sie es alles sehr ernst. Meiner Meinung nach wollte sie mir nahe sein und zu mir gehören."

REMICK, LEE (1935–1991)

> „Ich weiß nicht, ob man mit ihr Mitleid haben soll, ich denke, man hätte sie ersetzen sollen. Die Filmbranche würde uns um die Ohren fliegen, wenn sich ein solches Verhalten durchsetzen würde. Schauspieler dürfen mit so etwas einfach nicht ungestraft davonkommen."

Lee Remick gab ihr Filmdebüt 1957 in *A Face In The Crowd – Ein Gesicht in der Menge* von ELIA KAZAN. 1962 nahm sie die TWENTIETH CENTURY-FOX unter Vertrag als Ersatz für Marilyn, die während der Dreharbeiten zu SOMETHING'S GOT TO GIVE suspendiert worden war. In der Eile hatten die Studiobosse allerdings vergessen, dass DEAN MARTIN die vertragliche Zusicherung besaß, bei der Auswahl seiner Filmpartnerin mit zu entscheiden, und in der Tat bestand er darauf, nur mit Marilyn zu drehen. Remick erhielt

eine Oscar-Nominierung für *Days of Wine and Roses – Stärker als alle Vernunft* (1963). Später spielte sie hauptsächlich in Fernsehproduktionen.

RENNA'S SALON

Ein Schönheitssalon am Sunset Boulevard in Beverly Hills. Dr. G. W. Campbell, bei dem Marilyn spezielle Gesichtsbehandlungen vornehmen ließ, machte sie mit vielen Büchern (siehe BOOKS) über Metaphysik und Philosophie bekannt. Als sie in LOS ANGELES lebte, war sie hier Stammkundin.

RENO, NEVADA

Reno war die Stadt in den USA, in der man sich am schnellsten scheiden (siehe DIVORCE) lassen konnte. Man musste nur zwei Monate dort gemeldet sein und – anders als in New York – als Scheidungsgrund nicht Ehebruch angeben. ARTHUR MILLER zog sich Anfang 1956 in den rund 60 Kilometer von Reno entfernt gelegenen Ort Pyramid Lake zurück, um sich von seiner ersten Frau Mary Grace Slattery scheiden zu lassen. Er mietete ein Häuschen, direkt neben dem des Schriftstellers Saul Bellow, der sich dort auch zur Scheidung einquartiert hatte und gerade an seinem Roman *Der Regenkönig* schrieb.

Während seines Aufenthalts lernte Miller die Männer kennen, die ihn zu den Figuren von THE MISFITS (1961) inspirierten. Als er vier Jahre später mit der Crew für Außenaufnahmen wieder in die Gegend kam, war hier allerdings ein Wassersportgebiet, komplett mit Imbissständen, entstanden. Im Film wirft Marilyn ihren Ehering von einer Brücke in den Truckee River; das „Harrah's" ist das Casino, in dem sich die Filmfiguren Gay und Roslyn kennen lernen. Die Schauspieler stiegen im MAPES HOTEL ab.

RESTAURANTS AND BARS — **Restaurants und Bars**

Hier ist eine Liste der Lokale, die Marilyn im Laufe der Jahre besuchte, um zum Essen und Trinken auszugehen oder um sich zu amüsieren.

LOS ANGELES

Barney's Beanery
8447 Santa Monica Boulevard, Hollywood
Marilyn aß hier oft nach dem Unterricht im ACTORS LAB. 1949 stärkte sie sich hier mit einem Teller Chili, nachdem sie für die Kalender-Aktfotos (siehe CALENDAR) Modell gestanden hatte. Auch JEAN HARLOW besuchte dieses in ganz Los Angeles bekannte Lokal.

Bruce Wongs
La Cienega Boulevard, Hollywood
Chinesisch aßen Marilyn und JOE DIMAGGIO am liebsten hier.

Chasen's
9039 Beverly Boulevard, Hollywood
JOHNNY HYDE führte Marilyn in diese Bar, eine der gefragtesten in ganz Hollywood. Schon bald war sie Stammgast.

Auch nach der Promotion-Veranstaltung zu GENTLEMEN PREFER BLONDES am 26. Juni 1953, bei der sie ihre Handabdrücke auf dem

Gehweg vor GRAUMAN'S CHINESE THEATER hinterlassen hatte, ging Marilyn ins Chasen's. An jenem Tag aß sie hier mit ihrer Filmpartnerin JANE RUSSELL und dem Reporter SIDNEY SKOLSKY Steak mit Pommes frites. Marilyn sagte, sie habe sich hier zum ersten Mal mit Joe DiMaggio getroffen, die meisten Biografen meinen aber, dass dieses Rendezvous im Villa Nova stattgefunden habe.

Ciro's
8433 Sunset Boulevard, Hollywood
In diesem Restaurant gab Marilyn mit ihrer Filmpartnerin BETTY GRABLE aus HOW TO MARRY A MILLIONAIRE (1953) ein Fest zu Ehren von WALTER WINCHELL. Außerdem besuchte sie es mit Sidney Skolsky. Heute befindet sich dort der Comedy Store.

Florentine Gardens
5951 Hollywood Boulevard
Italienisches Restaurant und Tanzclub, in dem JAMES DOUGHERTY und Norma Jeane 1942 ihre Hochzeit (siehe WEDDINGS) feierten.

Formosa Café
7156 Santa Monica Boulevard, Hollywood
Das Formosa Café befindet sich an der Ecke der WARNER Studios, dem ehemaligen Gelände der MGM Studios, und ist seit Jahrzehnten ein beliebter Treffpunkt für Stars, die für einen Snack oder einen Drink vorbeikommen. Marilyn verkehrte hier während der Innenaufnahmen zu SOME LIKE IT HOT (1959). Später war das Café in *L. A. Confidential* (1997) zu sehen.

Greenblatt's Deli
8017 Sunset Boulevard, Hollywood
Ein renommiertes Speiselokal am Sunset Strip in West Hollywood, in dem Marilyn besonders gern Pastrami aß.

La Scala
9455 Santa Monica Boulevard,
heute 40 North Canon Drive, Beverly Hills
Italienisches Restaurant, in dem Marilyn Stammgast war, besonders in ihrem letzten Lebensjahr. Am 3. August 1962 speiste sie hier mit PETER LAWFORD, PATRICIA NEWCOMB und den Gerüchten nach auch mit ROBERT KENNEDY. Es war das letzte Mal, dass sie auswärts aß.

Lucey's
5444 Melrose Avenue, Hollywood, ersetzt durch Walter's Plant Rentals
Ein von Skolsky in diesem Restaurant anberaumtes Treffen soll den Produzenten JERRY WALD so beeindruckt haben, dass er Marilyn in CLASH BY NIGHT (1952) eine Rolle gab.

Mocambo
8588 Sunset Boulevard, Hollywood
Ein beliebter Nachtclub in L.A., den Marilyn 1954 zwei Wochen lang jeden Abend besuchte, um sich dort ihre Lieblingssängerin ELLA FITZGERALD anzuhören. Der Club wurde 1958 geschlossen.

Musso and Frank Grill
6667 Hollywood Boulevard, Hollywood
Hollywoods selbst ernanntes ältestes Restaurant, bekannt für seine Wodka-Gimlets und seine illustren Gäste. Hierher ging Marilyn schon als Filmsternchen, um gesehen zu werden, und auch später, als sie ein Star geworden war.

Marilyn und Joe 1954 im Stork Club.

The Retake Room Bar
In dieser Bar feierte Marilyn mit Johnny Hyde einen entscheidenden Schritt in ihrer Karriere als Schauspielerin, die Zusage für eine Rolle in THE ASPHALT JUNGLE (1950).

Romanoff's
326 North Rodeo Drive, Beverly Hills
Exklusives Restaurant in Hollywood, in dem die Einflussreichen des Filmbusiness verkehrten, geführt von Gloria und Mike Romanoff – letzterer ein selbst ernannter „russischer Prinz", in Wahrheit ein gebürtiger Amerikaner, der auch in verschiedenen Filmen mitwirkte.

Seit Ende der 1940er-Jahre war Marilyn dort Stammgast, zusammen mit Johnny Hyde, der sich unsterblich in sie verliebt hatte.

Hyde richtete das Haus am NORTH PALM DRIVE, in dem er mit Marilyn wohnen wollte, mit vier lederbezogenen Sitzgruppen ein, das Esszimmer war mit einer Tanzfläche ausgestattet, und Marilyn nannte es ihr privates Romanoff's.

1954 gab ihr damaliger Agent CHARLES FELDMAN im Romanoff's ihr zu Ehren ein Fest mit 80 geladenen Gästen. Die Gästeliste war ein „Who's Who in Hollywood": Der Einladung folgten die Studiomagnaten DARRYL ZANUCK, Samuel Goldwyn und Jack Warner, Stars wie Humphrey Bogart, CLARK GABLE, Claudette Colbert, Gary Cooper, Susan Hayward und Loretta Young, der Regisseur BILLY WILDER sowie wichtige Journalisten. Als sie alle da waren, rief Marilyn: „Ich fühle mich wie Cinderella!"

Zu den Höhepunkten für Marilyn gehörte, dass sie ihr großes Idol Clark Gable kennen lernte und mit ihm tanzte. Sie machten sich gegenseitig Komplimente über ihre Arbeit und versicherten einander, sie würden gerne einmal zusammen einen Film drehen. Bald darauf gab es Gerüchte, dass die beiden eine leidenschaftliche Affäre hätten.

Schwab's Drugstore
8024 Sunset Boulevard, Hollywood
Der legendäre Drugstore in Hollywood, in dem ehrgeizige Talente einen Milchshake tranken – in der Hoffnung, es könnte ihr Glückstag sein und ein Studioproduzent oder ein Agent würde zufällig vorbeikommen und auf sie aufmerksam werden. Als Marilyn im Filmgeschäft anfing, war sie hier Stammgast. Angeblich war sie auch gerade hier, als sie hörte, dass die MARX Brothers eine sexy Blondine suchten. Der Hollywoodreporter Sidney Skolsky nutzte Schwab's im Grunde als sein Büro. Nachdem er Marilyn hier Ende 1950 kennen gelernt hatte, entwickelte sich zwischen den beiden bald eine lange und herzliche Freundschaft. In *Conversations with Marilyn* enthüllt W. J. Weatherby:

„Der deprimierendste Anblick in Marilyns Hollywood war die tägliche Ansammlung junger Talente in Schwab's Drugstore. Wie Stare hockten sie da, tranken Cola, aßen Hamburger, erzählten einander Jammergeschichten über Produzenten (,Er will sich nicht einmal mit mir treffen'), Agenten (,Offenbar bemüht er sich nicht einmal') und das furchtbare, unglaubliche Pech, das sie verfolgte. Sie trösteten sich und andere mit endlosen Wiederholungen der Legende, wie jemand über Nacht zum Star geworden sei, was bestimmt auch ihnen passieren könnte."

Nachdem Marilyn ihre erste Hauptrolle gespielt hatte, stattete sie Schwab's einen Besuch ab: „Ich hatte mir vorgestellt, es würde ihr Selbstvertrauen stärken, jemanden zu sehen, der es geschafft hatte. Aber niemand hat mich erkannt, und ich war zu schüchtern, jemandem zu sagen, wer ich war. Ich gehörte da einfach nicht mehr hin." 1989 wurde das Schwab's abgerissen.

Trader Vic's
The Beverly Hilton Hotel, 9876 Wilshire Boulevard, Beverly Hills
Erstklassiges Restaurant, in dem Marilyn im Laufe der Jahre oft essen ging.

Villa Capri
6735 Yucca Street, Hollywood
Berühmter Prominententreff und eines von Joe DiMaggios Lieblingsrestaurants, weshalb Marilyn zwischen 1952 und 1954 hier öfter aß. Das Villa Capri wurde 1982 geschlossen.

The Villa Nova (heute The Rainbow Grill)
9015 Sunset Boulevard, Hollywood
Die meisten sind der Ansicht, dass Marilyn und Joe ihr erstes Rendezvous im März 1952 in diesem beliebten italienischen Restaurant hatten.

Manche sagen, sie seien mit einem zweiten Pärchen, DAVID MARCH und Peggy Rabe, dort gewesen. Auch über den Verlauf des Abends gehen die Meinungen auseinander. Einer Version zufolge war das Essen recht steif, und hinterher kurvte man noch etwas im Wagen durch die Stadt; nach einer anderen funkte es sofort zwischen den beiden, und sie fuhren zu einem lauschigen Plätzchen. In einem sind sich alle Biografen einig: Marilyn kam fast zwei Stunden zu spät.

NEW YORK

Copacabana
10 East 60th Street
Einer der glamourösesten Clubs der 1950er-Jahre. Marilyn besuchte hier mit Freunden ein Konzert von FRANK SINATRA, nachdem sie auf einer Pressekonferenz die Gründung der MARILYN MONROE PRODUCTIONS verkündet hatte. Zwar war das Konzert ausverkauft, aber dank Marilyns Popularität bekamen sie noch einen Extratisch direkt vor der Bühne.

In ALL ABOUT EVE (1950) wird die Figur, die Marilyn spielt, mit den Worten vorgestellt: „... eine Absolventin der Copacabana-Schauspielschule".

El Morocco
154 East 54th Street (umgezogen nach 307)
Zur Werbetour für LOVE HAPPY (1950) bekam Marilyn in diesem vornehmen Restaurant einen Vorgeschmack auf die Glitzerwelt von New York. Es ist eines der letzten Lokale, in dem sie sich als Mrs. DiMaggio zeigte, während der Außenaufnahmen zu THE SEVEN YEAR ITCH (1955).

Four Seasons
99 East 52nd Street
Ein nach wie vor angesehenes Restaurant, in das Marilyn regelmäßig essen ging.

Howard Johnson's
46th Street and Broadway
Hier nahm Marilyn gelegentlich einen Imbiss ein.

Joe und Marilyn mit Toots Shor in dessen Restaurant, ca. 1953.

Jim Downey's
705 8th Avenue
Beliebtes New Yorker Theaterrestaurant, dessen Wände Fotos von Broadway-Stars zieren. Marilyns Foto zeigt sie applaudierend auf der Bühne des Martin Beck THEATERs, als ihr Freund ELI WALLACH dort in *Teahouse of the August Moon – Das kleine Teehaus* spielte.

Manny Wolf's Chophouse
Third Avenue and 50th Street
Nach Angaben von LENA PEPITONE ein Restaurant, das Marilyn häufig besuchte.

Sardi's
234 West 44th Street
Bekanntes und bei Prominenten wie Marilyn beliebtes Restaurant.

The Stork Club
3 East 53rd Street
1954, als Marilyn *The Seven Year Itch* drehte, ging sie hier oft mit Joe essen.

Toots Shor's
51st Street zwischen 5th und 6th Avenue, dann 52nd Street, dann 33 West 33rd Street
Sozusagen Joe DiMaggios zweite Zuhause. In diesem Restaurant aß er regelmäßig, bevor er Marilyn kennen lernte, weil er die clubartige Männer-Atmosphäre, wie in „einer Turnhalle mit Zimmerservice", genoss.

Wenn beide in New York waren, nahm Joe Marilyn oft mit ins Toots Shor's. Am 1. Juni 1955, über ein halbes Jahr nach der Scheidung (siehe DIVORCE), gab Joe nach der Premiere von THE SEVEN YEAR ITCH für Marilyn überraschend eine Geburtstagsparty, um sich mit ihr zu versöhnen. Allerdings ging sein Plan nicht auf: Nach einem lautstarken Streit ließ ihn Marilyn stehen.

Twenty One Club
21 West 52nd Street
Bekannter New Yorker Club, in dem Marilyn regelmäßig zu sehen war.

ANDERE ORTE

Bucket of Blood Saloon
3 South C Street, Virginia City, Nevada
1960 legten Clark Gable, MONTGOMERY CLIFT und Marilyn während der Dreharbeiten zu THE MISFITS (1961) hier ihre Pausen ein.

Christmas Tree Inn
23900 Mount Rose Highway, Reno, Nevada
Hier gaben am 17. Oktober 1960 Crew und
Schauspieler von *The Misfits* eine Geburtstagsparty für ARTHUR MILLER und Montgomery Clift. EVE ARNOLD fotografierte das Fest.

Club Gigi, Fountainebleau Hilton,
4441 Collins Avenue, Miami, Florida
In dieses Restaurant lud Marilyn 1962 Arthur
Millers verwitweten Vater Isidore während
ihrer Reise nach Florida zum Essen ein.

Country Inn Restaurant
South B Street, Virginia City, Nevada
In dieses Restaurant kam Marilyn während
der Dreharbeiten zu THE MISFITS. Die Ge-
schäftsführerin Edith Palmer erzählte FRED
LAWRENCE GUILES: „Marilyn Monroe aß sehr
gern bei uns. Sie war ein Gourmet … Sie
nannte unser Haus ‚Meine Oase in der
Wüste‘." Angeblich übernachtete Marilyn
einmal in dem Gasthaus, deshalb gibt es dort
eine „Marilyn Monroe Suite".

DiMaggio's
245 Jefferson Street, Fisherman's Wharf,
San Francisco
Joe und Dominic DiMaggio waren Besitzer
und Geschäftsführer dieses Restaurants im
beliebten Stadtteil Fisherman's Wharf. Als
Joe um Marilyn warb und während ihrer Ehe
war sie hier häufig zu sehen. 1985 verpachte-
ten die DiMaggios das Lokal.

Finnochio's
506 Broadway, North Beach, San Francisco
In diesen Nachtclub ging Marilyn 1960 in
einer Pause der Dreharbeiten zu THE MISFITS,
um sich die Marilyn-Show eines Transvesti-
ten anzusehen. Marilyn und ihre Freunde
verließen die Vorstellung vorzeitig. Hätte sie
von Joe DiMaggio Italienisch gelernt, hätte
sie gewusst, dass ‚Finnochio‘ ein Slangwort
für Homosexuelle ist.

Hot Springs Hotel
13th and Spring Street, Paso Robles,
Kalifornien
Möglicherweise speisten Marilyn und Joe
hier am Abend ihrer Hochzeit, bevor sie im
CLIFTON MOTEL ihre Hochzeitsnacht verbrachten.

Last Frontier Hotel
3120 South Las Vegas Boulevard, Las Vegas
Während sie 1946 in LAS VEGAS war, um sich
von ihrem ersten Mann Jim Dougherty scheiden zu lassen, aß Marilyn in diesem Hotel mit
ROY ROGERS, der gerade in der Stadt drehte.

RETTIG, TOMMY (1941–1996)

Der Schauspieler Tommy Rettig war eines der
wenigen Kinder (siehe CHILDREN), zu denen
Marilyn nur schwer Zugang fand. In den
ersten Drehtagen von RIVER OF NO RETURN
(1954) ging er ihr aus dem Weg. Als ihn
Marilyn nach den Gründen fragte, erklärte
der Junge, sein Priester habe gesagt, er dürfe
zwar mit einer Frau „wie Marilyn" arbeiten,
jedoch nicht mehr Kontakt als nötig mit ihr
haben. Marilyn regte sich darüber sehr auf.
Ihr Verhältnis zueinander wurde aber besser,
als sie mit JOE DIMAGGIO zusammen fischen
gingen.

Regisseur OTTO PREMINGER erinnert sich
an einen unschönen Vorfall zwischen Mari-

1953 begleitete Marilyn den Kinderstar Tommy Rettig
zur Premiere seines Films *The 5,000 Fingers of Dr. T. –
Die 5000 Finger des Dr. T.*

lyns Schauspiellehrerin NATASHA LYTESS und
Tommy Rettig: „Er konnte seinen Text.
Manchmal mussten wir eine Szene 18-mal
oder öfter drehen, und trotzdem bekam er sie
jedes Mal genau richtig hin, und zwar ohne
Änderungen oder Qualitätsverlust. Eines
Tages drehte ich eine Szene mit ihm und
Marilyn, und er konnte sich einfach nicht
mehr an seinen Text erinnern und brach in
Tränen aus. Ich fragte: ‚Was hast du denn?‘
Seine Mutter meinte, Miss Lytess habe mit
Tommy geredet und gesagt, dass alle
Kinderdarsteller mit 14 Jahren ihre Begabung
verlieren, es sei denn, sie nehmen Unterricht
und lernen, mit ihren Fertigkeiten umzuge-
hen." Für diesen Rat durfte Lytess vorüberge-
hend nicht mehr ans Set.

Rettig ist vor allem als Lassies bester
Freund in der gleichnamigen Fernsehserie der
50er-Jahre in Erinnerung geblieben.

REYNOLDS, DEBBIE
(GEB. 1932 ALS MARY FRANCES REYNOLDS)

Debbie Reynolds begann ihre Karriere zur
gleichen Zeit wie Marilyn und machte sich
einen Namen in Musikfilmen wie *Singin' in
the Rain – Du sollst mein Glücksstern sein*
(1952). Eine Oscar-Nominierung erhielt sie
für *The Unsinkable Molly Brown – Goldgräber-
Molly* (1964).

Marilyn und Reynolds arbeiteten zwar nie
zusammen, aber 1964 hatte Reynolds eine
Hauptrolle in *Goodbye Charlie*, einem Film
der TWENTIETH CENTURY-FOX, den Marilyn
abgelehnt hatte.

Reynolds steckte einen großen Teil ihrer
Gagen in das Debbie Reynolds Hotel in LAS
VEGAS, das ein Hollywood-Museum mit über
3000 Kostümen beherbergte, darunter das
berühmte Plisseekleid aus THE SEVEN YEAR
ITCH. Nach dem Verkauf des Hotels 1998
wurde es zusammen mit anderen Hollywood-
Erinnerungsstücken eingelagert.

RHODE ISLAND STREET
HAWTHORNE, KALIFORNIEN

Die BOLENDERs, Norma Jeanes Pflegeeltern
(siehe FOSTER PARENTS) der ersten sieben

Lebensjahre, wohnten im Haus Nummer 459
East Rhode Island Street.

(siehe HOMES – Wohnungen)

RIESE, RANDALL UND NEAL
HITCHENS

Die Autoren des 1987 erschienenen Hand-
buchs *The Unabridged Marilyn. Her Life from
A-Z*, das von treuen Bewunderern Marilyns
hoch geschätzt wird.

RIGHT CROSS (1950)

Nach ihrem äußerst viel versprechenden
Start in THE ASPHALT JUNGLE (1950) setzte
die MGM Marilyn in *Right Cross* und HOME-
TOWN STORY (1951) ein, zwei Filmen, die
wenig dazu beitrugen, sie einer größeren
Öffentlichkeit bekannt zu machen. *Right
Cross* ist ein Film über Boxen und Liebe, in
dem Marilyn eine Zufallsbekanntschaft des
Schauspielers Dick Powell spielt. Sie wird
allerdings nicht im Vorspann genannt.

Produktionsdaten:
MGM
schwarz-weiß
Länge: 90 Minuten
Kinostart: 15. November 1950

Crew:
Regie: John Sturges
Produktion: Armand Deutsch
Drehbuch: Charles Schnee
Kamera: Norbert Brodine
Musik: David Raksin
Art Direction: Cedric Gibbons, James
Scognamillo

Besetzung:
June Allyson … Pat O'Malley
Dick Powell … Rick Garvey
Ricardo Montalban … Johnny Monterez
Lionel Barrymore … Sean O'Malley
Barry Kelley … Allan Goff
Teresa Celli … Marina Monterez
Mimi Aguglia … Mom Monterez
Marianne Stewart … Audrey
John Gallaudet … Phil Tripp
Wally Maher … 1. Reporter
Larry Keating … 2. Reporter
Kenneth Tobey … 3. Reporter
Bert Davidson … 4. Reporter
Marilyn Monroe … Dusky Ledoux

Handlung:
Der Box-Champion Johnny Monterez
(Ricardo Montalban) wird oft wegen seiner
mexikanischen Herkunft diskriminiert. Er ist
jedoch der ganze Stolz seines Trainers Sean
O' Malley (Lionel Barrymore). Aus Liebe zu
Pat (June Allyson), der Tochter seines Trainers, lehnt Johnny das Angebot des Box-
managers Allan Goff (Barry Kelley), für ihn
zu boxen, ab. Sein bester Freund, der Sport-
reporter Rick Gavery (Dick Powell), ist auch
in Pat verliebt. Als er erkennt, dass sie jedoch
Johnny liebt, versucht er sich mit anderen
Frauen und Alkohol zu trösten. Marilyn
spielt die Rolle einer jungen Frau, die mit
ihm durch die Kneipen zieht.

Wegen einer Verletzung an der rechten
Hand fürchtet Johnny jedoch, seine Tage als
Boxer könnten gezählt sein, und erwägt, dass
er sich am besten um Pat und ihren Vater

Dick Powell und Marilyn in *Right Cross* (1950).

kümmern kann, wenn er Goffs Angebot doch annimmt und viel Geld gewinnt. Als der alte O'Malley von Johnnys „Verrat" erfährt, erliegt er einem Herzinfarkt. Ohne Johnnys wahre Motive zu erkennen, gibt Pat ihm die Schuld.

Johnny tritt daraufhin seinen letzten Kampf für den O'Malley-Boxstall an und verliert. Im Umkleideraum prügelt er sich mit Rick und versetzt ihm einen so heftigen Schlag, dass seine Hand für immer beschädigt bleibt. Als es so aussieht, als habe Johnny alles verloren, erkennt Pat, dass er alles nur für sie getan hat, und Rick zeigt ihm, dass er noch immer sein Freund ist.

Kritiken:
New York Daily Mirror
„John Sturges' Regie hält gekonnt und mit sanften Übergängen das Gleichgewicht zwischen Liebe und Boxen. Die Figuren wirken lebendig. Der dünne Handlungsfaden des Rassenkonflikts scheint überflüssig … *Right Cross* enttäuscht weder was die Action noch die Liebesgeschichte betrifft. Realistisch schildert der Film die Gaunereien hinter den Kulissen. Die Boxszenen sind spannend und überzeugend."

New York Post
„*Right Cross* … ist eine Boxergeschichte mit einer Romanze und Streiflichtern auf das mexikanische Kulturgefühl. Zwar ist kein bedeutender Film dabei herausgekommen, doch fasziniert er stellenweise auf seine Art."

RITTER, THELMA (1905–1969)

Angesehene Charakterdarstellerin, die ihr Debüt in *Miracle on 34th Street – Das Wunder von Manhattan* (1947) gab. Ritter spielte in drei Filmen an der Seite von Marilyn: in ALL ABOUT EVE (1950), AS YOUNG AS YOU FEEL (1951) und THE MISFITS (1961).
Sechsmal wurde sie für den Oscar als beste Nebendarstellerin nominiert, unter anderem für ihre Rollen in *All About Eve*, *Pillow Talk – Bettgeflüster* (1959) und *Birdman of Alcatraz – Der Gefangene von Alcatraz* (1962).

RIVALS – **Rivalinnen**

Marilyn begann ihre Filmkarriere als künstliche Blondine, die danach strebte, in die Fußstapfen ihrer Heldin JEAN HARLOW, der ersten Platinblonden, sowie von BETTY GRABLE, der damaligen Königin der Blondinen zu treten.

Viele haben versucht, Marilyns Erfolg zu kopieren. In der ersten Hälfte der 1950er-Jahre versuchten andere Hollywood-Studios, eigene Versionen des größten weiblichen Kassenmagneten der TWENTIETH CENTURY-FOX hervorzubringen. Nachdem Marilyn Mitte der 1950er-Jahre der Fox überaus dramatisch den Rücken gekehrt hatte, begannen die Studiobosse verzweifelt nach jemandem zu suchen, der an ihre Stelle treten könnte. Die Ausbildung der meisten Marilyn-Imitatorinnen bestand darin, sich immer wieder Marilyns beste Szenen anzusehen.

Jayne Mansfield

Damit es auch alle begriffen, kleidete man die „neuen Marilyns" in Kostüme, die Marilyn zuvor getragen hatte. So trug JAYNE MANSFIELD in einer Rolle das Goldlamékleid aus GENTLEMEN PREFER BLONDES (1953), das weiße Plisseekleid aus THE SEVEN YEAR ITCH (1955) wurde für Roseanne Arlen ausgeschlachtet, und das Mieder aus RIVER OF NO RETURN (1954) wurde von Corinne Calvet zu neuem Leben erweckt.

Im Folgenden eine kleine Auswahl der unzähligen Schauspielerinnen, die danach strebten, als Blondinen Marilyn an der Kinokasse Konkurrenz zu machen. Die Liste lässt die vielen weiteren Schauspielerinnen beiseite, die in späteren Jahren als Marilyns Erbinnen gelten wollten.

Lola Albright
Roseanne Arlen
Caroll Baker
Brigitte Bardot
Corinne Calvet
Angie Dickinson
Diana Dors
Anita Ekberg
Zsa Zsa Gabor
Joy Harmon
Arline Hunter
Adele Jergens
Hope Lange
Joi Lansing
Jayne Mansfield
Beverley Michaels
Marion Michaels
Cleo Moore
Terry Moore
Barbara Nichols
Sheree North
Kim Novak
Roxanne Rosedale
Stella Stevens
Greta Thyssen
Barbara Valentin
Mamie Van Doren
Yvette Vickers

RIVER OF NO RETURN (1954) – **Fluss ohne Wiederkehr**

Marilyn spielt in diesem vor dem dramatischen Hintergrund der Rocky Mountains gedrehten Western eine Saloon-Sängerin zur Zeit des Goldrauschs.

Der Produzent STANLEY RUBIN wollte den Film ursprünglich als amerikanische Version des italienischen neorealistischen Klassikers *Ladri di biciclette – Fahrraddiebe* (1948) drehen, in der der Hauptfigur statt des Fahrrads Pferd und Waffe gestohlen werden.

Die Außenaufnahmen wurden in den kanadischen Rocky Mountains gedreht: im Banff National Park und in Jasper in Alberta. Marilyn wohnte im BANFF SPRINGS HOTEL.

Am Set kam es zu Spannungen zwischen dem Regisseur OTTO PREMINGER und Marilyn. Preminger drehte den Film nur, weil er der TWENTIETH CENTURY-FOX laut Vertrag noch einen Film schuldete. DARRYL ZANUCK hatte ihn mit der neuen Cinemascope-Technik gelockt, und nach Ansicht mancher Kritiker hatte Preminger mehr Interesse daran, die eindrucksvolle Landschaft zu filmen, als den Schauspielern Leistungen zu entlocken.

Wie viele seiner Kollegen schickte Preminger Marilyns Schauspiellehrerin NATASHA

251

Marilyn als Kay Weston in *River of No Return* (1954).

Produktion: Stanley Rubin
Drehbuch: Frank Fenton
Story: Louis Lantz
Kamera: Joseph LaShelle
Schnitt: Louis R. Loeffler
Musik: Cyril J. Mockridge,
Musikalische Leitung: Lionel Newman
Lieder: Lionel Newman
Gesangsregie, Liedtexte: Ken Darby
Arrangement: Edward B. Powell
Choreografie: Jack Cole
Art Direction: Addison Hehr, Lyle R. Wheeler
Ausstattung: Chester L. Bayhi, Walter M. Scott
Kostüme: Charles LeMaire, William Travilla
Maskenbild: Ben Nye
Ton: Bernard Freericks, Roger Heman
Spezialeffekte Kamera: Ray Kellogg

Besetzung:
Robert Mitchum … Matt Calder
Marilyn Monroe … Kay Weston
Rory Calhoun … Harry Weston
Tommy Rettig … Mark Calder
Murvyn Vye … Colby
Douglas Spencer … Benson
Ed Hinton … Spieler
Don Beddoe … Ben
Claire Andre … Kutscher
Jack Mather … Croupier
Edmond Cobb … Friseur
Will Wright … Händler
Jarma Lewis … Tänzerin
Hal Baylor … Junger Rowdie

Handlung:
Matt Calder (Robert Mitchum) kommt zurück in die Stadt, um seinen zehnjährigen Sohn Mark (Tommy Rettig) abzuholen. Er war im Gefängnis, weil er einem Mann in den Rücken geschossen hatte – im Verlauf des Filmes stellt sich heraus, dass er so das Leben eines Freundes rettete. Während seiner Abwesenheit hat sein Sohn die Saloon-Sängerin Kay Weston (Marilyn Monroe) kennen gelernt. Eines Tages sieht Calder, wie Kay und der Spieler Harry Weston (Roy Calhoun) auf einem Floß auf dem Fluss nahe seiner Farm in Schwierigkeiten geraten, und rettet sie. Weston hat es sehr eilig, in der Stadt seine Goldmine anzumelden. Er jagt mit dem einzigen Pferd seines Lebensretters davon und lässt sein Mädchen einfach

LYTESS vom Drehort weg, musste ihre Anwesenheit jedoch auf Druck des Studios wieder erlauben.

In körperlicher Hinsicht war es für Marilyn eine anstrengende Rolle, weil weite Teile der Handlung in einem Fluss mit gefährlichen Stromschnellen spielen. Wegen der Bildanschlüsse musste Marilyn immer wieder mit Wasser überschüttet werden. Der Experte für Spezialeffekte Paul Wurtzel bezeugte ihr Engagement: „Wir haben ihr in diesem Film eine Menge zugemutet, sie hat sich nie beklagt. Sie wusste, was der Film erforderte, und sobald sie auf ihrer Position war, war sie ein Profi. Die gesamte Crew hat sie bewundert." Premingers Forderung, dass seine Stars ihre Stunts selbst ausführen mussten, hatte Folgen: Als das Floß von Marilyn und ROBERT MITCHUM in einer Stromschnelle hängenblieb, mussten sie gerettet werden.

Marilyn singt in diesem Film vier Lieder von KEN DARBY und LIONEL NEWMAN: den Titelsong „River of No Return", „One Silver Dollar", „Down in the Meadow" und „I'm Gonna File My Claim", von dem die Plattenfirma RCA über 75 000 Platten in nur drei Wochen verkaufte.

Während der letzten zwei Wochen der Dreharbeiten war JOE DIMAGGIO am Set, auch weil Marilyn von einem Floß in den Athabasca River gestürzt war. Ein Arzt vor Ort diagnostizierte eine Verstauchung; auch die Studio-Ärzte konnten nichts Schlimmes feststellen, aber Marilyn bestand auf einem Gips. So lief sie einige Tage auf Krücken und posierte für Pressefotos. Möglicherweise wollte sie mit der langsamen Genesung Preminger trotzen.

Als Marilyn in Los Angeles die Lieder einspielte, zog sie alle Register. Oft weigerte sie sich stundenlang, aus ihrer Garderobe zu kommen. DAVID CONOVER schreibt, Marilyn habe gewollt, dass die Fox Preminger nie wieder einen Film geben würde. Sie erreichte, dass dieser Film einer ihrer unbeliebtesten wurde.

Zwei Jahre später sagte Marilyn: „Heute würde ich *River of No Return* nicht akzeptieren. Ich finde, ich verdiene etwas Besseres als einen Cowboy-Film der untersten Klasse, in dem die schauspielerischen Leistungen hinter den Landschaftsaufnahmen und dem Cinemascope-Format zurückstehen. Das Studio hat die Landschaften anstatt der Schauspieler und Schauspielerinnen [unterstützt]."

Produktionsdaten:
Twentieth Century-Fox
Cinemascope und Technicolor
Länge: 91 Minuten
Kinostart: 30. April 1954

Crew:
Regie: Otto Preminger
Regieassistenz: Paul Helmick

Robert Mitchum und Marilyn in *River of No Return* (1954).

zurück. Bald darauf wird die isolierte Farm von kriegerischen Indianern belagert. Der Fluss bietet den einzigen Fluchtweg für Kay, Matt und Mark.

Matt ist mürrisch, weil er nicht nur um sein Leben und das seines Sohnes kämpfen muss, sondern nun auch Kay durchzubringen hat. Er schwört, Rache an Weston zu nehmen. Kay nimmt sich des Jungen an, lässt aber im Zorn die Bemerkung fallen, dass Calder einem Mann in den Rücken geschossen hat, was Mark tief erschüttert und unversöhnlich stimmt.

Als die drei schließlich in der Stadt ankommen, hat sich Kay heftig in Matt verliebt. Verzweifelt versucht sie, Weston davon abzuhalten, gegen Matt zu kämpfen, doch Weston schießt auf den unbewaffneten Matt.

Marilyn am Set von *River of No Return* (1954).

Kay stürzt sich auf Weston, aber der stößt sie weg, und der Junge Mark kann seinen Vater retten, indem er Weston in den Rücken schießt.

Kay macht sich wieder auf den Weg in den Saloon, aber Matt wirft sie machohaft über seine Schulter und trägt sie fort in ein Leben mit ihm und seinem Sohn.

Kritiken:

Los Angeles Examiner

„Zweifellos gibt Miss Monroe alles, was man von ihr in dieser Abenteuergeschichte verlangt, doch die darstellerisch anspruchsvolleren Passagen des Films überfordern sie einfach an diesem Punkt ihrer Schauspielkarriere."

New York Post

„Generell ist die Kulisse hervorragend, und das Cinemascope-Format schafft großartige Panoramabilder. Die Handlung auf dem Fluss ist sehr dramatisch inszeniert. Mr. Mitchum und die anderen Männer fühlen sich offenbar zwischen Bergen und Bäumen wie zu Hause, und so erscheint nur Miss Monroe als zittern-

des Fragezeichen in diesem Film. Ihre verwirrten und verwirrenden Manierismen haben etwas Unpassendes und seltsam Aufreizendes im Umfeld der Natur. Sie selbst ist eine führende Vertreterin der … Schauspielmethode, die dem natürlichen Instinkt folgt, aber durch die Künstlichkeit ihrer Haarfarbe und ihr Make-up symbolisiert sie den Gegensatz zur Natur. Dies erzeugt eine Art Spannung, die sich nicht leicht bestimmen lässt, aber sehr leicht in Publicity, Popularität und öffentliches Interesse ummünzen lassen wird."

The New York Times

„Schwer zu entscheiden, ob nun die Landschaft oder Marilyn Monroes Schönheit die größere Anziehungskraft in *River of No Return* entfaltet … Die Gebirgskulissen sind atemberaubend, aber auf ihre Weise ist das Miss Monroe auch …"

RKO

718 GOWER STREET, HOLLYWOOD

Vom Fenster ihres Schlafzimmers im Waisenhaus (siehe ORPHANAGE), in dem sie Mitte der 1930er-Jahre fast zwei Jahre lang lebte, konnte Norma Jeane die Buchstaben „RKO" auf dem Turm des Studiogeländes der RKO-Radio Pictures STUDIOS sehen. Kurz vor Weihnachten 1936 war Norma Jeane eines der Heimkinder, die einen Ausflug in die Studios machten. RKO zeigte ihnen einen Film, und hinterher gab es kleine Geschenke – für die kleine Norma eine Kinder-Perlenkette. Viele Jahre zuvor hatte Marilyns Mutter GLADYS BAKER bei RKO als Cutterin gearbeitet.

1949 spielte Marilyn dort einen Drehtag lang im MARX-Brothers-Film LOVE HAPPY (1950). Ende 1951 war sie das nächste Mal in den RKO-Studios und spielte eine bedeutendere Rolle. SIDNEY SKOLSKY hatte den Produ-

Vom Fenster ihres Zimmers im Waisenhaus in Los Angeles konnte Marilyn den RKO-Turm sehen.

zenten JERRY WALD davon überzeugt, ihr in CLASH BY NIGHT (1952) eine Rolle zu geben. Parallel zum Filmstart tauchte ein Kalender (siehe CALENDAR) mit Aktaufnahmen von Marilyn auf, und RKO musste sich damit befassen, wie der drohende Skandal abzuwenden war. Die Befürchtung, die Enthüllung könne *Clash by Night* enorm schaden, erwies sich als unbegründet, und Marilyns nonchalante öffentliche Erklärung, warum sie nackt posiert hatte, war eine effektive Gratiswerbung. Es gibt Stimmen, die behaupten, die RKO habe den Skandal um den von der TWENTIETH CENTURY-FOX ausgeliehenen Star absichtlich für Werbezwecke hochgespielt.

RKO, jahrzehntelang eine der fünf großen Produktionsgesellschaften Hollywoods, stellte 1953, fünf Jahre nachdem HOWARD HUGHES die Kontrolle übernommen hatte, seinen Betrieb ein. Das Studiogelände wurde von der PARAMOUNT übernommen.

ROBERTS, RALPH (1922–1999)

Man hat Marilyns Masseur einen „sanften Riesen" und Gentleman der alten Schule genannt. Die beiden lernten sich 1953 bei LEE STRASBERG kennen. Wie Marilyn war auch Roberts ein METHOD-Schüler; er war ein Freund der Familie Strasberg und der Masseur von SUSAN STRASBERG. Er hatte diesen Beruf erlernt, um zwischen Schauspiel-Engagements Geld zu verdienen. Rasch baute er einen Stamm dankbarer Kunden auf, darunter MILTON BERLE, Ellen Burstyn, Judy Holliday und Walter Matthau. Darüber hinaus lieferte er für den Broadway-Hit *Will Success Spoil Rock Hunter?* die Inspiration zur Figur des Masseurs – und das Training hinter den Kulissen.

Marilyn engagierte ihn zu den Filmarbeiten von LET'S MAKE LOVE (1960), und rasch wurde er, wie DONALD SPOTO schreibt, „ihr engster Freund und Vertrauter bis an ihr Lebensende".

Roberts spielte eine kleine Rolle als Krankenwagenfahrer in THE MISFITS (1960) und massierte die Schauspieler. Während der letzten Ehemonate von Marilyn und ARTHUR MILLER befand er sich mitten in den Kämpfen der beiden und half Marilyn, die Einsamkeit nach der endgültigen Trennung zu überwinden. Nach ihren furchtbaren Erfahrungen in der psychiatrischen Abteilung des Payne-Whitney-Krankenhauses (siehe HOSPITALS) brachte er Marilyn im Wagen nach Hause. Später im Jahr 1961 fuhr er sie und ihre Halbschwester BERNIECE MIRACLE zum früheren Haus der Millers in ROXBURY, wo Marilyn einige Dinge abholte: ihre Bücher, ein paar

Skulpturen, Porzellan, Cocktail-Gläser und einen großen Fernseher, den ihr die RCA geschenkt hatte.

Als Marilyn im August 1961 wieder zurück nach Los Angeles zog, flog Roberts mit ihr Richtung Westen. Marilyn mietete ihm ein Zimmer im CHATEAU MARMONT HOTEL, das zehn Gehminuten entfernt von ihrer Wohnung am DOHENY DRIVE lag. Sie fühlte sich ihm so nah, dass sie ihm den Spitznamen „der Bruder" gab. Ende November teilte sie ihm jedoch mit, dass der Psychoanalytiker DR. RALPH GREENSON es besser fände, wenn er nach New York zurückfliegen würde. Er kam ihrem Wunsch nach, doch blieben sie in Verbindung. Im März 1962 war er dann wieder in Los Angeles, um ihr bei den Besorgungen zu helfen, die sie nach ihrem Umzug in das neue Haus in Brentwood zu erledigen hatte. Er blieb in L. A., verbrachte wieder viel Zeit mit ihr und linderte zudem ihre Verspannungen mit seinen Massagefertigkeiten.

Am Tag, als Marilyn starb, rief Roberts vor 18.00 Uhr bei Marilyn zu Hause an: Er wollte mit ihr besprechen, was er für das Barbecue einkaufen sollte, das sie für den folgenden Tag geplant hatten. Dr. Greenson ging an den Apparat und sagte, Marilyn sei nicht da. Später am Abend soll sie sehr angeschlagen eine unverständliche Nachricht auf Roberts Anrufbeantworter hinterlassen haben.

ROBINSON, EDWARD G., JR.

Angeblich hatte Marilyn vor der Ehe mit JOE DIMAGGIO eine kurze Affäre mit Edward G. Robinsons damals 19-jährigem Sohn und mit dessen Freund Andrew James. Edward G. Robinson Jr. spielte eine kleine Rolle in SOME LIKE IT HOT (1959).

(siehe LOVERS – Geliebte)

ROCKHAVEN SANITARIUM
2713 HONOLULU AVENUE, VERDUGO
DISTRICT OF GLENDALE, KALIFORNIEN

1953 wurde Marilyns Mutter, GLADYS BAKER, in dieses Privat-Sanatorium verlegt. Marilyn beglich die monatlichen Kosten von 300 Dollar (manche sprechen von 250 Dollar). 1963 flüchtete Gladys offenbar für einen Tag, indem sie aus dem Fenster kletterte.

In ihrem Testament (siehe WILL) sorgte Marilyn dafür, dass der Sanatoriumsaufenthalt weiterhin bezahlt wurde, ihre Mutter zog jedoch 1967 zu ihrer anderen Tochter, BERNIECE MIRACLE.

ROGERS, GINGER
(1911–1995, GEB. ALS VIRGINIA MCMATH)

Rogers ging den klassischen Showbusiness-Weg bis zu ihrem Durchbruch: Varieté, Broadway und dann der Anruf aus Hollywood, in ihrem Fall von der PARAMOUNT. Während Norma Jeanes Kindheit und Jugend zählte Ginger Rogers zu ihren Lieblingsschauspielerinnen. Marilyn sah sie in einer Reihe von Musikfilmen der 1930er-Jahre, unter anderem in *42nd Street – Die 42. Straße* (1933), danach während ihrer legendären Partnerschaft mit Fred Astaire, in *Flying Down to Rio* (1933), *The Gay Divorcee – Tanz mit mir* (1934), *Top Hat – Ich tanz' mich in dein Herz hinein* (1935), *Follow the Fleet – Marine*

gegen Liebeskummer (1936) und *Stage Door – Bühneneingang* (1937). 1940 gewann Rogers einen Oscar für *Kitty Foyle – Fräulein Kitty* (1940).

In den 1950er-Jahren, als Marilyn dem Höhepunkt ihrer Karriere zustrebte, begann Rogers' Stern zu sinken. 1952 spielten sie in zwei Film zusammen, in WE'RE NOT MARRIED und MONKEY BUSINESS; in beiden wurde Marilyn mit Nebenrollen bereits in einem Zug mit den Hauptdarstellern genannt.

ROGERS, ROY
(1912–1998, GEB. ALS LEONARD SLYE)

In LAS VEGAS lernte Norma Jeane 1946 den Country-Sänger Rogers kennen, der gerade an einem Film arbeitete. Sie hatte dort ihren Wohnsitz gemeldet, um sich leichter von JAMES DOUGHERTY scheiden lassen zu können (siehe DIVORCE). An EMMELINE SNIVELY schrieb sie, dass sie Rogers' berühmtes Pferd Trigger (1932–1965) geritten, mit ihm und anderen Filmleuten im Last Frontier Hotel (siehe RESTAURANTS) gegessen habe und dann zum Rodeo eingeladen worden sei.

ROLES — Rollen

MARILYN:
„Die beste schauspielerische Leistung habe ich meiner Ansicht nach in *The Asphalt Jungle* abgeliefert. Die schlechteste Rolle musste ich in *Let's Make Love* spielen. Im Grunde war das gar keine Rolle … nur ein Teil eines alten Vertrages; ich hatte nichts zu sagen."

Marilyns Rollen lassen sich in drei Kategorien unterteilen: Nebenrollen als dekoratives Beiwerk, klischeehafte Frauenfiguren mit lockerem Lebenswandel und – nachdem sie aus dem Muster ausgebrochen war, in das die TWENTIETH CENTURY-FOX sie gezwängt hatte – dramatische Hauptrollen, in denen sie ihre darstellerischen Fähigkeiten (siehe ACTING) weiterentwickeln konnte.

Marilyns größte Rolle war aber vielleicht sie selbst. Abseits der Öffentlichkeit war sie Norma Jeane; doch vor Publikum schlüpfte sie im Nu in die strahlende und betörende Gestalt der Marilyn Monroe.

MARILYNS FILMFIGUREN

Eve, Kellnerin
Dangerous Years (1947)
Mädchen im Kanu
Scudda Hoo! Scudda Hay! (1948)
Peggy Martin, Varieté-Sängerin
Ladies of the Chorus (1948)
Grunions Kundin, ein hübsches Mädchen
Love Happy (1950)
Clara, Revuetänzerin
A Ticket to Tomahawk (1950)
Angela Phinlay, Geliebte
The Asphalt Jungle (1950)
Miss Caswell, aufstrebende Schauspielerin
All About Eve (1950)
Polly, Rollerskate-Groupie
The Fireball (1950)
Dusky Ledoux (im Vorspann ungenannt)
Right Cross (1950)
Miss Martin, Sekretärin

Hometown Story (1951)
Harriet, Sekretärin
As Young As You Feel (1951)
Roberta Stevens, ehemalige Armeeangehörige
Love Nest (1951)
Joyce, die „andere Frau"
Let's Make It Legal (1951)
Peggy, Arbeiterin in einer Fischfabrik
Clash By Night (1952)
Annabel Norris, Schönheitskönigin
We're Not Married (1952)
Nell, psychotische Babysitterin
Don't Bother to Knock (1952)
Lois Laurel, Sekretärin
Monkey Business (1952)
Straßenmädchen
O'Henry's Full House (1952)
Rose Loomis, mörderische Ehebrecherin
Niagara (1953)
Lorelei Lee, junge Frau, die reich heiraten will
Gentlemen Prefer Blondes (1953)
Pola Debevoise, Kurzsichtige, die reich heiraten will
How To Marry a Millionaire (1953)
Kay Weston, Saloon-Sängerin
River of No Return (1954)
Vicky, Nachtclub-Sängerin
There's No Business Like Show Business (1954)
Das Mädchen, Nachbarin von oben
The Seven Year Itch (1955)
Cherie, Sängerin
Bus Stop (1956)
Elsie Marina, amerikanische Revue-Tänzerin in London
The Prince and the Showgirl (1957)
Sugar Kane, Ukulele-Spielerin
Some like It Hot (1959)
Amanda Dell, Broadway-Schauspielerin
Let's Make Love (1960)
Roslyn Tabor, tierliebe geschiedene Frau
The Misfits (1960)

(siehe FILMS MARILYN CONSIDERED OR WANTED – Nicht realisierte Filmprojekte und THEATER)

ROONEY, MICKEY
(GEB. 1920 ALS JOE YULE JR.)

Mickey Rooney wurde mit zwei Ehren-Oscars ausgezeichnet: Den ersten erhielt er 1938, „weil er den Geist und die Personifizierung der Jugend auf die Leinwand brachte", den zweiten 1982 zu Ehren seiner langjährigen Filmkarriere. Rooney war der jugendliche Held schlechthin und Ende der 1930er- und Anfang der 40er-Jahre der beliebteste Hollywoodstar. Berühmt wurde er mit *Boys' Town – Teufelskerle* (1938), *The Human Comedy, – Und das Leben geht weiter* (1943) sowie *Breakfast at Tiffany's – Frühstück bei Tiffany* (1961).

1950 stellte Rooney einen Rollerskater in THE FIREBALL, in dem auch Marilyn spielte, dar. Als Hollywoodveteran ist er oft in Dokumentarfilmen (siehe DOCUMENTARIES) über Marilyn zu sehen. Er erwähnt Marilyn mehrfach in seiner Autobiografie, meist eher abfällig. In einem anderen Kontext bezeichnete er sie als eine „der besten Schwanzlutscherinnen Hollywoods". Er behauptet, er habe Marilyn JOHNNY HYDE vorgestellt und ihr die Nebenrolle in *The Fireball* beschafft, was manche für etwas dick aufgetragen halten.

Rooney gibt außerdem die wohl fantasiereichste Erklärung dafür, wie Norma Jeane zu dem Namen (siehe NAMES) Marilyn Monroe kam. Als er ihr gerade gesagt habe, sie solle

Marilyn 1954 am Set von *Some Like It Hot* in Coronado Beach, Kalifornien.

sich Marilyn nennen, habe ein Agent namens Monroe angerufen, dem er sagte, er könne jetzt nicht sprechen: „Ich spreche mit Marilyn, Monroe".

ROSE, HELEN (1904–1985)

Diese mit mehreren Oscars ausgezeichnete Kostümbildnerin (siehe COSTUME DESIGNERS) entwarf Marilyns Kleider für die MGM-Filme THE ASPHALT JUNGLE (1950), RIGHT CROSS (1950) und HOMETOWN STORY (1951).

ROSENFELD, HENRY

Den wohlhabenden New Yorker Kleiderfabrikanten lernte Marilyn 1949 während ihrer Werbetour für LOVE HAPPY im Nachtclub El Morocco kennen.

Möglicherweise hatten sie eine Affäre. NORMAN ROSTEN behauptete, Rosenfeld wollte Marilyn heiraten. Sicher ist, dass sie zeit ihres Lebens befreundet blieben. Als 1955 die MARILYN MONROE PRODUCTIONS entstanden, bezahlte er ihre Suite im WALDORF-ASTORIA-HOTEL. Er beriet sie in finanziellen Dingen und lieh ihr Geld zur Überbrückung, als sie mit ihrem Geschäftspartner MILTON GREENE den Vertrag mit der TWENTIETH CENTURY-FOX neu aushandelte. Greene versuchte vergeblich, Rosenfeld zur Finanzierung weiterer Produktionen zu bewegen.

FRED LAWRENCE GUILES schreibt, es sei Rosenfeld gewesen, der Marilyn mit JOHN F. KENNEDY bekannt machte.

ROSSON, HAROLD (1895–1988)

Der Kameramann von THE ASPHALT JUNGLE (1950) war kurz mit Marilyns Kindheitsidol JEAN HARLOW verheiratet und erhielt 1936 für *The Garden of Allah – Der Garten Allahs* einen Oscar. Weitere Filme waren *The Wizard of Oz – Der Zauberer von Oz* (1939) und *Singin' in the Rain – Du sollst mein Glücksstern sein* (1952). Rosson stand auf Marilyns Liste „empfehlenswerter" Kameramänner.

ROSTEN, HEDDA

„[Marilyn war] der Inbegriff des Opfers von Männern, aber auch des eigenen Hangs zur Selbstzerstörung."

Marilyn freundete sich mit Hedda und deren Ehemann NORMAN ROSTEN 1955 an. Sie verbrachte viel Zeit mit ihnen, entweder in NEW YORK oder in deren Landhaus auf Long Island und blieb bis zu ihrem Tod mit ihnen befreundet.

Als Marilyn und ARTHUR MILLER sich einander näherten und ihre Beziehung noch geheim hielten, trafen sie sich häufig bei den Rostens. Hedda war Marilyn eine verständnisvolle Freundin und auch bei der Hochzeit 1956 anwesend. Bald danach begleitete sie Marilyn nach ENGLAND zu den Dreharbeiten von THE PRINCE AND THE SHOWGIRL (1957). Für ihre Rolle als Sekretärin (siehe SECRETARIES) und Gesellschafterin erhielt sie 200 Dollar die Woche.

Nach Millers Worten war Hedda, die er seit dem Studium kannte, während des Auf-

Marilyn mit Norman und Hedda Rosten bei der Premiere von *The Rose Tattoo* 1955.

enthalts in England ihre Rettung. Hedda hatte Erfahrungen als Sozialarbeiterin in der Psychiatrie und war der Meinung, Marilyns Hauptproblem sei ihr Bedürfnis, „ständig … das auszutesten, was sie bislang in ihrem Leben noch nicht bewältigt hatte". Nach Marilyns Umzug nach Los Angeles kümmerte sich Rosten weiterhin um ihre New Yorker Angelegenheiten.

ROSTEN, NORMAN

„Wissen sie, Marilyn war eine schwierige Frau. Wir mochten sie und sagten nur die freundlichsten Dinge über sie – und das verdiente sie auch; aber sie machte einem Kummer und schleppte immer einen Sack voll emotionaler Schwierigkeiten aus ihrer Kindheit mit sich herum."

Der Lyriker und Romanautor und seine Frau HEDDA ROSTEN lernten Marilyn Anfang 1955 in NEW YORK kennen.

Der gemeinsame Freund SAM SHAW brachte Marilyn eines Abends mit zu den Rostens in deren Wohnung in BROOKLYN. Er wollte, dass sie Marilyn „als junge Frau und nicht als Filmstar kennen lernten", und stellte ihnen Marilyn als „Freundin meiner Kamera" vor. Norman und Hedda erkannten sie erst, als sie ihren Künstlernamen hörten.

Rosten, Sohn russischer Immigranten, war in erster Linie wegen seiner Gedichtbände bekannt. Er schrieb aber auch zwei Romane und das Drehbuch für die Filmfassung des Bühnenstücks *A View from the Bridge* (1961) von ARTHUR MILLER.

Marilyn nannte Norman Rosten gerne „Claude", weil er dem Schauspieler Claude Rains ähnelte. Rosten war einer der wenigen Menschen, denen Marilyn ihre Gedichte (siehe POETRY) zeigte, und er machte ihr Mut, weiter zu schreiben. Rosten berichtet, er habe Marilyn einmal das Leben gerettet, als sie, von FANS bedrängt, ins Meer gestoßen wurde; diese Geschichte ist allerdings zweifelhaft.

Die Rostens gehörten zu den wenigen, die an Marilyns Beerdigung (siehe FUNERAL) teil-

nahmen. Wie sehr Marilyn die Freundschaft würdigte, kann man daran ablesen, dass sie 5000 Dollar für die Ausbildung ihrer Tochter PATRICIA ROSTEN hinterließ. Aufgrund juristischer Streitigkeiten wurde die Summe jedoch erst 1975, viele Jahre nachdem Patricia das College verlassen hatte, ausgezahlt.

Durch die ausgesprochen scharfsinnigen Betrachtungen in seinen beiden Büchern über Marilyn hat Rosten der umfangreichen Marilyn-Literatur Tiefe und Offenheit verliehen.

ROSTEN, PATRICIA

Marilyn freundete sich mit der kleinen Patricia Rosten an und spielte gern mit ihr, wenn sie gemeinsam auf dem Land waren. Einmal schenkte sie ihr einen kleinen Hund zum Geburtstag.

ROXBURY, CONNECTICUT

ARTHUR MILLER besaß zwei Grundstücke bei Roxbury. Das Grundstück mit Haus, das er vor der Heirat mit Marilyn besaß, lag an der Old Tophet Road. In diesem Haus gaben Marilyn und Miller am 29. Juni 1956 eine Pressekonferenz zu ihrer am selben Tag bevorstehenden Hochzeit (siehe WEDDINGS). Das Ereignis wurde tragisch überschattet: Einige Stunden vorher war die *Paris Match*-Redakteurin MARA SCHERBATOFF ums Leben gekommen, als sie das Paar mit dem Wagen verfolgte. Nachdem die Reporter nach New York zurückgefahren waren, ging das Paar mit Millers Vetter Morton ins Westchester County Court House, um sich im engsten Kreis trauen zu lassen.

Gleich nach der Hochzeit stellte Arthur das Haus einschließlich des rund 26 Morgen großen Grundstücks zum Verkauf. Mit dem Erlös erwarb er ein anderes Haus, das nur einige hundert Meter entfernt lag: ein zweistöckiges, 1783 erbautes Landhaus mit 325 Morgen Land; später wurde das Grundstück auf 400 Morgen vergrößert und mit Obstbäumen bepflanzt. Voller Begeisterung leitete Marilyn den Umbau und die Inneneinrichtung (siehe DECORATING). Zunächst hatten sie und Arthur hochfliegende Pläne und wollten ihr neues Heim an eine schönere Stelle versetzen. Marilyn nahm sogar mit dem damals 90-jährigen Architekten FRANK LLOYD WRIGHT Kontakt auf, der Zeichnungen für ein neues Haus auf einem bewaldeten Hügel in der Nähe anfertigte. Der Plan sah ein kreisrundes, abgesenktes Wohnzimmer mit einer Kuppel von 30 Metern Durchmesser und Blick auf einen Swimmingpool, ein Schlafzimmer, ein Gästezimmer und einen Konferenzraum vor. Letztlich entschieden sie sich aber dagegen, wie Marilyn Radie Harris schilderte:

„Alle unsere Freunde fanden das Grundstück sehr schön, meinten aber, das Haus sei einfach nicht bewohnbar. Ich betrachtete es und musste daran denken, dass es dort schon seit 180 Jahren stand und alles überdauert hatte. Und da war mir die Vorstellung, dass es abgerissen oder unbewohnt bleiben sollte, einfach zuwider. Arthur und ich schlugen also alle Ratschläge in den Wind und machten uns an die Arbeit. Wir modernisierten den hinteren Teil, setzten Schiebetüren aus

Das Haus in Roxbury, Connecticut, das Arthur Miller und Marilyn gemeinsam kauften.

Glas ein und bauten eine Garage und für Arthur ein separates Ein-Zimmer-Studio. Im Haus selbst ließen wir aber alle alten Balken und Decken intakt."

Zwischen 1957 und 1960, dem Jahr der Trennung, verbrachten Marilyn und Arthur viel Zeit in diesem Haus. Nach der Trennung machte Miller es zu seinem Dauerwohnsitz.

(siehe HOMES – Wohnungen)

RUBIN, STANLEY

Der Produzent des Films RIVER OF NO RETURN (1954) hatte Marilyn zwei Jahre zuvor für eine Fernsehrolle abgelehnt, weil sie seiner Ansicht nach zu unerfahren war.

RUDITSKY, BARNEY

Ein Privatdetektiv, der entweder von JOE DIMAGGIO oder von FRANK SINATRA im November 1954 beauftragt wurde, Beweise für Marilyns Untreue zu sammeln. Die Nachforschungen führten zu dem peinlichen „Unternehmen Falsche Tür" (siehe „WRONG DOOR RAID"), bei dem Sinatra und DiMaggio versehentlich in eine fremde Wohnung eindrangen.

RUSSELL, JANE
(GEB. 1921 ALS ERNESTINE JANE RUSSELL)

„Marilyn ist ein verträumtes Mädchen. Sie gehört zu der Sorte Mensch, die mit einem roten und einem schwarzen Schuh aufkreuzen können."

Die Presse (siehe PRESS) reagierte begeistert auf die Ankündigung, die attraktiven und sehr begehrten Schauspielerinnen Jane Russell und Marilyn Monroe würden zusammen GENTLEMEN PREFER BLONDES (1953) dre-

hen. Auch wenn einige Klatschreporter die Konkurrenz der beiden in zotigen Schlagzeilen anheizten, schlossen Marilyn und Jane schnell Freundschaft. Vor dem Film galt

Russell als der größere Star, doch als er in die Kinos kam, redeten die Leute nur noch von Marilyn.

Russell bewunderte Marilyns Engagement – an den meisten Tagen probte Marilyn noch weiter, als Russel schon längst zu Hause war –, und sie tat alles, um der jüngeren Kollegin über ihr lähmendes Lampenfieber hinwegzuhelfen. Ihrer Meinung nach war ihre Filmpartnerin „viel gescheiter, als die Leute glaubten". Auch außerhalb der Arbeit verstanden sich die beiden immer besser. Jane half Marilyn bei der Einrichtung ihrer Wohnung am DOHENY DRIVE und lud sie ein, an Treffen der Hollywood Christian Group teilzunehmen. Später sagte Marilyn: „Jane, die tief religiös ist, hat versucht, mich zu ihrer Religion zu bekehren, und ich bemühte mich, ihr FREUD näher zu bringen. Erfolg hatte keine von uns." Im Juni 1953 hinterließen die Blondine und die Brünette gemeinsam ihre Hand- und Fußabdrücke im nassen Zement einer Gehwegplatte vor GRAUMAN'S CHINESE THEATER.

Die fünf Jahre ältere Russell war im selben Stadtteil wie Norma Jeane aufgewachsen. In der Van Nuys High School ging sie in die gleiche Klasse wie JAMES DOUGHERTY, der später die 16-jährige Norma Jeane heiratete. Jane und James kannten sich nicht nur, sondern spielten auch gemeinsam im örtlichen Jugendtheaterclub, der Van Nuys Maskers Drama Group. In einer Produktion von *Shirtsleeves* spielte sie James' Tochter. Russells Filmkarriere folgte einem ähnlichen Weg wie

Marilyn und Jane Russell vor „Grauman's Chinese Theater", wo sie 1953 ihre Handabdrücke hinterlassen haben.

die Marilyns: erst Modeln, dann Schauspielunterricht – in Russells Fall am „MAX REINHARDT Theatrical Workshop". Wie bei allen Legenden bleibt umstritten, wie Russell der Sprung zum Filmstar gelang: Entdeckt wurde sie von HOWARD HUGHES, entweder als ihr Agent diesem ein Foto von ihr zuschickte oder als Hughes selbst auf sie aufmerksam wurde oder als sie als Sprechstundenhilfe bei seinem Zahnarzt arbeitete.

Hughes soll für Russell einen speziellen Büstenhalter erfunden haben und hat ihr dann in dem Western *The Outlaw – Geächtet* (1943) eine Rolle gegeben. Dieser Film wurde wegen der offensiven Zurschaustellung von Russells Brüsten erst nach drei Jahren von der Zensurbehörde freigegeben. Als er schließlich herauskam, prangte sie auf den Werbeplakaten mit gezücktem Revolver unter dem Slogan: „Mean … Moody … Magnificent." Russell blieb fast drei Jahrzehnte bei Hughes unter Vertrag. Außer in *Gentlemen Prefer Blondes* hatte sie großen Erfolg mit *The Paleface – Sein Engel mit den zwei Pistolen* (1948), *Gentlemen Prefer Brunettes – So liebt man in Paris* (1955) sowie in *Revolt of Mamie Stover – Bungalow der Frauen* (1957), den Marilyn abgelehnt hatte.

RUSSIA — **Russland**

Seit ihren Anfängen als Schauspielschülerin empfand Marilyn große Hochachtung und Neugier für die russische Kultur. Alle ihre Schauspiellehrer, von Morris Carnovsky im ACTORS LAB, über NATASHA LYTESS und MICHAEL CHEKHOV bis zu LEE STRASBERG unterrichteten nach dem System von KONSTANTIN STANISLAWSKI. Viele der von Marilyn bevorzugten Bücher (siehe BOOKS) und Musikstücke (siehe MUSIC) stammten von russischen Autoren und Komponisten.

Abgesehen von diesen Einflüssen im beruflichen Bereich teilte Marilyn ihr Interesse an russischer Kultur und Geschichte mit dem in Russland geborenen Mentor und Geliebten JOHNNY HYDE.

1955 wollte Marilyn auf Einladung Carleton Smiths von der National Arts Foundation als führendes Mitglied einer Delegation amerikanischer Künstler nach Moskau reisen. Sie stellte zwar einen Visumsantrag, fuhr dann aber nicht. Es ist unklar, ob der Antrag abgelehnt wurde oder ob sie sich gegen die Reise entschieden hatte.

Marylin war in Russland ungeheuer populär. Etwa zur Zeit, als NIKITA CHRUSCHTSCHOW die USA besuchte, sahen täglich 40.000 Besucher SOME LIKE IT HOT (1959).

RYAN, ROBERT (1909–1973)

> „Sie kam mir vor wie ein verängstigtes kleines Mädchen, das sich furchtbar anstrengte. Sie wirkte immer so traurig am Set, und ich habe immer versucht, sie etwas aufzuheitern."

Robert Ryan war Marilyns Partner in CLASH BY NIGHT (1952), einem der ersten Filme, in denen ihr Name ganz oben auftauchte.

In seiner langen Karriere spielte Ryan in Filmen wie *Crossfire – Kreuzfeuer* (1947), *God's little Acre – Gottes kleiner Acker* (1958), *Odds Against Tommorrow – Wenig Chancen für Morgen* (1959) oder in *The Wild Bunch – Sie kannten kein Gesetz* (1969).

RYMAN, LUCILLE

> „Unter Marilyns püppchen- oder kätzchenhaftem Äußeren ist sie zäh, gerissen und berechnend."

Marilyn begegnete ihrer frühen Gönnerin im Sommer 1947, als sie dem Schauspieler JOHN CARROLL, Rymans Ehemann, bei einem Prominenten-Golfturnier im Cheviot Hills Country Club als Caddy-Starlet zugeteilt worden war.

Allerdings wird auch berichtet, die Talentsucherin Ryman habe ein Treffen arrangiert, nachdem sie 1946 Marilyns Probeaufnahmen (siehe SCREEN TESTS) für die TWENTIETH CENTURY-FOX gesehen hatte. Als sie Marilyn das erste Mal sah, soll sie gesagt haben: „Ach, das arme kleine Kind, dieses streunende Kätzchen."

Ryman, damals Leiterin der Nachwuchsabteilung bei MGM, hatte ein gutes Gespür für viel versprechende Talente, und ihre Erfolge müssen Marilyn beeindruckt haben. Eine ähnliche Mentoren-Rolle spielte Ryman bei Lana Turner und JANET LEIGH. Sie und ihr Ehemann nahmen das völlig abgebrannte Filmsternchen bei sich auf, gaben ihr ein wöchentliches Taschengeld von 25 Dollar, halfen ihr, ihre schauspielerischen Fähigkeiten zu steigern, förderten ihre Karriere und sorgten dafür, dass sie der Straße fernblieb. Zudem bezahlten sie Marilyns Schauspielunterricht am ACTORS LAB.

Im September 1947 stellte Ryman den Kontakt mit den Besitzern des Bliss-Hayden Miniature Theater für eine Bühnenrolle in GLAMOUR PREFERRED her. Marilyn spielte ein Hollywood-Starlet, dessen Plan, einen glamourösen Filmschauspieler zu verführen, durch seine gescheite und ehrliche Ehefrau durchkreuzt wurde. So wie im richtigen Leben: Marilyn soll Carroll mehr als einmal Avancen gemacht haben.

Die meisten Biografen schreiben, dass sich Marilyn dem Ehepaar immer mehr aufdrängte und sich beinahe eine Eltern-Kind-Beziehung entwickelte. 1948, so Ryman, „war Marilyn zu einem Problem geworden … Sie rief mich in meinem Büro an und John im Studio, bis zu viermal am Tag, obwohl wir sie wiederholt gebeten hatten, es zu unterlassen. Wir saßen in einer Falle, in die wir geraten waren, ohne es zu bemerken. Am Ende hatten nicht wir sie unter Kontrolle, sondern sie uns."

Selbst nachdem Marilyn zu einem anderen Förderer, dem Filmagenten JOHNNY HYDE, weitergezogen war, bemühte sich Ryman noch um Marilyns Karriere. So konnte sie JOHN HUSTON davon überzeugen, die Rolle der Angela Phinlay in THE ASPHALT JUNGLE (1950) mit Marilyn zu besetzen. Möglicherweise überwand sie seine zögerliche Haltung, indem sie drohte, eine große Summe von Huston zurückzufordern, die er ihr schuldete, weil seine Pferde auf ihrer Ranch stehen hatten.

Einige Jahre darauf setzte sich Marilyn mit Lucille Ryman in Verbindung, um ihr zu danken, wobei sie sogar anbot, die großzügige finanzielle Unterstützung zurückzuerstatten. HEDDA HOPPER zitierte Rymans Antwort in ihrer Kolumne vom 4. Mai 1952: „Ich war sprachlos. Es war das erste Mal, dass mir jemand angeboten hat, mir Geld zurückzuzahlen. Ich sagte ihr, sie solle die Sache vergessen und das Geld irgendwann irgendeinem jungen Menschen geben – jemandem, der Hilfe braucht."

Die beiden hatten noch einmal 1954 Kontakt, als Marilyn Ryman bat, BEN HECHT, der gerade als Ghostwriter an ihrer „Autobiografie" schrieb, zu unterstützen.

S

SAHARA MOTOR HOTEL
401 NORTH FIRST STREET, PHOENIX, ARIZONA

Marilyn wohnte in diesem Hotel während der Außenaufnahmen zu BUS STOP (1956). (siehe HOTELS)

ST. REGIS HOTEL
2 EAST FIFTY-FIFTH STREET, NEW YORK

Während der Außenaufnahmen zu THE SEVENTH YEAR ITCH (1955) wohnten Marilyn und ihr Ehemann JOE DiMAGGIO in diesem New Yorker HOTEL, in der Suite 1105/6. Hier kam es auch zum Krach zwischen den Eheleuten, nachdem Joe zugesehen hatte, wie während der Dreharbeiten zur berühmten Luftschachtszene etwa tausend Schaulustige Marilyn begafften. Einen Tag später verließ er sie. Die Ehe erholte sich danach nicht mehr.

SALE, RICHARD (1911–1993)

Regisseur (siehe DIRECTORS) zweier früher Marilyn-Filme: A TICKET TO TOMAHAWK (1950), bei dem er am Drehbuch mitschrieb, sowie LET'S MAKE IT LEGAL (1951).

SAMUEL GOLDWYN STUDIOS
1041 NORTH FORMOSA AVENUE, HOLLYWOOD
(SPÄTER WARNER HOLLYWOOD STUDIOS)

Hier spielte Marilyn 1958 die Tonaufnahmen für SOME LIKE IT HOT ein.

SAN FRANCISCO

JOE DiMAGGIOs Familie lebte in San Francisco. Seine Brüder betrieben hier in Fisherman's Wharf ein RESTAURANT. Zwischen 1952 und 1954 besuchte Marilyn Joe regelmäßig an der kalifornischen Küste. Im Januar 1954 wurden sie im Rathaus von San Francisco getraut.

Nach ihren Flitterwochen (siehe HONEYMOONS) zogen sie in das gemeinsame Haus in der BEACH STREET. Nachdem sie einige Monate dort gewohnt hatten, kehrte Marilyn nach Los Angeles zurück und drehte ihren nächsten Film, THERE'S NO BUSINESS LIKE SHOW BUSINESS (1954).

SANDBURG, CARL (1878–1967)

„Sie war nicht das übliche Filmidol. Ihr Verhalten hatte etwas Demokratisches. Sie war der Typ, der alles mitmachte und nach dem Abendessen das Geschirr abwusch – selbst wenn man sie nicht darum gebeten hatte."

„Man konnte gut mit ihr plaudern. Zwar fühlte sie sich auf manchen Gebieten, wie Wissenschaft, Politik und Wirtschaft, nicht zu Hause, aber sie kannte sich gut aus in der Hollywoodszene, und sie wusste Bescheid, welche Leute man kennen und um welche man einen Bogen machen sollte. Wir waren oft derselben Meinung. Schade, ich war 48 Jahre älter – und kam daher für die Rolle eines Filmpartners nicht in Frage."

Der Dichter und preisgekrönte Autor Carl Sandburg, Verfasser der 16-bändigen Standardbiografie über ABRAHAM LINCOLN, lernte Marilyn während der Dreharbeiten zu SOME LIKE IT HOT (1959) kennen. Seit ihrer Lektüre der Lincoln-Biografie, die ihr ARTHUR MILLER bei ihrem ersten Treffen Anfang der 1950er-Jahre empfohlen hatte, wollte Marilyn Sandburg unbedingt kennen lernen. Als Marilyn in NEW YORK lebte, hatten sie sich einige Male getroffen und die Freundschaft per Telefon fortgeführt. Sie besaß eine Büste Sandburgs, die sie nach ihrer Trennung von Miller mit in ihr neues Zuhause nahm.

Carl Sandburg war der Erste, den JOE DiMAGGIO bat, auf Marilyns Begräbnis (siehe FUNERAL) die Trauerrede zu halten. Sandburg lehnte mit der Begründung ab, er sei zu krank. Schließlich hielt LEE STRASBERG die Grabrede.

SANDERS, GEORGE (1906–1972)

Der in England erzogene, welterfahrene George Sanders konnte auf eine glänzende Hollywoodkarriere zurückblicken. Nachdem er Ende der 1930er-Jahre in der populären Krimi-Serie „The Saint" mitgewirkt hatte, spielte er hauptsächlich zynische Schurken mit aristokratischem Flair. Seine Darstellung des Kritikers Addison De Witt in ALL ABOUT EVE (1950), in dem Marilyn als seine junge Protegée Miss Caswell ihre bis dahin wichtigste Rolle hatte, trug ihm einen Oscar ein.

Andere unvergessliche Rollen spielte er in *Lancer Spy* (1937), *Rebecca* (1940), *The Picture of Dorian Gray – Das Bildnis des Dorian Gray* (1944), *A Scandal in Paris – Ein eleganter Gauner* (1946), *Forever Amber – Amber, die große Kurtisane* (1947) und *Village of the damned – Das Dorf der Verdammten* (1960).

Sanders war während der Dreharbeiten zu ALL ABOUT EVE völlig vernarrt in Marilyn. Verliebt hatte er sich bereits einige Jahre zuvor, als er sie auf einer der vielen Partys in Hollywood kennen lernte. Als seine eifersüchtige Ehefrau ZSA ZSA GABOR davon erfahren hatte, verbot sie ihm jeden Kontakt mit Marilyn außerhalb des Studios. Gerüchte über eine Affäre kursierten aber weiterhin. In vierter und letzter Ehe heiratete er Zsa Zsas Schwester, Magda.

Sanders erinnert sich, dass Marilyn „sehr wissbegierig und sehr unsicher war – bescheiden, pünktlich und wenig auffällig. Sie wollte, dass man sie mochte, und führte gern tiefsinnige Gespräche. Sie interessierte sich für intellektuelle Themen, was verwirrend war. Es war schwierig, sich in ihrer Gegenwart zu konzentrieren."

SANTA MONICA HOSPITAL
1225 FIFTEENTH STREET, SANTA MONICA, KALIFORNIEN

Es gibt zwar keine Aufzeichnungen darüber, die beweisen, dass Marilyn in der Nacht ihres Todes in dieses Krankenhaus eingeliefert wurde. Einige Anhänger der Verschwörungstheorie (siehe CONSPIRACY) glauben jedoch, dass man sie in den frühen Morgenstunden des 5. August 1962 im Krankenwagen (siehe AMBULANCE) in die dortige Notaufnahme brachte, wo man nur noch ihren Tod feststellen konnte. Nach dieser Version wurde Marilyns Leichnam ins Haus zurückgebracht und von dort die Polizei (siehe POLICE) benachrichtigt.

SARTRE, JEAN-PAUL (1905–1980)

Der berühmte französische Philosoph, einer der Hauptvertreter des Existentialismus, der 1964 die Annahme des Literaturnobelpreises verweigerte, weil er seine Integrität wahren wollte, hielt Marilyn für die größte lebende Schauspielerin. Ihm lag sehr viel daran, dass sie in *Freud,* für den er das erste (nicht verfilmte) Drehbuch geschrieben hatte, die Hauptrolle übernehmen sollte. Bei so viel Hochachtung wundert es kaum, dass ARTHUR MILLER meinte, einzig die Franzosen seien in der Lage, seine Frau wirklich zu würdigen.

SCADUTO, ANTHONY
ALIAS TONY SCIACCA

Basierend auf einem 1975 im Männermagazin *Oui* erschienenen Artikel schrieb Scaduto ein Buch, in dem er behauptet, es gebe ein rotes Tagebuch (siehe DIARY), in dem Marilyn Regierungsgeheimnisse notiert habe, die ihr ROBERT KENNEDY während ihrer Affäre anvertraute. Außerdem schreibt er, der Abhörspezialist BERNIE SPINDEL habe Gespräche Marilyns mit beiden Kennedybrüdern mitgeschnitten (siehe BUGGING – Wanzen).

SCHAEFER, HAL

„Es kam mir immer so vor, als ob sie ihre Möglichkeiten als Sängerin nie voll ausschöpfte. Meiner Meinung nach hätte eine sehr gute Sängerin aus ihr werden können. Ich habe ihr einige Alben von Ella Fitzgerald geschenkt; sie sollte sich anhören und etwas daraus lernen. Sie war von Ella auf Anhieb begeistert."

In Vorbereitung auf die Dreharbeiten zu GENTLEMEN PREFER BLONDES (1953) begann Marilyn 1952 mit ihrem Stimmbildner Hal Schaefer zu proben. Während RIVER OF NO RETURN (1954) setzten sie ihre Zusammenarbeit fort. Auf Marilyns ausdrücklichen Wunsch hin betreute er sie auch bei den Gesangsnummern zu THERE'S NO BUSINESS LIKE SHOW BUSINESS (1954). Zum Leidwesen des eifersüchtigen neuen Ehemanns JOE DiMAGGIO dauerten die Proben im Tonstudio oft bis spät in die Nacht.

Bald kamen Gerüchte auf, Marilyn und Schaefer hätten eine Affäre. Schließlich hatte sie sich 1948 schon einmal in den Musiklehrer FRED KARGER verliebt. Im Juli 1954 wurden die Gerüchte lauter. Marilyn war nämlich zu Schaefer ins Santa Monica Hospital geeilt, wohin man ihn, nachdem er in seinem Bungalow auf dem Fox-Gelände bewusstlos aufgefunden worden war, gebracht hatte. Er hatte eine tödliche Dosis Benzedrin und Nembutal eingenommen, die er mit einer Reinigungslösung für Schreibmaschinen heruntergespült hatte. Schaefer hat sich zu diesem Geschehnis nie öffentlich geäußert. Einige Biografen vermuten jedoch, er wollte sich das Leben nehmen, weil DiMaggio Marilyn gezwungen hatte, die Romanze zu beenden.

Damals kursierten auch Gerüchte, die Affäre habe die Trennung Marilyns von DiMaggio, die dann einige Monate später vollzogen wurde, beschleunigt. Beim unrühmlichen „Unternehmen falsche Tür"

Marilyn und der Gesangslehrer Hal Schaefer, ca. 1953.

(siehe WRONG DOOR RAID) drang ein wutentbrannter DiMaggio zusammen mit FRANK SINATRA gewaltsam in eine fremde Wohnung ein. Sie wollten Marilyn „auf frischer Tat" ertappen und rechneten damit, Schaefer vorzufinden. Jahre später erzählte Schaefer dem Biografen ANTHONY SUMMERS: „Ich war nicht der Grund für das Zerwürfnis (zwischen Marilyn und Joe DiMaggio) … Sie hätte ihn sowieso verlassen …, aber DiMaggio wollte das einfach nicht wahrhaben."

SCHARY, DORE (1905–1980)

„Ich habe Miss Monroes Starpotential verkannt … Daryl Zanuck hat sie unter Vertrag genommen. Danach stieg sie zu einer der außergewöhnlichsten Gestalten der Filmgeschichte auf. Noch Jahre später schoss mir die Schamesröte ins Gesicht, wenn ihr Name erwähnt wurde."

Schary arbeitete sich an die Spitze der MGM, nachdem er bereits zahlreiche Titelnennungen für Drehbucharbeiten und Produktionen erhalten hatte, darunter einen Oscar für *Boys Town – Teufelskerle* (1938). Von 1948 bis 1956 hatte er den Posten des Produktionsleiters inne. In dieser Zeit trat er auch die Nachfolge Louis B. Mayers als Präsident des Studios an.

1950 machte Marilyn das erste Mal in einer MGM-Produktion auf sich aufmerksam, und zwar in THE ASPHALT JUNGLE. JOHNNY HYDE konnte Schary zwar davon überzeugen, Marilyn in künftigen Filmen einzusetzen, sie erhielt aber nur unbedeutende Rollen, beispielsweise in *Right Cross* (1950) und dem kleineren Film *Hometown Story* (1951). Obwohl sich der leitende Manager Ben Thau für Marilyn stark machte, weigerte sich Schary nach diesem Film, sie langfristig unter Vertrag zu nehmen. Offenbar hatte man ihr

mitgeteilt, das Studio habe mit Lana Turner die Rolle der Blondine bereits besetzt und der Bedarf sei damit gedeckt. Gegenüber Hyde äußerte Schary, dass Marilyn weder das Aussehen noch das Talent für einen wirklich großen Filmstar habe.

SCHENCK, JOSEPH M. (1878–1961)

MARILYN:
„Mr. Schenck und ich waren gut befreundet. Ich weiß, man erzählt sich in Hollywood, ich sei Joe Schencks Freundin, aber das ist gelogen."

SAM SHAW:
„Lange bevor sie ein großer Star wurde, war Joe Schenck ihr Gönner. Wenn sie Hunger hatte und anständig essen wollte oder wenn sie traurig war und sich richtig ausweinen wollte, hat sie ihn angerufen."

Die am häufigsten kolportierte Geschichte lautet, dass Marilyn den gebürtigen Russen und Mitgründer der TWENTIETH CENTURY-FOX Ende 1947 oder Anfang 1948 kennen lernte. Schenk fuhr angeblich in seiner Limousine über das Studiogelände, sah Marilyn, wies den Chauffeur an, anzuhalten, und lud sie zum Dinner in sein Haus in Holmby Hills ein. Nach einer anderen Version nahm ein Bekannter, der Eiskonfektproduzent Pat De Cicco, Marilyn zu einer von Schencks legendären sonnabendlichen Pokerpartys mit, wo sie dem Gastgeber auffiel. Laut einer dritten Überlieferung soll sie zu einem seiner regelmäßig stattfindenden sonntäglichen Lunches eingeladen worden sein.

Marilyn gehörte bald „zum Inventar" bei diesen Pokerabenden und wurde eine von Schencks „Herz-Damen". Während Schenck, DARRYL ZANUCK und andere Filmmoguln Karten spielten, reichten die hübschen Mäd-

chen Zigarren und Getränke. Später bestätigte Marilyn: „Ich war da nur eine Art Dekoration und sollte die Party etwas beleben."

Der damals 69-jährige Schenck konnte auf eine lange Karriere als einer der wichtigsten Filmmagnaten in Hollywood zurückblicken. Gemeinsam mit seinem Bruder hatte er in New Jersey ein gut gehendes Geschäft mit Rummelplätzen aufgebaut, ehe er mit Marcus Loew ins Filmgeschäft einstieg. Von 1917 bis 1935 war er mit der Stummfilmdiva NORMA TALMADGE verheiratet. 1933 gründete er gemeinsam mit Darryl F. Zanuck die Twentieth Century Productions. Anfang der 1940er-Jahre saß er wegen Meineids kurze Zeit im Gefängnis, nachdem man ihn wegen Bestechung eines Gewerkschaftsfunktionärs verurteilt hatte. Als Produktionsleiter der Twentieth Century-Fox kehrte er 1943 nach Hollywood zurück.

Öffentlich bestritt Marilyn, eine Affäre mit ihm gehabt zu haben. Doch war sie häufig auf Schencks Anwesen am CAROLWOOD DRIVE zu Gast. Anscheinend zog sie vorübergehend in sein Gästehaus ein. Da ihr Vertrag mit der Fox aber nicht verlängert worden war, brauchte sie in dieser Zeit alle einflussreichen Freunde, die sie um sich versammeln konnte.

Dass Schenck einzig und allein deshalb Freude am Zusammensein mit Marilyn hatte, weil ihm ihre „ausgefallene Persönlichkeit" gefiel, ist wohl eher unwahrscheinlich. Diese Meinung teilen auch die meisten Biografen. Laut DONALD SPOTO rief Marilyn eines Abends LUCILLE RYMAN an und bat um ihren Rat, was sie tun solle, falls Schenck seine Wünsche unmissverständlich vorbrächte. Ryman soll geantwortet haben, sie könne ja sagen, sie spare sich ihre Jungfräulichkeit für „den Richtigen" auf. Sehr viel später am selben Abend weckte Marilyn die Freundin mit einem weiteren Anruf, in dem sie berichtete, Schenck wisse jedoch, dass sie bereits verheiratet gewesen war. Zu einem Journalisten sagte Marilyns Freundin AMY GREENE: „Marilyn hat überhaupt keinen Hehl aus ihrer Affäre mit Schenck gemacht. Er brachte ihre Karriere voran, und da hat sie ihm eben gegeben, was er haben wollte."

Schenck zog in der Tat hinter den Kulissen die Fäden, um Marilyns Karriere wieder in

Joseph M. Schenck und Marilyn auf Walter Winchells Geburtstagsparty, 1953.

Gang zu bringen. So rief er seinen Poker-freund HARRY COHN, den Chef der COLUMBIA STUDIOS, an und überredete ihn, ihr einen Halbjahresvertrag zu geben. Dies führte schließlich dazu, dass sie in LADIES OF THE CHORUS (1948) eine Rolle erhielt. Das gesamte Jahr 1950 hindurch wachte Schenck wohlwollend über ihr berufliches Fort-kommen. Zum 24. Geburtstag schenkte er ihr eine Chihuahua-Hündin (siehe PETS – Haustiere), die sie ihm zu Ehren Josefa nann-te. Nachdem ihr Agent JOHNNY HYDE in Folge eines Herzinfarktes gestorben war, nahm Schenck sehr rasch wieder Verbindung mit ihr auf und bot ihr an, in seinem Gästehaus zu wohnen. Als sie Anfang 1951 einen neuen Vertrag bei der Fox unterschrieb, behielt er ihre Karriere weiterhin im Auge. 1957 erlitt er einen schweren Schlaganfall. Vier Jahre später starb er. Marilyn hielt ständig den Kontakt zu ihm aufrecht und besuchte ihn bis kurz vor seinem Tode.

SCHERBATOFF, MARA

Die 48-jährige Leiterin des Büros der französischen Zeitschrift *Paris-Match* in New York, eine russische Prinzessin, kam am 29. Juni 1956 auf einer Landstraße in Connecticut nahe dem Haus ARTHUR MILLERS bei einem Autounfall ums Leben. An diesem Tag hielten Marilyn und Arthur eine Pressekonferenz ab, um ihre Heirat bekannt zu geben. Die Trauung fand später an einem geheim gehaltenen Ort statt.

Vermutlich hatten Scherbatoff und ihr Fahrer, der 18-jährige Ira Slade, davon erfahren, dass das Paar vor dem Eintreffen in Millers Haus bei dessen Cousin Morton, der einige Kilometer entfernt wohnte, Halt gemacht hatte. Daraufhin verfolgte Scherbatoff in ihrem Fahrzeug Miller und Marilyn, die von Morton nach Hause gefahren wur-den. In einer scharfen Kurve kam der Wagen der Journalistin von der Fahrbahn ab und prallte gegen einen Baum. Miller hielt an und fuhr zurück, um nachzusehen, was passiert war. Scherbatoff war durch die Windschutz-scheibe geschleudert worden und schwer ver-letzt. Drei Stunden später erlag sie im New Milford Hospital ihren Verletzungen. Mari-lyn interpretierte diesen Vorfall als schlechtes Omen für ihre Ehe.

In seiner Autobiografie stellt Miller den Unfallhergang etwas anders dar. Demnach ereignete sich der Unfall zwar am selben Tag, aber später, nach der Trauung. Scherbatoffs Fahrer habe ein vorbeifahrendes Fahrzeug für Millers Wagen gehalten, sei auf der Straße ins Schleudern geraten und gegen einen Baum geprallt.

SCHILLER, LAWRENCE (LARRY)

„Sie fand es herrlich, wenn ich Aktaufnahmen von ihr machte. Sie hatte keine besonders große Oberweite und etwas schwere Hüften. Ihr Körper war überall mit Sommersprossen übersät, und hier und da sah man kleine Krampfadern. Sie wirkte wie das Mädchen von nebenan."

Drei Monate vor Marilyns Tod erhielten der Fotograf Lawrence Schiller und sein Kollege William Woodfield von *Paris-Match* den Auftrag, Marilyns Arbeit am Set von SOME-

Emerson Jr. High School, 1941.

THING'S GOT TO GIVE zu dokumentieren. So waren sie dabei, als am 28. Mai 1962 auf dem Studiogelände der TWENTIETH CENTURY-FOX eine Badeszene gedreht wurde. Irgendwann streifte sie – entweder auf Anweisung des Regisseurs GEORGE CUKOR oder auf eigenen Wunsch – den Badeanzug ab und stand fast eine Stunde lang in und neben dem Swim-mingpool Modell.

Offenbar erteilte Marilyn, die normaler-weise sehr darauf achtete, welche Aufnah-men von ihr veröffentlicht wurden, Schiller die Erlaubnis, die Fotos zu vermarkten. Er wusste gut, um was für einen Schatz es sich da handelte. Schiller erhielt zusammen mit sei-nem Kollegen William Woodfield die Bild-rechte an den ersten Aktaufnahmen von Ma-rilyn seit dreizehn Jahren.

Schiller verkaufte die Fotos an Zeit-schriften (siehe MAGAZINES) in 32 Ländern; in den USA erwarb sie der *Playboy*. Außer-dem überredete er Marilyn, für weitere Auf-nahmen Modell zu stehen, die die Titel- und Rückseite dieser Zeitschrift schmücken soll-ten. Später zog sie ihre Genehmigung zurück. Trotzdem besuchte er sie noch am Tage ihres Todes in ihrem Haus, um zu besprechen, wel-che Fotos sie zum Abdruck freigeben wolle.

Vier Tage später (siehe FUNERAL – Begräbnis) gehörte Schiller zu den wenigen Fotografen, die nahe genug herankamen, um Aufnahmen von der Trauerfeier machen zu können.

Um Marilyns 10. Todestag zu begehen, or-ganisierte er eine Wanderausstellung mit Aufnahmen von 15 erstklassigen Fotografen. An einem Ausstellungsort wurden ein Mari-lyn-Aktfoto im Goldrahmen von TOM KELLEY und ein halbes Dutzend originaler Marilyn-Fotos gestohlen.

Zur Ausstellung sollte ein Begleittext erscheinen. Schiller bat NORMAN MAILER, den Text zu einem Bildband mit Marilyn-Fotos beizusteuern. Mit der Zusammenstellung einiger der besten Marilyn-Fotos und dazu Millers halb fiktionaler Biografie gelang Schiller ein Riesenerfolg. Im Jahr 1980 pro-duzierte er auf der Grundlage der 1973 er-schienenen Marilyn-Biografie von Mailer den Fernsehfilm *Marilyn: The Untold Story*.

Zu Schillers weiteren werbeträchtigen journalistischen Arbeiten gehören das letzte Interview mit Jack Ruby, ein Exklusiv-interview mit einem Angehörigen der Charles-Manson-Sekte sowie – in jüngster Zeit – die Mitarbeit an den Memoiren O. J. Simpsons.

SCHOOLS – **Schulen**

Norma Jeane wurde in ihrer Kindheit immer wieder zwischen verschiedenen Familien hin und her geschoben, sie besuchte nie länger als zwei Jahre dieselbe Schule. Die folgenden Daten sind nicht ganz zuverlässig: In den verschiedenen Biografien werden jeweils unterschiedliche Jahreszahlen und Klassenstufen angegeben.

Hawthorne Community Sunday School
1929–1930
Diese Schule besuchte Norma Jeane, bevor sie in den Kindergarten ging.

Ballona Elementary and Kindergarten
(Umbenannt in Washington Elementary School)
4339 West 129th Street, Hawthorne
Sept. 1931–Juni 1932
Norma Jeanes erster Schultag war der 14. September 1931. Zu dieser Zeit lebte sie bei ihren Pflegeeltern, der Familie BOLENDER.

Vine Street School
(Umbenannt in Vine Street Elementary School)
955 North Vine Street Elementary School, Hollywood
Sept. 1932–Juni 1934 (1., 2. Klasse)
Sie lebt bei der Familie Bolender.

Selma Street School
(Umbenannt in Selma Ave Elementary School)
6611 Selma Avenue, Hollywood
Sept. 1934–Juni 1935 (3. Klasse)
Während des einzigen Jahres, in dem Norma Jeane bei ihrer Mutter wohnte, besuchte sie diese Schule.

Vine Street School
Sept. 1935–Juni 1937 (4., 5. Klasse)

Lankershim School
(Umbenannt in Lankershim Elementary)
5250 Bakman Ave, North Hollywood
Sept. 1937–Juni 1938 (6. Klasse)
Während die 11-jährige Norma Jeane diese Schule in der Nähe des Hauses der Goddards besuchte, errang sie zwei Goldmedaillen beim Sport, im Laufen und im Springen.

Sawtelle Blvd School
(Umbenannt in Nora Sterry School)
1713 Corinth Ave, West Los Angeles
Sept. 1938–Juni 1939 (7. Klasse)
Als Norma Jeane bei Ana Lower wohnte, besuchte sie diese Schule und gehörte dort dem „Schulsicherheitskomitee" an.

Emerson Jr. High School
1650 Selby Ave, West Los Angeles
Sept. 1939–Juni 1941 (8., 9. Klasse)

Van Nuys High School
(Umbenannt in Van Nuys Senior High School)
6535 Cedros Avenue, Van Nuys
Sept. 1941–Feb. 1942 (10. Klasse)
Vor Beendigung der 10. Klasse ging Norma Jeane von der Schule ab und heiratete in erster Ehe James Dougherty.

University High School
11800 Texas Ave, West Los Angeles
Feb. 1942–Juni 1942 (10. Klasse)
Marilyn Monroe ging nicht aufs College, doch besuchte sie im Herbst 1950 oder Februar 1951 an der Universität von Süd-Kalifornien Abendkurse in Weltliteratur.

SCOTLAND YARD

Als Marilyn und ARTHUR MILLER 1956 in ENGLAND weilten, stellte Scotland Yard sechs Beamte ab, die sich allein um ihren Schutz kümmerten. Leiter des Sicherheitsdienstes war der Kriminalbeamte Roger Hunt, der auch als Marilyns Leibwächter fungierte.

SCREEN TESTS – **Probeaufnahmen**

Marilyn wurde von der TWENTIETH CENTURY-FOX unter Vertrag genommen, weil die ersten, vom Besetzungschef BEN LYON am 19. Juli 1946 durchgeführten Probeaufnahmen sehr viel versprechend ausgefallen waren. Um 17.30 Uhr versammelte Lyon ein hochkarätiges Team am Set des BETTY GRABLE-Films *Mother Wore Tights – Es begann in Schneiders Opernhaus* (1947): Kameramann LEON SHAMROY, Maskenbildner ALLAN „WHITEY" SNYDER (der seit diesem Film für Marilyns Make-up zuständig war), Regisseur FRITZ LANG sowie den Kostümbildner CHARLES LEMAIRE, der für Marilyn eine bodenlange Krinoline, einen Reifrock, auswählte. Frisiert wurde Marilyn vermutlich von Florence Bush. Die Probeaufnahmen wurden – was ungewöhnlich war – in Farbe gedreht. Im letzten Augenblick wurde beschlossen, dass Marilyn keinen Text sprechen musste. Eigentlich hatte sie etwas aus dem Skript des Films *Winged Victory* aus dem Jahr 1944 sprechen sollen; auch Judy Holliday hatte diese Passage zum Vorsprechen ausgewählt. Marilyn ging ein paar Mal auf und ab, setzte sich auf einen Barhocker, zündete sich eine Zigarette an, ging zu einem Bühnenfenster. Fünf Jahre später erinnerte sich Leon Shamroy: „Als ich sie das erste Mal sah, dachte ich sofort: ‚Das Mädchen wird die zweite Harlow!' Ihre natürliche Schönheit, ihre Schüchternheit … Ich bekam eine regelrechte Gänsehaut. Sie hatte etwas, was ich seit Stummfilmzeiten nicht mehr gesehen hatte. Wie Gloria Swan-son strahlte sie auf der Leinwand eine Art überirdischer Schönheit aus, und sie wirkte sexy wie Jean Harlow. Jedes Bild strahlte Sexappeal aus. Sie brauchte keine Tonspur – sie zeigte Präsenz. Sie bewies, dass sie im Film Gefühle zeigen konnte."

In ihrem letzten Lebensjahr erinnerte sich Marilyn: „Ich war weder nervös noch ängstlich. Aus irgendeinem merkwürdigen Grund versuchte ich nur, mir große Mühe zu geben. Denn mir war klar, dass Mr. Lyon und Mr. Shamroy ein enormes Risiko eingingen. Wenn es nicht gut gelaufen wäre, hätten sie Schwierigkeiten bekommen können."

1948, als Marilyn bei der COLUMBIA unter Vertrag stand, soll sie für die Hauptrolle in *Born Yesterday – Blondinen küsst man nicht* vorgesprochen haben. Der Studiochef HARRY COHN, der sich bereits gegen Marilyns Vertragsverlängerung entschieden hatte, sah sich die Probeaufnahmen nicht einmal an. So ging die Rolle an Judy Holliday, die für ihre Darstellung einen Oscar erhielt.

Nachdem sich JOHNNY HYDE unermüdlich für Marilyn eingesetzt hatte, ließ die FOX sie schließlich am 10. Dezember 1950 zum zweiten Mal Probeaufnahmen machen – vermutlich für eine Rolle in einem Film namens *Cold Shoulder*. Anders als bei den ersten Probeaufnahmen musste sie diesmal auch Text sprechen. Im figurbetonten Strickkleid, das schon beim Vorsprechen für drei andere Rollen sehr gut angekommen war, spielte sie neben Richard Conto eine Gangsterbraut. Ihre Schauspiellehrerin NATASHA LYTESS war mitgekommen, um ihr beizustehen. Folgender Text war zu sprechen:

„Benny, ich bin gekommen, um dir zu sagen, dass du auf keinen Fall hier bleiben darfst. Das Risiko wäre zu groß."
[Benny hebt die Hand, will sie schlagen.]
„Schlag doch zu! Es wäre ja heute nicht das erste Mal. Allmählich gewöhne ich mich schon daran." *[Abblende, während in Marilyns Augen Tränen aufsteigen.]*

Marilyns erste Probeaufnahmen für die Twentieth Century-Fox fanden am Set von *Mother Wore Tights* (1947) statt.

Marilyn in einer später nicht verwendeten Szene aus *Scudda Hoo! Scudda Hay!* In der endgültigen Fassung sieht man sie nur einen kurzen Augenblick.

Cold Shoulder wurde nie produziert. Immerhin war DARRYL ZANUCK, der Studioboss der Fox, so beeindruckt, dass er Marilyn erneut unter Vertrag nahm. In AS YOUNG AS YOU FEEL (1951) spielte sie abermals eine Sekretärin.

Am 14. Juni 1951 soll Marilyn zum letzten Mal Probeaufnahmen für die Fox gemacht haben. Demnach spielte sie unmittelbar nach den Dreharbeiten zu *Love Nest* (1951) mit dem jungen Debütanten ROBERT WAGNER eine Liebesszene für LET'S MAKE IT LEGAL (1951). Allerdings wollte man damit eher den unerfahrenen Wagner erproben, als Marilyn testen. Angeblich soll Zanuck Ende 1951 oder Anfang 1952 privat Probeaufnahmen von Marilyn in Auftrag gegeben haben. In DON'T BOTHER TO KNOCK (1952) gab er ihr schließlich die erste Hauptrolle.

SCREENWRITERS — Drehbuchautoren

George Axelrod	*The Seven Year Itch* (1955), *Bus Stop* (1956)
Arnold Belgard	*Dangerous Years* (1948)
Mac Benoff	*Love Happy* (1950)
Charles Brackett	*Niagara* (1953)
Richard Breen	*Niagara* (1953)
Joseph Carole	*Ladies of the Chorus* (1948)
I. A. L. Diamond	*Love Nest* (1951), *Let's Make It Legal* (1951), *Monkey Business* (1952), *Some Like It Hot* (1959)
Henry Ephron	*There's No Business Like Show Business* (1954)
Phoebe Ephron	*There's No Business Like Show Business* (1954)
Frank Fenton	*River of No Return* (1954)
Tay Garnett	*The Fireball* (1950)
Alfred Hayes	*Clash by Night* (1952)
Ben Hecht	*Love Happy* (1950), *Monkey Business* (1952)
F. Hugh Herbert	*Scudda Hoo! Scudda Hay!* (1948), *Let's Make It Legal* (1951)
John Huston	*The Asphalt Jungle* (1950)
Nunnally Johnson	*We're Not Married* (1952), *How to Marry a Millionaire* (1953)

Hal Kanter	*Let's Make Love* (1960)
Norman Krasna	*Let's Make Love* (1960)
Charles Lederer	*Monkey Business* (1952), *Gentlemen Prefer Blondes* (1953)
Mary Loos	*A Ticket to Tomahawk* (1950)
Ben Maddow	*The Asphalt Jungle* (1950)
Joseph Mankiewicz	*All About Eve* (1950)
Horace McCoy	*The Fireball* (1950)
Arthur Miller	*The Misfits* (1961)
Arthur Pierson	*Hometown Story* (1951)
Terence Rattigan	*The Prince and the Showgirl* (1957)
Walter Reisch	*Niagara* (1953)
Richard Sale	*A Ticket to Tomahawk* (1950)
Harry Sauber	*Ladies of the Chorus* (1948)
Charles Schnee	*Right Cross* (1950)
Daniel Taradash	*Don't Bother to Knock* (1952)
Frank Tashlin	*Love Happy* (1950)
Lamar Trotti	*As Young as You Feel* (1951), *O. Henry's Full House* (1952)
Billy Wilder	*The Seven Year Itch* (1955), *Some Like It Hot* (1959)

SCUDDA HOO! SCUDDA HAY! (1948)

In diesem Film über das Leben einer Farmerfamilie, deren Angehörige sich wegen des richtigen Umgangs mit Maultieren befehden, spielte Marilyn ihre erste Filmrolle. Sie drehte zwei Szenen: In der einen sitzt sie mit einem anderen Filmsternchen in einem Kanu, in der anderen, die dem Schnitt zum Opfer fiel, steht sie im Hintergrund und ruft der Hauptdarstellerin June Haver etwas zu. Nachdem Marilyn bei der TWENTIETH CENTURY-FOX fast ein halbes Jahr unter Vertrag gestanden hatte, war sie froh, endlich eine Rolle bekommen zu haben. Möglicherweise arbeitete sie in der Zwischenzeit als Statistin.

Es war der erste Film, in dem Marilyn auftrat. Es war aber nicht der Erste, der in die Kinos kam; DANGEROUS YEARS (1947) hatte vier Monate früher Premiere.

In Großbritannien gab man dem Film den Erfolg versprechenderen Titel *Summer Lightning*.

Produktionsdaten:
Twentieth Century-Fox
Technicolor
Länge: 95 Minuten
Kinostart: 14. April 1948

Crew:
Regie: F. Hugh Herbert
Produktion: Walter Morosco
Drehbuch: F. Hugh Herbert
Story: George Agnew Chamberlain
Kamera: Ernest Palmer
Schnitt: Harmon Jones
Musik: Cyril J. Mockridge
Musikalische Leitung: Lionel Newman
Arrangement: Earle Hagen, Herbert Spenser
Art Direction: Albert Hogsett, Lyle R. Wheeler
Ausstattung: Stanley Detlie, Thomas Little
Kostüme: Bonnie Cashin
Garderobe: Charles LeMaire
Maskenbild: Ben Nye
Ton: Eugene Grossman, Roger Heman sr.
Spezialeffekte Kamera: Fred Sersen

Besetzung:
June Haver … Rad McGill
Lon McCallister … Snug Dominy
Walter Brennan … Tony Maule
Anne Revere … Judith Dominy
Natalie Wood … Bean McGill
Robert Karmes … Stretch Dominy
Henry Hull … Milt Dominy
Tom Tully … Roarer McGill
Les MacGregor … Ches
Geraldine Wall … Mrs. McGill
Ken Christy … Sheriff Bursom
Tom Moore … Richter Stilwell
Matt McHugh … Jim
Herbert Heywood … Dugan
Edward Gargan … Ted
Guy Beach … Elmer
Pat Collins … Malone
Charles Woolf … Jeff
Eugene Jackson … Stallbursche
Collen Townsend … Freundin Nr. 1
Marilyn Monroe … Mädchen im Kanu
Charles Wagenheim … Friseur

Handlung:
Der Farmarbeiter Snug Dominy (Lon McCallister) erwirbt von seinem Chef zwei Maultiere und bekommt widersprüchliche Ratschläge für ihre Abrichtung. Als ebenso widerspenstig erweist sich das Mädchen seiner Träume, Rad McGill (June Haver), das ihn so lange warten lässt, bis er auch die störrischen Maultiere im Griff hat. Marilyn hat einen Kurzauftritt als Mädchen, das in einem Kanu paddelt, während verschiedene junge Leute im Fluss baden.

SECRETARIES — Sekretärinnen

Als Marilyns Privatsekretärinnen – nicht zu verwechseln mit ihren Hausangestellten (siehe MAIDS) – arbeiteten im Laufe der Jahre HEDDA ROSTEN, MAY REIS, MARJORIE STENGEL und CHERIE REDMOND.

SEVEN YEAR ITCH, THE (1955) — Das verflixte 7. Jahr

The Seven Year Itch war der letzte Film, den Marilyn für die TWENTIETH CENTURY-FOX unter den Bedingungen eines Knebelvertrages und einer (gemessen an Hollywood-

maßstäben) erbärmlichen Bezahlung (siehe MONEY) drehte. Seit die Bühnenfassung mit großem Erfolg am Broadway gelaufen war, hatte sie Interesse für den Filmstoff gezeigt. Daher willigte sie sogar ein, in einem für sie weniger interessanten Film, THERE'S NO BUSINESS LIKE SHOWBUSINESS (1954), die Hauptrolle zu übernehmen; allerdings nur unter der Bedingung, dass sich die Fox weiterhin um den Erwerb der Rechte an dem Theaterstück von GEORGE AXELROD, angeblich für eine Summe von 500.000 Dollar, bemühte. Aufgrund von Verzögerungen der Dreharbeiten zu *Show Business* begann Marilyn am 10. August 1954 übergangslos mit der Arbeit an *The Seven Year Itch*.

Unterdessen hatten BILLY WILDER und Axelrod das Skript komplett umgeschrieben und auch den Schluss geändert. TOM EWELL, der auch am Broadway die männliche Hauptrolle übernommen hatte, spielt einen New Yorker Bürger, dessen Leben während eines langen, heißen Sommers aus den Fugen gerät. Eine Blondine zieht in die Wohnung über ihm ein. Marilyn spielt die Naive: Sie benimmt sich äußerst linkisch, erkennt z. B. klassische Musik daran, dass „es da keinen Gesang gibt", und strahlt puren Sexappeal aus, ohne sich bewusst zu werden, wie betörend sie auf andere wirkt.

Merkwürdigerweise hat die Figur keinen Namen. Im Vorspann wird sie lediglich als „das Mädchen" aufgeführt. Auf die Frage, ob dies eine Bedeutung habe, erwiderte Axelrod: „Um ehrlich zu sein, nein – mir ist kein Name eingefallen, der absolut treffend war und zu dem Mädchen passte, das mir vorschwebte."

Im Film trug Marilyn zehn verschiedene Kostüme. Der Modeschöpfer und Kostümbildner WILLIAM TRAVILLA entwarf sie an einem Wochenende, darunter das figurbetonte Kleid, das so etwas wie Marilyns Markenzeichen werden sollte: ein schlichtes Sommerkleid mit Plisseerock. Wie bei vielen Filmen üblich, wurden auch von diesem Kostüm gleich mehrere genäht; eines war bis vor kurzem im DEBBIE REYNOLDS-Museum in Las Vegas ausgestellt, ein anderes gehörte zum Nachlass von ANNA STRASBERG und wurde im Oktober 1999 versteigert.

Die Produktion stand unter enormem Zeitdruck. Weil Marilyn beim Dreh in den kühlen Morgenstunden stundenlang in der Lexington Avenue ausharren musste, bekam sie eine schwere Lungenentzündung und musste das Bett hüten. Dadurch verlängerte sich der 35-Tage-Drehplan auf 48 Drehtage. Als letzter Drehtag wurde der 5. November angesetzt. Das Budget wurde um zehn Prozent überzogen, sodass der Film knapp zwei Millionen Dollar kostete. Er spielte jedoch bereits in der ersten Laufzeit das Vierfache ein und war der populärste Film dieses Sommers.

Bei den Außenaufnahmen in New York ging es ebenso sehr um die Werbung wie um das eigentliche Filmprodukt. Marilyns Ankunft im „Big Apple" wurde zu einem riesigen Medienereignis: Zahlreiche Pressekonferenzen wurde abgehalten, ein Interviewtermin folgte dem anderen. Nachdem die Werbeabteilung der Fox den Drehplan in der Presse lanciert hatte, wurden am 15. September 1954 vor dem Trans-Lux Theatre an der Kreuzung Lexington Avenue und Fifty-Second Street Absperrungen aufgestellt. Um ein Uhr nachts, als die Dreharbeiten beginnen sollten, rangelten sich mehrere hundert Fotografen um die besten Plätze in einer Menschenmenge von zeitweise bis zu 5000 Zuschauern; so lautete jedenfalls Billy Wilders Schätzung, eine Zeitung bezifferte die Zahl dagegen auf etwa tausend. Die Schaulustigen jubelten jedes Mal, wenn die unter einem U-Bahn-Rost platzierte Windmaschine Marilyns Rock hoch pustete und dabei ihr weißes Höschen (zwei Slips, um genau zu sein) sichtbar wurde.

Die Dreharbeiten zu dieser Szene, die zu Marilyns Markenzeichen wurde, hatte verschiedene Konsequenzen. Zunächst einmal war das Filmmaterial nicht besonders gut: Es waren zu viele Nebengeräusche zu hören, die Schaulustigen ließen der Kamera nicht genug Bewegungsspielraum, und die Windmaschine produzierte nicht die gewünschte Wirkung. Zu Wilder soll Marilyn gesagt haben: „Ich hoffe, die Aufnahmen landen nicht in ihrer Privatsammlung und sie zeigen sie nicht auf Herrenabenden." In der endgültigen Szene, die im Atelier der Fox entstand, tritt Marilyn auf das U-Bahn-Gitter, der Rock hebt sich etwa kniehoch, und dann fährt die Kamera auf ihr Gesicht zu, auf dem sich die Freude über die kühle Brise an diesem heißen Sommerabend spiegelt. Es ist ein züchtiger Abklatsch der freizügigen Standfotos, die Scharen von Fotografen in jener Nacht auf der Lexington Avenue machten. Aber auch noch drei andere Szenen der vorläufigen Fassung fielen dem Schnitt zum Opfer, da man sich nach dem „Film Production Code", der in den USA damals zensierte, was auf der Leinwand zu sehen sein durfte, richten wollte. Die Szene ist der vermutlich bekannteste Filmauftritt Marilyns und zugleich eine Art Sinnbild für den Glamour der 1950er-Jahre. Vielleicht erscheint sie gerade deshalb immer wieder in der einen oder anderen Form in anderen Filmen, darunter *Tommy* (1975), *Insignificance – Die verflixte Nacht* (1985) und *Pulp Fiction* (1994).

Für Marilyn hatte diese Szene jedoch noch weitere Folgen, sie brachte JOE DIMAGGIOS eifersüchtiges Temperament zum überkochen. Er hatte sich von einem alten Bekannten, dem Klatschkolumnisten WALTER WINCHELL, dazu überreden lassen, die Dreharbeiten anzusehen. Mitzuerleben, wie tausende Schaulustige seiner Frau stundenlang zujubelten, war zu viel für ihn. Nachdem das Paar ins ST. REGIS HOTEL zurückgekehrt war, kam es zu einem heftigen Krach, bei dem Joe angeblich handgreiflich wurde. Tags darauf flog er allein nach Kalifornien zurück. Drei Wochen später gab die Fox in einer Pressemitteilung die Trennung des Paares bekannt.

Obwohl viele Szenen wiederholt werden mussten, erkannte Billy Wilder Marilyns Talent: „Sie ist so etwas wie ein echtes Bild, nicht nur ein Foto. Aber da war auch noch etwas anderes. Sie besaß ein natürliches Gespür dafür, wie man einen komischen Text spricht und ihm das gewisse Etwas verleiht. Sie war nie vulgär in einer Rolle, die vulgär hätte wirken können, und man fühlte sich irgendwie wohl, wenn man sie auf der Leinwand sah."

Oben: Marilyn bezaubert Tom Ewell als Richard Sherman in *The Seven Year Itch* (1955). – Unten: Marilyn parodiert Mae West in einer nicht verwendeten Szene.

Oben: Das Buch zum Film *The Seven Year Itch* (1955).
Unten: Billy Wilder und Marilyn am Set dieses Films.

Am 9. Januar drehte Marilyn die letzten Szenen. Offiziell hatte die Fox sie suspendiert, da sie das Studio verlassen und ihre eigene Produktionsgesellschaft gegründet hatte. An jenem Tag begrüßte Billy Wilder sie mit den Worten: „Sie sehen gut aus", worauf sie antwortete: „Wieso auch nicht – ich bin ja jetzt mein eigener Herr!"

Nach siebenjähriger Zusammenarbeit war dies der letzte Film, bei dem Marilyn von NATASHA LYTESS betreut wurde. Einigen Darstellungen zufolge sprang während der Dreharbeiten PAULA STRASBERG für sie ein. Nach anderen Berichten begegnete Marilyn Paula jedoch erst im folgenden Jahr, als sie in New York wohnte.

Am 1. Juni 1955 fand die Uraufführung statt, eine Galaveranstaltung mit zahlreichen Stars. Zur Feier des Tages brachte man am Loew's State Theater am Times Square ein 17 Meter hohes Werbeplakat an, das Marilyn mit wehendem Rock zeigte. Nach Bürgerprotesten ersetzte man es durch ein weniger freizügiges Plakat. In Begleitung von Joe DiMaggio betrat Marilyn den Filmpalast und erzählte Reportern: „Wir sind nur gute Freunde", was jedoch nicht verhinderte, dass in den Zeitungen wilde Spekulationen aufkamen, die beiden hätten sich wieder versöhnt. Anwesend waren unter anderem GRACE KELLY, Henry Fonda, Margaret Truman, Eddie Fisher, Judy Holliday und Richard Rodgers.

Am Ende der ersten Laufzeit hatte der Film zwischen sechs und 15 Millionen eingespielt. Wie immer musste Marilyn auf ihren Bonus von der Fox warten. Die 100.000 Dollar Bonus waren eine kleine Summe im Vergleich zu dem, was das Studio und die Koproduzenten Wilder und CHARLES FELDMAN (bis zu dieser Zeit Marilyns Agent) verdienten.

Produktionsdaten:
Twentieth Century-Fox
CinemaScope und Color DeLuxe
Länge: 105 Minuten
Kinostart: 3. Juni 1955

Crew:
Regie: Billy Wilder
Regieassistenz: Joseph E. Richards
Produktion: Charles K. Feldman, Billy Wilder
Koproduktion: Doane Harrison
Drehbuch: Billy Wilder, George Axelrod
Vorlage (Bühnenstück): George Axelrod
Kamera: Milton R. Krasner
Schnitt: Hugh S. Fowler
Musik: Alfred Newman (Sergej Rachmaninow: „Klavierkonzert op. Nr. 2")
Arrangement: Edward B. Powell
Art Direction: George W. Davis, Lyle R. Wheeler
Ausstattung: Stuart A. Reiss, Walter M. Scott
Garderobe: Charles le Maire
Maskenbild: Ben Nye (und Allan „Whitey" Snyder für Marilyn Monroe)
Frisuren: Helen Turpin
Spezialeffekte Kamera: Ray Kellogg
Ton: Harry M. Leonard, Clayton Ward
Farbberatung: Leonard Doss
U-Bahn-Effekte: Saul Wurtzel
Titeldesign: Saul Bass

Besetzung:
Marilyn Monroe ... das Mädchen
Tom Ewell ... Richard Sherman
Evelyn Keyes ... Helen Sherman
Sonny Tufts ... Tom MacKenzie
Robert Strauss ... Mr. Kruhulik, Hausmeister
Oskar Homolka ... Dr. Brubaker
Marguerite Chapman ... Sekretärin Morris
Victor Moore ... Klempner
Roxanne ... Elaine
Donald MacBride ... Mr. Brady
Carolyn Jones ... Miss Finch
Butch Bernard ... Ricky Sherman
Doro Merande ... Kellnerin
Dorothy Ford ... Indianerin
Ron Nyman ... Indianer
Ralph Sanford ... Fahrkartenkontrolleur
Mary Young ... Frau im Bahnhof

Auszeichnungen:
Golden Globes:
Darsteller (Musical / Komödie): Tom Ewell

Nominierungen:
British Academy Awards:
Ausländische Darstellerin: Marilyn Monroe

Marilyns herausragende Kostüme:
Kleid mit Plisseerock, das über einem Luftschacht hochgewirbelt wird.
Tief ausgeschnittenes, enges weißes Kleid mit überkreuzten Halsträgern.

Handlung:
Der New Yorker Richard Sherman (Tom Ewell) ist seit sieben Jahren verheiratet. Seine Ehefrau Helen (Evelyn Keyes) und der

gemeinsame Sohn (Butch Bernard) verbringen den Sommerurlaub am Meer.

Als er feststellt, dass man die Wohnung über ihm an „das Mädchen" (Marilyn Monroe) – ein Fotomodell für Zahnpasta, dessen Naivität nur durch ihren Sexappeal übertroffen wird – vermietet hat, gerät sein Leben aus den gewohnten Bahnen. Er schafft es einfach nicht, der jungen Frau aus dem Weg zu gehen. Nachdem sie sich selbst ausgeschlossen hat, lässt er sie ins Haus. Als sie aus Versehen eine Tomatenpflanze auf seinen Balkon herunterstößt, die ihn fast erschlägt, hat er nur noch einen Gedanken: Wie kann ich diese junge attraktive Frau zu einem Drink einladen? Die Fantasien gehen mit ihm durch, und er stellt sich vor, wie er sie umwirbt und erobert. Kaum hat sie ihm anvertraut, sie fühle sich in Gegenwart verheirateter Männer völlig sicher, startet er einen Annäherungsversuch, und sie spielen gemeinsam auf dem Klavier, was jedoch damit endet, dass beide vom Klavierhocker fallen.

Er fühlt sich gedemütigt, aber sie geht ihm einfach nicht mehr aus dem Kopf. Er malt sich aus, wie seine Frau es ihm heimzahlt und eine Affäre mit seinem ärgsten Feind, Tom MacKenzie (Sonny Tufts), beginnt.

Schließlich nimmt er allen Mut zusammen und lädt die junge Frau zum Essen mit anschließendem Kinobesuch ein – was zu der Szene führt, in der sie sich auf einen U-Bahn-Schacht stellt, um sich im Luftzug etwas abzukühlen. Aber diesmal muss er keine Pläne schmieden, um seinem Ziel näher zu kommen: Sie zeigt ihm, wie frisch ihr Atem ist, und gibt ihm einen dicken Kuss auf die Wange. Als sie in sein Apartment zurückgekehrt sind, freut er sich so sehr über die Klimaanlage, dass sie sich selbst einlädt und bei ihm übernachten möchte. Sherman legt sich im Wohnzimmer aufs Sofa, und seine Fantasie geht erneut mit ihm durch – vielleicht ist das Ganze ein Komplott des Mädchens und des Hausmeisters Kruhulik (Robert Strauss), die ihn erpressen wollen.

Am nächsten Morgen, Sherman leidet inzwischen unter Selbstzweifeln und fragt sich, ob Frauen ihn eigentlich attraktiv finden, erscheint ein Überraschungsgast: Helen hat Tom MacKenzie gebeten, ein Spielzeug für den kleinen Ricky abzuholen. Von seiner Eifersuchtsfantasie übermannt, schlägt Sherman MacKenzie ohne zu zögern zu Boden. Doch schließlich erkennt er, dass er wohl besser zu seiner Frau und seinem Kind gehört. Zuvor bietet er aber dem Mädchen an, während seiner Abwesenheit in dem klimatisierten Apartment zu wohnen.

Kritiken:

The New York Times
„Miss Monroe bereichert den Film um eine besondere Persönlichkeit und ein gewisses typisches Etwas… Von dem Moment an, in dem sie – in einem Kleid, das ihren wohl geformten Körper umhüllt, als habe man ihn kunstvoll hineingegossen – die Szene betritt, suggeriert der berühmte Filmstar mit dem silberblonden Haar und den unschuldigen großen Augen nur Eines. Und diese Suggestion beherrscht so ziemlich den ganzen Film. … Miss Monroe spielt eindeutig die Titelrolle."

The New Yorker
„(Der Film) bot stimulierende Ansichten von Marilyn Monroe. Dies war eine Art Ersatz für die echte Komik, die George Axelrods Büh-

Marilyn in verführerischer Pose auf einem Werbefoto für *The Prince and the Showgirl* (1957).

nenstück auszeichnete. Tom Ewell erntete zwar den einen oder anderen Lacher, aber wenn Miss Monroe als junge Dame erschien, die so irdisch ist, dass sie nicht nur ein Traum sein kann, wird der Film zur Klamotte."

Hollywood Reporter
„Marilyn spielt ihre Rolle der angenehm geistlosen und noch angenehmer proportionierten Heldin fast perfekt."

New York Daily Mirror
„Auf diesen Film hat jeder vollblütige amerikanische Mann seit der Veröffentlichung der aufreizenden Fotos gewartet, auf denen ein Windzug den Rock über die wohl geformten Beine der Monroe hebt.

Das Warten hat sich gelohnt. ‚The Seven Year Itch' liefert erneut den Beweis, dass sich ein erfolgreiches Theaterstück einfallsreich auf die Leinwand übertragen lässt … Vor allem Tom Ewell, der auf der Bühne den Beifall der Kritik erntete und alle anderen Anwärter auf die Filmrolle ausstach, und die Monroe brillieren in dieser Komödie … Ihr (Monroes) schmollender Vortrag – der personifizierte Glamour dieses Jahrzehnts –

machen sie zu einer der Top-Attraktionen Hollywoods – was sie hier erneut als nicht allzu gescheites Fotomodell beweist."

Time
„Marilyn Monroe wiegt mehr denn je die Hüften. Allerdings beweist sie einen ausgeprägten Sinn für Komik, der an Judy Holliday und ihre Babysprache erinnert."

SEX APPEAL – **Sexuelle Ausstrahlung**

MARILYN:
„Es ist leichter, sexy auszusehen, wenn man an einen bestimmten Mann denkt."

„Ich denke nur selten darüber nach, was Sexappeal eigentlich ist. Müsste ich es tun, würde mir das bestimmt Angst machen."

JERRY WALD:
„Ihren Sex – na ja, den hält Marilyn in einer Flasche verschlossen. Wenn sie ihn für eine Szene benötigt, öffnet sie die Flasche und benutzt etwas davon, dann drückt sie den Korken wieder in die Flasche und legt sie beiseite, bis sie sie wieder braucht."

Marilyns einzigartige Mischung aus Unschuld und Verfügbarkeit ist zu einem allgemeinen Sinnbild für Sexappeal geworden. So sehr sie sich bemühte, als ernsthafte Schauspielerin anerkannt zu werden, in erster Linie wird sie als das Sexsymbol mit dem größten Wiedererkennungswert in Erinnerung bleiben. Ihr Sexappeal hat eine Saite angeschlagen, die noch über Jahrzehnte weiter klingen wird. Fast ein halbes Jahrhundert nach ihrer Glanzzeit rangiert sie bei Umfragen über die Frau mit dem größten Sexappeal noch immer ganz oben. Im November 1998 stufte die Zeitschrift *Playboy* sie auf Platz eins in ihrer Liste der hundert „Stars des Jahrhunderts mit dem größtem Sexappeal" ein, und *E! Online* kürte sie zum Sexsymbol Nr. 1 dieses Jahrhunderts. Marilyns Gesicht (siehe FACE), ihre typischen Kleider, die Flüsterstimme (siehe VOICE), ihr Kussmund und ihre großen Augen, der unnachahmliche Gang – all das haben tausende Darstellerinnen im Showbusiness kopiert. Eine von Madonnas frühen

Dieses Foto erschien 1954 in der Zeitschrift *Modern Screen* zusammen mit dem Artikel „I Love Marilyn" des Hollywood-Journalisten Sidney Skolsky.

„Inkarnationen" war das Video für den Song „Material Girl", das zu Ehren von Marilyns Gesangsnummer „Diamond's Are a Girl's Best Friend" gedreht wurde.

Zu Beginn ihrer Karriere ging Marilyn viel unerschrockener mit der Öffentlichkeit um und war ihr weitaus stärker ausgesetzt als alle weiblichen Stars vor ihr. Auch wenn es sich etwas übertrieben anhört zu sagen, dass Marilyn die moralischen Grenzen des prüden Amerika der 1950er-Jahre erweitert habe, so kam ihr in diesem Prozess doch eine führende Rolle zu.

Marilyn Monroe verkörpert ein einzigartiges Bild von sinnlicher Weiblichkeit und kindlicher Unschuld. Sie überlebte nicht nur den Skandal, nackt Modell gestanden zu haben, sondern verwandelte ihn auch noch in einen Werbefeldzug. Und zugleich ließ sie alle Welt wissen, dass sie nur ein armes Geschöpf war, das den „Amerikanischen Traum" erleben will.

Der Biograf DONALD SPOTO formuliert sehr treffend, wenn er Marilyn als das „Nachkriegsidol des amerikanischen Mädchens" charakterisiert: „weich, erkennbar bedürftig, ehrfurchtsvoll gegenüber Männern, naiv, bietet Sex an, ohne etwas zu fordern... Ihrer Selbstdarstellung als unverblümt sinnliches Geschöpf war auch etwas leicht Aggressives zu eigen."

Als populärster weiblicher Filmstar ihrer Zeit überstrahlte sie AUDREY HEPBURN und GRACE KELLY bei weitem. Zudem war sie der letzte Star, der das Idealbild der sinnlichen und wohl geformten Frau verkörperte. Mit den 60er-Jahren beginnt die Ära eines jugendlichen Frauentyps wie Twiggy, die den Weg für ein sehr viel schlankeres Schönheitsideal bereitete.

SEX LIFE — Liebesleben

MARILYN:
„Man kann sich aber nicht zum Star ‚hoch schlafen'. Dazu gehört viel, viel mehr. Doch es hilft. Viele Schauspielerinnen bekommen auf diese Weise ihre erste Chance."

„Jeder Sex ist gut, wenn nur Liebe mit im Spiel ist. Aber die Leute tun zu oft so, als sei er eine Turnübung, etwas Mechanisches."

„Als Frau bin ich ein Versager. Meine Geliebten erwarten so viel von mir, und zwar wegen des Bildes, das sie von mir haben und das ich auch von mir selbst habe. Diese Erwartungen kann ich nicht erfüllen. Sie erwarten, dass die ‚Glocken im Himmel läuten' und ‚die Erde bebt', aber ich bin auch nicht anders als jede andere Frau. Ich kann sie nur enttäuschen."

„Besonders unbefriedigend sind jene Männer, die mit ihrer Männlichkeit protzen und den Sex als eine Art Sport ansehen, bei dem Pokale zu gewinnen sind. Damit der Sex interessant ist, muss ein Mann den Geist einer Frau anregen und sie in Stimmung bringen. Ein wirklich guter Liebhaber löst bereits dadurch ein Kribbeln in dir aus, dass er dir über den Kopf streicht, dir in die Augen sieht oder nur ins Leere blickt."

JEAN NEGULESCO, der bei How to Marry a Millionaire Regie führte:
„Marilyn, versuchen sie bitte nicht diese Sexsache zu verkaufen, sie sind Sex ... der personifizierte Sex. Ihre Rolle in diesem Film wird nur durch eines

motiviert – dass sie blind sind wie ein Maulwurf ohne Brille."

NORMAN ROSTEN:
„Ist man mit Marilyn zusammen, dann geht es nicht darum, dass man mit einer Frau schläft, sondern mit einer Art Institution. Aber wer wird denn mit so etwas fertig? Und wie schrecklich, eine Institution zu sein!"

NUNNALLY JOHNSON:
„Mit jemandem zu schlafen war sicherlich Marilyns unkomplizierte Art, ‚danke' zu sagen."

HENRY ROSENFELD:
„Marilyn glaubte, dass man sich durch Sex näher komme. Sie erzählte mir, dass sie nur selten zum Höhepunkt komme, aber sehr uneigennützig sei. Vor allem aber habe sie versucht, dem anderen Geschlecht zu gefallen."

PAULINE KAEL:
„Ihre Mischung aus ungläubigem Staunen und kuscheligem, etwas sympathisch konfusem Sexappeal hat wohl alle Männer fasziniert; sogar homosexuelle Männer fanden sie erregend."

Marilyn war wegbereitend für ihre Zeit. Sie hat die Grenzen der gesellschaftlichen Akzeptanz erweitert, weil sie ihren Körper (siehe BODY) und die Freude an der Sexualität bejahte. „Sex ist Teil der Natur", sagte sie, „und nach ihr richte ich mich." Abgesehen von einigen Ausnahmen schlief sie mit Männern (siehe MEN), wenn sie es wollte. Und natürlich gaben ihr viele Männer in Machtpositionen deutlich zu verstehen, was sie von ihr erwarteten.

Verschiedene Berichte, wonach Marilyn in ihrer Jugend sexuell missbraucht worden sei, überschatten die Zeit ihrer sexuellen Initiation. Viele Biografen zweifelten an, ob sich diese Geschehnisse tatsächlich ereigneten. Es gab Zeiten in Marilyns Leben, in denen sie sich Geschichten ausdachte oder ausschmückte, um bei Menschen, die ihr wichtig waren, Mitgefühl zu erwecken. Das schließt aber nicht aus, dass es in ihrer Kindheit und Jugend zu Formen sexuellen Missbrauchs kam. Manche behaupten sogar, ihr Verhalten als Erwachsene – vor allem ihr sexualisiertes Auftreten, ihre Medikamentenabhängigkeit, ihre Sehnsucht nach Liebe und die Unfähigkeit, dauerhafte Beziehungen einzugehen – lasse darauf schließen, dass sie als Kind missbraucht wurde.

Am häufigsten wird von drei sexuellen Übergriffen berichtet, die sich ereignet haben sollen, als Norma Jeane acht bzw. elf Jahre alt war. Als Marilyn acht war, soll sie von einem Schüler eines Pflegeheims zu sich ins Zimmer geholt worden sein, wo er sie küsste und sich an ihr verging. Als sie ihrer Pflegemutter davon berichtete, wurde sie ermahnt, keine Märchen zu erzählen. Als sie elf war, missbrauchte sie der angetrunkene ERWIN „DOC" GODDARD; ebenfalls mit elf wurde sie von einem Cousin vergewaltigt (siehe IDA MARTIN).

Zum Fotografen PHILIPPE HALSMAN sagte Marilyn, sie habe zum ersten Mal mit sieben Sex gehabt. Auf seine Nachfrage, wie alt der Mann denn gewesen sei, antwortete sie scherzhaft: „jünger". Außerdem erzählte sie mindestens einer Person, dass ihre erste sexuelle Erfahrung mit neun Jahren eine brutale Vergewaltigung gewesen sei und dass sie ab dem elften Lebensjahr jeden Tag Sex gehabt

habe. Später räumte sie ein, die Geschichte erfunden zu haben, um das Mitgefühl von LUCILLE RYMAN, der Talentsucherin bei MGM, zu wecken. Doch ob die Geschichte nun wahr ist oder nicht – Marilyn erreichte ihr Ziel, denn im folgenden Jahr nahmen Lucille und ihr Ehemann JOHN CARROLL sie bei sich auf.

Zum ersten Mal heiratete Norma Jeane mit sechzehn. Der Ehemann JAMES DOUGHERTY hat erklärt, sie sei zum Zeitpunkt der Heirat noch Jungfrau gewesen, und seriöse Biografen schreiben, sie sei vor der Ehe einigermaßen naiv gewesen. So sagt DONALD SPOTO, ihre Kenntnisse hätten sich auf das beschränkt, was man sich auf dem Schulhof erzählte, und das, was sie einem Buch entnehmen konnte, das ihr die Pflegemutter ANA LOWER geliehen hatte: Das Buch trug den Titel Was jede junge Dame über die Ehe wissen sollte und sparte die körperliche Seite der Liebe völlig aus. Nur Wochen vor der Eheschließung soll Norma Jeane ihren Vormund GRACE MCKEE GODDARD und ihre angehende Schwiegermutter Ethel Dougherty gefragt haben, ob sie auch heiraten könne, ohne mit ihrem jungen Ehemann schlafen zu müssen.

Viele Fotografen, mit denen sie während ihrer Tätigkeit als Fotomodell zu ausgedehnten Shootings aufbrach, behaupteten, sie wären mit Marilyn ins Bett gegangen. Bei einigen trifft dies zweifellos zu. ANDRÉ DE DIENES charakterisierte ihr Liebesspiel als „spielerisch und provozierend, energisch und begierig".

Zu Beginn ihrer Karriere als Fotomodell (siehe MODELING) führte Norma Jeane ein reges gesellschaftliches Leben. So soll sie zugegeben haben: „Zu Beginn meiner Karriere als Fotomodell gehört das zum Job dazu ...‚ und wenn man nicht mitmachte, gab es 25 andere Mädchen, die es taten." Berichte darüber, wie Marilyn zum Film kam, sowie ihre „Entdeckung" durch BEN LYON, den Talentsucher der TWENTIETH CENTURY-FOX, lassen darauf schließen, dass sexuelle Gefälligkeiten dabei auch eine Rolle spielten.

Zu einem weiteren Übergriff soll es 1947 gekommen sein, als Marilyn in einem Haus an der SOUTH AVON STREET in Burbank wohnte. Nach eigenen Worten schreckte sie eines Nachts auf und sah, wie ein Mann durchs Schlafzimmerfenster einstieg. Sie floh ins Nachbarhaus und rief die Polizei; der Eindringling wurde entweder festgenommen oder entkam im letzten Augenblick – dazu gibt es unterschiedliche Angaben. Nach Marilyns eigener Darstellung handelte es sich bei dem Eindringling um einen Polizisten außer Dienst, den sie am selben Tag gebeten hatte, ihr bei der Einlösung ihres Gehaltsschecks von der Fox behilflich zu sein. Er habe sie um ihren Namen und die Telefonnummer gebeten, den Scheck eingelöst und ihr schließlich das Geld gebracht. Einige Biografen sind jedoch der Meinung, dass auch diese Geschichte frei erfunden ist und Marilyn sie sich ausgedacht hatte, um Mitleid zu erwecken.

Es wird berichtet, sie habe nach der Kündigung ihres Vertrages mit der Fox ihr Einkommen mit PROSTITUTION aufgebessert. Außerdem soll sie zu der Zeit am Sunset Strip in diversen Lokalen unter dem Namen Mona Monroe als Stripperin aufgetreten sein.

Fest steht, dass sie ebenso wie tausende andere Schauspielerinnen einst und heute mit der „Besetzungs-Couch" in Berührung kam. Manche Biografen zitieren sie mit den

Vorige Seite: Marilyn in den Sümpfen von Mount Sinai, Long Island. Foto von Eve Arnold, 1952.

Die berühmten Plateausandalen aus durchsichtigem Plastik, die Marilyn gern mit verschiedenfarbigen Riemchen trug.

Marilyns „Riemchensandalen" in *Niagara* (1953).

Worten: „Die haben diese aufreizenden Filme ja nicht bloß gedreht, um Erdnussbutter zu verkaufen. Die wollten wissen, was sie verkauften." Zudem soll sie der Freundin AMY GREENE anvertraut haben: „Ich habe viel Zeit auf den Knien verbracht." Der Biograf ANTHONY SUMMERS schreibt, dass Marilyn dem Journalisten Jaik Rosenstein gesagt habe:

„Wenn ein Produzent eine Schauspielerin in sein Büro ruft, um mit ihr über ein Drehbuch zu reden, dann weiß sie, dass er nicht nur an das Skript denkt. Und für das Mädchen ist eine Rolle in einem Film oder irgendein kleiner Vertrag mit einem Studio das Wichtigste auf der Welt, wichtiger als Essen. Auch wenn sie Hunger hat oder im Auto schlafen muss, das ist ihr völlig egal, solange sie die Rolle bekommt. Ich weiß das, ich habe beides gemacht, immer wieder. Und ich habe mit Produzenten geschlafen. Ich wäre eine Lügnerin, wenn ich sagen würde, ich hätte es nicht getan."

Viele Männer und einige Frauen haben sich öffentlich selbst als ihre Geliebten (siehe LOVERS) bezeichnet. Zu ihrer Hausangestellten LENA PEPITONE soll Marilyn gesagt haben: „Ich habe jeden Mann und jede Frau das tun lassen, was sie wollten – aber nur, wenn ich geglaubt habe, dass sie meine Freunde sind." Selbst nach heutigen Maßstäben war Marilyn promiskuitiv. Glaubt man allen Andeutungen, so ließ sie mindestens ein Dutzend Abtreibungen vornehmen (siehe MEDICAL HISTORY). Auch während ihrer Ehe mit JOE DiMAGGIO bzw. ARTHUR MILLER hatte sie Affären. Mehr als einem Mann hat sie versichert, dass er ihr als Erster die wahre sexuelle Lust geschenkt habe. Als ihren besten Liebhaber soll sie Joe DiMaggio angesehen haben.

HOMOSEXUALITÄT

Im Laufe ihres Lebens hatte Marilyn zahlreiche homosexuelle Freunde: Sie hegte mütterliche Gefühle für MONTGOMERY CLIFT, Bewunderung für TRUMAN CAPOTE, und mit ihrem Masseur, RALPH ROBERTS, verband sie eine vertrauensvolle Freundschaft. Im Jahr 1955 setzte sie den homosexuellen Regisseur GEORGE CUKOR, bekannt für seine einfühlsamen Frauen-Porträts, auf die Liste ihrer Lieblingsregisseure.

Kurz vor ihrem Tode äußerte sich Marilyn in einem Interview mit dem Reporter W. J. WEATHERBY zu Gerüchten, sie sei lesbisch: „Man hat versucht, mich zur Lesbe zu stempeln. Das ist lachhaft. Jeder Sex ist gut, wenn nur Liebe mit im Spiel ist." Es gab auch Gerüchte über ein Verhältnis mit ihrer Schauspiellehrerin NATASHA LYTESS, dies mag sogar stimmen, denn nach den vielen Enttäuschungen mit Männern sehnte sich Marilyn vielleicht nach der Zuneigung einer Frau. Aus manchen Kreisen verlautet, JOE DiMAGGIO habe diese Gerüchte gestreut, um Marilyn dazu zu bewegen, keine Scheidungsklage gegen ihn anzustrengen.

Im selben Interview räumte Marilyn ein, dass sie sich ihrem Gefühl nach von anderen Frauen unterscheide: „Andere Frauen empfanden anders als ich. Als ich anfing, Bücher zu lesen, stieß ich auf Wörter wie ‚frigide', ‚zurückgewiesen' und ‚lesbisch', und da habe ich mich gefragt, ob ich vielleicht alles davon bin. Es gab Zeiten, in denen ich mich hundsmiserabel gefühlt habe, und Zeiten, in denen ich sterben wollte. Aber immer war da auch die etwas unheimliche Tatsache, dass ich es immer aufregend fand, eine gut gebaute Frau zu betrachten."

Laut FRED LAWRENCE GUILES hat sich Marilyn „homosexuellen Personen immer besonders nahe gefühlt" – und das galt auch umgekehrt.

SHAMROY, LEON (1901–1974)

Der renommierte Kameramann (siehe CINEMATOGRAPHY) erhielt vier Oscars, für *The Black Swan – Der Seeräuber* (1942), *Wilson* (1944), *Leave Her to Heaven – Todsünde* (1946) und *Cleopatra* (1963) und wurde 17-mal für diese Auszeichnung nominiert.

Am 19. Juli 1946 wurde Norma Jeane zum ersten Mal für Probeaufnahmen (siehe SCREEN TESTS) auf Zelluloid gebannt, und zwar im Technicolor-Format. Shamroy erwies damit HELEN AINSWORTH einen Gefallen, die wiederum der Fotomodell-Agentin EMMELINE SNIVELY gefällig war. Allerdings behauptet Norma Jeanes damaliger Agent HARRY LIPTON, sie selbst habe diese Probeaufnahmen veranlasst. Shamroy sagt, er habe gleich erkannt, wie fotogen Norma Jeane sei: „Es lief mir heiß und kalt über den Rücken. Das Mädchen hatte etwas, das ich seit Stummfilmzeiten nicht gesehen hatte. Sie strahlte eine fantastische Schönheit aus, so wie Gloria Swanson, und brachte Sex rüber wie Jean Harlow." Nicht zuletzt sein Lob überzeugte die TWENTIETH CENTURY-FOX davon, dem noch unbekannten Fotomodell seinen ersten Studiovertrag zu geben.

Acht Jahre später arbeiteten Shamroy und Marilyn in THERE'S NO BUSINESS LIKE SHOW BUSINESS (1954) zusammen.

SHAW, SAM

Fotograf (siehe PHOTOGRAPHERS) und Marilyns Freund seit 1951. 1954 engagierte ihn Marilyns Agent und Produzent CHARLES FELDMAN, damit er für die TWENTIETH CENTURY-FOX die Entstehung von THE SEVEN YEAR ITCH (1955) dokumentierte. Auf ihn soll auch der Einfall zurückgehen, die berühmte Luftschachtszene am Originalschauplatz in New York zu drehen.

Als Marilyn Mitte der 1950er-Jahre nach New York zog, verkehrte sie oft mit Sam Shaw und dessen Ehefrau. Shaw machte sie mit NORMAN und HEDDA ROSTEN bekannt, mit denen Marilyn bis an ihr Lebensende befreundet blieb. Shaw besuchte Marilyn im Sommer 1957 im Krankenhaus und überzeugte ARTHUR MILLER davon, seine Kurzgeschichte *The Misfits* in ein Drehbuch umzuwandeln – für einen Spielfilm mit Marilyn in der Hauptrolle. Marilyn sollte endlich eine ernsthafte Rolle spielen. Bis zu dem Zeitpunkt hatte Miller sämtliche Angebote, Drehbücher zu verfassen, abgelehnt.

SHERRY-NETHERLAND HOTEL
781 FIFTH AVENUE, NEW YORK

In diesem Hotel wohnte Marilyn zur Zeit der Werbetour für LOVE HAPPY (1950) im Sommer 1949. Dabei machte sie erstmals Bekanntschaft mit dem Medienrummel, der mit der Werbung für einen Film einhergeht. Ganz begeistert soll sie aus ihrem Zimmer im 14.

Arthur Miller und Marilyn in Amagansett, Long Island,
1958. Foto von Sam Shaw.

Stock auf die auf der Straße versammelte Menschenmenge hinabgeschaut haben.

Drei Jahre später stieg sie auf einer Werbetournee im Sherry-Netherland erneut ab, diesmal vor dem Kinostart von MONKEY BUSINESS (1952).

THE SHOCKING MISS PILGRIM (1947)

Einige Biografien nennen diesen Film Marilyns Debüt, weil sie in einer winzigen Rolle als Fräulein vom Amt aufgetreten sei. Hierfür gibt es jedoch keine Belege.

The Shocking Miss Pilgrim war eine Komödie der TWENTIETH CENTURY-FOX mit Liedern von George und Ira Gershwin. BETTY GRABLE spielt darin eine Stenotypistin, die sich für die Rechte der Frau einsetzt.

(siehe FILMS)

SHOES – Schuhe

Die Schuhe, für die Marilyn bekannt war, waren hochhackige Plateausandalen aus durchsichtigem Plastik. Zu verschiedenen Anlässen versah sie sie mit verschiedenfarbigen Riemchen: weiße trug sie zu ihrem Zweiteiler zu Hause, rote für Werbefotos und in dem Film HOW TO MARRY A MILLIONAIRE, der 1953 herauskam.

Sehr gerne trug sie auch schlichte Ledersandalen – je mehr Riemchen, desto besser, da ihre Füße auf diese Weise besonders „nackt" wirkten, wie sie fand. Als Freizeitbekleidung wählte sie häufig Schuhe mit flachen Absätzen.

Ihr bevorzugter Schuhdesigner war Ferragamo; im Laufe der Jahre beauftragte sie ihn mit der Anfertigung von Dutzenden Paaren.

SHOPPING – Einkaufen

Obwohl Marilyn zur Zeit der großen Wirtschaftskrise aufwuchs, ging sie nicht gerade sparsam mit Geld um. Kaum hatte sie ihre ersten Gagen (siehe MONEY) als Fotomodell (siehe MODELING) bekommen, gab sie nach Begleichung der Miete das restliche Geld für Kleidung aus. Als sie durch ihre Filmverträge ein regelmäßiges Einkommen bezog – zuerst bei der TWENTIETH CENTURY-FOX, dann bei den COLUMBIA STUDIOS –, kaufte sie sich ein Ford-Cabrio, einen neuen Haartrockner, Bücher (siehe BOOKS), einen Plattenspieler nebst Platten und Kosmetika. Zudem überhäufte sie alle Leute, die ihr geholfen hatten oder die ihr wichtig waren, mit großzügigen Geschenken (siehe GENEROSITY).

Sobald sie ein Star war, rühmten sich viele Geschäfte, Marilyn als Kundin gewonnen zu haben. Dabei irritierte sie gelegentlich andere Kundinnen und das Personal, weil sie keine Unterwäsche (siehe UNDERWEAR) trug, was deutlich wurde, sobald sie Kleidungsstücke anprobierte.

MARILYNS LIEBLINGSGESCHÄFTE

ELIZABETH ARDEN
691 5th Avenue, New York
1955 besuchte Marilyn regelmäßig diesen Schörheitssalon; Ed Feingersh dokumentierte dies.

BLOOMINGDALE'S
1000 Third Avenue, New York
Eines von Marilyns Lieblingsgeschäften. 1983 brachte das Kaufhaus eine eigene Kleiderkollektion mit dem Label „Marilyn" heraus.

BONWIT TELLER
4-10 East 57th Street, New York
Hier konnte Marilyn ohne große Umwege Kleidung einkaufen, da das Geschäft in der Nähe ihres New Yorker Apartments lag. Heute in „Galleries Lafayette" umgewandelt.

BULLOCK'S
Beverly Hills
In diesem Kaufhaus erledigte die junge Hausfrau Norma Jeane Dougherty ihre Einkäufe.

FARMER'S MARKET
6333 West Third Street, Hollywood
In diesem Geschäft wurde Marilyn für die Illustrierte *Stars and Stripes* als frisch gekürte „Miss Cheesecake" abgelichtet. Hier bestellten die Mitwirkenden und der Stab von *Something's Got to Give* Marilyns letzte Geburtstagstorte.

HARROD'S
Knightsbridge, London
Während der Dreharbeiten zu *The Prince and the Showgirl* kaufte Marilyn hier Geschenke für ihre Stiefkinder ein. Ihre Bewunderer verursachten ein solches Gedränge, dass man die Polizei rufen musste, um die öffentliche Ordnung wiederherzustellen.

I MAGNIN
9634 Rodeo Drive, Beverly Hills, and
3050 Wilshire Blvd, Los Angeles
In diesem Geschäft gab das Filmsternchen Marilyn Monroe einen Teil seiner ersten Gagen für Kleidung aus. Im Laufe der Jahre kaufte Marilyn hier häufig ein.

JAX
Wilshire Boulevard, Los Angeles, jetzt 324 North Rodeo Drive, Beverly Hills, und West 57th Street, New York
Eines ihrer bevorzugten Modegeschäfte. Die Damenhosen, die sie 1962 dort kaufte, sind auf den Fotos von Bert Stern zu sehen.

MARIAN HUNTER'S BOOKSHOP
352 North Camden Drive, Beverly Hills
In diesem Buchladen eröffnete Marilyn ihr erstes Kundenkonto.

MARKS & SPENCER
Marble Arch, London
Hier kaufte sie 1952 allein ein, nachdem alle anderen Kunden das Geschäft verlassen hatten.

MARTHA
475 Park Avenue, New York
Elegante Boutique, in der Marilyn besonders gern und häufig einkaufte.

MAY COMPANY
620 Seventh Street, Los Angeles
Ausgestattet mit 75 Dollar, kaufte sich Marilyn 1950 für ihre Reise nach New York neue Kleidung. Wegen der an der Ostküste vorherrschenden Hitzeperiode konnte sie die drei Wollkostüme jedoch nicht tragen.

SAK'S FIFTH AVENUE
9600 Rodeo Drive, Beverly Hills, und
611 5th Avenue, New York
Mit diesem Geschäft machte ihr Förderer Johnny Hyde sie bekannt. Sie war Stammkundin sowohl in der Filiale in Los Angeles als auch in der in New York.

TIFFANY AND COMPANY
727 5th Avenue, New York
Das wohl berühmteste Juweliergeschäft der Welt zog unvermeidlich auch den berühmtesten Filmstar der Welt an. Sam Shaw fotografierte Marilyn vor dem Geschäft.

Als sie in ihrem letzten Haus (siehe HOMES) wohnte, kaufte sie ihre Lebensmittel entweder im Brentwood Mart am San Vincente Boulevard oder bei Jurgensen's in Beverly Hills. Außerdem gab sie Bestellungen beim Feinkostgeschäft Briggs am San Vincente Boulevard auf, wo sie anschreiben ließ. Die Rezepte, darunter auch das für die Medikamente, die zu ihrem Tod führten, löste sie in der Vincente Pharmacy (12025 San Vincente Boulevard) ein.

Simone Signoret, Marilyn und Yves Montand auf der Cocktailparty, die die Twentieth Century-Fox zur Begrüßung des neuen Hauptdarstellers in *Let's Make Love* (1960) gab.

SIEGEL, SOL C. (1903–1982)

Produzent der TWENTIETH CENTURY-FOX, mit dem Marilyn bei drei ihrer größten Erfolge, MONKEY BUSINESS (1952), GENTLEMEN PREFER BLONDES (1953) und THERE'S NO BUSINESS LIKE SHOW BUSINESS (1954) zusammenarbeitete.

SIGNORET, SIMONE
(1921–1985, GEB. ALS SIMONE KAMINKER)

MARILYN:
„Simone ist zu alt für Yves. Sie ist der Typ Frau, der Arthur gefällt."

SIMONE SIGNORET:
„Sollte Marilyn in meinen Mann verliebt sein, so zeugt das für ihren guten Geschmack. Schließlich bin ich auch in ihn verliebt."

Während der Dreharbeiten zu LET'S MAKE LOVE (1960) wohnten die Ehepaare Simone und YVES MONTAND und Marilyn und ARTHUR MILLER vier Monate lang in benachbarten Bungalows auf dem Gelände des BEVERLY HILLS HOTEL.

Zwar stammten Signoret und Montand aus Deutschland bzw. Italien, galten aber als Frankreichs bekanntestes Schauspielerehepaar – das französische Pendant zum englischen Ehepaar LAURENCE OLIVIER und VIVIEN LEIGH. Signoret stammte aus einer angesehenen Familie. Ihre Filmkarriere begann in Frankreich während des Zweiten Weltkrieges, als sie gezwungen war, illegal zu arbeiten, weil ihr Vater Jude war. In den 1950er-Jahren spielte sie regelmäßig Hauptrollen. In ihrer Jugend war sie eine gefeierte Schönheit, doch viele Filmkritiker meinen, sie habe zu wenig gegen den Alterungsprozess unternommen. Ihre größten Erfolge bei Kritik und Publikum waren die Filme *Dédée d'Anvers* (1948), *Les Diaboliques* (1954), *Room at the Top – Der Weg nach oben* (1958), für den sie den Oscar erhielt, *Ship of Fools – Das Narrenschiff* (1965) und *Madame Rosa* (1978). Weil sie sich in den 1950er-Jahren für Menschenrechte und politische Anliegen engagierte, verweigerten die amerikanischen Behörden ihr und ihrem Ehemann zunächst die Einreise.

Für Marilyn-Biografen ist die Signoret immer von großem Interesse, vor allem wegen ihrer Reaktion auf die Liebschaft zwischen ihrem Ehemann und ihrer Freundin Marilyn. In ihrer Autobiografie spricht sie diplomatisch von der schönen Zeit, die man gemeinsam verbrachte, äußert sich jedoch nicht über die Affäre ihres Ehemanns mit seiner Filmpartnerin.

Sie schreibt, dass sie und Marilyn „zwei Frauen waren, die wie Nachbarinnen zusammen lebten, so wie man das in jedem Mietshaus tut". Sie erinnert sich, wie sehr sich Marilyn darüber freute, dass sie für ihre Darstellung in *Room at the Top – Der Weg nach oben* (1958) für den Oscar nominiert worden war, und berichtet, wie ihr Marilyn eifrig Presseausschnitte aus Hollywoods Zeitungen brachte. Allabendlich plauderten sie stundenlang miteinander und verglichen Geschichten über Filme, die sie gedreht hatten. Nur einmal in vier Monaten gingen die beiden Ehepaare essen.

In ihren öffentlichen Äußerungen über das Liebesabenteuer zwischen ihrem Ehemann und Marilyn ließ sich Signoret erst gar nicht auf das Niveau der Boulevardzeitungen herab. So wollte sie durchaus nicht beurteilen, „was während meines mehrwöchigen Aufenthalts in Rom und Millers Aufenthalt in New York zwischen einem Mann, meinem Ehemann, und einer Frau, meiner Freundin, geschehen sein mochte, die zusammenarbeiteten, unter demselben Dach wohnten und viel Zeit hatten, über Einsamkeit, Ängste, Stimmungen und ihre Erinnerungen an die von Armut geprägte Kindheit zu sprechen."

Einen großen Teil der übertriebenen Darstellungen in der Presse wies Signoret kategorisch zurück, wobei sie viele der ihrem Ehemann zugeschriebenen Zitate anzweifelte. Nach ihren eigenen Worten hätte Montand nie sagen können, dass Marilyn sich wie ein „Schulmädchen" in ihn „verknallt" habe, und zwar aus einem einfachen Grund: Sein Englisch war dafür nicht gut genug.

Am Ende sah sie in der Romanze ihres Mannes keinen Grund, „eine Affäre mit ewiger Liebe zu verwechseln und eine Ehekrise daraus zu machen". Viele Biografen schreiben, dass Montand zwar den Ruf eines Schürzenjägers hatte, sich Signoret dadurch aber nie bedroht gefühlt habe. Jahrelang bewahrte sie einen champagnerfarbenen Seidenschal auf, den ihr Marilyn bei Fotoaufnahmen ausgeliehen hatte; das Accessoire passte so gut zu ihrer Garderobe, dass Marilyn es ihr spontan schenkte (siehe GENEROSITY). Yves Montand und Simone Signoret blieben bis zu Signorets Tod im Jahr 1985 verheiratet.

SINATRA, FRANK (1915–1998)

Frank Sinatra, der für viele der größte amerikanische Allround-Entertainer dieses Jahrhunderts war, drehte mehr als 60 Filme. Ein noch bedeutenderer Star war „The Voice", wie Sinatra auch genannt wurde, jedoch als Sänger. Für seine schauspielerischen Leistungen in *From Here to Eternity – Verdammt in alle Ewigkeit* (1953) erhielt er den Oscar. Hinzu kamen bei Kritik und Publikum sehr positiv aufgenommene Darstellungen in zahlreichen weiteren Filmen, beispielsweise *The Man with The Golden Arm – Der Mann mit dem goldenen Arm* (1956), *Guys and Dolls – Schwere Jungs - leichte Mädchen* (1956), *High Society – Die oberen Zehntausend* (1956), *Pal Joey* (1957), *The Manchurian Candidate* (1962) und *The Detective – Der Detektiv* (1968). Während seiner gesamten Karriere gehörte er zu den erfolgreichsten Gesangsstars; er war Marilyns Lieblingssänger (siehe FAVORITES) und wurde mit zahlreichen Grammys ausgezeichnet.

Vermutlich lernte Marilyn Sinatra Anfang der 1950er-Jahre durch seinen engen Freund JOE DIMAGGIO kennen. Viele Biografen glauben jedoch, sie hätten sich 1953 über die TWENTIETH CENTURY-FOX kennen gelernt, als das Studio Marilyn dazu bringen wollte, neben Sinatra die Hauptrolle in *The Girl in Pink Tights* zu spielen. Marilyn lehnte die Rolle jedoch ab. Bei diesem Anlass ließ sie erstmals ihre Macht als unabhängige Produzentin deutlich werden und lehnte Filmpro-

Marilyn, Elizabeth Taylor und Dean Martin bei einem Konzert von Frank Sinatra im Sands Hotel, Las Vegas, 1961.

274

jekte ab, die sich nicht für sie eigneten. Gerüchte über eine Romanze mit Sinatra gehen bis Ende 1954 zurück, also die Zeit unmittelbar nach Marilyns Entschluss, sich von DiMaggio scheiden zu lassen. Bei dem berüchtigten „Unternehmen falsche Tür" (siehe WRONG DOOR RAID) half Sinatra DiMaggio, der Marilyn in flagranti mit einem anderen Mann erwischen wollte. Beide Männer wurden wegen Sachbeschädigung vor Gericht gestellt. Die Freundschaft ging bald darauf auseinander. Auch gab es 1955, als beide in keiner festen Beziehung lebten, Gerüchte, sie seien ein Paar.

Nachdem Marilyn 1955 nach New York gezogen war, lud sie zur Feier des offiziellen Starts ihrer Produktionsgesellschaft MARILYN MONROE PRODUCTIONS Freunde zu einem Sinatra-Konzert im Copacabana Club ein.

Nach der Heirat mit ARTHUR MILLER und neuerlichen Vertragsverhandlungen mit der Fox erhielt Marilyn das Angebot, bei einer ganzen Reihe von Filmprojekten mit Sinatra zusammenzuarbeiten, darunter *Some Came Running – Verdammt sind sie alle* (1958) und *Can-Can* (1960). Diese Projekte kamen jedoch nie zustande. Nachdem sich Sinatra mit BILLY WILDER über die Vertragsbedingungen zur Annahme der einen männlichen Hauptrolle in SOME LIKE IT HOT (1959) nicht einigen konnte, sagte er eine weitere Zusammenarbeit ab.

1961 kehrte Marilyn aus New York nach Los Angeles zurück und wohnte vorübergehend im Haus Sinatras, der sich gerade auf Europatournee befand. Wieder einmal kam das Gerücht auf, die beiden seien mehr als nur Freunde. In diesem Jahr machte Sinatra ihr zwei Geschenke: Smaragd-Ohrringe, die sie zur Verleihung der GOLDEN GLOBE AWARDS trug und anschließend ihrer Hausangestellten in New York, LENA PEPITONE, überließ, und – vermutlich – ihr letztes Haustier (siehe PETS), einen Pudel, den sie *Maf* nannte.

Nach ihrer Rückkehr nach Hollywood verkehrte Marilyn oft mit Sinatra und seinem Freundeskreis, vor allem mit PETER LAWFORD und dessen Frau Patricia. Mehrmals fuhr Marilyn nach LAS VEGAS, um sich Konzerte von Sinatra oder DEAN MARTIN anzusehen. Die beiden planten einen Film mit Mitgliedern des RAT PACK sowie ein Musical-Remake des Films *A Tree Grows in Brooklyn* aus dem Jahr 1945.

Viele Biografen schreiben ausführlich über Sinatras Verbindungen zur Mafia (siehe MAFIA) sowie darüber, dass er während Marilyns letzter Lebensjahre Gangsterkreisen geholfen habe, alte Rechnungen mit den Kennedys zu begleichen. Kurz vor ihrem Tod soll sich Marilyn mit Sinatra in der CAL-NEVA LODGE getroffen haben, einem an der Grenze zwischen Kalifornien und Nevada gelegenen Glücksspiel- und Amüsierbetrieb, an dem er angeblich finanziell beteiligt war.

Der Sinatra-Biograf J. Randy Taraborrelli wiederholt Behauptungen, Sinatra habe kurz vor ihrem Tod erwogen, sie zu heiraten, damit die Leute „sie in Ruhe lassen und ihr nicht so auf den Leib rücken" und sie wieder zu Kräften kommen könne. Diese Meinung vertritt auch Pepitone, die aussagt, Marilyn habe ihr Mitte 1961 anvertraut, sie hoffe, Sinatra zu heiraten.

Ein Freund, der Produzent Milton Ebbins, war der Meinung, Sinatra habe die Freundschaft als etwas sehr viel Ernsteres angesehen als Marilyn. Allerdings war Sinatra in dieser Zeit mit der Schauspielerin Juliet Prowse li-

iert, mit der er sich später auch verlobte. Andere behaupten, Marilyn wollte tatsächlich wieder heiraten – aber nicht Sinatra, sondern, zum zweiten Mal, Joe DiMaggio.

Als man Marilyns Leiche entdeckte, lagen auf dem Plattenspieler Platten von Sinatra. DiMaggio verbot Sinatra wie allen Hollywoodfreunden Marilyns, an ihrem Begräbnis (siehe FUNERAL) teilzunehmen.

SISTERS — Schwestern

Marilyn hatte eine sieben Jahre ältere Halbschwester, BERNIECE MIRACLE, der sie in ihren letzten Lebensjahren recht nahe stand. Sie trafen sich zwar nur selten persönlich, telefonierten aber oft miteinander.

Eine Art „schwesterlicher" Beziehung verband Norma Jeane mit BEEBE GODDARD und JODY LAWRANCE, Stieftöchtern ihres Vormunds GRACE MCKEE GODDARD.

Starke Beziehungen, wie sie sonst eine große Schwester entwickelt, verband sie mit PATRICIA ROSTEN, der Tochter des mit ihr befreundeten Ehepaars NORMAN und HEDDA ROSTEN, sowie zu JOAN GREENSON, der Tochter ihres Psychiaters.

Marilyn hatte auch Kontakt zu den vielen Schwestern ihrer drei verschiedenen Ehemänner, zu ihren Schwägerinnen: Billie Dougherty Campbell, Joan Miller Copeland sowie Frances, Mamie, Marie und Nellie DiMaggio.

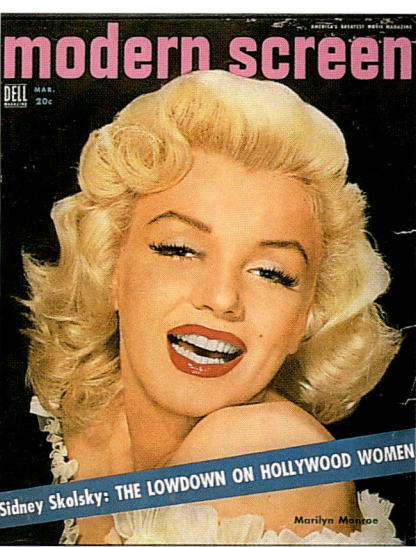

Zeitschrift *Modern Screen* mit einem Artikel über Marilyn von Sydney Skolsky.

SITWELL, EDITH DAME (1887–1964)

„Obgleich sie die Welt kennt, hat dieses Wissen darüber ihre große, niemals menschenverachtende Würde nicht beeinträchtigt und keinen Schatten auf ihre Güte geworfen."

Sidney Skolsky interviewt Marilyn 1954 in ihrem Apartment für einen Artikel der Zeitschrift *Modern Screen* mit dem Titel „I Love Marilyn" (oben).

Der englischen Dichterin, Kritikerin und Biografin Edith Sitwell begegnete Marilyn 1954 während eines Nachmittagstees in Hollywood. Sitwell, eine der bekanntesten Lyrikerinnen Englands und eine exzentrische Persönlichkeit, entstammte der berühmtesten literarischen Familie ihrer Zeit.

Als die Dichterin äußerte, Marilyn sähe mit dem blonden Haar und dem grünen Kleid wie eine Narzisse aus, schlossen die beiden Frauen sogleich Freundschaft. Nachdem Marilyn ihr Interesse an Gedichten (siehe POETRY) erwähnt hatte, sprachen sie über Rudolf Steiners Buch *Mein Lebensgang* (siehe BOOKS), das Marilyn gerade las. Sitwell lud Marilyn bei ihrem nächsten Englandbesuch zu sich ein. Als sie zwei Jahre später erneut in England weilte, besuchte sie Sitwell; sie tranken Gin mit Grapefruitsaft und plauderten über Gedichte.

SKOLSKY, SIDNEY (1905–1983)

> „Marilyn hat immer Rat gesucht, aber sie war intelligenter, als sie tat. Sie war keine von den gewöhnlichen blonden Filmsternchen, denen man in den größeren Studios begegnete... Sie wirkte freundlich, sanft und hilflos. Fast jeder wollte ihr helfen. Ihre vermeintliche Hilflosigkeit war ihre größte Stärke."

Ein halbes Jahrhundert lang war der energiegeladene Skolsky einer der führenden Reporter in Hollywood; er verfasste in mehreren Zeitungen der Ost- und Westküste gleichzeitig erscheinende Kolumnen und Artikel und hatte die Hand am Puls der Zeit Hollywoods. Da es zu seinen Spezialitäten zählte, Nachwuchs zu entdecken, floss durch Schwab's Drugstore (siehe RESTAURANTS), wo er im Zwischengeschoss sein Büro hatte, ein steter Strom unbekannter Schauspieler und Schauspielerinnen, die auf sich aufmerksam machen wollten. Marilyn war eine von ihnen. Nachdem sie ihm Ende der 1940er-Jahre aufgefallen war, wurden die beiden Freunde. Vorübergehend gehörte sie zu jenen, die Skolsky im Wagen durch Hollywood chauffierten, so wie es Jahre zuvor MARLENE DIETRICH getan hatte.

Marilyn hätte sich keinen besseren Verbündeten aussuchen können. Skolsky wurde später zu einem ihrer größten Förderer und zu einem verlässlichen Vertreter ihrer Interessen im Umgang mit der Presse (siehe PRESS). Häufig holte sie in Werbefragen seinen Rat ein, aber auch bezüglich ihrer Kleidung wollte sie seine Meinung hören. Er, der JEAN HARLOW gekannt hatte, entdeckte eine große Ähnlichkeit zwischen Marilyn und ihrem Jugendidol (siehe HEROES), sodass er bereits 1952 notierte: „Meiner Meinung nach wird sie eine der populärsten Schauspielerinnen."

So trug Skolsky nicht nur dazu bei, dass Marilyn zu Beginn ihrer Karriere eine gute Presse bekam, er soll auch – so vermutete man jedenfalls – den Produzenten JERRY WALD überzeugt haben, ihr eine Rolle in CLASH BY NIGHT (1952) zu geben. Mehrmals formulierte er Pressemitteilungen, um Marilyn aus kniffligen Situationen herauszuhelfen, beispielsweise anlässlich des Skandals um ihren Akt-Kalender (siehe CALENDAR) oder der Entdeckung, dass ihre Mutter noch lebte, obwohl ihr Studio sie stets als Waise ausgegeben hatte. 1954 schrieb er die zweite veröf-

fentlichte Marilyn-Biografie. Marilyn bekam den Beinamen: „Das Mädchen mit dem horizontalen Gang". Zwischen 1952 und 1954, als Marilyn mit JOE DiMAGGIO verheiratet war, begleitete Skolsky sie oft zu großen Abendveranstaltungen. DiMaggio konnte es bekanntermaßen nicht ausstehen, in aller Öffentlichkeit daran erinnert zu werden, dass er mit der bekanntesten Frau der Vereinigten Staaten verheiratet war. Einige dieser Veranstaltungen waren z. B. die Verleihung der Preise der Zeitschrift PHOTOPLAY im Jahr 1952, als sie mit ihrem Kleid einen Riesenskandal verursachte, die Hochzeit SHEILAH GRAHAMS und eine Gala zu Ehren des griechischen Königspaares.

Weil Marilyn überzeugt war, dass Skolsky ihr Vertrauen nicht missbrauchte, beichtete sie ihm ihre größten Geheimnisse. So ließ sie unmittelbar nach ihrer Rückkehr aus den Flitterwochen (siehe HONEYMOONS) mit DiMaggio nach Los Angeles Skolsky gegenüber die geheimnisvolle Bemerkung fallen, eines Tages werde sie ARTHUR MILLER heiraten. Jahre später berichtete sie ihm von ihrer Affäre mit Präsident JOHN F. KENNEDY (erzählte jedoch nichts von einer Liebschaft mit dem Justizminister ROBERT KENNEDY).

Doch auch Skolsky litt wie Marilyn gelegentlich unter Depressionen. Laut DONALD SPOTO waren sie Verbündete im Tablettenmissbrauch, und da sein Büro über einem Drugstore lag, konnte Skolsky immer genügend Nachschub besorgen.

Neben seinen journalistischen Arbeiten drehte Skolsky zwei biografische Filme – *The Jolson Story* (1946) und *The Eddie Cantor Story* (1953). Über ein Jahrzehnt lang planten er und Marilyn einen Film mit dem Titel THE JEAN HARLOW STORY, in dem Marilyn die Hauptrolle spielen sollte. Am Tag, als man sie tot auffand, waren sie verabredet und wollten das weitere Vorgehen besprechen.

SKOURAS, SPYROS (1893–1971)

> ARTHUR MILLER:
> „Sie hasste ihn und sprach gleichzeitig liebevoll über ihn, er war ihre letzte Zuflucht im Studio.... Seine wiederholten, oft von Tränen begleiteten Beteuerungen, Marilyn stehe ihm näher als seine Tochter, konnten sie immer wieder rühren. Obwohl sie davon überzeugt war, dass es nur an seiner Halsstarrigkeit lag, dass man ihr den Status der Nummer eins bei Fox verweigerte."

Spyros Skouras war während Marilyns Karriere Präsident der TWENTIETH CENTURY-FOX. Bei ihrem ersten Vorsprechen im Studio galt es jedoch, DARRYL F. ZANUCK zu beeindrucken. Als er Skouras Aufnahmen von der frühen Marilyn zeigen wollte, winkte dieser ab und meinte, er könne sich nicht mit Kleindarstellerinnen beschäftigen.

Als das Studio Marilyn 1951 erneut unter Vertrag nahm, konnte Skouras sie immer noch nicht von den vielen anderen Filmsternchen unterscheiden, die das Studio auf der Gehaltsliste hatte. Das änderte sich erst auf einer Studioparty im selben Jahr, zu dem Kinobetreiber geladen worden waren. Als er den Rummel um Marilyn bemerkte, lud er sie ein, neben ihm am VIP-Tisch zu sitzen. Kurz danach wurde Marilyns Halbjahresvertrag in einen Siebenjahresvertrag umgewandelt, und das Studio, dem daran lag,

den Kinobesitzern entgegenzukommen, fand nun problemlos ganz unterschiedliche Rollen für sie.

Nach einem Bonmot galt Skouras als jemand, der „stets meint, was er sagt – während er es sagt". Ihm oblag es, das Image des Studios zu schützen, wenn es seiner Ansicht nach in Gefahr geriet. So wurde er 1956 aktiv, als Marilyns Lebensgefährte ARTHUR MILLER vor dem Senatsausschuss für unamerikanische Umtriebe (siehe HOUSE UNAMERICAN ACTIVITIES COMMITTEE) aussagen musste. Am Tag vor der Anhörung flog er nach New York, um Miller davon zu überzeugen, mit dem Ausschuss zu kooperieren. Dabei strebte er eine Art Tauschhandel an: Wenn die Anhörung unter Ausschluss der Öffentlichkeit stattfände, dann würde Miller Namen nennen. Skouras war der festen Überzeugung, dass es das Ende von Marilyns Karriere bedeuten würde, sollte man Miller als Kommunisten brandmarken. Marilyn war stolz auf Miller, als er die Aussage verweigerte. Einige Wochen später heirateten die beiden.

Skouras' lange Präsidentschaft bei der Fox ging einen Monat nach dem Entschluss des Studios, Marilyn von ihrem letzten, nicht vollendeten Film, SOMETHING'S GOT TO GIVE, zu suspendieren, zu Ende. Die Schwierigkeiten des Studios waren im Wesentlichen auf die enormen Budgetüberschreitungen des ELIZABETH TAYLOR-Films *Cleopatra* (1963) und die insgesamt schlechten Einspielergebnisse in den vorangegangenen Jahren zurückzuführen.

SLATZER, ROBERT (GEB. 1927)

> „Sie strahlte einen Zauber aus und unterschied sich von den anderen Mädchen, mit denen die Talentsucher einen sonst bekannt machten. Ich kann wohl sagen, dass ich sie von dem Moment an, als ich sie sah, liebte."

In seinem 1974 erschienenen Buch *The Life and Curious Death of Marilyn Monroe* schildert Slatzer, wie er als junger Reporter im Foyer der TWENTIETH CENTURY-FOX das Fotomodell und angehende Filmsternchen Norma Jeane kennen lernte. Er las gerade in einem Gedichtband und wartete darauf, ein Interview zu führen, als Norma Jeane mit einer Fotomappe unterm Arm hereinkam: „Dann blieb sie irgendwie mit einem Absatz hängen, und die Fotos lagen überall auf dem Boden. Ich kam ihr zur Hilfe, und sie setzte sich neben mich. Sie stellte sich mir als Norma Jeane Mortensen vor. Sie interessiere sich wirklich für Gedichte, und ich antwortete, vielleicht könnte ich ja einen Artikel über sie schreiben." Sie verabredeten sich noch für den gleichen Abend und fuhren nach Malibu. Nach dem Essen gingen sie ans Meer, in dem sie nackt badeten. „Ich war schüchtern, aber wir liebten uns noch am ersten Abend am Strand." Die Romanze, schreibt Slatzer, habe sich die nächsten sechs Jahre fortgesetzt; er habe bis zu ihrem Tod in engem Kontakt mit Marilyn gestanden und sie in ihre intimsten Geheimnisse eingeweiht gewesen.

Der Biograf ANTHONY SUMMERS ist davon überzeugt, dass an Slatzers Behauptung, er habe eine Affäre mit Marilyn gehabt, etwas dran ist. Zum Beweis führt er den ersten Hinweis auf Slatzer in DOROTHY KILGALLENS Klatschkolumne im *New York Journal-Ameri-*

Die strahlende Marilyn auf einer Party anlässlich des Produktionsbeginns von *Some Like It Hot*, 1958.

Marilyn lud Eve Arnold 1955 ein, sie auf einer Reise nach Bement, Illinois, zu fotografieren, wo sie ein Museum zu Ehren Abraham Lincolns einweihen sollte. Arnold war von dem Rummel, der in der Kleinstadt um Marilyn gemacht wurde, fasziniert. Das Foto zeigt Marilyn in einer Ruhepause während der Feierlichkeiten.

can vom 28. August 1952 an: „Ein Unbekannter im Rennen um Marilyn Monroe ist Bob Slatzer, ehemals Literaturkritiker aus Columbus, Ohio. Er umwirbt sie telefonisch und postalisch und schult den Geist seiner Angebeteten, indem er ihr Werke der Weltliteratur schenkt."

Damals begann gerade Marilyns Beziehung zu JOE DIMAGGIO. Slatzer erinnert sich an einen Abend, als sowohl er als auch DiMaggio vor ihrem Haus aufkreuzten und auf sie warteten. Dann bat sie die Männer ins Haus, und DiMaggio forderte Slatzer auf zu gehen. Marilyn warf sie beide hinaus. Später, so Slatzer, habe sie ihn angerufen, sich entschuldigt und erklärt, sie „habe ihre Termine durcheinander gebracht".

Slatzer schreibt, er habe Marilyn umworben. Anfang Oktober 1952 fuhren sie in angeheiterter Stimmung übers Wochenende nach Tijuana und heirateten dort. Anschließend tanzten sie die ganze Nacht im Foreign Club. Im nüchternen Licht des Morgens erkannte Marilyn im Rosarita Beach Hotel, dass sie einen großen Fehler begangen hatte, als sie im Radio Joe DiMaggio hörte, der ein Baseballspiel kommentierte. Nach ihrer Rückkehr nach Los Angeles rief DARRYL ZANUCK das Paar zu sich. In deutlichen Worten machte er ihnen klar: Das Studio habe zwei Millionen Dollar in Marilyn investiert und beabsichtige nicht, wegen einer leichtfertig eingegangenen Ehe mit einem mittelmäßigen Journalisten dieses Geld zum Fenster hinauszuwerfen. Tags darauf kehrte das frischgebackene Ehepaar nach Tijuana zurück und bestach den Anwalt, der sie getraut hatte, damit er die Heiratsurkunde vernichtete.

Nach Ansicht der meisten Kritiker ist Slatzer ein Fantast, der aus seiner flüchtigen Bekanntschaft mit Marilyn während der Dreharbeiten zu NIAGARA (1953) eine lebenslange Beschäftigung machte. Das einzige echte Beweisstück, das er in *The Life and Curious Death of Marilyn Monroe* liefern kann, ist ein Foto von sich und Marilyn vor den Niagara-Fällen mit Marilyns Unterschrift und folgendem Text: „Für Bob, Alles Liebe & Gute, Marilyn". DONALD SPOTO, der bislang Slatzers Behauptungen am gründlichsten widerlegt hat, bemerkt dazu, Marilyn habe für Personen, die ihr wichtig waren, weitaus persönlichere Widmungen geschrieben. Daher sei es durchaus möglich, dass Slatzer ihr das Foto mit der Bitte ins Studio zugesandt habe, ihm ein Autogramm zu schicken.

Nach eigenen Worten war Slatzer in Marilyns intimste Geheimnisse eingeweiht. Jedoch taucht sein Name in keinem von Marilyns Adressbüchern auf. Viele seiner Einsichten in Marilyns Charakter (siehe CHARACTER TRAITS) können auch aus anderen Quellen stammen, von Personen – beispielsweise NATASHA LYTESS oder WILLIAM TRAVILLA –, die Marilyn aus der Nähe kannten, oder aus Büchern, in denen sie über die gemeinsame Zeit mit ihr berichten. Slatzer war Verfechter der „Kennedy-Theorie": was er hinsichtlich der Beteiligung der Kennedy-Brüder an Marilyns Tod behauptete, wurde jedoch bereits in NORMAN MAILERS fiktionaler Marilyn-Biografie veröffentlicht, durch den Biografen FRED LAWRENCE GUILES angedeutet und 1964 in einem kurzen Artikel dem rechtsradikalen Aktivisten FRANK A. CAPELL publiziert.

Seit der Veröffentlichung seines Buchs im Jahr 1974 steht Slatzer an der Spitze derjenigen, die Nachforschungen über Marilyns Tod anstellen. Er hat Mitstreiter gefunden, darunter den Privatdetektiv MILO SPERIGLIO, der ebenfalls zwei Bücher über die mysteriösen Umstände von Marilyns Tod schrieb. Darüber hinaus war Slatzer an zwei Fernsehproduktionen über Marilyn beteiligt, die beide auf seinen Publikationen beruhen, und trat häufig in Dokumentarfilmen (siehe DOCUMENTARIES) über Marilyn auf. 1966 gaben er und Speriglio eine Pressekonferenz, auf der sie einen weiteren Grund erläuterten, weshalb man Marilyn angeblich zum Schweigen bringen musste: Sie habe beabsichtigt, öffentlich zu machen, was die US-Regierung über die Landungen von Außerirdischen wusste.

SLEEP — Schlaf

MARILYN:

„Kein Mensch hat mir je erklären können, warum ich so schlecht schlafe, aber eines weiß ich: Wenn ich anfange zu grübeln, dann ist es vorbei mit dem Schlaf. Früher habe ich gedacht, es wäre hilfreich, auf dem Lande zu leben, frische Luft zu atmen, mit einem Mann zusammen zu sein, sich einem anderen Menschen anzuvertrauen; aber manchmal kann ich erst einschlafen, wenn ich ein paar Pillen eingenommen habe. Und dann falle ich in einen benommenen Schlaf, der nicht zu vergleichen ist mit einem tiefen, gesunden Schlaf."

Marilyn litt während ihres gesamten Lebens unter Schlaflosigkeit. Laut DONALD SPOTO eskalierten ihre Schlafprobleme 1954: In diesem Jahr drehte sie kurz hintereinander mehrere Filme, darüber hinaus war sie in Auseinandersetzungen mit ihrem Studio verstrickt, stritt sich mit ihrem Ehemann JOE DIMAGGIO und plante insgeheim, sich ganz aus dem Hollywoodsystem zurückzuziehen und eine eigene Produktionsfirma zu gründen. In dieser Zeit begann dann ihre Einnahme von Schlaf- und Beruhigungsmitteln (siehe BARBITURATES). Allerdings nahm sie seit 1950 Medikamente (siehe DRUGS), um ihre Ängste und ihr Lampenfieber zu bekämpfen, womit sie aber auch fortfuhr, als sie sich etwas von dem beruflichen und privaten Stress erholt hatte und nach New York gezogen war. Von nun an war es tatsächlich eine Ausnahme, dass sie ohne die Hilfe von Tabletten einschlafen konnte. Die Benommenheit, die sie am Morgen spürte, war einer der Gründe für ihr legendäres Zuspätkommen (siehe LATENESS).

GLORIA STEINEM vermutet, dass die Ursache für Marilyns lebenslange Schlaflosigkeit gewesen sein könnte, dass ihre Großmutter DELLA MAE HOGAN versucht hatte, die kleine Norma mit einem Kissen zu ersticken.

Damit kein Lichtstrahl ihren schlechten Schlaf störte, ließ Marilyn vor ihren Schlafzimmerfenstern schwarzen Samt- oder Sergestoff anbringen. Diese Vorkehrung traf sie ab Mitte der 1950er-Jahre in allen ihren Häusern (siehe HOMES), zumindest aber seit der Zeit, als sie während der Dreharbeiten zu BUS STOP (1950) mit dem Ehepaar MILTON und AMY GREENE in deren Haus wohnte. Schwere Samtstoffe gehörten auch zu den ersten Anschaffungen für das Haus am FIFTH HELENA DRIVE, das sie 1962 erwarb.

In der Nacht vor ihrem Tod schlief Marilyn sehr schlecht. Als sie am Morgen übel

gelaunt aufwachte, reagierte sie etwas bissig auf ihre Presseagentin PAT NEWCOMB, die bei ihr übernachtet hatte.

SMILE — Lächeln

Marilyns Markenzeichen – ihr unsicheres Lächeln – war die Folge von EMMELINE SNIVELYS Bemerkung, sie habe nicht „genug Oberlippe zwischen der Nasenspitze und dem Mund". Die Leiterin der BLUE BOOK MODELING AGENCY riet ihr, „zu versuchen, mit heruntergezogener Oberlippe zu lächeln", ein Rat, den Marilyn für den Rest ihres Lebens zu ihrem Vorteil beherzigte.

SMITH, JEAN KENNEDY (GEB. 1928)

Unter den Papieren, die man nach Marilyns Tod entdeckte (siehe DEATH) fand sich auch ein kurzer Dankesbrief von Jean Smith, der vermutlich geschrieben wurde, nachdem ihr Vater Joseph Kennedy im Dezember 1961 einen Schlaganfall erlitten hatte:

„Liebe Marilyn – Mutter bat mich, zu schreiben und dir für deine netten Zeilen an Daddy zu danken – Er hat sich sehr darüber gefreut, und es war wirklich nett von dir, dass du sie geschickt hast – dir ist doch klar, das Thema Nummer eins bist du und Bobby! Wir sind alle der Meinung, du solltest ihn begleiten, wenn er wieder an die Ostküste kommt! Nochmals danke für den Brief – Liebe Grüße, Jean Smith"

Dieser Brief wird oft als Beweis für eine Liebschaft zwischen Marilyn und ROBERT KENNEDY angeführt. Allerdings hat man nie eindeutig feststellen können, ob es sich wirklich um Jean Kennedy Smiths Handschrift handelte.

SMOKING — Rauchen

Wie es scheint, war Marilyn eine Gelegenheitsraucherin. Und das trotz der strengen Ermahnungen ihrer Pflegeeltern (siehe FOSTER PARENTS), den BOLENDERS, die ihr beibrachten, in ihren Gutenachtgebeten zu geloben, weder Tabak noch Alkohol anzurühren.

Im Film zeigte sich Marilyn zum ersten Mal mit einer Zigarette in RIGHT CROSS (1950). Bei ihren ersten Probeaufnahmen (siehe SCREEN TESTS) zündete sie eine Zigarette an und drückte sie aus. Mindestens auf einem Titelblatt ist sie mit einer Zigarette abgebildet, und in der Eröffnungsszene von NIAGARA (1953) liegt sie auf dem Bett und raucht. Sehr wenige der vielen tausend Fotos zeigen Marilyn rauchend; auf einem Standfoto der Dreharbeiten zu THE MISFITS (1960) sieht man sie mit Zigarette.

SNIVELY, EMMELINE

„Sie sah furchtbar aus, aber mein Gott – wie sie arbeitete!"

„Ständig fragen mich junge Frauen, was sie tun müssen, um so erfolgreich zu werden wie Marilyn Monroe. Darauf antworte ich jedes Mal, dass auch sie Erfolg haben werden – aber nur dann, wenn sie ein Zehntel so hart arbeiten wie Marilyn und ein Zehntel von ihrem Mut haben."

Eines der sehr seltenen Fotos, auf denen Marilyn raucht.
Aufnahme von Ted Baron, 1954.

Die gebürtige Engländerin Emmeline Snively war die Eigentümerin und Leiterin der BLUE BOOK MODELING AGENCY. Sie war Ende vierzig, als die Agentur 1945 ein junges Nachwuchs-Fotomodell namens Norma Jeane engagierte, nachdem der Fotograf DAVID CONOVER vorschlagen hatte, sie solle sich doch einmal dort bewerben.

Miss Snively erkannte sogleich das Potential des Neuankömmlings:

„Sie war ein anständiges amerikanisches Mädchen – zu füllig, jedoch reizvoll. Wir zeigten ihr, wie man Modell steht und seinen Körper einsetzt. Beim Lächeln zog sie immer die Oberlippe nach unten, und dadurch wirkte ihre Nase zu lang. Am Anfang hatte sie vom Modellstehen überhaupt keine Ahnung. Sie gab sich große Mühe, sie wollte lernen, wollte etwas darstellen, und zwar mehr, als ich es je zuvor bei jemandem erlebt hatte."

Sie war so beeindruckt von ihr, dass sie Norma Jeane für einen Fortbildungskurs anmeldete und zu ersten Fotoaufnahmen schickte. Außerdem überzeugte sie sie davon, sich die Haare (siehe HAIR) blond färben zu lassen, damit sie häufiger gebucht wurde. Schon bald wurde jedoch deutlich, dass sich Norma Jeane nicht besonders gut für Modeaufnahmen eignete: „Sie hatte Größe 38, und die Konfektionskleidung passte ihr bis auf eine Stelle nicht. Die Kleider saßen vorn am Oberteil immer sehr eng. Wir haben ihr deshalb geraten, keine Modeaufnahmen mehr zu machen, sondern sich auf die Arbeit als Modell für Zeitschriften zu konzentrieren." Dieser Wechsel zahlte sich aus, denn 1946 erschien Marilyn auf Dutzenden Titelblättern (siehe MAGAZINES). Im selben Jahr setzte sich Miss Snively auch mit ihrer Freundin HELEN AINSWORTH in Verbindung, die das Büro der Agents National Concert Artists Corporation an der amerikanischen Westküste leitete. Es heißt, dass Ainsworth der Verdienst gebühre, Norma Jeane die ersten Probeaufnahmen (siehe SCREEN TESTS) bei der TWENTIETH CENTURY-FOX vermittelt zu haben. Nach manchen Beschreibungen trug aber auch Miss Snively einiges dazu bei, dass Norma Jeane ihren ersten Vertrag erhielt, und zwar weil sie das Gerücht streute, HOWARD HUGHES zeige Interesse, „Jean Norman" – so Marilyns damaliger Künstlername – unter Vertrag zu nehmen.

1954 kam es zu einem Wiedersehen zwischen Emmeline Snively und ihrer inzwischen berühmt gewordenen Schülerin, als Marilyn sie zum Set von THERE'S NO BUSINESS LIKE SHOWBUSINESS einlud.

SNYDER, ALLAN „WHITEY"

„Sie ist wie ein kleines Kind, das mit den anderen Kindern spielen, einen Lolli lutschen und der Fahrt der Achterbahn zusehen möchte – es aber nicht darf, weil man es ihm verboten hat. Vor der Öffentlichkeit, die sie für ungeheuer sexy hält, hat Marilyn eine Heidenangst. Mein Gott, wenn die Leute das wüssten!"

„Sie hatte den größten Minderwertigkeitskomplex, den ich je erlebt habe."

In den Worten MARLENE DIETRICHs: „Die Beziehung zwischen dem Maskenbildner und dem Filmschauspieler gleicht der zwischen Komplizen bei einem Verbrechen."

Whitey Snyder – einer der besten Maskenbildner bei der TWENTIETH CENTURY-FOX – war für Marilyns Make-up zuständig, als sie während ihrer Probeaufnahmen (siehe SCREEN TESTS) im Juli 1946 zum ersten Mal vor einer Filmkamera stand. Er nahm sie sogleich unter seine Fittiche und machte sie mit den Techniken und Geheimnissen des Film-Make-ups sowie mit Schönheitstipps (siehe BEAUTY) vertraut: „Ich merkte gleich, dass sie schrecklich unsicher war und sich trotz ihrer Erfahrungen als Fotomodell selbst nicht schön fand. Man musste viel Überzeugungsarbeit leisten, bis sie ihre natürliche Frische und Schönheit erkannte und merkte, wie gut sie auf der Leinwand wirken würde."

Auch wenn Snyder nur in wenigen Filmen im Vorspann genannt wird, war er in fast allen ihren Filmen für Marilyns Make-up zuständig. In ihren letzten Lebensjahren, als sie wieder in Los Angeles lebte, war er stets zur Stelle, wenn sie für Auftritte in der Öffentlichkeit geschminkt werden wollte. Auch seine Frau, die Kostümbildnerin MARJORIE PLECHER, gehörte zu Marilyns engerem Freundeskreis.

Zu Beginn ihrer langen beruflichen und privaten Freundschaft bat Marilyn Snyder einmal im Scherz, er möge sich auch nach ihrem Tod um ihre Maske kümmern. Zur Erinnerung schenkte sie ihm einen goldenen Geldclip von Tiffany mit der Widmung: „Liebster Whitey, während ich noch warm bin…, Marilyn". Er kam ihrer Bitte nach. Er war auch einer der Sargträger auf Marilyns Begräbnis (siehe FUNERAL).

SOME LIKE IT HOT (1959) – Manche mögen's heiß
(Arbeitstitel: Not Tonight, Josephine!)

Marilyns erfolgreichster Film basiert auf dem deutschen Streifen *Fanfaren der Liebe* (1951), in dem zwei Musiker sich als Frauen verkleiden, um Arbeit zu finden. BILLY WILDER und I.A.L. DIAMOND verlegen die Handlung in das Chicago von 1929 und lassen die Jazzmusiker Joe (TONY CURTIS) und Jerry (JACK LEMMON) unfreiwillige Zeugen des „St.-Valentinstag-Massakers" werden. Die beiden müssen um ihr Leben rennen und treten als „Josephine" und „Daphne" einer reinen Damenkapelle auf dem Weg nach Florida bei. Sie schließen Freundschaft mit der Sängerin der Band,

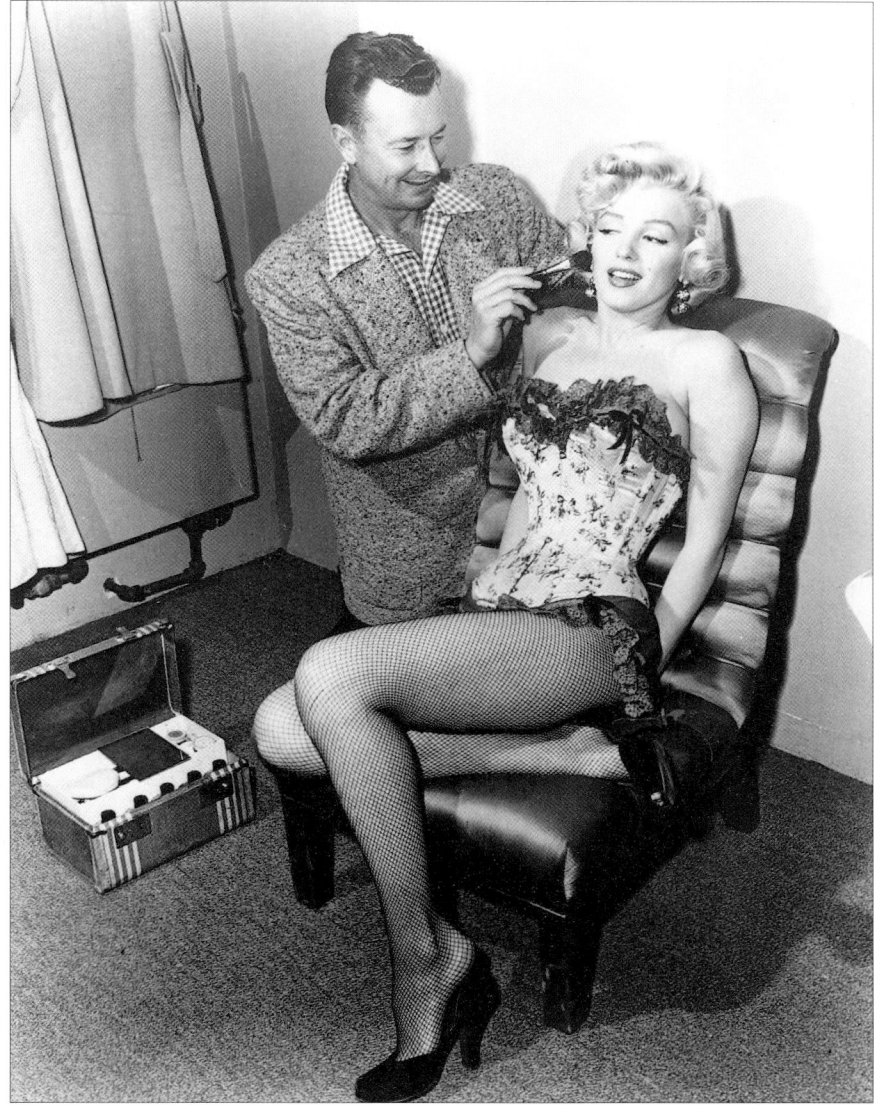

Ein Werbefoto des Maskenbildners Whitey Snyder, der Marilyn für *River of No Return* (1953) schminkt.

Sugar Kane, und Joe verliebt sich in sie. Daraus resultiert eine temporeiche Travestiekomödie, in der Parodie und Slapstick die Grenzen der Gattung sprengen.

Wilder sandte Marilyn Ende 1957 ein Exposé der Handlung. Marilyn hatte gerade die Zusammenarbeit mit MILTON GREENE in der MARILYN MONROE PRODUCTIONS aufgekündigt und sah sich nach etwas Neuem um. Das Skript reizte sie. Wilder hat Marilyns Wunsch, diese Rolle zu spielen, überrascht, denn für den Gang der Handlung war die Rolle nur von untergeordneter Bedeutung. Marilyn soll auch tatsächlich Vorbehalte dagegen gehabt haben, wieder nur ein blondes Dummchen zu spielen, zudem noch in einer Nebenrolle, aber ARTHUR MILLER konnte sie davon überzeugen, dass der Film todsicher erfolgreich sein würde, und nach der lauwarmen Reaktion der Kritik auf *The Prince And The Showgirl* (1957) brauchte Marilyn einen Erfolg.

Ursprünglich glaubte sie, ihr Partner sei FRANK SINATRA, mit dem sich Wilder schon wegen der Curtis-Rolle in Verbindung gesetzt hatte. Anscheinend überlegte Wilder es sich jedoch anders, nachdem ihn Sinatra bei einer Verabredung zum Lunch versetzt hatte. Mit Marilyn an Bord konnte er auf diesen prominenten – und kostspieligen – Namen verzichten. Über Marilyns Rolle bemerkte Wilder: „Sie ist der schwächste Part, und gerade deshalb muss sie am besten besetzt werden." Marilyn sollte 100.000 Dollar plus einer Gewinnbeteiligung von zehn Prozent erhalten.

Am 4. August 1958 erschien Marilyn zu ihrem ersten Arbeitstag in Begleitung von Miller, PAULA STRASBERG, dem persönlichen Maskenbildner und dem Friseur. Als sie hörte, dass der Film nicht, wie im Vertrag mit der Fox vorgesehen, in Farbe gedreht werden sollte, war sie entsetzt. Billy Wilder erklärte ihr, das Make-up der männlichen Hauptdarsteller ließe sie wie Clowns aussehen, und zeigte ihr farbige Probeaufnahmen, auf denen ihre Gesichter unter dem Make-up grünlich verfärbt aussahen.

Von Beginn an standen die Zeichen auf Sturm. Einer Version zufolge verweigerte Marilyn nach Durchsicht der ersten Muster die weitere Mitarbeit, solange bestimmte Dinge nicht geklärt seien: „Ich beteilige mich an diesem Film erst wieder, wenn Wilder meine Eröffnungsszene neu dreht. Wenn Marilyn Monroe den Raum betritt, schaut man nicht auf einen Tony Curtis, der Joan Crawford imitiert. Man schaut auf Marilyn Monroe." Ihr Vorschlag, den Zug einen Dampfstrahl ausstoßen zu lassen, während sie auf hohen Hacken den Bahnsteig hinunter stöckelt, führte zu einem ihrer wirkungsvollsten Auftritte. Nach Wilders Erinnerung stammt die neue Eröffnungsszene allerdings von ihm und seinem Koautor Diamond.

Die Zusammenarbeit mit Marilyn übertraf Wilders schlimmste Alpträume. Später meinte er: „Ich wusste, wir waren mitten im Flug und hatten eine Verrückte im Flugzeug." Marilyn kam oft Stunden zu spät, vergaß ständig ihren Text, und praktisch jede Einstellung musste mit einer Vielzahl von Klappen gedreht werden – weil sie entweder ein Wort ausgelassen hatte oder in ihrer perfektionistischen Art glaubte, eine Szene noch besser spielen zu können. Marilyn hatte offensichtlich ganz feste Vorstellungen davon, wie sie eine Szene spielen wollte. Sie konzentrierte sich dabei so sehr auf die Bilder, die Strasberg vorschlug, um ihr die unter-

Ein europäisches Plakat für *Some Like It Hot* (1959).

schwelligen Gefühle der Handlung zu veranschaulichen, dass Wilders Autorität am Set untergraben wurde.

Manchmal erschien Marilyn, ohne ihren Text gelernt zu haben, oder sie konnte ihn nicht behalten, weil sie Medikamente eingenommen hatte, um einschlafen zu können (siehe SLEEP). Dann musste man den Text in die Kulisse heften oder Stichworte auf Kärtchen schreiben. Wilder erinnerte sich: „Wir hätten oft in einer Stunde schaffen können, wofür wir manchmal drei Tage brauchten." Z. B. benötigte Marilyn 47 Klappen, um zu sagen „Es, Sugar" richtig zu sprechen, oder 59 für die Frage „Wo ist der Bourbon?" (hier schwanken die Angaben über die Anzahl der Klappen in den Berichten) – und dies, obwohl Wilder den Text in jede Schublade kleben ließ, die sie in dieser Szene öffnen musste. Zwischen den Einstellungen stärkte sich Marilyn aus einer Thermoskanne, die ein Assistent ständig nachfüllte: manchmal mit Kaffee, manchmal mit Wermut und manchmal mit einem Mix aus beidem.

Tony Curtis' Zorn über Marilyns Marotten wurde legendär. Seine Bemerkung „Marilyn Monroe zu küssen war, als müsste man zu Hitler zärtlich sein" fiel nach einer langen Klappenserie für die Kuss-Szene.

Einen Monat vor Abschluss der Dreharbeiten bemerkte Marilyn, dass sie endlich wieder schwanger war. Ihr schwarzes Kleid aus der „Sitzen meine Nähte richtig?"-Szene, zu besichtigen im Museum of the Moving Image in London, musste ausgelassen werden, um die beginnende Wölbung zu kaschieren. Die Dreharbeiten waren am 6. November 1958 abgeschlossen, und einen Monat später verlor sie das Kind. Sie war völlig verzweifelt. Inzwischen hatte sich Wilder sehr unfreundlich über Marilyn geäußert. Zornige Telegramme gingen zwischen ihm und Arthur Miller hin und her: Miller beschuldigte Wilder, Marilyn überfordert zu haben, obwohl er wusste, dass sie schwanger war. Wilder listete Beleidigungen und Demütigungen auf, die er seiner Ansicht nach von Marilyn beim Dreh erdulden musste. Am 29. März 1959 fand die Premiere des Films in Loew's Capital Theater in New York statt. Die Strasbergs veranstalteten eine Premierenfeier bei sich zu Hause. Marilyn wirkte auf die Gäste wie eine ätherische Erscheinung in Weiß, „als sei sie aus Zuckerwatte", soll jemand bemerkt haben.

Wilder hatte Marilyn nicht zu der Feier nach Abschluss der Dreharbeiten eingeladen.

Some Like It Hot ist Marilyns erfolgreichster Film. Er läuft bereits vierzig Jahre nach seiner Entstehung noch immer regelmäßig. Im ersten Halbjahr 1959 spielte er mehr ein als jeder andere Film, für eine Komödie ein unerreichter Rekord.

Noch während der Dreharbeiten äußerte Marilyn gegenüber einem Freund, dass Sugar Kanes Rolle genau für das stand, was sie 1954 bewogen hatte, Hollywood den Rücken zu kehren. Einem anderen Freund schrieb sie: „Mein Gefühl sagt mir, dieses Schiff erreicht niemals einen Hafen. Wir sind in Seenot auf stürmischem Meer." Sie fühlte, dass diese Rolle ihre Möglichkeiten sehr beschnitt, denn sie hatte nur die Aufgabe, einen „richtigen Mann" abzugeben im Kontrast zu den beiden anderen Stars in Frauenkleidern. Die Auslandspresse in Hollywood sah dies anders und verlieh ihr einen GOLDEN GLOBE.

Eine Musical-Version für die Bühne, genannt *Sugar*, folgte 1974 mit Robert Morse und Ruddy Vallee in den Hauptrollen.

Produktionsdaten:
United Artists, Mirisch Company und Ashton Productions
schwarz-weiß
Länge: 122 Minuten
Kinostart: 29. März 1959

Crew:
Regie: Billy Wilder
Regieassistenz: Sam Nelson
Produktion: Billy Wilder
Koproduktion: I.A.L. Diamond, Doane Harrison
Produktionsleitung: Allen K. Wood
Drehbuch: I.A.L. Diamond, Billy Wilder
Story: M. Logan, Robert Thoeren
Kamera: Charles Lang
Schnitt: Arthur P. Schmidt
Musik: Adolph Deutsch
Liedbetreuung: Matty Malneck
Musikschnitt: Eve Newman
Art Direction: Ted Haworth
Ausstattung: Edward G.Boyle
Requisite: Tom Plews
Kostüme: Orry-Kelly
Garderobe: Bert Henrikson
Maskenbild: Emile LaVigne
Frisuren: Agnes Flanagan, Alice Monte

Marilyn singt „Running Wild" und tanzt einen Charleston im Pullman in *Some Like It Hot* (1959).

Spezialeffekte: Milt Rice
Ton: Fred Lau
Skript: John Franco

Besetzung:
Marilyn Monroe … Sugar Kane
Tony Curtis … Joe/Josephine
Jack Lemmon … Jerry/Daphne
George Raft … Gamaschen Colombo
Pat O'Brien … Mulligan
Joe E. Brown … Osgood Fielding III
Nehemiah Persoff … Bonaparte
Joan Shawlee … Sweet Sue
Billy Gray … Sig Poliakoff
George E. Stone … Toothpick Charlie
Dave Barry … Beinstock
Mike Mazurki … Leibwächter
Harry Wilson … Leibwächter
Beverly Wills … Dolores
Barbara Drew … Nellie
Edward G. Robinson Jr. … Johnny Paradise
Marian Collier … Olga
Helen Perry … Rosella

Auszeichnungen:
Oscars:
Kostüme
Golden Globes:
Komödie
Darsteller (Musical / Komödie): Jack
Lemmon
Darstellerin (Musical / Komödie): Marilyn
Monroe
British Academy Awards:
Ausländischer Darsteller: Jack Lemmon

Nominierungen:
Oscars:
Regie
Männliche Hauptrolle: Jack Lemmon
Art Direction / Ausstattung
Kamera
Drehbuch (Adaptiertes Bühnenstück)

British Academy Awards:
Bester Film

Marilyns herausragendes Kostüm:
Schwarzes, mit Fransen besetztes Kleid mit
tiefem V-Ausschnitt.

Werbeslogan:
„The movie too HOT for words"
(„Ein Film, heißer als alle Worte")

Handlung:
Die beiden Musiker Joe (Tony Curtis) und
Jerry (Jack Lemmon) haben das Pech, am St.
Valentinstag 1929 in Chicago gerade zu dem
Zeitpunkt in einer Garage zu sein, als Ga-
maschen Colombo (George Raft) eine rivali-

sierende Gang aus dem Weg räumt. Die Polizei erscheint, und sie können entkommen,
sind aber von nun an auf der Flucht. Sie retten ihre Haut nur dadurch, dass sie in Frauenkleider schlüpfen und so mit einer Damenkapelle einen Job in Florida finden. Joe verwandelt sich in Josephine und Jerry in Daphne. Die Eisenbahnfahrt nach Florida ist eine
einzige Versuchung für die jungen Männer,
vor allem für Joe, der sich in Sugar, die Uku-
lele spielende Sängerin mit einer Schwäche
für Saxophonisten und Gin, verliebt.

Im sonnigen Florida vergafft sich der
Millionär Osgood Fielding (Joe E. Brown) in
Jerry/Daphne. Joe schlüpft in die Haut des
Millionärs, und während Jerry seinen Verehrer an Land festhält, kann Joe seine Sugar
mit Osgoods vor Anker liegender Yacht beeindrucken. Er wird zum Ölmagnaten, inklusive Cary-Grant-Akzent, und lockt Sugar auf
die Yacht, wobei er vorgibt, Frauen ließen ihn
kalt: für Sugar eine Herausforderung, der sie
nicht widerstehen kann.

Das Unheil nimmt seinen Lauf, als Gamasche und seine Gang in Florida zur Jahres-
versammlung des Mobs eintreffen. Joe und
Jerrys mühsam aufgebaute Tarnung fliegt auf,
und sie sind wieder einmal zum falschen Zeitpunkt am falschen Ort, denn sie hocken unter Gamasches Tisch, als aus einem Riesen-
kuchen keine Tänzerin, sondern ein Mord-
schütze springt und Gamasche und sein
Gefolge niedermäht. Die Polizei erscheint zu
spät am Tatort, und Joe, Sugar, Jerry und Osgood fliehen auf die Yacht. Sugar stört es
nicht, dass Joe arm ist, und überraschenderweise verzieht auch Osgood keine Miene, als
Jerry seine Daphne-Perücke abnimmt und
ihm gesteht, keine Frau zu sein.

Kritiken:
Variety
„*Some Like It Hot* unter Billy Wilders meister-
licher Regie ist wahrscheinlich der komisch-
ste Film der letzten Zeit: eine überdrehte,
schlaue und absurde Komödie, die als ein
Feuerwerk einsetzt und bis zum Schluss nicht
aufhört, Funken zu sprühen. Nie sah Marilyn
besser aus. Ihre Interpretation Sugars, der
quirligen Blondine, die Saxophonisten und
Brillenträger ganz besonders mag, wirkt wunderbar naiv. Sie ist eine Komikerin mit un-
schlagbarem Sexappeal."

Marilyn als Sugar mit Josephine von Frau zu Frau … und ganz intim mit Mr. Shell, dem jungen Ölmagnaten.

Oben und rechts: Marilyn als Ellen Arden in dem unvollendeten Film *Something's Got to Give* (1962).

The New York Times
„Mr.Wilder, unterstützt von so ebenbürtigen Meistern ihres Fachs wie Marilyn Monroe, Jack Lemmon und Tony Curtis, leitet eine völlig unglaubwürdige Handlung überraschend in eine breit angelegte Farce über, in der einfache Komik und raffiniert schlagfertige Dialoge einander ablösen.... In der Rolle einer etwas unbedarften Sängerin steuert Miss Monroe mehr als nur ihre nicht zu übersehenden offensichtlichen Vorzüge zum Gelingen dieses ausgelassenen Spaßes bei. Ein leichtes Opfer von Gin und Saxophonspielern, singt sie mit Flüsterstimme einige alte Songs – *Running Wild* und *I Wanna Be Loved by You* – und wird so zum Inbegriff des blonden Dummchens und einer talentierten Komikerin."

New York Post
„Um es auf den Punkt zu bringen: Marilyn ist in diesem Film so sehr in ihrem Element, dass man meint, sie spiele nur sich selbst und gehöre als Mensch eigentlich in jene vergangene Epoche und gerade deshalb in diesen Film."

SOMETHING'S GOT TO GIVE (1962)

Something's Got To Give wäre Marilyns 30. Film geworden. Obgleich er nur zu einem Drittel fertig gestellt wurde, schrieben viele Biografen über ihn ausführlicher als über die anderen 29 Filme.

Something's Got To Give ist eigentlich ein Remake von *My Favorite Wife*, einer sehr populären Komödie mit CARY GRANT und Irene Dunne aus dem Jahr 1940. Eine Frau wird scheinbar Opfer eines Unglücks, man hält sie für tot, aber Jahre später kehrt sie heim zu ihrem inzwischen neu verheirateten Mann.

Das Skript von Sam und Bella Spewack geht selbst wieder auf „Enoch Arden" zurück, ein Gedicht von Alfred Lord Tennyson, und dies möglicherweise auf eine Erzählung des amerikanischen Schriftstellers David R. Locke.

Man bot Marilyn diesen Film als einen von zweien an, die sie vertragsgemäß noch für die TWENTIETH CENTURY-FOX zu drehen hatte. Es wurde oft gesagt, Marilyn habe sich innerlich gegen diesen Film gesträubt. Ihr Analytiker DR. RALPH GREENSON und andere überredeten sie jedoch, ihn zu machen, in der Annahme, die Wiederaufnahme der Arbeit würde ihr nach den traumatischen Erlebnissen von 1961 gut tun. Und weil die Produktionsfirma ihres Freundes DEAN MARTIN an dem Projekt beteiligt war, stand Marilyn ihm nicht vollkommen ablehnend gegenüber. Als Schauspielerin reizte sie die Rolle, weil sie sich von allen, die sie bisher gespielt hatte, unterschied.

In dem erhaltenen Fragment spielt sie eine Ehefrau und Mutter. Den Text spricht sie in natürlicher Tonlage und nicht mit der hauchenden Stimme, die man sonst von ihr kennt. Für ihre Karriere war das Projekt wichtig. Die beiden vorherigen Filme, LET'S MAKE LOVE (1960) und THE MISFITS (1961), hatten ihr nicht den Erfolg gebracht, den man sich erhofft hatte, und sie wollte unbedingt jene Kritiker zum Schweigen bringen, die behaupteten, sie sei am Ende. Wie so oft war ihre Gage von 100.000 Dollar plus 500 Dollar pro Woche viel geringer als die ihrer Kollegen. Dean Martin, der andere Star, und der Regisseur GEORGE CUKOR sollen jeder 300.000 Dollar erhalten haben.

Cukor, vom Produzenten David Brown ins Spiel gebracht, musste vertragsgemäß noch einen Film für das Studio drehen. Nicht weniger als sieben Autoren arbeiteten an dem schwierigen Drehbuch, so der Biograf FRED LAWRENCE GUILES. Die Fassung, die Marilyn am besten gefiel, stammte von NUNNALLY JOHNSON, mit dem sie schon in HOW TO MARRY A MILLIONAIRE (1953) zusammengearbeitet hatte. Der stieg jedoch im März 1962, einen Monat vor Drehbeginn, aus. Seinem Freund JEAN NEGULESCO schrieb er damals: „Ich weiß nicht, ob dieser Film je gedreht wird."

Der ursprüngliche Autor Arnold Shulman erhielt sein Skript zurück und schloss daraus, dass „das Studio kein Interesse mehr an dem Film hatte". An seine Stelle trat WALTER BERNSTEIN, wodurch die Kosten für das Drehbuch auf über 300.000 Dollar anstiegen. Es wurde während der Dreharbeiten ständig umgeschrieben. Einige Änderungen griffen Vorschläge Marilyns auf, und vom Original blieben schließlich nur noch vier Seiten unverändert. Marilyn war unglücklich über die vielen Änderungen, weil sie die von ihr bevorzugte Fassung ihrer Meinung nach „verwässerten". Das Studio druckte deshalb sogar einmal die umgeschriebenen Seiten auf weißem statt auf dem für Änderungen üblichen blauen Papier.

Schwierigkeiten mit dem Drehbuch waren auch der Grund für eine Verlegung des Beginns der wichtigsten Dreharbeiten vom Februar auf den 23. April. Der Vizepräsident PETER LEVATHES, der die laufenden Studioarbeiten beaufsichtigte, hatte zu diesem Zeitpunkt den ersten Produzenten David Brown gegen HENRY WEINSTEIN ausgetauscht. Der war ein Freund Ralph Greensons und hatte Levathes wohl davon überzeugt, dass Marilyn besser mit jemandem zusammenarbeite, der sie gut verstehe. Auch Greenson wurde als Marilyns besonderer Berater angeheuert.

Am 23. April war Marilyn krank und erschien nicht zum Drehen. Aber auch Dean Martin blieb fort, weil er noch einen anderen Film abdrehen musste. Marilyn meldete sich eine Woche darauf im Studio, aber nach dem ersten Drehtag fieberte sie wieder und litt unter einer Nebenhöhlenentzündung. Ihr Hausarzt Dr. Hyman Engelberg wie auch der Studioarzt Lee Seigel (siehe DOCTORS) befanden sie für ruhebedürftig. Zu Hause arbeiteten Marilyn und PAULA STRASBERG weiter am Skript und versuchten, mit den vielen Änderungen und neuen Versionen, die fast täglich eintrafen, zurechtzukommen.

Cukor war inzwischen dazu übergegangen, die Szenen zu drehen, in denen Marilyn nicht auftrat und die im Film – in einer Point-of-View Technik – die aus ihrer Perspektive betrachtete Handlung wiedergeben.

Mitte Mai erschien Marilyn an mehreren aufeinander folgenden Tagen zur Arbeit, aber am 17. Mai flog sie nach New York. Das Studio ließ sie sofort wissen, dass dies einen Vertragsbruch darstelle; stillschweigend sollen die Studiobosse jedoch ihre Zustimmung gegeben haben. Am 19. Mai sang sie im MADISON SQUARE GARDEN für JOHN F. KENNEDY „Happy Birthday". Danach nahm sie die Arbeit wieder auf, und es entstand u. a. die Folge am Pool, in der sie spontan ihren fleischfarbenen Bikini auszieht und ihre allerletzten Aktaufnahmen macht. Zu diesem Zeitpunkt war jedoch die Entscheidung, die Dreharbeiten abzubrechen, längst gefallen.

Marilyn erfuhr von ihrer bevorstehenden Entlassung am Tag nach der Party, die die Filmcrew zu ihrem 36. Geburtstag gegeben hatte. Endgültig wurden die Dreharbeiten am Ende der folgenden Woche gestoppt. Angesichts der drohenden Entlassung verweigerte Marilyn die Arbeit, um erst einmal die juristischen Konsequenzen mit ihren Beratern klären zu können. Unterdessen hatte das Studio Marilyn von seiner Absicht, sie wegen Vertragsbruchs zu verklagen, unterrichtet. Ralph Greenson unterbrach einen Europatrip und sollte die Verhandlungen führen.

Marilyns Entlassung wird erst vor dem Hintergrund der bedrohlichen Schwierigkeiten, mit denen die Fox und die gesamte Filmindustrie zu jener Zeit zu kämpfen hatte, verständlich. Die Fox war finanziell angeschlagen, weil die Kosten für ELIZABETH TAYLORs Cleopatra (1963) auf über 30 Millionen Dollar gestiegen waren, von denen allein Taylor eine Million einstrich. Hinzu kamen die Konkurrenz durch das inzwischen weit verbreitete Fernsehen, unter der alle Hollywoodstudios litten, und eine neue Machtposition der Stars. Dieser Machtverlagerung hat Marilyn selbst Vorschub geleistet, indem sie Mitte der 1950er-Jahre dem Studio den Rücken kehrte und einen für sie viel vorteilhafteren Vertrag aushandelte.

Einige sind der Meinung, die Fox habe nur nach einem Vorwand gesucht, um das Projekt sterben zu lassen. Viele Biografen behaupten sogar, sie habe die Versicherungssumme kassieren wollen und deshalb Marilyns angegriffene Gesundheit und ihre Unzuverlässigkeit hochgespielt, um so die Entlassung zu legitimieren. All dies geschah zu einer Zeit, in der die alte Garde der Fox von neuen Managern abgelöst wurde, denn die Studioeigner versetzte der Bedeutungsverlust ihrer Gesellschaft in Panik.

Am 7. Juni 1962 wurde Marilyn wegen Vertragsbruchs von der weiteren Mitarbeit an dem Film offiziell entbunden, nachdem Levathes Krach geschlagen hatte. Henry Weinstein äußerte gegenüber der Filmjournalistin SHEILA GRAHAM: „Ihre Krankheit ist mir offiziell niemals mitgeteilt worden. Sie sagte mir nur, sie wolle nicht kommen. Von dreiunddreißig Drehtagen ist Marilyn nur zwölfmal zum Dreh erschienen, und sie dreht immer nur eine Seite pro Tag. Das ergibt insgesamt gerade vier Arbeitstage … Studios können nun einmal nicht funktionieren, wenn die Stars nicht zur Arbeit erscheinen. Wenn das so weiter geht, wird es bald keine Filmindustrie mehr geben." Das Studio verklagte Marilyn auf 500.000 Dollar Schadens-

ersatz, später sogar auf 750.000 Dollar. In der Zeit zwischen dem Abbruch der Dreharbeiten und Marilyns offizieller Entlassung sah man sich nach einem Ersatz für sie um. KIM NOVAK und SHIRLEY MACLAINE lehnten ab, und die Fox musste sich mit LEE REMICK zufrieden geben. Im Grunde spielte es keine Rolle, auf wen sich die Fox einigte, denn in Dean Martins Vertrag gab es eine Klausel, wonach er zur Hauptdarstellerin seine Zustimmung geben musste, und er wollte nur mit Marilyn arbeiten. Im Gegenzug verklagte das Studio Dean Martins Produktionsfirma darauf, die Kosten für den gesamten Film, mehr als 3 Millionen Dollar, zu tragen.

Nach Abbruch des Films fanden sich alle Mitarbeiter zusammen und schalteten eine Anzeige in Variety, in der sie sich sarkastisch bei Marilyn für ihre Entlassung bedankten. Diese öffentliche Kritik traf sie sehr.

Marilyn kämpfte um ihre Rehabilitierung. Auf eine Einladung ROBERT KENNEDYs und seiner Frau nach Virginia antwortete sie:

„Ich hätte sehr gern Ihre Einladung zu Ehren von Pat und Peter Lawford angenommen. Leider bin ich mit einem Freedom Ride beschäftigt, einem Protest gegen den Verlust von Minderheitenrechten für die wenigen noch langfristig unter Vertrag stehenden Stars. Wir wollen doch schließlich nur das Recht haben zu strahlen."

Wenige Wochen nach Marilyns Entlassung trat der langjährige Präsident der Fox, SPYROS SKOURAS, zurück. Inzwischen hatte man jedoch in aller Stille den Drehbuchautor Hal Kanter mit einer Revision des Stücks beauftragt, und es gab Pläne, Marilyn erneut zu engagieren. Am 25. Juli 1962 suchte Peter Levathes Marilyn persönlich auf und teilte ihr den Wunsch der TWENTIETH CENTURY-FOX mit, sie wieder einzustellen. Man beabsichtigte nicht nur, die Klage gegen sie zurückzuziehen, sondern bot ihr auch eine höhere Gage.

Marilyns Anwalt (siehe LAWYERS) Milton Rudin begann die vertraglichen Details für eine Wiederaufnahme der Dreharbeiten auszuarbeiten. Es war Marilyns Idee, den Versuch zu machen, Jean Negulesco als Regisseur zu gewinnen. Am 1. August 1962, vier Tage vor ihrem Tod, stellte die Fox Marilyn wieder ein, mit einer auf 250.000 Dollar – anderen Berichten zufolge sogar auf 500.000 Dollar – erhöhten Gage.

Das Studio ließ das Skript überarbeiten und die Rollen neu besetzen. Der Film kam 1963 unter dem Titel Move Over Darling – Eine zu viel im Bett, heraus, mit James Garner und dem größten blonden Kassenmagneten jener Tage, DORIS DAY, in den Hauptrollen.

DAS FILMMATERIAL

Ausschnitte der Dreharbeiten zeigte die Fox 1963 in ihrem Dokumentarfilm Marilyn.

1992 veröffentlichte Fox Video eine Kassette in limitierter Auflage, die auf 45 Minuten einen Zusammenschnitt aus Filmszenen, ausgemusterten Einstellungen sowie Kostüm- und Make-up-Proben bot. Andere Fassungen des Filmmaterials – es existieren insgesamt fünf Stunden mit Filmszenen, Mustern und alternativen Einstellungen – zirkulieren unter Sammlern. Diese riesige Materialmenge wurde erst dreißig Jahre nach Einlagerung in einem Salzbergwerk entdeckt. Insgesamt soll die Fox acht Stunden Material gedreht haben, behauptete aber, als sie Marilyn entließ, es seien davon nur sieben Minuten zu gebrauchen. Alle Marilyn-Fans,

Marilyn hört sich eigene Gesangsaufnahmen an (1951).

die das Material kennen, sind s ch einig, dass hier eine gereifte Marilyn auf dem Gipfel ihres schauspielerischen Könnens zu sehen ist, strahlend und glänzend wie je. Evelyn Moriarty, Marilyns Double in diesem Film, meinte, es sei genügend Material für einen abendfüllenden Film vorhanden, wenn nur die Handlung verändert und Rückblenden eingebaut würden.

Produktionsdaten:
Twentieth Century-Fox

Crew:
Regie: George Cukor
Produktion: Henry Weinstein
Drehbuch: Nunnally Johnson, Walter Bernstein
Vorlage (Bühnenstück): Samuel und Bella Spewack

Besetzung:
Marilyn Monroe … Ellen Arden
Dean Martin … Nick Arden
Cyd Charisse … Bianca
Phil Silvers … Versicherungsagent
Wally Cox … Schuhverkäuferin
Tom Tryon … Steven Burkett
Steve Allen … Dr. Herman Schlick

SONGS

LIONEL NEWMAN:
„Ich finde, sie sang besser als die meisten professionellen Sängerinnen. Sie gab sich richtig Mühe und hielt immer den Takt."

Marilyn war der Gesang genauso wichtig wie die Schauspielerei (siehe ACTING). Sie nahm Unterricht bei verschiedenen Lehrern (siehe VOICE COACHES), und in ihrer ersten etwas größeren Rolle – in LADIES OF THE CHORUS (1948) – sang sie zwei Songs. Ihre Stimme (siehe VOICE) hatte etwas Besonderes. HAL SCHAEFFER, ein Stimmbildner, mit dem Marilyn in GENTLEMEN PREFER BLONDES (1953) zusammenzuarbeiten begann, sagte: „Sie sang gern, sie sang gut, und sie betete ihr

Idol Ella an. Am stärksten hat sie die Schallplatte *Ella Sings Gershwin*, die sie von mir geschenkt bekommen hat, beeinflusst."

Manche wollten nicht glauben, dass Marilyns Gesang in den Filmen tatsächlich von ihr stammte. Die New Yorker Klatschkolumnistin DOROTHY KILGALLEN unterstellte ihr, die Nummern in *Gentlemen Prefer Blondes* seien von einer anderen Sängerin gesungen worden, worauf der Studioboss der Fox, DARRYL ZANUCK, mit einer eidesstattlichen Erklärung konterte. Kilgallen schrieb ihm: „Es wirft mich einfach um, dass jemand, der so gut wie Marilyn in *Gentlemen Prefer Blondes* singt, gerade erst sein Talent entdeckt haben soll."

Im Oktober 1953 unterschrieb Marilyn einen Plattenvertrag bei der RCA, die jedoch nur drei Singles von ihr aus *There's No Business Like Showbusiness* (1954) herausbrachte. Wegen einer Exklusivklausel im Vertrag wurde der Broadway-Star Dolores Gray für das offizielle Soundtrack-Album verpflichtet.

Mit der RCA nahm Marilyn auch den Song *A Fine Romance* auf, den viele für ihren besten halten, aber man veröffentlichte ihn erst lange nach ihrem Tod. Außerdem wurden Marilyns Filmsongs noch von den jeweiligen Studios auf Soundtrack-Alben publiziert.

Im Laufe der Jahre erschienen mehrere Sammelalben, in denen zur Veröffentlichung bestimmte Originalaufnahmen mit aus den Soundtracks ausgekoppeltem Material kombiniert wurden.

Legend Records brachte 1991 die Doppel-CD *Marilyn Monroe: The Complete Recordings* heraus, die alle Filmsongs sowie Mitschnitte aus Radiosendungen, Interviews und Pressekonferenzen enthält.

MARILYNS SONGS

FILMSONGS:

Ladies of the Chorus (1948):
„Anyone Can See I Love You"
„Every Baby Needs a Da-Da-Daddy"

A Ticket to Tomahawk (1950):
„Oh, What a Forward Young Man You Are"

Niagara (1953):
„Kiss"

Gentlemen Prefer Blondes (1953):
„We're Just Two Little Girls from Little Rock"
„When Love Goes Wrong"
„Bye Bye Baby"
„Diamonds Are a Girl's Best Friend"
Aus dem Film ausgekoppelte Songs:
„Four French Dances"-Medley,
„Down Boy"
„When the Wild Wild Women Go Swimmin' Down in the Bimini Bay"

River of No Return (1953):
„River of No Return"
„I'm Going to File My Claim"
„One Silver Dollar"
„Down in the Meadow"

There's No Business Like Show Business (1954):
„After You Get What You Want You Don't Want It"
„Heatwave"

„Lazy"
„There's No Business Like Show Business"
„A Man Chases a Girl"
„You'd Be Surprised"

Bus Stop (1956):
„That Old Black Magic"

The Prince and the Showgirl (1957):
„I Found a Dream"

Some Like It Hot (1959):
„Some Like it Hot"
„I'm Through with Love"
„I Wanna Be Loved by You"
„Running Wild"

Let's Make Love (1960):
„Let's Make Love"
„Incurably Romantic"
„Specialization"
„My Heart Belongs to Daddy"

LIVE-AUFNAHMEN:

1948 – im Haus des Regisseurs Richard Quine:
„Baby Won't You Please Come Home"

1952 – Camp Pendleton: „Somebody Loves You",
„Do It Again"

1953 – in der Jack Benny Show: „Bye Bye Baby"

1954 – auf der Korea-Tour: „Do It Again"
(abgewandelt in „Kiss Me Again"),
„Diamonds Are a Girl's Best Friend", „Somebody Love Me," „Bye Bye Baby"

1954 – auf der Romanoff Party: „Do It Again"

1955 – The-Seven-Year-Itch-Party: „Let's Do It"

1962 – Kennedy Geburtstag, Madison Square Garden: „Happy Birthday, Mr. President", „Thanks, Mr. President"

SONGS AUS STUDIOTESTS:

„Love Me or Leave Me" (für *Ladies of the Chorus*)
„How Wrong Could I Be"

AUF IHRER BEERDIGUNG GESPIELTER SONG:

„Over the Rainbow"
von Judy Garland

BEDEUTENDE SONGS ÜBER MARILYN
(AUSWAHL AUS MEHREREN HUNDERT):

„Candle in the Wind"
von Elton John und Bernie Taupin

„Marilyn and John"
von Vanessa Paradis

SOUTH AVON STREET
131 SOUTH AVON STREET, BURBANK, KALIFORNIEN

Im Sommer 1947, als Marilyn nach ihrem Auszug aus dem STUDIO CLUB das Haus eines Ehepaars hütete, soll ein Polizist zu ihr durch das Schlafzimmerfenster eingestiegen sein, um sie zu vergewaltigen, aber, obwohl gefasst, niemals angeklagt worden sein. Viele Biografen zweifeln an dieser Geschichte, obwohl viele Lokalzeitungen darüber berichteten.

SPADA, JAMES

Spada war zeit seines Lebens ein Marilyn-Fan und Koautor des schönen, mit GEORGE ZENO veröffentlichten biografischen Fotobandes *Marilyn Monroe: Ihr Leben in Bildern*.

SPERIGLIO, MILO

Der Privatdetektiv Milo Speriglio wurde von ROBERT SLATZER angeheuert, um vermeintliche Verbrechen im Zusammenhang mit Marilyns Tod (siehe DEATH) aufzuklären. In seinen zwei Büchern *Marilyn Monroe: Murder Cover-Up* und *The Marilyn Conspiracy* wird ROBERT KENNEDY ohne Umschweife zum Schuldigen gestempelt. Speriglios Kronzeuge war LIONEL GRANDISON, der für den amtlichen Leichenbeschauer arbeitete und behauptete, Blutergüsse an Marilyns Körper seien im Autopsiebericht unterschlagen worden.

In einem dritten mit Adela Gregory verfassten Buch – *Der Fall Marilyn Monroe* – beschuldigt er Joseph Kennedy, SAM GIANCANA angestiftet zu haben, Marilyn umzubringen, weil sie von Bobby schwanger gewesen sei. Speriglio nennt zudem fünf Bosse der Unterwelt namentlich auf einer so genannten Mordliste, die Marilyn angeblich umbringen lassen wollten.

SPINDEL, BERNARD

Ein Abhörspezialist, der Marilyns Haus elektronisch überwacht und Tonbänder von ihren Unterhaltungen mit ROBERT KENNEDY mitgeschnitten haben soll. Angeblich besaß er Aufnahmen von beiden beim Liebesakt sowie Bänder von Marilyns letzter Nacht, die beweisen sollten, dass man sie erstickt habe. Laut Biograf ANTHONY SUMMERS arbeitete Spindel für JIMMY HOFFA und suchte belastendes Material gegen Robert Kennedy. Als der Bezirksstaatsanwalt von Manhattan den Fall 1966 untersuchte, ging Spindel an die Öffentlichkeit, gab zu, Marilyn abgehört zu haben, erklärte aber, dass man ihm die Tonbänder gestohlen habe. Die Bezirksstaatsanwaltschaft von Los Angeles hörte sich 1982 das gesamte bei Spindel im Jahr 1966 beschlagnahmte Material an. Ihrer offiziellen Verlautbarung zufolge „enthielten die Bänder keinen Hinweis auf Marilyn Monroe".

SPORTS – Sport

Marilyn betrieb in ihrer Freizeit im Laufe der Jahre unterschiedliche Sportarten, am intensivsten als Teenager in der Ehe mit JAMES DOUGHERTY, der sie zum Skilaufen, Reiten, Wandern, Schwimmen und Kanufahren mitnahm. Einige Male begleitete sie ihn auch auf Angelausflügen zum Sherwood Lake (Ventura County), wo beide schon die Flitterwochen (siehe HONEYMOONS) verbracht hatten.

Baseball
Eine erste Berührung mit diesem Sport ergab sich 1951 für Marilyn bei einem Fototermin mit Gus Zernial von den Chicago White Sox.

Marilyn mit Ralph Edwards, 1952, beim Eröffnungswurf für die „Out of This World Series".

JOE DIMAGGIO sah das Foto und setzte alles daran, Marilyn kennen zu lernen.

Ihr erstes Spiel sah sie am 17. März 1952 auf dem Gilmore Field in Hollywood, wo Hollywoodstars in einem Benefizspiel zugunsten des Kiwanis Club for Children gegen die Stars der Major League antraten. Es war das einzige Mal, das sie DiMaggio spielen sah.

In der Ehe begleitete sie Joe einige Male zu seinem Einsatz als Kommentator ins Yankee Stadium. Im Frühjahr 1961 fuhr sie mit ihm ins Trainingslager der Yankees nach Florida.

Marilyn trat zum letzten Mal am 1. Juni 1962, ihrem 36. Geburtstag, im Dodger Stadium in Los Angeles anlässlich einer Wohltätigkeitsveranstaltung für Muskelschwundkranke öffentlich in Erscheinung. Sie warf zur Spieleröffnung den ersten Ball.

Basketball
Als Starlet soll Marilyn, um abzunehmen, Basketball gespielt haben.

Badminton
Ende der 1950er-Jahre spielte Marilyn im Sommer mit PATRICIA ROSTEN, der Tochter ihrer Freunde NORMAN und HEDDA ROSTEN, Rasentennis und Badminton.

Golf
Als es Marilyn Ende der 1940er-Jahre finanziell schlecht ging, arbeitete sie als spärlich bekleidete Assistentin einmal für den Show-Golfer Joe Kirkwood jr. Sie sollte einen Plastikball halten, war aber so nervös, sodass ihr erster Auftritt zugleich ihr letzter wurde.

Golfspielen lernte sie in der Zeit mit Joe DiMaggio. Einer Journalistin verriet sie: „Ich spielte auch ziemlich gut, konnte jedenfalls ziemlich gut schlagen. Aber das Drumherum gefiel mir nicht."

JEANNE CARMEN behauptete, an Marilyns Todestag mit ihr zum Golfspielen verabredet gewesen zu sein.

Reiten
Anfang der 1940er-Jahre begleitete Marilyn Jim Dougherty zum Reiten. 1946 durfte sie in LAS VEGAS sogar ROY ROGERS' berühmtes Pferd Trigger reiten. Einige Jahre später besaßen sie und ARTHUR MILLER in ihrem Landhaus in ROXBURY ein Pferd namens Ebony. Marilyn soll es jedoch selten geritten haben.

Laufen
Mit elf war Norma Jeane bei Lauf- und Springwettkämpfen in ihrer Schule die Beste. Das Foto einer jungen, durch Hollywoods Nebenstraßen joggenden Marilyn ist vermutlich nicht authentisch, sondern nachgestellt.

Fußball
Beim Eröffnungszeremoniell für das Spiel der USA gegen Israel am 12. Mai 1957 im New Yorker Ebbet's Field führte Marilyn den Anstoß aus. Dabei verstauchte sie sich in ihren vorn offenen Schuhen (siehe SHOES) zwei Zehen, weil sie den Ball zu hart trat. Ungeachtet der Schmerzen blieb sie bis zum Ende des Spiels und überreichte dem Kapitän der Siegermannschaft die Trophäe.

Softball
Norma Jeane war eine der stärksten Spielerinnen im Team des Waisenhauses (siehe ORPHANAGE).

Surfen
Laut ROBERT SLATZER und Rettungsschwimmer TOMMY ZAHN surfte Norma Jeane 1946 und 1947 regelmäßig in Malibu.

Schwimmen
Die Berichte über Marilyns Schwimmkünste widersprechen einander.

Schwimmen gelernt haben soll sie im Waisenhaus in Los Angeles. Tommy Zahn sagt, sie seien oft im Ozean zusammen geschwommen. Die ersten Studio-Biografien (siehe STUDIO BIOGRAPHIES) nennen Schwimmen eines ihrer Interessengebiete.

Zu den ersten Mustern ihrer Schwimmszenen in *Something's Got To Give* soll sie überrascht bemerkt haben: „Es sieht tatsächlich so aus, als könnte ich gut schwimmen. Keiner merkt, dass ich nur wie ein Hund herumpaddele."

Den Swimming-Pool ihres Hauses am FIFTH HELENA DRIVE soll sie jedoch kaum benutzt haben.

Die Marilyn Monroe Gedenkmarke der USA.

Krafttraining

Marilyn begann 1943 mit Gewichten zu trainieren, als ihr erster Ehemann mit der Marine auf CATALINA ISLAND vor der kalifornischen Küste stationiert war. 1952 zeigt ein Bericht im *Life* Magazin sie bei ihren täglichen dreiviertelstündigen Hantelübungen, die Teil ihres jahrelangen Trainings waren (siehe FITNESS).

SPOTO, DONALD

Donald Spoto, Autor mehrerer Biografien über Stars der Unterhaltungsbranche (siehe BIOGRAPHERS), veröffentlichte 1993 seine Marilyn-Biografie, um, wie er sagte, der „schauderhaft perspektivlosen Sensationshascherei" entgegenzutreten. Ihm waren bei seinen ausführlichen Recherchen als Erstem private Aufzeichnungen vieler Schlüsselfiguren in Marilyns Leben zugänglich, darunter die ihres Geschäftspartners MILTON GREENE, die ihrer Managerin INEZ MELSON sowie genealogische Studien des Archivars Roy Turner. Spoto interviewte zudem 150 Personen.

Sein Werk gilt als die am besten recherchierte Marilyn-Biografie. Die zahlreichen Verschwörungstheorien, die sich um Marilyns Tod ranken (siehe CONSPIRACY und DEATH), führt er ad absurdum.

Spoto verfasste auch Biografien über ALFRED HITCHCOCK, Ingrid Bergman, James Dean, MARLENE DIETRICH, LAURENCE OLIVIER, ELIZABETH TAYLOR und Prinzessin DIANA.

SPRINGER, JOHN

ARTHUR JACOBS' Partner in der New Yorker Werbeagentur, die Marilyn ab 1955 bis zu ihrem Tod betreute. In Marilyns letzten Lebensjahren kümmerte sich Springer persönlich um die Interviews. PAT NEWCOMB, die für die Agentur arbeitete, war schon fast Marilyns Privatsekretärin. Springer begegnete Marilyn 1952, als er in der Werbeabteilung der RKO beschäftigt war und Marilyn dort *Clash By Night* (1952) drehte.

Springer leitete Marilyns berühmtes *Life*-Interview mit dem Journalisten RICHARD MERYMAN in die Wege.

STAGE DOOR

Als Mitglied der Bliss-Hayden Theater Group spielte Marilyn eine kleine Rolle in diesem Stück von Edna Ferber und George S. Kaufmann.

STAMPS — Briefmarken

Bis 1995 erschien Marilyn einzig auf Briefmarken der Afrika-Staaten Kongo und Mali. Doch dann druckten auch die USA eine Gedenkmarke, von der 46,3 Millionen Exemplare an Sammler und mehrere Millionen in den normalen Postverkehr gingen. Nur die Elvis-Gedenkmarke von 1993 verkaufte sich mit über 124 Millionen Exemplaren besser. In den letzten Jahren wurden Marilyn-Marken von Montserrat, Tansania, Gambia, Madagaskar und anderen Ländern ausgegeben. Auch auf Telefonkarten ist sie jetzt zu sehen.

(siehe MEMORABILIA — Fan-Artikel)

STANISLAWSKI, KONSTANTIN
(1863–1938)

Russischer Schauspieler, Regisseur und Mitbegründer des einflussreichen Moskauer Künstler-Theaters. Seine Theorien über Theaterpraxis und Schauspielerausbildung beeinflussten besonders das Theater in den USA. Seine Thesen bildeten auch den Kern der „Methode" (siehe THE METHOD), nach der LEE STRASBERG am ACTORS STUDIO unterrichtete.

Stanislawskis große Leistung lag nach Strasberg in seiner „bewussten Stimulierung jener kreativen Prozesse, die sich normalerweise nur im Unbewussten abspielen".

STANLEY, KIM
(GEB. 1921 ALS PATRICIA REID)

Die bekannte Bühnenschauspielerin besuchte im ACTORS STUDIO dieselbe Klasse wie Marilyn. Sie feierte ihre größten Broadwayerfolge in der ursprünglichen Fassung von BUS STOP, in *Picnic* und in *A Touch of the Poet*.

Über Marilyn sagte sie: „Jeder, der über ein wenig Großzügigkeit verfügte, fühlte sich zu Marilyn hingezogen. Sie nahm uns alle für sich ein … Sie hatte etwas an sich, das einen dazu brachte, sie gern zu haben."

Stanleys Filmdebüt stand ganz im Zeichen Marilyns, denn sie spielte die Rita Shawn in *The Goddess – Die Göttin* (1958), einer kaum verschlüsselten filmischen Aufbereitung von Marilyns Leben, die PADDY CHAYEFSKY angeblich verfasste, um sich an Marilyn für ihren Rücktritt von einem gemeinsamen Projekt zu rächen. *Die Göttin* handelt von einem armen Mädchen, das ein großer Hollywoodstar wird und einen Spitzensportler heiratet.

Obgleich Kim Stanley nur in wenigen Filmen auftrat, wurde sie zweimal für einen Oscar nominiert, einmal für *Seance on a Wet Afternoon – An einem trüben Nachmittag* (1964), und dann für *Frances* (1982).

STANWYCK, BARBARA
(1907–1990, GEB. ALS RUBY STEVENS)

> „Sie stand sich selbst im Wege, war verunsichert, ohne Disziplin und oft unpünktlich. Aber sie strahlte einen Zauber aus, den wir alle sofort spürten … Ihre Phobien machten sich erst später bemerkbar. Sie wirkte wie ein sorgloses Kind, dem die Welt gehörte."

Barbara Stanwycks Karriere begann Ende der 1920er-Jahre und erstreckte sich über ein halbes Jahrhundert. Sie war die Hauptdarstellerin in CLASH BY NIGHT, mit Marilyn in einer Nebenrolle, und erhielt Oscar-Nominierungen für die Filme *Stella Dallas* (1937), *Double Indemnity – Frau ohne Gewissen* (1944) und *Sorry Wrong Number – Du lebst noch 105 Minuten* (1948). Obwohl Marilyn beim Dreh eine schwierige Partnerin war, tat Stanwyck ihr Bestes, um die junge Kollegin zu unterstützen. Großzügig sah die erfahrene Schauspielerin darüber hinweg, dass sich das Interesse der Presse fast ausschließlich auf ihre blonde Partnerin konzentrierte, was dem anderen Hauptdarsteller, Paul Douglas, weniger leicht fiel.

1957 soll sie Marilyn im Kampf um die Hauptrolle in Sam Fullers *Forty Guns – Vierzig Gewehre*, aus dem Feld geschlagen haben.

STAPLETON, MAUREEN (GEB. 1925)

Stapleton besuchte Mitte der 1950er-Jahre das ACTORS STUDIO, war am Broadway erfolgreich und machte dann als Charakterdarstellerin eine lange Karriere beim Film.

Sie bereitete im Februar 1956 mit Marilyn eine Szene aus O'Neills Stück ANNA CHRISTIE vor, die vor LEE STRASBERG und allen Mitgliedern des Studios aufgeführt werden sollte. Stapleton sagte dem Biografen Donald Spoto 1992: „Sie hätte sich auch eine weniger bekannte Rolle aussuchen können, sodass nur ihre eigene Leistung für die Beurteilung ihres Spiels ausschlaggebend gewesen wäre. Doch sie spielte die Rolle der Anna Christie, in der schon ein Dutzend hervorragende Schauspielerinnen aufgetreten waren – darunter auch die Garbo!"

Stapletons berühmteste Filme waren *Lonelyhearts – Das Leben ist Lüge* (1959, Oscarnominierung), *Queen of the Stardust Ballroom – Die Ballkönigin* (1975), *Interiors* (1978, Oscarnominierung) – *Innenleben* und *Reds* (1981), für den sie einen Oscar erhielt.

STEFFENS, LINCOLN (1866–1936)

Amerikanischer Journalist, der sich Anfang der 1920er-Jahre mit Exposés über Korruption in Politik und Wirtschaft einen Namen machte und so eine stärkere Sensibilisierung für Bürgerbelange durchsetzte. Die *Autobiography of Lincoln Steffens* (1931) gehörte zu Marilyns Lieblingsbüchern (siehe BOOKS).

STEINEM, GLORIA (GEB. 1934)

> „Marilyns ungenutzte Möglichkeiten sprachen unsere Fantasie an. Die Verlorenheit Norma Jeanes in ihrem Blick sprach zu unseren Herzen."

Die politische Autorin ist seit 1960 eine Galionsfigur der feministischen Bewegung, sie war 1971 Mitbegründerin der Frauenzeitschrift *Ms*. Steinem gehört zu den wichtigsten feministischen Autorinnen Amerikas. Ihr Buch setzte 1986 den Ansichten über Marilyn eine feministische Sichtweise entgegen. Sie erkannte, dass Marilyns Verletzlichkeit, die zu ihren Lebzeiten viele Frauen vor den Kopf stieß, mit ihrem Tod (siehe DEATH) eine Wendung ins Tragische bekommen hatte. „Sie verkörperte die geheimen Wünsche der Männer und die Ängste der Frauen."

STENGEL, MARJORIE

Marjorie Stengel wurde – vermutlich auf Empfehlung ihres ehemaligen Arbeitgebers MONTGOMERY CLIFT – in New York kurzfristig Marilyns Sekretärin (siehe SECRETARIES), nachdem MAY REIS gekündigt hatte. Der Biograf FRED LAWRENCE GUILES meint, Stengel habe 1961 lieber gekündigt, als Marilyns Umzug an die Westküste mitzumachen. ANTHONY SUMMERS erwähnt Stengels eher schlechte Erinnerung an Marilyn, die nach ihrer Darstellung einsam in einer schmutzigen Wohnung inmitten halbleerer Pillenfläschchen lebte. Nach dem Umzug in den Westen ließ Marilyn Stengels Namen auf ihre Wohnungstür am DOHENEY DRIVE setzen, um Fans und die Presse irrezuführen.

Foto von Bert Stern, 1962.

Marilyn mit Lee und Paula Strasberg bei einer *Macbeth*-Aufführung 1962 in New York.

STERN, BERT (GEB. 1929)

Die Zeitschrift *Vogue* (siehe MAGAZINES) gab dem Werbe- und Modefotografen Bert Stern sechs Wochen vor Marilyns Tod den Auftrag, eine Fotoserie von ihr zu schießen. Marilyn erschien zum ersten Termin am 23. Juni 1962 im BEL-AIR HOTEL mit fünfstündiger Verspätung, und Stern machte in drei Sitzungen in den folgenden zwei Wochen fast 2700 Aufnahmen von ihr: Modefotos, Porträts und Akte, die nach Ansicht vieler Fans eine gereifte, selbstsichere und sinnliche Marilyn auf dem Gipfel ihrer Entwicklung darstellen.

Sein 464 Seiten umfassender Band *The Complete Last Sitting* enthält 2571 Aufnahmen aus diesen Sitzungen und wurde mehrfach wieder aufgelegt. Er vermittelt besser als jedes andere Buch den Ablauf einer Fotosession mit Marilyn: leicht variierte Posen, kaum merkliche Änderungen der Körperhaltung, des Lächelns und der Bewegungen.

Hätte Marilyn länger gelebt oder Stern ihr das Material nicht verzögert zur Begutachtung vorgelegt, so hätte Marilyn von ihrem Vorrecht, diejenigen Aufnahmen zu vernichten, die ihr zur Veröffentlichung ungeeignet erschienen, noch Gebrauch machen können, wie sie es seit Jahren mit Fotoserien getan hatte. Stern hatte Marilyn jedoch nur einen kleinen Teil des Materials gezeigt.

STRASBERG, ANNA

Zwei Jahre nach PAULA STRASBERGs Tod heiratete LEE STRASBERG Anna Mizrahi, seine zweite und letzte Frau. Sie hatten zwei Kinder. Nach seinem Tod erbte Anna Strasberg das Vermögen, wozu auch Marilyns ganzer Besitz zählte, den sie ihm im letzten Testament (siehe WILL) vermacht hatte. Dazu gehörten auch, nach Berücksichtigung einiger Sonderregelungen, 75 Prozent ihres Vermögens (siehe ESTATE). Der Wert des durch die CMG verwalteten Vermögens wird auf jährliche Einkünfte von über einer Million Dollar aus Filmtantiemen, Lizenzvergaben und Vermarktungsgewinnen geschätzt.

Anna Strasberg ließ Marilyns Besitz 1999 von Christie's versteigern. Es war die bisher größte Auktion von Marilyns Privatbesitz.

STRASBERG, JOHN

John Strasberg, der Sohn von LEE und PAULA STRASBERG, war selbst Schauspieler und Schauspiellehrer. Während seiner Jugendzeit war Marilyn oft bei den Strasbergs zu Gast und gehörte fast schon zur Familie. Nach Marilyns Scheidung von ARTHUR MILLER, 1961, zog sie wieder zu den Strasbergs und belegte Johns Schlafzimmer, während er auf einer Couch schlief. Zu seinem achtzehnten Geburtstag schenkte ihm Marilyn ihr schwarzes Thunderbird-Kabriolett.

STRASBERG, LEE
(1901–1982, GEB. ALS ISRAEL SRULKE)

„Ich sah, dass sie nicht die Person war, die sie zu sein schien, und dass ihr Äußeres nicht das ausdrückte, was in ihr vorging. Sie wirkte, als wartete sie auf jemanden, der ihre Tür öffnete, und als das dann geschah... erblickte man einen kostbaren Schatz."

ELIA KAZAN:
„Je naiver und unsicherer ein Schauspieler war, desto größer war Lees Macht über ihn. Je berühmter und erfolgreicher er war, desto mehr stiegen Lee die Machtgelüste zu Kopf. Die ehrfürchtige Marilyn Monroe war ein ideales Opfer für ihn."

RUPERT ALLAN:
„Den Strasbergs verdankte sie es, überhaupt arbeiten zu können. Die glaubten an sie. Sie ersetzten ihr die Eltern, die sie niemals hatte."

Lee Strasberg wurde zu einer Schlüsselfigur in Marilyns Leben, seit sie sich 1955 in New York niedergelassen hatte. Er war vielleicht der bekannteste Schauspiellehrer (siehe ACTING) des 20. Jahrhunderts und sein Schauspielkonzept (siehe THE METHOD) übernahmen so renommierte Schauspieler wie MARLON BRANDO, James Dean, Jane Fonda und Paul Newman.

Aus Strasbergs Geburtsort Budzanow in Galizien, heute Budanov in der Ukraine, emigrierten seine Eltern 1909 in die USA, und er wuchs in der jüdischen Gemeinde der Lower East Side Manhattans auf. Er studierte Schauspiel bei der russischen Schauspielerin Maria Ouspenskaya und dem Regisseur Richard Boleslavski, einem ehemaligen Kollegen KONSTANTIN STANISLAWSKIs am berühmten Moskauer Künstler-Theater. Mit Cheryl Crawford, Harold Clurman und ELIA KAZAN gründete Strasberg 1931 das Group Theater. In jener Zeit entwickelte er THE METHOD, sein Konzept der Schauspieltechnik. Ab 1937 ging er seinen eigenen Weg und wurde 1951 künstlerischer Leiter des ACTORS STUDIO, vier Jahre nach dessen Gründung durch Crawford, Kazan und Robert Lewis.

Am Actors Studio wurde individuell und kollektiv mit der Schauspielerei experimentiert. Strasberg ließ alle Schauspieler vorsprechen, und einigen gab er bei sich zu Hause Privatunterricht. ELI WALLACH sagte: „Wir waren Neophyten einer neuen Religion. Für uns gab es nur diese eine Schauspieltechnik. Alle anderen waren Ungläubige."

Im Februar 1955 begann Marilyns berufliche Zusammenarbeit mit Lee. Sie nahm Privatstunden in seiner Wohnung in der Nähe des Broadway, 225 West Eighty-Sixth Street, später 135 Central Park West, und wie es der Zufall wollte, befand sich auch in diesem Gebäude die Praxis ihrer Analytikerin DR. MARIANNE KRIS.

Marilyn war schon ein halbes Jahr zuvor durch den gemeinsamen Freund SIDNEY SKOLSKY mit Lees Ehefrau PAULA STRASBERG bekannt geworden, aber sie wagte es offenbar nicht, sich persönlich an Strasberg zu wenden. Stattdessen bat sie Kazan und Crawford um eine Empfehlung. Andere behaupten, MILTON GREENE habe die Bekanntschaft mit Strasberg vermittelt.

An den allgemeinen Sitzungen des Studios nahm Marilyn erst teil, als sie sich den Anforderungen gewachsen fühlte.

In den sieben Jahren ihrer Zusammenarbeit mit Lee Strasberg wurde Marilyn niemals ordentliches Mitglied im Actors Studio, aber einiges deutet darauf hin, dass sie beabsichtigte, der Klasse von 1962 beizutreten.

Vorige Seite: Bert Stern und Marilyn während des berühmten „Last Sitting", 1962.

Strasbergs Schauspieltechnik war untrennbar mit Theorie und Praxis der Psychotherapie verbunden. Wie bei ihrem Analytiker verbrachte Marilyn viel Zeit damit, sich in ihre Vergangenheit zu versenken, und zu dem morgendlichen Gespräch mit Lee gehörten auch szenische Darstellungen verschiedener Stationen aus ihrer unglücklichen Kindheit. Strasberg glaubte, dieses Anzapfen ihres „Körpergedächtnisses" sei unerlässlich, um ihre „echte tragische Kraft" freizusetzen.

In seinem Buch *Conversations with Marilyn* beschreibt W. J. WEATHERBY den Charakter der Sitzungen mit Strasberg am Actors Studio: „Strasberg wirkte unglaublich selbstsicher: mehr Gottgesandter als normaler Sterblicher … Seine Kommentare waren gut durchdacht, manchmal von unbarmherziger analytischer Schärfe, und sein Humor war etwas oberlehrerhaft … Er sah sich selbst als den vom Berg gestiegenen Moses, und so sahen ihn auch die anderen. Er war der Lehrer als Priester und Psychotherapeut."

Marilyn fand Strasbergs Technik aufregend, aber auch sehr anspruchsvoll. Ihrem Freund NORMAN ROSTEN erzählte sie: „Lee bringt mich zum Nachdenken. Er sagt, ich müsse anfangen, mich den Problemen meiner Arbeit und meines Lebens zu stellen – der Frage, wie und warum ich Schauspielerin sein will."

Strasbergs Glaube an ihr Talent, den er auch schon bald öffentlich verfocht, ermutigte Marilyn außerordentlich. JOSHUA LOGAN, dem man das Angebot gemacht hatte, Regie in BUS STOP (1956) zu führen, zog einmal bei Strasberg Erkundigungen über Marilyn ein und erfuhr, dass sie und Brando die beiden größten Talente sind, die durch diese Schule gegangen waren.

Marilyn gehörte bald zur Familie, teilte deren Mahlzeiten und blieb oft über Nacht, besonders dann, wenn sie sich einsam fühlte und nicht schlafen konnte. Sie begleitete die Familie in ihr Feriendomizil auf Fire Island. DONALD SPOTO schreibt: „Lee wurde für Marilyn zur wichtigsten väterlich-professionellen Leitfigur ihres Lebens." Seine Rolle als Vaterfigur (siehe FATHER FIGURES) wurde am 1. Juli 1956 in seiner Funktion als Brautführer bei der Trauung mit ARTHUR MILLER besonders auffällig. Lees Fürsorge führte dazu, dass sich seine eigenen Kinder John und Susan von ihm vernachlässigt fühlten. So meint John: „Eine Beziehung zu Lee aufzubauen war für jeden schwer, der kein Buch, keine Schallplatte, keine Katze oder nicht Marilyn war."

Der Einfluss Strasbergs und Marilyns gewissenhafte Befolgung seiner „Methode" wird vor allem in *Bus Stop* (1956) deutlich. Dies war Marilyns erster Film nach dem Wechsel von NATASHA LYTESS zu Paula Strasberg, die fortan stellvertretend für Lee als Marilyns Schauspiellehrerin arbeitete.

Bei Marilyns nächstem Projekt, THE PRINCE AND THE SHOWGIRL (1957), suchte Strasberg Milton Greene persönlich auf, um mit ihm das Honorar für die Anwesenheit seiner Frau bei den Dreharbeiten in London auszuhandeln. Für zehn Wochen verlangte er 38.000 Dollar. Dies war weit mehr, als die MARILYN MONROE PRODUCTIONS zahlen konnte, denn deren Finanzlage war nicht besonders gut. Marilyn verzichtete auf einen Teil ihrer Gage, und so erhielt Paula, nach Marilyn und dem zweiten Hauptdarsteller und Regisseur LAURENCE OLIVIER, die höchste Gage dieses Films. Die Beziehung zwischen

Marilyn und Olivier verschlechterte sich und entwickelte sich zu einer Schlacht zwischen zwei verschiedenen Schauspiel-Philosophien. FRED LAWRENCE GUILES berichtet, wie Olivier Marilyn einmal die Anweisung gab, „einfach sexy" zu sein, worauf sie weinend vom Set lief, um Strasberg anzurufen. Lee war auch der Erste, den sie anrief, als es nur wenige Wochen nach der Hochzeit mit Miller zum ersten Bruch zwischen ihnen kam, weil Marilyn in seinem Tagebuch einen Eintrag über sich gelesen hatte.

Miller äußerte sich schon bald gegen Strasberg und Marilyns fast grenzenloses Vertrauen. Ihm hatte die, wie er es nannte, „kultische" Aura um „die Methode" nie gefallen. Ebenso wenig hatte er von dem Vorschlag der Strasbergs gehalten, sich bei der bevorstehenden Anhörung durch den Senatsausschuss zur Untersuchung unamerikanischer Umtriebe (siehe HOUSE UNAMERICAN ACTIVITIES COMMITTEE), so wie Paula einige Jahre zuvor, als ein „kooperativer" Zeuge zu präsentieren. Strasbergs Art, Schauspieler offenbar immer nur abhängiger von seiner Person werden zu lassen, betrachtete Miller, wie auch Elia Kazan, mit Skepsis. Dem Biografen Fred Laurence Guile sagte er allerdings 1967 in einem Interview, es habe zwischen ihm und Marilyn niemals Streit über Strasberg gegeben, weil er ihre Abhängigkeit von ihm erkannt hätte.

Miller missfiel auch Strasbergs Verhalten bei den problematischen Dreharbeiten zu THE MISFITS (1961). In seiner Autobiografie erzählt er, dass Strasberg sich bei den Außenaufnahmen nicht blicken ließ, obwohl doch Marilyns ganzes Selbstvertrauen als Schauspielerin nur von ihm abhing; er erschien erst, als die Dinge aus dem Ruder zu laufen drohten.

Die Strasbergs luden Marilyn noch einmal nach dem Scheitern ihrer Ehe mit Miller zu sich nach Hause ein. Weihnachten 1960 feierten sie gemeinsam. Wenn Marilyn über Nacht blieb, hielt Lee sie an manchen Aben-

den so lange in den Armen, bis sie soweit zur Ruhe kam, um einschlafen zu können. Er erklärte es damit, dass „sie in die Arme genommen werden wollte, aber nicht um Liebe, sondern um einen Halt zu finden."

Die Strasbergs waren auch die Ersten, mit denen sich Marilyn in Verbindung setzte, als man sie Anfang 1961 in die geschlossene Psychiatrische Abteilung des Payne Whitney HOSPITALS eingewiesen hatte.

Noch im selben Jahr schmiedeten Lee und Marilyn Pläne für eine TV-Version von Somerset Maughams *Rain*, aber als NBC Strasberg nicht als Regisseur akzeptieren wollte, gab Marilyn das Projekt auf. Sie war großzügig, verhalf dem Actors Studio zu viel Prestige und schenkte Lee 10.000 Dollar für eine Theaterstudienreise nach Japan.

Manche Anzeichen sprechen dafür, dass Marilyns unerschütterlicher Glaube an Strasberg in ihrem letzten Lebensjahr, als sie wieder in Los Angeles lebte, nachließ. Viele meinten, ihr Psychotherapeut an der Westküste, DR. RALPH GREENSON, habe sie darin bestärkt, einen Neuanfang zu machen.

Nach Marilyns Tod bat JOE DIMAGGIO Strasberg, die Gedenkrede bei ihrer Beerdigung (siehe FUNERAL) zu halten. In ihrem Testament (siehe WILL) hinterließ Marilyn Strasberg ihr ganzes Vermögen (siehe ESTATE), nachdem sie zuvor einige enge Freunde bedacht hatte.

STRASBERG, PAULA
(1911–1966, GEB. ALS PAULA MILLER)

„Viele behandeln Marilyn herablassend. Sie meinen, sie habe keinen Charakter und zu wenig im Kopf. Sie kennen sie nicht. Sie ist intelligent und sensibel, und sie lernt schnell. Sie ist nie mit sich zufrieden. Alles, was sie tut, betrachtet sie kritisch."
„Marilyn ist eine zarte Frau, doch sie hat die Kraft eines Ochsen. Sie hat nur das Problem, ein sehr reiner Mensch in einer sehr unreinen Welt zu sein."

Marilyn und Paula Strasberg bei den Dreharbeiten zu *Something's Got to Give*, 1962.

PAT NEWCOMB:
„Paula war loyal und hilfsbereit wie wenige. Sie hielt den Kopf hin, wenn Marilyn zu spät kam. Sie versuchte nie, Besitz von ihr zu ergreifen oder andere Menschen aus ihrem Leben zu verdrängen."

ARTHUR MILLER:
„Sie war ein Trugbild der Mutter, und sie bestätigte Marilyn alles, was sie hören wollte."

Paula und ihre sechzehnjährige Tochter Susan wurden Marilyn im Sommer 1954 von dem gemeinsamen Freund SIDNEY SKOLSKY während der Dreharbeiten zu THERE'S NO BUSINESS LIKE SHOWBUSINESS vorgestellt. Marilyn wusste um den guten Ruf, den Lee als Schauspiellehrer genoss, und sagte Paula, sie wäre schon immer gern seine Schülerin gewesen.

Als Marilyn 1955 nach New York zog, wurde sie der prominenteste Star im Umfeld des ACTORS STUDIO. Vorübergehend gehörte sie auch zur Strasberg-Familie. Lee war eine dominierende Person, doch auch Paula war eine starke Persönlichkeit, die ihre Karriere und Ambitionen zurückstellen musste. In der Familie herrschten Spannungen. In jungen Jahren hatte Paula zu den wichtigsten Schauspielerinnen des Group Theater gehört. Lee war für Marilyn der Vater, Paula ihre Mutter.

Im Frühjahr 1956 übernahm Paula NATASHA LYTESS' Aufgaben als Marilyns Schauspiellehrerin und Beraterin beim Dreh, und beginnend mit BUS STOP (1956) blieb sie es bis zu ihrem letzten Film. ARTHUR MILLER schreibt über sie: „Diese labile Frau war die letzte in der Reihe mütterlicher Ratgeberinnen in Marilyns Leben."

Wenn Marilyn eine Rolle einstudierte, ging sie das Drehbuch Szene für Szene durch und probte jeden Satz und die kleinste Geste. Paula stimulierte Marilyns Spontaneität mehr als alle vorangegangenen Lehrer, zumindest während der Proben. Für Bus Stop übten sie ausführlich den texanischen Dialekt.

Paula wurde nach London eingeflogen, um Marilyn bei der Arbeit an THE PRINCE AND THE SHOWGIRL (1957) beizustehen, aber es dauerte nicht lange, bis der Regisseur LAURENCE OLIVIER sie nach New York zurückschickte, weil ihm missfiel, wie sie seine Autorität untergrub. Auf Lees Bitte machte sich Marilyn für Paula stark und sorgte für ein neues Visum und ihre Rückkehr. Arthur Miller betrachtete allerdings Paulas Wirken ebenfalls mit Skepsis: „Paula wusste, dass Marilyn bereits alles konnte, was sie brauchte, um die Tänzerin zu spielen." Marilyn benötigte aber Paulas Anwesenheit.

Paula war am Set unbeliebt, besonders bei Regisseuren, und unter den vielen Spitznamen, die man für sie fand, war „die Hexe" noch der freundlichste. Sie kleidete sich immer schwarz, selbst bei fast 38° Hitze in der Wüste von Nevada, während der Dreharbeiten zu THE MISFITS (1961). BILLY WILDER und JOHN HUSTON gaben jedoch zu, dass Paula den Umgang mit dem sehr unausgeglichenen Star erleichterte.

Einige Autoren beschuldigen die Strasbergs, Marilyn ausgebeutet zu haben. Dass Amerikas größter Star sich dem Actors Studio anschloss, war für den Ruf des Studios sicher außerordentlich bedeutsam. Zudem wurde Paula für ihren Beistand am Set bestens bezahlt, einige meinen zu gut. Lee soll die Verhandlungen für seine Frau selbst geführt haben, und als Paula die Betreuung Marilyns in LET'S MAKE LOVE (1960) übernahm, zahlte man ihr 3000 Dollar pro Woche und damit sogar mehr als Marilyn.

Für SOMETHING'S GOT TO GIVE war ihr Honorar schon auf 5000 Dollar pro Woche gestiegen, wobei Marilyn die Hälfte aus eigener Tasche zahlte.

Teilweise wurde Paula wohl auch für die Strapazierung ihrer Nerven bezahlt. Auf dem Set von *The Misfits* ging es zu wie auf einem Schlachtfeld, die Ehe von Marilyn und Miller war in ihr letztes Stadium getreten. Marilyn verließ das gemeinsame Hotelzimmer und zog zu Paula. Miller geht in seiner Autobiografie mit Paula hart ins Gericht: „Sie konnte einem kaum die Uhrzeit sagen, ohne anzudeuten, es sei eine geheime Information. Um naive Außenstehende zu beeindrucken, trug sie mehrere Uhren – eine an einer Kette um den Hals, eine Armbanduhr, und eine lag in der Handtasche, damit sie genau wusste, wie spät es in London, in Tokio, Mexico City und Sidney war – womit sie zu verstehen gab, dass sie und Lee wichtige Dinge auf der ganzen Welt zu erledigen hatten."

Paula tat, wofür sie bezahlt wurde: Marilyn zu guten Leistungen zu treiben. Dem Autor James Goode sagte sie einmal: „Dies ist ihre bisher schwierigste Rolle … Ich glaube wirklich, es war unbedingt notwendig, dass ich während der Dreharbeiten bei ihr war … denn vieles ging ihr sehr nah, und sie ist eine kreative Schauspielerin und kein festgefügter Charakter …. Mir ist, als habe ich zu jedem einzelnen Bild in *The Misfits* beigetragen. Scheitert der Film, dann tragen wir beide die Schuld. Mein Beitrag ist auf der Leinwand unverkennbar." Sogar John Huston konzedierte ihr dieses eine Mal gewisse Verdienste: „Meiner Meinung nach tun wir Paula unrecht. Wenn nicht alles täuscht, ist sie es, die den Film zusammenhält."

Als Marilyn 1961 wieder in Los Angeles lebte, kühlte sich die Beziehung der beiden etwas ab. Paula bezahlte die Anstrengungen ihres Einsatzes noch im selben Jahr mit einem Nervenzusammenbruch. Sie flog ein weiteres Mal nach Los Angeles, um mit Marilyn in *Something's Got To Give* zu arbeiten. Es wird behauptet, Marilyn sei zu diesem Zeitpunkt schon entschlossen gewesen, ganz auf Paulas Dienste zu verzichten.

Am 8. August 1962 kamen Paula und Lee nach Los Angeles zu Marilyns Beerdigung (siehe FUNERAL). Vier Jahre später starb Paula.

STRASBERG, SUSAN (1938–1999)

„Marilyn fühlte sich zu meinem Vater hingezogen, weil sie sich, trotz lückenhafter Schulbildung, mit der menschlichen Natur auseinander setzte … Die menschliche Natur, besonders ihre eigene, faszinierte sie. Sie und er mussten einander begegnen und zusammenarbeiten, es war ihr Schicksal."

Lees und Paulas Tochter, Susan Strasberg, war siebzehn, als Marilyn begann, die Familie regelmäßig zu besuchen. Susan war früh eine relativ erfolgreiche Schauspielerin und gab mit *Picnic* (1955) ihr Filmdebüt. Für ihre Rolle als Anne Frank in *The Diary of Anne Frank – Das Tagebuch der Anne Frank* erntete sie überschwängliche Kritiken. Zur Premiere und anschließenden Feier in Saris Restaurant erschien auch Marilyn.

Susan schrieb, Marilyn sei ihr wie eine neue Schwester (siehe SISTERS) im Strasberg-Haushalt vorgekommen. „Ich war davon überzeugt, dass für mich keine Liebe oder Energie mehr übrig blieb; aber ich machte mir auch Vorwürfe, überhaupt so zu denken, denn ich sah, wie einsam Marilyn war. Sie hatte wirklich niemanden, dem sie völlig vertraute – nicht einen einzigen Menschen." Marilyns Verbundenheit mit Susan wie auch ihre Großzügigkeit (siehe GENEROSITY) bezeugt das Geschenk einer originalen Chagall-Zeichnung, das sie ihr einmal zum Geburtstag machte.

Susan unterrichtete Schauspiel, wie ihr Vater. Sie erhielt 1957 einen Preis der britischen Filmakademie für *Picnic* und war oft auf der Leinwand und im Fernsehen zu sehen.

STREETCAR NAMED DESIRE, A — Endstation Sehnsucht

Eine der Szenen, die Marilyn im ACTORS STUDIO vorspielte, war die Verführungsszene aus diesem TENNESSEE WILLIAMS-Stück. John Strasberg spielte den männlichen Part.

STRIKES — Streiks

Anfang der 1960er-Jahre befolgte Marilyn wie viele ihrer Kollegen – Gary Cooper, GREGORY PECK, Paul Newman, ELIZABETH TAYLOR, DEBBIE REYNOLDS – einen Streikaufruf der Screen Actors Guild, der wochenlang die Arbeit in den Hollywoodstudios lahm legte.

Jahre vorher hatte Marilyn den mächtigen Aufsichtsrat der TWENTIETH CENTURY-FOX in die Knie gezwungen, als sie sich weigerte, die schlechten Rollen, die ihr das Studio anbot, zu spielen. Marilyn war einer der ersten Stars, der sich gegen die Macht der Studios auflehnte.

STUDIOS

MARILYN:
„Nur das Publikum macht die Stars. Aber die Studios suchen immer nach einem System."

Fast alle der 29 fertig gestellten Filme drehte Marilyn für die TWENTIETH CENTURY-FOX. Drei machte sie für die MGM und zwei für die RKO. Die späten Filme SOME LIKE IT HOT (1959) und THE MISFITS (1961) finanzierte UNITED ARTISTS. Für COLUMBIA arbeitete Marilyn nur in LADIES OF THE CHORUS (1948).

Marilyn gründete ihre eigene Firma, die MARILYN MONROE PRODUCTIONS, um dem übermächtigen Studiosystem zu entrinnen. Deren einziger Film wurde THE PRINCE AND THE SHOWGIRL (1957).

STUDIO BIOGRAPHIES — Studio-Biografien

Twentieth Century-Fox, herausgegeben von Harry Brand, 30. Dezember 1946
Marilyn Monroe, die achtzehnjährige Entdeckung der Twentieth Century-Fox, wird lautstark als eine jüngere Lana Turner gefei-

Ein Twentieth Century-Fox Werbefoto von Marilyn, 1953.

ert, und wie der berühmte Star ist auch sie ein echtes Kind Hollywoods, das seine Stadt nicht zu verlassen brauchte, um die Blicke der Talentsucher auf sich zu ziehen.

Obgleich einmal zum „begehrtesten Mädchen" der Emerson Junior High School erklärt, reizte sie die Leinwand nicht. Sie wollte Sekretärin werden und arbeitete nach Abschluss der Van Nuys High School in einem Rüstungsbetrieb, wo sie PR-Militärs entdeckten und baten, einige Streifen für die Armee zu drehen.

Daraus entwickelte sich ihre Arbeit als Fotomodell für einige der größten Agenturen in L. A., und ihr Bild erschien auf den Titelseiten der Modezeitschriften. Wenig später besserte Miss Monroe ihre Einkünfte durch eine Stellung als Babysitter bei einem Talentsucher der Twentieth Century-Fox auf. Der war von ihrer Schönheit so beeindruckt, dass er sie zu Schwarzweiß-Probeaufnahmen vermittelte. Sie wurden so gut, dass man sie Technicolor-Aufnahmen machen ließ und ihr einen langfristigen Vertrag anbot.

Das ist sogar für Hollywood-Verhältnisse ein schnelles Tempo. Aber die Studiomanager wollten bei dieser jungen Frau, die zum Star geboren zu sein scheint, ganz sicher gehen …

Persönliches: Sie schwimmt, reitet und segelt gern, wird aber leicht seekrank … schreibt Gedichte, die jedoch niemand zu sehen bekommt … liebt Musik, von Klassik bis Boogie-Woogie … wäre am liebsten Fotografin, spezialisiert auf Tierfotos, Kätzchen, junge Hunde etc., geworden … hasst Unordnung, Verkehrsrowdies, geschlossene Räume und Cowboymusik. Und sie liebt das Kino.

Lebensdaten: Richtiger Name: Norma Jean Daugherty (sic!); Geburtsort: Los Angeles, Kalifornien; Geburtstag: 1. Juni; Pflegemutter: Mrs. E. S. Goddard; Pflegevater: E. S. Goddard; Größe: 166 cm; Gewicht: 53,5 kg; Haarfarbe: blond; Augen: blau; Schulen: Emerson Jr. High, Los Angeles; Van Nuys High, Van Nuys, Kalifornien.

Twentieth Century-Fox, herausgegeben von Harry Brand, 7. Februar 1951

Kürzlich besuchte die elegant gekleidete Marilyn Monroe in Begleitung von Charles Chaplin jr. eine Premiere im Circle Theater an der El Centro Street in Hollywood.

Auf dem Hinweg deutete jemand auf ein düsteres, etwas zurückliegendes Fachwerkgebäude.

„Das ist das Waisenhaus von Los Angeles", erklärte jemand, „wohin man die Kinder bringt, die niemand haben will."

Marilyn blieb nicht stehen. Sie verbrachte ihre Jugend als Mündel der Stadt Los Angeles in diesem Waisenhaus und bei Pflegefamilien. Daraus macht sie keinen Hehl, möchte jedoch an diese Zeit auch nicht erinnert werden. Ihr Blick richtet sich auf eine verheißungsvolle Zukunft in der schönen Scheinwelt des Films, in der alle Träume in Erfüllung gehen und in der ihr eigener Traum gerade Wirklichkeit wird. Mit zweiundzwanzig Jahren gehört sie zu den vielversprechenden Begabungen im Filmgeschäft, und ihr Studio, die Twentieth Century-Fox, ist dabei, sie zum ganz großen Star aufzubauen.

Das riesige Los Angeles tat alles für Marilyn, aber es konnte ihr die richtigen Eltern nicht ersetzen, und obwohl die Familien, die das kleine Mädchen aufnahmen, sie gut behandelten, hat sie schon früh im Leben

MARILYN MONROE—20th Century-Fox Player

Werbefoto der Twentieth Century-Fox für *Niagara* (1953).

gelernt, das Beste aus ihrem Leben zu machen. Hier liegt vielleicht der Grund für den Gleichmut, mit dem sie z. B. eine frühe Enttäuschung in ihrer Hollywoodkarriere hinnahm, als ein Studio sie „entdeckte" und anschließend wieder fallen ließ.

Marilyns richtiger Name ist Norma Jean Baker. Ihre Mutter war eine pflegebedürftige Frau. Ihr Vater kam kurz nach ihrer Geburt bei einem Verkehrsunfall ums Leben. Marilyn hat keinen von beiden je kennen gelernt. Ihre Kindheit verbrachte sie unter der Vormundschaft der Stadt in unterschiedlichen Pflegefamilien, an die sie sich heute kaum mehr erinnert … Noch vor ihrem zehnten Geburtstag kam sie zu Mrs. E. Ana Lower im Westen von L. A., die Marilyn weiterhin „Tante Ana" nennt. Bei ihr hat sie zum ersten Mal ein Familienleben kennen gelernt. Diese großartige Frau, die inzwischen verstorben ist, behandelte Marilyn wie ihre eigene Tochter und sorgte mit viel Liebe im Rahmen ihrer bescheidenen Möglichkeiten dafür, dass es Marilyn an nichts fehlte.

Zwei Jahre blieb Marilyn bei „Tante Ana" in dem Stadtteil, der damals Sawtelle District hieß und den verwöhntere Jugendliche aus Bel Air und Brentwood als „das falsche Viertel" ansahen.

Ihre nächste Station war bei Mrs. Lower. Schulaufführungen begannen sie nun zu interessieren, und da sie sehr schlank war, spielte sie oft die Jungenrollen. Außerhalb der Schule improvisierte sie mit Freunden kleine Shows.

Mit fünfzehn und noch auf der High School heiratete sie. Diese kurze Ehe hat sie heute aus ihrem Gedächtnis gestrichen, der Junge ist heute wieder glücklich verheiratet.

Nach Abschluss der Van Nuys High School im San Fernando Valley arbeitete sie in der Radio Plane Company und prüfte Fallschirme.

Noch während dieser Zeit in der Fabrik verdiente sie sich nebenbei etwas Geld als Fotomodell; einmal erschien sie gleichzeitig auf vier Zeitschriften als Covergirl.

Dadurch wurde Howard Hughes auf sie aufmerksam, doch bevor er Probeaufnahmen machen konnte, hatte die Twentieth Centu-

MARILYN MONROE—20th Century-Fox Player

Werbefoto der Twentieth Century-Fox für *Love Nest* (1951).

ry-Fox schon Farbaufnahmen von ihr gedreht und ihr einen Jahresvertrag angeboten.

Marilyn machte nur einen Film mit dem Titel *Scudda Hoo! Scudda Hay!*; ihre winzige Rolle landete in guter Hollywood-Manier auf dem Fußboden des Schneideraums. In dem Jahr bei der Fox fand sich keine passende Rolle mehr für sie, und man ließ sie fallen.

Columbia nahm sie dann für das 9-Tage-Musical *Ladies of the Chorus* unter Vertrag, in dem sie eine Revuetänzerin spielte. Kurze Zeit später ließ man sie wieder fallen.

Es war nicht leicht für sie. Marilyn entschloss sich, ihren natürlichen Charme noch durch schauspielerisches Können zu verstärken. Deshalb wandte sie sich an Natasha Lytess, eine der besten Schauspiellehrerinnen Hollywoods, die heute für die Fox arbeitet und Marilyn auch weiterhin unterrichtet.

Marilyn nahm sich ein Zimmer im Studio Club, dem Zuhause vieler ambitionierter Starlets, reduzierte ihre Mahlzeiten auf zwei pro Tag und schlug sich als Mode- und Fotomodell durch.

Eines Tages erzählte ihr ein Agent, dass Lester Cowan *Love Happy* produziere und für Groucho Marx eine Blondine suche. Wie der Blitz war sie dort und wurde auf der Stelle engagiert. Die Filmszene dauerte eine ganze Minute und wurde auch nicht herausgeschnitten.

Als der Streifen erschien, überredete Cowan Marilyn zu einer Werbetour durch Chicago, Detroit, New York und andere Städte.

Kaum zurück von der Tour, meldete sich die Fox wieder bei ihr und gab ihr die Rolle einer Tänzerin in *Ticket to Tomahawk*. Der Film wurde in Colorado gedreht. Als sie zurückkam, erhielt sie einen Anruf vom MGM-Produzenten Arthur Hornblow, der sie bat, dem Regisseur John Huston für eine Rolle in *Asphalt Jungle* vorzusprechen.

Sie erhielt die Rolle. Inzwischen hatte Lucille Ryman, Leiterin der Talent-Abteilung bei MGM und Hornblows Tippgeberin, sie bei sich zu Hause aufgenommen.

In *Asphalt Jungle* spielt Marilyn Louis Calherns „Nichte" – eine junge Schönheit, die sich für ältere Herren interessiert. Die

Ein Twentieth Century-Fox-Werbefoto von Frank Powolny, 1950.

Rolle war nur klein, aber als Marilyn auf der Leinwand erschien, stockte dem Publikum der Atem. Die größte Genugtuung bereitete ihr vermutlich Hustons Kommentar nach Abschluss des Films: „Marilyn, Sie werden einmal eine gute Schauspielerin."

Auf *Asphalt Jungle* folgte *All About Eve*, nachdem Joseph Mankiewicz von der Fox den Film gesehen und sie für die Rolle der Miss Caswell verpflichtet hatte. An der Seite von Anne Baxter, George Sanders und Celeste Holm spielte Marilyn somit ihre zweite größere Nebenrolle.

Kaum hatte Darryl Zanuck die Muster gesehen, ließ er Marilyns Agenten kommen und gab ihr einen langfristigen Vertrag. Der erste Film auf ihrem neuen Weg zum Star hieß *Will You Love Me in December?*. Sie spielt darin neben Monty Woolly, Constance Bennett, David Wayne, Jean Peters und Thelma Ritter.

Marilyn hat blaue Augen, ist blond und 166 cm groß. Sie wiegt 53,5 kg.

Mit einem großen Studio im Rücken, einer schönen Wohnung, hübschen Kleidern und vielen, vielen Freunden kann sie nun die Entbehrungen der frühen Jahre vergessen.

Hollywood wurde für sie zur Bühne des Erfolgs. Es war nicht leicht, aber Marilyn mit ihren 22 Jahren kann sich nicht beklagen.

RKO Radio Studios, herausgegeben von Perry Lieber, 30. November 1951
Geburtsdatum: 1. Juni 1926; Geburtsort: Los Angeles, Kalifornien; bürgerlicher Name: Norma Jean Baker; Größe: 166 cm; Gewicht: 53,5 kg; Haarfarbe: silberblond; Augenfarbe: blau.

Vom armen Waisenkind zum erfolgreichen Filmstar – für Marilyn Monroe ist das Märchen vom Aschenputtel Wirklichkeit geworden.

Mit neun Jahren lebte sie im Waisenhaus von Los Angeles, nur einen Häuserblock von den RKO Radio Picture Studios entfernt. Aus den oberen Fenstern des Heims sah sie den Wassertank des Studios mit dem Emblem der RKO Radio. Es war nur ein Bild, aber es beflügelte die Fantasie des Kindes, davon zu träumen, was sich in dieser Glitzerwelt wohl abspielen mochte.

Dann kam ein unvergesslicher Moment, der zweifellos Marilyns ganzes Leben beeinflusste. Alle Kinder des Heims wurden zu einer Weihnachtsfeier in die RKO Studios eingeladen. Sie sahen dort einen Film, und jedes Mädchen erhielt eine Kunstperlenkette als Geschenk. Auf diesem Fest fühlte sich Marilyn wie verzaubert.

So überrascht es nicht, dass Miss Monroe mit Herbstbeginn 1951 zu eben diesen RKO Studios zurückkehrte, um hier ihre erste Hauptrolle in einem Film zu spielen. In den Jahren seit der unvergessenen Weihnachtsfeier hatte sie im Filmgeschäft Fuß gefasst und sich zu einer Persönlichkeit entwickelt, die beachtet wurde. Sie stand jetzt bei der Twentieth Century-Fox unter Vertrag und wurde von ihr zum Star aufgebaut. Von Jerry Wald und Norman Krasna erhielt sie schließlich ihre erste Hauptrolle in deren Film *Clash by Night*.

In diesem Streifen, dessen Verleih bei RKO Radio lag, erscheint Marilyn Monroes Name auf dem Titel, Seite an Seite mit Barbara Stanwyck, Paul Douglas und Robert Ryan. So bestand eine direkte Beziehung zwischen der Filmfabrik in der Gower Street und

Melrose Avenue und dem zweiten großen Ereignis im Leben dieser jungen Frau, die leicht zu jedem heutigen Triumph ein trauriges Ereignis aus ihrer einsamen Kindheit erzählen könnte.

Marilyns bürgerlicher Name ist Norma Jean Baker, aber an ihre Eltern erinnert sie sich nicht mehr. Die Mutter war schwer erkrankt, und der Vater starb bei einem Verkehrsunfall kurz nach Marilyns Geburt am 1. Juni 1926 in Los Angeles. Seit ihrer frühen Kindheit lebte sie bei Pflegeeltern, abgesehen von dem Zeitraum unter staatlicher Vormundschaft im Waisenhaus.

Das erste Zuhause, das man ihr zuwies, lag in Hawthorne, Kalifornien. Sie erinnert sich kaum daran, denn als sie fünf war, zog die Familie gen Osten. Ihre nächste Familie fand sie bei britischen Schauspielern, die sich in Hollywood niedergelassen hatten und hier kleine Filmrollen spielten. Sie begann gerade, deren britischen Akzent anzunehmen, da erhielt sie wieder ein neues „Zuhause", diesmal bei einem Studioarbeiter und seiner Frau. Sie besaßen ein großes Haus und behandelten Marilyn gut.

Die freundlichen Studioarbeiter konnten das kleine Mädchen nicht behalten, daher kam die viel herumgestoßene Marilyn mit nun neun Jahren ins Waisenhaus.

Noch vor ihrem zehnten Geburtstag quartierte man Marilyn wieder bei einer Familie in Los Angeles ein, diesmal im San Fernando Valley.

Bei einer reinen Frauenfamilie – Urgroßmutter, Großmutter, Mutter und drei kleine Töchter – blieb sie nur kurze Zeit.

Dann kam ein Wohnungswechsel, der für sie äußerst wichtig wurde. Mrs. Ana Lower in West Los Angeles nahm sie auf. Erst bei Mrs. Lower lernte Marilyn ein Familienleben kennen. Diese wunderbare Frau behandelte sie wie ihre eigene Tochter und schenkte ihr die Liebe, nach der sie sich so sehr sehnte. Zwei Jahre blieb Marilyn bei „Tante Ana", wie sie sie nannte. In dieser Zeit wagte sie sich aus ihrem Schneckenhaus heraus und gesellte sich zu anderen Kindern. Marilyn engagierte sich nun bei Schulaufführungen.

Noch auf der High School ging sie mit fünfzehn eine kurzlebige Ehe ein. Nach Abschluss ihrer Schulausbildung an der Van Nuys High School im San Fernando Valley fand Marilyn bei der Radio Plane Company eine Stellung. Hier musste sie Fallschirme prüfen. Noch während sie hier arbeitete, verdiente sie sich Geld als Model hinzu. Einmal erschien sie gleichzeitig auf dem Titel von vier Zeitschriften.

Aus dieser Zeit stammt Marilyns Einstellung zur so genannten Pin-up-Fotografie, die sie nicht aufgeben gedenkt. Als Fotomodel trug sie meist Badeanzug, Shorts und Sweater, oder einen Strandanzug.

Ihre Fotos in den Zeitschriften zogen die Aufmerksamkeit der Talentsucher auf sich. Twentieth Century-Fox machte daraufhin Probeaufnahmen und gab ihr einen Jahresvertrag. Deshalb würde sie selbst noch als großer Star weiterhin Pin-up-Aufnahmen machen, solange diese den guten Geschmack nicht verletzen. Erst durch diese Fotografien bekam sie ihre große Chance.

Ihre erste Station war die Twentieth Century-Fox. Hier machte sie einen Film, *Scudda Hoo! Scudda Hay!*, aber ihre winzige Rolle landete in guter Hollywood-Manier auf dem Fußboden des Schneideraums. Als das Jahr vorüber war, wurde ihr Vertrag nicht verlängert.

Dann nahm sie Columbia für das Musical *Ladies of the Chorus* unter Vertrag, in dem sie eine Revuetänzerin spielt. Darauf ließ man sie wieder fallen.

Jetzt entschloss sie sich, ihren natürlichen Charme durch eine Schauspielausbildung zu ergänzen, ihre Schauspiellehrerin war die berühmte Natasha Lytess.

Marilyn wollte unbedingt Schauspielerin werden. Sie nahm sich ein Zimmer im Hollywood Studio Club, dem Zuhause vieler ambitionierter Starlets, reduzierte ihr Essen auf zwei Mahlzeiten täglich und schlug sich als Mannequin durch.

Eines Tages erzählte ihr ein Agent, dass Lester Cowan einen Film mit dem Titel *Love Happy* produziere und für Groucho Marx eine Blondine suche. Marilyn erschien dort in Windeseile und wurde sofort engagiert. Als der Film herauskam, ließ Cowan Marilyn eine Werbetour durch Chicago, Detroit, New York und andere Städte machen.

Nach ihrer Rückkehr meldete sich die Fox wieder bei ihr und gab ihr eine Rolle als Tänzerin in *Ticket to Tomahawk*. Der Film wurde in Colorado gedreht. Kaum war Marilyn wieder zu Hause, musste sie bei der MGM dem Regisseur John Huston für eine Rolle in *Asphalt Jungle* vorsprechen. Sie bekam die Rolle. Dies war nun der eigentliche Beginn ihrer Filmkarriere.

In *Asphalt Jungle* spielt sie Louis Caherns Nichte. Ihre Rolle einer Schönheit mit großen Augen, die sich für ältere Herren interessiert, war eher klein, doch als Marilyn auf der Leinwand erschien, stockte dem Publikum der Atem.

Nach *Asphalt Jungle* erhielt Marilyn ihre zweite Chance in *All About Eve*. Auch diese Rolle war nicht sonderlich groß, aber Marilyn trat neben Stars wie Bette Davis, Anne Baxter, George Sanders und Celeste Holm auf und machte selbst in dieser illustren Gesellschaft einen hervorragenden Eindruck.

Nachdem Darryl Zanuck von der Fox die Muster aus *All About Eve* gesehen hatte, gab er Marilyn sofort einen langfristigen Vertrag und ließ sie zum Star aufbauen. Sie machte drei Filme für ihr Vertragsstudio und wurde dann an Jerry Wald und Norman Krasna für ihre erste Hauptrolle in *Clash by Night* ausgeliehen.

Mit Marilyns Rückkehr zur RKO schloss sich der Kreis. Ein neuer Abschnitt begann in ihrem Leben, in dem der Kummer der Vergangenheit bei ihr nur noch die Sehnsucht nach einer besseren Zukunft weckte.

STUDIO CLUB
1215 NORTH LODI PLACE, HOLLYWOOD

MARILYN:
„Es gab feste Regeln im Studio, aber die Aufseherinnen waren nett, und wenn man abends nach halb elf nach Hause kam, reichte normalerweise ein Lächeln, um sie zu versöhnen."

Im Laufe der Jahre haben viele erfolgreiche Schauspielerinnen zeitweise in diesem Wohnhotel, das der YWCA – der Christlichen Vereinigung Junger Frauen – angegliedert war, gelebt, darunter Barbara Eden, Linda Darnell, Donna Reed und KIM NOVAK. Marilyn zog zweimal in diese im spanischen Stil erbaute Unterkunft für ambitionierte

Schauspielerinnen. Das erste Mal wohnte sie 1946 im Studio Club nach der Scheidung von ihrem ersten Ehemann JAMES DOUGHERTY. Marilyn teilte sich das Zimmer 307 mit einer Schauspielerin namens Clarice Evans und zahlte 12 Dollar pro Woche. Jahre später erzählte Evans der *Los Angeles Times*, dass Marilyn ebenso besorgt war, Platz für ihre Bücher wie für ihre Kleider zu finden.

BEN LYON, der 1946 als Erster die Aufmerksamkeit der Fox auf Marilyn gelenkt hatte, erzählt: „Ich fragte sie, wo sie wohne, und als sie antwortete: im Studio Club, hat mich das enorm beeindruckt. Eine junge Frau mit ihrem Aussehen, das wusste ich, hätte im größten Haus von Beverly Hills leben können und von den Männern alles bekommen, was sie sich wünschte. Wenn sie also im Studio Club blieb, musste sie Charakter besitzen."

Am 3. Juni 1948 zog Marilyn erneut dorthin. Diesmal hatte sie das Zimmer 334 ganz für sich allein. LUCILLE RYMAN bezahlte die 300 Dollar Miete für das erste halbe Jahr. Einigen Berichten zufolge soll Marilyn für den Fotografen TOM KELLEY als Aktmodell gearbeitet haben, weil sie das Geld brauchte, um die Miete im Studio Club bezahlen zu können.

STYNE, JULE (1905–1994)

In England geborener Komponist, Pianist und Dirigent, der die Songs für GENTLEMEN PREFER BLONDES (1953) schrieb, darunter „Diamonds Are a Girl's Best Friend", Marilyns Paradenummer. Offenbar weil Styne Marilyn den Vorzug vor BETTY GRABLE gab, entschloss sich der Boss der Fox, DARRYL ZANUCK, dem aufgehenden Studiostar die Traumrolle im Film zu überlassen. In seiner langen Laufbahn schrieb Styne noch Songs wie „There Goes That Song Again", „Give Me Five Minutes More", „It's Magic" und „Three Coins in the Fountain".

Es gibt Berichte, nach denen Styne kurz vor Marilyns Tod eine neuerliche Zusammenarbeit mit ihr geplant haben soll, und zwar an einem Projekt, das zu diesem Zeitpunkt unter dem Titel *A Tree Grows In Brooklyn* firmierte. Außerdem schrieb er die Songs für das Musical *Sugar* (1974), einer Bühnenversion von SOME LIKE IT HOT (1959).

SUICIDE ATTEMPTS –
Selbstmordversuche

MARILYN:
„Jeder hat das Recht auf Selbstmord. Ich glaube nicht, dass er eine Sünde oder ein Verbrechen ist. Wer es so will, hat das Recht dazu, auch wenn es einen nicht weiterbringt."

Wie oft Marilyn versuchte, sich das Leben zu nehmen, ist Gegenstand wilder Spekulationen, aber dass sie es versucht hat, ist allgemein unumstritten. Einige Biografen sind der Ansicht, sie habe sich niemals umbringen, sondern nur auf dramatische Weise ihr Bedürfnis nach Mitgefühl und Aufmerksamkeit signalisieren wollen. Es sind dies im Allgemeinen dieselben, die glauben, ihr Tod (siehe DEATH) sei ein Mord und kein Selbstmord gewesen, wie offiziell vom Gerichtsmediziner in Los Angeles (siehe CORONERS) festgestellt.

Freunden erzählte Marilyn, sie habe als Teenager zweimal versucht, sich das Leben zu nehmen: einmal, indem sie den Gashahn aufdrehte, das andere Mal durch Schlaftabletten.

Dr. Elliot Corday, der Marilyn bis Mitte der 1950er-Jahre behandelte, spricht von mehreren Selbstmordversuchen.

Nach dem Tod ihres Mentors JOHNNY HYDE, 1950, soll Marilyn angeblich in tiefer Trauer zwanzig Kapseln des Barbiturats Nembutal (siehe BARBITURATES) geschluckt haben. In einem Abschiedsbrief hinterließ sie ihren wertvollsten Besitz – das Auto und die Pelzstola – der Schauspiellehrerin NATASHA LYTESS, die sie ohnmächtig und mit den Spuren eines Pillen-Breis um den Mund aufgefunden hatte. Marilyn behauptete später, sie sei nur eingeschlafen und eine Schlaftablette habe sich im Mund aufgelöst.

Marilyn erfuhr 1953, dass GRACE MCKEE GODDARD, ihr ehemaliger gesetzlicher Vormund, mit einer Überdosis Schlaftabletten, nach mehreren Schlaganfällen und einem vergeblichen Kampf gegen den Alkohol, Selbstmord begangen hatte.

Es wird behauptet, Marilyn habe im Laufe ihrer Ehe mit ARTHUR MILLER dreimal versucht, sich das Leben zu nehmen. In Millers Stück *After The Fall* wird die Hauptdarstellerin Maggie jedenfalls mehrmals von ihrem Partner gerettet, bevor es ihr schließlich gelingt, sich das Leben zu nehmen. Aus dieser Zeit sind zwei Selbstmordversuche Marilyns dokumentiert, nachdem sie zwei Fehlgeburten hatte und in tiefe Depression versunken war. Beide Male fand Arthur sie rechtzeitig.

PAULA STRASBERG musste sie im Herbst 1958 ins Krankenhaus bringen, weil sie zu viele Schlaftabletten mit Champagner eingenommen hatte. An diesem Wochenende hielt man sie unter Beobachtung, aber am folgenden Montag konnte sie die Dreharbeiten zu SOME LIKE IT HOT (1959) wieder aufnehmen.

Eine 10-tägige Unterbrechung der Dreharbeiten zu THE MISFITS (1961) zog ein Vorfall nach sich, von dem Marilyn sich im Westside Hospital (siehe HOSPITALS) in Los Angeles erholte. Es könnte sich dabei sehr wohl um einen Selbstmordversuch gehandelt haben. Damals erklärte Marilyns Arzt Hyman Engelberg (siehe DOCTORS) der Presse: „Ich denke, dass sie die Arbeit in einer Woche wieder aufnehmen kann. Sie ist einfach völlig fertig."

Nach dem Scheitern der Ehe mit Miller nahm sie wieder eine Überdosis. Anscheinend wurde Dr. Engelberg rechtzeitig gerufen, um ihr den Magen auszupumpen. JOE DIMAGGIO traf kurz darauf ein und pflegte sie gesund. Dieser Selbstmordversuch ereignete sich kurz nachdem bekannt geworden ist, dass CLARK GABLEs Witwe Kay Marilyn bezichtigt hatte, am Tod ihres Mannes schuld zu sein, und Marilyn sich aus dem Fenster im dreizehnten Stock ihrer New Yorker Wohnung stürzen wollte. In den folgenden Wochen empfahl ihr die Psychoanalytikerin DR. MARIANNE KRIS, sich in das Payne Whitney Hospital (siehe HOSPITALS) einweisen zu lassen.

Auch wenn nur wenige Einzelheiten bekannt sind, wurde doch behauptet, Marilyn habe weiterhin mehrfach vor ihrem Tod am 5. August 1962 versucht, sich das Leben zu nehmen, und ärztlicher Hilfe bedurft. In manchen Darstellungen ihrer letzten Lebens-

wochen wird berichtet, sie habe einen solchen Versuch in der CALNEVA LODGE unternommen, wo sie zwei Wochen vor ihrem Tod mit FRANK SINATRA abgestiegen sein soll.

Auf Ersuchen des Gerichtsmediziners wurde eine Selbstmordkommission einberufen, um ein psychologisches Profil Marilyns zu erarbeiten. Deren Leiter Dr. Robert Litman schloss einen unbeabsichtigten Selbstmord durch eine Barbituratüberdosis aus. Die Kommission kam zu dem Schluss, dass Marilyn weder psychotisch noch im strengen Sinn drogenabhängig war. Ihr Tod wurde durch „selbst verabreichte Beruhigungsmittel" verursacht, und als Todesart ist „wahrscheinlich Selbstmord" aufgeführt.

Das Urteil des Gerichtsmediziners lautete auf Selbstmord und bestätigte somit den vorläufigen Schluss, zu dem der Toxikologe R. J. Abernethy nach Konsultationen mit dem Psychoanalytiker DR. RALPH GREENSON gelangt war. Zusammenfassend schreibt der Gerichtsmediziner Theodore J. Curphey in seinem offiziellen Bericht: „Miss Monroe hat oft den Wunsch geäußert, alles aufgeben zu wollen, sich zurückzuziehen, sogar sterben zu wollen.

In der Vergangenheit unternahm sie bei Enttäuschungen und Depressionen mehrfach Selbstmordversuche mit Beruhigungsmitteln. Bei diesen Gelegenheiten hatte sie um Hilfe gebeten und war gerettet worden."

Die Marilyn-Biografen, die einer Mordtheorie anhängen oder glauben, ihr Tod sei unbeabsichtigt erfolgt, teilen die Auffassung, Marilyn habe sich und ihr Leben in den letzten Monaten so gut in den Griff bekommen, dass sie die Zukunft kaum erwarten konnte. Wer seine Zukunft so aktiv plane, sei kein typischer Selbstmordkandidat, argumentieren sie.

Dieser Ansicht sind auch viele Freunde (siehe FRIENDS) und Vertraute Marilyns aus jener Zeit, wie RALPH ROBERTS, SUSAN STRASBERG, RUPERT ALLAN und PAT NEWCOMB. Marilyn plante Interviews, führte Verhandlungen über zukünftige Filmprojekte, arrangierte eine Reise nach New York und soll sogar kurz vor einer Heirat (siehe WEDDINGS) mit ihrem Ex-Ehemann DiMaggio oder auch Sinatra gestanden haben.

SUKARNO, PRÄSIDENT

Marilyn traf das Staatsoberhaupt Indonesiens am 1. Juni 1956, ihrem dreißigsten Geburtstag. Der kinobegeisterte Präsident hatte zuvor geäußert, erst die Bekanntschaft Marilyn Monroes würde seine Reise nach Los Angeles wirklich abrunden. JOSHUA LOGAN, Marilyns Regisseur in BUS STOP (1956), gab eine Party und machte die Honneurs.

Der indonesische Präsident versicherte Marilyn: „Sie sind in Indonesien eine ganz wichtige Person. Ihre Filme sind populärer als alle anderen, die jemals in meinem Land gezeigt wurden. Die ganze indonesische Bevölkerung nimmt Anteil an unserer Begegnung." Marilyn bemerkte später dazu: „Er blickte mir unentwegt in den Ausschnitt. Man sollte meinen, fünf Frauen müssten ihm doch reichen."

In einem Bericht über die Party heißt es, Marilyn habe Sukarno bei ihrer Vorstellung gesagt, sie sei so sehr erfreut, den Präsidenten von Indien zu begegnen. Sukarno verbesserte: Indonesien, worauf Marilyn erwiderte, von einem solchen Land habe sie noch nie

Der indonesische Präsident Sukarno mit Marilyn auf der Party zu ihrem 30. Geburtstag, 1956.

gehört. Etwa ein Jahr später wurde die politische Lage für Sukarno in seiner Heimat schwierig, Marilyn wollte ihm anscheinend eine sichere Zuflucht verschaffen. Dies war sicher nicht im Sinne ihres damaligen Gatten ARTHUR MILLER.

SULLIVAN, ED (1902–1974)

Der populäre Talkmaster Ed Sullivan war kein großer Freund Marilyns.

Nachdem sie als Solistin in seiner Show ihre große Gesangs- und Tanznummer „Heat Wave" aus THERE'S NO BUSINESS LIKE SHOW-BUSINESS (1954) vorgetragen hatte, soll er gesagt haben: „Bei Miss Monroes endloser Nummer konnte man als Zuschauer kalte Füße bekommen. ‚Heat Wave' ist so ziemlich das Geschmackloseste, was mir je begegnet ist."

SUMMERS, ANTHONY

Britischer Journalist, der sich in seinem Buch *Goddess: The Secret Lives of Marilyn Monroe* (1985) erstmals ausführlich mit den vielen Gerüchten über eine mögliche Verwicklung der KENNEDYS in Marilyns mysteriösen Tod beschäftigt.

Die Behauptungen in diesem Buch stützen sich in vielen Fällen auf Material, das ROBERT SLATZER veröffentlicht hatte, und zogen mehrere TV-Dokumentationen nach sich.

Während sich DONALD SPOTO 1993 zu Anthony Summers noch äußerst kritisch stellt, verzichtet er in der überarbeiteten Ausgabe auf Vorwürfe der Skrupellosigkeit, nachdem ihm Summers Bänder und Interview-Transkripte zur Prüfung überlassen hatte.

Summers schrieb auch Bücher über JFK und EDGAR J. HOOVER.

SUN VALLEY, IDAHO

Im März 1956 drehte das Team hier in den Bergen bei eisiger Kälte Außenaufnahmen für BUS STOP (1956). Marilyn und andere zogen sich schwere Erkältungen zu.

SUPERSTITION — Aberglaube

Kaum ein Biograf sagt irgendetwas darüber, ob Marilyn abergläubisch war. Dabei vollzog sie durchaus ihre Rituale, bevor sie auf dem Set erschien – Aufwärm- und Dehnübungen, Schmink- und Pflegerituale –, die zu ihren berüchtigten Verspätungen führten. Man weiß, dass sie den Tod der Journalistin MARA SCHERBATOFF am Tag der Hochzeit mit ARTHUR MILLER als ein schlechtes Omen sah.

SUTTON PLACE
SUITE E8 (8TH FLOOR), NEW YORK

Ende 1955, als sich die Finanzlage der MARILYN MONROE PRODUCTIONS verschlechterte, zog Marilyn in dieses Hotel, bevor sie in Hollywood BUS STOP (1956) drehte. Das Gebäude war ständig von Reportern und Fotografen umlagert, die von ihrer Beziehung zu ARTHUR MILLER gehört hatten. Mindestens ein oder zwei Reporter überwachten ständig das Hotel, bis sie als Mrs. Arthur Miller in eine Wohnung in der EAST FIFTY-SEVENTH STREET zog (siehe HOMES).

TALMADGE, NORMA (1893–1957)

Den Namen „Norma" erhielt Norma Jeane, weil ihre Mutter, GLADYS BAKER, Norma Talmadge zu ihrer Lieblingsschauspielerin erkoren hatte. Viele hielten sie für die vielseitigste Darstellerin des Stummfilms. Als älteste von drei schauspielernden Schwestern gelangte Talmadge 1914 mit dem Film *Battle Cry of Peace* zu Ruhm. Sie heiratete 1917 den Produzenten JOSEPH M. SCHENCK, der ihr half, die Norma Talmadge Productions ins Leben zu rufen. Später leitete Schenck die United Artists und gründete schließlich 1933 sein eigenes Studio, die TWENTIETH CENTURY-FOX.

Talmadge war in den 1920er-Jahren bis zu den Anfängen des Tonfilms einer der großen Kassenmagneten, doch dann erwies sich ihr starker Brooklyn-Akzent als unüberwindliches Handikap. Mit dreiunddreißig Jahren zog sie sich aus dem Filmgeschäft zurück.

TARADASH, DANIEL (GEB. 1913)

Taradash war der Drehbuchautor (siehe SCREENWRITER), der DON'T BOTHER TO KNOCK (1952) für die Leinwand bearbeitete, jenen Film, in dem Marilyn erstmals als Star auftrat. Rückblickend meinte er, der Regisseur ROY WARD BAKER sei zwar ein netter Mensch gewesen, aber „nicht der richtige Regisseur für diesen Film … Jemand, der sich auf die Arbeit mit einer jungen und zudem noch unsicheren Frau besser verstanden hätte, wäre hier vermutlich zu einem positiveren Ergebnis gekommen … Hätte das Studio mehr Geld für einen fähigeren Regisseur ausgegeben, wäre vielleicht etwas daraus geworden. So wie er ist, bleibt der Film ein Kuriosum."

Taradash erhielt im folgenden Jahr für *From Here to Eternity – Verdammt in alle Ewigkeit* (1953) einen Oscar.

TASHLIN, FRANK (1913–1972)

Tashlin gehört zu den sehr wenigen Filmemachern, denen der Übergang vom Trickfilm zum Spielfilm gelang.

Jahrelang machte er die Filme mit den beliebten Zeichentrickfiguren Porky the Pig, Bugs Bunny und Daffy Duck, bis er sich mit den Marx Brothers zusammentat und *A Night in Casablanca – Eine Nacht in Casablanca* (1946) sowie LOVE HAPPY (1950) schrieb, in dem Marilyn kurz auftrat.

Mitte der 1950er-Jahre war Tashlin Autor, Regisseur und Produzent der Filme, die JAYNE MANSFIELD, Marilyns größte Rivalin (siehe RIVALS), bekannt machten: *The Girl Can't Help It – Schlagerpiraten* (1956) und *Will Success Spoil Rock Hunter? – Sirene in Blond* (1957).

Die TWENTIETH CENTURY-FOX wollte Tashlin ursprünglich die Regie in Marilyns letztem Film SOMETHING'S GOT TO GIVE überlassen, aber er war schnell aus dem Rennen, weil Marilyn sich GEORGE CUKOR wünschte.

TAYLOR, ELIZABETH (GEB. 1932)

Rollen, die ich wirklich spielen möchte. Mein Aussehen steht mir im Weg. Es legt mich zu sehr fest."

Es wurde oft behauptet, Elizabeth Taylor sei die einzige ernsthafte Rivalin Marilyns (siehe RIVALS) im Kampf der Stars um die Position an der Spitze gewesen.

Sie wurde in England geboren, und ihre amerikanischen Eltern nahmen sie bei Ausbruch des Zweiten Weltkriegs mit sich zurück nach Amerika. Taylor begann ihre Filmkarriere als Zehnjährige und erregte große Aufmerksamkeit mit *National Velvet – Kleines Mädchen, großes Herz* (1944). Viele der Filme, die sie seit Ende der 1940er- bis in die Mitte der 60er-Jahre drehte, erhielten glänzende Kritiken und wurden mit einem Oscar ausgezeichnet: *Little Women – Vier Schwestern* (1949), *A Place in the Sun – Ein Platz an der Sonne* (1951), *Giant – Giganten* (1956); in drei aufeinander folgenden Jahren wurde sie für den Oscar nominiert: *Raintree County –*

Das Land des Regenbaumes (1957), *Cat On a Hot Tinroof – Die Katze auf dem heißen Blechdach* (1958), *Suddenly Last Summer – Plötzlich im letzten Sommer* (1959). Außerdem erhielt Taylor einen Oscar für *Butterfield 8 – Telefon Butterfield 8* (1960) sowie für *Who's Afraid of Virginia Woolf? – Wer hat Angst vor Virginia Woolf?* (1966). Taylor hat auch in den darauf folgenden Jahren Filme gedreht, machte aber weniger durch ihre Leinwandauftritte als durch ihr bewegtes Liebesleben (neun Ehen) von sich reden. Seit einigen Jahren engagiert sie sich stark im Kampf gegen Aids.

Die meisten Biografen Marilyns weisen auf den gewaltigen Einkommensunterschied hin, der 1962 zwischen diesen beiden Schauspielerinnen bestand. Monroe wurden am Ende ihrer Karriere 100.000 Dollar für SOMETHING'S GOT TO GIVE geboten, während Elizabeth Taylor eine Million für ihre Rolle in *Cleopatra* (1963) erhielt und damit die TWENTIETH CENTURY-FOX fast in den Ruin trieb. Manche Biografen behaupten, das Studio habe den Film mit Marilyn wegen der hohen Kosten durch den Taylor-Film aufgegeben. Als Taylor einmal zu krank war, um die Dreharbeiten für *Cleopatra* fortzusetzen, soll Marilyn für die Rolle vorgeschlagen worden sein.

Marilyn am Telefon in einer Werbe-Aufnahme der Twentieth Century-Fox, Foto von Frank Powolny, ca. 1950.

TAYLOR, FRANK

Frank Taylor war ARTHUR MILLERs Lektor bei Dell Publishing und jahrelang eng mit ihm befreundet.

Frank, seine Frau Nana und ihre vier Jungen besuchten Marilyn und Arthur oft in deren Haus auf dem Land in ROXBURY. Manchmal kamen nur zwei der Jungen, Mike und Curtice, wenn Arthurs Kinder Jane und Bobby auch da waren.

Taylor begleitete Marilyn auf der Fahrt nach Los Angeles zu einem Treffen mit Nikita Chruschtschow.

Im Sommer 1958 bat Miller den Freund um dessen Meinung zu dem ersten Drehbuchentwurf für THE MISFITS (1961). Taylor schlug JOHN HUSTON als idealen Regisseur vor und war von dem Projekt so angetan, dass er Marilyns Bitte, den Film zu produzieren, nachkam und dafür seine Stellung als Cheflektor bei Dell aufgab. Viele Jahre zuvor hatte Taylor schon einmal in Hollywood gearbeitet und dort den Film *Mystery Street* (1950) produziert.

Während der Dreharbeiten zu *The Misfits* musste Taylor oft vermitteln, wenn es am Set zu Auseinandersetzungen kam. Der Biograf FRED LAWRENCE GUILES schreibt dazu: „Es ist vor allem Frank Taylor zu verdanken, dass *The Misfits*, den viele Kritiker für Marilyns bedeutendsten Film halten, überhaupt beendet wurde."

TELEPHONE — Telefon

MARILYN:
„Wissen sie, von wem ich immer abhängig war? Nicht von Fremden oder Freunden, sondern vom Telefon! Es ist mein bester Freund. Ich schreibe kaum Briefe, aber ich telefoniere sehr gern, vor allem nachts, wenn ich nicht schlafen kann."

Marilyn hütete ihre Telefonnummer wie ein Geheimnis. Sie drehte das Telefon zur Wand, sodass Gäste sich die Nummer auf der Vorderseite nicht merken konnten. Einmal schrieb sie auch eine falsche Nummer auf die Wählscheibe – die des Leichenschauhauses von Los Angeles.

DR. RALPH GREENSON sagte bei der Polizei aus, er habe Marilyn mit dem Telefonhörer in der Hand aufgefunden. Die nach Marilyns Tod angeblich beseitigten Mitschnitte ihrer Telefongespräche galten den Anhängern der Verschwörungstheorie (siehe CONSPIRACY) als Beweis für unsaubere Machenschaften.

TELEVISION — Fernsehen

Marilyns Karriere erreichte ihren Höhepunkt, als das Fernsehen sich gegen das Kino durchzusetzen begann. Im Vergleich zu jener Zeit, in der Marilyn den ersten Vertrag bei einem Hollywoodstudio erhielt, war die Anzahl der Kinobesucher zu Beginn der 1960er-Jahre schon um die Hälfte geschrumpft. Die Antwort der TWENTIETH CENTURY-FOX auf diese bedrohliche Entwicklung war ihr neuer Star Marilyn und die neue Cinemascope-Technik.

In den Jahren als Starlet hatte Marilyn wenig zu tun und versuchte, auch beim Fernsehen Fuß zu fassen. Gleich zu Beginn ihrer Karriere erhielt sie jedoch bei dem Fernseh-

Marilyn in der *Jack Benny Show*, 1953.

film *The Necklace* eine Absage vom Produzenten Stanley Rubin, mit dem sie später in THERE'S NO BUSINESS LIKE SHOW BUSINESS (1954) zusammenarbeitete.

Marilyn trat nur einige wenige Male im Fernsehen auf. Sie hielt sich für zu nervös und scheute das Risiko, live im Fernsehen unvorteilhaft zu erscheinen, aber eingeladen wurde sie immer nur zu Live-Shows. Ihr erster TV-Auftritt überhaupt war in einem Werbespot für Royal Triton Oil (siehe ADVERTISEMENTS – Werbung).

Ihr eigentliches Fernsehdebüt gab Marilyn am 13. September 1953 in der JACK BENNY Show, in der sie mit dem Gastgeber einen Sketch aufführte. Nachdem sie Hollywood den Rücken gekehrt hatte, wagte sie sich offiziell am 8. April 1955 mit einem Live-Interview aus der Deckung, das sie EDWARD R. MURROW in seiner Show „Person to Person" gab. Dies blieb, trotz lukrativer Angebote, ihr letzter Live-Auftritt überhaupt. Ein Fernsehsender soll Marilyn 1957 zwei Millionen Dollar dafür geboten haben, als Star in einer eigenen Serie aufzutreten.

Marilyns Abneigung gegen das Fernsehen hatte zum Teil ganz persönliche Gründe. Es störte sie, dass ihr frisch angetrauter Ehemann JOE DIMAGGIO tagelang nur vor dem Fernseher saß, anstatt sich mit ihr zu unterhalten. Man sagt, DiMaggio habe sich vorher erkundigt, ob das Motel-Zimmer, in dem sie ihre Hochzeitsnacht verbringen wollten, über einen Fernsehapparat verfüge.

Die erste der vielen Marilyn-Imitationen lieferte Lucille Ball in ihrer „I love Lucy"-Show mit einer Episode, die sich „Ricky's Movie Offer" nannte und am 8. November 1954 gesendet wurde.

Auch heute noch ist Marilyn in Nachahmungen oder kurzen Einspielungen ihrer Filmauftritte (siehe CAMEO) in den Medien präsent. Seit ihrem mysteriösen Tod war sie zudem dutzendfach Gegenstand von Fernsehdokumentationen (siehe DOCUMENTARIES) und ist fester Bestandteil in Rückblicken auf Hollywoods Glamour und Sexsymbole. Im Jahr vor ihrem Tod führte

Marilyn Verhandlungen über eine Fernsehadaption von Somerset Maughams *Rain*, die sie jedoch abbrach, da die NBC den von ihr gewünschten Regisseur LEE STRASBERG nicht akzeptieren wollte.

THEATER — Theater

Die junge Norma Jeane brannte darauf, Schauspielerin zu werden. Als Kind gab sie sich nachts im Bett Schauspielfantasien hin, die sie auf der EMERSON HIGH SCHOOL schließlich verwirklichen konnte, wo man sie in Schulaufführungen wie *Petronella* und einem St.-Valentinstag-Musical mitspielen ließ. An ihrer nächsten Schule, der Van Nuys High, gelang es ihr aber anscheinend nicht, die Theatergruppe von ihrem Talent zu überzeugen, denn man gab ihr keine Rolle.

Als die TWENTIETH CENTURY-FOX es 1947 ablehnte, ihren Vertrag zu verlängern, schloss sich Marilyn dem Bliss-Hayden Miniature Theater an. Sie trat in zwei Stücken auf: GLAMOUR PREFERRED und STAGE DOOR. Auch andere Hollywoodschauspieler wie Veronica Lake, Jon Hall, DORIS DAY, DEBBIE REYNOLDS und Craig Stevens gaben Stippvisiten in diesem Theater.

Trotz der Unterstützung durch ihren erstklassigen Schauspiellehrer LEE STRASBERG und trotz unbezweifelbarer Hingabe an den Schauspielerberuf (siehe ACTING – Schauspielerei) blieb Marilyn doch vor allem eine Filmschauspielerin. Viele Biografen haben erkannt, dass ihr Talent sich schlecht vertrug mit der strengen Disziplin täglicher Bühnenpräsenz, wo keine Möglichkeit zur Wiederholung bestand. Selbst erfahrene Bühnenschauspieler, die längere Zeit im Filmgeschäft tätig waren, können Probleme mit der erneuten Gewöhnung an strenge Theaterdisziplin bekommen.

In der Zeit am ACTORS STUDIO trug Marilyn Szenen aus bekannten Stücken vor, z. B. aus Eugene O'Neills ANNA CHRISTIE, CLIFFORD ODETS' *The Golden Boy* und TENNESSEE WILLIAMS' A STREETCAR NAMED DESIRE.

Seit Marilyns Tod entstanden Hunderte von Theaterstücken mit „marilynesken" Figuren in der für sie typischen Garderobe, wie dem rückenfreien weißen Trägerkleid aus THE SEVEN YEAR ITCH (1955).

Der Trend begann 1955 mit dem Broadwayerfolg *Will Success Spoil Rock Hunter? – Sirene in Blond*, in dem JAYNE MANSFIELD eine Marilyn-Blondine verkörpert. Das vielleicht berühmteste Stück, das sich auf eine Marilyn-Gestalt stützt, ist ARTHUR MILLERS AFTER THE FALL. Es wurde zwei Jahre nach Marilyns Tod uraufgeführt.

THEATERROLLEN, DIE MARILYN GERN GESPIELT HÄTTE

Im Jahr 1952, als ihr Name in aller Munde war, gestand Marilyn einem Reporter: „Ich würde gern Rollen wie Julie in *Bury the Dead*, Gretchen im *Faust* oder Teresa in *Cradle Song* spielen. Ich will nicht immer nur eine Komikerin bleiben." Marilyn hegte die Hoffnung, einmal in voller Länge die Rollen jener Heldinnen spielen zu können, die sie im Actors Studio nur auszugsweise dargeboten hatte. Sie sagte 1956, sie würde gern Lady Macbeth mit Marlon Brando als Partner spielen. Sie hat auch von der Möglichkeit gesprochen, in einer Musical-Fassung von *My Fair Lady* auf der Bühne zu stehen.

THERE'S NO BUSINESS LIKE SHOW BUSINESS (1954) — **Rhythmus im Blut**

In dieser Hommage an den Komponisten IRVING BERLIN hatte Marilyn eine Nebenrolle. Für die Dreharbeiten kam sie nach Los Angeles zurück, nachdem sie mehrere Monate mit ihrem neuen Ehemann JOE DIMAGGIO in San Francisco gelebt hatte. Man gestand ihr ein eigenes Team zu, bestehend aus der Schauspiellehrerin NATASHA LYTESS, dem Stimmbildner HAL SCHAEFER und dem Tanzlehrer JACK COLE, den sie dem vom Produzenten SOL C. SIEGEL ausgesuchten Robert Alton vorzog. Außerdem versprach man ihr die Mitwirkung in THE SEVEN YEAR ITCH (1955), woran ihr sehr gelegen war.

LAMAR TROTTI, der Verfasser des ersten Drehbuchs, starb, bevor er das Skript fertig stellen konnte. Das Ehepaar Henry und Phoebe Ephron sprang für ihn ein, aber Henry äußerte später: „Es war die schwierigste Sache, die wir je gemacht haben. Alle Szenen der Story bestanden nur aus Klischees."

Marilyns Rolle der Vicky hatte man der ursprünglichen Geschichte noch eilig hinzugefügt und ihr einige der Songs übertragen, die eigentlich Ethel Merman singen sollte. Daraus ergab sich ein Mix aus völlig unterschiedlichen Schauspielerpersönlichkeiten: Marilyn, DONALD O'CONNOR und die freche Merman.

Marilyns Beziehung zu Regisseur WALTER LANG war selbst für ihre Verhältnisse ungewöhnlich schlecht. Lang ließ offenbar keine Gelegenheit aus, um sie herunterzumachen. Marilyn verspätete sich wie üblich, doch wie immer arbeitete sie auch hart mit ihren Lehrern, um die bestmögliche Leistung zu erbringen, denn sie fürchtete, mit den erfahrenen Gesangs- und Tanzstars nicht mithalten zu können. Marilyns Gesangsnummern (siehe SONGS) in dem Film sind: „A Man Chases a Girl" (mit O'Connor), „After You

Ein belgisches Plakat für *There's No Business Like Show Business* (1954).

Get What You Want You Don't Want It", das umstrittene „Heatwave", „Lazy", „You'd Be Surprised" und natürlich der Titelsong. Da Marilyn gerade erst einen Exklusivvertrag mit der Schallplattenfirma RCA abgeschlossen hatte, hört man auf dem Soundtrack des Films die Stimme des Broadwaystars Dolores Gray. Marilyn nahm für ihre Schallplattenfirma eine eigene Version auf.

Die Dreharbeiten begannen am 29. Mai 1954. Nichts lief wie geplant. Marilyn litt unter einer verschleppten Bronchitis, die sie sich auf der Koreareise zugezogen hatte; hinzu kamen eine Anämie und die Nachwirkungen ihrer Schlaftabletten. Während des Drehs soll sie dreimal ohnmächtig geworden sein. Kaum hatte die Presse davon Wind bekommen, kursierte das Gerücht, sie sei schwanger. Wahrscheinlich belasteten sie jedoch – neben ihren physischen Leiden – vor allem die Auseinandersetzungen mit ihrem neuen Ehemann Joe DiMaggio.

Die laue Publikumsreaktion auf den Film verstörte Marilyn. LENA PEPITONE zitiert sie: „Ich tat, was man mir gesagt hat, und bin dafür nur beschimpft worden. ... Ein großer Busen, ein schöner Hintern – toll! Darf ich denn nichts anderes sein? ... Wenn ich tanzte, musste ich den Rock immer möglichst weit öffnen und wie vom Fieber geschüttelt herumhopsen ... es war zu albern." Weil sich die Arbeiten an diesem Film länger als geplant hinzogen, musste der Beginn der Dreharbeiten für *The Seven Year Itch* verschoben werden, und es gab für Marilyn zwischen beiden Filmen keine Ruhepause.

Produktionsdaten:
Twentieth Century-Fox
CinemaScope und Color DeLuxe
Länge: 117 Minuten
Kinostart: 16. Dezember 1954

Crew:
Produzent: Sol C. Siegel
Regie: Walter Lang
Drehbuch: Phoebe und Henry Ephron
Story: Lamar Trotti
Kamera: Leon Shamroy
Art Direction: Lyle R. Wheeler, John DeCuir
Schnitt: Robert E. Simpson
Musik: Irving Berlin

Choreografie: Robert Alton (und Jack Cole)
Musikalische Leitung: Alfred Newman, Lionel Newman
Kostüme: Charles Le Maire, William Travilla, Miles White

Besetzung:
Ethel Merman … Molly
Donald O'Connor … Tim Donahue
Marilyn Monroe … Vicky
Dan Dailey … Terrance „Terry" Donahue
Johnnie Ray … Steve Donahue
Mitzi Gaynor … Katy Donahue
Richard Eastham … Lew Harris
Hugh O'Brian … Charles Gibbs
Frank McHugh … Eddie Duggan
Rhys Williams … Father Dineen
Lee Patrick … Marge
Eve Miller … Garderobenfräulein
Robin Raymond … Lillian
Alvy Moore … Katys Freund
Lyle Talbot … Bühnenmeister
Chick Chandler … Harry
Gavin Gordon … Geoffrey
George Chakiris … Tänzer
Nolan Leary … Erzbischof
George Melford … Bühnenportier
Henry Slate … Choreograf
Jimmy Baird … Kind
Billy Chapin … Kind
Donald Gamble … Kind
Matt Mattox … Tänzer
Buzz Miller … Tänzer

Nominierungen:
Oscars:
Drehbuch (Original-Story)
Soundtrack
Kostüme

Handlung:
Die Donahues – Mutter Molly (Ethel Merman), Vater Terry (Dan Dailey) und die Kinder Tim (Donald O'Connor), Katy (Mitzi Gaynor) und Steve (Johnnie Ray) – sind eine Familie von Varietékünstlern, die ein Mitglied nach dem anderen verlässt.

Der junge Steve geht als Erster, um seiner Berufung als Priester zu folgen. Tim verliebt sich in Vicky (Marilyn Monroe), Garderobenfräulein in einem Nachtclub. Etwas später treffen sich alle in einem Hotel in Florida wieder, wo sowohl die Donahues als auch

Donald O'Connor, Marilyn und Mitzi Gaynor in *There's No Business Like Show Business* (1954).

Marilyn in einem gewagten Kostüm in *There's No Business Like Show Business* (1954).

Vicky auftreten, aber es kommt zu einer Verwechslung, so dass beide dieselbe Nummer „Heatwave" auf ihrem Programm haben. In einer Szene singt Ethel Merman als Molly „Anything You Can Do, I Can Do Better" und dieser Song hat eine besondere Funktion im Handlungsablauf, weil sich die Personen die meiste Zeit darüber streiten, wer den Titelsong „Heatwave" singen darf.

Tim überredet seine Mutter Molly, Vicky den Vortritt zu lassen, aber deren Abneigung gegen die junge Frau steigert sich noch, als Vicky Tim und Katy dazu überredet, mit ihr am Broadway aufzutreten. Von den ehemals fünf Donahues sind nun nur noch Vater und Mutter übrig.

Katy verliebt sich in den Texter Charly Gibbs (Hugh O'Brian), aber Tim erlebt einen Schock, weil er (irrtümlich) annimmt, Vicky

hintergehe ihn mit dem Produzenten der Show, Lew Harris (Richard Eastham). Verschmäht und eifersüchtig, betrinkt er sich aus Kummer am Abend der Premiere, erscheint nicht zur Vorstellung und wird bei einem Verkehrsunfall verletzt. Die nervenstarke Molly jedoch unterbricht die Show nicht. Im Krankenhaus geraten Terry und Tim aneinander und Tim verschwindet. Terry macht diese Geschichte schwer zu schaffen, er verliert alle Lust aufzutreten. Molly Donahue verhält sich Vicky gegenüber weiterhin abweisend, obgleich Katy die beiden bei einem gemeinsamen karitativen Einsatz für einen Schauspielerfonds zu versöhnen sucht. Schließlich lässt Vicky Molly wissen, sie liebe Tim noch immer und trage an allem keine Schuld. Die Frauen werden Freundinnen, gerade rechtzeitig, damit Steve, jetzt ein Feldgeistlicher, und Tim, der nun bei der Navy ist, auftreten und alle mit Vicky noch einmal gemeinsam den Titelsong singen.

Unten: Marilyn und Donald O'Connor in *There's No Business Like Show Business* (1954).

Kritiken:
New York Daily Mirror
„Marilyn Monroe, die Donald aus dem Showgeschäft und in die Uniform treibt, singt ihre drei Songs so erotisierend, wie ihr Image es verspricht ... *There's No Business Like Show Business* ist ein phantasievolles Werk, voller leuchtender Farben und schöner Melodien."

Variety
„Miss Monroes Gesangsdarbietung muss man gesehen haben, um sie richtig würdigen zu können. Für Miss Merman als Sängerin stellt sie keinen Anlass zur Beunruhigung dar; eher noch tritt sie zu Mae West in Konkurrenz."

New York Daily News
„*There's No Business Like Show Business* ist Unterhaltung pur ... In DeLuxe Color gedreht, mit großer Starbesetzung und der Musik Irving Berlins, hat dieser Film Rhythmus, Schwung und eine angenehm nostalgische Atmosphäre ... Marilyn ist äußerst amüsant in ihren drei großen Star-Auftritten, wenn sie als komische Varietésängerin, sexy wie immer, ihre frechen Lieder vorträgt."

The New York Times
„Miss Gaynor hat weitaus mehr Talent als Miss Monroe, die sich bei ihren Nummern *Heat Wave* und *Lazy* auf peinliche Weise dreht und windet."

THORNDIKE, DAME (AGNES) SYBIL
(1882–1976)

„Sie bleibt immer das unschuldige Mädchen, selbst wenn sie ein unverfrorenes Flittchen spielt. Ich erinnere mich, wie Sir Laurence einmal während der Dreharbeiten sagte: ‚Sehen sie sich dieses Gesicht an – es könnte einer Fünfjährigen gehören.' "

Die hervorragende britische Bühnenschauspielerin spielte die Hauptrolle in der Erstaufführung von George Bernard Shaws *Saint Joan*. Außer in THE PRINCE AND THE SHOWGIRL (1957), als Partnerin ihres Landsmannes LAURENCE OLIVIER, trat sie nur selten in Filmen auf.

In der ersten Woche der Dreharbeiten sagte sie einmal zu Olivier: „Larry, du warst gut in dieser Szene, aber keiner merkt es, solange Marilyn mitspielt. Ihre ganze Art und ihr Tempo sind einfach wundervoll. Und sei nicht zu streng mit ihr wegen ihrer Unpünktlichkeit, mein Guter. Wir sind vollkommen auf sie angewiesen. Sie ist die Einzige von uns, die weiß, wie man sich vor der Kamera bewegen muss!"

TICKET TO TOMAHAWK, A (1950)

Auf Anraten ihres Geliebten JOHNNY HYDE bemühte sich Marilyn erfolgreich um eine kleine Rolle in diesem eher unbedeutenden Western-Musical.

Sie spielte eines von vier Revuemädchen, die im historischen Kostüm die Nummer „Oh, What a Forward Young Man!" singen und tanzen.

Die Dreharbeiten begannen im August oder September 1949. Marilyn und die Filmcrew verbrachten fünf Wochen in Durango, Colorado, mit Außenaufnahmen.

Die Fox machte nur wenig Werbung für den Film. Der Misserfolg von BETTY GRABLES in Farbe gedrehtem komischem Western *The Beautiful Blonde from Bashful Bend* hatte sie empfindlich getroffen.

Später arbeitete Marilyn mit dem zweiten Hauptdarsteller Dan Dailey in THERE'S NO BUSINESS LIKE SHOW BUSINESS (1954) zusammen.

Produktionsdaten:
Twentieth Century-Fox
Technicolor
Länge: 90 Minuten
Kinostart: 19. Mai 1950

Crew:
Regie: Richard Sale
Produktion: Robert Bassler
Drehbuch: Mary Loos, Richard Sale
Kamera: Harry Jackson
Schnitt: Harmon Jones
Musik: Cyril J. Mockridge
Art Direction: George W. Davis, Lyle R. Wheeler
Kostüme: René Hubert

Besetzung:
Dan Dailey … Johnny
Anne Baxter … Kit Dodge Jr.
Rory Calhoun … Dakota
Walter Brennan … Terence Sweeny
Charles Kemper … Chuckity
Connie Gilchrist … Madame Adelaide
Arthur Hunnicutt … Sad Eyes
Will Wright … Dodge
Chief Yowlachie … Pawnee Indianer
Mauritz Hugo … Dawson
Chief Thundercloud … Crooked Knife
Victor Sen Yung … Long Time
Raymond Greenleaf … Bürgermeister
Harry Carter … Charley
Harry Seymour … Velvet Fingers
Marion Marshall … Annie
Joyce Mackenzie … Ruby
Marilyn Monroe … Clara
Barbara Smith … Julie
Jack Elam … Fargo
Edward Clark
Charles Stevens

Handlung:
Der Film spielt im Jahr 1876. Dawson, Besitzer einer Postkutschenlinie, fürchtet für die Zukunft seines Unternehmens, wenn die Lokomotive Engine One pünktlich ihr Ziel Tomahawk in Colorado erreicht. Sein angeheuerter Schütze Dakota kämpft gegen Sheriff Dodge und – nach dessen Verwundung – gegen dessen Enkelin Kit (Anne Baxter). Marilyn gehört zu einer Tänzerinnentruppe, die in Tomahawk auftreten soll und sich auf der Fahrt dorthin befindet. Unterwegs gibt es eine Gelegenheit für die Darbietung der Gesangs- und Tanznummer „Oh, What a Forward Young Man You Are" (von Ken Darby und John Read). Nach einem erfolglosen Sabotageversuch siegt das Gute über das Böse, und Indianer erscheinen als wenig glaubwürdige Retter.

Kritik:
The New York Times
„*A Ticket to Tomahawk* bereitet viel Vergnügen. Nicht wirklich eine Konkurrenz (für

Annie Get Your Gun – Duell in der Manege), bleibt der Film doch ein großer Spaß … Gedreht wurde weitgehend vor Ort in West-Colorado. Die Außenaufnahmen vom Transport eines echten alten Dampfrosses sind reizvoll und lustig."

TIDES MOTOR INN, THE

Nach den traumatischen Erlebnissen in der Psychiatrie des Payne-Whitney-Krankenhauses (siehe HOSPITALS) und den schon etwas erträglicheren am Columbia University Presbyterian Hospital Medical Center unternahm JOE DIMAGGIO mit Marilyn eine Reise nach Florida. Dort erholten sie sich im exklusiven, nach Art der 1930er-Jahre erbauten Tides Hotel.

Sie genossen die frische Seeluft und besuchten auch das Frühlings-Trainingscamp der Yankees im nahen St. Petersburg. Im Hotel lebten sie in separaten Räumen, aber die Presse (siehe PRESS) spekulierte natürlich über Aussöhnung und erneute Heirat.

TIME-LIFE BUILDING
1271 AVENUE OF THE AMERICAS, NEW YORK

Im Juli 1957, als Marilyn mit ihrem Ehemann ARTHUR MILLER den Sommer auf Long Island verbrachte, wurde sie zur Grundsteinlegung des Time-Life-Gebäudes per Hubschrauber nach New York eingeflogen. Trotz bester Transportmöglichkeiten kam Marilyn zwei Stunden zu spät.

TINKER BELL — Die Fee „Glöckchen"

Marilyn war ganz offensichtlich die Vorlage für die Fee „Glöckchen" in Walt Disneys Zeichentrickfilm *Peter Pan* von 1953.

TOBEY BEACH

Der Fotograf ANDRÉ DE DIENES fuhr 1949 mit Marilyn für eine Fotoserie an diesen Strand an der Nordküste von Long Island. Viele Marilyn-Verehrer zählen diese Aufnahmen zu den schönsten, die je von ihr gemacht wurden.

TOMMY (1975)

In dieser gefeierten Rockoper der Gruppe „The Who", Regie Ken Russell, ist Marilyn die Wunderheilerin-Ikone im Tempel, zu dem die Mutter (ANN-MARGRET) den taubstummen Tommy (Roger Daltrey) in Erwartung seiner Heilung führt.

TORMÉ, MEL (1925–1999)

Der populäre Sänger und Gelegenheitsschauspieler Mel Tormé, der zu Marilyns Lieblingskünstlern gehörte, gab ihr während der Proben zu „Happy Birthday", dem Geburtstagsständchen für Präsident KENNEDY, ein paar Tipps.

In seiner Autobiografie *It Wasn't All Velvet* berichtet er von einem gemeinsamen Club-Engagement und einer „bitter-süßen" persönlichen Beziehung, die sie wenig später eingingen.

Marilyns Pin-up-Fotos inspirierten Disney bei den Entwürfen zur Fee Glöckchen.

TRAVILLA, WILLIAM („BILLY")
(1920–1990)

„Es gefiel ihr zu schockieren. Sie konnte großartig oder scheußlich aussehen, wie eine kleine Herumtreiberin oder wie eine Sexgöttin."

„Sie war noch so kindlich, dass sie anstellen konnte, was sie wollte, man verzieh ihr doch, so wie man einer Siebenjährigen verzeiht. Sie war Kind und Frau zugleich, und alle Männer und Frauen beteten sie an."

„Oberflächlich betrachtet, war sie immer noch ein glückliches junges Mädchen. Aber diejenigen, die sie kritisierten, haben sie nie so erlebt wie ich, als sie aus Angst zu versagen wie ein kleines Kind weinte."

Der renommierte Kostümdesigner William Travilla traf Marilyn zum erstenmal 1950. Er gehörte zu den Designern der Twentieth Century-Fox, und Marilyn bat ihn, seinen Ankleideraum für eine Kostümprobe benutzen zu dürfen. „Sie trug einen schwarzen Badeanzug", erinnerte sich Travilla, „und beim Öffnen der Schiebetür zu meinem Raum rutschte ihr ein Träger herab, und ihre Brust war zu sehen. Natürlich hat sie das absichtlich getan."

Sie haben acht Filme zusammen gemacht: MONKEY BUSINESS (1952), DON'T BOTHER TO KNOCK (1952), GENTLEMEN PREFER BLONDES (1953), HOW TO MARRY A MILLIONAIRE (1953), THERE'S NO BUSINESS LIKE SHOW BUSINESS (1954), RIVER OF NO RETURN (1954), THE SEVEN YEAR ITCH 1955) und BUS STOP (1956). Travilla gewann im Laufe seiner langen Karriere einen Oscar für den Errol-Flynn-Film *The Adventures of Don Juan – Die Liebesabenteuer des Don Juan* und erhielt zwei Oscar-Nominierungen für seine Leistung in *There's No Business Like Show Business* und *Bus Stop*.

Travilla entwarf die meisten der Marilyn-Kostüme, so auch das Kleid, mit dem sie 1953 bei der Preisverleihung der Zeitschrift *Photoplay* einen Skandal auslöste. Er nähte sie praktisch ein in das Kleid aus reinem Goldlamé, das sie in *Gentlemen Prefer Blondes* mit Rücksicht auf die Zensur nur in einer kurzen Szene getragen hatte und in dem sie ihren Preis für Hollywoods „schnellste Schau-

Marilyn am Strand, am Tobey Beach aufgenommen von
André de Dienes, 1949.

Jacques Cemas, Sammy Davis Jr., Marilyn, Milton Greene und Mel Tormé feiern 1955 im „Mocambo"-Club Davis' Rückkehr ins Showbusiness nach seinem Unfall.

„Ich glaube, man muss ihren Tod eher konsequent als beabsichtigt nennen – er folgte aus dem Wunsch, der Qual des Lebens zu entfliehen…"

Die Äußerungen der amerikanischen Autorin und Kritikerin über Marilyns Leben und die Umstände ihres Todes werden häufig zitiert. Trilling kommentiert auch den oft geäußerten Spott über Marilyns „Wunsch nach Bildung", mit dem man sie ihr Leben lang verletzte, sowie die unheilvolle Reduzierung ihrer Person auf deren weibliche Reize.

TROTTI, LAMAR (1900–1952)

Trotti war ein produktiver Autor und Produzent, verantwortlich für Filme wie *The Ox Bow Incident – Ritt zum Ox-Bow* (1942), *Wilson* (1943, Oscar), und *Cheaper by the Dozen – Im Dutzend billiger* (1950). Er wirkte als Autor und/oder Produzent an drei Marilyn-Produktionen mit: AS YOUNG AS YOU FEEL (1951), an der Marilyn-Sequenz in O. HENRY'S FULL HOUSE (1952), und von ihm stammt die Story für THERE'S NO BUSINESS LIKE SHOW BUSINESS (1954), die er jedoch nicht mehr zum Skript ausarbeiten konnte. Für diese letzte Arbeit erhielt er dennoch posthum eine Oscar-Nominierung.

spielerkarriere 1952" entgegennahm. Travilla meint, Marilyn habe den Eklat gewollt. Seine letzten Worte, bevor sie die Bühne betrat, waren:

„Gehen Sie wie eine Dame!" Ihr Gang aus dem Saal auf das Podium, zur Entgegennahme des Preises, ließ JERRY LEWIS aufheulen. JOAN CRAWFORD entrüstete sich anschließend öffentlich über Marilyns Vulgarität.

Drei Jahre nach ihrer ersten Begegnung kam es, laut Travilla, während der gemeinsamen Arbeit an *Gentlemen Prefer Blondes* (1953) zwischen ihnen zu einer Affäre. Er eskortierte sie damals zu verschiedenen öffentlichen Anlässen, und manchmal rief sie ihn mitten in der Nacht an, um ihn zu sich zu bitten.

Den Biografen hat er nie verraten, welche Ausreden ihm für seine Frau eingefallen sind. Auf einen Kalender mit Aktaufnahmen schrieb Marilyn ihm die Widmung: „Liebster Billy, zieh mich immer an. Ich liebe dich, Marilyn."

Travilla sah Marilyn zum letzten Mal eine Woche vor ihrem Tod – manche meinen, am Vorabend ihres Todes –, als sie mit PETER LAWFORD und PAT NEWCOMB speiste. Sie sah leidend und abgemagert aus, und als er an ihren Tisch trat, um sie zu begrüßen, erkannte sie ihn nicht gleich. Er war gekränkt und wollte ihr deshalb einen Brief schreiben, doch bereits kurze Zeit später war sie tot.

TRILLING, DIANA (1905–1996)

„Sie war auf eine Weise lebendig, die den meisten von uns nicht vergönnt ist. Sie verströmte eine solche geballte Vitalität, dass uns das Leben in einem neuen Licht erschien, und dies ist ja die Aufgabe und das Geheimnis der Kunst."

William Travilla und Marilyn bei einer Kostümprobe für *Gentlemen Prefer Blondes* (1952).

TWENTIETH CENTURY-FOX
10201 WEST PICO BOULEVARD, BEVERLY HILLS

Das Studio, für das Marilyn Monroe 21 ihrer 29 Filme drehte, entstand 1935 aus dem Zusammenschluss der Fox Film Corporation, die der gebürtige Ungar William Fox gegründet hatte, und der Twentieth Century Pictures, von JOSEPH M. SCHENCK und DARRYL F. ZANUCK 1933 ins Leben gerufen. Zanuck leitete die Produktionsabteilung seit der Firmengründung bis 1956, und SPYROS SKCURAS war von 1942 bis 1962 ihr Präsident. Die Fox gehörte zu den fünf größten Hollywoodstudios; sie entdeckte und förderte Stars wie Shirley Temple, Tyrone Power, Will Rogers, Don Ameche, BETTY GRABLE und Marilyn Monroe.

Als das Starlet Norma Jeane dort seinen ersten Vertrag unterschrieb, war die Fox Hollywoods führendes Studio, und der legendäre Produzent Darryl F. Zanuck sorgte dafür, dass dies auch in den folgenden 20 Jahren so blieb, indem er die Breitleinwandtechnik einführte, um die Konkurrenz abzuschütteln und dem Fernsehen Paroli zu bieten.

BEN LYON, der Chef der Talentsucher, lenkte die Aufmerksamkeit des Studios auf Norma Jeane und arrangierte am 23. Juli 1946 Probeaufnahmen (siehe SCREEN TESTS) für sie, nachdem ihn Ivan Kahn auf sie hingewiesen hatte. Aufgrund dieser Aufnahmen, die unüblicherweise in Farbe gedreht wurden, bot man Marilyn einen Standardvertrag über sechs Monate mit einem Gehalt von 75 Dollar pro Woche an, wobei das Studio sich die Option vorbehielt, den Vertrag um ein weiteres halbes Jahr bei verdoppelter Gage zu verlängern. Da Norma Jeane noch nicht volljährig war, musste ihr gesetzlicher Vormund GRACE MCKEE GODDARD für sie unterzeichnen.

In „Marilyn Monroe" umbenannt, gehörte sie mit ihrem Minimalvertrag nun zu den hier dutzendweise vertretenen jungen Talenten. Im ersten Halbjahr gab es für sie keine einzige Rolle, nicht einmal als Statistin. Aber sie lernte viel über Make-up, Kostüme, Beleuchtung und Kameratechnik, nahm Schauspielunterricht, Gesangsstunden, versuchte auf sich aufmerksam zu machen und blieb ständig in Verbindung mit der Presseabteilung, die eine hübsche Blondine im engen Pulli immer schnell einmal an Fotografen (siehe PHOTOGRAPHERS) vermitteln konnte. PR-Chef HARRY BRAND und sein Stab entwarfen für Marilyn eine makellose Biografie, in der die psychisch labile Mutter unterschlagen und aus Marilyn eine Waise gemacht wurde. Dieselbe Abteilung ließ sich auch die Geschichte von Marilyns Entdeckung durch einen Talentsucher, bei dem sie angeblich als Babysitter engagiert war, einfallen.

In ihrer ersten Rolle in einem zweitrangigen Film SCUDDA HOO! SCUDDA HEY! (1948) spielte Marilyn eine Schülerin. Wenige Monate später drehte sie den zweiten Film, DANGEROUS YEARS (1948), der sogar noch vor dem ersten herauskam. Marilyn soll angeblich auch in anderen Filmen (siehe FILMS), die damals bei der Fox produziert wurden, kurze Auftritte gehabt haben, doch bisher gelang es niemandem, sie dort eindeutig zu identifizieren.

Weder für die Fox noch für Marilyn waren die beiden ersten Filme ein besonderer Erfolg. Das Studio lehnte eine dritte Vertragsverlängerung um ein halbes Jahr ab. Als ihr der Agent HARRY LIPTON diese Nachricht überbrachte, soll Marilyn nur gesagt haben:

„Na ja, ich schätze, es ist nicht weiter schlimm – ein Fall von Angebot und Nachfrage."

Enttäuscht, aber nicht entmutigt, arbeitete Marilyn weiterhin als Fotomodell (siehe MODELING) und begann sich ernsthaft um Kontakte zu kümmern, mit deren Hilfe sie wieder ins Filmgeschäft zurückzukehren hoffte. Sie freundete sich mit der MGM-Talentsucherin LUCILLE RYMAN an, und, was noch wichtiger war, sie lernte MGM-Mitbegründer Joseph Schenck kennen.

Ein Jahr bei Columbia Pictures trug Marilyn einen dritten Filmauftritt und die Bekanntschaft mit der Schauspiellehrerin NATASHA LYTESS ein, die in ihrem Leben in den nächsten sieben Jahren eine wichtige Rolle spielen sollte. Dann traf Marilyn JOHNNY HYDE, einen der Topagenten Hollywoods. Er bereitete den Boden für ihre Rückkehr zur Fox und verschaffte ihr 1950 Rollen in drei Fox-Filmen – A TICKET TO TOMAHAWK, THE FIREBALL und ALL ABOUT EVE –, von denen der letzte einer der erfolgreichsten des Jahres war. Endlich, am 11. Mai 1951, bot man Marilyn einen langfristigen Vertrag an.

Biografen weisen immer wieder gern darauf hin, dass die Unterzeichnung des neuen langfristigen Vertrags unmittelbar nach einem Aufsehen erregenden Auftritt Marilyns bei einer Studioparty folgte. Der Präsident der Fox, Spyros Skouras, fragte seine Mitarbeiter, wer die Blonde im schwarzen Cocktailkleid sei, die sich zu sich an den VIP-Tisch. Danach kursierte das Gerücht, das Studio wolle Marilyn in so vielen Filmen wie möglich auftreten lassen.

Marilyns Vertrag bestand genau genommen aus einer jährlich vom Studio zu verlängernden Option, die sich über sieben Jahre erstreckte. Für 40 Wochen im Jahr wurden ihr 500 Dollar pro Woche garantiert, gleichgültig ob sie in einem Film eingesetzt wurde oder nicht. Verlängerte das Studio den Vertrag, sollte ihre wöchentliche Gage im zweiten Jahr auf 750 Dollar, im dritten auf 1250 Dollar, im vierten auf 1500 Dollar, im fünften auf 2000 Dollar, im sechsten auf 2500 Dollar und im siebten und letzten auf 3500 Dollar steigen. Das Studio war berechtigt, den Vertrag jeweils zum Jahresende ohne Angabe von Gründen zu kündigen, und Marilyn durfte einzig für die Fox arbeiten, sofern das Studio sie nicht für eine Fremdproduktion auslieh. Ebenso wenig hatte Marilyn das Recht, ohne Genehmigung der Fox in einem anderen Medium tätig zu werden. Zusätzlich zu den Standardklauseln des Vertrags setzte Marilyn die Einstellung ihrer Schauspiellehrerin Natasha Lytess durch.

Im folgenden Jahr trat Marilyn in sieben unbedeutenden Filmen auf. Aber die Werbemaschinerie der Fox war angelaufen, und ihr Name erschien nun im Vorspann immer weiter oben. Ende 1951 lieh die Fox Marilyn an die RKO für den Film CLASH BY NIGHT (1952) aus, und unter der Regie von FRITZ LANG spielte Marilyn ihre erste schauspielerisch anspruchsvollere Rolle.

Die Presse berichtete über diesen Film so positiv, dass erst die Anteilseigner der Fox, dann Skouras und schließlich Darryl Zanuck zu dem Schluss gelangten, dass es jetzt an der Zeit wäre, Marilyn auch eine Hauptrolle zu geben. Am 18. April 1952 erneuerte das Studio den Vertrag. In diesem Jahr kamen fünf neue Filme heraus, an denen Marilyn beteiligt war: *Clash by night* im Juni, WE'RE NOT MARRIED und DON'T BOTHER TO KNOCK

im Juli, MONKEY BUSINESS im September und O. HENRY'S FULL HOUSE im Oktober. Zwei Skandale und eine Liebesgeschichte sorgten dafür, dass Marilyns Name durch die Presse ging. Einmal der Kalender (siehe CALENDAR), in dem sie nackt posierte; dann das Wiederauftauchen ihrer angeblich längst verstorbenen Mutter; und schließlich ihre Romanze mit dem beliebtesten Baseballstar des Landes, JOE DIMAGGIO.

Das Jahr 1953 war äußerst erfolgreich. Mit NIAGARA hatte sich Marilyn als Kassenmagnet etabliert. In GENTLEMEN PREFER BLONDES war sie zwar nicht die Hauptattraktion, aber das Publikum sprach nur von ihr. In HOW TO MARRY A MILLIONAIRE spielte sie an der Seite von BETTY GRABLE, der bis dahin unangefochtenen Star-Blondine der Fox. Grable soll der jüngeren Kollegin gesagt haben: „Kleine, ich hab' meinen Teil schon. Hol du dir deinen. Jetzt bist du dran."

Marilyn war jetzt ganz oben angelangt, aber das Studio schien nicht recht zu wissen, welchen Nutzen es daraus ziehen sollte. In ihrem nächsten Projekt, dem Western RIVER OF NO RETURN (1954), ließ man Marilyn, wie schon in *Niagara*, wieder nur vor einer schönen Landschaftskulisse anstatt in einer wichtigen Handlung agieren. Die Rollen, die man ihr gab, frustrierten sie allmählich ebenso sehr wie die kümmerliche Gage (siehe MONEY – Geld), die sie dafür erhielt.

Das Studio beeilte sich, Marilyn nach *River Of No Return* so schnell wie möglich in ein neues Projekt, *The Girl in Pink Tights*, einzubinden. Ihr missfiel jedoch, dass ihr Partner FRANK SINATRA 5000 Dollar pro Woche erhalten sollte und sie nur 1500, und als besonders kränkend empfand sie die Weigerung der Fox, sie vorher das Skript lesen zu lassen.

Marilyn streikte. Zum ersten Drehtag erschien sie nicht. Die Drohungen des Studios und eine offizielle Suspendierung ignorierte sie. Das Studio teilte ihr mit, SHEREE NORTH würde sie ersetzen. Marilyn fuhr nach SAN FRANCISCO und verbrachte dort das Weihnachtsfest mit Joe DiMaggio. Schließlich sandte das Studio ihr das Skript, doch es handelte sich wieder um eine uninteressante Rolle. Zu Beginn des Jahres 1954 heiratete sie erst einmal Joe DiMaggio, und während ihrer Flitterwochen (siehe HONEYMOONS) ließ sie eine weitere von der Fox gesetzte Frist verstreichen.

Die Fox musste befürchten, ihre größte Leinwandattraktion zu verlieren, und machte deshalb einen Rückzieher. Sie war damit einverstanden, *Pink Tights* fallen zu lassen, vorausgesetzt, Marilyn erklärte sich bereit, eine Nebenrolle in dem geplanten Musical THERE'S NO BUSINESS LIKE SHOW BUSINESS (1954) zu übernehmen. Als Köder versprach man ihr die Hauptrolle in dem geplanten BILLY WILDER-Film THE SEVEN YEAR ITCH (1955), der Kinoversion des Broadwayhits von GEORGE AXELROD. Marilyns Klagen über die schlechte Bezahlung wurden in einem neuen Sieben-Jahres-Vertrag berücksichtigt, der im August 1954 wirksam wurde und ihr zusätzlich 100.000 Dollar für den Wilder-Film garantierte. Aber Marilyn hatte das Studio in die Knie gezwungen und damit einen Präzedenzfall geschaffen. Weitere Auseinandersetzungen folgten und verzögerten die Dreharbeiten für *There's No Business Like Show Business*. Marilyns damaliger Agent CHARLES K. FELDMAN verkündete, sein Schützling sei es leid, „ständig mit dem Studio zu streiten; ihr geht es einzig darum, gute Rollen zu erhalten".

Im Sommer 1954 reiste Marilyn nach NEW YORK und drehte dort die Rock-Szene für *The Seven Year Itch*. Diese Reise war der Anfang vom Ende ihrer Ehe mit Joe DiMaggio. Marilyn traf sich in New York mit dem Fotografen MILTON GREENE, mit dem sie die Gründung einer eigenen Produktionsgesellschaft plante.

Einen Monat nach Bekanntgabe ihrer Scheidung von Joe DiMaggio zog sich Marilyn zurück. Bei einer Pressekonferenz im Januar 1955 verkündete sie dann die Gründung der MARILYN MONROE PRODUCTIONS. Die Fox beurlaubte Marilyn sofort, obwohl sie noch zu letzten Nachdrehs für *The Seven Year Itch* nach Los Angeles kommen sollte.

Milton Greenes Anwälte (siehe LAWYERS), Frank Delaney und Irving Stein, und Marilyns neue Künstleragentur MCA führten das ganze Jahr hindurch einen Rechtsstreit mit dem Studio. Die Fox blieb dabei, dass Marilyn vertraglich dazu verpflichtet sei, die nächsten vier Jahre exklusiv für sie zu arbeiten. Allerdings ließ die Kampfbereitschaft angesichts des riesigen Erfolgs von *The Seven Year Itch* stark nach. Marilyn sagte damals zu SUSAN STRASBERG: „Hollywood wird mir nie verzeihen, vor allem nicht, dass ich das System bekämpfe und aus dem Kampf als Siegerin hervorgehe, und ich bin mir sicher, dass ich gewinnen werde."

Marilyns Vertreter führten gegen das Studio an, es sei die 100.000 Dollar Bonuszahlung, die für *The Seven Year Itch* ausgehandelt worden waren, schuldig geblieben. Sie untermauerten ihre Position durch einen Brief, aus dem hervorging, dass Marilyns ursprünglicher Vertrag von 1951 in einer mündlichen Übereinkunft für nichtig erklärt worden war. Je mehr Zeit verging, desto deutlicher sah Greene allerdings auch die Schwierigkeit, genügend Geld für die Marilyn Monroe Productions aufzutreiben, um bis zur Produktion des ersten Films überleben zu können.

Am 31. Dezember 1955 unterschrieben Marilyn und die Fox einen neuen Vertrag über vier Filme in den nächsten sieben Jahren. Marilyn erhielt 100.000 Dollar pro Film und einen prozentualen Anteil am Gewinn. Wichtiger war für sie jedoch, dass sie darüber entscheiden konnte, welche Art von Film sie machen wollte: nicht nur das Drehbuch, sondern auch der Regisseur und der Kameramann bedurften ihrer Zustimmung – eine bis dahin fast einmalige Machtkonzentration in der Hand eines Darstellers. Während der Dreharbeiten standen Marilyn außerdem noch 500 Dollar Spesen wöchentlich zu. Außerdem erhielt sie pro Jahr ein Pauschalhonorar von 100.000 Dollar. Die Fox besaß auch nicht mehr das Exklusivrecht an ihrem Star, denn man hatte Marilyn gestattet, einen Film pro Jahr bei einem anderen Studio zu drehen und in bis zu maximal sechs Radio- oder Fernsehsendungen jährlich aufzutreten.

BUS STOP (1956) war der erste Film, den Marilyn nach der Unterzeichnung des neuen Vertrages drehte. Es folgte ein Jahr später THE PRINCE AND THE SHOWGIRL (1957), der einzige Streifen, den die Marilyn Monroe Productions produzierte, bevor Marilyn sich mit ihrem Geschäftspartner Milton Greene überwarf.

Dann kam SOME LIKE IT HOT (1959), ein Film „auf Leihbasis" für die UNITED ARTISTS. Erst 1960 drehte Marilyn mit LET'S MAKE LOVE wieder einen Film für ihr Vertragsstudio. Auch THE MISFITS (1961) war kein

MARILYN MONROE—20th Century-Fox Player

Marilyn auf einem Werbe-Foto der Twentieth Century-Fox.

Projekt der Fox. Bis 1961, als Marilyn nach der gescheiterten Ehe mit ARTHUR MILLER wieder nach Los Angeles gezogen war, hatte sie erst zwei der vertraglich geforderten vier Filme für die Fox gedreht, und der Vertrag lief in einem Jahr aus.

An der Spitze der Twentieth Century-Fox hatte es inzwischen erhebliche Veränderungen gegeben. Darryl Zanuck war 1956 von seinem Posten als Produktionsleiter zurückgetreten und als freier Produzent nach Europa gegangen. Für ihn kam BUDDY ADLER und leitete persönlich die Produktion von *Bus Stop*. Nach dessen Tod 1960 war Spyros Skouras zunehmend für die Produktion verantwortlich. Das Studio befand sich zu diesem Zeitpunkt finanziell in einer äußerst prekären Lage – Folge eines langen, langsamen Abstiegs und vor allem der immensen Budgetüberschreitungen bei ELIZABETH TAYLORs Film *Cleopatra*. Das Entscheidungsgremium der Gesellschaft setzte Skouras unter Druck, und er musste seinen Präsidentenposten gegen die bedeutungslosere Position eines Vorstandsvorsitzenden eintauschen. Kurze Zeit später wurde PETER LEVATHES neuer Produktionsleiter.

Dies war der Hintergrund, vor dem Marilyn die Arbeit an *Something's Got to Give* auf-

nahm. Bekanntermaßen war sie von dem vielfach überarbeiteten Skript nicht sehr angetan, aber laut Vertrag war sie der Fox noch Filme schuldig.

Der Film *Cleopatra* hatte das 30-Millionen-Limit gesprengt, und die Fox musste entweder drastische Kürzungen vornehmen oder den Bankrott erklären. Das Studio veräußerte seinen Grundbesitz, strich die Kosten für die Crew zusammen und schloss einige Studioeinrichtungen, um Geld zu sparen. Schließlich feuerte Levathes Marilyn wegen Vertragsbruchs, kurz nachdem sie für Präsident JOHN F. KENNEDY „Happy Birthday" gesungen hatte, und warf ihr vor, nur an zwölf von 33 Drehtagen zur Arbeit erschienen zu sein.

Am 8. Juni 1962 kam es zu letzten Gesprächen zwischen Marilyns Anwalt Milton Rudin, ihrem Analytiker DR. RALPH GREENSON und leitenden Angestellten der Fox. Greenson führte zugunsten seiner Klientin eine Viruserkrankung an und erklärte ihre Bereitschaft zu weiterer Zusammenarbeit. Das Studio blieb unbeeindruckt. Noch am selben Tag ließ es Rudin wissen, es werde die Marilyn Monroe Productions auf Zahlung von 500.000 Dollar verklagen. Inzwischen hatte sich die Fox schon nach einem Ersatz

Ein Werbe-Foto der Twentieth Century-Fox von Frank Powolny, 1952.

für Marilyn umgesehen und kündigte eine Fortsetzung der Dreharbeiten mit LEE REMICK an. Der zweite Hauptdarsteller, DEAN MARTIN, musste allerdings laut Vertrag der Besetzung der weiblichen Hauptrolle zustimmen, und der wollte nur mit Marilyn arbeiten.

Inzwischen bemühte sich Skouras um eine Wiedereinstellung Marilyns. Es kam zu inoffiziellen Verhandlungen zwischen ihren Vertretern und denen des Studios. Levathes teilte Marilyn zwei Wochen vor ihrem Tod mit, man würde sie wieder einstellen und ihre Gage auf 250.000 Dollar erhöhen – nach anderen Berichten sogar 500.000 – sowie alle Klagen gegen sie einstellen. Es gibt Schätzungen, denen zufolge das Studio an Marilyns vorangegangenen Filmen über 60 Millionen Dollar verdient hatte. Ende 1962 löste Darryl Zanuck Spyros Skouras als Präsidenten ab. Er machte seinen Sohn Richard zum Vizepräsidenten und Produktionsleiter. Sie bestimmten die Geschicke des Studios bis Anfang der 1970er-Jahre. Den Rest des Jahrzehnts war Alan Ladd Jr. an der Spitze erfolgreich, insbesondere mit der *Star Wars*-Trilogie. 1981 wurde die Gesellschaft verkauft, und 1985 fügte sie Rupert Murdoch seinem riesigen Medienimperium hinzu.

UCLA

UNIVERSITY OF CALIFORNIA AT LOS ANGELES
405 HILGARD AVENUE, WESTWOOD

Marilyn war stets darum bemüht, sich weiterzubilden. Zu Beginn des Jahres 1951 besuchte sie Abendschulkurse für bildende Kunst und Literatur. Claire Seay, eine ihrer Lehrerinnen, erinnert sich an ihre ehemalige Schülerin: „Sie war still, bescheiden und sehr aufmerksam. Man hätte sie für eine Klosterschülerin halten können."

UNDERWEAR — **Unterwäsche**

MARILYN:
„Hüfthalter trage ich nie, und Büstenhalter so selten wie möglich. Ich fühle mich dadurch eingeengt … Wenn ich einen Hüfthalter trage, bin ich flach wie ein Brett, und so möchte ich nicht aussehen."

GEORGE MASTERS:
„Unter dem Kleid trug sie keinen BH und kein Höschen. Wenn sie einen Büstenhalter tragen musste, dann war das immer irgendein winziges Ding mit schmalen Trägern und halben Körbchen. Aber normalerweise trug sie keinen. Sie hatte keinen Riesenbusen. Sie sah gut aus, so ohne BH; nicht billig oder vulgär, einfach anders."

Marilyn im Negligee auf einem Werbefoto der Twentieth Century-Fox, 1953.

Dieses Kleid mit einem fleischfarbenen Herz entwarf Orry-Kelly für Marilyns Rolle in *Some Like It Hot* (1959).

Es ist bekannt, dass Marilyn oft keine Unterwäsche trug. Wahrscheinlich hätten ihr die oft zwei Nummern zu engen Kleider sonst auch nicht gepasst. Vor Fotoaufnahmen zog sie ihre Unterwäsche aus, damit sich keine Nähte abzeichneten. Diese Nacktheit (siehe NUDITY) unter der Kleidung wurde oft als Beleg für eine ausgeprägte Sinnlichkeit angeführt.

Nachdem der Klatschreporter EARL WILSON 1952 erwähnt hatte, dass Marilyn oft „überhaupt nichts darunter" habe, wurde in der Presse des Öfteren darüber berichtet. So z. B. anlässlich der MISS AMERICA-Veranstaltung, an der Marilyn im Rahmen einer Werbekampagne für MONKEY BUSINESS (1952) in einem extrem tief ausgeschnittenen Kleid teilnahm und damit einen kleinen Skandal auslöste.

Allerdings lehnte sie Unterwäsche nicht generell ab. LUCILLE RYMAN, bei der Marilyn 1947 wohnte, erinnert sich, Marilyn eines Abends inmitten von zwei Dutzend BHs sitzen gesehen zu haben, für die sie ihre ganze Wochengage geopfert hatte. Sie war dabei, die Körbchen auszupolstern, und sagte zu ihrer Freundin: „Dies ist das Einzige, worauf alle schauen. Wenn ich jetzt den Hollywood Boulevard entlang gehe, falle ich jedem auf!" Einer Anekdote zufolge erschien Marilyn zum Vorsprechen für THE ASPHALT JUNGLE (1950) bei JOHN HUSTON in einem dieser ausgestopften BHs. Huston griff hinein, zog die Polsterung heraus und bemerkte nur, die Rolle bekäme sie trotzdem.

Marilyn wusste ihre Unterwäsche auch gezielt einzusetzen. Als sie noch zu den unbekannten Darstellerinnen der Fox gehörte, ging sie einmal nur im seidenen Negligee zu Fuß den weiten Weg von der Ausstattungsabteilung zum Fotostudio. Die Nachricht verbreitete sich wie ein Lauffeuer in den Studios, und auch Hollywoods Presse erfuhr davon. Der Reporter Robert Cahn schrieb: „Die Leute standen alle an den Fenstern, und Marilyn kam lächelnd vorbei und winkte allen zu."

Obwohl Marilyn außer Haus selten einen BH getragen haben soll, weiß man, dass sie sich in späteren Jahren BHs nach Maß anfertigen ließ. Ihre Körbchengröße wird mit 36D (amerikanische Größe) angegeben, wenn auch die Maße (siehe MEASUREMENTS) je nach Quelle schwanken. AMY GREENE erzählte, dass Marilyn aus Angst vor einem Hängebusen auch nachts einen BH trug.

UNITED ARTISTS

1918 SOUTH VERMONT AVENUE, HOLLYWOOD

United Artists, das Studio, das Mary Pickford, CHARLIE CHAPLIN und Douglas Fairbanks gründeten, um sich für ihre Filme eine unabhängige Plattform zu schaffen, brachte den letzten Film der Marx Brothers, LOVE HAPPY (1950), heraus, in dem Marilyn einen kurzen Auftritt hatte. Obgleich der nur eine Minute dauerte, schickte das Studio sie auf eine Werbetour durch das Land.

Einige Jahre später produzierte die UA Marilyns kommerziell erfolgreichsten Film, SOME LIKE IT HOT (1959). Der Film THE MISFITS (1961) wurde durch die Tochtergesellschaft Seven Arts Productions finanziert.

UNIVERSITY HIGH SCHOOL

Norma Jeane besuchte ihre letzte High School von Februar bis Juni 1942. In dieser Zeit war sie bereits mit JAMES DOUGHERTY zusammen. Von ihren Klassenkameraden wurde sie als ein „lautes" und „wildes" Mädchen beschrieben. Die schüchterne „Maus", wie man sie noch ein paar Jahre zuvor genannt hatte, war sie schon lange nicht mehr.

Mitte März, kurz nachdem ihr gesetzlicher Vormund GRACE MCKEE GODDARD und deren Ehemann nach West Virginia gezogen waren, verkündete Norma Jeane ihren Lehrern und Mitschülern, sie würde von der Schule abgehen und im Juni heiraten.

VAN DOREN, MAMIE

(GEB. 1933 ALS JOAN LUCILLE OLANDER)

Das ehemalige Modell Mamie Van Doren wurde von Talentsuchern der Universal Studios entdeckt. Sie sollte bei diesem Filmstudio den Platz einnehmen, den Marilyn bei der TWENTIETH CENTURY-FOX innehatte. Van Doren fand eine beachtliche Anhängerschar, blieb aber letztlich doch eine zweitrangige Schauspielerin. Ihr Debüt gab sie in *Two Tickets to Broadway – Drei Frauen erobern New York* (1951), und sie spielte Hauptrollen in *The Second Greatest Sex – Das gibt es nur in Kansas* (1955), *Running Wild – Die Ungezähmten* (1955) und *Untamed Youth – Reife Blüten* (1957).

VAN NUYS HIGH SCHOOL

6535 CEDROS AVENUE, VAN NUYS

Norma Jeane ging von September 1941 bis Februar 1942, als sie noch bei den GODDARDs wohnte, in die zehnte Klasse dieser Schule. Auch JAMES DOUGHERTY und JANE RUSSELL waren hier zur Schule gegangen.

VIRGINIA CITY, NEVADA

Hierher fuhren die Schauspieler in ihrer Freizeit, wenn sie bei den Dreharbeiten zu THE MISFITS (1961), die in der Nähe von RENO stattfanden, nicht benötigt wurden oder

Die 19-jährige Norma Jeane zu Beginn ihrer Laufbahn als Fotomodell, 1945.

wenn der Dreh unterbrochen werden musste. Virginia City war eine Geisterstadt, ein Relikt aus der Zeit des Goldrausches.

VISTA DEL MONTE STREET
NUMMER 4524, SHERMAN OAKS

1942 wohnte Norma Jeane hier mit JAMES DOUGHERTY in einem Ein-Zimmer-Bungalow, in den nur ein Klappbett passte.

VOICE — Stimme

MARILYN:
„Man muss mit der Stimme gar nicht irgendetwas Besonderes anstellen. Wenn deine Gedanken sexy sind, ist es deine Stimme auch."

ARTHUR MILLER:
„Ihre Stimme war so sanft und beruhigend, dass erwachsene Männer bei ihrem Klang schwach wurden."

Norma Jeane, die in ihrer Kindheit (siehe CHILDHOOD) ständig wechselnde Bezugspersonen und wenig Beständigkeit erlebte, blieb ein sehr stilles und schüchternes Mädchen. Sie fand, wie sie sagte, schnell heraus, „dass man mir, wenn ich den Mund hielt, für nichts die Schuld geben konnte."

Sie litt an ihrer Unsicherheit und begann zu stottern. Marilyn erinnerte sich später, wie sie als Schriftführerin in der Schule Klassenzusammenkünfte mit den Worten: „P-p-protokoll der letzten S-s-sitzung" eröffnete. Noch in den ersten Jahren ihrer Schauspielkarriere hatte sie mit diesem Problem zu kämpfen. Vielleicht war dieses frustrierende Stottern einer der Gründe für die Anspannung beim Lernen und Sprechen ihrer Texte. Die Schauspiellehrerin NATASHA LYTESS nannte Marilyns Stimme in solchen Momen-

ten ein „verkrampftes Quieken". Einer der vielen mehr oder weniger nützlichen Ratschläge, die man der ehrgeizigen Schauspielerin später gab, war, „ihre Tonlage zu senken", was sie auch beherzigte.

Sie nahm Gesangsstunden und fand schnell zu ihrem persönlichen Stil. Phil Moore, der in GENTLEMEN PREFER BLONDES (1953) für Marilyns Gesangseinlagen verantwortlich war, brachte den besonderen Reiz ihrer Lieder (siehe SONGS) auf den Punkt: „Sie klingt immer, als wache sie gerade auf. Erstaunlich, welche Wirkung das auf männliche Zuhörer hat."

GESANGSLEHRER
Billie Daniels („That Old Black Magic" in *Bus Stop*)
Ken Darby
Fred Karger
Margaret McLean
Phil Moore
Hal Schaefer

Marilyns Aussprache in der ersten Hälfte ihrer Karriere, mit der abgehackten Betonungen der Buchstaben „D" und „T", war weitgehend das Werk ihrer Lehrerin Lytess. Die Regisseure amüsierten sich oft über ihre – wie OTTO PREMINGER es ausdrückte – „feierliche Arrr-tie-kuh-latz-jon". Sie mag sehr stilisiert geklungen haben, aber immerhin überwand Marilyn so den Hang zum Stottern. Generationen von Schauspielerinnen nach ihr haben ihre gehauchte Flüsterstimme kopiert, um sexuelles Interesse und Einverständnis zu signalisieren.

Nur sehr selten sprach Marilyn in der Öffentlichkeit mit ihrer normalen Stimme: auf einigen wenigen Pressekonferenzen, bei Presseerklärungen und Interviews, deren Mitschnitte sich heute in den Händen von Sammlern befinden. Nur in dem letzten, unvollendeten Film SOMETHING'S GOT TO GIVE ging Marilyn neue Wege und sprach mit

Marilyn vor den Voltaire Apartments, 1954.

ihrer natürlichen Stimme. Der Journalist W. J. WEATHERBY, mit dem Marilyn in den letzten Lebensjahren mehrfach zusammengekommen war, schrieb über ihre Stimme: „Sie konnte verführerisch, kindlich oder ganz damenhaft klingen."

VOLTAIRE APARTMENTS
1424 NORTH CRESCENT HEIGHTS BOULEVARD, WEST HOLLYWOOD (HEUTE GRANVILLE APARTMENTS GENANNT)

Marilyns Versteck nach der Trennung von JOE DIMAGGIO, in dem sie vor ihrem geheim gehaltenen Umzug nach NEW YORK Kräfte sammelte. Während die Presse fieberhaft ganz Los Angeles nach ihr absuchte, wohnte sie gleich nebenan, mitten in Hollywood, bei ihrer Freundin Anne Karger.

WAGENKNECHT, EDWARD

„Marilyn spielte die beste Partie mit einem der schlechtesten Blätter, das ich je bei jemandem gesehen habe."

Wagenknecht, der Biograf vieler Persönlichkeiten des 19. und 20. Jahrhunderts, stellte ein Buch über Marilyn mit persönlichen Eindrücken ihrer Freunde und Kollegen zusammen, das Ernest Cunningham, Autor von *The Ultimate Marilyn*, zu den unverzichtbaren Werken über Marilyn zählt.

WAGNER, ROBERT (GEB. 1930)

„Marilyn fiel nichts in den Schoß. Viel Zeit und große Anstrengungen waren nötig, um das später so berühmte Bild zu kreieren."

Wagner war 21 Jahre alt und ging noch zum College, als er einen Vertrag bei der TWENTIETH CENTURY-FOX unterschrieb. Nach seinem Debüt in *Halls of Montezuma – Okinawa* (1950) machte er gemeinsam mit der ehrgeizigen Marilyn Probeaufnahmen. Beide wurden für LET'S MAKE IT LEGAL (1951) verpflichtet, einen der vielen Filme, in denen Marilyn eine Nebenrolle spielte, bevor ihr 1953 der Durchbruch zum Star gelang.

1957 heiratete Wagner einen anderen Star der Fox, NATALIE WOOD. Das Studio vermarktete diese Ehe als „die glanzvollste Vereinigung des 20. Jahrhunderts". Nachdem seine Filmkarriere in den 1960er-Jahren ins Stocken geriet, wechselte er für eine Weile zum Fernsehen und trat dort in Serien wie *Hart to Hart – Hart aber herzlich* auf. Zuletzt spielte er in den *Austin Powers*-Filmen.

WALD, JERRY (1911–1962)

„Sie geht wie eine junge Antilope, und wenn sie sich erhebt, ist es, als winde sich eine Schlange in die Höhe."

„Sie ist die größte Komikerin im Filmgeschäft, ein weiblicher Chaplin. Im passenden Film ist sie großartig, und das Publikum strömt ihr zu. Nur wenn sie eine ernste Rolle spielt, wird es schwierig. Das Publikum nimmt sie ihr nicht ab."

Wald war eine bedeutende und tatkräftige Persönlichkeit in Hollywood. Er begann seine Karriere beim Film in den 1930er-Jahren als Drehbuchautor, arbeitete dann gleichzeitig als Autor und Produzent und verlegte sich später ausschließlich auf die Produktion.

Bei einem gemeinsamen Lunch, den SIDNEY SKOLSKY arrangiert hatte, beeindruckte Marilyn Jerry Wald so sehr, dass sie von ihm ihre bis dahin größte Rolle erhielt, in CLIFFORD ODETS' Film CLASH BY NIGHT (1952). Zu dem Lunch erschien Marilyn in einer tief ausgeschnittenen Bluse und 3/4 langen Hosen, die, laut Skolsky, „so eng anlagen, als hätte man sie aufgemalt".

Nicht nur Marilyn selbst verstand es perfekt, ihr Äußeres zielgerichtet einzusetzen – auch Wald wusste mit Marilyns Körper Geld zu machen. So sollen Marilyns Nacktaufnahmen für einen Kalender (siehe CALENDAR) durch eine gezielte Indiskretion Walds bekannt geworden sein, weil er sich davon zusätzliche Werbung für *Clash By Night* versprach. Andere Gerüchte besagen allerdings, er habe der Journalistin Aline Mosby einen Wink gegeben, weil er einem Erpresser zuvorkommen wollte, der für sein Schweigen über die Fotos 10 000 Dollar von ihm gefordert hatte.

1959 arbeitete Wald für die TWENTIETH CENTURY-FOX. Ohne Erfolg versuchte er, Marilyn für Clifford Odets' *The Story on Page One – Sensation auf Seite 1* zu gewinnen. Daraufhin schlug er ihr ein neues Projekt vor: LET'S MAKE LOVE (1960); diesmal nahm Marilyn das Angebot an. Walds nächsten Film, *The Stripper – Die verlorene Rose* (1963), den letzten vor seinem Tod, lehnte Marilyn wiederum ab.

Andere Filme von Wald sind *Mildred Pierce – Solange ein Herz schlägt* (1945), *Johnny Belinda – Schweigende Lippen* (1948), *Peyton Place – Glut unter der Asche* (1957) und *Sons and Lovers – Söhne und Liebhaber* (1960).

WALDORF-ASTORIA HOTEL

301 PARK AVENUE, NEW YORK

Dieses luxuriöse und berühmte Hotel war ab April 1955 Marilyns Zuhause in New York. Als Teilhaber der MARILYN MONROE PRODUCTIONS mietete MILTON GREENE die 3-Zimmer-Suite Nr. 2728 im 27. Stock für 1 000 Dollar die Woche an.

Der Biograf FRED LAWRENCE GUILES schildert ihren Hotelaufenthalt jedoch als wenig glückliche Zeit: „Sie war oft äußerst einsam in ihrem Apartment in den Waldorf-Towers; so einsam, wie es nur ein berühmter Filmstar, isoliert von allen normalen Menschen, sein kann."

In seinem Buch *Marilyn: The Ultimate Look at the Legend* beschreibt JAMES HASPIEL Marilyns Suite sehr detailliert:

Man betrat Marilyns Apartment und stand sofort im Wohnzimmer. Rechts hing eine Pinnwand … mit Ausschnitten, an die ich mich noch heute erinnere: Seiten aus ausländischen Zeitschriften; ein Porträt Albert Einsteins; noch ein Foto von ihm: eine Rückenansicht, wie er eine Straße hinuntergeht. Dann gab es da ein Bild, das eine Traube aneinander geschmiegter hungriger Waisen schien. Auf einem Tischchen links im Raum stand eine außerordentlich gelungene Marilyn-Skizze …, die von dem Schauspieler Zero Mostel stammte … Marilyns Bett befand sich an der Wand zum Wohnzimmer, und über dem Bett hing ein riesiges Gemälde von Abraham Lincoln … Marilyns Telefon war so zum Kopfteil des Bettes gedreht, dass die Telefonnummer nicht gleich für jedermann zu erkennen war …

Gegen Ende 1955 wurde diese Luxussuite für die Marilyn Monroe Productions zu kostspielig, und Marilyn zog in ein Apartment am SUTTON PLACE. Im Laufe der nächsten Jahre kehrte sie jedoch mehrmals ins Waldorf-Astoria Hotel zurück: 1956, als sie eine Radiosendung aufzeichnete, 1957 zur Premieren-Nachfeier für THE PRINCE AND THE SHOWGIRL und 1958 anlässlich einer von der karitativen Organisation „March of Dimes" veranstalteten Modenschau.

THE WALK — Der Gang

MARILYN:

„Ich habe mir über meine Art zu gehen nie viele Gedanken gemacht. Die Leute sagen, ich schwinge und wiege die Hüften, aber ich weiß nicht, wovon sie reden. Ich gehe einfach. In meinem ganzen Leben habe ich noch nie absichtlich die Hüften geschwungen, aber ständig bekomme ich Ärger mit Leuten, die dies behaupten."

„Ich gehe, um mich vorwärts zu bewegen."

HARMON JONES:

„Sie kann mit einigen wenigen Schritten mehr ausdrücken als die meisten Schauspielerinnen mit sechs Seiten Dialog."

Society-Reporterin Elsa Maxwell mit Marilyn in deren Suite im Waldorf-Astoria Hotel, 1956.

Marilyns „längster Gang der Filmgeschichte" in *Niagara* (1953) wurde ausgiebig kommentiert. Dieses Pressefoto erschien weltweit. Das Kleid auf dem Foto trug Marilyn im Film allerdings nicht.

Marilyns Art, sich von A nach B zu bewegen, war außergewöhnlich. In NIAGARA (1952) gibt es eine Einstellung, in der sie 35 Meter nur geht und die als „The Walk" bekannt wurde. Es wurde behauptet, dies sei der längste Gang der Filmgeschichte. Von dem Filmjournalisten SIDNEY SKOLSKY oder seinem Rivalen Pete Martin soll die Formulierung „das Mädchen mit dem horizontalen Gang" stammen.

Man konnte Marilyns aufreizenden Gang schon 1950 in dem Film LOVE HAPPY auf der Leinwand bewundern. Er war vielen – allerdings aus unterschiedlichen Gründen – seit langem aufgefallen. EMMELINE SNIVELY, die Leiterin der BLUE BOOK MODELING AGENCY, bei der Marilyn ihre Karriere als Fotomodell startete (siehe MODELING), bekannte 1954: „Zuerst versuchten wir, diesen furchtbaren Gang zu korrigieren. Dieses Geschaukel passte nicht zu einem Fotomodell. Aber er gehörte zu Marilyn, und wir konnten ihn nicht ändern."

Nach NIAGARA wollten alle wissen, ob dies Marilyns natürlicher Gang sei. ALLAN „WHITEY" SNYDER meint, er sei zufällig beim Überqueren von Kopfsteinpflaster entstanden. Eine andere These besagt, dass sie ihren Gang provoziert habe, indem sie heimlich einen ihrer Absätze abfeilte, bis er ein kleines

Stück kürzer war als der andere. Marilyns Masseur RALPH ROBERTS wiederum behauptete, dass sie sich ihren Gang antrainiert habe, nachdem sie Mabel Ellsworth Todds Buch *The Thinking Body* gelesen hatte, das Übungen enthält, wie man im Sitzen sein Gewicht von einer Gesäßhälfte auf die andere verlagert.

Natürlich oder nicht, jedenfalls versuchte eine ganze Frauengeneration diesen aufreizenden Gang zu kopieren und seine Wirkung am Samstagabend auf die Männer aus der Nachbarschaft zu erproben. Nur MAE WEST ließ sich davon nicht beeindrucken und fand, der Gang sei nichts weiter als eine schlechte Kopie ihres eigenen.

Am treffendsten hat vielleicht JACK LEMMON in SOME LIKE IT HOT (1959) den für Marilyn typischen Gang charakterisiert. Während der als Frau verkleidete Lemmon auf hohen Hacken den Bahnsteig entlang stolpert, sieht er Marilyn plötzlich vor sich und sagt zu dem ebenfalls in Frauenkleidern steckenden TONY CURTIS: „Wie die sich bewegt! Wie ein Pudding, wie eine Götterspeise auf Beinen!"

WALLACH, ELI (GEB. 1915)

Marilyn vertiefte die Freundschaft zu diesem aus Brooklyn stammenden Schauspieler während der gemeinsamen Zeit am ACTORS STUDIO, Mitte bis Ende der 1950er-Jahre.

Da Wallach auch mit ARTHUR MILLER befreundet war, sahen sich Marilyn, Arthur, Eli und dessen Frau, die Schauspielerin Anne Jackson, während der New Yorker Jahre häufig. SHELLEY WINTERS erzählt, Marilyn habe Wallach auf eine Liste der attraktivsten Männer (siehe MEN) gesetzt, die sie Anfang der 1950er-Jahre gemeinsam aufstellten.

Laut FRED LAWRENCE GUILES ist die lange Freundschaft zwischen Wallach und Marylin bei THE MISFITS (1961) zerbrochen. In dem Film spielte Wallach die Rolle des Guido, der vergeblich um die von Marilyn dargestellte Roslyn wirbt. Zusätzlich zu einem Streit über Textänderungen kam es bei den Aufnahmen einer Tanzszene zum Krach, weil Marilyn Wallach beschuldigte, sich absichtlich zwischen sie und die Kamera zu drängen. Nach ihrem Bruch mit Arthur Miller glaubte Marilyn, Wallach habe sich auf dessen Seite geschlagen.

Wallach war schon ein renommierter Bühnenschauspieler, als er in *Baby Doll – Baby Doll – Begehre nicht des anderen Weib* (1956) sein Leinwand-Debüt gab. Für diesen Film hatte sich Marilyn erfolglos um eine Rolle bemüht. Dann folgten *The Magnificent Seven – Die Glorreichen Sieben* (1960) und *The Misfits* (1961). Er spielte oft die Rolle des Schurken, u. a. in *The Godfather Part III – Der Pate – Teil III* (1990).

WARHOL, ANDY
(1928–1987, GEB. ALS ANDREW WARHOLA)

> „Es war dumm von ihr, sich umzubringen … Sie hätte der erste große weibliche Regisseur werden können, denn sie wusste, wie man Filme macht."

Andy Warhol war der exponierteste Vertreter der Pop Art, jener Bewegung der 1960er-Jahre, die aus Alltagsgegenständen Kunst machte. Eines seiner berühmtesten Bilder zeigt

Andy Warhol wählte dieses Werbefoto von Frank Powolny als Vorlage für seine berühmte Siebdruck-Serie.

Marilyn als farbige Siebdruck-Serie. Die Drucke hängen in Museen der Modernen Kunst auf der ganzen Welt und sind nicht zuletzt durch ihre massenhafte Reproduktion als Poster mittlerweile allgemein bekannt.

WARNER BROTHERS

Marilyn hat nie einen Film direkt für die Warner Brother Studios gedreht, aber 1956 gab die MARILYN MONROE PRODUCTIONS bekannt, dass THE PRINCE AND THE SHOWGIRL (1957) – der einzige Film, den Marilyns unabhängige Firma je produzierte – im Verleih der Warner Brothers vertrieben werde. Marilyn und Jack Warner machten diese Nachricht am 1. März 1956 auf einer gemeinsamen Pressekonferenz publik.

Marilyn erhält 1956 von Jack Warner den Warner-Brothers-Schlüssel.

Marilyns Wachsfigur bei Madame Tussaud's.

WASSERMAN, LEW (LOU)
(GEB. 1913)

Sehr einflussreiche Person in Hollywood, die ab 1946 die MCA und von 1962 bis 1995 die Universal Studios leitete.

Wasserman kümmerte sich Mitte der 1950er-Jahre persönlich um seine Klientin Marilyn Monroe, als diese ihre eigene Produktionsfirma, die MARILYN MONROE PRODUCTIONS, gegründet hatte.

Lew Wasserman handelte als Erster einen Vertrag aus, in dem ein Schauspieler zugunsten einer prozentualen Gewinnbeteiligung auf einen Teil seiner Gage verzichtet. Er tat dies auch für Marilyn in ihren späteren Filmen. So fließt ihrem Nachlass (siehe ESTATE) auch heute noch – mehr als 40 Jahre nach Abschluss dieser Verträge – Geld zu.

WAXWORKS – Wachsfiguren

Die in Wachs gegossene Marilyn steht in fast allen Wachsfigurenkabinetten der Welt, so auch bei Madame Tussaud's in London und im Hollywood Wax Museum. Auch im Sex Museum in Amsterdam wird sie präsentiert, dort allerdings in der Pose aus dem Aktkalender (siehe CALENDAR).

WAYNE, DAVID
(1914–1995, GEB. ALS WAYNE McKEEKAN)

Kein anderer Schauspieler stand so oft gemeinsam mit Marilyn vor der Kamera wie der Charakterdarsteller David Wayne.

So drehte er mit ihr zum Beispiel die Filme AS YOUNG AS YOU FEEL (1951), WE'RE NOT MARRIED (1952), O. HENRY'S FULL HOUSE (1952) und HOW TO MARRY A MILLIONAIRE (1953).

Rechts: Heiratsurkunde von Marilyn und Joe DiMaggio.

Wayne war ein erfolgreicher Bühnendarsteller, der 1948 zum Film ging und in *Adam's Rib – Ehekrieg* brillierte. Er arbeitete bis zu seinem Tod für Film und Fernsehen.

WEATHERBY, W. J.

„Sie hatte die einzigartige Gabe, sich immer so zu verhalten, wie man es von ihr verlangte; darum blieb ihr wahres Wesen nicht greifbar."

Britischer Journalist, mit dem Marilyn sich bei den Dreharbeiten zu THE MISFITS (1961) anfreundete.

Sie trafen sich später mehrmals in einer Bar in der Eighth Avenue in New York. Zehn Jahre nach Marilyns Tod stellte Weatherby aus den Notizen, die er nach diesen Unterhaltungen mit ihr angefertigt hatte, das Buch *Conversations with Marilyn* zusammen.

Weatherbys Bekannte in den USA erzählten ihm, ROBERT KENNEDY habe vor der Polizei in Los Angeles (siehe POLICE) zu Marilyns Tod (siehe DEATH) ausgesagt; die Aussage sei jedoch geheimgehalten worden. Auch wenn er den Gerüchten wenig Glauben schenkte, schließt Weatherby die Möglichkeit nicht aus, dass Marilyn in ihrem letzten Lebensjahr eine Beziehung zu einem der Kennedy-Brüder – oder auch zu beiden – unterhalten habe.

WEDDINGS – Hochzeiten

In drei Filmen war Marilyn verheiratet: in WE'RE NOT MARRIED (1952), GENTLEMEN PREFER BLONDES (1953) und HOW TO MARRY A MILLIONAIRE (1953). Auch im wahren Leben war Marilyn drei Mal verheiratet. Ihre Hochzeiten waren alle, jede auf ihre Weise, schnell gefasste Entschlüsse.

Hochzeit mit JAMES DOUGHERTY:
Am 19. Juni 1942 im Haus der Howells, 432 Bentley Avenue, West Los Angeles

Norma Jeanes erste Ehe hatte ihr Vormund GRACE McKEE GODDARD arrangiert. Sie suchte nicht nur den Ehegatten aus – es war der Sohn ihrer Nachbarin und Freundin Ethel Dougherty –, sondern bestimmte auch den Ort der Trauung: Chester Howells Haus. Vermutlich glaubte sie, die Wendeltreppe hier würde der Braut einen effektvollen Auftritt ermöglichen. Die Howells kannten Norma Jeane seit frühester Kindheit – einem Bericht zufolge wollten sie sie sogar adoptieren – und halfen bereitwillig.

Norma Jeane wählte eine Schulfreundin als Brautjungfer; James Dougherty machte seinen Bruder Marion zum Brautführer. Zu den 25 Gästen zählten neben ihrer „Tante" ANA LOWER, die das bestickte weiße Brautkleid genäht hatte, auch ihre ersten Pflegeeltern, IDA und WAYNE BOLENDER, bei denen sie sieben Jahre lang gelebt hatte. Norma Jeanes Mutter, GLADYS BAKER, und ihr Vormund Grace McKee Goddard waren bei der Zeremonie nicht anwesend.

Hochzeit mit JOE DiMAGGIO:
Am 14. Januar 1954 im Rathaus, Polk Street, San Francisco

Ursprünglich wollten Joe DiMaggio und Marilyn sich kirchlich trauen lassen, doch der Erzbischof von San Francisco, John Mitty, erklärte Joes Scheidung von seiner ersten Frau Dorothy Arnold für ungültig. So blieb es bei einer standesamtlichen Trauung.

Am 14. Januar 1954 wurde das Paar in den Amtsräumen von Richter Charles S. Peery zu Mann und Frau erklärt. Weil Marilyn zu dieser Zeit mit ihrem Studio, der TWENTIETH CENTURY-FOX, im Streit lag, informierte sie den Chef der Presseabteilung erst wenige Minuten vor dem Ereignis. Das war aber immer noch früh genug, um eine Schar von mehr als hundert Fotografen (siehe PHOTOGRAPHERS) und Reportern vor dem Gebäude auflaufen zu lassen. Auf den Fotos sieht man Marilyn in einem schokoladenfarbenen hochgeschlossenen Kostüm, abgesetzt mit einem aufgestellten Hermelinkragen. Der abergläubische Joe

Joe DiMaggio und Marilyn Monroe an ihrem Hochzeitstag, dem 14. Januar 1954, im Rathaus von San Francisco.

trug dieselbe gepunktete Krawatte wie bei ihrer ersten Begegnung. Fast alle Hochzeitsgäste kamen aus Joes Bekanntenkreis: der Brautführer Reno Barsocchini, Lefty und Jean O'Doul sowie Joes Bruder Tom DiMaggio mit seiner Frau.

Auch wenn die eigentliche Amtshandlung nicht länger als drei Minuten dauerte, brauchte es einige Zeit, bis es soweit war. Zum einen fehlte eine Schreibmaschine, um die Heiratsurkunde auszufüllen. Dann drohte das Gelübde im Lärm der vor dem Gebäude versammelten Menge unterzugehen. Die offizielle Urkunde unterzeichnete Marilyn mit dem Namen Norma Jeane Mortenson Dougherty; dabei machte sie sich um drei Jahre jünger. Sie versprach, ihren Gatten „zu lieben, zu achten und in Ehren zu halten", der Passus, dass sie ihm auch „zu gehorchen" habe, wurde ausgelassen. Nach der Zeremonie traten die frisch Vermählten strahlend vor ihre Fans und fuhren in Joes blauem Cadillac davon.

Hochzeit mit ARTHUR MILLER:
Am 29. Juni 1956 im White Plains Court House, Westchester County, New York

„Eierkopf heiratet Sanduhr" lautete die Schlagzeile nach der standesamtlichen Trauung, die Seymour Rabinowitz vollzog. Zu ihrer dritten Hochzeit erschien Marilyn zwanglos gekleidet in Pullover und Rock. Die Vier-Minuten-Zeremonie begann um 19.21 Uhr. Anwesend waren MILTON H. GREENE, LEE und PAULA STRASBERG, JOHN MOORE, Millers Cousin Morton Miller und dessen Frau Florence.

Zwei Tage später, am 1. Juli 1956, wurden die Millers nach jüdischem Ritus im Haus von Arthurs Agentin Kay Brown in Katonah, New York, getraut. Der Rabbiner Robert Goldberg, der am Morgen desselben Tages Marilyns Konversion zum jüdischen Glauben vorgenommen hatte, leitete die Zeremonie. Marilyn trug ein beigefarbenes Hochzeitskleid mit Schleier. Um dem Schleier eine passende Farbe zu geben, soll sie ihn angeblich in Kaffee getaucht haben. Brautjungfern waren HEDDA ROSTEN, AMY GREENE und Judy

Kantor. NORMAN ROSTEN schrieb: „Die Braut war schön und aufgeregt, fast schon verzückt. Ein Leuchten wie von einer Rodin-Skulptur ging von ihr aus …"

Angebliche Hochzeit mit ROBERT SLATZER am 4. Oktober 1952 in Tijuana in Mexiko:

Robert Slatzer hat lange behauptet, er sei mit Marilyn, dem Superstar Hollywoods, nach einem Liebesausflug über die Grenze drei Tage lang verheiratet gewesen. Gestützt wurde diese Behauptung einzig von seinem Kumpel, dem ehemaligen Boxer „Kid" Chissell, der jedoch später gegenüber einem Journalisten zugab, Slatzer lediglich einen Freundschaftsdienst erwiesen zu haben, den dieser mit 100 Dollar honorierte. Slatzers Angaben zufolge sei die Ehe vor einem Anwalt an Ort geschlossen worden, habe fünf Dollar gekostet und sei später auf Drängen des Studios annulliert worden. Die Heiratsurkunde sei vernichtet worden.

WEIGHT — **Gewicht**

Marilyns Gewicht lag meistens ungefähr zwischen 52 und 54 kg. In den ersten Studiobiografien (siehe STUDIO BIOGRAPHIES) wurde ihr Gewicht mit 53,5 kg angegeben.

Während der Dreharbeiten zu LET'S MAKE LOVE (1960) kam sie auf etwas mehr als 63 kg. Nach ihrer Trennung von ARTHUR MILLER nahm sie so sehr ab, dass sie alten Freunden fast mager vorkam. Bei ihrem Tod wog sie nur noch 53 kg.

WEINSTEIN, HENRY

Henry Weinstein war Produzent von Marilyns letztem, unvollendet gebliebenem Film SOMETHING'S GOT TO GIVE. Laut FRED LAWRENCE GUILES erhielt er diesen Auftrag nur

Marilyn als Teilnehmerin eines Schönheitswettbewerbs in *We're Not Married* (1952).

dank seiner freundschaftlichen Beziehung zu Marilyns Psychoanalytiker DR. GREENSON. Er war der Einzige, dem man zutraute, Marilyns Unpünktlichkeit in den Griff zu bekommen. Allerdings erwies sich auch Weinstein nicht in der Lage, ihrer Disziplinlosigkeit Herr zu werden.

Einige Biografen waren der Ansicht, der mit einer einzigen Filmproduktion – *Tender Is the Night – Zärtlich ist die Nacht* (1962) bisher noch relativ unerfahrene Weinstein habe nicht das entsprechende Durchsetzungsvermögen besessen. Auf der anderen Seite war es jedoch keinem Produzenten leicht gefallen, Marilyn dazu zu bewegen, das zu tun, was man von ihr verlangte.

Im Mai 1962 widersetzte sie sich Weinstein ganz offen und fuhr nach New York, um dort „Happy Birthday" für Präsident JOHN F. KENNEDY zu singen; am letzten Drehtag schließlich besuchte sie entgegen seiner Anweisung eine Wohltätigkeitsveranstaltung. In ANTHONY SUMMERS' Biografie erzählt Weinstein, wie er Marilyn das Leben rettete, nachdem sie eine Überdosis Schlaftabletten eingenommen hatte.

WELLES, ORSON (1915–1985)

Das Enfant terrible, dessen erstes und preisgekröntes Werk *Citizen Kane* (1941) ihn als einen der anspruchvollsten Regisseure der Filmgeschichte auswies, wurde von manchen zu den frühen Liebhabern (siehe LOVERS) von Marilyn gerechnet.

WE'RE NOT MARRIED (1952) — **Wir sind gar nicht verheiratet**

Eine Episodenkomödie, in die – laut Drehbuchautor NUNNALLY JOHNSON – Marilyns Rolle als Kandidatin eines Schönheitswettbewerbs nur eingefügt wurde, um sie zweimal im Badeanzug zeigen zu können. Mit kleinen Rollen dieser Art versuchte die TWENTIETH CENTURY-FOX von Marilyns wachsender Popularität zu profitieren, ohne ihr schon eine Hauptrolle anvertrauen zu müssen.

Produktionsdaten:
Twentieth Century-Fox
schwarz-weiß
Länge: 85 Minuten
Kinostart: 12. Juli 1952

Crew:
Regie: Edmund Goulding
Regieassistenz: Paul Helmick
Produktion: Nunnally Johnson
Drehbuch: Nunnally Johnson
Story: Jay Dratler, Gina Kaus
Adaption: Dwight Taylor
Kamera: Leo Tover
Schnitt: Louis R. Loeffler
Musik: Cyril J. Mockridge
Musikalische Leitung: Lionel Newman
Arrangement: Bernard Mayers
Art Direction: Leland Fuller, Lyle R. Wheeler
Ausstattung: Claude E. Carpenter, Thomas Little
Kostüme: Eloise Jensson
Garderobe: Charles Le Maire
Maskenbild: Ben Nye
Frisuren: Helen Turpin
Spezialeffekte: Ray Kellogg
Ton: W. D. Flick, Roger Heman

Besetzung:

Ginger Rogers … Ramona Gladwyn
Fred Allen … Steve Gladwyn
Victor Moore … Judge Melvin Bush
Marilyn Monroe … Annabel Norris
David Wayne … Jeff Norris
Eve Arden … Katie Woodruff
Paul Douglas … Hector Woodruff
Eddie Bracken … Willie Fisher
Mitzi Gaynor … Patsy Fisher
Louis Calhern … Freddie Melrose
Zsa Zsa Gabor … Eve Melrose
James Gleason … Duffy
Paul Stewart … Staatsanwalt Stone
Jane Darwell … Mrs. Bush
Harry Antrim … Friedensrichter
Al Bridge … Detektiv Magnus
Richard Buckley … Mr. Graves
James Burke … Willies Wachtmeister
Harry Carter … Briefträger
Maurice Cass … Organist
Robert Dane … Polizist am Bahnhof
Ralph Dumke … Twitchell
Kay English … Frau
Eddie Firestone … Mann beim Sender
Robert Forrest … Polizist
Byron Foulger … Bürosekretär
Harry Golder … Radioansager
Alvin Greenman … Mann beim Sender
Dabbs Greer … Mann bei der Misswahl
Harry Harvey … Ned
Selmer Jackson … Chaplain Hall
Margie Liszt … Irene
Lee Marvin … Pinky
Edwin Max … Verkäufer
Emile Meyer … Ansager
Forbes Murray … Gouverneur, Mississippi
Tom Powers … Justizminister
Victor Sutherland … Gouverneur Bush
Maude Wallace … Autogrammjägerin
Marjorie Weaver … Ruthie
O. Z. Whitehead … Briefträger

Handlung:
Der Film besteht aus fünf miteinander verflochtenen Episoden, in denen fünf Ehepaare eineinhalb Jahre nach der Hochzeit mitgeteilt bekommen, dass sie gar nicht verheiratet sind, weil Melvin Bush (Victor Moore), der sie getraut hatte, zum Zeitpunkt der Trauung noch keine gültige Lizenz besaß.

Marilyn spielt die „Mrs. Mississippi" Annabel Norris, die für den Titel der „Mrs. Amerika" kandidiert. Ehemann Jeff (David Wayne) ist alles andere als glücklich über die Karriere seiner Frau, weil diese sie von ihren Pflichten als Hausfrau und Mutter abhält. Die Nachricht, dass ihre Ehe ungültig ist, stimmt ihn froh: als nicht verheiratete Frau darf Annabel nicht an einem „Mrs."-Wettbewerb teilnehmen. Doch seine Frau nimmt stattdessen an der „Miss"-Wahl teil, die sie auch gewinnt. Am Ende ist Jeff doch stolz auf seine von allen bewunderte Annabel, und die beiden heiraten nun richtig.

Die vier anderen Paare, die sich in dem gleichen Dilemma befinden, werden von Ginger Rogers und Fred Allen, Paul Douglas und Eve Arden, Eddie Bracken und Mitzi Gaynor sowie von Louis Calhern und Zsa Zsa Gabor gespielt.

Kritiken:
New York Post
„Produzent und Autor Nunnally Johnson, Regisseur Edmund Goulding und ihre Starbesetzung haben mit *We're Not Married* einen Volltreffer gelandet. Die gelungene Zusammenstellung der fünf Episoden … ergibt eine rasante und abwechslungsreiche Studie über die Ehe … Jede Episode trifft ins Schwarze."

Variety
„Die Monroe-Wayne-Episode hat wenig Tiefgang, doch die Formen der Monroe kommen im Badeanzug hervorragend zur Geltung …"

The New York Times
„Weniger erfahrene Personen als Nunnally Johnson, der Autor und Produzent, oder Edmund Goulding, der Regisseur, hätten diesen Leinwandspaß leicht ruinieren können … Marilyn Monroe und David Wayne tragen das Dilemma zwischen einer Schönheitskönigin und ihrem Partner mit einem Augenzwinkern vor."

New York Herald Tribune
„Nunnally Johnson nimmt in *We're Not Married* die Ehe aufs Korn, und jeder amüsiert sich mit ihm … Zwischen David Wayne und Marilyn Monroe, die aussieht, als habe Michelangelo sie aus einer Sahnetorte modelliert, kommt es zu Spannungen, weil der Ehemann – der Küchenarbeit überdrüssig – von seiner Frau verlangt, ihre Karriere als Schönheitskönigin aufzugeben und an den heimischen Herd zurückzukehren."

WEST, MAE (1893–1980)

Mae West stammte aus einer Familie von Unterhaltungskünstlern und war schon mit 14 Jahren in Varietékreisen als „The Baby Vamp" bekannt. Sie war eines der ersten weiblichen Sexsymbole und auch eine der ersten Frauen, die ihr Image weitgehend allein bestimmen konnten: Sie verfügte über einen Funken sprühenden Witz und schrieb ihre Texte, bisweilen auch ganze Stücke, meist selbst; darunter eines mit dem Titel *Sex*, das ihr eine Anklage wegen Verstoßes gegen die guten Sitten sowie einen zehntägigen Gefängnisaufenthalt eintrug.

In den 1930er-Jahren drehte sie nur acht Filme, war jedoch schon ab der ersten Dialogzeile unverwechselbar zu erkennen. 1936 galt sie als die bestbezahlte Frau in den USA. Ihre bekanntesten Rollen spielte sie in *She Done Him Wrong – Sie tat ihm unrecht* (1933), *I'm No Angel – Ich bin kein Engel* (1933) und *My Little Chickadee – Mein kleiner Gockel* (1939).

Marilyn erzählte einem Reporter einmal, sie habe so manches von der unbezähmbaren Mae West gelernt, zum Beispiel, die eigene Sexualität nicht ganz so ernst zu nehmen.

WESTON, CONNECTICUT

Anfang 1955 besaß Marilyn ein eigenes Zimmer im Haus von MILTON und AMY GREENE an der Fanton Hill Road, ganz in der Nähe von Weston. Das gemütliche Heim war für sie ein idealer Ort, um anonym zu bleiben – zumindest so lang, bis EDWARD R. MURROW sie für seine Sendung „Person to Person" am 8. April 1955 hier interviewte.

WESTWOOD MEMORIAL PARK / FRIEDHOF UND KAPELLE

1218 GLENDON AVENUE, WESTWOOD, LOS ANGELES

Seit seiner Gründung im Jahr 1904 durch die Pierce Brüder war Westwood Memorial ein stiller Friedhof gewesen. Das änderte sich, als Marilyn Monroe hier 1962 neben ihrem einstigen Vormund GRACE MCKEE GODDARD und der geliebten Pflegemutter ANA LOWER beigesetzt wurde.

Der Friedhofsbesitzer Guy Hockett brachte am 5. August 1962, morgens um 7.30 Uhr, Marilyns Leichnam von ihrem Haus zur Leichenhalle. Dort lag sie unbeachtet mehrere Stunden. Die Beerdigung (siehe FUNERAL) fand im Kreis engster Freunde in der damals neu erbauten Kapelle statt.

Marilyns schlichtes Marmorgrab im so genannten Gang der Erinnerungen hat die Nummer 24. Genau gegenüber steht eine Gedenkbank, gestiftet von den Fanclubs (siehe FANS) „Marilyn Remembered" und „All About Marilyn". Sie wurde der Schauspielerin zu ihrem 30. Todestag gewidmet.

Das Westwood Memorial ist heute einer der teuersten Ruheplätze in den Vereinigten Staaten. 22.000 Dollar kostet es, sich hier beerdigen zu lassen – neben so berühmten Menschen wie Eve Arden, Jim Backus, Fanny Brice, John Cassavetes, TRUMAN CAPOTE, Will Durant, Eva Gabor, Armand Hammer, NUNNALLY JOHNSON, Stan Kenton, PETER LAWFORD, Irving Lazar, Burt Lancaster, DEAN MARTIN, Roy Orbison, Buddy Rich, MEL TORMÉ, Josef von Sternberg, NATALIE WOOD, DARRYL ZANUCK und Frank Zappa.

Das Nachbargrab kaufte HUGH HEFNER, dem das Privileg, bis in alle Ewigkeit an Marilyns Seite liegen zu dürfen, 85.000 Dollar wert gewesen sein soll.

WHITE PIANO – **Das weiße Klavier**

Der weiße Flügel, den Marilyn seit 1951 besaß und von einer Wohnung (siehe HOMES) zur nächsten mitnahm, war für sie von besonderer Bedeutung. Er erinnerte sie an die Zeit, als sie sieben Jahre alt war und mit ihrer Mutter GLADYS BAKER in der ARBOL STREET in Hollywood lebte. Die Biografen sind sich nicht einig, ob der weiße Franklin-Flügel bei Gladys' Einzug schon vorhanden war oder ob sie ihn ausdrücklich für die Tochter anschaffte.

Den meisten Berichten zufolge soll der Schauspieler FREDERIC MARCH Vorbesitzer des Instruments gewesen sein. Norma Jeane hatte schon Klavierunterricht erhalten, als sie noch bei ihren Pflegeeltern, den BOLENDERS, lebte.

Nachdem man Gladys in psychiatrische Obhut gegeben hatte, wurde der Flügel verkauft, um mit dem Erlös die auf dem Haus lastenden Schulden bezahlen zu können.

Marilyn wohnte 1951 im BEVERLY CARLTON HOTEL und bezog von der TWENTIETH CENTURY-FOX ein festes Gehalt. Trotz der Enge in ihrem Apartment besaß sie einen weißen Flügel, den sie in Raten abbezahlte. Es soll das alte Instrument gewesen sein, das sie wieder ausfindig machen konnte. 1953 stand der Flügel in ihrem Drei-Zimmer-Apartment am DOHENY DRIVE.

Ab Mitte der 1950er-Jahre befand sich der Flügel in ihren New Yorker Wohnungen. Es wird angenommen, Marilyn habe das Instrument durchs ganze Land transportieren lassen, um ihm dann seinen bevorzugten Platz im Wohnzimmer der Wohnung in der FIFTY-SEVENTH STREET zu geben, in der sie mit Ehemann ARTHUR MILLER lebte.

Nach der Trennung von Miller soll sie den Flügel behalten haben. Anderen Berichten zufolge soll ihn jedoch ihr Geschäftspartner

Marilyn Monroes Grab auf dem Westwood Memorial Park Cemetery in Los Angeles.

MILTON GREENE nach seiner Entlassung aus der MARILYN MONROE PRODUCTIONS für sich beansprucht haben.

WIDMARK, RICHARD (GEB. 1914)

„Es war unglaublich schwer, sie aus der Garderobe heraus und ans Set zu bekommen. Zuerst dachten wir, sie würde überhaupt niemals etwas richtig machen … Aber irgendwas spielte sich dann zwischen dem Kameraobjektiv und dem Film ab. Und wenn wir uns die Muster ansahen, hatte sie uns alle an die Wand gespielt!"

Richard Widmark gab sein Filmdebüt als zutiefst böser Psychopath in *Kiss of Death – Todeskuss* (1947) und erhielt dafür eine Oscar-Nominierung. In DON'T BOTHER TO KNOCK (1952) spielte er, neben Marilyn als psychotischer Babysitterin, die Rolle des Piloten Jed Towers. Wie so viele Schauspieler, die mit Marilyn gearbeitet haben, verblüffte ihn die Diskrepanz zwischen den so mühsamen Dreharbeiten und dem gelungenen Endprodukt.

Andere Widmark-Filme sind u. a. *Saint Joan – Die Heilige Johanna* (1957), *Judgement at Nuremberg – Urteil von Nürnberg* (1961) und *The Bedford Incident – Zwischenfall im Atlantik* (1965). Im Fernsehen spielte er 1972 in der Serie *Madigan* und in der Dokumentation (siehe DOCUMENTARIES) *Marilyn Monroe: Beyond the Legend* wirkte er als Erzähler mit.

WILDER, BILLY
(GEB. 1906 ALS SAMUEL WILDER)

MARILYN:
„Er ist ein brillanter Filmemacher, aber er denkt zu viel über die Kinokassen nach."

BILLY WILDER:
„Einzigartig ist ein zu oft bemühtes Wort, aber in ihrem Fall ist es angebracht. Es wird niemals wieder jemanden wie sie geben, und es gab, weiß Gott, viele Imitationen."

„Ich habe niemals wieder jemanden getroffen, der so ausgesprochen gemein war wie Marilyn Monroe. Und auch niemand, der auf der Leinwand so ausgesprochen großartig war …"

„Das Beste an der Monroe ist nicht ihre Brust, sondern ihr Ohr. Sie kann einen Text meisterhaft sprechen. Es gibt auf der ganzen Welt keine bessere Komödiantin als sie."

„Ich habe als einziger Regisseur zwei Filme mit der Monroe gedreht. Ich finde, der Verband der Filmregisseure schuldet mir eine Tapferkeitsmedaille."

Wilder führte Regie in Marilyns beiden erfolgreichsten Komödien, THE SEVEN YEAR ITCH (1955) und SOME LIKE IT HOT (1959). Sowohl seine Hochachtung vor ihrer Begabung als auch die Mühsal der Zusammenarbeit mit ihr hat er gegenüber Journalisten und Biografen deutlich zum Ausdruck gebracht. Wilder war beeindruckt von Mari-

Ein Werbe-Foto von Richard Widmark und Marilyn, 1952.

lyns „Körper-Präsenz: Sie wirkt auf der Leinwand wie jemand, nach dem man nur die Hand auszustrecken braucht, um ihn berühren zu können … Sie hatte eine Klasse auf der Leinwand, die sonst nur noch die Garbo hatte."

Samuel Wilder wurde in Wien, im damaligen Kaiserreich Österreich-Ungarn, geboren. Er studierte Jura und arbeitete als Journalist und schließlich als Drehbuchautor in Berlin, bis er 1933 emigrieren musste. Sein Weg ins Exil führte ihn über Frankreich in die Vereinigten Staaten.

Bald darauf begann er, für PARAMOUNT zu schreiben. Dort arbeitete er häufig mit Charles Brackett zusammen; die beiden erhielten 1939 eine Oscar-Nominierung für *Ninotchka – Ninotchka*. Wie auch bei späteren Gemeinschaftsarbeiten stellen hier schlagfertige Dialoge und einfallsreiche Szenen Alltagsweisheiten auf den Kopf. Neben seiner Arbeit als Drehbuchautor widmete sich Wilder mit der Zeit mehr und mehr der Regie.

Für *The Lost Weekend – Das verlorene Wochenende* (1945) und *The Apartment – Das Appartement* (1960) wurde Billy Wilder mit dem Oscar ausgezeichnet. *Double Indemnity – Frau ohne Gewissen* (1944), *A Foreign Affair – Eine auswärtige Affäre* (1948), *Sunset Boulevard – Boulevard der Dämmerung* (1950), *Stalag 17* (1953) und *Sabrina* (1954) wurden jeweils für den Oscar nominiert. *One, Two, Three – Eins, zwei, drei* (1961), der noch vor dem Bau der Mauer in Berlin spielt, entwickelte sich bei seiner Wiederaufführung in den 1980er-Jahren in Deutschland zum großen Kinoerfolg. 1986 verlieh das American Film Institute Billy Wilder einen Preis für sein Lebenswerk.

Marilyn war sehr daran gelegen, mit Wilder zusammenzuarbeiten. Ihr revidierter Vertrag mit der TWENTIETH CENTURY-FOX verlieh ihr ein Mitspracherecht bei der Auswahl des Regisseurs, und Wilder gehörte zu ihren Wunschkandidaten. Marilyn konnte die Fox außerdem dazu bringen, die Rechte an *The Seven Year Itch* von Autor GEORGE AXELROD zu erwerben. Die Dreharbeiten zu diesem Film wurden wie immer durch Marilyns Ängste (siehe FEARS) und Launen erschwert. Sie bestand oft darauf, Szenen zu wiederholen, auch wenn Wilder mit dem Ergebnis schon zufrieden war. Die berühmteste Szene in *The Seven Year Itch*, in der Marilyns Kleid über einem Luftschacht hochgewirbelt wird, trug nicht unwesentlich zur Zerrüttung ihrer Ehe mit JOE DIMAGGIO bei.

Ende 1957 sandte Wilder Marilyn ein zweiseitiges Exposé von SOME LIKE IT HOT zu. Er war – wie er selbst sagte – angenehm überrascht, als sie Interesse für diesen eigentlich nur als Nebenrolle konzipierten Part bekundete. Seit *The Seven Year Itch* hatte sich Marilyn der METHOD verschrieben und war als Schauspielerin zweifellos gereift.

Beim Dreh zu *Some Like It Hot* nahm Marilyns Eigensinn dennoch bis dahin ungekannte Formen an. An manchen Vormittagen erschien sie gar nicht oder war zu benebelt, um ihren Text zu behalten. Manchmal brauchte sie bis zu 50 Aufnahmen für eine einfache Einstellung. Wenn sie Rat suchte, sah sie einfach über Wilder hinweg und wandte sich direkt an ihre Betreuerin PAULA STRASBERG.

Wilders trockener Kommentar zu den Filmarbeiten von *Some Like It Hot* lautete: „Wir waren mitten im Flug und hatten eine Verrückte an Bord."

Nach Beendigung des Films weigerte sich Wilder, Marilyn zur Abschlussparty einzuladen. Er war so erleichtert, dass er einem Journalisten gestand: „Zum ersten Mal kann ich meine Frau wieder ansehen, ohne sie dafür schlagen zu wollen, dass sie eine Frau ist." Marilyn las dies und war sehr verletzt. Arthur Miller sprang seiner Frau zur Seite und beschuldigte Wilder, sie überfordert zu haben, obwohl er gewusst hätte, dass sie schwanger sei. Marilyn erlitt in der Folge eine Fehlgeburt. Wilder wehrte sich: „Mich trifft der Verlust des Kindes sehr, aber ich muss die Unterstellung zurückweisen, dass Überforderung … damit irgendetwas zu tun habe." Miller schoss zurück: „Was auch immer der Grund gewesen sein mag, die schlichte Wahrheit ist, dass sie ihren Job getan hat, und zwar außerordentlich gut, während Ihre undifferenzierten Äußerungen das Gegenteil unterstellen." Das letzte Wort hatte Wilder: „Hiermit bestätige ich, dass die gute Marilyn eine einzigartige Persönlichkeit ist und dass ich die Bestie von Bergen-Belsen bin. Aber, um in Joe E. Browns unsterblichen Worten zu sprechen, Zitat: Niemand ist vollkommen. Zitat Ende."

Wilder schwor öffentlich, nie wieder mit Marilyn zu arbeiten: „Ich habe mit meinem Arzt und mit meinem Psychiater darüber gesprochen und beide sagten mir, ich sei zu alt und zu reich, um mir dies noch einmal zuzumuten." Zur Versöhnung zwischen Marilyn und Wilder kam es im September 1959 an-

lässlich eines Empfangs der Fox für den sowjetischen Premier Nikita Chruschtschow. Wilder behauptete, einen solchen Schreck bekommen zu haben, als Marilyn pünktlich kam, dass er sie unwillkürlich umarmte. „Damals nahm ich mir vor, falls ich je wieder einen Film mit ihr drehen sollte, Chruschtschow anzuheuern, damit sie pünktlich zum Dreh erschiene." Der letzte Groll zwischen ihnen schwand 1960, als Marilyn eine Testvorführung von Wilders *The Apartment – Das Appartement* (1960) und im Anschluss daran die Party im Romanoff's besuchte.

Der Journalist Art Buchwald bat Wilder, seine herabsetzenden Äußerungen über Marilyn zu kommentieren: „Ich stand unter Stress und unter der Einwirkung von Beruhigungsmitteln, hatte zu hohen Blutdruck und war außerdem Opfer einer Gehirnwäsche."

1962 wollte Wilder tatsächlich einen dritten Versuch mit Marilyn wagen. Dem Branchenblatt *Show Business Illustrated* erzählte er: „Ich reiße mich darum, noch einmal einen Film mit ihr zu machen. Die Ansicht, sie sei vielleicht nicht mehr die, die sie einmal war, ist etwa so richtig, als wollte man sagen, ein Modell, nach dem sich 100 Bildhauer die Finger lecken, sei unmodern geworden."

Wilder hatte Marilyn ursprünglich für *Irma La Douce – Das Mädchen Irma La Douce* (1963) gewinnen wollen. Er sagte offen, weshalb er bereit war, die Strapazen noch einmal auf sich zu nehmen: „Marilyn hat großes Ta-

lent, und sie ist ein Kassenmagnet. Und darauf kommt es an. Wenn in Manchester ein Mann zu seiner Frau sagt: ‚Da läuft ein Film mit der Monroe', dann antwortet sie ihm schließlich nicht: ‚Die wollen wir nicht sehen, die streitet sich immer mit ihren Regisseuren'. Sondern sie gehen hin und sehen sich den Film an. Deshalb will ich Marilyn haben."

Viele Jahre nach ihrem Tod resümierte er: „Sie fehlt mir. Mit ihr einen Film zu drehen war wie eine Sitzung beim Zahnarzt. In dem Augenblick war es die Hölle, aber wenn es vorbei war, fühlte man sich phantastisch."

WILL — Testament

Marilyns erstes Testament datiert vom Februar 1956 und teilt ihr auf 200.000 Dollar geschätztes Vermögen wie folgt auf: 100.000 Dollar an ARTHUR MILLER, 25.000 Dollar an LEE und PAULA STRASBERG, 20.000 Dollar an DR. MARGARET HOHENBERG, 10.000 Dollar an Mrs. MICHAEL CHEKHOV (XENIA CHEKHOV), 10.000 Dollar an das ACTORS STUDIO sowie 10.000 Dollar für die Ausbildung von PATRICIA ROSTEN. Außerdem hinterließ sie Geld (maximal 25.000 Dollar), um die Sanatoriumskosten ihrer Mutter GLADYS BAKER bis an deren Lebensende zu begleichen. Als Marilyn das Dokument im Beisein des Anwalts Irving Stein (siehe LAWYERS) unterzeichnete, meinte sie scherzhaft, auf ihrem Grabstein müsse eigentlich stehen: „Marilyn Monroe – Blondine – 94-58-91."

Marilyn änderte das Testament im Juni 1956 nach der Heirat mit Arthur Miller und hinterließ alles ihrem Ehemann sowie einer Stiftung, die für das Wohlergehen der Mutter sorgen sollte. Ihr letztes Testament machte Marilyn am 14. Januar 1961, kurz nachdem sie ihre Scheidung von Miller bekannt gegeben hatte und drei Wochen bevor sie in die Payne-Whitney-Psychiatrie (siehe HOSPITALS) eingewiesen wurde.

MARILYNS LETZTES TESTAMENT

Hiermit erkläre ich, MARILYN MONROE, das vorliegende Schriftstück zu meinem Letzten Willen und Testament.

ERSTENS: Hiermit erkläre ich alle von mir aufgesetzten vorherigen Testamente und deren Nachträge für ungültig.

ZWEITENS: Mein im Folgenden namentlich aufgeführter Testamentsvollstrecker wird angewiesen, alle rechtmäßig bestehenden Forderungen gegen mich, einschließlich der Begräbnis- und Nachlasskosten, nach meinem Tod in einem angemessenen Zeitraum zu bezahlen.

DRITTENS: Ich bestimme, dass alle Erbschafts- oder Vermögenssteuern, die auf mein Vermögen und/oder auf mein sonstiges Vermächtnis und/oder auf sonstige im Folgenden genannte Hinterlassungen erhoben werden, aus meinem nach Abzug aller Verbindlichkeiten verbleibenden Nachlass bezahlt werden sollen.

VIERTENS: (a) BERNIECE MIRACLE schenke und vermache ich, sollte sie mich überleben, die Summe von 10.000 Dollar.
(b) MAY REIS schenke und vermache ich, sollte sie mich überleben, die Summe von 10.000 Dollar.
(c) NORMAN und HEDDA ROSTEN, oder dem Überle-

Billy Wilder und Marilyn am Set von *The Seven Year Itch* (1955). Neben ihnen sitzt Sidney Skolsky.

Marilyn in dem zur Ikone gewordenen weißen Kleid aus
Billy Wilders *The Seven Year Itch*.

Caught Short

Marilyn auf einem Kalenderfoto von Laszlo Willinger,
1950.

benden von beiden, oder, sollten beide vor mir sterben, ihrer Tochter PATRICIA ROSTEN, schenke und vermache ich die Summe von 5000 Dollar, welche nach meinem Wunsch für die Ausbildung von PATRICIA ROSTEN bestimmt ist.
(d) LEE STRASBERG schenke und vermache ich meine ganze persönliche Habe und Kleidung, oder, sollte er vor mir sterben, meinem im Folgenden genannten Testamentsvollstrecker. Es ist mein Wunsch, dass diese Dinge von ihm nach eigenem Gutdünken an meine Freunde, Kollegen und sonstigen Personen, denen ich zugetan bin, verteilt werden.

FÜNFTENS: Ich schenke und vermache meinem im Folgenden genannten Treuhänder die Summe von 100 000 Dollar zur treuhänderischen Verwaltung für die folgenden Zwecke:
(a) Er soll die genannte Summe verwahren, verwalten, anlegen und wieder anlegen, und das daraus resultierende Einkommen entgegennehmen und verwahren.
(b) Er soll die daraus fließenden Reinerträge sowie so viel vom Grundkapital als nötig dazu verwenden, die Summe von jährlich 5000 Dollar in gleichen vierteljährlichen Raten für Unterhalt und Unterstützung meiner Mutter GLADYS BAKER zu ihren Lebzeiten bereitzustellen.
(c) Er soll die daraus fließenden Reinerträge sowie so viel vom Grundkapital als nötig dazu verwenden, die Summe von jährlich 2500 Dollar in gleichen vierteljährlichen Raten für Unterhalt und Unterstützung von MRS. MICHAEL CHEKHOV zu ihren Lebzeiten bereitzustellen.
(d) Nach dem Tod meiner Mutter, GLADYS BAKER, und MRS. MICHAEL CHEKHOVS soll er das dem Treuhandvermögen verbliebene Grundkapital sowie alle aufgelaufenen Einkünfte DR. MARIANNE KRIS übergeben, die es zur Förderung psychiatrischer Institutionen und Gruppen ihrer Wahl verwenden soll.

SECHSTENS: Den Rest meines Vermögens – alle bewegliche und unbewegliche Habe, gleich welcher Art und wo immer gelegen –, der sich bei meinem Tod in meinem Besitz befindet oder auf den ich einen Rechtsanspruch habe oder über den ich zum Zeitpunkt meines Ablebens von Todes wegen verfügen kann, nicht mehr erfüllbare Vermächtnisse eingeschlossen, vermache ich wie folgt:
(a) An MAY REIS geht die Summe von 40.000 Dollar oder 25% des gesamten Restvermögens, je nachdem, welche Summe die kleinere ist.
(b) An DR. MARIANNE KRIS gehen 25% der Gesamtsumme, zu ihrer Verfügung und zwar wie unter FÜNFTENS (d) in diesem meinem Testament festgesetzt.
(c) An LEE STRASBERG geht der gesamte restliche Bestand.

SIEBTENS: Ich bestimme AARON R. FROSCH zum Vollstrecker dieses meines Letzten Willens und Testaments. Sollte er sterben oder als Testamentsvollstrecker rechtlich nicht in Betracht kommen oder von seinem Amt zurücktreten oder aus irgendeinem anderen Grund seiner Aufgabe nicht nachkommen können, bestimme ich L. ARNOLD WEISSBERGER als Ersatz.

ACHTENS: Ich bestimme AARON R. FROSCH zum Treuhänder dieses meines Letzten Willens und Testaments. Sollte er sterben oder als Testamentsvollstrecker rechtlich nicht in Betracht kommen oder von seinem Amt zurücktreten oder aus irgendeinem anderen Grund seiner Aufgabe nicht nachkommen können, bestimme ich L. Arnold Weissberger zu seinem Stellvertreter.

Marilyn Monroe (Unterschrift)

UNTERZEICHNET, BESIEGELT, KUNDGEGEBEN und AUFGESETZT VON MARILYN MONROE, der oben genannten

Erblasserin, als deren Letzten Willen und Testament, in unserer Gegenwart, und wir, auf ihren Wunsch und in ihrer Gegenwart, haben im Folgenden mit unseren Namen als Zeugen dieses am 14. Tage im Januar, 1961, unterzeichnet.

Aaron R. Frosch, wohnhaft 10 West 86th St., NYC
Louise H. White, wohnhaft 709 E. 56 St., New York, NY.

Einige Quellen behaupten, Marilyn habe in den letzten Tagen ihres Lebens das Testament ändern wollen. Marilyns Managerin INEZ MELSON focht den Letzten Willen, in dem sie nicht bedacht worden war, im Oktober 1962 an. Sie argumentierte, ihre Auftraggeberin habe in unzulässiger Weise unter dem Einfluss entweder von Lee Strasberg oder von DR. MARIANNE KRIS gestanden. Der Richter Samuel DiFalco wies die Klage ab, doch noch zehn Jahre nach Marilyns Tod stritten die Erben um die Auszahlung der ihnen zustehenden Beträge.

Der größte Teil des Nachlasses (siehe ESTATE) – Marilyns ganze Habe und das Restvermögen, das nach Abzug aller sonstigen Verfügungen verblieb – fiel dem Testament gemäß an Lee Strasberg. Nach dessen Tod 1974 ging das Vermögen in die Hände seiner zweiten Frau, ANNA STRASBERG, über. Er hatte sie 1966 nach Paulas Tod geheiratet. Man schätzt, dass dem Monroe-Nachlass alljährlich mehr als eine Million Dollar aus Filmantiemen und Marketing-Lizenzen zufließen. 25 Prozent dienen der Finanzierung der „Monroe Young Family Unit"-Stiftung im Tavistock Centre in London.

WILLIAMS, TENNESSEE
(1911–1983, GEB. ALS THOMAS LANIER WILLIAMS)

Der bedeutende Bühnenautor Williams war Pulitzer-Preisträger. Marilyn hatte einige seiner sehr erfolgreich verfilmten Stücke gesehen, darunter *The Glass Menagerie – Die Glasmenagerie* (1945), A STREETCAR NAMED DESIRE – Endstation Sehnsucht (1947), *The Rose Tattoo – Die tätowierte Rose* (1950), *Cat On a Hot Tinroof – Die Katze auf dem heißen Blechdach* (1954) und *Suddenly Last Summer – Plötzlich im letzten Sommer* (1958).
Marilyn bot sich nie die Gelegenheit, eine Film- oder Bühnenrolle in einem Williams-Stück zu spielen. Im ACTORS STUDIO trug sie immerhin eine Szene aus *A Streetcar Named Desire – Endstation Sehnsucht* vor. Williams soll sich Marilyn als Besetzung für die Hauptrolle in seinem einzigen Drehbuch, *Baby Doll – Baby Doll – Begehre nicht des anderen Weib* (1956), gewünscht haben. Er war damit jedoch beim Regisseur ELIA KAZAN auf Widerstand gestoßen.

WILLINGER, LASZLO (1906–1989)

„Sie konnte die Menschen dazu bringen, Mitleid mit ihr zu haben, und dies nutzte sie weidlich aus. Selbst diejenigen, die sich sonst nichts vormachen ließen, fielen auf ihre Hilf-mir-Attitüde herein."

Der in Ungarn geborene Fotograf Willinger, dem Marilyn in ihren frühen Tagen als Fotomodell (siehe MODELING) begegnet war, neigte offensichtlich nicht zu charmanten Komplimenten. Auch als Marilyn längst ein berühmter Filmstar war, beharrte er darauf, dass Marilyn „keine hinreißende Schönheit" sei und „zu kurze Beine im Verhältnis zu ihrer Körpergröße" habe. 1986 erzählte er der Zeitschrift *LA Style*, welche Erklärung ihm Marilyn für ihr geheimnisvolles Verhältnis zur Kamera gegeben habe: „Es ist, als ob man von tausend Männern gebumst wird, aber nicht schwanger werden kann."
Von ihm stammen viele von Marilyns frühen Titelbildern. Seine bekannteste Aufnahme von ihr ist ein Kalender-Foto, auf dem sie einen goldfarbenen Badeanzug trägt.

WILLOUGHBY, BOB

Willoughby machte über Jahrzehnte Standfotos bei Dreharbeiten im Auftrag großer Zeitschriften (siehe MAGAZINES) wie *Life* und *Look*. Er fotografierte Marilyn für NIAGARA (1953) und LET'S MAKE LOVE (1960).

WILSHIRE BOULEVARD
NUMMER 5454, LOS ANGELES

GLADYS BAKER kehrte mit ihrem Baby Norma Jeane aus dem Los Angeles General HOSPITAL in ihr damaliges Zuhause (siehe HOMES) zurück. Nach zwei Wochen wurde das Baby auf Empfehlung der Großmutter DELLA MAE HOGAN in die Obhut der Pflegeeltern IDA und WAYNE BOLENDER gegeben.

WILSON, EARL (1907–1987)

Der Schriftsteller und Hollywoodjournalist, dessen Kolumnen viele Zeitungen druckten, begegnete Marilyn im Juli 1949 zum ersten Mal in New York auf ihrer Werbetournee für LOVE HAPPY (1950). Er interviewte sie im SHERRY-NETHERLAND HOTEL und machte sie in einem Artikel als „THE MMMMM GIRL" bekannt. Den Spitznamen hatte ihr das Studio verliehen.
Wilson veröffentlichte häufig Klatschgeschichten über Marilyn, wobei die schönsten von ihr selbst stammten. In ihm besaß Marilyn einen Verbündeten bei der Presse (siehe PRESS), den sie häppchenweise mit Informationen füttern konnte. Zum Dank schenkte sie ihm einmal ein Exemplar ihres Aktkalenders (siehe CALENDAR), samt Autogramm und der Widmung: „Hoffentlich gefällt Ihnen meine Frisur".
1955 fragte Wilson sie über ihr Liebesleben aus, zu einer Zeit also, in der sie sich schon heimlich mit ARTHUR MILLER traf. Marilyn antwortete: „Alles nichts Ernsthaftes, aber ich bin immer für alles offen." Sechs Jahre später veröffentlichte Wilson als erster Journalist die Nachricht von der bevorstehenden Scheidung von Marilyn und Arthur.
Wilsons zahlreiche Bücher über Hollywood sind eine Fundgrube für Marilyn-Biografen auf der Suche nach Anekdoten.

WINCHELL, WALTER (1897–1972)

Walter Winchell, ein Klatschkolumnist, der auch für den Rundfunk arbeitete, war ein alter Freund von JOE DIMAGGIO. Er begleitete Marilyns Mann zum Drehort von THE SEVEN YEAR ITCH (1955), als dort die Szene mit Marilyn im hochwehenden Rock inmitten einer gaffenden Menschenmenge abgedreht wurde. Joe kochte vor Eifersucht, und die beiden kehrten ins ST. REGIS HOTEL zurück. Am folgenden Tag flog Joe wieder nach Los Angeles. Allein.

Nach Marilyns Scheidung von Joe machte Winchell Andeutungen, die zu kontroversen Diskussionen führten. Zu dieser Zeit wurde der neue Mann in ihrem Leben, ARTHUR MILLER, vor den Ausschuss zur Untersuchung unamerikanischer Umtriebe (siehe HOUSE UN-AMERICAN ACTIVITIES COMMITTEE) geladen. Der Rundfunkjournalist ließ seine Zuhörer wissen, bei der Vorladung werde Millers „gesamter Freundeskreis, der zufällig auch Miss Monroes Freundeskreis ist, durchleuchtet – alles ehemalige kommunistische Sympathisanten!"

Manche meinten, Winchell habe mit EDGAR J. HOOVER zusammen gearbeitet und in seiner Kolumne versucht, Millers Ansehen in den Schmutz zu ziehen. Auch wurde behauptet, Marilyn habe einmal mit dem Kolumnisten geschlafen – ein Gerücht, das er vermutlich selbst in Umlauf gebracht hatte.

Anscheinend setzte sich FBI-Chef Hoover nach Marilyns Tod (siehe DEATH) mit Winchell in Verbindung, um über ihn in den Besitz zusätzlicher Informationen über ROBERT KENNEDYs Aufenthalt an jenem Wochenende, an dem Marilyn starb, zu kommen.

Im August 1963 wiederholte Winchell in *Photoplay* nachdrücklich die Spekulationen der Auslandspresse, die behauptet hatte, „ein verheirateter Mann" sei in Miss Monroes Tod verwickelt. Im Stil eines Drehbuchs malte er aus, wie Marilyn zu einer Tablettenüberdosis greift, als sie erfährt, dass dieser bedeutende und bewunderte Mann auf dem Gipfel seiner Laufbahn sie nicht mehr zu treffen wünsche. Dies kam den Politikern des rechten Spektrums, wie z. B. FRANK A. CAPELL, die einen Verdacht auf Bobby Kennedy lenken wollten, sehr entgegen.

Wie andere Prominente der Medienwelt jener Tage hatte auch Winchell einige Gastauftritte auf der Leinwand und diente als Modell für den Klatschkolumnisten, den Burt Lancaster in *Sweet Smell of Success – Dein Schicksal in meiner Hand* (1957) spielt. In *The Untouchables – Die Unbestechlichen*, einer populären TV-Serie aus den 1960er-Jahren, lieh er dem Erzähler seine Stimme.

WINTERS, SHELLEY
(GEB. 1922 ALS SHIRLEY SCHRIFT)

„Marilyn gleicht einer Mondsüchtigen. Als sie bei mir wohnte, schien sie oft wie im Traum umherzuwandeln."

„Manchmal verließ sie unsere Wohnung in einem abgetragenen alten Mantel, in dem sie aussah wie meine Hausangestellte. Die Menge stieß sie beiseite, um von *mir* ein Autogramm zu bekommen. Das machte ihr Spaß."

Shelley Winters Schauspielkarriere erstreckte sich über mehr als fünf Jahrzehnte.

Für *The Diary of Anne Frank – Das Tagebuch der Anne Frank* (1959) und *A Patch of Blue – Träumende Lippen* (1965) erhielt Winters Oscar-Auszeichnungen, für *A Place in the Sun – Ein Platz an der Sonne* (1951) wurde sie immerhin für den Oscar nominiert. Sie spielte insgesamt mehr als 100 Filmrollen. Daneben trat sie in Fernsehproduktionen und am Theater auf.

Winters erinnert sich an ihre erste Begegnung im Studio mit dem jungen Starlet: Marilyn „saß meist in einer Ecke und beobachtete uns Schauspielerinnen in der Lunch-Pause. Sie hieß Norma Jeane Soundso

und sprach kaum mit uns; wenn doch, flüsterte sie nur. Wir schrien dann zurück: ‚Was haben Sie gesagt?' Das verschreckte sie nur noch mehr. Sie trug immer rückenfreie Kleider, die eine Nummer zu klein waren, und hatte ein dickes Buch aus der Bibliothek bei sich, ein Lexikon oder ein Nachschlagewerk."

Marilyn und Winters wurden in den späten 40er-Jahren Freundinnen. 1951 teilten sie sich eine Wohnung am HOLLOWAY DRIVE in Hollywood. Damals stellten beide eine Liste der Männer (siehe MEN) auf, die sie besonders sexy fanden.

Winters gehörte zu den ersten Teilnehmern des ACTORS STUDIO, und als eine der Ersten empfahl sie Marilyn jenen Mann, der dann über Jahre ihr Mentor bleiben sollte: LEE STRASBERG.

Sie versuchte außerdem, Marilyn zur Teilnahme an den unregelmäßig von CHARLES LAUGHTON veranstalteten Schauspielkursen zu bewegen, aber Marilyns Ehrfurcht vor den anwesenden Stars war so groß, dass sie kein Wort hervorbrachte.

Winters schrieb drei autobiografische Bücher, die Hinweise auf Marilyn enthalten.

WOLFE, DONALD H.

Autor einer 1998 erschienenen Marilyn-Biografie (siehe BIOGRAPHIES) und des Buchs mit dem unmissverständlichen Titel *The Assassination of Marilyn Monroe*, das sich u. a. auf Material von ROBERT SLATZER und JEANNE CARMEN stützt.

Darin versucht Wolfe, eine Verschwörung (siehe CONSPIRACY) zu belegen und fordert eine erneute Untersuchung der Umstände von Marilyns Tod (siehe DEATH). Kern seiner Verschwörungsthese ist der Umstand, dass ROBERT KENNEDY in Marilyns Todesnacht gesehen wurde:

„Kurz vor Mitternacht raste ein dunkler Mercedes Richtung Osten über den Olympic Boulevard in Beverly Hills. Dem Polizisten Lynn Franklin aus Beverly Hills schien der Wagen schneller als 55 Meilen (88 km/Std.) zu fahren; er schaltete Sirene und Scheinwerfer ein und machte sich an die Verfolgung. Als der Mercedes hielt, näherte sich Franklin vorsichtig der Fahrerseite und ließ das Licht seiner Taschenlampe über die drei Insassen gleiten. In dem Fahrer erkannte er sofort den Schauspieler Peter Lawford. Als der Lichtkegel auf die zwei Männer im Fond fiel, sah er zu seiner Überraschung den Justizminister der Vereinigten Staaten, Robert Kennedy, neben einem dritten Mann, den er später als Dr. Ralph Greenson identifizierte. Lawford erklärte, er chauffiere den Justizminister in einer dringenden Angelegenheit ins Beverly Hills Hotel. Franklin winkte sie weiter."

Wolfe zitiert auch aus einem nicht zur Veröffentlichung freigegebenen Interview mit Marilyns Psychoanalytiker DR. RALPH GREENSON. Er spricht zudem von einer massiven Vertuschung (siehe COVER-UP): alle Fotos, die auf dem Empfang nach der rauschenden Geburtstagsparty des Präsidenten 1962 im MADISON SQUARE GARDEN von Marilyn und den Kennedy-Brüdern geschossen worden waren, hätten Geheimdienstagenten – bis auf eines – systematisch vernichtet.

Walter Winchell und Marilyn auf seiner Geburtstagsfeier in Ciro's Restaurant, 1953.

Shelley Winters und Marilyn bei der Verleihung des Golden Globe 1959.

WOMEN — Frauen

MARILYN:
„Seit ich vierzehn bin, habe ich das besondere Talent, Frauen gegen mich aufzubringen. Auf Partys hat manchmal den ganzen Abend lang niemand mit mir gesprochen. Die Männer schlugen aus Angst vor ihren Frauen oder Freundinnen einen weiten Bogen um mich. Und die Damen zogen sich in eine Ecke zurück, um sich über meinen schlechten Charakter das Maul zu zerreißen."

Marilyns enorme sexuelle Ausstrahlung, insbesondere ihre Wirkung auf Männer (siehe MEN), war der Motor, der ihre Filmkarriere vorantrieb. Die Frauen ihrer Generation betrachteten sie oft als eine gefährliche Konkurrentin. Marilyn gab später ganz unumwunden zu: „Es gefiel mir nicht immer, mich so darzustellen, aber ich hatte einen weiten Weg vor mir, und für den Erfolg musste die Werbetrommel gerührt werden."

Gleichaltrige engere Freundinnen (siehe FRIENDS) besaß Marilyn kaum, doch mit älteren Frauen verbanden sie oft lange Freundschaften. Auch spielte sie sehr gerne die Rolle einer großen Schwester bei ihren Stiefkindern und den Kindern (siehe CHILDREN) ihrer Freunde.

GLORIA STEINEM konnte mit ihrer Marilyn-Biografie die fast ausschließlich männlich inspirierten Vorurteile in der Marilyn-Legendenbildung korrigieren.

Ganz sicher verkörpert Marilyn seit ihrem Tod für viele Menschen jene gefährliche Verletzlichkeit, der eine Frau ausgeliefert ist, die sich selbst nur über das Begehren, das sie bei anderen zu wecken vermag, definieren kann.

WOOD, NATALIE (1938–1981)
(GEB. ALS NATASHA NIKOLAEVNA GURDIN)

„Wenn man Marilyn auf der Leinwand sieht, möchte man nicht, dass ihr etwas Schlimmes zustößt. Man hofft, sie einfach glücklich zu sehen."

Die in San Francisco geborene Natalie Wood war ein Kinderstar und konnte schon auf sechs Jahre Filmerfahrung zurückblicken, als sie in SCUDDA HOO! SCUDDA HAY! (1948) eine Nebenrolle erhielt – in Marilyns erstem Film.

Wood gelang ein erfolgreicher Übergang zur erwachsenen Schauspielerin. Sie erhielt drei Oscar-Nominierungen: für *Rebel without a Cause – … denn sie wissen nicht, was sie tun* (1955), *Splendor in the Grass – Fieber im Blut* (1961) und für *Love with the Proper Stranger – Verliebt in einen Fremden* (1964).

Bemerkenswert waren auch ihre Auftritte in *Miracle on 34th Street – Das Wunder von Manhattan* (1947) und in *West Side Story* (1961).

Sie starb 1981 auf einem Segeltörn durch einen Sturz von der Yacht.

WRIGHT, FRANK LLOYD (1867–1959)

Im Sommer 1957 traf Marilyn diese Ikone der modernen Architektur, den Schöpfer des Guggenheim Museums und vieler anderer Gebäude, im PLAZA HOTEL. Sie bat ihn, für sie und ihren Mann ARTHUR MILLER ein neues Haus auf dem Grundstück ihres Landhauses in ROXBURY, Connecticut, zu entwerfen.

Der Rahmen, den Marilyn Wright vorgab, war geradezu verschwenderisch: ein riesiges Haus auf einem neuen Hügel mit atemberaubender Aussicht und dazu ein Gebäude mit eigenem Vorführraum, Kinderzimmern, großem Arbeitszimmer für Arthur, begehbarem Ankleideraum und natürlich einem Swimmingpool. Manchen Berichten zufolge stellte Frank Lloyd Wright seinen Entwurf nicht fertig; in anderen heißt es, dieses Traumhaus wäre so teuer geworden, dass Marilyn und Arthur sich schließlich für die Renovierung des alten Gebäudes entschieden.

WRITING — Schreiben

Marilyn war Linkshänderin. Laut ARTHUR MILLER schrieb sie in wild sich dahin schlängelnden Zeilen, die bisweilen noch den Rand hinauf- oder hinabliefen. Für kleine Nachrichten an ihn benutzte sie manchmal zwei oder drei verschiedene Federhalter. Marilyn korrespondierte mit ihren Freunden wahrscheinlich eher unregelmäßig. Oft waren die Briefe mit „Love and kisses, Marilyn" unterzeichnet. Angeblich soll sie in den letzten Jahren ein Tagebuch (siehe DIARY) geführt haben, das vielleicht kompromittierendes Material über die KENNEDYs enthielt. Marilyn schrieb auch Gedichte (siehe POETRY), die sie als „sehr persönlich" charakterisierte. Marilyn notierte häufig, was sie im ACTORS STUDIO gelernt hatte oder was ihr während der Dreharbeiten einfiel.

EINIGE VON MARILYNS GEDANKEN

„Eine Szene zu drehen gleicht dem Öffnen einer Flasche. Wenn es auf die eine Weise nicht gelingt, versucht man es auf eine andere. Vielleicht sogar lieber eine andere Flasche öffnen? Das würde Lee nicht gefallen."

„Wie oder warum ich schauspielern kann – und ich bin nicht sicher, dass ich es kann –, ist, was ich verstehen muss. Diese Quälerei, von den sich täglich ereignenden Missgeschicken ganz zu schweigen – diesen Schmerz kann man keinem erklären."

„Wovor habe ich Angst? Verstecken vor Strafe? Libido? Dr. H. fragen."

„Wie kann ich auf der Bühne natürlich sprechen? Darüber sollte sich die Schauspielerin keine Gedanken machen, soll die Bühnenfigur es doch tun."

„Lernen, widersprüchliche Impulse zu akzeptieren."

„WRONG DOOR RAID" — „Unternehmen falsche Tür"

Eine Woche nach der ersten Verhandlung im Prozess um die Scheidung von Marilyn und JOE DIMAGGIO heckten Joe und FRANK SINATRA einen Plan aus, wie sie Marilyn, der sie eine Affäre unterstellten, in flagranti ertappen könnten. Dabei hatten sie als Liebhaber möglicherweise den Stimmbildner HAL SCHAEFER im Verdacht. ROBERT SLATZER wiederum glaubt, DiMaggio habe Beweise besessen, dass Marilyn mit einer anderen Schauspielerin eine lesbische Affäre gehabt habe.

In jedem Fall trafen sich DiMaggio und Sinatra am 5. November 1954 mit den Privatdetektiven Barney Ruditsky und Phil Irwin vor dem Apartmentgebäude, 8122 Waring Avenue in Hollywood.

Die vier Männer brachen in die Wohnung ein und knipsten wild mit ihren Fotoapparaten herum, um Beweise zu sammeln. Fatalerweise hatten sie jedoch die Nachbarwohnung aufgebrochen, in der die 37-jährige Florence Kotz lebte.

Der Radau war so groß, dass die Bewohner nebenan – angeblich Marilyn und Schaefer bzw. jene Schauspielerin – aufmerksam wurden und rechtzeitig fliehen konnten. Obwohl die Presse in den nächsten Tagen über diesen Vorfall berichtete, schaffte es Sinatra, seinen und DiMaggios Namen aus diesen Berichten herauszuhalten. Es gelang ihm allerdings nicht, das Erscheinen eines Artikels mit der vollständigen Geschichte zehn Monate später in der Zeitschrift *Confidential* zu verhindern.

Florence Kotz verklagte die berühmten Eindringlinge auf 200.000 Dollar Schadensersatz. Sinatra bestritt jede Verwicklung in die Angelegenheit, und das Verfahren zog sich über mehrere Jahre hin. Schließlich erreichte DiMaggio eine außergerichtliche Einigung und zahlte 7 500 Dollar.

Man hat spekuliert, Frank Sinatra habe DiMaggio absichtlich vor die falsche Tür geführt. Jedenfalls kam es durch diese Episode zu einem Bruch, von dem sich ihre Freundschaft nie wieder erholt haben soll.

WYMAN, JANE
(GEB. 1914 ALS SARAH JANE FAULKS)

Wyman ließ sich von ihrem zweiten Mann, RONALD REAGAN, im selben Jahr scheiden, in dem sich die junge Marilyn Hals über Kopf in den Gesangslehrer FRED KARGER verliebte – den dann aber Wyman 1952 heiratete. Marilyn vergaß ihre alte Liebe nicht und erschien uneingeladen zum Hochzeitsempfang. Angeblich ließ sie kurz darauf eine lebensgroße Pappfigur, die sie selbst in dem weißen Kleid aus THE SEVEN YEAR ITCH (1955) darstellte, in Wymans Garten aufstellen; als der Film herauskam, waren Wyman und Karger allerdings schon geschieden. Das Paar heiratete 1961 ein zweites Mal, aber auch diese Ehe hielt nur vier Jahre.

Wyman gewann einen Oscar für *Johnny Belinda – Schweigende Lippen* (1948). Im Fernsehen spielte sie in der Serie *Falcon Crest*.

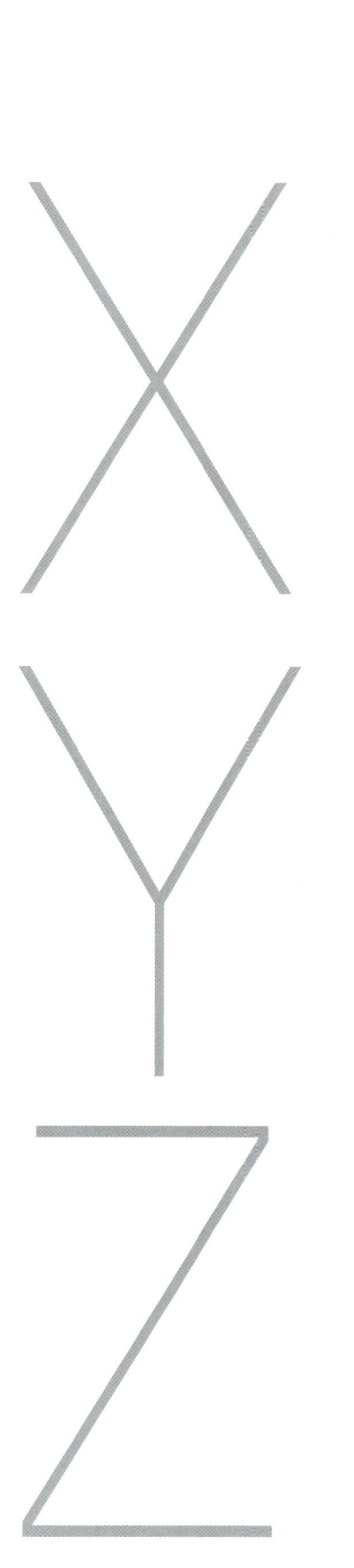

YANK

In dieser Illustrierten (siehe MAGAZINES) der U.S. Army erschien Mitte 1945 das erste Titelbild von Norma Jeane. DAVID CONOVER hatte sie für das Cover des wöchentlich erscheinenden Magazins fotografiert.

YOGA

1962 nahm Marilyn Yoga-Unterricht bei Virginia Dennison.

(siehe SPORTS)

YOU WERE MEANT FOR ME (1948)

Dieser Musikfilm der TWENTIETH CENTURY-FOX mit den Hauptdarstellern Jeanne Craine und Dan Daily handelt von einem Bandleader, seiner neuen Braut und den Härten des Tourneelebens im Amerika der Wirtschaftskrise.

Marilyn soll in dem Film als Statistin mitgewirkt haben. Ihr Auftritt als eine der vielen Tänzerinnen in einer Bühnenszene scheint jedoch beim Schnitt herausgefallen zu sein.

Bei den Dreharbeiten zu *Ladies of the Chorus* (1948) machte Columbia Pictures Werbefotos des Starlets bei einer Gymnastikübung. Vierzehn Jahre später nahm Marilyn Yoga-Unterricht.

Z

ZAHN, TOMMY

Laut Biograf ANTHONY SUMMERS freundete sich der 22-jährige Rettungsschwimmer vom „Muscle Beach" 1946 mit dem Starlet Norma Jeane an. Sie standen beide bei der TWENTIETH CENTURY-FOX unter Vertrag und verbrachten ihre freie Zeit oft gemeinsam am Strand.

ZANUCK, DARRYL F. (1902–1979)

MARILYN:
„Mr. Zanuck hat in mir als Schauspielerin niemals den potentiellen Star erkannt. Er hielt mich eher für ein bisschen verrückt."

DARRYL F. ZANUCK:
„Ich erhebe nicht den Anspruch, Marilyn entdeckt zu haben. Niemand hat sie entdeckt. Sie hat sich selbst entdeckt. Ich war nur derjenige, der dafür sorgte, dass sie die Kinogänger in der ganzen Welt erreichen konnte."

Mehr als drei Jahrzehnte lang gehörte Darryl F. Zanuck zu den Männern, die in Hollywood die Fäden zogen. Er entsprach dem typischen Bild des Filmmoguls mit fetter Zigarre. Er hatte die TWENTIETH CENTURY-FOX mitbegründet und zu Erfolg gebracht. Nachdem er in den 1920er-Jahren bereits als junger Drehbuchschreiber mit seinem Einfall zu der Polizeihund-Serie *Rin-Tin-Tin* einen ersten Erfolg feiern konnte, übernahm er mit gerade erst 23 Jahren die Produktionsabteilung der Warner Brothers. 1933 kündigte er und gründete zusammen mit JOSEPH M. SCHENCK die Twentieth Century Productions, die er zwei Jahre darauf mit der kränkelnden Fox verschmolz. Zanuck traf nicht nur die großen Entscheidungen, sondern produzierte in seiner langen Karriere selbst auch mehr als 150 Filme, darunter *The Grapes of Wrath – Früchte des Zorns* (1940), *How Green Was My Valley – Schlagende Wetter* (1942), *Gentleman's Agreement – Tabu der Gerechten* (1947) und ALL ABOUT EVE (1950). Unter seiner Leitung erhielt die Fox mehr als 30 Oscars.

Zanuck, der sich in der Rolle des selbstherrlichen Studiochefs gefiel, stand in dem Ruf, von jungen Schauspielerinnen einen Talentnachweis im Schlafzimmer zu verlangen, das hinter seinem Büro lag und offiziell eingerichtet worden war, weil er sich oft bis spät in die Nacht Filmvorführungen ansah. Zanuck machte aus seinem sexuellen Appetit kein Geheimnis, behauptete aber: „Meine Indiskretionen galten immer nur anderen Leuten, niemals Schauspielerinnen."

Alle Biografen konstatieren, dass Zanuck sehr skeptisch bezüglich Marilyns Begabung war. Nicht nur, als die Fox ihr den ersten Vertrag gab, sondern selbst dann noch, als sie im Jahr 1953 mit den Kassenschlagern NIAGARA, GENTLEMEN PREFER BLONDES und HOW TO MARRY A MILLIONAIRE zur prominenten Schauspielerin aufstieg.

Ein Grund dafür mochte gewesen sein, dass Marilyn nicht „sein" Mädchen war. Sie wurde bei der Twentieth Century-Fox zuerst von Schenck protegiert und danach von SPYROS SKOURAS. Möglicherweise aber hatte sich Zanuck auch um Marilyn bemüht und wurde von ihr abgewiesen, oder vielleicht hatte sogar sie sich ihm vergeblich angeboten.

Im Sommer 1946 wurden Zanuck Marilyns erste Probeaufnahmen (siehe SCREEN TESTS) vorgeführt, die BEN LYON kurz zuvor gedreht hatte. Den meisten Berichten zufolge glaubte er nicht, dass diese unerfahrene Schauspielerin das Zeug zum Star habe, aber er ließ sich von der Begeisterung des Talentsuchers Lyon und des Kameramanns LEON SHAMROY umstimmen. Am 26. August 1946 unterschrieb Marilyn ihren ersten Filmvertrag.

Nach Zanucks Erinnerung begegnete er Marilyn zum ersten Mal in seinem Haus in PALM SPRINGS, als Schenck sie mitgebracht hatte: „Ich machte keinen Luftsprung und rief: ‚Oh, hier kommt ein großer Star' oder irgendetwas in der Art. Später sagte mir Joe: ‚Wenn du sie vielleicht in irgendeiner Rolle einsetzen könntest, vielleicht auch in einer Nebenrolle, tu es.' Ich tat es, hatte aber nicht das Gefühl, auf eine Goldader gestoßen zu sein. John Huston gab ihr in *The Asphalt Jungle* eine exzellente Rolle. Junge, war sie da gut! Ich glaubte, Huston hätte ein Wunder vollbracht, denn ich konnte mir nicht vorstellen, dass sie allein dazu fähig gewesen wäre. Aber dann ließ ich sie in *All About Eve* auftreten, und sie wurde über Nacht ein Star."

Nachdem man Marilyns Einjahresvertrag hatte auslaufen lassen, vergingen zwei Jahre, bis es JOHNNY HYDE gelang, Marilyn mit THE ASPHALT JUNGLE (1950) wieder ins Geschäft zu bringen. Der sechsmonatige Vertrag wurde im Mai 1951 in einen Vertrag mit siebenjähriger Laufzeit umgewandelt. Trotz der Bitten Schencks und Skouras' weigerte sich Zanuck weiterhin, Marilyn größere Rollen zu geben, obwohl ihre Filmauftritte in der Presse ein starkes Echo fanden.

Bevor Zanuck ihr eine Hauptrolle anvertraute, lieh er sie an die RKO für eine Nebenrolle in CLASH BY NIGHT (1952) aus. Schließlich wagte er den Sprung ins kalte Wasser mit dieser Frau, der er nur ein „Spatzenhirn" zubilligte, und gab ihr eine Hauptrolle in DON'T BOTHER TO KNOCK (1952). Seine Kommentare zu den ersten Aufnahmen waren vernichtend: „Sie ist kein Profi. Ihre Stimme trägt nicht, und ihr Körper ist zu verkrampft. Hier muss harte Aufbauarbeit geleistet werden. Ihr müsst aus ihr erst eine Schauspie-

Foto von George Barris, 1962.

lerin machen. Sie hat eine tolle Persönlichkeit, aber das ist auch alles." Im nächsten Film, in dem Zanuck sie einsetzte, in *Niagara* (1953), bewies Marilyn wieder, dass sie das Zeug zum Star hatte. Auch wenn Marilyn Zanuck selbst nicht beeindruckte, so musste er doch zugeben, dass ihre Wirkung auf andere, insbesondere auf seine Kollegen in leitenden Positionen und auf die meisten männlichen Kinobesucher, nicht zu leugnen war. Dem Geschäftsinteresse folgend, brachte er sie nun in jeder größeren Studioproduktion als einfältige Blondine unter: in *Gentlemen Prefer Blondes*, *How to Marry a Millionaire* (beide 1953), *River of No Return* (1954) und THERE'S NO BUSINESS LIKE SHOW BUSINESS (1954).

Zanuck schalt oder bestrafte Marilyn ständig, er beklagte sich über ihre Unpünktlichkeit (siehe LATENESS) und über die vielen Nachdrehs, die nötig waren, wenn sie mitspielte. Er sagte ihr aber auch, dass er sie in THE SEVEN YEAR ITCH (1955) „unglaublich gut" fand. Mit der Zeit begann Marilyn, sich gegen den Knebelvertrag aus dem Jahr 1951 aufzulehnen, der ihr keinen Einfluss auf die von Zanuck getroffene Auswahl ihrer Rollen einräumte und sie, im Vergleich zu anderen Stars, finanziell sehr viel schlechter stellte (siehe MONEY). Als Marilyn die Twentieth Century-Fox dann verließ, verkündete Za-

nuck der Presse: „Dies [*The Seven Year Itch*] wird für die kommenden drei Jahre und vier Monate ihr letzter Film bleiben, sofern sie nicht für die Twentieth Century-Fox arbeiten sollte. Sie hat mit diesem Studio einen Vertrag, und den wird sie einhalten."

Marilyn war mutig genug, den Kampf gegen das Studio zu wagen. Ihre Anwälte handelten einen neuen Vertrag für sie aus, in dem fast alle ihre Forderungen berücksichtigt wurden. Ihr Geschäftspartner MILTON GREENE unterstützte sie zudem bei der Gründung der MARILYN MONROE PRODUCTIONS. Im Februar 1956 kehrte Marilyn zurück und drehte BUS STOP (1956).

Im März 1956 trat Zanuck von seinem Posten als Produktionschef zurück und ließ sich in Europa nieder, um hier als unabhängiger Produzent zu arbeiten. 1962 rief ihn die Fox zurück und übergab ihm das Amt des Präsidenten. In dieser Funktion nahm er Marilyns Wiedereinstellung für SOMETHING'S GOT TO GIVE in die Hand. Der Film konnte jedoch nicht mit ihr fertiggestellt werden. Nach Marilyns Tod bekannte Zanuck: „Ich bin erschüttert wie jeder, der Marilyn kannte oder mit ihr gearbeitet hat. Sie war ein Star in der vollen Bedeutung des Wortes."

Zanuck blieb bis 1971 Präsident der Fox, bis er als der letzte Filmmogul alter Schule entmachtet wurde.

ZENO, GEORGE

Einer von Marilyns FANS und Sammler ihrer Erinnerungsstücke (siehe MEMORABILIA). Gemeinsam mit JAMES SPADA verfasste er 1982 ein Buch mit dem Titel *Marilyn Monroe. Ihr Leben in Bildern.*

ZOLOTOW, MAURICE (GEB. 1913)

„Marilyn war eine Naturgewalt. Sie wurde das Opfer einer PR-Maschinerie, die sie selbst in Gang gesetzt hatte. Ein Wirbelsturm tobte um sie herum, und sie war sein Zentrum. Sie sehnte sich nach Ruhe, doch sie hatte die Ruhe umgebracht, wie Macbeth den Schlaf. Sie gehörte nicht in diese Zeit, aber sich selbst gehörte sie auch nicht."

Maurice Zolotow veröffentlichte 1960 die Biografie (siehe BIOGRAPHIES) *Marilyn Monroe*, die sich auf mehrere 1955 mit ihr geführte Interviews stützt. In *Marilyn Unabridged* wird sie herausgehoben: „Im Laufe der Jahre gab es viele schlechte Nachahmer, aber Maurice Zolotows *Marilyn Monroe* bleibt die Bibel aller nach 1960 erschienenen Werke, die sich mit Marilyn Monroe und ihrer Zeit befassen."

Zolotow schrieb auch Biografien über BILLY WILDER und John Wayne.

Foto von Milton Greene, 1955.

BIBLIOGRAFIE

Agan, Patrick: *The Decline and Fall of the Love Goddesses*, Los Angeles 1979.

Alfonso, Alfonso (Hg.): *Monroe & DiMaggio*, Miami 1992.

Allen, Jack (Hg.): *Marilyn by Moonlight*, New York 1996.

Anderson, Janice: *Marilyn Monroe*, London 1983.
Marilyn Monroe: Quote Unquote, New York 1995.

Anonym: *Violations of the Child Marilyn Monroe*, New York 1962.

Arnold, Eve: *Marilyn Monroe*, Herford 1988.

Avedon, Richard: *Fabled Enchantresses*, Fotoserie in: *Life*, 22. Dezember 1958.

Axelrod George: *Will Success Spoil Rock Hunter?* New York 1956.

Bacall, Lauren: *Mein Leben. Autobiographie*, München 1992.

Bacon, James: *Hollywood Is a Four-Letter Town*, Chicago 1976.

Baker, Roger: *Marilyn Monroe*, München 1991.

Barker, Clive: *Son of Celluloid*, Forestville 1991.

Barris, George: *Her Life in Her Own Words*, New York 1995.

Baty, S. Paige: *American Monroe. The Making of a Body Politic*, Berkeley 1995.

Beaton, Cecil: *Cecil Beaton. Photographien 1920–1970*, München 1994.

Bergala, Alain: *Magnum Cinema. Ein halbes Jahrhundert Kino in Magnum-Photographien*, München 1994.

Bernard of Hollywood: *Requiem for Marilyn*, London, 1986.

Bernard, Susan (Hg.): *Bernard of Hollywood's Marilyn*, New York 1993.

Bernau, George: *Candle in the Wind*, New York 1990.

Bessie, Alvah: *Das Symbol*, München 1970.

Brambilla, Giovan Battista (Hg.): *Marilyn Monroe. The Life, the Myth*, New York 1996.

Brown, Peter und Patte B. Barham: *Marilyn. Das Ende, wie es wirklich war*, München 1994.

Burke, Phyllis: *Ich bin ein Marilyn*, München 1993.

Buskin, Richard: *The Films of Marilyn Monroe*, Lincolnwood 1992.

Capell, Frank A.: *The Strange Death of Marilyn Monroe*, Staten Island 1964.

Capote, Truman: *Musik für Chamäleons*, Müchen 1981.

Cardenal, Ernesto: *Gebet für Marilyn Monroe*, München 1994.

Cardiff, Jack: *Magic Hour*, London, Boston 1996.

Carpozi, George Jr.: *Marilyn Monroe. Her Own Story*, Belmont 1961.

Carroll, Jock: *The Shy Photographer*, New York 1964.
Marilyn. Die Niagara-Porträts, Weingarten 1997

Cawthorne, Nigel: *Das Sexleben der Hollywood-Göttinnen. Die Skandalchronik der Traumfabrik*, Köln 1999.

Chayefsky, Paddy: *The Goddess*, New York 1957.

Clark, Colin: *The Prince, the Showgirl and me*, New York, 1996.

Conover, David: *Finding Marilyn*, New York 1981.
The Discovery Photos. Summer 1945, Ontario 1990.

Conway, Michael und Marc Ricci: *Marilyn Monroe und ihre Filme*, München 1981.

Crivello, Kirk: *Fallen Angels*, Secaucus 1988.

Crown, Lawrence: *Marilyn at Twentieth Century-Fox*, London 1987.

Cunningham, Ernest W.: *The Ultimate Marilyn*, Los Angeles 1998.

Curtis, Tony: *Ich mag's heiss. Die Autobiographie*, Berlin 1997.

De Dienes, André: *Marilyn Mon Amour*, München 1986.
und Bernard, Susan: *Marilyn. My Prayer for You*, New York 1999.

Denker, Henry: *The Director*, New York 1970.

Doll, Susan: *Marilyn. Leben und Legende*, Erlangen 1990.

Dougherty, James E.: *The Secret Happiness of Marilyn Monroe*, Chicago 1976.

Douglas, Carole Nelson (Hg.): *Marilyn. Shades of Blonde*, New York 1997.

Eisenstaedt, Alfred: *Eisenstaedt's Album*, New York 1976.

Engelmeier, Regine und Peter W. Engelmeier, (Hg.): *Film und Mode, Mode im Film*, München 1997.

Evans, Liz: *Der Tag, an dem Marilyn Monroe ins Gras biss*, München 1998.

Fahey, David und Linda Rich: *Masters of Starlight. Photographers in Hollywood*, Los Angeles 1987.

Feingersh, Ed: *Marilyn in New York. Photographien von Ed Feingersh*, München, Paris, London 1991.

Fox, Patty: *Star Style. Hollywood Legends as Fashion Icons*, Los Angeles 1995.

Franklin, Joe und Laurie Palmer: *The Marilyn Monroe Story*, New York 1953.

Freeman, Lucy: *Why Norma Jean Killed Marilyn Monroe*, Chicago 1992.

Geiger, Ruth-Esther: *Marilyn Monroe*, Reinbek 1995.

Giancana, Sam und Chuck Giancana: *Giancana, der Pate der Macht. Ein Insider-Bericht aus der US-Mafia*, Bergisch Gladbach 1995.

Giles, Nicki: *The Marilyn Album*, New York 1991.

Goldman, William: *Tinsel*, Bergisch Gladbach 1996.

Goode, James: *The Story of The Misfits*, Indianapolis 1961.

Goodman, Ezra: *The Fifty Year Decline and Fall of Hollywood*, New York 1961.

Gorman, E. J.: *The Marilyn Tapes*, New York 1995.

Graham, Sheilah: *Hollywood Revisited*, New York 1985.

Grant, Neil: *Marilyn. Mit ihren eigenen Worten*, München 1991.

Greene, Milton H.: *Milton's Marilyn. Die Photographien von Milton H. Greene*, München 1998.

Grumbach, Doris: *The Missing Person*, New York 1981.

Guilaroff, Sydney: *Crowning Glory*, Los Angeles 1996.

Guiles, Fred Lawrence: *Norma Jean. The Life of Marilyn Monroe*, New York 1969.
Legend. The Life and Death of Marilyn Monroe, New York 1984.

Hall, James E.: *Marilyn was murdered. An Eyewitness Account*, in: *Hustler*, Mai 1986.

Halliday, Brett: *Machen Sie mit, Mike Shayne*, München 1973.

Halsman, Philippe: *Philippe Halsman's Jump Book*, New York 1959.

Hamblett, Charles: *Who Killed Marilyn Monroe?* London 1966.

Harris, Radie: *Radie's World*, New York 1975.

Harvey, Diana Karanikas: *Marilyn. Life in Pictures*, London 1999.

Haspiel, James: *Marilyn. The Ultimate Look at the Legend*, New York 1991.
Mythos Marilyn, Berlin 1996.

Hawkins, G. Ray: *The Marilyn Monroe Auction*, Los Angeles 1992.

Hayes, Suzanne Lloyd (Hg.): *3-D-Hollywood. Photos by Harold Lloyd*, New York 1992.

Hecht, Ben: *Die Leidenschaftlichen*, Karlsruhe 1960.

Hegner, William: *The Idolaters*, New York 1973.

Hembus, Joe: *Marilyn Monroe. Glanz und Tragik eines Idols*, München 1982.

Heymann, C. David: *Eine Frau namens Jackie. Die intime Biographie von Jacqueline Kennedy Onassis*, München 1995.

Hoegner, Bernd: *Ermordete die Stasi Marilyn Monroe?* Berlin 1993.

Hoyt, Edwin P.: *Marilyn. The Tragic Venus*, New York 1965.

Hudson, James A.: *The Mysterious Death of Marilyn Monroe*, New York 1968.

Huston, John: *An Open Book*, New York 1980.

Hutchinson, Tom: *The Screen Greats. Marilyn Monroe*, London 1982.

Hyatt, Kathryn: *Marilyn. The Story of a Woman*, New York 1996.

Jasgur, Joseph: *The Birth of Marilyn. The lost photographs of Norma Jean*, New York 1991.

Johnson, Terry: *Insignificance*, London 1982.
Insignificance. The book, London 1985.

Jordan, Ted: *Norma Jean. My Secret Life With Marilyn Monroe*, New York 1989.

Kahn, Roger: *Joe & Marilyn. A Memory of Love*, New York 1986.

Kanin, Garson: *Moviola*, New York 1979.

Kazan, Elia: *A Life*, New York 1988.

Kidder, Clark (Hg.): *Marilyn Monroe unCovers*, Alberta 1994
Marilyn Monroe Collectibles. A Comprehensive Guide to the Memorabilia of an American Legend, New York 1999.

Kirkland, Douglas: *Light Years*, New York 1989.

Kobal, John (Hg.): *Marilyn Monroe*, Köln 1986.

Korda, Michael: *Die Maßlosen*, München 1998.

Leaming, Barbara: *Marilyn Monroe. Die Biografie jenseits des Mythos*, München 1999.

Lefkowitz, Frances: *Marilyn Monroe*, New York 1995.

Lembourn, Hans Joergen: *Vierzig Tage mit Marilyn. Geschichte einer Liebe*, Wien, München, Zürich, Innsbruck 1980.

Levinson, Robert S.: *The Elvis and Marilyn Affair*, New York 1999.

Logan, Joshua: *Movie Stars, Real People and Me*, New York 1978.

Loren, Todd (Hg.): *The Marilyn Monroe Conspiracy*, San Diego 1991.

Luijters, Guus (Hg.): *Marilyn Monroe. A Never-Ending Dream*, New York 1987.
Marilyn Monroe in Her Own Words, New York 1991.

McCann, Graham: *Marilyn Monroe*, New Brunswick 1988.

Maerker, Christa: *Marilyn Monroe und Arthur Miller*, Reinbek 1998.

Mailer, Norman: *Marilyn Monroe. Eine Biographie*, München, Zürich 1993.
Ich, Marilyn Monroe. Meine Autobiographie, München 1984.
Strawhead. Erschienen in: *Vanity Fair*, April 1986.

Mankiewicz, Joseph L.: *All About Eve*, New York 1951.

Margener, Vardis: *Double Take*, Chicago 1982.

Marilyn Monroe und die Kamera. 152 Photographien aus den Jahren 1945–1962, München, Paris, London 1992.

Marilyn Monroe. Photographien 1945–1962, München 1991.

Mars, Julie (Hg.): *Marilyn Monroe*, Kansas City 1995.

Martin, Peter: *Will Acting Spoil Marilyn Monroe?* New York 1956.

Mellen, Joan: *Marilyn Monroe. Ihre Filme, ihr Leben*, München 1997.

Meryman, Richard: *Fame may go by* ..., Interview in: *Life*, 3. August 1962.

Miller, Arthur: *Nach dem Sündenfall*, Frankfurt a. M. 1964.
Nicht gesellschaftsfähig, Reinbek 1965.
Zeitkurven, Frankfurt a. M. 1994.

Mills, Bart: *Marilyn on Location*, London 1989.

Miracle, Berniece Baker: *My Sister Marilyn*, Chapel Hill 1994.

Monroe, Marilyn: *Meine Story*, Frankfurt a. M. 1980.

Montand, Yves: *Du siehst, ich habe nicht vergessen*, Berlin 1991.

Moore, Robin und Gene Schoor: *Marilyn and Joe DiMaggio*, New York 1977.

Morley, Sheridan und Ruth Leon: *Marilyn Monroe*, Gloucester 1999.

Murray, Eunice und Rose Shade: *Marilyn. The Last Months*, New York 1975.

Negulesco, Jean: *Things I Did ... and Things I Think I Did*, New York 1984.

Noguchi, Thomas: *Coroner*, New York 1983.

Oates, Joyce Carol: *Blonde*, New York 2000.

Olivier, Laurence: *Bekenntnisse eines Schauspielers*, München 1985.

Oppenheimer, Joel: *Marilyn Lives!* New York 1981.

Ott, Frederick W.: *The Films of Fritz Lang*, Secaucus 1979.

Parish, James Robert: *The Fox Girls*, New Rochelle 1971.

Parsons, Louella: *Tell It to Louella*, New York 1961.

Peabody, Richard und Lucinda Ebersole (Hg.): *Mondo Marilyn. An Anthology of Fiction and Poetry*, New York 1995.

Pepitone, Lena und William Stadiem: *Marilyn Monroe intim*, München 1979.

Post, Adam: *Tragic Goddess. Marilyn Monroe*, Westport 1995.

Preminger, Otto: *Preminger. An autobiography*, New York 1977.

Rechy, John: *Marilyn's Daughter*, New York 1988.

Reinshagen, Gerlind: *Leben und Tod der Marilyn Monroe*, Frankfurt a. M. 1970.

Riese, Randall und Neal Hitchens: *The Unabridged Marilyn. Her Life from A to Z*, New York 1987.

Rollyson, Carl E. Jr.: *Marilyn Monroe. A Life of the Actress*, Ann Arbor 1986.

Rooney, Mickey: *Life Is Too Short*, New York 1991.

Rosten, Norman: *Marilyn. An Untold Story*, New York 1973.
und Sam Shaw: *Marilyn ganz privat*, München 1992.

Russell, Jane: *Jane Russell. My Path & My Detours*, New York 1985.

Ryerson, Martin: *The Golden Venus*, New York 1968.

Sanford, Jay (Hg.): *Marilyn Monroe. Suicide or Murder?* San Diego 1993.

Sciacca, Tony: *Who Killed Marilyn?* New York 1976.

Shaw, Sam: *Marilyn Monroe as The Girl. The Making of The Seven Year Itch*, New York 1955.
The Joy of Marilyn in the Camera Eye, New York 1979.

Shevey, Sandra: *The Marilyn Scandal*, New York 1987.

Signoret, Simone: *Ungeteilte Erinnerungen*, Köln 1986.

Skolsky, Sidney: *Marilyn*, New York 1954.
Don't Get Me Wrong – I Love Hollywood, New York 1975.

Slatzer, Robert: *The Life and Curious Death of Marilyn Monroe*, New York 1974.
The Marilyn Files, New York 1992.

Smith, Mathew: *The Men Who Murdered Marilyn*, London 1996.

Smith, Milburn (Hg.): *Marilyn. Barven Screen Greats No. 4*, New York 1971.

Spada, James: *Peter Lawford. The Man Who Kept the Secrets*, New York 1991.
und Zeno, George: *Marilyn Monroe. Ihr Leben in Bildern*, Herford 1983.

Speriglio, Milo: *The Marilyn Conspiracy*, New York 1986.
Marilyn Monroe: Murder Cover-Up, New York 1982.
und Adela Gregory: *Der Fall Marilyn Monroe*, Berlin 1999.

Spoto, Donald: *Marilyn Monroe. Die Biographie*, München 1994.

Staggs, Ben: *MMII, the Return of Marilyn Monroe*, New York 1991.

Steinem, Gloria: *Marilyn*, New York 1986.

Stempel, Tom: *Screenwriter. The Life and Times of Nunnally Johnson*, New York 1980.

Stenger, Alfred: *Marilyn Monroe und ihre Musik*, Wilhelmshaven 1998.

Stern, Bert: *The Last Sitting*. München 1999.
Marilyn Monroe: The Complete Last Sitting, München 2000.

Strasberg, Susan: *Bittersweet*, New York 1980.
Marilyn and Me. Sisters, Rivals, Friends, New York 1992.

Summers, Anthony: *Marilyn Monroe. Die Wahrheit über ihr Leben und Sterben*, Frankfurt a. M. 1992.

Taylor, Roger G.: *Abbild eines Mythos*, Zürich 1985.
Marilyn Monroe. In Her Own Words, London 1983.

Tierney, Tom: *Marilyn Monroe Paper Dolls*, New York 1979.

Thomas, Roseanne Daryl: *The Angel Carver*, New York 1993.

Toubiana, Serge: *The Misfits, Entstehungsgeschichte des Films*, München 2000.

Toperoff, Sam: *Marilyn. Die Frau, die zur Legende wurde*, Bergisch Gladbach 1993.

Tumler, Wolfgang: *Marilyn Monroe*, Hamburg 1978.

Wagenknecht, Edward: *Marilyn Monroe. A Composite View*, Philadelphia 1969.

Wayne, Jane Ellen: *Marilyn's Männer*, München 1994.

Weatherby, W. J.: *Conversations with Marilyn*, New York 1976.

Willoughby, Bob: *The Hollywood Special*, New York 1993.

Wilson, Earl: *The Show Business Nobody Knows*, Washington DC 1971.

Winters, Shelley: *Shelley. Aka Shirley*, New York, 1980.
Shelley II. The Middle of My Century, New York 1989.

Wolfe, Donald H.: *The Last Days of Marilyn Monroe*, New York 1998.

Zolotow, Maurice: *Marilyn Monroe. Eine Biographie*, Stuttgart 1962.

STICHWORTVERZEICHNIS

Im Folgenden sind die Stichworte in der deutschen alphabetischen Reihenfolge mit dem entsprechenden Seitenverweis aufgelistet.

REGISTER

Das Register umfasst Personennamen und Spielfilme, in denen Marilyn Monroe mitgewirkt hat. Die Filme sind sowohl unter dem englischen als auch unter dem deutschen Titel erfasst. Die **fettgedruckten** Zahlen verweisen auf vollständige Einträge.

Nächste Seite: Marilyn am Tobey Beach. Fotografie von André de Dienes, 1949.